1．1999年6月15日，中共中央总书记、国家主席江泽民在第三次全国教育工作会议开幕式上发表重要讲话

新华社供稿

2. 1999年6月18日，中共中央政治局常委、国务院总理朱镕基在第三次全国教育工作会议闭幕式上发表重要讲话

新华社供稿

3. 1999年4月，中共中央政治局常委、国务院副总理李岚清为“长江学者成就奖”获奖者颁奖

鲍效农摄

4. 教育部部长陈至立和小学生在一起

董翠娣供稿

5. 1999年春节，教育部副部长吕福源到北京延庆县慰问山区中小学教师

王　鹰摄

6. 教育部副部长韦钰同广西龙胜县和平乡中学女子班的学生合影

陈国珠供稿

7. 教育部副部长张天保在湖南省武冈市邓元泰乡镇农民文化技术学校考察

林仕梁供稿

8. 教育部副部长周远清参观南京大学学生书画展

李建聪供稿

9. 教育部副部长张保庆视察高校后勤社会化改革和校园规划工作

张燕军供稿

10．1999年9月，教育部和陕西省政府签署重点共建西安交通大学协议。教育部部长陈至立和陕西省省长程安东在协议书上签字

白延生摄

11．1999年10月1日，首都大学生簇拥着“深化教育改革　全面推进素质教育”的大型彩车通过天安门

韩树民摄

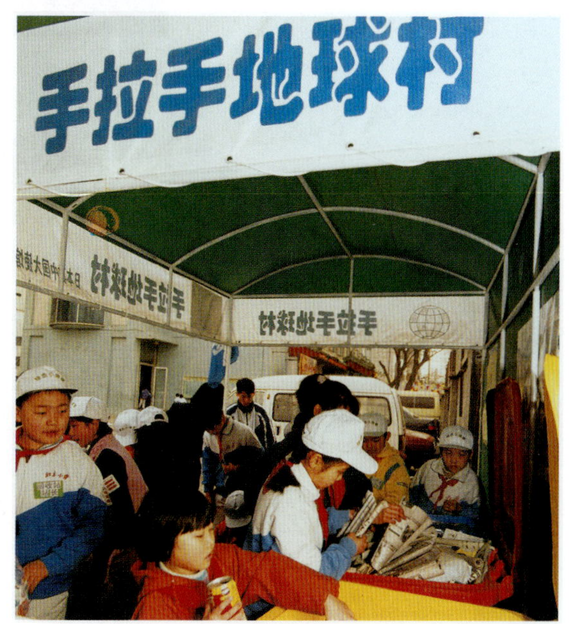

12．北京市在小学开展“手拉手地球村”活动，使同学们增强了环保意识，学到了环保知识

《北京教育年鉴》编辑部供稿

13. 山西省壶关县实验小学教师在地理课教学中对学生进行国防知识教育

张庆利摄

14. 海南省文昌中学物理教师在实验课上指导学生做实验

海南省教育厅供稿

15. 广东省佛山市张槎镇大江学校的课外活动很有特色，学生的陶艺作品曾在国内外展出。图为美术教师在指导学生创作

黄小坚摄

16. 浙江瑞安中学注重学生科技小发明能力培养。图为物理特级教师、全国劳动模范洪景椿正在指导学生的小发明制作

朱强尔摄

17. 辽宁省锦州市凌河区云飞小学少先队员在辽沈战役烈士碑前庄严宣誓，誓做革命的好后代

辽宁省教委供稿

18. 青海省循化县尕楞藏族小学学生在课堂上互帮互学

邵维善摄

19．宁夏回族自治区吴忠市中小学自制教具活动走在了全区的前列。图为早元乡中心小学教师指导学生自制教具

俞自立摄

20．海南省机关幼儿园是海南省示范园，也是海南省幼师专业培训实习和进行课题研究的基地。图为老师带孩子们在科学常识室里活动

海南省教育厅供稿

21．江西省抚州地区危房改造工作成绩显著。图为新落成的临川市河西乡曾家小学教学楼

江西省教委供稿

22. 山西省晋中地区努力解决城乡教师失衡，使城镇教师向农村山区流动。毕业于山西师范大学的何全旺、耿建华主动到偏远山区榆次赵家坡小学任教。图为他们正在为学生做叶绿素实验

高耀彬摄

23. 1999年6月，首都1999名少年儿童到圆明园大水法遗址，参加“我心中的澳门”信封绘画活动

鲍效农摄

24. 1999年7月，第五届“台湾和平小天使”交流访问团，来到北京市通州区少年宫举行交流活动。图为两岸小朋友共唱《同一首歌》

鲍效农摄

25. 山东省济南师范学校学生在多媒体教室里上课

王　鹰摄

26. 为提高学生的综合素质，四川省举办了首届中等职业学校饭店服务技能竞赛。图为礼仪基本功竞赛现场

四川省教委供稿

27. 北京民办古建园林学校的学生们正在做古建筑模型

王　鹰摄

28. 青海省西宁市城西区职业技术学校的教师在向学生讲解花卉栽培知识

陈长生摄

29. 北京邮电大学后勤服务产业集团是北京高校第一个成立的后勤产业集团。图为成立大会现场

《北京教育年鉴》编辑部供稿

30. 上海高校采取“政府政策支持，学校提供土地，银行给予贷款，学生宿费还贷”的新型投资体制建设学生公寓。图为上海大学新建的学生公寓

朱宝铜供稿

31．清华大学科技园园景
清华科技园发展中心供稿

32．广东商学院学生在新落成的实验楼上课
王　鹰摄

33．1999年“七一”，北京大学在校园里举行新党员入党宣誓仪式
王　鹰摄

34. 1999年12月，郑州大学在河南博物院举行"郑州大学素质教育基地"揭牌仪式

赵春亮摄

35. 1999年6月，山东教育报刊社设立优秀特困生奖励基金。从1999年至2008年的10年间，每年拿出200万元，奖励山东省大中小学在校优秀特困学生完成学业

高　军摄

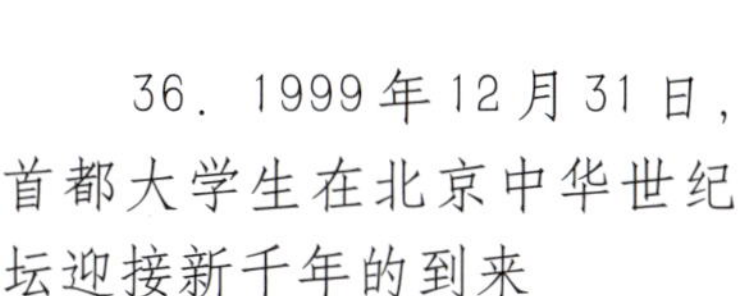

36. 1999年12月31日，首都大学生在北京中华世纪坛迎接新千年的到来

王　鹰摄

37. 北京南菜园小学修建了攀岩墙和体育走廊，为学生锻炼身体，丰富课外活动提供了场所。图为学生在攀岩墙上活动

《北京教育年鉴》编辑部供稿

38. 浙江省乐清育英学校少儿舞蹈团自1995年成立以来，先后创作和演出了数十个节目，多次参加国内外的演出。图为他们正在排练舞蹈《小雨伞》

朱强尔摄

39. 1999年7月，第七届全国中学生运动会在广州举行。图为运动员在进行田径比赛

黄小刚摄

《中国教育年鉴》编辑部

主　　编　郑树山
副 主 编　牟阳春　康　宁　喻晓宪
编　　辑　阎　蕾
特约编辑　吴伯康　陈　陵　孙溶溶　荣文珂

中国教育年鉴

（2000）

《中国教育年鉴》编辑部

人民教育出版社

·北京·

图书在版编目(CIP)数据

中国教育年鉴.2000/《中国教育年鉴》编辑部编.—北京:人民教育出版社,2000

ISBN 7-107-13905-3

Ⅰ.中…

Ⅱ.中…

Ⅲ.教育工作-中国-2000-年鉴

Ⅳ.G52-54

中国版本图书馆CIP数据核字(2000)第67279号

人民教育出版社 出版发行

(北京沙滩后街55号　邮编:100009)

网址:http://www.pep.com.cn

山东新华印刷厂德州厂印装　全国新华书店经销

2000年11月第1版　2000年11月第1次印刷

开本:787毫米×1092毫米　1/16　印张:67.25　插页:8

字数:1550千字　印数:00 001～3 000册

定价:130.00元

编辑说明

一、《中国教育年鉴》是中华人民共和国教育部编纂的全国性专业年鉴和综合性资料著作。它是各级教育行政部门、各级各类学校执行党和国家的教育方针政策与法律法规、做好教育工作的经验总结，是中国教育事业不断改革和发展的真实记录。

二、编纂本书是为教育管理决策、教育科研提供资料；为教育战线沟通信息、交流经验开辟园地；为宣传中国教育改革发展成果设立窗口；并为热心关注和研究中国教育的读者提供可靠依据。

三、年鉴的基本栏目有：党和国家有关教育工作的重要文件，党和国家领导人有关教育工作的重要讲话，国家教育行政部门负责人的讲话或专文，全国教育年度工作方针计划，教育综合管理，基础教育，职业教育与成人教育，高等教育，师范教育，民族教育，学校体育、卫生与艺术教育，电化教育，教育考试，干部管理与教师工作，教育财务、审计与基本建设，国际交流及与港、澳、台交流合作，语言文字工作，教材建设、出版管理与教学仪器研究，教育科研、学术活动，教育报刊，各省、自治区、直辖市教育（按行政区划顺序排列），香港、澳门特别行政区教育情况简介，文件选编，资料汇编，教育大事记。

四、按目前国际国内通例，当年的年鉴反映上一年教育工作的基本情况，某些多年才能完成的工作任务，主要记述当年此项工作的进展情况。

五、年鉴的撰稿单位是教育部各司局、直属单位，各省、自治区、直辖市教育行政部门。审稿为同级负责人。

六、年鉴全国性统计数字，由统计部门提供，引用应以此为准。某些条目中的数字，因统计口径不一，可能有不尽一致之处，望读者使用时注意。

七、台湾省教育事业发展数据暂缺。

八、在年鉴编纂过程中，虽力求做到内容全面系统，资料准确无误，文字简明精炼，但由于我们水平所限，因而仍会有需要改进之处，欢迎读者批评指正。

《中国教育年鉴》编辑部

2000 年 6 月

目　录

中共中央国务院关于深化教育改革全面推进素质教育的决定

(1999年6月13日) …… (1)

江泽民总书记在第三次全国教育工作会议上的讲话（节选）

(1999年6月15日) …… (9)

朱镕基总理在第三次全国教育工作会议上的讲话（节选）

(1999年6月18日) …… (12)

深化教育改革，全面推进素质教育，为实现中华民族的伟大复兴而奋斗（摘要）

——在第三次全国教育工作会议上的报告

(1999年6月15日) …… 李岚清 (14)

全国人大常委会执法检查组关于检查《义务教育法》实施情况的报告

(1999年12月24日) …… 彭珮云 (17)

千秋基业　壮丽诗篇

——共和国教育50年 …… 陈至立 (24)

在教育部2000年年度工作会议上的讲话

(1999年12月6日) …… 陈至立 (40)

坚持“两基”“重中之重”地位不动摇 …… 吕福源 (51)

抓住机遇，使大学科学园的发展迈上新台阶 …… 韦　钰 (56)

深化农村教育综合改革　全面实施素质教育　努力开创教育为农业和农村工作服务新局面 …… 张天保 (60)

建设高等教育强国

——开创我国高等教育的新世纪 …… 周远清 (69)

规范收费，严格管理，加强监督，落实配套措施

——关于我国高等学校的收费改革工作 …… 张保庆 (73)

第三次全国教育工作会议 …… (78)

教育部1999年年度教育工作会议 …… (80)

教育部1999年工作要点 …… (81)

贯彻落实全国教育工作会议精神和《中共中央国务院关于深化教育改革全面推进素质教育的决定》情况 ……………………………………（87）

教育综合管理 ……………………………………（90）

1999年教育事业发展状况 ……………………………（90）

1999年各类教育发展基本统计 ………………………（94）

社会力量办学情况 ……………………………………（121）

教育法制建设 …………………………………………（122）

概述　全国教育法制工作会议

教育纪检监察 …………………………………………（125）

贯彻落实中央纪委三次全会精神　领导干部廉洁自律工作　查办案件工作　治理中小学乱收费　执法监察工作　加强宏观指导

信访工作 ………………………………………………（128）

综述　信访反映的主要情况和问题　信访工作情况　提案工作

基础教育 ……………………………………………（130）

管理工作 ………………………………………………（130）

普及九年义务教育　扫盲工作　发展高中阶段教育　中小学信息化教育　中小学心理健康教育　命名100个全国青少年科技教育基地　中小学竞赛活动管理　中小学影视教育座谈会

教学改革与教材建设 …………………………………（135）

基础教育课程改革　初中毕业、升学考试改革　中小学教学用书管理　中小学教材审查

幼儿与特殊教育 ………………………………………（138）

纪念幼教两个法规颁布10周年研讨会　残疾儿童少年义务教育　汉语双拼盲文暂缓推行　特殊教育工作研讨会

技术装备 ………………………………………………（141）

教学仪器设备行业管理

教育督导 ………………………………………………（142）

国家督学会议暨教育督导先进集体、先进工作者表彰会　全国教育督导室主任会议　开展基础教育专项督导检查　教育督导机构建设　“两基”督导工作会议　“两基”督导检查验收　附　第六批基本普及九年义务教育和基本扫除青壮年文盲县（市、区）名单　初等义务教育评估验收　附　第三批基本普及初等义务教育县（市）名单　印发加强教育督导与评估工作意见　推进素质教育实验县（市、区）工作

职业教育与成人教育 …………………………………………………………………… (153)

调整中等职业学校布局结构　面向21世纪职业教育课程改革和教材建设规划　附　全国中等职业教育教学指导委员会人员组成名单　全国行业中等职业教育教学指导委员会组成名单　重点建设50个职教师资培训基地　农民成人文化技术学校建设　开展社区教育实验工作　农村教育综合改革　城市教育综合改革

高等教育 ………………………………………………………………………………… (163)

普通高等学校发展改革 ………………………………………………………………… (163)

高教管理体制改革　高等学校布局结构调整　高等学校设置与调整　附　1999年高等学校审批情况　撤消建制的成人高校名单　创建世界一流大学和重点共建高水平大学　高等学校扩大招生规模　高等学校后勤社会化改革　贯彻实施《高等教育法》　"211工程"建设　产学合作教育　国家理科基地建设　发展高职高专教育　高校实验室工作　计算机辅助教学软件研制开发与推广应用项目　全国高校教育技术协作委员会成立　高等医药教育

大学生文化素质教育　大学英语实施口语考试　高校教学工作评估　教学内容和课程体系改革　修订和实施新一轮高校教学计划　高校本科专业整理工作　颁布高等学校本科专业设置规定　普通高校优秀教务处评选表彰　附　1999年全国普通高等学校优秀教务处名单

教育部直属高校教育 ………………………………………………………………… (201)

北京大学、清华大学合作办学　北京大学、清华大学实行人事分配制度改革　部属高校增选中国科学院、中国工程院院士　规范部属高校办学秩序

学位工作与研究生教育 ……………………………………………………………… (205)

国务院学位委员会第十七次会议　研究生培养　批准授予国外和香港地区学位的合作办学项目　首届全国优秀博士学位论文评选　附　首届全国优秀博士学位论文名单　表彰全国学位与研究生教育管理工作先进集体　研究生院院长联席会　1998年～1999年授予博士、硕士学位情况

高校思想政治工作 …………………………………………………………………… (215)

第八次全国高校党的建设工作会议　高校思想政治工作会议　全国学校治安综合治理工作电视电话会议　高校思想政治教育　高校思想政治工作队伍建设　高校"两课"建设　形势与政策教育　高校师生抗议以美国为首的北约轰炸中国驻南使馆暴行　优秀大学生表彰、奖励活动

高校学生工作 ………………………………………………………………………… (222)

普通高校招生　研究生招生　高校毕业生就业　高等教育学籍学历管理

普通高校为军队培养输送人才

高校科技工作 ………………………………………………………………………… (226)

高校科技工作主要数据　国家大学科技园建设试点　基础研究工作　科普

工作　为农业与社会发展服务　国家重点实验室建设　教育部重点实验室建设　高等学校重点实验室访问学者制度　编制科技发展“十五”计划及2015年长远规划（基础研究及农业、资源领域）　高等学校科技期刊管理　教育部网上合作研究中心　现代远程教育工程　教育信息化工作　召开面向21世纪创新人才发展战略研讨会　《跨世纪优秀人才培养计划》基金评审　教育部科技委工作　中国高等学校十大科技进展　专利工作　科技成果鉴定与软科学评审　高校博士学科点专项科研基金　科技成果推广　高校科技园协作网建设　教育部科技进步奖　**附**　1999年教育部科技进步奖授奖项目名单

师范教育 …………………………………………………………………… (237)

概况　颁发《中小学教师继续教育规定》　提出中小学教师继续教育工作思路与措施　筹备启动万名骨干教师国家级培训　印发《中学教师进修高等师范本科（专科起点）教学计划》（试行）　加强和改进中师德育工作　师范院校布局结构调整“高等师范教育面向21世纪教学内容和课程体系改革计划”立项项目中期检查　高等师范学校本科教学工作合格评估　加强师范院校计算机教育

民族教育 …………………………………………………………………… (244)

概况　民族地区“两基”工作研讨会　少数民族文字教材建设　双语教学与汉语水平考试　开展中小学民族团结教育活动　教育援藏　内地高校支援新疆培养人才　创办内地新疆高中班　普通高校少数民族预科班　教育对口支援　评估民族学院本科教学工作　“中国少数民族双语教育”在巴黎展出

学校体育、卫生与艺术教育 ……………………………………………… (250)

体育、卫生教育 ………………………………………………………… (250)

全国学校体育卫生工作经验交流会　第七届全国中学生运动会　开展课外体育活动　体育师资培训　体育考试改革　学生营养工作　建立全国学生体质健康监测网　学生常见疾病防治工作

艺术教育 ………………………………………………………………… (254)

全国普通高校艺术教育研讨会　举办'99全国大学生艺术节　开展农村艺术教育实验工作

电化教育 …………………………………………………………………… (256)

现代远程教育国际合作研讨会　卫星电视教育网络改造工程项目　中小学现代教育技术实验学校工程　与联合国儿童基金会合作开展远距离教育项目　电化教育教材建设　办好教育电视节目　推广电视VBI多媒体数据广播　全国电视

大学工作会议 中央电大20周年校庆 落实教育振兴行动计划 亚洲开放大学协会第13届年会

教育考试 ……………………………………………………………… (266)

高考改革 ……………………………………………………………… (266)

高考内容改革 广东省实行“3+X”科目考试改革 高考命题改革 综合能力测试 高考征题活动

自学考试 ……………………………………………………………… (268)

综述 国家学历文凭考试情况调研 专业调整工作结束 自学考试社会助学情况 推进农村乡镇自学考试服务体系建设 自考中英合作课程开考 自学考试答疑网络 教材建设 自考学习媒体研究

社会考试 ……………………………………………………………… (272)

全国计算机等级考试 全国计算机应用技术证书考试 全国公共英语等级考试 剑桥少儿英语学习系统 证券咨询类从业人员资格考试

海外考试 ……………………………………………………………… (274)

日本语能力测试 计算机化GMAT和GRE考试 剑桥英语五级证书考试 商务英语证书考试

教育考试科研 ……………………………………………………………… (275)

高考网上阅卷 OCR（光学字符识别技术）应用 高考英语听力考试实验

干部管理与教师工作 ……………………………………………………………… (277)

教育行政学院培训 ……………………………………………………………… (277)

加强学院建设 高校干部培训 地市教育行政干部培训 科研工作

学校内部管理体制改革 ……………………………………………………………… (279)

深化高校内部管理体制改革

教师工作 ……………………………………………………………… (280)

“长江学者奖励计划”实施情况 附 “长江学者奖励计划”首批特聘教授名单 “长江学者奖励计划”首届“长江学者成就奖”获奖者名单 “长江学者奖励计划”第二批特聘教授名单 “长江学者奖励计划”讲座教授名单 “高等学校优秀青年教师教学和科研奖励基金”启动 印发《关于新时期加强高校教师队伍建设的意见》 解决民办教师问题 启动实施“烛光工程” 发布《中小学校长培训规定》 全国中小学教师继续教育和校长培训工作会议

教育财务、审计与基本建设 ……………………………………………………………… (289)

教育财务 ……………………………………………………………… (289)

1998年全国教育经费执行情况统计公告（教育部、国家统计局1999年11月

2日发布)“国家贫困地区义务教育工程”取得新进展　落实《面向21世纪教育振兴行动计划》中央财政专项资金　做好10所划转高校的财务工作　世界银行贷款“高等教育发展”项目　加强中小学危房改造　中初等学校校办产业

教育审计 …………………………………………………………………… (301)

年度审计工作情况　财务收支审计　基建修缮工程审计　经济责任审计　围绕热点问题开展审计和审计调查　加强管理和指导，提高审计水平

教育基本建设 ……………………………………………………………… (304)

教职工住房建设　部委属高校筒子楼改造工作

国际交流及与港、澳、台交流合作 ……………………………………… (306)

留学工作 …………………………………………………………………… (306)

出国留学　来华留学　国家留学基金委工作

交流工作 …………………………………………………………………… (311)

双边交流　与国际组织合作　国际学术会议　对外汉语教学

与香港、澳门地区和台湾省的交流合作 ………………………………… (315)

与香港的交流　与澳门的交流　与台湾的交流

民间交流 …………………………………………………………………… (317)

综述　基础教育国际交流　高等教育国际交流　举办大型国际教育展　举行“华夏园丁迎2000年大联欢”活动　举办“终身教育节”　与美国继续开展“艾氏项目”　继续接受凯尔财团赠送文教具　筹备自费出国留学中介机构

中国教科文组织活动 ……………………………………………………… (321)

综述　出席教科文组织第30届大会　举办'99巴黎中国文化周　出席世界科学大会　出席国际职业技术教育大会　出席教科文组织执行局会议　教育领域的合作　自然科学领域的合作　社会科学、文化、信息传播领域的合作　翻译出版教科文组织出版物　参加联系学校计划和俱乐部活动

语言文字工作 ……………………………………………………………… (325)

综述　发挥城市中心作用，全面推进语言文字工作　研制《一类城市语言文字工作评估标准》　语言文字应用监督评测机制建设　开展公务员推广普通话工作　第二届全国推广普通话宣传周　全国学校语言文字工作会议　印刷魏体字形、印刷隶体字形、汉字笔顺、汉字字序（笔画序）四项规范发布　“信息处理用现代汉语词汇研究”进展顺利　少数民族语言文字应用调研工作启动　“中国语言文字使用情况调查”进展情况

教材建设、出版管理与教学仪器研究 ……………………………… (335)

人民教育出版社 ……………………………………………… (335)

出版《改革开放20年的中国教育》画册 出版《新中国教育五十年》画册 中等师范学校教学大纲和教材修订 中等特殊教育师范学校专业课教材编写出版 全日制聋校教材全部出齐 获奖图书和电子音像制品 北京人教教材中心成立 人民教育电子音像出版社成立

高等教育出版社 ……………………………………………… (338)

社庆纪念活动 获奖出版物 获中国韬奋出版奖 教材出版

出版管理 ……………………………………………………… (339)

社科类图书报刊管理工作 获奖社科类图书与音像制品 大专院校音像教材管理

教学仪器研究 ………………………………………………… (342)

修订中小学教学仪器配备目录 教学仪器检测取得国家计量认证合格证书 教学仪器研究成果 与联合国儿基会合作项目

教育科研、学术活动 ……………………………………………… (344)

国家教育发展研究中心 ……………………………………… (344)

中美数学教育高级研讨会 流动人口子女就学政策的制定与实施

高校社会科学发展研究中心 ………………………………… (346)

综述 邓小平理论的研究与宣传 哲学社会科学各学科的学术研究 深入批判"法轮功"邪教 《高校理论战线》办刊工作 对外学术交流活动

中央教育科学研究所 ………………………………………… (349)

举办全国第二届教育科学优秀成果评奖活动 附 全国第二届教育科学优秀成果获奖成果名单 开展"跨世纪园丁工程名师项目专设课题"试点

中国教育学会 ………………………………………………… (358)

开展群众性学术活动 举办建国50周年庆祝活动 开展学会成立20周年纪念活动 开展对外和对港澳台的学术交流

中国高等教育学会 …………………………………………… (361)

学术研究活动 召开共和国教育50年座谈会 国际交流活动 为教育行政部门服务 拓展工作领域

教育报刊 ………………………………………………………… (365)

中国教育报刊社 ……………………………………………… (365)

概述 坚持正确舆论导向，圆满完成宣传报道任务

中国教育报 …………………………………………………… (367)

围绕中心，服务大局 服务教育，加强引导

《人民教育》杂志 …………………………………………………………………………… (370)

宣传第三次全国教育工作会议精神　传达教育部工作部署和指示　宣传新中国50年教育事业的伟大成就　宣传教育战线喜迎澳门回归祖国　宣传基础教育改革与发展的典型经验　宣传校长和教师队伍建设

《中国高等教育》杂志 ………………………………………………………………………… (372)

概述　宣传贯彻实施《高等教育法》　宣传实施《面向21世纪教育振兴行动计划》　学习贯彻第三次全国教育工作会议精神　纪念五四运动80周年　欢庆澳门回归祖国　开展改革教育思想观念讨论

《神州学人》杂志及电子版 ……………………………………………………………………… (374)

办刊思路　报道党和国家领导人对留学人员的关怀　围绕重点选题做文章　为留学工作营造舆论环境　推出典型人物报道　电子版稳步发展

北京市教育 ………………………………………………………………………………… (377)

概况 ………………………………………………………………………………………… (377)

基本情况　教育改革和发展思路与年度工作　教师队伍建设　招生考试改革

基础教育 ……………………………………………………………………………………… (381)

综述　教学改革　教育督导　中小学内部管理体制改革　山区中小学建设　农村完全小学建设　基础薄弱学校建设　建立初中毕业会考制度　民族教育　特殊教育　学前教育

职业教育 ……………………………………………………………………………………… (386)

综述　全市职业教育工作会议　中等职业教育

高等教育 ……………………………………………………………………………………… (387)

管理体制改革　学院路高校联合办学　高等职业教育　高校科技工作　教学工作　高校后勤改革　高校毕业生就业制度改革

成人教育 ……………………………………………………………………………………… (391)

综述　成人高等教育　教学评估　农村成人教育　成人中等教育　社会力量办学

天津市教育 ………………………………………………………………………………… (394)

概况 ………………………………………………………………………………………… (394)

基本情况　年度工作方针　制订推进素质教育《若干意见》　制订建设教育强市行动计划　邓小平理论“三进”工作　高级人才选拔培养

基础教育 ……………………………………………………………………………………… (398)

综述　高中新课程试验　中小学布局调整　学前教育

职业教育 ……………………………………………………………………………………… (400)

综述　构建高标准职业教育体系　建设师资培训基地　职业教育体制改革　高等职业教育　筹建高职教育师资培训基地　技工教育
高等教育 …………………………………………………………………………………… (403)
综述　重点学科建设　社会科学研究成果评奖　市属高校扩大招生规模　高校筒子楼改造　高校基本建设　高校后勤社会化改革　高校招生实现网上录取
成人教育 …………………………………………………………………………………… (406)
综述　人才培养模式改革和开放教育试点　再就业培训暨成人教育网站开通　老年教育

河北省教育 ……………………………………………………………………………… (409)
概况 ………………………………………………………………………………………… (409)
基本情况　年度工作方针　推广乡镇教育体系构建经验　学生“三下乡”活动
基础教育 …………………………………………………………………………………… (412)
幼儿教育　普及九年义务教育　中学办学模式改革　农村小学管理体制改革　小学英语教学　普通话达标活动　读书教育活动　特殊教育
职业教育 …………………………………………………………………………………… (415)
高职教育　农村职业教育产业化　职教中心办出特色　职教中心整体改革
高等教育 …………………………………………………………………………………… (417)
党建工作和思想政治教育　学生工作　教学内容和课程体系改革　本科专业结构调整　人事分配制度改革　学校管理工作　毕业生分配　科技工作
成人教育 …………………………………………………………………………………… (421)
形成农村成人办学新机制　成人高等教育　社会力量办学　农村成人教育　下岗职工再就业培训

山西省教育 ……………………………………………………………………………… (424)
概况 ………………………………………………………………………………………… (424)
基本情况　年度工作方针　教育投入与支出　全省教育、科技创新大会　省委、省政府做出大力振兴教育事业《决定》　精神文明建设与德育工程　举办校园艺术节暨校园周末音乐会　语言文字工作
基础教育 …………………………………………………………………………………… (431)
义务教育　幼儿教育　特殊教育　普通高中教育　教育督导　教师工作　素质教育　中小学内部管理体制改革　普及实验教学　电化教育　勤工俭学　治理中小学乱收费
职业教育 …………………………………………………………………………………… (438)

综述　农村职业教育　省城旅游职业教育集团成立　农村教育综合改革

高等教育 …………………………………………………………………… (439)

综述　管理体制改革　高校内部管理体制改革　"四重工程"建设　教学工作　高校党建工作与思想政治教育　学位工作与研究生教育　对外交流与合作　招生工作与高考改革

成人教育 …………………………………………………………………… (443)

扫盲与农村成人教育　社会力量办学

内蒙古自治区教育 ………………………………………………………… (445)

概况 ………………………………………………………………………… (445)

基本情况　贯彻中共中央国务院推进素质教育《决定》　全区教育工作会议　学校管理工作现场会　社会力量办学　"三讲"教育　教育法制建设　现代远程教育工程

基础教育 …………………………………………………………………… (449)

"普九"工作　实施贫困地区义务教育工程进展情况　素质教育　教师队伍建设　治理中小学乱收费

职业教育 …………………………………………………………………… (452)

职业学校招生改革　骨干示范学校建设　教育教学改革　技术培训和推广　宣传《职业教育法》

高等教育 …………………………………………………………………… (453)

全区高教工作座谈会　管理体制改革　教学改革　招生工作　科技工作　党建与思想政治工作

成人教育 …………………………………………………………………… (456)

扫盲工作　成人高、中等教育　自学考试

民族教育 …………………………………………………………………… (457)

综述　"三语"教学改革　民族语文教材建设　示范性民族中小学建设

辽宁省教育 ……………………………………………………………… (459)

概况 ………………………………………………………………………… (459)

基本情况　年度工作方针　全省教育工作会议　教育法制建设　纠正行业不正之风　教育考试管理

基础教育 …………………………………………………………………… (463)

中小学布局调整　中小学教师继续教育　分离企业办中小学　民办中小学管理　控制中小学生辍学　扩大高中招生规模

高等教育 …………………………………………………………………… (465)

高校内部管理体制改革　举办全省大学生文化艺术节　高校"文明校园"建

设　调整高等教育收费标准　高校党建工作　高校后勤改革
职业教育与成人教育 ……………………………………………………………… (468)
民办教育　高等职业教育　农村职业教育　培训下岗职工　调整中等职业学校收费标准
大连市教育 ……………………………………………………………………… (471)
基本情况　基础教育　职业教育　高等教育　成人教育

吉林省教育 ……………………………………………………………………… (477)
概况 ……………………………………………………………………………… (477)
基本情况　召开全省教育工作会议　教育投入与支出　教育对外交流
基础教育 ………………………………………………………………………… (480)
综述　教育教学改革　中小学内部管理体制改革　教师队伍建设
职业教育 ………………………………………………………………………… (481)
综述　布局结构调整　重点骨干学校建设　办学管理体制改革试点　对口招生　农村和企业教育综合改革
高等教育 ………………………………………………………………………… (482)
综述　高校管理体制改革　后勤工作　科技工作　招生工作
成人教育 ………………………………………………………………………… (483)
综述　扫盲工作

黑龙江省教育 …………………………………………………………………… (485)
概况 ……………………………………………………………………………… (485)
基本情况　年度工作方针　召开科教兴省大会　教育经费
基础教育 ………………………………………………………………………… (489)
综述　“普九”工作　高中教育　素质教育　特殊教育　幼儿教育　中小学德育工作　中小学教育管理　教学改革　教师队伍建设
职业教育 ………………………………………………………………………… (492)
职业教育为农村服务　改革招生办法　职业指导教育　高等职业教育　教师队伍建设　教育教学基本建设
高等教育 ………………………………………………………………………… (494)
综述　管理体制改革　学科建设与教学管理　校办产业　科技工作
成人教育 ………………………………………………………………………… (497)
综述　成人高校调整　农村成人学校建设　农村实用技术培训

上海市教育 ……………………………………………………………………… (499)
概况 ……………………………………………………………………………… (499)

基本情况　年度工作方针　教育工作会议　教育投入与支出
基础教育 …………………………………………………………………………（502）
综述　素质教育“达标工程”建设　普及高中教育　寄宿制高中建设　实验性示范性高中建设　小班化教育　九年一贯制办学　教育专项督导　学生评价与管理改革　艺术与科普教育　教师队伍建设　人事制度改革　学校周边环境整治工作
职业教育 …………………………………………………………………………（505）
综述　学校布局结构调整　教育教学改革　重点专业（工种）建设　职教公共实训基地建设　课程改革与教材建设　高等职业技术教育　“三校生”招生工作　职教师资建设
高等教育 …………………………………………………………………………（508）
综述　管理体制改革和布局结构调整　重点学科建设　教学管理　高校科技和经济合作　鼓励考生报考外省市院校　高校扩招工作　教师队伍建设　学生工作　后勤改革　教育合作与交流　体育、卫生、艺术工作
成人教育 …………………………………………………………………………（512）
综述　社会化培训　社会力量办学　实施“燎原计划”　远程教育　高教自考工作　老年教育

江苏省教育 ……………………………………………………………………（516）
概况 ………………………………………………………………………………（516）
基本情况　全省教育工作会议　推进教育现代化建设　教育法制工作　教师队伍建设　教育投入和财务管理　教育督导评估　国际交流与合作　教育科研、信息工作　语言文字工作
基础教育 …………………………………………………………………………（521）
综述　薄弱学校改造　完善学籍管理制度　义务教育年审　初中教育　普通高中教育　幼儿教育　特殊教育
职业教育 …………………………………………………………………………（526）
综述　农村职业教育　骨干学校建设　高等职业教育　颁发职业学校德育纲要　开展就业与创业指导　专业现代化建设　职教师资培训基地建设
高等教育 …………………………………………………………………………（528）
综述　高等教育体制改革　教学工作　高校科技工作　高校基本建设　学位与研究生工作　校办企业
成人教育 …………………………………………………………………………（530）
综述　农村成人教育　职工教育　成人高、中等教育　社会力量办学　老年教育

浙江省教育 …………………………………………………………………………… (533)
概况 …………………………………………………………………………… (533)
基本情况　年度工作要点　贯彻全国教育工作会议精神　社会力量办学　校园文明建设　教育宣传　教育经费　语言文字工作
基础教育 …………………………………………………………………………… (538)
综述　“两基”工作　创建教育强县、强镇　素质教育　普通高中教育　中小学教师队伍建设　学校安全工作　国防教育　中小学布局调整　教育科研
职业教育 …………………………………………………………………………… (542)
综述　采取措施促进职教持续发展　重点职业学校建设　职教师资培养培训　普通中专招生工作
高等教育 …………………………………………………………………………… (544)
综述　省委、省政府重视高等教育发展　思想政治工作　教学工作　教师培养培训　管理体制改革　巩固扩大高教改革成果　高考改革　实行高校毕业生就业新政策　举办大学生运动会　建立产学研示范基地　与银行合作发展教育事业　教育交流
成人教育 …………………………………………………………………………… (549)
综述　高等教育学历文凭考试　电大教育　自学考试　招生工作
宁波市教育 …………………………………………………………………………… (551)
基本情况　基础教育　职业教育　高等教育　成人教育

安徽省教育 …………………………………………………………………………… (559)
概况 …………………………………………………………………………… (559)
基本情况　年度工作指导思想和基本方针　全省教育工作会议　教育投入与支出　救灾及恢复重建工作　教育法制建设　50年安徽教育成就
基础教育 …………………………………………………………………………… (565)
综述　义务教育　“贫三项目”和“义教工程”执行情况　幼儿教育　高中教育　特殊教育　素质教育　体育、卫生、艺术教育　中小学教研、科研　中小学内部管理体制改革　基本解决民师问题　干训、师训和支教工作　教育督导　电化教育　教育技术装备　校办产业　治理中小学乱收费
职业教育 …………………………………………………………………………… (569)
综述　教育教学改革　骨干学校建设　中等师范教育　农科教结合工作
高等教育 …………………………………………………………………………… (571)
高教管理体制改革　教学工作　研究生与学位工作　教师队伍建设　科研工作　招生工作　毕业生就业工作　学生管理　高校党建和思想政治工作
成人教育 …………………………………………………………………………… (574)

农村成人教育及扫盲工作　岗位培训和继续教育　社会力量办学　成人中专、高校工作　自学考试

福建省教育 ……………………………………………………………… (577)
概况 ……………………………………………………………… (577)
基本情况　年度工作方针　教育投入与支出　新中国成立50年福建省教育成就　迎澳门回归活动　学校内部管理体制改革　教育强县建设　教师队伍建设　对外、对台交流与合作
基础教育 ……………………………………………………………… (583)
综述　义务教育　特殊教育　幼儿教育　素质教育　民族教育　调整小学布局　农村初中教育　高中教育
职业教育 ……………………………………………………………… (587)
综述　职业教育改革　职业学校布局结构调整　办学评估　内地西藏中专班工作
高等教育 ……………………………………………………………… (589)
综述　高校布局结构调整　高等职业教育　教学改革　学科建设　科技工作　高校后勤社会化改革
成人教育 ……………………………………………………………… (591)
综述　农村成人教育　成人学历教育　自学考试
厦门市教育 ……………………………………………………………… (592)
基本情况　基础教育　职业教育　高等教育　成人教育

江西省教育 ……………………………………………………………… (598)
概况 ……………………………………………………………… (598)
基本情况　年度教育工作会议　教育经费投入与支出　高校基建和中小学校舍建设　教师队伍建设
基础教育 ……………………………………………………………… (601)
综述　义务教育　素质教育　幼儿教育　高中教育　中小学危房改造　治理中小学乱收费
职业教育 ……………………………………………………………… (604)
综述　职业教育办学体制改革研讨会　重点中等职业学校评估
高等教育 ……………………………………………………………… (605)
综述　高校管理体制改革和布局结构调整　教学改革和管理　高校后勤社会化改革　高校科研　高校党建与德育工作　教育交流与合作
成人教育 ……………………………………………………………… (607)
扫盲工作　社会力量办学　成人高、中等教育

山东省教育 …………………………………………………………………… (609)
概况 ……………………………………………………………………………… (609)
基本情况　全省科技教育工作会议　保障妇女儿童受教育权利　财务管理改革　教育经费投入　现代远程教育网建设　教育工会组织建设
基础教育 ……………………………………………………………………… (613)
义务教育　素质教育　招生改革　中小学用书管理　示范性高中建设　学前教育
职业教育 ……………………………………………………………………… (615)
综述　布局调整和管理体制改革　骨干学校建设　为农村经济服务
高等教育 ……………………………………………………………………… (616)
综述　科研工作　师范类毕业生分配　实验室管理体制改革　银行贷款建设校舍　国际交流
成人教育 ……………………………………………………………………… (618)
农村成人教育　成人高等教育　社会力量办学
青岛市教育 …………………………………………………………………… (620)
综述　基础教育　职业教育　高等教育　成人教育

河南省教育 …………………………………………………………………… (625)
概况 ……………………………………………………………………………… (625)
基本情况　年度教育工作方针　召开全省教育工作会议　教育投入与支出　教师队伍建设　语言文字工作
基础教育 ……………………………………………………………………… (630)
综述　"两基"评估验收　中小学德育工作　普通高中教育　体育、卫生与艺术教育　勤工俭学　实验教学
职业教育 ……………………………………………………………………… (633)
综述　县级骨干职业学校建设　重点职业学校建设　中等职业学校招生　核定中专学校办学规模　执法情况调查　技工教育
高等教育 ……………………………………………………………………… (636)
综述　"211 工程"建设　专业结构调整　教学工作　高等职业教育　高校筒子楼改造　高校后勤社会化改革　研究生教育　高校图书馆建设
成人教育 ……………………………………………………………………… (639)
综述　成人高等教育　扫盲及巩固提高工作　社会力量办学　成人中、初等教育　农村教育综合改革

湖北省教育 …………………………………………………………………… (643)
概况 ……………………………………………………………………………… (643)

基本情况　年度教育工作方针　全省技术和教育创新工作会议　颁布推进素质教育决定　灾后学校重建　教育投入与基本建设

基础教育 …………………………………………………………………… (647)

"普九"工作　素质教育　普通高中教育　中小学教师继续教育　教育干部培训　中等师范教育改革

职业教育 …………………………………………………………………… (651)

综述　学校布局结构调整　实施职业教育"512 工程"　高职教育教学工作

高等教育 …………………………………………………………………… (653)

综述　高校体制改革　教学改革　教师队伍建设　高校党建和思想政治工作　学位工作与研究生教育　高校科技工作

成人教育 …………………………………………………………………… (657)

综述　岗位培训和继续教育调研　成人中专学校管理体制改革　社会力量办学　法官培训

湖南省教育 ……………………………………………………………… (659)

概况 ………………………………………………………………………… (659)

基本情况　年度工作方针　教育法制工作　教育经费投入　学校收费工作　教育交流　教育援藏

基础教育 …………………………………………………………………… (664)

"普九"工作　素质教育　教育改革　中小学教师继续教育　特殊教育培训　世行贷款执行情况　灾后中小学校重建工作　中小学电化教育　中小学图书馆（室）建设　中小学布局调整

职业教育 …………………………………………………………………… (668)

概述　教学工作　实施"现代职业教育样板工程"　中等职业学校毕业生对口报考高校　高等职业教育　师资培训工作

高等教育 …………………………………………………………………… (670)

高校管理体制改革和结构布局调整　基本建设投资　高校筒子楼改造　高校后勤社会化改革　教学工作　科技工作　学位工作　招生工作　毕业生就业

成人教育 …………………………………………………………………… (673)

扫盲教育　乡镇农民文化技术学校建设　成人中专教育　职工教育　成人高等函授教育　广播电视教育

广东省教育 ……………………………………………………………… (675)

概况 ………………………………………………………………………… (675)

基本情况　年度工作方针　学习贯彻全国教育工作会议精神　教育投入与

支出 语言文字工作

基础教育 …………………………………………………………………………………… (678)

综述 建国50年教育成就 义务教育 普通高中教育 特殊教育 幼儿教育 素质教育 教育现代化和信息化 教师队伍和住房建设 教育法制和督导工作 治理中小学乱收费

职业教育 …………………………………………………………………………………… (683)

综述 普通中专教育 专业建设 骨干职中建设 职中课程教材和招生考试改革 专业教师队伍建设

高等教育 …………………………………………………………………………………… (685)

综述 办学规模持续快速发展 管理体制改革 教学科研工作 信息网络建设 教师队伍建设 后勤社会化改革 教师住房建设 党的建设和领导班子建设 思想政治工作 体育、艺术工作 对外教育交流 招生制度改革 毕业生就业工作

成人教育 …………………………………………………………………………………… (690)

农村教育综合改革 农村成人教育 成人高等、中专教育 自学考试

广西壮族自治区教育 …………………………………………………………………… (692)

概况 ……………………………………………………………………………………… (692)

基本情况 年度工作方针 教育投入 党建与思想政治工作 师范教育 语言文字工作

基础教育 …………………………………………………………………………………… (695)

综述 “普九”工作 实施“国家贫困地区义务教育工程” 素质教育 普通高中教育 幼儿教育 特殊教育 中小学勤工俭学

职业教育 …………………………………………………………………………………… (698)

综述 农村职业教育 招生和教学改革 重点职业学校评估

高等教育 …………………………………………………………………………………… (700)

综述 贯彻《高等教育法》 教学改革 学位工作与研究生教育 成人高等教育 高校科技工作 教育信息化建设 高校招生考试工作 高校毕业生就业工作

成人教育 …………………………………………………………………………………… (703)

扫盲和农村成人教育 成人中专教育教学改革 社会力量办学

海南省教育 ……………………………………………………………………………… (705)

概况 ……………………………………………………………………………………… (705)

基本情况 年度工作方针 教育投入与支出 教育国际交流 教育法制工作 “扶贫支教”工作 电化教育

基础教育 ……………………………………………………………………………… (709)

综述　义务教育　高中教育　民办教育　幼儿教育　素质教育　教学工作　体育、卫生与艺术教育　教育督导　教师队伍建设　勤工俭学　治理中小学乱收费

职业教育 ……………………………………………………………………………… (714)

综述　中等职业教育　中等师范教育

高等教育 ……………………………………………………………………………… (715)

综述　党建与干部队伍建设　思想政治工作　大学生社会实践活动　教学工作　科研工作　招生工作

成人教育 ……………………………………………………………………………… (718)

综述　农村成人教育　办好"小康班"　成人大中专教育　社会力量办学　自学考试

重庆市教育 ……………………………………………………………………… (720)

概况 …………………………………………………………………………………… (720)

基本情况　年度工作方针　全市教育工作会议　教育投入与支出　教育基本建设　三峡库区学校搬迁工作　校办产业

基础教育 ……………………………………………………………………………… (725)

"两基"评估验收与专项督导　示范小学建设　高中教育　农村初中推行"两证"教育　幼儿教育　特殊教育　中小学教师继续教育

职业教育 ……………………………………………………………………………… (727)

综述　办学体制改革　实施职业教育合作项目　重点中专建设　中师教育　职业高中教育　布局结构调整

高等教育 ……………………………………………………………………………… (728)

管理体制改革　教学工作　高等职业教育　成人高等教育　学位与研究生工作　毕业生就业工作　高校科技工作

成人教育 ……………………………………………………………………………… (731)

扫盲工作　乡镇成人学校建设　社会力量办学

民族教育 ……………………………………………………………………………… (732)

综述　办好内地西藏班　教师队伍建设

四川省教育 ……………………………………………………………………… (733)

概况 …………………………………………………………………………………… (733)

基本情况　年度工作方针　第三次全省教育工作会　教育投入与支出　电化教育

基础教育 ……………………………………………………………………………… (736)

综述　素质教育　义务教育　普通高中教育　幼儿教育　体育、卫生、艺术教育　教师队伍建设　教育科研　督导工作

职业教育 …… (739)

综述　中专教育　职业中学建设　高等职业教育

高等教育 …… (740)

综述　管理体制改革　党建和思想政治工作　教学改革　招生与毕业生就业工作　科技工作　学位工作与研究生教育　成人高等教育　对外交流

成人教育 …… (742)

综述　扫盲工作和农村成人学校建设　职工教育　成人中专教育　社会力量办学　自学考试和社会考试

民族教育 …… (744)

综述　义务教育　扫盲工作　寄宿制学校情况　双语教学　教育对口支援

贵州省教育 …… (746)

概况 …… (746)

基本情况　教育经费　基建投资　教育审计　学校体育工作　大中专毕业生就业

基础教育 …… (751)

义务教育　世行贷款项目进展情况　普通高中扩大招生　示范性普通高中评估　中小学实验教学评估　初等学校勤工俭学　教师队伍建设

高等教育 …… (754)

宣传贯彻《高等教育法》　扩大招生规模　国际教育交流

成人教育 …… (755)

社会力量办学　农村成人教育　成人高、中等教育　成人大中专学校招生工作　自学考试与社会考试

民族教育 …… (757)

综述　中小学民族团结教育　高校少数民族预科班

云南省教育 …… (759)

概况 …… (759)

基本情况　概述　教育投入与支出　云南省教育工作会议　省教育科学规划领导小组成立　大中专毕业生就业综合网络系统开发　普通话水平测试工作

基础教育 …… (764)

综述　“两基”评估验收　现代教育技术实验工程　普及实验教学　签定残疾儿童少年义务教育项目责任书　幼儿教育　全省教师进修学校校长会议

教师队伍建设

职业教育 …………………………………………………………………………（767）

综述　颁布《云南省职业教育条例》　调整职业学校布局结构　深化职教招生改革　职业教育骨干示范学校建设　高等职业教育

高等教育 …………………………………………………………………………（769）

综述　制定师资队伍建设实施方案　专业建设与整理　人才培养模式改革和开放教育试点　高校科技工作　“两课”教学改革与建设　毕业生就业情况　高校贫（特）困生助学工作　高校招生计算机网上录取试点工作　省院省校教育合作　教育交流

成人教育 …………………………………………………………………………（773）

社会力量办学　农村成人文化技术学校建设　成人中专教育

民族教育 …………………………………………………………………………（775）

边境口岸学校建设　民族文字教材建设

西藏自治区教育 …………………………………………………………………（776）

概况 ………………………………………………………………………………（776）

基本情况　全区第六次教育工作会议

基础教育 …………………………………………………………………………（779）

综述　义务教育　“国家贫困地区义务教育工程”实施情况　教育督导

职业教育 …………………………………………………………………………（781）

中专布局调整　中专专业设置与调整　开展职业技术培训　国际教育合作　农村教育综合改革

高等教育 …………………………………………………………………………（783）

综述

成人教育 …………………………………………………………………………（784）

扫盲工作　社会力量办学

陕西省教育 ………………………………………………………………………（785）

概况 ………………………………………………………………………………（785）

基本情况　年度工作方针　精神文明建设　依法治教　教育经费管理与投入　教师队伍建设

基础教育 …………………………………………………………………………（789）

普及九年义务教育　素质教育　教育教学改革　幼儿教育　特殊教育　体育、艺术与卫生教育　勤工俭学　教育督导

职业教育 …………………………………………………………………………（792）

县级职教中心建设　职业学校招生　骨干学校建设　教育教学改革　高等

职业教育

高等教育 …………(793)

面向21世纪教学内容与课程改革　修订专业计划　教学管理与科研　管理体制改革　学位工作与研究生教育　高校党建与领导班子建设　高校科研工作　艺术教育、体育与军训　毕业生就业工作　教育交流与合作　高校基础设施与住房建设　高校后勤社会化改革

成人教育 …………(797)

扫盲工作　成人中专教育　成人高等教育　社会力量办学

甘肃省教育 …………(799)

概况 …………(799)

基本情况　年度工作方针　全省教育工作会议　教育投入　思想政治工作　语言文字工作

基础教育 …………(803)

综述　素质教育　义务教育　普通高中教育　幼儿教育　特殊教育　“未来工程”实施情况　项目工作

职业教育 …………(806)

综述　确定职业教育发展思路　中等职业教育改革　高等职业教育　重点学校建设与布局调整　职教师资培养培训与基础建设　“461”工程与“401”项目

高等教育 …………(809)

综述　高校思想政治教育工作　高等教育管理与改革　教学管理　专业管理和教学计划修订　科研工作　学位工作与研究生教育　重点学科建设　教师队伍建设　学生工作　高层次人才培养　实验室及网络建设　稳定和综合治理工作

成人教育 …………(813)

综述　扫盲及农村成人教育　成人高等教育　成人中等教育　社会力量办学

民族教育 …………(815)

综述　义务教育　“双语”教学　民族班工作　教育对口协作　改善办学条件

青海省教育 …………(817)

概况 …………(817)

基本情况　年度工作指导思想　教育投入与支出　学习宣传贯彻全国教育工作会议精神　教育法制建设　语言文字工作　支援基层教育工作　大中

专招生与分配　学校体育、卫生与艺术教育　教育交流
基础教育 …………………………………………………………………………（821）
综述　义务教育　素质教育　提高办学质量和效益　教育项目工作　教师队伍建设　德育工作　教育督导工作　电化教育
职业教育 …………………………………………………………………………（824）
综述　端正办学指导思想　高等职业教育　继续推行“双证书”制度　职业技能培训　中等职业学校评估
高等教育 …………………………………………………………………………（825）
专业建设　教学科研工作　高校后勤改革　产学研结合　高校基础设施建设　学位工作
成人教育 …………………………………………………………………………（826）
农牧民教育　成人高等、中专教育　社会力量办学
民族教育 …………………………………………………………………………（827）
综述　民族教育调研　提高牧区教学质量试点　民族教材编译　汉语水平考试试点工作　民族地区师资培训

宁夏回族自治区教育 ……………………………………………………………（829）
概况 ………………………………………………………………………………（829）
基本情况　年度工作方针和任务　教育投入和基础建设
基础教育 …………………………………………………………………………（831）
综述　“普九”工作　素质教育　教师队伍建设
职业教育 …………………………………………………………………………（833）
综述　职业学校建设　普通中专教育
高等教育 …………………………………………………………………………（835）
学习《高等教育法》　体制改革　高校党建和思想政治工作　教学工作　教师队伍建设　科研工作　教育交流与合作　学位工作与研究生教育　特困生资助工作
成人教育 …………………………………………………………………………（837）
扫盲工作　成人高、中等教育　社会力量办学
民族教育 …………………………………………………………………………（838）
综述　发展方针　高校民族预科部　职业教育

新疆维吾尔自治区教育 …………………………………………………………（840）
概况 ………………………………………………………………………………（840）
基本情况　年度工作方针　贯彻全国教育工作会议精神　思想政治工作　纪检监察和教育审计　勤工俭学　教育信息网络建设　体育、卫生、艺术教

育 教育基本建设 世行贷款项目完成情况

基础教育 …………………………………………………………………………………… (846)

“两基”工作与教育督导 德育工作 素质教育 特殊教育 教育科研 会考工作 教师队伍建设

职业教育 …………………………………………………………………………………… (850)

布局结构调整 科教兴农现场会 普通中专教育

高等教育 …………………………………………………………………………………… (851)

党建工作与“两课”建设 结构调整与教学工作 学位工作 师资培训 招生工作 国际交流与合作 后勤社会化改革 “211 工程”建设

成人教育 …………………………………………………………………………………… (855)

扫盲工作 农村教育综合改革 职工教育 社会力量办学 自学考试工作

民族教育 …………………………………………………………………………………… (857)

教育对口支援 “双语”教学 调整中小学汉语学科课时 教材建设

新疆生产建设兵团教育 ……………………………………………………………………… (859)

综述 基础教育 职业教育与成人教育 高等教育

香港特别行政区教育情况简介 ………………………………………………………… (865)

基本情况 基础教育 特殊教育 高等教育 教育管理体制

澳门特别行政区教育情况简介 ………………………………………………………… (867)

基本情况 基础教育 特殊教育 高等教育

文件选编 ………………………………………………………………………………… (870)

试行按新的管理模式和运行机制举办高等职业技术教育的实施意见

(1999 年 1 月 11 日 教育部、国家计委印发) …………………………………… (870)

少年儿童体育学校管理办法

(1999 年 2 月 4 日 国家体育总局、教育部发布) ………………………………… (872)

科技部、教育部、人事部、财政部、中国人民银行、国家税务总局、国家工商行政管理局关于促进科技成果转化的若干规定

(1999 年 3 月 30 日 国务院办公厅转发) ………………………………………… (875)

高等学校知识产权保护管理规定

(1999 年 4 月 8 日 教育部令第 3 号发布) ……………………………………… (877)

关于初中毕业、升学考试改革的指导意见

(1999 年 4 月 27 日 教育部印发) ………………………………………………… (881)

教育部关于实施《中华人民共和国高等教育法》若干问题的意见

(1999 年 5 月 25 日印发) ………………………………………………………… (883)

中国人民银行、教育部、财政部关于国家助学贷款的管理规定（试行）
（1999 年 6 月 17 日　国务院办公厅转发） …………………………………… (888)
自费出国留学人员偿还的高等教育培养费管理使用办法
（1999 年 7 月 15 日　教育部印发） …………………………………… (891)
中小学接受外国学生管理暂行办法
（1999 年 7 月 21 日　教育部令第 4 号发布） …………………………………… (892)
教育部关于积极推进高中阶段教育事业发展的若干意见
（1999 年 8 月 12 日印发） …………………………………… (893)
关于新时期加强高等学校教师队伍建设的意见
（1999 年 8 月 16 日　教育部印发） …………………………………… (895)
关于加强教育督导与评估工作的意见
（1999 年 8 月 20 日　教育部印发） …………………………………… (900)
自费出国留学中介服务管理规定
（1999 年 8 月 24 日　经国务院同意，教育部、公安部、国家工商行政管理局令第 5 号发布） …………………………………… (904)
关于调整中等职业学校布局结构的意见
（1999 年 9 月 9 日　教育部印发） …………………………………… (906)
高等学校本科专业设置规定（1999 年颁布）
（1999 年 9 月 14 日　教育部发布） …………………………………… (909)
中小学教师继续教育规定（1999 年 9 月 13 日　教育部令第 7 号发布） ………… (912)

资料汇编 …………………………………… (915)
共和国教育 50 年大事记 …………………………………… (915)
关于教育产业问题的讨论及其对教育体制改革的影响 …………………… (936)
1999 年硕士研究生报名/录取情况表 …………………………………… (940)
普通高等学校按地区分布名单 …………………………………… (949)
成人高等学校按地区分布名单 …………………………………… (975)
职业技术学院名单 …………………………………… (993)
民办高等学校名单 …………………………………… (995)
台湾教育动态 …………………………………… (996)
鼓励大学并校　99 所高职再试办学年学分制　专科生校外修习可抵毕业学分　社区学院设置条例拟出草案　中辍生可报考大学联招　台湾教育部门公布《国教九年一贯课程纲要》草案　资赋优异儿童可提前入学　台湾教育部门试行减轻书包计划

1999 年教育大事记 …………………………………… (999)

Contents

Decision of CPC Central Committee and State Council on Deepening Educational Reforms and Promoting Quality-Oriented Education in a Comprehensive Way (June 13, 1999) ………… (1)

Excerpts from General Secretary Jiang Zemin's Speech Made at the Third National Conference on Education (June 15, 1999) ………… (9)

Excerpts from Premier Zhu Rongji's Speech Made at the Third National Conference on Education (June 18, 1999) ………… (12)

Deepening Educational Reforms, Promoting Quality-Oriented Education in a Comprehensive Way and Struggling for Great Revival of Chinese Nation
—— Report Delivered at the Third National Conference on Education (June 15, 1999) ………… *Li Lanqing* (14)

Report of Law Enforcement Inspection Team of Standing Committee of NPC on Implementation of Law of People's Republic of China on Compulsory Education (December 24, 1999) ………… *Peng Peiyun* (17)

Laying a Solid Foundation for Prosperity of the Nation
—— Account of Glorious Course of Educational Development in Past 50 Years ………… *Chen Zhili* (24)

Speech Made at Annual Conference on Education for Year 2000 (December 6, 1999) ………… *Chen Zhili* (40)

Holding "Two Basics" as "Top Priorities" in Educational Development Unswervingly ………… *Lu Fuyuan* (51)

Seizing Opportunity to Push Forward Development of University S & T Parks to a New Level ………… *Wei Yu* (56)

Deepening Rural Comprehensive Educational Reform, Promoting Quality-Oriented Education in a Comprehensive Way and Opening a New Situation for Education to Serve Needs of Agriculture and Rural Work ………… *Zhang Tianbao* (60)

Developing a Nation Strong in Its Higher Education
—— Inaugurating a New Century of Higher Education in China ………… *Zhou Yuanqing* (69)

Setting Norms for Charging Fees, Exercising Strict Regulations, Strengthening Supervision, and Implementing a Package of Relevant Measures
—— On Reforms Relating to Tuition and Other Fees Charged by HEIs
…… *Zhang Baoqing* (73)

The Third National Conference on Education …… (78)
The 1999 Annual Conference on Education convened by Ministry of Education (MOE) …… (80)
Salient Features of Work of MOE for 1999 …… (81)
Summary of Progress Made in Implementing Gist of the Third National Conference on Education and Decision of CPC Central Committee and State Council on Deepening Educational Reforms and Promoting Quality-Oriented Education in a Comprehensive Way …… (87)

Comprehensive Reform and Management in Education (Information on Educational Development and Matters of General Interest) …… (90)
MOE's Statistical Bulletin on Educational Development in 1999 …… (90)
Basic Data on Development of Various Sectors of Education …… (94)
Information on Non-state/Private Education …… (121)
Progress on Educational Legislation …… (122)
An overview. National Conference on Educational Legislation.
Discipline Inspection and Supervision in Educational Sector …… (125)
Implementing gist of the Third Plenary Session of Central Commission for Discipline Inspection of CPC. Work related to ensuring leading cadres' staying clean and honest and self-disciplined. Work related to prosecution of cases involving violation of laws and regulations. Rectifying malpractice of charging unauthorized fees in primary and secondary schools. Law enforcement and discipline inspection. Strengthening macro-level guidance.
Work of Ombudsman's Office …… (128)
An overview. General information and analysis of major problems reflected. Information on handling letters of complaint and visitors appealing for help. Work related to proposals submitted by deputies of NPC and CPPCC.

Basic Education …… (130)

Administration and Management …… (130)

Progress in universalizing 9-year compulsory education. Literacy education. Development of education at senior secondary stage. IT education in schools. Mental health education in schools. Nomination of 100 national bases for conducting S & T education among children and youth. Management of competitive activities conducted among students of primary and secondary schools. Forum on education conducted with aid of good motion pictures and TV dramas.

Teaching Reforms and Teaching Materials Development …… (135)

Curriculum reforms in basic education. Reforming graduation examinations for junior secondary school leavers and entrance examinations for their entry into senior secondary schools. Management of use of textbooks and other publications relating to school work. Examination and approval of school teaching materials.

Preschool and Special Education …… (138)

Seminar observing the 10th anniversary of promulgation of two regulations concerning preschool education. Compulsory schooling of disabled children and youth. Popularization of a new variety of braille known as *hanyu shuangpin braille* postponed. Seminar on work of special education.

Technical Equipment …… (141)

Sectoral management of enterprises producing instruments and equipment used for instruction.

Educational Inspection …… (142)

Conference of national inspectors of education and meeting for commending outstanding collectives and individuals for their contributions to educational inspection. National conference of chiefs of offices of local educational inspection. Conducting educational inspection of selected themes in basic education. Development of agencies of educational inspection. Conference on educational inspection relating to "two basics". Verification and acceptance of progress in "two basics" through educational inspection. Appendix: List of the sixth batch of counties (cities, districts) having basically universalized 9-year compulsory education and basically eradicated illiteracy among young and middle-aged adults. Assessment and acceptance of progress in universalizing primary education. Appendix: List of the third batch of counties (cities) having basically universalized primary education. Official circular concerning strengthening of educational inspection and assessment. Pushing forward work relating to EQO education pilot projects in experimental counties (cities, districts).

Vocational Education and Adult Education ······ (153)

Adjusting location of secondary vocational schools. Schematic plan for curriculum reforms and development of teaching materials oriented to needs of the 21st century. Appendices: List of members of National Steering Committee for Instruction in Secondary Vocational Education; List of members of sectoral steering committees for instruction in secondary vocational education. Development of 50 training bases for vocational teachers given priority. Development of rural cultural-technical schools for adults. Pilot projects for community education initiated. Comprehensive reform of rural education. Comprehensive reform of urban education.

Higher Education ······ (163)

Reform in Development of Regular Higher Education ······ (163)

Reform of HE management system. Readjustment of geographical distribution of HEIs. Establishment and readjustment of HEIs. Appendices: Information on examination and approval of schemes related to readjustment of HEIs; List of adult HEIs to be closed down. Developing a few first-class universities ranking with the best in the world and a number of key universities through common efforts of national and local authorities. Expanding the scale of new entrants admitted to HEIs. Independent operation of student dormitories, cafeterias and other service units. Implementation of Higher Education Law of PRC. Progress in "Project 211". Cooperation between industry and HEIs in providing educational programs. Development of national bases for tertiary science education. Development of tertiary vocational education and short-cycle HE. Laboratory work in HEIs. Development of CAI software programs and their application and popularization. National Committee for Technical Collaboration in HE set up. Tertiary medical and pharmaceutical education. Strengthening cultural education among students. Oral examinations testing achievements of college students in English language. Assessment and evaluation of college teaching work. Reforming teaching contents and curricular systems of HE. A new round of revision and implementation of tertiary teaching plans. Streamlining provision of first degree level specialties. Regulations on provision of first degree level specialties in HEIs promulgated. Commending outstanding Dean's Offices of HEIs chosen through public appraisal. Appendix: List of outstanding Dean's Offices of HEIs for 1999.

Education Provided by HEIs Directly under MOE ································ (201)

Joint provision of educational programs by Beijing University and Qinghua University. Reforms of personnel and distribution systems carried out in Beijing University and Qinghua University. New academicians of Chinese Academy of Sciences and Chinese Academy of Engineering coopted from among faculty members of HEIs. Setting norms and standards for educational provision in HEIs directly under MOE.

Degree Work and Postgraduate Education ·· (205)

The 17th session of Academic Degrees Committee directly under State Council convened. Training of graduate students. Collaborative graduate programs authorized to confer degrees by foreign or Hong Kong institutions approved. Outstanding doctoral dissertations commended for the first time through appraisal. Appendix: List of outstanding doctoral dissertations. Outstanding collectives in management of degree work and postgraduate education commended. Joint meeting of deans of graduate schools held. Data on conferment of master's and doctor's degrees in academic year 1998—1999.

Ideological and Political Education in HEIs ·· (215)

The 8th National Conference on Party Building in HEIs. Conference on Ideological and Political Education (IPE) in HEIs convened. National Teleconference on Environment and Public Security of HEIs. IPE in HEIs. Developing a contingent of staff engaged in IPE in HEIs. Development of "two categories of IPE courses". Education in current situation and policies. Teachers and students of HEIs protested against atrocities of bombing Chinese Embassy in Yugoslavia by NATO with USA as head. Outstanding college students commended and rewarded.

Work Related to College Students ·· (222)

Recruitment and admission of new entrants in regular HEIs. Recruitment and admission of postgraduate students. Employment of college graduates. Management of college students' status and records. Regular HEIs undertaking task of training skilled personnel for PLA.

S & T Work in HEIs ·· (226)

Essential data on S & T Work in HEIs. Pilot scheme of development of state-level university S & T parks. Basic research work. Popularization of scientific knowledge. S & T in service of agriculture and social development. Development of national key laboratories. Development of HEI-based key laboratories by MOE. System of visiting scholars working in HEI-based key laboratories. Working out S & T development plan for the 10th FYP period and long-term development plan up to 2015 (covering basic research, agricultural and resources areas). Management of scientific journals published by HEIs. MOE's net-based cooperative research center. Modern distance education project. Intensive application of IT in education. Seminar on strategy for training innovative talents to meet challenges of the 21st century. Preview and approval of funds for Project of Training Outstanding Professionals Spanning the Centuries. Information on work conducted by MOE's S & T Committee. Ten major S & T advances made in Chinese HEIs. Work on patents. Appraisal of S & T results and review and assessment of soft science achievements. Special research funds earmarked for HEI-based doctoral programs. Technology transfer and commercialization of S & T results. Development of cooperative network linking up HEI-based S & T parks. S & T progress prizes awarded by MOE. Appendix: List of recipients of S & T progress prizes awarded by MOE in 1999.

Teacher Education ………………………………………………………………………… (237)

An overview. Regulations on Continuing Education of School Teachers promulgated. Approaches and measures to offer continuing education of school teachers. Preparations for initiating state-level training programs for 10,000 backbone school teachers. First-degree Level Study Plans for Secondary School Teachers Having Completed Short-cycle Higher Education (to be implemented on a trial basis) issued and distributed. Strengthening and improving moral education in normal schools. Readjustment of geographical distribution of tertiary teacher training institutions. Mid-term review of projects initiated as parts of Scheme for Reforming Teaching Contents and Curricular Systems of Tertiary Teacher Education Facing Challenges of the 21st Century. Tertiary teacher training programs subject to assessment up to pre-set standards. Strengthening computer education in teacher training institutions.

Ethnic Minority Education ……………………………………………………………… (244)

An overview. Seminar on work related to "two basics" in minority areas.

Development of teaching materials published in languages of various ethnic minorities. Bilingual teaching and examinations testing proficiency of ethnic Han language. Conducting educational activities for promoting solidarity among various nationalities in schools. Educational aid provided for Tibet. Inland HEIs training skilled personnel for Xinjiang Uygur Autonomous Region. Launching inland senior secondary classes for students from Xinjiang. College preparatory courses affiliated to regular HEIs for ethnic minority students. Educational aids provided by inland educational institutions to their counterparts in minority areas. Assessment and evaluation of first-degree level teaching provided by institutes for nationalities. Exhibition of Bilingual Teaching among China's Ethnic Minorities held in Paris.

Physical Education, Health Education and Art Education in Schools ········ (250)

Physical Education and Health Education ········ (250)

National conference for exchanging experiences in physical education and health work in schools. Seventh National Sports Meet for Secondary School Students. Conducting extracurricular PE activities. Training of PE teachers. Reforming PE tests. Nutritional work among students. Developing a network for monitoring physique and health of students enrolled in schools of all types and levels. Prevention and treatment of common diseases among students.

Art Education ········ (254)

Seminar on art education in regular HEIs. National College Students' Art Festival for 1999 sponsored. Conducting experimental work for art education in rural schools.

Audio-visual and Television Education ········ (256)

International seminar on cooperation on modern distance education (MDE). Project of reconstruction of networks for satellite-transmitted TV educational programs. Project of introducing modern educational technologies in schools on an experimental basis. Collaboration with UNICEF in developing MDE. Developing teaching materials for audio-visual and television education. Doing a good job of developing educational TV programs. Disseminating technique of VBI multimedia data broadcast in TV programs. National conference on work in RTVUs. Commemorating the 20th anniversary of founding of CRTVU. Implementing projects as part of Action Scheme for Invigorating Education toward the 21st Century. The 13th Annual Meeting of Association of Asian

Open Universities.

Examinations in the Educational Sector .... (266)

Reform of College Entrance Examinations .... (266)

Reform of contents. Guangdong Province adopts the formula "3 + X" in handling the mix of subjects examined. Reform of setting examination papers. Testing competence. Activities for soliciting examination questions.

State-administered Examinations for Self-directed Learners .... (268)

An overview. Survey of examinations related to award of state-recognized credentials (diplomas). Readjustment of list of specialties open to examinations concluded. Information on assistance to self-directed learners by non-state/private institutions. Developing a system of services to self-directed learners in rural villages and towns. Examinations for learners of Sino-British cooperative courses offered. Developing a network for tutoring self-directed learners. Development of textbooks and other teaching materials for self-directed learners. Research on media adapted to needs of self-directed learners.

Other Examinations .... (272)

National computer proficiency grade exams. National computer applications technique diploma exams. National English proficiency grade exams for non-English majors. Information on Cambridge English learning system for children. Qualifications examinations for practitioners engaged in consultation work in stocks and securities.

Examinations Conducted on behalf of Overseas Examiners .... (274)

Japanese proficiency tests. Computerized GMAT and GRE examinations. Cambridge English 5-Grade Proficiency Examinations. Commercial English Diploma Examinations.

Research on Examinations .... (275)

Network-based grading of applicants' papers of national matriculation examinations (NME). Application of optical character recognition (OCR) techniques. Trial testing of aural comprehension of English in NME.

Management of Cadres and Work Related to Teachers .... (277)

Training Provided by National Academy of Educational Administration .... (277)

Strengthening development of the Academy. Training of cadres of HEIs. Training of educational administrators of prefectural and municipal authorities. Research work.

Reform of internal management systems of HEIs ······ (279)

Deepening reforms of internal management systems of HEIs.

Work Related to Teachers ······ (280)

Implementing Program for Granting Awards to Changjiang Scholars (PGACS). Appendices: First List of Specially Appointed Professors under PGACS. First List of Recipients of Changjiang Scholars' Achievement Prizes awarded by PGACS. Second List of Specially Appointed Professors under PGACS. List of Holders of PGCAS Professorships. Fund for Rewarding Young College Teachers Making Outstanding Contributions to Teaching and/or Research initiated. "Suggestions on Strengthening Development of Teacher Contigent in the New Era" issued and distributed. Tackling problems of community-paid teachers. "Candlelight Project" initiated. "Regulations on In-service Training of School Principals" promulgated. National Conference on Continuing Education of School Teachers and Principals convened.

Educational Finance, Auditing and Capital Construction ······ (289)

Educational Finance ······ (289)

Statistical Bulletin of Educational Finance for 1998 (Jointly issued by MOE and SSB on November 2, 1999). Progress in implementing National Program for Aiding Compulsory Education in Poor Areas. Special funds for implementing "Action Scheme for Invigorating Education toward the 21st Century" secured from the national budget. Doing financial work well in 10 HEIs to be jointly managed by central and provincial authorities. World Bank granted a loan for Higher Education Development Project. Stepping up efforts to renovate or reconstruct dilapidated school buildings. School-run enterprises affiliated to primary or secondary schools.

Auditing in the Educational Sector ······ (301)

Information on audit work in the past year. Auditing of revenues and expenditures. Auditing of capital construction and major renovation projects. Auditing of economic accountability. Conducting audit work and audit investigations around hot issues. Strengthening management and guidance so as to enhance level of auditing.

Capital Construction ······ (304)

Housing projects for teachers, staff and workers. Renovating *tongzilou* for housing teachers in HEIs directly under central ministries and agencies.

International Exchange and Cooperation with Institutions in Hong Kong, Macau and Taiwan …… (306)

Work and Services for Chinese Students Studying abroad and Foreign Students Studying in Chinese Institutions …… (306)

Chinese students studying abroad. Foreign students studying in Chinese institutions. Work of National Committee for Managing Funds Aiding Chinese Students Studying abroad and Foreign Students Studying in Chinese Institutions.

Exchange Work …… (311)

Bilateral exchanges. Cooperation with international organizations. International academic conferences. Teaching Chinese as a foreign language.

Education Exchanges and Cooperation with Institutions in Hong Kong, Macao and Taiwan …… (315)

Exchanges with Hong Kong. Exchanges with Macao. Exchanges with Taiwan.

Exchanges Conducted by NGOs …… (317)

An overview. International exchanges in basic education. International exchanges in higher education. Sponsoring large-scale exhibition on international education. Activities related to the Grand Get-together of Chinese and Foreign School Teachers at Threshold of New Millennium. Sponsoring Festival of Lifelong Education. Project sponsored by Eisenhower Exchange Fellowships continued. Continuing to receive gifts of stationery and teaching aids from Care Japan. Preparations for setting up an intermediary body handling affairs for self-supporting students studying abroad.

Activities of National Commission for UNESCO in China …… (321)

An overview. Attendance of 30th Plenary Assembly of UNESCO. Sponsoring 1999 Chinese Culture Week in Paris. Attendance of World Conference of Science. Attendance of International Conference on Technical and Vocational Education. Attendance of Meeting of Executive Board of UNESCO. Cooperation in the field of education. Cooperation in the field of natural science. Cooperation in fields of social sciences, culture, and information and communication. Translating and publishing of UNESCO's publications. Participating in programs of associated schools and club activities.

Language Work …… (325)

An overview. Pushing forward language work through efforts of urban centers. Developing "Standards for Assessing Performance of Language Work of First Class Cities". Developing a mechanism for supervision, assessment and measurement of language applications. Popularizing use of *putonghua* (common speech) among public servants. Second National Publicity Week for Popularizing *putonghua*. National conference on language work in educational institutions. Four standard specifications related to *weiti* printing type of Chinese characters, *liti* printing type of Chinese characters, order of strokes of Chinese characters, and order of Chinese characters arranged by strokes promulgated. Smooth progress in the project "Studies on Modern Chinese Vocabularies Used in Information Processing". Surveys and investigations of use of languages of ethnic minorities initiated. Progress of "Survey of Use of Various Languages in China".

Development of Teaching Materials, Management of Publishing Activities, and Research and Development of Teaching Instruments ······ (335)

People's Education Press ······ (335)

Picture album *Education in China: Progress Made in the Last 20 Years of Reform and Opening up* published. Picture album *Fifty Years of Education in the People's Republic of China* published. Revision of syllabuses and teaching materials for normal schools. Teaching materials of special courses taught in normal schools for special education prepared and published. A complete set of teaching materials for deaf-mutes in full-time schools published. Books and electronic audio and video products receiving awards. Center of Textbooks Published by People's Education Press established. Founding of People's Education Electronic Audio and Video Products Publisher.

Higher Education Press ······ (338)

Activities commemorating founding of HEP. Publications receiving awards. Recipient of China Tao Fen Publishing Award. Textbooks and other publications.

Management of Publishing Activities ······ (339)

Management of publishing books and journals in social sciences and humanities. Social science books and audio and video products awarded prizes. Management of audio and video teaching materials used in tertiary education.

Research and Development of Teaching Instruments ······ (342)

Revision of standard lists of teaching equipment and instruments for primary and secondary schools. Testing of teaching instruments certified by national measurement authority. R&D results of teaching instruments. China-UNICEF collaborative projects.

Educational Research and Academic Activities ······ (344)

National Center for Educational Development Studies ······ (344)

Sino-American Advanced Seminar on Mathematics Education. Formulation and implementation of policies concerning schooling of children of migrants.

Center for Developing Social Science Research in HEIs ······ (346)

An overview. Studies on and publicity of Deng Xiaoping Theory. Information on research work in various disciplinary areas of philosophical, social sciences and humanities. In-depth critiques of the *Falungong* cult. Work of the journal *Theoretical Front of Higher Education*. Activities of international academic exchange.

Central Institute of Educational Research ······ (349)

Sponsoring second national appraisal and selection of outstanding achievements of educational research for citation and rewards. Appendix: List of research projects receiving citation and rewards. Conducting pilot schemes for "Special Themes on Achievements of Well-known Teachers as Part of Century-spanning Gardeners' Project".

Chinese Society of Education ······ (358)

Promoting research activities among rank-and-file teachers. Activities commemorating the 50th anniversary of founding of PRC. Activities commemorating the 20th anniversary of founding of CSE. Developing scholarly communications with institutions in foreign countries and in Hong Kong, Macao, and Taiwan.

Chinese Society of Higher Education ······ (361)

Scholarly and research activities sponsored. Forum on Achievements of Education during Past 50 Years. International exchange activities. Serving needs of educational administrative departments. Developing new areas of activities for CSHE.

Educational Press ······ (365)

China Educational Press Company ······ (365)

An overview. Persisting in providing correct guidance to public opinions in an endeavor to do a good job of press report and publicity work.

China Education Daily ………… (367)

Serving needs of overall situation by focusing on central tasks at the time. Serving needs of the educational sector and strengthening guidance.

People's Education ………… (370)

Publicizing gist of Third National Conference on Education. Conveying information on work and instructions of MOE. Publicizing great achievements of education during past 50 years since founding of PRC. Publicizing activities on educational front celebrating return of Macao to motherland. Disseminating typical experiences of reform and development of basic education. Information on development of school teachers and principals.

Chinese Higher Education ………… (372)

An overview. Higher Education Law being publicized and implemented. *Action Scheme for Invigorating Education toward the 21st Century* being publicized and implemented. Studying and implementing gist of Third National Conference on Education. Commemorating the 80th anniversary of May 4th Movement. Celebrating return of Macao to motherland. Conducting debates concerning reform of educational concepts.

Chinese Scholars Abroad and the Affiliated Electronic Edition ………… (374)

Guiding principles of the journal. Reporting concerns of state and Party leaders shown to Chinese students studying abroad. Developing articles around major themes. Creating a favorable environment of public opinion for studying abroad. Reportage concerning typical individuals. Steady improvement of the electronic edition.

Education in Beijing Municipality ………… (377)

An Overview ………… (377)

Basic Education ………… (381)

Vocational Education ………… (386)

Higher Education ………… (387)

Adult Education ………… (391)

Education in Tianjin Municipality ………… (394)

An Overview ………… (394)

Basic Education ………… (398)

Vocational Education ………… (400)

Higher Education ……… (403)
Adult Education ……… (406)

Education in Hebei Province ……… (409)
An Overview ……… (409)
Basic Education ……… (412)
Vocational Education ……… (415)
Higher Education ……… (417)
Adult Education ……… (421)

Education in Shanxi Province ……… (424)
An Overview ……… (424)
Basic Education ……… (431)
Vocational Education ……… (438)
Higher Education ……… (439)
Adult Education ……… (443)

Education in Inner Mongolia Autonomous Region ……… (445)
An Overview ……… (445)
Basic Education ……… (449)
Vocational Education ……… (452)
Higher Education ……… (453)
Adult Education ……… (456)
Ethnic Minority Education ……… (457)

Education in Liaoning Province ……… (459)
An Overview ……… (459)
Basic Education ……… (463)
Higher Education ……… (465)
Vocational Education and Adult Education ……… (468)
Education in City of Dalian ……… (471)

Education in Jilin Province ……… (477)
An Overview ……… (477)
Basic Education ……… (480)
Vocational Education ……… (481)

Higher Education (482)
Adult Education (483)

Education in Heilongjiang Province (485)
An Overview (485)
Basic Education (489)
Vocational Education (492)
Higher Education (494)
Adult Education (497)

Education in Shanghai Municipality (499)
An Overview (499)
Basic Education (502)
Vocational Education (505)
Higher Education (508)
Adult Education (512)

Education in Jiangsu Province (516)
An Overview (516)
Basic Education (521)
Vocational Education (526)
Higher Education (528)
Adult Education (530)

Education in Zhejiang Province (533)
An Overview (533)
Basic Education (538)
Vocational Education (542)
Higher Education (544)
Adult Education (549)
Education in City of Ningbo (551)

Education in Anhui Province (559)
An Overview (559)
Basic Education (565)
Vocational Education (569)

Higher Education …… (571)
Adult Education …… (574)

Education in Fujian Province …… (577)
An Overview …… (577)
Basic Education …… (583)
Vocational Education …… (587)
Higher Education …… (589)
Adult Education …… (591)
Education in City of Xiamen …… (592)

Education in Jiangxi Province …… (598)
An Overview …… (598)
Basic Education …… (601)
Vocational Education …… (604)
Higher Education …… (605)
Adult Education …… (607)

Education in Shandong Province …… (609)
An Overview …… (609)
Basic Education …… (613)
Vocational Education …… (615)
Higher Education …… (616)
Adult Education …… (618)
Education in City of Qingdao …… (620)

Education in Henan Province …… (625)
An Overview …… (625)
Basic Education …… (630)
Vocational Education …… (633)
Higher Education …… (636)
Adult Education …… (639)

Education in Hubei Province …… (643)
An Overview …… (643)
Basic Education …… (647)

Vocational Education (651)
Higher Education (653)
Adult Education (657)

Education in Hunan Province (659)
An Overview (659)
Basic Education (664)
Vocational Education (668)
Higher Education (670)
Adult Education (673)

Education in Guangdong Province (675)
An Overview (675)
Basic Education (678)
Vocational Education (683)
Higher Education (685)
Adult Education (690)

Education in Guangxi Zhuang Autonomous Region (692)
An Overview (692)
Basic Education (695)
Vocational Education (698)
Higher Education (700)
Adult Education (703)

Education in Hainan Province (705)
An Overview (705)
Basic Education (709)
Vocational Education (714)
Higher Education (715)
Adult Education (718)

Education in Chongqing Municipality (720)
An Overview (720)
Basic Education (725)
Vocational Education (727)

Education in Xinjiang Production and Construction Corps ……………… (859)

Information on Education in Hong Kong Special Administration Region ……………… (865)

Essential data. Basic education. Special education. Higher education. Management system of education.

Information on Education in Macau Special Administration Region ……………… (867)

Essential data. Basic education. Special education. Higher education.

Selected Documents ……………………………………………… (870)

Suggestions on Provision of Tertiary Vocational and Technical Education According to New Pattern of Management and New Operation Mechanism on a Trial Basis (Jointly issued by MOE and SDPC on January 11, 1999) … (870)

Regulations on Management of Sports School for Children and Youth (Jointly issued by the Ministry of Education and the State General Administration of Sports on February 4, 1999) ……………………………… (872)

Regulations on Promotion of Technology Transfer and Commercialization of R&D Results jointly promulgated by Ministry of Science and Technology, Ministry of Education, Ministry of Personnel, Ministry of Finance, People's Bank of China, State General Administration for Taxation, State Administration for Industry and Commerce (Transmitted by General Office of State Council on March 30, 1999) ……………………………… (875)

Regulations on Managing Protection of Intellectual Property Rights in HEIs (Issued by Decree No 3 of MOE on April 8, 1999) ……………… (877)

Guidelines for Reforms in Junior Secondary School Graduation Examinations and in Senior Secondary School Entrance Examinations (Issued by MOE on April 27, 1999) ……………………………… (881)

Suggestions by MOE on Issues Related to Implementation of Higher Education Law of People's Republic of China (Issued by MOE on May 25, 1999) … (883)

Regulations on Management of State-provided Educational Loans Jointly Made by People's Bank of China, MOE and MOF (implemented on a trial basis) (Transmitted by General Office of State Council on June 17, 1999) ……… (888)

Regulations on Management and Use of Funds Paid Back by Self-supporting Students Studying Abroad on Cost of their College Education (Issued by MOE on July 15, 1999) ……………………………… (891)

Provisional Regulations on Admission of Foreign Students by Primary and

Secondary Schools (Issued by Decree No 4 of MOE on July 21, 1999) …… (892)

MOE's Opinions on How to Actively Push Forward Development of Education at Senior Secondary Stage (Issued on August 12, 1999) …………………… (893)

Opinions on Strengthening Teaching Staff Development in HEIs in New Era (Issued by MOE on August 16, 1999) …………………………………… (895)

Opinions on Strengthening Educational Inspection and Evaluation (Issued by MOE on August 20, 1999) …………………………………………………… (900)

Regulations on Managing Agencies Providing Intermediary Services for Self-supporting Students Intending to Study Abroad Jointly (Made by Ministry of Education, Ministry of Public Security, and State Administration for Industry and Commerce, approved by State Council and issued by Decree No 5 on August 24, 1999) ………………………………………………………… (904)

Opinions on Readjusting Geographical Distribution of Secondary Vocational Schools (Issued by MOE on September 9, 1999) ……………………………… (906)

Regulations on Provision of First-degree Level Undergraduate Specialties in HEIs (Promulgated by MOE on September 14, 1999) ……………………… (909)

Regulations on Continuing Education of School Teachers (Issued by Decree No 7 of MOE on September 13, 1999) ………………………………………… (912)

Selected Resource Materials ………………………………………………………… (915)

Major events in educational development during past 50 years ………………… (915)

Debates on issue of education as an industry and its impact on reform of educational system ……………………………………………………………… (936)

Tabulated data on applications for entry into master's degree programs and number of applicants admitted ……………………………………………… (940)

List of Regular HEIs by Major Regions ……………………………………………… (949)

List of Adult HEIs by Major Regions ………………………………………………… (975)

List of Vocational-technical Colleges ………………………………………………… (993)

List of Non-state/Private HEIs ……………………………………………………… (995)

Information on Education in Taiwan ………………………………………………… (996)

Merging of tertiary institutions encouraged. Integrated academic year and credit system to be implemented on an experimental basis in 99 tertiary VTE institutions. Extramural learning experiences of subdegree level students may be credited toward fulfillment of graduation requirements. Draft regulations on provision of community colleges prepared. Secondary school drop-outs permitted to sit for united college entrance examinations. Guidelines for

Integrated 9-year Curriculum of Compulsory Education published by Taiwan's education authority. Gifted children may enter school earlier. Scheme to reduce weight of satchels initiated by Taiwan's education department.

Chronology of Major Educational Events in 1999 ·· (999)

中共中央国务院关于深化教育改革全面推进素质教育的决定

（1999年6月13日）

当今世界，科学技术突飞猛进，知识经济已见端倪，国力竞争日趋激烈。教育在综合国力的形成中处于基础地位，国力的强弱越来越取决于劳动者的素质，取决于各类人才的质量和数量，这对于培养和造就我国21世纪的一代新人提出了更加迫切的要求。我国正处在建立社会主义市场经济体制和实现现代化建设战略目标的关键时期。新中国成立50年来特别是改革开放以来，教育事业的改革与发展取得了令人瞩目的巨大成就。但面对新的形势，由于主观和客观等方面的原因，我们的教育观念、教育体制、教育结构、人才培养模式、教育内容和教学方法相对滞后，影响了青少年的全面发展，不能适应提高国民素质的需要。全党、全社会必须从我国社会主义事业兴旺发达和中华民族伟大复兴的大局出发，以邓小平理论为指导，全面贯彻落实党的十五大精神，深化教育改革，全面推进素质教育，构建一个充满生机的有中国特色的社会主义教育体系，为实施科教兴国战略奠定坚实基础。

一、全面推进素质教育，培养适应21世纪现代化建设需要的社会主义新人

1. 实施素质教育，就是全面贯彻党的教育方针，以提高国民素质为根本宗旨，以培养学生的创新精神和实践能力为重点，造就“有理想、有道德、有文化、有纪律”的、德智体美等全面发展的社会主义事业建设者和接班人。

全面推进素质教育，要面向现代化、面向世界、面向未来，使受教育者坚持学习科学文化与加强思想修养的统一，坚持学习书本知识与投身社会实践的统一，坚持实现自身价值与服务祖国人民的统一，坚持树立远大理想与进行艰苦奋斗的统一。

全面推进素质教育，要坚持面向全体学生，为学生的全面发展创造相应的条件，依法保障适龄儿童和青少年学习的基本权利，尊重学生身心发展特点和教育规律，使学生生动活泼、积极主动地得到发展。

2. 实施素质教育应当贯穿于幼儿教育、中小学教育、职业教育、成人教育、高等教

育等各级各类教育，应当贯穿于学校教育、家庭教育和社会教育等各个方面。在不同阶段和不同方面应当有不同的内容和重点，相互配合，全面推进。在不同地区还应体现地区特点，尤其是少数民族地区的特点。

实施素质教育，必须把德育、智育、体育、美育等有机地统一在教育活动的各个环节中。学校教育不仅要抓好智育，更要重视德育，还要加强体育、美育、劳动技术教育和社会实践，使诸方面教育相互渗透、协调发展，促进学生的全面发展和健康成长。

3．各级各类学校必须更加重视德育工作，以马克思列宁主义、毛泽东思想和邓小平理论为指导，按照德育总体目标和学生成长规律，确定不同学龄阶段的德育内容和要求，在培养学生的思想品德和行为规范方面，要形成一定的目标递进层次。要加强辩证唯物主义和历史唯物主义教育，使学生树立科学的世界观和人生观。要有针对性地开展爱国主义、集体主义和社会主义教育，中华民族优秀文化传统和革命传统教育，理想、伦理道德以及文明习惯养成教育，中国近现代史、基本国情、国内外形势教育和民主法制教育。把发扬中华民族优良传统同积极学习世界上一切优秀文明成果结合起来。高等学校要进一步加强邓小平理论“进教材、进课堂、进学生头脑”工作。职业学校要加强职业道德教育。

进一步改进德育工作的方式方法，寓德育于各学科教学之中，加强学校德育与学生生活和社会实践的联系，讲究实际效果，克服形式主义倾向。针对新形势下青少年成长的特点，加强学生的心理健康教育，培养学生坚韧不拔的意志、艰苦奋斗的精神，增强青少年适应社会生活的能力。加强民族团结教育，规范国防教育，提高学生的国家安全意识，继续搞好军训工作并使之制度化。加强校园的精神文明建设，严禁一切封建迷信和其他有害于学生身心健康的活动及物品传入校园。加强共青团、少先队和学生会工作，在培养和提高学生素质方面发挥更大的作用。社会各方面要为青少年提供优秀的精神文化产品和德育活动基地，形成学校、家庭、社会共同参与德育工作的新格局。

4．智育工作要转变教育观念，改革人才培养模式，积极实行启发式和讨论式教学，激发学生独立思考和创新的意识，切实提高教学质量。要让学生感受、理解知识产生和发展的过程，培养学生的科学精神和创新思维习惯，重视培养学生收集处理信息的能力、获取新知识的能力、分析和解决问题的能力、语言文字表达能力以及团结协作和社会活动的能力。

高等教育要重视培养大学生的创新能力、实践能力和创业精神，普遍提高大学生的人文素养和科学素质。职业教育和成人教育要使学生在掌握必需的文化知识的同时，具有熟练的职业技能和适应职业变化的能力。减轻中小学生课业负担已成为推行素质教育中刻不容缓的问题，要切实认真加以解决。各级政府都要建立健全减轻学生课业负担的监督检查机制。要重视婴幼儿的身体发育和智力开发，普及婴幼儿早期教育的科学知识和方法。

5．健康体魄是青少年为祖国和人民服务的基本前提，是中华民族旺盛生命力的体现。学校教育要树立健康第一的指导思想，切实加强体育工作，使学生掌握基本的运动技能，养成坚持锻炼身体的良好习惯。确保学生体育课程和课外体育活动时间，不准挤占体育活动时间和场所。举办多种多样的群体性体育活动，培养学生的竞争意识、合作精神和坚强毅力。地方各级人民政府要统筹规划，为学校开展体育活动提供必要条件。培养学生的良好卫生习惯，了解科学营养知识。根据农村的实际条件和需要，有针对性地加强农村学校的体育和卫生工作。

6. 美育不仅能陶冶情操、提高素养，而且有助于开发智力，对于促进学生全面发展具有不可替代的作用。要尽快改变学校美育工作薄弱的状况，将美育融入学校教育全过程。中小学要加强音乐、美术课堂教学，高等学校应要求学生选修一定学时的包括艺术在内的人文学科课程。开展丰富多彩的课外文化艺术活动，增强学生的美感体验，培养学生欣赏美和创造美的能力。地方各级人民政府和各有关部门要为学校美育工作创造条件，继续完善文化经济政策，各类文化场所（博物馆、科技馆、文化馆、纪念馆等）要向学生免费或优惠开放，鼓励文化艺术团体到学校演出高雅健康的节目。农村中小学也要充分利用当地文化资源，因地制宜地开展美育活动。

7. 教育与生产劳动相结合是培养全面发展人才的重要途径。各级各类学校要从实际出发，加强和改进对学生的生产劳动和实践教育，使其接触自然、了解社会，培养热爱劳动的习惯和艰苦奋斗的精神。建立青少年参与社区服务和社区建设的制度。中小学要鼓励学生积极参加形式多样的课外实践活动，培养动手能力；职业学校要实行产教结合，鼓励学生在实践中掌握职业技能；高等学校要加强社会实践，组织学生参加科学研究、技术开发和推广活动以及社会服务活动。利用假期组织志愿者到城乡支工、支农、支医和支教。社会各方面要为学校开展生产劳动、科技活动和其他社会实践活动提供必要的条件，同时要加强学生校外劳动和社会实践基地的建设。

二、深化教育改革，为实施素质教育创造条件

8. 基本普及九年义务教育和基本扫除青壮年文盲（简称“两基”），是全面推进素质教育的基础。地方各级人民政府要继续将“两基”作为教育工作的“重中之重”，确保2000年“两基”目标的实现和达标后的巩固与提高。各地要从实际出发，改造薄弱学校，提高义务教育阶段的整体办学水平。2000年后要继续实施“国家贫困地区义务教育工程”，加大对贫困地区和少数民族地区的扶持力度，继续加强发达地区对少数民族贫困地区的教育对口支援工作，切实解决农村初中辍学率偏高的问题，同时大力提高义务教育阶段残疾儿童少年的入学率。

9. 调整现有教育体系结构，扩大高中阶段教育和高等教育的规模，拓宽人才成长的道路，减缓升学压力。通过多种形式积极发展高等教育，到2010年，我国同龄人口的高等教育入学率要从现在的百分之九提高到百分之十五左右。要在确保“两基”的前提下，积极发展包括普通教育和职业教育在内的高中阶段教育，为初中毕业生提供多种形式的学习机会。在城市和经济发达地区要有步骤地普及高中阶段教育。

高等职业教育是高等教育的重要组成部分。要大力发展高等职业教育，培养一大批具有必要的理论知识和较强实践能力，生产、建设、管理、服务第一线和农村急需的专门人才。现有的职业大学、独立设置的成人高校和部分高等专科学校要通过改革、改组和改制，逐步调整为职业技术学院（或职业学院）。支持本科高等学校举办或与企业合作举

办职业技术学院（或职业学院）。省、自治区、直辖市人民政府在对当地教育资源的统筹下，可以举办综合性、社区性的职业技术学院（或职业学院）。

10. 构建与社会主义市场经济体制和教育内在规律相适应、不同类型教育相互沟通相互衔接的教育体制，为学校毕业生提供继续学习深造的机会。职业技术学院（或职业学院）可采取多种方式招收普通高中毕业生和中等职业学校毕业生。职业技术学院（或职业学院）毕业生经过一定选拔程序可以进入本科高等学校继续学习。

高等学校和中等职业学校要创造条件实行弹性的学习制度，放宽招生和入学的年龄限制，允许分阶段完成学业。大力发展现代远程教育、职业资格证书教育和其他继续教育。完善自学考试制度，形成社会化、开放式的教育网络，为适应多层次、多形式的教育需求开辟更为广阔的途径，逐渐完善终身学习体系。

11. 进一步简政放权，加大省级人民政府发展和管理本地区教育的权力以及统筹力度，促进教育与当地经济社会发展紧密结合。今后3年，继续按照“共建、调整、合作、合并”的方式，基本完成高等教育管理体制和布局结构的调整，形成中央和省级人民政府两级管理、以省级人民政府管理为主的新体制，合理配置教育资源，提高教育质量和办学效益。经国务院授权，把发展高等职业教育和大部分高等专科教育的权力以及责任交给省级人民政府，省级人民政府依法管理职业技术学院（或职业学院）和高等专科学校。高等职业教育（包括高等专科学校）的招生计划改由省级人民政府制定，其招生考试事宜由省级人民政府自行确定。

继续完善基础教育主要由地方负责、分级管理的体制。根据各地实际，加大县级人民政府对教育经费、教师管理和校长任免等方面的统筹权。地方各级人民政府要加强对职业教育和成人教育的统筹。学历教育由教育行政部门负责管理。在高中及其以上教育的办学水平评估、人力资源预测和毕业生就业指导等方面，进一步发挥非政府的行业协会组织和社会中介机构的作用。

按照《中华人民共和国高等教育法》的规定，切实落实和扩大高等学校的办学自主权，增强学校适应当地经济社会发展的活力。加强对高等学校的监督和办学质量检查，逐步形成对学校办学行为和教育质量的社会监督机制以及评价体系，完善高等学校自我约束、自我管理机制。进一步扩大高等学校招生、专业设置等自主权，高等学校可以到外地合作办学。深化学校内部管理体制改革，进一步精简机构，减员增效。改革分配和奖励制度，实行多劳多得、优劳优酬。加大学校后勤改革力度，逐步剥离学校后勤系统，推动后勤工作社会化，鼓励社会力量为学校提供后勤服务，发展教育产业。

12. 进一步解放思想、转变观念，积极鼓励和支持社会力量以多种形式办学，满足人民群众日益增长的教育需求，形成以政府办学为主体、公办学校和民办学校共同发展的格局。凡符合国家有关法律法规的办学形式，均可大胆试验。在发展民办教育方面迈出更大的步伐。鼓励社会力量以各种方式举办高中阶段和高等职业教育。经国家教育行政主管部门批准，可以举办民办普通高等学校。在保证适龄儿童、少年均能就近进入公办小学和初中的前提下，可允许设立少数民办小学和初中，在这个范围内提供择校机会，但不搞“一校两制”。积极发展以社区为依托的、公办与民办相结合的幼儿教育。要因地制宜地制定优惠政策（如土地优惠使用、免征配套费等），支持社会力量办学。

各级人民政府要加强对民办教育的管理、引导和监督，国家要加快民办教育的立法，促进民办教育的健康发展。各级各类民办学校都要依法办学，不断提高办学水平。

13. 加快改革招生考试和评价制度，改变“一次考试定终身”的状况。改革高考制度是推进中小学全面实施素质教育的重要措施，按照有助于高等学校选拔人才、中小学实施素质教育和扩大高等学校办学自主权的原则，积极推进高考制度改革。进行每年举办两次高等学校招生考试的试点。高考科目设置和内容的改革应进一步突出对能力和综合素质的考查。鼓励有条件的省级人民政府进行多种形式的高考制度改革试验，扩大学校的招生自主权和考生的选择机会。逐步建立具有多种选择的、更加科学和公正的高等学校招生选拔制度。

在普及九年义务教育的地区，实行小学毕业生免试就近升学的办法。鼓励各地中小学自行组织毕业考试，采取多种形式改革高中阶段学校的招生办法，改革高中会考制度。建立符合素质教育要求的对学校、教师和学生的评价机制。地方各级人民政府不得下达升学指标，不得以升学率作为评价学校工作的标准。鼓励社会各界、家长和学生以适当方式参与对学校工作的评价。

14. 调整和改革课程体系、结构、内容，建立新的基础教育课程体系，试行国家课程、地方课程和学校课程。改变课程过分强调学科体系、脱离时代和社会发展以及学生实际的状况。抓紧建立更新教学内容的机制，加强课程的综合性和实践性，重视实验课教学，培养学生实际操作能力。要增强农村特别是贫困地区义务教育的课程、教材与当地经济社会发展的适应性。促进教材的多样化，进一步完善国家对基础教育教材的评审制度。积极推进教学改革，提高课堂教学的质量，国家和地方要奖励并推广符合素质教育要求的优秀教学成果。

职业教育要增强专业的适用性，开发和编写体现新知识、新技术、新工艺和新方法的具有职业教育特色的课程及教材。高等教育要加快课程改革和教学改革，继续调整专业结构和设置，使学生尽早地参与科技研究开发和创新活动，鼓励跨学科选修课程，培养基础扎实、知识面宽、具有创新能力的高素质专门人才。

15. 大力提高教育技术手段的现代化水平和教育信息化程度。国家支持建设以中国教育科研网和卫星视频系统为基础的现代远程教育网络，加强经济实用型终端平台系统和校园网络或局域网络的建设，充分利用现有资源和各种音像手段，继续搞好多样化的电化教育和计算机辅助教学。在高中阶段的学校和有条件的初中、小学普及计算机操作和信息技术教育，使教育科研网络进入全部高等学校和骨干中等职业学校，逐步进入中小学。采取有效措施，大力开发优秀的教育教学软件。运用现代远程教育网络为社会成员提供终身学习的机会，为农村和边远地区提供适合当地需要的教育。

16. 努力改变教育与经济、科技相脱节的状况，促进教育和经济、科技的密切结合。高等教育实施素质教育，要加强产学研结合，大力推进高等学校和产业界以及科研院所的合作，鼓励有条件的高等学校建立科技企业，企业在高等学校建立研究机构，高等学校在企业建立实习基地。采用多种形式，使高等学校科研机构进入企业，提高高等学校科技成果的转化率，加快实用科技成果向企业的转移，增强企业的技术创新能力，培育新的经济增长点。要创建若干所具有世界先进水平的一流大学和一批一流学科，在高等学校建设一批既出人才、又出成果的基础研究和应用研究基地，为国家创新体系建设和现代化建设作出贡献。继续推进城市教育综合改革。职业教育和成人教育要通过多种方式，为加快提高劳动者素质，为转岗、分流、下岗职工再就业提供教育和培训。

进一步推进农科教结合，全面推进农村教育综合改革，促进农村普通教育、成人教育和职业教育的统筹协调发展，使农村教育切实转变到主要为农村经济和社会发展服务上来。要把文化知识教育和扫除青壮年文盲与实用生产技术培训结合起来，与农民脱贫致富结合起来。要采取灵活多样的教育培训形式，抓紧培养一大批农村急需的实用技术推广人才、乡镇企业管理人才和医疗卫生人才。

三、优化结构，建设全面推进素质教育的高质量的教师队伍

17. 建设高质量的教师队伍，是全面推进素质教育的基本保证。教师要热爱党，热爱社会主义祖国，忠诚于人民的教育事业；要树立正确的教育观、质量观和人才观，增强实施素质教育的自觉性；要不断提高思想政治素质和业务素质，教书育人，为人师表，敬业爱生；要有宽广厚实的业务知识和终身学习的自觉性，掌握必要的现代教育技术手段；要遵循教育规律，积极参与教学科研，在工作中勇于探索创新；要与学生平等相处，尊重学生人格，因材施教，保护学生的合法权益。

18. 把提高教师实施素质教育的能力和水平作为师资培养、培训的重点。加强和改革师范教育，大力提高师资培养质量。调整师范学校的层次和布局，鼓励综合性高等学校和非师范类高等学校参与培养、培训中小学教师的工作，探索在有条件的综合性高等学校中试办师范学院。2010 年前后，具备条件的地区力争使小学和初中阶段教育的专任教师的学历分别提升到专科和本科层次，经济发达地区高中阶段教育的专任教师和校长中获硕士学位者应达到一定比例。提高高等学校教师中具有博士学位教师的比例。

开展以培训全体教师为目标、骨干教师为重点的继续教育，使中小学教师的整体素质明显提高。中小学专任教师以及师范学校在校生都要接受计算机基础知识和技能培训。注意吸收企业优秀工程技术和管理人员到职业学校任教，加快建设兼有教师资格和其他专业技术职务的“双师型”教师队伍。地方各级人民政府要多渠道筹资设立骨干教师专项资金，在大中小学培养一批高水平的学科带头人和有较大影响的教书育人专家，造就一支符合时代要求、能发挥示范作用的骨干教师队伍。

19. 建立优化教师队伍的有效机制，提高教师队伍的整体素质。全面实施教师资格制度，开展面向社会认定教师资格工作，拓宽教师来源渠道，引入竞争机制，完善教师职务聘任制，提高教育质量和办学效益。中小学根据学校编制聘用教师，可面向社会公开招聘，经县以上教育行政部门审批；高等学校依法自主聘任教师，吸引优秀人才从教。继续关心和改善教师的工作条件和生活待遇。

加强编制管理，精简富余人员，富余人员原则上在教育系统内部进行培训和安排。各地要认真做好各级各类学校转岗教师的管

理服务工作，进一步建立和完善人才流动的社会化服务体系，搞好人才供求信息的收集和发布工作，开展转岗前职业培训，协调和促进教师的合理流动。地方各级人民政府的人事、劳动和社会保障、财政部门要提供必要的政策指导和经费支持。

20. 合理配置教师资源。各地要制定政策，鼓励大中城市骨干教师到基础薄弱学校任教或兼职，中小城市（镇）学校教师以各种方式到农村缺编学校任教，加强农村与薄弱学校教师队伍建设。城镇中小学教师原则上要有一年以上在薄弱学校或农村学校任教经历，才可聘为高级教师职务。采取优惠政策，吸引和鼓励教师到经济不发达地区、边远地区和少数民族地区任教。经济发达地区和城市也要采取多种形式，帮助少数民族地区和农村提高教师队伍水平。

21. 努力造就能够带领广大教师和教育工作者积极实施素质教育的学校领导以及管理干部队伍。学校校长在推进素质教育中具有特殊作用，要率先转变教育观念，把领导教职工创造性地实施素质教育作为重要职责。要继续巩固和完善中小学校长岗位培训和持证上岗制度，试行校长职级制，逐步完善校长选拔和任用制度，鼓励优秀校长到薄弱学校任职。对于富余的学校管理人员要转岗分流。

四、加强领导，全党、全社会共同努力开创素质教育的新局面

22. 全面推进素质教育，必须切实加强党和政府的领导。邓小平同志指出："我们要千方百计，在别的方面忍耐一些，甚至于牺牲一点速度，把教育问题解决好。"各级党委和人民政府要切实落实教育优先发展的战略地位。全面推进素质教育是党和政府的重要职责，各级领导干部要转变观念，充分认识素质教育的重要性和紧迫性，把思想统一到中央的决定上来，认真贯彻落实。建立自上而下的素质教育评估检查体系，逐级考核省、市、县、乡各级党委和政府及其主要领导干部抓素质教育工作的情况。各级党委和政府及其有关部门要通力协作，为实施素质教育创造良好的政策环境，注意研究新情况和新问题，鼓励大胆实践，尊重群众的首创精神。重视和加强教育科学研究，提高政府决策和管理的科学性。

23. 全面推进素质教育，根本上要靠法治、靠制度保障。各级人民政府和各部门要切实做到依法行政，保证教育方针的全面贯彻执行。各级党政领导和广大教育工作者要深入进行教育法律法规的学习、宣传活动，提高法律意识，严格履行保护少年儿童和学生身心健康发展的法律职责，坚决制止侵犯学生合法权益的行为，抵制妨碍学生健康成长的各种社会不良影响。各地要依法保障教师的合法权益，不得拖欠教师工资。要整治校园内部和周边环境，维护学校正常秩序。

继续完善国家教育立法，加大教育执法力度，加强教育法制机构和队伍建设，完善教育行政执法监督机制。制定有关素质教育的制度和法规，逐步实现素质教育制度化、法制化。

进一步健全教育督导机构，完善教育督导制度，在继续进行"两基"督导检查的同时，把保障实施素质教育作为教育督导工作的重要任务。

24. 努力采取有效措施，切实加大教育投入，逐步实现国家财政性教育经费支出占国民生产总值百分之四的目标。各级人民政府必须按照《中华人民共和国教育法》的规

定，确保教育经费有较大增长。中央决定，自1998年起至2002年的5年中，提高中央本级财政支出中教育经费所占的比例，每年提高1个百分点。各省、自治区、直辖市人民政府也要根据本地实际，增加本级财政中教育经费的支出。要进一步依法加强城乡教育费附加的征收和管理，农村教育费附加实行乡征、县管、乡用，确保完全用于教育。

进一步完善教育经费拨款办法，充分发挥教育拨款在宏观调控中的作用，不断提高教育经费的使用效益。政府的教育拨款主要用于保证普及义务教育和承担普通高等教育的大部分经费。地方各级人民政府要确保义务教育的资金投入并做到专款专用。在非义务教育阶段，要适当增加学费在培养成本中的比例，逐步建立符合社会主义市场经济体制以及政府公共财政体制的财政教育拨款政策和成本分担机制。加强教育经费的管理，严格禁止乱收费。认真组织实施教育储蓄、教育保险和助学贷款制度，完善奖学金制度。积极运用财政、金融和税收政策，继续鼓励社会、个人和企业投资办学和捐（集）资助学，不断完善多渠道筹措教育经费的体制。

25. 社会用人制度对于实施素质教育有着重要的导向，改革用人制度是全面推进素质教育的当务之急。要依法抓紧制定国家职业（技能）标准，明确对各类劳动者的岗位要求，积极推行劳动预备制度，坚持实行“先培训、后上岗”的就业制度，继续改革大中专毕业生就业制度，使学生树立正确的择业观。地方政府教育部门要与人事、劳动和社会保障部门共同协调，在全社会实行学业证书、职业资格证书并重的制度。转变传统的人才观念，形成使用人才重素质、重实际能力的良好风气。

26. 全面推进素质教育，是我国教育事业的一场深刻变革，是一项事关全局、影响深远和涉及社会各方面的系统工程。要进一步加强学校党的工作，充分发挥党员在实施素质教育中的模范带头作用。要通过新闻媒体的正确舆论导向，深入动员社会各界关心、支持和投身素质教育。学校、家庭和社会要互相沟通、积极配合，共同开创素质教育工作的新局面。

要继续认真落实国务院批转的《面向21世纪教育振兴行动计划》。全面推进素质教育，是党中央和国务院为加快实施科教兴国战略作出的又一重大决策，各级党委和人民政府要结合本地实际情况，创造性地把素质教育落到实处，在以江泽民同志为核心的党中央的领导下，高举邓小平理论伟大旗帜，为实现社会主义现代化建设宏伟目标和中华民族伟大复兴作出更大的贡献。

军队系统学校如何落实本文件精神，由中央军委作出决定。

江泽民总书记在第三次全国教育工作会议上的讲话（节选）

（1999年6月15日）

新中国的教育事业经过50年来特别是改革开放20年的改革和发展，为社会主义建设培养了大批熟练劳动者和各类专门人才，并积累了丰富的教育工作经验。几代教育工作者艰辛探索，无私奉献，为祖国富强和民族振兴付出了大量心血，作出了历史性的贡献。我代表党中央、国务院，向全国教育工作者和所有热情支持教育事业的广大干部、群众和各界人士，表示衷心的感谢和问候。

在当今世界上，综合国力的竞争，越来越表现为经济实力、国防实力和民族凝聚力的竞争。无论就其中哪一个方面实力的增强来说，教育都具有基础性的地位。改革开放20年来，我国经济建设和科技进步都取得了巨大的成就。但是，也要清醒地看到，我国经济增长方式还没有根本转变，沉重的人口负担还没有转化为人力资源的优势。我们的劳动力素质和科技创新能力不高，已经成为制约我国经济发展和国际竞争能力增强的一个主要因素。中央全面分析国际国内发展的大势，认为必须坚定不移地实施科教兴国的战略，大力提高全民族的思想道德和科学文化素质，提高知识创新和技术创新能力，密切教育与经济、科技的结合，加快实现经济增长方式和经济体制的根本转变。这是全面推进我国现代化事业的必然选择，也是中华民族自立于世界民族之林的根本保证。

教育是知识创新、传播和应用的主要基地，也是培育创新精神和创新人才的摇篮。无论在培养高素质的劳动者和专业人才方面，还是在提高创新能力和提供知识、技术创新成果以及增强民族凝聚力方面，教育都具有独特的重要意义。我们的各级各类教育机构，我们的全体教育工作者，对增强包括民族凝聚力在内的综合国力，承担着庄严的职责。

面对当前国际国内新的形势，我们的教育思想、教育体制和结构、教育内容和方法，同社会主义现代化建设发展的需要不相适应的矛盾，已经和正在日益显露出来。各级党委和政府，整个教育战线的同志们，对教育工作中存在的问题和不足，都应保持清醒的认识。思想政治教育，在各级各类学校都要摆在重要地位，任何时候都不能放松和削弱。思想政治素质是最重要的素质。不断增强学生和群众的爱国主义、集体主义、社会主义思想，是素质教育的灵魂。

普及九年义务教育，满足基本学习需要和提高劳动者的整体素质，要作为教育工作的首要目标，努力提高绝大多数人的教育水准。对于不能进入高等教育行列进行学习的城乡学生和其他群众，应通过大办各级各类职业技术学校，广泛吸收他们学习和掌握一门或几门生产技术与管理、服务方面的技能。要根据需要和可能，采取多种形式积极发展高等教育，特别是社区性的高等职业教育，扩大现有普通高校和成人高校的招生规模，尽可能满足人民群众接受高等教育的要求。也可以动员社会的力量办一点民办高校，作为现有高校的补充。各级政府要为受教育者提供尽可能公平的教育机会，尤其要重视解决欠发达地区和人群的教育问题，增加对贫困地区和贫穷家庭的教育资助。特别是要高度重视发展农村教育事业，确保农村教育的投入，并不断加大投入的力度。

面对世界科技飞速发展的挑战，我们必须把增强民族创新能力提到关系中华民族兴衰存亡的高度来认识。教育在培育民族创新精神和培养创造性人才方面，肩负着特殊的使命。必须转变那种妨碍学生创新精神和创新能力发展的教育观念、教育模式，特别是由教师单向灌输知识，以考试分数作为衡量教育成果的唯一标准，以及过于划一呆板的教育教学制度。要下功夫造就一批真正能站在世界科学技术前沿的学术带头人和尖子人才，以带动和促进民族科技水平与创新能力的提高。这不仅是教育界的责任，也是全党全社会的战略性任务。在出人才的问题上，要鼓励和支持冒尖，鼓励和支持当领头雁，鼓励和支持一马当先，这不是提倡搞个人突出、个人英雄主义，而是合乎人才成长规律的必然要求。

事实已经充分说明，“象牙塔”式的教育，不能适应当今时代的需要。教育同经济、科技、社会实践越来越紧密的结合，正在成为推动科技进步和经济、社会发展的重要力量。在我国社会主义初级阶段，教育作为经济、政治、文化建设的基础工程，不仅要为现代化建设提供人才和智力储备，而且要直接参与各方面的建设事业，为推动各项建设事业作出贡献。

终身学习是当今社会发展的必然趋势。要逐步建立和完善有利于终身学习的教育制度。学校要进一步向社会开放，发挥学历教育、非学历教育、继续教育、职业技术培训教育等多种功能。基础教育、职业教育、成人教育和高等教育要加强相互间的衔接与沟通，为学习者提供多种多次受教育的机会。要以远程教育网络为依托，形成覆盖全国城乡的开放教育系统，为各类社会成员提供多层次、多样化的教育服务。

全党同志和全国各族人民都要从实现祖国富强和民族振兴的高度，继续关心和支持我国教育的发展。各级党委和政府，要将教育纳入战略发展重点和现代化建设的整体布局之中，切实把教育作为先导性、全局性、基础性的工作，摆到优先发展的战略重点地位。各级党政领导干部，都要抓好教育工作，坚持在制定经济与社会发展规划时保证教育优先的适度超前发展，坚持在安排各级财政预算时实现教育经费的三个增长，提高教育支出在财政支出中的比例，为教育优先发展提供物质保证。要经常关心和帮助解决教育工作中遇到的困难问题，建立和健全目标管理责任制，层层明确目标和责任。要建立领导干部联系学校的制度以及检查和奖惩制度。要继承中华民族的优良传统，在全社会大力弘扬尊师重教的良好风尚。要为教师多办实事，切实保障教师合法权益，努力改善教师的待遇。要大力加强教师队伍的建设，不断优化队伍结构和提高队伍素质。

人才培养和青少年的成长，不仅需要各级各类学校的努力，而且需要良好的社会环境。加强社会综合治理和文化建设，坚决抵制各种封建迷信、腐朽思想文化对青少年的毒害；加强社区建设，积极创造有利于青少年健康成长的家庭、邻里和学校的环境。文化艺术部门和大众传播媒介，必须以内容健康向上、具有艺术魅力的精神产品教育青少年。总之，全党和全社会要共同努力营造文明健康的学习环境。

朱镕基总理在第三次全国教育工作会议上的讲话（节选）

（1999年6月18日）

这次全国教育工作会议，从社会主义现代化建设全局和战略的高度，对我国面向新世纪的教育改革和发展作出了重要部署，具有深远的意义。各级党委和政府要认真学习和贯彻江泽民总书记在会议开幕时的重要讲话精神，贯彻和落实《中共中央国务院关于深化教育改革全面推进素质教育的决定》，以这次会议为动力，抓住机遇，锐意进取，努力开创我国教育改革和发展的新局面。

我国教育必须有一个较大的发展。从根本上说，要加速实现国家现代化，显著增强综合国力和国际竞争力，迎接新世纪的机遇和挑战，就必须落实科教兴国战略，真正把教育放在优先发展的战略地位。从当前看，加快教育发展更具有极大的重要性和紧迫性。目前我国劳动者受教育水平普遍较低，而城乡居民对教育的需求日益旺盛。加快发展教育，既可以减缓升学压力，为素质教育创造良好环境，满足广大学生和家长对教育的需求，提高国民素质和社会文明程度，又可以扩大教育消费，拉动内需，促进经济持续增长，还可以减缓目前的就业压力。加快教育发展是有条件的。现在城乡居民教育消费意愿十分强烈，居民家庭储蓄中有相当的比例准备用于教育，现有教育资源还有很大潜力，社会力量也有办学的积极性。要在切实保证义务教育健康发展的同时，调整现有教育体系结构，扩大高中阶段教育和高等教育的规模，大力发展各级各类职业技术教育，拓宽人才成长的道路。

加快教育发展主要靠改革。关键是要进一步解放思想。一方面，要通过加快教育体制和结构改革，挖掘现有教育资源潜力，增强学校的活力与效率，充分发挥公办学校的主渠道作用。另一方面，积极鼓励和支持社会力量以多种形式办学，形成以政府办学为主体、公办学校和民办学校共同发展的格局。凡符合国家有关法律法规的办学形式，都可以大胆试验。在发展民办教育方面可以迈出更大的步伐。鼓励社会力量以各种方式举办高中阶段和高等职业教育，有条件的也可以举办民办普通高等学校。发展民间办学，吸引社会各方面力量共同办教育，才能实现大国办大教育。我国是穷国办大教育，不走多种形式办学的路子，别无选择。

要调整和放宽政策，支持教育加快改革和发展。例如，新建扩建学校，可以无偿提供用地，免收校舍配套费用；修建学生公寓，减轻学校宿舍负担；为广大学生特别是困难家庭子女提供贷学金，为优秀学生提供奖学金等。在加快教育改革和发展的同时，要注意防止一哄而起。要尽力而为，也要量力而行。要坚持正确的办学方向，确保办学质量。切实加强对各类学校的引导、监督和管理，抓紧建立健全教育评估、督导、检查体系和制度。

实施科教兴国战略，加快教育发展，必须采取有效措施，切实加大教育投入，随着经济的发展，逐年增加教育经费。同时，要大力提高办学效益，提高教育经费使用效率。要进一步合理调整学校布局，优化教育资源配置。学校之间要互通有无，资源共享，学校教育设施应向社会开放。要扩大走读生比例。加快学校内部管理体制改革，逐步把后勤从学校剥离出来，实行后勤服务社会化。切实加强教育经费管理，杜绝一切铺张浪费现象。

加快教育改革和发展，需要进一步加强教师队伍建设。教师对学生的一生都有至关重要的影响。教师是人类灵魂的工程师，应当“学为人师，行为世范”。要着力提高教师的思想政治素质，不断丰富教师的科学文化知识，提高业务水平。建立优化教师队伍的有效机制。要严格执行教师资格制度，不合格的人不能进入教师队伍。同时，实行竞争上岗制度，分流富余人员，调整不能履行岗位职责的教师。要采取多种形式，加强教师培训工作，把培训考核与评职晋级、淘汰不合格教师结合起来。继续采取有效措施改善教师的工作和生活条件，对高水平的、有突出贡献的教师要“代劳优酬”，给予特别荣誉和奖励。要建立健全鼓励优秀青年教师增长才干和脱颖而出的机制，充分发挥广大教师教书育人的积极性和创造性。

深化教育改革，全面推进素质教育，为实现中华民族的伟大复兴而奋斗（摘要）

——在第三次全国教育工作会议上的报告

（1999年6月15日）

李岚清

一、全面推进素质教育，是当前我国现代化建设的一项紧迫任务

我们正处于世纪之交的历史时期。世界经济的全球化和科学技术的迅猛发展，正日益深刻地改变着人类的生产和生活方式。以创新知识为基础的经济，标志着未来世界的一个重要发展方向。这使得知识和人才、民族素质和创新能力越来越成为综合国力的重要标志，成为推动或制约经济增长和社会发展的关键因素。谁能抓住历史机遇，加快培养创新人才和高素质的劳动者，提高全体人民的素质和国家创新能力，谁就能在未来剧烈的竞争中赢得主动权，抢占国际竞争的制高点。

我国教育事业的成就是巨大的，令世人瞩目。但是，也应该看到，面临21世纪的严峻挑战和党的十五大提出的要求，我国教育还存在严重不相适应的情况，所谓不适应，主要是素质不适应和数量不适应，而且数量也必须是以素质为前提，没有素质的数量也是不行的。为此，党中央、国务院适时做出了《关于深化教育改革全面推进素质教育的决定》，这是在世纪之交的一项重大战略决策。

二、全面推进素质教育，是我国教育事业的一场深刻变革，是教育思想和人才培养模式的重大进步

素质教育从本质来说，就是以提高国民素质为目标的教育。在邓小平教育理论和党的十五大精神的指导下，随着经济、社会发展和对教育自身规律的探索，素质教育思想不断发展和逐步完善起来。近10多年来，各级政府、教育行政部门、广大教师和教育科研工作者，在实施素质教育理论与实践方面进行了坚持不懈的探索，涌现出一大批很好的典型，积累了比较丰富的经验。在世纪之交，面对提高人才素质的迫切要求与挑战，必须将素质教育由点到面整体推进，并且按素质教育的要求，推进教育观念、教育体制、教育结构、人才培养模式、教育内容和教学方法等一系列改革。

实施素质教育，要正确认识和解决好以下几个问题：

第一，要倡导为学生的全面发展创造良好宽松的条件，克服那种只重视智育，轻视德育、体育和美育，在智育中又只重视知识传授、忽视能力培养的倾向。各级各类学校要全面贯彻党的教育方针，有责任把德育、智育、体育、美育等方面，有机地统一在教育活动的各个环节之中。努力使素质教育的方方面面成为不可分割的整体，相互渗透、协调发展，促进学生的全面成长。

第二，坚持面向全体学生，依法保障义务教育阶段适龄儿童和青少年学习发展的基本权利，努力开发每个学生的特长和潜能，改变那种只重视升学有望的学生的做法。

第三，要鼓励创新和重视实践，促进教育与经济社会的实际紧密结合，改变那种只重书本知识、忽视创新精神和实践能力培养的现象。必须在教育中对学生进行创新精神和实践能力的培养，这正是素质教育的重点。

第四，素质教育要贯穿于人才培养全过程，这是关系到教育工作全局和涉及社会各方面的系统工程，要改变那种素质教育仅仅是基础教育或是学校教育任务的观念。要使素质教育贯穿于幼儿教育、中小学教育、职业教育、成人教育、高等教育等各个阶段和各类教育，贯穿于学校教育、家庭教育和社会教育等各个方面。在不同阶段和不同方面应当有不同的内容和重点，相互配合，全面推进。在不同地区还应体现地区特点，在少数民族地区还应该体现民族特点。

三、全面推进素质教育，必须采取重大举措加快教育的改革和发展

第一，着力调整宏观教育结构，拓宽人才成长的道路，减缓升学竞争的压力，加快非义务教育的发展，构建有利于实施素质教育的人才成长的“立交桥”，满足人民日益增长的教育需求。当务之急是根据需要和可能，采取多种形式积极发展高中阶段和高等教育，扩大招生规模。

第二，加快考试和评价制度改革的步伐，进一步推动教学改革，建立符合素质教育要求的高质量的教师队伍。继续改革高考科目和内容，突出对考生能力和综合素质的考查。同时，要进行每年举办两次高等学校招生考试的试点。要按照时代发展的要求，遵循学生的身心特点和成长规律，大力改革课程和教材体系。需要强调指出，实施素质教育的关键在教师。建设高质量的教育，必须有高质量的教师。要继续努力提高教师的待遇和社会地位，这是落实教育优先发展战略地位的重要标志。要把优化教师队伍作为一项重要任务来抓。

第三，实施素质教育，要大力提高教育技术手段现代化水平和教育信息化程度。国家支持建设以中国教育科研网和卫星视频系统为基础的现代远程教育网络，加强经济实用型终端平台系统和校园网络或局部网络建设，充分利用现有资源和各种音像手段，继续搞好多样化的电化教育和计算机辅助教学。试办远程网络虚拟学校。

第四，要促进教育与经济、科技和社会发展密切结合，使教育在科教兴国中发挥更大作用。要继续贯彻“共建、调整、合作、合并”的方针，积极推进高校管理体制改革，通过教育资源的优化组合和充分利用，提高高等教育质量和办学效益。要进一步推进产学研合作，提高科技成果的转化率，促进高新技术产业的发展。必须高度重视农村教育的改革和发展，培养一批留得住、用得上的农村实用人才，提高农民特别是新一代农民的素质。

四、全党全社会共同努力，为全面推进素质教育创造良好条件

全面推进素质教育，必须加强党和政府的领导，调动社会各方面的力量共同努力。

第一，进一步加强领导，努力为实施素质教育多办实事。我们要像小平同志那样热爱教育事业，站在战略高度，带着深厚的感情抓教育工作，提高对全面推进素质教育重要性的认识，为实施素质教育多办实事。

实施素质教育根本要靠法治、靠制度，各级领导和教育工作者要严格履行保护少年儿童和学生身心健康发展的法律职责，坚决制止侵犯学生合法权益的行为，整治校园周边环境，抵制各种不良的社会影响，维护学校正常秩序。我们还要下大力气，健全减轻中小学生课业负担的监督检查机制，严格控制学生用书的种类和数量。为推行素质教育创造良好的教育环境和社会环境。

第二，完善教育投入机制，为实施素质教育提供保证。切实依法实现教育经费的“三个增长”，努力逐步实现财政性教育经费支出占国民生产总值4%的目标。国务院决定从1998年起到2002年，中央本级财政支出中教育经费支出按同口径连续5年每年提高1个百分点。这充分体现了本届政府实施科教兴国战略的决心，也是近年来中央政府在增大教育投入方面的一次重大举措。希望各级地方政府也要根据本地实际，增加本级财政中教育经费的支出。要进一步完善财政教育拨款政策和教育成本分担机制，积极运用财政、金融和税收政策，引导社会力量增加教育投资，鼓励社会力量投资办学和捐集资助学。教育行政部门和学校要深化体制改革，强化内部管理，不断提高教育经费的使用效益。

第三，改革社会用人制度，为实施素质教育提供正确导向。要依法抓紧制定国家职业（技能）标准，明确对各类劳动者的岗位要求，推行“先培训、后上岗”的就业制度，未经职业教育培训的普通初高中毕业生，不能进入有技能要求的劳动力市场。教育、人事、劳动保障部门和有关行业部门要积极配合，进行职业资格的宏观协调和指导，在全社会实行学业证书与职业资格证书并重的制度。

第四，加大宣传力度，为全面推进素质教育创造良好的社会舆论环境。各级党政部门和学校要面向社会，加大舆论宣传力度，对素质教育进行全面、系统、科学的宣传普及，引导全社会树立正确的教育观、人才观和质量观。全面推进素质教育，涉及千家万户的切身利益，需要每个家庭的认同和配合。要加强对家庭教育的指导，争取家长配合学校实施素质教育，形成更为广泛的社会共识，鼓励社会各界、家长和学生以适当的方式参与评价学校教育，共同开创素质教育工作的新局面。

全国人大常委会执法检查组关于检查《义务教育法》实施情况的报告

（1999年12月24日）

彭珮云

1999年9月、10月，全国人大常委会执法检查组根据今年执法检查计划的安排，对《中华人民共和国义务教育法》（以下简称义务教育法）的实施情况进行了检查。检查的目的是为了全面了解国务院主管部门实施义务教育法的情况，督促各级政府加大普及义务教育的力度，实现2000年基本普及九年义务教育的目标。检查的内容主要有三项：一是国务院及其主管部门制定配套法规、规章和推行义务教育的情况；二是保障义务教育经费及改善办学条件的情况；三是加强师资队伍建设的情况。全国人大常委会对这次执法检查高度重视。参加本次执法检查工作的有何鲁丽、成思危、许嘉璐、蒋正华副委员长和我，以及7位常委会委员、5位教科文卫委员会委员。检查组首先听取了国务院教育、财政、计划、税务、审计部门的汇报，然后由5位副委员长带队，分别实地考察了河南、湖北、广西、新疆、重庆5个省、自治区、直辖市实施义务教育法的情况。

下面，我代表检查组将这次执法检查的情况及我们的建议报告如下：

检查组对实施义务教育法13年来的情况，总的看法有四点：

第一，义务教育法已经深入人心。各级政府认真执法，各级人大加强监督，有力地推动了义务教育法的贯彻实施。只要各级政府继续坚持不懈地抓下去，必将取得更大的成效。

第二，1996年第八届全国人民代表大会第四次会议通过的《国民经济和社会发展“九五”计划和2010年远景目标纲要》提出：“2000年，全国基本普及九年义务教育”。“在占总人口85%的地区普及九年义务教育，在占总人口95%以上的地区普及5～6年小学教育，其余地区普及3～4年小学教育。”这个目标预期可以实现。

第三，各地普及义务教育的工作发展极不平衡，存在的问题不可忽视。已经“普九”的地区需要进一步巩固与提高，尚未“普九”的地区，特别是边远、贫困地区，普及义务教育的任务十分艰巨。

第四，义务教育法的内容基本可行，并得到了社会各界的认同；但随着形势的发展，在适当的时候仍有必要对义务教育法进行修改，使其进一步完善。

一、实施义务教育法取得的显著成绩

1. 各级领导重视实施义务教育法，全社会增强了普及义务教育的法制观念。

各级政府把实施义务教育法作为社会主义现代化建设的奠基工程，提上了重要的议事日程，并通过多种形式广泛深入地进行宣传，基本上做到了家喻户晓，在全社会逐步树立起依法普及义务教育的观念。国务院和各省、自治区、直辖市制订了配套的法规、规章和工作计划，针对不同地区的实际情况进行分类指导。义务教育法确立的“地方负责，分级管理”的体制，调动了地方办学的积极性。各级政府建立了相应的领导机构，明确了教育、财政、计划、人事、税务、审计等部门的责任。国家和许多地市建立了督导检查制度、评估验收制度、经费审计制度、表彰奖励制度、政府向人大报告教育工作的制度等等，规范了义务教育的管理。各级人大及其常委会多次组织执法检查，推动了普及义务教育的工作。

2. 教育经费不断增长，办学条件明显改善。

为了依法保障义务教育经费，国家确立了以政府投入为主、多渠道筹措教育经费的体制。1998 年，全国义务教育总投入达 1 503.86亿元，约为 1986 年投入总额 84 亿元的 18 倍。1998 年，各级政府财政预算内义务教育经费支出 828.21 亿元，同口径比 1986 年的 63 亿元增长 13 倍。全国小学和初中学生人均预算内教育事业费也有明显增长，1986 年分别为 48 元和 135 元，1998 年分别达到 370 元和 610 元。

根据义务教育法的规定，各地实行了“县、乡、村三级办学，县、乡两级管理”的体制。县、乡、村克服重重困难，承担了筹措义务教育绝大部分经费的责任。中央财政设立了义务教育补助专款，帮助贫困地区和少数民族地区普及义务教育。例如：“九五”期间，中央财政拨出“国家贫困地区义务教育工程”专款 39 亿元，争取到世界银行对我国贫困地区义务教育贷款 3. 8 亿美元等，都起到了积极的作用。征收教育费附加的工作也尽了很大努力。随着国民经济的发展，曾两次调整教育费附加征收率，使这项收入稳步增加。各地依法进行的群众捐资助学、集资办学，对于修建农村中小学校舍和改造学校危房，起了重要作用。

由于义务教育经费投入增加，改善了中小学的办学条件。1986 年，全国中小学危房面积约占校舍总面积的 17%，1998 年危房率降到了 2%左右。学生人均校舍面积，1998 年也比 1986 年有了较大提高。中小学实验仪器设备和体育器材配备，城市已基本达到了国家规定的二类或者一类标准，通过“普九”验收的农村一般也达到了国家规定的三类或者二类标准。城市改造薄弱校的工作正在加紧进行，经济发达地区正在向普及高中阶段教育迈进。

3. 教师队伍建设上了一个新台阶。

为了稳定教师队伍，吸引优秀人才任教，国务院和地方各级政府在提高教师待遇方面抓了几件大事：一是，努力提高教师的工资水平。1986 年，全国中小学教师人均年工资约为1 345元，1998 年约为7 440元。二是，教师住房条件有了较大改善。城镇教师家庭人均居住面积 1987 年为 5.09 平方米，1998 年上升到 8.74 平方米。三是，妥善解决民办教师问题。1986 年，全国有民办教师 339.2 万人。通过采取“关、转、招、退、辞”的措施，到 1998 年，全国民办教师还剩下 87 万人。预计到2000年可基本解决历史遗留的民办教师问题。

为了提高教师素质，国家制定了《中小学教师职业道德规范》，普遍进行了教师资格制度和教师聘任制试点。各级教育行政部门加强了师范院校的建设，并对在职教师进行有计划的培训。1986年，小学和初中专任教师学历合格率分别为63%和27%，1998年，已分别提高到95%和83%。

4．义务教育普及率有了较大提高。

经过各级政府和全社会的努力，普及义务教育取得了显著的成绩。全国小学和初中入学率，1986年分别为96.4%和56．86%，1998年已分别达到98.9%和87.3%。1998年，全国2 863个县（市、区）中，通过"普九"验收的累计达2 125个，另外有117个实施义务教育的县级单位也通过了"普九"验收，人口覆盖率（已"普九"的人口占全国总人口的比例）为73%。预计到2000年，可实现在85%的人口地区普及九年义务教育，在其余15%的人口地区普及小学5～6年或3～4年义务教育的既定目标。

国家重视女童、少数民族儿童、残疾儿童的义务教育。1998年和1986年相比，这三类儿童入学率和接受九年义务教育的比例，也有了较大提高。

总的看来，实施义务教育法，确实有力地推动了义务教育的发展。我国普及义务教育的速度超过了一些发达国家，我们用13年的时间走完了一些发达国家几十年才走完的路程。

二、存在的主要问题和困难

普及九年义务教育的工作，目前也存在不少问题和困难。主要是：

1．有些地方和部门的干部对普及义务教育的重要意义认识不足，需要进一步提高执法的自觉性。

实施义务教育法，对于提高民族素质、增强综合国力、加快经济发展、促进民主法制建设和精神文明建设具有重要的意义，但有些地方和部门的干部对此认识不足，不能自觉履行自己的法律义务。有的在处理经济和教育的关系时，重经济发展，轻教育发展；在经费安排上，没有把教育真正放在优先的地位，对教育投入不足，甚至挪用教育经费，拖欠教师工资。有的在处理教育内部关系、分配教育经费时，没有把普及义务教育放在教育工作"重中之重"的地位。这些片面的认识和做法，影响了义务教育法的实施。

2．各地义务教育发展不平衡，已"普九"的地区要巩固提高，未"普九"的地区要普及义务教育，任务都十分艰巨。

国家教育行政部门根据各省、自治区、直辖市义务教育发展的不同水平，将全国划分为一、二、三片地区。1998年，"普九"的人口覆盖率，"一片地区"（北京、天津、辽宁、吉林、上海、江苏、浙江、山东、广东）达到96.47%；"二片地区"（河北、山西、黑龙江、安徽、福建、江西、河南、湖北、湖南、海南、重庆、四川、陕西）达到81.87%；"三片地区"（内蒙古、广西、贵州、云南、西藏、甘肃、青海、宁夏、新疆）达到42.26%。

已"普九"的地区，人口覆盖率虽不算低，但是大部分农村原有基础较脆弱，现在达标仅是初步的，还面临着许多问题。例如：从现在起到2003年面临初中入学高峰，给校舍、师资、设施等带来很大压力；为了提高义务教育的质量和办学效益，学校布局需要进一步调整；每年新增校舍危房（大约占校舍总面积的2%左右）需要改建或重建；许多农村学校的仪器设备是按三类标准配备的，仅能做演示试验，不能做分组试验；中小学大班额的现象（每班有60至70个学生）在有些地区还比较突出，有的班甚至超过100人，需要按标准调整；有些地区实际上实施的是5年小学加3年初中的义务教育，没有学满9年。要在义务教育阶段全面推进素质教育，培养适应21世纪现代化建设的社会主义新人，更需要经过长期艰苦的努力。因此，“普九”后的巩固提高任务仍很艰巨，特别是在“二片地区”和“三片地区”的广大农村，对此决不能有松劲情绪。

未“普九”的地区普及义务教育的工作难度更大。如新疆、广西，自然条件差，财政自给率低，贫困县多，教育基础差，有的地方至今尚未解决“一无两有”(校校无危房，班班有教室，学生人人有课桌椅）问题。新疆地广人稀，冬季长，自然灾害多，教育成本高。广西山区多，交通不便，经济发展落后。重庆市所辖的43个县（市、区）中有21个贫困县，这些贫困县多处于山区和少数民族地区，有些县还面临着三峡库区大量移民的任务。看来，对这些地区应该坚持实事求是、因地制宜的原则，积极稳妥地推进普及义务教育的工作。

3. 义务教育经费仍然严重不足。

义务教育法规定:“实施义务教育所需事业费和基本建设投资，由国务院和地方人民政府负责筹措，予以保证。”尽管13年来各级政府努力增加义务教育经费，但是距法律的要求和实际需要还有相当大的差距，经费不足仍是一个突出的问题。财政拨款、教育费附加、农村教育集资这三项义务教育经费的主要来源，都还存在着一些需要认真研究解决的问题。

全国义务教育经费中财政预算内拨款的比例，1998年约占55%，有的年度比例更低，这与义务教育在教育工作中居于“重中之重”的地位是不相称的。财政拨款严重不足的一个重要原因是，我国现行义务教育经费分担体制不合理。我国广大农村，义务教育的办学责任和负担主要在县、乡、村三级。村一级没有财政。乡一级是各级财政中最弱的一级，而且乡财政收入极不平衡和不稳定。相当一部分县财政不能自给，贫困县财政更困难。中央和省级政府的经费筹措能力相对最强，但承担义务教育的责任却最小。由于责任与财力不一致，使得义务教育这项国民教育中最重要的基础工程，处于得不到足够的财力保障的情况之下。

城乡教育费附加长期以来不能足额征收。城市教育费附加的征收率，1998年只有60%左右。征收不足的原因是多方面的：城市教育费附加是随“三税”(增值税、消费税、营业税）附征，国家规定对有的行业或企业只征“三税”，不随征或少征教育费附加。教育费附加不是税，一些缴纳单位和征税单位重税轻费。增值税和消费税由国家税务局负责征管，随同附征的教育费附加由地方税务局负责征管，营业税及其附征的教育费附加由地方税务局征管，不少征管环节难以衔接。农村教育费附加的征收率，1998年只有50%左右，有的县只能征到20%。农村教育费附加涉及农民部分，由乡村干部在乡统筹费中统一征收。许多地方乡政府没有稳定的财政来源，在教育费附加没有实行“乡征、县管、教育用”体制的地方，教育费附加容易被乡政府挪用。

由于农村中小学校舍的修建和危房改造没有固定的国拨经费，所以教育法规定“经县级人民政府批准，乡、民族乡、镇的人民政府根据自愿、量力的原则，可以在本行政区域内集资办学”。但近年来，农村教育集资不能依法进行。有的文件规定全国暂停教育集资，有的文件要求将教育集资收归省有关部门审批，致使农村中小学校舍的修建和危房改造受到影响。由于经费严重不足，学校危房在“二片地区”和“三片地区”比例仍然较高，有的达到10%～15%以上。还有一些地区的劣质房比例较高，新危房的出现率每年大约是2%～3%。有的地方为应付上级检查，将一些劣质房外面刷上一层白灰。今年重庆市石柱县一所乡办小学300多名师生使用的教学楼突然倒塌，幸好是假期，无人伤亡。可是，在事前当地乡干部认为这栋楼“再用10年也不会有问题”。

4. 拖欠教师工资问题至今没有得到根本解决，代课教师问题值得注意。

据全国教育工作会1999年上半年的调查，现在全国还有2/3的省、自治区、直辖市拖欠教师工资。据对14个省、自治区、直辖市的125个县市的统计，自1998年1月至1999年3月底，拖欠额为7.1亿元，拖欠的人数达58万人次。拖欠时间最长的达1年零3个月。产生这个问题的重要原因是，中小学教育经费实行县、乡级财政切块包干的管理办法，使得乡镇管理的中小学的教师工资的发放完全依赖于乡镇的财政状况和乡镇领导对教育的重视程度，因而无法保证教师工资按时足额发放。

近几年，农村学校中出现了一个值得注意的新情况，就是在民办教师逐步转为公办教师之后，又增加了许多代课教师。据粗略统计，广西已达到15万人，河南约7.5万人，重庆1.5万人。代课教师大量增加，有的是因为公办教师不愿到农村任教，村办小学教师短缺，也有的是因为基层干部凭借权力往学校安插亲友。代课教师基本没有资格证书，多数人学历和能力达不到任教要求。有的地方教育部门称他们为“计划外民办教师”，一直疏于管理。

5. 初中生辍学率上升，农村初中生辍学率偏高。

1998年全国初中生辍学167万人，辍学率为3.23%，比上年上升0.09个百分点。全国农村初中辍学率为4.2%，有的地区达到10%以上。主要原因有四个：一是学生家庭经济困难，无力承担书本费、杂费以及各项不规范的收费；二是农村学生随家长在城市打工、流动，因城市学校不接纳或者收费太高而不能入学；三是一些家长和学生认为“读书无用”，不如早点打工挣钱；四是一些学生学习吃力，失去学习兴趣和信心。

三、几点建议

1. 义务教育在教育工作中“重中之重”的地位不能动摇，国务院及教育主管部门应对21世纪初的义务教育工作做出全面规划和部署。

我们要正确认识当前普及义务教育的形势。既要看到已经取得的显著成绩，增强我们的信心；也要看到还存在着许多突出的问题和困难，实施义务教育法是一项长期的、艰巨的任务。普及九年义务教育是全面推进素质教育的基础，各级领导要继续将普及九年义务教育作为教育工作的“重中之重”。建议国务院及教育主管部门抓紧制定全国普及义务教育的“十五”计划和2010年远景规划；还要制定“普九”后巩固提高的具体要求和标准，以确保义务教育的质量。要将实施义务教育法和贯彻今年召开的第三次全国教育工作会议的精神结合起来，重点研究和部署“二片地区”和“三片地区”尤其是少数民族地区的普及义务教育工作。

2. 进一步完善义务教育经费投入机制，强化政府责任，重点要加强国务院和省、地市级政府对义务教育的责任。

为了实现普及九年义务教育的目标，首先要进一步完善现行的义务教育经费投入机制，强化政府依法保证义务教育经费的责任。要真正建立义务教育经费由各级政府分担，非义务教育经费由国家、社会、个人分担的机制。国家要制定小学和初中学生人均教育成本测算标准，根据成本确定政府对义务教育拨款的最低限。义务教育阶段中小学的校舍修建和危房改造应纳入城乡基本建设规划，增加农村中小学的基建投入，农村可辅之以教育集资。全国中小学现有危房面积约1 300万平方米，中央和省级财政应拨出危房改造专项补助资金。小学和初中的事业费应纳入地方政府预算。各级财政预算外资金和财政预算超收部分，要相应地划出一部分用于教育事业。其次，国务院应抓紧制定各级政府分担义务教育经费的办法，要加强国务院和省、地市级政府对农村义务教育的责任。可以采取转移支付的方式或专项补助方式加大中央和省级财政对义务教育的投入比重。贫困县无力支付的义务教育事业费部分，国家级的贫困县应由中央级财政保证，省级贫困县应由省级财政保证。国家“十五”期间应继续保持“国家贫困地区义务教育工程”等专项补助，金额应高于“九五”期间水平，要继续争取世界银行对我国贫困地区义务教育的贷款，贫困地区的配套资金应适当减免。建议国务院对进一步完善义务教育经费投入机制、落实义务教育补助专款制定具体的措施。

鉴于教育费附加长期以来不能足额征收，管理和使用中也存在着许多问题，许多地方的同志建议将教育费附加改为教育税，使其成为一个独立的税种，作为义务教育的专项资金，专款专用，置于税法的规范之下。这样既有法律保障，也统一了征收部门。建议国务院有关部门认真论证教育费附加改为教育税的问题，尽快提出论证方案。如果短期内教育费附加不能改为教育税，建议抓紧改革和完善现行的征收体制，对现在国家减免教育费附加的行业和企业改为足额征收教育费附加。

减轻农民负担是事关全局的一件大事，应该认真贯彻执行，同时对于农村教育集资，也应依法予以支持。建议对农村教育集资坚持依法审批，按“自愿、量力”的原则进行，不要一刀切。同时，要管好用好教育集资款，让群众放心。

3. 从体制上保证教师工资按时足额发放，努力提高教师素质。

为了从根本上解决拖欠教师工资问题，需要改革目前对教师工资发放的体制。建议将农村义务教育阶段教师工资发放的责任由乡一级收到县一级，由县教育行政部门负责。对经济发达的乡镇，经省教育行政部门同意，县教育行政部门可以授权乡镇代发；乡镇一旦出现拖欠，县教育行政部门应限期改正或收回授权。贫困县教师工资当地负担不了的部分，国家级贫困县应由中央级财政确保，省级贫困县应由省级财政确保。

4. 切实解决初中生辍学率上升和农村初中生辍学率偏高的问题。

为了保障适龄儿童、少年接受义务教育，国家对贫困家庭的学生要适当减免杂费、寄宿费，提供免费循环使用的课本，并通过各种方式包括动员社会力量资助他们。要抓紧解决中小学收费方面存在的问题，制止地方政府、教育等部门、社会各方面擅自增加收费项目、扩大收费范围、提高收费标准的行为，降低课本价格，禁止强令学生统一购买习题册和学习参考书，努力减轻学生过重的经济负担。要解决好流动人口子女的入学问题，大幅度降低甚至取消公立学校的所谓“赞助费”，使其成为吸收流动儿童就学的主渠道；同时规范打工者子弟学校，制定办学标准，加强监督指导。要进一步改革农村初中教学，推动学校开设以农村实用技术为主要内容的劳动技术课；在保证学科课程课时的前提下，积极开设可以获得“绿色证书”的课程。深入开展基础教育、职业教育、成人教育“三教统筹”和“农科教结合”。要大力提高义务教育阶段残疾儿童、少年的入学率。要坚持依法治教，严格禁止招收童工，教育和督促所有的父母送适龄的子女按时入学，将降低辍学率的任务落实到县、乡、村。

5．需要国务院及有关部门研究解决的几个特殊问题。

第一，三峡库区学校搬迁经费严重不足的问题。重庆市三峡库区涉及 18 个县（市、区）移民、402 所中小学校搬迁。重建学校比过去的简易校舍要有所改善，所需投资约 15.3 亿元，而移民迁校补偿资金仅为 3.5 亿元，缺口很大，需要国家增加补助。兄弟省市对口支援三峡库区起了很好的作用，建议国家教育行政部门进一步加强这方面的工作。

第二，边境地区的教育问题。如广西的中越边境地区，中小学教育落后。为稳定边疆，增强民族团结，广西正在规划实施“边境教育工程”。建议中央对边境地区的教育给予特殊的帮助。

第三，企业举办的中小学与企业剥离的问题。一些同志希望国家加强指导，抓紧解决。现在，不少学校已经人心浮动；企业和政府对学校都不投入，对学校的发展不利。也有些同志认为对剥离要分类指导，不要一刀切，对于企业和学校都不愿分离的，不要强行剥离。

此外，义务教育法实施已经 13 年，我国宪法仍保留着 1982 年“普及初等义务教育”的提法，已不适应形势的发展，应该修改。建议全国人大今后修订宪法时予以考虑。

千秋基业　壮丽诗篇

——共和国教育50年

陈至立

中华人民共和国成立50年来，在以毛泽东、邓小平、江泽民为核心的中国共产党三代领导集体的英明领导下，我国的教育事业在艰难曲折中不断发展，一个具有相当规模的基本适应社会主义现代化建设需要的教育体系已初步建立起来。到1998年，学龄儿童入学率由解放初的20%左右增加到98.93%；全国总人口文盲率由解放初的80%以上降到14.5%；普通高校和普通中等学校在校生数比解放前最高年份分别增长了21.99倍和40.11倍；全国受教育人口达到近3亿，在校正规学习的人口达到2.3亿。50年来，共为我国社会主义建设输送了约6 000万高、中等专业人才和近4亿具有初高中文化水平的劳动者，极大地提高了全民族的科学文化水平，为共和国社会主义政权的巩固提供了有力的保障，为共和国社会主义现代化建设做出了卓越的贡献，为中华民族的全面复兴奠定了坚实的基础。半个世纪以来我国教育事业所取得的辉煌成就不仅在中国教育史上，而且在人类文明史上写下了壮丽的诗篇。

一、开基创业，奠定新中国教育基础

中华人民共和国的成立，开创了中国历史的新纪元，古老华夏发生了翻天覆地的变化。伴随开国大典的隆隆礼炮声，新中国教育事业的奠基工程也拉开了序幕。在以毛泽东同志为核心的中国共产党第一代领导集体领导下，顺利完成了改造旧教育，从半殖民地、半封建教育向新民主主义和社会主义教育的根本转变；向工农敞开教育之门，实现了人民受教育的基本权利；确立党的教育方针，明确了社会主义教育的方向；改革学制，初步建立了新中国社会主义教育体系的基本框架和格局；大大提高了全民族的教育普及程度和文化水平，培养造就了大批知识分子，为国家经济建设与社会发展提供了有力的人才支持。

（一）接管改造旧教育，创建社会主义新教育

1949年10月1日由毛泽东同志签发的《中国人民政治协商会议共同纲领》是新中国中央人民政府的施政方针。根据这一方针，新中国的文化教育是民族的、科学的、大众的文化教育；以提高人民文化水平，培养国家建设人才，肃清封建的、买办的、法西斯主义的思想，发展为人民服务的思想为主要内容。在中国共产党领导下，工农劳动大众不仅在政治上、经济上得到翻身解放，在文化

教育上也成为真正的主人。

1949年11月1日，中央人民政府教育部成立，同年12月召开了新中国第一次全国教育工作会议。会上确立了“以老解放区新教育经验为基础，吸收旧教育有用经验，借助苏联经验，建设新民主主义教育”的教育改革基本方针，并将“坚决改造”旧教育和“逐步实现”新教育作为创建新中国教育事业的基本步骤。

在《共同纲领》和教育改革基本方针的指导下，各地人民政府和军管部门出面接管了原国民党政府统治下的各级各类学校，并派干部到所有的学校中协助工作，使其迅速恢复正常秩序，复课开学。与此同时，各地人民政府还对所有学校进行了初步改革，废除了以往法西斯式的训导制度、特务统治和反动课程及教材；在学校中实行民主管理；开设了对学生进行人生观教育的政治课，并在高等学校开设诸如《新民主主义论》、《社会发展史》等马列主义理论课，将“爱祖国、爱人民、爱劳动、爱科学、爱护公共财产”作为“中华人民共和国全体国民的公德”，确立了国民的道德素质标准和培养新社会所需新人的教育目标。与此同时，在各级各类学校中逐步建立健全了党、团、少先队、学生会和教职工的组织，加强了党对教育和学校工作的领导，建立了思想政治教育制度，逐步建立起新的教育领导管理制度，使教育的面貌得到了根本的改变。

为了从外国列强手中收回各种文化、教育、宗教事业的自主权，清除其反动影响，维护人民大众的根本利益，对旧教育实行实质性的和卓有成效的改造，根据1950年政务院的有关规定，在全国范围内将20所过去接受外国津贴的高等学校改为公办和中国人自办，且由政府补贴的私立院校。同时接收了外资津贴的中学544所，小学1 133所，逐步实现了教育管理权的转移，初步完成了从半殖民地、半封建的教育向新民主主义教育的转变，并在继之而来的社会主义改造过程中，确立了社会主义的新型教育制度，使教育事业真正回到人民的手中，并有了充分的保障。

根据《共同纲领》制定的原则，党和政府提出了“争取一切爱国的知识分子为人民服务”的主张，使其继续从事自己原来的业务工作，对失业者分配适当的工作，在经济上给予较优厚的待遇，对一些有影响的知名人士还给予政治上的地位，热情召唤在海外学习工作的知识分子回国参加建设，得到了广大知识分子的欢迎。党和政府鼓励广大知识分子与工农结合、脑体结合，在改造主观世界的同时，为新中国的社会主义建设事业贡献自己的聪明才智。

为了从根本上改造旧教育，党和政府十分重视建立新型的人民教师队伍。从建国之初到1965年，全国的大中小学和幼儿园已有教职工555万人，较之1949年以前增长了5倍，适应了建国之初教育发展的基本需求。大批的新一代知识分子被培养出来，一支新兴的教师队伍逐步形成，大批工农干部有机会得到进修深造，使新中国教育的发展壮大有了充分的人才保证。

（二）教育向工农开门，大力提高人民文化教育水平

新中国是工人阶级领导的，以工农联盟为基础的人民民主专政的国家政权。国家的性质决定了当家做主的工农大众应享有受教育的基本权利，教育向工农开门是新中国教育方针和政策中最重要的内容。

建国以后，党和国家十分重视教育工作，把发展人民教育事业作为重要的任务和工作。1950年中央教育部、中华全国总工会联合召开了第一次全国工农教育会议。1951 年政务院公布的《关于改革学制的决定》中强调指出，人民政府实行新学制，确定了劳动人民和工农干部教育在各级各类学校中的地位，提供方针政策等方面的保障，以保证城乡劳动者子女得到受教育的机会。当时采取的具体措施包括：开展扫盲和工农识字教育，开办工农业余学校，在中等以上学校设立人民助学金，开设干部文化补习学校、工农速成中学和与之相匹配的大学预科，使数万名工农干部、劳动模范、产业工人受到了比较正规的中等教育和高等教育。1954 年 9 月全国人大一届一次会议上通过的《中华人民共和国宪法》规定：“中华人民共和国公民有受教育的权利。国家设立并且逐步扩大各种学校和其他文化教育机关，以保证公民享受这种权利”，正式以法律的形式将新中国教育为人民大众服务的性质确定下来。

在旧中国，广大工农被剥夺了受教育的权利。1949 年全国人口中的 80%是文盲，在少数民族中文盲率高达 95%左右，劳动者素质较低，严重地制约了我国社会主义改造和建设的进程。为此，毛泽东同志提出了“一定要消灭文盲”的号召，共和国在建国之初就把扫盲工作列入重要的议事日程。从 1950～1952 年，识字教育在工厂、农村和部队普遍展开，并很快总结出影响全国的“速成识字法”。1954 年 8 月，教育部与扫除文盲工作委员会召开了第一次全国农民业余文化教育会议。1956 年 3 月成立了以陈毅副总理为会长的全国扫除文盲协会。同年，中共中央、国务院发布的《关于扫除文盲的决定》指出：“扫除文盲是我国文化上的一大革命，也是国家进行社会主义建设的一项极为重大的政治任务。”从 1949～1965 年，全国扫除文盲 10 272.3万人，年均扫盲 604.3 万人。

与此同时，各级各类教育得到了迅速的发展，不仅健全了从幼儿园到大学的学制体系，还设立了各级各类补习学校、函授学校和面向残疾人的特殊教育学校，为广大人民群众创造了各种受教育机会。各级政府还结合本地工农业生产、移风易俗、妇女解放等工作的实际，开展了大规模的社会主义教育运动和科学技术的普及教育，将思想政治教育与职业技术教育、成人教育、干部教育、民族教育、文化教育等有机地结合起来，形成了教育发展的综合优势。

（三）制定新中国教育方针，培养全面发展的社会主义新人

中华人民共和国成立后，培养什么样的人的问题，成为新中国教育面临的首要问题。1951 年 3 月，第一次全国中等教育会议提出，应“使青年一代在德育、智育、体育、美育各方面获得全面发展，成为新民主主义社会自觉的积极的成员”。《1954 年文化教育工作的方针和任务》中进一步提出：中等教育和初等教育，都应贯彻全面发展的教育方针，“培养社会主义社会的建设者”。

1957 年 2 月，毛泽东同志在《关于正确处理人民内部矛盾的问题》中提出：“我们的教育方针，应该使受教育者在德育、智育、体育几方面都得到发展，成为有社会主义觉悟的有文化的劳动者。”这一方针的提出，对人民教育事业的发展发挥了根本指导作用。

为落实全面发展教育方针，党和政府将德育和政治方向放在各级各类学校的重要位置，加强爱国主义、社会主义和革命传统教育，要求青年学生学习马克思主义，努力改造世界观，提高社会主义觉悟，树立为人民服务思想，用自己所掌握的科学文化知识为理想境界的实现而辛勤劳动。毛泽东等老一代无产阶级革命家倡导的学习雷锋等英雄模范人物的活动的开展，对广大青少年科学世界观的形成和良好的精神风貌的树立，都产生了深远影响。

为了培养有社会主义觉悟的有文化的劳动者，密切教育与生产劳动及社会实际的联系，中共中央、国务院于1958年9月发出《关于教育工作的指示》，明确提出“教育为无产阶级的政治服务，教育与生产劳动结合”。使教育与生产劳动相结合、培养全面发展新人处于重要地位。学校注重劳动教育，普遍开设了劳动课，组织学生从事勤工俭学和社会实践活动，对消除轻视劳动尤其是轻视体力劳动的观念，对获得生产劳动的基本技能，对培养有社会主义觉悟的有文化的劳动者，发挥了应有的作用。从此，我党提出的“应该使受教育者在德育、智育、体育几方面都得到发展，成为有社会主义觉悟的有文化的劳动者”的方针在全国各级各类教育中得到贯彻，并为促进社会主义教育事业的发展作出了贡献。

为推动教育方针的实施，刘少奇同志从我国实际出发，倡导“两种教育制度”（全日制的学校教育制度、半工半读的学校教育制度）与“两种劳动制度”（工厂机关八小时工作的劳动制度、半工半读的劳动制度），积极试办和发展半工（农）半读学校。半工（农）半读制度的推行，对开创中国扫除文盲、普及教育之路，改变教育脱离生产实际，都提供了可贵的经验，对后来改革中国的教育体制，发展职业技术教育，也有借鉴意义。

党和政府特别要求青少年学生学习文化，向现代科学进军，努力成为合乎现代水平的科学和技术新生力量。同时，党和政府十分关心青年人的健康成长和生动活泼发展。50年代初，毛泽东同志两次致函教育部负责人，要求注意并解决学生的身体健康问题，强调“身体第一，学习第二”。1953年毛泽东同志还祝愿全国青年“身体好、学习好、工作好”，表达了党和政府对青年的亲切关怀与殷切期望。60年代，毛泽东同志主张通过精简课程，改进教学方法和考试方法，来减轻学生的负担，以“利于培养青年们德智体诸方面生动活泼地主动地得到发展”，从而丰富了全面发展教育方针的内涵，保证了新中国教育事业的发展并不断取得新的成就。

（四）社会主义教育事业初具规模

在中国共产党第一代领导集体的正确领导下，我国初步形成了适合中国国情的新中国国民教育体系。

50年代后期，全国范围的教育改革广泛开展。在教育管理体制上，下放管理权限，加强地方对教育事业的领导管理，以消除集中过多、统得过死的弊端；在办学体制上，按照“两条腿走路”的方针，实行国家办学与厂矿、企业、合作社办学并举，极大地调动了各方面的办学积极性，扩大了教育事业发展的规模。江西共产主义劳动大学的创办和农村中学在全国的迅速兴起，为我国农村教育的发展开辟了一条新路，有利于满足广大青年和农民群众学习科学文化的要求，使农村教育更好地为农村经济建设服务。

高等学校为适应科技发展和社会发展对专门人才的需要，注重调整系科结构，组建新兴专业，设立新兴学科，促进了我国科学技术的发展和科技人员的培养。许多高等院校实行教学、生产和科研三结合，发挥自身的优势，服务于国家经济建设，做出了积极贡献。

中小学着重进行教学改革，解决教学内容陈旧、课程门类繁多、教学不甚得法、教学设备落后等问题。教材改革与编写的成就尤其引人注目。建国后17年中，人民教育出版社先后编辑出版了4套中小学教材，对提高中小学教育质量起到了积极作用。

50年代末，在总结新中国教育发展和改革的经验教训的基础上，中央对各类教育事业特别是高等学校和中等专业学校进行了调整，适当压缩教育事业规模，调整布局，致力于提高教育质量。教育部按照中央的指示，从1961年开始先后颁布了《教育部直属高等学校暂行工作条例（草案）》、《全日制中学暂行工作条例（草案）》和《全日制小学暂行工作条例（草案）》，对稳定教学秩序，规范管理，改进教学工作，提高教学质量，调动广大知识分子的积极性，巩固和发展我国的教育事业，起到了积极作用。

新中国成立后的17年，教育事业在艰难探索中前进。尽管教育事业的发展受到政治、经济等因素的影响，甚至受到“左”的思潮及政治运动的冲击，但就总体而言，新中国成立后17年教育工作取得了举世瞩目的成就。其首要成就是成功地将半封建、半殖民地的教育改变为沿着社会主义方向前进的新中国的人民教育。新学制的实施，人民助学金制度的建立，大批新型学校的设立，保证了工农群众及其子女享有受教育的权利和机会。第二，对如何办好社会主义教育进行了多方面有益的尝试，制定了比较适合中国国情的社会主义教育方针、政策、制度和各类教育的具体规章及管理办法。第三，教育事业有了较大发展，逐步形成了比较完整的国民教育体系，学前教育、大中小学及成人教育初具规模，全日制教育、业余教育和半工（农）半读教育共同发展。到1965年底，全国全日制高等学校达到434所，比解放前最高的1947年增长1.1倍，在校生67.4万人，比1947年增长3.3倍。中等学校在校学生达到1 432万人，比解放前最多的1946年增长了6.9倍。小学在校生11 626.9万人，比1946年增长3.9倍。学龄儿童入学率达到85%。成人高等学校学生达到41万人，成人中等学校学生达到854万人，成人初等学校（包括扫盲班）学生达到2 960万人，还向国外派出大批留学人员。第四，培养了大批思想道德和文化科学素质较高的劳动后备军和德才兼备的建设人才，培养造就了一大批国家经济建设的新生骨干力量。新中国成立后的17年，全日制高等学校为国家培养了1.6万名研究生、155万名大学毕业生；中等专业学校培养了295万名毕业生；业余、函授教育培养了20万名大专毕业生，200多万名中专毕业生；农业、职业中学和普通中学共培养了2 000多万劳动后备力量。改革开放以来活跃在国家经济、文化教育、科学技术等领域的骨干力量，很多是那个时期培养出来的。正是开基创业的17年，奠定了共和国教育持续发展的坚实基础，为我国国民经济的发展和社会的全面进步提供了有力的人才支持。

二、改革开放，探索有中国特色社会主义教育发展道路

1966～1976年，中国经历了“文化大革命”。十年浩劫，教育事业遭到严重破坏，濒临崩溃边缘；学校教学秩序混乱，广大教师受到摧残，青年一代丧失了接受科学文化教育的机会；各条战线专门人才短缺，整个民族文化素质大大下降，我国与世界发展的距离被拉大了。

“文化大革命”结束后，我国社会主义建设事业处于十分重要的历史转折关头。党的十一届三中全会后，以邓小平同志为核心的党的第二代领导集体，总结了我国社会主义建设正反两方面的经验，把党和国家的工作

重点转移到社会主义现代化建设上来。我国教育事业也进入了改革开放的新时期，取得了举世瞩目的巨大成就。

（一）拨乱反正，迎来教育的春天

“文革”结束后，各项事业百废待兴。邓小平同志刚一复出，就深刻敏锐地认识到教育这个关系到国家和民族生存危亡的重大问题的严重性，他自告奋勇抓科技和教育工作，亲自领导了教育战线拨乱反正和全面恢复教学秩序的工作。教育作为“文革”的“重灾区”，当时面临许多困难和障碍，“两个估计”（即“四人帮”一伙1971年炮制的《全国教育工作会议纪要》提出的，“文革”前17年教育战线是资产阶级专了无产阶级的政，是“黑线专政”；知识分子的大多数世界观基本上是资产阶级的，是资产阶级知识分子）这一巨大的精神枷锁仍压得知识分子抬不起头来。邓小平同志首先选择推翻“两个估计”作为拨乱反正和解放思想的突破口。1977年8月8日，邓小平同志在科学和教育工作座谈会上明确指出，“文革”前17年全国教育工作的主导方面是红线。同年9月他在与教育部主要负责同志谈话时再一次鲜明地提出：“两个估计”是不符合实际的。他充分肯定了建国后17年教育工作的成绩，肯定了知识分子是工人阶级的一部分，在社会主义时期知识分子阶级属性问题上重新确立了马克思主义观点，为落实党的知识分子政策，为教育战线全面拨乱反正、整顿秩序奠定了思想和理论基础，使教育界成为当时全国最早全面推进解放思想、拨乱反正的战线之一。在很短的时间内，全国教育界知识分子数以万计的冤假错案被平反，广大教育工作者在政治上获得了新生，教育的春天来到了！

高考制度在“文革”期间被废除了10年，国家出现了严重的人才断档。改革高校招生制度是当时加快人才培养的迫切需要，也是广大人民群众的强烈呼声。在邓小平同志亲自主持下，教育界冲破重重障碍，在1977年冬天恢复了中断10年之久的高考制度。1977年和1978年近1 200万考生走进了考场，其中67.5万人成为新一代大学生。恢复高考是“文革”后拨乱反正的重要标志之一，强烈地震撼了教育界和全社会，尊重知识、尊重人才的正确方针得以贯彻，人才选拔的公平、公正和科学原则得到确定。这极大地激发了亿万青少年学习科学文化的热情，广大教师精神振奋，教育界重新焕发了生机与活力。

同时，教育界开始了全面恢复和整顿被“文革”搞乱了的教育秩序、提高教育质量的工作。1978年1月，教育部颁发了《全日制十年制中小学教学计划试行草案》，从而确定了中小学的基本学制和课程设置，同年9～10月，教育部又分别重新颁行了关于高等学校、全日制中学和小学的暂行工作条例试行草案。学制的恢复与重建，使学校教育迅速摆脱混乱局面，逐步走上健康发展的轨道。

针对中小学教材短缺和混乱不堪的局面，邓小平同志指示要加强教材建设。他强调“教材要反映现代科学文化的先进水平，同时要符合我国的实际情况”。在他的直接关怀下，1978年3月，恢复了教材编审体制和出版发行办法。教育部积极组织编写中小学全国通用教材，当年9月全国中小学就开始使用了新编教材，这对于稳定教学秩序和提高教学质量提供了基本保证。

振兴教育的希望在教师。邓小平同志大力倡导全党全社会尊师重教。根据邓小平同志关于教师工资、奖励和职称制度的指示精神，从1977年10月起，全国近60%的教职工不同程度地增加了工资。在高等学校恢复教师职务的同时，教育部从批准北京市3名小学教师为特级教师开始，建立了中小学教师可以评高级教师的制度。全国各地陆续授予一大批教师“特级教师”、“优秀教师”等荣誉称号，教师越来越受到全党全社会的充分重视。国家规定了教师节，颁布了《教师法》,教师的社会地位和经济待遇获得普遍的提高，尊师重教逐步形成风气，极大地激发了广大教师的工作积极性。

（二）确立教育在社会主义现代化建设中的优先发展战略地位

邓小平理论是指引我国社会主义现代化事业不断前进的旗帜，邓小平教育理论是这一科学体系的重要组成部分。邓小平教育理论全面阐明了教育与经济发展和社会全面进步之间的辩证关系，确立了教育在社会主义现代化建设中的优先发展战略地位；将教育的改革与发展融入中国改革开放和现代化建设的总体设计之中，提出了“教育要面向现代化、面向世界、面向未来”的战略指导方针；从社会主义现代化战略全局出发，重视发展教育事业，号召尊重知识、尊重人才，指出教师是振兴教育的希望；从中华民族前途命运的高度，要求教育承担起发展社会主义物质文明和精神文明的双重历史使命，强调教育必须与生产劳动相结合，坚持德智体美全面发展的方针，培养“四有”的社会主义新人；深刻揭示了社会主义初级阶段教育的本质和规律，指出改革是社会主义教育发展的直接动力，明确了面向21世纪中国教育改革和发展的战略方向。邓小平教育理论是从我国社会主义初级阶段基本国情出发，具有中国特色和时代特征的当代中国的马克思主义教育理论，是新时期我国社会主义教育事业发展的指导思想，是制定和贯彻党和国家教育方针、政策的理论基础。

在邓小平教育理论中，最核心、最关键的是关于确立教育战略地位的思想。作为我国改革开放和社会主义现代化建设的总设计师，邓小平同志从社会主义现代化建设全局的高度，指出了教育优先发展战略地位的重大意义和深远影响。在探索建设有中国特色社会主义道路过程中，邓小平同志始终强调大力发展生产力，并深刻阐明“科学技术是第一生产力”,而教育是经济发展及科技进步的基础和前提条件。1977年他就指出：“发展科学技术，不抓教育不行”，1978年，他进一步谈到“科技人才的培养，基础在教育”。1982年，在谈到党的十二大提出的到本世纪末国民经济“翻两番”的总目标时，他更加明确地把教育、科学作为战略重点之一，而且强调，搞好教育和科学是关键。1992年，邓小平同志在南方重要讲话中再次指出：“经济发展得快一点，必须依靠科技和教育。”总之，邓小平同志从来不是就教育论教育，而是始终把优先发展教育作为一个战略方针、一个战略措施来加以强调，并要求各级领导要像抓经济工作那样抓教育。

邓小平同志对我国社会主义初级阶段的基本国情作了科学判断，深刻地指出“教育是一个民族最根本的事业”。“我们国家，国力的强弱，经济发展后劲的大小，越来越取决于劳动者的素质，取决于知识分子的数量和质量。一个10亿人口的大国，教育搞上去了，人才资源的巨大优势是任何国家比不了的。有了人才优势，再加上先进的社会主义制度，我们的目标就有把握达到。”邓小平同志把教育看作全党的历史重任，动员全党全社会关心支持教育。他针对我国教育经费投入长期不足的状况，特别强调大力增加教育投资，一再提出要千方百计解决教育投入问题。

邓小平同志关于把教育摆在优先发展战

略地位的思想，是对马克思主义教育理论的继承、丰富和发展，为党和政府在新时期确立科教兴国战略提供了坚实的理论基础。

1982年，党的十二大把教育作为实现20年国民经济翻两番的重要保证，在中国社会主义建设史上，第一次把教育提高到现代化建设战略重点之一的地位。1985年，全国教育工作会议把教育体制改革与同期进行的经济和科技体制改革紧密联系起来，会后发布的《中共中央关于教育体制改革的决定》确立了“教育必须为社会主义建设服务，社会主义建设必须依靠教育”的指导思想，将教育改革纳入到改革开放和现代化建设的总体设计之中。1987年，党的十三大明确提出要“把发展科技和教育事业放在首要位置，使经济建设转移到依靠科技进步和提高劳动者素质的轨道上来”。根据优先发展教育的思想，国家制定了一系列大政方针，教育事业的改革与发展取得了巨大成就，有力地推动了经济建设和社会全面进步。实践证明，自觉把教育放在优先发展的战略地位，是社会主义现代化建设的重要保证。

（三）坚持“三个面向”，教育改革不断深入

1983年9月，邓小平同志为北京景山学校题词：“教育要面向现代化，面向世界，面向未来”。“三个面向”高屋建瓴，充分体现了邓小平同志的远见卓识。“三个面向”深刻揭示了社会主义现代化建设及迎接世界未来综合国力的竞争对教育的客观要求，高度概括了国内外教育改革和发展的基本规律和经验，成为指导我国教育改革发展的根本战略方针。在“三个面向”方针指引下，我国教育战线锐意进取，深化改革，加快发展，积累了宝贵的经验。

在基础教育方面，改革了管理体制，大力普及义务教育。1985年，《中共中央关于教育体制改革的决定》明确提出“实施九年制义务教育，实行基础教育由地方负责、分级管理的原则”。1986年，经第六届全国人大第四次会议审议通过了《义务教育法》，从法律上规定了政府、学校、家庭和社会保证适龄儿童接受义务教育的责任。在教育投资上，变全靠国家负担的体制为政府财政拨款为主、多种渠道筹措经费为辅的体制。实行基础教育地方分级管理的体制，极大地调动了地方各级政府和人民群众的办学积极性，使我国基础教育在短期内取得重大进展。

对于中等教育结构，实行了普教职教并举。在十年浩劫期间，我国的半工半读学校和各类职业学校基本被撤销，普通学校几乎是唯一的中等教育机构，造成中等教育畸形发展。在拨乱反正、百业待兴的日子里，邓小平同志高瞻远瞩地提出：“应当考虑各级各类学校发展的比例，特别是扩大农业中学、各种中等专业学校、技工学校的比例。”1985年，《中共中央关于教育体制改革的决定》明确指出：“逐步建立起一个从初级到高级、行业配套、结构合理又能与普通教育相互沟通的职业技术教育体系。”这些方针与政策，使职业教育焕发出勃勃生机。90年代初，一个具有中国特色的从初等到高等的职业教育体系框架初步形成，既有初等职业教育，又有中等专业学校、技工学校和职业学校并存的中等职业教育，还有职业技术学院、职业大学、高等技术专科学校等各类高等职业教育，改变了中等教育结构单一的局面，培养了大批初、中、高级技术人员。

80年代末以来，我国高等教育不仅在总体规模上有了较快发展，在管理体制改革上也有较大突破。高等学校在国家的方针、政策和计划的指导下，可以自主开展联合办学，接受委托培养，自主分配毕业生，还可以自行调整专业方向，制订教学计划和教学大纲，编写和选用教材等。招生和毕业生分配制度更加灵活。这些改革不仅促进了高等教育在结构上更为合理，更为新时期深化改革铺垫了道路。

为了培养高层次人才，及时建立了学位制度。1979 年 11 月，邓小平同志在“关于学校和科学研究单位培养、选拔人才的问题”的讲话中明确指示：我国“要实行学位制度”。正是在邓小平同志的亲自倡导、关怀和支持下，我国逐步建立并完善了具有中国特色的学位制度。从 1978 年恢复研究生教育，到 1980 年全国人大常委会审议通过《中华人民共和国学位条例》，1981 年国务院批准《中华人民共和国学位条例暂行实施办法》，我国正式建立了自己的学位制度，把高层次专门人才的培养工作推进到一个崭新阶段。

伴随着改革开放的进程，我国的社会力量办学事业应运而生。国家对社会力量办学采取了“积极鼓励、大力支持、正确引导、加强管理”的方针，确定了“改革办学体制，改变政府包揽办学的格局，逐步建立以政府办学为主体、社会各界共同办学的体制”的教育体制改革方向，提出了到 2010 年“基本形成公办学校与民办学校共同发展的新格局”的教育体制改革目标，还明确了社会力量办学应当以职业教育、成人教育、高级中等教育和学前教育为发展重点。目前，办学范围从成人教育、职业培训扩展到基础教育、普通高等教育和职业学校教育，出现了“民办公助”、“国有民办”、中外合作办学等多种形式。

1993 年，中共中央、国务院发布了《中国教育改革和发展纲要》，总结了新时期我国教育改革的经验，指明了教育进一步改革的发展方向。

（四）依法治教，建立有中国特色的教育法律法规体系

伴随着我国民主与法制建设的进程，教育法制建设取得了显著成就。教育法制建设对教育改革和发展起到越来越大的规范、保障和促进作用。目前，在立法上，教育已经成为除经济以外立法最多的领域。1980 年以来，全国人大及其常委会制定了《中华人民共和国学位条例》、《中华人民共和国义务教育法》、《中华人民共和国教师法》、《中华人民共和国教育法》、《中华人民共和国职业教育法》、《中华人民共和国高等教育法》等 6 部教育法律。国务院颁布了《普通高等学校设置暂行条例》、《高等教育自学考试暂行条例》、《社会力量办学条例》等 16 项教育行政法规，原国家教委发布了 200 多个教育行政规章，初步建立起我国教育法律法规体系的基本框架。

迄今，我国教育的各个领域都已建立了较为规范的法律关系；在保证教育优先发展的战略地位、规范教育行政部门的管理行为、保障学校的办学自主权、保护受教育者的合法权益等重要方面都已有法可依；对教育改革与发展中出现的热点、难点问题，正在逐步建立法制化、规范化的解决办法。可以说，教育法制工作已具备了坚实的基础，教育领域正在按照依法治国方略的要求，全面推动依法治教的进程。

在加快和完善国家立法，走上依法治教的同时，我国政府还注重加强地方教育立法。各省、自治区、直辖市和有地方立法权的城市，都结合本区域教育改革和发展的实际需要，开展了地方教育立法工作。地方教育立法主要是突出特色，讲究实效。一般是在严格坚持社会主义法制统一原则的前提下，通过立法解决制约和干扰教育改革与发展的热点与难点问题，推动当地教育事业的健康发展，并为国家教育立法提供了有益的经验。

依法行政是依法治国的重要组成部分。各级教育部门把依法行政作为履行管理职能的根本方式，进一步实现教育管理职能的转变，重视和加强教育行政执法的工作。随着国家教育立法的健全和完善，教育领域的主要方面都已纳入法律的调整范围，教育管理职能将主要通过行政执法的方式实现。国家依法治教、政府依法行政，学校依法治校，社会依法参与和监督教育活动，立法和执法工作日益完善。

（五）教育事业蓬勃发展

改革开放以来，随着教育的全方位改革，我国各级各类教育跨上了新台阶。

基本普及九年义务教育和基本扫除青壮年文盲（简称“两基”）。在国家“积极进取，实事求是，分片规划，分类指导，分步实施”的方针指导下，1998 年通过“两基”验收的县（市、区）总数达到2 242个，人口覆盖率达到 73%。全国小学学龄儿童入学率达到 98.93%，初中阶段毛入学率达到 87.3%，超过了同期发展中国家的平均水平。我国青壮年文盲率由 1978 年的 18.5%下降到 1998 年的 5.5%以下。“国家贫困地区义务教育工程（1999～2000 年）”，中央财政专款加上地方政府配套资金，投入总量超过 100 亿元，成为建国以来中央级专项资金投入最多、规模最大的义务教育扶贫工程。

中等职业教育发展迅速，高中阶段教育在持续增长中调整了结构。中等职业教育在校生占高中阶段在校生总数的比例，已由 1978 年的 7.6%提高到目前的 60%。20 年来中等职业教育为国家培养了2 770多万中等实用型人才。高中阶段职业教育发展和普通教育结构进一步优化，1998 年普通高中在校生达到 938 万人，中等职业学校在校生达到 1 000多万人，高中阶段教育得到了快速持续发展。

以岗位培训和继续教育为重点的成人教育成绩显著。全国已有 80%以上的乡镇和 40%以上的行政村建立了成人文化技术学校，初步形成了县、乡、村三级农村成人教育培训网络。“八五”以来，有 1.8 亿职工和近 3 亿农民接受了各种形式的岗位培训和文化技术教育，同时，全国参加高等教育自学考试的人数累计达2 000多万。20 年来，成人高等学历教育为国家培养本、专科专门人才 850 万人。

高等教育总体规模发展很快，结构有所改善。1998 年，全国高等教育在校生总数为 642 万人，其中研究生 18.45 万人，本专科在校生 623.62 万人。普通高校适龄人口大学毛入学率已从 1978 年的 1.4%提高到 1998 年的 9.07%。办学效益有了一定程度的提高，初步形成多种层次、多种形式、学科门类基本齐全的高等教育体系。改革开放以来，我国共培养研究生和本专科毕业生1 801.15万人，其中博士生 3.6 万人，硕士生 39.46 万人，发展高等职业教育的思路正在逐步理顺。以面向 21 世纪重点建设一批大学和学科为宗旨的“211 工程”进展顺利。高校已经成为我国科技事业的生力军，全国高校已经建立 100 个国家重点实验室，27 个国家工程（技术）中心，250 所高校进入“中国教育科研计算机网”，并同国际互联网连接，开展各级各类科研课题 43 万项，科技成果转化取得显著的经济和社会效益。特别是涌现了一批以北大方正为代表的新型校办企业，发挥高校在高新技术产业开发方面的智力优势，进一步密切了教育与经济、科技的关系。

学前教育、特殊教育和少数民族教育得到迅速的发展。1998年，全国有幼儿园18.14万所，在园（班）幼儿2 403.03万人，全国学前三年入园（班）率达42%左右。多种形式的特殊教育正在不断扩大，全国特殊教育学校1998年达1 535所，在校人数为35.84万人。在普通学校随班就学的残疾儿童占特殊教育招生总数的55.7%。少数民族教育也得到了前所未有的发展，1998年，各级各类普通学校中少数民族在校生1 853.22万人。各级政府正在逐步增加少数民族的教育经费，对有特殊困难的少数民族地区采取倾斜政策和措施。教育为加速民族地区经济和社会发展作出了重要贡献。

师范教育和教师队伍建设在《教师法》颁布以来不断加强，教师待遇不断提高。1995年国务院颁布了《教师资格条例》，实行教师资格证书制度。教师学历合格率逐年提高，小学、初中和高中的教师学历合格率分别由1992年的83%、56%、49%提高到1998年的94.6%、83.4%、63.49%。同时，推行了“百万校长培训计划”，进一步改善学校管理水平。各级党委和政府积极为教师办实事，依法实行教师比照公务员工薪待遇的制度，健全教师内部奖励机制，加强解决民办教师问题的力度。启动“安居工程”，落实教职工住房优先和优惠的政策，为稳定教师队伍创造了条件。1998年，全国城镇教职工平均居住面积达到8.74平方米，比1992年增加了2.5平方米，超过了城镇居民平均住房面积水平。

教育国际合作与交流不断扩大，已经成为对外开放的一个重要组成部分。近20年来，我国已经与154个国家和地区建立了教育交流和合作关系，向103个国家和地区派遣了近30万名留学人员，接受了来自152个国家和地区的外国留学生25万多人，留学回国人员达到9万人，这是新中国历史上教育对外交流与合作的最好时期。党的十四大以来，留学人员回国总数以每年13%的速度递增，特别是全面实行国家公费出国留学制度改革后，每年国家公派留学归国人数已超过当年派出数，近5年学成归国的留学人员近3万人。

改革开放20年来我国教育工作取得了巨大成就，这些成就充分体现了党的十一届三中全会确定的党的路线、方针、政策的正确，也为我国教育事业迈向21世纪积累了宝贵经验：第一，必须坚持以邓小平理论为指导，坚持解放思想、实事求是的思想路线，这是建设有中国特色社会主义教育事业的理论基础，是当前和今后我国教育改革和发展的最强大思想武器；第二，必须切实落实教育优先发展的战略地位和实施科教兴国战略，并在全社会形成共识，这是保证我国教育事业顺利发展的关键；第三，必须坚持教育的社会主义方向，全面贯彻教育方针，遵循教育规律，不断提高教育质量和办学效益，这是教育事业健康有序发展的根本保证；第四，我国还处在社会主义初级阶段，必须从这一基本国情出发，正确处理各级各类教育之间的关系，不断深化教育体制改革和教育教学改革，逐步确立规模、结构、质量、效益内在统一的全面发展观；第五，必须为促进国民经济发展和社会全面进步，增强综合国力和国际竞争能力，提供人才支持和知识贡献。

三、迎接挑战，把充满生机活力的社会主义教育事业全面推向21世纪

在实现中华民族伟大复兴的进程中，我

们党对科技、教育认识的每一次深化，都带来一次生产力的大解放，都使我国现代化建设呈现出新的面貌。

（一）实施科教兴国战略是振兴中华的必然选择

以江泽民同志为核心的党的第三代领导集体，全面继承和发展了邓小平教育理论，对教育工作给予了前所未有的高度重视，形成了一系列重大的改革指导方针和战略决策。江泽民同志在党的十四大上明确提出："我们必须把教育摆在优先发展的战略地位，努力提高全民族的思想道德和科学文化水平，这是实现我国现代化的根本大计。"1995 年，江泽民同志代表党中央在全国科技大会上正式提出了科教兴国发展战略。他强调指出，我国要实现经济体制从传统的计划经济向市场经济的转变，经济增长方式从粗放型向集约型的转变，就必须重视科技和教育，认真实施科教兴国战略，使国民经济和社会发展依靠于科技进步和提高劳动者素质。科教兴国成为我国的基本国策。

科教兴国战略的提出，是全党全社会对新时期科技和教育战略地位认识上的又一次历史性的飞跃，是以江泽民同志为核心的党中央深刻分析国际国内形势作出的一项重大战略决策，反映了时代的呼唤和历史的必然。党的十五大重申了实施科教兴国战略和可持续发展战略的重要性和紧迫性，强调要切实把教育摆在优先发展的战略地位，把发展教育和科学作为文化建设的基础工程。九届人大一次会议后，新一届政府成立了国家科技教育领导小组，朱镕基同志亲自任组长，并宣布将科教兴国作为本届政府的重要任务来抓，充分表明了党和政府实施科教兴国战略的坚定决心。

实施科教兴国战略，就是要全面落实科学技术是第一生产力的思想，坚持教育为本，把科技和教育摆在经济、社会发展的重要位置，增强国家的科技实力及其向现实生产力转化的能力，提高全民族的科技文化素质，把经济建设转移到依靠科技进步和提高劳动者素质的轨道上来，加快实现国家的繁荣强盛。

实施科教兴国战略，就是要以江泽民同志在北京大学建校 100 周年庆祝大会上的讲话为指导，"使科教兴国真正成为全民族的广泛共识和实际行动"。高度重视知识创新、人才开发对经济发展和社会进步的重大作用，依法治教，努力开创人才培养和知识创新的新局面，使教育与经济社会发展紧密结合，为现代化建设提供各类人才支持和知识贡献。

实施科教兴国战略，对科技和教育工作提出了新的更高的要求，又强调各级党委和政府要不断加深对科技和教育在实施科教兴国战略、推动经济发展和社会全面进步中的巨大作用的认识，加大落实的力度。

邓小平同志关于依靠科学和教育进行现代化建设的科学论断，为提出和实施科教兴国战略奠定了理论基础。以江泽民同志为核心的党中央提出的科教兴国战略，是对邓小平理论尤其是邓小平教育理论在新时期的丰富和发展，是实现我国社会主义现代化宏伟目标的必然选择，也是中华民族振兴的必由之路。

（二）全面推进素质教育，培养适应 21 世纪现代化建设需要的社会主义新人

江泽民同志在庆祝北京大学建校 100 周年大会上指出："当今世界，科学技术突飞猛进，知识经济已见端倪，国力竞争日趋激烈。"综合国力的竞争，越来越表现为经济实力、国防实力和民族凝聚力的竞争。教育是知识创新、传播和应用的主要基地，也是培育创新精神和创新人才的摇篮。无论在培养高素质的劳动者和专业人才方面，还是在提高创新能力和提供知识、技术创新成果以及增强民族凝聚力方面，教育都具有独特的重要意义和基础性地位。

面对新的形势，教育在体制、结构、人才培养模式以及教育教学内容与方法等诸多方面相对滞后，“为应试而教、为应试而学”的倾向影响了青少年的全面成长。因此，深化教育改革，全面推进素质教育，把沉重的人口负担转化为人力资源优势，加快培养具有创新精神和创造能力的高素质人才，已成为我们在未来竞争中赢得主动权、抢占制高点的关键，事关社会主义现代化建设事业的全局。

1999 年 1 月，国务院批转了教育部《面向 21 世纪教育振兴行动计划》。1999 年 6 月，中共中央、国务院召开改革开放以来第三次全国教育工作会议，动员全党和全国人民，以提高民族素质和创新能力为重点，深化教育改革，全面推进素质教育，振兴教育事业，实施科教兴国战略，为实现党的十五大确定的社会主义现代化建设宏伟目标而奋斗。会上，江泽民同志及朱镕基、李岚清等中央领导同志分别作了重要讲话。中央领导同志的重要讲话和《中共中央国务院关于深化教育改革全面推进素质教育的决定》是构建 21 世纪充满生机活力的有中国特色社会主义教育体系的指导思想和行动纲领，对于大力提高全民族的思想道德素质和科学文化水平，增强我国的综合国力和 21 世纪竞争力，实现中华民族的伟大复兴有着深远的意义。

江泽民同志在会议上深刻指出：“要说素质，思想政治素质是最重要的素质。”“不断增强学生和群众的爱国主义、集体主义、社会主义思想，是素质教育的灵魂。”“面对世界科技飞速发展的挑战，我们必须把增强民族创新能力提到关系中华民族兴衰存亡的高度来认识。教育在培养民族创新精神和培养创造性人才方面，肩负着特殊的使命。”江泽民同志的重要讲话，为实施素质教育指出了明确的方向。会议强调指出，要彻底改革扼杀学生创造性发展的现行教育的种种弊端，着重培养学生学习的能力，获取知识和信息的能力，思考问题和解决问题的能力；建立适应知识经济和未来需要的教学体系和课程结构；改革考试制度，为素质教育的实施创造良好条件。

实施素质教育，就是全面贯彻党的教育方针，以提高国民素质为根本宗旨，以培养学生的创新精神和实践能力为重点，造就“有理想、有道德、有文化、有纪律”的德智体美等全面发展的社会主义事业建设者和接班人。要面向现代化、面向世界、面向未来，使受教育者坚持学习科学文化与加强思想修养的统一，坚持学习书本知识与投身社会实践的统一，坚持实现自身价值与服务祖国人民的统一，坚持树立远大理想与进行艰苦奋斗的统一。

全面推进素质教育，要坚持面向全体学生，为学生的全面发展创造相应的条件，依法保障适龄儿童青少年学习的基本权利，尊重学生身心发展特点和教育规律，使学生生动活泼、积极主动地得到发展。素质教育应当贯穿于幼儿教育、中小学教育、职业教育、成人教育、高等教育等各级各类教育，贯穿于学校教育、家庭教育和社会教育等各个方面。实施素质教育，要重视把德育、智育、体育、美育及劳动技术教育和社会实践等有机地统一在教育活动的各个环节中，学校教育要使诸方面教育相互渗透、协调发展，促进学生的全面发展和健康成长。

江泽民同志在1998年5月4日北京大学建校100周年大会上深刻指出："为了实现现代化，我国要有若干所具有世界先进水平的一流大学。"这是切实落实邓小平同志关于办好几所有示范作用的重点大学，主动参与国际竞争的重要思想在新的时期的继承和发展，也是我国实施科教兴国战略的重大举措。为此，《行动计划》提出要实施"高层次创造性人才工程"，加强高等学校科研工作，积极参与国家创新体系建设，继续并加快进行"211工程"建设，大力提高高等学校的知识创新能力，并对建设若干所一流大学和一批一流学科工作进行了部署。

（三）加快教育改革和发展，将充满生机活力的教育带入21世纪

以江泽民同志为核心的党中央高瞻远瞩，作出了一系列加快教育改革和发展的重大决策。跨世纪教育工作面临的重大任务，就是全面贯彻改革开放以来第三次全国教育工作会议精神，全面落实中共中央的《决定》和《行动计划》，开创教育工作新局面。

要加快发展，为全面实施素质教育创造良好的条件。目前我国劳动者受教育水平普遍较低，而城乡居民对教育的需求日益旺盛。加快发展教育，既可以减缓升学压力，为素质教育创造良好环境，又可满足广大学生和家长对教育的需求，提高国民素质和社会文明程度，还能扩大教育消费，拉动内需，促进经济增长，减缓目前的就业压力，是一件利国利民的大好事。

在确保基本普及九年义务教育和基本扫除青壮年文盲目标的实现并继续巩固提高的基础上，加快高中阶段教育和高等教育特别是高等职业教育的发展步伐。1999年全国高中阶段和高等学校招生规模均有较大扩大。到2010年，在全面实现"两基"目标的基础上，城市和经济发达地区将有步骤地普及高中阶段教育，全国人口受教育年限达到发展中国家的先进水平，我国高等教育同龄人口入学率从现在的9%提高到15%左右，为我国21世纪的长远发展奠定坚实的知识和人才基础。

加快发展主要靠改革，要深化改革，促进发展。

要继续把教育摆在优先发展的战略地位，采取有力措施，切实加快教育投入，逐步实现国家财政性教育经费支出占国民生产总值4%的目标。中央从1998年起至2002年的5年中，提高中央本级财政支出中教育经费所占的比例，每年提高1个百分点。各省、自治区、直辖市人民政府也将根据本地实际，增加本级财政中教育经费的支出。

在继续增加政府教育投入的同时，要加大办学体制改革的力度，大力鼓励社会力量办学。凡符合国家法律、法规的办学形式，均可大胆试验。要实行各种优惠政策，加强对社会力量办学的扶持、管理和引导，努力形成公办学校与民办学校共同发展的新格局。还要鼓励在竞争中提高教育质量，形成不同办学风格与特色，探索多种人才培养模式。

改变政府对非义务教育阶段办学包得过多的财政拨款体制，适当增加非义务教育阶段学费在培养成本中的比例。政府的教育投入主要用于保证义务教育的实施和承担国家举办的普通高等教育的大部分经费，逐步建立符合社会主义市场经济体制和政府公共财政体制的教育经费分担机制。同时要抓紧实行教育储蓄、学生贷款、奖学金、勤工助学、学生困难补助制度，使学生不因经济原因而辍学。

要坚持正确的办学方向，确保办学质量。切实加强对各类学校的引导、监督和管理，抓紧建立健全教育评估、督导、检查体系和制度。要进一步合理调整学校布局，优化教育资源配置。加快学校内部管理体制改革，实行后勤服务社会化。

充分调动地方政府的积极性，在完善基础教育主要由地方负责、分级管理的体制的基础上，经国务院授权，把发展高等职业教育和大部分高等专科学校的权力及责任交给省级人民政府。继续按照“共建、调整、合作、合并”的方针，加快高等教育管理体制改革。争取在3年内基本完成高等教育管理体制改革和布局结构的调整，形成中央和省级政府两级管理，以省级政府为主的新体制。

切实落实《中华人民共和国高等教育法》的有关规定，进一步扩大高等学校的办学自主权，增强学校适应社会发展变化的能力。

创造条件，实行弹性的学习制度，放宽招生和入学的年龄限制，允许分阶段完成学业，构建横向沟通、纵向衔接的教育体制。

大力发展现代远程教育，加快实施“现代远程教育工程”，形成社会化、开放式的教育网络，为适应多层次、多形式的教育需求开辟更宽阔的途径，逐渐完善终身教育体系。

加大教育教学改革的力度，改革招生考试和评价制度，为学生全面发展创造宽松的环境。根据经济社会的迅速发展和科学技术不断进步，建立调整、改革课程体系和更新教学内容的机制。大力提高教育技术手段的现代化水平和教育信息化程度，为人民群众提供高质量的教育服务。

建设一支高素质的教师队伍，这是全面推进素质教育的根本保证。面对新世纪的需要，继续加强教师的培养和培训工作，建立起优化教师队伍的有效机制，合理配置教师资源，提高教师队伍的整体素质。要以提高中小学教师队伍的素质为重点，大力实施“跨世纪园丁工程”。同时，采取措施，在高等学校培养一批具有世界先进水平的学术梯队。

进一步深化改革，促进教育和科技、经济的紧密结合。通过实施“高校高新技术产业化工程”，加强产学研结合，提高科技成果的转化率，促进高新技术产业的发展，为培育经济新的增长点作贡献。高校的人文社会科学也要瞄准经济建设主战场，利用人才和知识优势，为经济社会发展服务。要进一步推进农科教结合，全面推进农村教育综合改革，使农村教育切实转变到为农村经济和社会发展服务上来。

过去50年，是共和国教育事业在艰难曲折中蓬勃发展的50年；是教育的战略地位日益巩固和提高的50年；是教育结构不断优化、质量和效益不断提高的50年；是教育改革逐步深化，有中国特色的社会主义教育体系日趋完善的50年。50年来，在以毛泽东、邓小平、江泽民为核心的中国共产党三代领导集体的英明领导下，全党、全社会和广大教育工作者艰苦奋斗所赢得的我国社会主义教育事业空前发展的辉煌成就将永载史册。

展望21世纪，我国的教育事业将以“面向现代化，面向世界，面向未来”的崭新姿态，以提高民族整体素质，增强综合国力，多出人才，出好人才为根本目标，继续深化教育体制改革，全面增强教育主动适应对世纪经济和社会发展需要的能力，使教育在民族振兴和现代化建设的伟业中担负起先导性、全局性、基础性的历史使命。

迎着新世纪的曙光，我们豪情满怀。中华民族的未来是辉煌灿烂的，中国教育的未来是充满希望的。让我们紧密团结在以江泽民同志为核心的党中央周围，高举邓小平理论伟大旗帜，全面落实科教兴国战略，把充满生机活力的有中国特色社会主义教育事业全面推向21世纪，为实现社会主义现代化建设宏伟目标和中华民族伟大复兴作出更大的贡献。

在教育部 2000 年年度工作会议上的讲话

（1999 年 12 月 6 日）

陈至立

同志们：

辉煌的 1999 年即将过去，世纪之交的 2000 年就要到来。这次教育部年度工作会议的主要任务是：深入贯彻第三次全国教育工作会议精神，回顾和总结 1999 年的主要工作；研究和分析当前教育所面临的形势与任务；具体部署 2000 年教育战线的工作。下面，我谈三方面问题。

一、关于 1999 年的工作以及当前的教育形势

1999 年是极不平凡的一年。全党全国人民在以江泽民同志为核心的党中央的坚强领导下，高举邓小平理论伟大旗帜，面对错综复杂的国际国内形势，齐心协力，团结奋斗，在三场重大的政治斗争中夺取了决定性胜利，各条战线取得了巨大成就。1999 年对教育战线来说，也是很不寻常的一年。这种不寻常，主要表现在以下几个方面：

第一，全国教育工作会议的召开和中央关于教育工作的两个重要文件，对跨世纪教育改革和发展具有极其重要的战略性意义。

1999 年，教育战线大事多、喜事多。党中央、国务院从实施科教兴国的战略高度，召开了第三次全国教育工作会议，颁发了《中共中央国务院关于深化教育改革全面推进素质教育的决定》，批转了教育部制订的《面向 21 世纪教育振兴行动计划》，江泽民总书记、朱镕基总理在会上发表了重要讲话，李岚清副总理作了主题报告。在全教会之后，中央还在全国技术创新大会、四中全会以及中央经济工作会议上，都专门谈到了教育工作，把教育摆在极为重要的位置。江泽民总书记在全教会上指出，要切实把教育作为先导性、全局性、基础性的知识产业和关键的基础设施，摆在优先发展的战略重点地位。朱镕基总理在中央经济工作会议上的报告中，又用了很长的篇幅，专门对教育工作提出了明确要求。李岚清副总理近一个时期以来，就贯彻全教会精神多次作出指示，明确了我们 2000 年工作的重点。党中央、国务院高瞻远瞩，审时度势，把教育工作纳入社会主义现代化建设全局，作出了一系列战略部署，为世纪之交和下世纪初我国教育改革和发展绘制了蓝图，指明了方向。

全教会的召开，在全国引起了强烈反响，教育工作受到全党全社会的高度重视。各省、

自治区、直辖市党委和政府及各级教育行政部门认真学习贯彻会议精神。到目前为止，先后有十几个省市召开了省级教育工作会议，许多党政主要领导同志，亲自到会讲话，并从本地实际出发，研究出台了一系列重大政策措施，提出贯彻落实会议精神的具体思路和意见。在中央的直接带动下，有18个省市作出决定，在未来三至五年内将省级财政支出教育经费所占比例每年提高1～2个百分点。可以说，全国各地的教育工作都出现了前所未有的良好势头，教育工作者深受鼓舞和激励，积极性空前高涨。

第二，各项改革取得突破性进展。

——围绕实施素质教育的教育教学改革全面展开。加强德育工作，以培养创新精神和实践能力为重点，有针对性地加强了对整体推进素质教育工作的指导。基础教育加大了课程教材改革力度，把减轻中小学生课业负担过重问题摆在重要议事日程，学校德育、体育、美育和社会实践工作得到加强。以提高教师实施素质教育的能力和水平为宗旨，启动了中小学教师继续教育工程。中等职业教育突出实践能力和创业能力的培养，加快了课程改革和教材建设的步伐，推动了农村教育综合改革和农村中等职业教育的发展。高等教育以加强文化素质教育为切入点，全面推进高校素质教育工作，着手修订新一轮本科教学计划，把素质教育融入高等学校的专业教育之中，加强创新精神、创业能力和社会实践能力的培养。

——高等教育管理体制改革迈出新的步伐。在1998年顺利完成国务院机构改革中撤并部委所属91所（加上两所未调整的共93所）普通高校管理体制调整工作的基础上，1999年年初解决了国防科工委系统所属25所普通高校、34所成人高校、98所中专校、232所技工学校的管理体制问题。根据国务院的统一部署，我们正在落实现中央部门所属的242所高校的管理体制及布局结构调整工作。在短短一年多的时间里，高教管理体制改革连续迈出了三大步，解决了多年来一直未能解决的问题。通过这三次调整，可以预见，在计划经济体制下形成的中国高等教育管理体制和布局结构，将发生历史性的变化，这将为我国的高等教育在下世纪的更好发展奠定一个良好的基础。

——高校后勤社会化改革进一步深化。在总结上海等地高校后勤社会化改革的成功经验的基础上，1999年11月初，国务院办公厅在上海召开了全国高校后勤社会化改革工作会议，对这项旨在解决制约高等教育事业发展的“瓶颈”问题的改革作出了重要部署，推动了以政府主导、社会各方面广泛参与的高校后勤社会化改革局面的形成。在各方面的努力下，高校筒子楼改造进展顺利，“绝不把筒子楼带入21世纪”的预定任务可以完成。

——高考制度改革进展顺利。1999年我们从高考内容、科目设置到录取形式，都不同程度地加快了改革步伐。高考内容向着更加注重对考生的能力和素质考察的方面发展；广东省“3+X”科目设置改革试点工作的进展，为进一步扩大试点积累了经验；高考录取手段有了重大突破，1999年有10个省、自治区、直辖市进行了网上录取试点工作。高考改革为推进实施素质教育创造了良好条件。

——新一轮高校内部管理体制改革向纵深发展。以改革学校内部运行机制为重点，许多学校大幅度地精简机构，通过人事、分配制度改革，进一步体现了多劳多得、优劳优酬的分配原则，优秀拔尖人才、学术带头人和中青年骨干教师的工作和生活条件得到了提高，一个有利于优秀人才脱颖而出的机制正在形成。

第三，教育事业有了大的发展。

——“两基”工作取得显著进展。1999年是本世纪末实现“两基”目标至关重要的一年，党和国家对此给予了高度重视。9月到11月，全国人大五位副委员长带队赴有关省（自治区、直辖市）进行了《义务教育法》的执法检查。教育部党组先后三次召开会议，专题分析、研究“两基”工作，进一步强调了坚持“两基”重中之重地位不动摇的工作方针。在各级党委、政府的关心和领导下，“国家贫困地区义务教育工程”进展顺利，对“两基”工作的督导力度进一步加大。经过各地的共同努力，到1999年年底，“普九”的人口地区覆盖率达到80%，青壮年文盲率降至5.5%以下，完成了预定的“两基”工作任务。

——高校扩招工作顺利完成。根据中央的决策，1999年在时间紧、任务重的情况下，经过各级教育行政部门和高等学校的共同努力，平稳、顺利地完成了高校扩招任务。据统计，1999年全国各类高等教育实际招生为280万人，其中普通高等教育招生160万人，比1998年增招51万人，增长47%，在校生人数较上年增加76万人，增长22%；成人高等教育招生约116万人，较上年增长近16%。全国普通高等教育录取率达到49%，比1998年提高了近13个百分点，这是我国高等教育招生有史以来最高的一年。高等教育适龄人口的毛入学率预计可达到10.5%，比1998年的9.8%提高0.7个百分点。

与此同时，各地结合实际，量力而行，不同程度地扩大了高中阶段的招生规模，据10个省（自治区、直辖市）的统计，1999年高中阶段招生与上年相比增长11.6%，初步估计全国高中阶段招生规模将比上年增长15%左右。

——建设高层次人才队伍有新的突破。1999年以“长江学者奖励计划”为标志的高层次创新人才队伍建设工作进展顺利，特聘教授已有200余人到岗，其转换机制的示范和辐射作用意义深远。这些措施对加速各地和高校中青年学科带头人队伍建设起到了积极导向作用，高校和社会各界反映良好。同时，还进行了优秀博士论文的评选，促进了博士生培养质量的提高。加强了吸引优秀留学人员回国的工作力度。

——高校高新技术产业化进程加快。1999年在高校集中的地区建立一批大学科技园的工作开始启动，不仅很多高等学校表现出了很高的积极性，而且还得到了许多省市政府包括一些主要领导同志的积极支持，显示了较好的发展势头，对促进教育与经济、科技的紧密结合，孕育和催生新的经济增长点，探索产学研结合的新途径，推动高校师生更多地参与科技创新和科技成果转化具有深远的意义。

——现代远程教育有了进一步推动。现代远程教育工程的统筹规划和管理工作进一步加强，教育信息化和教育技术现代化建设步伐明显加快。教育科研网的提速和卫星电视教育网改造工作，使现代远程教育提高一个新的水平，并为建设终身教育体系奠定基础。加紧了“虚拟学校”的论证和建设，加快了信息资源库建设和远程教育软件的开发。远程教育的发展将会对我国的教育观念和教育手段的改革产生深刻的影响。

——高水平大学和重点学科建设迈出新的步伐。1999年，国家加大了对北大、清华两校建设世界一流大学的支持力度。并采取重点共建方式，由教育部分别与中科院和安徽省、江苏省、上海市、陕西省、浙江省、国防科工委、黑龙江省共同重点建设若干所高水平大学。“211工程”进展顺利，一批重点学科得到了加强。

——教育经费总量有所上升。根据最近发布的1998年全国教育经费统计公告，全国教育经费为2 949.06亿元，比前一年增长16.48%。其中，国家财政性教育经费为2 032.45亿元，比前一年增长9.12%，占国民生产总值的比例由前一年的2.49%提高到2.55%。1999年，仅落实中央本级财政支出中教育经费所占的比例增加1个百分点一项，就又增加了28亿元。财政部和国家计委安排了14.7亿元的国债资金用于扩招，各地各高校也配套资金37亿元。并正式启动国家助学贷款制度试点，实施教育储蓄。一些地方也积极出台了增加财政教育投入的政策措施。这对于增加投入总量、缓解我国现阶段教育经费紧张的状况具有积极的作用。

第四，经受了三场大的政治斗争的严峻考验，继续保持了教育战线的稳定。

全教会刚结束，我们即召开了第八次全国高校党建会议，就高校进一步加强党建和思想政治工作进行了部署。高校邓小平理论“三进”和“两课”改革取得了重要的进展，已全面实施新的“两课”课程体系。虽然1999年突发事件较多，但经过大家的不懈努力，继续保持了学校的政治稳定。特别是在三场大的政治斗争中，教育战线也和全国人民一道经受住了严峻考验，表现出在中国共产党领导下同心同德、团结一致的强大民族凝聚力，特别是广大青年学生表现出极高的爱国主义热情和政治觉悟，充分显示出多年来学校思想政治工作的巨大成效。

第五，“三讲”教育取得明显成效。

自1998年底到1999年第一季度，中央决定在教育部开展“三讲”教育试点。当时正值全教会的紧张筹备期间，我们抓住这个有利时机，边学习、边研究、边整改、边筹备，不断提高思想认识，进一步增强改革意识，在教育战线广大同志们的支持和帮助下，通过认真学习、发扬民主、开门整风、开展批评与自我批评等有效形式，使党组的同志及机关广大党员、干部受到了一次深刻的马克思主义理论教育，为在新时期全面推进教育工作奠定了思想基础。不少地方教委也进行了“三讲”教育。通过“三讲”教育，教育战线精神面貌有了新的变化，改革的意识更加增强，工作思路也更加明确，对于不断开创工作新局面起到了积极的推动作用。

总之，即将过去的一年，是教育战线极不寻常的一年，也是成绩显著的一年。

回顾即将过去的1999年，我们也深刻地感受到：教育在面临难得机遇的同时，教育工作中也出现了许多新情况、新问题。可以说，发展机遇越多，需要我们研究解决的难点、热点问题也就越多；教育受重视的程度越高，对教育的期望和要求也就越高。党和国家进一步明确了教育在增强综合国力中的基础地位，把教育作为全局性、先导性、基础性的知识产业和关键的基础设施。对此，我们既感到非常振奋，但也感到责任重大。面对新的挑战，教育工作还有许多不适应，面临的问题很多，归纳起来，主要有以下几个方面。

第一，扩大发展规模成绩显著，但矛盾和隐患增多。1999年的扩招工作是得民心、顺民意的，受到了社会各界的普遍欢迎，实践充分证明了中央决策的正确性。但是由于时间紧，任务重，我们宏观指导不够，也出现了一些问题。如少数地方和学校出现“高收费”、“乱收费”和高校招生新的“双轨”现象。有些高校以建校费、赞助费、转校转专业费等各种名目高收费。此外，客观上由于原有办学条件就紧张，又缺乏足够的准备时间和必要的投入，大幅度扩招导致本来就不宽松的办学条件更为紧张。还有，由于对国家资助贫困生的政策宣传、落实不到位，造成了极少数贫困学生因不了解政策没能去学校报到。这些问题虽是在扩招中难免出现的，但如果长期得不到解决，就会引发许多不安定因素，必须引起我们的高度重视。

第二，关于民办教育问题。全教会召开后，社会各界对中央的《决定》中关于积极鼓励和支持社会力量办学的精神反响热烈，民办教育有了进一步发展。现在的问题是，一方面，政府对民办教育积极鼓励和支持的力度不够，缺乏新的手段和措施；另一方面，对民办学校发展如何加强管理，正确引导也不够。这些都需要认真加以研究，并加快民办教育的立法进程。

第三，关于职业教育问题。发展职业教育，是符合中国国情的一项重要政策，也是许多发达国家的成功经验。但在1999年，由于多方面的原因，中等职业教育的发展出现了一定程度上的滑坡。我们在高校扩招时，特别注意加快高职发展，提出面向区域经济、社会发展和就业市场的需要，培养生产、服务、管理第一线需要的实用人才和创业人才。但从目前反馈的情况看，大力发展高等职业教育的目标没有完全实现，高等职业学校学生报到率偏低。这也是我们教育工作面临的新的形势和问题。

第四，关于教师队伍素质问题。我们拥有1 400万的教师队伍，从总体上说，数量已经基本能够满足事业发展的需要。但是，面对全面推进素质教育的要求，教师队伍暴露出许多不适应。有教育思想、观念、业务能力等基本素质方面的问题，也有队伍结构和管理上的问题，还有师德建设问题。已经引起社会有关方面的批评，成为大家比较关注的问题。这是我们各级教育行政部门需要认真对待和解决的。

第五，乱收费、收费乱，社会各界反映强烈。目前，“两基”工作中出现的农村初中辍学率明显增高的问题，原因之一就是学校收费过高，各种名目的收费给学生家庭带来沉重的负担，影响了求学的积极性。城市中小学收费项目更加繁多。同时，高中阶段教育和高等学校也存在规范收费的问题。

第六，如何正确引导极其活跃的教育理论和教育热点问题的讨论。当前，社会各界对教育热点、难点问题关注很多，教育理论研究十分活跃。相比之下，我们的正确舆论引导力度显得不够。

二、关于2000年工作的主要思路和要求

2000年的工作是很明确的，就是要认真贯彻第三次全国教育工作会议精神，全面落实《中共中央国务院关于深化教育改革全面推进素质教育的决定》和《面向21世纪教育振兴行动计划》。目前，中央关于教育工作的大政方针和主要目标都已确定，我们要做的是学习、学习再学习，调研、调研再调研，落实、落实再落实。我在这里谈一些看法，供大家进一步研究和思考。

（一）加强德育工作，以培养学生的创新精神和实践能力为重点，形成整体推进素质教育的新局面。

在新的一年里，要进一步把思想认识统一到中央的战略部署和决策上来。加强德育

工作，以培养创新精神和实践能力为重点，加大全面推进素质教育的力度。抓住关键环节，重点解决好以下几个问题：

第一，要坚定不移地把加强德育摆在素质教育的首要位置。在全教会上，江泽民同志特别强调了这个问题。最近中央又专门发了文件，要求加强和改进思想政治工作，我们要认真贯彻落实。要根据中央《决定》的精神，把德育工作有机地融入到各个层次和各个阶段的教育中去。通过有效途径和具体措施，落实大中小学各教育阶段德育目标递进层次的要求。遵循德育的总体目标以及青少年思想品德形成规律，有针对性地调整和完善各级各类学校德育工作的内容和要求。通过循序渐进、相互衔接的德育工作，帮助和引导学生从小培养良好的道德品质、遵纪守法的法制意识和文明的行为习惯，形成科学的世界观、人生观和价值观，树立爱国主义、集体主义、社会主义思想。要加强对学生的心理健康教育，帮助学生形成健全的人格。加强校园文化建设，净化校园育人环境。特别要重视改进德育工作方法，克服形式主义，注重德育工作的实效性。

第二，切实转变教育观念，深入开展教育教学改革。我们传统的教育模式比较注重知识的传授；习惯于以教师为中心，而忽视学生的主动性；教育方法上往往擅长于满堂灌，造成了学生学习被动、课业负担过重，这已影响到青少年的全面发展和健康成长。时代的发展，正在促使教育从传统的传授知识为主转向培养学生学会学习和创造为主，从以教师为中心转向以学生主动发展为中心，注重创新精神和创新人才的培养。这些都要求我们尽快改变现有的教育观念、模式和方法，树立新的教育质量观和人才观，广泛采用现代教育技术和信息化手段，在教育思想、教育观念以及教育内容、教学方法方面，大胆革新，创造经验，加强素质教育的理论研究和实践探索。为全面推进素质教育奠定坚实的思想基础。

第三，当前推进素质教育的紧迫任务就是要坚决把中小学生过重的课业负担减下来。中小学生负担过重问题由来已久。多年来我们做了大量的工作，但未从根本上解决问题。这次全教会上，中央出台了一系列的重大改革举措，特别是有关调整教育宏观结构、构建人才成长立交桥、改革高考制度等，都为我们从根本上解决中小学生负担过重问题，创造了很好的宏观环境。各级教育行政部门都要高度重视这个问题，增强做好减负工作的紧迫感和自觉性，以治理学生用书为突破口，制止商业性推销活动进入校园，坚决果断地把中小学生的课业负担和学生家长的经济负担减下来，这是基础教育改革与发展中的一件大事、实事，是我们推进素质教育的工作重点之一，一定要取得突破性进展。

第四，组织实施以基础教育课程教材改革为重点的基础教育教材工程。要制定符合学生终身学习和主动发展需要的新的教学基本要求，启动国家、地方和学校三级课程建设，促进多样化发展，给地方、学校、教师及学生以足够的空间和时间去充分发挥；要很好地研究解决现行教材的旧和窄、难和深以及过分追求学科体系完整的问题，切实克服教材课程脱离学生身心发展规律、脱离社会实际等弊端。对外语、思想品德、计算机三门课程的改革问题，已形成了初步指导思想和框架，要抓紧落实。在农村初中教育中，要进一步推广“绿色证书”教育。积极开展勤工俭学等丰富多彩的社会实践活动。

还要采取切实措施，提高学生身体素质。要在各级各类学校开展广泛的群众性体育活动，强健体魄，锻炼意志，增强团结合作意识。

第五，继续推进高考制度及相关制度改革，在1999年的基础上向前推进一步。高考的内容要向着更加有利于中小学实施素质教育方向发展。在广东进行高考科目改革试点的基础上，2000年扩大到山西、吉林、江苏、浙江等省份；同时扩大录取手段改革的参与面，创造条件，使全国参加网上录取省市数、高校数和考生数均超过50%。从2000年起，取消高等学校和中等专业学校"毕业生派遣证"，加大学籍学历管理改革，并着手建立文凭电子注册制度，把文凭印制发放权交给学校。

第六，加大工作力度，建设高素质的教师队伍。加强教师的继续教育，重视师德建设，提高教师实施素质教育的能力和水平，加强教师掌握和应用新教材、新课程能力的培训。利用现代远程教育和信息传播技术，全面启动国家、省、地市三级教育培训。开展面向社会认定教师资格工作，拓宽教师队伍来源渠道。加快师范教育布局结构的调整步伐，进一步改革中小学教师管理体制。实行教师资格制度，推行教师职务聘任制。同时要加强薄弱学校和农村地区的教师队伍建设。2000年还要基本解决民办教师问题。

（二）坚持"两基"重中之重地位不动摇，确保"两基"目标如期实现。

2000年是实现基本普及九年义务教育、基本扫除青壮年文盲目标的最后一年，能否如期完成"两基"任务，关键在此一年。

第一，各级教育行政部门要把"两基"继续作为工作的首要目标，坚持"两基"重中之重的地位不动摇。2000年，要将"两基"人口覆盖率从80%提升到85%，工作的重点和难点都集中体现在贫困地区和少数民族地区，任务十分艰巨。对此，我们要有充分的思想准备，既要看到工作的难度，又要坚定信心，扎实工作。同时，要不断研究新形势、新情况，找出新办法。还要注意研究民族教育的特殊性，提高双语教学水平，加强内地对口教育支援工作。

还要进一步加强语言文字工作。

第二，要针对当前"两基"工作中存在的经费投入严重不足、初中辍学率明显升高、中小学危房改造任务艰巨、面临初中入学的高峰、农村中小学教育管理体制需要进一步完善等突出问题，采取有效措施，集中力量解决这些问题。特别是要确保义务教育的经费来源，目前全国中小学校舍危房还有1 000万平方米，约还需要30亿元的投入才能解决，各地要采取紧急措施，切实解决好这个问题；采取必要的行政措施和法律手段，力争把初中辍学率控制在3%以内；重视解决处境不利的地区和人群的教育问题；在调查研究的基础上，做好初中人口高峰期的相应准备。

第三，坚持"积极进取、实事求是"的工作方针。在尚未实现"两基"的地区，要坚持进度服从质量的工作原则，防止和纠正不顾基础与条件，为赶进度盲目调整规划，忽视质量，突击达标的现象。同时，要加强"两基"督导工作，加大对少数民族地区普及初等教育的检查、督导和推动工作，逐步提高少数民族的教育水平。在已经实现"两基"的地区，把工作重点放在"两基"达标后的巩固和提高上，不断提高"两基"整体水平。大中城市要向更高的目标努力。

（三）继续努力，做好高中阶段和高等教育的招生工作。

城市和经济发达地区要采取多种形式加快高中阶段教育发展的步伐，满足初中毕业生接受高中阶段教育的需求。发展普通高中要注意充分利用现有资源，提高办学规模。要积极发展中等职业教育，要正确认识当前中等职业教育发展中所面临的问题和挑战，着力提高中等职业教育的质量和效益，努力办出特色，增强吸引力。要构建人才成长的立交桥，推动职业教育的发展。

要继续扩大高等学校的招生规模。按照中央和国务院的要求，进一步解放思想，深化改革，克服困难，多种形式地积极发展高等教育。要使各类高等教育年度招生总量、普通高校招生录取率以及应届高中毕业生接受各类高等教育比例与上年相比有一定增长。2000 年全国各类高等教育年度招生规模拟安排 300 万人左右，其中普通高等教育招生规模拟安排 180 万人。

（四）深化体制改革，为加快教育发展创造条件。

第一，高等教育管理体制改革取得大的突破。2000 年高等教育管理体制改革进入决定性的阶段。根据国务院的部署，今后除教育部和少数特殊行业部门外，其余中央部门不再管理院校。2000 年，要基本完成现中央部委所属 242 所普通高等学校和 106 所成人高等学校的管理体制改革工作。与此同时，还要加大布局结构的调整力度。希望各地和有关部门要切实按照中央的统一部署，认真做好有关工作。随着中央部门院校管理体制改革进程的推进，把高等职业教育和大部分高等专科学校的设置权交给省级人民政府，以及高等专科学校的招生计划权也将放到省里，省级政府对教育的责任加大了，省级教育行政部门的工作任务也相应加重了，希望各地加强管理，提高效益。同时要加大县级人民政府对学校校长、教师和教育经费的统筹管理。

第二，全面推进高校后勤社会化改革，高校集中的大城市要取得突破性进展。要按照国务院办公厅在上海召开的全国高校后勤社会化改革工作会议的精神，加快改革步伐，用三年左右的时间基本实现高校后勤社会化的改革目标。当前，工作的重点是学生生活后勤。我们要用创新的思路，加快学生公寓建设。特别要在地方政府的主导和政策支持下，充分调动社会各方面的力量，开辟多元投资渠道，加快建设进程，并按社会化的机制进行经营和管理。另外，还要多渠道筹措资金加强水、电、气基础设施的改造，加快高校必需的教学基础设施、必要的体育设施、计算机网络和图书馆现代化建设，从根本上解决高等学校后勤体制不适应、设施落后的状况，使学生生活、学习的基本条件得到较大改善。

第三，系统研究民办教育发展机制和政策界限。当务之急是要系统研究新形势下民办教育的发展机制和有关政策界限，既要支持民办教育的发展，制定鼓励民办教育发展的优惠措施，也要加强对民办教育的科学管理和合理规范，引导民办教育健康发展。要尽快完善民办教育的法律法规，吸纳民间资金发展教育，创造公办教育与民办教育公平竞争、共同发展的政策环境。

（五）着眼未来，面向世界，积极推进教育现代化建设。

2000 年是世纪交替之年，我们的工作既要立足当前，更要面向未来，面向世界，要从长考虑教育事业的发展。

第一，加快推进现代远程教育工程建设和教育信息化的进程。要充分认识现代远程教育与教育信息化对 21 世纪教育发展至关重要。特别是随着我国加入世界贸易组织进程的加快，更要抓紧做好自己的工作，占领必要的阵地。我们已下决心在2000年完成CERNET主干线路提速工程，把主干网速率从现在的2M提高到155M或更高，基本达到发达国家的水平，并与所有省会城市连通。同时将CERNET与广播电视教育系统结合，构筑远程教育体系基础平台。各级教育行政部门要充分利用这一平台，将远程教育延伸到边远和农村地区，这样可有效地利用现有教育资源和提高教育质量。要制定一个计划，通过有效的途径将机关、企业淘汰下来的计算机调剂到边远和农村地区去装备中小学。

大力发展我们自已的教育软件产业，要采取竞争、开放、合作的新机制，培育教育软件产业。

第二，推进世界一流大学建设、办好一批高水平大学和重点学科。我们将在对“211工程”首期建设进行评估验收的基础上，与有关部委、省级政府一起抓紧做好二期工程的规划，加大投入力度。要集中力量支持办好一批具有较高水平的重点学科，并向信息技术、生物工程、新材料、环境保护、生态农业等学科倾斜。2000年还要继续实施“长江学者计划”等高层次人才工程，加强出国留学等教育交流与合作，采取各种措施，支持出国留学，鼓励回国服务，培养、吸引和留住一批优秀人才，下功夫造就一批站在世界科学技术前沿的学术带头人和尖子人才。同时，鼓励本科生提早参加科研和社会实践，加强创业教育。

第三，推进高新技术产业化工作。贯彻全国技术创新大会精神，2000年年初将召开高校技术创新工作会议，加快高新技术产业化进程。要建设一批网上合作研究中心，努力为产业结构的战略性调整服务。加强与有关方面合作，完成15个大学科技园区的试点建设，进一步促进产学研结合，推动一批高校的科技力量和成果向企业延伸，做好留学回国人员创业园区的相关工作。

第四，制定教育事业“十五”计划和2015年发展规划。这是实施第三步战略目标过程中的第一个中长期教育事业规划。我们要在系统总结“九五”计划执行情况，深入分析教育与发展过程中存在的突出矛盾和问题，科学把握时代对教育工作的总体要求的基础上，研究制定“十五”计划和2015年发展规划。

（六）继续加大教育经费投入，开拓教育经费筹措的新渠道。

继续落实中央本级财政支出中教育经费所占比例每年提高一个百分点的工作，推动各地根据实际情况，努力增加本级财政中教育经费的支出，保证财政性教育经费投入的“三个增长”。依法加强对教育费附加的征收和管理，农村教育费附加实行乡征、县管、乡用，并保证完全用于教育；继续实施国家贫困地区义务教育工程，发挥中央专款的作用，确保“两基”目标的如期实现。利用银行贷款加大校园改造和建设的力度，使学校的教学设施、体育设施、基础设施有较大的改善。继续完善国家助学贷款政策。要以近期发生在山东的特大海难事故为鉴，高度重视许多学校中存在的安全隐患，争取各级政府增加投资，狠抓各级各类学校的危房以及水、电、气等基础设施改造工作。

在努力增加投入的同时，要加强经费管理，提高经费使用效益。会同有关部门制定和完善非义务教育收费的政策措施，规范非义务教育阶段的收费，坚决制止各种乱收费和新的“双轨制”，对违反规定的要严肃查处。加强国家对贫困学生资助政策的宣传力度，使之家喻户晓，深入人心。

（七）切实加强高等学校党的建设和思想政治工作，进一步做好高等学校稳定工作。

继续改进和加强高校党的建设，是全面完成各项工作的根本保证。要认真贯彻落实中共中央《关于加强和改进思想政治工作的若干意见》，把做好新时期思想政治工作摆到重要的议事日程，筹备召开第九次高校党的建设工作会议。充实和改进高校思想品德课和政治理论课的教学内容，继续抓好“两课”教材、师资队伍、学科建设和教学方法的改革，加强邓小平理论“三进”工作。

进一步加强高等学校领导班子建设。要根据高教管理体制改革进程的发展，着力做好体制调整后有关学校领导班子的组建工作。要坚持不懈地开展党风廉政建设。

继续做好教育战线的稳定工作。要特别注意高等学校意识形态的动向，积极做好有关工作，落实工作责任，继续保持稳定。

三、做好2000年工作要注意的几个问题

同志们，我们面临的任务是十分繁重的。2000年是落实中央关于教育工作一系列方针政策的关键一年，也是教育事业改革和发展进入攻坚的一年。做好2000年的工作，需要注意以下几方面的问题：

（一）认清形势，把握大局，掌握工作主动权。

在当今国内外新的形势下，要把教育改革进一步引向深入，加快教育事业的发展，全面推进素质教育，是一项艰巨的任务。将会遇到各种困难和复杂的局面。这就更需要我们加强学习，不断提高水平，提高驾驭教育工作全局的能力。学会运用马克思主义的立场、观点、方法来观察、分析和解决深化改革和加快发展过程中的新情况、新问题，既要遵循教育发展的自身规律，保持相对的连续性和稳定性，又要考虑教育事业所依托的社会经济的大环境，掌握经济社会发展对教育工作提出的新要求，把握好工作主动权。在看到成绩的同时，清醒地看到问题、矛盾和隐患。

（二）要继续处理好改革、发展、稳定的关系。

当前，我国经济社会的发展为教育创造了前所未有的良好条件，提供了难得的历史机遇。人民群众日益增长的教育需求，也为我们加快教育发展提供了强大动力。教育发展的根本出路在于改革。全教会在教育思想、人才培养模式以及教育结构、教育体制等诸方面都有新的突破，是一次解放思想的大会。落实《决定》提出的各项改革任务，要充分尊重群众的首创精神，给地方和学校以广阔的改革空间，鼓励大胆探索；要调动一切积极因素，广泛动员社会各方面的资源，发展我们的教育事业。同时改革要积极稳妥、因地制宜、分类推进，不能大起大落。重大改革方案的出台还要广泛听取各方面的意见，充分考虑到社会各方面和人民群众的承受能力，加强工作的预见性。当前改革已进入攻坚阶段，发展正处在关键时期，保持稳定尤为重要。我们要增强政治敏锐性和政治责任感，继续抓好对“法轮功”的斗争，善于见微知著，努力把问题解决在萌芽状态，保持和发展教育战线特别是高等学校稳定的大好形势。

（三）保持各级各类教育事业的协调发展，防止片面性。

中央的《决定》和江泽民同志的讲话，对今后各级各类教育都提出了明确的发展方向和具体任务。我们要正确处理好各级各类教

育在现实发展中的关系，着力调整好教育的宏观结构。

在基础教育阶段，要注意区别沿海与内地、城市与农村、基础好的学校与薄弱学校的不同情况，加强分类指导。根据各地不同实际，处理好“普九”与发展高中的关系。要积极发展职业教育，避免严重比例失调。职业教育与成人教育要把调整结构和提高质量摆在突出位置。进一步理顺发展思路，积极探索新的发展增长点。在城市，要增强特色和适应性；在农村，要探索实际需要的办学模式，加快发展。在此基础上，科学、合理地确定普通高中与中等职业教育比例，充分利用教育有限资源，相互促进，提高办学效益。

高等教育要确保扩招之后基本的教学秩序、教学条件和教学质量。根据社会经济、科学技术发展趋势，及时调整学科结构，注重发展高新技术相关学科，不同类型高等学校都要办出特色，形成多样化的人才培养模式。

（四）抓住机遇、抓住重点、抓住关键、狠抓落实。

面对当前的大好形势和诸多的新情况、新问题，我们要抓住机遇，抓住重点，抓住关键，狠抓落实。对事关全局的关键性工作要紧紧抓住不放并取得突破，要及时解决好制约改革和发展的瓶颈性问题。总之，要狠抓落实。

2000年要紧紧抓住社会各方面反映强烈、中央领导多次批评的一些问题，拿出切实有效的措施，使这些方面的状况得到迅速而明显的改变。各级教育行政部门要以对党和人民高度负责的态度及时地处理这些问题，给人民群众以明确的交待，维护教育战线形象，不辜负党和人民对教育工作的厚爱和支持。

（五）加强教育科学研究，加强政策舆论引导，提高决策水平。

由于教育具有基础性、全局性、先导性的特征，特别是在知识经济时代教育对经济增长的作用日益突出。世界各国政府都表现出对教育的极大关心和重视，在不同程度上提供了可资借鉴的新鲜经验。我们要积极推动教育国际交流与合作，更加深入地研究世纪之交世界教育发展的潮流，以利于我们准确把握教育改革和发展的目标。希望同志们在紧张繁重的工作中挤出时间，放宽眼界，多做一些关系未来的研究，及时借鉴一切有益的经验，帮助我们把工作做得更有科学性、预见性。还要加强政策法规研究、规划及预测研究，提高决策水平。

同志们，2000年工作做得如何，将对下个世纪教育改革和发展产生深远的影响，我们的任务光荣而艰巨。现在中央关于教育工作的大政方针已定，我们要以只争朝夕的精神，扎扎实实地做好各项工作，以优异的成绩迎接新世纪的到来。

坚持“两基”“重中之重”地位不动摇

吕福源

到2000年基本普及九年义务教育、基本扫除青壮年文盲（简称“两基”），这是党的十四大向全党全社会提出的一项重大的战略任务，是党中央、国务院确定的我国90年代教育工作的“重中之重”。一个有12亿人口、资源相对不足、经济文化基础比较落后的发展中国家，在一个不太长的时期内实现这个目标，特别是在许多比较贫困的农村地区实现这一目标，这是我国教育史、也是世界教育史上的壮举。

在世纪之交、继往开来的重要时刻，坚持“两基”“重中之重”地位不动摇的方针，具有重大的现实意义和深远的历史意义。

战略决策　功绩卓著

我国实施“两基”，是党中央、国务院为提高民族素质，实现社会主义现代化建设“三步走”的战略目标所作出的重大决策。1985年召开的改革开放以来第一次全国教育工作会议提出我国实行九年义务教育。1986年全国人民代表大会通过了《中华人民共和国义务教育法》。1988年国务院颁布了《扫除文盲工作条例》。1992年党的十四大进一步将本世纪末全国实现“两基”作为90年代我国教育发展的重要目标。1994年全国教育工作会议确定“两基”为我国教育工作的“重中之重”，并制订了具体的目标：到本世纪末，占全国总人口85%的地区普及九年义务教育，初中阶段入学率为85%，15周岁至50周岁的青壮年文盲率降到5%以下。

90年代，在各级党委、政府的重视和领导下，在广大人民群众的大力支持和参与下，经过广大教育工作者的辛勤努力，我国“两基”工作取得了历史性的巨大成就。1998年全国小学适龄儿童入学率、初中阶段入学率分别达到98.93%和87.3%，比1990年提高了1.1和17.1个百分点。近10年来，平均每年扫除青壮年文盲350万人左右，1999年青壮年文盲率已降至5.5%以下。全国小学、初中专任教师的学历合格率1998年分别为94.59%和83.93%，比1990年提高20.69和36.93个百分点。到本世纪末“民办教师”将成为一个历史名词。以政府投入为主渠道的义务教育经费大幅度增加，广大群众以极大的热情踊跃集资捐资办学，使各地中小学办学条件出现了翻天覆地的变化。在广大农村很多地区最好的建筑是学校，在城市和经济比较发达地区，涌现出许多具有现代化水平的学校。截至1998年底，全国已有京、津、沪、苏、粤、浙、辽、吉、闽9个省（直辖市）所辖县（市、区）全部达到了现阶段“两基”验收标准。1999 年全国共有 2 428 个县（市、区，含 145 个县级行政区划单位）通过了“两基”验收，人口覆盖率为 80%。预计到 2000 年年底，可实现在 85%的人口地区普及九年义务教育、青壮年文盲率降到 5%以下的目标。这些成就是建国以来特别是改革开放以来社会主义现代化建设的伟大成就之一。它的意义和影响远远超出了基础教育事业和教育工作本身。

第一，保障了公民受教育的基本权利。实施义务教育使广大儿童少年，特别是处境不利地区和人群中的儿童少年，包括少数民族地区、贫困地区的儿童少年、女童和残疾儿童等，都有了享受教育的权利，在尽可能大的程度上推进了教育普及和受教育机会均等。与许多实施义务教育的国家相比，我国“两基”工作开展的广度、推进的速度和取得的巨大成就都是非常突出的，这充分体现了社会主义制度的优越性。

第二，开创了我国依法治教的新局面。为了保证我国普及九年义务教育和扫除青壮年文盲工作的开展，国家颁布了《义务教育法》和《扫除文盲工作条例》。国家还相继颁布了《未成年人保护法》、《教师法》、《教育法》，使“两基”工作逐步走上法制化、规范化轨道。各级党政领导和教育管理干部依法行政、依法治教，广大家长依法送子女上学。“两基”成为依法施行的现代教育。

第三，促进了经济发展和社会进步。治穷先治愚，治愚办教育。实施义务教育和大面积扫除文盲使我国全民受教育年限大幅度提高，广大劳动者的科学文化素质不断提高。“两基”为推广实用科技，促进农村经济振兴，帮助农民脱贫致富奔小康做出了重要贡献。

第四，营造了重视教育的社会氛围。“两基”实行地方负责、分级管理的体制，极大地调动了地方政府和广大人民群众关心、重视和支持教育的积极性。各地党政把实现“两基”目标作为为当地人民办的最大实事，在各项工作中优先保证。在党政领导的带领下，广大干部群众集资办学、捐资助学，出现了许多动人的场面，涌现出许多可歌可泣的典型，形成了“党以重教为先、政以兴教为本、民以助教为荣”和“再穷不能穷教育，再苦不能苦孩子”的社会风气。

第五，为中国教育事业的振兴奠定了基础。义务教育是整个教育大厦的基础部分，经过十几年的努力，义务教育学校形成了与我国人口规模相适应的办学规模，硬件和软件逐步加强，教育质量和办学效益不断提高，从而为整个基础教育和其他各级各类教育的发展奠定了坚实的基础。

重中之重 坚定不移

在充分肯定我国“两基”工作取得巨大成绩的同时，还必须清醒地认识实现“两基”目标的艰巨性，和巩固“两基”成果、提高“两基”水平的长期性。当前，有的地区和部门出现了一些对“两基”的错误认识和做法。有的认为，我国“两基”工作已经搞得差不多了，可以不再作为教育工作的“重中之重”了。在“两基”工作实践中也出现了一些新情况、新问题。如义务教育经费投入政策不落实，政府投入不足，城乡教育费附加征收不足，拖欠教师工资现象比较严重，初中辍学率偏高等。随着初中入学高峰到来，初中阶段校舍师资设备将出现新的困难。因此，在当前重新强调坚持“两基”“重中之重”地位不动摇非常重要。

江泽民同志在第三次全国教育工作会议的讲话中指出：“普及九年义务教育，满足基本学习需要和提高劳动者的整体素质，要作为教育工作的首要目标，努力提高绝大多数人的教育水准。”《中共中央国务院关于深化教育改革全面推进素质教育的决定》(以下简称《决 定》) 也明确提出：“基本普及九年义务教育和基本扫除青壮年文盲，是全面推进素质教育的基础。地方各级人民政府要继续将‘两基’作为教育工作的‘重中之重’”。可见，把“两基”摆在整个教育工作“重中之重”的地位，是一个长远的方针，这是由“两基”的性质、任务和它的地位、作用决定的。

义务教育和扫盲教育作为全民教育，是社会主义现代化建设的一项重要的奠基工程。邓小平同志说过：“我们国家，国力的强弱，经济发展后劲的大小，越来越取决于劳动者的素质，取决于知识分子的数量和质量。一个十亿人口的大国，教育搞上去了，人才资源的巨大优势是任何国家比不了的。”世界各国经济发展的规律也充分说明，劳动生产率的提高与劳动者素质的提高是同步的，而劳动者素质的提高，最重要的是大力发展教育，首先是义务教育。义务教育作为政府发展教育的基本职责，既是法律要求，也是世界上绝大多数国家的通例。我国劳动力接受教育的平均水平，农村和城镇分别仅有 5 年和 8 年，与发达国家相比差距很大，加速发展教育首先是发展义务教育的任务十分艰巨。当今世界科学技术突飞猛进，知识经济已见端倪。有人认为，在这样的时代背景下，教育工作应该以主要力量培养“精英”，不必再对义务教育进行更大的投资了。这种认识显然是片面的，不正确的。进行社会主义现代化建设，迎接知识经济挑战，不仅需要培养数以千万计的专门人才，同时需要培养数以亿计的高素质的劳动者。而提高广大劳动者的素质应该是教育发展的首要任务。只有把教育大厦的基础——义务教育和扫盲教育真正搞坚实了，才能更有利于培养高级专门人才。社会主义现代化建设对人力资源的这种需求，教育为经济建设服务的特性，决定了“两基”的“重中之重”地位。

《决定》明确指出，“要在确保‘两基’的前提下，积极发展包括普通教育和职业教育在内的高中阶段教育，为初中毕业生提供多种形式的学习机会。”这是正确处理“两基”和高中阶段教育的关系、合理调整现有教育体系结构的基本原则。“两基”是各级各类教育的基础，是每一个受教育者接受高一级教育和进行社会化教育以及终身教育的起点。因此，义务教育在整个教育事业中处于永恒的基础地位和必须重点保障的地位。“两基”工作做好了，还能促进高中阶段教育和高等教育的发展。发展高中阶段教育和高等教育，更多地需要政府、社会和个人共同发挥作用，特别是要依靠建立市场调节机制和成本分担机制。政府投入则首先应当保证义务教育。要在切实保证“两基”投入、保证“两基”健康发展的基础上，扩大高中阶段教育和高等教育规模。

中国实施九年义务教育，这是党和政府根据我国国情和国际竞争的需要所作出的正确的决策。在现代社会条件下，一个国家如果连九年义务教育还不能普及，是很难有国际竞争力的。从我国普及义务教育的现状来看，我们确定的普及标准还是比较低的，只是现阶段的基本要求。中小学的生均经费、生均校舍面积、教学仪器设备、图书资料、文体器材等的配备标准以及现在规定的中小学教师的学历要求，都还不适应教育现代化的需要。一些地方实际上实行的是八年制义务教育。一些地区“普九”虽已达标，但基础脆弱。全国各地的“两基”工作发展极不平衡，一些地区普初甚至普三、普四都存在极大困难。特别是一些处境不利地区（老少边穷地区）和不利人群（女童、残疾儿童、流动人口子女等）的义务教育亟待国家和社会的更多的关注并进一步采取切实有力的扶持措施。不少发达国家义务教育已经搞了一百多年，但仍把义务教育作为整个教育的重点，并在教育经费和各项政策上优先给予保证。我们必须借鉴世界各国的成功经验，在一个相当长的时期内，坚持“两基”在教育工作中“重中之重”的地位不动摇。

千秋基业　任重道远

“两基”工作既关系到国家的经济振兴、社会进步和可持续发展，也是落实我国政府对国际社会承诺实行全民教育的一个大问题。世纪之交，中国的“两基”进入一个关键时期，我们必须采取切实有效的措施解决“两基”工作中的难点、热点问题，以确保2000年规划目标的实现和达标后的巩固提高；同时，必须明确下世纪初的工作方针和目标，继续推进我国的义务教育和扫盲工作。

必须坚定不移地实行依法行政、依法治教。《义务教育法》等教育法律法规颁布和实施以来，各级政府、社会各方面、学校和家庭，学法、执法、守法的意识明显提高。但是，有法不依、执法不严、违法不究的现象依然存在。法律是国家强制执行的行为规范，对法律的任何随意性行为都是不能允许的。必须继续加大对《教育法》、《教师法》、《未成年人保护法》、《义务教育法》和《扫除文盲工作条例》等教育法律法规的宣传力度，落实国家、社会、学校和家庭必须依法保障适龄儿童、少年接受义务教育，依法扫除青壮年文盲的责任，并依法追究违法行为。

投入不足问题，一直是制约“两基”实施的主要问题。“两基”工作主要是政府行为，按照《教育法》、《义务教育法》和《决定》的有关规定，实施义务教育所需事业费和基本建设投资，由国务院和地方各级人民政府负责筹措，予以保障。教育经费应做到《教育法》规定的“三个增长”，特别是中央和地方政府教育拨款的增长应当高于财政经常性收入的增长。“十五”期间，国家将继续设立“贫困地区义务教育工程”，加大对贫困地区和少数民族地区的扶持力度。要依法加强城乡教育费附加的征收和管理，农村教育费附加实行乡征、县管、乡用，确保完全用于教育，并主要用于义务教育。严禁挪用、截留教育经费和教育费附加。现在全国还有中小学危房1 000多万平方米，少数地方危房状况极为严重，几百万中小学生坐在危房里上课，必须引起各级政府高度重视，绝不允许再出现因危房倒塌造成师生伤亡的事故。为解决义务教育学校的危房改造和修缮、新建校舍问题，应该以《教育法》的规定为依据，经县级政府批准，根据量力、自愿原则，乡（镇）政府可以在本行政区域内集资办学。

要继续完善基础教育主要由地方负责、分级管理的体制，根据各地实际，加大县级政府对教育经费、教师管理和校长任免等方面的统筹权。当前尤其要采取切实有效的措施，解决长期存在的拖欠教师工资问题。教师工资除极少数经济发展程度较高的地区可由县、乡两级管理外，一般应由县级统筹管理，县级解决不了的，由上级政府财政负责解决。各省、自治区、直辖市要把中小学教师工资纳入财政全额预算，不留缺口，并抓紧清欠拖欠教师工资问题，下定决心，不把拖欠教师工资问题带入21世纪。

目前，我国一些地方特别是农村初中生

辍学率较高，除了其他方面的原因之外，与教学内容、教学方法不适应农村生产生活的需要有很大关系。要认真贯彻第三次全国教育工作会议精神，在义务教育学校深化改革，大力实施素质教育。所有教师都要转变观念，努力进行教育教学改革。当前要以治理学生用书为突破口，减轻中小学生的课业负担、经济负担、心理负担。在“减负”的同时，按照素质教育的要求，提高教育教学质量。严禁体罚和变相体罚学生行为。江泽民同志在全教会上指出，“不要造成未能进入高等学校学习的普通中学生只是带着一般的语文和数、理、化知识回到了农村和城市。所学的这些一般的基础知识还不足以使他们在农村和城镇的生产活动中进行新的创业，不少人就加入四处流动的求职大军”，非常有针对性。要坚持教育为经济建设服务的方针，把普通教育与职业教育有机结合起来。要尽快建立国家、地方、学校三级课程体系，加快教材改革，改变现行教材内容旧、深、多的状况，做到新、精、少。农村中学要在适当时期渗透职业技术教育，农村初中要实行绿色证书教育。适时进行分流，使学生掌握一门或几门实用的专业技能，拓宽他们的“立业创业之路”。有的乡村学校可以成为当地实用技术的实验推广基地。从而使每一个升不了高一级学校的毕业生都能热爱农村，热爱家乡，运用自己所学的知识和技能谋生创业，为个人和家庭致富，为农村经济社会发展做出应有的贡献。

从现在起到下世纪初，我国一些农村地区普遍面临初中入学高峰问题。据1995年人口抽样调查，2002年全国初中学龄人口7 900万，比1998年的6 100万人增加1 800万人；特别是在二、三片地区的农村县（区），初中入学高峰尤为突出，将引发校舍、师资、经费等一系列问题。各地要在调查研究、摸清底数的基础上，未雨绸缪，及早作出落实到乡镇的规划，确保初中学龄人口高峰期平稳度过。要瞻前顾后，统筹安排，对学校布局进行合理调整。校舍不足的要抓紧新建一批校舍，也可充分利用现有的小学、职教、成教校舍资源。

“两基”已验收达标地区的巩固提高是一项紧迫而长期的任务。现在，已通过“两基”验收地区，存在工作力度下降现象，其中一些地区出现指标下滑，有的还比较严重，说明“两基”巩固提高任务还十分艰巨。因此，在相当长的一段时期内，必须建立和不断完善“两基”复查制度。多数地区要以巩固原有评估验收项目的指标要求为重点，大中城市、经济条件和教育基础较好、“两基”基础较巩固的地区，可制定切实可行的提高标准。特别是对改造薄弱学校工作，残疾儿童、流动人口子女就学，扫除妇女文盲和流动人口文盲等环节，应加大工作力度并实行倾斜政策，提高义务教育阶段整体办学水平。

在“两基”工作实践中发展起来的教育督导制度，已成为现代教育行政管理的重要组成部分。要进一步加强教育督导工作，加大对“两基”和“两基”巩固提高工作督导检查力度，并采取切实有效的措施，不断提高“两基”水平。

千秋基业，任重道远。回顾过去，我们为“两基”取得的成绩欢欣鼓舞；面对现实，我们深感肩负“两基”责任的重大；展望未来，我们更对“两基”的前景充满信心。让我们高举邓小平理论伟大旗帜，认真贯彻十五大和全教会精神，坚定不移地坚持“两基”“重中之重”的地位，坚持不懈地抓好“两基”工作，确保2000年“两基”目标的实现和达标后的巩固与提高，为教育振兴和中华民族的伟大复兴作出更大的贡献！

抓住机遇，使大学科学园的发展迈上新台阶

韦　钰

最近，科技部和教育部决定联合在国家层面上推进大学科学园的发展，并准备成立两部联合的指导委员会，共同召开大学科学园发展战略研讨会，把发展大学科学园的工作纳入火炬计划、攻关计划、技术创新计划和《面向21世纪教育振兴行动计划》等。同时决定，要抓一批试点，并在明年适当时候召开全国大学科学园工作会议。

这一联合行动，必将为大学科学园的发展提供新的机遇。它不仅有利于促进大学科技成果转化，动员大学科技力量为发展高新技术及其产业，为创立新的经济生长点服务，而且也有利于我国高校的改革和发展，使高等教育和高校的科技工作更紧密地与我国的经济和社会发展相适应，把高校建设成为国家重要的科技创新基地和创新人才的培养基地。这是一项有利于国家，有利于高校，也有利于高校科技人员发挥作用的重要举措。甚至可以说，在发展我国高新技术产业上，是有战略意义的十分重要的举措。这一举措的确是抓得及时、抓住了关键。我国高校，特别是研究力量较强的大学，应抓住这一机遇，在新的形势下，站在新的高度上，认真总结过去十多年来大学科学园发展的经验和教训，动员高校的科技力量积极投入到这一计划中去，大胆探索，努力开拓，争取把我国大学科学园的发展推向新的阶段。

一、在新的高度上，总结过去、规划未来

科学园诞生于高科技发展的年代，研究型大学在科学园的创立和发展中起着决定性的作用。1947年，贝尔实验室的肖克莱等三位科学家发明了锗晶体管。我们可以把它看做是以信息技术为特征的现代高新技术发展的起点，正像250年前，蒸汽机的发明启动了工业革命一样。1951年，美国斯坦福大学科学园正式成立。当时他们创立科学园的直接原因，主要是因为二战后学校经费紧张，但这一举动适应了高新技术产业发展的规律。因此，斯坦福大学科学园一举成功，并衍生出世界著名的“硅谷”。斯坦福大学也因此成为著名的世界一流大学，扬名国内外。

由于“硅谷”的成就和影响，70年代特别是80年代以后，各种形式的大学科技园竞相成立。不仅在英、美、德、法等发达国家，在一些新兴的工业国家及发展中国家，如新加坡、韩国、印度等也兴起了举办高新技术园区的热潮。在这些高新技术区的创建和发展过程中，大学始终起着主导和核心的作用。

在我国改革开放以后，我国的高校也抓

住了这一发展的浪潮,作了积极的探索。1983年，中关村一条街的发展引起了全国的注意和争论,中央派出的调查组对此举作了肯定。这前后，不少大学也以不同形式创办了科学园。如以华中理工大学为核心的东湖科学园，东南大学办的南京浦口科学园等。他们也加入了国际与大学有关科学园协会，但除了稍后于1988年成立的东北大学科学园外,其他的成效和影响都不大，在高校中也未取得普遍的赞同。

1992年，小平同志南巡讲话发表以后，在高校中重新兴起了创建校办产业及大学科学园的高潮。1993年，党的十四届三中全会作出了建立社会主义市场经济的重大决定。在党的十四届三中全会后，紧接着召开了高校科技产业工作会议。岚清同志和宋健同志对高校科技产业和科学园的工作都作了重要的指示,使高校的同志受到了很大的鼓舞。高校的同志得以进一步统一思想,明确方向。这以后，高校科技产业和科学园的发展又一次掀起了高潮。1993年创办的哈尔滨工业大学的科学园，以及以后创办的北京大学科学园和清华大学的科技园，上海交大的浩然大厦等都办得相当成功。虽然这种成功的大学科学园在我国还不是很多,但是他们的成功,为我国大学科学园的发展积累了宝贵的经验，做出了榜样，增强了大家的信心。

这个时期大学科学园的发展所以能取得成功，其根本原因是由于我国改革开放事业取得了巨大的成功，为大学科学园的发展提供了有利的环境。同时，近年来中国高校的科技力量有了很大的增强，成为国家科技事业的重要方面军。特别是在基础研究、高新技术创新以及与地方经济社会发展相结合上，高校更是具有举足轻重的地位。从教育部管理高校科技工作的角度来看，最重要的经验是努力把高校的思想统一到中央的科技改革政策上来，促使大学转变观念，支持他们大胆进行创新的探索。这种探索不是自上而下的布置，而是启发和支持高校作为独立法人，自主而主动地发展。在社会主义市场经济发展的进程中，充分尊重大学的自主和首创精神，让他们在我国社会主义市场经济建立和发展的大潮中去学会游泳。由于大学拥有智力和知识的优势，大学科学园常常能在我国高新技术的发展中作出超前和先导性的发展。

江泽民同志在庆祝北京大学建校100周年大会上曾指出：要“紧紧围绕经济建设这个中心，坚持不懈地实施科教兴国战略”，“我们的大学应该成为科教兴国的强大生力军”。这是党和国家在21世纪即将到来之时，向我们指出我国大学应担负起的庄严使命。

近年来,形势的发展使我们更加认识到，实施科教兴国战略，发展我国高新技术产业的紧迫性。在今年召开的全国教育工作会议和即将召开的全国技术创新大会上，中央作出了或即将作出重要的决定。许多政策、法规和支持措施已相继出台。现在科技部和教育部又决定联手在国家层面上推进大学科学园的工作，高校应该抓住这次机遇，使我国大学科学园的发展实现又一次新的跳跃。

二、发展大学科学园应研究的“十六字方针”

在当前形势下，大学科学园的具体发展应该遵循“统筹规划、以人为本、市场推动、扩大开放”的十六字方针。

统筹规划。统筹规划实际上主要讲的是政府和大学行政管理职能的正确发挥和协调。发展大学科学园离不开政府的支持和引导。特别是在作为发展中国家，又是实施社会主义市场经济的中国，这是十分重要的。大学科学园的发展需要政府，包括中央政府和地方政府的支持和引导。一定程度上讲，地方政府的作用更加重要。政府的职责包括制定必要的法律、法规和分配政策，给予税赋减免，提供知识产权保护和必要的法律保护，给予资金支持，制定合理产业政策，规划合理分工，提供基础设施服务和简化手续的各类服务，提供良好的生活环境和人文社会环境，子女的教育条件等等。显然政府的支持是大学科学园能否建立、能否发展的绝对必要的前提条件。可喜的是，近年来，不仅中央领导十分重视这项工作，有关部委相继出台了许多优惠政策，不少地方政府也把建立大学科学园作为振兴和发展地方经济的主要措施来实施，为大学科学园的发展提供了良好的前提条件。

但是，政府既要弄清该做什么，积极去做，同样也要明确不该管什么。政府要铺路和设置交通规则，让各类车子能全速前进。一个合格的交警，常常不是好的司机，切记不要去亲自开车。

以人为本。高新技术产业的发展关键靠人才，特别是有创新能力的科技人才和管理人才。科学园的发展要创造吸引、留住人才，并让人才能充分发挥作用的机制和环境。

创新产生于激情驱动下的直觉思维。我们要研究怎么激发人们的这种激情，怎么使人有可能集中力量拼命地去工作，去奋斗，去创新，而无旁的顾虑，无后顾之忧。在此中，分配政策是重要的，其他的环境也是重要的。分配政策体现了导向，是很重要的指挥棒。分配政策必须充分体现按劳分配的原则，充分体现尊重知识，尊重创新，尊重人才。

舆论环境也是重要的。要创造鼓励人冒尖，鼓励人冒险，鼓励人创新的良好环境。让人不害怕失败，而担心守成和无为。许多工作常常需要依靠集体的力量，需要许多人一起来完成。而人无完人，那些科技上有创新作为的人，往往人际关系处理能力和协调能力较弱，需要理解和扶助。

这里还想谈谈大学科学园的选址问题。看似小事，实际上也体现了重要的指导思想。既然办好大学科学园最重要靠的是人才，大学科学园的选址就主要应该考虑怎样为大学的师生提供方便，让他们乐于进入园区工作。因此，最好把园区建在大学附近，建在师生容易到达的地方。在国外可能是开汽车很方便到达的地方，在中国需要是对骑自行车来说不很远的地方。

在“十六字方针”中，以人为本这点的赞同和落实，对目前的中国情况来讲，可能是最困难的，值得我们认真去推进。

市场推动。在我国科技工作的大布局中，无疑应有以国家目标为主，着重从国家整体战略考虑的部分，也应有直接服务于国家经济实力增强的部分。大学科学园应属于后一部分。市场推动，首先意味着大学科学园的各项活动，应以追求让所建立的产业，最后能占领市场，获得利润为主要目的。这个目标应该贯穿始终，贯穿从科研项目立项，到科技活动和科技产业发展的全过程。从立项开始就应瞄准市场，而且更要瞄准世界市场。因为在经济全球一体化趋势日益明显的今天，往往在我们失去世界市场的时候，也失去了国内市场，至少从长期来看是这样。办大学科学园不求大，不求全，不讲形式，只求实效。不求是学科前沿，求占领市场取得利润。哪怕是搞零配件制造，其中也不乏高科技。能在强手如林的市场上站住了，就是英雄，就是成功，就有前途。

当前注意高校科技成果转化是重要的。但我认为，高校中现成的可以直接转化为产业的科技成果，目前并不很多。从面上讲，可能更重要的是利用大学现有科技基础和学科较齐全的特点，为中小企业发展和大中企业技术改造提供技术、信息和人才服务。浙江大学建立为中小企业工业设计服务平台的经验值得重视。各大学科学园间应各有重点，各有特色，避免在同一水平上的重复。

市场推动也意味着要按市场机制运行，即建立讲究效益下的竞争机制和激励机制。我们对这方面总的说还缺乏经验，特别是企业文化和目前的大学文化相差比较大。我们要清楚，大学科学园是和大学相关的科学园，不是大学的一部分，更不能按大学的机制和办法来管理和运行，不能按大学的传统观念去评价。至于到 21 世纪，也许大学和企业的界限不像今天这么明显，那是另外要研究的趋势，当前的中国还谈不到这一步。所以，大学科学园应是一种特殊的产业孵化器和产业群，应具有企业的特征。

扩大开放。大学科学园所以要安排在大学附近，是为了充分运用大学的资源，包括人才、信息、知识和研究基地、科学文化氛围等。大学应该创造条件，尽可能将自己的资源充分地向科学园区开放。

大学会有一个思想顾虑，即开放了会不会损害学校的利益，影响学校的稳定。事实证明，采用合理的管理办法和分配机制，即使在开放的条件下，也可以做到互利。这已经为国内外不同的经验所证实。然而，要取得自己的经验，除了学习书本和别人的经验外，更重要的是靠自己的实践，在实践和开放之中学习。要把“蛋糕”设法做大，不要“宁肯烂在锅里”，也不肯“肥水外流”。大学的主要领导应把眼光放得远一点，多从国家的整体利益和学校的长远利益着想。

大学的另一个顾虑是怕影响教学质量。事实上，只要在科研与教学的结合上下功夫，完全可以做到互相促进。最近，美国卡内基促进教育基金会的一份专家咨询报告认为，研究型大学提高本科教学质量的最根本途径，是搞好科研和教学的结合。让大学一年级新生就能进入科研工作，加强实践训练。对创新人才的培养恐怕更是如此，只考虑知识传授的传统做法，恐不是良计了。

大学科学园应向社会开放，特别是向企业开放。要能吸引高新技术企业及其研究机构到园区落户，吸引企业中具有市场经验的管理人才到大学科技产业中工作。

大学科学园应向国外开放。我国已有 20 多万留学人员在国外，应充分发挥他们的作用。要吸引跨国公司进入园区。这既有竞争的一面，但也带来技术和管理经验，带来发展的压力。总的看，还是利大于弊。

大学科学园要注意应用现代信息技术来构成开放的环境，在 Internet 的平台上工作。据估计，到达 2007 年，发达国家 80% 的居民要和互联网相联，进入信息高速传输的，全世界广泛联结的，涉及经济、政治、文化各个领域的信息平台上运行。大学科学园无疑要领先跨上这个平台，以积极的态度参加国际竞争。

深化农村教育综合改革 全面实施素质教育 努力开创教育为农业和农村工作服务新局面

张天保

全国农村教育综合改革工作经验交流会议是第三次全国教育工作会议后，教育部召开的一次重要会议。会议的主要任务是，深入贯彻党的十五届三中全会和第三次全国教育工作会议精神，落实《中共中央国务院关于深化教育改革全面推进素质教育的决定》和《面向21世纪教育振兴行动计划》，总结、交流、推广湖南邵阳等地的经验，进一步推进农村教育综合改革，全面开创教育为农业和农村工作服务的新局面。

一、深刻领会十五届三中全会和第三次全国教育工作会议精神，充分认识深化农村教育综合改革、全面推进素质教育的重要性和紧迫性

1998年10月召开的党的十五届三中全会，全面总结了农村改革开放20年的基本经验，进一步明确了农业和农村工作在全国经济社会发展中的战略地位，提出了农业和农村跨世纪的发展目标、方针政策。全会通过的《中共中央关于农业和农村工作若干重大问题的决定》明确指出："农业的根本出路在科技、在教育"，"把农业和农村经济增长转到依靠科技进步和提高劳动者素质的轨道上来。"《决定》强调："发展农村教育事业是落实科教兴农方针、提高农村人口素质的关键。必须从农村长远发展和我国现代化全局的高度，充分认识发展农村教育的重要性和紧迫性。积极推进农村教育综合改革，统筹安排基础教育、职业教育和成人教育，进一步完善农村教育体系。"《中共中央国务院关于深化教育改革全面推进素质教育的决定》进一步指出："努力改变教育与经济、科技相脱节的状况，促进教育和经济、科技的密切结合。"这些论述深刻阐明了农村教育与农村经济、社会发展的关系，指明了农村教育进一步改革和发展的方向，不仅对农村教育提出了新的更高的要求，也为农村教育的改革与发展提供了良好的机遇。落实科教兴农方针，开创教育为农业和农村工作服务的新局面，首先要深刻领会十五届三中全会和第三次全国教育工作会议精神，充分认识发展农村教育、推进农村教育综合改革的重要性和紧迫性。

从国际经济、科技发展来看，江泽民同志去年在北京大学百年校庆的讲话中明确指出："当今世界，科学技术突飞猛进，知识经济已见端倪，国力竞争日趋激烈。"本世纪，人类在科技方面取得的新发现新发明日新月异，极大地提高了人类对自然和社会的认识能力，极大地推动了生产力的发展。科技领域的革命性变革，必将有力地推动当前人们生产和生活方式的变革，必将深刻地影响下个世纪的发展。就以21世纪农业发展来讲，开展农业科技革命，广泛采用生物技术、信息技术、核技术、农药化工技术等，用高新技术改造传统农业，依靠科技和教育大幅度地提高农业生产的科技含量，已成为世界农业发展的新趋势。这种趋势将带来农业观念、技术、生产体系和生产力水平取得新的突破和进展。发达国家竞相攻占现代高技术制高点，以获得其产品的最大市场占有率，成为全球经济和技术竞争的新角逐场。邓小平同志说过："农业问题，最终可能是科学解决问题，要靠生物工程，要靠高科技。"我国农村人口约占总人口的80%，农业是整个国民经济的基础，农业、农村和农民问题始终是经济建设和社会发展中十分重要的问题。同时，我国又是一个农业资源相对贫乏、农业生产和技术水平相对落后的国家，农业科技对生产的贡献率约为40%，只相当发达国家的一半。要使我国农业科技和生产力实现质的飞跃，并在若干领域取得突破，能够在21世纪激烈的竞争中站稳脚跟，关键是要提高国民素质，加快人才培养，走科教兴农的道路。没有农村人口素质的全面提高，就没有国民素质的提高，就没有综合国力的提高，就不可能在国际竞争中取得主动权。

从我国农业和农村面临的形势和任务来看，近些年来，我国农业生产连续夺得丰收，农业综合生产能力有了明显提高，农产品供求关系有了明显改善。但我国农业发展面临的形势还很严峻，出现了很多新情况、新问题。全国还有4 200万人尚未脱贫；农业增长与人口、资源、环境的矛盾越来越突出，人均耕地只有世界平均水平的1/3，人均水资源只有世界平均水平的1/4，随着人口的增加，资源紧缺的矛盾将更加突出；农业基础脆弱，抵御自然灾害的能力不强；农产品总量基本平衡，但结构性矛盾仍很突出，乡镇企业发展速度和效益回落，农民收入增长缓慢。从总体上看，我国农业仍处于粗放经营的状态。要解决上述农业发展中存在的问题，最根本的就是要狠抓科教兴农，把农业发展转到依靠科技进步和提高农村劳动者素质的轨道上来，努力提高科技在农业增长中的贡献份额。大力发展农村教育，大幅度提高农村劳动者掌握运用科学技术的能力，用高新技术改造传统农业，是新世纪我国农业跟上时代步伐的希望所在。

从农村教育改革和发展的状况来看，改革开放以来，我国农村教育事业取得了令人瞩目的成就。全国有9个省、直辖市实现了基本普及九年义务教育、基本扫除青壮年文盲（简称"两基"）的目标，"两基"人口覆盖率已达到73%。已有19个省、自治区、直辖市基本扫除青壮年文盲。高中阶段职业教育有了很大发展，教育思想、办学体制、教育内容等方面的改革不断深化，办学条件明显改善。经过十多年的努力，农村教育综合改革取得了显著成绩。但是，我国农村教育总体上仍然比较落后，还有约27%的人口地区没有普及九年义务教育，约8%的人口地区没有普及初等教育，扫盲和巩固扫盲成果的任务仍很艰巨。一些地方农村教育结构还不尽合理，农村职业教育和成人教育还很薄弱。全国约半数的行政村没有建立农村文化技术学校，农村劳动者的年培训率只有20%左右。在农村，人才培养模式、教育内容和教学方法都不同程度地存在着脱离农村实际的现象。我国农村教育的现状难以满足农业、农村和农民的实际需要，更不能适应我国农村长远发展和国家现代化建设的需要。农村教育的改革和发展刻不容缓。

二、进一步端正农村教育办学指导思想,始终坚持为农业、农村和农民服务的方向

《中共中央国务院关于深化教育改革全面推进素质教育的决定》明确指出:"进一步推进农科教结合,全面推进农村教育综合改革,促进农村普通教育、成人教育和职业教育的统筹协调发展,使农村教育切实转变到主要为农村经济和社会发展服务上来。"这是对20年来农村教育改革和发展经验的科学总结,是农村教育改革和发展必须始终坚持的方向,也是农民群众脱贫致富的根本出路。

党的十一届三中全会以来,随着改革开放的不断深入和农村经济社会的发展,我国农村教育的改革和发展进入了一个新的历史时期。1983年,中共中央、国务院发布了《关于加强和改革农村学校教育若干问题的通知》,提出农村教育要纠正片面追求升学率的倾向,努力提高广大农村劳动者的文化科学水平。1985年,中共中央颁布《关于教育体制改革的决定》,确立了"教育必须为社会主义建设服务,社会主义建设必须依靠教育"的指导思想。1987年,原国家教委在山东平度召开了全国农村教育为当地经济建设服务经验交流现场会,要求农村教育一定要面向本地需要培养人才,并决定在全国大力推进农村教育综合改革。1988年又在全国范围内组织实施"燎原计划"。此后,相继在全国建立了116个农村教育综合改革实验县和30个地区联系点,并采取一系列措施,不断推进农村教育综合改革。20年来,我国农村教育综合改革取得了巨大的成绩,并积累了丰富的经验。这些经验主要是:(1)农村教育的办学方向必须由主要为升学服务转到主要为当地经济和社会发展服务上来;(2)必须根据农村经济建设的实际需要,合理调整教育结构,不断改革农村教育的教育思想、教学内容和教学方法;(3)必须实行三教统筹,协调发展农村的基础教育、职业教育和成人教育;(4)必须实行农科教结合,组织农业、科技、教育等部门共同促进农村经济社会发展;(5)必须充分发挥高等院校和科研院所在提高农村教育质量和科技推广中的作用;(6)必须坚持因地制宜、分类指导、点上深化、面上扩展的原则,推动农村教育综合改革的不断深入。这些经验归结到一点,就是农村教育必须始终坚持为农业、农村和农民服务的办学方向,否则农村教育自身不能健康发展,也不能发挥对地方经济和社会发展的推动作用。这些年来各地对这一指导思想的认识有了很大的提高,但仍有一些同志存在着认识上的偏差。一些地方仍存在着片面追求升学率的倾向,因而办学脱离农业、农村和农民实际,把农村教育主要看作是跳农门教育,甚至拿升学率作为衡量农村教育办得好坏的主要标准,这样的办学指导思想是办不好教育的。在这种办学思想指导下,教育结构不合理,忽视农村职业教育与成人教育的发展;忽视各类学校的德育、体育和美育,智育也发生了扭曲,学生课业负担很重,实践能力薄弱,不能主动地得到发展,创新精神得不到发挥。这样的人才培养模式,脱离了农村和农民的实际需要。

在现实中,多年来农村向高校和外地输送了不少学生,而且也出了很多人才,但如果年复一年,当地经济仍很落后,农民群众依然贫困,这就非常值得我们深思。邵阳武冈市的领导同志算了一笔账,他们每年有小学毕业生1万多人,最后能上大学的不过500多人(占同龄人的5%多),而大学毕业后回来的仅200来人(占同龄人的2%左右），其中80%又是教师。显然，发展地方经济只能主要依靠那些占同龄人口95%的中小学毕业生，只有提高这些人的文化知识和实用技术水平，才能使农民群众真正摆脱贫困，走上富裕之路，使地方经济得到实实在在的发展。根据《面向21世纪教育振兴行动计划》和《中共中央国务院关于深化教育改革全面推进素质教育的决定》，未来几年内，我国高等教育将会有较大的发展。到2010年，我国同龄人口中高等教育入学率要从现在的9%提高到15%左右，从我们的国力看，这一发展速度应该说是很快了，但我们必须看到，仍有85%左右的同龄青年是上不了大学的。这些上不了大学的学生，多数生活在农村地区，他们将成为我国经济特别是农业、农村发展的基本力量。只有把留在农村的绝大多数青年都培养成有文化、懂技术、能经营、会管理的劳动者，农民群众才能彻底摆脱贫困、走向富裕，农村经济建设和社会发展才有可靠的保证，社会主义现代化建设事业才能获得成功。

我们为什么选择在经济并不发达，教育硬件也不是很好的邵阳市开这个会呢？原因是这个地方办农村教育的指导思想明确、方向对头，并且走出了一条符合当地实际的为农业、农村和农民服务的路子。邵阳市是湖南省人口最多、面积最大、经济相对落后、财政比较困难的省辖市。邵阳市委、市政府认真贯彻科教兴国战略，提出了兴市富民、科教领先的发展思路，把教育特别是农村教育纳入当地经济和社会发展的整体规划，形成了“抓经济必须抓职教，抓职教就是抓经济”的共识，推出了“十百千万工程”，即集中力量建设好10所县级示范性职业中学，由这10所学校联系办好100所示范性乡镇农校，重点扶植带动100个村、1 000名毕业生成为专业村和科技示范户，辐射带动1万个农户科技致富，使每户年纯收入达到1万元以上。“工程”实施近三年来，10所县级示范性职业学校都很兴旺，已建成的89所示范性乡镇农校各有特色，扶植了55个村成为专业村，还有210个村正在向专业村发展，扶持了7 450名职校毕业生成为专业户、科技示范户，带动2万个农户运用科技从事专业生产。目前，全市有近15万农民掌握了一至两门实用生产技术，一代新型农民正在成长起来。“工程”带动的2万多农户户均收入由1995年的5 000元增加到1998年的11 400元，全市农民收入不断提高。“工程”推动了农村经济发展，也给农村教育注入了新的活力。邵阳经验体现了党的十五届三中全会提出的依靠科技和教育发展农业的方针，是农村教育为农业、农村和农民服务的好典型。它把我们改革和发展农村教育的指导思想变成了活生生的现实，不仅对农村教育，而且对整个农村经济的改革和发展都具有重要的启示。特别是中西部经济相对落后的地区，学习邵阳经验有着更为现实的意义。我们贯彻落实第三次全教会精神，深化农村教育综合改革，全面实施素质教育，首先要进一步明确办学指导思想，特别是各地农村主要党政领导同志和教育行政部门要明确办学指导思想。学习邵阳的经验，首先就要学习他们从为当地经济社会发展服务的高度办教育的思想和办法。

三、认真贯彻全教会精神，深化农村教育综合改革，全面推进素质教育，大力提高农村劳动者素质

《中共中央国务院关于深化教育改革全面推进素质教育的决定》和第三次全国教育工作会议，围绕提高国民素质和民族创新能力，培养高素质的劳动者和专门人才，对下世纪初教育改革和发展的重大问题作出了决策和部署。农村教育综合改革的首要任务，就是要贯彻落实十五届三中全会的决定、《中共中央国务院关于深化教育改革全面推进素质教育的决定》和全教会精神，加快农村各类教育改革和发展的步伐。

实现我国农业和农村跨世纪发展目标，迫切需要培养同现代化要求相适应的数以亿计的劳动者和数以千万计的专门人才。同现代化要求相适应的新型农村劳动者和专门人才，应当具有热爱祖国、热爱农村、建设农村的思想，具有良好的道德品质和高度的社会责任感，应当有文化、懂技术、能经营、会管理，能够承担起农村两个文明建设的重任。因此，农村各级各类教育都要认真贯彻全教会精神，深化农村教育综合改革，全面推进素质教育，把素质教育贯穿于各类教育的各个阶段，贯穿于教育活动的各个环节，为实现我国农业和农村跨世纪发展目标，提供强大的精神动力、智力支持和人才保证。

（一）打好"两基"攻坚战，提高农村人口的文化素质

基本普及九年义务教育和基本扫除青壮年文盲，是全面推进素质教育的基础，是提高农村人口文化素质、实施科教兴农方针的奠基工程。农村是实现"两基"的重点和难点。各地要继续将"两基"工作放在"重中之重"的位置，已经通过"两基"验收的地方，要进一步落实教育部颁发的《认真做好"两基"验收后巩固提高工作的若干意见》，扎扎实实抓好巩固提高工作，严格控制并降低初中辍学率，同时大力提高义务教育阶段残疾儿童少年的入学率。二片地区，要按照规划进度保质保量地做好验收工作，切不可盲目赶超进度，追求县县达标。"十五"期间要继续实施"国家贫困地区义务教育工程"，加大对贫困地区和少数民族地区的扶持力度，继续加强发达地区对少数民族贫困地区的教育对口支援工作。要积极进行农村初中的课程改革，课程内容要适应和促进农村社会、经济的发展，为农村学生走向社会服务。黑龙江省宁安市、重庆市潼南县把"绿色证书"教育引入农村初中课程，培养了一大批有文化、懂科技、能经营、会管理，有一定实践能力的农业生产后备军，有效地落实了教育同生产劳动相结合的方针。这种做法，既可以为学生升入上一级学校服务，又能使返乡的学生具有一定择业与创业的能力，为毕业生成长为新一代农民奠定基础。实践证明，这是在农村贯彻《义务教育法》，保证完成九年义务教育，提高学生整体素质，增强学生服务家乡的意识和参与家乡建设的能力，是农村教育为农村社会发展服务的有效途径。这一做法值得推广，各地要结合本地实际情况稳步推行。要加强对学生进行热爱农村、扎根建设农村的教育。要把多种形式初中阶段的职业教育作为普及九年义务教育的途径之一。要加大农村扫盲工作的力度，把文化知识教育与实用生产技术培训紧密结合起来，与农民脱贫致富紧密结合起来，提高扫盲工作的质量和效益。

（二）大力发展农村职业教育和成人教育，为农村经济社会发展培养高素质的劳动者和初中级人才

各地要在打好"两基"攻坚战的基础上，把发展农村职业教育和成人教育摆在突出位置。

首先，要从调整教育结构入手，大力发展农村职业教育和成人教育。要在确保"两基"的前提下，积极发展包括普通教育和职业教育在内的高中阶段教育，努力实现《中国教育改革和发展纲要》和《面向 21 世纪教育振兴行动计划》中提出的职业教育发展目标。现有职业学校和成人学校要进一步挖掘潜力，扩大招生规模，为初中毕业生提供多种形式的学习机会，拓宽人才成长的道路，减缓升学压力。鼓励社会力量以各种方式举办职业教育，鼓励单位和个人捐资助学。农村职业学校和成人学校要实行更加灵活的招生制度，有条件的学校，要允许免试招收农村应届初中毕业生或具有同等学力的农村青年入学，放宽招生和入学的年龄限制。要创造条件实行弹性的学习制度和学分制，允许学生分阶段完成学业。各地都要结合当地经济社会发展的实际需要，充分考虑当地资源条件和产业优势，办好农村各类职业教育和成人教育。每个县都要建设好一所骨干职业学校，多数乡和村都应办起能常年开展培训活动的农民文化技术学校。要抓好农村小学后、初中后分流，要使未能升入高一级学校学习的学生都受到不同年限的职业教育与培训。

江泽民总书记在全教会的讲话中指出：“思想政治教育，在各级各类学校都要摆在重要地位，任何时候都不能放松和削弱。要说素质，思想政治素质是最重要的素质。”农村职业教育和成人教育要加强思想政治教育和职业道德教育，要注重学生创新精神和实践能力的培养，使学生毕业后不仅能自主择业而且能自主创业。学校要为当地经济社会发展服务，专业设置要与当地的产业结构、经济社会发展方向相适应，努力办好农业类和农村急需的专业。现在有一些地方，职业学校在专业设置上脱离当地实际需要，把主要精力用于向大中城市、发达地区的劳务输出上，这种现象一定要尽快改变。邵阳市邵东县、武冈市职业学校的主要专业就是面向当地实际需要的种植、养殖专业，如养猪、农作物栽培、药材、园艺专业以及市场营销、家庭经营专业等。邵东县去年职业学校招生800人，报名的达4 000人，武冈市招600人，有3 000多人报名。他们的生源之所以能年年爆满，就是因为学生在学校能掌握一技之长，能掌握致富本领，回到农村后能成为专业户、个体户和经济发展带头人，得到了老百姓的认可和欢迎。过去认为，没有文化技术照样当农民，只有考大学、跳农门才算成才；现在普遍感到没有文化技术当不好农民，在农村搞生产能致富一样是人才。邵东、武冈的实践证明，农村职业学校能否办得好，是否有吸引力，关键在于职业教育和成人教育能否使学生在掌握必需的文化知识的同时，具有熟练的职业技能和适应生产实际的能力，能否为当地经济建设和社会发展培养大批过得硬、用得上、留得住的初中级技术人才。

农村职业教育、成人教育要重视教育与生产劳动相结合，实行产教结合，探索有效的办学模式，鼓励学生在实践中掌握职业技能。邵阳市在实践中探索出“学校、公司+农户”这种教育与生产劳动相结合、教育与经济相结合的实现形式，收到了“推广一批成果，培养一批人才，开发一批产业，致富一批农户”的良好效果。他们推行的“边教学、边生产、边致富”的教学模式，打破了传统教学观念和学科体系的局限，以市场为导向，以能力培养为主线，围绕生产的实际需要来改革课程结构和教学内容，大量增加农村急需的专业技术，增加学生参与实践的时间。各地都应当像邵阳市这样，根据当地的实际需要改革办学模式，改革教学内容和方法，开发和编写体现农村发展需要的新知识、新技术、新工艺和新方法的具有职业教育特色的课程及教材。要重视职业学校和成人学校的实验示范基地建设，为职业学校、成人学校办好单独或共用的实验、实习基地，为学生掌握扎实的专业知识和实际技能创造条件。积极发展校外和学生家庭实习基地。努力使学校的生产、实验、实习基地成为当地经营管理、技术推广和辐射的示范。

建设高质量的教师队伍是全面推进素质教育、提高教育质量和办学效益的基本保证。各地要进一步加强教师队伍建设，建立优化教师队伍的有效机制，加强编制管理，精减富余人员，努力提高教师队伍的整体素质。要制定政策，鼓励中小城市和县镇学校教师以各种方式到农村缺编学校任教，加强农村与薄弱学校教师队伍建设。城镇中小学教师原则上要有一年以上在薄弱学校或农村学校任教经历，才可聘为高级教师职务。要采取优惠政策，吸引和鼓励教师到经济不发达地区、边远地区和少数民族地区任教。当前要特别加强农村职业教育、成人教育教师队伍建设，注重培养既有合格学历，又有其他专业技术职务的“双师型”教师，充分发挥实践能力较强的能工巧匠和专业户在学生技能培养中的作用。今年，教育部将重点抓好50个职业教育师资培养、培训基地的建设工作。各有关高等院校都要注重为农村职业教育和成人教育培养、培训合格师资。

在农村全面实施素质教育，必须加强农村各类教育的沟通与协调，实行“三教统筹”，形成普教、职教、成教相互沟通的教育培训网络。要优化教育资源配置，统筹搞好学校布局调整和专业设置调整。加强农村职业教育和成人教育的沟通与协调，发挥一个基地多功能的作用。建立起职业教育、成人教育相互沟通的县、乡、村三级教育培训网络。要采取灵活多样的教育培训形式，抓紧培养一大批农村急需的实用技术推广人才、乡镇企业管理人才和医疗卫生人才。力争在3～5年内，在经济欠发达地区，使农村劳动力普遍掌握一两项脱贫致富的实用生产技术；在经济相对发达地区，使农村劳动力普遍掌握适应农村产业化需要的生产技术，使一部分农民获得“绿色证书”，适应由传统农业向现代化农业转变和由粗放经营向集约化经营转变的需要。对于务工农民要加强岗位培训，提高知识水平、专业技能和安全生产知识。要在农村深入进行党的基本理论、基本路线和方针政策教育，加强对农民的思想道德、民主法制、科学文化、环境保护和计划生育教育，引导农民移风易俗、革除陋习，为创建“文明乡镇”、“文明村”、“文明户”做贡献。

要以远程教育网络为依托，形成覆盖全国城乡的开放教育系统，为农村和边远地区提供多层次、多样化的教育服务，扩大农民接受各种教育的机会。大力提高教育技术手段的现代化水平和教育信息化程度。农村中等职业学校、成人学校要普及计算机操作和信息技术教育，逐步使教育科研网络进入中等职业学校和成人学校。

（三）高等院校和科研院所要主动为农业和农村培养高层次人才，开发推广先进实用技术和研究成果，积极参与农村经济建设

农科教结合，没有高等院校和科研院所的参与就很难提高农业科技的含量。高等院校要走“产学研”结合的办学路子。要把农业教育、农业科研和农业技术推广紧密结合起来，面向农业与农村，开发、推广农业和农村急需的先进实用技术，建立科技创新体系，用高新技术改造传统农业，实现高新技术在农业领域内的商品化和产业化。目前，我国农业科技的成果转化率较低，科研、推广脱节，一方面，农村经济发展需要技术，一方面科研院所的成熟技术下不去。这个问题已经引起了国务院有关部门的重视和全社会的关注。高等农林院校要有主动服务的意识，要像河北农业大学那样，长期坚持不懈地通过人才培养、技术推广、农业综合技术承包和建立服务机构等途径，为农村经济发展服务。要像湖南农业大学那样，通过实施“现代农业新技术示范推广工程”，依托农村职业教育和成人教育体系，把农业科技辐射到广大乡村。理工大学和综合性大学要发挥学科优势，积极拓展为农业和农村服务的渠道，支持乡镇企业的技术改造和产品的更新换代。

高等职业教育是高等教育的重要组成部分。要按照全教会的要求，大力发展高等职业教育。农业和农村发展需要大批接受过高等职业教育的专业人才，也是容纳高职人才最广阔的地方。今后高等职业教育的发展一定要面向农村，培养一大批农村急需的专门人才。要扩大对农村中等职业学校毕业生的招生比例，为农村各类学校毕业生提供继续学习深造的机会。要创造条件，鼓励高职毕业生到农村建功立业。

四、加强领导，采取有力措施，全面开创农村教育综合改革工作新局面

深化农村教育综合改革，关键是加强各级党委、政府的领导和统筹。各级党委和政府都要把认识统一到十五届三中全会《决定》和《中共中央国务院关于深化教育改革全面推进素质教育的决定》上来，把农业发展转移到依靠科技进步和提高劳动者素质的轨道上来。站在农村长远发展和现代化建设全局的高度，充分认识深化农村教育综合改革，全面推进素质教育，改革和发展农村教育的重要性和迫切性。要将农村教育纳入战略发展重点和现代化建设的全局之中，作为农村先导性、全局性、基础性的工作，摆到优先发展的战略重点地位。各级党政领导干部都要抓好教育工作，坚持在制定经济与社会发展规划时保证教育优先的适度超前发展，坚持在安排各级财政预算时实现教育经费的三个增长，提高教育支出在财政支出中的比例，为教育优先发展提供物质保证。要经常关心和帮助解决教育工作中遇到的困难和问题，建立和健全目标责任制，层层明确目标和责任。要建立领导干部联系学校的制度及检查和奖惩制度，扎扎实实地推进农村教育综合改革工作。

深化农村教育综合改革，需要进一步完善农科教结合的运行机制。农村教育同经济、科技、社会实践越来越紧密的结合，正在成为推动农村科技进步和经济、社会发展的重要力量。去年，温家宝副总理在一个批示中提出：“农业科研、教育和科技推广应该统筹规划和部署。现在，农业科技研究课题重复，基础研究、应用开发、技术推广结合不紧密，农业一线科技人员缺乏，这些问题迫切需要解决。”根据温家宝同志批示精神，国务院有关部门正在起草文件，拟定进一步深化农业科技体制改革、加强农科教结合的措施。目前已经充实调整了全国农科教协调领导小组，强化对农科教结合工作的领导。各省、自治区、直辖市人民政府也应健全相应的办事机构，落实人员和活动经费，确定工作目标，加大统筹协调力度，推动各有关部门分工协作，更好地为农业、农村和农民服务。各地要像邵阳市那样，在党委、政府统筹领导下，建立农科教结合的运行机制，实行统一组织领导、统筹师资和技术力量、统筹兴办各类基地、统筹主攻方向，在实际工作中真正把农业、科技、教育等方面的力量统筹起来，形成推动农业和农村经济的强劲动力。

深化农村教育综合改革，要在综合上下功夫。各级教育行政部门对农村教育综合改革要精心组织和实施，一把手要亲自抓综合改革，及时解决工作中遇到的困难和问题。要进一步端正办学指导思想，处理好教育结构、规模、质量和效益的关系。要加强督导检查，建立激励机制。要制定新形势下综合改革的规划目标，落实好工作机构、人员和活动经费。要学习新知识，研究新情况，以抓综合改革促进农村教育的全面发展，实现农村教育的新跨越。根据"点上深化，面上扩展"的原则，继续总结、推动农村教育综合改革的实验工作，继续推动"燎原计划"的实施，抓好一批新形势下不同类型的先进典型；加强督导检查，建立激励机制。明年将表彰一批农村教育综合改革成效显著的先进单位和在农村作出突出贡献的职业学校、成人学校的优秀毕业生，不断推动农村教育综合改革的深入开展。

深化农村教育综合改革，必须继续增加投入，提供必要的保障条件。各级政府要认真落实有关的筹措教育经费的各项法律规定和政策，坚持在安排各级财政预算时实现教育经费的三个增长，提高教育支出在财政支出中的比例，保证尽快实现财政性教育经费占国民生产总值4%的目标，为教育优先发展提供物质保证。中央已经决定，自1998年起至2002年的5年中，提高中央本级财政支出中教育经费所占的比例，每年提高1个百分点。各省、自治区、直辖市人民政府也要根据本地实际，增加本级财政中教育经费的支出。要进一步依法加强城乡教育费附加的征收和管理，农村教育费附加实行乡征、县管、乡用，确保完全用于教育。要在保证实现"两基"目标的同时，加大对农村职业教育和成人教育的经费投入，改善办学条件，尤其要舍得在改善实验实习条件方面加大投入，为培养学生的创新精神和实践能力创造良好的环境。要积极支持农村各类学校开展勤工俭学和校办产业的发展，并对其继续实行税收优惠政策。土地相对宽裕的农村地区，政府和基层群众组织要划拨一些土地作为学校勤工俭学基地，土地紧缺的地区，要采取积极措施加强学生校外劳动和社会实践基地的建设。社会各方面也要为学校开展生产劳动、科技活动和其他社会实践活动提供必要的条件。

（本文系张天保同志1999年6月在全国农村教育综合改革工作经验交流会上的讲话，略有删节）

建设高等教育强国

——开创我国高等教育的新世纪

周远清

1995年，我们提出了把一个什么样的高等教育带入21世纪的命题，并且指出要把一个体制、结构更加合理，水平、质量更高、效益更高的高等教育带入21世纪。这样一个立意凝聚了高等教育的上上下下，在1992年召开的第四次高教会，1993年公布的《中国教育改革和发展纲要》，1994年的全教会的精神指引下，埋头苦干，对我国高等教育进行了一系列的改革，从发展到改革，从体制改革、教学改革到思想观念的改革，形成了一套比较完整的思路，采取了一系列行之有效的措施，加上正在实施的《面向21世纪教育振兴行动计划》和贯彻改革开放后第三次全教会的精神，使得我国高等教育在本世纪的最后几年取得了重要的成绩，出现了难得的改革和发展的局面，成为我国高等教育发展的历史上最好的时期之一。

历史将翻开新的一章，20世纪即将过去，21世纪马上就要到来，人们无不为能送走一个旧世纪，迎接一个新世纪而感到自豪和兴奋。在这样一个历史的时刻，人们无不思绪万千，期待一个更加美好的新世纪的到来。面对世界科学技术的迅猛发展，国际竞争的日趋激烈，高等教育战线的人们更感到21世纪的分量、责任。对于中国的高等教育来说，它还有另一个“世纪”的意义，我国现代高等教育刚走完一个世纪，在一个世纪的发展进程中，历尽艰辛，使我国现代高等教育从无到有，从小到大，到现在已形成了一个比较完整的教育和学科体系，有了一批在国际上有相当影响的大学，在邓小平理论和“科教兴国”战略的指引下，有了一个非常好的发展和改革势头，盼望着自己发展进程的一个新的世纪到来。所以，不管是历史迁移，还是自身发展的进程，都提出了开创我国高等教育新世纪的任务。进入21世纪，建设一个什么样的高等教育；如何来开创我国高等教育的新世纪，应该成为我们高等教育战线的历史使命。

在走向新世纪的年代里，各个国家都把未来自己民族、自己国家的兴旺寄托于发展教育上，特别是高等教育上。国家元首、教育家、科学家、国际教育组织都纷纷发表谈话、宣言，阐明教育在未来经济、社会发展中的地位、作用，制定振兴教育的宏伟计划。

世纪之交，中国正处中兴之路。党中央通观世界大局、审时度势，作出了科教兴国的伟大决策，发展教育事业正摆到我国社会主义现代化建设的优先发展的战略重点地位。高等教育界、高等教育研究界以及社会各界思想异常活跃，都在探讨“21世纪中国的高等教育”。当然，整个21世纪我国高等教育应该是什么样，是很难预料、很难研究，但是21世纪初叶，中国高等教育改革和发展这个大课题已经历史地摆到了我们面前。

我不想也不可能来论述21世纪的中国高等教育，因为题目太大，又太难，但是从当前我国高等教育改革和发展的实践出发，联系到未来高等教育发展的趋势，作为一个多年在高等教育行政管理岗位上工作的一员，说点我最想说的话，谈点最想强调的意见。我自己认为，要开创我国高等教育的新世纪，在未来的年代里，至少必须强化三个意识。

一、强化“国际意识”，建设高等教育强国

在21世纪，我国高等教育要更加面向世界，立于世界之林，成为世界高等教育的强国。对于一个拥有12亿人口，具有古老优秀文明的泱泱大国来说，不是要不要、应不应该的问题，而是必须成为教育的强国，特别是高等教育的强国。

在21世纪，我们要尽快建设若干所世界一流的大学，建设一批在国际上有重要影响的著名学府。这是开创我国高等教育新世纪的光荣而十分艰巨的历史使命，一项具有标志性的任务，只有这样才能带动全国高等教育进入世界教育强国的行列。

在21世纪，我们要培养一批在国际科学技术教育舞台上具有竞争能力，在世界科学技术教育发展前沿工作的科学家、教授、专家、企业家，这样我们才能有一批学科进入世界先进水平的行列。我们也要培养一批能在各类国际组织、国际舞台上充分发挥作用的政治家、活动家。

我们必须清醒的认识到，现实情况与要求相比还有很大差距，甚至有很多很难克服的困难。但是中国在未来的世界，要更加有所作为，别的幻想没有，只有使我国强大起来，使我国的经济发展起来，国防强大起来，教育强大起来。掌握最新的技术，掌握最新式的武器，落后要被冷落，落后要挨打，这不仅被过去的历史所证明，也为新的历史事实在不断证明。中国高等教育在近一个世纪的发展进程中，形成了许多优良的传统，特别是在解放以后，改革开放以后，发展非常迅速，有自己的强项，如本科教育，优秀的文化传统、优良学风就是强项，只要我们坚定不移地执行“科教兴国”的战略方针，高举改革的旗帜，在思想观念、体制、结构、水平、质量、规模、效益上下功夫，强化我们“国际竞争”、“国际合作”的意识，站在世界的高度上，扩大我们的视野，发奋图强，在21世纪，中国高等教育一定会立于世界之林，成为高等教育强国。

二、强化“素质”意识，全面提升教育质量

本世纪后半叶，高等教育在人才的培养上强调能力的培养，包括获取知识的能力，分析问题、解决问题的能力，创造能力，一定的组织能力的培养。从过去的传授知识到传授知识和培养能力，这在教育思想和人才培养模式上是一大跨越。与此同时，在本世纪的最后年代里逐渐引入了“素质”的概念和“素质教育”的观念，我国高等教育界在本世纪末正在探讨加强素质教育或者注重素质教

育的教育思想观念。明确了大学生应具有“素质”的内涵包括：思想道德素质、文化素质、业务素质、身体心理素质。并且认为思想道德素质是根本，文化素质是基础，业务素质是本领，身体心理素质是本钱，以提高大学生的文化素质作为切入点，探索如何加强素质教育。在人才培养的模式上，从传授知识、培养能力到知识、能力、素质即传授知识、培养能力、提高素质。这是教育思想的又一跨越，它将影响人才培养模式的改革，影响整个培养过程，大大提高人才培养质量。21 世纪的高等教育在人才的培养上，要强化“素质”的意识，把提高素质作为人才培养的基点，站在“素质”的高度上来研究提高人才培养的质量。要提高人才培养质量，必须提高人才的素质，只有提高了人才的素质，才能提高人才培养质量，这要成为 21 世纪新的质量观、人才观。过窄的专业教育，或者说单纯的专业教育，或者说对口的专业教育将成为过去。在高等教育中加强素质教育，这是教育思想观念的一大变革，这一点还没有完全被人所接受，还没有为广大教育战线的同志们所掌握，所以要在理论上有新的探讨，在实践上有新的探索。为了提高大学生的素质，必须提高大学教师的素养，同时也要提高大学自身的品位。加强素质教育在本世纪只是开了一个头。

21 世纪，整个世界的经济、社会将是一个更加重视质量的社会，以质量取胜的社会，从世界总的发展进程明显看出，质量在社会进步、经济发展、国际竞争，甚至国际斗争中的作用，提高高等教育人才培养和科学研究的质量和水平是各国高等教育在 21 世纪奋斗的目标，21 世纪是更加重视质量的世纪，21 世纪的高等教育也是更加重视质量的高等教育，所以要强化素质意识，全面提高质量。

三、强化改革意识，走出中国教育之路

世界科学技术在不断发展，经济、社会在不断进步，高等教育要适应和促进科学技术和经济、社会的发展，必须改革。对高等教育来说，改革是永恒的，不改革就会停滞，甚至倒退。恩格斯 1890 年就曾说过，所谓社会主义，不是一种一成不变的东西，而应当和其他社会制度一样把它看成经常变化和改革的社会。改革是社会发展的直接动力，也应当是高等教育发展的直接动力。当然改革的内容，各个时期会有所侧重，有所不同，不改革则是没有出路的。

从我多年的工作实践感到，改革是很难的，有来自各方面的困难和阻力，每前进一步都必须付出很大的努力。

综观世界科学技术和经济、社会的发展，21 世纪将是一个更加注重改革的时代，更加注重改革的世纪。只有改革才能进步，才能创新。世界各国高等教育都提出了 21 世纪的改革任务，尽管各国改革的目标不同，内容不同，但是都面临着改革的任务，都在极力推进改革，缺乏改革意识的国家在 21 世纪是很难有所作为的。

所谓改革是要改掉那些与世界和我国科学技术、经济、社会发展不相适应的东西，使之适应起来。同时，也要保留和发扬我国近一个世纪以来高等教育发展进程中形成的好传统、好思想，同时学习和借鉴世界上成熟的、符合我国实际的好经验、好的思想和好的作法，在这个基础上，进行创新。要强化整个高等教育的创新意识，走出符合中国国情，具有中国特色的路子来。要看到世界上

高等教育传统模式也是多样的，如果世界上都是一个大一统的模式，我看教育也就走入了死胡同。办出特色，形成中国特色，走出中国的路子，这是21世纪我国高等教育改革的重要任务。

对学生来说，我们强调要注意学生的个性发展，没有个性也就没有创造性。对学校来说，我们要求各个学校要办出自己的特色，统一的模式，很难使中国的高等教育繁荣起来；对我国高等教育来说，要通过改革使我国高等教育形成自己的特色，要有自己的路子。

强化“国际意识”是为了使我国高等教育在21世纪能立于世界之林，实现更高的目标；强化“素质意识”就是为了使我国高等教育在21世纪培养更高素质更高质量的人才。为了达到上述目的，必须强化“改革意识”，走出中国高等教育自己的发展之路。

规范收费，严格管理，加强监督，落实配套措施

——关于我国高等学校的收费改革工作

张保庆

一、改革开放以来，全国高等学校的收费改革工作，迈出了实质性步伐，取得了可喜的成绩

我国是一个经济还不发达的国家，正举办着世界上规模最庞大的教育体系。建设有中国特色社会主义的伟大事业，要求必须实施科教兴国战略。实现中华民族在21世纪的伟大复兴，要求包括高等教育在内的我国各级各类教育，必须有一个更好更快的发展。发展我国教育事业的根本途径，一靠全面深化各项改革，二靠千方百计不断增加对教育经费的投入。自改革、开放以来，党中央、国务院始终高度重视解决教育经费的投入问题。经过各级政府、教育战线广大干部职工、社会各界20多年的积极探讨和实践，我国在解决教育经费投入问题方面，可以说实现了三大转变：在对教育经费投入的认识方面，实现了由一般到重点的转变；在解决教育经费投入的思路方面，实现了由一元向多元的转变；在解决教育经费投入的实践方面，实现了重大转变，走出了一条新路子，形成了以政府拨款为主、多渠道筹措教育经费的新机制。尽管这种新机制尚需不断进行调整和完善，但已显示出巨大的活力，带来了教育经费投入的新变化。最近几年来，全国教育经费投入的整体水平逐步增加，教育发展的物质条件得到了不断改善，从而迎来了我国教育改革发展的最好时期。1999年，全国教育经费总额已达到3 350亿元。其中，国家财政性教育经费为2 287亿元，预算内教育经费拨款为1 815亿元。全国财政性教育经费占国内生产总值的比例为2.79%，比上年增加了0.24个百分点。

向学生家长或本人收取适当的学费或杂费，是我国现行以政府拨款为主、多渠道筹措教育经费新机制的一个重要组成部分。义务教育阶段不收学费，但可适当收取一定的杂费；非义务教育阶段可按实际培养成本收取适当比例的学费；区别不同情况，对非义务教育阶段的各类学校，逐步建立起一种由政府、社会、学生家长或个人对教育成本的合理分担机制。这是我国目前在进行学校收费改革时所遵循的三条基本原则。从过去的不收费转变为现在的适当收费，既是教育思想、办学观念的一次重大转变，是教育经费投入方面的一项重大改革，也是在中国的具体国情下，为了保证我国教育事业更好更快发展而必须采取的一个有深远意义的重大举措。实践证明，这种改革，不但有利于缓解教育经费短缺的矛盾，也有利于正确引导社会消费，拉动内

需，促进教育发展，改进学校管理，进一步激发学生学习的自觉性。

近10年来，在党中央、国务院的领导下，随着高等教育各项改革的深化，高校收费改革工作取得了实质性进展。但这项改革十分复杂，涉及到社会的方方面面。因此，对这项改革的态度，应当既积极、坚决，又稳妥、审慎。在具体组织与实施方面，必须始终注意与高等教育深化改革、全面推进素质教育的总体目标相适应；必须有利于高等教育的持续发展，有利于提高高校的办学质量和效益，有利于调动各方面举办高等教育的积极性，有利于正确引导社会消费，有利于高校招生工作的顺利进行，有利于确保高校的稳定。

当前我国高校的收费改革工作，主要包括八个相互联系、相辅相成的内容：

高等学校实行适当收费，是增加学校办学经费的一个重要渠道。对公办高等学校来讲，合理收费无疑是对学校办学经费不足的一种重要补充。但收费不能代替，也不应该代替各级政府对公办高等学校的必要投入；

高等教育属非义务教育阶段。因此，高校原则上每年可以根据年生均培养成本收取一定比例的学费。应当说明的是，确定完整意义的年生均培养成本，目前还存在不少实际困难，对一些问题尚需作进一步研究。因此，暂时还只能按高校年生均日常运行经费来考虑收费比例；

高等学校每年收取学费的标准，既要参照年生均培养成本，还要充分考虑政府财政拨款情况和当地经济发展水平及社会、学生家庭或个人的承受能力；

每年收费标准的确定，要因地因校而宜。在绝对避免发生“双轨”收费现象的前提下，不同的地区，不同的学校，不同的专业，允许采用不同的收费标准；

收费标准可以逐年有所提高。但根据中国的具体国情，每年提高的幅度不能过急过高，且在调整时要严格实行“老生老办法，新生新办法”；

在收取学费的具体操作方面，应按学年或学期收取，不得跨学年预收。除经中央有关部委和省级政府批准的收费项目和标准外，任何单位或个人都不得另行擅自向学生家庭或本人收取其他费用；

进行高校招生收费改革的过程中，各级政府和学校必须高度重视解决家庭经济困难学生的问题，要积极采取各种相应的配套措施，确保家庭经济困难的学生和少数特殊专业的学生，顺利入学并顺利完成学业；

加强对高校收费工作的管理和监督，坚决纠正、查处各种违规收费现象。

总的来看，近些年来，在党中央国务院的领导下，经过中央各有关部门、地方政府和高校的共同努力，高校的收费改革工作已取得了巨大的成绩：收费改革稳步推进并在不断深化；社会各界、学生家长及个人对高校收费改革的认同率不断提高；中央和省级政府先后出台了一系列的政策和措施，使高校收费改革的具体操作逐步进入法制化、规范化的轨道；各项旨在帮助家庭经济困难和特殊专业学生完成学业的种种配套措施陆续出台，并在实践中得到不断完善；治理各种乱收费的工作也取得了阶段性成果。同时，这项改革已为高校的发展提供了可喜的财力支持。据初步统计，1998年，全国普通高校共收学费70多亿元，1999年此项收费收入超过100亿元。

二、深化高校收费改革的任务仍十分繁重，进一步完善制度、规范收费是当务之急

在高校收费改革工作取得巨大成绩的同时，由于种种原因，目前在此方面还存在不少矛盾和问题,主要表现在:一些地方和高校,由于观念、认识方面的原因,造成对收费标准的把握存在较大差异,产生了一些混乱现象;因对收费过程中出现的一些新情况、新问题调查研究不够,导致在宏观政策的指导方面还显得不够及时有力;对一些已经出台的政策宣传不够,检查督促不够,故未能全部落实;少数地方和高校法制观念薄弱,发生了程度不同的种种违规收费问题。

特别需要指出的是1999年党中央、国务院作出进一步扩大高等学校招生规模的重大决策后,经过教育部、国家计委、财政部和各地、各高等学校的共同努力,全国高等学校扩招工作得以平稳、顺利完成。1999年全国各类高等学校共安排招生280万人左右。其中,全国普通高等学校和高等职业技术学校完成招生近160万人,比1998年增加约52万人,增幅为48%。这是建国以来正常情况下增长速度最快的。通过扩招,使全国普通高等学校的招生录取率达到49%,比1998年提高了13个百分点,从而得到了社会各界的一致拥护与好评。在整个扩招过程中,绝大多数地方和高校都能正确理解、全面贯彻党中央、国务院的有关决策,实行适当的并符合当地实际情况的收费标准。但是,在少数地方和高校则出现了高收费、乱收费甚至"双轨"收费现象。出现这些现象的原因是多方面的:由于当时落实扩招的时间急、任务重,思想准备和政策准备都不充分;个别地方和学校法规意识淡薄,不严格执行国家有关收费的规定……但究其主要原因,还是少数地方和学校没能全面理解、执行国家有关高校扩招的各项政策特别是收费政策,在一些不正确思想的影响下,片面认为政府对扩招学生可以不加区别的不再给予必要的财政支持了,高校的培养成本一下子就可以由家长或学生个人全部承担了,从而过高过急地提高了收费标准。更为严重的是,有些地方和学校又出现了招生、收费的"双轨"现象。关于高校招生、收费的"双轨"问题,在李岚清副总理的重视、推动下,原国家教委和教育部经过几年的努力,加上各方面的积极支持、大力配合,到1997年,才在全国完成了高校招生、收费的"并轨"工作。这对我国高等教育的健康发展起到了积极的作用。"双轨"收费,易诱发教育领域的不正之风,无论从哪方面讲都是绝对不能允许的。1999年高校扩招、收费中出现的上述问题,尽管所占比例不大,但在全国引起了较大反映,对我国高等教育的改革与发展产生了负面影响。因此,引起了国务院领导的高度重视。这种现象虽然经过国家计委、教育部、财政部、监察部的共同努力,基本得到了纠正,但其中的教训,必须引以为戒。

在进一步完善制度、规范收费方面,一年来在国务院的领导下,国家计委、财政部、教育部及各地已经做了大量工作。在此方面需要进一步做好的工作很多,但就全国来讲,第一,必须首先规范高校年生均培养成本的计算办法,并由此进一步规范每年学费应占学校生均培养成本的比例。同时,根据各地各高校的不同情况,还要规范包括住宿费在内的其他项目的收费标准。第二,对不同办学机制的高校或高等教育办学机构,在收费标准和管理方面,应当承认差别。但这种差别也必须是有序的、规范的。基本思路是:普通公办高等学校,高等职业技术学校,成人学校和高等函授教育学校等非全日制高等学校,各种民办高等学校,经批准、由普通公办本科高校成立或帮助成立的实施学历教育并可独立办学的高等教育机构,其相互间收费标准要允许有所差别,并据此做出不同的规定;第三在严禁"双轨"收费的前提下,不同地区的高校,重点高校和一般高校，不同的专业和不同层次的学历教育，其学费标准也应当有所差别，并应作出相应的规定；第四，对收费工作的管理与监督，要进一步规范，做到制度化，经常化；第五，各项旨在帮助家庭经济困难学生的配套措施，要进一步完善，具体操作既要规范，又要方便学生。

据了解，上述五个方面的制度规范工作，教育部、国家计委、财政部正在抓紧组织调研，广泛征求各方面的意见，争取尽快出台一个相对统一的法规性文件。

三、严格管理，加强督查，保证深化高校收费改革工作的健康进行

中国的具体国情，决定了在今后的一个时期内，对高等学校的收费改革工作，还必须实行相对集中统一的领导与管理。

全国高校的宏观收费政策、收费项目及收费管理，由教育部提出建议，经国家计委、财政部审核后报国务院批准实施。各地高校具体收费标准的制订或调整，由省、自治区、直辖市教育行政部门提出方案，同级价格主管部门会同财政部门进行审核，三部门联衔报省、自治区、直辖市人民政府批准后执行。中央部委直属高校和地方业务部门所属高校的学费与住宿费标准，实行属地化原则。未经国家计委、财政部、教育部或省级政府批准，高校无权自行设立收费项目，私自提高收费标准。目前国家批准的高校收费项目只有学费和住宿费。

高校负责收费工作的具体操作。高校对收取的费用，应严格按照国家“收支两条线”的有关规定，切实把其管好、用好。任何人、任何单位都不得截留、挪用高校按规定通过收费而得到的资金。

同时，要从三个方面进一步加大对各种乱收费行为的监督检查力度。今后每年国家计委、财政部、教育部、监察部都要组织人力，对各地高校收费情况进行检查；省级物价、财政、教育部门，要全面加强对本地区范围内高等学校收费工作的管理与监督；各高等学校，都要建立起一种自查自律的机制。凡巧立名目擅自增设收费项目、扩大收费范围、提高收费标准的，都要及时严肃查处；对乱收费屡禁不止、屡查屡犯，情节严重的，要追究责任人及上级主管部门的责任。

充分发挥舆论的监督作用。今后，每年有关高校收费的规定、确定学费标准的文件，要定期向社会公布，接受群众监督。同时，还要通过新闻媒体全面宣传国家关于高校的收费政策，及时介绍模范执行国家收费政策的先进典型，以弘扬正气；对顶风违纪、情节恶劣的事件，则要公开曝光，公开揭露，决不姑息。

四、完善、落实各种配套措施，确保每个家庭经济困难学生都能顺利完成学业

采取各种措施，对家庭经济困难学生进行必要的资助，不仅是为了帮助他们解决学习期间的经济负担问题，而且也是为了保证包括高校收费改革在内的各项高等教育改革顺利进行而必须采取的一个重要措施，事关广大低收入家庭优秀子女的入学问题，事关高等教育的机会平等问题，事关我国高级人才培养的来源渠道问题。一句话，事关我国社会主义制度的优越性。影响所及，已决不是一个单纯的收费问题。正因为如此，在实行高校收费改革的过程中，党中央、国务院一贯十分重视、关心帮助高校中家庭经济困难学生。中央自 1994 年起，先后动用总理预备金和紧急财政拨款 8 亿多元，专项用于对中央部委属高校中经济困难学生的资助。在 1998 年夏季洪涝灾害发生后，中央财政又特拨专款 2 亿元，用于补助家在灾区的经济特别困难学生的旅费、生活费等各项支出，以保证他们按时入学、安心学习。自1987年以来,教育部(国家教委)和财政部已相继研究制定了一系列旨在资助高校经济困难学生的政策和措施,主要包括“奖、贷、助、补、减”五项内容:奖,是指在学校设立各种形式的奖学金,用以支持家庭经济困难或学习农林、师范、体育、航海、民族等特殊专业的优秀学生;助,是指学校在教学、科研、管理、后勤及校园环境维护等方面,针对家庭经济困难学生所设立的一些助学岗位,以便使他们通过从事不同形式的勤工俭学活动,获得一定的报酬,贴补在学期间的一些开支;补,是指困难补助。每年中央和地方政府,都拨出一定的专款,对家庭经济有困难的学生进行补助。学校也采取各种形式对他们予以资助;减,是指减收或免收学费。国家已经规定,对学习农林、师范、体育、航海、民族等特殊专业的学生,减免学费。同时,还要求学校对家庭经济困难的学生,区别情况减收或免收学费。国家还规定,高校每年应从所收学费中提取一定比例的资金,用于再分配,重点支持落实上述四项措施。贷,主要是指由金融机构针对高校学生开展的助学贷款。

1998年在李岚清副总理的提议和关心下,中国人民银行、财政部、教育部等部门经过共同努力,探索并相继建立了国家助学贷款、教育储蓄和教育保险制度。家庭经济确实困难的学生,除可通过上述“奖、助、补、减”政策获得一定的资助资金外,还可通过工商银行等金融机构申请助学贷款,其贷款利息的一半,属中央部委属高校的学生,由中央财政予以补贴;属地方高校的学生,由地方财政予以补贴。国务院办公厅和教育部、财政部、中国人民银行等部门为此分别下发了一系列相关文件。助学贷款1999年在8个城市开展了试点。2000年2月1日,在总结试点工作经验的基础上,国务院办公厅又转发了中国人民银行、教育部、财政部“关于助学贷款管理的若干意见”(以下简称《若干意见》)。《若干意见》进一步完善了助学贷款管理办法,扩大了助学贷款的范围,简化了助学贷款的手续。此外,国家还鼓励其他金融机构开办一般商业性助学贷款业务。学校原来向学生开展的助学贷款活动要继续进行。同时,为保证新生顺利入学,国家鼓励、支持高校对被录取入学、家庭经济困难的新生应一律先办理入学手续,然后再根据学生家庭经济的实际情况,分别采取上述“奖、贷、助、补、减”等不同的资助措施,确保每一位新生都不因家庭经济困难而无法入学。

应该说,这些年来,中央和地方政府为资助家庭经济困难学生,而出台的相应措施,已形成了一个较为完整的体系。只要真正落实了,家庭经济困难的学生都肯定能顺利入学并完成学业。当前的主要问题,是宣传不够,落实不够。因此,今后的一个重要任务,是要加强这方面的宣传工作。中央和省级教育部门应当通过报纸、电台、电视台等新闻媒体,以各种形式大力宣传高校收费政策和政府、高校对学生采取的各项配套资助措施。同时建立并完善资助家庭经济困难学生的告知制度。教育部已要求各高校在招生之前,必须通过印发招生简章等办法,向社会公布本校学费和住宿费标准、奖学金设立情况、当地和本校对家庭经济困难学生的具体资助办法。有关材料应编印成册,发到高中毕业班,每班一册。高中学校要把国家资助家庭经济困难学生的政策与措施,作为毕业班学生的应知内容。此外,希望各地要高度重视并加强对高校资助家庭经济困难学生工作的领导、管理和监督,不折不扣地落实好国家规定的各种配套措施,使每一个家庭经济困难的学生都能切实感受到党和政府的关怀与温暖。

第三次全国教育工作会议

1999年6月15日～18日，全国教育工作会议在北京召开。这是继1985年、1994年两次全国教育工作会议后，改革开放以来党中央、国务院召开的第三次全国教育工作会议。会议的主题是，动员全党同志和全国人民，以提高民族素质和创新能力为重点，深化教育体制和结构改革，全面推进素质教育，振兴教育事业，实施科教兴国战略，为实现党的十五大确定的社会主义现代化建设宏伟目标而奋斗。

会议于6月15日开幕。中共中央总书记、国家主席江泽民在会上发表重要讲话。强调指出，国运兴衰，系于教育；教育振兴，全民有责。我们必须全面贯彻党的教育方针，坚持教育为社会主义为人民服务，坚持教育与社会实践相结合，以提高国民素质为根本宗旨，以培养学生的创新精神和实践能力为重点，努力造就"有理想、有道德、有文化、有纪律"的，德育、智育、体育、美育等全面发展的社会主义事业建设者和接班人。

中共中央政治局常委、全国人大常委会委员长李鹏，中共中央政治局常委、国务院总理朱镕基，中共中央政治局常委、全国政协主席李瑞环，中共中央政治局常委、国家副主席胡锦涛，中共中央政治局常委、书记处书记尉建行，中共中央政治局常委、国务院副总理李岚清出席了大会开幕式。会议由朱镕基主持。出席开幕式的还有丁关根、吴邦国、迟浩田、罗干、温家宝、曾庆红、吴仪、彭珮云、许嘉璐、司马义·艾买提、王忠禹、钱伟长、宋健等领导同志。会上，李岚清副总理做了题为《深化教育改革，全面推进素质教育，为实现中华民族的伟大复兴而奋斗》的报告。会议印发了《中共中央国务院关于深化教育改革全面推进素质教育的决定》(以下简称《决定》)，对跨世纪的我国教育改革和发展作出了一系列重大决定，为构建21世纪充满生机活力的具有中国特色的社会主义教育体系指明了方向。

参加这次会议的有各省、自治区、直辖市和新疆生产建设兵团以及计划单列市党委或政府的主要负责人、教育行政部门的负责人、中央和国家机关、解放军、武警部队有关部门的负责人以及部分学校的负责人。各民主党派工商联的负责人和教育界的老同志列席了会议。

会议期间，代表们通过大会交流、小组讨论等形式，认真学习了江泽民同志重要讲话和《决定》的主要精神。教育部部长陈至立做了题为《统一思想，提高认识，深化改革，全面推进素质教育》的书面发言，新疆、山东、北京、广西、广东、海南、深圳、天津、湖南、黑龙江、江苏、辽宁、河北、上海、浙江、四川、河南17个省、自治区、直辖市的党委、政府的主要负责同志做了大会交流发言。同时，各省、自治区、直辖市、计划单列市、新疆生产建设兵团、葛洲坝集团公司和教育部基础教育课程教材发展中心、高校大学生文化素质教育指导委员会提交了40份经验交流材料。

6月18日，历时四天的会议在京闭幕。中共中央政治局常委、国务院总理朱镕基在闭幕会上发表了重要讲话。朱镕基总理在全面分析了我国当前的经济形势后，着重阐述了加快教育改革和发展的问题。罗干、吴仪、彭珮云、王忠禹、钱伟长、宋健、胡启立等领导同志出席了闭幕会议。

这次全教会的筹备工作和《决定》的形成，是在党中央、国务院的直接领导下进行的，集中了全党全社会的智慧。中央专门成立了文件起草小组，教育部积极参与了起草工作。教育部为开好全教会，开展了大量的前期调研，听取了各方面的意见，统一了对深化教育改革、全面推进素质教育的思想认识。教育部党组多次召开会议对全教会的主题与任务进行深入研究，为筹备工作奠定了较好的思想基础。在文件的形成过程中，根据国务院领导同志的要求，教育部通过多种方式和途径广泛征求了有关方面的意见。李岚清副总理曾经多次专门听取教育部关于全教会准备和《决定》起草工作的汇报，明确指出这次全教会就是要重点解决好深化教育改革、全面实施素质教育问题，并亲自召开了两个高层次座谈会，分别听取了15个中央部委负责人和全国人大、全国政协、民主党派的专家、学者对筹备工作和《决定》草稿的意见。在广泛吸收各方面意见，对《决定》草稿进行反复修改的基础上，朱镕基总理主持召开国务院常务会议专门讨论了第三次全教会的工作，对《决定》草稿进行了审议并提出了很多重要的修改意见。中央政治局常委会、中央政治局全体会议两次审议、修改了《决定》，江泽民总书记等各位中央领导对《决定》都作了重要的指示，并在全教会召开前夕正式颁发。

全教会和《决定》主题鲜明，重点突出，以全面推进素质教育为纲，对教育改革和发展作出了一系列的战略部署，对全面实施素质教育赋予了新的内涵和鲜明的时代特征，将素质教育扩展到了人才培养的全过程和教育的各个方面。对我国面向21世纪教育的改革和发展，必将产生非常深远的影响。

撰稿　周　为

审稿　姜沛民

教育部1999年年度教育工作会议

教育部1999年度教育工作会议于1999年1月11日～12日在北京召开。会议的主要任务是：回顾总结1998年的教育工作，部署安排1999年的教育工作。

出席会议的有：各省、自治区、直辖市教委（教育厅）、计划单列市和新疆生产建设兵团教委（教育局）以及国务院有关部委教育司局负责同志；教育部领导、部机关有关司局的负责同志。

教育部部长、党组书记陈至立在会上作了讲话。讲话分三部分：(一)对1998年工作的回顾；(二)当前教育工作所面临的形势与任务；(三)关于1999年的工作安排。陈至立在讲话中就如何做好1999年工作强调了以下几个方面：(一)认真学习邓小平教育理论，统一思想，提高认识，开拓进取；(二)坚持从社会主义初级阶段这个基本国情出发，知难而进，推动各级各类教育的发展；(三)正确处理和把握教育工作的若干关系；(四)求真务实，扎实工作，狠抓落实；(五)做好改革开放以来第三次全国教育工作会议的准备工作。

会议期间，与会代表听了李岚清副总理为首都教育界代表作的关于教育形势的重要报告；教育部对“两基”先进县（市、区）进行了表彰奖励；教育部领导还分别就筹备全国教育工作会议的有关问题召开了座谈会。

撰稿　张文忠

审稿　牟阳春　孙胜伟

教育部1999年工作要点

总的指导思想和工作要求

1999年时值世纪之交，是我国历史发展过程中具有特殊意义的一年，也是我们实施科教兴国战略，贯彻落实《中国教育改革和发展纲要》，启动《面向21世纪教育振兴行动计划》，把有中国特色的社会主义教育事业全面推向21世纪的关键一年。我们必须从跨世纪的战略高度，充分认识做好今年工作的重要意义，进一步认清形势，统一思想，坚定信心，开拓进取，以崭新的姿态迎接建国50周年，迎接新世纪的到来。

今年工作总的指导思想是：高举邓小平理论伟大旗帜，全面贯彻落实党的十五大精神以及党的十五届三中全会和中央经济工作会议所作出的重大战略部署，积极主动地服务于社会主义现代化建设的全局，为提高民族素质和创新能力，促进经济发展和社会全面进步作出新的贡献。发展教育事业要注意处理好三个关系：在数量和质量的关系上，要更加重视质量。特别是要提高中小学的教育质量。在德育和智育的关系上，要更加重视德育。坚持用马克思列宁主义、毛泽东思想和邓小平理论教育学生，使他们树立坚定的社会主义理想和信念，具有为国家和社会作贡献的精神。在发展和改革的关系上，要更加重视改革。进一步改革教育体制，改革教育思想、内容和方法，提高教育质量和效益，着力发挥现有人员和设备的潜力。

今年总的工作要求是：坚持以邓小平理论为指导，启动《面向21世纪教育振兴行动计划》，筹备召开第三次全国教育工作会议，进一步办好各级各类教育，培养适应经济发展和国际竞争需要的各类人才。坚持教育的社会主义方向，大力加强学校党建和思想政治工作，确保学校的稳定。坚持“两基”为“重中之重”，全面实施素质教育。大力发展职业教育。努力提高教育教学质量、教师队伍的素质和德育工作的水平。力争在参与国家创新体系建设、加速培育高新技术产业、加大为农业和农村工作服务力度以及推动现代远程教育等方面实现新的突破。要继续推动面向21世纪的教育教学改革，着眼于创新精神和创业意识的培养；进一步加大高等教育管理体制改革的力度，推进职业教育与成人教育的布局调整；努力探索民办教育发展的新机制；开展新一轮的学校内部管理体制改革；积极进行高考改革试点；不断完善教育经费筹措体制。加强语言文字工作。促进各级各类教育的协调、健康发展，逐步满足社会主义现代化建设和人民群众日益增长的教育需求。

做好1999年教育工作，要坚持解放思

想、实事求是的思想路线，坚持面向现代化、面向世界、面向未来的战略指导方针，坚持依法治教的基本方略。树开拓求实之风，走改革创新之路，科学分析和正确把握教育工作所面临的形势与任务，抓住机遇，迎接挑战，正确处理前进中遇到的各种矛盾与问题。根据区域经济、社会发展的不同特点和情况，因地制宜，分类指导。紧紧依靠各级党委、政府和广大教育工作者，充分调动社会各方面的积极性，扎扎实实地把各项工作推向前进。

今年教育工作的重点

一、进一步兴起学习邓小平理论的新高潮，加强和改善学校的党建工作和思想政治工作，确保高校稳定的政治局面，迎接建国50周年。

进一步兴起学习邓小平理论的新高潮，坚持理论联系实际，深入扎实持久地开展用邓小平理论武装广大师生的工作。召开全国青年学习邓小平理论座谈会，继续推动邓小平理论"进教材、进课堂、进头脑"工作，加强"两课"的师资培训，高质量地全面实施"两课"设置方案。把高等学校社会科学理论研究与学校思想政治工作紧密结合起来，不断提高师生的理论素养与辨别是非的能力。注重学生远大理想、奉献精神和社会责任感的培养。深入进行爱国主义、集体主义、社会主义和党的基本理论、基本路线教育，加强形势和政策教育，使学生知形势、懂政策、识大局。召开第八次高校党建工作会议，抓好跨世纪高等学校领导班子的建设，提高学校领导干部的政治敏锐性和政治鉴别力，加强和改进党对学校工作的领导，加强高等学校德育工作。坚持团结鼓劲和正面宣传为主，牢牢把握正确的舆论导向，结合社会主义建设的伟大成就和改革开放的丰富实践，激发爱国热情，振奋民族精神，做好迎接建国50周年、澳门回归和纪念"五四"运动80周年的工作，继续保持高校稳定的政治局面。

二、重视加强和改进中小学德育工作，广泛开展多种形式的爱国主义、集体主义和社会主义教育，注重养成青少年的文明行为习惯、良好道德品质和遵纪守法意识。

继续贯彻落实全国中小学德育工作会议精神，加强以集体主义为核心的价值观教育，开展中华民族优秀传统道德教育和革命传统教育，进行多种形式的爱国主义和社会主义教育。遵循青少年学生思想品德形成的规律和社会发展的要求，进一步改进德育工作的内容与方法。重视中小学心理健康教育，注重青少年文明行为习惯、良好道德品质和遵纪守法意识的养成。学校教育与家庭教育、社会教育紧密配合，共同形成良好的育人环境。

三、启动《面向21世纪教育振兴行动计划》，积极筹备全国教育工作会议，部署我国跨世纪的教育改革与发展。

1999年是启动《面向21世纪教育振兴行动计划》的第一年，要突出重点，重在落实。要精心设计和着手实施若干重要工程，尽快取得阶段性成果。根据国家发展计划委员会的要求，着手开展教育事业"十五"计划和21世纪远景规划的研究、编制工作，并组织有关单位，共同开展专项研究。

积极筹备改革开放以来的第三次全国教育工作会议，认真开展调查研究，做好准备工作。

四、扎实做好"两基"及验收后的巩固提高工作，加大对贫困地区"两基"工作的支持力度，全面推进素质教育，全面提高中小学的教育质量。

1999年是实现"两基"关键的一年。要

继续坚持“两基”工作“重中之重”地位不动摇，努力实现1999年全国“普九”地区人口覆盖率达到80%以上、全国扫除青壮年文盲300万左右的工作目标。重点支持并加强对贫困地区“两基”工作的指导，落实专项资金，加大国家和地方实施“贫困地区义务教育工程”的力度。扎实做好“两基”验收后的巩固提高工作，全面开展教育督导与评估，督促各地建立年检制度，监督检查《义务教育法》的执法情况。加大对少数民族地区教育的扶持力度。重点提高少数民族教师质量。

要以培养数以亿计高素质的劳动者为宗旨，加大基础教育改革力度。启动实施“跨世纪素质教育工程”，抓住改革课程体系、内容和考试评价制度等关键环节，拟定面向21世纪基础教育现代化课程体系的工作方案。组织国家级基础教育教学成果奖励工作。推进基础教育评价制度、中考和高中毕业会考制度的改革。加快农村初中课程、高中综合课程改革，积极扩大综合高中办学模式的试点。加强中小学的体育、卫生与健康教育、艺术教育工作。

五、加强和改革师范教育，开展以现代教育技术为重点的教师培训工作，努力提高教师队伍的整体素质。

启动实施“跨世纪园丁工程”，努力提高教师队伍的整体素质特别是师德水平。加强和改革师范教育，大力推动师范院校布局结构调整，逐步提高中小学初任教师的学历层次。开展对中小学校长和专任教师的全员培训和继续教育，启动由教育部和各地区分别组织的对中小学骨干教师的重点培训，推进以计算机为重点的现代教育技术的学习和培训，提高教师应用信息技术的能力。进一步推动以教职工聘用制为重点的中小学内部人事制度改革，严格执行教师资格制度，加强教师考核工作，分流富余人员，整顿、调整和优化教师队伍。

六、完善职业教育培训和继续教育制度，巩固中等教育结构调整成果，注重深化改革和提高质量，大力发展农村职业教育，把为农业和农村发展服务摆到突出位置。

贯彻落实教育部颁发的《关于贯彻十五届三中全会精神，促进教育为农业和农村工作服务的意见》，推动农村教育综合改革和农科教结合、三教统筹，召开全国教育为农业和农村工作服务经验交流会，推广湖南邵阳的经验。

积极发展多种形式的中等职业教育和成人教育，注重提高质量和效益。农村中等职业教育相对薄弱的地区，要加快发展步伐。深化中专学校招生和毕业生就业制度改革，统筹中等职业教育和成人教育资源，着力做好学校、专业的布局调整和管理体制改革，进一步提高办学效益。

职业教育和成人教育要努力提高质量和增强学生的实践能力及适应性，加强双师型专业教师的培养。从1999年起，设立中等职业教育课程改革和教材建设基金，着手建设面向21世纪的新课程体系；今明两年主要依托普通高等学校和高等职业学校，在全国重点建设50个中等职业教育专业教师和实习指导教师培养培训基地。

成人教育以岗位培训和继续教育为重点，继续加强再就业培训工作。在经济较发达的地区，推进建立学习化社区的试点。

七、认真实施《高等教育法》，以多种形式积极稳步发展高等教育，大力发展高等职业教育，努力培养高素质的创造性人才。

认真组织好《高等教育法》的学习和宣传，颁布《关于实施〈中华人民共和国高等教育法〉若干问题的意见》，抓好《高等教育法》的贯彻落实。清理与《高等教育法》相抵触的文件规定，加强对高等学校依法自主办学工作的检查，坚持依法行政。

以多种形式积极稳步发展高等教育。根据不同地区经济、社会发展的实际，做好1999年度高等学校的招生工作。大力发展高等职业教育，面向区域经济、社会发展和就业市场的需要，培养生产、服务、管理第一线需要的实用人才和创业型人才。坚持多种渠道、多种机制、多种形式发展高等职业教育的方针，充分调动地方政府举办高等职业教育的积极性。从1999年起，在若干省、市进行高等职业教育改革试点，新增招生10万人。逐步理顺高专、高职和成人高教之间的关系，办出各自特色。继续完善高等教育自学考试制度。

贯彻全国普通高等学校教学工作会议精神，加大教学改革的力度，进一步更新教育思想，拓宽专业口径，注重创新精神和创业意识的培养，加强对学生科研能力和实践能力的训练，提高大学生的文化素质。做好适应新的专业目录的专业调整和全面修订教学计划的工作，努力形成多样化的人才培养模式。继续实施“高等教育面向21世纪教学内容和课程体系改革计划”，并取得阶段性成果。加强基础学科人才培养基地、基础课程教学基地和大学生文化素质培养基地的建设。进一步建立和完善高等教育宏观质量监控体系和评价制度。召开高等学校文科教育工作会议，加强高等学校的人文社会科学研究和文科教学工作。

适度扩大研究生招生数量。科学规划各学科门类研究生学位授权点的宏观布局和地区布局；加强对专业学位试点的宏观管理与质量监督；研究、论证开设新的专业学位试点。

八、加快高等教育管理体制改革步伐，启动高考改革试点，推进校内管理体制改革，努力提高办学效益。

贯彻落实《关于加快高等教育管理体制改革和布局结构调整工作的意见》，加大省级政府的统筹力度，初步形成在国家宏观政策指导下，以省级政府为主统筹本地区高等教育新体制的基本框架。加强高等学校与科研院、所的共建与合作。

积极探索符合中国国情的民办高等教育的发展机制，支持民办高等教育的发展，有选择地进行高等学校改制试点。

改革高等学校招生考试与毕业生就业制度。开展“3+X”改革方案的区域性试点，并对保送生实行综合能力测试，推动高考科目、内容、形式和录取方式的改革。区别不同高校情况，加大毕业生就业制度的改革力度。完善高等学校收费制度，做好经济困难学生的资助工作。

开展新一轮的高等学校内部管理体制改革，转换运行机制，形成鼓励优秀人才脱颖而出的良好环境。加快高等学校后勤社会化进程，进行组建区域化经营管理的高校后勤生活服务集团公司（中心）的试点，进一步提高学校的办学效益。

九、启动实施“高层次创造性人才工程”，积极参与国家创新体系建设。

为适应国家创新体系的建立，要加快建设一支具有知识创新能力的教师队伍。按照“选择一个，聘任一个”的原则，从国内外吸引一批能够领导本学科进入国际先进水平的优秀学术带头人，由国家予以重点支持。继续实施“长江学者奖励计划”，落实在全国高校重点学科中设置的特聘教授岗位和人选。实行国家实验室和开放实验室访问学者制度。设立高校优秀青年教师科研和教学奖励基金。增设博士专项奖学金，评选百篇有创新水平的优秀博士论文。对于获奖的青年教师和留校工作的获奖博士生，要连续5年支持其科研教学工作。精选一批优秀教学科研群体和个人，对其科研经费进行重点支持。

国际学术交流和留学生工作要为提高我国高校的学术水平，培养高层次创造性人才创造条件。启动相关项目，加大对留学优秀人才回国服务的资助力度。

加快“211工程”的实施，做好中期检查和验收工作，加强在建项目管理，推动标志性成果的产生，并有重点地启动二期项目。

十、加快高校科技成果的转化，为促进我国经济增长方式的转变和产业结构调整做贡献。

启动实施“高校高新技术产业化工程”，召开高校科技工作会议，总结交流经验，研究、制订有关政策，加大对高校高新技术产业化的支持力度，促进高校、科研院所和企业的合作。从1999年起，会同国务院有关部门在全国高校支持一些有市场前景的新成果试制项目，实施产业化前期的工业性试验。进一步组织全国高校特别是重点高校的力量，对国民经济建设急需的重大科研项目进行协同攻关。继续支持在高校集中的地区建立高新技术产业化基地。争取2～3个有条件的校办科技企业上市，尽快组建一批专门为高校科技成果转化服务的中介机构。

十一、加快教育现代化和信息化建设步伐，尽快建立覆盖全国的现代远程教育网络，构建终身学习体系。

加快现代远程教育基础设施建设。提高中国教育与科研网（CERNET）的国家主干网和地区网的传输速率。加强教育信息资源搜集和信息库建设。鼓励和支持更多的高等学校和有条件的中学与CERNET联网。继续发挥卫星电视教育在现代远程教育中的作用，办好中国教育电视台和中央电大，尽快建立现代远程教育传输中心、全国现代远程教育资源库和若干个软件开发基地。鼓励有条件的高等学校开设远程继续教育课程。争取国家对发展现代远程教育的各项政策支持，降低网络运行费用。

十二、依法增加对教育的投入，努力提高经费的使用效益，完成高校筒子楼的改造。

千方百计增加教育投入，认真落实已出台的筹措教育经费的各项法律规定和政策。各级教育行政部门要积极参与教育预算的编制和调整工作，加强对教育经费的监测，切实做到教育经费的“三个增长”和教师工资的按时足额发放。

中央本级财政连续三年新增一个百分点用于教育。各省、自治区、直辖市教育行政部门，要积极配合当地有关部门，比照中央的做法，争取省级财政支出中教育经费所占的比例也相应有所提高。继续加强对城乡教育费附加的征管工作，确保足额征收，并及时划转教育行政部门统筹安排使用。努力保证“国家贫困地区义务教育工程”所需配套资金的及时到位。继续做好高等教育管理体制改革中涉及经费基数测算及经费支持等有关工作。

加强高校校园规划调整工作。完成高校筒子楼改造，加快危旧房改造的进程。同时，鼓励在校园规划用地内，积极利用银行贷款，建设“经济适用型”住房，进一步改善教师住房条件。

认真研究教育拨款体制的改革，加大对教育经费的宏观管理和审计、监督力度，克服浪费现象，提高教育经费的使用效益。

十三、深入贯彻全国语言文字工作会议

精神，大力推广普通话，不断提高语言文字规范化水平。

配合全国人大做好《中华人民共和国语言文字法》草案的修改工作，并认真组织学习和宣传。大力推进城市和学校语言文字工作。抓好公务员系统的推广普通话工作。修订并颁布《普通话水平测试大纲》，加强对普通话水平测试工作的管理。建立语言文字应用宏观管理监督和评测网。制定中文信息处理用语言文字规范和标准。组织实施中国语言文字使用情况调查。拟定少数民族语言文字规范标准和信息处理的宏观管理规划。

十四、加强教育部机关建设，切实转变职能，改进工作作风，增强服务意识，努力提高宏观管理水平。

1999 年是国务院机构改革后的第一年，教育部要按照机构改革的要求，系统研究转变政府职能问题，进一步简政放权，服务基层。加强决策研究，不断提高宏观管理水平。加大教育执法力度，召开全国教育法制工作会议，促进教育走上依法治教的轨道。

加强教育部机关建设，按中央部署，搞好以“讲学习、讲政治、讲正气”为主要内容的党性党风教育试点工作，努力提高机关工作人员的思想政治素质和工作水平，改进工作作风。加强党风廉政建设，继续纠正中小学乱收费和招生考试中的不正之风。大兴调查研究，转变工作作风和工作方法，进一步减少会议和文件。严格审批表彰奖励和检查活动。加强机关后勤建设和信息化建设，提高办事效率。

贯彻落实全国教育工作会议精神和《中共中央国务院关于深化教育改革全面推进素质教育的决定》情况

第三次全国教育工作会议的召开，在全国引起了强烈反响。全教会闭幕之后，教育部和各省、自治区、直辖市迅速行动，通过多种方式，广泛深入地学习、宣传会议精神和中央领导同志的讲话、报告及《中共中央国务院关于深化教育改革全面推进素质教育的决定》。各省（自治区、直辖市）党委和政府普遍召开了党委常委会或省长（主席、市长）办公会，研究本地贯彻落实全教会精神，深化教育改革，全面推进素质教育的意见和措施。各地纷纷发出关于学习贯彻全国教育工作会议精神和中央的有关决定的通知，一些省（自治区、直辖市）召开了学习传达全国教育工作会议精神大会、座谈会或电视电话会议，进行动员部署。各地教育部门、各级各类学校也召开了各种形式的会议，传达、学习、领会会议精神，研究推进教育改革和发展及实施素质教育的政策、措施。截止1999年底，已有上海、福建、江苏、山东、安徽、吉林、四川、黑龙江、辽宁、湖北、河南、广西、宁夏、贵州、内蒙古、甘肃、西藏等省（自治区、直辖市）召开了省级教育工作会议，对贯彻落实全教会精神进行了部署，出台了一系列推进教育改革和发展的政策措施。还有的省市把贯彻全教会精神和贯彻全国技术创新大会精神结合起来，召开了科教工作会议或科教兴省大会。

全教会后，教育部印发了《关于学习贯彻全国教育工作会议精神和〈中共中央国务院关于深化教育改革全面推进素质教育的决定〉的通知》，要求各级教育行政部门、各级各类学校和广大教育工作者，深入学习认真贯彻全教会精神，把全面推进素质教育作为当前和今后教育工作的一项重要任务，进一步解放思想、抓住机遇，以改革的精神创造性地开展工作，认真落实全教会提出的各项改革任务。教育部将全教会所提出的各项任务分解成若干专题，每月召开1至2次部党组会和部长办公会，陆续召开了10余次，分别就“两基”工作和减轻中小学生过重负担以及基础教育课程改革、高考改革、扩大高中阶段教育和高等教育招生规模、高校科技创新和高新技术产业化、以及推进高校后勤社会化改革、远程教育等问题逐个研究部署，努力用全教会的精神统一思想，指导工作。

全教会精神逐步深入人心，正在转变为全党全社会的共识和自觉行动，素质教育在全国范围内逐步展开，全国各地的教育工作出现了良好的发展势头。

1. 德育工作得到加强，素质教育逐步推进。在全教会和中央《决定》精神的推动下，学校德育工作进一步得到各方面的重视，针对新形势、新情况，研究制定改进和加强德育工作的具体措施，把德育工作有机地融入到各个层次和各个阶段的教育中去，落实大中小学各教育阶段德育目标递进层次的工作思路，明确了德育工作在素质教育中的首要位置，更加重视德育的舆论氛围逐步形成。教育思想、教学内容和教学方法等方面的改革取得了新的进展。以培养创新精神和实践能力为重点，启动了基础教育课程教材体系的改革，并广泛采用现代教育技术和信息化手段，加强了教学方法的改进。采取了更加坚决的措施减轻中小学生的负担。学校美育和体育工作得到不同程度的加强。中等职业教育强调实践能力和创业能力的培养，加快了课程改革和教材建设的步伐。高等教育强调将素质教育渗透到专业教育中去，着力提高大学生的文化素质和科学素质，加强创新精神、创业能力和社会实践能力的培养。高考改革有了新的进展，更加注重综合素质的考察，对素质教育的实施起到了较好的导向作用。一个以全面推进素质教育为中心的教育教学改革正在全国兴起。

2. 切实落实教育优先发展的战略地位，加大教育投入力度。中央决定，从1998年起中央本级财政中教育经费的支出连续5年每年增加1个百分点。这项重大举措，在全国各地产生很大反响。在中央决策的影响和带动下，先后有19个省市提出了加大教育投入的措施。其中上海市、浙江省决定未来3～5年内教育经费占省、市财政支出的比例每年提高2个百分点；北京、广东、山东、湖南、辽宁、河南、黑龙江等地决定今后3～5年内省级财政支出中教育经费所占比例每年提高1～2个百分点；江苏、湖北、吉林、四川、重庆、安徽、甘肃、内蒙古等提出今后3～5年每年提高1个百分点。一些省、自治区、直辖市还要求地（市、州）、县相应提高本级财政支出中教育经费所占比重，并进一步明确了确保教育经费落实到位的有关政策措施。这些措施对缓解我国现阶段教育经费的紧张状况具有积极的作用，经过各个方面的共同努力，1999年教育经费总量有所上升。

3. 大力发展教育事业，调整宏观教育结构，加快高中阶段和高等教育的发展步伐，“两基”工作取得新的进展。全教会之后，各地都重新制订或调整了教育发展目标和规划。京、津、沪以及沿海发达省市提出2010年普及高中阶段教育及实现高等教育大众化的目标，要在5～10年内在全国率先实现教育现代化。其中，江苏、浙江、辽宁等省提出2010年高等教育毛入学率达到25%～30%，上海提出达到40%。湖北、湖南、陕西、四川等中西部省市提出2010年在大中城市和经济发达的农村普及高中阶段教育。

全教会期间，党中央、国务院决定扩大高中阶段教育和高等教育的招生规模。这是全面推进素质教育的一项重要举措。根据中央的决策，在时间紧、任务重的情况下，经过各级教育行政部门和高等学校的共同努力，平稳、顺利地完成了1999年高校扩招任务。全国各类高等教育实际招生为275.45万人，其中普通高等教育招生约159.68万人，较上年增加51.32万人，增长47.37%；成人高等教育招生约115.77万人，较上年增长15.61%。1999年全国普通高等教育录取率达到49%，较上年提高了13个百分点。这是我国高等教育招生有史以来年度增长最高的一年。高等教育适龄人口的毛入学率达到了

10.5%，比1998年的9.8%提高0.7个百分点。与此同时，各地结合实际，量力而行，不同程度地扩大了高中阶段的招生规模。

全教会后，二片和三片地区的省市提出要加快普及初等教育和九年义务教育的步伐。湖北、湖南、四川、河北、河南、陕西、海南等地提出要在2000年实现“两基”目标，内蒙古提出在2005年全区普及九年义务教育，甘肃、西藏、宁夏等地提出2010年左右“普九”。在各级党委、政府的关心和领导下，“国家贫困地区义务教育工程”进展顺利，对“两基”工作的督导力度进一步加大。经过各地的共同努力，“普九”的人口地区覆盖率由1998年的73%提高到1999年的80%，青壮年文盲率降至5.5%以下。

4. 各项改革取得突破性进展，为实施素质教育创造了条件。高等教育管理体制改革迈出了新的步伐。在1998年顺利完成国务院机构改革中撤并部委所属93所普通高校、72所成人高校管理体制调整工作的基础上，1999年解决了国防科工委系统所属25所普通高校、34所成人高校的管理体制问题，并根据国务院的统一部署，抓紧落实了对49个中央部门所属的161所普通高等学校、97所成人高校的管理体制的调整工作。这将基本解决我国高等教育条块分割、重复建设问题，为下世纪更好的发展奠定一个良好的基础。高校后勤社会化改革进一步深化。1999年底，国务院办公厅在上海召开了全国高校后勤社会化改革工作会议，推动了政府主导、社会各方面广泛参与的高校后勤社会化改革局面的形成，为解决制约高等教育发展的“瓶颈”问题明确了改革方向，多年来形成的“学校办社会”状况有望得到较为彻底的改变。在各方面的努力下，高校筒子楼改造进展顺利，“绝不把筒子楼带入21世纪”的预定任务可以完成。

在全教会和《决定》精神推动下，新一轮高校内部管理体制改革、高校高新技术产业化进程、世界一流大学建设、高层次人才队伍建设、现代远程教育和适应素质教育需要的高质量的教师队伍建设等方面的工作都取得了扎实的进展。

撰稿　柯春晖

审稿　姜沛民

教育综合管理

1999 年教育事业发展状况

1999 年，党中央、国务院从实施科教兴国的战略高度，召开了第三次全国教育工作会议，颁发了《中共中央国务院关于深化教育改革全面推进素质教育的决定》，批转了教育部制定的《面向 21 世纪教育振兴行动计划》，全国教育工作出现了前所未有的良好势头，教育事业获得了较大的发展。

基 础 教 育

1999 年是本世纪末实现“两基”目标至关重要的一年。在各级党委、政府的关心和领导下，“贫困地区义务教育工程”进展顺利，督导力度进一步加大。经过各地的共同努力，到 1999 年底，全国“普九”的人口地区覆盖率将由上年的 73%达到 80%，青壮年文盲率降至 5.5%以下。

1999 年全国共有小学 58.23 万所，比上年减少 2.73 万所。在校生 13547.96 万人，比上年减少 405.84 万人。小学学龄儿童入学率（按各地相应学制和儿童入学起始年龄计算）达 99.09%，其中女童入学率 99.04%。小学学生五年巩固率为 92.48%，其中女童为 92.62%，均比上年有所提高。小学辍学率为 0.90%，比上年的 0.93%有所下降。小学毕业生升学率为 94.37%，与上年基本持平。

全国有初中 6.44 万所（其中职业初中 1319 所），比上年减少 0.1 万所。在校生达到 5811.65 万人（其中职业初中 90.08 万人），比上年增加 361.92 万人，增长 6.64%。初中毛入学率达到 88.5%。初中毕业生升学率 49.96%，比上年降低了 1.1 个百分点。初中学生辍学率略有回升，由上年的 3.23%上升到 3.28%。

全国小学、初中专任教师分别为 586.05 万人和 318.75 万人，其中民办教师数分别减少到 49.66 万人和 4.15 万人，分别比上年减少 30.63 万人和 2.49 万人。民办教师占教师总数的比重，小学由上年的 13.8%下降到 8.5%，初中由上年的 2.15%下降到 1.3%。小学、初中专任教师学历合格率为 95.9%和 85.5%，分别比上年提高 1.3 和 2.2 个百分点。小学生师比为 23.12∶1，比上年有所降低；初中的生师比为 18.23∶1，比上年略有提高。

全国普通中小学共有校舍 104 070 万平方米，其中危房 741.4 万平方米，比上年减少了 264.8 万平方米，校舍危房率降到 0.7%，比上年减少 0.3 个百分点。理科教学仪器设备、教学分组实验和图书配备达标学校的比率，普通初中分别为 71.5%、68.3%和 73.38%，分别比上年提高 3.2、3.73 和 4.3 个百分点；小学为 44.4%、38.6%和 63%，分别比上年提高 2、2.3 和 3.8 个百分点。

全国共有特殊教育学校 1 520 所，比上年增加 15 所。招生 5.01 万人，在校生 37.16 万人，分别比上年增 1.98%和 3.69%。在普通学校随班就读的残疾儿童招生数和在校生数分别占特殊教育招生和在校生总数的 60%和 68.9%。

1999 年全国有幼儿园 18.11 万所，比上年减少 232 所，在园幼儿（包括学前班）2326.26 万人，比上年减少 76.77 万人。幼儿园园长和教师共 95.79 万人，其中幼儿师范专业毕业和接受过专业培训的占 68.6%，比上年提高 5 个百分点。

各地结合实际，量力而行，进一步扩大了高中阶段的招生规模。1999 年高中阶段招生比上年增加 32 万人，增长 4.2%。中等职业教育突出实践能力和创业能力的培养，加快了课程改革和教材建设的步伐，推动了农村教育综合改革和农村中等职业教育的发展。

1999 年整个高中阶段教育（包括普通高中、职业高中、成人高中、普通中专、成人中专和技工学校）共有学校 3.88 万所，招生 913.12 万人，在校生 2535.61 万人。高中阶段职业教育（包括职业高中、普通中专、成人中专和技工学校）的招生和在校生数，分别占整个高中阶段招生和在校生数的 52.69%和 56.90%，比上年下降 4.27 个百分点和 3.12 个百分点。

普通高中有较大发展，高中阶段职业教育学生减少。全国普通高中共有学校 1.41 万所，比上年增加 179 所；招生 396.32 万人，比上年增加 36.77 万人，增长 10.23%；在校生 1049.71 万人，比上年增加 111.71 万人，增长 11.91%。高中阶段职业教育共有学校 2.18 万所，比上年减少 368 所；招生 481.12 万人，比上年减少 48.91 万，下降 9.23 个百分点；在校生 1442.75 万人，比上年减少 25.12 万人，下降 1.71 个百分点。

1999 年普通高中毕业生升入普通高校的升学率为 63.8%，比上年增加 17.7 个百分点。

普通高中专任教师 69.24 万人，生师比为 15.2∶1，比上年的 14.6∶1 有所提高。专任教师学历合格率为 65.85%，比上年提高 2.36 个百分点；职业高中专任教师 29.61 万人，生师比为 15∶1，比上年的 15.4∶1 略有下降。专任教师学历合格率为 40.53%，比上年提高 3.12 个百分点；普通中专专任教师 27 万人，生师比为 19.1∶1，比上年的 17.9∶1有所提高。专任教师学历合格率为 71.49%，比上年提高 2 个百分点。

高等教育

高等教育招生有较大增长。1999 年全国高等教育共招本专科学生 275.45 万人，其中普通高等教育招生 159.68 万人，成人高等教育招生 115.77 万人，分别比上年增加 51.32 万人和 15.63 万人，增幅达 47.37%和 15.61%。

1999 年研究生招生也有较快增长，高等学校和研究机构共招收研究生 9.22 万人，比上年增长 27.21%。

高等教育管理体制改革迈出关键步伐。在 1998 年顺利完成国务院机构改革中撤并部委所属 91 所普通高校管理体制调整工作的基础上，1999 年年初又解决了国防科工委所属25所普通高校、34所成人高校、98所中专校、232所技工学校的管理体制问题。年底又对现中央所属的245所高校的管理体制及布局结构调整工作作了布置。短短一年多的时间里，高教管理体制改革连续迈出了三大步，解决了多年来一直未能解决的问题。

高等教育规模不断扩大，办学效益进一步提高。1999年全国共有高等学校1 942所，本专科在校生达718.91万人。其中，普通高校1 071所，比上年增加49所，本专科在校生达413.42万人，比上年增加72.54万人，增长21.28%；校均规模（全日制本专科在校生）由上年的3 335人增加到3 815人，其中本科院校为5 275人，专科院校为1 975人；生师比（折合学生数）由上年的11.6：1提高到13.4：1，其中本科院校为9.4：1，专科院校为10.4：1。全国共有研究生培养单位775个，比上年增加39个，在学研究生23.36万人，比上年增加3.47万人，增长17.45%。全国共有成人高校871所，比上年减少91所；本专科在校生达305.49万人，比上年增加23.27万人，增长8.25%。

为了尽快培养适应21世纪经济、社会、科技发展需要，具有一定专业知识和较高实践能力、面向基层、面向生产、服务和管理第一线的实用型、技能型技术人才，国家加快了对高等职业教育的发展步伐。1999年全国高等职业技术教育获得空前的发展，通过新建和改建，职业技术院校达到161所，比上年增加60所；职业技术院校在校学生由上年的14.86万人，增加到23.4万人，增加8.5万人。1999年，教育部还根据高等职业教育发展需要，进行了“按新的管理模式和运行机制举办高等职业技术教育”的尝试，全国高校共招收新高职学生21.22万人。

高等学校不仅承担了全日制高等学历教育学生的培养，也承担了多种形式的高层次人才培养任务。普通高校主要承担研究生；全日制本专科生（包括高职生）；函授、夜大、成人脱产班本专科学生；预科班；留学生；成人第二专科学历；自考助学班以及各类长、短期培训班。按照教育部规定的本专科当量折算，1999年普通高校在校学生数达到569.16万人。各类办学形式在校生规模见下表：

单位：万人

研究生	本专科生	函授生	夜大生	成人脱产班	预科班	留学生	成人第二学历	各类培训班
21.87	408.59	106.99	40.09	35.76	1.42	2.57	10.09	23.75

成人高等学校主要承担成人本专科学历教育，同时还承担招收应届高中毕业生的“电大普通专科班学生”和“新高职学生”的招生任务和举办多种形式的学历教育和非学历培训。1999年成人高等学校举办的各种办学形式教育的在校生规模如下表：

单位：万人

本专科生	其中：		第二专科学历	预科班	证书班	岗位培训	成人中专班	电大注册视听生
	普通专科班	新高职						
127.47	19.77	4.83	5.64	1.22	16.62	33.16	29.18	28.5

1999 年，全国高等学校教职工总人数 126.52 万人，比上年增加 3.17 万人。其中：专任教师 52.33 万人，占教职工总量的 41.4%。专职科研人员 5.06 万人，占教职工总量的 4%。专职教辅人员 15.5 万人，占 12.3%。

普通高校教职工 106.51 万人。其中：专任教师 42.57 万人，占教职工总数 40%。专任教师中，研究生导师 7.19 万人，占教师总数的 16.9%。

成人高校教职工 20.01 万人。其中：专任教师 9.76 万人。占教职工总数的 48.8%。成人高校另有兼任教师 3.53 万人。

普通高校校舍建筑总面积为 17 525 万平方米，成人高校校舍建筑总面积为 3 529 万平方米，分别比上年增长 12.1%和 7.3%。

成人培训与扫盲

职业教育突出实践能力和创业能力的培养，加快了课程改革和教材建设的步伐，推动了农村教育综合改革和农村中等职业教育的发展。

1999 年全国高等学校中举办的各类成人非学历教育的毕（结）业人数达 261.62 万人次。成人技术培训学校 53.42 万所，比上年增加 6.94 万所，全年共培训人数 10 156.88万人次，比上年增加1 474.47万人次，增长 16.98%。

1999 年全国共扫除文盲 299.27 万人，青壮年文盲率已降至 5.5%以下。

社会力量办学

1999 年社会力量举办的各级各类学校共有 4.5 万所，在校生规模达到 573 万人。其中社会力量举办的非学历高等教育机构 1 240余所，注册学生达 118.4 万人；普通中学 2 593 所，在校生 107.2 万人；职业中学 950 所，在校生 27.3 万人；小学 3 264 所，在校生 97.7 万人；幼儿园 3.7 万所，在园 222.4 万人。

撰稿　林志华　李燕丽
审稿　郑富芝

1999 年各类教育发展基本统计

全国各级普通学校基本情况

单位：万人

	学校数（所）	毕业生数	招生数	在校学生数	教职工数	
					合计	其中专任教师
总　计	861 009	4 635.06	6 776.45	24 325.62	954.09	1 179.16
一、研究生		5.47	9.22	23.36		
1. 高等学校	446	5.08	8.68	21.87		
2. 科研机构	329	0.39	0.54	1.49		
二、普通高等学校本专科	1 071	84.76	159.68	413.42	106.51	42.57
本科院校	597	62.30	111.84	314.93	87.37	33.58
专科院校	474	21.01	40.21	87.83	18.81	8.82
分校、大专班		1.45	7.63	10.66	0.33	0.17
三、普通中等学校	94 991	2 227.28	2 955.47	7 977.46	80.12	460.16
1. 中等专业学校	3 962	140.15	163.37	515.50	52.86	27.37
中等技术学校	3 147	109.25	134.25	424.98	42.14	21.18
中等师范学校	815	30.90	29.12	90.52	10.72	6.19
2. 技工学校	4 098	66.25	51.55	156.05	26.98	15.03
3. 普通中学	77 213	1 852.71	2 546.00	6 771.28	0.00	384.05
高中	14 127	262.91	396.32	1 049.71		69.24
初中	63 086	1 589.80	2 149.68	5 721.57		314.81
4. 职业中学	9 636	167.83	194.14	533.92	0.00	33.55
高中	8 317	143.69	160.38	443.84		29.61
初中	1 319	24.14	33.76	90.08		3.94
5. 工读学校	82	0.34	0.41	0.71	0.28	0.16
四、小学	582 291	2 313.74	2 029.53	13 547.96	647.12	586.05
五、特殊教育学校	1 520	3.81	5.01	37.16	4.51	3.14
六、幼儿园	181 136		1 617.54	2 326.26	115.83	87.24

全国各级成人学校基本情况

单位：万人

	学校数（所）	毕业生数	招生数	在校学生数	教职工数	
					合计	其中专任教师
总　计	725 631	10 974.27	9 664.25	8 346.22	119.37	49.2
一、成人高等学校	871	88.82	115.76	305.47	20.01	9.76
1. 广播电视大学	45	17.02	19.38	48.68	5.32	2.57
2. 职工高等学校	507	10.17	12.40	32.80	8.15	4.11
3. 农民高等学校	3	0.05	0.04	0.10	0.02	0.01
4. 管理干部学院	146	6.63	7.19	17.10	3.21	1.34
5. 教育学院	166	6.86	9.61	22.73	3.22	1.68
6. 独立函授学院	4	0.44	0.40	1.22	0.09	0.05
7. 普通高等学校举办：	0	47.65	66.74	182.84	0.00	0.00
函授部		26.88	37.72	106.99		
夜大学		9.90	13.27	40.09		
成人脱产班		10.87	15.75	35.76		
合计中：电大普通专科班		7.22	8.14	19.77		
二、成人中等学校	544 657	10 327.30	9 028.79	7 503.93	80.39	33.70
1. 成人中等专业学校	5 165	118.81	97.97	302.12	23.22	13.07
广播电视中等专业学校	151	21.42	18.77	62.54	1.83	0.90
职工中等专业学校	2 093	29.13	25.24	80.89	8.83	4.78
干部中等专业学校	290	5.09	4.12	11.98	1.55	0.78
农民中等专业学校	440	8.28	7.34	21.93	2.09	1.35
函授中等专业学校	62	6.78	4.91	13.70	1.00	0.48
教师进修学校	2 129	16.56	9.37	27.18	7.92	4.78
其他学校举办		31.55	28.22	83.90		
2. 成人中学	5 277	51.61	54.29	65.18	3.46	2.05
职工中学	1 655	22.99	29.79	32.58	2.01	1.13
农民中学	3 622	28.62	24.50	32.60	1.45	0.92
3. 成人技术培训学校	534 215	10 156.88	8 876.53	7 136.63	53.71	18.58
职工技术培训学校	11 326	609.23	599.11	386.40	9.00	4.71
农民技术培训学校	522 889	9 547.65	8 277.42	6 750.23	44.71	13.87
三、成人初等学校	180 103	558.15	519.7	536.82	18.97	5.74
1. 职工初等学校	964	15.54	19.45	19.75	0.34	0.18
2. 农民初等学校	179 139	542.61	500.25	517.07	18.63	5.56
其中：扫盲班	128 668	299.27	255.78	283.19	13.64	3.74

高级中等学校学生数构成

	合　计	普通高中	中等职业技术学校			
			小计	中等专业学校	技工学校	职业高中
学生数（万人）						
1965	271.1	130.8	140.3	52.7	10.1	77.5
1980	1 196.0	969.8	226.2	124.3	70.0	31.9
1985	1 156.7	741.1	415.6	157.1	74.2	184.3
1990	1 322.0	717.3	604.7	224.4	133.2	247.1
1998	2 084.1	938.0	1 146.1	498.1	193.1	454.9
1999	2 190.3	1049.7	1 140.6	515.5	181.3	443.8
比重（%）						
1965	100	48.2	51.8	19.5	3.7	28.6
1980	100	81.1	18.9	10.4	5.8	2.7
1985	100	64.1	35.9	13.6	6.4	15.9
1990	100	54.3	45.7	17.0	10.0	18.7
1998	100	45.0	55.0	23.9	9.3	21.8
1999	100	47.9	52.1	23.5	8.3	20.3

小学学生和初中学生保留率

单位：万人

	小学学生保留率			初中学生保留率		
	五年前小学一年级在校生	当年小学五年级在校生	保留率	三年前初中一年级在校生	当年初中三年级在校主	保留率
1990	28 247 300	20 175 069	71.42%	14 227 455	11 781 554	82.81%
1998	27 538 172	24 923 056	90.50%	18 030 839	16 315 386	90.49%
1999	27 138 311	25 097 535	92.48%	18 450 418	16 578 021	89.85%

各级普通学校毕业生升学率

年份	小学升初中（%）	初中升高级中学（%）	高中升高等教育（%）
1992	79.7	43.6	34.9
1993	81.8	44.1	43.3
1994	86.6	47.8	46.7
1995	90.8	50.3	49.9
1996	92.6	49.8	51.0
1997	93.7	51.5	48.6
1998	94.3	50.7	46.1
1999	94.4	50.0	63.8

注：1. 自1998年起，初中毕业升学率的计算口径与1998年之前不同。其分子高级中学招生数包括：普通高中招生数、职业高中招生数、技工学校招生数、普通中专招收初中毕业生数、普通中专举办的成人中专招收应届初中毕业生数及成人中专招收应届初中毕业生数。

2. 高中升学率为普通高校招生数（含电大普通班）与普通高中毕业生数之比。

小学学龄儿童入学率

单位：万人

年份	学龄儿童入学率		
	全国学龄儿童数	已入学学龄儿童数	入学率（%）
1965	11 603.2	9 829.1	84.7
1980	12 219.6	11 478.2	93.0
1985	10 362.3	9 942.8	95.9
1990	9 740.7	9 529.7	97.8
1998	13 369.3	13 226.8	98.9
1999	12 991.4	12 872.8	99.1

注：1991年以前的入学率是按7～11周岁统一计算的。从1991年起入学率是按各地不同入学年龄和学制分别计算的。

各级普通学校女学生和女教职工数

单位：万人

	女学生		女教职工		女专任教师	
	人数	占学生总数的比重(%)	人数	占教职工总数的比重(%)	人数	占专任教师总数的比重(%)
普通高等学校	162.06	39.66	43.81	41.14	15.90	37.35
中等技术学校	227.80	53.60	18.36	43.56	9.58	45.24
中等师范学校	59.65	65.89	4.39	40.96	2.60	42.00
普通中学	3 109.24	45.92	182.71	38.44	155.03	40.37
职业中学	254.73	47.71	18.80	39.81	14.15	42.17
工读学校	0.06	8.32	0.08	29.25	0.04	27.89
小学	6 454.87	47.64	308.79	47.72	290.97	49.65
特殊教育学校	13.09	35.22	2.69	59.60	2.04	65.05
幼儿园	1 071.36	46.06	107.80	93.06	81.70	93.64

各级普通学校少数民族学生和少数民族教职工数

单位：万人

	少数民族学生		少数民族教职工		少数民族专任教师	
	人数	占学生总数的比重(%)	人数	占教职工总数的比重(%)	人数	占专任教师总数的比重(%)
普通高等学校	24.77	6.06	5.40	5.07	2.33	5.46
中等技术学校	27.96	6.58	2.29	5.43	1.25	5.91
中等师范学校	9.71	10.72	0.98	9.10	0.61	9.89
普通中学	463.29	6.84	33.89	7.13	27.14	7.07
职业中学	24.15	4.52	2.37	5.01	1.68	5.02
工读学校	0.010	1.453	0.005	1.950	0.004	2.506
小学	1 214.18	8.96	61.79	9.55	54.51	9.30
特殊教育学校	1.17	3.15	0.22	4.81	0.16	5.06
幼儿园	81.85	3.52	4.19	3.62	3.23	3.70

全国研究生基本情况

单位：人

	合计			攻读博士学位研究生			攻读硕士学位研究生			研究生班研究生		
	毕业生数	招生数	在学研究生数	毕业生数	招生数	在学研究生数	毕业生数	招生数	在学研究生数	毕业生数	招生数	在学研究生数
总计	54 670	92 225	233 513	10 320	19 915	54 038	44 189	71 847	178 525	161	463	950
其中:女	17 049	31 233	75 720	2 054	4 892	11 945	14 934	26 214	63 492	61	127	283
委托培养	8 068	15 673	37 410	1 380	3 511	8 013	6 632	12 065	29 160	56	97	237
哲学	649	1 301	3 079	180	356	869	469	945	2 210	0	0	0
经济学	6 302	10 828	27 763	717	1 546	3 600	5 554	9 224	23 985	31	58	178
法学	3 257	5 583	14 581	343	807	1 842	2 914	4 776	12 739	0	0	0
教育学	1 008	2 455	5 499	149	295	713	859	2 160	4 786	0	0	0
其中:体育学	235	429	1 053	27	44	117	208	385	936	0	0	0
文学	3 310	5 454	13 671	358	759	1 804	2 903	4 670	11 739	49	25	128
其中:艺术学	366	794	1 752	30	87	194	287	682	1 430	49	25	128
历史学	970	1 553	3 927	227	438	1 076	743	1 115	2 851	0	0	0
理学	8 251	13 182	33 413	2 411	3 853	10 411	5 834	9 329	23 002	6	0	0
工学	23 369	39 068	99 211	4 039	8 567	25 494	19 285	30 151	73 132	45	350	585
其中:力学	688	955	2 651	208	310	1 049	480	645	1 602	0	0	0
农学	1 949	3 450	8 856	460	887	2 277	1 489	2 563	6 579	0	0	0
其中:林学	225	427	1 093	44	91	239	181	336	854	0	0	0
医学	5 605	9 351	23 513	1 436	2 407	5 952	4 139	6 914	17 502	30	30	59

普通高等学校基本情况

单位:人

	学校数(所)		本专科学生数			教职工数													
							校本部教职工										科研机构人员数	校办工厂、农场职工数	附设机构人员数
								专任教师											
	计	其中:中央部门所属	毕业生数	招生数	在校学生数	合计	计	小计	教授	副教授	讲师	助教	教员	教辅人员	行政人员	工勤人员			
总计	1 071	248	847 617	1 548 554	4 085 874	1 065 093	881 068	425 682	39 359	125 900	156 390	83 196	20 837	131 531	179 630	144 225	49 536	57 770	76 719
其中:女	0	0	323 238	625 400	1 620 554	438 130	358 489	158 974	5 933	37 896	65 359	39 855	9 931	69 874	73 423	56 218	17 592	19 608	42 441
本科院校	597	207	623 017	1 118 444	3 149 273	873 670	706 592	335 771	37 481	105 107	117 555	60 358	15 270	110 513	142 339	117 969	48 302	48 739	70 037
专科院校	474	41	210 083	402 116	878 253	188 078	171 237	88 206	1 852	20 463	38 070	22 370	5 451	20 596	36 691	25 744	1 198	9 020	6 623
分校、大专班	0	0	14 517	27 994	58 348	3 345	3 239	1 705	26	330	765	468	116	422	600	512	36	11	59
综合大学	74	15	130 492	209 769	617 269	167 943	135 646	65 307	7 935	21 053	23 141	10 381	2 797	20 769	27 554	22 016	10 718	6 744	14 835
理工院校	268	115	291 018	517 656	1 415 858	378 948	293 351	141 156	14 765	43 800	50 372	25 842	6 377	47 347	57 117	47 731	21 802	27 915	35 880
农业院校	47	11	40 795	78 120	200 589	57 274	44 442	20 721	1 957	6 177	7 199	4 373	1 015	6 205	8 810	8 706	1 852	7 418	3 562
林业院校	7	5	5 242	10 720	27 618	7 921	6 185	3 047	372	914	997	632	132	991	1 185	962	326	723	687
医药院校	118	18	56 460	98 712	300 821	115 718	95 182	41 166	5 152	11 916	13 763	8 327	2 008	20 342	18 547	15 127	10 717	3 723	6 096
师范院校	227	9	192 556	344 177	845 354	174 505	157 962	81 419	5 106	22 730	31 033	17 946	4 604	19 527	31 799	25 217	2 331	4 640	9 572
语文院校	15	8	7 561	15 048	37 924	11 926	10 265	4 961	421	1 399	1 939	953	249	1 370	2 013	1 921	182	385	1 094
财经院校	74	28	52 921	92 867	249 073	48 988	45 142	21 024	1 549	6 206	8 751	3 536	982	4 739	11 050	8 329	562	1 570	1 714
政法院校	25	11	12 315	24 690	65 196	15 154	14 437	5 824	392	1 499	2 479	1 191	263	1 490	4 641	2 482	198	63	456
体育院校	14	6	4 957	9 336	24 809	7 008	6 492	3 225	237	912	1 279	684	113	549	1 495	1 223	71	38	407
艺术院校	29	10	4 563	9 190	24 368	11 770	10 965	5 744	590	1 682	1 984	1 150	338	1 004	2 659	1 558	208	233	364
民族院校	12	6	8 597	14 891	42 751	10 621	9 458	4 780	292	1 333	2 045	833	277	1 092	2 060	1 553	222	139	775
短期职业大学	161	6	40 140	123 378	234 244	57 317	51 514	27 308	591	6 279	11 408	7 348	1 682	6 106	10 700	7 400	347	4 179	1 277

普通高等学校分科学生数

单位：人

	毕业生数			招生数			在校学生数			毕业班学生数		
	合计	本科	专科	合计	本科	专科	合计	本科	专科	合计	本科	专科
总计	847 617	440 935	406 682	1 548 554	936 690	611 864	4 085 874	2 724 421	1 361 453	894 911	503 159	391 752
哲学	1 067	852	215	1 763	1 386	377	4 892	4 272	620	953	835	118
经济学	134 258	67 611	66 647	237 129	131 459	105 670	614 028	385 525	228 503	142 445	77 732	64 713
法学	31 500	16 363	15 137	69 048	42 765	26 283	174 496	115 687	58 809	36 892	20 217	16 675
教育学	40 271	15 479	24 792	67 257	35 163	32 094	167 145	97 316	69 829	41 718	18 025	23 693
文学	120 957	44 285	76 672	230 175	117 599	112 576	563 698	307 059	256 639	130 503	53 944	76 559
历史学	13 374	6 097	7 277	19 070	11 043	8 027	55 652	35 055	20 597	13 805	6 916	6 889
理学	90 395	42 351	48 044	155 880	99 870	56 010	421 048	278 259	142 789	94 719	49 537	45 182
工学	326 180	195 354	130 826	607 597	386 458	221 139	1 613 300	1 144 396	468 904	343 970	219 906	124 064
农学	28 070	17 453	10 617	52 251	35 834	16 417	142 415	105 486	36 929	30 481	19 266	11 215
医学	61 545	35 090	26 455	108 384	75 113	33 271	329 200	251 366	77 834	59 425	36 781	22 644

中等专业学校

	学校数（所）	毕业生数	招生数			在校学生数		
			合计	招高中毕业生数	招初中毕业生数		合计	小计
总计	3 962	1 401 451	1 633 761	114 271	1 519 490	5 154 984	528 636	498 781
中等技术学校	3 147	1 092 478	1 342 516	88 854	1 253 662	4 249 768	421 445	394 665
工业学校	1 022	462 262	555 803	25 717	530 086	1 886 145	167 458	154 386
农业学校	335	133 848	157 890	6 608	151 282	496 859	49 727	46 443
林业学校	52	17 804	25 648	1 752	23 896	78 012	8 682	8 209
医药学校	525	137 255	175 854	4 853	171 001	534 161	67 752	60 799
财经学校	573	200 701	251 834	18 864	232 970	756 852	66 465	64 715
政法学校	142	41 098	49 979	24 812	25 167	115 064	14 869	14 757
体育学校	181	22 063	28 145	111	28 034	81 936	15 059	14 551
艺术学校	168	24 822	37 182	1 207	35 975	118 270	17 103	16 786
其他学校	149	52 625	60 181	4 930	55 251	182 469	14 330	14 019
中等师范学校	815	308 973	291 245	25 417	265 828	905 216	107 191	104 116
其中：幼儿师范学校	61	18 604	18 900	268	18 632	59 823	7 858	7 312

分类别情况

单位：人

教职工数											
校本部教职工								校办厂、场职工	附设机构人员	兼任教师
专任教师					教辅人员	行政人员	工勤人员			
计	高级讲师及以上	讲师	助理讲师	教员						
273 645	48 736	119 881	94 479	10 549	47 066	96 118	81 952	17 814	12 041	11 321
211 778	39 269	94 869	70 148	7 492	38 629	78 872	65 386	15 773	11 007	11 046
82 194	15 506	37 188	26 597	2 903	15 712	30 387	26 093	9 339	3 733	5 017
24 558	4 045	10 435	9 200	878	5 051	7 764	9 070	2 665	619	791
4 180	916	1 882	1 304	78	848	1 487	1 694	330	143	85
31 793	7 136	14 681	9 283	693	7 626	11 432	9 948	1 846	5 107	1 690
34 874	6 177	16 212	11 403	1 082	5 103	14 497	10 241	1 082	668	1 370
6 752	1 018	2 871	2 495	368	1 258	4 738	2 009	32	80	113
8 074	1 357	3 864	2 575	278	891	3 044	2 542	31	477	153
11 007	1 948	4 433	3 919	707	1 205	2 698	1 876	197	120	852
8 346	1 166	3 303	3 372	505	935	2 825	1 913	251	60	975
61 867	9 467	25 012	24 331	3 057	8 437	17 246	16 566	2 041	1 034	275
4 296	767	1 720	1 597	212	555	1 467	994	127	419	1

中等专业学校分科学生数

单位：人

	毕业生数	招生数			在校学生数	毕业班学生数
		合计	招高中毕业生数	招初中毕业生数		
总计	1 401 451	1 633 761	114 271	1 519 490	5 154 984	1 511 882
工科	406 832	543 010	22 190	520 820	1 797 589	461 779
农科	50 926	68 168	3 041	65 127	207 115	58 390
林科	11 732	17 305	1 539	15 766	52 455	14 187
医药卫生科	135 794	173 754	4 357	169 397	526 507	131 161
财经	211 571	182 290	15 519	166 771	621 729	218 714
管理	153 615	190 723	11 995	178 728	578 299	168 399
政法	45 197	62 311	26 371	35 940	141 755	46 177
艺术	45 132	78 782	3 255	75 527	231 419	57 907
体育	19 125	26 712	111	26 601	75 160	21 269
师范	321 527	290 706	25 893	264 813	922 956	333 899
其中：幼儿师范专业	27 495	27 027	0	27 027	86 611	29 445
特教师范专业	2 211	2 526	289	2 237	7 492	2 168

普通中学校数、班数

	学校数（所）				班数（个）	
	合计	初级中学	高级中学	完全中学	初中	高中
总计	77 213	63 086	4 270	9 857	1 044 904	194 823
教育部门和集体办	68 493	57 429	3 504	7 560	977 287	171 322
其他部门办	6 127	4 241	255	1 631	52 565	15 443
民办	2 593	1 416	511	666	15 052	8 058
城市	14 223	8 702	1 496	4 025	185 213	77 521
教育部门和集体办	9 221	5 690	989	2 542	143 562	61 071
其他部门办	3 527	2 375	155	997	32 730	10 727
民办	1 475	637	352	486	8 921	5 723
县镇	19 905	13 963	1 918	4 024	277 666	90 580
教育部门和集体办	18 020	12 765	1 720	3 535	265 363	85 900
其他部门办	1 138	736	60	342	8 225	2 700
民办	747	462	138	147	4 078	1 980
农村	43 085	40 421	856	1 808	582 025	26 722
教育部门和集体办	41 252	38 974	795	1 483	568 362	24 351
其他部门办	1 462	1 130	40	292	11 610	2 016
民办	371	317	21	33	2 053	355
总计中：四年制初中	3 902	3 822	0	80	72 566	0
小学附设初中班	0	0	0	0	26 236	0

普通中学

	毕业生数		招生数		
	初中	高中	初中	高中	合计
总计	15 898 024	2 629 091	21 496 821	3 963 239	57 215 671
教育部门和集体办	15 139 487	2 405 085	20 363 256	3 539 327	54 271 742
其他部门办	624 086	180 483	824 120	253 765	2 235 397
民办	134 451	43 523	309 445	170 147	708 532
城市	2 743 332	989 019	3 453 372	1 519 240	9 394 809
教育部门和集体办	2 257 808	833 693	2 775 681	1 224 888	7 588 561
其他部门办	406 623	126 217	513 132	180 539	1 418 521
民办	78 901	29 109	164 559	113 813	387 727
县镇	4 241 585	1 282 215	5 689 309	1 892 528	15 123 148
教育部门和集体办	4 109 729	1 238 159	5 460 262	1 803 129	14 571 170
其他部门办	93 275	30 504	130 871	42 225	336 595
民办	38 581	13 552	98 176	47 174	215 383
农村	8 913 107	357 857	12 354 140	551 471	32 697 714
教育部门和集体办	8 771 950	333 233	12 127 313	511 310	32 112 011
其他部门办	124 188	23 762	180 117	31 001	480 281
民办	16 969	862	46 710	9 160	105 422
总计中：四年制初中	636 665	0	1 382 277	0	3 876 882
小学附设初中班	278 394	0	513 395	0	1 197 696
女学生	7 402 804	1 071 021	10 086 690	1 645 542	26 765 358

学生数

单位：人

在校学生数							
初中				高中			
一年级	二年级	三年级	四年级	合计	一年级	二年级	三年级
21 556 031	18 710 291	16 317 095	632 254	10 497 078	3 972 694	3 468 491	3 055 893
20 420 953	17 749 425	15 526 554	574 810	9 443 222	3 547 379	3 120 334	2 775 509
825 360	734 145	619 480	56 412	690 616	254 694	228 499	207 423
309 718	226 721	171 061	1 032	363 240	170 621	119 658	72 961
3 461 014	3 071 777	2 709 810	152 208	4 060 943	1 522 348	1 355 906	1 182 689
2 781 958	2 486 108	2 213 021	107 474	3 318 847	1 226 996	1 108 040	983 811
513 694	461 038	399 859	43 930	494 188	181 058	164 775	148 355
165 362	124 631	96 930	804	247 908	114 294	83 091	50 523
5 703 313	4 965 180	4 357 056	97 599	5 017 292	1 899 040	1 650 105	1 468 147
5 474 336	4 784 719	4 217 770	94 345	4 806 236	1 809 379	1 582 020	1 414 837
131 541	111 823	89 994	3 237	112 138	42 478	36 310	33 350
97 436	68 638	49 292	17	98 918	47 183	31 775	19 960
12 391 704	10 673 334	9 250 229	382 447	1 418 843	551 306	462 480	405 057
12 164 659	10 478 598	9 095 763	372 991	1 318 139	511 004	430 274	376 861
180 125	161 284	129 627	9 245	84 290	31 158	27 414	25 718
46 920	33 452	24 839	211	16 414	9 144	4 792	2 478
1 402 578	1 106 383	735 667	632 254	0	0	0	0
515 576	385 837	286 501	9 782	0	0	0	0
10 111 133	8 747 206	7 605 134	301 885	4 327 085	1 653 556	1 426 252	1 247 277

普通中学教职工数

单位：人

	教职工数								代课教师	临时工	兼任教师
	合计	专任教师			行政人员	工勤人员	校办工厂、农场职工				
		计	初中	高中			计	其中：由厂、场收入支付工资的职工			
总计	4 753 600	3 840 556	3 148 117	692 439	473 446	402 649	36 949	17 110	112 872	102 061	21 819
教育部门办	4 297 242	3 514 486	2 896 363	618 123	419 915	335 464	27 377	9 778	79 203	76 209	8 874
其他部门办	322 556	238 508	181 578	56 930	42 288	38 650	3 110		2 787	2 098	1 582
集体办	63 852	41 171	40 928	243	1 542	15 073	6 066	5 543	23 748	19 170	281
民办	69 950	46 391	29 248	17 143	9 701	13 462	396	216	7 134	4 584	11 082
城市	1 203 374	898 508	629 000	269 508	179 347	102 788	22 731	12 534	13 731	19 478	12 736
教育部门办	944 547	712 720	494 911	217 809	143 427	73 172	15 228	6 732	7 512	14 188	3 458
其他部门办	206 789	155 425	116 450	38 975	28 992	20 120	2 252	983	1 550	1 491	1 239
集体办	6 503	651	591	60	95	817	4 940	4 673	398	893	16
民办	45 535	29 712	17 048	12 664	6 833	8 679	311	146	4 271	2 906	8 023
县镇	1 485 485	1 179 747	856 280	323 467	146 675	148 650	10 413	3 212	26 294	36 966	5 866
教育部门办	1 407 029	1 124 413	815 023	309 390	137 793	135 507	9 316	2 423	19 754	29 209	2 814
其他部门办	52 226	38 985	28 702	10 283	6 440	6 491	310	152	305	198	240
集体办	8 550	4 325	4 190	135	255	3 202	768	625	4 489	6 291	77
民办	17 680	12 024	8 365	3 659	2 187	3 450	19	12	1 746	1 268	2 735
农村	2 064 741	1 762 301	1 662 837	99 464	147 424	151 211	3 805	1 364	72 847	45 617	3 217
教育部门办	1 945 666	1 677 353	1 586 429	90 924	138 695	126 785	2 833	623	51 937	32 812	2 602
其他部门办	63 541	44 098	36 426	7 672	6 856	12 039	548	438	932	409	103
集体办	48 799	36 195	36 147	48	1 192	11 054	358	245	18 861	11 986	188
民办	6 735	4 655	3 835	820	681	1 333	66	58	1 117	410	324
总计中：女	1 827 092	1 550 341	1 308 691	241 650	121 910	140 803	14 038	7 673	51 920	43 095	6 605

职业中学在校学生数和毕业班学生数

单位：人

	在校学生数												毕业班学生数	
	总计	初中				高中								
		合计	一年级	二年级	三年级	合计	二年制		三年制			四年制	初中	高中
							一年级	二年级	一年级	二年级	三年级			
总计	5 339 170	900 751	339 306	300 519	260 926	4 438 419	306 708	288 179	1 274 898	1 293 088	1 192 346	83 200	263 967	1 506 104
教育部门和集体办	4 363 080	889 075	334 643	296 684	257 748	3 474 005	239 857	224 379	1 008 092	1 002 669	932 715	66 293	260 789	1 178 392
其他部门办	702 670	3 047	1 174	977	896	699 623	38 954	35 386	191 676	218 861	205 020	9 726	896	243 360
民办	273 420	8 629	3 489	2 858	2 282	264 791	27 897	28 414	75 130	71 558	54 611	7 181	2 282	84 352
城市	2 259 771	21 636	9 166	6 658	5 812	2 238 135	86 458	89 853	643 270	696 070	651 182	71 302	6 468	759 943
教育部门和集体办	1 528 268	16 495	7 433	4 946	4 116	1 511 773	46 455	51 742	436 081	470 549	451 315	55 631	4 772	518 361
其他部门办	518 863	2 082	736	616	730	516 781	22 761	20 161	145 196	165 858	154 142	8 663	730	176 624
民办	212 640	3 059	997	1 096	966	209 581	17 242	17 950	61 993	59 663	45 725	7 008	966	64 958
县镇	1 738 468	156 817	60 193	49 773	46 851	1 581 651	156 821	139 425	452 784	432 188	390 792	9 641	49 707	534 292
教育部门和集体办	1 531 398	154 848	59 228	49 192	46 428	1 376 550	131 722	116 625	402 217	377 171	339 943	8 872	49 284	460 020
其他部门办	157 877	326	221	92	13	157 551	15 215	13 226	39 254	45 277	43 810	769	13	57 659
民办	49 193	1 643	744	489	410	47 550	9 884	9 574	11 313	9 740	7 039	0	410	16 613
农村	1 340 931	722 298	269 947	244 088	208 263	618 633	63 429	58 901	178 844	164 830	150 372	2 257	207 792	211 869
教育部门和集体办	1 303 414	717 732	267 982	242 546	207 204	585 682	61 680	56 012	169 794	154 949	141 457	1 790	206 733	200 011
其他部门办	25 930	639	217	269	153	25 291	978	1 999	7 226	7 726	7 068	294	153	9 077
民办	11 587	3 927	1 748	1 273	906	7 660	771	890	1 824	2 155	1 847	173	906	2 781
总计中:教育和其他部门联办	225 555	8 505	2 455	4 075	1 975	217 050	10 203	10 665	58 022	59 602	60 435	18 123	1 745	74 825
其他学校附设	345 970	62 421	29 864	19 426	13 131	283 549	14 677	16 624	74 760	88 731	84 241	4 516	16 187	103 637
女学生	2 547 269	407 583	153 465	137 055	117 063	2 139 686	126 700	119 838	604 126	638 818	605 126	45 078	117 556	737 871

职业中学校数、班数、毕业生数和招生数

单位：人

	学校数（所）				班数（个）		毕业生数		招生数	
	合计	初中	高中	初、高中合设	初中	高中	初中	高中	初中	高中
总计	9 636	1 319	7 828	489	16 500	104 427	241 425	1 436 865	337 591	1 603 783
教育部门和集体办	6 966	1 300	5 239	427	16 207	83 089	238 223	1 132 010	332 960	1 266 934
其他部门办	1 720	6	1 686	28	112	15 391	1 001	236 539	1 142	232 182
民办	950	13	903	34	181	5 947	2 201	68 316	3 489	104 667
城市	3 763	30	3 615	118	555	52 807	7 730	696 479	8 723	749 175
教育部门和集体办	1 848	28	1 747	73	383	36 528	6 586	477 299	7 022	498 104
其他部门办	1 172	1	1 150	21	89	11 579	711	168 544	704	170 127
民办	743	1	718	24	83	4 700	433	50 636	997	80 944
县镇	3 206	173	2 821	212	3 084	37 096	41 852	530 359	60 164	612 065
教育部门和集体办	2 592	164	2 228	200	3 032	32 841	40 926	455 112	59 199	537 088
其他部门办	439	3	432	4	12	3 186	149	59 899	221	53 799
民办	175	6	161	8	40	1 069	777	15 348	744	21 178
农村	2 667	1 116	1 392	159	12 861	14 524	191 843	210 027	268 704	242 543
教育部门和集体办	2 526	1 108	1 264	154	12 792	13 720	190 711	199 599	266 739	231 742
其他部门办	109	2	104	3	11	626	141	8 096	217	8 256
民办	32	6	24	2	58	178	991	2 332	1 748	2 545
总计中：教育和其他部门联办	326	6	303	17	130	5 334	728	66 753	2 253	72 522
其他学校附设	0	0	0	0	1 192	6 466	9 005	100 158	29 215	88 559
女学生	0	0	0	0	0	0	104 918	676 093	151 795	735 720

职业中学教职工数

单位：人

	教职工数								代课教师	临时工	兼任教师
	总计	专任教师			行政人员	工勤人员	校办工厂、农场职工				
		合计	初中	高中			合计	其中：由厂、场收入支付工资的职工			
总计	472 254	335 501	39 420	296 081	68 158	56 163	12 432	6 447	13 065	15 459	26 159
教育部门办	396 376	289 836	38 310	251 526	54 513	44 035	7 992	3 588	7 400	10 972	9 697
其他部门办	56 133	34 440	233	34 207	10 159	8 633	2 901	1 489	1 645	1 540	9 087
集体办	3 819	1 235	598	637	218	950	1 416	1 299	1 470	1 806	671
民办	15 926	9 990	279	9 711	3 268	2 545	123	71	2 550	1 141	6 704
城市	205 524	137 522	1 513	136 009	37 867	22 993	7 142	3 678	5 171	5 629	16 838
教育部门办	151 351	104 573	1 190	103 383	27 115	15 370	4 293	2 058	1 852	3 489	3 888
其他部门办	40 874	25 438	172	25 266	7 966	5 681	1 789	652	1 160	1 126	6 724
集体办	1 372	152	2	150	113	117	990	942	35	283	326
民办	11 927	7 359	149	7 210	2 673	1 825	70	26	2 124	731	5 900
县镇	171 676	123 305	8 169	115 136	21 307	23 363	3 701	1 740	5 190	6 942	6 283
教育部门办	155 110	113 479	7 994	105 485	18 885	19 914	2 832	1 159	3 906	5 550	3 322
其他部门办	12 230	7 382	15	7 367	1 855	2 516	477	236	435	362	2 015
集体办	978	248	75	173	42	314	374	332	470	685	204
民办	3 358	2 196	85	2 111	525	619	18	13	379	345	742
农村	95 054	74 674	29 738	44 936	8 984	9 807	1 589	1 029	2 704	2 888	3 038
教育部门办	89 915	71 784	29 126	42 658	8 513	8 751	867	371	1 642	1 933	2 487
其他部门办	3 029	1 620	46	1 574	338	436	635	601	50	52	348
集体办	1 469	835	521	314	63	519	52	25	965	838	141
民办	641	435	45	390	70	101	35	32	47	65	62
总计中:女教职工	187 984	141 465	12 640	128 825	21 144	20 529	4 846	2 881	4 328	5 351	7 655

小学教职工数

单位：人

	教职工数						代课教师	临时工
	合计	专任教师	行政人员	工勤人员	校办工厂、农场职工			
					合计	其中：由厂、场收入支付工资的职工		
总计	6 471 159	5 860 455	430 146	169 427	11 131	2 681	706 535	92 125
教育部门办	5 556 634	5 038 106	389 490	119 689	9 349	1 684	395 229	54 860
其他部门办	341 536	288 057	28 342	24 369	768	277	7 870	1 656
集体办	519 420	496 643	8 035	13 753	989	705	293 433	32 570
民办	53 569	37 649	4 279	11 616	25	15	10 003	3 039
城市	1 070 312	918 705	99 123	47 499	4 985	1 425	28 450	12 631
教育部门办	827 176	718 475	78 484	26 248	3 969	831	17 721	9 989
其他部门办	196 773	167 553	17 099	11 678	443	110	2 554	738
集体办	13 939	12 395	334	659	551	469	6 549	801
民办	32 424	20 282	3 206	8 914	22	15	1 626	1 103
县镇	1 332 805	1 194 309	91 031	43 590	3 875	715	81 370	16 603
教育部门办	1 225 880	1 100 561	85 231	36 538	3 550	518	43 802	10 139
其他部门办	52 295	44 018	4 498	3 617	162	73	792	302
集体办	45 813	43 422	608	1 621	162	124	35 765	5 782
民办	8 817	6 308	694	1 814	1	0	1 011	380
农村	4 068 042	3 747 441	239 992	78 338	2 271	541	596 715	62 891
教育部门办	3 503 578	3 219 070	225 775	56 903	1 830	335	333 706	34 732
其他部门办	92 468	76 486	6 745	9 074	163	94	4 524	616
集体办	459 668	440 826	7 093	11 473	276	112	251 119	25 987
民办	12 328	11 059	379	888	2	0	7 366	1 556
总计中：女教职工	3 087 871	2 909 652	102 162	72 650	3 407	1 035	403 713	49 294

小学校数、班数和学生数

单位：人

	学校数（所）	教学点数（个）	班数（个）	毕业生数	招生数	在校学生数						
						合计	一年级	二年级	三年级	四年级	五年级	六年级
总计	582 291	186 065	3 967 402	23 137 366	20 295 337	135 479 642	20 900 537	22 801 386	25 338 360	25 737 577	25 097 535	15 604 247
教育部门和集体办	567 222	179 404	3 805 147	22 151 895	19 293 751	129 459 894	19 891 988	21 797 182	24 266 033	24 634 946	24 010 361	14 859 384
其他部门办	11 805	4 276	134 125	890 074	811 937	5 042 886	817 123	825 768	895 841	936 431	936 586	631 137
民办	3 264	2 385	28 130	95 397	189 649	976 862	191 426	178 436	176 486	166 200	150 588	113 726
城市	32 602	5 939	406 866	3 292 056	2 798 203	18 377 600	2 809 608	2 842 118	3 174 356	3 395 633	3 471 658	2 684 227
教育部门和集体办	26 468	4 250	323 357	2 697 244	2 231 100	14 915 633	2 241 130	2 286 489	2 571 018	2 755 667	2 828 920	2 232 409
其他部门办	5 134	1 583	71 748	547 044	484 199	3 041 066	485 504	482 651	529 160	567 086	577 791	398 874
民办	1 000	106	11 761	47 768	82 904	420 901	82 974	72 978	74 178	72 880	64 947	52 944
县镇	81 162	14 752	661 794	4 616 602	3 966 688	26 360 773	4 030 543	4 322 982	4 853 832	4 991 326	4 939 136	3 222 954
教育部门和集体办	78 660	14 155	637 327	4 469 528	3 823 077	25 485 821	3 886 072	4 179 171	4 698 165	4 830 549	4 778 660	3 113 204
其他部门办	1 928	389	19 912	132 030	114 513	708 569	115 155	114 754	125 763	131 004	132 670	89 223
民办	574	208	4 555	15 044	29 098	166 383	29 316	29 057	29 904	29 773	27 806	20 527
农村	468 527	165 374	2 898 742	15 228 708	13 530 446	90 741 269	14 060 386	15 636 286	17 310 172	17 350 618	16 686 741	9 697 066
教育部门和集体办	462 094	160 999	2 844 463	14 985 123	13 239 574	89 058 440	13 764 786	15 331 522	16 996 850	17 048 730	16 402 781	9 513 771
其他部门办	4 743	2 304	42 465	211 000	213 225	1 293 251	216 464	228 363	240 918	238 341	226 125	143 040
民办	1 690	2 071	11 814	32 585	77 647	389 578	79 136	76 401	72 404	63 547	57 835	40 255
总计中：六年制	370 317	124 784	2 689 058	14 325 089	13 184 354	92 283 826	13 629 075	14 517 623	16 002 087	16 379 485	16 151 309	15 604 247
女学生	0	0	0	11 027 229	9 666 388	64 548 651	9 937 953	10 867 208	12 072 020	12 283 684	11 976 936	7 410 850

特殊教育学校基本情况

单位：人

	学校数	班数（个）		毕业生数			招生数			在校学生数			教职工数	
		小学	初中	合计	小学	初中	合计	小学	初中	合计	小学	初中	合计	其中：专任教师
总计	1 520	19 959	2 028	38 143	31 434	6 709	50 074	40 484	9 590	371 625	336 651	34 974	45 119	31 377
盲聋哑学校合计	1 102	7 827	971	10 502	7 619	2 883	17 464	14 405	3 059	101 108	89 505	11 603	31 490	22 097
盲聋哑学校	185	1 336	259	2 064	1 369	695	3 644	2 927	717	18 470	16 047	2 423	5 903	4 259
盲生部	0	200	46	241	137	104	546	378	168	2 148	1 682	466	837	628
聋哑生部	0	1 136	213	1 823	1 232	591	3 098	2 549	549	16 322	14 365	1 957	5 066	3 631
聋哑学校	888	5 134	591	6 415	4 666	1 749	10 509	8 904	1 605	60 229	53 717	6 512	23 118	16 229
盲校	29	165	91	444	227	217	599	314	285	2 634	1 653	981	1 403	901
普校附设及随班就读	0	1 192	30	1 579	1 357	222	2 712	2 260	452	19 775	18 088	1 687	1 066	708
盲生	0	380	6	368	300	68	647	481	166	5 088	4 507	581	396	298
聋哑生	0	812	24	1 211	1 057	154	2 065	1 779	286	14 687	13 581	1 106	670	410
合计中:女生、女教职工	0	0	0	3 402	2 361	1 041	5 828	4 725	1 103	33 960	29 981	3 979	17 605	13 617
弱智儿童校、班合计	418	12 132	1 057	27 641	23 815	3 826	32 610	26 079	6 531	270 517	247 146	23 371	13 629	9 280
弱智儿童辅读校、班	418	2 817	151	3 106	2 488	618	5 317	5 077	240	34 144	32 038	2 106	7 102	5 767
普校附设及随班就读	0	9 315	906	24 535	21 327	3 208	27 293	21 002	6 291	236 373	215 108	21 265	6 527	3 513
总计中:女生、女教职工	0	0	0	9 961	8 634	1 327	11 055	8 829	2 226	96 939	89 003	7 936	9 285	6 794

幼儿教育基本情况

单位：人

	园数（所）	班数（个）	在园幼儿数	教职工数			
				合计	其中		
					园长	教师	保健员
总计	181 136	781 450	23 262 588	1 158 302	85 479	872 422	63 211
按办别分							
教育部门办	35 710	281 028	9 246 571	338 625	20 302	271 112	16 081
其他部门办	17 427	86 277	2 729 662	283 346	20 880	161 656	25 404
集体办	90 979	328 075	9 062 073	390 873	23 064	338 968	10 533
民办	37 020	86 070	2 224 282	145 458	21 233	100 686	11 193
按城乡分阶段							
城市	37 301	160 103	5 104 824	454 107	38 353	272 745	35 795
县镇	41 939	172 369	5 566 255	289 227	22 324	228 671	18 349
农村	101 896	448 978	12 591 509	414 968	24 802	371 006	9 067
总计中：女	0	0	10 713 648	1 077 963	79 966	816 956	56 905

成人高等教育分本专科学生数

单位：人

	毕业生数			招生数			在校学生数		
	合计	本科	专科	合计	本科	专科	合计	本科	专科
总计	888 229	105 924	782 305	1 205 984	207 508	998 476	3 103 151	484 049	2 619 102
一、成人高等学校	411 687	19 365	392 322	538 654	33 028	505 626	1 274 789	75 739	1 199 050
其中：全脱产	168 713	5 712	163 001	207 782	10 305	197 477	442 360	18 424	423 936
广播电视大学	170 210	1 104	169 106	196 230	1 128	195 102	489 155	3 295	485 860
其中：全脱产	33 849	0	33 849	46 147	0	46 147	93 523	0	93 523
普通专科班	72 163	0	72 163	81 433	0	81 433	197 688	0	197 688
职工高等学校	101 741	1 012	100 729	143 953	2 302	141 651	348 215	4 609	343 606
其中：全脱产	52 470	492	51 978	72 924	1 603	71 321	160 671	2 797	157 874
农民高等学校	481	0	481	428	0	428	953	0	953
其中：全脱产	481	0	481	428	0	428	953	0	953
管理干部学院	66 259	2 013	64 246	90 274	3 459	86 815	189 336	7 901	181 435
其中：全脱产	50 023	1 416	48 607	52 926	2 535	50 391	116 969	5 282	111 687
教育学院	68 624	15 212	53 412	103 568	26 051	77 517	234 735	59 610	175 125
其中：全脱产	31 853	3 804	28 049	33 961	6 167	27 794	68 549	10 345	58 204
独立函授学院	4 372	24	4 348	4 201	88	4 113	12 395	324	12 071
二、普通高等学校办	476 542	86 559	389 983	667 330	174 480	492 850	1 828 362	408 310	1 420 052
函授部	268 841	61 844	206 997	377 198	110 352	266 846	1 069 861	270 129	799 732
夜大学	98 984	18 737	80 247	132 667	35 309	97 358	400 866	85 757	315 109
成人脱产班	108 717	5 978	102 739	157 465	28 819	128 646	357 635	52 424	305 211

成人高等学校基本情况

单位：人

	学校数（所）		本专科学生数			教职工数														兼任教师数
							校本部教职工										科研机构人员	校办工厂、农场职工	附设机构人员	
								专任教师						教辅人员	行政人员	工勤人员				
	计	其中：中央部门所属	毕业生数	招生数	在校学生数	合计	计	小计	教授	副教授	讲师	助教	教员							
总计	871	119	411 687	538 654	1 274 789	200 054	192 068	97 644	1 726	23 244	45 870	22 223	4 581	23 870	44 321	26 233	1 079	3 690	3 217	35 291
其中：女	0	0	192 726	255 388	602 795	84 070	80 926	40 764	311	7 470	20 271	10 598	2 114	12 294	18 200	9 668	328	1 278	1 538	10 065
广播电视大学	45	1	170 210	196 230	489 155	53 177	51 684	25 687	178	4 555	11 819	7 575	1 560	7 313	13 158	5 526	157	393	943	19 450
职工高等学校	507	73	101 741	143 953	348 215	81 469	77 262	41 096	676	9 906	20 236	8 481	1 797	9 125	16 017	11 024	452	2 201	1 554	11 367
农民高等学校	3	0	481	428	953	206	205	127	0	10	54	58	5	7	44	27	0	1	0	9
管理干部学院	146	41	66 259	90 274	189 336	32 135	30 763	13 371	493	3 840	6 015	2 638	385	3 903	8 179	5 310	217	775	380	2 167
教育学院	166	3	68 624	103 568	234 735	32 201	31 298	16 843	354	4 780	7 483	3 409	817	3 385	6 779	4 291	249	317	337	1 167
独立函授学院	4	1	4 372	4 201	12 395	866	856	520	25	153	263	62	17	137	144	55	4	3	3	1 131

成人中等专业学校分类别情况

单位：人

	学校数（所）	分校（所）	工作站（个）	毕业生数	招生数			在校学生数	毕业班学生数	教职工数					兼任教师数
					合计	招高中毕业生数起点	招初中毕业生数起点			合计	专任教师	教辅人员	行政人员	工勤人员	
总计	5 165	1 787	3 305	872 581	697 535	207 253	490 282	2 182 112	857 360	232 255	130 665	23 592	43 992	34 006	61 690
其中：女	0	0	0	430 462	326 843	91 078	235 765	1 038 743	413 119	93 591	53 486	11 556	15 023	13 526	18 172
一、按部门分															
中央部门学校	198	38	385	34 103	30 980	13 560	17 420	100 923	32 239	9 676	4 281	1 191	2 403	1 801	2 692
地方学校	4 967	1 749	2 920	838 478	666 555	193 693	472 862	2 081 189	825 121	222 579	126 384	22 401	41 589	32 205	58 998
二、按类别分															
广播电视中专学校	151	821	1 153	214 152	187 732	54 571	133 161	625 419	237 347	18 266	9 007	3 589	3 780	1 890	23 200
职工中等专业学校	2 093	231	378	291 295	252 361	39 545	212 816	808 863	300 791	88 289	47 793	7 762	18 437	14 297	20 164
干部中等专业学校	290	115	48	50 881	41 157	10 017	31 140	119 759	48 967	15 504	7 759	1 490	3 683	2 572	3 441
农民中等专业学校	440	314	172	82 847	73 427	10 685	62 742	219 316	85 201	20 949	13 474	1 703	2 735	3 037	3 642
函授中等专业学校	62	288	1 333	67 759	49 134	32 247	16 887	136 962	57 389	10 029	4 800	1 899	2 644	686	8 753
教师进修学校	2 129	18	221	165 647	93 724	60 188	33 536	271 793	127 665	79 218	47 832	7 149	12 713	11 524	2 490

成人技术培训学校基本情况

单位：人

	学校数（所）	教学班（点）（个）	毕业生数			招生数			在校学生数			教职工数		兼任教师
			合计	其中		合计	其中		合计	其中		合计	其中：专任教师	
				长班	短班		长班	短班		长班	短班			
成人技术培训学校	534 215	1 040 913	101 568 857	7 576 207	93 992 650	88 765 294	6 877 699	81 887 595	71 366 317	6 064 346	65 301 971	537 128	185 812	1 104 945
其中：教育部门办	454 225	845 899	83 781 958	5 709 829	78 072 129	73 299 933	5 050 289	68 249 644	59 699 571	4 796 391	54 903 180	405 189	129 407	889 931
其他部门办	79 990	195 014	17 786 899	1 866 378	15 920 521	15 465 361	1 827 410	13 637 951	11 666 746	1 267 955	10 398 791	131 939	56 405	215 014
一、职工技术培训学校	11 326	73 399	6 092 314	1 229 185	4 863 129	5 991 137	1 343 328	4 647 809	3 863 992	866 392	2 997 600	90 019	47 091	80 215
其中：教育部门办	3 367	17 036	1 758 902	338 252	1 420 650	1 801 557	383 046	1 418 511	1 324 091	274 178	1 049 913	22 956	12 057	21 905
其他部门办	7 959	56 363	4 333 412	890 933	3 442 479	4 189 580	960 282	3 229 298	2 539 901	592 214	1 947 687	67 063	35 034	58 310
二、农民技术培训学校	522 889	967 514	95 476 543	6 347 022	89 129 521	82 774 157	5 534 371	77 239 786	67 502 325	5 197 954	62 304 371	447 109	138 721	1 024 730
其中：教育部门办	450 858	828 863	82 023 056	5 371 577	76 651 479	71 498 376	4 667 243	66 831 133	58 375 480	4 522 213	53 853 267	382 233	117 350	868 026
其他部门办	72 031	138 651	13 453 487	975 445	12 478 042	11 275 781	867 128	10 408 653	9 126 845	675 741	8 451 104	64 876	21 371	156 704
其中：														
1.县办农技培训学校	1 976	8 384	751 996	151 673	600 323	736 179	163 811	572 368	610 668	161 664	449 004	14 444	9 313	10 585
2.乡办农技培训学校	42 717	214 445	31 489 446	3 531 398	27 958 048	27 410 269	3 228 172	24 182 097	22 618 218	2 954 696	19 663 522	130 271	68 499	222 691
3.村办农技培训学校	478 196	744 685	63 235 101	2 663 951	60 571 150	54 627 709	2 142 388	52 485 321	44 273 439	2 081 594	42 191 845	302 394	60 909	791 454

成人中、小学基本情况

单位：人

	学校数（所）	教学班（个）	毕业生数		招生数		在校学生数		教职工数		兼任教师
			合计	其中：女生	合计	其中：女生	合计	其中：女生	合计	其中：专任教师	
一、成人中学	5 277	13 103	516 160	245 106	542 911	261 786	651 874	301 590	34 578	20 484	31 609
1. 职工中学	1 655	5 976	229 917	117 167	297 864	149 386	325 835	155 895	20 083	11 273	14 376
高中	1 432	5 256	207 217	106 842	270 079	136 534	292 887	141 529	18 958	10 664	13 406
初中	223	720	22 700	10 325	27 785	12 852	32 948	14 366	1 125	609	970
2. 农民中学	3 622	7 127	286 243	127 939	245 047	112 400	326 039	145 695	14 495	9 211	17 233
高中	1 459	2 732	90 254	37 233	86 600	34 341	138 637	56 119	7 713	5 652	9 566
初中	2 163	4 395	195 989	90 706	158 447	78 059	187 402	89 576	6 782	3 559	7 667
二、成人初等学校	180 103	338 963	5 581 463	3 225 131	5 197 010	2 986 260	5 368 296	3 107 534	189 698	57 321	486 295
1. 职工初等学校	964	4 254	155 382	75 840	194 467	90 287	197 549	89 131	3 434	1 752	5 118
2. 农民初等学校	179 139	334 709	5 426 081	3 149 291	5 002 543	2 895 973	5 170 747	3 018 403	186 264	55 569	481 177
小学班	50 471	91 842	2 433 353	1 321 596	2 444 759	1 318 642	2 338 836	1 243 168	49 856	18 135	108 873
扫盲班	128 668	242 867	2 992 728	1 827 695	2 557 784	1 577 331	2 831 911	1 775 235	136 408	37 434	372 304

社会力量办学情况

据统计，截止1999年底，全国各级各类民办学校（教育机构）已达45 000余所，在校生603.4万人（含具有颁发学历文凭资格的民办高校在校生和实施高等教育学历文凭考试试点机构在校生）。其中：民办幼儿园37 020所，占幼儿园总数的20.4%，在园儿童222.4万人，占在园儿童总数的9.6%；民办小学3264所，占小学总数的0.6%，在校生97.7万人，占小学在校生总数的0.7%；民办普通中学（含初中、高中）2593所，占普通中学总数的3.4%，在校生107.2万人，占普通中学在校生总数的1.6%；民办职业中学950所，占职业中学总数的9.9%，在校生27.3万人，占职业中学在校生总数的5.1%；具有颁发学历文凭资格的民办高校37所，在校生4.6万人，占在校生总数的0.6%；非学历文凭民办高等教育机构近1000所，在校生118.4万人；实施高等教育学历文凭考试试点机构300多所，在校生25.8万人。

1999年采取以下一些措施加强对民办教育的管理：(1)抓紧民办教育立法。部分省、市在调研的基础上制定了地方法规，完善了有关规章。1999年11月教育部就《社会力量办学条例》实施进展情况向全国人大作了专题汇报，提出了一些立法建议。(2)贯彻落实第三次全教会精神，各地结合本地区的实际需要，实施了支持、鼓励社会力量办学的一些具体措施，促进了社会力量办学的迅速发展。(3)加强培训，提高办学管理者的素质。1999年5月教育部在北京举办了“全国民办高等教育管理培训班”，全国省级教育行政部门的有关同志、民办高校和教育机构负责人共100余人参加了培训。各省（自治区、直辖市）也相继举办了培训班，对民办学校（教育机构）的负责人进行了上岗前的培训。(4)换发办学许可证，加强规范管理。1999年12月，教育部按照《社会力量办学条例》的有关规定，重新制定了“社会力量办学许可证”的样式，并组织各地认真做好换发新证的工作，规定自2000年1月1日起统一启用新证，推动了许可证制度的实施。同时针对一些组织和个人竞相开展对社会力量办学机构的所谓“评优”、“评奖”活动，1999年5月教育部发出《关于严格控制社会力量办学评比活动的通知》，对社会力量办学机构的各类评比活动作了严格规范，推动社会力量办学事业健康发展。

撰稿　刘大为　李宗嗣

审稿　郑富芝

教育法制建设

〔**概述**〕 1999年，各级教育行政部门、各级各类学校和广大教育工作者积极贯彻落实党的十五大提出的依法治国基本方略，切实提高依法行政、依法治校的意识、能力与水平，教育法制工作取得了显著进展。

教育领域对加强教育法制、实行依法治教重要性的认识显著增强。1999年6月，党中央、国务院召开了建国以来第三次全国教育工作会议，并颁布了《中共中央国务院关于深化教育改革全面推进素质教育的决定》(以下简称《决定》)。《决定》中明确指出："全面推进素质教育，根本上要靠法治、靠制度保障。"要"继续完善国家教育立法，加大教育执法力度，加强教育法制机构和队伍建设，完善教育行政执法监督机制。制定有关素质教育的制度和法规，逐步实现素质教育制度化、法制化"。这一系列规定，全面确定了教育法制工作的地位和作用。第三次全教会之后，各级党委、政府、教育行政部门和学校进一步明确了深化改革，全面推进素质教育的方向与目标，对教育法制工作的重视程度也得到了显著的增强。此后，为贯彻第三次全教会精神，进一步推进依法治教进程，教育部与全国人大教科文卫委员会于12月联合召开了首次全国教育法制工作会议，对加强教育法制工作做出了全面部署。这两次会议的召开，有力促进了教育行政部门及政府有关部门、学校提高对依法行政、依法治校的重要性的认识，为进一步加强教育法制工作，推进依法治教进程奠定了良好的基础。

教育行政立法工作稳步进展，加强了对有关教育热点、难点问题的规范。1999年，教育部先后以教育部令的形式颁布了《中华人民共和国教育部"中华语言文化友谊奖"设置规定》、《高等学校知识产权保护管理规定》、《中小学接收外国学生管理暂行办法》、《自费出国中介服务管理规定》、《自费出国中介服务管理规定实施细则(试行)》、《中小学教师继续教育规定》、《中小学校长培训规定》7项教育部部门规章，对教育领域出现的一些新问题和热点、难点问题进行了规范。

此外，教育部还制定了《教育部规章及重要规范性文件起草、审核和发布办法》，规范了部内规章、重要规范性文件的制定、发布与备案程序，规定有关规范性文件要统一由部内法制工作机构归口审核、进行合法性审查，明确凡涉及对教育行政管理相对人的权益进行规范、具有法律效力的部门规章，一律以部长令形式发布，建立了保证教育部规章合法性与规范性的制度基础。

进一步推进了教育行政执法工作。随着公民法制意识的提高，以及《行政复议法》等有关法律的健全与完善，1999年由于教育纠纷而引起的行政复议、行政诉讼案件明显增加。其中，因对学校、教育行政部门做出的有关教育资格、资质问题不服而提出的诉讼，在教育界尤其是高等教育界产生了较大的影响。由于《行政复议法》将行政机关未履行对公民受教育权的法定保护职责纳入行政复议范围的规定，开辟公民保护受教育权的法定渠道，对规范教育管理活动提出了新的要求。公民法律意识与对受教育权利重视程度的不断提高，也促进了教育行政部门、学校增强依法治教、依法治校的观念与意识。

〔**全国教育法制工作会议**〕 按照党的十五大提出的依法治国基本方略，为贯彻国务院关于全面推进依法行政的决定和全国依法行政工作会议的精神，进一步推进教育领域依法治教进程，1999年12月7日～8日，全国人大教科文卫委员会与教育部在京联合召开了首次全国教育法制工作会议。全国人大教科文卫委员会主任委员朱开轩、教育部部长陈至立、教育部副部长张天保在会上分别做了讲话。与会代表认真讨论了会议的主报告和有关文件，交流了各地区教育法制工作的实践经验与体会。

在这次会议召开的同时，教育部制定印发了《关于加强教育法制建设的意见》，对切实加强教育立法、普法、行政执法与法制监督等教育法制建设各个环节的工作，做了全面部署，并对各级教育行政部门依法行政提出了明确的目标、原则、具体的工作要求和实施措施，突出了保护教育行政管理相对人合法权益的要求。这一文件将作为今后一段时期推进各级教育行政部门切实转变职能，更新观念，依法履行职责，严格依法办事的重要依据，指导和促进各级教育行政部门不断提高依法行政的能力与水平。

会议全面总结了改革开放以来教育法制建设的成绩与经验，研究、部署了在新形势下加强教育法制建设的任务与措施。会议提高了对依法治教的认识，统一了对于实行依法治教、依法行政重要性与必要性的认识；明确了教育法制建设的指导思想、目标、任务和基本思路，明确了各级教育行政部门、各级各类学校推进依法行政、依法治校的工作要求；加强了各地的交流与沟通，学到了好的经验和做法；进一步增强了做好教育法制工作的信心。

按照会议的部署与要求，今后教育法制工作将进一步开展加强教育法制建设的学习、宣传活动。要区分不同对象，采取多种形式，有重点、有针对性地提高教育行政部门领导、工作人员、学校校长、教师、学生和全社会的教育法制观念与法律意识；继续完善教育立法。在本届政府任期内，教育部要积极参与《民办教育法》的起草、制定，完成《义务教育法》、《学位条例》的修改草案的调研、起草工作；拟订与教育法律相配套的行政法规、行政规章，进一步完善教育法律法规体系；加大教育行政执法和监督力度，更好地落实教育法律法规的各项规定，在教育领域逐步做到不仅有法可依，而且有法必依、违法必究，依法全面保障教育的改革与发展；切实提高教育行政部门依法行政的能力与水平；加强教育法制工作机构和队伍建设，在教育行政部门内部形成以专门的法制工作机构和人员为骨干，所有公务员的执法职能相互配合的执法机制。

会议还全面总结交流了改革开放以来各地教育法制建设中的经验与成绩。据统计，改革开放以来全国各地制定颁布的地方性教育法规、省级政府规章已达138项。大多数省

(自治区、直辖市)都结合本地实际，制定了《义务教育法》、《教师法》、《职业教育法》等教育法律的实施细则，建立了促进这些法律贯彻实施的具体制度与措施。有些省还制定了诸如关于中小学校园保护、筹措义务教育经费、规范对民办教育的管理等方面的地方性法规，为解决当地教育面临的突出矛盾，建立了相应的法律机制。教育法制建设成绩与经验的总结、交流与借鉴，对各地教育法制工作都产生了很大的推动作用。

撰稿 王大泉

审稿 孙霄兵

教育纪检监察

〔**贯彻落实中央纪委三次全会精神**〕 1999年1月21日，教育部党组发出《教育部关于贯彻落实中央纪委三次全会精神加大反腐败工作力度的意见》，对教育系统党风廉政建设工作和反腐败斗争作出全面部署。3月2日，教育部纪检组、监察局在北京召开全国教育纪检监察工作会议，传达江泽民同志重要讲话和中央纪委三次全会精神，教育部党组书记、部长陈至立到会作了题为“认清形势、突出重点、标本兼治、狠抓落实”的重要讲话，在总结工作的基础上，对抓好1999年教育系统党风廉政建设和反腐败工作提出明确要求。截至4月底，全国各省、自治区、直辖市教育行政部门先后召开纪检监察工作会议，结合本地区实际，把中央纪委三次全会精神和教育部党组关于深入开展党风廉政建设和反腐败斗争的具体部署贯彻落实到各地和各学校，为推动1999年教育系统反腐败各项工作的深入开展打下了良好基础。

〔**领导干部廉洁自律工作**〕 1999年，教育部在继续深入贯彻落实中央关于厉行节约、制止奢侈浪费八条规定和开展领导干部廉洁自律自查自纠工作的同时，根据中央纪委的工作部署，重点抓了严禁教育行政机关到庐山等12个风景名胜区开会和严禁公费出国（境）旅游两项工作。要求各教育行政机关、部属高校坚决制止用公款出国（境）旅游，严格遵守“党政机关及其所属单位组团出国（境）一律不准向下属和其他单位摊派费用”的纪律要求。为认真解决群众反映比较强烈的直属机关、高校领导干部出国（境）工作目的不明确且过于频繁的问题，教育部机关加强了公费出国（境）工作的管理，有效控制了公款出国（境）团组的派出。据统计，1999年共压缩出国团组81个，减少405人次，节约出国经费1215万元。在教育系统范围内直接查处或会同有关省、自治区、直辖市教育纪工委查处的违规违纪案件8件，其中制止了3起出国（境）旅游事件，制止了4起到庐山、张家界、九寨沟、黄山风景区开会、游览事件。抓住反面典型加强教育，广州发生33所高校的52名校处级干部被骗一事后，教育部监察局立即派员赴广州调查，教育部办公厅就此事中暴露出的一些干部缺乏政治敏锐性和鉴别力，廉洁自律意识不强，公费出国（境）管理不严等问题向教育系统发出通报。

1999年，教育部党组制定了《教育部党风廉政建设责任制的实施办法》，并对教育系统建立健全党风廉政建设责任制的工作进行了专门部署。截止年底，多数省（自治区、直辖市）教育行政部门和三分之二以上直属高校都颁发了具有行业特点的党风廉政建设责任制“实施意见”或“实施办法”。

〔**查办案件工作**〕 据统计，1999 年全国教育纪检监察机关共受理群众来信来访、举报电话 77 261 件（次），立案 7 760 件，结案 6 651件，办结率为 88.57%，移送司法机关查处 334 件。共处分党员干部及教职工6 484 人，其中涉及县（处）级干部 103 人，地厅级干部 8 人。为国家挽回经济损失折合人民币 7 614 万元。同时，各级教育纪检监察机关在办案中坚持实事求是的原则，履行保护职能，澄清一些反映失实的问题，解脱、保护了一批干部。

1999 年 6 月，教育部纪检组、监察局在大连召开查处疑难案件研讨会，通过对疑难案件的研讨，提高了查处复杂案件的能力和办案质量，加强了对案件查处工作的指导。

〔**治理中小学乱收费**〕 1999 年各级教育行政部门继续把治理中小学乱收费作为纠正教育行业不正之风的一项重点工作来抓，坚持“党政统一领导，教育部门牵头，财政、物价和监察、纠风等部门各负其责，群众积极参与”的工作机制，层层落实责任制，通过深化改革、强化监督检查，进一步加大了专项治理的力度，取得了新的阶段性成效。

中小学乱收费金额有较大幅度下降。据 31 个省、自治区、直辖市教育行政部门统计，1999 年共查处各种违规收费 2.38 亿元，比 1998 年减少 31%，已清退 1.48 亿元，占 62.18%；清理各种违规“补习班”等3 101个、减少学生交费4 759万元，清理强制学生购买各种复习资料 564 万册、减少学生交费9 974 万元。查处违纪案件5 309件，查结3 811件；处理有关责任者2 764人，其中通报批评 1 776人，受到党政纪处分 849 人，243 人受到行政撤职或党内留察以上的严重处分。

〔**执法监察工作**〕 为严格贯彻执行国家有关普通高校招生的政策、原则和纪律，维护国家招生考试的严肃性，教育部监察局与高校学生司联合发出《关于做好 1999 年普通高校招生考试和招生执法监察工作的通知》、《关于重申普通高校招生政策和纪律的紧急通知》等文件，并在招生录取期间会同教育部高校学生司、发展规划司联合组成了 5 个检查组，对江苏、山东、湖北、湖南、重庆、四川、贵州等 11 个省（直辖市）的招生工作进行检查，对发现的问题及时予以制止和纠正，保证了普通高校扩大招生工作的顺利进行。

各省、自治区、直辖市教委和高等学校纪检、监察部门协助招生单位做了大量工作，查实并清退了一批不符合入学条件或违反招生规定录取的学生，有力地维护了国家招生政策和招生考试纪律的严肃性。如河南省教委在新生入学资格复查中共处理违纪学生 233 人，取消了他们的学籍。甘肃省教委取消了成人高考违纪的 596 名考生的考试资格，并责成有关单位给予纪律处分。各级教育纪检监察机关对各类招生考试中的不正之风及乱办班、乱发文凭、乱收费问题进行了专项治理，查处了新疆吐鲁番成人高校考试中利用传呼机作弊问题、西安高职培训学院违规“加考”问题等。

〔**加强宏观指导**〕 1999 年，教育部纪检组、监察局先后派员到全国 10 多个省、自治区、直辖市和 20 余所部属高校，重点围绕落实党风廉政建设责任制、实现校务公开、加强高校基建工程执法监察、预算外资金的管理和监督、规范中小学收费等问题开展调研，进行工作指导。4月，在全国教育系统内推广了河北等省全面推行“政务公开、校务公开”的经验。先后在浙江、湖南、安徽召开治理中小学乱收费、加强高校基建工程执法监察和高校预算外资金管理与监督等工作经验研讨会，制定总结了如何从源头遏制腐败现象的措施和经验。

1999年10月，在国家高级行政学院举办了第六期全国教育纪检监察干部理论业务培训班，全国各省、直辖市教育部门和高校的170名专职纪检监察干部进行了政治学习和业务培训。

撰稿　王新民
审稿　周冬成

信 访 工 作

〔**综述**〕 1999年教育部信访办公室共处理群众来信（电）2.3万多件；接待群众来访4 200多人，其中接待集体上访40多批，300多人。承办“两会”期间和日常的人大代表、政协委员建议、提案518件。1999年是中国具有重要历史意义的一年，大事、喜事、要事多。信访办努力把解决群众的信访问题与维护首都重要会议、重大庆典活动的良好社会环境密切结合，进一步加强了教育信访工作。全国政协多次在有关会议上，对教育部的提案承办工作予以表扬。中办国办信访局在1999年《情况交流》第18期、第50期先后刊登了有关教育信访工作情况，对教育部一年来的信访工作予以肯定。

〔**信访反映的主要情况和问题**〕 1999年国家进一步加大了教育改革力度，许多群众来信来访，对教育改革政策和措施表示支持和欢迎；使多年来反映较突出的教育热点、难点问题的信访数量明显下降。

一、一些教育改革举措在社会上引起了热烈反响。如：高等院校扩招问题、高校筒子楼改造和后勤社会化改革问题、企业子弟中小学划归地方管理等问题，受到广大教育工作者和社会群众的支持和拥护。民办教师要求提高生活待遇和转正问题，历年来呼声较高，在人事部、国家计委和教育部宣布2000年基本解决民办教师转正并下达转正指标后，极大地鼓舞了民师的工作热情。特别是一些高校实施教师聘任制改革，虽然改革的力度很大，但在高校没有出现大的波动，绝大多数高校教师是拥护的，认为适应了高校改革的发展方向。

二、一些多年来群众反映较突出的教育热点、难点问题，有些得到较明显的解决。(1)举报各级各类教育干部违纪问题的信访数量有所减少。群众信访举报教育干部违纪案件1998年2 549件，1999年1 872件，比上一年下降26%。(2)教师体罚、殴打学生，造成学生伤残死亡等问题明显减少。1998年信访办共受理这类信访635件，1999年减少为210件，下降67%，下降的幅度很大。(3)反映社会力量办学不规范和欺骗性招生问题，1998年共701件，1999年502件，下降28%。(4)反映大学生毕业分配收费等问题，1998年452件，1999年362件，下降20%。(5)反映教师职称评定问题，1998年647件，1999年533件，下降18%。(6)中小学教师工资拖欠问题，1998年812件，1999年715件，下降12%。但反映教育乱集资乱收费问题，中小学生课业负担过重问题，校园周边环境治理以及师资队伍建设等问题的信访数量未见明显减少，有的问题仍较突出。

〔**信访工作情况**〕 1999年信访办重点做好群众的初信初访,努力为群众排忧解难,以及认真做好国庆50周年和澳门回归等重大庆典活动期间的信访工作。

一、加强对教育系统信访工作的联系和协调工作。1999年3月“两会”期间,信访办召开了在京8所直属高校信访工作座谈会,对“两会”期间的信访工作进行了部署。6月下旬,教育部在广东召开了部分省市教育信访工作会议(有3所直属高校参加)。办公厅领导在会上总结了几年来教育系统信访工作所取得的成绩,提出了今后教育信访工作任务。会后教育部办公厅印发了《关于进一步加强教育系统信访工作的几点意见》。为了加强信息交流,信访办先后转发了北京、上海、河北、吉林、安徽、湖南、清华大学等单位的信访工作经验,并通报了国庆节期间各地教育部门和部属高校认真做好信访工作的情况。

二、及时妥善处理了集体上访和有可能出现意外情况的信访问题。1999年接待处理的40多起集体上访中,涉及人员较多,处理难度较大。由于信访办及时接待,并认真与地方有关部门协调,促使这些集体上访人员都能及时返回当地解决。对一些信访人来信、来电表示要在当地采取过激行动,以及个别人来京上访后在接待室吵闹,并扬言要采取过激行为等,信访办都及时采取措施,耐心做好思想疏导工作,避免了不良事件的发生。

三、切实做好初信初访工作,努力为群众办实事。对群众一般性的信访问题,信访办认真做好政策法规的解释工作、思想疏导工作,并及时转办。对大量急迫要求解决的问题,认真与地方或高校联系协调,使许多矛盾得到化解,实际问题得到妥善处理。对群众反映的比较重要的案件,在及时立案后发公函请地方有关部门查处,并限期回报结果。从地方反馈的处理情况看,群众反映的问题大多属实,有关部门对此进行了认真严肃处理。

〔**提案工作**〕 1999年教育部承办“两会”期间人大建议206件,政协提案312件。建议、提案主要集中在:深化教育改革,全面推进素质教育,坚定不移地实施科教兴国战略;调整现有教育体系结构,加快发展高中教育和高等教育;继续做好教育立法和执法;加大对贫困地区、少数民族地区的教育投入,普及义务教育;支持和鼓励社会力量办学;招生考试制度改革等。由于部党组高度重视,部内各司局和直属单位结合实际,认真组织办理工作。在办理工作中注重实效,认真吸收和采纳代表、委员的意见和建议,较好地完成了建议、提案的承办工作。

撰稿 郝广钧
审稿 牟阳春

基础教育

管理工作

〔**普及九年义务教育**〕 1999年，全国小学学龄儿童入学率达到99.1%，比上年提高0.2个百分点；辍学率下降到0.9%；小学五年巩固率为92.5%，比上年提高2个百分点；小学毕业生升学率达到94.4%，比上年提高0.1个百分点。全国小学、初中专任教师分别比上年增加4万人和9万人；学历合格率分别为95.9%和85.6%，分别比上年提高1.3和2.2个百分点。

1999年全国“普九”工作进入攻坚阶段，各级政府高度重视。1999年9～10月，全国人大常委会由5位副委员长亲自带队，分5路赴有关省（自治区、直辖市）进行《义务教育法》执法检查。各地认真贯彻落实《面向21世纪教育振兴行动计划》和第三次全国教育工作会议精神，继续贯彻“积极进取，实事求是，分区规划，分类指导”的原则，认真实施“两基”规划，较好地完成了1999年“普九”规划目标。1999年实现“普九”的县（市、区）共计188个（含其他县级行政区划单位28个），连同前五批验收通过的“普九”县（市、区），到1999年底，累计达到2 430个（含其他县级行政区划单位145个），人口覆盖率达到80%。

随着“普九”规划的实施，“普九”验收工作的重点已经转移到中西部经济文化欠发达地区。1999年验收通过的县（市、区）中，国家“八七”扶贫县有71个，占1999年验收通过县数的38%。全国592个国家级贫困县中，截止1999年底，已有272个通过了“普九”验收。

1999年实现基本普及初等义务教育县（市、区）64个（含其他县级行政区划单位8个）。连同前两批验收通过的“普初”县（市、区），累计达到180个（含其他县级行政区划单位17个），累计人口覆盖率为3.19%。

当前，义务教育工作存在一些突出的问题，必须采取有效措施加以解决。

首先，初中在校生辍学率有所回升。1999年全国初中在校生辍学率为3.28%，比上年上升0.05个百分点，其中农村初中在校生辍学率为4.2%。主要原因有：一些贫困地区的家庭因经济困难无力承担孩子的学习费用；现行初中课程门类偏多，教材内容偏难，且不同程度地脱离生产生活实际，再加上有些学校只重视少数学生的“应试教育”，致使部分升学无望的学生失去学习的积极性和主动性。为此，教育部要求各级教育行政部门要坚持依法治教，制定特殊政策，加大对贫困家庭学生的资助力度。完善中小学助学金制度和“贫困地区义务教育助学金制度”，减免特困学生的杂费、书本费、寄宿费。教育部与团中央、全国少工委、民进中央联合组织城乡学校开展“手拉手”活动，为农村贫困地区学生提供旧的、可用的教科书及学习用品等。同时积极改革农村初中课程，引入获得“绿色证书”的课程与资源。

其次，由于人口波动原因，2000年前后我国将出现初中入学高峰，峰值为2002年，预计初中在校生将达到7 005万人，比1998年增长30.63%。部分地区校舍和师资不能满足需求，初中教育发展面临学龄人口激增和提高普及程度的双重压力，教育需求和供给矛盾将进一步尖锐。为了确保初中人口高峰期适龄少年入学，各级政府将采取新建校舍，扩大学校招生规模，充分利用小学空余校舍及成人、职业学校校舍，鼓励社会力量举办初中等方法解决校舍问题；通过实行教师满工作量制，返聘离退休教师，实行教师城乡统筹，选拔一批在校优秀中师生参加大学专科层次的培训、毕业后到初中任教等方法解决师资问题。

撰稿　谢敬仁
审稿　李连宁

〔**扫盲工作**〕　1999年，全国共扫除文盲299万人。全国青壮年文盲人数降到3 000万以下，青壮年非文盲率提高到94.5%。截止年底，一、二片地区的24个省（自治区、直辖市）通过了教育部的抽查评估，按期实现了基本扫除青壮年文盲的目标，人口覆盖面达到85%。全国累计已有2 500多个县级单位的扫盲工作通过了省级政府的检查验收。

教育部调整了三片地区扫盲评估指标。4月，印发了《关于对2000年三片地区扫盲工作主要指标要求的意见》，对三片地区到2000年的扫盲工作评估指标作了适当调整，主要是改变了原来县县达标的要求，改为在90%人口覆盖地区使青壮年非文盲率提高到85%以上。

完成了全国扫盲工作部际协调小组成员的调整工作。教育部部长陈至立任组长，教育部副部长吕福源、全国妇联副主席、书记处书记华福周、共青团中央书记处书记胡春华任副组长。协调小组还聘请了全国人大常委会副委员长、全国妇联主席彭珮云任顾问。

1999年召开了两个有关扫盲的国际会议。一是10月5日～15日在重庆西南师范大学扫盲教育研究与培训中心召开第十七届亚太地区扫盲读物编写人员培训研讨会，18个国家的30余位专家参加了会议，会议主要就革新扫盲读物进行了研讨。二是10月18日～22日在北京召开“第三届亚洲扫盲论坛”，21个国家的近100名专家和国内150名专家、学者、扫盲工作者共250多人参加了会议。教育部部长陈至立出席了会议开幕式，并介绍了中国教育改革和发展的情况。教育部副部长吕福源在会上作了《中国扫盲教育的成就和展望》的主题报告。各国代表在妇女、女童、边远贫困地区、少数民族扫盲，扫盲管理、读物开发、督导评估等方面进行了交流。会议还就高等教育在扫盲中的作用、扫盲与社区建设、扫盲与家庭教育、扫盲政策规划、发展远景等进行了讨论。

教育部组织扫盲工作检查团分别对江西、陕西、四川、新疆、重庆5省（自治区、直辖市）的扫盲工作进行了抽查评估。结果表明，这5个省（自治区、直辖市）的扫盲工作达到了现阶段国家规定的基本扫除青壮年文盲的目标。

开展了有关扫盲工作的表彰奖励活动。9月，教育部印发了《关于表彰第四届“中华扫盲奖”先进个人和单位的决定》，表彰先进个人130名、先进单位176个。11月，教育部、财政部联合印发了《关于奖励全国扫除文盲工作先进地区和单位的决定》，对四川等11个省（自治区、直辖市）政府和新疆生产建设兵团进行奖励。教育部还会同全国妇联联合印发了《关于表彰第五届“巾帼扫盲奖”先进个人和先进集体的决定》，表彰先进个人100名、先进集体30个。

撰稿　朱东斌

审稿　王建国

〔**发展高中阶段教育**〕　教育部于1999年8月印发了《关于积极推进高中阶段教育事业发展的若干意见》。

《意见》指出：(1)各地要积极发展包括普通教育和职业教育在内的高中阶段教育，城市和经济发达的地区要有步骤地普及高中阶段教育，满足初中毕业生接受高中阶段教育的需求。(2)积极发展高中阶段教育要处理好改革、发展与稳定的关系，速度、规模与质量、效益的关系，高中阶段教育的发展与“普九”的关系，近期发展与长远发展的关系以及普通高中教育发展与中等职业教育发展的关系。(3)发展高中阶段教育要充分利用现有教育资源。通过学校布局调整、高初中分离、重点校与薄弱校联合办学等形式挖掘潜力；鼓励重点职业学校、特色专业自主确定招生规模、跨省招生；鼓励农村职业学校招收应届初中毕业生或具有同等学力的学生；鼓励成人中专扩招应届初中毕业生。(4)对民间办学实行包括无偿提供办学用地，免收配套费用等优惠政策；鼓励条件好、质量高的公办普通高中和职业学校在有关政策的指导下与社会力量联合举办民办学校；鼓励有条件的高校采取民办机制举办特色高中。(5)各地要在充分考虑当地群众的承受能力的基础上，经有关部门批准，适当提高高中阶段学费在培养成本中的比例，同时建立和完善助学金制度。(6)深化学校内部管理体制改革，充分发挥教师潜力，采取多种措施向社会招聘合格教师，以满足高中教育发展的需要。《意见》要求各地要解放思想，实事求是，周密部署，平稳操作，同时要认真研究制定今后发展高中阶段教育的方案。

撰稿　刘月霞

审稿　朱慕菊

〔**中小学信息化教育**〕　1999年，教育部基础教育司印发了《关于加快中小学信息技术课程建设的指导意见（草案）》（征求意见稿），初步提出实施规划目标，即全国普通高中最迟于2001年秋季从高一年级开始开设信息技术必修课程；城市初中最迟于2001年秋季从初一年级开始开设信息技术必修课程；经济比较发达地区的初中，最迟于2003年秋季从初一年级开始开设信息技术必修课程；其他地区的初中，最迟于2005年秋季从初一年级开始开设信息技术必修课程。城市和经济比较发达地区的小学最迟于2005年新学年普及信息技术教育；其他地区的小学最迟于2010年新学年普及信息技术教育。同时要求各地从实际出发，积极进取，在有条件的地方争取实现以上目标。

在2000年即将颁发的《全日制普通高级中学课程计划（试验修订稿）》中，已经首次将信息技术列为必修课，占到必修学科课时比重的3.17%，并于2000年秋季开始在全国10个普通高中课程改革试点省市率先开始。

继续扩大“全国中小学信息技术教育实验区”范围。1999年教育部确定15个信息技术教育实验区，分布在全国近10个省市。实验区将在承担国家级信息技术教育实验研究的基础上，在信息技术学科教学、辅助教学、辅助管理、利用信息技术推进教育整体改革等方面起示范作用。2000年教育部将再确定一批实验区。

积极筹建“中国基础教育网站”。由教育部基础教育课程教材发展中心与北京师范大学合作建立的中国基础教育网站将于2000年3月开通。网站将充分体现教育部对基础教育的正确引导，将对基础教育改革发展、教育观念更新和全面实施素质教育起到导向作用。网站内容建设将遵循权威性、综合性、开放性的原则，为学校、家庭、社会和教师、学生、家长提供基础教育方面的有关政策法规、课程教材改革信息、专题内容介绍等。

撰稿　郑增仪
审稿　王建国

〔**中小学心理健康教育**〕　教育部于1999年8月印发《关于加强中小学心理健康教育的若干意见》，要求各地从2000年秋季开学起，大中城市有条件的中小学要逐步开展心理健康教育。小城镇及农村中小学也要从实际出发，逐步创造条件开展心理健康教育。《意见》指出中小学心理健康教育的主要任务，一是对全体学生开展心理健康教育，增强学生承受挫折，适应环境的能力，培养学生健全的人格和良好的个性心理品质；二是对少数有心理困扰或心理障碍的学生进行咨询和辅导。《意见》提出了开展中小学心理健康教育应遵循的基本原则。即要根据学生心理发展特点和身心发展的规律，有针对性地实施教育；要面向全体学生，通过普遍开展教育活动，使学生对心理健康教育有积极的认识，使心理素质逐步得到提高；要关注个别差异，根据不同学生的不同需要开展多种形式的教育和辅导；要以学生为主体，充分启发和调动学生的积极性。《意见》还就心理健康教育实施的途径，组织领导，师资队伍和条件保障等方面提出了具体要求。

在《意见》下发后，为了更好地指导各地开展心理健康教育，教育部成立了中小学心理健康教育咨询委员会，并委托北京、上海、四川、天津、陕西、辽宁、石家庄等7个地区和北京师范大学、东北师范大学和华中师范大学等3所师范大学开展实验工作。

撰稿　吕同舟
审稿　王建国

〔**命名100个全国青少年科技教育基地**〕

1999年12月9日，科技部、中宣部、教育部和中国科协决定命名北京自然博物馆等100个单位为“全国青少年科技教育基地”。这是实施科教兴国，培养青少年创新精神和实践能力，充分开发和利用社会科普资源，广泛地向青少年传播和普及科学知识、科学方法和科学精神的一项重要举措。此次命名的100个全国青少年科技教育基地均是在青少年科技教育工作方面具有示范功能和较大影响的单位或机构。包括：博物馆、科技文化场馆、青少年科技馆、国家重点实验室、国家工程研究中心、动植物园区、海洋馆、自然保护区、科技名人纪念场馆、自然遗产、文化保护地和其他面向青少年进行科技教育的单位。特别是江苏省启东市大江中学，由于该校重视对学生的科技素质培养，重视学校科技活动场所建设，表现突出，也被定为100个全国青少年科技教育基地之一，将在中小学科技教育中起到示范和表率作用。

为了充分发挥100个全国青少年科技教育基地的示范作用，科技部、中宣部、教育部和中国科协将进一步规范和指导青少年科技教育基地不断发展，同时也将进一步推动国家重点实验室向中小学生开放。1999年教育部已在所属高等院校开展了重点实验室向中小学生的开放工作。

〔**中小学生竞赛活动管理**〕 1999年，教育部决定将以中小学生为主的全国性或跨省、自治区、直辖市举办的各类竞赛活动的审批权限下放到省级教育行政部门，教育部不再审批和公布竞赛项目。教育部在印发的《中小学竞赛活动管理若干规定》中规定了义务教育阶段原则上不得举办数学、物理、化学、生物、外语等学科性和读书、征文等的全国性或跨省（自治区、直辖市）的竞赛活动；科技类竞赛活动，如：“三模一电”、发明创造等活动可依惯例继续举办。《规定》强调，未经有关教育行政部门批准或同意，任何单位或个人均不得擅自组织中小学生参加各类竞赛活动。对经过批准的竞赛也要坚持学校和学生自愿参加的原则。举办各类竞赛活动不许收取活动费、报名费或其他各种名目的费用，不得推销或变相推销相关资料、书籍或商品等。

教育部上述《规定》下达后，各地相继出台了实施细则。

〔**中小学影视教育座谈会**〕 1999年3月20日～22日，教育部、文化部、国家广播电影电视总局在上海联合召开全国中小学影视教育工作座谈会。各省、自治区、直辖市主管中小学生影视教育的负责人和受表彰的先进集体代表和先进个人参加了座谈会。会议总结交流了近年来中小学影视教育工作的经验；表彰了北京良乡第二小学等25个全国中小学生影视教育工作先进集体和殷艳瑞等25名先进工作者；参观了上海市中小学影视教育场所。与会同志一致认为，近几年中小学影视教育的各项机制逐步健全和完善，发挥了较好的育人功能。原国家教委、广电部和文化部联合成立了“全国中小学生影视教育协调工作委员会”，相继出台了中小学生影视片评选、推荐等运作方案；在中央电视台影视频道开设了《青少年影院》栏目，定期播映优秀影视片；在中国教育报组织“让优秀影片进校园”的征文活动；部分省市也成立了相应机构，相继制定并形成了各具特色的影视教育措施、思路，一些省、市开展影视教育以百部爱国主义影片为主要抓手，以群众性的影视活动为载体，以爱国主义、集体主义、社会主义教育为导向，将其列入精神文明建设总体规划之中，使影视教育成为帮助学生形成良好思想品行、增强学生实践能力、创新意识，提高学生综合素质的重要途径。有的还尝试把影视片向课堂教学延伸，优化课堂教学过程，受到中小学生的欢迎和喜爱。

撰稿　王新立

审稿　王建国

教学改革与教材建设

〔**基础教育课程改革**〕 1999年教育部正式启动新一轮基础教育课程改革。国家基础教育课程改革项目是“跨世纪素质教育工程”中的重点项目，是基础教育“面向世界、面向现代化、面向未来”改革的重大举措。由国家拨专款设立。项目的主要目标是建立一个适应21世纪需求的、充分体现基础教育性质和素质教育精神，促进每个学生全面发展，让学生真正成为学习主人的基础教育课程新体系。项目涉及课程改革，总体规划、课程目标、课程标准、课程结构、教材的编写与管理、课程实施、课程评价以及课程管理政策等各个方面，涵盖学前教育、小学教育、初中教育和普通高中教育的课程。

在调查研究的基础上，教育部对课程改革确定了9个工作项目。即：制定基础教育课程改革指导纲要，制定基础教育课程计划，制定基础教育课程标准，建立基础教育课程评价体系，建立基础教育课程管理体系，课程资源（包括教材）开发与管理系统的研究，基础教育课程改革实验与推广，调整现行中小学课程计划与教学大纲，组织基础教育课程理论研究等。

进行基础教育课程改革将引发教育理念、教育体制、师资培训、社会环境等诸多方面的广泛而深刻的变革，为了保证工作的顺利进行，必须坚持民主参与与科学决策相结合的原则。教育部成立了基础教育课程改革专家工作组，同时为了保证课程改革工作的连续性，培养和建立一支基础教育课程改革的专业队伍，教育部在北京师范大学等8所师范大学设立基础教育课程改革研究中心，动员8所师范大学、中央教育科学研究所、课程教材研究所等基础教育专业研究力量、各省基础教育科研人员、教研人员和广大的中小学教师积极参与。

国家基础教育课程改革工程第一阶段的任务从1999年正式启动，计划到2003年完成，大约需用5年的时间。1999年，主要进行项目的总体规划及组织，制定基础教育课程改革指导纲要，组织制定义务教育阶段课程计划，组织研制新的义务教育阶段的语文、数学、英语课程标准和加快中小学信息技术课程建设的指导意见等，着手修订义务教育阶段现行10个学科教学大纲，以及在“两省一市”试验的普通高中课程计划和8个学科教学大纲。

撰稿　于长学
审稿　朱慕菊

〔**初中毕业、升学考试改革**〕 1998年教育部印发了《关于中考语文考试改革试点工作的指导意见》，并在全国7个地市组织实验，取得了较好效果。在总结语文中考改革经验的基础上，1999年4月教育部印发了《关于初中毕业、升学考试改革的指导意见》，对初中毕业、升学考试进行全面改革。

改革的重点，一是改革考试内容，二是完善与考试改革相应的管理机制。《指导意见》要求各科命题都要注重考查学生运用知识分析问题、解决问题的能力，要有利于发挥学生的创造性，要符合学科特点。禁止出偏题、怪题。在考试管理上要求严格控制考试科目数。每年毕业、升学考试后要组织对考试题目的科学评估，并将评估结果向社会公布，加强舆论监督。教育部在印发《指导意见》之后，即着手组织北京师范大学、华东师范大学的有关专家，对1999年全国部分省、自治区、直辖市的初中毕业、升学考试试卷和考试管理等工作进行调查与评估。

撰稿　杨秀梅
审稿　朱慕菊

〔**中小学教学用书管理**〕　1999年对中小学教学用书加强了规范化管理。草拟了《中小学教学用书管理暂行规定》(征求意见稿)，下发各地征求意见。与此同时，对《中小学教学用书目录》进行了清理和重新编排。在印发《2000年秋季中小学教学用书目录》的通知中，就加强和规范教学用书管理提出了要求：(1)《2000年秋季中小学教学用书目录》分为教科书、教师用书和图册、挂图及电子音像等选用教材三个部分。教科书为学校的必选部分，每个学校每门学科只能为学生选订一种、一本；教师用书仅供教师教学使用，不得为学生征订。图册、挂图及电子音像等选用教材，学校应根据本校教学实际和学生自愿的原则选择使用。(2)各地要严格按照《2000年秋季中小学教学用书目录》制订本地中小学教学用书目录，要以减轻学生过重负担为原则，对本地书目进行清理规范，并规定除本省、自治区、直辖市在审查权限内审查通过的教材外，不得在本地各级(省、市、县)书目中加入非《2000年秋季中小学教学用书目录》中的任何其他教材，在规定范围内按正常程序进行试验的教材除外。(3)各地要遵循教材多样化的精神，至少推荐两种以上经审查通过的教材，供本地学校选用(仅有一种审查通过的教材除外)。(4)各地教育行政部门要与当地出版部门共同对教材征订工作加强管理，严禁任何部门、团体、机构、学校随教材征订摊派、夹带各类习题集、练习册、试题集、考试卷以及各种课外读物等，也不得组织和要求学生购买各种专题教育读本、活动课程教材以及学习材料等。(5)各地要严格控制教科书价格，为广大农村地区，尤其是贫困地区提供质优价廉的黑白版教科书。

撰稿　王安华
审稿　金学方

〔**中小学教材审查**〕　1999年度中小学教材审查工作围绕推进素质教育，减轻学生过重负担，提高教材编写质量，推动课堂教学改革展开。审查重点放在电子音像教材上。

电子音像教材的审查。1999年送审的电子音像教材品种多，数量大，既有常规的音像教材如录音带、投影片、幻灯片、录像带，也有VCD、多媒体计算机软件。

全年共审查小学思想品德、语文、数学、社会、自然；中学思想政治、语文、数学、化学、地理、生物、英语、美术、音乐、体育15个学科的录音带188盒、录像带67盘、投影片6 153片、VCD光盘18片、CD光盘46片、计算机教学软件17套（其中6片磁盘、72片光盘）。其中的162盒录音带、57盘录像带、1 096片投影片、12片VCD光盘、46片CD光盘和8套计算机教学软件（包括6片磁盘、29片光盘）初审通过；有9盘录像带、2 805片投影片和1套4片计算机教学软件光盘需2000年复核、复审；26盒录音带、1盘录像带、2 252片投影片、6片VCD光盘和36片计算机教学软件光盘未予通过。审查表明，随着现代教育技术的发展，电子音像教材取得了长足的进步，特别是计算机多媒体软件质量有了很大提高。一批有丰富教学经验的中小学教研人员和教师参与开发软件，使教学软件开始摆脱应试教育的影响，不再是习题册、练习册的翻版，而是注重了教材的思想性、科学性和适用性，着重开发教学支持系统平台，使教师可根据自己的教学经验，组合设计教学课件，从而改进课堂教学方法，提高课堂教学质量和效率。虽然电子音像教材有了较大进步，但仍存在一些值得注意的问题。如：有些音像教材以旧版本的文字教材为依据，与当前使用的教材不配套；这次审查的教材大部分都或多或少有不同程度的科学性或思想政治性的错误；有些教材对于相关媒体功能运用得不好，没有充分发挥媒体本身的作用；一些投影片幻灯片制作厂家，特别是老的厂家，把滞销的旧产品送审，这些投影片的面积较小，技术粗糙，画面不清晰；还有些组合投影片，由于多次复合，透光度不好，投影效果差等。在这次审查中，有2 252片投影片需重新送审，占送审量的36%；有30片计算机软件光盘版需重新送审，占送审量的近42%，另有6片计算机软件光盘版不予通过，占送审量的8%。

文字教材的审查。中小学文字教材审查工作会议和复审工作会议分别于4月和8月在济南市和长春市召开。

会议在审查之前对中学历史、地理学科的填充图册和小学社会、自然图册使用的必要性进行了研讨。审查委员认为这些图册具有练习册的特点，从减轻学生书包重量和学生购书的经济负担考虑，今后不再接受这类教材的送审，原审查通过的也不再上书目。会议审查了送审的小学思想品德、语文、数学、社会、自然、中学数学、化学、地理、历史、美术、音乐等11个学科的19套165册课本、2套6册图册和2套15册挂图，共190册。其中9套47册初审通过，12套125册经复审后通过，1套12册需重新送审，2套6册图册待复审。这次送审的教材质量比往年有长足进步。审查委员在教材审查过程认真贯彻中央关于减轻学生过重课业负担的精神，注意适当降低送审教材的难度，减少不必要的教学内容与习题。但各套教材在内容编排、体例、知识体系上特色仍不够鲜明。

撰稿　臧爱珍

审稿　金学方

幼儿与特殊教育

〔纪念幼教两个法规颁布10周年研讨会〕　1999年是《幼儿园管理条例》和《幼儿园工作规程》颁布10周年。教育部基础教育司于9月20～22日在天津市召开全国纪念幼教两个法规颁布10周年研讨会。全国各省、自治区、直辖市和部分省辖市、单列市教育行政部门的幼教处长或普教处长参加会议。会议的主要任务是：总结、交流10年来幼儿教育贯彻、实施两个法规的经验，分析、研究幼儿教育发展现状、存在问题及发展方向，探讨改革与发展的对策和思路。会上上海、天津、江苏、河北、贵州、青岛、广州、烟台等省市分别就贯彻实施两个法规，发挥主管部门职能，推进办园体制改革，促进幼教事业健康发展，发展农村幼儿教育，实施幼儿素质教育，深化教育改革，提高保教质量及0～3岁婴幼儿教育等问题进行了大会交流。

通过总结交流，与会代表认为，幼儿教育两个法规的颁布和实施，极大促进了幼教事业的发展，主要体现在：(1)两个法规的颁布，是幼儿教育走上依法治教的重要标志，推动了地方法规的建设，初步形成了幼儿教育从中央到地方依法治教、依法行政的体系。(2)坚持了在地方政府举办幼儿园的同时，多形式、多渠道发展幼儿教育的方针。在城市基本满足了幼儿入园的需要，在农村大力发展了学前一年的教育，有的地区已向学前两年延伸。同时，为满足边远贫困地区及少数民族地区、散居在山区、牧区、猎区、林区等偏僻地区的幼儿接受学前教育的需要，各种灵活多样的非正规的幼儿教育也得到了较大的发展。(3)建立和完善了“地方负责，分级管理和有关部门分工负责”的管理体制，明确了各部门及各级政府的责任。各地都把幼儿教育纳入地方发展规划，逐步理顺了管理体制。(4)两个法规所倡导的新的教育观念，充分体现了素质教育的内涵，通过10年改革的实践，使整个幼儿教育领域在教育观和儿童观上发生了根本的变化，促进了幼儿教育领域的深刻改革。(5)加强了师资队伍的建设和管理。组织了全国幼儿园园长的培训，建立了幼儿园教师合格证书考核制度，有效地促进了幼儿教育师资队伍整体素质和幼儿园管理水平的提高。(6)探索了在新形势下，幼儿教育发展的路子：继续坚持依靠社会力量发展幼儿教育的方针；深化改革，积极稳妥地推进幼儿教育的社会化；各级政府在城市规划建设中加强幼儿园的规划和建设等。

会议针对幼儿教育改革与发展中存在的一些问题，提出：(1)幼儿园作为教育机构，不能以盈利为目的，不能简单地把它推向市场。要坚持《幼儿园管理条例》中确定的幼儿教育发展方针，地方政府在办好一定数量的骨干、示范幼儿园的同时，要积极鼓励社会力量举办多种形式的幼儿园，形成以政府办园为示范、社会力量办园为主体的、正规与非正规相结合的多形式、多渠道发展的格局，不断扩大学前儿童受教育的机会。(2)进一步加强对幼儿教育改革与发展的指导。(3)继续推动农村特别是边远、贫困地区幼儿教育的发展。要加强乡镇中心幼儿园的建设，充分发挥其在农村幼儿教育中的骨干、示范作用。(4)实施素质教育，深化教育改革。(5)深化办园体制的改革，积极发展以社区为依托的、公办与民办相结合的幼儿教育。通过试验，研究和探索既适应社会发展和经济体制改革，又有利于幼儿教育事业发展的办园体制。

撰稿　李渝红

审稿　朱慕菊

〔**残疾儿童少年义务教育**〕　改革开放以来，全国残疾儿童少年义务教育事业快速发展，取得令人瞩目的成就。但是，“九五”以来发展速度减缓，特别是二、三片地区的发展相对滞后，与发达地区的差距有进一步扩大的趋势。教育部有关部门在深入调查研究和广泛听取各方面意见的基础上，决定在二、三片地区实施残疾儿童少年义务教育项目责任制，将大部分国家级特殊教育补助费用于二、三片地区，促进这些地区残疾儿童少年义务教育的发展。1999 年教育部有关部门与河北、山西、内蒙古、黑龙江、安徽、江西、福建、河南、湖北、湖南、海南、广西、重庆、四川、贵州、云南、陕西、甘肃、宁夏、青海、新疆 21 个省、自治区、直辖市教育行政部门正式签订《1999～2000 年残疾儿童少年义务教育项目责任书》。《项目责任书》对各地在 2000 年新建和改建的特殊教育学校数、特殊教育学校在校学生数、普通学校新建特教班数、特教班和随班就读残疾学生数和培训在职特殊教育教师数等提出了明确要求，《项目责任书》还明确规定 1999 年、2000 年两年国家特殊教育补助经费划拨额度，并要求各地切实落实地方配套资金，确保 2000 年项目目标的实现。

根据《项目责任书》规定，到 2000 年，21 个省、自治区、直辖市将新建普通学校特教班1 453个、新建特殊教育学校 97 所、改扩建特殊教育学校 133 所、并将培训在职教师 13 006人。各有关省（自治区、直辖市）如果能够完成责任书规定的指标，到 2000 年，21 个省（自治区、直辖市）在校残疾学生数（含特殊教育学校、普通学校特教班和随班就读学生数）将从 1998 年的 21 万多人增长到 37 万人，增长比率约为 76%。

教育部将根据《项目责任书》规定，补助有关省份国家特殊教育经费3 500多万元，并督促各地按时按量完成《项目责任书》规定的指标。

撰稿　王民养

审稿　王建国

〔**汉语双拼盲文暂缓推行**〕　按 1996 年中国残联、国家教委、民政部、国家语委和新闻出版署联合下发的《关于印发汉语双拼盲文“九五”实施方案》的通知要求，原国家教委基础教育司确定了北京、上海等 10 所盲校于 1996 年在低年级对汉语双拼盲文进行试点，并在盲校高中以上推行。10 所盲校对试点工作高度重视，从师资等各方面予以保证，做了大量工作。在执行《实施方案》过程中，试点盲校普遍反映，汉语双拼盲文在教学中还存在不少问题，如规则多，教与学难度大，超过小学低年级学生认知能力等。在1998年3月的试点盲校总结会上更集中反映了教学中的问题。为慎重起见，同时为全面、准确掌握情况，教育部基础教育司与中国残联教育就业部组织了由北京师范大学、国家语委等盲教、盲文专家和盲校骨干教师组成的评估组对该盲文教学效果进行系统评估。评估组分别对5所汉语双拼盲文试点学校和5所使用现行盲文的学校进行了测试、书面问卷和访谈等多种形式的调查，对数万数据进行了分析研究。评估结果表明：汉语双拼盲文目前在盲校推广的条件尚不成熟。据此，中国残联、教育部、国家语委于1999年9月联合发出《关于暂缓在盲校中推行汉语双拼盲文的通知》，决定“暂缓在盲校义务教育阶段推广汉语双拼盲文”，“盲校的高中阶段由学校自行决定选学汉语双拼盲文”。《通知》高度评价了10所盲校的试点工作，并要求他们妥善处理好试点学生的文字转换工作，确保学生正常学习。

〔特殊教育工作研讨会〕 1999年12月中旬，教育部基础教育司和中国残联教育就业部在黑龙江省齐齐哈尔市召开“全国特殊教育工作研讨会暨资助残疾儿童少年接受义务教育试点工作经验交流会”。各省、自治区、直辖市教育行政部门主管特殊教育的处长和干部，各省残联有关部门的负责人以及开展资助残疾儿童少年接受义务教育试点工作的部分地（市）、县（市）代表共100余人出席了会议。会议汇报交流了各地近年来发展残疾儿童义务教育的措施和经验，结合筹备第三次全国特殊教育工作会议，研讨了面向21世纪中国特殊教育和残疾儿童义务教育发展的方针、政策及应采取的措施，听取了资助贫困残疾儿童少年接受教育的经验介绍，考察了齐齐哈尔的龙江、泰来两县实施情况。会议要求各地认真做好第三次全国特殊教育工作会议的筹备工作，研究提出特殊教育改革发展的思路和建议；落实残疾儿童少年义务教育责任书目标并推动资助贫困残疾儿童少年接受教育工作；搞好“十五”特殊教育发展规划的研制等。

撰稿 王 洙

审稿 王建国

技术装备

〔**教学仪器设备行业管理**〕 1999年，全国共有337个工厂承担教学仪器设备生产任务。职工年平均人数为74 156人，其中工程技术人员12 366人。固定资产原值为97 373万元。全行业共完成工业总产值（不变价）199 000万元，其中教学仪器设备总产值79 619万元。利润总额完成11 789万元，税金总额完成11 483万元。完成教学仪器设备产值（当年价）1 500万元以上的省市有：江苏、浙江、上海、福建、湖北、河南、北京、四川、宁波、辽宁、广东、江西、安徽、河北、天津和甘肃。

在行业管理方面：(1)召开了部分省市教育技术装备部门负责人座谈会，研究在新形势下教育技术装备工作如何深化改革，为全面推进素质教育服务等问题。(2)印发了《关于进一步加强中小学教育技术装备工作的意见》和《初、中等学校校园网建设规范（征求意见稿）》。(3)制订了技术装备工作“十五”期间规划目标及2015年长远规划目标。(4)调整和修改了《中学理科教学仪器配备目录》和《小学数学、自然教学仪器配备目录》。(5)举办了第38届、39届全国教学仪器设备展示订货会，两次会议总成交额8亿元人民币。(6)完成两个教学仪器设备新产品的部级鉴定，通报了1998年省级新产品鉴定备案情况，审查了1999年18个省市上报的94家工厂研制的427个省级新产品的鉴定备案材料。(7)审查和修改了《验证遗传规律玉米标本》等11个教学仪器设备行业标准。(8)参加国家计量认证评审组对教育部教学仪器研究所检测室进行的计量认证初审、复审工作，发布教育部教学仪器研究所检测室通过国家计量认证的通告。(9)筹备第五届全国自制教具评选表彰活动。(10)组织召开了加快中小学信息技术教育座谈会、中小学开设信息技术必修课和收集计算机并开展捐赠工作座谈会。

1999年产品销售收入为198 248万元，出口交货值为9 154万美元，其中教学仪器3 250万美元。1999年技术改造更新措施投资计划为2 000万元，实际完成2 000万元。

撰稿　俞伟跃

审稿　金学方

教 育 督 导

〔**国家督学会议暨教育督导先进集体、先进工作者表彰会**〕 1999年1月9日～10日，第五届国家督学会议暨全国教育督导先进集体、先进工作者表彰会在北京举行。教育部部长陈至立、副部长吕福源出席会议并讲话。陈至立在讲话中强调，教育督导要在落实《面向21世纪教育振兴行动计划》中发挥应有的作用。国家督学和各级督学及教育督导工作者，要勇于开拓，积极进取，把教育督导工作推向一个新阶段，逐步形成面向21世纪的适应中国中等及中等以下教育改革和发展的教育督导与评估体系。国家督学要加强教育理论和有关教育的法律、法规、方针政策的学习，应成为教育部的参谋和顾问。要加强调查研究，为教育部决策提供合理化的意见和建议，为建立和完善我国的教育督导制度作出贡献。

会上，陈至立等为54位第五届国家督学颁发了聘书，并向受到表彰的59个教育督导工作先进集体和108位先进工作者颁发了荣誉证书。

〔**全国教育督导室主任会议**〕 1999年3月25日～28日，教育部督导办在福州市召开1999年度全国教育督导室主任会议。教育部督导办负责同志在会上作了题为《抓住机遇，积极进取，努力开创教育督导工作新局面》的工作报告。会议总结了1998年的教育督导工作，交流了各地教育督导与评估工作的进展和经验，参观考察了福州市的部分中小学校，对1999年的教育督导工作进行了部署。

会议认为，1998年各地按规划推进“两基”和“两全”的督导评估工作，取得新进展。一是教育部督导机构独立设置，我国教育督导工作进入一个新阶段，为落实依法治教提供了组织和制度保证。二是各地教育督导部门逐步建立健全各项工作制度，创造了不少好的经验。如：督导部门与审计部门结合依法督查“两基”经费执行情况，追回数亿元的教育经费；逐级建立适龄儿童文化户口和入学表册制度，保证了普及教育工作落实到每个适龄儿童少年；各地普遍建立的“两基”年检或复查制度，为“两基”达标后的巩固提高提供了保障机制。特别是一些省在“两基”达标后，适时建立了省的教育现代化目标或教育强乡镇、强县区的督导评估机制，调动了地方政府落实科教兴国战略，提高了当地教育发展水平。有的省在实现“两基”后提出了农村教育改革措施，开展了创建标准化农村初中的督导评估工作。教育督导加强了对政府履行教育责任的监督，推动了政府教育行为的落实。二是督导部门在推动素质教育中做了创造性的工作。如开展

“三教统督”的督导评估；以学校自评为基础的等级评估制度；“实施素质教育督导检查千里行”活动；以及一些地方作为政府自律行为的“同级监督”等，都取得了很好的效果。四是地方教育督导法制建设不断加强。深圳和厦门两市人大通过并颁布了《教育督导条例》，北京市政府颁布了《北京市教育督导规定》。这些地方法规基本反映了现阶段有中国特色的教育督导制度的基本框架，对加强和完善我国的教育督导制度建设起到了积极推动作用。

会议就如何做好今后的教育督导与评估工作提出以下意见：(1)坚持“两基”“重中之重”的地位不动摇，加强对“两基”的督导，保证“两基”质量。(2)努力完善“督学”制度，推动中小学实施素质教育。会议要求在实现“两基”的地方，在抓好“两基”巩固提高的同时，要把工作重心逐步转向以推进素质教育为中心的督学工作上来。如规范学校办学行为的督导评估；对校长、教师工作的科学评价，对学生学习水平的评价；对学校督导评估结果与分配升学指标挂钩的中考制度改革等，推进素质教育的发展。

撰稿　程锦慧
审稿　于　芳

〔**开展基础教育专项督导检查**〕　为巩固“两基”工作成果，推进素质教育，解决当前基础教育领域的热点、难点问题，教育部于1998年初发出《关于在全国开展基础教育专项督导检查的通知》，要求全国各省(自治区、直辖市、新疆建设兵团，下同）在1998和1999两年，开展落实教育经费政策、加强薄弱学校建设、执行课程计划、减轻学生过重课业负担等情况的专项督导检查。到1999年底，各地督导部门与有关部门结合，认真开展了专项督导检查。

由于各级政府的重视和教育行政部门的努力，专项督导检查取得了较好的效果。如江西省赣州市章贡区原来没有开征农村教育费附加，通过对教育经费政策落实情况的专项督导检查，当年开征征收300万元。山西省在专项督导检查中，对欠征、挪用和欠拨教育费附加以及用教育费附加冲抵财政拨款现象，采取边查边改，全省补征、返还约1 800多万元。河南通过督查，滑县追补1998年教育事业费1058.76万元。商丘市自查自纠，补上了欠拨的教育经费1879.2万元，补征教育费附加1190.1万元。湖南通过督查的50个县，共追补教育事业费8587.25万元。

专项督导检查中发现的成绩和问题：

教育经费政策落实情况。总的看，各级政府能根据《教育法》及国家和地方政府有关教育经费的规定和政策，坚持以财政拨款为主，多渠道筹措教育经费，基本做到“三个增长”。但教育经费政策不落实、投入不足的问题在不少地方仍然比较突出，主要表现在以下几个方面：一是许多地方教育经费不能做到“三个增长”，特别是财政预算内教育事业费的增长比例很难高于地方财政经常性收入的增长比例。二是一些地方生均公用经费严重不足，增长比例逐年下降，特别是农村尤为突出。三是城乡教育费附加征收不到位，有的地方截留、挤占、挪用教育费附加现象十分严重。四是拖欠教师工资的现象依然严重。

薄弱学校建设情况。据报告，各地把加强薄弱学校建设作为巩固发展“普九”成果、实施素质教育的重要举措，以此为突破口，缓解择校矛盾，治理“高收费”、“乱收费”。北京市政府1996年发出《关于加强基础薄弱学校建设的通知》，市政府和各城郊区政府，市教委和各城郊区教委分别签订了“加强基础薄弱学校建设责任书”。同时，市教委还印发了《北京市加强基础教育薄弱学校建设规划》和《北京市加强基础教育薄弱学校建设工作方法》。为改变基础薄弱学校面貌，市政府从1996年～1998年每年拨专款3 000万元，各区政府按1∶2的比例配套专项资金，使基础薄弱学校的办学条件明显改善。江苏省在1996年实现“两基”目标后，1997年全面启动“改薄”计划。自1997年起，连续3年召开全省“改薄”工作会议。省财政每年安排约5 000万元专项经费，1997～1998两年，全省共投入2亿元，完成2 960所薄弱学校改造任务。1999年完成1 000多所。但是必须看到，改造薄弱学校建设的任务还十分艰巨，有些地区由于受经济发展缓慢的制约，办学条件难以尽快改善。特别是一些贫困山区还存在管理水平差，教师素质和教育质量低的情况。无论是城市还是农村的基础薄弱学校由于生源差，教师的教学任务重，很难吸引优秀干部、教师到学校工作，新分配的大学毕业生思想不稳定，有些应届师范毕业生也分不进去，这种情况，严重制约着教育质量的提高。

执行课程计划情况。近年来开展学校督导评估工作，学校对执行课程计划的重要性、严肃性认识有所增强。多数学校能执行课程计划，自觉纠正违背教学规律的一些做法，规范自己的办学行为。特别是非升学考试科目课程的开设和授课得到了加强。吉林省从1998年全省开始的新一轮中小学校办学水平督导评估中，将执行课程计划作为重要内容，全年共督导评估2 527所学校。针对执行课程计划非升学考试学科教学工作薄弱的实际情况，从1997年起连续三年开展了小学思想品德课，中小学音乐、美术、体育、劳动技术等课的督导评估，促进了学校严格执行教学大纲和课程计划，在学生活动总量不增加的前提下，开齐学科，开足课时。据各地反映，由于各种原因，当前有些课程特别是非升学考试学科课程不能开齐的问题还比较突出。

减轻学生过重课业负担情况。几年来，各级政府认真贯彻国家关于减轻学生负担的精神，采取了整改措施，取得了一定的成效。从检查情况来看，减负工作任务十分艰巨。目前中学普遍存在双休日上课现象，尤其是初中和高中毕业班更加突出；不少学校还存在按学习成绩给学生排名次，学生在校活动时间长，书面家庭作业严重超规定，滥发资料，频繁考试等违规做法。据重庆市的调查，小学生课业负担趋于合理，中学生课业负担仍然很重，并且发展不平衡。中小学生课业负担表现出：课内不重课外重，活动不重学科重，副科不重主科重，非毕业班不重毕业班重，乡村不重城镇重的态势。减负效果表现出学段差异，小学比初中好，初中比高中好，一般中学比重点中学好。

撰稿　马书义

审稿　于　芳

〔**教育督导机构建设**〕　1999年，各级政府和教育行政部门重视教育督导机构和队伍建设。已有21个省、自治区、直辖市及新疆生产建设兵团和占全国地（市）总数61%及占全国县（市、区）总数52%的督导机构称为人民政府教育督导机构。在督学队伍建设上，全国有近2/3的省、地、县督学的年龄结构和人员构成逐渐趋于年轻化、知识化。到1999年底，全国共有教育督导工作人员

29 014人，其中专职督学8 161人，兼职督学18 325人(含教育部聘请的总督学顾问、国家督学及各级教育督导机构从民主党派、无党派人士中聘请的特约教育督导员 2 737 人)。

全国教育督导机构情况表

省级机构名称	地(市、州、盟)				县(市、区)及县级单位			
	总数	已建数	占总数的比例%	政府称谓	总数	已建数	占总数的比例%	政府称谓
北京市人民政府教育督导室	13	13	100	13	5	5	100	5
天津市教育局督导室	18	18	100	15	0	0	0	0
河北省教育督导室	11	11	100	3	172	167	97.1	57
山西省人民政府教育督导室	11	11	100	10	119	119	100	76
内蒙古自治区人民政府教育督导团	12	12	100	1	101	99	98	17
辽宁省人民政府教育督导团办公室	14	14	100	7	100	100	100	62
吉林省人民政府教育督导室	9	9	100	9	60	60	100	60
黑龙江省人民政府教育督导室	18	18	100	13	258	258	100	105
上海市人民政府教育督导室	20	20	100	20	0	0	0	0
江苏省教育督导室	13	13	100	5	111	109	98.2	30
浙江省人民政府教育督导室	11	11	100	11	88	88	100	60
安徽省人民政府教育督导团	17	17	100	5	105	94	89.5	39
福建省教育督导室	9	9	100	1	86	86	100	8
江西省教育督导室	11	11	100	0	99	92	92.9	27
山东省人民政府教育督导室	17	17	100	17	139	136	97.8	106
河南省教委督导室	18	18	100	4	158	158	100	59
湖北省人民政府督导室	12	12	100	12	101	100	99	100
湖南省人民政府督导室	14	14	100	13	122	122	100	122
广东省人民政府督导室	21	21	100	11	121	121	100	42
广西壮族自治区政府教育督导团	14	14	100	7	110	97	88.2	57
海南省教育厅督导室	2	2	100	0	21	21	100	0
重庆市人民政府教育督导室	2	2	100	2	42	42	100	41
四川省教委督导室	21	21	100	9	180	180	100	106
贵州省人民政府教育督导室	9	9	100	9	86	86	100	78
云南省教委督导团办公室	16	16	100	3	128	114	89	22
西藏自治区教育督导委员会	8	8	100	8	73	12	16.4	12
陕西省人民政府教育督导团	10	10	100	10	107	107	100	48
甘肃省人民政府教育督导办	14	14	100	11	86	86	100	56
青海省教委普通教育督导室	8	8	100	3	46	46	100	11
宁夏回族自治区教委督导室	4	4	100	0	24	23	95.8	0
新疆维吾尔自治区人民政府教育督导室	16	16	100	15	93	93	100	87
新疆生产建设兵团教育督导室	14	12	85.7	0	0	0	0	0
合计	407	405	99.5	247	2 941	2 821	95.9	1 493

全国教育督导队伍情况表

名称	省、自治区、直辖市						地（市、州、盟）				县（市、区）			
	编制	负责人级别	实有人数	专职督学	兼职督学		实有人数	专职督学	兼职督学		实有人数	专职督学	兼职督学	
					总数	特约			总数	特约			总数	特约
北京	17	正局兼	17	9	44	12	102	85	263	34	22	22	5	0
天津	8	副局兼	4	4	21	8	123	122	262	70	0	0	0	0
河北	4	正处	3	3	34	0	49	36	57	35	534	296	512	108
山西	7	正处	4	1	56	0	40	28	62	0	377	279	337	21
内蒙古	5	正处	3	3	16	4	27	26	10	0	256	252	82	4
辽宁	12	正处	8	5	0	0	92	70	18	3	437	378	79	11
吉林	6	正处	6	5	10	0	59	59	11	0	327	323	149	0
黑龙江	9	正处	9	9	5	2	59	55	53	33	504	433	423	36
上海	9	正局兼	7	5	51	10	162	153	314	89	0	0	0	0
江苏	5	正处	4	2	53	8	53	44	166	38	437	392	709	118
浙江	5	副厅兼	7	2	44	9	50	39	248	46	227	152	952	75
安徽	5	正厅兼	4	2	53	5	49	34	38	0	198	159	119	0
福建	15	正厅兼	10	10	12	10	67	65	70	23	422	422	334	92
江西	10	正处	10	2	15	0	27	18	72	20	197	114	243	102
山东	6	副厅	6	4	36	11	58	37	161	19	495	266	692	399
河南	4	正处	4	2	33	0	59	39	381	66	491	412	2 243	262
湖北	4	正厅兼	4	2	27	5	70	29	207	58	525	232	1 279	0
湖南	10	正厅	9	7	41	3	60	55	66	19	406	252	1 053	45
广东	5	正处	5	4	32	8	65	47	178	80	276	233	710	258
广西	6	区副主席兼	9	9	47	0	37	37	108	8	205	205	503	21
海南	3	正处	3	3	13	0	4	4	7	0	35	35	37	0
重庆	8	正厅兼	5	7	17	6	5	5	7	3	160	160	413	63
四川	4	正处	5	5	24	10	67	62	184	27	427	292	982	167
贵州	8	正厅兼	5	4	21	8	31	23	41	0	211	156	293	42
云南	5	正处	5	4	36	9	22	14	86	5	135	57	265	7
西藏	8	区副主席兼	5	0	13	0	12	0	0	1	0	0	0	0
陕西	7	副厅兼	4	4	48	1	49	44	80	1	425	278	359	1
甘肃	10	副厅兼	5	0	34	0	56	44	134	7	401	293	422	26
青海	20	正处	16	10	19	4	24	23	112	2	174	128	191	9
宁夏	4	副处	2	0	0	0	10	10	0	0	86	76	25	0
新疆	10	正厅兼	10	10	30	5	80	77	122	14	336	310	405	27
兵团	5	正厅	6	6	35	0	27	27	71	0	0	0	0	0
合计	244		204	143	920	138	1 695	1 411	3 589	701	8 726	6 607	13 816	1 894

注：此表数字未统计国家教育督导团58位国家督学（含总督学顾问4人，特约教育督导员4人，专职督学3人）和督导团办公室6名工作人员。

撰稿　程锦慧　廖　洁

审稿　于　芳

〔**“两基”督导工作会议**〕 为落实全国教育工作会议精神和研究解决“两基”工作中出现的新情况、新问题，教育部于1999年8月5日～7日在山西省太原市召开了全国“两基”督导工作会议。全国“两基”规划二、三片地区的省、自治区、直辖市和新疆生产建设兵团的教委主任，31个省、自治区、直辖市和新疆生产建设兵团的教育督导室主任出席会议。教育部副部长吕福源在开幕式上讲话指出，世纪之交，“两基”仍是教育工作的“重中之重”。必须继续抓紧推进“两基”工作，确保2000年“两基”目标的实现和达标后的巩固与提高。督导工作在督导“两基”的同时，还要贯彻全教会精神，督导素质教育，这是中国教育督导工作面临的新课题。要认真研究，明确思路，积极探索，务求不断取得新的进展。

会议认为，中国“两基”工作已经取得历史性进步，但对“两基”工作的成绩不能估计过高。“两基”工作已进入攻坚阶段，1999至2000年的工作任务十分艰巨。“两基”工作存在的主要问题是：相当多的地区义务教育投入政策不落实，没能做到教育经费的“三个增长”，城乡教育费附加征收严重不足；拖欠教师工资现象呈发展趋势；初中辍学率居高不下，个别地区甚至达到两位数；二片地区有的省份把2000年当做“两基”工作的末班车，出现了降低标准、追赶进度、弄虚作假现象；一些已通过“两基”验收的地区，出现了指标下滑的现象；下世纪初即将到来的初中入学高峰，给“两基”和巩固提高“两基”成果带来新的巨大的压力；全教会后，有的地方提出“重点转移”，将工作注意力包括地方财力转向发展高中阶段教育和高等教育等等，这些问题的存在，都给“两基”和巩固提高“两基”成果带来严重影响。

会议要求各地按照国家有关教育经费的法律和政策规定，确保地方财政对教育拨款的“三个增长”，并根据本地实际，增加本级财政支出中教育经费所占比例。要进一步依法足额征收、严格管理并合理使用城乡教育费附加。农村教育费附加实行乡征、县管、乡用，确保完全用于教育。要依法开展群众教育集资，同时制止中小学乱收费。要通过建立县级财政统筹发放教师工资的机制，解决拖欠教师工资问题，保障教师工资按时足额发放。

会议要求各地采取思想发动、困难补助、行政措施和法律约束等手段，控制初中辍学率。教育行政部门和学校要结合当地经济发展的实际，逐步改革初中教学内容和方法，以增强学生的学习兴趣，使学生真正做到进得来、留得住、学得好、用得上。同时，要抓紧研究初中入学高峰对策，及早规划，落实到县、乡。规划要充分挖掘现有校舍、师资的潜力，既要考虑初中学龄人口高峰期适当扩大学校规模问题，也要注意到高峰期过后资源的充分利用问题。要用改革的精神寻求解决初中学龄人口高峰问题的新思路，统筹安排和综合利用农村基础教育、职业教育和成人教育的校舍和师资。要充分利用“国家贫困地区义务教育工程”专款和配套资金弥补初中在校生高峰期教育经费的不足。

会议强调，各地在“两基”工作中，一定要坚持实事求是的原则，坚决不搞花架子，坚决反对弄虚作假。凡发现有弄虚作假行为的，要严肃查处。

会议要求认真抓好“两基”达标后的巩固与提高工作。多数地区要以巩固原有评估验收项目的指标要求为重点，充实现有办学条件，巩固普及程度，要加强师资队伍建设，搞好跨世纪的园丁工程，改革教学方法，提高教学质量，建立新的教师竞争淘汰机制，提高教师合格率。大中城市、少数经济和社会发展条件较好、“两基”基础较巩固的地区，可制定切实可行的提高内容。大中城市薄弱校、农村初中阶段教育、特殊教育、流动儿童少年就学、扫除妇女文盲和流动人口文盲等薄弱环节，要加大力度，实行倾斜政策，提高义务教育阶段整体办学水平。凡“两基”验收后不能保持指标要求的，先给予黄牌警告，限期整改，连续两年仍不能保持指标要求的，撤销其“两基县”的称号。对三片地区，要通过督导检查给予帮助和指导。

撰稿　于　芳
审稿　郭振有

〔**“两基”督导检查验收**〕　从1999年起，全国实施“两基”规划进入第三阶段。各地认真贯彻落实《面向21世纪教育振兴行动计划》和第三次全国教育工作会议精神，继续本着“积极进取，实事求是，分区规划，分类指导”的原则，认真实施本省“两基”规划，“两基”规划目标基本完成。1999年“两基”验收的县（市、区）中，国家“八七”扶贫县占到38%，比上年增长8个百分点。

8月，教育部在太原市召开“两基”督导工作会议，强调要严把质量关，保质保量完成“两基”，并印发《关于坚持标准，保质保量推进“两基”工作的通知》。各省加大了对弄虚作假行为的监察力度，对“两基”规划进度进行了适当调整。到1999年底，经省级人民政府评估验收和教育部审查，全国有20个省（自治区、直辖市）和新疆生产建设兵团的188个县（市、区，含其他县级行政区划单位28个）基本达到现阶段普及九年义务教育和扫除青壮年文盲的各项要求，被列入第六批实现“两基”县（市、区）名单予以公布。连同前四批公布的名单，截止1999年底，全国实现“两基”的县（市、区）累计达到2 430个（含其他县级行政区划单位145个），人口覆盖率达到80%。至此，一片地区9省（直辖市）有668个县（市、区）实现“两基”，所辖人口占一片地区人口总数的97.6%。二片地区13省（直辖市）有1 292个县（市、区，含其他县级行政区划单位31个）实现“两基”，所辖人口占二片地区人口总数的88.9%。三片地区9省（自治区）有470个县（市、区，含其他县级行政区划单位114个）实现“两基”，所辖人口占三片地区人口总数的52.5%。

撰稿　陈卫军
审稿　于　芳

附

第六批基本普及九年义务教育和基本扫除青壮年文盲县（市、区）名单

河北省　23个

赞皇县　滦平县　临西县　南和县　平乡县　新河县　任县　魏县　广平县　邱县　肃宁县　献县　阜城县　饶阳县　青龙满族自治县　馆陶县　顺平县　唐县　武强县　涿鹿县　万全县　崇礼县　围场满族蒙古族自治县

山西省　11个

岚县　交口县　榆社县　左权县　保德县　岢岚县　平鲁县　娄烦县　沁县　沁源县　平顺县

内蒙古自治区　14个

鄂温克族自治旗　奈曼旗　巴林左旗　林西县

西乌珠穆沁旗　商都县　清水河县　达拉特旗　伊金霍洛旗　鄂托克旗　乌拉特前旗　乌拉特中旗　五原县　磴口县

安徽省　1个
临泉县

江西省　5个
永丰县　永新县　遂川县　赣县　龙南县

山东省　6个
嘉祥县　鱼台县　梁山县　东明县　定陶县　荷泽市

河南省　13个
尉氏县　民权县　宁陵县　叶县　郏县　洛宁县　鹿邑县　淮阳县　商水县　沈丘县　延津县　上蔡县　泌阳县

湖南省　2个
新化县　溆浦县

广西壮族自治区　6个
鹿寨县　桂林市雁山区　平乐县　苍梧县　钟山县　防城港市港口区

海南省　4个
洋浦经济开发区　东方市　琼中黎族苗族自治县　陵水黎族自治县

重庆市　3个
潼南县　万州区龙宝管理委员会　万州区五桥管理委员会

四川省　23个
北川县　旺苍县　苍溪县　仪陇县　营山县　盐边县　大英县　蓬溪县　资中县　高县　珙县　渠县　达县　宣汉县　宝兴县　天全县　汉源县　汶川县　叙永县　通江县　南江县　安岳县　泸定县

贵州省　4个
开阳县　仁怀市　思南县　万山特区

云南省　21个
禄劝彝族苗族自治县　宣威市　师宗县　富源县　南华县　大姚县　双柏县　新平彝族傣族自治县　弥勒县　泸西县　景谷傣族彝族自治县　景东彝族自治县　祥云县　洱源县　漾濞彝族自治县　宾川县　腾冲县　昌宁县　施甸县　永胜县　临沧县

西藏自治区　1个
拉萨市城关区

陕西省　4个
府谷县　延安市宝塔区　泾阳县　留坝县

甘肃省　9个
平凉市　榆中县　庆阳县　镇原县　陇西县　临洮县　两当县　文县　武山县

青海省　2个
互助土族自治县　平安县

新疆维吾尔自治区　12个
巴里坤哈萨克自治县　和布克赛尔蒙古自治县　焉耆回族自治县　泽普县　喀什市　叶城县　温宿县　柯坪县　阿图什市　布尔津县　哈巴河县　福海县

新疆生产建设兵团　24个
41团　45团　46团　73团　75团　81团　82团　85团　86团　91团　奇台农场　军户农场　124团　126团　131团　142团　164团　166团　181团　183团　184团　190团　头屯河农

场　五一农场

〔**初等义务教育评估验收**〕　根据《国务院关于〈中国教育改革和发展纲要〉的实施意见》提出的“到2000年，占总人口10%的贫困地区重点普及五～六年小学教育”的目标，内蒙古、贵州等省（自治区）按照教育部《关于贫困地区普及初等义务教育评估验收工作的意见》提出的要求，本着“积极进取、实事求是”的原则，坚持标准，严格程序，认真扎实地对2000年前只能普及初等义务教育（以下简称“普初”）的县（市、区）进行了评估验收，较好地完成了今年“普初”规划目标。

截止1999年底，经省级人民政府评估验收和教育部审查，全国又有64个县（市，含其他县级行政区划单位8个）实现基本普及初等义务教育，连同教育部前两批公布的实现“普初”县（市、区），累计达到180个（含其他县级行政区划单位17个），人口覆盖率达到3.19%。

全国实现“普初”的县（市、区）都在三片地区。1999年实现“普初”县（市、区）所辖人口占三片地区人口总数的6.96%，连同教育部前两批公布的实现“普初”县（市、区），占三片地区人口覆盖率达到19.6%。

撰稿　陈卫军
审稿　于　芳

附

第三批基本普及初等义务教育县（市）名单

内蒙古自治区　5个
喀喇沁旗　翁牛特旗　多伦县　凉城县　察右中旗

贵州省　14个
道真仡佬族苗族自治县　水城县　镇宁布依族苗族自治县　黎平县　岑巩县　丹寨县　赫章县　纳雍县　织金县　毕节市　三都水族自治县　长顺县　贞丰县　安龙县

云南省　17个
大关县　巧家县　墨江哈尼族自治县　孟连傣族拉祜族佤族自治县　勐海县　沧源佤族自治县　宁蒗彝族自治县　维西傈僳族自治县　泸水县　兰坪白族普米族自治县　镇雄县　永平县　云龙县　江城哈尼族彝族自治县　广南县　富宁县　屏边苗族自治县

西藏自治区　11个
当雄县　墨竹工卡县　林周县　洛隆县　昌都县　工布江达县　措美县　曲松县　浪卡子县　康马县　白朗县

甘肃省　6个
临潭县　舟曲县　卓尼县　康乐县　广河县　岷县

青海省　2个
尖扎县　同仁县

宁夏回族自治区　1个
隆德县

新疆生产建设兵团　8个

5团　49团　50团　团结农场　165团　170团　182团　红星一牧场

〔印发加强教育督导与评估工作意见〕

为贯彻全国教育工作会议精神，指导各地开展教育督导工作，教育部于1999年8月印发《关于加强教育督导与评估工作的意见》（以下简称《意见》）。《意见》明确教育督导与评估工作的性质、任务，中央和省级督导机构的职责，以及今后教育督导与评估工作的指导思想。一是建立和完善“两基”督导检查和巩固提高复查制度。二是建立全面推进素质教育的督导评估制度。着重检查《中共中央国务院关于深化教育改革全面推进素质教育的决定》中对地方政府提出的要求是否落到实处，推进素质教育工作是否扎实而有成效。三是建立对地方教育行政工作的督导检查制度。包括：建立对地方各级政府贯彻执行《教育法》、《义务教育法》、《教师法》、《职业教育法》、《扫除文盲工作条例》、《残疾人教育条例》、《社会力量办学条例》等法律法规的督导检查制度；建立对地方各级政府实施科教兴国战略和教育优先发展战略地位的督导检查制度；开展对区域性教育综合水平的督导评估。推动政府教育行为的全面到位；围绕教育的中心工作，针对教育的热点、难点问题，有计划地开展专项督导检查工作。

《意见》要求各地要按照原国家教委印发的《关于当前积极推进中小学实施素质教育的若干意见》和《普通中小学校督导评估工作指导纲要（修订稿）》的要求，以监督和引导学校实施素质教育为中心内容，全面开展对普通中小学校的综合督导评估工作。引导学校逐步把升学竞争转变为提高办学水平和提高教育质量、效益的竞争。

《意见》指出，各级政府和教育行政部门要加强和改善对教育督导与评估工作的领导，切实加强教育督导的法规和规章制度建设，争取经过几年的努力，从中央到地方初步形成教育督导的法规体系和依法督导的工作程序；要进一步加强教育督导评估工作机构和队伍建设。建立与教育督导职责相适应的教育督导机构，明确督导机构和督学的职能和权限，要充分发挥国家督学和各级督学的作用。

撰稿　崔立双
审稿　于芳

〔推进素质教育实验县（市、区）工作〕

教育部全面推进素质教育实验县（市、区）工作研讨会于10月20日～22日在江苏省江阴市召开。会议的任务是：认真学习贯彻第三次全教会精神和《中共中央国务院关于深化教育体制改革全面推进素质教育的决定》，以全面推进素质教育为主题，总结“构建督导评估机制，推动实施素质教育”实验工作经验，不断发展完善保障实施素质教育的机制，使区域性地全面推进素质教育工作迈出新步子，取得新成绩。

会议总结交流了各实验县（市、区）“构建督导评估机制，推动实施素质教育”的工作进展和实践经验。三年来，实验县（市、区）建立和完善了各具特色的保障实施素质教育的督导评估机制，创造了许多经验。江苏省江阴市和吴江市运用督导评估机制，建立教育现代化工程，推进县（市、区）在巩固提高“两基”水平的基础上，全面实施素质教育；辽宁省沈阳市和平区和上海市南市区以“同级督政”，促进政府和有关职能部门依法全面履行素质教育职责；上海嘉定区从加强领导、政府统筹和条件保障方面，开展对乡镇政府实施素质教育的督导，充分调动乡镇政府重视教育、发展教育的积极性；湖南省汨罗市在县、乡两级建立教育目标责任制，加强督导，利用督导评估结果推动责任目标的落实和实施素质教育；大连市金州区把对学校的督导评估与实行中考招生制度改革相结合，将升学竞争引向办学水平竞争；广东省番禺市建立“督政”、“督教”、“督学”和“个体评价”四位一体的素质教育督导评估体系；安徽省马鞍山市强化素质教育督导评估机制，推动政府实施素质教育，促进学校办出特色；湖南省长沙市运用督导机制推进教学手段的现代化等经验，为当地全面推进素质教育做出了贡献，在全国起到了实验和示范作用。

会议学习讨论了江泽民同志在第三次全教会上的讲话和中央《决定》中有关对素质教育进行督导评估的论述。对进一步搞好素质教育实验县（市、区）工作提出了以下意见：一是县（市、区）委、县（市、区）政府必须重视素质教育和对素质教育的督导评估工作。二是县（市、区）级教育督导机构健全，并有相应的规格。三是建立健全“同级督政”和对乡镇政府及其乡镇长履行教育职责进行督导评估的制度。四是建立多种形式的督导评估制度，要理顺学校评估工作体制，对学校的各类评估工作进行整合，实行督导部门归口管理，注重实效，提高评估效益和信度。当前主要应研究建立对增加教育投入、改造薄弱学校、解决拖欠教师工资和减轻学生负担等重点、难点问题的督导检查机制，有效推动这些问题的解决。五是督导部门要同中小教科、教研室等部门团结合作，形成协调配合的良好关系。六是建立“两基”监测制度。七是建立督导专报和公报制度。

撰稿　崔立双

审稿　于　芳

职业教育与成人教育

〔**调整中等职业学校布局结构**〕 1999年，为贯彻落实《中共中央国务院关于深化教育改革全面推进素质教育的决定》和第三次全国教育工作会议精神，进一步深化中等职业教育办学体制和管理体制改革，优化中等职业教育资源配置，实现中等职业教育在新的历史时期的资源重组，提高办学质量和整体效益，教育部决定调整中等职业学校布局结构，并印发了《关于调整中等职业学校布局结构的意见》(以下简称《意见》)。

《意见》指出，随着经济体制由计划经济转变为社会主义市场经济，我国原有的中等职业学校布局结构已经不能继续适应经济建设、经济体制改革及教育体制改革的需要，严重制约着我国中等职业教育的进一步发展：一是整体规模效益不高，1998年，我国中等职业学校（含成人中专）约22 000所，除普通中专学校校均约1 200人，其他几类学校校均规模只有500人左右。二是随着政府机构改革和职能转变，政府业务主管部门对中等职业学校的直接管理在逐步削弱。三是随着我国经济发展和科学技术的进步以及产业结构的调整，各行业对人才的需求数量和要求不断地变化，一些新兴的产业和职业岗位不断出现，许多行业、职业岗位趋向融合、复合，原有的职业学校及专业布局结构与新变化、新情况不相适应。

中等职业学校布局结构调整的指导思想是：以《中共中央国务院关于深化教育体制改革全面推进素质教育的决定》为指导，通过调整中等职业学校布局结构，进一步推动中等职业教育办学体制和管理体制及运行机制的改革，优化资源配置，提高办学质量和整体效益，更好地为经济建设和社会发展服务，促进中等职业教育的健康发展。布局结构调整工作的目标是：经过2～3年的努力，初步建立起面向21世纪，布局结构合理，专业门类齐全，办学质量和整体效益好，适应社会主义市场经济体制和现代化建设需要的中等职业学校布局结构。为实现这一目标，首先要做好以下几个方面的工作：(1)改变“条块分割”的中等职业学校布局结构，建立起在当地政府的统筹规划下，适应区域经济和社会发展需要的中等职业学校布局结构。(2)改变在教育内部由不同部门按职业教育与成人教育分别规划管理中等职业教育的状况，建设起按照学生的培养目标和规格要求统筹规划，相互沟通的中等职业学校（成人学校）布局结构。(3)改变分散办学、重复办学，资源配置不合理，办学效益低的状况，通过“合并、共建、联办、划转”等调整形式，进行资源重组，建设好一批规模大、水平高、有特色的骨干示范性学校。(4)改变中等职业教育主要靠外延发展的状况，通过调整，使中等职业教育在规模上进一步发展，结构(层次结构、学校、专业布局结构)更加合理，质量、效益明显提高。促进中等职业教育在规模、结构、质量、效益等方面的进一步协调发展。

调整中等职业学校布局的主要实现形式有：(1)合并：是指将两所或更多的学校合并为一个学校，实现人、财、物等各个方面的统一领导，统一规划和统一管理，做到一套班子，一套机构和一套制度。(2)共建：是指学校在投资渠道基本不变的前提下，实行中央部门与省（自治区、直辖市）人民政府、地方业务部门与教育行政部门、地方业务部门之间双重领导，共建管理。要通过共建淡化和改革单一的隶属关系，打破条块分割，实现条块的有机结合，增强地方政府的统筹力度，使学校更好地为地方经济和社会发展服务。(3)联办：是指学校在隶属关系和投资渠道不变、自愿互利的基础上，进行各种形式的合作，实现资源共享，优势互补，以达到共同提高办学水平和办学效益的目的。(4)划转：是指部委直属学校划转地方管理（如撤销的9部委直属中专、技工学校已划转为地方政府管理)；省（自治区、直辖市）业务部门所属学校划转教育行政部门管理或下一级政府管理等。

各地还可结合各自实际情况，在有利于促进职业教育的发展，有利于满足人民群众和用人单位对职业教育的需求，有利于提高教育质量和办学效益的前提下，大胆探索和实践。

关于布局结构调整工作的组织实施，《意见》要求：(1)布局结构调整工作要在教育部制定的统一原则下条块结合，以块为主进行。各级政府要加强统筹和领导，教育行政部门要深入调查研究，在摸清中等职业教育资源的现状，明确了发展规划的基础上，提出中等职业学校布局结构调整的规划方案和实施办法，以及配套的政策措施，经政府决策后，组织实施。(2)要坚持依法办事的原则，严格按照“教育法”、“职业教育法”、“社会力量办学条例”等有关法规的规定，依法保护各方面的权益。调整工作要保证现有中等职业教育资源不流失。学校调整后，原有通过财政等渠道投入的事业经费、基建投资等按原定标准核拨，并应逐年有所增加。调整后的学校应当做到产权明晰，各方面职责明确。(3)要根据当地经济发展和中等职业教育发展的实际，实行分区规划，分类指导。城市和经济发达地区要通过调整，将各类中等职业学校中一些规模小、条件差、布局不合理的学校作适当的撤并，达到扩大规模、提高效益的目标。县（市）一级要尽快将教育部门、各有关部门举办的各类中等职业学校和职业培训机构进行统一的调整，集中力量建设一到两所融职前与职后教育于一体，学历教育与职业培训相结合的中等职业教育办学实体，改变县（市）职业学校点多、规模小、效益低的状况。(4) 调整工作中要正确处理好几个关系：一是调整与发展的关系，布局结构调整的根本目的是促进中等职业教育健康协调地发展，包括规模的扩大，结构的优化，质量效益的提高，不能因调整而影响中等职业教育发展。二是“块”与“条”的关系，调整工作以地方政府为主进行，但应充分保护、发挥行业部门的积极性，做到条块结合，共同促进职教发展。三是处理好调整与稳定的关系。调整工作既要态度积极，又要步子稳妥，要保证学校教学和各项工作的正常秩序。

撰稿 杨 健
审稿 刘占山

〔**面向21世纪职业教育课程改革和教材建设规划**〕《面向21世纪教育振兴行动计划》提出了“实施课程改革和教材建设规划”。1999年是职业教育战线实施素质教育，全面提高职业教育教学质量和办学效益的重要一年。教育部在总结改革开放20年来中国职业教育教学改革经验、成绩的基础上，广泛听取各方面意见，分析研究中国经济社会发展对中等职业教育培养目标、课程体系、教学模式等方面提出的新要求，提出面向21世纪的职业教育课程改革与教材建设规划的指导思想、目标和主要措施。1999年8月2日～5日，教育部在内蒙古自治区包头市召开改革开放以来首次“全国中等职业教育教学改革工作会议”，全面部署职业教育课程改革和教材建设规划的实施工作。

课程改革和教材建设规划的指导思想是：高举邓小平理论伟大旗帜，贯彻落实第三次全国教育工作会议精神，全面推进素质教育，根据21世纪经济社会发展和科技进步的要求，进一步明确中等职业学校的培养目标和基本学制，转变教育思想，更新教育观念，以专业建设为核心，以课程改革为突破口，拓宽专业面向，规范专业设置，改革人才培养模式、教学制度、课程体系、教学内容和方法，培养适应现代化建设需要的高素质劳动者和专门人才。

课程改革和教材建设规划的目标与任务是：树立以全面素质为基础、以能力为本位的指导思想，通过实施“面向21世纪职业教育课程改革和教材建设规划”，逐步规范中等职业学校的教育教学，构建适应劳动就业、教育发展和人才成长“立交桥”需要的职业教育课程体系。国家将组织开发反映中等职业学校教育特点和要求的文化基础课程标准和教材；开发80个重点建设专业的设置标准、教育教学标准和评估体系、教学计划、教学大纲和教学改革整体方案；开发和编写1000种体现新知识、新技术、新工艺和新方法的具有职业教育特色的课程、教材及100种多媒体教学课件。地方、行业要根据区域经济和行业发展的实际需要，开发和编写具有地方和行业特色专业的课程和教材。积极开展课程的模块化、综合化等多样化现代课程模式的探索和实验。

实施职业教育课程改革与教材建设规划的主要措施有：(1)建立专家咨询组织。1999年7月，教育部发出《关于成立全国中等职业教育教学指导委员会的通知》，组建了全国中等职业教育教学指导委员会（以下简称全指委）。全指委的主要职责是：分析国家经济建设、科技进步和社会发展对劳动者和专门人才知识、能力的总体要求；按照全面推进素质教育的要求，探讨中等职业教育的培养目标和教学基本要求，对中等职业教育专业划分、教学计划制定、课程开发和教材建设工作提出建议；探讨中等职业教育教学改革的方向，研究转变教育思想、更新教育观念的途径和措施；帮助审议中等职业教育示范性教学基本文件、专业建设标准和教学评估标准及方案，审议中等职业教育教学成果评奖条件等。全指委由职业教育行政管理人员，行业技术和业务管理等方面的专家，从事职业教育教学、教学研究、教学管理的专业人员，特邀专家学者等组成。全指委委员由教育部聘任并颁发聘书，每届任期4年。首届聘任吴文虎等45人为全指委委员，任期从1999年8月1日起至2003年7月31日止(名单附文后)。全指委下设文化基础课程教学指导委员会、德育课程教学指导委员会和33个行业中等职业教育教学指导委员会(名称附文后)。中等职业教育文化基础课程教学指导委员会和德育课程教学指导委员会的主要职责是：分析国家经济建设、科技进步和社会发展对劳动者和专门人才基本文化素质、思想道德素质的要求，探讨中等职业教育文化基础课程和德育课程的结构、标准和教学基本要求；探讨文化基础课程和德育课程的评价标准和考核机制。各行业职业教育教学指导委员会要接受教育部职业教育与成人教育司的领导和全国中等职业教育教学指导委员会的指导，认真分析经济社会发展和科技进步对本行业职业岗位变化和人才需求的影响，提出本行业中等职业教育人才培养的知识与能力要求；提出本行业中等职业学校的专业设置标准、培养目标和教学基本要求；组织力量开发本行业有关专业的教学改革方案，指导本行业教学改革试验，协调组织本行业教学经验交流；推进中等职业学校实施两种证书制度等。(2)确定研究与开发课题。为了实施“面向21世纪职业教育课程改革和教材建设规划”，教育部确定并公布了118个职业教育教学研究与开发课题，系统研究职业教育教学改革的理论和实践问题，积极探索具有中国特色的职业教育教学理论和教学规律，调动职教战线各方面热心职业教育教学研究的单位和团体积极参加到职业教育课程改革与教材建设的工作中来。研究与开发项目的立项范围分为以下四个方面：高素质劳动者和专门人才的需求分析和培养模式研究；中等职业教育理论与实践研究；中等职业学校文化基础课程和部分专业基础课程的开发和教材建设研究；中等职业学校重点建设专业的专业改革方案、课程开发和教材建设。经过专家小组评审，194个项目列入“面向21世纪职业教育课程改革和教材建设规划”首批研究与开发项目，86个项目列入自筹经费项目。(3)确定重点建设专业。为带动中等职业教育的专业建设和教学改革工作，教育部决定将确定中等职业教育重点建设专业，研究开发重点建设专业的教学改革整体方案。在各行业部委、各地方推荐的基础上，教育部组织行业部委、地方专家进行了深入论证，并从各地、各部门推荐的307个备选专业中遴选出80个重点建设专业。重点建设专业遴选的原则为：符合国家产业结构调整方向，是未来10年(21世纪初期)的支柱产业或其产值比例和就业比例增幅较大产业相关的专业；符合《中华人民共和国职业分类大典》的职业分类，职业涵盖范围较广，毕业生就业面宽，就业前景好的专业；能满足人民群众日益增长的教育需求的专业；跨行业的专业优先，宽口径的专业优先，3年制的专业优先；统筹安排具有行业特色的专业及各行业重点建设专业。重点建设专业的命名原则为：科学性和准确性：能准确反映专业的内涵，在就业方向、主干课程、培养规格等方面与高等教育相应专业和职业培训的工种有所区别；时代性：适应21世纪经济社会发展的需要，体现科技进步和生产组织变化对职业演变的影响；继承性：参照国内外通用的、或已得到认可的专业名称；宽口径和适应性：有利于组织教学和扩大学生的就业面，增强学生适应职业岗位变化的能力；可理解性：能为社会、学生及其家长理解和接受；规范性：符合国家的有关法律、法规及相应规定。重点建设专业的确定，为整个中等职业教育专业目录的确定和重点建设专业整体教学改革方案的制定奠定了良好基础。

撰稿　杨　进

审稿　刘占山

附

全国中等职业教育教学指导委员会人员组成名单

主任委员

黄　尧　教育部职业教育与成人教育司司长

副主任委员

刘占山　教育部职业教育与成人教育司副司长

周稽裘　江苏省教育委员会副主任

刘伯安　国家经贸委培训司副司长

沈以华　交通部科技教育司副司长

杨金土　教育部国家督学

委员（排名不分先后）

吴文虎　清华大学教授、博士生导师

吴代华　武汉工业大学力学研究所所长、教授、博士生导师

梁忠义　东北师范大学国际与比较教育研究所教授、博士生导师

倪文锦　华东师范大学教授

石伟平　华东师范大学课程、教学与比较教育研究所所长助理、教授

裴娣娜　北京师范大学教育与心理科学院副院长、教授

汤生玲　河北职业技术师范学院院长、教授

王军伟　高等教育出版社总编辑助理、编审

辛　浚　中华职业教育社副总干事

邬宪伟　上海市化学工业学校副校长、高级讲师

曾玉琨　北京无线电工业学校高级讲师

谢海泉　上海市二轻工业学校高级讲师

张又昌　上海航空工业学校高级讲师

黄森彬　福建机电学校高级讲师

胡亚东　武汉电力学校高级讲师

何锐连　广东省顺德梁琚中学校长、高级讲师

眭　平　江苏省教委职教办助理调研员

尚志平　山东省教学研究室副主任、高级讲师
詹万生　中央教育科学研究所德育研究中心主任、教授
刘京辉　教育部职业技术教育中心研究所副所长、副研究员
成永林　上海职业技术教育研究所所长顾问、高级讲师
乔正康　全国商业中专教育研究会高级讲师
刘庆昌　陕西省职业教育中心职教所副所长
祁国明　卫生部科技教育司司长、研究员
陈肖安　农业部科技教育司调研员、农艺师
戴嘉枋　文化部教育科技司副司长、研究员
许守祜　铁道部科技教育司副司长、高级工程师
霍宪丹　司法部法规教育司副司长
苏金秀　财政部人事教育司助理巡视员
徐仁惠　中国冶金教育学会研究员
秦兰仪　中国建设教育协会教授
肖潜辉　国家旅游局人教司司长、兼职教授
彭世明　国家轻工业局人事司副处长、高级工程师
惠新才　国家机械工业局机械工业教育发展中心处长、高级工程师
周功亚　国家建筑材料工业局职业技术鉴定指导中心副主任、教育副专员
李淑琴　中国纺织工业协会公共事业部副主任、经济师
郭智奇　中央农业广播电视学校副校长、高级经济师
石有为　东风汽车公司教育培训部主任
于庆鸿　中国电子信息产业集团公司人事部副总经理

全国行业中等职业教育教学指导委员会组成名单

1. 农业职业教育教学指导委员会
2. 公安职业教育教学指导委员会
3. 民政职业教育教学指导委员会
4. 司法职业教育教学指导委员会
5. 财政职业教育教学指导委员会
6. 国土资源职业教育教学指导委员会
7. 建设职业教育教学指导委员会
8. 铁道职业教育教学指导委员会
9. 交通职业教育教学指导委员会
10. 信息产业职业教育教学指导委员会
11. 邮政职业教育教学指导委员会
12. 水利职业教育教学指导委员会

13. 国防科技工业职业教育教学指导委员会
14. 外经贸职业教育教学指导委员会
15. 艺术职业教育教学指导委员会
16. 中医药职业教育教学指导委员会
17. 卫生职业教育教学指导委员会
18. 气象与环保职业教育教学指导委员会
19. 统计职业教育教学指导委员会
20. 林业职业教育教学指导委员会
21. 旅游职业教育教学指导委员会
22. 税务职业教育教学指导委员会
23. 体育职业教育教学指导委员会
24. 商业职业教育教学指导委员会
25. 煤炭职业教育教学指导委员会
26. 机械职业教育教学指导委员会
27. 冶金职业教育教学指导委员会
28. 石油和化工职业教育教学指导委员会
29. 轻工职业教育教学指导委员会
30. 纺织职业教育教学指导委员会
31. 建材职业教育教学指导委员会
32. 电力职业教育教学指导委员会
33. 供销职业教育教学指导委员会

〔**重点建设50个职教师资培训基地**〕　国务院批转的教育部《面向21世纪教育振兴行动计划》提出："依托普通高等学校、高等职业技术学院，重点建设50个职业教育专业教师和实习指导教师培养培训基地，地方也要加强职业教育师资培训基地建设"。并决定从中央财政拿出2 000万元人民币，支持50个职教师资培训基地建设，其目的是为了带动各地、各行业的职教师资培训基地建设，逐步建立一个布局合理、功能完备、与职教事业发展规模和要求相适应的职教师资培养培训网络。7月初，教育部办公厅发出《关于组织推荐全国重点建设职业教育师资培训基地的通知》，明确了在全国重点建设50个职教师资培训基地工作的指导思想、基本原则、基地的性质和任务、遴选范围和条件、推荐和审定办法等若干基本问题，正式启动了这项工作。

《通知》下达后，各地、各有关部委认真组织推荐工作，陆续上报推荐和评审材料。为了搞好基地评审工作，教育部成立由各方面专家组成的全国重点建设职教师资培训基地工作小组。在对各地、各有关部委上报材料认真进行审核和评议的基础上，提出首批全国重点建设基地名单方案。11月10日，教育部发出《关于公布首批全国重点建设职教师资培训基地名单的通知》，正式确定天津大学、同济大学、东南大学、西安交通大学、西北农林科技大学、天津职业技术师范学院、北京联合大学、天津中德培训中心、河北职业技术师范学院、吉林农业大学、黑龙江商学院、上海第二工业大学、山东工程学院（山东职教师资培训中心）、山东平度职教中心、常州技术师范学院、扬州大学、湖南农业大学、河南职业技术师范学院、顺德市梁琚中学、四川农业大学 20 所学校为首批全国重点建设职业教育师资培训基地。12 月 4 日～6 日职成教司在天津召开了“全国职业教育师资培训基地建设工作会议”。教育部副部长张天保到会向首批重点建设基地学校授牌并讲话。

撰稿　王兰英

审稿　王继平

〔**农民成人文化技术学校建设**〕　1999 年，全国农民成人文化技术学校已达 70．60 万所。其中，农民高等学校 3 所，农民中专学校 440 所，农民中学 3 622 所，农民技术培训学校 522 889 所，农民初等学校 179 139 所。1999 年接受教育培训的农村成人达 10 127．16 万人。乡和村的办学面分别达到 94％和 64％。培训率占当年劳动力的 21％。农民成人文化技术学校的发展，提高了农村成人的科学文化素质，促进了农村经济和社会发展。

随着农村产业结构的调整，急需培养大批有文化、懂技术、善经营、会管理的农民技术骨干，为此，要大力发展农村成人教育，力争 3 年～5 年内使所有乡镇和绝大多数行政村都建立农村成人文化技术学校，建立健全县、乡、村三级教育培训网络，提高教育培训质量，为深化农村改革、调整经济结构、发展农村经济、增加农民收入、维护农村稳定做出新的贡献。

〔**开展社区教育实验工作**〕　国务院批转的教育部《面向 21 世纪教育振兴行动计划》中明确了建立终身学习体系的具体目标，并提出了“开展社区教育的实验工作，逐步建立和完善终身教育体系，努力提高全民素质”的工作任务。为落实《行动计划》提出的工作任务，教育部职业教育与成人教育司 1999 年上半年先后对北京、天津、上海、江苏、湖北等地的社区教育工作进行了调研，并于 7 月下旬在江苏省召开了社区教育实验工作研讨会，会上邀请有关方面专家学者介绍了国内外社区教育实践情况及其理论形成与发展，部分省市交流了几年来开展社区教育实践的情况，并就在我国开展社区教育实验工作的有关问题进行了研究。在调研工作的基础上起草了《关于开展社区教育实验工作的通知》，明确了开展社区教育试验工作的目的、意义和指导思想，并就开展社区教育实验工作的有关问题，提出了指导性意见。据初步了解，北京、上海、天津、河北、山西、内蒙古、辽宁、吉林、江苏、浙江、河南、湖北、湖南、广东、四川、贵州、云南、陕西、青岛等省、市的部分区、县开展了不同对象、不同内容、不同形式、不同模式等各具特色的社区教育。社区教育在中国是一项新生事物，是一项涉及面广且复杂的系统工程，因此，要通过试点实验工作，摸索规律、总结经验、逐步在全国推开。2000 年，教育部将选择确定部分社会经济比较发达，文化教育基础好，并且在社区教育方面有了一定探索和尝试的地方，正式启动社区教育实验工作。

撰稿　郭春鸣

审稿　王继平

〔**农村教育综合改革**〕 1999年，进一步推进农村教育综合改革，努力开创教育为农业和农村工作服务的新局面，使农村教育综合改革工作取得新进展。

1999年6月26日～29日，教育部在湖南省邵阳市召开了全国农村教育综合改革经验交流会。会议就新形势下如何贯彻第三次全国教育工作会议精神，深化农村教育综合改革，全面推进农村地区的素质教育，促进教育为农业和农村工作服务，提出了明确要求。即：深刻领会十五届三中全会和第三次全国教育工作会议精神，充分认识深化农村教育综合改革、全面推进素质教育的重要性和紧迫性；进一步端正农村教育办学指导思想，始终坚持为农业、农村和农民服务的方向；加快改革和发展农村各类教育的步伐，为实现农业和农村跨世纪发展目标，提供强大的精神动力、智力支持和人才保证；加强领导，采取有力措施，全面开创农村教育综合改革工作新局面。会议还实地考察、学习邵阳市实施“十百千万工程”（即集中力量建设好10所县级示范性职业中学，由这10所学校联系办好100所示范性乡镇农校，重点扶持带动100个村、1000名毕业生成为专业村和科技示范户，辐射带动10000个农户科技致富，使每户年纯收入达到1万元以上）的经验。

各地采取措施推进农村教育综合改革工作。全国绝大多数省、自治区、直辖市先后召开了农村教育综合改革工作会议，总结经验，部署工作；制订有关文件，提出要求，明确任务；采取“工程”等形式，推进农村教育综合改革工作，促进教育为农业和农村工作服务。湖北省教委把“实用科技转化推广年”工程作为1999年农村教育综合改革工作的重点工作，广泛开展农民实用技术培训和科技成果转化工作；河南省政府将深化农村教育综合改革列入河南省教委责任目标，河南省教委把农村教育综合改革作为1999年的重点工作之一，配套400万元专项经费予以重点支持；吉林省委省政府在全省范围内推动实施“农村科技致富新户主培训”工程；江苏省继续大力实施“教育促小康工程”和“教育现代化工程”；黑龙江省教委表彰了一大批开展农村教育综合改革、为农业农村经济服务做出突出成绩的先进单位，总结经验，全面推广；安徽省推动实施“农村教育综合改革工程”，加大农村教育改革和发展力度，实施“电波入户工程”，利用现代传播媒介，大范围提高农村劳动者的素质；上海市教委以实施燎原计划为抓手，以落实《上海市农口人才培养规划》为核心，努力把农村学校建成科教兴农的基地和社区教育的基地，使农村学校为农服务的能力大大提高。

撰稿 马建斌

审稿 黄 尧 张昭文

〔**城市教育综合改革**〕 为贯彻落实《中共中央国务院关于深化教育改革全面推进素质教育的决定》和全国教育工作会议的精神，1999年10月17日城市教育综合改革研究会在北京召开第六届年会。34个教育综合改革实验城市的教育主管市长和教委主任参加了会议。教育部副部长张天保等出席会议开幕式，张天保在会上讲话，分析了城市教育综合改革面临的形势，提出今后一个时期的主要任务。代表们交流了近两年来城市政府加强统筹，推进职业教育改革与发展的经验，提出进一步推进城市教育综合改革的思路、计划和工作建议。年会选举产生了研究会第六届理事会。

1999年，江苏省、湖北省、河南省、北京市、天津市、成都市等地方教委相继召开专题会议，研究和部署进一步推进城市和企业教育综合改革工作。各实验城市从实际出发，将全面实施素质教育、调整教育体系结构、努力普及高中阶段教育、举办综合性职业技术学院、开展社区教育、建立和完善终身教育体系、大力发展社会力量办学等任务，纳入教育综合改革规划，努力构建与社会主义市场经济体制和教育内在规律相适应、不同类型教育相互沟通、相互衔接的城市教育体制，形成以政府办学为主体、公办学校和民办学校共同发展的格局，满足城市现代化建设对各级各类人才的需要。

为学习贯彻党的十五届四中全会和全教会精神，落实《中共中央关于国有企业改革和发展若干重大问题的决定》，研究今后一个时期深化企业教育综合改革的思路和措施，更好地为国有企业改革和发展服务，教育部城市与农村教育综合改革办公室和企业教育研究会在湖北宜昌联合召开了推进国有企业教育改革研讨会暨企业教育研究会代表会议。有关省（市）、国务院有关部门、教育综合改革实验城市、50多个教育综合改革实验企业及特邀企业、有关教育科研机构分管企业教育的100余位同志参加了会议。教育部职业教育与成人教育司负责同志做了题为“深化改革推动企业教育更好地为企业发展服务”的讲话。会议交流了近两年来以建立现代企业教育制度为目标，深化企业教育综合改革的经验，研究了新形势下企业教育综合改革面临的问题与对策。会议提出，继续推进企业教育综合改革，要以四中全会和全教会精神为指导，坚持教育为企业发展服务的方向。针对当前面临的突出问题，在努力减轻企业办社会负担的同时，应加大企业教育体制和机制的改革力度，进一步优化教育资源的配置，加强职工政治思想教育，突出职工创新能力和实践能力的培养，提高企业职工的整体素质，为实现国有企业三年基本脱困的目标贡献力量。

1999年，城市和企业教育综合改革呈现新特点：一是重点突出。实验城市政府强化对职业教育改革的决策，把改革和发展中等职业教育作为重点，在调整中等职业学校和专业布局、改革中等职业教育招生和就业制度、发展社会力量举办职业教育等方面，采取有效措施，加强了政府对职业教育与经济建设、社会发展的统筹力度，争取每年在一、两个问题上取得成效。一批实验城市已取得阶段成果，并进行了初步总结和交流。二是典型突出。总结和推广了葛洲坝集团公司教育综合改革的经验，并作为改革和发展企业教育的典型经验在全教会上做书面交流，经《中国教育报》及《中国职业技术教育》等众多媒体的宣传，在全国产生了很大影响。三是研究会作用突出。一年来，城市教育综合改革研究会和企业教育研究会积极配合教育部城市与农村教育综合改革办公室，开展了多方面的工作。进行调查研究，为全教会筹备小组提供地方教育改革与发展情况；参与城市和企业教育综合改革经验的总结工作；参加起草教育部城市与农村教育综合改革办公室有关工作文件；参加多次会议的组织和筹备工作；配合教育部的工作举办专题培训班和研讨班；组织和开展国家级课题的研究工作；编发简报交流信息；组织城市与企业进行国内外考察等，有效地发挥了助手和纽带作用。

撰稿　李一扬

审稿　黄　尧　张昭文

高等教育

普通高等学校发展改革

〔**高教管理体制改革**〕 1999年，高教管理体制改革继续按照“共建、调整、合并、合作”的八字方针和有关原则、政策，加大力度、加快步伐、全面推进，取得了重大进展。一年中，全国共有46所高校经合并调整为20所普通高校，其中参与合并的成人高校13所；有51所院校实行了管理体制调整，包括18所中央部门所属高校实行中央与地方共建、以地方管理为主，31所中央部门所属成人高校转由地方管理，2所省、市所属学校由省、市业务厅局划转省教委管理；有83所高校实行了共建；有50所高校开展了合作办学，形成了55个合作办学体；另外撤销办学条件严重不合格的成人高校42所。

1992年以来，全国已有31个省、自治区、直辖市，50多个部委参与了改革，涉及高校690余所。(1)高校合并情况。到1999年底，全国共有304所高校经合并调整为125所普通高校，净减179所；其中参与合并的普通高校228所、成人高校76所。经国务院批准，由西北农业大学、西北林业大学、中国科学院水土保持研究所、西北水利科学研究所、陕西农业科学院、陕西西北植物研究所、陕西林业科学研究院7个科教单位合并组建的西北农林科技大学，是高等学校、科研机构管理体制改革相结合的具有突破性意义的有益尝试。(2)划转情况。到1999年底，全国共有226所高校进行了管理体制的调整(其中普通高校126所)，其中中央部门所属高校转由地方管理或以地方管理为主的208所（其中普通高校108所)，省（市）业务厅局划转省（市）教委管理的18所。(3)共建情况。到1999年底，已实行共建的高校共有197所。(4)合作办学情况。到1999年底，全国共有317所高校开展了校际间的合作办学，形成了227个合作办学体，总计571校次。(5)协作办学情况：到1999年底，已有241所学校与5 000多家企事业和科研院所实行了协作办学，进行产学研结合。

1999年，中央部委所属院校管理体制改革进一步深入。根据国务院的部署，配合国防科工委的机构改革，由教育部起草实施意见，实施完成了原国防科工委五大军工总公司所属25所普通高校、34所成人高校、98所中专和232所技校的管理体制调整工作。25所普通高校均实行中央与地方共建。其中北京航空航天大学等7所高校由国防科工委继续管理；另18所高校实行中央与地方共建，以地方管理为主。对于成人高校、中专、技校，除3所管理干部学院改为非学历教育培训机构，分别由五大军工总公司相应的企业集团管理外，其余全部改为地方管理。这项工作，从1998年12月开始酝酿，1999年1月下旬启动，3～4月正式操作完成。5月起，学校按新体制运转。此次调整，采用了1998年并入国家经贸委的9个国家局所属学校体制改革的成功做法，同时也针对个别特殊问题采取个案处理，整个过程平稳顺利，圆满结束。它进一步丰富了部门办学体制改革的经验，使改革的政策措施更加成熟和完善，为下一步实行更广泛的部门院校管理体制调整再次奠定了基础。

与此同时，教育部认真贯彻改革开放以来第三次全国教育会议的精神和国务院的指示，从5月起开始研究其余57个中央部门所属学校管理体制调整的思路。经过多次深入细致的讨论和听取各方面意见，尤其是经过10月下旬以后的紧张工作，在1999年底基本形成了指导原则和实施方案，为2000年初实施这批中央部门所属近800所学校的体制调整做好了充分准备。

1999年是高教管理体制改革任务最重的一年、攻坚的一年。本年的艰巨工作不仅使部门院校管理体制的调整又上新台阶，而且大大加快了改革的步伐，缩短了改革的进程，对提前实现全国高教管理体制改革的总目标具有决定性意义。

1999年，参与高教管理体制改革的各类高等学校名单如下：

一、1999年高校合并名单

序号	建校名称	建校基础名称	主管部门
1	云南大学	云南大学	云南省
		云南政法高等专科学校	
2	昆明理工大学	昆明理工大学	云南省
		云南工业大学	
3	常州工业技术学院	常州工业技术学院	江苏省
		常州市轻工业职工大学	
4	阳泉职业技术学院(筹)	阳泉工业专科学校(筹建)	山西省
		阳泉市教育学院	
		山西煤炭职工大学阳泉分校	
5	天津工业职业技术学院(筹)	天津市职工纺织学院	天津市
		天津市职工电子仪表工程学院	
6	阜阳职业技术学院(筹)	阜阳教育学院	安徽省
		阜阳卫生学校	

		阜阳市农业科学研究所	
7	天津师范大学	天津师范大学	天津市
		天津师范高等专科学校	
		天津教育学院	
8	湖南工业职业技术学院	湖南省机械工业局职工大学	湖南省
		湖南省机械工业学校	
9	连云港职业技术学院	连云港职业大学	江苏省
		连云港市职业技术学院	
10	浙江交通职业技术学院	浙江省交通学校	浙江省
		杭州钢铁厂职工大学	
11	山东商业职业技术学院	山东商业职工大学	山东省
		山东商业学校	
12	武汉职业技术学院	湖北省国防科技工业职工大学	湖北省
		武汉无线电工业学校	
13	内蒙古农业大学	内蒙古农牧学院	内蒙古
		内蒙古林学院	
14	太原师范学院	山西大学师范学院	山西省
		太原师范专科学校	
		山西省教育学院	
15	南通师范学院	南通师范专科学校	江苏省
		南通教育学院	
16	盐城师范学院	盐城师范专科学校	江苏省
		盐城教育学院	
17	湖州师范学院	湖州师范专科学校	浙江省
		湖州教师进修学院	
		湖州师范学校	
18	临沂师范学院	临沂师范专科学校	山东省
		临沂教育学院	
19	常德师范学院	常德师范高等专科学校	湖南省
		常德高等专科学校	
20	衡阳师范学院	衡阳师范高等专科学校	湖南省

		衡阳教育学院(即衡阳市教师进修学院)	
21	岳阳师范学院	岳阳师范高等专科学校	湖南省
		岳阳大学	
22	山西师范大学	山西师范大学	山西省
		山西省职业师范专科学校	
23	江汉大学(筹)	江汉大学	湖北省
		华中理工大学汉口分校	
		武汉教育学院	
		武汉市职工医学院	
24	山西机电职工学院	山西机电职工学院	山西省
		太原重型机械厂职工大学	
		大众机械厂职工大学	
25	北京工商大学	北京轻工业学院	北京市
		北京商学院	
		机械工业管理干部学院	
26	江西工业职业技术学院	江西省国防工业职工大学	江西省
		江西省纺织工业职工大学	
		南昌无线电工业学校	
27	九江职业技术学院	九江船舶工业学校	江西省
		江西财经学院九江分院	
		南昌大学共青学院	
28	三门峡职业技术学院	豫西师范学校	河南省
		三门峡电大	
29	郑州铁路职业技术学院	郑州铁路教育学院	河南省
		郑州铁路卫生学校	
		郑州铁路机械学校	
		郑州铁路师范学校	
30	辽源职业技术学院	辽源市职工大学	吉林省
		吉林工业学校	
		吉林广播电视大学辽源分校	
31	北京信息职业技术学院	北京市电子仪表工业局职工大学	北京市

		北京无线电工业学校	
32	北京轻工职业技术学院	北京市轻工职工大学	北京市
		北京一轻工业学校	
33	天津工业职业技术学院	天津市职工纺织学院	天津市
		天津市电子仪表局职工大学	
34	广东交通职业技术学院	广东交通学校	广东省
		广东省航运学校	
35	宁波职业技术学院	宁波中等专业学校	浙江省
		宁波职工业余大学	
36	温州职业技术学院	温州业余科技大学	浙江省
		温州商业学校	
		温州经济学校	
		温州机械工业学校	
37	湖南信息职业技术学院	湖南省电子职工大学	湖南省
		湖南省电子工业学校	
38	福建交通职业技术学院	福建交通学校	福建省
		福建船政学校	
		福建省交通干部学校	
		福建省公路工程技工学校	
39	广西机电职业技术学院	广西机电职工大学	广西
		广西机械工业学校	
40	山西矿业职业技术学院	大同矿务局职工大学	山西省
		大同煤炭工业学校	
41	淮北职业技术学院	淮北矿务局职工大学	安徽省
		淮北教育学院	
		安徽广播电视大学淮北分校	
42	重庆电子职业技术学院	西南航天职工大学	重庆市
		重庆电子工业学校	
43	伊春职业学院	伊春师范学校	黑龙江
		黑龙江大学伊春分校	
44	河北工业职业技术学院	河北冶金职工大学	河北省

		河北冶金工业学校	
45	黄冈职业技术学院	黄冈农业学校	湖北省
		黄冈财贸学校	
		黄冈机电工程学校	
46	山东科技大学	山东矿业学院	山东省
		山东煤炭教育学院	
47	上海东沪职业技术学院	上海冶金联合职工大学	上海市
		上海冶金工业学校	
48	上海交通大学	上海交通大学	上海市
		上海农学院(并入)	
49	东华大学	中国纺织大学	上海市
		上海纺织高等专科学校(并入)	
50	西北农林科技大学	西北农业大学	教育部
		陕西省农业科学院	
		陕西省林业科学研究院	
		中国科学院水利部水土保持研究所	
		西北林学院	
		水利部西北水利科学研究所	
		陕西省西北植物研究所	
51	杨凌职业技术学院	陕西省农业学校	陕西省
		陕西省林业学校	
		陕西省水利学校	
52	清华大学	清华大学	教育部
		中央工艺美术学院(并入)	
53	中国科学技术大学	中国科学技术大学	中国科学院
		合肥经济技术学院	
54	四川师范大学	成都煤炭管理干部学院(并入)	四川省教委
		四川师范大学	

二、1999年共建高校名单

编号	学校名称	主管部门	共建单位	共建形式
1	北京航空航天大学	国防科技工业委员会	国防科技工业委员会 北京市	省与部
2	哈尔滨工程大学	国防科技工业委员会	国防科技工业委员会 黑龙江省	省与部
3	哈尔滨工业大学	国防科技工业委员会	国防科技工业委员会 黑龙江省	省与部
4	南京航空航天大学	国防科技工业委员会	国防科技工业委员会 江苏省	省与部
5	西北工业大学	国防科技工业委员会	中国航空工业总公司 陕西省	省与部
6	北京理工大学	国防科技工业委员会	国防科技工业委员会 北京市	省与部
7	南京理工大学	国防科技工业委员会	国防科技工业委员会 江苏省	省与部
8	沈阳航空工业学院	辽宁省	国防科技工业委员会 辽宁省	省与部
9	南昌航空工业学院	江西省	国防科技工业委员会 江西省	省与部
10	郑州航空工业管理学院	河南省	国防科技工业委员会 河南省	省与部
11	西安航空技术高等专科学校	陕西省	国防科技工业委员会 陕西省	省与部
12	成都航空职业技术学院	四川省	国防科技工业委员会 四川省	省与部
13	桂林航天工业高等专科学校	广西壮族自治区	国防科技工业委员会 广西壮族自治区	省与部
14	华北航天工业学院	河北省	国防科技工业委员会	省与部

			河北省	
15	华北工学院	山西省	国防科技工业委员会 山西省	省与部
16	沈阳工业学院	辽宁省	国防科技工业委员会 辽宁省	省与部
17	长春光学精密机械学院	吉林省	国防科技工业委员会 吉林省	省与部
18	重庆工业管理学院	重庆市	国防科技工业委员会 重庆市	省与部
19	西安工业学院	陕西省	国防科技工业委员会 陕西省	省与部
20	包头职业技术学院	内蒙古自治区	国防科技工业委员会 内蒙古自治区	省与部
21	华东船舶工业学院	江苏省	国防科技工业委员会 江苏省	省与部
22	武汉船舶职业技术学院	湖北省	国防科技工业委员会 湖北省	省与部
23	苏州医学院	江苏省	国防科技工业委员会 江苏省	省与部
24	中南工学院	湖南省	国防科技工业委员会 湖南省	省与部
25	华东地质学院	江西省	国防科技工业委员会 江西省	省与部

三、1999 年划转高校名单

（一）1999 年划转国防科工委 7 所普通高等学校名单

序号	学校名称	原主管部门	地　址
1	北京航空航天大学	中国航空工业总公司	北京市
2	西北工业大学	中国航空工业总公司	陕西省西安市
3	南京航空航天大学	中国航空工业总公司	江苏省南京市

4	哈尔滨工业大学	中国航天工业总公司	黑龙江省哈尔滨市
5	北京理工大学	中国兵器工业总公司	北京市
6	南京理工大学	中国兵器工业总公司	江苏省南京市
7	哈尔滨工程大学	中国船舶工业总公司	黑龙江省哈尔滨市

（二）1999年国防科工委划转地方学校名单

序号	原主管部门、学校名称	地址	层次
一、中国航空工业总公司(5所)			
1	沈阳航空工业学院	辽宁省沈阳市	本科
2	南昌航空工业学院	江西省南昌市	本科
3	郑州航空工业管理学院	河南省郑州市	本科
4	*西安航空技术高等专科学校	陕西省西安市	专科
5	*成都航空职业技术学院	四川省成都市	专科
二、中国航天工业总公司(2所)			
6	*桂林航天工业高等专科学校	广西省桂林市	专科
7	*华北航天工业学院(不含航天人才培训中心与航天总公司党校)	河北省廊坊市	专科
三、中国兵器工业总公司(6所)			
8	华北工学院	山西省太原市	本科
9	沈阳工业学院	辽宁省沈阳市	本科
10	长春光学精密机械学院	吉林省长春市	本科
11	重庆工业管理学院	重庆市	本科
12	西安工业学院	陕西省西安市	本科
13	*包头职业技术学院	内蒙古包头市	专科
四、中国船舶工业总公司(2所)			
14	华东船舶工业学院	江苏省镇江市	本科
15	*武汉船舶职业技术学院	湖北省武汉市	专科
五、中国核工业总公司(3所)			
16	苏州医学院	江苏省苏州市	本科
17	中南工学院	湖南省衡阳市	本科
18	华东地质学院	江西省临川市	本科

注:标“*”号的6所学校由财政部拨付工交事业费,其余12所学校由财政部拨付教育事业费。

（三）1999年国防科工委划转34所成人高等学校名单

序号	学校名称	地　址	备　注
一、中国航空工业总公司(12所)			
1	沈阳航空职工大学	辽宁省沈阳市	由沈阳飞机制造公司职工工学院、黎明发动机制造公司职工工学院合并而成
2	哈尔滨航空职工大学	黑龙江省哈尔滨市	由哈尔滨飞机制造公司职工工学院、东安发动机制造公司职工工学院合并而成
3	西安航空职工大学	陕西省西安市	由西安航空发动机公司职工工学院、陕西航空工业职工大学、宝成通用电子公司职工工学院、陕西飞机制造公司职工工学院、六三零研究所职工工学院合并而成
4	成都发动机公司职工大学	四川省成都市	
5	成都飞机工业公司职工工学院	四川省成都市	
6	南方动力机械公司职工工学院	湖南省株洲市	
7	南昌飞机制造公司职工工学院	江西省南昌市	
8	昌河飞机制造厂职工工学院	江西省景德镇市	
9	西安飞机工业公司职工工学院	陕西省西安市	
10	兰州航空工业职工大学	甘肃省兰州市	
11	陕南航空职工大学	陕西省南郑县	
12	贵州航空工业职工大学	贵州省安顺市	
二、中国航天工业总公司(7所)			
13	*南京航天管理干部学院	江苏省南京市	
14	西南航天职工大学	重庆市	
15	贵州航天职工大学	贵州省遵义市	
16	上海航天职工大学	上海市	
17	陕西航天职工大学	陕西省西安市	
18	新乐精密机器公司职工大学	辽宁省沈阳市	
19	沈阳新光动力机械公司职工大学	辽宁省沈阳市	
三、中国兵器工业总公司(11所)			

20	重庆兵器工业职工大学	重庆市
21	湖南兵器工业职工大学	湖南省湘潭市
22	辽宁兵器工业职工大学	辽宁省沈阳市
23	云南兵器工业职工大学	云南省昆明市
24	洛阳兵器工业职工大学	河南省洛阳市
25	山东兵器工业职工大学	山东省淄博市
26	山西兵器工业职工大学	山西省太原市
27	陕西兵器工业职工大学	陕西省西安市
28	黑龙江兵器工业职工大学	黑龙江省哈尔滨市
29	银光化学材料厂职工大学	甘肃省兰州市
30	湖北兵器工业职工大学	湖北省老河口市
四、中国船舶工业总公司(1所)		
31	*北京船舶工业管理干部学院	北京市
五、中国核工业总公司(3所)		
32	*核工业管理干部学院	北京市
33	甘肃核工业职工大学	甘肃省兰州市
34	四川核工业职工大学	四川省宜宾市

注：*号代表由五公司直接管理并由中央财政负担的成人高校。

〔**高等学校布局结构调整**〕 1999年，高教布局结构调整取得了重要成果。(1)经过合并调整综合性和多科性院校数量增加，单科性院校数量进一步减少。(2)中央部委所属院校、地方业务厅局所属院校进一步减少，地方管理或以地方管理为主的院校数量增加。(3)成人高校数量进一步减少。(4)职业技术学院、民办高校数量大幅度增加。(5)师范院校布局结构调整进一步有所突破，本科师范院校数量增加，师范专科学校数量减少；本科师范院校开始较多地往地级市布局。

此外，结合高教管理体制改革，进一步确定了我国高校布局结构调整的原则和指导思想，即：(1)统筹考虑面向全国和面向大区服务的高校布局；(2)统筹考虑建设少数规模大、层次高、学科门类较为齐全的综合性和多科性大学的基本格局；(3)条块结合全面规划省区范围内的高校；(4)高校布局往省会城市以外的中心城市和地级市下移；(5)抓紧进行单科性院校的改革和调整；(6)组建一批综合性和多科性大学；(7)有利于积极发展高等职业教育。

经过调整，到1999年底，全国共有普通高校1 071所，其中部委院校247所、地方院校823所，本科院校596所、专科院校475所；共有成人高校868所(截止到1999年12月30日)，其中部委所属117所、地方所属751所。中央部委高校共有364所，其中普通高校 247 所、成人高校 117 所。经教育部正式审批设置的民办高校 37 所，其中 1999 年批复设置 16 所。共有职业技术学院 92 所，其中 1999 年批复设置 64 所。

撰稿　韩　军
审稿　纪宝成

〔**高等学校设置与调整**〕　1999 年共批准设置了 99 所高等学校。其中批准 14 个合并调整方案，新组建西北农林科技大学、东华大学、内蒙古农业大学、北京工商大学、北华大学、山东科技大学 6 所大学，西北农林科技大学为教育部新增加的直属高校；批准设置南通师范学院等 10 所师范学院；批准设置 2 所高等专科学校（公安海警高等专科学校、株洲师范高等专科学校）；批准设置北京工业职业技术学院等 48 所公办职业技术学院；批准设置民办白云职业技术学院等 15 所具有颁发学历文凭资格的民办高校；批准浙江丝绸工学院更名为浙江工程学院等 10 所更名的普通高校。

根据国家关于高等学校设置的有关规定，在 1998 年撤销 108 所成人高校基础上，1999 年 10 月又批准撤销了太原职工大学等 42 所成人高校。

根据《中共中央国务院关于深化教育改革全面推进素质教育的决定》中“经国务院授权，把发展高等职业教育和大部分高等专科教育的权利以及责任交给省级人民政府”的要求，在广泛调研包括征求了有关教育行政部门和专家、学者意见的基础上，制定了“关于授权省、自治区、直辖市人民政府审批设立高等职业学校的实施意见”以及“高等职业学校设置标准”等文件。

撰稿　王雪涛
审稿　纪宝成

附

1999 年高等学校审批情况

序号	建校名称	建校基础名称	主管部门
1	内蒙古农业大学	内蒙古农牧学院	内蒙古
		内蒙古林学院	
2	云南大学	云南大学	云南省
		云南政法高等专科学校	
3	昆明理工大学	昆明理工大学	云南省
		云南工业大学	
4	常州工业技术学院	常州工业技术学院	江苏省

		常州市轻工业职工大学	
5	天津师范大学	天津师范大学	天津市
		天津师范高等专科学校	
		天津教育学院	
6	山西师范大学	山西师范大学	山西省
		山西省职业师范专科学校	
7	上海交通大学	上海交通大学	教育部
		上海农学院	
8	东华大学	中国纺织大学	教育部
		上海纺织高等专科学校	
9	清华大学	清华大学	教育部
		中央工艺美术学院	
10	北京工商大学	北京轻工业学院	北京市
		北京商学院	
		机械工业管理干部学院	
11	山东科技大学	山东矿业学院	山东省
		山东煤炭教育学院	
12	北华大学	吉林师范学院	吉林省
		吉林医学院	
		吉林林学院	
		吉林电气化高等专科学校	
13	西北农林科技大学	西北农业大学	教育部
		西北林学院	
		中国科学院水利部水土保持研究所	
		水利部西北水利科学研究所	
		陕西省农业科学院	
		陕西省西北植物研究所	
		陕西省林业科学研究院	
14	中国科学技术大学	中国科学技术大学	中国科学院
		合肥经济技术学院	
15	荆州师范学院	荆州师范高等专科学校	湖北省

16	太原师范学院	山西大学师范学院	山西省
		太原师范专科学校	
		山西省教育学院	
17	南通师范学院	南通师范专科学校	江苏省
		南通教育学院	
18	盐城师范学院	盐城师范专科学校	江苏省
		盐城教育学院	
19	黄冈师范学院	黄冈师范高等专科学校	湖北省
20	湖州师范学院	湖州师范专科学校	浙江省
		湖州教师进修学院	
		湖州师范学校	
21	临沂师范学院	临沂师范专科学校	山东省
		临沂教育学院	
22	常德师范学院	常德师范高等专科学校	湖南省
		常德高等专科学校	
23	衡阳师范学院	衡阳师范高等专科学校	湖南省
		衡阳教育学院（即衡阳市教师进修学院）	
24	岳阳师范学院	岳阳师范高等专科学校	湖南省
		岳阳大学	
25	公安海警高等专科学校	公安边防水面船舶学校	公安部
26	株洲师范高等专科学校	株洲教育学院	湖南省
27	河北职业技术学院	轻工业管理干部学院	河北省
28	杨凌职业技术学院	陕西省农业学校	陕西省
		陕西省林业学校	
		陕西省水利学校	
29	河南职业技术学院	河南职业技术教育学院	河南省
30	广州民航职业技术学院	民航广州中专学校	中国民用航空总局
31	长沙民政职业技术学院	长沙民政学校	民政部
32	陕西工业职业技术学院	陕西机械职工大学	陕西省
33	湖南工业职业技术学院	湖南省机械工业局职工大学	湖南省
		湖南省机械工业学校	

34	连云港职业技术学院	连云港职业大学	江苏省
		连云港市职业技术学院	
35	浙江交通职业技术学院	浙江省交通学校	浙江省
		杭州钢铁厂职工大学	
36	顺德职业技术学院	顺德永强成人学院	广东省
37	山东商业职业技术学院	山东商业职工大学	山东省
		山东商业学校	
38	广东轻工职业技术学院	广州轻工业学校	广东省
39	武汉职业技术学院	湖北省国防科技工业职工大学	湖北省
		武汉无线电工业学校	
40	漯河职业技术学院	漯河市职工大学	河南省
41	兰州石化职业技术学院	兰州石化职工大学	甘肃省
42	九江职业技术学院	九江船舶工业学校	江西省
		江西财经学院九江分院	
		南昌大学共青学院	
43	江西工业职业技术学院	江西省国防工业职工大学	江西省
		江西省纺织工业职工大学	
		南昌无线电工业学校	
44	三门峡职业技术学院	豫西师范学校	河南省
		三门峡电大	
45	郑州铁路职业技术学院	郑州铁路教育学院	河南省
		郑州铁路卫生学校	
		郑州铁路机械学校	
		郑州铁路师范学校	
46	辽宁商务职业学院	辽宁青年管理干部学院	辽宁省
47	大连职业技术学院	大连管理干部学院	辽宁省
48	辽源职业技术学院	辽源市职工大学	吉林省
		吉林工业学校	
		吉林广播电视大学辽源分校	
49	无锡职业技术学院	无锡机械制造学校	江苏省
50	徐州建筑职业技术学院	徐州建筑工程学校	江苏省

51	南京工业职业技术学院	南京机电学校	江苏省
52	北京工业职业技术学院	北京煤炭工业学校	煤炭局
53	北京信息职业技术学院	北京市电子仪表工业局职工大学	北京市
		北京无线电工业学校	
54	北京轻工职业技术学院	北京市轻工职工大学	北京市
		北京一轻工业学校	
55	天津工业职业技术学院	天津市职工纺织学院	天津市
		天津市电子仪表局职工大学	
56	广东交通职业技术学院	广东交通学校	广东省
		广东省航运学校	
57	广东水利电力职业技术学院	广东省水利电力学校	广东省
58	宁波职业技术学院	宁波中等专业学校	浙江省
		宁波职工业余大学	
59	温州职业技术学院	温州业余科技大学	浙江省
		温州商业学校	
		温州经济学校	
		温州机械工业学校	
60	湖南信息职业技术学院	湖南省电子职工大学	湖南省
		湖南省电子工业学校	
61	衡阳职业技术学院	湖南农学院衡阳分校	湖南省
62	福建交通职业技术学院	福建交通学校	福建省
		福建船政学校	
		福建省交通干部学校	
		福建省公路工程技工学校	
63	广西机电职业技术学院	广西机电职工大学	广　西
		广西机械工业学校	
64	山西矿业职业技术学院	大同矿务局职工大学	山西省
		大同煤炭工业学校	
65	淮北职业技术学院	淮北矿务局职工大学	安徽省
		淮北教育学院	
		安徽广播电视大学淮北分校	

66	安徽纺织职业技术学院	安徽纺织工业学校	安徽省
67	重庆电子职业技术学院	西南航天职工大学	重庆市
		重庆电子工业学校	
68	呼和浩特职业技术学院	内蒙古建筑学校	内蒙古
69	伊春职业学院	伊春师范学校	黑龙江
		黑龙江大学伊春分校	
70	河北工业职业技术学院	河北冶金职工大学	河北省
		河北冶金工业学校	
71	黄冈职业技术学院	黄冈农业学校	湖北省
		黄冈财贸学校	
		黄冈机电工程学校	
72	南通纺织职业技术学院	南通纺织工业学校	江苏省
73	苏州工艺美术职业技术学院	苏州市轻工业局职工大学	江苏省
74	上海东沪职业技术学院	上海冶金联合职工大学	上海市
		上海冶金工业学校	
75	民办白云职业技术学院	新建	广东省
76	民办山东万杰医学高等专科学校	新建	山东省
77	民办明达职业技术学院	新建	江苏省
78	民办中原职业技术学院	驻马店工业学校	河南省
79	民办万成经贸职业学院	新建	辽宁省
80	民办蓝天职业技术学院	新建	江西省
81	民办东海职业技术学院	新建	上海市
82	民办新侨职业技术学院	新建	上海市
83	民办天狮职业技术学院	新建	天津市
84	民办青岛滨海职业学院	新建	山东省
85	民办长江职业学院	湖北经济管理大学	湖北省
86	民办三联职业技术学院	新建	安徽省
87	民办潮汕职业技术学院	民办潮汕职业技术学院	广东省
88	民办吉林华桥外语职业学院	新建	吉林省
89	湘南医学高等专科学校	新建	湖南省
90	重庆工业高等专科学校	重庆钢铁高等专科学校	重庆市

91	浙江工程学院	浙江丝绸工学院	浙江省
92	武汉科技大学	武汉冶金科技大学	湖北省
93	武汉工业学院	武汉食品工业学院	湖北省
94	重庆工学院	重庆工业管理学院	重庆市
95	西安科技学院	西安矿业学院	陕西省
96	浙江万里职业技术学院	浙江农村技术师范专科学校	浙江省
97	辽宁农业职业技术学院	辽宁熊岳农业高等专科学校	辽宁省
98	抚顺职业技术学院	抚顺市高等职业专科学校	辽宁省
99	武汉科技学院	武汉纺织工学院	湖北省

撤销建制的成人高校名单

序号	学校名称
1	泉州教育学院
2	福建省三明化工总厂职工业余大学
3	深圳教育学院
4	肇庆工人业余大学
5	钦州地区教育学院
6	江南社会学院 *
7	河北承德地区教育学院
8	郑州矿务局职工大学
9	焦作市职工大学
10	鸡西矿务局职工工学院
11	黑龙江省森林工业职工大学
12	大兴安岭地区教育学院
13	哈尔滨化工医药职工大学
14	黑龙江省牡丹江农垦职工大学
15	武汉市机械工业职工大学
16	东风轮胎厂职工大学
17	武汉市纺织工业职工大学

序号	学校名称
18	襄阳轴承厂职工大学
19	汽车工业管理干部学院
20	湖北省金融职工大学
21	舒兰矿务局职工大学
22	吉林省建筑职工大学
23	第一汽车制造厂职工大学
24	沈阳重型机器厂职工大学
25	乌兰察布盟教育学院
26	山东省枣庄教育学院
27	山东地质职工大学
28	太原职工大学
29	雁北地区教育学院
30	乌鲁木齐铁路教育学院
31	新疆维吾尔自治区哈密教育学院
32	新疆石油局职工大学
33	云南昭通教育学院
34	个旧市职工业余大学
35	云南有色金属职工大学
36	昆明工业联合职工大学
37	杭州钢铁厂职工大学
38	温州教育学院
39	石油化工管理干部学院
40	齐鲁石油化工公司职工大学
41	四川石油管理局职工大学
42	常州教育学院

*注：江南社会学院不再作为成人高等学校，可保留校名作为培训机构继续存在。

〔创建世界一流大学和重点共建高水平大学〕 为贯彻落实江泽民同志1998年5月4日在庆祝北京大学建校100周年大会上的讲话中提出的“为了实现现代化，我国要有若干所具有世界先进水平的一流大学”的号召，经过充分论证，教育部决定，从1999年至2001年的3年内，分别向北京大学、清华大学各投入18亿元，经过若干年的努力，把两校建设成为具有世界先进水平的一流大学。

为贯彻落实全国教育工作会议和《中共中央国务院关于深化教育改革全面推进素质教育的决定》的精神，实施《面向21世纪教育振兴行动计划》，经教育部与学校所在省（直辖市）政府和主管部门协商，决定通过共建的方式再重点建设一批高等学校。从1999年7月到1999年11月，先后签署了关于重点共建中国科学技术大学、复旦大学和上海交通大学、南京大学、西安交通大学、浙江大学、哈尔滨工业大学的协议。除对学校的正常经费投入外，在1999年至2001年的3年中，中国科学院、教育部和安徽省政府决定重点共建中国科学技术大学，分别向中国科学技术大学各投入建设经费3亿元人民币；教育部和江苏省政府决定重点共建南京大学，分别向南京大学各投入建设经费6亿元人民币；教育部和上海市政府决定重点共建复旦大学、上海交通大学，分别向两校各投入建设经费6亿元人民币；教育部和陕西省政府决定重点共建西安交通大学，分别向西安交通大学投入建设经费6亿元和3亿元人民币；教育部和浙江省政府决定共建浙江大学，分别向浙江大学各投入建设经费3亿元人民币；教育部、国防科工委、黑龙江省政府决定共建哈尔滨工业大学，教育部、国防科工委分别向哈尔滨工业大学各投入建设经费3亿元人民币，黑龙江省政府向哈尔滨工业大学投入4亿元人民币。促使这些学校加快改革和发展的步伐，适应21世纪国家经济建设和社会发展的需要。经过若干年的建设和努力，使学校的教育质量、学术水平和整体办学实力有显著提高，在高水平专门人才培养、高新技术研究和成果转化、高层次决策咨询等方面发挥重要作用，作出积极贡献，成为我国高层次创造性人才培养和知识创新的重要基地，并努力成为世界知名的高水平大学。

撰稿　张国辉　赵玉霞
审稿　陈维嘉　赵沁平

〔**高等学校扩大招生规模**〕　为进一步贯彻落实科教兴国战略，提高全民族的整体素质，尽快培养大批适应现代化建设需要的高素质的劳动者和各级各类专门人才，党中央、国务院决定1999年秋季进一步扩大高等学校招生规模。

在党中央和国务院的直接关心下，在各地、各部门和各高等学校的共同努力下，1999年秋季全国高校的扩招工作平稳、顺利进行，各类高等教育招生工作如期圆满完成。据统计，1999年全国高等教育共招收本专科学生275.45万人，其中：普通高等教育招生159.68万人，成人高等教育招生115.77万人，分别比上年增加51.32万人和15.63万人，增幅达47.37%和15.61%。全国高等教育在校学生规模也有较大增长。1999年全国高等教育本专科在校生达718.91万人，其中：普通高等教育在校生达413.42万人，成人高等教育在校生达305.49万人，分别比上年增加72.54万人和23.27万人，增幅达21.28%和8.25%。高校招生规模的大幅度增长，为应届高中毕业生和在职人员提供了更多接受高等教育的机会，据统计，1999年全国普通高考录取率达到49%，比1998年提高了13个百分点。京、津、沪和辽宁等省市的高考录取率更是高达70%。1999年全国各类高等教育毛入学率达到10.5%，比1997年提高1.4个百分点，为2010年实现高等教育毛入学率达15%的目标奠定了基础。

1999年研究生招生也有较快增长，全国高等学校和研究机构共招收研究生9.22万人，比上年增长27.21%。全国在学研究生达23.36万人，比上年增长17.45%。

撰稿　游　森
审稿　郑富芝

〔**高等学校后勤社会化改革**〕　1999是高等学校后勤社会化改革工作取得突破性进展的一年。召开了全国高等学校后勤社会化改革工作会议；成立了全国高等学校后勤社会化改革部际协调办公室；国务院办公厅转发了《关于进一步加快高等学校后勤社会化改革的意见》；总结推广了一批高等学校后勤社会化改革成绩突出的省、市、学校的先进经验。从而在全国形成了政府主导，统筹规划，政策支持，分类指导，全面推进高等学校后勤社会化改革的新局面。

高等学校后勤社会化改革历程。目前的高等学校后勤体制，是计划经济体制下政府包办高等教育的产物，在社会主义市场经济体系逐步建立和完善的情况下，这种后勤模式的弊端日益突出，严重影响、制约了高等教育的改革与发展。从80年代初，高等学校就开始探索、实践后勤改革。首先从伙食改革起步，由单项承包，发展到综合定额承包，逐步扩展到整个后勤部门社会化改革的探索，通过改体制、转机制、引入企业化管理，发展到小机关、多实体或小机关大实体、大服务模式，继而又发展到组建后勤服务集团。20年来，改革取得了一定成绩，积累了许多宝贵经验，也涌现出许多先进典型。但是，从全国情况看，改革尚处于一家一户各自为战的状况，缺乏政府的统筹规划和政策支持，计划经济体制下形成的“学校办社会”的旧格局还没有从根本上突破，在管理体制、运行机制、保障能力和服务质量等方面都无法满足高等教育发展的需要。1999年中共中央、国务院在《关于深化教育改革全面推进素质教育的决定》中提出，要扩大高等教育规模，到2010年，全国同龄人口的高等教育入学率要从现在的9%提高到15%左右。面临这种形势，后勤不适应高等教育发展的矛盾将会更加突出。因此加快推进并尽快完成高等学校后勤社会化改革，关系到高等教育积极、健康发展的大局，并对扩招计划的顺利实施具有十分关键的作用。近几年不少地方和高等学校，在后勤改革方面迈出了可喜的步伐，积累了不少成功的经验，为进一步加快高校后勤社会化改革，准备了必要的条件。为了抓住机遇，打破影响扩大高等学校招生最主要的制约“瓶颈”，使后勤工作尽快适应高等教育发展的需要，教育部将推进高等学校后勤社会化改革列入1999年重点工作。

1999年11月，国务院办公厅在上海召开全国高等学校后勤社会化改革工作会议。会议的主要目的是总结交流高等学校后勤社会化改革的经验，全面动员和部署全国高等学校后勤社会化改革工作，加快高等学校后勤社会化进程，为我国高等教育事业的健康发展提供有力保障。李岚清副总理出席会议并作了重要讲话。教育部部长陈至立作了工作报告。代表们现场参观学习了上海市的成功做法和经验，进行了交流和讨论。国务院副秘书长徐荣凯作了会议总结。会后，各省、自治区、直辖市和高等学校积极行动起来，陆续成立了以省市领导为组长的高等学校后勤社会化改革领导小组，抓紧制订本地区高校后勤社会化改革规划和实施方案。根据李岚清副总理的指示，教育部牵头成立了有国家计委、财政部、建设部、国家税务总局、中国人民银行参加的全国高等学校后勤社会化改革工作部际协调办公室。教育部牵头起草了《关于进一步加快高等学校后勤社会化改革的意见》，并与国家计委、财政部、建设部、国家税务总局、中国人民银行联衔上报国务院。经国务院同意，国务院办公厅将文件转发各省、自治区、直辖市政府，国务院各部委、各直属机构贯彻执行。该文件明确了高等学校后勤社会化改革的指导思想、原则、目标、步骤、政策、重点、办法和要求。提出从2000年起，用3年左右的时间，在全国绝大部分地区基本实现高等学校后勤社会化，建立起有中国特色、符合高等教育特点与需要的新型高等学校后勤保障体系。文件的出台必将对全国高等学校后勤社会化改革工作起到有力的推动和规范作用。

1999年，教育部通过各种形式积极宣传推广高等学校后勤社会化改革的典型经验。

近年来，上海市委、市政府高度重视高校后勤社会化改革工作，以政府为主导，全面推进改革。他们以学生公寓建设为突破口，采取政府政策支持，银行给予融资，企业投资建造，学生交费还贷的方式，用一年时间，新建学生公寓33万平方米。在基本不用国家投资的情况下，做到了过去依靠国家投资16年才能做到的事。年初，上海市成立了高校后勤服务中心和高校后勤发展中心，以两个中心为载体，通过并入、托管、联办、连锁等形式吸纳从学校中规范分离出来的高等学校后勤实体，改变了过去“一校一户办后勤，校校后勤办社会”的状况，初步形成教育系统联办后勤与协调组织社会力量办后勤相结合的格局，全市高等学校后勤社会化改革工作取得突破性进展。上海市的经验说明，各级政府统筹领导是加快推进高等学校后勤社会化改革的保证。

广东湛江3所普通高等学校选择了联办剥离的方式，成立了“湛江高等学校后勤集团”，向后勤服务社会化迈出了新的步伐。北京邮电大学、华中理工大学、浙江大学等，通过对学校现有后勤部门的改组、改造、改制，组建了后勤服务产业集团，逐步实现后勤服务与学校管理体制规范分离。苏州大学多渠道筹措资金，采取多种形式拓宽办学空间，运用多种手段改善办学条件，大力推进学生公寓向社会转移，逐步实现校区内教工住宅、后勤生活设施和服务项目向社会转移。3年来在校外建设学生公寓6.7万平方米，有7 000名学生住校外公寓，使在校全日制学生数由1992年的9 000余人，发展到1999年的18 000余人，新增教职工住宅8.8万平方米，较好地改善了教职工居住条件。中国煤炭经济管理学院引进社会资金，加快基本建设步伐，全校总建筑面积由1997年的7万多平方米增加到1999年10万多平方米，在校生数也由1997年的2 000人增加到1999年的3 500人。

这些先进典型通过后勤社会化改革，为学校扩大规模、提高教学质量和办学效益创造了条件，争取了主动，为今后学校长期良性发展，实现办学模式的转变打下了基础。为减轻学校资金和领导精力的负担，使学校领导能够集中精力抓好教学、科研，促进学校发展作出了贡献，也为全国高等学校后勤社会化改革提供了宝贵经验。

撰稿 张柳华 朱宝铜
审稿 韩 进

〔**贯彻实施《高等教育法》**〕 《中华人民共和国高等教育法》自1999年1月1日起施行后，教育部于1999年5月印发了《教育部关于实施〈中华人民共和国高等教育法〉若干问题的意见》，就实施《中华人民共和国高等教育法》提出如下意见：(一) 加强领导，深入学习，全面贯彻，依法治教；(二) 解放思想、实事求是，采取多种形式积极发展高等教育事业；(三) 依法治教，全面落实高等学校的办学自主权；(四) 认清形势，理清思路，加快高等教育体制改革步伐；(五) 以提高人才培养质量为中心，深化高等教育教学改革；(六) 规范管理，加强教育执法与监督，促进高等教育的健康发展。许多省（自治区、直辖市）也相继制定了贯彻实施《中华人民共和国高等教育法》若干问题的意见。掀起学习热潮，组织各种形式的座谈会和讲习班，编印《〈中华人民共和国高等教育法〉讲话》等学习材料，宣传《高等教育法》的基本原则，普及《高等教育法》的主要内容。

教育部以《高等教育法》为依据，进一步加快高等教育改革与发展的步伐。根据社会需求，扩大了高校招生规模，通过举办“3+X”高考科目设置方案试点和计算机网上录取试点等方式，积极推进高考制度改革。在重新修订和颁布《普通高等学校本科专业目录》基础上，依据《高等教育法》对1998年颁布的《普通高等学校本科专业设置规定》做了必要的修订，规定高等学校有权依据高等学校本科专业目录，在核定的专业设置数和学科门类内自主设置、调整本科专业，并将设置、调整专科专业的权利完全下放给了高等学校。根据《高等教育法》和《面向21世纪振兴教育行动计划》的要求，高校内部管理体制改革贯彻积极进取，稳步推进的原则，已从一些高校开始，逐步铺开，进行六个方面的改革，即：精简机构，理顺职能；科学设岗，精简编制；推行后勤管理体制改革，建立自我激励与自我约束机制；改革校内人事制度；深化分配制度改革。

1999年是实施《高等教育法》的第一年，许多以《高等教育法》为依据的改革措施陆续出台，与《高等教育法》相配套的法规、规章和规范性文件也正在制定中。

撰稿　李　静
审稿　刘凤泰

〔**“211工程”建设**〕　1999年，教育部批准中央音乐学院进行“211工程”部门预审，至此，经教育部批准预审的高等学校已达101所。国家计委在1998年以前批复61所学校立项的基础上，1999年又批复31所学校的“211工程”建设项目可行性研究报告。截至1999年底，经国家计委批复正式立项的高等学校已达92所。“211工程”中投资1亿元、服务全国的两个公共服务体系建设项目，即中国教育和科研计算机网和中国高等教育文献保障体系建设项目进展顺利。在通盘考虑全国布局的基础上，经专家审核，在全国101所“211工程”学校中，共安排602个重点学科建设项目。这些重点学科建设项目基本覆盖了国民经济和社会发展的主要领域，体现了“211工程”建设要为国家经济建设主战场服务和合理布局的指导思想。这些领域的项目数及所占比例为：人文社会62个，占10%；经济政法57个，占10%；基础科学89个，占15%；环境资源42个，占7%；基础产业和高新技术255个，占42%；医药卫生66个，占11%；农业31个，占5%。

在1998年对北京大学等32所学校开展“211工程”中期检查工作的基础上，“211工程”部际协调小组办公室在1999年下半年又对29所学校开展“211工程”中期检查工作，检查的主要内容包括：年度计划执行情况，标志性成果的预测及进展，建设资金到位及使用情况，需要调整、解决的主要问题等。到年底，29所学校全部完成中期检查工作。

1999年11月，香港汉荣书局石汉基先生向全国101所“211工程”学校赠送图书共计47 000余册，价值约550万元港币。利用此次赠书仪式的机会，教育部召开了“211工程”建设工作座谈会，教育部副部长韦钰到会并讲话。此次会议，对全国“211工程”建设进展及取得标志性成果，起到很好的推动作用。

1999年是围绕“211工程”而开展的中英高等教育合作项目的第四年。中英双方在对有关学校学科评估的基础上，在苏州召开了“中英实验性学科评估研讨会”。同年10月，又在苏州召开了“中英大学与企业共同发展暨第三届中英大学校长研讨会”，中英高等学校与企业在产学研方面进行了经验交流，探讨了高等学校如何利用高校的人才资源和知识创新等方面的优势，加强与企业以及其他行业的合作，促进高校科技成果在企业的转化，推进高校与企业共同发展问题。教育部副部长周远清到会并致开幕词。

撰稿 赵玉霞

审稿 赵沁平 王亚杰 李 军

〔**产学合作教育**〕 产学合作教育是产学研结合在人才培养中的具体体现。这种教育模式利用学校和社会两种教育环境，合理安排理论课程学习和社会实践，以达到学生更好地“掌握知识，了解社会，培养能力，提高素质”的目的。近年，随着高等教育改革的不断深化，许多高等学校开始主动探索新形势下产学合作教育的途径和方法。

1999年全国有200多所大学有组织地开展产学合作教育，其中有28所高等学校参加了教育部组织的产学合作教育“九五”试点工作。为深入了解全国高校产学合作教育的现状，进一步推动这一教育模式持续健康地发展下去，教育部高等教育司与全国产学合作教育“九五”试点工作领导小组，于1999年以上海工程技术大学、无锡轻工大学等28所产学合作教育试点学校为主要对象，对产学合作教育工作进行了检查调研。从检查调研情况看：(1)参加试点的学校基本能做到领导重视、组织落实。多数学校成立了由校企双方共同组成的产学合作教育指导委员会，试点工作进展顺利，并已收到明显效果。首先是激发了学生的学习热情，提高了教育质量。上海工程技术大学对709个合作教育单位和1 000多名学生及家长进行了调查，95%的单位和90%以上的学生和家长认为产学合作教育很有意义，愿意继续进行下去；其次，产学合作教育直接推动了教师实践能力和综合素质的提高，推动了教学内容、课程体系和教学方法的改革；第三，产学合作教育推动了企业的技术创新和职工培训工作，并使企业对高等教育人才培养工作的要求得到具体落实。(2)当前我国产学合作教育从层次上看，专科、本科、研究生都在开展；从科类上看，以工科、农科和经济类教育为主。主要有以下几种模式：工学交替模式、预分配的3+1+1模式、中后期结合模式、结合实际任务模式、培养工程硕士模式、继续工程教育模式等。(3)产学合作教育已日益引起一些省市教育行政部门和高等学校的重视。如上海市教委把产学合作教育作为上海高教发展的重点工程之一，在资金和政策上给以倾斜；石家庄铁道学院虽然不是教育部组织的试点单位，但学校连续6年在土建类专业中进行3+1+1的培养模式实践，参加的学生达 1 200 多人，受到学生和用人部门的好评。(4)目前产学合作教育存在以下主要问题和困难：首先，许多企业走向市场后，以短期的经济效益为主要目标，对长远的人才培养工作不重视，因此对合作教育缺乏热情，再加之高等学校和企业互惠互利的机制没有形成，因此合作教育试点较容易，但推广难；其次，产学合作教育比传统的校内教育模式要多花费精力、物力和财力，而目前缺少经费的支持，在当今教育经费比较紧张、学校又无权调整学费标准的情况下，这一教育模式实施起来比较困难；第三，国家和地方政府还没有制定推动产学合作教育开展的政策法规，特别是在减免税收等调动企业积极性方面的政策没有出台，影响了企业参与合作教育的积极性。许多高等学校呼吁国家和地方政府应尽快制定鼓励产学研结合，特别是产学合作教育的政策，使产学合作教育蓬勃发展。

撰稿　李志宏
审稿　钟秉林

〔**国家理科基地建设**〕 为加强对国家理科基础科学研究和教学人才培养基地建设的宏观管理，推动基地的改革与建设工作，教育部于 1999 年委托全国高等学校教学研究中心对第一批 15 个基地点进行验收评估，对第二、三批 46 个基地点进行中期检查。评估、检查工作按照“以评促建、评建结合、重在改革与建设”的指导思想，聘请了一批高水平的专家对基地点进行实地考察。评估、验收工作促进了基地的改革与建设工作，交流了基地建设的经验，进一步理清了基地建设的思路和基地建设中存在的问题，起到了“诊断、促进、交流、提高”的作用，有力地推动了基地的建设进程。评选出 26 个优秀基地点、35 个合格基地点。

评估、检查结果表明：经过几年的改革与建设，基础科学的人才培养工作呈现出了勃勃生机。广大教师办学的积极性明显提高，办学条件有了较大改善，生源质量有所提高，各项建设和改革工作取得了较大的进展，积累了许多宝贵的经验。一批人才培养模式和改革方案得到高教界的共识，一批优秀人才脱颖而出，为其他学科的改革与发展起到了示范和辐射作用。

到 1999 年初（一、二、三批基地统计），基地教师承担的教学研究项目共 504 项，其中教育部项目 210 项，省部级项目 100 项；获得教学成果奖共 521 项，其中国家级 100 项，省部级 241 项。承担科研项目共 4 463 项，其中国家级项目 2 013 项，省部级项目 1 766 项，科研经费共 93 330 万元，年均 21.96 万元；获得科研成果奖共 1 353 项，其中国家级奖 159 项，省部级奖 945 项。出版教材 818 部，专著 698 部，译著 78 部，在国内外重要学术期刊(会议)上发表论文共 49 674 篇，其中教学研究论文 1 915 篇。

“国家理科基地”建设虽然取得了可喜的进展，但这仅仅是一个良好的开端。影响基础科学人才培养的内、外部环境尚未根本改变，人才培养的良性发展机制急需进行深入的探索和完善；师资队伍的年龄结构有所优化，但学术和教学断层的解决将更为急迫；追踪世界科技发展动态及时更新教学体系和改善教学设施有待进一步加强。各基地点正根据专家组的评估、检查意见，进行整改建设。

撰稿　王启明
审稿　钟秉林

〔**发展高职高专教育**〕 1999年主要做了以下几项工作：

一、召开第一次全国高职高专教育工作会议。1999年11月7日～10日，教育部在北京召开第一次全国高职高专教育工作会议。教育部部长陈至立和副部长周远清等出席了会议。陈至立在开幕式上作了报告，强调要高度认识高职高专教育在高等教育中的重要地位，阐述了高职高专教育当前的重要任务：(1)要结合高职高专教育特点，全面推进素质教育。政治思想素质是核心，爱业敬业精神和质量第一的观点以及创新精神和创业精神等都是高职人才素质的重要组成部分；(2)要不断提高教学质量，各类教育应有不同的质量要求；(3)要加强教学基础建设，从各种途径来改善高职高专教育的教学基础；(4)要坚持办出特色，没有特色就没有质量，高等专科学校、高等职业学校和成人高等学校应在特色中体现质量；(5)高等专科学校、高等职业学校和成人高等学校应与社会紧密联系，使它充满生机和活力。高等教育司司长钟秉林在会上作了题为“努力开创高职高专教学工作的新局面”的主报告。他指出，在今后一段时期，高职高专教育人才培养工作的基本思路是：以教育思想、观念改革为先导，以教学改革为核心，以教学基本建设为重点，注重提高质量，努力办出特色。教学工作的目标是：近两年，要在改革思想的指导下，抓规范、促建设，使教学基本建设能基本满足教学工作的要求；后三年，抓改革、出特色，基本形成有特色的高等技术应用性人才培养模式。经过五年的努力，培养一批“双师型”的中青年骨干教师；建立一批高水平的产学研一体化的实验、实训基地；编写出一批有特色的基础课程和各专业主干课程教材；建设一批教学工作优秀学校。会上，沈阳电力高等专科学校、深圳职业技术学院、上海第二工业大学等11所院校作了典型发言，交流了学校在教学改革和建设方面的经验。会后，教育部印发了《关于加强高职高专教育人才培养工作的意见》和《关于组织实施〈21世纪高职高专教育人才培养模式和教学内容体系改革和建设项目计划〉的通知》以全面推动高职高专教育的发展。

二、成立“全国高职高专教育人才培养工作委员会”为加强高等专科学校、高等职业学校和成人高等学校的人才培养工作，共同探索高等技术应用性人才的培养模式，1999年5月，教育部成立了“全国高职高专教育人才培养工作委员会”。该委员会由部分在全国有一定影响的高等专科学校、高等职业学校、成人高等学校和本科院校职业技术学院的校院长共51人组成。教育部副部长周远清出席了委员会成立大会，并作了讲话。委员会下设课题研究组、教学评价组、师资队伍建设组、实践教学组和教材建设组共5个工作组。委员会成立后对全国高职高专教育状况进行了大量的调查研究，提出了一些改革发展的思路，促进了各类学校间的交流和协作。

三、加快高职高专教材建设。改革开放以来，各地已出版了一批高职高专教育教材，但从整体上看，具有高职高专教育特色的教材极其匮乏，不少院校尚在借用本科或中专教材，教材建设仍落后于高职高专教育的发展需要。教育部高职高专规划教材建设工作将分两步实施。先用2～3年时间，在继承原有教材建设成果的基础上，充分汲取近年来高职高专院校在探索培养高等技术应用性专门人才和教材建设方面的成功经验，解决好高职高专教育教材的有无问题。然后，再用

2～3 年时间，在实施教育部《新世纪高职高专教育人才培养模式和教学内容体系改革与建设项目计划》立项研究的基础上，推出一批特色鲜明的高质量的高职高专教育教材，形成一纲多本、优化配套的高职高专教育教材体系。

1999 年，为积极发展高等职业教育，教育部安排了用新的管理模式和运行机制举办高等职业教育的生源计划。由于许多承办学校是第一次试办高等职业教育，在专业设置、教学计划、师资队伍、实训基地等方面还不到位，尤其是学校普遍借用本科或中专教材，直接影响到高职班的教学质量。为了保证新高职的教学质量，保证当年高职生能使用上高职高专教材，教育部高等教育司发出《关于 1999 年新增 10 万高职生使用高职高专教材的通知》，并在 6 月中旬组织专家从全国已出版的适用于高职高专的教材中遴选、推荐一批基础课程和专业基础课程教材供各有关学校使用。各有关学校原则上不得再借用本科或者中专教材。

教育部高职高专规划教材的编写出版工作，委托高等教育出版社等有关出版社承担。高职高专教育的大部分基础课、技术基础课教材和部分主干专业课教材共计 100 余套，将于 2000 年 7 月底前出版，供秋季入学新生选用。

四、设立高职高专师资培训基地。教育部高等教育司委托上海、天津两市分别组织筹建全国高职高专教育师资培训基地，承担全国中青年专业教师的培训任务，并负责高职高专教师队伍建设的理论研究工作。师资培训基地经专家评估验收后，将正式挂牌，命名为“全国高职高专院校师资队伍培训中心”。

五、举办高职高专院校长研讨班。为了提高高等职业教育管理人员的理论水平、管理水平，明确教学建设和改革方向，使高等职业教育试点工作朝着服务于地区经济、社会发展，培养高等技术应用性人才的方向健康发展，教育部高等教育司在上海、大连、青岛、成都等地举办了 8 期全国高职高专院校长研讨班。参加人员近 300 人，涉及 28 个省、自治区、直辖市。研讨班就高等职业教育人才培养目标与培养规格、高等职业教育专业教学计划制订原则、课程体系改革、师资队伍建设、教材建设、教学管理和实训基地建设等问题展开了广泛的探讨。研讨班上，教育部有关领导、研究高职高专教育理论的专家以及部分高职高专院校长作了报告。经过学习研讨，加深了对第三次全教会精神的理解，明确了高职高专教学改革的方向和目标，交流了举办高等职业教育的办学经验，从理论到实践提高了对高职教育的认识，达到了学习提高、工作研讨和沟通交流的预期目的。

六、促进本科院校高等职业教育的健康发展。1999 年 9 月，教育部高等教育司在上海同济大学召开全国本科高校高等职业教育研讨会。52 所重点大学主管高等职业教育的院校长参加会议。会议主要有 3 个主题：(1)贯彻落实第三次全教会精神，大力发展高等职业教育；(2)本科院校举办高等职业教育的管理模式和办学机制；(3)如何做好本科院校高等职业教育的专业建设、师资队伍建设、实践基地建设和教材建设等。会上，代表们听取了有关专家的报告并进行了交流研讨；讨论修改了高等教育司起草的《关于加强本科院校举办高等职业教育管理工作的若干意见》(征求意见稿)。代表们一致认为，本科院校举办高等职业教育要进一步明确办学指导思想，加强管理，增加投入，认真把高等职业教育办好。会上，还成立了“全国本科院校高等职业教育协作会”。

撰稿　李津石
审稿　刘志鹏

〔**高校实验室工作**〕　据1999年的不完全统计，全国（除西藏、港澳台外）30个省、自治区、直辖市上报的931所普通高校中，有实验室27 869个，使用面积777.8万平方米，工作人员101 375人，拥有教学、科研仪器设备2 891 513台件，原值225.7亿元。1997/1998学年度，开设教学实验500 424个项目，完成7 918 063个学时的工作量，承担科研课题28 999项，完成19 346 282个机时工作量，开展社会服务23 995项，完成5 387 858个机时工作量。

1999年进行了高校基础课教学实验室评估工作。1995年7月，原国家教委为全面贯彻《高等学校实验室工作规程》，下发了《高等学校基础课教学实验室评估办法和标准》的通知，各地全面开展了高校基础课教学实验室评估工作。1999年4月教育部高教司印发了《关于继续做好基础课教学实验室评估工作的几点意见》，推动各地高校实验室评估工作进一步开展。截止到1999年底，据不完全统计，全国有北京、上海等30个省、自治区、直辖市的743所大学的4 977个实验室开展了自评估工作，有25个省、自治区、直辖市教委对494所学校的2 883个实验室组织了评估验收，合格实验室为2 803个。自各地开展评估工作以来，有关部门对基础课教学实验室经费投入已达22.5亿元，其中学校投入13.7亿元，各级教育行政部门投入8.8亿元。评估后，实验室的面貌有了很大改观，仪器设备配套齐全，学生分组实验由原来的多人一组改为一人一组（个别二人一组），保证了实验教学的质量；实验室设施环境有了一定程度的改善，部分学校化学实验室的通风和三废处理管道系统的改造问题得到了应有的重视；实验室各项管理制度健全。不少学校通过评估改革了学校原有的“小而全”的实验室管理体制，合并了同类实验室，扩大了实验室规模，提高了实验室、仪器设备的使用效益，提高了实验教师的工作量。基础课教学实验室评估工作对改善高校办学条件，促进实验教学改革、提高学生动手能力，培养高层次创造性人才起到了很好的作用。

1999年利用世界银行贷款加强部委高校基础课教学实验室建设工作。《世界银行贷款“高等教育发展”项目基础课教学实验室建设方案》印发后，组织了对28所项目院校上报实验室仪器设备清单的审查、认定工作。对所购仪器设备实施招标采购，保证了学校优质低价购置仪器设备，符合高校基础课教学实验室的建设要求。

1999年加强了对高校贵重仪器设备的管理工作。对原国家教委1984年颁布的《高等学校仪器设备管理办法》作了修改。继续组织高校贵重仪器设备向社会开放服务。据统计，1999年度，由教育部、科技部、中国科学院、北京市科委、国家自然基金委共同建立的北京科学仪器装备协作共用网，对外共承接2 077项课题，测试样品31 315个，提供对外机时48 930个。北京7所高校的27台仪器对外承接课题691项，测试样品11 413个，提供机时14 117个小时。平均每台仪器承接外单位课题26项，提供机时523个小时。为解决银行利率下调给测试基金筹集带来的困难，1999年教育部配合其他部委增加100万元的本金投入，使共用网测试基金本金达到2 000万元。为从根本上解决高档贵重仪器设备重复购置问题，提高仪器设备使用效益，科技部、教育部、中国科学院继1998年联合建立第一个国家级中心——“质谱中心”后，1999年组建第二个国家级中心，依托北京大学建立“超导核磁中心”，三家共出经费1 000万元，配置了800兆超导核磁共振谱仪。

1999年6月17～21日，全国高校实验室工作研究会针对高校实验室工作改革中出现的新情况、新问题，在云南师范大学举办了实验室工作高级研讨班。会议就“实验室与设备管理机构职能及运行机制改革”、“实验教学及管理改革”等问题展开了讨论。其间召开了研究会常务理事扩大会议，就人事及机构变动等问题作出相关决议。

1999年11月16日～18日，“99秋季全国高教仪器设备展示订货会”在上海市举行，同期开幕的还有“第五届中国国际教育器材展览会”和“99中国国际教育展览会”。国家总督学柳斌、上海市委副书记龚学平、副市长周慕尧等出席开幕式。本届展示订货会有500多家厂商参展，展位达600多个，供需方代表3 400多人，成交额10 080万元，展示会规模、效益均为历届之冠。

撰稿 陈小平
审稿 刘凤泰

〔**计算机辅助教学软件研制开发与推广应用项目**〕 经过近两年的协作攻关，“九五”国家重点科技攻关计划计算机辅助教学软件研制开发与推广应用项目顺利完成。1999年9月，高等教育重点课程课件的研制与开发、高等教育重点课程教学质量评测软件及评测的理论和方法两个专题，通过了由教育部科技司主持的专题验收。

参加这两个专题的学校达到100多所，主要研制人员约800多人，参与人员约3 000人。截止到验收时为止，这两个专题已经出版27门课程的39种教学软件和45门课程的试题库，共计84种教学软件和试题库，另有50多种教学软件将陆续出版。这两个专题研制开发的教学软件整体水平明显提高，不少项目在教学设计、媒体选择、运用先进软件技术、发挥计算机优势、体现启发式教学等几个方面均有所突破，达到了国际先进水平。

〔**全国高校教育技术协作委员会成立**〕 为了加强宏观管理和统筹规划，更加广泛、深入、全面地开展高等教育的教育技术工作，教育部高等教育司调整了有关教育技术的各类专家组织和协作组织。将原全国高等学校文科CAI与试题库建设协作组、全国高等学校理科CAI与试题库建设协作组、全国高等学校工科CAI协作组、全国高等农林院校计算机教育研究协作组、全国高等医药院校计算机教育教学指导委员会改建为全国高等学校教育技术协作委员会。

1999年12月2日，在南开大学召开了全国高等学校教育技术协作委员会成立大会暨第一届学术年会。大会选举81所高校组成第一届委员会，39所高校组成常务委员会，选举北京大学为主任委员单位，清华大学等10所高校为副主任委员单位。协作委员会还聘请何克抗教授等92位专家组成第一届学术委员会。

撰稿 李茂国
审稿 钟秉林

〔**高等医药教育**〕 随着我国社会、经济的发展和科学技术的进步，人民群众对卫生服务的需求日益提高，卫生服务和人力需求的主要矛盾已由数量问题转为质量和提高水平问题，迫切要求调整医学教育层次、类型结构工作加快速度、加大力度，同时七年制医学教育模式、毕业生质量已得到社会特别是用人部门的广泛认同，为此，教育部决定逐步增加七年制医学教育专业布点，扩大原试点学校的办学规模，并逐步将多数部属高校医学院的临床医学、口腔医学、中医学等专业全部改为七年制。新批准河北医科大学、山西医科大学、广西医科大学、新疆医科大学、苏州医学院、黑龙江中医药大学、山东中医药大学、天津中医学院、辽宁中医学院、浙江中医学院和湖南中医学院11所高校开办七年制医学教育，至此，开办七年制医学教育的学校达到39所。在新增布点审批中体现了向西部地区倾斜的政策，以促进西部地区高等医学教育的改革与发展。同时，较大幅度地调整扩大了浙江大学等8所教育部部属学校的七年制医学教育规模。

撰稿　石鹏建
审稿　林蕙青

〔**大学生文化素质教育**〕 1999年初，在学校申报、专家评审的基础上，教育部批准在北京大学、清华大学、华中理工大学等50多所普通高校建立32个“国家大学生文化素质教育基地”。高校加强大学生文化素质教育的工作进入了新的阶段。

3月，教育部在湖南师范大学召开国家大学生文化素质教育基地建设研讨会。来自32个基地所在学校的有关领导参加会议。会议进一步明确了基地建设的任务和目标是：开展文化素质教育的理论研究；组织文化素质教育的师资培训；有重点的组织开展内容丰富多彩的文化素质教育活动；建立、健全加强文化素质教育的规章制度。会议强调：综合类、理工类、农医类、师范类等不同类型学校的基地，要构建具有各自特色的文化素质教育体系。鼓励各基地学校努力开发当地的人文资源，并根据学校的历史、所在地区和学校的优势，创造性地开展工作。会后，各基地学校都成立了基地建设领导小组，有的学校还专门设立了基地建设办公室，各基地点普遍制订了基地建设方案。为推动基地建设工作，教育部拨出130万元作为基地建设的启动经费投入部属基地学校，平均每所学校5万元，并要求学校每年用于基地建设的经费（包括自筹经费）不低于20万元。地方教育行政部门对所属学校的基地也给予了相应的经费投入。随着基地建设工作的开展，各高等学校的文化素质教育工作得到进一步加强。

9月27～28日，教育部在武汉华中理工大学召开“认真贯彻全教会精神，加强文化素质教育工作研讨会”。部分省、市教委、高等学校的主要领导，以及高校文化素质教育指导委员会成员，共150多位代表参加了会议。教育部副部长周远清出席会议并讲话。会议围绕贯彻第三次全教会及《中共中央国务院关于深化教育改革全面推进素质教育的决定》精神，对四年来高等学校加强文化素质教育工作进行了回顾，并就加强文化素质教育与创新人才培养的关系，如何全面推进高等学校素质教育等问题进行了认真研讨。

会议认为，全面推进素质教育，作为一种具有鲜明时代特征的教育思想，应贯彻到高等教育工作的各个环节之中，贯穿于人才培养全过程。加强文化素质教育工作是全面推进高校素质教育的重要组成部分，文化素质教育是实施素质教育的重要基础和切入点。会议进行了广泛的经验交流，并进一步明确了今后的工作思路：(1)要立足于高等学校贯彻落实全教会精神，全面推进素质教育的高度，提高对加强文化素质教育重要性的认识，尤其是学校的党政一把手要强化文化素质教育观念；(2)要围绕“三提高”，即提高大学生的文化素质，提高大学教师的文化素养，提高大学的文化品位与格调，进一步深入地开展工作，使文化素质教育在深度、广度上有新进展；(3)应重视和加强国家大学生文化素质教育基地的建设工作，充分发挥其示范和辐射作用，更好地做好文化素质教育的普及和推广工作。会后，教育部办公厅印发了此次研讨会纪要，进一步推动高校文化素质教育工作。

年底，教育部组织有关专家对在中国教育电视台《青春旋律》栏目播出的反映各高校开展文化素质教育的专题片进行评审，共评出24部优秀专题片向高等学校推荐。与此同时，“大学生文化素质教育书系”中的《中华人文精神》(张岂之著)、《科学技术概论》(胡显章、曾国屏著)、《今日澳门》(汤开建著)等书籍出版。

撰稿　阎志坚

审稿　刘凤泰

〔**大学英语实施口语考试**〕　为适应国家经济发展和改革开放的需要，进一步推动大学英语教学和测试的改革，全国大学英语四、六级考试委员会于1999年5月在北京大学、中国人民大学、北京航空航天大学、北方交通大学、上海交通大学、复旦大学、南京大学和东南大学进行了大学英语口语考试试点。报考对象为大学英语六级考试成绩达到80分以上(含80分)的在校本科学生，成绩合格者发给证书。证书分为三个等级：A等表示能用英语就熟悉的题材进行口头交际，基本上没有困难；B等表示能用英语就熟悉的题材进行口头交际，虽有些困难，但不影响交际；C等表示能用英语就熟悉的题材进行简单的口头交际。在学校大力支持下，试点工作进展顺利。

为进一步做好此项工作，扩大试点规模，1999年11月在北京、上海、南京、武汉4城市进行了大学英语口语考试，凡地处上述城市所有高校的六级考试成绩在80分以上(含80分)或四级考试成绩在85分以上(含85分)的在校学生均可报名参加。

大学英语口语考试是大学英语四、六级考试的补充和完善。该项考试的实施提高了学生英语实际应用能力，推动了大学英语教学的改革。

撰稿　刘向虹

审稿　刘凤泰

〔**高校教学工作评估**〕　1999年是普通高校本科教学工作评估工作全面开展的一年。4月，教育部组织专家组对南京大学、南京农业大学、上海医科大学和上海中医药大学进行了本科教学工作优秀评估考察，标志着普通高校本科教学工作优秀评估正式启动。优秀评估主要针对办学历史较长、基础较好、工作水平较高的学校，其目的是使学校的办学思想进一步明确，教学建设上新的台阶，教学改革出标志性成果，办学特色更加鲜明。优秀评估贯彻“以评促建，以评促改，着力改革，重在建设”的方针。5月和11月，教育部又组织专家组对南开大学、天津大学、北京理工大学、中南工业大学和华南理工大学进行了本科教学工作优秀评估考察。

1999年，教育部组织专家组对22所普通高校进行了本科教学工作的合格评估考察。截止到年底，共有148所普通高校接受了教育部组织的合格评估，至此1995年原国家教委确定的分期分批对建校历史较短、基础相对薄弱的新建高校进行合格评估的计划基本完成。教学工作合格评估有力地推动了高校教学基本建设、教学管理和教学改革，初步形成了教育行政管理部门依法行政、宏观管理高等教育人才培养工作的机制。几年的实践表明，教学工作评估影响广泛，反映良好，导向明确，成绩显著，是成功的高等教育改革实践，对提高高校整体实力和教育质量起到了积极的作用。

普通高校本科教学工作随机性水平评估经过两年准备，1999年完成了方案的研制工作，并于上半年在8所普通高校进行了方案的实测。在此基础上，12月教育部组织专家组对长沙铁道学院进行了本科教学工作随机性水平评估考察试点。随机性水平评估主要针对合格评估和优秀评估之间的学校。

合格评估、优秀评估和随机性水平评估的全面开展标志着具有中国特色的高等教育教学工作评估体系的框架基本形成。

1999年1月，教育部普通高校本专科教学工作评估专家委员会正式运作。评估专家委员会在高校教学工作评估意见和评估结论的审议、高等教育评估政策的咨询、评估工作的具体实施、评估专家的选拔和培训、评估研究工作等方面发挥了积极作用。

撰稿　姜源绿　查卫平
审稿　刘志鹏

〔**教学内容和课程体系改革**〕　自1994年原国家教委制定“高等教育面向21世纪教学内容和课程体系改革计划”，已历时近六个年头，各项目取得了不同程度的进展，成果迭出。各科类分别进行了项目的结题验收工作。同时，按照原国家教委《关于积极推进“高等教育面向21世纪教学内容和课程体系改革计划”实施工作的若干意见》，教育部委托全国高等学校教学研究中心组织实施的项目鉴定工作于1999年正式启动。

1999年3月，全国高等学校教学研究中心在北京召开“‘高等教育面向21世纪教学内容和课程体系改革计划’项目鉴定工作专家研讨会”，邀请部分改革顾问组成员、项目参加人员、教学管理人员进行座谈，制定了“高等教育面向21世纪教学内容和课程体系改革计划教学改革研究成果鉴定办法”，由教育部高教司发布。此后，全国高等学校教学研究中心开始受理各科类的鉴定申请，已鉴定、在鉴定项目20多项。如萧树铁教授主持的“理科非数学类专业高数课程体系和内容改革”项目、范钦珊教授主持的“力学系列课程教学内容和课程体系改革的研究与实践”项目、葛家澍、阎达五教授主持的“会计学系列课程及其教学内容改革研究与实践”项目等。此外，一些成果突出、具有特色的子项目，也通过了单独组织的鉴定。如南京大学研制的《地球科学教程》，作为我国第一部电子教材，通过了鉴定，并在新闻出版署组织的评奖中获奖。

“教学改革研究报告”是“高等教育面向21世纪教学内容和课程体系改革计划”项目的重要成果。在教育部正式立项的221个项目中，将遴选优秀者产生100份左右的“教学改革研究报告”，作为对指导教学改革有重要意义的国家级教改研究报告。1999年，教育部高教司、全国高等学校教学研究中心准备从已鉴定和将要鉴定的项目中选择一批成果水平高、改革进展大、影响面广的项目研究报告，统一格式，正式出版，供各高等学校参考。第一批研究报告正在编辑中。

“面向21世纪课程教材”是“高等教育面向21世纪教学内容和课程体系改革计划”的另一重要成果。经严格审定，各科类已正式出版“面向21世纪课程教材”近400本，预计到2002年，该“计划”全面完成时，将有1 000本“面向21世纪课程教材”正式出版。这批教材是跨世纪的换代教材，集中了全国各高校上万名教师、干部参加研究、改革、试点的成果，在体系上有所创新，在内容上有较大更新，在教学方法与手段上有很多革新，集中反映了21世纪对人才培养的需要。为加强“面向21世纪课程教材”的评价、研究、宣传、推广工作，全国高等学校教学研究中心于1999年11月在西安召开了“高等学校教材评价、发行和使用工作研讨会”，会后印发了《高等学校教材推荐书目》。2000年春节在北京召开了推广使用面向21世纪课程教材座谈会，教育部副部长周远清到会讲话，《中国文学史》主编袁行霈教授、《哲学通论》作者孙正聿教授、《研究生英语系列教材》总主编刘鸿章教授、《大学数学》总主编萧树铁教授、《动物保护概论》主编陆承平教授、《中国通史》主编张岂之教授、《国际金融学》主编姜波克教授、《法理学》主编张文显教授、《大学物理学》作者卢德馨教授、《工程力学教程》主编范钦珊教授、《临床医学导论》主编孙宝志教授和《中医学》主编郑守曾教授在会上介绍了经验，与会代表认为，这些教材代表了“面向21世纪课程教材”的先进水平，反映了“高等教育面向21世纪教学内容和课程体系改革计划”的改革成果。这些举措将对“面向21世纪课程教材”的宣传、推广起到积极的作用。

撰稿　周爱军
审稿　陈祖福

〔修订和实施新一轮高校教学计划〕

1998年7月，教育部颁布了新的《普通高等学校本科专业目录》。新目录不仅在本科专业总数上由原来的504种调减到249种，而且对各专业的内涵进行了较大调整和改革，切实拓宽了专业口径。随着本科专业的拓宽，必须有相应的教学计划与之配套。1999年，在教育部的倡导下，全国普通高校基本同步大规模地进行教学计划修订工作，一批体现现代教育思想和观念、教学内容和课程体系有较大更新、符合教育规律的教学计划修订完成，1999年入学的学生开始使用新修订的教学计划。

新一轮教学计划具有以下显著特点：一是以先进的教育思想和观念为指导，适应时代的要求，符合教学改革的方向；二是人才培养模式呈现多元化，充分反映各学校的办学思想和特色；即使是同一专业名称，不同学校的专业内涵和特点也不尽相同；三是文化素质教育得到加强，自然科学和人文社会科学知识相互融合，第一课堂和第二课堂相结合，将文化素质教育贯穿于专业教育的始终；四是提高基础知识、基本理论、基本技能所占比例，同类专业打通培养，增强毕业生的适应能力；五是在不降低学业要求的基础上，理论课教学的时间普遍减少，为学生留出更多的时间，去探求未知，发展个性，养成创新精神和意识；六是加强了实习实践教学环节，提高学生动手能力，鼓励学生尽早参与科研活动。

为更好地实施新的教学计划，各高校普遍加大教学改革与建设的力度，主要表现在以下几方面：首先，着力加强教师队伍建设，不断提高教师的学术水平和爱岗敬业精神。

其次，重视加强教材建设，出版一批高水平、高质量的精品教材，努力把教学内容和课程体系改革的成果固化在新的教材中。第三，重视改革现有的教学组织形式和学生管理制度，制订鼓励学生个性发展、全面因材施教的政策和制度。第四，加强实习实验设备的建设，给教师和学生创造更多更好的教与学的环境和条件。

撰稿 宋 毅

审稿 林蕙青

〔**高校本科专业整理工作**〕《普通高等学校本科专业目录》颁布后，教育部办公厅于1998年7月印发《关于做好普通高等学校现设本科专业整理和本科专业设置数核定工作的通知》，开始对全国普通高校现设本科专业进行整理。整理工作历时8个月，于1999年3月完成并公布了整理结果。

为做好整理工作，教育部就这次本科专业整理工作的范围、原则及程序等作出明确规定，指出：(1)这次整理工作的范围是经原国家教委正式备案或批准的普通高校现设本科专业(含职业技术师范类本科专业、专科起点本科专业及医学七年制的专业)。普通高校现设第二学士学位专业暂不作整理。未经原国家教委正式备案或批准的本科专业不在本次整理之列。(2)整理工作要坚持科学、规范、拓宽的原则，严格按照《普通高等学校本科专业目录新旧专业对照表》进行整理。对现设职业技术师范专业可按照《普通高等学校本科专业目录〈职业技术师范教育类〉(试行)》整理。(3)整理工作要按照教育部《关于加强专业结构调整力度，尽快缓解部分科类本专科毕业生供求矛盾的通知》要求，切实调减一批办学条件较差，毕业生供求状况不好的专业。(4)涉及学校设置跨学科门类专业的，其学位授予门类在《普通高等学校本科专业目录》规定的门类中，由有关高校按学校属性或该专业侧重，选定一种。(5)对以中等及中等以下学校教师为培养目标的师范性质的专业，或师范兼非师范性质的专业，有关高校和学校主管部门应据实整理，并予以注明。(6)整理工作由学校、学校主管部门和教育部逐级进行。1999年初，教育部高等教育司对上级的整理方案进行了认真审核。

3月，教育部印发了《普通高等学校本科专业整理审核汇总表》，明确提出，今后高校的招生工作，凡涉及普通高校本科专业设置的，均应以《汇总表》及1999年以后(含1999年)经教育部正式备案或批准的专业为准。

经过整理，普通高校本科专业由原设的11 225个专业，整理为9 125个专业，减少2 100个专业，调减幅度为18.7%。

〔**颁布高等学校本科专业设置规定**〕为贯彻实施《中华人民共和国高等教育法》，落实第三次全教会精神，在广泛征求意见的基础上，教育部对1998年颁布的《普通高等学校本科专业设置规定》做了必要的修订，于1999年9月印发了《高等学校本科专业设置规定(1999年颁布)》。

这次修订工作的过程是：1999年年初，教育部高等教育司在上海交通大学召开下放高校专业设置权专题研讨会。会议在回顾分析高校专业设置管理的历史、现状及存在问题的基础上，按照《高等教育法》有关规定，对江苏省高教处提交的《普通高等学校本科专业设置规定(讨论稿)》逐条进行了讨论。会议认为，原规定是经过多年实践形成的，对我国高校专业设置的总量控制和结构优化起了较好的规范作用，很多行之有效且为各方面所认可的做法应当坚持下去。但也存在一些弊端。主要是高校在专业设置方面缺乏更多的自主权。《高等教育法》颁布后，对其进行修订和完善是必要的。原规定中专业设置审批权限有关条款要作大的调整。基本方案是，专科专业由高校自主确定。目录内本科专业一般由高校自主审定，跨学科门类的由学校主管部门审批，目录外专业由教育部控制。修订工作的基本原则，一是明确目标，积极改革。专业设置权最终应放到学校，要通过改革，逐步形成学校根据需求自主设置专业与政府宏观管理相结合的管理模式。学校自主设置和办好专业，政府实施调控、咨询和监督职能。二是平稳推进，逐步实施。三是规范操作，保证质量。下放专业设置权要以符合专业的培养要求和保证教学质量为前提。切忌不顾条件盲目设置专业，降低人才培养质量。四是措施配套，宏观调控。下放专业设置权与政府宏观管理是一个问题的两个方面。政府要通过核定总量、调整结构、检查、评估等手段实现调控和监督。尤其要避免专业不必要的重复设置，造成资源浪费。五是实事求是，分类指导。会后，高等教育司对《普通高等学校本科专业设置规定(讨论稿)》做了进一步修改，形成《征求意见稿》。4月，高等教育司在教育部直属高校专业设置管理工作会议上对《征求意见稿》组织了讨论；6月，在1999年普通高等学校教学工作研讨班上，就《征求意见稿》进一步征求了各省、自治区、直辖市教委的意见。在广泛听取各方面意见的基础上，形成了《高等学校本科专业设置规定(送审稿)》。9月，教育部正式颁布了《高等学校本科专业设置规定》。

新规定在以下几个方面做了重要修订：(1)新《规定》吸纳多方意见，将名称改为“高等学校本科专业设置规定”，并对有关条款做了相应修订，扩大了适用范围。(2)在总则中强调了要“推进高等学校依法自主办学进程”，并在其他条款中相应体现并落实了《高等教育法》关于高校自主设置和调整专业的要求。(3)取消了普通高校“设置学校分类属性以外的专业数一般不超过本校设置专业总数的30%”的规定。将其改为“高等学校原则上按其分类属性设置专业，以形成优势和特色，根据需要与可能也可适量设置学校分类属性以外的专业”。(4)在设置、调整专业权限方面取消了一般高校和重点建设高校的差别。明确规定“高等学校依据高等学校本科专业目录，在核定的专业设置数和学科门类内自主设置、调整专业”。(5)改变了高校自主审定专业的学科门类确定办法。原规定对综合大学、理工院校、农林院校、医药院校、师范院校等类别高校的自主审定专业的学科门类均作了明确规定。如综合大学可在哲学、经济学、法学、历史学、文学、理学门类内自主审定专业。新规定则明确为“高等学校专业设置数和自主审定专业的学科门类，由学校主管部门按有关规定核定，报教育部备案”。这样规定既有利于发挥学校主管部门特别是地方教育主管部门统筹管理的作用，也避免了有些高校因合并调整后学校属性不确定而难以实施的矛盾。(6)依据《高等教育法》第十八条“高等专科学校实施专科教育”的规定，将原“高等专科学校和高等职业学校不得设置本科专业，个别特殊情况确需设置的，由学校主管部门报教育部审批”条款改为“专科层次的高等学校不得设置本科专业”。(7)在附则中增加了“独立设置的成人高等学校设置、调整本科专业由学校主管部门审核，报教育部批准”，“高等学校设置、调整专科专业由学校自主确定。学校主管部门可依据本规定的精神，制定相应的专科专业管理办法”，“自学考试的本、专科专业的设置及调整，参照本规定执行”的规定。(8)明确了“国家控制布点的专业由教育部确定并公布”。

〔**普通高校优秀教务处评选表彰**〕　近年来，全国高等教育教学工作取得了令人瞩目的进展。高等学校教务处在认真贯彻教育方针，深化教学改革，全面推进素质教育，提高教育质量，培养社会主义事业的建设者和接班人方面做出了重要贡献，涌现了一大批先进教务处。继1994年原国家教委隆重表彰一批教务处后，教育部于1999年再次组织开展全国普通高等学校优秀教务处评选表彰工作。1999年5月，教育部发出《关于组织开展1999年全国普通高等学校优秀教务处评选表彰工作的通知》，对评选范围、评选条件、表彰数额、评选方法与步骤等有关事项提出了明确意见。

《通知》强调，这次评选表彰的重点是在组织教学改革方面迈出重大步伐并取得显著成绩的教务处。

评选表彰全国普通高等学校优秀教务处是重视教学工作，加强高等学校管理队伍建设的一项重要举措，对激励广大高等学校教务处及教学管理工作者奋发向上，开拓进取，加强教学建设，深化教学改革，起了积极的作用。本次评选表彰工作得到各省、自治区、直辖市教育行政部门的高度重视。各地结合本地区高校的实际情况，认真贯彻以评促建、以评促改的工作方针，精心组织，坚持标准，充分发挥专家的作用，努力做到公平、公正、公开，保证了全国评选表彰工作的顺利开展。

经各省、自治区、直辖市教育行政部门评选推荐，教育部批准，共有165个单位被评为“全国普通高等学校优秀教务处”。教育部作出《关于表彰全国普通高等学校优秀教务处的决定》，号召全国高等教育战线的广大工作者，尤其是高等学校教务处，向受到表彰的全国普通高等学校优秀教务处学习。并要求各地教育主管部门和高等学校采取各种形式宣传他们的业绩，推广他们的经验，进一步贯彻全教会精神，增强质量意识，落实教学工作在高等教育工作中的中心地位，推动高等学校教务处工作再上新台阶。

为了充分肯定有关省市教育行政部门在本次评选表彰工作中所付出的辛勤劳动和取得的突出成效，教育部授予北京市教委高等教育处等8个单位“全国普通高校优秀教务处评选表彰工作优秀组织奖”。

撰稿　陈田初　张庆国

审稿　林蕙青

附

1999年全国普通高等学校优秀教务处名单

北京市

清华大学教务处　北京大学教务处　北京师范大学教务处　北京理工大学教务处　北京医科大学教务处　北京邮电大学教务处　北京航空航天大学教务处　北京科技大学教务处　北方交通大学教务处　北京工业大学教务处　首都师范大

学教务处　北京工商大学教务处　北京林业大学教务处　北京化工大学教务处　中央戏剧学院教务处　中国人民大学教务处　中国农业大学教务处

天津市

南开大学教务处　天津大学教务处　天津师范大学教务处

河北省

河北大学教务处　河北工业大学教务处　华北电力大学教务处　河北师范大学教务处　张家口农业高等专科学校教务处

山西省

山西大学教务处　太原理工大学教务处　华北工学院教务处

内蒙古自治区

内蒙古师范大学教务处　内蒙古大学教务处　内蒙古农业大学教务处

辽宁省

大连理工大学教务处　东北大学教务处　中国医科大学教务处　大连海事大学教务处　沈阳工业大学教务处　辽宁工程技术大学教务处　辽宁大学教务处　沈阳电力高等专科学校教务处

吉林省

吉林工业大学教务处　吉林大学教务处　东北电力学院教务处　长春水利电力高等专科学校教务处　吉林农业大学教务处　白求恩医科大学教务处

黑龙江省

哈尔滨工业大学教务处　大庆石油学院教务处　哈尔滨医科大学教务处　黑龙江矿业学院教务处　哈尔滨工程大学教务处　黑龙江商学院教务处

上海市

上海交通大学教务处　同济大学教务处　复旦大学教务处　华东理工大学教务处　东华大学教务处　华东师范大学教务处　上海医科大学教务处　上海第二医科大学教务处　上海理工大学教务处　上海大学教务处　上海中医药大学教务处

江苏省

南京大学教务处　中国矿业大学教务处　东南大学教务处　苏州大学教务处　南京师范大学教务处　河海大学教务处　南京农业大学教务处　金陵职业大学教务处　南京理工大学教务处　南京动力高等专科学校教务处　南京机械高等专科学校教务处　南京中医药大学教务处　南京林业大学教务处

浙江省

浙江大学教务处　浙江师范大学教务处　浙江工业大学教务处　宁波高等专科学校教务处　杭州商学院教务处

安徽省

中国科学技术大学教务处　合肥工业大学教务处　安徽大学教务处　安徽师范大学教务处

福建省

厦门大学教务处　福州大学教务处　福建师范大学教务处

江西省

南昌大学教务处　江西师范大学教务处　江西财经大学教务处　吉安师范专科学校教务处

山东省

山东工业大学教务处　青岛海洋大学教务处

曲阜师范大学教务处　山东大学教务处　石油大学教务处　临沂师范学院教务处　山东农业大学教务处

河南省

郑州大学教务处　河南大学教务处　河南师范大学教务处　郑州工业大学教务处　郑州牧业工程高等专科学校教务处　洛阳工业高等专科学校教务处

湖北省

武汉大学教务处　华中理工大学教务处　武汉水利电力大学教务处　武汉工业大学教务处　同济医科大学教务处　荆州师范学院教务处　湖北大学教务处　华中农业大学教务处　华中师范大学教务处　武汉交通科技大学教务处　中国地质大学教务处

湖南省

中南工业大学教务处　湖南大学教务处　湖南农业大学教务处　湖南师范大学教务处　湘潭机电高等专科学校教务处　零陵师范高等专科学校教务处　长沙交通学院教务处　长沙铁道学院教务处

广东省

华南理工大学教务处　中山大学教务处　华南师范大学教务处　中山医科大学教务处　五邑大学教务处　华南农业大学教务处　广州中医药大学教务处

广西壮族自治区

广西大学教务处　广西师范大学教务处　桂林电子工业学院教务处

海南省

海南大学教务处

重庆市

重庆大学教务处　西南师范大学教务处　重庆医科大学教务处

四川省

电子科技大学教务处　四川大学教务处　西南交通大学教务处　华西医科大学教务处　西南财经大学教务处　四川农业大学教务处　西南石油学院教务处　成都中医药大学教务处

贵州省

遵义医学院教务处　贵州大学教务处

云南省

云南大学教务处　云南师范大学教务处　云南农业大学教务处

西藏自治区

西藏农牧学院教务处

陕西省

西安交通大学教务处　西北大学教务处　西北工业大学教务处　西安理工大学教务处　西安公路交通大学教务处　西安电子科技大学教务处　陕西师范大学教务处

甘肃省

兰州大学教务处　西北师范大学教务处　天水师范高等专科学校教务处

青海省

青海医学院教务处

宁夏回族自治区

宁夏医学院教务处

新疆维吾尔自治区

新疆大学教务处　石河子大学教务处

教育部直属高校教育

〔**北京大学、清华大学合作办学**〕 北京大学、清华大学两校在向世界一流大学水平奋进的进程中，为实现两校的学科优势互补和资源共享，加快提高两校的人才培养质量和学术水平，1999 年 5 月 17 日，在北京大学图书馆报告厅，举行了“北京大学、清华大学合作办学协议书”的签字仪式。北京大学校长陈佳洱、清华大学校长王大中分别代表两校在协议书上签字。

协议中规定的两校合作的方面有：(1)联合向国外招聘或邀请著名教授来校为学生授课；两校互聘教授（兼职）各 10 名。(2)共同确认互相推荐免试研究生的学科，各自接受对方免试录取的研究生。(3)定期交流培养方案和教学计划，制定互选课程的管理条例，确认若干互相承认学分的课程，探讨学生网上选课的可行性。(4)共同建立图书信息库，分工引进国外资料库。两校师生可共享在教育部、国家计委和科技部支持下建立的公共服务体系的服务。扩大馆际互借及文献传递服务。(5)实验室向对方师生开放，共享大型、贵重仪器设备，大型仪器设备基金对等开放使用。(6)成立“国家重点基础研究发展规划项目”和“十五”攻关项目申请协调机构，联合申请重大科研项目。(7)加强两校学生间的交流，联合组织各类文体、学术活动，丰富两校校园文化生活。(8)发挥各自后勤工作的特长，根据两校需要和可能，联合组建服务实体，推进后勤社会化步伐。

〔**北京大学、清华大学实行人事分配制度改革**〕 在党中央、国务院和教育部的亲切关怀与大力支持下，北京大学、清华大学从 1999 年开始实施创建世界一流大学的计划。按照《面向 21 世纪教育振兴行动计划》中关于实施“高层次创造性人才工程”的要求和教育部《关于当前深化高等学校人事分配制度改革的若干意见》的精神，参照国家实行“长江学者奖励计划”的做法，本着“着眼一流，立足改革；淡化身份，强化岗位；突出人才；优劳优酬；存量不动，增量拉开”的原则，北大、清华经过慎重的酝酿和准备，分别制订了全校性的人事分配制度的改革方案。此项改革的目的是为了出人才，出成果，做贡献，上水平，使之有利于学校的人才培养、科学研究、知识创新与成果转化，有利于建设一个吸引与稳定高层次人才安心从事教育科学事业的制度环境，以实现国家科教兴国的战略和创建世界一流大学的总目标。

北京大学将岗位分为校聘关键岗位（A 类岗）、院（系）聘重点岗位（B 类岗）和基础岗位（C 类岗）。三类岗各分三级，共计三类九级岗位。A 类岗位设置 1 000 个，B 类岗位设置 1 500 个，上述岗位纳入国家创建世界一流大学计划的专项支持，占全校教职工总数的32.2%。学校自筹经费设置C类岗位1 000～1 500个。学校后勤、院系和校机关的近3 000名人员，不列入这次岗位聘任范围，这部分未聘人员占教职工总数的44%。此外，3 134名离退休人员也不列入岗位聘任范围。

国家创建世界一流大学计划的专项经费对A类岗位（占全校教职工总数的14.6%）人员实行倾斜。1 000名A类岗位人员分为三个层次：A1岗位人员100名，选聘具有国内外公认的学术成就和声望并承担重大职责的学术带头人；A2岗位人员300名，选聘在本学科领域中居国内领先水平的重要学术骨干；A3岗位人员600名，选聘在本学科领域的校内学术骨干。从1999年9月开始，北京大学启动岗位聘任制度，上岗人员填写了聘任契约，并在各个岗位上履行职责。

清华大学全校事业编制教职工6 700人，实行设岗聘任和校内岗位津贴的校本部人员计4 100人，约占全校事业编制教职工人数的60%。其余人员则按分流管理的办法，建立自我发展和自我约束的人员管理和分配机制，不纳入学校设岗聘任的范围。在校本部设岗聘任的人员中，其中校聘关键岗位约800人，院（系）聘重点岗位1 500人，两者合计2 300人，占全校事业编制教职工人数的1/3，是学校学科建设、人才培养、科学研究和管理工作的骨干力量，纳入国家创建世界一流大学计划的专项支持。其岗位津贴为3～9级，其中最高9级人员多为国内外学术界有较大影响、岗位责任重、业绩突出的学科带头人，全校130人左右。院（系）聘一般岗位约1 800人，由学校自筹资金，以调动大多数人的积极性。到1999年9月底，岗位聘任工作基本完成，所有上岗人员都填写了聘任契约，并在各个岗位上履行职责。

撰稿　林晓青
审稿　陈维嘉

〔**部属高校增选中国科学院、中国工程院院士**〕　按照中国科学院、中国工程院的通知，教育部对1999年部直属高校中国科学院、中国工程院院士初选工作进行了部署。经部属学校申报，邀请教育部直属高校数十位非资深院士对申报的候选人进行初选评议，并报教育部领导同意，于1999年5月向中国科学院正式推荐58名候选人，向中国工程院正式推荐97名候选人。1999年10月，经中国科学院全体院士大会选举通过，教育部直属高校共有9人当选为中国科学院院士。1999年11月，经中国工程院全体院士大会选举通过，教育部直属高校共有14人当选为中国工程院院士。新增选的中国科学院院士、中国工程院院士名单如下：

中国科学院院士名单：

文　兰	北京大学	数学物理学部
王　迅	复旦大学	数学物理学部
刘若庄	北京师范大学	化学部
周其凤	北京大学	化学部
伍荣生	南京大学	地学部
薛禹群	南京大学	地学部

顾秉林	清华大学	技术科学部
温诗铸	清华大学	技术科学部
韩祯祥	浙江大学	技术科学部

中国工程院院士名单：

柳百成	清华大学	机械与运载工程学部
周　济	华中理工大学	机械与运载工程学部
郑南宁	西安交通大学	信息与电子工程学部
孙家广	清华大学	信息与电子工程学部
陈国良	北京科技大学	化工、冶金与材料工程学部
黄伯云	中南工业大学	化工、冶金与材料工程学部
倪为斗	清华大学	能源与矿业工程学部
鲜学福	重庆大学	能源与矿业工程学部
李道增	清华大学	土木、水利与建筑工程学部
戴复东	同济大学	土木、水利与建筑工程学部
何镜堂	华南理工大学	土木、水利与建筑工程学部
陈吉余	华东师范大学	土木、水利与建筑工程学部
王威琪	复旦大学	医药卫生工程学部
王静康	天津大学	医药卫生工程学部

撰稿　张国辉
审稿　陈维嘉

〔**规范部属高校办学秩序**〕　教育部于1999年5月6日向部属各高等学校发出《关于规范部属高校办学秩序、加强校园管理若干问题的通知》。通知指出：教育部直属高校是代表我国高等教育水平、在全国起示范作用的一批高等学校。部属高校应以育人为中心，不断改善办学条件，着力提高教育质量和办学水平，切实承担起为国家培养高级专门人才和进行科学研究的任务。但近年来，个别部属高校受经济利益的驱使，以各种名义大量办学办班，以致严重挤占学校有限的办学资源，加剧了办学条件的紧张和校园管理秩序的混乱，严重的甚至诱发刑事、治安案件，干扰正常的教学和科研工作，影响学校稳定。

《通知》要求：(1)部属高校的主要办学任务为全日制普通本科教育和研究生教育，应使教师的主要精力和学校的基本办学条件用以确保学校承担的主要任务的完成。其他各种类型的办学办班要充分考虑办学条件的制约，不得挤占维持正常的全日制本科教育和研究生教育所必需的教学、生活条件。(2)对各种类型的办学办班学校要制订统一、严格的管理制度和调控措施。各院系均不得擅自办学办班并独立对外招生，更不得在校外以学校名义办学办班。举办成人教育不得影响全日制普通教育的办学条件和质量。(3)各校要加强校园秩序管理。除由国家下达计划的全日制普通本专科生、研究生、留学生、进修生等外，其他各种类型办学办班的学生均不得在校内住宿。要采取措施对校园内的商业摊点、文化娱乐设施、张贴物及校内车辆交通等进行严格规范。(4)非经教育部正式批准，部属高校不得在校外举办各种类型的分校（院）、分部、教学（授课）点或异地办学。已经举办的，1999 年秋季应停止招收新生；对现有在校学生应妥善处理，使其顺利离校。经批准举办的分校（校区）必须加强管理，保证其办学条件与校本部基本相当，教学要求和教育质量不得降低。

《通知》发出后，各校普遍加强了对本校办学秩序和校园秩序的管理，为随后进行的全国范围的高等学校扩大招生创造了有利的条件。

撰稿 张爱龙
审稿 陈维嘉

学位工作与研究生教育

〔国务院学位委员会第十七次会议〕

国务院学位委员会第十七次会议于 1999 年 5 月 10 日～11 日在北京召开。中共中央政治局常委、国务院副总理、国务院学位委员会主任委员李岚清出席会议，并就学位工作发表了讲话。全国政协副主席、工程院院长、国务院学位委员会常务副主任委员宋健主持开幕式，教育部部长、国务院学位委员会常务副主任委员陈至立作了工作报告。教育部副部长、国务院学位委员会副主任委员周远清对会议议程作了说明。共有 42 名学位委员出席会议。

李岚清在讲话中指出，我们面临着一个科学技术突飞猛进、国际竞争日趋激烈的时代。席卷全球的新技术革命给我们带来了机遇和挑战，更加显示出实施科教兴国战略的紧迫性和重要性。激烈的国际竞争，说到底，就是综合国力的竞争。严峻的国际形势以及我国经济和社会的发展，都要求我们加快科技和教育的改革和发展，尽快增强国家的综合实力。

李岚清强调，学位工作是实施科教兴国战略的一项重要工作。首先，要有利于人才培养，特别是有利于高素质、高水平人才的培养。综合国力的竞争最根本的也就是人才的竞争，而学位工作担负着人才培养的重任。高素质、高水平人才，应当热爱社会主义祖国，具有良好道德品质和高度社会主义责任感，具有创新精神，具有艰苦奋斗、团结合作精神和面向世界的广阔眼界，具有健康的体魄、高尚情操和良好心理素质，具有丰富的知识和实践能力。第二，学位工作应该创造一种环境和条件，不拘一格降人才，鼓励年轻有为的人才尽快脱颖而出，充分发挥聪明才智。虽然通过国际合作和交往，我们已经引进不少人才包括留学归国人员，而且今后还要继续加强这方面的工作，但是从根本上来说，大量人才主要还是要靠我们自己去培养。第三，学位工作要有利于科教体制改革，有利于科技与经济进一步紧密结合，有利于科技成果的转化。我们是发展中国家，要从实际出发，在有战略需要的领域，有优势的领域，鼓励有所突破。目前最紧迫的任务是要以国家需要和市场需要为导向，大力搞好应用领域的研究开发，并迅速地将成果转化为现实生产力，为经济建设、国防建设和社会发展服务。国务院学位委员会要不断提高工作水平，努力学习，跟上时代进步的步伐。每一位学位委员应当不辜负党和人民的期望，以高度负责的态度，发扬民主，用高质量的工作来保证学位的高质量，为科教兴国做出贡献。

国务院学位委员会第十七次会议是第四届国务院学位委员会组成后的第一次会议。

陈至立在工作报告中回顾了第三届学位委员会的工作，阐述了新一届学位委员会面临的形势和任务。指出要清醒地认识新形势对我们提出的新要求、新挑战。要抓住机遇，使学位与研究生教育有一个较大的发展，特别是在质量上有显著的提高。1999～2000年的工作，一是做好将《中华人民共和国学位条例》修订为《中华人民共和国学位法》的工作；二是深化学位授权审核办法改革，形成一个建立在科学规划基础上，宏观管理与微观自主相结合，利于学科建设和发展，利于提高研究生培养质量，适应社会主义市场经济体制和科学技术进步的学位授权审核机制；三是积极发展专业学位，大力培养高质量的高层次应用型、复合型人才；四是完善学位与研究生教育质量保证体系，促进学位授予单位加强建设；五是配合教育部，贯彻落实《面向21世纪教育振兴行动计划》，培养造就大批高水平、高素质的具有创新能力的高层次专门人才，为国家创新体系和各项现代化建设事业提供充足的人才支持和知识贡献。

会议经过充分讨论和无记名投票表决，批准了《公共管理硕士专业学位设置方案》、《农业推广（暂定名）硕士专业学位设置方案》和《兽医专业学位设置方案》以及《关于增补少量学科评议组成员的意见》。会议责成国务院学位委员会办公室根据委员们提出的意见，对上述文件作相应修改后组织实施。

会议审议并原则通过了《国务院学位委员会1999年工作要点》。会议决定，要本着"调整、改革和稳步发展"的原则，部署进行第八次博士、硕士学位授权审核工作。根据经济建设、社会发展、科技进步和国家安全的需要，进一步调整和优化学科结构和地区布局，逐步改革学位授权审核办法，进一步扩大按一级学科审核学位授权的学科范围，适量增列博士、硕士学位授权点。

撰稿　孙也刚

〔**研究生培养**〕　1999年11月，教育部召开全国研究生培养工作会议，并于2000年初发出《关于加强和改进研究生培养工作的几点意见》，部署了有关工作。采取的主要措施有：

一、将"十五"期间研究生工作的基本方针确定为：深化改革，积极发展；分类指导，按需建设；注重创新，提高质量。突出了培养创新能力和提高研究生教育质量在研究生工作中的重要地位。(1)鼓励有条件的培养单位在研究生培养模式和学制等方面，根据社会对不同学科、不同类型研究生的要求进行改革和新的探索，不断提高研究生培养质量和适应社会需求的程度；积极发展研究生教育，加大应用性人才培养的比重。(2)根据区域、行业和学科的发展水平及其对高层次人才数量、质量和类型的要求，对研究生工作进行分类规划与指导。采取多种措施扶持中西部地区研究生教育的发展；重视改善研究生培养条件，国家要加强研究生培养基地的建设，适时新增一批研究生院。培养单位通过应用型人才的培养，特别是专业学位研究生的培养，逐步培育一批产学研基地。(3)推进素质教育，突出对研究生创新能力、实践能力、创业精神的培养，增进研究生的人文素养和科学素质。国家和省级研究生教育管理部门、培养单位应采取措施，建立健全研究生教育的质量保证体系，确保并进一步提高研究生培养质量。

二、改革研究生培养制度和培养模式，形成有利于高层次人才成长的培养机制。

(1)科学规划不同层次、不同类型研究生的培养目标。硕士生教育承担着既为博士生教育输送合格生源，又为社会培养各类高层次专门人才的任务。硕士研究生的培养应在强调专业基础理论和专业知识的学习，重视综合素质、创新和创业精神，提高分析与解决问题能力的同时，根据实际需要和不同面向确定培养目标、培养类型和培养模式。博士生教育应以培养教学、科研方面的高层次创造性人才为主。博士生不仅要掌握坚实宽广的基础理论和系统深入的专门知识，能够独立地、创造性地从事科学研究工作，而且要具有主持较大型科研、技术开发项目，或解决和探索我国经济、社会发展问题的能力。(2)改革研究生培养方式。研究生培养可采取全日制和非全日制两种培养方式。(3)拓宽研究生培养口径，统筹安排硕士、博士两个培养阶段。大多数学科、专业可按一级学科口径考核招收硕士研究生，按二级学科或较宽学科口径进行培养。培养单位可自行决定采用本科毕业生直接攻博或硕士生提前攻博等培养方式。(4)实行弹性学制。硕士生学习年限一般为2～3年，博士生学习年限一般为3～4年，具体由培养单位自行确定。允许研究生分段完成学业，并规定学生累计在学的最长年限。(5)加强交流与合作，建立开放的研究生培养体系。鼓励培养单位间互相承认学分。鼓励高等学校与科研机构联合培养研究生。开展国际交流与合作，努力使我国研究生教育在可比方面达到和接近国际先进水平，增强在国际上的竞争力和影响力。

三、深化研究生教学和科研环节的改革，突出创新能力的培养。(1)硕士生课程设置要在本科教育的基础上，充分体现研究生层次的特点。课程体系要有足够的宽广度和纵深度，并具有前沿性和前瞻性。博士生课程应结合博士生的研究领域和所需知识结构，以及提高创新能力的需要来确定。直博生的课程应贯通设置。研究生外国语课程应着重提高研究生的外语应用能力。博士生外国语课程设置与否及其考核方式由培养单位自行确定。(2)建立以研究生为主体的教学方式。要重视和促进研究生个性的健康发展。充分发挥研究生的主动性和自觉性，更多地采用启发式、研讨式、参与式教学方式。研究生特别是博士生应更多地参与学术讨论、学术报告等活动。(3)加强研究生教材建设，更新教学内容，提高研究生教学的整体水平。(4)加强研究生的科研训练和学位论文工作。这是培养研究生创新能力的主要手段。基础学科的研究生要加强科学实验训练。人文社会科学的研究生应重视社会实践和社会调查。工程技术类及应用性较强学科的研究生应加强实际工作能力和社会实践能力的训练。培养单位要采取措施鼓励博士生选择具有一定风险性的学科前沿领域课题或对国家经济建设、科技进步和社会发展具有重要意义的课题。突出学位论文的创新性。要防止将研究生，特别是博士生的研究工作完全限于培养单位低水平开发项目的倾向。要严格论文评阅和答辩程序。培养单位可规定学位论文有一定的一次答辩不通过率。

四、加强导师队伍建设，完善研究生指导教师选聘制度。培养单位应注意对新上岗的研究生指导教师，特别是博士生指导教师的培养。应采取有力措施稳定研究生指导教师队伍，同时重视从国外吸引优秀留学人员回国担任研究生指导教师工作。提倡高等学校聘请科研机构的高水平科研人员担任兼职导师工作。提倡建立由不同研究方向，甚至不同学科教师组成的博士生指导小组，为博士生创造更为综合的学术氛围。

五、建立健全研究生教育评估制度，不断完善质量保证体系，形成有效的激励机制。(1)加强学位与研究生教育评估的法规建设，规范各类评估工作。(2)逐步建立对学位授权点进行定期评估的制度。(3)培养单位应开展经常性的自我评估工作，建立起具有自我完善功能的质量保证和监控机制。(4)国家开展全国优秀博士论文评选工作，每年评选100篇优秀博士论文，并拨出专项资金支持优秀博士学位论文获得者进行高水平的科学研究工作。提倡各主管部门和培养单位开展优秀学位论文评选工作，并采取措施，激励成绩突出的研究生、指导教师和管理干部。

撰稿 李丹阳

〔批准授予国外和香港地区学位的合作办学项目〕 1999年国务院学位委员会办公室批准24项授予国外和香港特别行政区学位的合作办学项目，名单如下：

北京大学与美国福坦莫大学合作培养国际工商管理硕士（第三、第四期项目）；

中国人民大学与美国布法罗纽约州立大学合作培养MBA（第二、第三期项目）；

北京航空航天大学及北京技术交流培训中心与澳大利亚新南威尔士大学合作培养国际会计专业商学硕士（第一期项目）；

北京航空航天大学与澳大利亚蒙纳士大学合作培养MBA（第一期项目）；

北京航空航天大学与美国佛罗里达州立大学合作培养“制造工业工程”科学硕士（第一期项目）；

北方交通大学与澳大利亚维多利亚理工大学合作培养MBA（第一期项目）；

北京工业大学与美国城市大学合作培养MBA（第二期项目）；

对外经济贸易大学与法国国家企业管理教育基金会合作开设“企业管理”研究生课程（第三、第四期项目）；

中国政法大学与美国天普大学合作培养法律硕士（第二期项目）；

南开大学与澳大利亚弗林德斯大学合作培养“国际经贸关系”硕士（第一期项目）；

天津财经大学与美国俄克拉荷马市大学合作培养MBA（第八、九期项目）；

燕山大学与美国都灵大学合作培养MBA（第二期项目）；

复旦大学与挪威管理学院合作培养“变化管理”（含“信息通信管理”）硕士（第四期项目）；

上海海运学院与荷兰马斯特里赫特管理学院合作培养MBA（第四期项目）；

上海财经大学与美国韦伯斯特大学合作培养MBA（第四期项目）；

上海对外贸易学院与澳大利亚皇家墨尔本理工大学合作培养“运输及物流管理”学士（第一期项目）；

浙江大学与香港理工大学合作培养“品质管理”硕士（第一、第二、第三期项目）；

南昌大学与法国普瓦提埃大学合作开设“企业管理”研究生课程（第三、第四期项目）；

江西财经大学与美国纽约理工学院合作培养MBA（第二期项目）；

重庆建筑大学与香港理工大学合作培养“工程项目”管理硕士（第二期项目）；

重庆建筑大学与新加坡国立大学合作培养“房地产经营管理”硕士（第一期项目）；

中山大学与美国明尼苏达大学卡尔森管理学院合作培养MBA（第一期项目）；

中山大学与法国国家企业管理教育基金会暨里昂第三大学合作开设“国际贸易”高

级专业文凭课程（第二期项目）；

华南理工大学及广州大学与澳大利亚新南威尔士大学合作培养国际会计商学硕士（第一期项目）。

撰稿　卢晓斌

〔**首届全国优秀博士学位论文评选**〕1999年，教育部和国务院学位委员会组织进行的首届全国优秀博士学位论文评选工作结束。评选工作从1998年5月开始启动，分为学位授予单位推荐、省级学位与研究生教育主管部门初选、全国同行专家通讯评议、专家会议复审四个阶段，历时一年多。参评论文范围涉及1995年～1997年博士学位获得者的论文16 700余篇，800余名专家参加了评选。整个评选工作贯彻了“科学公正、注重创新、严格筛选、宁缺毋滥”的原则，在调动各级学位与研究生教育主管部门和各学位授予单位提高研究生培养质量的积极性，支持创造性人才继续成长，鼓励在学博士生发扬创新精神，促进研究生培养质量保证体系的建立等方面发挥了积极作用。

为支持优秀论文作者继续作出创造性成果，教育部还设立了“高等学校全国优秀博士学位论文作者专项资金”，资助高等学校的优秀论文作者开展教学和科研工作。

撰稿　任增林

附

首届全国优秀博士学位论文名单

论文题目	作者姓名	学位授予单位
汉语变调构词研究	孙玉文	北京大学
清代学人的幕府生涯及学术活动	尚小明	北京大学
随机删失模型中的渐近理论	王启华	北京大学
二进小波变换、吴方法及其在图象处理和计算机视觉中的应用	许传祥	北京大学
扫描隧道显微镜的应用研究	盖　峥	北京大学
1. C_{60}衍生物的合成及性质 2. 功能性金属配合物及LB膜	周德建	北京大学
波分复用光纤通信系统若干问题的实验和理论研究	张　侃	北京大学
总体性与乌托邦——人本主义马克思主义总体范畴批判	张康之	中国人民大学
经济发展中金融的贡献与效率	王广谦	中国人民大学

论合理使用——关于著作权限制与反限制的研究	吴汉东	中国人民大学
灾害、环境与民国乡村社会	夏明方	中国人民大学
脆性材料的细观损伤理论和损伤结构的安定分析	冯西桥	清华大学
材料断裂过程的宏微观研究	谭鸿来	清华大学
光学子波变换及其在图象处理中的应用	王文陆	清华大学
固态薄膜中亚稳合金相的形成及理论研究	张政军	清华大学
钛酸锶铅基复合特性热敏电阻材料的研究	王德君	清华大学
电力变压器电磁场分析与验证	程志光	清华大学
硅基MEMS基础工艺技术研究及硅微麦克风的研制	邹泉波	清华大学
视觉导航中环境建模的研究	朱志刚	清华大学
黄河下游洪水模型相似律的研究	张红武	清华大学
二(2,2,4-三甲基戊基)二硫代膦酸萃取分离镅与镧系元素	陈　靖	清华大学
杂环化合物和多环芳烃生物降解性能的研究	何　苗	清华大学
材料退化失效的微观统计理论：从固体断裂到电介质击穿	丁洪志	北京理工大学
干燥过程中谷物应力裂纹和发芽率的模拟与试验研究	朱文学	中国农业大学
中国红豆杉枝叶中紫杉烷类成分的化学研究及紫杉醇类似物母核的结构修饰	方唯硕	中国协和医科大学
密环菌和猪苓的发育学及其二者的相互作用机理	郭顺星	中国协和医科大学
酶性核酸的机理研究	周德敏	北京医科大学
论教育学的文化性格	石中英	北京师范大学
信息加工速度发展的研究	沃建中	北京师范大学
中国工艺美学思想史	杭　间	中央工艺美术学院
论清朝对西藏地方的治理	苏发祥	中央民族大学
李贽与晚明文学思想	左东岭	南开大学
15世纪前后蒙古政局、部落诸问题研究	宝音德力根	内蒙古大学
Bi系超导体原始粉末的物理化学及高Tc相成相和织构形成机理	毛传斌	东北大学
大白菜核基因雄性不育性的研究	冯　辉	沈阳农业大学
俄汉语称名单位的民族文化语义对比研究	吴国华	黑龙江大学
多光谱辐射测温技术研究	戴景民	哈尔滨工业大学
弯曲叶片控制扩压叶栅二次流动的实验研究	钟兢军	哈尔滨工业大学
船舶大幅运动非线性水动力研究	段文洋	哈尔滨工程大学

回波信号瞬时参数序列分析及其应用研究	梁国龙	哈尔滨工程大学
吸气式割前摘脱装置机理研究	蒋恩臣	东北农业大学
复 Grassmann 流形中的极小曲面	黎镇琦	复旦大学
可积系统的广义 Lax 代数，r-矩阵及代数几何解	乔志军	复旦大学
高聚物、MX 链及富勒烯中的电子-电子相互作用	于志刚	复旦大学
血友病 B 基因治疗研究——载体构建、离体表达、动物试验、安全性研究和临床试验	卢大儒	复旦大学
层状介质弹性参数反演研究	宋海斌	同济大学
大跨径钢——砼复合桥梁的时间、几何、材料、温度非线性空间分析	刘　忠	同济大学
壁冷式固定床反应器的在线预测与控制	周兴贵	华东理工大学
不同粒径柴油机排出颗粒的潜在致癌性及其机制研究	宋　键	上海医科大学
谷氨酸载体在脑缺血及针刺抗脑缺血中的作用	晏义平	上海医科大学
人胃癌DNA甲基化与维生素的变化及维生素对 CAG 的干预研究	房静远	上海第二医科大学
周期、准周期 $LiTaO_3$ 超晶格设计制备及激光变频效应的研究	祝世宁	南京大学
中国西北大气气溶胶与黄土堆积	张小曳	南京大学
不确定性系统的鲁棒辩识	张　颖	东南大学
运动车辆随机荷载及其激励下地面动力响应的理论研究	孙　璐	东南大学
IDSS 和 ANN 选择护巷煤柱宽度的研究	张玉祥	中国矿业大学
稀土催化环酯开环聚合研究	申有青	浙江大学
燃用劣质煤电站锅炉低负荷稳燃、防结渣及减轻烟温偏差研究	池作和	浙江大学
基于心电仿真模型参数解的心电逆问题研究	夏　灵	浙江大学
珍贵绢丝昆虫天蚕生殖生理的研究——内生殖器官的发育及其调控因子	叶恭银	浙江大学
纳米材料的溶剂加压热合成、结构及性能	谢　毅	中国科学技术大学
曲面表面形貌检测理论与方法的研究	蒋向前	华中理工大学
中、大比例尺矿床统计预测专家系统的研制	李新中	中国地质大学
商空间下的遥感图象分析理论探讨	关泽群	武汉测绘科技大学
中国农村村民自治：制度与运作	徐　勇	华中师范大学
一级相变的标度性和普适性研究	钟　凡	中山大学
巨噬细胞局部增生在肾脏疾病中的作用	杨念生	中山医科大学

最近 13 000 年我国内陆环境敏感带的季风气候变迁及^{14}C 年代学	周卫建	西北大学
间歇性排气噪声特性及其控制理论的研究	赵升吨	西安交通大学
超导线及其多孔涂层在超流液氦内的传热性能	厉彦忠	西安交通大学
频谱理论及其在通信保密技术中的应用	冯登国	西安电子科技大学
大气和海洋动力学方程组的定性理论及其应用	李建平	兰州大学
光系统Ⅱ放氧复合物钙结合和钙定位的分子机理研究	张立新	兰州大学
碳纳米管的催化热解方法制备、结构和物性研究	李文治	中国科学院物理研究所
1. 自旋轨道相互作用导致的介观环中的量子干涉效应 2. 有织构的衬底导致的液晶指向状态和相变	钱铁铮	中国科学院理论物理研究所
极间区中的孤立动力学阿尔文波和阿尔文涡旋	吴德金	中国科学院紫金山天文台
钯催化烯炔分子内环化反应的立体化学及其在天然产物不对称合成中的应用	朱国新	中国科学院上海有机化学研究所
钼（钨）铜（银）硫新簇体系的研究	黄　群	中国科学院福建物质结构研究所
大气中痕量化学成份的分析方法研究及实际应用	王跃思	中国科学院大气物理研究所
中国主要海岸平原未来环境变化的趋势与效应研究	杨桂山	中国科学院南京地理与湖泊研究所
银杉的遗传多样性及系统位置的研究——兼论松科的分子系统学	汪小全	中国科学院植物研究所
鸡心脱血红素细胞色素 C 的折叠及与脂的相互作用	童俊超	中国科学院生物物理研究所
中国小蚓类研究——附中国南极长城站附近地区两新种	王洪铸	中国科学院水生生物研究所
共享存储系统中的访存事件次序	胡伟武	中国科学院计算技术研究所
高质量 InGaAs/AlGaAs 应变量子阱激光器的研制	杨国文	中国科学院半导体研究所
集成器件用含铅钙钛矿铁电薄膜的脉冲准分子激光制备及其电学性质研究	郑立荣	中国科学院上海冶金研究所
短波长 X 射线激光及相关的光学与光谱技术研究	李儒新	中国科学院上海光学精密机械研究所

窄禁带半导体光电性质及其二维特性研究	刘　坤	中国科学院上海技术物理研究所
机械合金化产物的微观结构及相变研究	黄建宇	中国科学院金属研究所
机械球磨诱导非晶固体显微结构的变化	范国江	中国科学院金属研究所
腐蚀疲劳裂尖形变与载荷间交互作用研究	魏学军	中国科学院金属腐蚀与防护研究所
离散事件动态系统的 PN 机理论与方法研究	蒋昌俊	中国科学院自动化研究所
《昭明文选》研究	傅　刚	中国社会科学院研究生院
帛书《周易》与古代学术	邢　文	中国社会科学院研究生院
利用生物技术向小麦导入冰草优异基因的研究	李立会	中国农业科学院
新型导向性 EB 病毒表达载体系统的研究	颜子颖	中国预防医学科学院
我国几个典型地点的古地震细研究和大地震重复行为探讨	冉勇康	国家地震局地质研究所
培养人肝细胞用于生物人工肝治疗肝衰竭的实验研究	王英杰	第三军医大学
内源性内毒素移位在失血性休克中的作用及其分子机理研究	蒋建新	第三军医大学
20 世纪西方大国战争计划研究	王辉青	军事科学院

〔**表彰全国学位与研究生教育管理工作先进集体**〕　1999 年 11 月 1 日，教育部、国务院学位委员会联合下发《关于表彰全国学位与研究生教育管理工作先进集体的决定》，对北京大学研究生院等 127 个学位与研究生教育管理部门予以表彰，并授予“全国学位与研究生教育管理工作先进集体”荣誉称号。

表彰全国学位与研究生教育管理工作先进集体，是 1978 年恢复研究生教育和 1981 年建立学位制度以来首次开展的活动。评选工作按照客观公正、实事求是、宁缺毋滥的原则进行。经过各学位授予单位的自评自荐，省级学位与研究生教育主管部门初评推荐和教育部研究生工作办公室、国务院学位委员会办公室组织的复评，最后报请教育部、国务院学位委员会审核批准。

〔**研究生院院长联席会**〕　经教育部批准，全国“研究生院院长联席会”成立，秘书处作为日常办事机构，挂靠在北京大学研究生院。成立此会，旨在发挥研究生院在高层次人才培养和开展高水平科学研究中的作用，并以此带动我国学位与研究生教育事业的发展，提高研究生培养质量。研究生院院长联席会接受教育部和国务院学位委员会工作的指导，其主要任务是：对全国学位与研究生教育发展规划和重大问题进行研究，为国家决策提供咨询意见；推动研究生院制度的发展与完善，并对全国研究生培养单位起示范指导作用；积极推进研究生院之间和全国各研究生培养单位之间以及国际间的交流合作。

撰稿　赵玉霞

〔1998 年～1999 年授予博士、硕士学位情况〕

单位：人

学科门类	博士	硕士
合计	9 785(196)	48 177(9940)
哲　学	148	520(98)
经济学	513(6)	5 219(2 736)
法　学	290(6)	2 977(901)
教育学	131	787(192)
文　学	349(6)	2 846(355)
历史学	198	694(42)
理　学	2 292(41)	5 036(364)
工　学	3 797(50)	17 231(1 641)
农　学	381(32)	1 029(124)
医　学	1 360(37)	4 734(1 336)
军事学	6	171
管理学	320(18)	4 873(2 031)
专业学位		2 060(120)

注：括弧中数字为总数中授予同等学力在职人员博士、硕士学位的人数。

撰稿　吴一

审稿　赵沁平　王亚平　李军

高校思想政治工作

〔第八次全国高校党的建设工作会议〕　1999年6月18日～19日，中组部、中宣部和教育部联合召开了第八次全国高等院校党的建设工作会议。

会议的主题是：高举邓小平理论伟大旗帜，贯彻党的十五大精神和中央有关部署，按照以“讲学习、讲政治、讲正气”为主要内容的党性党风教育的要求，进一步加强和改进党对高校工作的领导，加强高校思想政治工作队伍建设，加强教师思想政治工作，加强各项德育工作措施的落实，为全面贯彻落实全国教育工作会议精神，推进高校的改革和发展而努力。

中共中央政治局常委、国务院副总理李岚清出席会议开幕式并作了题为《面向21世纪，进一步加强高等学校党的建设工作》的重要讲话。李岚清在讲话中指出，新的形势和任务对高校党建和思想政治工作提出了新的要求，必须从实现跨世纪宏伟目标，实施科教兴国的战略高度，从提高大学生的综合素质，使他们成为德、智、体、美全面发展的社会主义事业的建设者和接班人的战略高度，从战胜西方敌对势力对我实施“西化”、“分化”图谋的战略高度，从实现社会主义现代化的战略高度，充分认识加强高校党建和思想政治工作的重要性和紧迫性，更加自觉地做好高校党建和思想政治工作。要进一步搞好用邓小平理论武装师生的工作。要提倡启发式、研讨式的生动活泼的教学方法，引导师生用邓小平理论分析当前国内外形势，并得出正确的结论。要进一步研究新形势带来的新情况、解决新问题，更加重视做好师生的思想政治工作，把广大师生的思想统一到中央的路线、方针、政策上来，把力量凝聚到为实施科教兴国战略，推进高等教育改革和发展上来。要进一步加强党务和思想政治工作干部队伍建设，加强共青团、学生会、研究生会的工作和学生骨干队伍的建设。加强高校党建关键是加强领导班子建设，当前最主要的是深入开展“三讲”教育。要注意从高校的实际出发，把开展“三讲”教育、提高干部素质与推进当前高校的各项工作结合起来，促进高校的改革和发展。

教育部党组书记、部长陈至立代表中央组织部、中央宣传部和中共教育部党组，作了题为《按照“三讲”要求，加强高校党建工作，为高等教育事业的改革和发展提供坚强的政治保证》的报告。中宣部副部长白克明作了会议总结。

陈至立在报告中从四个方面总结了一年来高校党建工作取得的新进展：一是牢牢把握高校党建工作的灵魂，坚持用马列主义、毛泽东思想特别是邓小平理论武装高校广大党员和师生；二是牢牢把握高校的各项工作，推进高校的改革和发展,切实维护高校的稳定;三是牢牢把握高校党建工作的根本,不断加强高校各级党组织的自身建设和党员队伍建设;四是牢牢把握高等教育改革和发展的实际,不断加强和改善学校的思想政治工作。陈至立在报告中强调,要认真学习贯彻江泽民总书记在全国教育工作会议上关于“思想政治教育,在各级各类学校都要摆在重要地位,任何时候都不能放松和削弱。思想政治素质是最重要的素质”的重要讲话,要更加重视德育,切实加强高校思想政治工作。当前要着重抓好几个方面的工作:不断深化邓小平理论“三进”工作,全面实施“两课”课程设置新方案,大力加强“两课”教师队伍建设,引导学生树立正确的世界观、人生观、价值观,学会运用马克思主义的立场、观点、方法去观察和分析问题,提高分辨和分析各种错误政治理论观点和思想文化思潮的能力,自觉抵制各种腐朽思想文化的影响,坚持进行爱国主义、集体主义、社会主义教育;研究新情况和新问题,拓宽德育和思想政治工作的路子,进一步提高工作的针对性和实效;进一步加强教师队伍的思想政治建设,进一步加强党的基层组织建设,充分发挥党总支、党支部在教师队伍建设中的作用;进一步加强高校党务和思想政治工作队伍建设;正确分析形势,保持清醒头脑,主动、深入、扎实地做好各项工作,确保高校的持续稳定。

会议期间,北京市委教育工委、上海市教育党委和清华大学、中国人民大学、山东大学党委在大会上作了加强党建工作和思想政治工作及开展“三讲”教育试点工作的经验介绍。

参加这次会议的有各省、自治区、直辖市分管教育工作的负责同志及党委组织部门、宣传部门、教育行政部门的负责同志,全国100多所高校党委书记和部分高校的校长,中央、国务院有关部委教育部门的负责同志。

撰稿　庞世娟

〔**高校思想政治工作会议**〕　1999年3月2日～4日,教育部在北京召开了1999年度高校思想政治工作会议。会议的主要任务是,回顾1998年高校思想政治工作,交流各地高校深入学习邓小平理论、加强思想政治工作和党建工作的经验,研究和部署1999年高校思想政治工作。

教育部党组书记、部长陈至立在会上讲话,强调要抓住有利时机,加强正面教育,做好高校思想政治工作。强调要着重做好五项工作:一是坚持不懈地用邓小平理论教育武装高校广大师生员工。继续组织好邓小平理论和邓小平教育理论学习,进一步兴起学习邓小平理论新高潮,把广大师生员工的思想和行动统一、凝聚到实现党的十五大确定的各项任务上来。二是以思想政治建设为重点,进一步加强高校党建工作。要把深入学习邓小平理论摆在首位,建设一支团结坚强的领导班子和高素质的干部队伍,搞好高校党的基层组织和党员队伍建设,进一步增强党的凝聚力和战斗力,加强和改进党对学校工作的领导,加强德育工作。三是进一步加强形势与政策教育,引导师生深刻认识改革开放以来我国在各个领域取得的巨大成就,坚定高举邓小平理论伟大旗帜,坚持党的基本路线,坚定走有中国特色社会主义道路的信心。四是抓住有利时机,加强正面教育,营造文明健康向上的育人环境。要充分利用一系列大事、喜事以及世纪之交为我们提供的丰富教育资源和良好机遇,结合高校特点,开展形式多样、内容丰富的纪念、庆祝活动。五是要努力研究新情况，解决新问题，不断加强和改进思想政治工作。要把思想政治工作和为师生办实事结合起来，增强工作的实效。

撰稿 赵晖

〔**全国学校治安综合治理工作电视电话会议**〕 1999年4月8日，中央社会治安综合治理委员会、教育部、公安部在北京联合召开了全国学校治安综合治理工作电视电话会议。会议的主要议题是：总结近年来学校治安综合治理工作情况，分析当前学校及其周边地区的治安形势，提出进一步加强学校治安综合治理工作的措施；部署深入开展学校及其周边地区治安环境整治和创建安全文明校园工作，为维护学校正常的教学、科研、生活秩序创造良好的环境。中共中央政治局委员、国务委员、中央社会治安综合治理委员会主任罗干出席会议并讲话。教育部部长陈至立、公安部副部长田期玉对有关工作进行了部署。陈至立在讲话中强调，要加强学校治安综合治理，努力为师生的教学、科研和生活创造一个文明、安全的环境；提出要坚持教育与管理相结合、治理与建设相结合，创建“安全文明校园”。司法部、文化部及北京、上海等省市的负责同志在会上作了发言。

通过集中整治，校园及周边地区的治安状况明显改善，广大师生反映强烈的治安问题得到有效整治，维护学校治安秩序的机制进一步完善，安全文明校园创建工作初见成效。

撰稿 赵晖

〔**高校思想政治教育**〕 1999年，全国高校以学习贯彻落实《中共中央关于加强和改进思想政治工作的若干意见》为契机，结合本地、本校的实际，采取切实措施，大力加强和改进高校思想政治工作。

1999年，教育部党组印发了《关于高等学校学习贯彻〈中共中央关于加强和改进思想政治工作的若干意见〉的通知》，要求各地教育工作部门和各高校结合实际，把学习《意见》和贯彻落实第三次全国教育工作会议精神有机结合起来，深刻认识加强和改进高等学校思想政治工作的重要性和紧迫性。要求认真研究，进一步明确加强和改进新时期高等学校思想政治工作的基本方针，切实加强领导，制定措施，保证《意见》精神的贯彻落实。

与此同时，教育部和各地教育工作部门以及各高校研究制定了贯彻落实《意见》精神，加强和改进高校思想政治工作和德育工作的措施。一是认真开展调查研究，积极探索新形势下高校思想政治工作和德育工作的特点和规律。教育部继续在北京等8省、市开展了高校师生思想政治状况的滚动调查工作，进行了90年代高等学校师生政治、思想、道德变化和发展规律的研究工作。12月下旬，教育部在西安召开了以学习贯彻中央文件精神为主题，部分省市党委教育工作部门负责同志和工作基础较好的部分高校党委主管思想政治工作的负责同志参加的“高等学校思想政治工作研讨会”，交流研讨了新形势下加强和改进高等学校思想政治工作的思路。二是制定了加强和改进高校思想政治工作和德育工作的实施意见。11月，教育部召开了全国研究生培养工作会议。会上，教育部根据中央《意见》精神，制定了《关于加强和改进研究生德育工作的若干意见》(征求意见稿)，要求各地教育工作部门和研究生培养单位充分认识加强和改进研究生德育工作的重要性和紧迫性；要采取切实措施，加强和改进研究生德育工作；要建立和健全研究生德育工作管理体制，切实加强领导。教育部还研究制定了《关于进一步加强高等学校学生思想政治工作队伍建设的意见》(征求意见稿)，拟从制度上解决高校思想政治工作人员的选拔、培养以及职称评定、职务待遇和学习进修等方面的问题。

全国高校还结合庆祝新中国成立50周年、迎接澳门回归祖国，围绕抗议以美国为首的北约袭击中国驻南使馆、反对李登辉的"两国论"、揭批"法轮功"邪教组织等三场政治斗争，通过多种形式，深入开展了爱国主义、集体主义、社会主义教育以及形势与政策教育，极大地激发了全国大学生振兴中华的热情，使高校思想政治工作得到加强和改进。

撰稿 刘贵芹

〔**高校思想政治工作队伍建设**〕 (1)为加强高等学校党务和思想政治工作人员、马克思主义理论课和思想品德课（简称"两课"）教师队伍建设，1999年教育部会同国家留学基金管理委员会选派12名优秀人员出国进修。进修的学科专业方向紧密结合在国内工作岗位的需要，有利于回国后继续从事高等学校党务、思想政治工作和"两课"教学科研工作；其中高级访问学者进修期为半年；普通访问学者，进修期为一年。(2)旨在为党政机关和企业单位以及高等学校培养从事思想政治工作骨干的思想政治教育专业第二学士学位班1999年计有北京科技大学、首都师范大学、大连理工大学、华中师范大学、河北大学、中国青年政治学院6所高校共计招生83名。

撰稿 李斌

〔**高校"两课"建设**〕 根据教育部的工作部署，1999年是全面实施普通高等学校"两课"课程新方案的第一年，围绕实施"两课"新方案，主要开展推动了以下几方面的工作。

1. 开展课程培训。根据新方案中各门课程的不同特点和教学第一线的要求，4月，委托南京师范大学举办了《思想道德修养》课骨干教师培训班。培训期间邀请中国人民大学罗国杰、中山大学郑永廷等知名专家授课，组织教师就该课的教学内容和教学方法改革问题进行了深入研讨，来自全国高校的近50名教学骨干参加了培训。6月，在北京举办了《毛泽东思想概论》课课程培训班，邀请沙健孙、梁柱、张静如、王顺生、陈占安、王章维等专家、教授，就这一学科领域的重要理论问题、《毛泽东思想概论》教学内容与体系以及北京大学开设该课的教学试点经验等进行全面的介绍。来自全国各高校的150名教师参加了课程培训。据了解，秋季开学后，全国各普通高等学校都已按照新方案的要求普遍开设了"两课"课程。各省区市教育主管部门十分重视课程新方案实施情况的调查研究，并加强督促检查，严格执行文件规定，课程新方案得到顺利贯彻实施。

2. "两课"教学方法改革。在贯彻理论联系实际的原则，加强教学内容针对性的同时，为提高教学质量，增进教学实效，教育部社政司与高等教育出版社共同组织制作了18集邓小平理论教学片《新时期的旗帜》，以此为切入点，推动教学方法改革。该片以邓小平理论的科学体系为基本线索，用大量的历史文献资料生动形象地展现了邓小平理论的形成和发展的过程，有助于学生通过生动形象的电视画面，把握邓小平理论的科学体系和精神实质。该片已于1999年底制作完成，供教学使用。在2000年1月由中宣部和新闻出版署组织的首届"国家音像制品奖"评比中，该片荣获最高奖项。

3. 高校邓小平理论"三进"工作。为推动邓小平理论"三进"工作的深入开展，围绕中宣部、教育部、团中央纪念五四运动80周年纪念活动，各地各高校就组织青年学生学习邓小平理论的经验进行了认真总结，一些省区市于"五四"期间召开了高校学生学习邓小平理论经验交流会。全国高校在1998年工作基础上，又涌现出清华大学等一批学习邓小平理论的先进典型。

4."两课"教师在职攻读硕士学位工作。为了进一步提高"两课"教师的综合素质，教育部党组在第八次全国高校党建会上提出，"争取在3～5年时间内，通过多层次、多种形式的培训，使'两课'教师队伍的综合素质有较为明显的提高"，并将这一工作列入了教育部《面向21世纪教育振兴行动计划》。1999年12月，教育部和国务院学位委员会共同印发了《关于开展高等学校"两课"教师在职攻读硕士学位工作的通知》，决定在1999年至2004年间，使3 500名左右在任"两课"专职教师通过在职学习的方式，获得硕士学位。1999年底该项工作正式启动。按照这一计划，1999年度将招收1 200名"两课"教师在职攻读马克思主义理论与思想政治教育硕士学位。

5. 创办《思想理论教育导刊》。为适应高校"两课"教学改革和建设的需要，加强教学研究和指导，高等教育出版社于1999年1月正式创办了《思想理论教育导刊》。这一刊物作为教育部马克思主义理论与思想政治教育的指导性刊物，广泛联系第一线教师，密切结合教学需要，开设了"理论探讨、教学研究、教学参考、教学改革、德育论坛、经验交流、要论摘编"等栏目。为总结高校思想理论教育工作的经验，《思想理论教育导刊》于建国50年大庆前夕组织了"高校马克思主义理论与思想政治教育五十年座谈会"。会议特邀请全国人大副委员长彭佩云、原国家教委的老领导何东昌参加座谈会。

撰稿　徐维凡

〔**形势与政策教育**〕　为教育引导广大师生正确认识国际政治、经济及其发展的背景、格局和趋势，正确认识和分析国内形势，准确理解中央的方针政策，结合师生普遍关心的热点问题，1999年教育部和中共北京市委等有关部门配合，在春季和秋季开学后有计划、有针对性地及时举办了多场形势报告会。报告会的有关音像资料发到各省、自治区、直辖市党委教育工作部门，对广大师生进行形势与政策教育。先后举办的报告会有：全国人大常务委员会法制工作委员会副主任乔晓阳"《中华人民共和国宪法》修改有关问题"的报告；国家发展计划委员会新闻发言人郑新立"国有企业改革中若干问题"的报告；北京师范大学历史系教授张宏毅"人权问题"的报告；教育部与中宣部、外交部、解放军总政治部等部委联合举办"我国驻南联盟使馆工作人员和新闻工作者英雄事迹报告会"，会后又先后在清华大学、北京大学、北京外国语大学、北京外交学院、北京医科大学等高校为师生作报告；中国工程物理研究院科技报告团在首都5所高校作"中国核武器发展之路"的报告；新华社澳门分社副社长王今翔关于澳门回归的报告；原国务院新闻发言人袁木在首都5所高校作“社会主义与中华民族的伟大复兴”的报告；中国科学院研究生院副教授杨佳以人生价值观为主题的报告。这些报告会的举行，为广大师生深入了解国际国内形势、坚定对党和政府的信心、发奋学习和工作、全面提高思想政治素质发挥了重要作用。

撰稿　陈睿

〔**高校师生抗议以美国为首的北约轰炸中国驻南使馆暴行**〕　1999年5月8日凌晨，以美国为首的北约悍然用导弹袭击中国驻南斯拉夫大使馆，造成人员伤亡和馆舍严重毁坏。这一暴行激起全国高校师生的极大愤慨，广大师生坚决拥护和支持我国政府的严正立场，强烈谴责以美国为首的北约肆意践踏国际法和国际关系准则，粗暴侵犯中国主权的野蛮行径。

从5月8日下午至5月9日晚，经当地公安部门批准，北京、上海、广州、成都、沈阳等29个省市数百所高校约130万师生依法、有序地举行了声势浩大的游行、示威活动。一些地方的游行队伍还向美国驻当地使(领)馆递交了抗议信。许多高校还在校内召开集会、座谈会，签发抗议信、抗议电等，表达中国人民不畏强暴、坚持正义、反对侵略、维护国家主权的坚强决心。

各地教育工作部门和高校党委充分利用这一现实、生动的反面教材，通过高校“两课”教学和组织形势报告会，开展生动、具体的爱国主义和社会主义教育，引导师生充分认识以美国为首的西方国家推行霸权主义、强权政治的真实面目和所谓维护人权、自由的虚伪本质，引导师生深刻认识落后就要受欺挨打，只有增强我国综合国力，才能更有力地反对霸权主义、强权政治，维护国家主权和民族尊严。

广大师生纷纷表示，要把满腔爱国热情和对以美国为首的北约的暴行的强烈愤慨，化为更加努力学习、勤奋工作的动力，以实际行动维护安定团结的政治局面，为加快社会主义现代化建设，提高我国综合国力，落实科教兴国战略做出更大的贡献。

撰稿　庞世娟

〔**优秀大学生表彰、奖励活动**〕　为贯彻落实党的十五大精神和党的教育方针，进一步推动争当“三好学生”，创“先进班集体”活动深入开展，树立青年学生身边的先进榜样，激励广大青年学生勤奋学习、健康成长，提高综合素质，培养和造就德智体等方面全面发展的适应社会主义现代化建设需要的合格人才，1999年教育部、共青团中央联合开展第五次全国三好学生、优秀学生干部和先进班集体评选表彰活动。此项活动中，共评出300名“全国三好学生”、“全国优秀学生干部”和200个“全国先进班集体”，其中包括10名“全国三好学生标兵”、6名“全国优秀学生干部标兵”、12个“全国先进班集体标兵”。5月3日，教育部、共青团中央在北京联合召开“全国三好学生、优秀学生干部和先进班集体表彰座谈会”，受表彰的“全国三好学生标兵”、“全国优秀学生干部标兵”和“全国先进班集体标兵”的代表到会，教育部部长陈至立、共青团中央第一书记周强等领导同志出席座谈会。

教育部、共青团中央、人民日报海外版5月18日在北京人民大会堂联合召开“第三届胡楚南优秀大学生奖学金颁奖暨表彰大会”，授予清华大学冯文毅等10名学生“第三届胡楚南优秀大学生奖学金最佳奖”。授予中国人民大学郑霄等100名学生“第三届胡楚南优秀大学生奖学金优秀奖”。全国人大常委会副委员长许嘉璐、全国政协副主席孙孚凌、教育部部长陈至立、人民日报社社长邵华泽、共青团第一书记周强等出席了会议。

撰稿　李斌

审稿　靳诺

高校学生工作

〔**普通高校招生**〕 1999年全国普通高考报名人数341.8万人（较上年增长6.8%），其中应届生233.7万人，占68.7%。普通高校招生计划153万人（较上年增长41.7%），录取新生157万人；另有电大普通班招生计划8万人，录取新生7.6万人。全国共录取本专科新生164.6万人，平均录取率为48.2%（上年为36.1%）。

在164.6万录取新生中，本科生91.9万人，占55.8%；普通专科生52.2万人，占31.7%；新高职20.5万人，占12.5%。中央部门院校44.7万人，占27.2%（其中直属高校13.3万人，占8.1%）；地方所属院校119.9万人，占72.8%。文史类52.1万人，占31.7%；理工类102.6万人，占62.3%。

1999年初，教育部发布《关于进一步深化普通高等学校招生考试制度改革的意见》，确定新一轮高校招生考试制度改革方案。在第三次全国教育工作会议决定扩大招生规模、全面推进素质教育的号召下，高考制度改革在考试科目、考试内容、录取手段和考试形式等方面全面展开，操作平稳，开局良好。高校招生工作在面临改革任务重、扩招量大、时间紧急的情况下，通过各级招生部门的积极努力，顺利完成了1999年的年度招生任务。

科目设置改革。1999年，广东率先实行“3+X”科目设置改革，“3”指语文、数学、外语为每个考生必考科目，数学不分文理科、英语增加听力测试；“X”指由高等学校根据本校层次、特点的要求，从物理、化学、生物、历史、地理、政治6个科目中自行确定一门或几门考试科目；考生根据自己所报的高等学校志愿，参加高等学校（专业）所确定科目的考试。广东为“3+X”科目改革做了大量的工作，报名、考试、阅卷、录取等各环节进展平稳。“3+X”科目改革扩大了高校对考试科目设置的选择权，相应地增加了考生的选择权，对高中教学改革起了很好的促进作用。另外，山西、吉林、江苏、浙江4省在充分酝酿的基础上，确定了“3+X”的实施方案，具体为“3+文科综合（含政治、历史、地理）”、“3+理科综合（物理、化学、生物）”，已在当地公布方案，将于2001年正式启动。

高考内容改革。总体看，向着“更加注重对考生能力和素质考查”的方向健康深入发展。1999年高考各科试题难度适当，新颖灵活，注意与现实生活的联系，体现了“以能力立意”的命题原则，体现了高考内容改革的方向，体现了考试评价制度的正确导向。如作文、数学试题，有利于引导学生关心社会、了解社会，有利于考查学生解决实际问题的能力。其他科目也都基本体现了高考内容改革的要求。另外，对全国全部保送生进行了“综合能力测试”，不仅有助于理顺保送生制度，更重要的是探索了对考生进行能力测试的途径和方法。

考试形式改革。委托有关省市调研、论证一年两次考试的方案，并批复同意2000年北京、上海、安徽部分高校试行春季招生考试，其中北京、安徽春季高考命题由教育部考试中心负责，考试科目、考试内容和难度与全国统一高考相当。

录取手段改革。网上录取试点取得重大突破。天津、广西、北京、上海、重庆、辽宁、湖北、四川、云南、福建10省市、199所远程录取试点高校进行了网上录取试点工作，网上录取总人数近20万人；其中远程网上录取约10万人。特别是天津市1999年率先实现了远程网上录取院校数及学生数过半的“双过半”目标，这是网上录取探索中有标志性意义的成绩。鉴于天津市教育招生考试中心、广西壮族自治区招生考试院在网上录取工作中做出的突出成绩，教育部决定予以通报表彰，并授予“全国普通高校招生网上录取先锋”的称号。

撰稿　苟人民

审稿　瞿振元

〔**研究生招生**〕 1999年全国共有454所高等学校、331所科研机构和8所党校招收研究生。招生总规模为85 050人，实际录取88 432人，比上年实际录取数增长26%。

1999年，全国报考硕士生共305 174人，比上年增长17.8%。实际录取68 728人。在录取人员中，按考试方式分，参加全国统考的有50 952人，在职人员单独考试的有5 064人，应届本科毕业生推荐免试的有11 576人，往年保留入学资格今年返回入学的有1 136人；按考生类别分，应届本科毕业生有33 413人，占49%，在职人员35 315人，占51%；按学科门类分，哲学931人，经济学3 577人，法学4 078人，教育学1 546人，文学4 578人，历史学1 093人，理学8 465人，工学26 207人，农学2 238人，医学6 522人，军事学24人，管理学9 469人。

1999年，全国报考博士生共35 387人，比上年增加31%，实际录取19 704人，比上年增长31%。在录取的人员中，按考试方式分，参加公开招考的16 748人，提前攻读博士学位的1 289人，硕士博士连读的1 667人；按学科门类分，哲学328人，经济学1 140人，法学731人，教育学278人，文学733人，历史学421人，理学3 662人，工学8 168人，农学738人，医学2 248人，军事学11人，管理学1 246人。

1999年，香港、澳门、台湾人士报考内地（祖国大陆）高校研究生的人数共807人，录取472人。录取人数超过往年。

1999年研究生招生工作的主要特点是：(1)报考研究生人数创历史最高记录，反映出社会对高层次人才需求旺盛和广大青年渴望接受研究生教育的迫切愿望。根据《中华人民共和国高等教育法》的有关规定，从1999年起，允许成人高等学校应届本科毕业生以同等学力的身份报考硕士研究生；(2)教育部在确定全国统考生可参加复试的基本要求时，首次利用计算机管理全国考生初试成绩，按不同学科门类提出相应要求，解决了过去各学科门类按同一要求而造成合格生源与招生专业计划差距过大的矛盾，有利于各招生单位完成按学科专业安排的招生计划；(3)在研究生招生工作中加强了网络化建设。运用中国教育科研网进行硕士生调剂录取工作的试点，方便了生源充足和生源不足的招生单位之间调剂录取的工作，缩短了整个录取工作时间。1999 年 11 月 3 日，教育部开通了“中国研究生招生”信息网站（www. cpge. edu. cn），为招生单位和广大考生提供了研究生招生信息服务的通道；(4)积极做好国务院机构改革分流人员报考研究生的工作。1999 年录取国务院机构改革分流人员攻读硕士、博士学位研究生共 346 人。

撰稿　张凤有

审稿　韩建华

〔**高校毕业生就业**〕　一、1999 年毕业生就业基本情况。

1999 年全国共有普通高等学校毕业生 101.1 万人，其中研究生 5.8 万人，本科生 43.8 万人，专科生 51.5 万人。因受经济形势和机构改革的影响，社会对部委高校和地方院校毕业生的需求都有不同程度的下降。特别是地方院校本专科需求量平均下降 10%～15%，其中专科生下降幅度更大一些；许多省份的供需比仅为 1∶0.5～0.7，就业形势比较严峻。

为扭转这一局面，各级政府、教育行政主管部门及高校采取了一系列措施，并取得了一定效果。截止 6 月初，教育部直属高校毕业生一次就业率达 82%，比上年增加 2 个百分点，其中本科生为 85%，专科生为 54%。其他部属院校本专科毕业生的一次就业率达 70%，比上年提高 6 个百分点。地方高校毕业生的一次就业率在 60%左右，与上年大体持平，其中本科生达 70%左右，非师范类专科生在 30%左右，师范类专科生因为是通过各级教育行政部门安排到学校中去，落实率相对较高；但一些地方也反映，有的地区某些师范类专业毕业生已出现供过于求的现象。研究生的就业率较高，平均在 95%以上。

二、1999 年毕业生就业工作特点

1. 毕业生就业工作备受各级政府重视。为了保证高校毕业生顺利充分就业，国务院办公厅转发了教育部等 5 部委《关于进一步做好 1999 年普通高等学校毕业生就业工作意见的通知》，据此，有的省充实了毕业生就业机构，强化了服务职能；有的省从优化人员结构，提高队伍整体素质出发，拨出专门指标用于工商、税务、审计、公安、司法、海关等部门和基层机关接收、选用应届毕业生，多数省都取消了一些不合理的限制，延长了派遣期限；有的省还出台了特殊政策，鼓励毕业生走自主创业之路。这些措施在一定程度上缓解了就业压力。

2. 就业市场机制在毕业生资源配置中的作用越来越明显。各地方都下大功夫培养和完善以学校为基础、以政府为主导的毕业生就业市场。多数地区的主管部门利用节假日为用人单位和毕业生组织双选洽谈会，还鼓励、帮助、协调有条件的高校举办或联办毕业生招聘活动。以高校为基础的毕业生就业市场已成为毕业生就业工作的主要依托。

3. 信息服务作为各高校毕业生就业工作中的基础性工作，作用日益明显，直接影响着毕业生就业工作的成效。学校已成为毕业生就业信息服务的主渠道。从毕业生就业结果看，教育部直属高校毕业生中通过学校的有效信息落实用人单位的比例在 70%左右。北京市对各种毕业生就业信息渠道进行了统计，第一位是学校，收集的信息占 65%左右。许多主管部门和高校还十分注重信息手段现代化问题。教育部 1999 年开通了全国高校毕业生就业信息网，以拓宽毕业生就业渠道，促进毕业生的充分就业。一些地方和高等学校也纷纷研制并开通了毕业生就业信息网或局域网，为毕业生和用人单位的供需信息交流提供服务。

4. 毕业生就业环境进一步宽松。教育部和各地都认真贯彻国务院有关文件精神，努力拓宽毕业生就业渠道，取消了多种限制性规定。如新的收费规定，实际放宽了对毕业生部门和行业就业的限制，取消了对毕业生到非公有制单位就业的限制。除少量的大中城市还在通过收取增容费限制毕业生之外，多数地区都放宽了对就业地区的限制，还延长了毕业生就业派遣期限。

撰稿　陈　曦
审稿　瞿振元

〔**高等教育学籍学历管理**〕 为了加强对成人高等教育学历证书的管理，制止社会不法分子伪造、买卖学历证书，针对原成人高等教育毕业证书防伪点少、易于仿制，社会用人部门不易识别真伪的情况，进行了改版。通过使用多项防伪技术（特制水印纸、荧光油墨、磁性油墨、雕刻底纹、缩微印刷等），使得用人部门通过目视和简易器材即可有效地识别。同时在管理上简政放权，将成人高等教育毕业证书的验印权下放给学校所在省（自治区、直辖市）教育行政部门，停止使用原“国家教育委员会成人高等教育证书专用章”，改用“××省（自治区、直辖市）成人高等教育证书专用章”验印。

〔**普通高校为军队培养输送人才**〕 普通高等教育为军队培养、输送了大批急需的人才，为军队的建设与发展作出了贡献，但还没有形成规模和制度。根据江泽民主席、中央军委关于尽快建立依托国民教育培养军队生长干部制度的一系列指示精神，教育部、财政部、人事部、总参谋部、总政治部、总后勤部、总装备部联合发文，决定在普通高校试点基础上，进一步扩大试点范围，采取多种形式，包括设立国防奖学金等办法，选拔培养军队干部，已经签约的学校有北京大学、清华大学、北京理工大学、北京航空航天大学、南开大学、河北大学、太原理工大学、东北大学、吉林大学、哈尔滨工业大学、复旦大学、东南大学、南京理工大学、中国科技大学、山东大学、华中理工大学、武汉大学、四川大学、西北工业大学、西北大学、新疆大学。充分利用普通高等教育的人才资源和知识优势培养军队干部，已经成为加速军队高素质干部队伍建设的必然选择。通过建立制度，完善政策法规，采取多种措施，鼓励和吸引普通高校学生毕业后到军队工作，逐步扩大选拔培养的数量，提高培训质量，保证军队有稳定可靠的高素质人才来源。

撰稿　范　毅
审稿　瞿振元

高校科技工作

〔**高校科技工作主要数据**〕　1999年全国高等学校理工农医学科领域科技工作主要数据指标如下：

一、科技人力

全国高校从事科技活动人数27.5万人，其中科学家和工程师26.4万人，占96%；高级职称人员11.6万人，占42%。研究与发展人员25.3万人，其中科学家和工程师24.3万人，占96%；高级职称人员10.6万人，占42%。全时研究与发展人员14.5万人，其中科学家和工程师14万人，占95.9%；高级职称人员6.5万人，占44.8%。

二、科技经费

1999年全国高等学校通过各种渠道共获得科技经费99.5亿元，比上年增长21.3%，主要来自国家科技攻关计划，“八六三”高技术计划、“攀登计划”、国家自然科学基金、“产学研联合开发工程”计划以及省市、部门和企事业单位委托项目等各个层次。

三、研究与发展机构

1999年全国高校现有上级主管部门批准的研究与发展机构1 459个，机构中从事研究与发展人员2.5万人，就读研究生2.2万人，其中博士生7 000人。

四、科技课题

1999年全国高等学校共承担各类科技课题12.9万项，其中研究与发展课题10.8万项，科技服务类课题2.1万项。当年投入课题经费85.1亿元，比上年增长20%。研究与发展经费中用于基础研究的经费占17.3%，应用研究占60.7%，试验发展研究占22%。

五、国际科技交流

1999年高校开展了广泛的国际科技交流活动。全年有9 300多人次出席国际学术会议，交流学术论文8 000篇；有1.2万人次出席在国内召开的国际学术会议，交流论文1.4万篇。

全年共派遣1 170多人出国攻读学位，其中攻读博士学位750人，攻读硕士学位420人。当年派遣进修访问学者7 560人次，接受进修访问学者7 602人次。

六、科技成果及技术转让

1999年度全国高校获国家发明奖32项，国家自然科学奖35项，国家科技进步奖135项，分别占获奖总数的46.4%，61.4%和37.3%。

1999年全国高校共出版科技专著4 987部，在国外学术刊物上发表学术论文2.4万篇，鉴定科技成果7 400多项，签订技术转让合同近4 000项，当年实际收入7亿元。

七、高校科技企业

1999年全国高校共创办科技企业2 137个，实现销售收入267亿元，利润总额21.6

亿元。

撰稿　张建华　张拥军

〔**国家大学科技园建设试点**〕 1999年7月30日～31日，教育部、科技部在北京联合组织召开了大学科技园发展战略研讨会，成立了全国大学科技园工作指导委员会及其办公室，启动了“中国大学科技园发展战略和政策研究”软课题。

1999年9月13日，科技部、教育部发出《关于组织开展大学科技园建设试点的通知》。开始正式组织国家大学科技园建设工作，同时制定了试点单位遴选办法。10月12日，教育部向国务院报送了“建设和发展国家级大学科技园基本思路汇报提纲”。

各地方政府对国家大学科技园工作高度重视，共递交了35个国家大学科技园建设申请报告。1999年12月2日，教育部、科技部经过对各试点申报单位的综合评议，并适当考虑建园模式和地域分布等因素，确定15个大学科技园作为国家大学科技园建设试点。分别为：清华大学科技园、北京大学科技园、天津大学科技园、东北大学科技园、哈尔滨工业大学科技园、上海交通大学科技园、东南大学科技园、浙江大学科技园、合肥大学科技园（中国科技大学、合肥工业大学、安徽大学等）、东湖高新区大学科技园（华中理工大学、武汉大学、华中农业大学等）、岳麓山大学科技园（中南工业大学、湖南大学、国防科技大学等）、华南理工大学科技园、四川省大学科技园（电子科技大学、四川大学）、云南省大学科技园（云南大学、昆明工学院等）、西安交通大学科技园，并发出《关于做好国家大学科技园建设试点工作的通知》。

为进一步统一思想，明确目标，加紧建设，研讨推进国家大学科技园试点工作的政策和措施，布置下一阶段的工作，科技部、教育部于2000年1月19日～20日在沈阳召开了国家大学科技园试点工作会议。

撰稿　武贵龙　张拥军

〔**基础研究工作**〕 1999年，教育部科技司与科技委对高等学校及专家提出的52个《国家重点基础研究发展规划》的项目建议进行了评审、协调与组合，遴选确定了教育部单独及与其他部门联合向科技部推荐的项目。经科技部组织专家评审并最终批准，1999年度启动《国家重点基础研究发展规划》项目共45项，其中教育部作为项目依托部门的有9项，高等学校专家作为首席科学家的为16项，高等学校承担任务的份额接近总量的40%。

1999年，高等学校参与国家基础性研究项目也有进展，其中东北师范大学负责的“东部地区动、植物标本数据库与功能作用的研究”等3个项目得到了科技部的资助。

1999年，国家“攀登计划”项目和1998年启动的《国家重点基础研究发展规划》项目进展顺利，相继召开了专家委员会年度工作会，审核、上报了年度工作报告等。其中由清华大学主持的“重大土木与水利工程安全性与耐久性的基础研究”等“攀登计划”项目已顺利通过验收。

〔**科普工作**〕 1999年，教育系统23名科普工作先进个人和6个科普工作先进集体受到科技部、中宣部及中国科协等部门的联合表彰。

教育部组织，由北京大学陈佳洱教授为负责人的教育部重点科技项目《青少年科学教育丛书》于1999年正式启动，全国人大常委会副委员长丁石孙为丛书作序。该项目动员了高等学校的一批著名科学家为广大青少年编写科普丛书，目前《基因的故事》等第一批图书已与读者见面。

根据中央领导同志关于中国科技馆二期工程建设中设置脑科学展位的指示，组织北京大学、北京师范大学等高等学校有关专家对展位的总体设计、参展内容和参展项目进行了认真研讨，完成了任务。

〔**为农业与社会发展服务**〕 1999年，在科技为农业与社会发展服务方面，教育部主要开展了以下几方面的工作：

加强农业科研基地建设和人才培养。在原有相关的教育部开放实验室基础上，重点建设了4个涉及农业领域的教育部重点实验室，组建了现代农业、生命科学和生物技术两个网上合作研究中心，加强高校农业科技工作的交流与合作，推动与地方政府和企业合作。

积极组织高校承担农业与社会发展领域国家科技专项计划任务。高校参与了“国家转基因植物研究与产业化”专项的实施工作，在该专项1999年的计划安排中，高校牵头实施的占1/3以上，总经费达4 700多万元。高校还参与了云南滇池治理，北京市大气污染控制，环境保护领域863国家生物医学信息中心建设等国家重大专项。

积极组织高校围绕西部地区教育发展、西部水资源与可持续发展、西部农业和农村经济发展、西部生态环境建设等问题开展调查研究形成了高等学校参与西部大开发的几点建议与意见，并报送国务院。

组织高校社会发展领域“九五”科技（攻关）计划的滚动实施，在环保、海洋、灾害、中药现代化、生物技术等领域，高校获滚动计划支持经费约1 600万元。

在1998年组织学校师生参与全国公众环境意识调查的基础上（此次调查涉及高等学校30余所，教师140人，本科生、研究生800多人），对来自全国31个省、自治区、直辖市中139个县级行政区的10 000多个样本进行分析研究，形成了《全国公众环境意识调查报告》。北京大学中国国情研究中心负责了全过程的技术支持，问卷设计、抽样方式、数据分析、预调查均采用国际标准的社会调查方式。

〔**国家重点实验室建设**〕 1999年，国家对化学学科国家重点实验室、部门开放实验室进行了评估。在被评为优秀的5个实验室中，依托高校建设的实验室共有3个，分别为：厦门大学物理表面化学国家重点实验室、吉林大学无机合成与制备化学教育部重点实验室、北京大学稀土材料化学国家重点实验室，占优秀重点实验室总数的60%。

〔**教育部重点实验室建设**〕 根据教育部《面向21世纪教育振兴行动计划》安排，为加强和规范对原国家教委开放实验室的管理，使这些实验室的名称更加科学，便于与国际同行进行学术交流，经研究，教育部于1999年开始重新认定教育部重点实验室。重新认定的教育部重点实验室将努力成为中国高水平基础研究的基地，成为培养和吸引高层次人才的基地，成为有影响的国内外学术交流中心。1999年，教育部先后公布了两批计44个教育部重点实验室。

第一批部重点实验室名单（38个）如下：数学与应用数学实验室（北京大学）、重离子物理实验室（北京大学）、生物有机与分子工程实验室（北京大学）、破坏力学实验室（清华大学）、单原子分子测控实验室（清华大学）、生命有机磷化学实验室（清华大学）、结构工程与振动实验室（清华大学）、先进材料实验室（清华大学）、射线束技术与材料改性实验室（北京师范大学）、环境演变与自然灾害实验室（北京师范大学）、细胞增殖与调控生物学实验室（北京师范大学）、环境断裂实验室（北京科技大学）、高温加工陶瓷与工程陶瓷加工技术实验室（天津大学）、光电信息技术科学实验室（天津大学、南开大学）、生物活性材料实验室（南开大学）、无机合成与制备化学实验室（吉林大学）、超分子结构与谱学实验室（吉林大学）、符号计算与知识工程实验室（吉林大学）、分子酶学工程实验室（吉林大学）、非线性数学模型与方法实验室（复旦大学）、聚合物分子工程实验室（复旦大学）、应用离子束物理实验室（复旦大学）、海洋地质实验室（同济大学）、固体力学实验室（同济大学）、计算机网络和信息集成实验室（东南大学）、分子与生物分子电子学实验室（东南大学）、洁净煤发电及燃烧技术实验室（东南大学）、胶体与界面化学实验室（山东大学）、物理海洋实验室（青岛海洋大学）、海洋遥感实验室（青岛海洋大学）、细胞生物学与肿瘤细胞工程实验室（厦门大学）、图像信息处理与智能控制实验室（华中理工大学）、聚合物复合材料及功能材料实验室（中山大学）、辐射物理及技术实验室（四川大学）、生物力学与组织工程实验室（重庆大学）、光电技术及系统实验室（重庆大学）、电子物理与器件实验室（西安交通大学）、现代设计及转子轴承系统实验室（西安交通大学）。

第二批部重点实验室名单（6个）如下：薄膜与微细技术实验室（上海交通大学）、高温材料及高温测试实验室（上海交通大学）、能源洁净利用与环境工程实验室（浙江大学）、海洋环境科学实验室（厦门大学）、现代分析科学实验室（厦门大学）、智能制造技术实验室（华中理工大学）。

〔高等学校重点实验室访问学者制度〕 1999年，教育部《面向21世纪教育振兴行动计划》设立专项资金支持在高等学校的国家重点实验室和教育部重点实验室实行访问学者制度，以提高重点实验室和重点学科的开放效益，提高高等学校师资队伍的整体水平。

1999年共受理133个国家及教育部重点实验室的783份访问学者的申请，其中国家重点实验室95个，教育部重点实验室38个。经专家评审，共有604位访问学者得到专项资金的资助，占申请总数的77.14%，49所高等学校的133个重点实验室因访问学者制度的实施而受益。在这604位访问学者中，来自境外的访问学者246人，来自国内校外的访问学者282人，来自本校的访问学者76人。此项制度的实施受到高等学校重点实验室的普遍欢迎。

撰稿 陈冬生 张拥军

〔编制科技发展“十五”计划及2015年长远规划（基础研究及农业、资源领域）〕 1999年，教育部参与科技部主持的《国家基础研究“十五”计划及2010规划》的起草工作，其中教育部主持起草了《国家基础研究队伍“十五”计划及2010规划》；参与了由国家自然科学基金委员会、中国科学院等部门主持的学科发展、基地建设、国际合作、基础性工作方面的计划及规划的起草工作。

根据高校的特色和优势，重点开展了农业基础研究与高技术研究、节水农业及设施农业、农副产品加工增值、病虫害综合防治、新型肥料及饲料、农业生态环境保护、支农工业等领域的前期规划研究，为国家《农业科技发展纲要》的制订作出了贡献，并形成各相关领域的高校科技发展规划。

资源领域重点开展了固体矿产（地质理论部分）、非金属矿产、固体矿物综合利用、油气资源等领域规划前期研究；生态环境领域重点开展了大气污染控制、水污染控制、固体废弃物处理及资源化等领域规划前期研究；海洋领域重点开展了海洋监测、海洋生物资源的开发利用、海洋生物技术、海洋环境保护与生态环境恢复等领域规划前期研究；生物技术与医药领域重点开展了轻化工生物技术、医药生物技术、环境保护生物技术等领域规划前期研究；减灾防灾及社会事业领域重点开展了城市减灾及地质灾害及大气科学等领域的前期规划研究。通过规划的前期研究，分别形成各领域高校“十五”科技发展规划。

同时，为配合科技部组织的科技发展“十五”计划和2015年长远发展规划的编制工作，教育部结合高校优势，组织有关高校的专家分别在中南工业大学、华中理工大学、无锡轻工大学、上海交通大学、天津大学、北京大学就高技术新材料、先进制造与自动化、轻工纺织、交通能源、化工、信息6个工业和高技术领域进行了研讨，并形成了教育部关于上述6个领域科技发展“十五”计划和2015年长远规划的分报告。

科技部对高校的这项工作给予肯定和重视，认为6个报告基本站在国家经济建设和科技发展的高度分析并提出了问题，反映了高校的科技实力，提炼了重大的科技发展问题。这些报告在科技部编写科技发展“十五”计划和2015年长远规划的过程中，得到充分重视，为国家科技发展“十五”计划和2015年长远规划的编制提供了很好的素材和建议。同时对指导高校在这六个方面的科技工作起到了较好的作用。

撰稿 武贵龙 张拥军 陈冬生

〔**高等学校科技期刊管理**〕 为总结经验，表彰先进，推动高等学校科技期刊工作改革，进一步提高办刊质量，1999年教育部开展了全国优秀高校自然科学学报及教育部优秀科技期刊评比。经专家评审，共评出获奖期刊200种，其中一等奖50种，二等奖80种，三等奖70种。该项奖励可等同于教育部科技进步奖，全国优秀高校自然科学学报及教育部优秀科技期刊评比活动的举办，给高校科技期刊编辑人员以极大鼓励，促进了高校科技期刊工作的发展。

为加强管理，提高服务水平与质量，1999年教育部还对主管的科技期刊重新进行了登记，据统计，到1999年底，教育部直接主管的各类科技期刊约150种。

撰稿 张拥军

〔**教育部网上合作研究中心**〕 为了充分利用计算机网络，发挥高等学校的群体优势，改变高等学校科学研究小型分散的状况，充分利用高等学校现有的科研资源，组织高校科研力量，为经济建设和社会发展发挥更大的作用。教育部在原有部分高校联合建立的科学研究中心的基础上，于1999年开始建设高等学校网上合作研究中心。已开始筹建的10个网上合作研究中心涉及信息、农业、应用化学、应用物理、生命科学、机电一体化、现代设计等领域，教育部给予了一定强度的资助。

撰稿　张嘉兰　张拥军

〔**现代远程教育工程**〕　根据《面向21世纪教育振兴行动计划》和教育部党组的统一部署，现代远程教育工程于1999年开始实施。该工程由教育部信息化工作领导小组负责领导及重大事项的决策，由设在教育部科技司的信息化办公室具体负责协调和实施。

按照规划的建设目标、内容和要求，现代远程教育工程分三大部分：（一）现代远程教育网络平台建设。包括中国教育和科研计算机网（CERNET）高速主干网建设，卫星电视教育网络改造；（二）现代远程教育资源建设；（三）扶贫项目。整个工程1999～2000年总投入为3.6亿元。

为保证工程项目的顺利实施，教育部成立了由16位专家组成的教育部现代远程教育专家委员会，具体负责为教育部开展现代远程教育提供咨询建议和进行项目的评审工作。制订了《现代远程教育工程项目管理办法》。对项目的立项、评审、管理、验收做出明确规定。

1999年9月9日，现代远程教育工程重大项目：中国教育和科研计算机网（CERNET）高速主干网建设项目可行性研究报告通过专家评审，正式开始实施。该项目建设内容包括：建设CERNET高速传输网；建设CERNET高速主干网；建设CERNET中高速地区网；建设CERNET城市高速主干网；建设CERNET高速网络服务平台。该项目预计2000年底完成，届时CERNET网络部分线路达到2.5G，到省市的速率将达到622M和155M。通过网络提速，将为现代远程教育工程的实施提供高速网络通道。

1999年9月18日，现代远程教育工程重大项目：卫星电视教育网络改造项目通过专家评审，中国教育电视台将一个C波段进行数字化改造为Ku波段，将会大大增加中国教育电视台播出的节目套数，提高播出质量，使卫星网在现代远程教育中发挥重要作用。该项目2000年底完成。

〔**教育信息化工作**〕　1999年6月14日～16日，教育部在北京召开了首次全国教育信息化工作座谈会。会议讨论了全国教育信息化和省市教育信息化规划与发展的有关问题，交流了高等教育、基础教育、师范教育、电化教育等方面在信息化规划、资源建设、重点应用及人才培养方面的经验，提出推进教育信息化的思路和发展策略，并重点对如何实施“现代远程教育工程”进行研讨。会议通报了教育部编制全国现代远程教育发展规划的情况；交流了省、自治区、直辖市教育行政部门推动教育信息化工作的情况以及普通高校、电视大学和中小学信息化建设工作经验；介绍了“现代远程教育工程”试点高校进展情况与中国教育和科研计算机网（CERNET）发展情况；研讨教育信息化发展过程中存在的问题、建议及发展对策。

教育部科学技术司、高等教育司、基础教育司、师范教育司、职业教育与成人教育司和电化教育办公室负责同志在会上就推动各个层次教育信息化问题，提出了基本思路和发展策略，全面反映了教育部在推进教育信息化工作中的基本构想。教育部副部长韦钰在会上代表教育部做了题为《实施“科教兴国”战略，加速教育信息化建设》的主报告。

撰稿　杨东占　张拥军

〔**召开面向21世纪创新人才发展战略研讨会**〕　1999年9月22日～24日，教育部在北京组织召开面向21世纪创新人才发展战略研讨会，邀请来自海内外的近200名年青学者参加。中共中央政治局常委、国务院副总理李岚清在人民大会堂接见了与会代表，听取代表汇报，并发表重要讲话。与会年青学者们就基础研究与创新人才，高技术产业化与创新创业人才，素质教育与创新创业人才，教育科技改革与创新创业人才等专题展开了深入研讨。

〔**《跨世纪优秀人才培养计划》基金评审**〕　1999年《跨世纪优秀人才培养计划》主要支持信息、材料、工程和管理学科。继续采取限额申报的办法，主要从国家重点实验室、国家工程（技术）研究中心和重点学科中遴选。1999年度共收到51所高校128名申请者的材料。通过54名科技委同行专家通信评议，遴选出91名申请者参加会议答辩。经过对申请者答辩和评审，遴选出71位年青学者进入综合评审。最后邀请了8位院士进行综合评审，确定1999年度教育部《跨世纪优秀人才培养计划》基金资助60余名，其中包括教育部优秀青年教师教学科研奖励基金资助10名，国家杰出青年基金资助4名。这14名同时授予教育部《跨世纪优秀人才培养计划》基金获得者称号。

〔**教育部科技委工作**〕　1999年1月科技委组织了学部换届工作。本次换届坚持统筹兼顾的原则，适当扩大了学校的覆盖面和学部委员数。在上一届科技委学部委员涵盖学校面的基础上，适当增加了一些“211工程”学校和一些学术水平较高、发展潜力较大的农、医类学校，学校数量由上届的89所增加到103所。学部委员人数也由上届的300人增加到308人，平均年龄为50.8岁，比上届下降3岁，充分体现了科技委对高水平优秀年轻人才的培养。换届时对一些学部名称和学部组成人员的称谓也做了调整和变更。将第三届科技委8个学部中的结构与材料工程学部和热能机电仪自控学部重新组合，调整为材料学部和工程技术学部，有利于与中国科学院、中国工程院、国家自然科学基金委的有关学部衔接和沟通。同时，将学部组成人员由原来称谓的学科组成员改称为学部委员。学部设主任1名，副主任2名。学部主任全部由院士担任。

〔**中国高等学校十大科技进展**〕　1999年科技委开展了“中国高等学校十大科技进展项目的评选工作。经科技委委员投票产生了1999年的高校十大科技进展项目，分别为：离子型声子晶体的光学性质（南京大学）、“寒武纪生命大爆发”的研究（西北大学）、流场法探测堤坝渗漏及汛期管涌研究（中南工业大学）、多变量智能解耦控制理论、方法及应用（东北大学）、自体血液回收利用系统（北京医科大学）、南海大洋钻探（同济大学）、高亮度、高分辨率YAG投影显示管及其新型投影电视机（电子科技大学）、华中Ⅰ型数控系统的产业化（华中理工大学）、支持微处理器设计的软硬件协同设计环境（JBCODES）及JBCore16位微处理器（北京大学）、新型微孔晶体合成与新合成路线开发研究（吉林大学）。

撰稿　高润生　张拥军
审稿　谢焕忠

〔**专利工作**〕 1999年，组织清华大学等4所高校参加“第七届中国专利技术博览会”；推荐华中理工大学等高校的5个项目申报第四届中国专利金奖评选；参加中国高校知识产权研究会常务理事会议，并筹备年会；清华大学、华中理工大学、浙江大学被人事部、国家知识产权局评为全国专利系统先进集体。

〔**科技成果鉴定与软科学评审**〕 根据现行的《科学技术成果鉴定办法》和《科技成果鉴定规程（试行）》的要求，教育部受理直属高校及其他各类高校完成科研项目的成果鉴定申请。1999年共审查批准科技成果鉴定申请189项，其中会议鉴定181项，函审鉴定8项；办理核准科技成果鉴定证书146项。

根据国家科委1995年“关于发布《软科学研究成果评审办法》的通知”和1997年“关于印发《软科学研究成果评审办法实施细则》的通知”的有关规定，进一步加强了软科学研究成果评审的管理工作。1999年共审查批准软科学申请8项，其中会议评审5项，通信评审3项；办理核准软科学评审证书5项。

〔**高校博士学科点专项科研基金**〕 1999年，高等学校博士学科点专项科研基金申报和评审分为理工、农、医三部分，理工口申报课题11 412项，申报总经费7 113万元，平均申报项目强度6.23万元，其中博士生导师申请1 072项，占93.8%；重点学科、重点实验室申报544项，占47.7%；重点学科、重点实验室45岁以下非博士生导师申报69项，占6.1%。医口申报230项，申请经费1 455.95万元；农口申报109项，申请经费9 834.35万元。

经过专家通讯评审和专家会评审，择优资助课题408项，使用经费1 928万元，平均资助强度4.7万元。其中基础性研究课题407项，占99.75%，其他应用研究课题1项，占0.25%。与交通部联合资助基础研究课题2项，总经费12万元，其中本基金资助6万元。

〔**科技成果推广**〕 1999年，教育部科技发展中心努力争取高校科技成果在国家级各类科技开发计划中立项，并加强对立项成果的跟踪管理。1999年高校有33项进入国家重点新产品计划，占总数的2.24%，55项进入国家重点推广计划，占总数的25.7%，56项进入国家级星火计划，占总数的5.12%。为华中理工大学“CSCS-SH小型水电厂计算机监控保护系统”项目在国家重点新产品计划中争取到30万元的拨款。对得到经费支持的项目密切关注实施效果，严格管理。

组织高校科技力量，面向地方经济，为促进地方经济的发展服务。组织高校参加了北京国际高新技术产业周、陕西晋城乡镇企业技术洽谈会、江苏高邮市与高校及中科院科技洽谈会、浙江金华工业科技合作洽谈会、’99西安国际科技工业博览会等，通过参加上述活动，宣传高校科技成果及高校科技协作网，沟通学校与社会、企业的联系，促进科技成果推广应用。

1999年，教育部科技发展中心与山东省淄博市政府、工商管理局共同举办了高校与企业科技成果产业化交易洽谈会，参与此项活动的高校共150所，近4 000个项目。有55个项目正式签署了合作协议，其中32项已开始实施。1999年9月25日～27日，教育部会同科技部、江苏省政府在苏州市举办中国苏州科技成果交易会，有80多所高校2 700

多项成果参展，共签署各类协议1 000多项。

〔**高校科技园协作网建设**〕　1999年，教育部科技发展中心与清华大学共同筹备召开高校科技协作网常务理事会第三次会议及第三次理事会议，针对网上科技成果数量不足的情况，面向全国高校征集上网项目。到年底网上高校项目已近万项。

科技发展中心参加全国大学科技园工作指导委员会办公室工作，对申报的33个大学科技园试点材料进行了研究和遴选后，同科技部高新技术司和教育部科技司共同确定了首批15个大学科技园试点建设。

1999年，教育部在密云建立高校科技工业园（大学科技产业基地）。向密云高新技术产业开发区引进高校产业，推荐产业化项目，并与密云开发区协商签订了长期合作协议书和备忘录。入区的高校项目共16项，总投资已超过4亿元。1999年仅清华科技工业园就完成近6亿元的产值。

〔**教育部科技进步奖**〕　1999年度教育部科技进步奖在同行专家第一级评审基础上，召开专家评审会，评出授奖项目278项。教育部科技进步奖分基础、应用、推广、发明、科普图书、科技专著、科技教材七类。1999年度授应用、推广、发明、科技教材四类奖。

撰稿　周　静　初庆春　金石
刘　燕　杨健安
审稿　陈清龙

附

1999年教育部科技进步奖授奖项目名单

应用类：一等奖19项

序号	项目名称	主要完成单位
001	我国酸雨及二氧化硫控制区划分研究	清华大学　中国环境科学研究院
002	中国技术创新理论研究	清华大学
003	控制爆破技术研究与应用	复旦大学
004	紧凑型荧光灯光衰机理的研究	复旦大学　华星光电实业有限公司
005	建立全国事业单位新型会计体系及政策研究	复旦大学　科学技术部条件财务司 教育部财务司　财政部预算司
006	热处理数学模型和计算机模拟的研究与应用	上海交通大学 盐城丰东热处理有限公司

007	6000 米深海拖曳观察系统	上海交通大学
008	IES500 电力调度自动化主站应用环境	山东大学
009	高性能介质材料研究与开发	山东大学
010	验色光谱仪（智能化验色光谱仪）	青岛海洋大学
011	中国沿海月均和年均相对海面的机理和预报的研究	青岛海洋大学　国家海洋信息中心
012	海带配子体细胞工程研究及其应用	青岛海洋大学　荣成海兴育苗场 荣成市水产养殖场
013	水电站水库防洪决策支持系统	华中理工大学　湖南省柘溪水电站
014	离子膜烧碱工程电力监控系统	华中理工大学
015	生产线用大型轧辊激光刻花加工装备	华中理工大学　武汉（钢铁）集团公司 武汉重型机床厂
016	三峡工程散装水泥/粉煤灰实时调运指挥系统 (TGP-CFADIS)	华中理工大学 中国长江三峡工程开发总公司
017	“黑麦草——水稻”草田轮作系统研究	中山大学　广东省牧草饲料工作站
018	无铬少铬鞣法生产高档山羊服装革	四川大学　雅安皮革总厂
019	小波变换信号分析仪的研究与 QL 型系列测试仪	重庆大学

推广类：特等奖 1 项

序号	项目名称	主要完成单位
130	中和料浆浓缩法制磷铵新工艺	四川大学　中国磷肥协会 四川银山化工集团股份有限公司 南京化学工业公司设计院 湖北东方化学工业公司 青岛东方化工集团股份有限公司

推广类：一等奖 12 项

序号	项目名称	主要完成单位
131	高耸钢结构设计理论研究及工程应用	同济大学
132	华中 I 型数控系统的推广应用	华中理工大学
133	感应电动机节能保护起动器	华中理工大学 九江市新世纪节能电器有限公司

134	可控光和生物降解塑料母粒及薄膜	四川大学
135	BTG 水润滑动密封轴承系列产品开发与产业化	重庆大学　重庆奔腾科技发展有限公司
136	高产、优质、多抗玉米杂交种农大 60 的选育和推广	中国农业大学　北京市种子公司 山西省农业种子总站 山西省屯留玉米种子专业公司 河北省隆化县种子公司 赤峰松州种业公司　重庆市种子公司
137	天然级肉味香精生产技术	北京轻工业学院
138	导弹数据记录设备	华北工学院
139	高产、优质、抗病中熟中粳新品种“镇稻 88”的推广应用	南京农业大学 江苏丘陵地区镇江农业科学研究所
140	中国职业教育校园网集成系统的应用与推广	徐州师范大学
141	中药电泳鉴别法研究及其推广应用	山东中医药大学 山东省科学院生物研究所
142	非线性渗流力学理论及其在油气田开发中的应用研究与推广	西南石油学院　石油大学（北京）

发明类：一等奖 3 项

序号	项 目 名 称	主要完成单位
224	遥感卫星中频通用接收解调系统	清华大学
225	微波等离子体炬光谱仪	吉林大学
226	实用电磁型微马达关键技术的研究	上海交通大学

教材类：一等奖 4 项

序号	项 目 名 称	主要完成单位
250	有机化学（第三版）	南开大学　高等教育出版社
251	结构化学	南京大学　高等教育出版社
252	力学（上下册）（第三版）	南京大学　高等教育出版社
253	人工智能及其应用（第二版）	中南工业大学　清华大学 清华大学出版社

师范教育

〔**概况**〕 1999年，全国各级各类师范院校认真贯彻全国教育工作会议精神，落实《面向21世纪教育振兴行动计划》，实施“跨世纪园丁工程”。把启动中小学教师继续教育工程，开展师范教育面向21世纪教学内容和课程体系改革，继续推进师范教育体制改革，分步实施师范院校布局结构调整作为工作重点。适应社会主义现代化建设和基础教育改革发展需要，为基础教育提供有力的人才支持。1999年，全国共有各级各类师范院校3 337所，在校生225.71万人。

	学校数（所）	在校生数（万人）	招生数（万人）	毕业生数（万人）	专任教师数（万人）
高等师范学校	227	84.53	34.42	19.26	8.14
中等师范学校	815	90.52	29.12	30.90	6.19
教育学院	166	23.47	10.36	6.86	1.68
教师进修学校	2 129	27.18	9.37	16.56	4.78

小学、初中、高中教师学历合格率分别为95.90%、85.63%、65.85%，比1998年分别提高1.31、2.20、2.36个百分点。

具有大专以上学历的小学教师占小学教师总数的比例为12.44%，比1998年下降0.39个百分点；具有本科以上学历的初中教师占初中教师总数的比例为16.26%，比1998年提高4.88个百分点。

撰稿 鹿旭忠

〔**颁发《中小学教师继续教育规定》**〕 1999年9月13日，教育部部长陈至立签署发布第7号教育部令《中小学教师继续教育规定》（以下简称《规定》）。《规定》适用于国家和社会力量举办的中小学在职教师的继续教育工作。

《规定》指出，中小学教师继续教育是对取得教师资格的中小学在职教师为提高思想政治和业务素质进行的培训，原则上每5年为一个培训周期，参加继续教育是中小学教师的权利和义务。中小学教师继续教育要以提高教师实施素质教育的能力和水平为重点。中小学教师继续教育分为非学历教育与学历教育。非学历教育包括：新任教师培训，是为新任教师在试用期内适应教育教学工作需要而设置的培训，培训时间不少于120学时；教师岗位培训，是为教师适应岗位要求而设置的培训，培训时间每5年累计不少于240学时；骨干教师培训，是为对有培养前途的中青年教师按教育教学骨干的要求和对现有骨干教师按更高标准进行的培训。学历教育是对具备合格学历的教师进行的提高学历层次的培训。

《规定》明确，国务院教育行政部门宏观管理全国中小学教师继续教育工作；省、自治区、直辖市人民政府教育行政部门主管本地区中小学教师继续教育工作；各级教师进修院校和普通师范院校在主管教育行政部门领导下，具体实施中小学教师继续教育的教育教学工作；中小学校应有计划地安排教师参加继续教育，并组织开展校内多种形式的培训。综合性高等学校、非师范类高等学校和其他教育机构，经教育行政部门批准，可参与中小学教师继续教育工作。中小学教师继续教育经费以政府财政拨款为主，在地方教育事业费中专项列支。地方教育费附加应有一定比例用于义务教育阶段的教师培训。中小学教师继续教育经费由县级及以上教育行政部门统一管理，不得截留或挪用。各级人民政府教育行政部门应采取措施，大力扶持少数民族地区和边远贫困地区的中小学教师继续教育。

《规定》提出，地方各级人民政府教育行政部门要建立中小学教师继续教育考核和成绩登记制度。考核成绩作为教师职务聘任、晋级的依据之一。

《规定》要求，各省、自治区、直辖市开展中小学教师继续教育应坚持因地制宜、分类指导、按需施教、学用结合的原则，根据本地区实际情况，制定具体实施方法。

〔**提出中小学教师继续教育工作思路与措施**〕 1999年9月14日～16日，教育部在上海市召开全国中小学教师继续教育和校长培训工作会议。

会议提出了全面推进中小学教师继续教育和校长培训工作的思路和措施。明确全面推进中小学教师继续教育要以全员培训为目标，突出骨干教师培训；中小学教师继续教育要以提高实施素质教育的能力和水平为重点。今后5年内要对现有约1 000万名中小学教师基本轮训一遍，提高教师队伍的整体素质，基本适应实施素质教育的需要；全国市(地、州、盟)遴选100万名中小学和职业学校骨干教师，省(自治区、直辖市)遴选10万名，教育部遴选1万名，分别进行地(市)级、省级、国家级培训，使骨干教师梯队基本形成；在全国中小学教师中开展以普及计算机应用技术为基础的现代教育技术培训，使中小学教师能够利用计算机进行辅助教学，能够上网查询信息、了解教育教学和有关科研成果的最新动态，有效地提高教育教学水平；加强农村、少数民族和边远贫困地区中小学教师的培训，加快学历补偿教育的步伐的同时，积极开展继续教育；拓宽教师培训渠道，加大高学历师资培养培训力度，2010年前后，具备条件的地区力争使小学和初中专任教师的学历分别提升到专科和本科层次，经济发达地区高中专任教师和校长中获硕士学位者应达到一定比例。继续做好29所师范大学面向中学教师开设的教育硕士学位专业试点工作。

会议要求采取有力措施，保证中小学教师继续教育工作顺利、有效地实施。加快法律、法规和制度建设，形成继续教育的良性运行机制；优化资源配置，积极探索职前职后贯通的教师教育新体系；在中国教育科研网（CERNET）上设立中小学教师继续教育网页，开展中小学教师继续教育虚拟学校的实验，构建面向21世纪中小学教师继续教育现代远程培训系统；加强中小学教师继续教育和校长培训课程教材建设，逐步建立起具有中国特色的中小学教师继续教育和校长培训教材体系；加大对继续教育的投入。“九五”期间中央师范教育补助专款主要用于中小学教师和校长培训。“贫困地区义务教育工程”专款有一定比例用于中小学教师和校长培训。中央投入“跨世纪园丁工程”专款用于加强中小学骨干教师队伍建设及中小学教师和校长培训教材建设。

〔筹备启动万名骨干教师国家级培训〕 为落实第三次全国教育工作会议精神和《面向21世纪教育振兴行动计划》，实施“跨世纪园丁工程”，我部将组织开展中小学骨干教师国家级培训，培训总人数为1万人，约占中小学教师总数的0.9‰。通过培训，使培训对象在思想政治与职业道德、专业知识与学术水平、教育教学能力与教育科研能力等方面的综合素质有显著提高，为使培训对象成为高素质、高水平，具有终身学习能力和教育创新能力，在教育教学实践中发挥示范作用的中小学教育专家创造条件。

培训对象的选拔遵循公开推荐、公平竞争的原则，同时注意兼顾不同地区和学段（主要指初、高中）的合理分布。参加国家级培训的中小学（含特殊教育学校）的骨干教师条件为具备国家规定的合格学历（已取得专科或本科学历的小学和中学教师所学专业必须与其所教学科相关），年龄在45周岁以下，教龄5年以上，具有中学高级和小学高级教师以上职务，具有良好的思想品德和职业道德，在教育教学改革和教书育人等方面成绩显著。中小学骨干教师国家级培训的教学内容由理论与技能、实践与考察、课题研究三个板块组成，三个板块的学时比例为4∶3∶3。第一期培训为小规模试点，从2000年3月开始，涉及小学语文、数学和中学语文、数学、物理、生物、英语7个学科。整个培训工作分4～5期进行，3年完成。

〔印发《中学教师进修高等师范本科（专科起点）教学计划》（试行）〕 《面向21世纪教育振兴行动计划》中提出，2010年前后，具备条件的地区，力争使小学和初中专任教师的学历分别提升到专科和本科层次。为保证中学教师提高学历培训质量，教育部师范教育司于1999年11月印发了《中学教师进修高等师范本科（专科起点）教学计划》（试行）（以下简称《教学计划》）。《教学计划》分为指导思想，培养目标，编制原则，时间安排，公共必修课课程说明，各专业课程设置、课时分配与课程说明6个部分。

《教学计划》结合新时期全面实施素质教育的要求和当前我国教师队伍的现状，具有以下特点：(1)强调提高在职教师的整体素质，特别是培养在职教师自我教育、自我发展、不断创新的能力。(2)在保证主干课程达到本科培养规格的前提下，增加选修课和地方特色课的比例，以加强教学实践环节。(3)在课程安排上注意与专科合理衔接，在教学内容上注意吸收高等教育相关专业改革的成果，教学方法上注意突出计算机及其网络等现代教育技术的应用，适当增加新理论、新知识、新方法和新技术。(4)在培训形式上强调因地制宜，灵活多样。其中，脱产进修学制为2年，总学时数1 400～1 600学时；函授进修学制为3年，总学时数1 800学时左右（面授学时数550学时左右）；业余进修学制3年，总学时数1 400～1 600学时。

撰稿　陈　武

〔**加强和改进中师德育工作**〕 为贯彻落实《中共中央国务院关于深化教育改革全面推进素质教育的决定》和《中共中央关于加强和改进思想政治工作的若干意见》的精神，教育部师范教育司于1999年11月9日～12日在山东省淄博市召开全国中师德育工作经验交流会。会议的主要任务是：总结交流近年来中师德育工作的经验，研讨新形势下中师德育工作的特点和规律，确定今后一个时期中师德育工作的主要任务和基本思路，采取切实有效措施，努力开创21世纪中师德育工作的新局面。来自全国各省（自治区、直辖市）教委、部分中师代表共计100余人出席了会议。教育部师范教育司司长马立在会上作了题为“高举邓小平理论伟大旗帜，开创中师德育工作新局面”主题报告。与会代表广泛交流了全国中等师范学校德育工作的经验和成果，听取了德育专家所作的有关德育方面的学术报告，参观考察了山东省淄博师范学校开展德育工作的现场。会议期间，还举行了全国教育科学“九五”国家级重点课题“整体构建学校德育体系”中师子课题学术成果交流研讨和表彰活动。

会议期间，与会代表还分组讨论了教育部师范教育司组织起草的《关于进一步加强和改进中等师范学校德育工作的几点意见（征求意见稿）》，会后，经过进一步的修改和征求意见，教育部于2000年1月26日正式印发了《关于进一步加强和改进中等师范学校德育工作的几点意见》。“意见”指出：当前和今后一个时期中等师范学校德育工作的主要任务是：以党的十五大精神为指针，高举邓小平理论的伟大旗帜，认真贯彻落实《中共中央关于进一步加强和改进学校德育工作的若干意见》，《中共中央国务院关于深化教育改革全面推进素质教育的决定》和《中共中央关于加强和改进思想政治工作的若干意见》，按照《中等师范学校德育大纲》的要求，努力培养思想政治优良、专业思想牢固、道德品质高尚、个性心理健康，具有创新精神和实践能力的小学、幼儿园教师，为造就“有理想、有道德、有文化、有纪律”德智体美等全面发展的社会主义事业的建设者和接班人，奠定良好的思想政治、道德品质方面的基础。

撰稿　唐京伟

〔**师范院校布局结构调整**〕 在师范教育事业发展中，存在高师院校总量不足，中师布点过多，办学层次重心偏低，布局结构不尽合理，规模效益不高的实际情况。为适应教育事业发展需要，推进师范教育体制改革，贯彻落实《面向21世纪教育振兴行动计划》提出的，“2010年前后，具备条件的地区力争使小学和初中专任教师的学历提升到专科和本科层次，经济发达地区高中专任教师和校长中获硕士学位者应达到一定比例”的意见，教育部于1999年3月16日印发《关于师范院校布局结构调整的几点意见》（以下简称《意见》）。

《意见》提出三个方面的工作目标，第一项工作目标是，下世纪初，逐步形成具有中国特色，时代特征，体现终身教育思想的中小学教师教育新体系。第二项层次结构调整目标，从城市向农村、从沿海向内地逐步推进，由三级师范（高师本科、高师专科、中等师范）向二级师范（高师本科、高师专科）过渡。到2010年左右，新补充的小学、初中教师分别基本达到专科和本科学历。第三项学校布局调整目标，到2003年，普通高等师范院校、教育学院、中等师范学校从1997年的1 353所调整到1 000所左右，其中，普通高师院校300所左右，中等师范学校500所左右。

《意见》提出了进行师范院校布局结构调整的原则和政策。

1. 坚持师范教育适度超前、优先发展的原则。从现在到下世纪初，要坚持内涵发展为主，进行师范教育资源的战略性重组，积极发展高师教育规模，稳步压缩中师教育规模，因地制宜地积极推进市（地）教育学院与当地师范院校合并，提高师范教育质量和效益。

2. 坚持分区规划、分类指导、分步实施原则。在国家宏观政策指导下，加强省、自治区、直辖市对本地区师范教育的统筹权、决策权。学校布局结构调整和资源重组工作要与管理体制改革紧密结合，要有利于加强师范教育，有利于提高中小学教师培养培训质量，有利于中小学教师队伍建设；学校合并要从实际出发，不搞一刀切。

3. 坚持独立设置师范院校主体作用，同时进一步拓宽中小学教师来源渠道，鼓励一批高水平综合大学参与培养中小学教师。

4. 在师范资源相对比较集中的大中城市积极推动师范教育资源重组，全国形成一批层次高、规模大、综合实力强的师范大学。

5. 积极稳妥地进行中等师范学校调整工作。继续办好一批中师，为经济和教育欠发达地区培养小学教师；部分中师可并入高师院校；少量条件好、质量高的中师根据需要，可通过联合、合并、充实、提高组建成师范专科学校；其余中师可改为教师培训机构或其他中等学校。

6. 大多数省、自治区、直辖市重点建设好1所省级教育学院；没有高师院校的地区要继续办好市（地）教育学院；每县要办好1所教师进修学校。

7. 各级教师培训机构可与当地教研机构、电教机构、教育科研机构通过联合、合作或合并，建成本地区在教学、信息资料、实验、教育技术、教育科学研究等方面具有指导作用的教育中心。

撰稿 王源林

〔“高等师范教育面向21世纪教学内容和课程体系改革计划”立项项目中期检查〕
为加强“高等师范教育面向21世纪教学内容和课程体系改革计划”立项项目管理工作，提高课题研究质量，教育部师范教育司于1999年4月至7月，组织高等师范教育面向21世纪教学内容和课程体系改革指导委员会与项目管理办公室的专家，分6个小组对立项的210个课题进行了中期检查。中期检查的内容包括：(1)课题研究方案的执行情况。项目负责人是否按照项目申请书和立项项目任务书中所预设的研究计划，开展实际研究工作，研究计划是否切实可行，是否具有改革力度。(2)课题研究的保障条件情况。课题所在省（自治区、直辖市）教育行政部门、学校对项目是否负起领导、管理责任；是否按立项项目任务书的要求，为项目的研究工作提供必要的研究条件及配套经费。(3)课题研究的经费使用情况。经费开支是否合理，是否符合项目管理办法和国家有关科研经费管理的规定。(4)课题研究的成效情况。阶段性研究成果的学术水平如何，是否开展了相应的改革试验。经专家组检查和指导委员会审议，210个研究项目中，进展情况好的有131个，一般的有77个，差的有2个。1999年10月25日教育部师范教育司将中期检查结果通知学校，并将拨付另外50%的项目研究经费。此外，4个一般课题“滚动”为重点课题，1个校级课题“滚动”为国家级一般课题，增加1个委托课题。现在共有国家级课题212个。

1999年，“高等师范教育面向21世纪教学内容和课程体系改革计划”产出了一些阶段性成果，出版了一批“21世纪课程教材”，主要由高等教育出版社陆续出版。

撰稿　林奇青

〔高等师范学校本科教学工作合格评估〕

1999年3月，教育部师范教育司发出《关于对高等师范学校进行教学工作合格评估的通知》(以下简称《通知》)。《通知》规定：自1999年至2001年将对部分高等师范学校进行教学工作合格评估。

高等师范学校开展教学工作合格评估，一是坚持以《中华人民共和国高等教育法》为依据，贯彻“以评促改，以评促建，评建结合，重在建设”的原则。二是加强国家对高等师范教育的宏观指导和统筹管理，促进各级政府对高等师范学校教学工作的重视，增加投入，改善办学条件。三是进一步加强学校教学的基础性建设、科学化管理和师资队伍建设，深化教学改革，全面提高教学质量，使学校能够达到国家基本的办学水平和质量标准，更好地为基础教育和当地经济建设服务。四是教育部将进一步加强综合协调和管理，争取下世纪初逐步建立起具有中国特色的高等师范教育宏观质量监控体系和评估制度。此次评估的范围为：70年代以来设置的建校历史比较短和基础比较薄弱的本科高等师范学校，涉及到全国20个省、自治区、直辖市共33所。

与此同时，教育部师范教育司研制印发了《高等师范学校本科教学工作合格评估方案（试行）》（以下简称《合格评估方案》）。《合格评估方案》的制定，导向可以定位在三个方面：一是对高师教学质量和人才培养质量标准的导向；二是对高师教育规律共同认识的导向；三是对高师教育主动适应基础教育和社会需求的导向。《合格评估方案》力求反映高等师范学校的教育观、人才观、质量观和教学工作特色，由此形成评价的基本思路：目标与过程结合，侧重过程优化；硬件与软件结合，侧重硬件的高效利用和软件建设的有效性；投入与输出结合，侧重输出所表现的过程效应；现状与导向结合，侧重发展潜力与趋势；规范与创新结合，侧重创新成果与特色；定量与定性结合，侧重专家的综合评价。《合格评估方案》的结构特点为：第一，依据教学工作系统的结构要素构建指标体系，即由办学指导思想、教学条件、教学管理、教学建设、教学改革与研究、教学效果6个要素组成。第二，指标内涵反映高等师范学校教学工作特色，即针对高师本科教学工作重视基础教学，重视学生知识面拓宽，重视学生个性发展，重视学生思维能力训练，重视学生掌握现代教育与信息技术进行辅助教学的技能训练，重视学生创新意识、实践教学能力和面向基础教育研究能力的培养等特色。第三，确立了核心指标，即教学工作评估的重点放在那些发展的、动态的，对教学工作水平、质量、效果具有决定性作用的指标上。《合格评估方案》覆盖了学校教学工作的各个方面，基本反映了学校教学工作的动态过程。《合格评估方案》设有一级指标12项；二级指标40项，其中核心指标共13项，非核心指标共27项。“评估指标内涵和评估标准”中对二级指标的观测点作了界定，评估标准给出A、C两级，介于A、C之间为B级，低于C级的为D级。评估结论分为合格、暂缓通过、不合格三个等级。

《合格评估方案》颁发后，学校教育主管部门根据被评估学校的办学条件和教学工作的实际状况，向教育部提出了评估时间建议。据统计，2000年接受国家级评估的学校为9所，2001年为24所。为搞好高师本科教学评估工作，师范教育司于1999年5月在北京举办了高等师范学校本科教学工作合格评估讲习班，准备接受国家级教学工作合格评估的和新批准设置的高等师范学校共计45所学校100余人参加了讲习班。为使评估工作达到重在建设的目的，教育部曾先后组织有关专家分别到天津职业技术师范学院、山东聊城师范学院、福建漳州师范学院、河南职业技术师范学院、广东湛江师范学院、海南师范学院进行评估前的考察咨询，有针对性的给予指导。大部分学校为迎接国家级评估正在做好各方面的准备工作。

撰稿　李桂兰

〔**加强师范院校计算机教育**〕　为贯彻落实国务院批转教育部《面向21世纪教育振兴行动计划》中的“师范学校在校生都要接受计算机基础知识培训”的有关精神，教育部师范教育司于1999年5月25日～27日在华南师范大学召开了全国师范院校计算机教育工作经验交流会。来自各省（自治区、直辖市）教育行政部门和师范院校代表100余人出席了会议。会议的主要议题是：总结和交流师范院校开展计算机教育的成果和经验，研究如何进一步加强和改革师范院校计算机教育工作，推进师范教育信息化，培养具有实施以创新精神和实践能力为主的素质教育的新型中小学教师。这次会议是我国师范教育有史以来国家教育行政部门召开的第一次全国性的师范院校计算机教育工作会议。教育部师范教育司负责同志分别在会上作了题为“加强计算机教育，推进面向21世纪师范教育改革和发展”的主报告和大会总结报告。会议期间，听取了计算机教育专家的学术报告；参观考察了华南师范大学开展计算机教育及实施教育信息化工程的现场等。

会议期间，与会代表还讨论了教育部师范教育司组织草拟的“关于进一步加强和改革师范院校计算机教育的几点意见（征求意见稿）”。会后，经过进一步的修改和征求意见，教育部师范教育司于1999年9月10日正式印发了《关于加强和改革师范院校计算机教育的几点意见》。指出：当前和今后一个时期加强和改革师范院校计算机教育的主要任务是：使师范院校全体学生掌握计算机应用基础知识、计算机辅助教学知识和使用网络进行学习的能力，成为21世纪新型的中小学教师；通过计算机专业教育，使学生掌握计算机科学与技术等方面的专业知识和技能，培养具有较高素质的计算机教育师资；以计算机教育为突破口，全面推进师范教育教学改革，努力实现师范教育现代化、信息化，为普及和提高我国信息技术教育水平和推进中小学素质教育作出贡献。

撰稿　唐京伟

审稿　马　立

民族教育

〔概况〕 1999年，全国各级各类学校中少数民族在校生总数为1 847.09万人，比1998年下降0.33%。除小学、幼儿园少数民族在校（园）学生人数有所下降外，高等学校、中等技术学校、中等师范学校、普通中学和职业中学的少数民族在校生分别比上年增长10.46%、9.6%、2.5%、5.6%和3.1%，其中高等学校和中等技术学校少数民族在校生增幅较大，反映教育结构调整取得了一定成效。全国各级各类学校中少数民族专任教师总数已达到90.914万人，比上年增长2.3%，主要是小学和普通中学的少数民族专任教师增幅较大，分别为1.5%和4.3%，少数民族教师队伍建设得到加强。

由于各级政府对教育工作的进一步重视，国家贫困地区义务教育工程的顺利实施，民族地区“两基”工作取得新的进展：办学条件得到进一步改善，中小学生入学率有所提高，辍学率有所下降。全国少数民族人口较多、实现“两基”目标困难较大的西藏、青海、新疆、宁夏、贵州、云南、广西和内蒙古八省（区）的小学校舍危房率比上年分别下降0.4到2个百分点；普通中学校舍危房率分别下降0.1到1.8个百分点。西藏、青海、宁夏、贵州和云南等省（自治区）1999年的小学生入学率比上年分别提高2.23、1.43、1.01、0.47和0.27个百分点，中小学生缀学率比上年普遍下降。

各级普通学校少数民族学生和少数民族教职工数

单位：万人

	少数民族学生		少数民族教职工		少数民族专任教师	
	人数	占学生总数的比重（%）	人数	占教职工总数的比重（%）	人数	占专任教师总数的比重（%）
普通高等学校	24.77	6.06	5.40	5.07	2.33	5.46
中等技术学校	27.96	6.58	2.29	5.43	1.25	5.91
中等师范学校	9.71	10.72	0.98	9.10	0.61	9.89
普通中学	463.29	6.84	33.89	7.13	27.14	7.07
职业中学	24.15	4.52	2.37	5.01	1.68	5.02
工读学校	0.01	1.453	0.005	1.95	0.004	2.506
小学	1 214.18	8.96	61.79	9.55	54.51	9.30
特殊教育学校	1.17	3.15	0.22	4.81	0.16	5.06
幼儿园	81.85	3.52	4.19	3.62	3.23	3.70

撰稿　杨祖湘

审稿　夏　铸

〔**民族地区"两基"工作研讨会**〕 1999年10月25日～27日，教育部民族教育司与国家民委教育司联合在湖北省恩施土家族苗族自治州召开民族地区两基工作研讨会。来自全国30个省、自治区、直辖市教委(教育厅)民教处(或普教处)和民委文教处的负责同志近60人参加会议。会上，传达了中央民族工作会议精神和《国务院办公厅关于进一步加强少数民族地区人才培养工作意见的通知》。辽宁、广西、云南、福建、四川等地代表介绍了近年来民族教育的发展情况，湖北省教委就"普九"问题作了专题报告，会议期间，代表们考察了恩施州中小学及湖北民族学院。

各地代表在会上就民族地区"两基"工作进行了讨论。代表们认为，由于党中央、国务院高度重视，经过各地努力，特别是实施"贫困地区义务教育工程"以来，民族地区"两基"工作有了很大发展，但与发达地区相比，还存在不少问题。民族地区"两基"工作必须从民族地区的实际出发，坚定信心，扎扎实实地搞，防止盲目追求"高指标"，掺水分，做虚假文章，已经实现"普九"的民族地区，要继续做好工作，防止反弹。考虑到民族贫困地区的经济发展水平，大家建议，中央和省自治区要加大对民族贫困地区的扶持力度，在"十五"期间，重点做好山区、牧区、边境地区的"两基"工作。

〔**少数民族文字教材建设**〕 1999年各地继续做好民族文字教材的审定工作。内蒙古、四川、云南等先后召开教材审查会议，审定通过蒙古文、彝文、傣文等上百种教材在各级各类学校中使用。藏文教材协作领导小组召开五省区教材协作会议，确定了下一步工作计划，签订了供书协议。应五省区要求，教育部确定由人民教育出版社为五省区中小学编写《汉语》教材。《藏语文》教材由青海、西藏等省区合编，共同使用。这项工作已经启动，预计2000年供书。

1999年，经教育部批准，开展了第二次少数民族文字中小学优秀教材和第一次少数民族文字大中专优秀教材评奖活动，经层层推荐、审核，123种中小学教材和110种大中专教材获优秀教材一、二、三等奖，涉及11种少数民族文字。

〔**双语教学与汉语水平考试**〕 自1992年以来，各少数民族地区按照第四次民族教育工作会议确定的方针，从本地实际和群众的意愿出发，积极开展双语教学，推动了民族教育的发展。1999年教育部民族教育司先后派员赴吉林延边、四川凉山、云南、内蒙古、广西等地考察双语教学开展情况。从考察情况看，各地双语教学进展顺利，特别是随着民族地区的改革开放，群众要求学好汉语，推广普通话的积极性越来越高，各地进一步重视汉语教学，一些地区把学习汉语的起始年限提前，要求提高。如新疆对少数民族教师和学生达到"汉语水平考试"的等级要求作出明确规定，将其做为上岗和入学的基本条件。

1999年，新疆、延边、青海等地继续进行"汉语水平考试(HSK)"的试点。教育部办公厅于3月发布的"中国少数民族中小学汉语课程标准《试行草案》"由内蒙古教育出版社出版发行后，受到各地欢迎。7月，经教育部批准，新疆对部分少数民族考生在高考"汉语文"考试中试用"HSK"试题，30%计入总分，共有23 000余人参加。

撰稿 张 强

审稿 达 莱

〔**开展中小学民族团结教育活动**〕　原国家教委和国家民委自1994年起，在部分省、市中小学开展民族团结教育活动的试点工作，得到了试点地区和学校的肯定和欢迎，产生了积极影响。

各地普遍反映，在中小学开展民族常识和民族团结教育，可以使广大青少年从小接受马克思主义民族理论和党的民族政策的宣传教育，全面了解我国是一个多民族的大家庭，树立正确的民族观，养成自觉维护民族团结的意识和良好的行为习惯。

1999年2月13日，教育部办公厅、国家民委办公厅发出《关于在全国中小学开展民族团结教育活动的通知》。为贯彻《通知》精神，1999年4月16日～18日教育部民族教育司和国家民委教育司联合在天津召开全国中小学开展民族团结教育活动经验交流和工作安排会议，对此项工作作了具体部署。到1999年底，开展民族团结教育活动试点的地区有新疆、西藏、广西、内蒙古、黑龙江、河北、山西、江苏、安徽、广东、湖南、湖北、上海、重庆、云南、贵州等23个省、市、自治区。计划到2000年底在全国所有省、区、市的中小学开展此项教育活动。

根据天津会议精神，4月，教育部民族教育司、国家民委教育司联合发出《关于中小学民族团结教育活动实施工作的几点要求》，明确指出：在中小学开展民族团结教育活动，一要加强领导，认真组织实施，各省（区、市）教育行政部门要明确在中小学开展民族团结教育活动工作的牵头负责处、室，进行综合协调，相关处、室要积极配合，民族（宗教）部门要发挥自己的优势，对此项教育活动给予积极指导和协助；二是各级教育行政部门要把中小学民族团结教育正式纳入中小学的课外活动课，统一规划，协调安排，使其成为中小学生课外活动的基本内容之一；三是在全国中小学开展民族团结教育活动，不是临时性的权宜之计，而是一项长期的政治任务，同时又是一项政治上严肃、政策性很强的工作。为此，教育活动材料的选用，要按照充分体现国家的统一意志、统一规范教育活动要求，由教育部和国家民委统一确定内容，统一组织编写和审定小学《民族常识》试用读本及其教参和中学《民族政策常识》试用读本及其教参，供学生和教师使用。

撰稿　沙玛·加甲
审稿　阿布都

〔**教育援藏**〕　1999年8月，教育部民族教育司在四川省成都市召开了全国内地西藏班（校）招生会议，落实1999年度全国教育援藏招收培养内地西藏班（校）学生的招生工作。其中，上海等17个省（市）20所普通中学西藏初中班（校），共招收1 782名西藏小学毕业生；北京等20个省（市）所属的26所普通高中、中专、中师和职业高中学校西藏班，共招收1 343名内地西藏初中班毕业生，内地西藏初中班毕业升学率为93.52%；教育部等16个部委所属36所普通高等学校和军队高等院校，共招收319名内地西藏高中班毕业生，内地西藏高中班毕业升学率为92.20%。教育援藏内地办学质量逐年提高。如北京西藏中学等4所高中学校西藏高中班毕业生，全体参加全国普通高校招生考试，文史类平均分为353.90分，比1998年提高18.90分，比西藏区内平均分高112.51分，最高分456分；理工类平均分为302.38分，比1998年提高15.38分，比西藏区内平均分高103分，最高分526分。文史类、理工类共有39人达到北京市大专录取线，其中13人达到北京市本科录取线，被清华大学、北京大学等校录取。

〔**内地高校支援新疆培养人才**〕 为适应新疆经济建设、社会发展和改革开放的迫切需要，大力培养新疆各民族高级专门人才，1999年9月，教育部、国家民委、新疆维吾尔自治区政府在乌鲁木齐市联合召开内地高等学校支援新疆第四次协作会议。参加会议的有国务院有关部委教育司（局）、有关省（自治区）教委、有关高等学校负责人共170人。教育部副部长张天保、国家民委副主任图道多吉、新疆维吾尔自治区副主席王怀玉、新疆维吾尔自治区政协副主席张贵亭出席会议并分别作了讲话。卫生部、财政部、农业部、大连理工大学、上海交通大学、河海大学、中央民族大学负责同志在大会上作了经验交流。

会议总结交流了1989年以来内地高校支援新疆工作的经验，充分肯定了成绩。10年来，国务院24个部（委）所属的80多所高等学校共招收新疆少数民族大学本专科学生7 000人，定向培养研究生640名，培训教师和少数民族教育行政管理干部860多人，培养少数民族经济和企业管理干部1 400多人，有力促进了新疆的教育事业和人才培养工作，促进了新疆的经济建设和社会发展。会议部署了内地高校支援新疆第四次协作工作，落实了2001年～2005年每年培养1 000名新疆少数民族本专科生任务，五年共培养5 000人，并以签订协议书形式确定下来。承担任务的国务院20个部委教育司（局）、河南省教委及所属84所高校的负责同志与新疆教委的负责同志分别签订了《关于落实内地高等学校支援新疆培养少数民族本专科生第四次协作五年招生规划任务的协议书》和《关于落实内地高等学校支援新疆培养少数民族本专科生1999年～2004年预科培养规划任务的协议书》。

〔**创办内地新疆高中班**〕 为贯彻落实国务院办公厅有关文件精神，教育部发出《关于印发内地有关城市开办新疆高中班的实施意见的通知》（以下简称《通知》），确定北京、上海、天津、南京、杭州、广州、深圳、大连、青岛、宁波、苏州、无锡等城市开办内地新疆高中班。《通知》指出，利用内地发达地区的经济、教育优势，组织内地发达地区加大对边疆民族地区教育支援的力度，举办内地新疆高中班，着力培养和造就一大批坚定地维护祖国统一，密切联系群众，具有强烈革命事业心和一定业务能力的高层次少数民族优秀人才，促进新疆经济发展和社会进步，增进各民族的大团结和凝聚力，保障国家的安全和边防巩固，意义重大而深远。

举办内地新疆高中班工作是党中央、国务院交给各地人民政府的一项政治任务，也是各地义不容辞的责任和义务。各有关教育部门在当地政府的领导下，要把内地新疆高中班办学工作作为政府行为，一要思想认识到位，二要政策措施到位，三要办学经费有保证，以确保此项工作落到实处。《通知》规定：(1)内地新疆高中班学制4年（含预科1年），每年招收新疆应届初中毕业生1 000人，按每班40人计，每年共办25个教学班；在校生总规模4 000人，100个教学班。(2)各办班城市要选择在教学条件、质量好的一类普通高中内附设内地新疆高中班，也可安排在当地符合条件的高等学校附属中学。(3)每年招生计划中，少数民族农牧民子女应占招生总数的80%以上，同时亦可适当招收在新疆的汉族农牧民子女，但所占比例一般掌握在总数的10%左右。《通知》还对招生条件，教学方式，升学工作，教师配备，管理职责，学生管理和办学经费等作了规定和要求。《通知》下达后，各城市积极筹备力争2000年9月正式招收学生。

〔**普通高校少数民族预科班**〕国家在继续加大内地高校支援少数民族地区高等教育的力度，逐步增加中央部委所属院校在少数民族地区的招生计划；同时，继续在有关普通高等学校举办少数民族预科班，为高校输送合格少数民族生源。教育部下达了《关于普通高等学校举办少数民族预科班的通知》，规定：普通高等学校举办少数民族预科班，对少数民族学生实行降分录取；少数民族预科班生源为当年参加全国普通高校统一考试的少数民族应届高中毕业生，录取标准不得低于各有关高等学校在该省、自治区、直辖市招生最低录取分数线以下80分；预科班教学统一使用原国家教委1996年重新修订的普通高等学校少数民族预科教材，重点上好汉语文、数学和英语三门主要基础课；预科学习期满，经考核，合格者升入高校本专科学习，不合格者退回原籍；高校预科生及转入本专科学习的学生的待遇和收费等按照高校所在地和学校的有关规定执行，对家庭贫困的农牧民和城镇困难职工子女应根据国家有关政策予以减免学杂费或发放补助和提供贷学金，资助其顺利完成学业；预科生转入本专科学习毕业后一律回原籍工作。根据教育部《通知》精神，1999年，全国17个省、自治区和国务院6个部委所属的81所高等学校，招收7 248名全国普通高校少数民族预科生。其中，北京师范大学等10所教育部部属高校，招收520名少数民族预科生。

〔**教育对口支援**〕自1992年以来，发达省市对民族、贫困地区进行教育对口支援的工作，在各级政府、教育行政部门和民族工作部门的高度重视和共同努力下，支援和受援双方各有关部门做了大量卓有成效的工作，取得了一定的成绩，对加强地区之间、各民族之间的交流，推动民族、贫困地区教育事业的改革和发展，增强各民族的团结，促进各民族共同富裕和繁荣都发挥了积极的作用。1996年10月，根据中央的整体安排，调整了对口支援的关系，扩大了支援的范围，进一步加大了教育对口支援的力度，1999年为了系统地掌握各地工作进展情况，及时总结经验，协调各地进一步做好工作，教育部、国家民委联合对各地开展教育对口支援工作的情况进行全面调查。从调查情况看，教育对口支援有了新的进展，但发展不平衡。工作开展好的有北京、上海、天津、广东、青岛，分别对口支援内蒙古、云南、甘肃、新疆、贵州。据初步统计，上述五省市支援新建、改建中小学和建希望小学，建立教育基金，提供教学仪器设备、图书资料和电教设备的经费达15 923万元，救助失学儿童38 470名，培训中小学教师15 753人次、教育行政管理干部4 898人次。而江苏、浙江、山东、辽宁、福建、深圳、宁波，分别对口支援陕西、四川、新疆、青海、宁夏、贵州，据了解，这些省（市）领导重视不够，工作力度不大。需要进一步加强协调。另外，根据教育对口支援精神，黑龙江、山西、河北、重庆等省（市）积极在本省（市）民族贫困地区开展教育对口支援，取得了很好的成效。

撰稿　次仁多布杰　卢胜华

审稿　阿布都

〔**评估民族学院本科教学工作**〕 教育部民族教育司于 1999 年 4 月 18 日～22 日、10 月 26 日～28 日，按照综合大学本科教学工作评价指标，分别对湖北民族学院和贵州民族学院进行了本科教学工作合格评估。专家组通过听取学校汇报、查阅有关材料、抽听课程、考察实验室和部分实习基地、深入院、系了解教学管理和教学环节的运作情况等，对两所民族学院进行了认真的、客观公正的评议。专家组首先肯定了两所民族学院所取得的成绩，同时就两所学院本科教学中几个值得重视和研究的问题，分别提出意见和建议。湖北、贵州两省政府对两所院校的评估给予了大力支持，共投入约 3 000 万元改善办学条件。专家组对两校的评价结果为合格。两所院校已就专家组提出的意见进行整改。

撰稿 李 彬
审稿 夏 铸

〔**"中国少数民族双语教育"在巴黎展出**〕 1999 年 9 月 1 日～12 日，中国政府在巴黎联合国教科文组织总部举办中国文化周，向法国及世界各国观众展示中华民族悠久灿烂的文化。"中国少数民族双语教育"是教育部参展的四项内容之一。

这次展出的"中国少数民族双语教育"，在突出宣传和展示少数民族双语教育的同时，充分反映和体现了中华民族悠久的文化传统。展出由四个部分组成：(1)图片——灯箱及展板。通过直观的形式展示和反映蒙、藏、维、哈、朝、彝、壮等民族从幼儿到大学的双语教育情况；(2)书籍——民族文字图书。包括用近 20 个民族的文字出版的教材、工具书、具有代表性的民族文字的社会读物及民汉合璧的书籍，向观众展示中国不仅是一个多民族的国家，而且是一个多语种、多文种的国家；(3)录像——双语教育录像片。通过动态的形式，以各民族双语教育为重点，采取教学场面，师生、学生家长、专家、少数民族代表访谈等形式，辅以反映少数民族开展双语教育的文化背景，如生活环境、语言环境，服饰，节日等，生动活泼地展示中国少数民族丰富多彩的文化氛围；(4)宣传品——折叠式宣传册。图文并茂地介绍和宣传我国少数民族政策、教育方针及少数民族双语教学的情况。这次展出吸引了数万观众，而且引起了国内外有关人士和新闻媒体的关注。中共中央政治局委员、书记处书记、中央宣传部部长丁关根、国务院新闻办公室主任赵启正、法国教育部长等参观了展览。

撰稿 沙玛·加甲
审稿 夏 铸

学校体育、卫生与艺术教育

体育、卫生教育

〔**全国学校体育卫生工作经验交流会**〕 1999年10月25日～28日，全国学校体育卫生工作经验交流会在江苏省无锡市举行。会议的主要任务是：学习贯彻第三次全国教育工作会议精神，总结改革开放以来我国学校体育卫生工作的成绩和经验，研讨学校体育卫生工作所面临的形势与任务，共商学校体育卫生工作的发展大计，全面推进素质教育。

教育部党组副书记、副部长吕福源出席会议，并在开幕式上作了题为《总结经验、规划未来、全面推进素质教育，让青少年学生健康地奔向21世纪》的报告。各地代表在会上交流了开展学校体育卫生工作的情况和经验，并就学校体育卫生工作的改革与发展问题进行了讨论。会上，教育部和国家体育总局对20年来在学校体育卫生工作领域中作出突出贡献的先进单位和先进个人进行了表彰。会议期间，举办了学校体育卫生工作成果展览和学校体育卫生教材、教具、仪器、装备改革展示会，充分展示了改革开放以来学校体育卫生工作取得的成绩，展示了学校体育卫生教材、教具、仪器、装备等方面改革的最新成果。

会议进一步明确了学校体育卫生工作的指导思想：要在全面贯彻落实全国教育工作会议精神和《中共中央国务院关于深化教育改革全面推进素质教育的决定》的基础上，按照健康第一的指导思想扎扎实实地推进学校体育卫生工作的改革与发展。明确了今后一个时期学校体育卫生工作的主要任务和工作重点。

〔**第七届全国中学生运动会**〕 第七届全国中学生运动会于7月18日～28日在广州市举行。来自31个省、市、自治区的近4 000名运动员、教练员、裁判员等参加了运动会。教育部部长陈至立、副部长吕福源分别出席了开幕式与闭幕式，国家体育总局和团中央的负责同志也出席了运动会。

本届中运会是本世纪最后一次，也是规模最大、比赛项目和参赛人数最多，水平最高的一次中学生体育盛会。共有174支队伍、2 000多名运动员参加了田径、排球、足球、乒乓球5个项目的比赛和毽球、广播体操两个表演项目的角逐。广东、山东、辽宁、北京、江苏、湖北、河北、湖南分别获得团体总分前八名。

本届中运会充分体现了“以育人为宗旨，

突出教育特色”的指导思想，不仅体现了奥林匹克“更高、更快、更强”的体育精神，更体现了广大中学生迎接新世纪到来，团结、奋进的精神风貌，获得了体育成绩和精神文明双丰收。在项目设置上，首次把竞技运动项目和群众体育项目结合在一起，体现了教育改革和发展的时代特色，落实了“学校教育要树立健康第一的指导思想”，为今后的学校体育竞赛提供了依据。为确保比赛公平、公正的顺利进行，组成“全国中学生运动会资格审查委员会”进行赛前资格甄别工作。对少数不符合要求的运动员坚决取消比赛资格。同时对注册学生运动员分别进行了初、高中英语、数学等文化课考试，以促使学生运动员注重德智体美等全面发展。

〔**开展课外体育活动**〕 1999 年 5 月 24 日～28 日，教育部体育卫生与艺术教育司在辽宁省举办了“全国中小学大课间体育活动现场观摩研讨会”，观摩了鞍山、营口、大连市的学校大课间体育活动，总结了辽宁、天津等地开展大课间体育活动的经验，并在全国推广。

大课间体育活动主要是适当增加课间操时间，在做好《中小学生幼儿系列广播体操》的基础上，增加自编操和一些身体素质练习的内容，特别是一些具有地方特色和民族特色的运动项目，如跳绳、跳皮筋、踢毽子等。

选择以课间操、大课间体育活动为突破口，主要考虑这项活动是人员、时间、场地等方面最有保证的一项活动。开展这项活动较好的地区和学校都改变了过去课间操松松散散，做操质量不高，锻炼效果不好的现象。更重要的是，课间活动内容丰富多彩、学生的兴趣和做操质量不断提高，有效地促进了学生每天参加体育锻炼的积极性和锻炼习惯的养成，使学校体育活动呈现出生机。

为使学校有限的体育场地得到充分的利用，满足学生从事体育活动的需要，丰富学生的假期生活，教育部办公厅发出《关于假期、公休日学校体育场地向学生开放的通知》，同时，对假期开放体育设施的管理、安全和设施的维护等有关问题作出了安排。

〔**体育师资培训**〕 为了加强高校体育师资队伍建设，培养体育学科的带头人和管理专家，1999 年教育部体育卫生与艺术教育司分别在天津师范大学和东南大学举办了两期高校体育部主任培训班，有近 200 所高校的体育部主任参加了培训。此项培训旨在从高校体育部主任的培训入手，提高他们的思想、业务素质和管理水平，使他们成为并通过他们带动全国高校体育师资质量的提高。培训的主要内容是教育思想、教学内容和教学方法的改革、教育教学管理等。

到 1999 年，全国有 67 个体育教育专业点，每年有 1 万毕业生，体育教育专业毕业生的质量在很大程度上决定了学校体育工作的水平。为了加强高校体育教育专业建设，对其办学质量和水平进行有效的检查，促进体育教育专业大学生科学文化素质、基本业务技能的提高，今年 11 月在苏州大学举办了第二届全国高校体育教育专业大学生基本功大赛。为了真实、客观地反映各校体育教育专业大学生的培养质量，比赛与其他运动竞赛有极大的不同：参赛学校于比赛前六个月由主办单位随机确定；比赛前两个月由主办单位根据教学检查的重点和需要确定比赛的年级（为加强体育专业的英语教学，1999 年将英语列入比赛内容）；随机确定具体比赛项目和各队参赛学生名单；比赛内容紧密围绕中学体育教学的需要（基本功），体现素质教育的特点。

比赛贯彻素质教育的精神，突出了体育师资队伍建设的特色，达到了相互促进、共同提高的目的。

〔**体育考试改革**〕 体育考试改革工作的指导思想是：有利于促进学生积极参加平时的体育锻炼，上好体育课，有利于对学生的体质健康状况进行全面的综合评价，有利于保证学生的安全、减轻学生的负担，考试的方法要简便易行、公正合理。

在总结体育考试工作的基础上，进行了体育考试办法的改革与完善工作，特别是研究了体育考试计分中如何确定适宜的基础分值的问题。根据全国教育工作会议精神和教育部《关于初中毕业、升学考试改革的指导意见》，确定从1999年9月新学年开始，进行初中毕业生升学体育考试新的测试办法和确定适宜的基础分值的改革实验工作。此项工作正在辽宁省营口市积极进行。

撰稿　顾美蓉

审稿　杨贵仁

〔**学生营养工作**〕 随着教育改革的不断深入及素质教育的全面推进，学生营养工作越来越受到全社会的关注和重视。

1999年3月，江泽民总书记在北京考察工作时强调，人的素质要从小培养，中小学生的身体健康非常重要，因此要在中小学生中推广营养餐，北京要带头把这个工作做好，还要在全国推广。3月31日，国务院副总理李岚清在北京主持召开幼儿教育和青少年营养健康问题座谈会，李岚清副总理在听取专家、学者发言后强调：幼儿教育和青少年营养健康问题是关系到贯彻党的教育方针，培养德、智、体、美等方面全面发展的建设者和接班人的重大根本性问题，各级政府、有关部门、学校和家长都要予以高度重视，采取有力措施，共同把这项工作做好。

为贯彻落实中央领导同志的指示精神，教育部于1999年5月4日发出《关于开展学生营养宣传教育活动的通知》，要求各地广泛宣传开展学生营养工作的重要意义，推进全社会对学生营养工作的重视，普及学生营养科普知识，培养学生科学的营养观念和饮食习惯。要求各小学、初中学校要在“中国学生营养日”安排一节专题讲解营养科学知识的健康教育课，出一期介绍营养科普知识的板报、墙报；各高等学校、职业中学、普通高中要安排一次营养知识的专题讲座；要利用学生课余时间，因地制宜地组织开展形式多样的大型宣传教育活动。

4月～5月期间，教育部与中国学生营养促进会、中国教育报、中国学生营养小报联合举办了“学生营养大家谈”有奖征文活动。5月20日，教育部又与卫生部、中国学生营养促进会联合举办了“中国学生营养日”宣传活动。进一步推动了社会各界对学生营养工作的重视和关注。同时，各地教育部门相继对学生营养工作进行研究和部署，北京市教委制定了《关于在全市中小学生中推行营养餐工作的意见》，要求按照“政府主导、社会参与、学校落实、学生自愿”的原则在中小学生中推行营养餐工作，要经过2～3年的努力，使本市中小学生的午餐全部达到营养标准。

撰稿　廖文科

审稿　杨贵仁

〔**建立全国学生体质健康监测网**〕　为进一步完善全国学生体质健康调研与监测工作，1999年4月22日～26日教育部在沈阳市召开了“全国学生体质健康监测网络工作会议”。来自北京、重庆、辽宁、黑龙江、河北、湖北、河南、广东、江苏、浙江、云南、甘肃、广西、新疆等省（区、市）教育行政部门和中小学卫生保健机构的代表约60人参加了会议。会议对学生体制健康经常性检测工作进行了部署，就建立“全国学生体质健康监测网络”的意义、学生体质健康经常性监测工作如何与学校体育卫生经常性工作有机结合，以及建立学生体质健康监测网络的具体业务要求等问题进行了讨论。

1999年7月，教育部办公厅印发了《全国学生体质健康监测网络工作方案(试行)》。《方案》对建立监测网络的目的，监测网络的组成与管理，监测站、监测点校与监测对象的确定，样本分组与样本含量，检测项目确定与检测队伍组建，检测仪器与经费，实施安排等进行了统一要求。

到1999年底，部分省市已建立起了学生体质健康经常性监测网络，并开始监测工作。

撰稿　张　芯
审稿　杨贵仁

〔**学生常见疾病防治工作**〕　为加强学生常见病防治工作的管理，促进学生身心健康发展，教育部与卫生部、药品监督管理局就学校常见病防治工作的有关问题，发出《关于进一步加强学生常见病防治工作管理的通知》，要求各级教育、卫生行政部门和学校加大对学生常见病防治工作的宣传力度，让社会各界尤其是学生家长能够了解并且重视学生常见病防治工作。《通知》就有关问题提出以下意见和要求：

学生常见病防治工作中的治疗问题应主要由学生家长负责。学校应按国家规定要求组织学生健康检查，并有责任将学生的身体健康情况和医生的建议及时通知家长，由家长根据各自家庭的经济情况、医疗条件选择相应的治疗措施和手段。

除国家或当地（省级）计划免疫程序规定的预防接种外，在学生常见病高发地区组织学生群体性防治工作，必须事先经专家论证。如确有必要组织学生进行群体性防治，必须经当地卫生行政部门商同级教育行政部门后批准。经批准同意后组织开展学生常见病群体服药时，必须坚持学生和家长自愿参加的原则，同时必须有卫生技术人员进行现场指导，并密切注视学生有无不良反应或副作用发生。

用于学生常见病群体性防治工作的药品必须经药品监督管理部门进行严格审查和把关，并按国家医药管理的有关规定经当地医药管理部门批准同意。任何单位和个人未经批准不得擅自组织学生进行群体性服药。

学生常见病防治工作应当纳入地方政府疾病防治的统一规划、管理和实施。应贯彻预防为主的原则。对学生常见病防治的组织实施，教育行政部门要加强对学校组织工作的管理，卫生行政部门要加强整个实施过程的监督指导，各级各类学校必须严格按照国家的有关法规、要求，开展学生常见病防治工作。对不按国家法规、要求，造成不良后果或事故者，要依法追究违纪、违规者的责任。

撰稿　廖文科
审稿　杨贵仁

艺术教育

〔**全国普通高校艺术教育研讨会**〕 1999年8月中旬，教育部体育卫生与艺术教育司在山东省召开"全国普通高校艺术教育研讨会"。会议围绕第三次全国教育工作会议精神，从素质教育的要求出发，研讨了普通高校艺术教育的地位、作用和功能，以及艺术教育教学的形式、方法与手段，明确了新形势下普通高校艺术教育的任务和改革发展方向。

与会代表交流了高校开展艺术教育的情况和经验。近年来各高校根据教育部的有关精神，积极开展学校艺术教育，取得了成果：(1)进一步明确了高等学校艺术教育的基本任务，加强了对艺术教育的领导，努力探索高校艺术教育的途径。许多高校普遍设立了艺术教研室或艺术教育中心等专门机构。(2)各校结合实际，加强艺术类课程建设，广泛开展了多种形式的教育教学改革探讨。许多高校还在学生的艺术教育学分上作出严格的规定，以督促学生接受艺术教育。(3)各高校努力创造条件，除开设面向全体学生的各种门类的艺术必修、选修课程外，还组建艺术社团，组织丰富多彩的艺术活动。(4)为了让高雅艺术、严肃音乐走进校园，请一批著名的艺术家和著名的艺术团体走进大学校园，形成了良好的艺术教育环境，促进了校园文化建设，教育部门与社会有关方面的结合与相互支持，形成了艺术教育的合力，产生了较好的效果。

与会代表认为，目前普通高校艺术教育存在的问题是：(1)有相当一部分学校的艺术教育没有归口管理部门，缺少统一的规划和领导；(2)有许多学校艺术课程设置随意性大，教学内容缺乏科学性；(3)普通高校的艺术教育师资队伍建设比较薄弱，一方面是教师紧缺，另一方面是因为高校没有公共课艺术教师的职称评定系列，留不住现有教师。

会议达成了以下共识：

一、美育是学校全面发展教育的有机组成部分，是实施和深化素质教育的有效途径和重要内容，普通高校的艺术教育是高校实施美育的重要内容和途径，也是对学生进行人文素质教育的重要内容之一。普通高校的艺术教育应明确定位在普及的位置上，着眼于提高全体学生的艺术修养和人文素质，最大限度地让大学生接受艺术教育。

二、普通高校艺术教育的任务是通过开设艺术类课程，举办艺术讲座和广泛开展校园文化艺术活动的形式来实现的，而课堂教学是高校开展艺术教育的重要渠道。课程设置应逐步走向规范化、科学化的管理轨道。为了艺术教育的健康发展，各学校应设有艺术教研部门，直属学校管理。

三、师资队伍建设是制约高校艺术教育发展与改革的关键。因此，教育主管部门要采取有力措施，加强师资培养和培训的步伐。

〔**举办'99全国大学生艺术节**〕 为庆祝建国50周年和纪念"五四"运动80周年，教育部、文化部、广播电影电视总局、共青团中央、北京市人民政府于1999年2月～6月联合举办了'99全国大学生艺术节。艺术节的主题是“歌颂伟大祖国，迎接新世纪的太阳”。本次艺术节是建国以来规模最大的一次大学生艺术教育活动。艺术节得到了中央领导同志的重视和关心。各地及各高校广泛动员和组织大学生积极参与到艺术节活动中来，以丰富多彩的内容和生动活泼的形式对全体大学生进行了邓小平理论教育、党的基本路线教育、共产主义理想和爱国主义、集体主义、社会主义教育。

艺术节分两个阶段进行：第一阶段从1999年2月～6月上旬，各地开展活动；第二阶段6月下旬，在北京举办全国大学生艺术节优秀节目和作品的选播、展览及颁奖晚会。

此次大学生艺术节共接到31个省、自治区、直辖市和新疆生产建设兵团报送的1 683个优秀节目和优秀作品，经过评审，共有935个优秀节目、优秀作品获一、二、三等奖；26个省（区、市）和189个高校获优秀组织奖。

〔**开展农村艺术教育实验工作**〕　教育部体育卫生与艺术教育司于1999年11月23日～25日在江苏省组织召开了全国农村学校艺术教育实验县（市）工作会议。会议的主要内容是：学习贯彻全教会精神，研讨农村学校艺术教育工作的主要问题；讨论修改《全国农村学校艺术教育改革和发展研究》实验方案，全面部署全国农村学校艺术教育实验工作；考察江苏省吴江市农村艺术教育现场。来自全国30个省、市、自治区56个实验县（市）的170余名代表参加了会议。

教育部副部长吕福源同志为大会写了贺信，并对实验工作提出明确要求。吕福源副部长在致会议的贺信中说，农村地区文化艺术资源较城市而言有所不同，农村学校实施美育有其自身发展的特殊规律，因此，农村中小学如何充分利用当地文化资源，因地制宜开展美育活动，是当前的一项重要工作任务。他希望通过全国农村艺术教育实验县（市）的实验和改革，能探索、总结出一些适合农村学校实施美育的经验和做法，并以此为突破口，切实提高农村学生的综合素质，为培养适应21世纪发展需要的德智体美全面发展的高素质人才作出贡献。

针对目前我国农村学校艺术教育发展的薄弱状况，教育部体育卫生与艺术教育司在全国不同地区选择了58个县（市、区、旗），作为实验单位，切实推进农村学校艺术教育的改革与发展。实验工作的总体思路是：以科学研究为先导，以加强音乐、美术课堂教学为重点，从各地实际出发，有计划、有目的地开展研究。通过在58个县（市、区、旗）进行5年的实验，到2004年，在农村学校艺术教育观念、教育管理、教学内容和形式、教学评价、师资培训和培养等各方面，总结探索出比较完整的、切实可行的农村学校艺术教育改革与发展的路子，使农村学校的艺术教育适应各地农村社会经济教育发展、农科教统筹发展；艺术教育与其他教育相互渗透、融合；农村学校开齐、上足、教好艺术学科课程，开展丰富多彩的课外艺术活动；改革教学内容、教育方法和手段，开发当地文化资源，因地制宜开展美育活动；小学、初中、高中阶段艺术教育相互衔接，整体优化。以此为基础，以点带面，全面推广，使我国农村学校艺术教育在全面普及的基础上再上新台阶。

撰稿　万丽君

审稿　杨　力

电化教育

〔**现代远程教育国际合作研讨会**〕 1999年5月4日，教育部主办的现代远程教育国际合作研讨会在北京举行。来自联合国开发计划署、联合国教科文组织、联合国儿童基金会和世界银行等国际组织和澳大利亚、加拿大、法国、英国、美国等国驻华使馆的代表以及香港公开大学、亚洲国际开放大学等学校和香港企业界的知名人士出席了会议。出席会议的还有教育部有关司局及中央广播电视大学、中国教育电视台、北京大学、清华大学等教育部直属单位和高校的代表，共60余人。

会议由教育部国际合作与交流司主持。教育部副部长、中国工程院院士韦钰作了题为《发展现代远程教育，构建终生学习体系》的报告。她谈到了中国教育发展面临的机遇和挑战，回顾了中国远程教育的发展历程，介绍了远程教育的发展目标和策略，并对今后工作提出了希望。教育部在《面向21世纪教育振兴行动计划》中决定实施现代远程教育工程。在未来的三年中，中央政府将集中投入相当数量的资金，并广泛吸取地方、企业、个人的资金和力量，共同完成现代远程教育框架的构建。韦钰表示，教育部欢迎广泛开展远程教育领域多边与双边的国际合作与交流。

教育部科学技术司、电教办、师范教育司、基础教育司、高等教育司和职业教育与成人教育司等司局就中国教育科研和计算机示范网升级工程、通过现代远程教育全面提高贫困地区教育水平和远程教育在各级各类教育中的应用等内容分别作了报告。会议代表就韦钰副部长和有关司局的报告展开了讨论，并就远程教育的管理体制、工作重点、质量评价、专家咨询机制等交流了意见。国际组织和有关国家驻华使馆代表充分肯定了中国现代远程教育规划，并提出了建设性意见，表达了与教育部在远程教育领域开展合作的愿望。会后，联合国开发计划署、加拿大驻华使馆等机构分别与教育部有关司局就合作开设远程教育项目举行了多次谈判，初步达成了合作意向。教育部还与香港周凯旋基金会设立了以培训信息技术为主要内容的“明天女教师培训计划”，周凯旋基金会决定捐资1 000万元人民币用于该计划。

撰稿　郑大伟

〔**卫星电视教育网络改造工程项目**〕 教育部《面向21世纪教育振兴行动计划》中提出了改造现有广播电视教育传输网络，建设中央站，并与中国教育科研网进行高速连接等项建设任务。1999年9月，专家委员会审定通过《卫星电视教育网络改造工程项目可行性论证报告》，教育部信息化领导小组批准“卫星电视教育网络改造工程项目”立项，国家财政确定拨专款建设这一项目。

该项目建设目标是，改造卫星电视教育网络，使改造后的网络能够实现：(1)教育电视节目以数字压缩方式Ku卫星频道传输；(2)基于IP的多媒体数据广播；(3)由卫星通信和地面网络构成基于TCP/IP的外交互通信；(4)用户授权和接收控制。该项目将开展面向全国的卫星电视和多媒体数据广播服务，重点满足基层、边远、贫困、少数民族地区对远程教育的迫切需求，推进教育信息化。

该项目建设内容是：(1)把中国教育电视台第二套节目(CETV－2)由C频道改为Ku频道卫星传输；(2)租用一个54MHz Ku转发器和卫星上行站，形成传送8套电视、8套多媒体数据广播和部分节目直播、点播的能力；(3)组织对关键技术攻关，开发系统软件和应用软件，实现部分设备国产化，建立不同类型的若干个接收实验点，开展应用实验；(4)建立现代远程教育卫星传输中心。中心完成以下任务：电视信号传输；多媒体数据广播；因特网卫星接入服务；对多路、多种信号进行统计复用，调制；节目监控；节目播出和技审；用户授权和部分专业频道实施有条件接收。

该项目由教育部电化教育办公室组织，中国教育电视台承担，中央广播电视大学、中央电化教育馆参加项目建设，预计在2000年12月完成。

撰稿　殷珞得

〔**中小学现代教育技术实验学校工程**〕由教育部基础教育司和电化教育办公室共同组织实施的全国中小学现代教育技术实验学校工程，1999年度在充分运用现代教育技术，促进实验学校全面推进素质教育等方面继续开展工作，并取得成效。

在实验学校中组织实施的全国教育科学“九五”教育部重点课题《中国基础教育现代化工程实施的策略研究》总课题组分别在上海、四川、吉林、广东召开了“首批全国现代教育技术实验学校课题研究成果交流研讨会”，会议总结了运用现代教育技术开展实验研究的基本经验及其成果。其基本经验是：教育思想的转变是深入开展实验研究，全面推进教育技术发展的关键；各级领导尤其是各级教育行政部门的主管领导的高度重视是实验研究工作不断发展的重要条件；认真处理好规划与实施、建设与应用、软件和硬件、教师和学生的关系是实验研究健康发展的重要保证；加强专家指导和骨干队伍培训是提高实验研究水平的内在要求；广大教师和学生的积极广泛参与是完成实验任务、实现预期目标，使实验校产生辐射和示范作用的更高追求。取得的主要阶段成果有：完成了对实验校校长的培训，并为实验校培训了一批能较好地运用现代教育技术，开展实验研究，推进学校教改的骨干教师；实验校的现代教育技术环境建设及其在当地的窗口示范作用效果显著；开发了一批优秀的能运用于教育教学过程的音像电子教材；出版了一批优秀的实验研究论文及专著。为了推进实验校工作广泛深入开展，1999年度，全国实验校领导小组开展了对首批全国实验校工作的全面评估。印发了《全国中小学现代教育技术第一批实验学校工作评估办法》，在学校自评和省级实验校领导小组评估检查的基础上，全国实验校领导小组和专家组成员分6片进行评估抽查。评估检查活动对于及时了解情况，总结实验校工作的经验，进行现场指导，全面推动实验校工作起到了积极作用。

撰稿　陈庆贵

〔**与联合国儿童基金会合作开展远距离教育项目**〕　作为教育部与联合国儿童基金会教育合作方案中的一个项目，远距离教育项目始于1990年，共实施了3个周期。第三周期从1996年开始，为全国267个项目县提供服务。

第三周期的主要目标是：扩大和提高以卫星电视为主要媒体的远距离教育网络的覆盖面和质量，运用远距离学习手段和教育媒体培训中小学教师和有关项目人员，扩大基础教育的普及面，辅助中小学课堂教学，重点进行培训女童和妇女基本生活/生产技能和知识的社区教育；建立通过远距离教育培训在职教师和普及基础教育的示范县，促进示范县经验的传播。本周期项目主要面向中西部边远贫困地区，提供软件和技术上的支持，开展各级各类培训，为乡镇资源中心提供硬件设备和高质量的音像教材、多媒体教材包（包括音像教材及配套投影片、文字印刷材料和指导书）等软件的支持与服务。

截至1999年底，在联合国儿基会的援助下，共拍摄了用于师资培训、女童教育、社区教育及课堂辅助教学的教育电视片19部，计7 500分钟，一方面复制并发送到项目县，另一方面包装并通过中国教育电视山东台播放以及组织各级培训班等形式无偿支援项目县。此外，为了宣传作为儿基会行动准则的《儿童权利公约》和纪念其发表50周年，于1999年拍摄了11集公益广告片，在中国教育电视台及全国14家省级教育电视台联合播出，引起很大反响。三年来通过组织培训班和卫星电视播放等形式培训了有关项目人员10 267人次、中小学教师和校长3万余人次、教育电视节目编导、制作人员70余人次；印刷了《电视教程编导简论》、《幼儿教师基本技能训练与评估》、《全国小学语文教师教案选》、《0～3岁幼儿教养》及《乡镇资源中心工作指南》等多部教材；开展了《通过远距离教育促进全民教育的发展策略研究》、《新信息和通讯技术在中小学中的应用现状和前景》、《发展现代教育技术促进全民教育》、《运用远距离教育手段培训教师——内蒙古自治区敖汉旗案例研究》、《远距离教育电视教材的评价方法和效益评估的研究》及《提高远距离教育电视教材质量的策略研究》等研究活动；开展了使用VBI技术和应用现代教育技术进行师资培训等实验；对项目进行了监测与评估等活动。还积极利用儿基会的资金援助，撰写并印刷了宣传中国远距离教育实践经验的小册子。

与联合国儿童基金会合作的远距离教育项目运用现代化教育手段，通过培训，不同程度地提高了教师的学历水平和教学能力，开阔了教育工作者的视野，为教育的改革和发展作出了贡献；在项目县建立了远距离教育资源中心/服务中心，开展农村实用技术培训，对儿童、妇女进行生存、卫生等方面的生产/生活技能培训，改善了儿童生存和发展环境，改善了边远贫困地区教育的大环境，为当地的经济建设服务，得到社会的普遍支持和认可。特别是项目管理人员培训、师资培训、复式教学包、课堂教学资料库、幼儿教养等电视教材和多媒体培训包，受到了项目县的普遍欢迎。

撰稿 李 津
审稿 王珠珠

〔**电化教育教材建设**〕 1999年电教教材建设坚持以教育教学改革为核心，以促进现代教育技术在学校的普及应用、提高教学效果为出发点，着重进行了以下工作：(1)为推进中小学全面实施素质教育，探讨以学生为受众的电视媒体教学最佳模式，在全国范围内征集优选了一批体现教育教学改革的优秀教学软件。第一批入选的优秀教学软件(以录像课程为主)经过编辑加工后，于10月在中国教育电视山东台和中国教育电视北京台分别开设的《全国中小学教学改革实例选播》栏目中陆续播出，每周播出3次，每次30分钟，节目播出后收到了良好社会效果。(2)由中央电化教育馆承担的全国教育科学“九五”规划课题《电化教育促进中小学由“应试教育”转向“素质教育”的实验研究》，组织开展了“素质教育实验研究”优秀录像课例评比活动，共评出优秀奖20名、等级奖22名。获奖课例体现了现代教育思想、观念、方法和手段在课堂教学中的运用，已由中央电化教育馆汇编成光盘出版发行。(3)为了推动现代教育技术在全国各级各类学校的普及应用，提高教师运用媒体工具软件开发教学课件的能力，教育部电教办、中央电教馆于1998年2月、1999年5月和12月分别举办了“通力杯”多媒体环保教育软件比赛和第二届'99CIETE全国多媒体教育软件大赛。这些评比活动有效地调动了一线教师自己动手参与设计制作多媒体教学软件的热情，提高了对工具软件的熟练使用程度和制作教学课件水平，促进了现代教育技术在学校中的普及应用。两次活动共有230件作品获奖。

撰稿 卜 津
审稿 阮智勇

〔**办好教育电视节目**〕 1999年，中国教育电视台以改革为动力，以全面提高节目质量为中心，增强责任意识，树立大局观念，1999年节目总体质量明显提高。

一、紧紧围绕办台宗旨，规划安排节目，节目建设取得显著成绩

1. 各类节目制作、播出情况。中国教育电视台坚持为教育改革和发展服务，为全民族素质提高服务的办台方向，1999年自办的三个频道卫星一套、二套、北京35频道共播出节目16 122小时，其中综合教育频道卫星一套和北京35频道播出11 226小时，首播节目达3 124小时，占播出节目的28%。其中自制节目1 748小时，与其他单位共同制作803小时，征集交流节目573小时。教学频道卫星二套节目全年播出4 896小时节目，其中中央广播电视大学教学课程4 259小时，占该频道播出总量的87%。

中国教育电视台三个频道全年播出纯教学节目共8 621小时，占总播出量的53%。其余科技节目1 436小时，占9%；综合教育节目4 156小时，占26%；教育新闻节目791小时，占5%；其他节目（含广告）1 117小时，占7%。

2. 较好地完成了新闻宣传任务，新闻节目质量进一步提高。1999年中国教育电视台的教育新闻宣传工作始终坚持了正确的舆论导向，新闻时效明显提高，新闻报道的深度、广度有较大进步。每天15分钟的《教育新闻联播》进行了自开播以来规模最大的一次改版，收到了良好效果。密切配合教育部中心

工作，圆满完成各项重大教育活动的报道任务。如对第三次全教会、《面向21世纪教育振兴行动计划》、大中专学生“三下乡”、高校后勤社会化改革、科学地整体推进素质教育、大力发展职业教育、加强教师队伍建设、建立全国远程教育网等，都及时认真地进行了宣传报道。教育新闻评论栏目《关注》逐步走入正轨，积极参与重大事件的宣传报道，加强了教育新闻的深度报道，增加了教育战线和广大群众关心的教育热点、难点问题的批评性报道和正确引导。如兰州考试题泄密事件、小学生负担过重问题、高考改革问题的报道等起到了积极的宣传作用。

3. 加强科普节目，弘扬科学精神，为科教兴国战略服务。根据李岚清副总理关于中国教育电视台要加强科普、少儿节目，发挥教育台特色的指示，中国教育电视台不断加大科普节目播出的比例。在现有《学术报告厅》、《电脑之夜》、《我想知道》、《健康你我他》、《科技大世界》等10多个科普栏（节）目的基础上，新开办了面向老年朋友的《岁月如歌》电视专栏；开辟了《少儿科普园地》，面向少年儿童，提倡从小学科学、讲科学的精神。有计划地引进了一系列优秀科普类节目，如52集科普节目《科学博士》，以及《环境透视》、《蓝猫3 000问》，大力进行科普宣传。同时，按照教育部、中宣部的部署，中国教育电视台加大了弘扬科学、破除迷信的节目播出力度。各有关栏目陆续推出了普及科学文化知识、用事实反对迷信的专门节目。《学术报告厅》还邀请部分知名科学家、学者就科学精神、科技发展等做专题报告，受到观众热烈欢迎。此外，中国教育电视台还积极参与了科普宣传活动，如与卫生部疾病预防司合作策划了“大灾之后无大疫”知识竞赛活动；与黄河治理委员会等单位合作组织了“爱我黄河、拯救黄河”知识竞赛活动；参与了“科技和平周”宣传活动，举办了“爱我家园、保护环境”演讲比赛。在全国人大环境与资源委员会组织的“海洋年”宣传活动中，积极报道有关消息，并编辑、制作了外宣、内参片各一部，得到了组委会的表彰。

4. 节目整体质量得到提高，社会影响日益扩大。(1)进行了卫星一套节目改版工作。改版后的CETV-1，从台标、总片头、晨曲、节目预告版、片尾、标准字幕、测试图卡等都作了统一规范，实行频道整体包装。在节目规划方面，突出教育特色。在节目编排上，充分考虑不同收视群体的收视习惯。经过改版，树立起了一个全新的教育电视台形象。(2)推出了一批有一定影响的系列节目和栏目，如《生命的红烛》、《共和国之最》、《我爱地球》等专题节目，以及《语言·文字》、《中国教师》、《关注》、《学术报告厅》、《空中英语学校》、《A管理模式》、《高考辅导》等栏目受到了社会各界的好评。《生命的红烛》、《共和国之最》等一批节目获得全国教育电视节目评比以及其他行业组织的评比奖项。(3)加强了重要节目、重大活动的策划、立项、制作。如对五四运动80周年、建国50周年大庆、澳门回归祖国、迎接新千年等重大活动，组织制作播出了《做文与做人演讲比赛》、《迎澳门回归知识竞赛颁奖晚会》、《今日澳门教育》、《辉煌教育五十年》、《祖国您好》、《走向新世纪》等一批节目。受教育部和财政部的委托，组织拍摄了全面反映国家贫困地区义务教育工程伟大成就的6集专题片《世纪末的决战》。配合在全党开展的“三讲”教育活动，组织编制了20集电视专题访谈系列片《当前党政干部关注的深层次思想理论问题》。组织编制了20集环境教育电视系列片《我爱地球》(续)。

二、积极开展了建立现代远程教育传输中心的工作，技术基础建设得到加强，增强了为现代远程教育服务的能力

1. 国务院批转教育部《面向21世纪教育振兴行动计划》中，提出了落实现代远程教育工程，构建终身学习体系的目标。为此，教育部决定改造现有的卫星电视教育网络，采用Ku卫星频道，数字压缩技术，形成具有双向教学交互功能和能够传输教育电视和多媒体数据广播的能力，并与计算机网相联，实现资源共享，扩大远程教育的规模，适应各级各类教育的需求。为保证该项目的顺利实施，中国教育电视台承担了现代远程教育的卫星电视教育网络改造工程，筹建了现代远程教育传输中心，按计划完成了任务。

2. 中国教育电视台与西安交通大学共同开发的VBI数据广播系统的应用取得进展。与总参政治部联合开通了“绿网工程”，与中央广播电视大学联合开发了运用VBI数据广播开展信息交流和多媒体数据广播的教学系统，即在原模拟电视信息通道中增加一条数字信号通道，传送数据压缩的教学信息和多媒体课件，各地的使用者利用原有卫星电视接收设备和计算机接收和存贮，并可直接下载到各类学校的校园计算机网服务器上，采用点播和人机交互方式，有利于学生自主学习。这是中国现代远程教育在信息网络应用技术上所采取的又一新的举措，掀开了利用VBI开展电大现代远程教育的新篇章。

CETV－1卫星电视VBI数据广播以播出信息为主（含绿网工程）；CETV－2播出中央广播电视大学、师资培训、虚拟学校的多媒体课件；CETV－3面对北京地区开展UHF广播的VBI广播实验。利用Ku频段的转发器开通了北京大学远程教育实验频道，播出了数字压缩电视节目和IP广播节目。

〔**推广电视VBI多媒体数据广播**〕　中国教育电视台在办好教育电视节目的同时，利用自身优势，拓宽服务范围，积极开展教育信息领域的新技术应用研究。

VBI (Vertical Blanking Interval) 技术，意思是场消隐插入。即在电视节目的场逆程中以时分的方式插入计算机文件，在不影响电视节目正常播出的情况下，将计算机的各种格式的信息随电视节目播出到其覆盖区，中国教育电视台卫星电视节目覆盖到全国各地及中国周边国家和地区。因此，VBI信息也搭载实现了覆盖。

接收方面，如果用户通过卫星天线或有线电视能接收到中国教育电视台节目，只需在计算机中插入VBI接收卡，将卫星接收机的视频信号或有线电视的射频信号接入计算机VBI卡，再安装一个非常简单的接收软件(一张软盘)，即可接收到中国教育电视台的数据信息广播。

由于VBI技术是卫星频道资源的综合利用，属搭载传输，因此，此技术具有覆盖面广、通讯费用低（几乎等于零)、毋须占用电话线、操作简单、信息量大等优点，非常适合中国国情，有着广阔的发展前景。1999年，此项技术的研发和应用工作取得了较大进展。采用由西安交通大学新开发的使用MPEG－4视频压缩系统，采用150Kbps数率传送的多媒体课件，已在中央广播电视大学、中国教育电视台现场直播的场合中应用，效果良好，得到了各界的好评。利用这套先进的设备，地处偏僻地区的观众可以阅读当天的《人民日报》等多种中央及地方报刊；看

到中国教育电视台播出的各种电大教学节目及综合教育节目；收看电视娱乐节目，丰富业余文化生活；还可既廉价、又方便快捷地把全部信息复制、贮存下来，建立资料信息库。中国教育电视台的 VBI 多媒体数据广播重点为边远、贫困地区服务。

为适应现代远程教育的发展，教育部“卫星电视网络改造工程”已启动。该项目将使用 Ku 转发器，采用 MPEG-2 数字压缩技术，项目完成后具有播出 8 套教育电视节目（含 8 套语音广播、8 套 VBI-IP 数据广播）、8 套 IP 数据广播节目的能力，并试办卫星因特网接入服务，充分利用 CERNET 网的资源，建立天地合一的远程教育网络传送系统，扩大远程教育的规模，为实施“科教兴国”战略服务。

撰稿　黄秀根
审稿　李　鹏

〔**全国电视大学工作会议**〕　1999 年 3 月 27 日～30 日，教育部电化教育办公室和中央广播电视大学在沈阳召开 1999 年全国广播电视大学教育工作会议。会议的主题是：学习邓小平理论，贯彻党的十五大精神，研究电大贯彻落实教育部《面向 21 世纪教育振兴行动计划》（以下简称《行动计划》）的实施方案，进一步明确今后一段时期电大教育工作的指导思想、工作思路和工作重点，动员全国电大教育工作者迅速行动起来，全面深化改革，加快开放办学和教学现代化进程，努力建设具有中国特色的现代远程教育开放大学，在构建中国现代远程教育体系中发挥重要骨干作用。

教育部电教办公室主任宋成栋传达了陈至立、韦钰同志关于实施我国现代远程教育规划的讲话精神，并就贯彻落实《行动计划》及《全国现代远程教育发展规划》等问题讲话。

中央电大党委书记于云秀作了题为《贯彻落实〈行动计划〉加快开放办学和教学现代化进程》的主题报告。并就中央电大提交的《关于广播电视大学贯彻落实〈面向 21 世纪教育振兴行动计划〉的意见》（讨论稿）作了说明。指出电大今后 3～5 年要重点实施“人才培养模式改革和开放教育试点”、“课程建设和教育资源库建设”、“教学信息传输系统技术升级改造”、“学习支持服务系统建设”、“为‘三农’服务”和“为终身教育服务”6 个项目，力争在开放办学、教学现代化以及伸向农村办学等方面有较大的突破。

会议指出，“人才培养模式改革和开放教育试点”项目的实施是电大开放办学的突破性进展。要通过这个项目对现代开放教育的人才培养模式及相应的教学模式、管理模式及运行机制进行探索和研究；要加强项目管理，各试点学校要将教学和教学管理环节落在实处，试点过程中要加强监督检查，对不按照要求操作的试点学校应及时采取相应的措施。会议要求各地电大紧紧抓住国家实施现代远程教育工程的机遇，积极主动地发展现代远程教育技术，充分利用现代远程教育工程提供的数字化、多媒体、交互式专业平台，尽快完成现有模拟信号广播电视教育向数字电视和计算机网络教育的技术升级改造。

〔**中央电大 20 周年校庆**〕　1999 年 10 月 13 日，中央广播电视大学举行 20 周年校庆暨表彰大会。教育部部长陈至立、副部长韦钰，教育部有关单位负责同志及中央电大优秀主讲教师、优秀毕业生等 500 人参加。

大会由教育部副部长兼中央电大校长韦钰主持。教育部部长陈至立在会上讲话。她指出，广播电视大学创办20年来，适应我国改革开放和社会主义现代化建设的需要，为培养各类专门人才和提高国民素质，开创十一届三中全会以来教育改革和发展的新局面做出了积极的贡献。实践证明，发展广播电视大学教育，是在邓小平同志关于教育要“三个面向”的战略思想指导下，从我国国情出发，多快好省发展教育事业，加快教育现代化进程，构建中国现代化教育体系的开创性实践。广播电视大学经过20年的探索和努力，已经发展成为目前世界上最大的现代远程开放教育教学系统，这是我们在构建能够体现终身教育思想的现代化教育体系时，应该予以充分重视并进一步开发利用的重要教育资源。广播电视大学一定要抓住机遇，以改革创新的精神迎接挑战，全面深化改革，加快开放办学和教学现代化步伐，积极探索适合我国国情的现代远程开放教育的教学模式、管理模式和运行机制，为全面推进素质教育、实施科教兴国战略做出更大的贡献，特别是在终身教育的广阔领域中更加充分地发挥独特的作用。国家正在加快建设以中国教育科研网和卫星视频系统为基础的现代远程教育网络，广播电视大学要用好国家现代远程教育工程所提供的数字化、多媒体、交互式专业平台，占领现代教育技术的制高点。要注重各种教学媒体和教学手段的有机配合及综合应用，加紧建设适应各类社会成员终身学习需求的教学资源，同时充分利用遍布全国的广播电视大学教学和教学管理网络，尽快建成比较完善的现代远程开放教育学习支持服务系统，完善与开放办学程度相适应的教学质量保证体系。根据教育体制改革的进程，要改革、完善和发展广播电视大学教育教学系统，更好地发挥广播电视大学在教育资源优化配置等方面的优势，努力实现与其他各级各类教育的资源共享和协调发展，包括要为普通高校以及其他教育机构开展现代远程教育提供教育资源、教学管理和学习支持服务。

在庆祝会上，袁行霈等50名优秀主讲教师、任为民等150名优秀教育工作者、王亦山等100名电大教育优秀创业者和张金泉等300名优秀毕业生受到表彰。

〔**落实教育振兴行动计划**〕 1999年8月20日，教育部电教办转发中央广播电视大学《关于广播电视大学贯彻落实〈面向21世纪教育振兴行动计划〉的意见》（以下简称《意见》）。

《意见》指出，广播电视大学贯彻落实《行动计划》的指导思想是：高举邓小平理论的旗帜，认真贯彻党的十五大确立的教育发展方针，根据《行动计划》提出的各项任务，全面而有重点地推进广播电视大学教育的改革和发展进程，实现在下世纪初将广播电视大学建设成为具有中国特色的现代远程教育开放大学的总目标。

《意见》提出广播电视大学贯彻落实《行动计划》的基本思路是：主动适应经济体制和经济增长方式转变过程中的社会需求，坚持面向地方、面向农村、面向基层、面向边远和民族地区，多层次、多规格、多功能、多种形式办学，为更多的社会成员提供终身学习的机会和条件；更新教育观念，在现代教育思想的指导下，加快开放办学和教学现代化步伐，积极探索适合我国国情的现代远程开放教育的教学模式、管理模式和运行机制，提高运用现代教育技术的能力，建设适应社会成员终身学习需求的教学资源和学习支持服务系统，完善与开放办学程度相适应的教学质量保证体系；根据教育体制改革的进程及广播电视大学自身发展的需要，加强教学、管理和技术队伍的建设，改革、完善和发展广播电视大学教育教学系统，更好地发挥广播电视大学在教育资源优化配置等方面的优势，实现与其他各级各类教育的资源共享和协调发展。

《意见》提出今后3～5年重点实施6个项目：(1)实施“开放教育试点项目”。自1999年起实施中央广播电视大学人才培养模式改革和开放教育试点研究项目，探索并构建在现代远程开放教育条件下专科教育和本科教育人才培养模式及教学模式、管理模式和运行机制，为经济建设和社会发展培养大批高质量的专门人才。(2)实施“课程资源建设项目”。坚持软硬件建设并重、软件建设适当超前的原则，高度重视课程建设和教育资源库建设。按照“以学生和学习为中心”的指导思想，建成一批适应学生自主学习和个别化学习需要的多种媒体教材。(3)实施“教学信息传输系统建设项目”。(4)实施“学习支持服务系统建设项目”。(5)实施“为‘三农’服务项目”。(6)实施“为终身化学习服务项目”。同时，积极发展高等职业教育和中等专业教育；积极参与实施“跨世纪园丁工程”；深化以教学内容和课程体系改革为重点的教学改革。切实保证教学在各级广播电视大学工作中的中心地位；改革和完善电大系统的管理体制和运行体制；加强教学、管理和技术队伍建设；加强现代远程开放教育研究和国际合作。

〔**亚洲开放大学协会第13届年会**〕 为加强远程教育领域的国际交流与合作，经教育部批准，1999年10月14日～17日，中央电大承办了亚洲开放大学协会1999年第13届年会。10月15日，中共中央政治局常委、国务院副总理李岚清向会议发来致辞：中国政府继普及电视大学后又决定实施现代远程教育工程，形成开放式教育网络，构建终身学习体系。相信通过与会代表的共同努力，本届年会将会对亚洲地区开放与远程教育的进步和繁荣做出积极的贡献。

亚洲开放大学协会（AAOU）年会于1987年建立，是亚洲地区开放与远程教育院校间非政府的学术组织，其宗旨是推动远程教育在亚洲的发展，为亚洲人民拓宽接受教育的机会，促进远程教育质量和效益的提高。该协会有正式会员28个，准会员18个。中央广播电视大学1993年正式加入该组织，现为该组织执委会委员单位。

本次年会的主题为：面向21世纪信息和学习社会的开放与远程教育系统和模式。年会围绕这一主题确定了5个专题：信息技术、学习社会、人力资源开发和社会经济发展；开放与远程教育的课程开发系统、学生学习支助系统和教学管理系统；开放与远程教育系统结构以及发展的共同特征和国家特色；信息技术及其和开放与远程教育革新和发展的关系；全球化、开放与远程教育的国际竞争和院校合作。围绕上述专题，会议收到境内外论文摘要145篇，英文论文原文140篇，中文论文原文61篇。教育部副部长、中央电大校长韦钰博士作了专题报告，中央电大副校长于云秀教授，英国开放大学和加拿大阿萨巴斯卡大学等院校的远程教育专家在研讨会上作了专题发言。

年会上，代表们从信息技术的发展对远程开放教育的影响，远程开放教育对人力资源开发、社会经济发展的作用，远程开放教育的课程开发与学生支助服务系统建设，远程开放教育的国际竞争与合作等方面阐述了自己的观点。

与会代表认为，中国的广播电视大学是世界上规模最大，也是最成功的实施远程教育的巨型开放大学系统。

撰稿 张瑞麟

审稿 于云秀

教育考试

高考改革

〔**高考内容改革**〕 1999年，高考内容改革取得进展。高考命题加大了改革力度，各科试题突出高考内容改革的新要求，同时考虑考生的实际水平，在试题的立意、情境、设问等方面都进行了新的探索和尝试。

各科命题根据普通高校对新生的文化素质要求，按照以能力立意命题为主的原则，避免纯记忆性知识的考查，强调对知识的理解、联系和运用。通过设置新颖的情境、给出课外的真实信息，考查运用知识分析、阐述、评价和解决实际问题的能力。语文、数学发挥基础学科和工具学科的作用，适当减少题量，增加思考的时间，注重对应用基础知识解决问题能力的考查。语文科取消“名言名句”要求，减少文言虚词的数量，作文《假如记忆可以移植》为考生提供了广阔的思维空间，考生可以充分发挥想象力和创造力，展现自己的思想情感和写作才能。数学科更加注重考查考生的综合能力，注重数学与生产、生活及相关学科的联系，体现了试题的综合性特征，突出了数学作为科学工具的作用。外语各科试题贴近实际生活，使各层次考生发挥出水平。物理试题突出实验能力的考查，通过设置比较新颖的实验情境，鉴别考生的实验能力，促进中学的实验课教学；增设论述题，考查推理、论证和表述能力；同时增加实际情境的题目，考查综合能力与解决实际问题的能力。化学试卷更加注重对学生的科学素质的考查，加大实验能力的考查力度，侧重考查考生动手能力。题目联系实际、联系前沿科学，重视化学与生产、生活、高科技的联系。历史试题加大了中外文化史、经济史的比例，强调对人类基础文明的了解和认识，答案开放，给考生以思考余地和发挥的空间。政治试题突出了素质教育的要求与党和国家工作的重点，突出了对能力的考查，强调具体问题具体分析；突出了当前的社会热点问题，更贴近学生的生活实际和思想实际。

〔**广东省实行“3+X”科目考试改革**〕 1999年高考广东省高校招生考试实行“3+X”科目考试改革，“3”为语文、数学、外语，“X”包括物理、化学、历史、政治、生物、地理6科，高等学校根据本校层次、特点的要求，从“X”中自行确定一门或几门考试科目；考生根据自己所报的志愿，参加高等学校（专业）所确定科目的考试。这种科目设置给考生和大学以选择的余地，可以体现出大学的招生要求和特点，同时体现了考生个性充分发展的原则。数学不分文、理科，试题总体难度适中，从过去的分卷到合卷过渡比较平稳。英语科正式将听力列为考试项目，测试考生理解口头英语的能力，以全卷分数的20%（30分）计分。根据“3+X”科目设置特点，“X”中各科目适当调整学科内容比例。各科根据考查目的和要求，设计和采用了一些新的题型，适当增加应用型和能力型试题。生物科在简答题的题型设计上首次出现材料分析题，试题通过提供一些介绍“生命起源”问题研究新进展的材料，要求考生根据提供的材料和已有的生物学知识，通过分析、综合、判断，对“生命起源”的问题阐明自己的观点，考查学生阅读、分析、表达、自学等综合能力。地理科更强调地理现象产生和发展变化的原因，提供材料，揭示地理学的本质特征，反映人类生存与发展进程中的重大问题，反映现代地理学研究的新观念、理论和趋向。

〔**高考命题改革**〕 为贯彻全国教育工作会议精神，落实教育部《关于进一步深化普通高等学校招生考试制度改革的意见》，1999年7月教育部在珠海召开了“落实全教会精神，深化高考改革座谈会”，会上就“3+2”，“3+综合+1”，“3+文科综合/理科综合”科目设置方案及山西、江西、天津实行课程改革，高考单独命题的原则及考试内容等有关问题进行了研讨，在充分听取各方面意见的基础上，教育部发出《关于山西、吉林、江苏、浙江省2000年高考试行“综合科目”考试的通知》和《关于广东省2000年高考试行“综合科目”考试的通知》，对综合科目考试命题的有关事项作出规定。继广东之后，山西、江苏、浙江、吉林4省2000年高考实行“3+X”科目设置方案。按照“3+X”科目设置方案的要求，2000年广东省高考考试科目为“3+综合+1”，其中的“综合”为理、化、生、史、地、政6个科目的综合；山西、江苏、浙江、吉林4省考生的考试科目为“3+文科综合/理科综合”，其中的“文科综合”为史、地、政3个科目的综合，“理科综合”为理、化、生3个科目的综合。

撰稿　任子朝
审稿　马金科

〔**综合能力测试**〕 继1998年在上海、河北、湖北、黑龙江、四川5省、市进行保送生“综合能力测试”试点后，1999年教育部决定在全国保送生中进行该项测试，旨在探索有利于高等学校选拔具有创新意识和创新能力的优秀学生的途径和方法。同时，有利于中学不断改进教学，提高教学质量，实施素质教育。

“综合能力测试”命题设计思想是：(1)考试内容与学科能力要求的综合性。“综合能力测试”试题的综合性表现在两方面：考查的内容是各学科知识的综合；考查的能力是考生对各学科知识整体把握、综合分析问题、解决问题的思维能力。(2)题目设计和选材与现实社会问题紧密相关。当今社会人类面临着生存与发展的诸多问题，如能源消耗，资源开发与配置、环境问题、人口剧增等，仅靠某单一学科已无法解决这些问题，必须发挥各学科的综合优势，才能寻求合理解决这些问题的途径。“综合能力测试”也正基于这一事实，表现出以问题为中心、以人类所面临和关心的、现实的社会问题为素材的试题设计思想。(3)倡导创新意识和创新精神。创造性思维是人类思维的高级过程，培养和发展创造性思维意味着摒弃死守书本、循规蹈矩、墨守成规、人云亦云的学习方式和习惯，而形成不拘泥、不守旧、敢于批判、勇于创新的思维品格。考生参加“综合能力测试”考试的过程，实际上是经历带有创造性的劳动过程。

撰稿　张亚南
审稿　马金科

〔**高考征题活动**〕　1999年普通高考开始进行内容和形式改革，高考内容改革主要体现在命题上，转变传统的封闭的学科观念，变知识立意为能力立意，在考查学科能力的同时，注意考查跨学科的综合能力。在“3+X”方案中将推行的“综合科目”考试命题要突出改革要求，而“综合科目”命题在我国刚刚起步，国际上可供学习和借鉴的经验也十分有限，如何编制“综合科目”试题，是一项全新的任务。为搞好这项工作，1999年3月1日教育部召开新闻发布会，决定向社会征集高考试题。考试中心公布了《关于征集高考综合能力测试试题的要求》。在社会各界的关心和支持下，征题工作进展顺利。从1999年3月1日～12月31日，共收到全国各地以及海外侨胞的咨询、投稿信件659封(包括电子邮件)，有25 965人访问了征题网页。征集试题的情况为：数学1 010题、语文754题、英语1 094题、政治138题、历史242题、地理61题、物理221题、化学179题、生物12题、综合1 027题，共计4 738题。经学科专家对首批3 086道试题进行审定，认为其中210道题可进入将要建立的征题题库中，占首批被审定试题的14.69%。

撰稿　王　蕊
审稿　马金科　韩家勋

自学考试

〔**综述**〕　1999年1月1日正式施行的《高等教育法》中，明确指出“国家实行高等教育自学考试制度，凡考试合格的发给相应的学历证书或其他学业证书”，第一次以国家法律的形式对自学考试的地位予以确定。6月党中央、国务院召开的第三次全国教育工作会上，进一步提出“完善自学考试制度，形成社会化、开放式的教育网络，为多层次、多形式的教育需求开辟更为广阔的途径，逐步完善终身学习体系”。这些都为自学考试今后一段时期的发展指明了方向。1999年自学考试仍处于高速发展时期，其社会地位和功能也越来越得到社会的承认。上半年报考人数为645万人，下半年报考人数为650余万人。上半年毕业20.4万人。

1999年，全国考委继续进行专业和课程调整、考试形式和内容改革；确保自考教材主渠道供应，研究自考教材多媒体建设；推动自考面向农村的工作，先后批复浙江、江苏和湖北等省为自学考试农村实验区；加强考试中的考风考纪管理；探讨与自考有关部门的新的合作模式，建立了自考答疑网站；加大自学考试的宣传力度，顺利完成了全国考委的调整换届工作。

〔**国家学历文凭考试情况调研**〕 高等教育学历文凭考试是国家对尚不具备颁发学历文凭资格的民办高校学生组织的学历认定考试。它是贯彻落实《中国教育改革与发展纲要》精神，多种形式发展高中后教育的重要举措，也是对民办高校的重大扶植政策。自1993年首先在北京试点以来，到1998年底全国共有18个省、直辖市、自治区的近300所民办高校参加，每年两次考试，考生规模近20万人。

随着试点的进一步深入，一些问题和矛盾日益突显出来。为此，全国考委组成学历文凭考试调研小组，分别到黑龙江、辽宁、四川和陕西4省进行调查，并向各试点省下发了调查问卷。在此基础上，于1999年底形成了调查报告。报告从总体情况、试点审批和管理、考试的情况、学校与教学等几个方面收集了信息，并提出继续试点、不断完善，整顿清理试点学校和专业，调整教材和大纲等意见。

撰稿 刘粤平 王海东
审稿 王建军

〔**专业调整工作结束**〕 高等教育自学考试专业调整工作对全国范围原开考的410种专业进行了全面和系统的汇集、整理、修订与规范，制订了《高等教育自学考试专业目录》和《高等教育自学考试专业基本规范》，确定将224种专业列入《目录》，并分设23个学科门类，将专业类型分为专科、本科和独立本科段三种。各地以《目录》和《基本规范》为基本依据，对本地区的开考专业和制订、修订的专业考试计划进行了清理、调整和规范，确定了各地开考的专业，并经全国考委审核后予以确认。至此，历时三年多的高等教育自学考试专业调整工作结束。

截止到1999年，各地开考了《目录》内专业181种，约占设置专业总数的81%。其中专科专业108种，独立本科段专业52种，本科专业21种。开考专业点总数为1 572个，其中专科专业点956个，独立本科段专业点399个，本科专业点217个，分别占开考专业点总数的60.8%、25.4%、13.8%。

撰稿 陈京波
审稿 王建军 徐沪生

〔**自学考试社会助学情况**〕 经初步调查统计，截止到1999年初，全国有各类社会助学组织3 605所。其中，普通高校768所，成人高校392所，部门助学813所，社会力量办学为1 632所。全国参加自学考试各种形式社会助学活动的考生约有208万人，占全国参加自学考试报考总数的37%，占实考人数的44%（注：以1998年上半年的报考统计比较）。其中，参加普通高校助学活动的有459 792人，占22%；参加成人高校助学活动的为239 333人，占11%；参加部门行业系统助学活动的为648 823人，占31%；参加社会力量办学的助学活动的有733 921人，占36%。参加部门助学和社会力量办学的助学组织学习人员仍居多数。参加社会助学的考生按学习形式划分：接受全日制辅导学习的考生有40 850人，占21%；接受业余辅导学习的有 156 980 人，占 56%；参加函授辅导学习的有 274 193 人，占 13%；参加其他辅导学习形式的为 209 746 人，占 10%。在参加自学考试社会助学组织的考生中，绝大多数人是通过业余学习的方式接受助学辅导的。

自学考试社会助学组织的规模大、数量多，反映出我国高等教育自学考试的社会助学活动和参加自学考试接受社会助学进行学习的人数都有了很大的发展，形成了一定规模的社会助学组织和参加学习人员的队伍。

为加强素质教育，提高考生学习、就业和工作的竞争能力，全国考委要求积极引导和提倡举办全日制辅导班的社会助学组织，增设一定的学习课程，以帮助考生拓宽知识面和全面发展。并强调要在社会助学活动中加强政治思想和品德教育。要求社会助学组织结合本校或本专业的特点，根据社会需要和市场变化，选设一些专业课、实践技能课或社会调查实习等应用性强的课程，以培养和提高考生的实践能力。

一些地区的高等教育自学考试工作管理机构开始采用计算机技术手段对社会助学组织进行管理。并利用计算机网络为考生开展咨询服务，社会反响和效果都很好。许多地区都实施了对社会助学组织的注册登记工作，有些地区还统一对助学组织刊登广告，公布真实可信的助学信息，探索和实施了对社会助学组织的考核评估工作，并取得了初步经验。这些做法是对社会助学组织进行指导监督工作的具体而有益尝试，既提高了为考生服务的质量，又有利于促进社会助学活动的健康发展。

撰稿 邱建臣
审稿 王建军

〔推进农村乡镇自学考试服务体系建设〕

为落实高等教育自学考试面向农村发展的战略决策，更好地为农村培养专门人才和两个文明建设服务，教育部于 1999 年 10 月颁发了《关于积极推进农村乡镇自学考试服务体系建设的意见》。《意见》指出，在农村建立乡镇自学考试服务站是自学考试面向农村发展的基础性工作，也是直接为当地广大农村青年接受高等教育、参加自学考试服务的重要组织机构。各级教育行政部门、自学考试机构要把乡镇自学考试服务站建设纳入当地教育发展规划中。

浙江、江苏、福建等省此项工作开展得较早，到 1999 年，浙江省已建立乡镇自学考试联络站 800 多个，占全省乡镇总数的一半；江苏省 1999 年下半年自学考试报考人数 50 万人，其中县及县以下考生为 22.6 万人，城乡报考比例为 55∶45，农村考生报考比例增长较快；江西、山东、湖北、甘肃、四川、北京、河北等省（市）也在本省有条件的地区进行了试点工作。

撰稿 刘江平
审稿 王建军

〔自考中英合作课程开考〕 1999 年，全国考委颁发了高等教育自学考试中英合作商务管理专业与金融管理专业考试计划和开考实施意见，决定在北京、天津、吉林、江苏、浙江、福建、湖北、广东和重庆等 9 个省（市）首先开考，2000 年在全国推开。2000 年 1 月进行首次中英合作课程《商务交流》《企业组织与环境》考试。

撰稿 冯加根
审稿 王建军 刘 芃

〔**自学考试答疑网络**〕 全国考委办公室为充分利用高科技手段，面向农村、面向基层为考生提供课程辅导的解惑答疑和信息咨询服务，于1999年初正式创建“全国高等教育自学考试答疑网络”。3月24日，在北京举行了网络开通仪式。

一年来，网络中心站相继组织开发了124门自考课程的教学课件。90门课程（大约400万字的内容）已经上网，其范围涉及公共课、经管类共同课、会计、中文、法律、律师、英语、计算机等16个自考主要科类或专业，用户对“网络教室”的访问量占总访问量的80%以上。电子主页访问量已超过20万人次，中心站回复考生各种咨询信函1 000余封。答疑网抓住“答疑”和“咨询”这两个关键环节，从课程辅导入手，开展了一系列的服务。教学课件列入专业索引，按课程排列，以章节为序，通过“课程学习”、“网上测验”、“课程答疑”、“名师点拨”和“电子图书”等功能模块帮助考生进行学习。

撰稿 杨 威

审稿 王建军 潘 阳

〔**教材建设**〕 全国考委于1986年开始组织编写全国自学考试统一教材。到1999年，共组织编写全国统考课程和省级考试课程所需教材700余门。至2000年底，全国统一考试的566门课程需要的大纲、教材，与之配套的自学辅导书及同步练习册的编写工作将全部完成。

根据自学考试发展的要求和国外开放教育媒体建设的经验，开始了自考教材学习包的编制，即将现有的每门课程只用文字载体编写一本大纲和教材转变为把学习需要的大纲、教材、辅导书、练习册、参考资料、音像资料、报考信息等全部编制完备并组装为一个课程学习包提供给应考者。1999年，首先在中英合作的金融管理、商务管理专业中试行课程学习包，受到应考者的欢迎。

〔**自考学习媒体研究**〕 学习媒体研究作为自学考试媒体建设的重要组成部分，已越来越受到各方面的重视。学习媒体研究的根本任务是为编写高质量的学习媒体提供理论依据，为学习媒体的供应提供可行性方案，为学习媒体现代化提供技术支持。全国考委确定近一段时期的主要研究课题是：媒体建设的地位与作用，特点与规律，课程学习包的组成要素、各要素的比例和编写制作规范，网络媒体开发，国外开放教育媒体建设的经验教训，学习媒体供应与自学考试有关环节有机结合的机制等。

1999年初，全国考委成立了由自考工作者、学科专家、教育专家、出版工作者组成的“学习媒体研究组”。研究组与全国考委办公室教材与出版处共同进行了媒体建设现状的调研，在全国范围内征集媒体建设研究论文，论文涉及到自考教材的现状调查、自考教材的特点、编写原则、体例、评价体系与方法等方面。在此基础上，召开了媒体建设学术研讨会，出版了论文集。为进一步推进媒体研究，在浙江省建立了学习媒体建设实验区，结合实际研究学习包的制作和主渠道供应的机制。

撰稿 陈 卫

审稿 王建军 刘长占

社会考试

〔**全国计算机等级考试**〕 1999年全国计算机等级考试共开考4次，命制试题11科257套（含上机考试240套）。30个省、自治区、直辖市的811个考点开考，考生114万余人，全年共核发合格证书44万余份。截止到1999年下半年，该考试共开考10次，累计考生达275万余人，获得合格证书的考生达114万余人。该考试已经成为国内计算机类考试中规模和影响最大的考试。

继1998年教育部考试中心对考试大纲和教材进行全面调整后，1999年顺利进入WINDOWS环境考试和远程网上考试试点，开考一级B类考试的省市由3个扩大到8个。作为该考试最高级别的四级考试报考人数达到4 895人，超过前3次报考人数的总和。此外，鉴于市场上以及大部分考点使用的WORD软件版本为中文版WORD97，对有关教材进行了修订。在调研和征求意见的基础上，对考务管理、上机考试软件进行了改进。

撰稿 孙显福

审稿 王建军 徐沪生

〔**全国计算机应用技术证书考试**〕 National Applied Information Technology Certificate（简称NIT），是教育部考试中心推出的计算机应用技能培训考试系统。它借鉴了英国剑桥大学考试委员会举办的“剑桥信息技术（Cambridge Information Technology，简称CIT）”的成功经验并与之接轨，采用模块化结构，培养和测试学员在计算机应用领域的独立操作能力，适合各种行业人员岗位培训的需要，也可供用人单位录用、考核工作人员参考。通过考试并合格的学员由教育部考试中心统一颁发证书。到1999年，NIT设有计算机基础、中英文字处理、电子表格、数据库、程序设计、桌面排版、会计电算化、计算机绘图、多媒体应用、因特网（Internet）和局域网11个模块。

至1999年年底，在黑龙江、辽宁、北京、天津、上海、重庆、河北、山东、河南、江苏、安徽、湖南、湖北、广东、陕西、宁夏、福建等地区实施了培训与考试，1999年共有52 136人获得证书。

撰稿 韩庆久 徐海涛

审稿 王建军 潘 阳

〔**全国公共英语等级考试**〕 全国公共英语等级考试（Public English Test System，简称PETS）是教育部考试中心设计并负责的英语水平考试体系。1999年6月13日，教育部考试中心召开新闻发布会向社会全面推出。PETS考试共分五个级别（PETS1—5）和一个附属级（PETS 1B）。PETS 1B从1997年开始在部分省、市实施，并逐步推广，至1999年12月止，分别在北京、山东、河南、湖北、浙江、天津、辽宁、广东、河北省

(市)开考4次，累计报名考生总数为37 097人，共有26 971人取得合格证书，实考合格率为82.30%。PETS 1—5级在1999年9月第一次在北京、山东、河南、浙江、天津、辽宁、广东、上海、海南、福建共10省(市)开考，总计报名考生人数达33 222人，其中有11 417人取得合格证书，实考合格率为39.89%。

撰稿 陈景才

审稿 应书增 罗 民

〔**剑桥少儿英语学习系统**〕 剑桥少儿英语学习系统是英国剑桥大学考试委员会(简称UCLES)为非英语母语国家少年儿童的英语能力培养和提高设计的，它为6～12岁少年儿童提供了全方位的教学评测方案。教育部考试中心中英教育测量学术交流中心(以下简称中英中心)于1996年夏天引进了该项目，为中国6～12岁的少年儿童拉开了英语“第二课堂”学习的帷幕，目的是让孩子们利用课余时间，在轻松活泼的气氛中愉快地学习和使用英语。

剑桥少儿英语学习系统分为starters、movers、flyers三级。以学习、培训为重点，从培养少年儿童的英语基础语言能力和语感入手，强调听说，培养学生的英语语言思维能力，建立起英语学习的自信心与荣誉感。该系统的学习考核的特点是“基础—轻松—有趣—实用—连续”。

该项目发展至今受到社会各界人士的广泛关注，特别是受到小朋友、教师及家长们的欢迎。截止到1999年底在学的孩子已过百万，1999年参加考试的人数约5万人，持证上岗的教师有1万余人，经严格培训考核获得口试考官资格约1 500人。

撰稿 王 蕾

审稿 王建军 潘 阳

〔**证券咨询类从业人员资格考试**〕 为规范证券业行业管理，提高从业人员素质，中国证券监督管理委员会(简称中国证监会)决定在全国证券业开展“证券投资咨询人员资格考试”，并委托考试中心承办考试实施。证监会负责制定考试大纲和教材、考试报名和宣传、命题和发放成绩、颁发证书。考试中心负责试卷印制、考试实施和评阅卷。1999年4月首次进行了《证券基础知识》、《证券投资分析》两门考试，考点分别设在北京、天津、上海、重庆、广东、湖北、山东、四川、陕西、辽宁和深圳市等11个省市，共有8 900人报名参加考试。

撰稿 刘粤平 王海东

审稿 王建军

海外考试

〔**日本语能力测试**〕 1999年，参加日本语能力测试考试的报名人数达43 288人。是1993年考试中心刚承接该考试时的10倍。为适应考生人数迅速增长的需要，考试中心于1999年分别在北京第二外国语学院、上海海运学院、东南大学、内蒙古中日友好语言培训中心和四川外国语学院设立了5个新考点，并继续在天津为盲人和弱视者设立特别考场。1999年该考试选派4名成绩优秀者参加赴日短期研修。

1999年考生分布仍主要集中在上海、北京、广州和大连。从全国考生的生源来看，46%是大学在校生，非大学在校生的比例为54%，其中高中生的人数比1998年增长了9%，表明该考试的影响已经由大学和社会向中学扩大，越来越多的中学生希望通过参加该考试来检测自己的日语水平。

撰稿　高　升
审稿　马金科　梁育民

〔**计算机化GMAT和GRE考试**〕 1997年10月，考试中心与美国思尔文学习系统公司签署了在中国合作举办计算机化考试的协议，考试中心成立了计算机化考试办公室，设立了全国报名中心。到1999年初，在全国共设立13个计算机化考试考点，1998年1月18日GMAT计算机化考试在我国开考。1999年，全国共2 500人参加了计算机化GMAT考试。1999年10月7日计算机化GRE一般(GENERAL)考试开考，截至1999年底，共有8 100名考生注册参加考试。

撰稿　张　进
审稿　应书增

〔**剑桥英语五级证书考试**〕 Main Suite Examinations（缩略为MSE）是英国剑桥大学考试委员会根据欧洲委员会制定的语言教学大纲设计的、英语作为外国语的五级系列考试。教育部考试中心和英国剑桥大学考试委员会合作，于1996年引进英语入门考试(Key English Test)，于1997年引进初级英语考试(Preliminary English Test)，于1999年引进第一英语证书考试 (First Certificate in English)。这三项考试分别是五级证书考试中的第一、第二和第三级。该系列考试是一种对考生的英语听、说、读、写能力进行考查的普通英语水平考试。对成绩及格者提供由英国剑桥大学考试委员会颁发的成绩合格证书。

到1999年，剑桥英语五级证书考试在全国15个省、自治区、直辖市的21个城市设立了29个考点。1999年KET考生712人，PET考生301人，FCE考生36人。

〔**商务英语证书考试**〕 1999年商务英语证书(BEC)考试中英双方的职责进行了部分调整，原由教育部考试中心负责的阅卷工作改由剑桥大学考试委员会负责，考试时间也与世界其他国家的考试时间接轨。新设立6个考点，全国的考点由54个增至60个。全年报考人数为24 246人。

撰稿 陈 可

审稿 应书增

教育考试科研

〔**高考网上阅卷**〕 网上阅卷是教育部考试中心“九五”科研项目之一，是为实现缩小主观题评价误差的重要试验，也是将计算机网络技术运用到考试改革中的重要步骤。广西壮族自治区1999年高考对英语科进行的网上阅卷试验取得成功，为控制主观题评卷误差开辟了新的途径。

网上阅卷是以计算机网络技术和电子扫描技术为依托，以控制主观题评分误差，实现考试公平性原则为最终目的，把多年来人工阅卷积累起来的丰富经验与现代高新技术相结合，教师不是对考生的原始答卷直接评分，而是在计算机网络上对电子化了的考生答卷评分。

网上阅卷对于传统的考务是一种观念上的革命，网上阅卷的优越性通过系统的先进性而实现。它消除了人工阅卷条件下在某些环节中出错的可能性，也节省了大量的时间，并给保密工作带来了诸多便利。网上阅卷在减少阅卷教师投入，减轻阅卷教师劳动强度上的优势也十分明显。更重要的是，网上阅卷系统具有及时发现阅卷误差并进行纠正的功能，防止阅卷误差超出设定值的功能，对阅卷教师进度和阅卷质量进行跟踪和警示的功能，对阅卷数据信息迅速进行统计和查询的功能等等。

当前高考改革的重点是考试内容的改革，将更加注重考查考生的素质和能力，为此，试题必须灵活，由此使答案及评分标准也相应灵活，因而增加了控制主观题评卷误差的难度，而一旦处理不好，将影响考试的公平性。网上阅卷较好地解决了这一问题，并在实际应用中达到了预期的效果。

〔**OCR（光学字符识别技术）应用**〕 OCR（光学字符识别）产品在考试领域的应用是考试中心在考试管理手段现代化的重要工作之一。在1999年高考中，广西壮族自治区首先在英语科采用网上阅卷获得成功，有效地控制了主观题的评分误差，其中美国NCS公司的OCR产品发挥了重要作用。1999年，中国几个主要的OMR公司也陆续研制出了自己的OCR产品，分别在一些省、市、地的高考、自考、中考中的建档、登分、远程录取中使用。为了规范OCR产品在考试领域的应用，并使OCR的研制为教育考试实际工作服务，考试中心于1999年3月在山东省泰安市召开了“OCR产品研制工作研讨会”，制定了“OCR产品主要技术指标”，并于1999年9月在北京召开了“OCR产品测试准备会”，制定了测试的方案和OCR测试卡的标准，成立了OCR评审委员会和OCR测试小组。1999年12月7日～12月10日考试中心在北京组织各OCR厂商进行了各项技术指标测试，清华紫光、北京汉王等9家公司参加了测试。

在OCR测试结束后，评委及有关专家对测试结果进行了评议。考试中心将测试结果印发到各省（直辖市、自治区）招考办，作为各招生考试机构在OCR设备选型时的主要参考。

撰稿　鱼　杰

审稿　马金科　马世晔

〔**高考英语听力考试实验**〕　1996年10月教育部考试中心科研处开始进行“高考英语听力考试实验”的课题研究，于1999年结题。该项实验的目的是设计一套科学的、具有现代测量理论基础、符合我国中学教学实际、又有利于高校选拔人才、并易于推广的试题。同时摸索出一套大规模的听力考试的考务组织与规范的听力考试管理制度。广东省招生办公室受考试中心的委托，自1997年在全国率先实施高考英语听力考试。到1999年，共计有44万考生参加。经过三年的科研实践，结果表明：(1) 在我国进行大规模的英语听力考试的条件已经成熟，在高考英语中增加听力考试是必要的、可行的。(2) 由于英语听力考试的引入，促进了中学英语听力教学及中学生英语听力水平的提高。有利于高校人才的选拔。(3) 所制定的英语听力考试的能力考查目标、选材的标准、题型的确定、命题的步骤、听力设备的要求和考试期间的规范操作是科学的、切合实际的。(4)听力试题的统计数据分析是客观可靠的。为进一步完善高考英语听力命题提供了宝贵的资料。课题取得了较好的成果。

撰稿　谢燕平

审稿　马金科　马世晔

干部管理与教师工作

教育行政学院培训

〔**加强学院建设**〕 1999年5月18日，江泽民总书记为国家高级教育行政学院题词：“讲学习、讲政治、讲正气，努力做好干部教育培训工作”，为教育战线干部教育培训工作和学院的事业发展指明了方向，鞭策和鼓舞学院教职工为全面完成干部培训工作，提高培训质量而奋斗。

11月29日，教育部党组印发了《关于进一步加强国家高级教育行政学院建设的意见》(以下简称《意见》)。《意见》从教育改革与发展的形势、教育领导干部的实际需要和干部培训工作的特点，对学院的地位、性质、任务、办学方针及发展方向等提出了明确要求。进一步明确了学院的主要和根本任务是培训和培养高层次教育管理干部和专门人才，强调学院的教学和科研要以教育科学、教育管理为主，加强学科课程体系的建设。提出了学院的五项基本任务，即面向全国培训和培养高层次教育管理干部、开展教育管理科学研究、协助干部管理部门考查参训学员、开展教育管理干部培训的研究和咨询工作、成为在教育行政管理领域具有领先水平的咨询中心。《意见》对学院的培训内容和学科体系建设也作出了明确规定，在培训内容上强调在认真学习马列主义、毛泽东思想、邓小平理论的基础上，重点研修马克思主义教育思想、教育政策法规、现代教育理论和实践、教育管理理论和实践以及国内外教育改革发展动态等。在学科建设上侧重教育管理科学、教育政策法规、教育与社会、教育与经济等方面。

为贯彻江泽民总书记的题词精神和教育部党组《关于进一步加强国家高级教育行政学院建设的意见》，制定了《国家高级教育行政学院2000年～2005年建设发展规划》，切实树立培训工作现代化的观念，深化教学改革，强化办学的统一、规范管理，突出办班的针对性和实效性，以进一步推动事业发展，把培训工作提高到新水平。

〔**高校干部培训**〕 1999年分别举办了第十四、十五期高校领导干部进修班和第十一、十二期高校中青年干部培训班，来自全国各地高校的校级领导、中青年干部共326人参加了学习。教育部部长陈至立出席开学典礼，并在讲话中指出，高校领导干部在认真学习马列主义、毛泽东思想特别是邓小平理论的基础上，要加大教育科学特别是教育管理的培训和学习力度，充分体现国家高级教育行政学院干部培训工作的特色。教育部副部长周远清为学员作了专题报告。

1999年，学院调整了高校领导干部进修班和高校中青年干部培训班的教学计划，提高邓小平理论的教学和学习效率，加大教育科学、教育管理理论的教学比重，突出对高等教育改革与发展理论及实践的研修学习。加强了对专题报告、小组研讨、大会交流、实践考查、自学等环节的组织与管理，提高各环节单位时间内的效率和效果，较好地完成了教学任务。重视调动参训学员的学习积极性和主动性，加强考查环节以及学员论坛、学术沙龙等研讨形式的组织和管理。同时重视发挥学院在教育管理方面的咨询作用。

在学习邓小平理论基础上，参训学员根据学院教学计划的安排，重点学习研讨邓小平教育理论、现代教育科学特别是教育政策法规、高等教育理论、高等教育管理知识以及国外高等教育改革发展动态等。1999年下半年，高校领导干部和中青年干部着重学习研讨第三次全教会精神和《中共中央国务院关于深化教育改革全面推进素质教育的决定》考察了高等学校改革与发展的现状；通过学习和研讨，学员对我国高等教育改革与发展的形势与任务以及热点、难点和重点问题有了更加全面的把握，深刻认识到深化教育改革，全面推进素质教育的重大意义，交流了经验，明确了工作思路，增强了做好高校管理工作的信心，为进一步深化高等学校的改革，推动高校的发展奠定了良好的理论和实践基础。

〔**地市教育行政干部培训**〕　1999年举办了第五、六期全国地市教委主任研修班，来自全国各地的152位地市教委领导干部参加了研修学习。教育部副部长吕福源出席开学典礼并讲话。研修班的主题是深入学习和全面贯彻第三次全教会精神，提高地方教育行政部门领导干部的教育政策水平和教育管理能力。在为期21天的学习研讨中，学员听取了教育部领导和有关司局领导以及专家学者的专题辅导报告，分专题开展了一系列小组研讨与大会交流，并参观考察了北京市的部分中小学，系统地学习了第三次全教会精神和《中共中央国务院关于深化教育改革全面推进素质教育的决定》。(以下简称《决定》)

学员们认为，全国教育工作会议的召开和《决定》的制定具有重要的历史意义，表明我国教育已经发展到了新的历史阶段。要深刻理解实施素质教育的根本宗旨是提高国民素质，重点是培养学生的创新精神和实践能力，最重要的是培养学生思想政治素质。全面推进素质教育，不仅要强化政府实施素质教育的行为，还要充分利用宣传舆论工具，使全社会形成实施素质教育的强大合力，达成共识，为全面实施素质教育创造有利的条件和环境。全面推进素质教育，必须深化教育教学改革以及其他配套的改革。要抓好教师队伍建设，加强师德教育，提高教师的政治思想素质和业务能力，这是实施素质教育的关键。要改革课程设置，深化课堂教学改革，克服中小学教学内容偏多、偏难、偏旧的弊端，构建能充分体现素质教育的课程和教材体系，做到多元化与基础性的统一，主导性与主体性的统一，群体性与个体性的统一，理性化与情感化的统一，使学生在认知领域、情感领域、动作技能领域，在德智体美等方面得到充分协调的发展。同时要改革考试制度、用人制度和评价制度，加强教育督导与评估，为素质教育的实施创设良好的条件。

为适应我国基础教育战线的需要，1999年举办了中小学校长、县级教育行政干部、教师进修学校校长、民办学校校长等各种类型的短期培训及各类研修班共30个，人数达3 000多人。对地方教育改革和发展产生了积极的促进作用，同时也为学院更好地完成地市教育行政领导干部培训任务，提高培训质量，起到有益的补充作用。

〔**科研工作**〕　1999年全院教师共撰写或合作撰写出版著作16部，其中个人专著2部，发表论文70篇。李冀主编的《教育管理词典》和何光荣同志的专著《中国古代教育哲学》获全国第二届教育科学优秀成果二等奖。学院集体编著了《新中国教育行政管理五十年》一书，由教育部部长、党组书记陈至立作序，全书运用史论结合的方法，通过对新中国教育行政管理50年波澜起伏的历史回顾，对教育行政管理各个方面的沿革、概况、运行机制、基本经验、发展趋势进行剖析，全方位地展示了新中国教育行政管理的理论与实践。

学院组织教学科研人员参加了教育部组织的“共和国教育50年”以及素质教育、创新教育、高教管理体制改革、教育法规建设等课题研究工作。

撰稿　王治军
审稿　俞家庆

学校内部管理体制改革

〔**深化高校内部管理体制改革**〕　改革开放以来，学校内部管理体制改革一直是我国高等教育发展和改革的重要内容。在各级教育行政部门的指导下，高等学校通过改革和调整内部组织机构和管理方式，建立激励、约束机制，推行多种形式的用人制度，加大校内分配改革力度等措施，实施综合改革，成效明显。

1999年高等学校新一轮内部管理体制改革的主要内容是：(1)加快学校内部机构改革步伐。根据学校实际需要和精简、高效的原则，精简和科学设置学校内设管理机构，从严控制学校行政人员编制，压缩非教学科研人员，提高教师占教职工总数的比例；建立科学决策、自主管理、有效监督的机制，进一步提高学校教学科研整体实力和教育资源使用效益；根据教学科研的内在联系进行教育资源重组，理顺校内教学科研管理体制和组织形式；加快编制制度改革步伐，提高生员比和生师比，力争用2～3年的时间，使全国高校平均水平分别达到6∶1和13∶1。(2)深化用人制度改革。在加强定编、定岗、定职责和考核工作的基础上，改革现行用人制度。按照“按需设岗、公开招聘、平等竞争、择优聘任、严格考核、合约管理”的总原则，推行全员聘用合同制；纠正教师职务聘任中重评审、轻聘任的做法，强化岗位聘任，实施教师聘任制；淡化“身份管理”，实行“岗位管理”，下决心打破“铁饭碗”和“铁交椅”。(3)加大分配制度改革力度。加大学校内部分配倾斜力度，切实提高优秀拔尖人才、学术带头人和中青年骨干教师的待遇。改革现行高校分配制度和工资管理体制，充分落实高校的分配自主权，允许高等学校在国家基本工资制度的基础上制定适合本校特点的岗位工资标准；有条件的地区和高校在实行工资总额和人员经费包干的前提下，可结合推行全员聘任合同制进行工资制度改革试点，实行“按需设岗、因岗择人、以岗定薪、按劳取酬”的岗位协议工资制。(4)积极推行高校后勤社会化改革。按照市场法则和高校教学、生活规律需要，通过由政府主导、教育主管部门组织实施、吸引社会参与、学校联合的模式，建立符合高校特点的新型学校后勤服务体系。通过后勤企业化、产业化、专业化、集约化的路子，将学校后勤逐步融入社会第三产业，形成“事企分开、两权分离、市场驱动、集约管理”的运行机制。力争用3年～5年时间将高校后勤逐步与学校最终分离。(5)完善各项配套制度。根据《教育法》和《教师法》的规定，按照“治事与用人相统一”、“责、权、利相一致”的原则，探索社会主义市场经济条件下高校内部人力资源管理新机制，促进高校教师管理模式由封闭式向开放式转变，管理重点由单纯控制向综合配置开发转变，提高高校人力资源管理水平。

撰稿　王光彦　杨　鸿
审稿　丁　焰

教师工作

〔**“长江学者奖励计划”实施情况**〕　教育部与香港李嘉诚基金会合作实施的“长江学者奖励计划”，自1998年8月启动以来，取得了重要进展。经高等学校申请，“长江学者奖励计划”专家评审委员会审定，教育部将分3批共在119所高等学校的612个学科设置特聘教授岗位。

1999年4月，教育部与香港李嘉诚基金会在人民大会堂联合举行“长江学者奖励计划”首批特聘教授受聘暨首届“长江学者成就奖”颁奖典礼。首批73位特聘教授受聘上岗，上海第二医科大学陈竺院士、湖南医科大学夏家辉小组和清华大学范守善教授荣获首届“长江学者成就奖”。中共中央政治局常委、国务院副总理李岚清，全国人大常委会副委员长彭珮云，全国政协副主席朱光亚等党和国家领导人出席典礼，并向首批特聘教授和首届“长江学者成就奖”获奖者颁发证书、奖杯。

1999年10月，经有关高等学校推荐，56位两院院士参加的“长江学者奖励计划”同行专家会议评审，“长江学者奖励计划”专家评审委员会审定，第二批共有 49 所高等学校聘任了 117 位特聘教授、10 位讲座教授，并签订了聘任合同。

受聘上岗的 200 位特聘教授、讲座教授中，男性 194 人，女性 6 人；中国籍 186 人，外国籍 14 人；平均年龄 39 岁，最小的 31 岁；受聘前在海外任职的 64 人；具有博士学位的 197 人。

“长江学者奖励计划”的实施工作得到了江泽民等党和国家领导人以及教育部领导的高度评价，在海内外各界引起了强烈反响和普遍好评。一年多的实践证明，“长江学者奖励计划”的实施不仅吸引、稳定了一批杰出拔尖人才到高校从事科研、教学工作，还直接推动了高等学校新一轮人事分配制度改革，并且在社会各个层面产生了深刻的影响。已受聘上岗的 200 位特聘教授、讲座教授都是经过世界范围内的公开招聘和层层遴选，脱颖而出的杰出中青年学者，是跨世纪的、高层次的创新型人才，具备高深的学术造诣和雄厚的发展潜力，必将能够带动所在的国家重点建设学科赶超或保持国际先进水平。同时，实施“长江学者奖励计划”特聘教授岗位制度，对高等学校用人制度和分配制度改革起到了积极的导向、示范作用。在用人制度改革方面，特聘教授岗位制度强调公开招聘、竞争上岗、严格考核、合同管理，高等学校与特聘教授之间通过聘任合同建立聘任关系，明确聘期、岗位工作目标与任务，向特聘教授提供与其承担的任务相符的较高待遇及相应工作、生活条件，并通过严格的年度考核、期中评估与聘任期满评估，保证其按合同履行职责，是一种规范的聘任制模式。在分配制度改革方面，强调按岗取酬、优劳优酬，特聘教授履行岗位职责，享受相应待遇。特聘教授岗位制度的实施进一步打破了高校用人制度中存在的人才单位所有制、职务终身制和分配制度中存在的大锅饭、平均主义等弊端，以改革创新的思路为高等学校教师职务制度、教师聘任制的实施和建立新的高校内部分配制度创造了良好的开端，提供了实践范例。

在“长江学者奖励计划”特聘教授制度框架内，讲座教授岗位制度也于 1999 年正式实施。讲座教授根据国家学科发展需要，在批准设置特聘教授岗位的学科设置，实行聘任制。人选由获准设置特聘教授岗位的学校面向国内外公开招聘、遴选推荐，“长江学者奖励计划”专家委员会评审，学校聘任，聘期内颁发讲座教授岗位津贴。讲座教授职责是开设本学科前沿领域的课程或讲座；主持国家重大科研项目研究；领导本学科学术梯队建设；带领本学科在其前沿领域赶超或保持国际先进水平。讲座教授的招聘条件为，在国外从事科研教学第一线工作，年龄一般在 45 周岁以下；具有博士学位；学术造诣高深，在国际上本学科领域有重大影响，取得国际公认的重大成就；对本学科建设和学术研究工作有创新性构想，具有带领本学科在其前沿领域赶超或保持国际先进水平的能力；热心为国内服务，每年能在国内讲座教授岗位上工作 3 个月以上，特殊情况下不少于 2 个月。讲座教授岗位制度要求聘任讲座教授的学校必须具备支持其工作的学科优势和综合实力。学校必须指定一位或几位学术造诣较高的教授或副教授与讲座教授进行合作；必须有合作开展的科研项目和明确的工作目标（包括合作培养博士、硕士研究生及合作指导博士后研究人员、高级访问学者）。讲座教授的招聘、推荐、评审、聘任、考核的程序与时间要求按照《高等学校特聘教授岗位制度实施办法》执行。全国高校每年聘任讲座教

授总数不超过10人，其岗位津贴由“长江学者奖励计划”专项资金支付。1999年共有10位学者被北京大学、清华大学等高校聘任为讲座教授。

撰稿　雷朝滋　王磊

附

“长江学者奖励计划”首批特聘教授名单

首批特聘教授73位，名单如下（排名不分先后）：

北京大学	佘振苏　田　刚　夏志宏　邓兴旺　刘忠范　欧阳颀　龚旗煌　阳振坤　彭练矛
清华大学	白　岗　郝吉明　汪劲松　姚　强　杨　卫　张作义
北京师范大学	张大勇
南开大学	张伟平　陈永川　周其林
天津大学	张志刚
大连理工大学	顾元宪
吉林大学	冯守华　张　希
吉林工业大学	管　欣
东北师范大学	黄百渠
复旦大学	李　骏　林芳华　金晓峰　陈良尧　杨玉良　罗泽伟
上海交通大学	张文军　崔维成　倪　军　王健农
同济大学	孙利民　李　杰　孙立军
华东师范大学	张　经
南京大学	王　牧　蒋少涌
东南大学	蔡宁生　陆祖宏
浙江大学	何赛灵　褚　健
山东大学	彭实戈　徐现刚
武汉大学	易　帆　吕应堂
华中理工大学	骆清铭
中山大学	许宁生
华南理工大学	瞿金平
重庆大学	饶云江
西安交通大学	郭烈锦
兰州大学	李卫东
北京理工大学	孙逢春
北京邮电大学	杨义先
中国农业大学	武维华　彭友良
哈尔滨工业大学	刘　宏
上海医科大学	孙凤艳　邵志敏
上海第二医科大学	陈　竺
南京农业大学	万建民
中国矿业大学	孙恒虎
中国科技大学	姚雪彪
中国地质大学	吴信才
武汉测绘科技大学	龚健雅
华中农业大学	张启发
西南交通大学	李　芾
西北工业大学	魏炳波
西安电子科技大学	张贤达
西北大学	高　山

“长江学者奖励计划”首届“长江学者成就奖”获奖者名单

一等奖 2 名：

上海第二医科大学　陈竺
湖南医科大学　夏家辉小组

二等奖 1 名：

清华大学　范守善

“长江学者奖励计划”第二批特聘教授名单

第二批特聘教授 117 人，名单公布如下（排名不分先后）：

北京大学	查红彬　陈十一　刘晓为　舒红兵　严纯华　赵新生　周力平
清华大学	曾　攀　陈应华　程　京　饶子和　韩征和　琚诒光　李立峰　罗　毅　南策文　王光谦　魏　飞　吴建平　袁　驷　尤　政　郑泉水
浙江大学	骆仲泱　彭方正
复旦大学	陈登远　贺鹤勇　赵东元　李嘉禹　周　忆
上海交通大学	窦晓鸣　胡　钧　黄　震　敬忠良　马红孺
南京大学	程崇庆　高　抒　谭仁祥　王慧田　王　炜　张　荣
东南大学	黄　卫　罗立民　尤肖虎
武汉大学	彭　玲　吴建国
华中理工大学	蒋向前　任佳刚　王　华
西安交通大学	管晓宏　孙　军
同济大学	顾　明　蒯　知　李新贵
南开大学	许京军
吉林大学	陈接胜　贾晓鹏　李泽生　杨　柏
厦门大学	焦念志
中山大学	陈小明　屈良鹄
四川大学	李安民　王　琪
重庆大学	冉　立　薛　勇
华东理工大学	田　禾　肖文德　钟建江
北京师范大学	高　琼　李小文　戎小春
华东师范大学	曾和平　谈胜利
山东大学	胡季帆
兰州大学	冯兆东　周又和
青岛海洋大学	宋微波
北京科技大学	乔利杰　张济山
中南工业大学	陈建二　曲选辉
东北大学	刘晓平　唐春安
武汉工业大学	赵修建
北京医科大学	高晓明
上海医科大学	葛均波　孙　波　汤其群
华西医科大学	魏于全
中国科学技术大学	高大勇　章　伟

哈尔滨工业大学　程　凯
西北工业大学　高正红　介万奇
　张卫红
北京航空航天大学　蔡开元　傅惠民
北京理工大学　黄　强
南京航空航天大学　郭万林　哈里乌林
　朱　荻
哈尔滨工程大学　古　林
中国矿业大学　赵阳升
北京中医药大学　田金洲
西南交通大学　翟婉明
北方交通大学　黄卫平
武汉测绘科技大学　潘和平
上海第二医科大学　曹谊林　王铸钢
西北大学　舒德干
北京工业大学　段晓曼
长春科技大学　孙建国
第四军医大学　樊代明　李云庆
　杨安钢
哈尔滨建筑大学　马　军
同济医科大学　陈忠华

“长江学者奖励计划”讲座教授名单

讲座教授 10 位，名单如下（排名不分先后）：

北京大学　程正迪　鄂维南
　许进超　罗　明
清华大学　文小刚　张首晟
　张寿武
浙江大学　励建书
复旦大学　金　力
中国科学技术大学　舒其望

〔**“高等学校优秀青年教师教学和科研奖励基金”启动**〕　“高等学校优秀青年教师教学和科研奖励基金”是国务院 1999 年 1 月批转教育部《面向 21 世纪教育振兴行动计划》中“高层次创造性人才工程”实施的重要项目。1999 年 4 月上旬，教育部启动此项工作，制发了《基金实施办法（试行）》，7 月开始组织申报、评审工作，全年共受理 292 人的申请。聘请了 1460 位具有正高级职务的评审专家进行通讯评议，根据通讯评议结果，遴选出 192 人参加会议评审。会议评审聘请了 56 位知名专家，其中有两院院士 14 位，专家们经过认真、细致的审议，提出了奖励人选建议方案。经领导小组审定，确定了 1999 年的奖励人选 100 人。

“奖励基金”是教育部配合“长江学者奖励计划”特聘教授制度，与“跨世纪优秀人才培养计划”相衔接的高层次人才资助项目，奖励在教学和科研两方面都取得突出成就的高等学校优秀青年教师，培养新一代学科带头人。奖励人选条件是：在国内高等学校从事教学和科研第一线工作、受聘副教授以上教师职务，一般应具有博士或硕士学位；在申报当年 1 月 1 日，年龄不超过 35 周岁；热爱社会主义祖国，坚持四项基本原则，模范遵守职业道德规范，具有强烈的事业心和协作精神；在教学和科研领域取得同行公认的显著成绩；有发展潜力，在教学改革和科学研究方面有创新性构想。

候选人由所在学校推荐，上报教育部由基金领导小组办公室组织专家进行评审，最后由基金领导小组审定批准奖励人选。对奖励人选每人每年给予奖励经费5万～10万元，连续支持5年。年度奖励经费中3万元用于支付个人奖金，其余部分用于支持教学和科研工作。

撰稿 唐 筠

〔**印发《关于新时期加强高校教师队伍建设的意见》**〕 1999年8月教育部颁发了《关于新时期加强高校教师队伍建设的意见》。《意见》全面总结和分析了高校教师队伍建设的经验和存在的突出问题，提出了新时期高校教师队伍建设指导思想和主要措施。

《意见》指出，建国50年来，特别是改革开放20年来，高校教师队伍建设，取得了明显成效。教师数量基本上满足高等教育事业改革和发展的需要。1998年底，全国1022所普通高校中，有专任教师40.7万人，其中，教授3.67万人，副教授11.59万人，分别占教师总人数的9.01%、28.46%。高校教师队伍总体业务素质有较大提高，具有研究生毕业学历的教师12.09万人，占教师总数的29.69%，其中具有博士学位的1.89万人，占教师总数的4.64%；具有硕士学位的9.4万人，占教师总数的23.1%。师生比达到1：10.2。学科带头人和骨干教师队伍不断壮大。中国工程院院士的29.5%、中国科学院院士的36%为高校教师。改革开放20年来，高校教师获得国家自然科学奖约占全国的50.5%；获得国家发明奖约占全国的32.7%；获得国家科技进步奖约占全国的24.0%。高校教师在国际重要学术刊物发表的论文数量约占全国被收录总数的60%。

建国50年来高校教师队伍建设取得的巨大成就，为新时期高等教育事业的发展奠定了基础，但是，高校教师队伍建设仍面临着许多矛盾和困难。(1)教师队伍的整体素质亟待进一步提高。反映教师素质的一个重要指标——学历，与发达国家相比，明显偏低。1998年底，全国普通高校教师队伍中，具有研究生毕业学历的仅占29.69%，有4.9%的教师的学历为专科或以下，还没有达到《教师法》所规定的高校教师所必须具备的学历要求。(2)教师队伍管理的法制建设有待进一步加强。《教师法》的配套法规尚不完善，在教师资格认定等主要环节上尚无操作性较强的法律法规可依，依法治教的观念尚未真正形成，有法不依、执法不严、违法难究的现象仍很普遍。(3)师德建设有待进一步加强。部分教师思想境界不高，文人相轻，职业情感淡漠，教书育人的事业心、责任感不强，违犯职业道德的现象还时有发生等。(4)骨干教师和学科带头人队伍的新老交替面临严峻形势。学科梯队建设中后备人选不足，具有高级专业技术职务的教师高龄化问题比较突出。1998年，专任教师中，55岁以上（不含55岁）的教授2.25万人，占教授总数的61.3%；40岁以下（含40岁）的教授仅0.31万人，占教授总数的8.4%。相对年轻的学科带头人和骨干教师紧缺。(5)教师管理还缺乏有效的用人机制和激励机制。高校的人事分配制度改革有待进一步深化，真正的教师聘任制还没有建立起来，人员的合理有序流动还缺乏有效机制。(6)高校教师待遇需要进一步提高。教师工资收入总体水平仍然偏低，中青年教师收入偏低的问题尤为突出。

《意见》提出了高等学校教师队伍建设的指导思想：高举邓小平理论伟大旗帜，认真贯彻第三次全教会精神和《面向21世纪教育振兴行动计划》，以《教师法》《高等教育法》为依据，以全面提高教师队伍素质为中心，以实施“高层次创造性人才工程”、培养中青年学科带头人和骨干教师为重点，依法治教，深化改革，调整结构，内涵发展，建立促进教师资源合理配置与开发利用以及优秀人才成长的有效机制，建设一支结构优化、素质良好、富有活力的高水平的教师队伍。到2005年，高等学校教师队伍建设的具体目标是：(1)加强制度建设，制定和完善《教师法》配套法规，基本形成科学、规范的教师管理制度体系框架；依法落实高校用人自主权，依法保障教师合法权益，依法管理教师队伍。(2)控制总量、提高效益。全国高校教师总量基本保持现有规模或稳中略增；在保证高等教育水平不断提高的同时，全国高等学校平均当量生师比达到14∶1左右。(3)优化结构、提高素质。全国高校教师队伍的结构逐步趋于合理、规范，整体素质有较大提高。(4)优化职务结构。教授、副教授岗位占专任教师编制总数的比例，教学科研型高校一般为45%～55%，少数高水平一流学校可以达到60%左右；教学为主的本科高等学校一般为30%～40%；职业技术学院和高等专科学校一般为15%～25%。(5)提高学历(学位)层次。具有研究生学历教师的比例，教学科研型高校达到80%以上(其中具有博士学位教师比例达到30%以上)；教学为主的本科高等学校达到60%以上；职业技术学院和高等专科学校达到30%以上。(6)改善学缘结构。在校外完成某一级学历教育或在校内完成其他学科学历教育的教师应占70%以上。(7)加强学术梯队建设。通过实施“高层次创造性人才工程”，培养数百名在国内外都有较高知名度的专家学者，带动一批学科达到和保持国际先进、国内一流水平。他们中的杰出者，成为有重大影响的学术大师、教学名师；培养数千名具有较高学术水平的中青年学者，带动一批学科达到国内领先水平，他们中的出众者成长为杰出的学科带头人；培养数万名优秀年轻骨干教师，承担培养高层次创造性人才任务和国家重点科研项目，他们中的优秀者成为教学、科研成绩卓著的青年学科带头人。(8)待遇与保障。提高并保障高校教师的实际工资收入在国民经济16个行业中达到中上水平；教师的家庭人均住房标准达到或超过当地城镇居民人均居住水平；按照国家整体部署建立符合教师职业特点的医疗养老保险等社会保障制度，切实保障教师的合法权益。《意见》还针对高校教师队伍建设中存在的问题，提出改进措施和工作重点。

撰稿　吕　杰

〔**解决民办教师问题**〕　1977年，全国民办教师多达491万。长期以来，广大民办教师忠诚于人民的教育事业，在条件非常艰苦、待遇相当低的情况下，兢兢业业，默默奉献，为我国农村教育和社会发展做出了不可磨灭的贡献。党中央、国务院一直非常重视民办教师问题。十一届三中全会以来，各级人民政府积极采取措施，通过坚决关住新增民办教师的口子、有计划地将合格民办教师转为公办教师、师范学校定向招收民办教师、辞退不合格的民办教师、对老年民办教师实行离岗退养制度的“关、转、招、辞、退”五字方针，规范和加强了民办教师队伍管理。民办教师占中小学教师队伍的比重逐年减小，民办教师队伍整体素质得到显著提高，绝大部分民办教师达到了国家规定的学历，被聘任了中小学各级教师职务。

1994年，在第二次全国教育工作会议上，党中央、国务院确定了“本世纪末基本解决民办教师问题”的战略方针。1997年教师节，国务院办公厅发出了《关于解决民办教师问题的通知》，各级政府加大了解决民办教师问题的工作力度，继续贯彻“关、转、招、辞、退”五字方针。“九五”期间，国家安排了近80万名专项指标用于合格民办教师转公办教师。各省区也相应配套指标用于“民转公”，继北京、上海、天津之后，浙江、江苏、福建、宁夏等省区及其他省的部分地区已提前解决了本地区民办教师问题。到1999年底，全国民办教师已减少到不足15万人，解决民办教师问题已进入最后阶段。到2000年，党中央、国务院确定的“基本解决民办教师问题”的目标将如期实现。

撰稿 王光彦 杨 鸿

〔启动实施“烛光工程”〕 为了传达社会各界人士对经济欠发达地区农村中小学教师的关爱，表彰他们对农村教育事业和社会经济发展的贡献，帮助他们改善工作、生活条件，提高自身素质，激励他们坚守岗位、努力提高教育教学水平，推动农村教育事业发展和实施科教兴国战略，1999年6月，教育部会同中华慈善总会联合发出《关于积极推动烛光工程项目实施的通知》，在全国贫困地区农村中小学正式启动实施烛光工程。烛光工程项目由教育部和中华慈善总会根据条件与可能分步组织实施。中华慈善总会为此成立了烛光工程理事会，下设烛光工程办公室。

烛光工程主要包括三方面的项目内容：(1)实施“烛光奖”评选表彰活动。每两年一次在全国经济欠发达地区评选农村中小学优秀教师，颁发“烛光奖”，以资鼓励。(2)建立“一帮一”对口帮教网络。动员经济发达地区省、县、学校和个人，与经济欠发达地区省、县、学校和个人开展“一帮一”活动，并结成帮教网络。(3)设立资助农村中小学教师培训基金。在社会捐助募集资金中设立专项经费，用于培训有志扎根于当地农村中小学的中青年教师，帮助其提高教育教学水平。

1999年首先启动了“烛光工程”的第一个项目：“烛光奖”评选表彰活动。经过各地教育部门和慈善组织评选推荐，首届“烛光奖”评审领导小组审定，全国共有860名农村优秀中小学教师荣获首届“烛光奖”，并对获奖者每人奖励人民币1 000元。1999年9月9日，教育部和中华慈善总会在北京联合举办了首届“烛光奖”颁奖典礼，向获奖代表颁发证书。全国人大副委员长许嘉璐、全国政协副主席胡启立出席了颁奖典礼。

撰稿 姚发明

〔发布《中小学校长培训规定》〕 1999年12月30日，教育部部长陈至立签署教育部第8号令，发布施行《中小学校长培训规定》。《规定》科学地总结了这些年来我国中小学校长培训的基本经验，对中小学校长培训的内容和形式、组织和管理、培训责任等方面作出了明确规定。《规定》共5章25条。

《规定》指出，中小学校长培训要坚持为全面实施素质教育服务的宗旨，要以提高校长组织实施素质教育的能力和水平为重点。其内容主要包括政治理论、思想品德修养、教育政策法规、现代教育理论和实践、学校管理理论和实践、现代教育技术、现代科技和人文社会科学知识等。培训具体内容要视不同对象的实际需求有所侧重。中小学校长培训以在职或短期离岗的非学历培训为主，主要包括：任职资格培训（培训时间累计不少于300学时）、在职校长提高培训（培训时间每五年累计不少于240学时）、骨干校长高级研修。

《规定》要求，新任校长必须取得“任职资格培训合格证书”，持证上岗。在职校长每五年必须接受国家规定时数的提高培训，没有按计划接受或者没有达到国家规定时数的提高培训，或者考核不合格者，中小学校长任免机关（或聘任机构）应令其在一年内补正。期满仍未能取得《提高培训合格证书》者，不能继续担任校长职务。

〔**全国中小学教师继续教育和校长培训工作会议**〕　1999年9月14日～16日，全国中小学教师继续教育和校长培训工作会议在上海召开。全国31个省（自治区、直辖市）教育行政部门和有关院校负责人共200余人参加会议。教育部副部长吕福源作了题为《开创中小学教师继续教育和校长培训工作新局面，为建设全面推进素质教育的高质量教师和校长队伍而奋斗》的主报告，教育部部长陈至立作了会议总结。会议明确了21世纪中小学校长培训的指导思想、总体目标和工作重点。要求采取多种形式，对全体中小学校长进行有针对性的、高质量的培训，提高校长实施素质教育的能力和水平，并积极进行培训工作改革，在全国构建起适应基础教育改革和发展需要的、为实施素质教育服务的中小学校长培训体系，进而形成“政府宏观管理、院校依法施训、校长自愿学习”的校长培训运行新机制。校长培训工作的重点是：(1)坚持和进一步完善中小学校长岗位培训和持证上岗制度；(2)全面推进中小学校长提高培训工作；(3)加强对骨干校长的培训。同时，对专任干训教师和培训管理者也要进行有计划的培训；(4)建立培训机构资格认证制度，加强管理，保证培训质量；(5)按照实施素质教育的要求，推进培训教学改革。

会议提出，要按照素质教育的要求，加强中小学校长队伍建设，并要求重点抓好以下几项工作：(1)建立健全与人事制度改革方向相适应的校长选任机制和竞争择优的选拔机制，采取委任、聘任、推举、考任等多种形式，按照公开、平等、竞争、择优的原则，不拘一格选拔校长；同时，要着眼于21世纪，建立中小学校长后备队伍；(2)继续坚持不懈地抓紧、抓好、抓实中小学校长培训工作；(3)积极进行校长管理制度改革试点，逐步建立与中小学校长地位和作用相适应的校长保障激励机制；(4)建立和健全校长约束和监督机制。

会后，教育部成立了“全国中小学校长培训专家委员会”。专家委员会在教育部人事司领导下，对中小学校长培训工作进行研究、咨询和指导。

教育部人事司于12月启动“全国中小学校长培训课程开发项目”。该项目旨在引入竞争机制，组织全国有关力量，开展培训课程研究和开发工作，编写新颖的、多样化、系列化的中小学校长任职资格培训和提高培训课程的专题教材，逐步建立符合实施素质教育要求的中小学校长培训课程教材体系。

撰稿　宋永刚

审稿　丁　焰

教育财务、审计与基本建设

教育财务

1998年全国教育经费执行情况统计公告

（教育部、国家统计局1999年11月2日发布）

一、全国教育经费情况

1998年，全国教育经费为2 949.06亿元，比上年的2 531.73亿元增长16.48%。其中，国家财政性教育经费（包括各级财政对教育的拨款、城乡教育费附加、企业办中小学支出以及校办产业减免税等项）为2 032.45亿元，比上年的1 862.54亿元增长9.12%。

二、落实《教育法》规定的“三个增长”情况

1. 中央和地方各级政府预算内教育拨款（不包括城市教育费附加）为1 565.59亿元，比上年的1 357.73亿元增长15.31%。同年，全国财政收入为9 853亿元，比上年增长13.9%，全国预算内教育拨款增长速度高于财政收入的增长速度1.41个百分点。

2. 各级教育生均预算内教育事业费支出增长情况

1998年全国普通小学、普通初中、普通高中、职业中学、普通高等学校生均预算内教育事业费支出情况是：

(1)全国普通小学生均预算内事业费支出为370.79元，比上年的333.81元增长11.08%，其中，农村普通小学生均预算内事业费支出为305.62元，比上年的275.06元增长11.11%。增长最快的是宁夏(34.70%)。

(2)全国普通初中生均预算内事业费支出为610.65元，比上年的591.38元增长3.26%；其中，农村普通初中生均预算内事业费支出为478.25元，比上年的468.06元增长2.18%。增长最快的是浙江(20.39%)。

(3)全国普通高中生均预算内事业费支出为1 248.25元，比上年的1 155.36元增长8.04%。增长最快的是辽宁（30.04%）。

(4)全国职业中学生均预算内事业费支出为1 113.67元，比上年的1 084.80元增长2.66%。增长最快的是宁夏（39.15%）。

(5)全国普通高等学校生均预算内事业费支出为6 775.19元,比上年的6 522.91元增长3.87%。增长最快的是贵州(27.50%)。

3. 各级教育生均预算内公用经费支出增长情况

1998年全国普通小学、普通初中、普通高中、职业中学和普通高等学校生均预算内公用经费支出情况是:

(1)全国普通小学生均预算内公用经费支出为34.35元,比上年的33. 97元增长1.12%;其中,农村普通小学生均预算内公用经费支出为23.02元,比上年的22.07元增长4.30%。普通小学生均预算内公用经费支出增长最快的是宁夏(215.36%)。

(2)全国普通初中生均预算内公用经费支出为79. 82元,比上年的93. 05元下降14.22%;其中,农村普通初中生均预算内公用经费支出为47.00元,比上年的58.50元下降19.66%。普通初中生均预算内公用经费支出增长最快的是新疆(17.48%)。

(3)全国普通高中生均预算内公用经费支出为227.69元,比上年的229.59元下降0.83%。普通高中生均预算内公用经费支出增长最快的是黑龙江(33.64%)。

(4)全国职业中学生均预算内公用经费支出207.21元,比上年的246.77元下降16.03%。职业中学生均预算内公用经费支出增长最快的是宁夏(51.52%)。

(5)全国普通高等学校生均预算内公用经费支出为2 892.65元,比上年的2 865.60元增长0.94%。普通高等学校生均预算内公用经费支出增长最快的是辽宁(23.65%)。

三、预算内教育经费占财政支出比例情况

按财政支出扣除国内外债务还本付息支出,预算内教育经费包含城市教育费附加的口径计算,1998年全国预算内教育经费占财政支出比例为15.36%,比上年15.67%减少了0.31个百分点。从全国情况看,有19个省、自治区、直辖市预算内教育经费占财政支出比例比上年有不同程度的下降。

四、国家财政性教育经费占国内生产总值比例情况

初步统计,1998年全国国内生产总值约为79 553亿元,国家财政性教育经费支出占国内生产总值比例为2.55%,比上年的2.49%增加了0.06个百分点。

1998年全国教育经费支出执行情况监测结果表明,各级政府通过贯彻《教育法》,落实教育优先发展的战略地位,政府教育投入的总量水平有了增加。全国预算内教育经费占财政支出比例比上年有所下降,一些省、自治区已连续几年没有达到《教育法》规定的教育投入增长要求。

注:1. 公告中所涉及的全国性统计数据,均不包括台湾省、香港特别行政区、澳门地区。
2. 公告中所列教育经费数据以教育经费统计口径为准。
3. 由于新会计制度的实行,1998年的经费统计口径与1997年相比有所调整。
4. 1997年实施"国家贫困地区义务教育工程",教育投入占财政支出的比重较高,是1998年一些地区比重下降的原因之一。

表一　　1998年预算内教育拨款增长与财政性经常收入增长比较

地　区	预算内教育拨款本年比上年增长（%）	经常性财政收入本年比上年增长（%）	增长幅度比较
总　计	15.31	13.9	1.41
北京市	10.84	10.44	0.40
天津市	14.18	7.23	6.95
河北省	15.79	10.27	5.52
山西省	5.21	8.50	－3.29
内蒙古	10.27	11.00	－0.73
辽宁省	19.02	9.10	9.92
吉林省	16.48	13.02	3.46
黑龙江	12.58	5.40	7.18
上海市	17.84	11.33	6.51
江苏省	17.07	11.41	5.66
浙江省	15.22	12.50	2.72
安徽省	11.51	7.60	3.91
福建省	15.25	10.50	4.75
江西省	12.74	7.20	5.54
山东省	11.95	11.60	0.35
河南省	6.66	5.99	0.67
湖北省	15.48	9.90	5.58
湖南省	5.62	7.20	－1.58
广东省	17.90	17.04	0.86
广　西	18.25	5.11	13.14
海南省	3.91	9.08	－5.17
重庆市	18.66	15.13	3.53
四川省	12.31	8.06	4.25
贵州省	19.15	12.07	7.08
云南省	8.26	6.00	2.26
西　藏	30.77		
陕西省	12.25	12.05	0.20
甘肃省	12.84	15.66	－2.82
青海省	22.77	11.83	10.94
宁　夏	24.34	21.50	2.84
新　疆	16.90	15.53	1.37

注：预算内教育拨款包括教育事业费和教育基建费

表二　　1998年预算内教育经费占财政支出比例情况

地　区	预算内教育经费（亿元）			预算内教育经费占财政支出比例（%）		
	1997年	1998年	增长百分点	1997年	1998年	增减百分点
总　计	1 441.27	1 654.02	14.76	15.67	15.36	－0.31
北京市	47.14	52.25	10.84	19.23	18.59	－0.64
天津市	21.60	25.16	16.48	21.50	23.41	1.91
河北省	55.07	62.77	13.98	20.42	20.92	0.50
山西省	31.78	33.24	4.59	22.49	20.22	－2.27
内蒙古	26.24	28.74	9.53	18.52	15.87	－2.65
辽宁省	52.83	61.02	15.50	15.51	15.65	0.14
吉林省	32.82	38.16	16.27	19.21	20.07	0.86
黑龙江	36.41	40.57	11.43	16.52	14.45	－2.07
上海市	69.90	81.17	16.12	23.79	16.89	－6.90
江苏省	90.44	106.25	17.48	24.82	25.01	0.19
浙江省	55.41	62.85	13.43	23.07	21.91	－1.16
安徽省	42.87	47.38	10.52	20.27	19.80	－0.47
福建省	46.33	53.05	14.50	20.65	20.77	0.12
江西省	27.60	30.92	12.03	24.50	17.53	－6.97
山东省	88.73	98.53	11.04	21.00	20.20	－0.80
河南省	65.08	69.36	6.58	22.88	21.41	－1.47
湖北省	40.42	46.92	16.08	20.73	21.27	0.54
湖南省	45.10	48.07	6.59	19.54	17.61	－1.93
广东省	123.64	145.32	17.53	18.17	17.65	－0.52
广　西	33.81	39.87	17.92	19.44	20.10	0.66
海南省	9.11	9.41	3.29	19.04	16.54	－2.50
重庆市	20.76	23.94	15.32	18.03	17.39	－0.64
四川省	52.05	58.74	12.83	18.92	18.39	－0.53
贵州省	21.29	25.37	19.16	18.85	18.94	0.09
云南省	57.09	61.31	7.39	17.20	18.86	1.66
西　藏	4.43	5.84	31.83		12.89	12.89
陕西省	27.18	30.45	12.03	19.21	18.18	－1.03
甘肃省	20.40	21.90	7.35	18.99	17.49	－1.50
青海省	6.27	7.65	22.01	17.89	17.35	－0.54
宁　夏	5.95	7.35	23.53	17.68	16.29	－1.39
新　疆	26.35	30.54	15.90	21.08	21.13	0.05

注：表中预算内教育经费含城市教育费附加

表三（1） 各级教育生均预算内教育事业费增长情况

单位：元

地区	普通小学			普通高中			普通初中		
	1997年	1998年	增长率(%)	1997年	1998年	增长率(%)	1997年	1998年	增长率(%)
全国	333.81	370.79	11.08	1 155.36	1 248.25	8.04	591.38	610.65	3.26
北京市	1 237.27	1 311.56	6.00	3 003.39	3 253.52	8.33	2 273.68	2 015.11	－11.37
天津市	839.27	850.46	1.33	2 508.26	2 152.30	－14.19	1 275.65	1 259.71	－1.25
河北省	214.23	245.25	14.48	999.58	1 073.34	7.38	425.24	447.19	5.16
山西省	334.15	334.16		1 121.30	1 010.01	－9.93	521.77	517.57	－0.80
内蒙古	437.05	497.26	13.78	946.60	1 031.07	8.92	621.55	652.94	5.05
辽宁省	433.87	529.30	22.00	1 132.22	1 472.31	30.04	696.16	832.57	19.59
吉林省	439.71	470.77	7.06	1 111.23	1 150.12	3.50	715.42	757.51	5.88
黑龙江	429.35	514.24	19.77	1 084.63	1 112.54	2.57	599.85	617.08	2.87
上海市	1 804.11	1 935.09	7.26	3 962.09	3896.18	－1.66	2 380.26	2 484.06	4.36
江苏省	454.56	498.35	9.63	1 295.71	1 454.47	12.25	723.03	808.64	11.84
浙江省	518.20	587.85	13.44	1 337.09	1 386.34	3.68	636.74	766.56	20.39
安徽省	255.10	291.50	14.27	799.28	902.11	12.87	391.42	425.15	8.62
福建省	458.05	508.99	11.12	1 207.34	1 235.15	2.30	674.84	664.06	－1.60
江西省	251.31	288.78	14.91	652.43	768.87	17.85	365.34	393.38	7.68
山东省	269.84	309.41	14.66	1 011.41	1 053.63	4.17	513.22	545.05	6.20
河南省	187.33	200.26	6.90	898.47	897.47	－0.11	411.55	424.22	3.08
湖北省	192.68	215.66	11.93	716.44	773.21	7.92	487.25	503.91	3.42
湖南省	255.85	233.25	－8.83	966.53	830.34	－14.09	468.22	388.39	－17.05
广东省	477.31	527.56	10.53	1 934.37	1 871.71	－3.24	718.77	766.80	6.68
广西	241.85	290.98	20.31	680.04	780.73	14.81	353.11	393.85	11.54
海南省	361.02	389.15	7.79	1 035.26	1 016.45	－1.82	635.07	622.97	－1.91
重庆市	314.18	351.82	11.98	1 185.97	1 169.73	－1.37	541.82	605.25	11.71
四川省	267.25	307.21	14.95	970.54	1 055.42	8.75	508.37	532.40	4.73
贵州省	186.20	210.92	13.28	631.17	757.97	20.09	340.70	359.35	5.47
云南省	477.36	541.48	13.43	1 460.33	1 670.85	14.42	903.55	934.49	3.42
西藏	667.16	817.43	22.52		4 527.87		24 841.82	2 889.75	－88.37
陕西省	198.48	218.01	9.84	758.99	793.40	4.53	457.81	446.92	－2.38
甘肃省	270.41	290.03	7.26	847.02	972.71	14.84	485.21	509.20	4.94
青海省	500.12	550.62	10.10	1 284.49	1 550.61	20.72	1 043.53	945.97	－9.35
宁夏	328.95	443.08	34.70	733.89	838.68	14.28	529.27	589.33	11.35
新疆	542.63	640.44	18.03	1 378.36	1 462.12	6.08	886.14	907.85	2.45

表三(1)　　各级教育生均预算内教育事业费增长情况(续)

单位:元

地　区	职业中学			普通高等学校		
	1997年	1998年	增长率(%)	1997年	1998年	增长率(%)
全　国	1 084.80	1 113.67	2.66	6 522.91	6 775.19	3.87
北京市	2 877.01	2 574.00	−10.53	12 127.41	10 965.08	−9.58
天津市	1 963.05	1 721.79	−12.29	7 673.43	7 252.81	−5.48
河北省	701.88	779.63	11.08	4 571.11	5 564.49	21.73
山西省	893.88	947.61	6.01	4 981.28	5 761.86	15.67
内蒙古	749.62	758.64	1.20	7 257.10	5 354.41	−26.22
辽宁省	1 208.31	1 386.77	14.77	4 951.80	5 859.37	18.33
吉林省	872.51	979.95	12.31	6 906.62	6 660.55	−3.56
黑龙江	1 003.46	1 176.02	17.20	7 406.10	5 644.49	−23.79
上海市	2 994.92	2 124.73	−29.06	12 687.85	11 699.65	−7.79
江苏省	1 158.99	1 313.20	13.31	7 153.18	6 794.39	−5.02
浙江省	1 277.07	1 281.49	0.35	5 871.69	5 986.02	1.95
安徽省	473.16	523.91	10.73	4 869.90	4 857.18	−0.26
福建省	1 167.63	1 264.24	8.27	6 876.49	5 454.26	−20.68
江西省	712.65	732.58	2.80	3 849.76	3 533.01	−8.23
山东省	1 212.18	1 314.34	8.43	6 832.38	6 874.25	0.61
河南省	599.60	628.59	4.83	5 735.09	6 966.62	21.47
湖北省	737.53	710.55	−3.66	5 701.67	4 507.61	−20.94
湖南省	1 188.35	990.09	−16.68	5 492.77	3 698.47	−32.67
广东省	1 836.90	2 252.88	22.65	7 919.84	8 007.45	1.11
广　西	919.62	944.39	2.69	4 768.47	3 935.01	−17.48
海南省	1 511.73	1 516.31	0.30	6 947.21	7 860.55	13.15
重庆市	1 203.17	1 380.04	14.70	3 690.42	3 764.89	2.02
四川省	1 088.77	1 087.99	−0.07	3 678.42	3 351.92	−8.88
贵州省	825.12	819.14	−0.72	3 861.52	4 923.50	27.50
云南省	1 653.32	1 577.63	−4.58	6 863.39	5 998.75	−12.60
西　藏		1 708.39		16 509.69	12 809.18	−22.41
陕西省	864.51	809.40	−6.37	6 699.21	6 154.48	−8.13
甘肃省	1 250.58	987.42	−21.04	4 902.42	4 644.47	−5.26
青海省	1 196.68	1 338.31	11.84	7 461.70	8 044.58	7.81
宁　夏	1 158.34	1 611.86	39.15	5 815.42	5 915.84	1.73
新　疆	1 674.84	2 168.67	29.49	5 725.63	4 502.16	−21.37

表三(2) 各级教育生均预算内公用经费增长情况

单位:元

地区	普通小学			普通高中			普通初中		
	1997年	1998年	增长率(%)	1997年	1998年	增长率(%)	1997年	1998年	增长率(%)
全国	33.97	34.35	1.12	229.59	227.69	-0.83	93.05	79.82	-14.22
北京市	296.21	295.31	-0.30	1 057.78	1 055.48	-0.22	717.52	584.19	-18.58
天津市	127.71	131.32	2.83	693.26	592.35	-14.56	311.90	356.86	14.41
河北省	22.66	15.21	-32.88	157.07	189.70	20.77	54.54	43.18	-20.83
山西省	30.82	24.16	-21.61	206.10	201.20	-2.38	69.87	61.81	-11.54
内蒙古	56.62	69.78	23.24	200.46	177.16	-11.62	119.04	109.40	-8.10
辽宁省	46.32	43.30	-6.52	277.05	267.45	-3.47	107.07	96.79	-9.60
吉林省	47.00	46.04	-2.04	170.62	146.96	-13.87	102.98	100.11	-2.79
黑龙江	43.10	51.21	18.82	157.86	210.96	33.64	89.14	83.34	-6.51
上海市	471.21	393.74	-16.44	1 597.17	1 597.98	0.05	848.27	723.71	-14.68
江苏省	26.00	28.52	9.69	186.02	184.34	-0.90	60.83	65.19	7.17
浙江省	55.75	59.59	6.89	300.83	308.12	2.42	95.50	111.57	16.83
安徽省	17.25	15.41	-10.67	76.07	89.07	17.09	43.31	36.86	-14.89
福建省	44.53	41.39	-7.05	208.98	200.60	-4.01	138.09	105.49	-23.61
江西省	14.00	21.62	54.43	79.19	89.19	12.63	30.27	31.23	3.17
山东省	14.04	14.82	5.56	146.47	115.36	-21.24	31.83	29.53	-7.23
河南省	17.62	12.49	-29.11	122.99	82.73	-32.73	57.93	37.56	-35.16
湖北省	19.98	20.44	2.30	72.61	88.73	22.20	63.55	65.12	2.47
湖南省	24.41	10.20	-58.21	166.78	80.64	-51.65	69.27	22.78	-67.11
广东省	57.59	63.80	10.78	564.41	477.10	-15.47	126.15	135.58	7.48
广西	12.83	23.40	82.39	97.95	73.42	-25.04	39.28	42.13	7.26
海南省	28.65	30.37	6.00	150.45	176.56	10.73	76.24	63.82	-16.29
重庆市	25.79	21.33	-17.29	201.29	157.47	-21.77	93.62	70.26	-24.95
四川省	17.86	23.23	30.07	154.38	166.95	8.14	69.08	48.23	-30.18
贵州省	10.38	13.10	26.20	74.14	84.00	13.30	30.37	25.57	-15.81
云南省	66.97	73.21	9.32	339.69	322.52	-5.05	204.23	192.53	-5.73
西藏	187.84	313.38	66.83		1 840.98		9 472.72	1 205.27	-87.28
陕西省	11.09	10.44	-5.86	74.55	68.59	-7.99	47.34	34.82	-26.45
甘肃省	23.03	20.49	-11.03	112.76	93.20	-17.35	56.46	39.26	-30.46
青海省	52.45	63.11	20.32	221.49	226.76	2.38	145.17	122.33	-15.73
宁夏	21.81	68.78	215.36	110.71	101.07	-8.71	65.93	73.01	10.74
新疆	40.21	68.46	70.26	177.50	173.99	-1.98	94.14	110.60	17.48

表三(2) 各级教育生均预算内公用经费增长情况(续)

单位:元

地区	职业中学			普通高等学校		
	1997年	1998年	增长率(%)	1997年	1998年	增长率(%)
全国	246.77	207.21	−16.03	2 865.60	2 892.65	0.94
北京市	1 151.39	998.69	−13.26	6 621.45	5 215.00	−21.24
天津市	632.70	365.08	−42.30	3 414.70	3 185.14	−6.72
河北省	87.84	103.40	17.71	1 898.96	1 517.61	−20.08
山西省	217.70	209.44	−3.79	2 177.02	2 659.58	22.17
内蒙古	140.28	113.77	−18.90	3 128.14	1 489.54	−52.38
辽宁省	312.42	270.74	−13.34	2 045.04	2 528.73	23.65
吉林省	140.87	152.73	8.42	3 208.31	3 075.96	−4.13
黑龙江	166.05	224.04	34.92	4 021.55	1 821.93	−54.70
上海市	1 222.48	571.24	−53.27	5 662.25	5 016.69	−11.40
江苏省	179.97	168.78	−6.22	3 386.09	3 024.44	−10.68
浙江省	324.89	298.69	−8.06	2 710.14	1 897.25	−29.99
安徽省	84.57	61.91	−26.79	1 761.91	1 649.48	−6.38
福建省	216.05	192.12	−11.08	2 773.48	2 160.67	−22.10
江西省	83.30	110.93	33.17	1 558.20	1 251.72	−19.67
山东省	173.40	166.91	−3.74	3 604.77	2 907.17	−19.35
河南省	101.23	59.01	−41.71	2 462.45	2 446.17	−0.66
湖北省	66.36	59.56	−10.25	2 733.58	1 587.18	−41.94
湖南省	371.96	160.57	−56.83	2 596.66	1 411.01	−45.66
广东省	522.57	653.63	25.08	3 722.88	3 824.03	2.72
广西	232.62	158.29	−31.95	2 194.93	1 223.94	−44.24
海南省	209.32	206.16	−1.51	2 483.48	2 774.75	11.73
重庆市	214.02	287.20	34.19	1 262.43	1 477.16	17.01
四川省	164.41	140.65	−14.45	1 540.51	1 434.61	−6.87
贵州省	126.56	129.55	2.36	1 265.67	1 806.64	42.74
云南省	542.74	379.04	−30.16	3 180.40	2 779.79	−12.60
西藏		1 195.24		5 323.40	3 584.30	−32.67
陕西省	142.34	109.19	−23.29	2 806.38	2 286.05	−18.54
甘肃省	268.19	131.41	−51.00	1 837.93	1 219.95	−33.62
青海省	300.44	382.84	27.43	2 731.15	2 729.34	−0.07
宁夏	341.88	518.02	51.52	2 672.81	2 394.04	−10.43
新疆	286.95	260.69	−9.15	1 652.15	980.19	−40.67

〔**“国家贫困地区义务教育工程”取得新进展**〕 1999年是“三片”地区“国家贫困地区义务教育工程”实施的第二年，在各级党政领导的高度重视下，经过工程管理人员的辛勤努力和广大群众的积极参与，“工程”建设进展顺利。

截至1999年底，“工程”两年规划投入资金总计37.05亿元，实际完成投资为37.52亿元，超额完成1.27%。1999年，中央专款8亿元已按规划及时下拨各省(区、兵团)；地方各级政府财政配套资金投入10.44亿元，占当年规划的94%；各级政府征收用于教育的税费及其他资金完成投入1.77亿元，超过当年规划数，达到148%。其中1999年省级配套资金完全到位的地区有内蒙古、广西、贵州、西藏、甘肃、宁夏和新疆生产建设兵团。

“三片”地区截至1999年底，共新建、改建、扩建学校8 560所，累计完成土建面积616.6万平方米，占三年总规划的74%，其中1999年完成当年规划的97%；两年来仪器设备累计投入达1.65亿元，占项目总规划的51%；购置图书2 598.4万册，占项目总规划57%；购置课桌凳164.8万单人套，占项目总规划的63%；培训校长17 477人，占项目总规划的79%；培训教师100 673人，占项目总规划的40%。(1999年，仪器设备完成71%，图书购置完成93%，课桌凳购置完成86%，校长和教师培训分别完成110%和82%)。“三片”地区“工程”虽然总体上进展良好，但也存在一些问题，主要是：个别地区地方政府财政配套资金没有按规划完全到位，部分省仪器设备、图书采购和人员培训工作进展较为缓慢。

为了配合中央西部大开发战略的实施，加大对贫困地区普及义务教育支持的力度，国家将在“十五”期间继续实施“国家贫困地区义务教育工程”。为了做好这项工作，教育部财务司组织全国23个省、市、自治区开展了“十五”期间继续实施国家贫困地区义务教育工程的论证工作，基本摸清了贫困地区普及义务教育的现状、经费需求和投资重点等有关情况，为“十五”期间搞好这项“工程”奠定了基础。

撰稿 杨念鲁
审稿 陈伟光

〔**落实《面向21世纪教育振兴行动计划》中央财政专项资金**〕 1999年1月，国务院批转了教育部制定的《面向21世纪教育振兴行动计划》(以下简称“教育行动计划”)，并提出了“全面规划，突出重点，抓住关键，重在落实”的总体实施要求。为保证“教育行动计划”得以全面贯彻执行，教育部领导与财政部有关领导反复协商，并在报经国务院同意之后，确定中央财政从“一个点”经费中安排部分资金用于“教育行动计划”项目。1999年共落实资金18.6亿元。

为加强对“教育行动计划”中央财政专项资金的管理，保证该项资金发挥最大效益，教育部、财政部根据国家有关财务规章制度，结合“教育行动计划”工作的特点，于1999年5月联合印发了《面向21世纪教育振兴行动计划专项资金管理暂行办法》。该办法明确，“教育行动计划”专项资金来源于国家财政拨款，实行“统一规划、分类指导、按照现行经费渠道管理、单独核算、专款专用、结余留用”的原则；明确了财政部、教育部等单位对资金的管理权限和“教育行动计划”专项资金的预、决算程序、资金管理和监督要求；明确专项资金主要用于支持跨世纪素质教育工程、跨世纪园丁工程、高层次创造性人才工程、现代远程教育工程、高校高新技术产业化工程的建设、职业教育发展、高校社科研究及“两课”建设工作以及为创建世界一流大学和高水平大学而需要的特殊专项支出。

〔**做好10所划转高校的财务工作**〕 根据《国务院办公厅转发教育部等部门关于调整撤并部门所属学校管理体制实施意见的通知》要求，从1998年9月起，北京科技大学、北京化工大学、东北大学、吉林工业大学、东华大学(原中国纺织大学)、无锡轻工大学、合肥工业大学、武汉工业大学、湖南大学、中南工业大学10所高校实行中央与地方共建、日常管理以地方为主、重大事项以中央为主的管理体制。这10所学校的教育事业费及基建投资均划转教育部负责管理。为做好此项工作，教育部财务司主要采取了三项措施：第一，召开了10所高校主管财务工作的校(院)长和财务处长参加的座谈会，向他们介绍教育部原34所直属高校财务工作的基本情况、教育部对直属高校财务管理的基本要求，补发有关文件，了解学校的基本想法。第二，拟订提纲、发出通知，要求10校对本校的资产、负债、净资产、收入、支出等情况进行一次全面自查，并在自查后向教育部报送专题报告，以便逐步摸清其家底。第三，根据部领导要求，与财政部及10所高校原主管部门反复沟通、协商，确定各校财政经费划转基数，确定对10所高校实行与原34所直属高校一视同仁的预算管理办法，研究解决划转过程中的特殊财务问题。通过上述工作以及一年多的磨合，10所高校的财务管理工作逐渐规范。

撰稿　田祖荫
审稿　崔邦焱

〔**世界银行贷款“高等教育发展”项目**〕

在原国家计委和财政部的大力支持下，教育部(原国家教委)在过去10多年间，曾组织实施了7个世界银行贷款高等教育项目，先后有412所高等院校受益。实施世行贷款项目促进了我国高等教育的改革和发展。但近年来，高等院校办学经费不足、专业设置和教材陈旧面窄及实施设备老化短缺等问题十分严重。这些问题在大学本科基础教学领域表现尤为突出。为解决上述困难和问题，教育部会同国家发展计划委员会和财政部就世界银行贷款“高等教育发展”项目与世界银行进行了长达一年之久的反复磋商和论证，于1999年3月完成了项目谈判工作，同年7月29日中国政府同世行正式签订了贷款协议。

本项目总成本为1.06亿美元(折合人民币约8.79亿元，美元与人民币兑换率按1∶8.3计算)。其中世行贷款7 000万美元(软贷款5 000万美元，硬贷款2 000万美元)，国内配套资金3亿元人民币，折合3 614万美元。贷款与配套资金的比例约为1∶0.52。项目重点支持北京大学等28所中央部委所属高等学校深化本科教学改革，改善办学条件，使其适应社会主义市场经济建设和社会发展的需要。

本项目的建设目标和内容是：(1)改善基础课实验教学条件。项目资金重点用于支持项目学校改善本科层次，特别是一、二年级基础课实验教学条件。在项目学校组建本科教学实验中心，重点装备一批学生受益面较大的理工类基础课实验室，为加强对学生动手能力的培养，促进实验教学质量的提高创造必要条件。同时以建立实验中心为纽带，大力促进贷款支持的实验室提高仪器设备利用率。(2)提高教学和管理水平。项目将加强对项目学校行政管理人员和教学人员的培训，教育部将围绕教学和课程改革以及学校管理改革等主题，组织21个国外考察团组、7个国家级研讨班和5项专题研究等中央技术援助活动，各项目学校也将采用多种形式对教学和管理人员进行培训。通过开展中央和项目学校两级培训活动，并配备部分与本科基础课教学紧密相关的图书和教学软件，提高教师队伍的业务素质和教学能力以及学校各类管理人员的管理水平。(3)改革基础课课程体系和教材。该项目将对理工科80个专业(群)的培养目标和培养方案进行重新设计和试点，建设适应21世纪社会发展需要的课程体系；同时对理工科150门主要基础课程(以一、二年级学生为对象的课程)的教学内容、教学方法和教学手段进行改革和重组，编写出适应现代教育观念的教材和教学辅助材料。

根据项目建设目标要求，本项目资金主要用于购置实验仪器设备、图书资料及教学软件、人员培训及由教育部统一组织并服务于各项目学校的技术援助活动，并实施本科课程及教材改革子项目。

该项目从1999年7月29日开始执行，计划2004年7月31日完工，项目执行期为5年。本项目实行统借自还方式，即由财政部统一借贷后全部转贷给教育部，教育部再以同等条件将其他系统项目院校的贷款转贷其主管部门。项目软贷款还款期为17年(含5年宽限期)，硬贷款还款期为20年(含5年宽限期)。

为确保项目的顺利实施，教育部成立了由副部长周远清为组长的项目领导小组。项目执行期间，教育部外资贷款办公室全面负责项目的实施与管理工作，包括仪器设备与图书采购、中央技术援助和项目财务支付等有关事宜。

撰稿　郭　鹏
审稿　孙　玲

〔**加强中小学危房改造**〕　据调查，截止到1999年11月，全国中小学仍有1 200多万平方米的危房，部分地区危房比例还出现了回升势头。针对这一状况，为了确保师生生命财产安全，维护正常教学秩序，真正把科教兴国战略落到实处，教育部于1999年12月14日发出《关于加强中小学校舍危房修缮和改造的紧急通知》，要求各地紧急行动起来，尽快消除现有危房，力争不把危房带入21世纪。

《通知》强调，各地必须高度重视中小学危房改造工作，要立即组织力量，对中小学校舍进行一次彻底排查。凡是危害师生安全的校舍，要采取果断措施封闭停用，以防发生校舍倒塌造成师生伤亡。对于不负责，玩忽职守，对危险校舍不采取措施而造成师生伤亡事故的，要依照规定追究有关人员责任。危房修缮和改造所需资金，要坚持以财政拨款为主，实行多种渠道筹集。农村教育集资，要依照《教育法》的有关规定，按程序进行。同时，要坚持自愿、量力原则，不得随意加重农民负担。

撰稿　胡延品
审稿　陈伟光

〔**中初等学校校办产业**〕　1999年，全国有62万所中初等学校开展了各种形式的勤工俭学活动和兴办校办产业，占全国中初等学校总数的91.43%；全国有各类校办产业基地68万个；每学年接纳学生参加实践教育2亿多人次；全国中初等学校校办产业资产总额为777亿元，其中固定资产净值246亿元，流动资产年末占用数为492亿元；全国从事校办产业的各类职工达150万人，其中教职工22万人。

1999年，全国中初等学校校办产业总产值及营业额达1 260亿元；校办产业利税总额达204亿元，其中总收益160亿元，比1998年增加近7亿元；总收益用于补充教育经费的部分为88亿元，占校办产业总收益的54.09%，比1998年增加近2亿元；1999年上缴国家税金达40亿元，比1998年增加近1.78亿元。

校办产业的发展为学生进行劳动教育和实践教育提供了生产实践教育基地，68万个校办产业基地中能够接纳学生参加劳动教育的有48万个，占基地总数的70%，每学年接纳学生参加实践教育2亿多人次，为全面推进素质教育创造了物质条件。

安排学校部分富余人员在校办产业工作，促进了学校内部管理体制的改革。全国中初等学校校办产业有职工150万人，其中有22万名教职工在校办产业、勤工俭学战线工作，在客观上起到了促进学校深化改革、分流富余人员的作用。同时，有相当部分教职工子女及家属在学校的指导下安排在校办产业中工作，为减轻社会就业压力作出了一定的贡献。

校办产业的发展有效地促进了教育与经济的相互连接，成为教育与经济紧密结合的载体，充分体现了教育更好地为地方经济建设服务的作用。截止1999年底，全国中初等学校校办产业已经培育出2 285个50万元以上的企业，其中百万元以上的企业775个。这些企业既是校办产业的骨干企业，又是地方的重点企业，成为地方经济建设新的增长点之一。在广大农村学校，一部分校办农业基地已发展成为为当地农业经济建设服务的科学实验、优良品种繁育、先进科技示范、实用技术人才培训的中心。

为了全面贯彻落实《中共中央国务院关于深化教育改革全面推进素质教育的决定》精神，促进校办产业健康、稳定的发展，教育部于1999年制定颁发了《关于贯彻落实全面推进素质教育的决定进一步加快中初等学校校办产业发展的若干意见》(以下简称《意见》)。《意见》要求，在大力发展校办产业的同时，要进一步加强校办产业生产实践基地建设，强化服务教育的意识，强化育人功能，努力为全面推进素质教育创造条件。首先，校办产业要继续深化改革，增强活力，建立健全与社会主义市场经济体制相适应并为素质教育服务的运行机制和管理体制；其次，要根据实施素质教育服务的需要，按照教学大纲的要求，结合地方经济发展的特点和校办产业生产经营内容，编写适宜对学生进行生产知识教育的相关教材、学习资料和计划安排，逐步形成基地、学校和家庭共同参与的对学生进行生产劳动和实践教育的新格局；第三，要切实加强对校办产业工作的领导和管理，建立和完善校办产业的督导评估体系，逐步实现校办产业的规范化和法制化。

《意见》印发后，在全国中初等学校校办产业、勤工俭学战线得到了积极反响，普遍认为全面推进素质教育，培养适应21世纪现代化建设需要的社会主义一代新人的宏伟目标，迫切需要进一步巩固和发展校办产业。确立以素质教育为中心发展校办产业的指导思想，是适应教育体制改革和经济体制改革的新形势的必然选择。全国各省市校办产业正在着手建立一批具有示范性的生产实践教育基地，将会有一大批生产实践教育基地应运而生，逐步形成对学生进行生产劳动和实践教育的新格局。

撰稿　关　毅

审稿　崔邦焱

教 育 审 计

〔**年度审计工作情况**〕 1999年，教育部财务司在长沙和上海分别召开了教育部直属高校和全国省区市教育部门的审计工作会议，邀请各部门、各单位主管审计工作的领导出席。会议的宗旨是：认清形势，振奋精神，服务教育，重在行动。会议的目的是：统一思想，鼓舞士气，推动内审工作更好地为教育改革和发展服务。会后，各部门、各单位积极贯彻会议精神，在机构改革中，一方面克服不利的影响和困难，一方面抓住机遇，迎接挑战，开创工作的新局面。特别是在第三次全国教育工作会议的推动下，各部门、各单位认真学习和落实教育部《关于认真贯彻第三次全国教育工作会议精神　进一步加强教育审计工作的若干意见》的文件精神，审计工作在各级领导的支持下，在广大内审人员的辛勤努力下，取得了前所未有的成绩。据29个省区市和44所部直属高校报送的资料统计，1999年审计总金额达1 300多亿元，纠正违规违纪金额19亿多元。更加可喜的是，以往审计工作较先进的省区市和高校继续取得了好的成绩；一些较后进的省区市和高校也取得了较突出的发展。1999年，各部门和各单位以保证增加教育投入、提高资金使用效益为目标，共开展了76 940项审计和审计调查。

〔**财务收支审计**〕 1999年，大部分省区市继续对“两基”验收、复查前教育投入情况和教育费附加征收情况进行审计或审计调查，促进教育经费依法投入、规范管理、合法使用，收到了很好的效果。如安徽省已有2/3的地市完成此类审计，共查出欠拨教育经费1.02亿元；四川省广元市教委对贫困地区义务教育工程专款进行审计，促使1998年前全市拖欠的270万元全部到位；贵州省教委审计处组织对9个县（区、市）教育经费进行审计，追回未及时拨付或被截留挪用的教育经费1 000余万元；内蒙古自治区教委对14个区县的教育经费进行抽查审计，追加教育经费1亿多元；北京市东城区教育局审计科持续开展财务收支定期审计，1999年审计覆盖面达100%；这些审计工作有力促进了国家有关教育投入政策的落实。许多部门和高校的审计机构在高校管理体制改革中，如高校撤、并、升格中承担了大量的财务收支审计任务，对学校的资产负债进行了全面清理，摸清了家底。很多高校还开展了财务预决算审计，促进学校加强了财务管理。

〔**基建修缮工程审计**〕 1999年，各地、各单位教育审计机构加大对基建和修缮项目的审计力度，根据本部门、本单位的实际制定了相关规定，作为一项重要工作来抓。据

29个省市和44所部属高校上报的材料统计，1999年共完成基建和修缮项目17 739个，审计金额64亿元，审减金额5.4亿元。通过开展基建审计，防止多计工程量、高套定额标准、高收费，维护教育单位的合法权益，减少了工程造价，节约了工程投资，堵塞了漏洞，促进基建部门加强管理，提高资金的使用效益。

湖南省教育系统共对2 223项基建修缮项目进行了审计，审计金额5.03亿元，在各单位审核的基础上，审计核减金额5 192.79万元，核减率为10.32%，按全省专兼职审计人员计算，人均创经济效益14.4万元，为国家节约了大量投资。河北省教育系统共计完成基建和修缮工程审计项目756个，审计金额4.5亿元，审减金额5 192.79万元，人均创经济效益18.34万元。浙江省高校共完成基建审计880项，审计金额3.18亿元，审减金额2 995万元，平均核减率9.4%；宁波市教委组织开展基建和维修项目审计92个，审计金额1.8亿元，审减金额1 713万多元；四川省教委共完成基建审计1 712项，审计金额4.56亿元，审减金额3 868万元。

〔**经济责任审计**〕 根据中央办公厅和国务院办公厅颁发的《县级以下党政领导干部任期经济责任审计暂行规定》，各部门和各单位在总结开展此类工作经验的基础上，结合教育系统实际，纷纷制定和修订了相关的规章或办法，继续搞好经济责任审计，并取得了很好的成绩，产生了良好的社会影响。据29个省市和44所部属高校报送的资料统计，共完成经济责任审计3万多项。宁波市教委在12个县区全面开展了领导干部离任审计；山东、河南、贵州、江苏、四川、浙江、湖北、上海、湖南等省市开展这项审计都在400项以上。通过审计，促进领导干部增加了责任感，加强了干部队伍建设，提高了整体管理水平。

〔**围绕热点问题开展审计和审计调查**〕

教育收费问题涉及对象广、范围大，关系千家万户，各级领导都十分关心。各审计机构积极开展了规模不同的教育收费审计或审计调查，通过审计和审计调查，有效治理了乱收费和对所收资金乱收乱支的现象，维护了教育部门的形象。

在高校后勤改革中，后勤资产状况十分复杂，核算方式多种多样，会计基础薄弱，使审计工作量大、头绪多。审计部门克服人少、任务重等各种困难，认真完成了这项工作，受到了校领导和有关部门的肯定与欢迎，普遍认为通过审计不仅摸清了家底、防止国有资产流失，也为后勤实行社会化、增加市场竞争能力奠定了基础。

随着教育改革的不断深化，社会力量办学不断得到发展。但是，社会力量办学在财务管理、收取费用、资金运用和财产管理等方面还存在一些问题。各部门审计机构开展对社会力量办学财务收支审计，促使社会力量办学财务管理规范化，保证其健康发展。

同时，还积极开展了产业经济效益审计，企业集团内控制度评审，大型仪器设备采购、科研及经济合同的审签等等。江西、安徽、福建等省还重点开展了教育救灾款的审计，防止出现克扣、挤占、挪用现象，产生了良好的社会效益。

〔**加强管理和指导，提高审计水平**〕 上海、贵州、湖南、甘肃、安徽、黑龙江、江苏、山西、陕西、河南、福建、北京、青岛、广东高教局、天津市教委等省（自治区、直辖市）大力加强对所属地区教育审计工作的指导，结合本地区的特点，制发有关规章制度，规范基础工作；深入基层，开展调研，督促检查贯彻有关方针政策情况，针对有关问题及时解决，完善相关制度，推动本地区教育审计工作的开展；大力开展业务培训和理论研讨活动，提高人员素质和工作水平，1999年大部分省都举办了不同层次、不同内容的学习班、培训班，有针对性地组织理论研讨或优秀论文评选活动，解决审计实务问题，上海、湖南、湖北等省市还开展了工作质量检查评比活动；湖北、山东、四川等省召开了全省教育审计工作暨表彰大会，树立优秀典型；为了保持在机构改革中审计机构和人员的稳定，各部门、各单位审计机构以法、以理、以据做了大量的争取、宣传和说服工作，得到了领导和有关部门及广大教职工对审计工作的重视和支持。

撰稿　刘　宜

审稿　杨周复

教育基本建设

〔**教职工住房建设**〕 1998年，全国各地在深化城镇住房制度改革的同时，继续加强了教师住房建设工作。各级党政领导和各级政府的职能部门继续关心和支持教职工住房建设，各地教育行政部门积极主动开展工作，大力推进教职工住房建设。在安排年度住房建设计划中，注意在整体上普遍改善教师住房条件的同时，对相比之下仍较为困难的普通高校青年教师的住房问题予以重点解决，教职工住房建设超额完成了“九五”住房建设规划的第三年目标。依照李岚清副总理在第四次全国教职工住房建设工作经验交流会上讲话中提出的：“今明两年要集中力量重点解决高校青年教师的住房问题”的要求，自1998年初开始，全国部委所属高校实施了筒子楼改造工程，至1999年底，筒子楼改造工程基本完成。迅速、有效地消灭了部委所属高校青年教师家庭住用筒子楼现象，从根本上改善了青年教师住房条件。

据统计，1998年，全国城镇教职工住房建设共投资183亿元，竣工建筑面积2 290万平方米，建成住房26万套，教职工家庭人均居住面积由1997年的8.4平方米提高到9.18平方米，较1993年的6.9平方米增加2.28平方米。其中：城镇中小学教职工住房建设共完成投资128亿元，竣工住宅建筑面积1 851万平方米，城镇中小学教职工家庭人均居住面积达到9.31平方米，较1993年的6.98平方米增加2.33平方米。全国普通高校教职工住房建设共完成投资55亿元，竣工住宅建筑面积439万平方米，高校教职工家庭人均居住面积达到8.61平方米，较1993年的6.68平方米增加了1.93平方米。

教职工住房条件的改善，充分体现了党和国家对教育事业、教师职业和知识分子工作的高度重视，在教育界和全社会产生了广泛深远的影响，推动了尊师重教社会风尚的逐步形成，促进了教师政治地位和社会地位的明显提高，稳定了教师队伍，为我国教育事业的健康发展创造了条件。

撰稿 董 军

〔**部委属高校筒子楼改造工作**〕 中央部委属高校筒子楼改造工作，于1998年下半年全面展开。在国务院办公厅的统筹部署、协调指导下，有关部委抓紧实施，主管部门和各省区市政府密切配合，特事特办，各有关学校认真落实，到1999年底，在全国范围内已基本完成。

教育部、国家计委、财政部在1998、1999两年内先后三批，共下达筒子楼改造计划1 826栋、359万平方米（含1998年初1.5亿元试点资金应安排的约25万平方米、200余栋的筒子楼改造）。中央专项资金21.5亿元，加上学校及主管部门自筹配套的16.3亿经费，共计37.8亿元。

为保证1999年筒子楼改造计划的及时、准确下达，1月到春节前，教育部派出5个工作小组，对各有关高校自行补报的1 600余栋、近280万平方米筒子楼，逐校逐栋进行现场核实。3月初和8月，教育部、国家计委、财政部共下达1999年筒子楼改造计划674栋、125.5万平方米，改造资金7.6亿元。为确保1999年筒子楼改造任务能在年底前保质保量完成，计划刚一下达，即发出明传电报，分别要求学校主管部委和属地教委认真负起加强领导和统筹协调、督促检查的责任，并要求主管部委在收到筒子楼改造专项资金后必须于一周内将其拨到学校。

国务院领导高度重视部委属高校筒子楼改造工作，每到一地视察都要详细了解工作的进展情况，反复强调质量问题，并多次在全国性会议上强调绝不把高校筒子楼带入21世纪，保证了筒改工程的顺利实施。

筒子楼改造实施过程中，教育部、国家计委、财政部注意及时研究解决实施过程中出现的问题，加强监督检查。1998年9月、10月和年底，以及1999年6月、10月，曾五次全面检查了全国部委属高校筒子楼进展情况。先后对一半左右的省区市和200余所部委属高校进行了实地考察，掌握进度，推动工作。对检查中发现的问题，通过多种形式研究解决，推动落实有关优先优惠政策。

针对学校反映及实地调查中发现的原报筒子楼中相当部分因基础、建设质量差等已失去改造价值的问题，经请示国务院领导同意，及时调整了筒改政策：对确不符合校园规划或已无改造价值的筒子楼，学校可根据实际情况，通过拆除新建、置换等方式完成筒改任务，实现基本解决青年教师住房问题的总体目标；在工作的具体抓法上由主要联系主管部委改为委托省级政府和教育主管部门统筹协调、推动、督查属地学校的筒子楼改造工作；在工程建设上狠抓质量和进度。在这期间，两部一委的领导每到一地，都大讲质量问题，反复强调学校领导应对工程质量高度负责，确保万无一失。

经各方面的共同努力，到1999年12月底，全国部委属高校已完成了筒子楼改造建筑面积404万平方米（其中，原地改造面积130万平方米，拆建或异地新建274万平方米），6万多套，超出下达计划45万平方米，约占13%。总体上，国家下达的中央部委属普通高等学校筒子楼改造任务已经完成，年底前青年教师居住筒子楼问题已基本解决，“不把筒子楼带入21世纪”的目标年底已基本实现。通过筒子楼改造，部委属高校约有近7万户青年教师迁入新居。同时还使100多万平方米的筒子楼根据校园总体规划、功能分区归还学生宿舍或原使用功能。

在中央部委属高校筒改工作的带动下，全国有16个省(自治区、直辖市)启动了地方高校筒改工程，共下达筒子楼改造计划142万平方米，省级筒改专项资金4亿多元。到1999年底已竣工119万平方米，其余23万平方米正在加紧施工，绝大部分可在2000年底前完工。

筒子楼改造工程的实施，不仅解决了普通高校青年教师家庭住筒子楼问题，而且从根本上改善了学校教师住房条件，稳定了教师队伍，加快了高校教职工住房问题解决的步伐，也使得校园布局和功能分区更加合理，增强了高校可持续发展的能力，得到高校广大师生的衷心拥护。

撰稿　李彦莉　葛　华

审稿　韩　进

国际交流及与港、澳、台交流合作

留 学 工 作

〔**出国留学**〕 1999年度各类出国留学人员总数23 749人，其中：国家公派2 661人，单位公派3 204人，自费留学17 884人。留学回国人员总数7 448人，其中：国家公派2 558人，单位公派2 202人，自费留学2 688人。

为进一步贯彻国家“支持留学，鼓励回国，来去自由”的留学方针，在积极推进国家公费出国留学选派工作改革的同时，教育部继续支持和鼓励在外留学人员以多种形式为国服务，充分发挥“春晖计划”支持在外留学人员为国服务的作用。1999年“春晖计划”共资助在外留学人员512人回国参加国家的经济建设。

“春晖计划”在资助在外留学人员回国参加国际会议、学术交流和短期合作的同时，继续加大了对为国服务团组的支持。(1)为纪念改革开放20年，展示我国出国留学工作所取得的辉煌成就，教育部于1999年2月3日～4日在北京召开“全国留学成果汇报会”。105名与会代表（包括7名院士）是通过全国各有关单位推荐选拔出来的近几年回国的优秀中青年留学回国人员。李岚清副总理接见了与会代表，听取了汇报，并做了重要讲话。(2)由教育部组织的“留德汽车工业博士工程师合作交流团”一行7人，于5月8日～17日分别在上海、长春、天津、北京分别与有关高校和企业进行了深入广泛的合作交流。在对口交流洽谈的基础上，与有关单位签订了初步合作意向70项。(3)科技部、农业部、教育部和国家外专局共同组织了40位留学人员及华裔、华侨农业科学家回国参加“留学人员及华裔、华侨农业科学家回国考察和研讨会”活动，他们分成三个小组，于1999年7月13日～16日分别对吉林、陕西和广东进行了考察，与当地的农业专家座谈，并考察有关科研院所、科技企业及农村基层点。然后回到北京，于7月17日～19日参加主题为“推动新的农业科技革命，确保未来16亿人口食物安全”的研讨会。会后，主办此次活动的4部局已将研讨会上提出的建议总结成文，上报给了国务院。国务院专门召集4部局有关职能部门就建议的落实等进行了部署。(4)在新中国50周年华诞之际，130余名在外优秀留学人员回国参加了“与祖国同庆——在外优秀留学人员春晖计划回国报效系列活动”。8月23日～9月29日，由75名在外留学人员组成的7个团组，分别赴北京、上海、辽宁、云南、贵州、浙江、济南、大庆、烟台、苏州、昆山等地与当地的企业、科研机构、大专院校及留学人员创业园开展多种形式的合作交流，共签定合作意向279项、正式合同25项。有的还与地方达成人才培养的合作意向，包括联合培养博士生、博士后等；有的还被当地政府和单位聘为技术顾问。9月22日～23日，在北京召开“面向21世纪创新人才发展战略研讨会”，在外留学人员57人作为正式代表，51人作为列席代表参加了研讨会，并提交了30多篇论文，被收入“面向21世纪创新人才研讨会论文集”。(5)由教育部组织的“在日留学人员与常熟市建立长期合作关系”为国服务的活动，于10月8日～11日举行。由“中国留日同学会”12名成员组成的服务团，赴常熟与有关部门和企业开展了富有成效的交流。共收集企业需求44项，现场解决2项，初步落实7项，洽谈了合作意向35项，为双方建立长期合作打下了良好的基础。(6)由教育部、科技部、人事部和广州市政府共同举办的中国留学人员广州科技交流会，于1999年12月28日～30日在广州隆重召开。

在吸引和组织在外留学人员以多种方式为国服务的同时，教育部也认真做好留学回国人员的工作。1999年共受理了两批科研启动基金的申请。经过邀请专家的严格评审，其中：4月批准了第一批启动基金资助474人，资助总经费1 463.0万元，平均资助强度3.1万元；9月批准重点启动基金资助佘振苏35万元、李勇杰25万元、许振鄂20万元等3人，共计80万元；10月批准第二批启动基金资助324人，资助总经费1 145.60万元，平均资助强度3.5万元。

为更有效地利用在外留学人员的人才、技术和智力资源，进一步扩大双向信息交流渠道和强化信息服务手段，教育部支持中国留学服务中心不断完善“中国留学服务信息网”，面向在外留学人员和国内单位，为双方提供交互式的动态信息服务。到1999年，该“信息网”已发布4万余条留学人才、技术项目供需信息，此外还发布了大量各地吸引留学人才回国政策、高新技术开发区招商引资优惠政策及其他各类动态性留学服务信息，共有近40万人次上网访问。

不断完善在外优秀尖子人才库的建立，规范在外留学人员的管理工作，组织开发并推广使用《留学人员信息管理系统》软件，促进对优秀尖子留学人才的跟踪、服务和开发。

加强留学工作的宣传力度，通过向全国人大、全国政协有关部门等介绍我出国留学工作和留学人员为国服务的情况，通过新华社、人民日报、光明日报、人民日报海外版、中国青年报、神州学人等报刊和中央电视台等主要新闻媒体，宣传国家有关留学政策、当前留学工作形式、留学人员以多种形式为国服务等，在推动留学人员积极参与国家经济建设和高新技术发展等方面收到了良好效果。

撰稿 潘晓景 黄 勇 唐 平

审稿 王永达

〔来华留学〕 据统计，截至1999年12月31日，1999年全年共有来自164个国家的44 711名各类来华留学生在中国31个省、自治区、直辖市（不含台湾省和香港、澳门特别行政区）的356所高等学校学习。其中长期留学生29 216名，短期留学生（留学时间在6个月以内）15 495名。

按洲别统计，亚洲的留学生人数仍排名第一，计31 914名，占全年来华留学生总数的

71.38%；欧洲为5 621名，占12.57%；美洲为4 938名，占11.04%；非洲为1 384名，占3.10%；大洋洲为854名，占1.91%。按国别统计，来自日本、韩国、美国、印度尼西亚和德国的留学生人数仍名列前5位，分别为12 784名、11 731名、4 094名、2 411名和1 297名，来华留学生超过500名的国家依次还有：法国824名、澳大利亚770名、俄罗斯609名、泰国512名、加拿大508名。

从留学生层次上看，1999年来华接受学历教育的留学生人数为11 479名，占长期留学生的39.29%。其中，专科生181名，大学本科生8 402名；硕士研究生2 000名；博士研究生896名。其他类别的留学生数量分别为高级进修生（已获硕士以上学位者）579名，普通进修生17 158名。按学科划分，以文科类学生居多，计36 401名；其次是医学类4 973名（中医3 571名，西医1 402名），工科类学生1 724名，理科类425名，农学类303名，艺术类656名，体育类229名。

1999年教育部根据中国与有关国家之间的教育交流协议和交流计划，共向152个国家提供了中国政府奖学金名额。1999年9月共有来自133个国家的1 731名获得我国政府奖学金的新生进入中国高等院校学习，加上已在校学习的学生，1999年共有5 211人享受中国政府奖学金在华学习，占全年在华留学生总数的11.65%。其中来自亚洲的留学生2 402名，占奖学金生总数的46.09%；欧洲1 436名，占27.56%；非洲1 136名，占21.80%；美洲197名，占3.78%；大洋洲40名，占0.77%。接受学历教育的学生数与1998年相比有所增加，博士研究生332名，增长17.73%；硕士研究生790名，增长7.05%；大学本科生在接受学历教育的奖学金生中仍占多数，计1 720名。此外，享受中国政府奖学金的高级进修生317名，普通进修生2 052名。

1999年有140名留学生和外国学者获得教育部“长城奖学金”（向联合国教科文组织提供）、“优秀生奖学金”、“外国汉语教师短期研修奖学金”、“HSK优胜者奖学金”和“中华文化研究奖学金”等专项奖学金来华学习或从事研究。

1999年中国高等学校通过各种国际交流渠道接受了来自142个国家的39 500名自费留学生，比1998年略有增长。其中，长期留学生24 005名，短期留学生15 495名。长期生中博士研究生564名，硕士研究生1 210名，大学本科生6 682名，专科生181名。此外还有高级进修生262名，普通进修生15 106名。

为改善享受中国政府奖学金的外国留学生的学习和生活条件，1999年9月，教育部会同财政部较大幅度地上调了中国政府奖学金生活费标准。

为适应中国改革开放事业发展的形势和需要，方便外国学生来华就读中小学，促进中国中小学的国际交流，教育部于1999年7月21日颁布了《中小学接受外国学生管理暂行办法》。

随着中国高等学校后勤服务社会化改革的深入开展，外国留学生后勤服务管理工作的社会化改革也取得了进展，继天津、南京、杭州等地之后，上海也颁布了有关外国留学生校外住宿的管理办法，允许留学生经登记后在校外住宿。

撰稿　胡志平　单丽洁
审稿　张秀琴

〔国家留学基金委工作〕

一、出国留学

1999年是全面实施国家公派留学改革的第四年，申报人数较往年有所增加，申报人员的总体质量也有提高。1999年，全国约有5万人次进行了出国留学方面的咨询，近5 000人提交了留学申请。根据选拔简章确定的各类项目，经过留学基金委组织的专家评审，共录取出国留学人员2 300多人。参加评审工作的专家认为，“申请国家留学基金人员的总体质量和平均水平在逐年提高。”据统计，1999年录取人员中具有副高级职称以上的人员占总数的66%，具有硕士以上学历者占71%，出国研修课题属国家重点学科和国家级或省部级项目的人员占50%。

此外，受教育部委托，留学基金委秘书处还承担70多个政府互换奖学金项目和国外奖学金项目的人员选拔和管理工作，录取各种项目人员近600人。

为配合驻外使领馆教育处（组）加强在外留学人员的管理工作，基金委在广泛听取意见的基础上，结合实际情况，起草了《关于进一步加强国家留学基金资助留学人员国外管理工作若干问题的补充通知》，并以教育部国际合作与交流司的名义发往各驻外使领馆教育处（组）和有关部门。在实际工作中，基金委秘书处各部室、留学服务中心、有关教育处(组)、派出单位和留学人员积极支持，相互配合，保证留学人员较高的回归率。截止到1999年11月30日，应到期留学人员3 657人，实际回国人员为3 300人，回归率在90%以上。秘书处坚持“签约派出、违约赔偿”的原则不动摇，对派出人员采取国外跟踪管理的办法。经过几年不懈的努力，广大留学人员履约、守法意识明显增强。据不完全统计，从1997年到1999年10月底的近三年时间，已确定的各类违约人员共计179人，追回赔偿款500多万元，履约率为100%。

为做好留学人员回国后的有关工作，秘书处坚持做好留学回国人员科研资助费的评审工作和论文评比工作，1999年共有152名留学回国人员获得科研资助费，资助总金额为235.1万元。

二、来华留学

1999/2000学年度全国来华留学生计划招生名额为2 829名，共收到申请材料2 248份，录取总数为2 017名，录取率为89.7%。其中硕士研究生、博士研究生、高级进修生和研究学者等高层次学生占录取总数的29.7%，比上一学年度提高4.6个百分点。

1999年共有80所高校的2 149名外国留学生参加奖学金年度评审。经过基金委秘书处的严格审核，并报教育部国际合作与交流司审批，共有2 112名奖学金生通过了年度评审，占参评总人数的98.28%；22所高校的37名学生未通过年度评审，占参评总人数的1.72%。其中亚洲学生16名，占未通过的43.24%；非洲学生10名，占未通过的27.03%；欧洲学生9名，占未通过的24.32%；美洲学生2名，占未通过的5.41%。

三、提高留学生奖学金资助标准

在财政部、教育部等有关部门的大力支持下，1999年共有美国、加拿大、澳大利亚、新西兰、日本、墨西哥、西班牙、丹麦和土耳其9个国家的中国国家公派出国留学人员奖学金资助标准得到提高，新的资助标准从1999年7月1日起开始执行。这是14年来国家对公派出国留学人员奖学金资助标准作出的幅度较大的一次调整，是提高选派质量的关键措施，将对中国的出国留学工作产生积极的影响。调整后的资助标准如下：

国家公派留学人员奖学金资助标准调整表

单位：元

国家	币别	调整后标准			备注
		高访	普访	研究生	
美国					
一类区	美元	900	800	700	
二类区	美元	850	750	650	
三类区	美元	800	700	600	
加拿大	加元	1 050	950	800	调整后的标准包含医疗保险费用在内
墨西哥	美元	550	450	350	调整后的标准包含医疗保险费用在内
澳大利亚	澳元	1 000	900	800	
新西兰	新元	1 000	900	800	
西班牙	比塞塔	100 000	90 000	70 000	
丹麦	克朗	5 200	4 500	3 500	
日本	日元	125 000	105 000	90 000	
土耳其	美元	500	400	300	

为保障享受中国政府奖学金的外国留学生正常的学习和工作，经财政部、教育部批准，从1999年9月1日起，调整享受中国政府奖学金外国留学生的奖学金生活费标准，具体调整事宜如下：(1)调整后的奖学金生活费标准为：凡享受中国政府全额奖学金的大学本科生，每人每月人民币800元，硕士研究生和普通进修生1 100元，博士研究生和高级进修生1 400元。(2)中华文化研究奖学金每月每人生活费为3 000元人民币，外国汉语教师短期研修奖学金每人生活费为2 000元人民币。

撰稿 丁炳善 张 健

审稿 张凤禧

交 流 工 作

〔**双边交流**〕 1999 年，继续积极开展高层互访与交流。教育部部长陈至立率团访问德国和英国取得了圆满成功，与德国签署了《相互承认高等教育毕业文凭的联合声明》，并率团访问日本和泰国，分别会见了日本首相和泰国总理，为扩大与日、泰在教育领域的合作与交流奠定了新的基础。陈至立是中泰建交以来我国第一位访泰的教育部长，并在朱拉隆功大学作了题为《面向 21 世纪的中国教育》的讲演。

教育部副部长吕福源率团赴美国、加拿大，重点考察了解了计算机网络等先进科学技术在基础教育发展领域的应用，对推动中国基础教育阶段加强计算机方面的教学起到了重要作用。

韦钰副部长率团访问缅甸、越南和尼泊尔，推动了中国与周边国家的教育合作与交流；率团出访埃及并出席"中埃第四次高层教育研讨会"，进一步拓展了中埃在高教领域合作与交流的渠道。并率团出访香港，出席"中国大学校长论坛"，作了题为《现代远程教育，构建终身学习体系》的讲演，阐述了中国教育国际合作与交流的新思路。应联合国开发署邀请，赴香港出席"千年大会"，作了题为《为更多的人提供终身学习的机会》的讲演。教育部副部长张天保率团出访俄罗斯、乌克兰，对促进中俄、中乌的教育合作与交流产生了重要影响；率团赴港出席邵逸夫先生向内地教育界第 12 批捐款仪式，对进一步推动香港企业家向内地教育界捐款起到重要作用。教育部副部长周远清率中国农业大学校长代表团访问美国，扩大了中美农业院校的合作与交流；率团出访比利时，恢复了我国与比利时法语区的教育合作与交流，同时为今后恢复与比利时弗拉芒区的教育合作与交流奠定了基础。

1999 年，教育部共接待外国副部级以上代表团 15 个，其中正部长级团 7 个。新加坡教育部长是自中新建交以来首次访华的第一位教育部长，与我国签署了《中新 2000 年～2005 年教育交流与合作备忘录》。

1999 年 10 月，陈至立部长分别会见、宴请了来华出席"亚欧科技部长会议"的德国、法国、卢森堡、奥地利等国家的教育部长，与德国教育科研部长和法国教育、科研、技术部长签署了关于教育合作与交流的《会谈纪要》和《联合声明》。

1999 年，我国与亚洲、非洲 9 个国家、欧洲 18 个国家和美大地区 6 个国家签署了 34 个教育合作与交流协议、谅解备忘录。江泽民主席访问瑞士期间，钱其琛副总理代表中国政府与瑞方签署了《中华人民共和国政府和瑞士联邦政府 1999 年～2001 年高等教育交流意向书》。

1999年，教育部接待一般教育访华团60多个（亚非洲17个、欧洲26个、美大地区20多个）；有针对性地派出各类教育考察团37个（亚非洲16个、欧洲16个、美大地区5个），促进了中外在教育领域的合作与交流以及相互了解。(1)组织以北京大学为首的我7所大学校长代表团出席美国哈佛大学召开的“中美大学校长论坛”，同美国6所著名大学的校长研讨21世纪中美两国大学面临的挑战以及双方在高教领域合作的前景和近期计划；选派5名杰出学者访美；与美国教育部互换了3个团组；注重对美的民间交流渠道，请江泽民主席接见数学家陈省身、请朱镕基总理接见美国高盛公司总裁、请李岚清副总理接见美国AOTODESK公司总裁等；派代表参加了NAFSA99年会；接待陈香梅女士来京访问，首次颁发了“陈香梅中小学音乐美术优秀教师奖”。(2)与加拿大、澳大利亚等国的交流合作项目进展顺利，增添了新的内容：与加方召开联合项目指导委员会会议，对CIDA资助的合作项目进行了研讨；争取扩大合作范围，将远程教育纳入合作计划；与澳大利亚在职业技术教育和公共部门能力建设领域的合作项目开始启动，相关的在华研讨班和赴澳考察均取得了圆满成功；澳援局承诺对我建议继续开展第三阶段职教合作项目，并将资助1 000万澳元。(3)成功地接待了古巴教育部副部长来访。(4)与德国学术交流中心合作的生物工程博士后研修项目开始实施；与德国赛德尔基金会职教合作项目向西北地区辐射工作已经落实。(5)中英高等院校加强与企业联系暨第三届中英大学校长研讨会，首次邀请两国的企业家参加，探讨高校与企业的合作以及高新技术产业化问题，达到了预期目的；与英国发展部商定的在甘肃省设立“中英基础教育合作项目”正式启动，为增强4个贫困县的职前师资培训能力，提高教学质量和改善办学条件，英方将在5年内投资1 154万英镑。(6)与比利时的职业教育合作项目发展稳定。(7)与意大利合作的职业学校教师培训项目开始实施。(8)中欧高教合作项目协议自1996年签署以来，至今已完成三批项目申报工作，并对其执行情况进行了一次全面的中期评估。(9)为落实江泽民主席访日期间与日方确定的“面向21世纪青少年交流计划”，成功选派了100名高中生和120名中青年教师赴日进行短期友好访问，增进了中日年轻人之间的相互了解。(10)对非洲智力援助工作继续发展。目前，我在非洲19个国家实施“智力援非”项目12个，共36期，派出教师70余人次。

撰稿　戴继强
审稿　李东翔

〔**与国际组织合作**〕　1999年，中国与联合国儿童基金会教育合作项目共有5个：“加强教育规划与管理”、“调整教育内容和过程”、“远距离教育”、“促进贫困地区初等教育”和“向贫困地区提供免费教科书项目”。联合国儿童基金会为上述合作项目提供约1 700万美元。根据合作项目协议，教育部共向7个国家派出4个团组，接待4个来华团组。

1999年，中国与联合国开发计划署合作执行的项目有：以女童为重点，促进贫困地区九年义务教育项目，该项目涉及西北、西南的6个省区。1999年11月，教育部与联合国开发计划署成功地举办了“面向21世纪女童教育国际研讨会”。来自世界银行、联合国教科文组织、联合国儿童基金会、英国、美国、加拿大、印度等国的代表及国内120多名代表参加了会议。会议宣传了中国近年来女童教育取得的成果，探讨了女童教育中存在的问题，展望了在女童教育领域中与联合国机构合作的前景。

1999 年，教育部派员出席了亚太经济合作组织分别在智利、香港召开的人力资源会议，并争取到了该组织关于“通过测量改进学校管理、提高教学质量”项目，援助金额约 4 万美元。

1999 年，教育部与亚欧基金开展了一系列富有成效的合作活动。教育部委托北京大学承办了“99 亚欧基金暑期学校”，接待了来自亚欧两洲 18 个国家的 33 名青年学生及包括中国在内的 12 位著名中外学者和专家。此项活动已被视为亚洲、欧洲成功合作的典范。

1999 年教育部与亚欧基金成功开展了亚欧商务实习生项目，总金额为 193 万欧元，旨在资助中国 50 名商业管理、法律、工程等专业的大学生赴欧盟成员国进行为期两个月的实习。此活动受到了亚欧基金的高度评价。

〔**国际学术会议**〕 1999 年教育部共批准部属高校在华举办 46 个国际学术会议，邀请外国学者约2 000人来华与会，共审批和派出约2 106人次出国参加约1 200个国际学术会议。在华举办和出国参加国际学术会议，扩大了中国学者与世界各国学者之间的交流与合作，为中国的教育、科技发展和社会进步发挥了积极作用。

撰稿　阎国华
审稿　田小刚

〔**对外汉语教学**〕 1999 年，中国对外汉语教学事业取得更大进展，世界各国的对外汉语教学继续呈现蓬勃发展的趋势。

1999 年 12 月 10 日～12 日在北京举行了第二次全国对外汉语教学工作会议。国务院有关部委和省、直辖市、自治区的教委、侨办、外办及部分高校的负责同志共 190 余人出席了会议。钱其琛副总理会见了全体与会代表并作了重要讲话。国家对外汉语教学领导小组组长、教育部部长陈至立作了题为《提高认识，抓住机遇，增强紧迫感，大力发展对外汉语教学事业》的主题报告。会议回顾了第一次全国对外汉语教学工作会议召开 11 年来的工作，总结了经验，明确了今后的指导思想、方针和目标，提出了当前和今后的主要任务。与会代表还就 2000～2004 年工作计划提出了建议。

1999 年 8 月 8 日～12 日，由世界汉语教学学会主办的第六届国际汉语教学研讨会在德国汉诺威市召开。大会主题为“21 世纪的汉语教学”，共有 33 个国家的 400 余名学者出席。这是该学会首次在中国境外召开的大规模学术讨论会，对世界汉语教学有重要影响。人大常委会副委员长许嘉璐向大会发了贺信。教育部副部长张保庆到会祝贺并发表了讲话。会议收到论文 290 余篇。

1999 年，对外汉语教学基本建设进一步加强，学科水平进一步提高。制订完成了《高等学校外国留学生汉语专业教学大纲》、《高等学校外国留学生汉语（长期进修）教学大纲》和《高等学校外国留学生汉语（短期进修）教学大纲》，待正式发布。这对规范教学要求、教学行为和提高教学质量将发挥积极作用。对外汉语教学教材建设方面也取得新成果。继续实施《1998 年～2000 年对外汉语教学科研课题指南》和《1998 年～2000 年教材编写规划》，有关项目已取得阶段性成果。已完成的教材有：供海外华人、华侨使用的《中文》一套 48 册；供海外学人子女使用的《标准中文》一套33册，中法（国家汉办、法国东方语言文化学院）合编教材第一册；中美（清华大学、美国加州大学洛杉矶分校）合编教材《报刊阅读》；中日（大连外国语学院、日本御茶水女子大学）合编教材《中国语》；用于美国SCOLA电视网汉语教学节目的教材《中国全景》（初、中、高级文字教材及初、中级录像片）。此外，国内各学校和其他教学机构也编写出版了多种教材。

1999年，多媒体和网上汉语教学发展迅速。北京外国语大学完成了“汉语世界”光盘的制作；北京语言文化大学、厦门大学、首都师范大学、暨南大学、华东师范大学等高等院校和一些企业均投资开发对外汉语教学网站。国家汉办投资开发的用于网上教学的《口语》、《读写》、《听力》三种课件已制作完成，即将在网上开通。

1999年，对外汉语教师队伍建设进一步扩大。有641名教师参加了“对外汉语教师资格证书”考试，255人合格。至此，全国获证教师达到2 001人。为适应工作需要，在全国范围内选拔了19名青年教师参加非通用外语语种培训，充实了外派汉语教师队伍。

1999年，汉语水平考试（HSK）在国内37个考点和国外18个国家的34个考点实施。全年国内考生人数63 849人，国外考生人数6 833人，总数较去年增加42%。其中在奥地利、芬兰和美国纽约、休斯敦首次设点并实施考试。在比利时、意大利威尼斯和国内北京中智公司将设立新考点，并将于2000年实施考试。

1999年，对外汉语教学领域内的国际合作与交流得到进一步拓展。3月15日，教育部部长陈至立签署中华人民共和国教育部第2号令《中华人民共和国教育部“中国语言文化友谊奖”设置规定》，正式设立“中国语言文化友谊奖”，对世界各国为促进汉语教学和中国文化传播做出突出贡献的国际友人进行表彰。随后，成立了以教育部副部长韦钰任主任委员、由中国著名学者任委员的评审委员会，评出泰国诗琳通公主等4位首批获奖者。1999年，教育部副部长韦钰率中国教育代表团访问了缅甸、越南、尼泊尔3国，重点考察了3国汉语教学情况；国家汉办组团访问了瑞典、拉脱维亚、波兰、捷克四国，了解了四国汉语教学情况，与有关学校探讨了合作事宜。全年共向31个国家的大学和教学机构赠送中文图书42 953册、录像带498盘、录音带6 522盒。向14个国家的23个学校派遣28名国家公派教师，至1999年底，教育部向国外派遣汉语教师64人，分布在40个国家的57个学校。1999年，自费来华学习汉语的留学生人数达14 155人。有来自14个国家的45名学生获得HSK优胜者奖学金来华学习；来自5个国家的6位学者享受中华文化研究奖学金来华研修中国语言和文化；来自25个国家的77位汉语教师来华参加了暑期汉语教师进修班。全年共邀请23位汉学家或汉语教学专家访华。中国对外汉语教学学会会员人数达1 142人，全国建有5个地区分会。世界汉语教学学会会员957人，其中境外会员564人，来自41个国家和地区。

撰稿　席　茹

审稿　李海绩

与香港、澳门地区和台湾省的交流合作

〔**与香港的交流**〕 香港回归祖国两年来，内地与香港的教育交流继续保持加快发展、不断深入、范围扩大的势头。1999 年由教育部邀请或参与接待的来访香港师生及其他教育工作者组织的代表团组 74 个，来访人员达2 174人次。教育部直属高校、直属单位及部内机关赴港访问交流的师生及其他教育工作者达4 000多人次。双方交流的主要内容包括参观考察、讲学、合作科研、联合培养研究生及共同举办学术会议等。应香港教育界的要求，教育部委托高校举办了香港教师普通话培训班、第 3 期中学校长培训班和高校行政管理人员交流研讨班。在北京举办了 200 人规模的第 6 届京港学生交流夏令营活动。

1999 年香港的 8 所大学分别委托内地的 11 余所大学在内地共计代招了 147 名本科生，在内地培训完毕后已陆续赴港就读；此外，香港科技大学通过校际交流方式两年间招收内地研究生 147 名赴该校就读。

北京大学与香港中文大学、复旦大学与香港大学等两地大学间联合建立实验室，进行合作科学研究及科技开发。

据不完全统计，1999 年度内地高校共招收 246 名香港学生（含大学生、研究生，不包括华侨大学和暨南大学的招生数）。

12 月下旬，在京成功地举办了“华夏园丁迎 2000 大联欢”活动，内地、香港、澳门共计 400 名中小学教师参加了此次交流活动。

1 月，教育部副部长张保庆应邀率团赴港出席了邵逸夫先生向内地教育界赠款的仪式。1999 年，香港邵逸夫基金会、霍英东教育基金会、曾宪梓教育基金会、王宽诚教育基金会、田家炳基金会、方树福堂基金会、李嘉诚先生共向内地教育界赠款约 2.4 亿元人民币，用以兴建大、中、小学校舍，资助和奖励优秀青年学者和师范院校教师，资助高等院校举办国际会议，邀请外国学者来华讲学以及帮助长江流域水灾地区的校园重建工作等。

〔**与澳门的交流**〕 1999 年 12 月 20 日中国政府恢复对澳门行使主权，至此澳门结束了 300 余年的葡萄牙殖民统治，回到祖国的怀抱。为了迎接澳门回归，内地与澳门的教育界举办了多种形式的交流活动，对广大师生进行爱国主义教育。1999 年 9 月 11 日，教育部和广东省政府在迎澳门回归倒计时 100 天之际，在珠海市共同举办了“迎澳门回归，内地与澳门两地大学生《澳门基本法》演讲会”，内地 5 名大学生和澳门 4 名大学生作了演讲，使两地大学生加深了对《澳门基本法》的理解和认识，激发了爱国情感。

11 月 21 日，教育部和北京市政府在人民大会堂共同举办了“迎澳门回归，首都万名大学生澳门形势报告会”，邀请原新华社澳门分社副社长王今翔为首都 60 所高校近万名师生作了报告。使与会者受到一次生动的爱国主义教育。

中国教育电视台拍摄了题为“今日澳门教育”的电视专题片，向全国播放。使内地广大观众对澳门教育的历史、现状和发展加深了了解。

同时，内地高校和中小学校组织了许多内容丰富、形式多样的迎回归、庆回归活动。如：北京师范大学举办了第 3 届京澳学生夏令营，内地和澳门共 120 名大中学生参加了夏令营活动。

1999 年教育部共接待了 11 个澳门教育团组，人数约 500 人次。其中澳门教育界高层人士访问团是澳门回归前来访的规格、层次最高，代表性最广泛的代表团，在京期间，受到钱其琛副总理的接见。教育部直属高校及其直属单位和教育部机关人员赴澳门参加学术研讨会、任教、讲学及进行访问交流活动的人员约1 000人次。

据不完全统计，1999 年内地高校招收澳门学生 492 名（不含华侨大学、暨南大学录取的学生），此外，内地有关院校还为澳门公务员和澳门人士举办了各类进修班、培训班 6 个。

〔与台湾的交流〕 1999 年海峡两岸的教育交流继续稳定开展。教育部机关、直属单位及直属高校共派出赴台进行学术交流、考察访问、讲学、合作科研的人员达 616 人次。交流的主要特点是：赴台出席学术会议、访问的团组多，校际和学者之间交流活跃，且交流人员身份较高。

教育部直属单位及高校共举办两岸学术会议或其他活动 43 个，邀请参加上述活动的台湾人士约 700 人次。1999 年来祖国大陆访问的台湾学生1 248名。

为了积极开展祖国大陆与台湾教育界人士间的交流与合作，先后组织举办了 4 项重点学术交流活动，参加的两岸学者人数达 200 人次。

此外还组织了祖国大陆大学生和台湾大学生共同参加的大型交流活动，如：厦门大学举办两岸学生闽南文化夏令营、清华大学及内蒙古教委接待的台湾中华青年交流协会大学生团、中国人民大学接待的台北新生代基金会大学生团、东南大学举办的飞越 2000—两岸大学生管理研习营等，交流人员近 200 余人次。

与此同时，应台湾相关单位的邀请，祖国大陆的 4 个大学生团访问了台湾，即：祖国大陆大学生代表团（分两批）、祖国大陆研究生代表团、祖国大陆气象学科大学生代表团。

1999 年，李登辉抛出“两国论”，严重破坏了“一个中国”的原则和两岸交流的基础，严重干扰了海峡两岸的教育交流与合作，致使许多交流项目被迫停止或推迟，这种倒行逆施是不得人心的。

撰稿　张　栋　闫　丽

审稿　李海绩

民间交流

〔**综述**〕 1999年中国教育国际交流协会围绕教育部的中心工作及中国教育国际交流协会第四届理事会工作要点，与国外有关部门密切合作，为“科教兴国”战略的落实和中国教育事业的改革和发展作出了贡献。

1999年，共组派出国考察团组35个、641人次，出国教师和学生73人，出国任教教师20人，共接待来华团组22批155人，举办各类学术研讨会12人，并与国外机构签署了一系列合作协议。

〔**基础教育国际交流**〕 (1)大力拓展“中澳音乐教育实验项目”。1999年在“中澳音乐教育实验项目”上加大了规范化力度，制定出项目工作手册，加强调研，确定项目的评估体系。派出2个由项目校长、行政人员、音乐教研员和音乐教师组成的代表团赴澳进行音乐教育考察。新吸收了70所项目学校。已有170多所项目学校，11万项目学生参加音乐教育实验。(2)派遣中小学教育代表团赴国外考察。1999年5月，与全国高级中学校长委员会合作组织了2个全国重点高中校长考察团近50人分别赴美国、欧洲考察，了解国外中学校长岗位培训、师资队伍建设等方面情况，开拓与国外学校建立面向21世纪的校际关系的交流渠道。6、7月间，应英国中央学术交流局（CENTRAL BUREAU）邀请，交流协会秘书长李顺兴率领中学校长代表团访问英国，与英方确定在香港汇丰银行支持下，中英中学开展语言文化教学合作的框架。10月，为配合“行动计划”“跨世纪园丁工程”的实施，交流协会副会长郝克明率领中国中小幼优秀教师代表团一行29人访问了日本，确定了中日在基础教育领域面向21世纪的学校交流意向。(3)派遣外语教师出国进修。1999年，与美国国际文化协团(AFS)合作，继续派遣20名中学英语教师赴美学习；与日本霞山会合作，派遣5名中学日语教师赴日学习。(4)聘请外籍教师来华任教。交流协会承办的“美中友好志愿者项目”一直是中美关系中的一个重要教育交流项目。到1999年，共有34名志愿教师在华任教，为期2年，项目院校从四川省扩展到重庆和贵州两地，教学内容也从单纯从事英语教学向环保教育领域扩展。此外，与美国ACLS合作聘请了13名教师来华进行为期1～2年的任教。与英国海外志愿服务社(VSO）合作聘请了53人来华进行为期一至两年的任教。与美国英语学会（ELI）在北京签署了暑期英语教师培训项目新协议，1999年夏天，共有148名由美国英语学会派遣的英语教师来华工作，被分别派往16个省市的17个培训点，对中国师范学校的英语教师进行为期2个月的英语强化培训。美国教育服务社(ESEC)也派遣了38名教师到中国6省市9个培训点对我中学教师进行短期英语培训。(5)派遣中学教师出国任教。该项目是交流协会近几年与美国人文学会理事会(ACLS)合作的新项目。每年，选拔一批优秀中学教师赴美国公立学校担任中国文化课教师，并负责定期向所在社区介绍中国情况，为期1年。1999年，派出了20人。(6)对中学生进行英语培训。为了提高中国中学生的英语听说和与外国人实际交往的能力，近年来与美国英语学会合作举办了“中华夏令营”项目。该项目利用暑期组织中学生学习英语，并邀请北美大学生来华担任英语辅导员，与中学生共同生活、学习和娱乐。1999年，共有186名美国大学生赴19所学校担任英语辅导员。(7)派遣中学生赴国外学习。1999年，继续与美国国际文化协团(AFS)合作，派遣46名中学生赴美国、法国、德国、奥地利、瑞士、比利时、意大利、挪威、冰岛、澳大利亚等10个国家进行为期1年的学习。另外，与日本静冈县教委合作，派2名学生赴日学习。

〔**高等教育国际交流**〕 (1)开创富有新意的交流活动，派遣大学校长赴澳跟班考察。与澳大利亚大学校长委员会(AVCC)密切合作，1999年10月～11月，选派了清华大学、南京大学、南开大学、四川大学、山东大学、上海大学、白求恩医科大学和延安大学8位大学副校长赴澳大利亚进行跟班考察学习，了解澳洲大学的教育改革情况和管理经验。此项目正为中国高校领导干部培训摸索一套行之有效的办法。(2)派遣高校后勤社会化考察团访欧。组织了高校后勤工作行政人员(25人)赴德国、法国进行了为期3周的考察，学习国外高校后勤服务社会化的做法和经验，了解各类和学校后勤工作有关的企业与学校、政府部门的关系及这些企业享受的优惠政策。(3)派遣高校财务制度改革考察团出访美加澳新。1999年先后派遣3个高校财务考察团，对美国、加拿大和澳大利亚、新西兰等国进行访问，了解国外高校财务管理的做法，尤其是对高校财务支付转移问题进行了深入了解和调查，为中国高校财务制度借鉴国外有益经验提供支持。(4)派团出国考察、学习、比较国外高等职业教育办学模式。对高等职业技术的对外交流进行重点支持。通过交流协会下属的高中后职业教育交流中心，继续在中国职业技术院校宣传和借鉴以能力培养为基础的加拿大职业教育课程开发模式。1999年10月～11月，组派了职业教育团赴加拿大、美国学习CBE DACUM并考察美、加的社区学院。6月和8月，两次派团赴澳大利亚考察职业和继续教育院校(TAFE)，学习对方的职业技术学校课程设置和学校管理的经验。通过考察，有重点的对国外的高等职业教育与职业教育之间的连接、职业资格证书教育、如何面向地区经济建设和社会发展，适应就业市场的实际需要，培养生产、服务、管理第一线需要的实用人才进行了调研。(5)派遣高校招生与就业考察团出访。5～6月组织了高校负责学生招生的专业人员出访德国和法国。同时，组织2个高校毕业生就业指导培训团访问美国、日本，详细考察高校毕业生就业指导情况。(6)与国外高校国际组织建立发展联系。为了帮助我国高校与国外院校进行更为密切的联系，促进它们之间分享信息，互认学历，合作科研，在教育部国际合作与交流司、学生司、科技司和教育部信息中心的协助下，为中国加入亚太地区高校组织(UMAP)做了大量工作。派员赴泰国参加亚太地区大学学历相互承认国际会议，赴菲律宾参加建立亚太地区的高校科研网和高校信息交流网国际会议。(7)派大学外事处长团赴美参加国际会议。为了宣传中国大学接受外国留学生的方针、政策，扩大国外学生来华学习的机会和渠道，交流协会与美国外国学生顾问全国协会（NAFSA）合作，第二次组织了中国高校外事处长代表团（32人）访问美国，并参加了美国该协会规模盛大的51届年会，积极宣传中国的高校国外学生来华留学项目，吸引更多国外学生来华学习。

〔**举办大型国际教育展**〕 为进一步加强中国高等学校与世界各国高等学校的学术交流与合作，并向中国青年学生提供正当的出国留学渠道，减少联系学校的盲目性，杜绝一些非法中介机构从中获取暴利，交流协会在教育部的支持下于11月上中旬与贸促会国际展览公司联合主办了1999年北京、上海国际教育展。有16个国家和地区的152所大学或教育机构参展，近6万余名观众参观了展览。10月，在上海与美国工商管理研究生专业协会（GMAC）和上海市教育国际交流协会联合举办了1999年“上海MBA论坛”，约70所颇具声望的国外大学的商学院前来参展。4月，我会协助上海市教育国际交流协会在上海举办1999年澳大利亚教育展；8月，又协助吉林省教育国际交流协会举办了1999年长春国际教育展。这些教育展取得了良好的社会效益，受到社会各界的好评。

〔**举行“华夏园丁迎2000年大联欢”活动**〕 继1992年以来在深圳、广州、厦门、汕头、香港、上海和澳门先后举办华夏园丁大联欢活动之后，1999年12月26日，“华夏园丁迎2000年大联欢”活动开幕式在北京人民大会堂举行。教育部部长陈至立、北京市市长刘淇等有关领导出席了开幕式。来自内地、香港和澳门的400余名中小幼教师代表出席了活动，并参加了以“学校教育与学生发展”为主题的研讨会。此外，代表们还访问了北京市具有代表性的中小学，参加了北京的历史古迹、新兴科技园区、工业开发区和现代农村的代表韩村河。华夏园丁迎新大联欢活动举办8年来，在港、澳、内地教师中已产生深远影响，特别是加强了港、澳、内地教师之间的友谊，交流了教育教学改革的经验，得到了社会上的广泛认同。

〔**举办“终身教育节”**〕 10月，为了向中国公众展示先进国家终身教育领域最新发展情况，唤起社会对此领域更为广泛的重视，交流协会与英国使馆文化教育处联合举办了“终身教育节”，通过展览、研讨会的形式，提高了教育界与社会各界对终身教育的认识，并介绍了“在线学习、趣味学习、共同学习、启迪学习、技能学习”的学习新概念。一周的展览和12场研讨会参加的人数达4 000余人次。

〔**与美国继续开展“艾氏项目”**〕 1999年度，在中美两国政府的支持下，交流协会与美国艾森豪威尔基金会再次合作，经中美双方联合提名委员会提名和审查，选派了30名（含配偶8人）中国较高级行政官员、专家和学者，于10、11月赴美进行为期两个月的专业考察访问。这些人选都在中国经济、科技、外交、教育、法律、信息、能源等重要部门起着骨干作用，在美期间，他们全面学习、了解了各自工作领域中最新的发展成就，同时也向美国各界宣传了中国各方面的发展情况，受到了美方有关各界人士的好评，被誉为中国真正的“精英”。

〔**继续接受凯尔财团赠送文教具**〕 日本凯尔财团向中国贫困地区捐赠文教具项目到1999年已经是第九年了。1999年3月，在北京举行了对海南省五指山地区贫困县市的捐赠仪式，日方共捐赠了2 100箱文教具。柳斌、郝克明、李顺兴等协会领导和日本PTA全国联合会出席了仪式。日方少男少女之翼访华团134人和北京市中学生180余人也参加了此项活动，并相互进行了友好交流。

〔**筹备自费出国留学中介机构**〕 交流协会向教育部、公安部申请获得国家自费出国留学中介机构资格，建立中国教育国际交流中心。该中心将本着为国家培养人才提供健康渠道，为自费出国留学的学生及其家长把好质量关和将中国高等教育推向世界的原则进行筹备和运作。

撰稿 吴淑洁 周 军

审稿 李顺兴

中国教科文组织活动

〔**综述**〕 1999年中国教科文全委会继续以邓小平同志的外交战略思想为指南，坚持独立自主的和平外交政策，借助教科文组织这一多边智力合作渠道为中国教育、科学和文化事业的发展服务。本年度与该组织在教育、科学、文化和传播领域内开展的合作项目约250余项，同时积极参与教科文组织重大活动和决策性会议，充分发挥中国在国际组织中的大国作用。

〔**出席教科文组织第30届大会**〕 1999年10月26日～11月17日，联合国教科文组织第三十届大会在巴黎举行。以教育部副部长、中国教科文全委会主任韦钰为团长，由教育部、外交部、财政部、科学技术部、中国科学院、中国社会科学院、国家海洋局、教科文全委会秘书处有关人员组成的中国政府代表团出席了会议。

大会举行了全会总政策辩论，165个国家的代表团团长作了发言，其中有125个国家的部长或副部长。他们在发言中对教育给予了极大关注，一致认为，教育是经济增长最有效的投资，发展中国家的教育重点不能只局限于基础教育和职业教育，必须发展各级各类教育，发展中国家如果没有高质量的高等教育，只能作为非熟练劳动力的提供者和别国商品的消费者，无法掌握本国和本国人民的命运。韦钰在发言中介绍了中国五十年来在教育领域取得的成就和“科教兴国”的基本战略。

大会审议通过了2000年～2001年计划与预算，还对一系列政府间计划理事会进行了改选。中国当选以下机构成员：世界遗产委员会、政府间信息学计划、政府间综合信息计划、人与生物圈计划、国际水文计划、政府间体育运动委员会、统计研究所理事会。

〔**举办'99巴黎中国文化周**〕 为了充分展示建国50年来，特别是改革开放20年来，中国教育、科技、文化领域所取得的伟大成就，中国与教科文组织合作于1999年9月1日～12日在巴黎举办了'99黎中国文化周。中共中央政治局委员、中央宣传部部长丁关根率政府代表团出席了开幕式。教育部参展内容主要有四个方面：(1)以上海中医药大学为代表的反映中国中医药教育成就的展区；(2)以北京大学方正集团为代表的反映中国高校科技成果转化的展区；(3)中国民族教育取得伟大成就的展区；(4)以清华大学为代表的反映中国现代建筑教育成就的展区。观众一致认为，从这几个侧面中了解到中国教育的概况。

〔**出席世界科学大会**〕 1999年6月27

日～7月1日，教科文组织与世界科学理事会合作，在布达佩斯举办了世界科学大会，来自世界各国的政府、非政府组织代表团及科学界人士共2 000余人出席了会议。会议旨在提高公众对科学的了解和认识，特别要通过教育和普及科学使大家认识到科学是广义的文化的组成部分，是促进可持续发展的重要手段。中国科学院院长路甬祥率中国科学代表团出席了会议。代表团副团长、教育部副部长韦钰在会上就“科学教育”作了专题演讲。会议通过了两个重要文件：(1)《世界科学与利用科学知识宣言》；(2)《科学议程—行动框架》。这两个文件为教科文组织会员国制订下一世纪科学发展规划提供了参考。

〔**出席国际职业技术教育大会**〕　1999年4月27日～30日，教科文组织在韩国召开国际职业技术教育大会。120个国家派代表团出席会议。教育部副部长张天保率中国代表团与会并发表了讲话。本次会议提出：终身学习与培训是通向未来的桥梁，职业技术教育不是终极教育和简单的技术培训，而是终身教育体系中的一个环节，是提高人的能力与技能、面向就业和发展人的创造性的一种教育。会议讨论内容对我国发展职业技术教育提供了有益的参考。

〔**出席教科文组织执行局会议**〕　1999年教科文组织执行局先后召开156、157、158三届会议。会议内容包括审议2000年～2001年计划与预算草案、总干事换届选举、30届大会准备工作、教科文组织改革等议题。中国作为58个执行局委员国之一，派代表团出席了会议。156届执行局召开之际，正值以美国为首的北约袭击中国驻南斯拉夫使馆不久，我代表在全会上强烈谴责了以美国为首的北约的野蛮暴行。执行局公约与建议委员会对涉我所谓“人权来函”进行了例行审议。其中，达赖非法指定的十世班禅“转世灵童”一案是众人关注的热点。我代表向委员们反复介绍了有关“转世灵童”的历史定制、宗教仪规和民族政策，驳斥了来函作者在西藏问题上对我的污蔑和指责。经我多方工作，终于使该案得以注销。

〔**教育领域的合作**〕　1999年中国与教科文组织在教育领域的合作项目共120项。在基础教育方面，开展了提高贫困地区小学和中学教育质量，特别是对女童教育的支持，在甘肃、贵州、四川、青海、云南、广西、吉林和安徽8省（自治区）实施了利用现代化教育手段提高小学教育质量的项目；连续三年对广西龙胜等3个县的100名女童提供奖学金；继续实施中等教育革新项目，在北京、陕西和山西试点学校，根据大教学班的特点，提倡学生的主体性参与，这是进行素质教育的有益探索。该项目在1999年12月获教科文组织亚太地区“教育革新奖”。

在农村教育方面，教科文组织继续向中国“联合国教科文组织农村教育研究与培训中心”提供资助。1999年，该中心开展了多项专题研究，举办了10期农村教育讲习班或研究班，先后有50名外国教育专家参加活动。特别是“非洲人员讲习班”的举办，加强了中国与非洲发展中国家在农村教育方面的交流，教科文组织认为该中心是“南南”合作的成功典范。

在扫盲方面，教科文组织继续对中国四川、陕西、甘肃、贵州和广西等边远地区的扫盲和成人教育予以支持；资助编写了农村非正规教育和农民创收培训指导教材；开展了农村妇女多渠道学习、实验研究和扫盲后功能性培训试点项目。

在高教领域，教育部副部长韦钰应邀担任了教科文组织亚太地区高教委员会顾问；由教科文组织提供资助，在北京大学和南开大学分别建立了“教席”计划，进行有关高等教育的研究。

〔**自然科学领域的合作**〕 1999年，中国科学院、国土资源部、水利部、科学技术部、国家海洋局及部分高等院校在自然科学领域参与了96项与教科文组织共同开展的合作项目。著名海洋学家、中国科学院院士苏纪兰教授当选为教科文组织海洋学委员会主席。这是在有130多个国家为成员的重要国际机构中，我国科学家首次当选这一职务，表明了国际社会对我国海洋研究领域国际地位的认可。中国教科文组织国际泥沙研究培训中心于1999年5月成立了杭州河口海岸试验研究基地，中心的科研和培训能力将进一步得到加强。清华大学在教科文组织的资助下，建立了继续工程教育教席，该教席有利于“产学研”计划的实施和大学与产业之间的技术转让。中国科学院和几所重点大学还先后派专家学者出席了有关能源理论、国际科学知识与技术伦理、生物伦理等方面的国际会议。

〔**社会科学、文化、信息传播领域的合作**〕 1999年，中国有关部门继续在这些领域与教科文组织合作，开展形式多样的活动。在社会科学方面，中国专家出席了教科文组织国际中亚研究所学术委员会会议，中亚文化与宗教国际论坛，国际民主与发展专家组会议。

在文化方面，1999年11月26日～12月4日，教科文组织世界遗产委员会第23届会议及主席团特别会议在摩洛哥举行。作为委员会成员国之一，中国派出了由教科文全委会、国家文物局、建设部及有关遗产地管理单位组成的政府代表团出席会议。会议主要审议已列入的遗产地保护状况、各国提名列入《世界遗产名录》的项目，批准援助申请并审议通过2000年预算等。中国代表团积极参与会议各项工作，广泛联络各方，多作宣传和友好工作，使中国新提名的两项遗产地——福建省的武夷山和四川省的大足石刻顺利列入名录。截至1999年底，中国被教科文组织批准的世界遗产地已达23处。教科文组织文化部门还提供资助于1999年8月23日～29日在四川峨眉山市举办中国世界自然遗产国家战略研讨会。会上，国内外专家分别作了关于世界遗产评定、申报程序、各国管理自然遗产的方法和经验等主题报告。建设部等有关部门根据会议精神制订了下一步工作计划。

有关部门还派人参加了教科文组织举办的国际儿童电视节影展、国际青年营、图书出版培训班、摄影比赛等文化活动。国家体育总局派代表团出席了在巴黎举办的世界和平文化和体育运动会议。

在信息和传播方面，中国专业部门派人出席了教科文组织政府间信息学计划及综合信息计划第二次主席团联席会议、世界记忆亚太地区委员会第一次执行局会议、国际传播发展计划理事会会议。此外，还派人参加了一些培训活动，如国家和大学网络培训班、亚太地区计算机培训班、亚太地区社会科学信息网络评估培训班等。

〔**翻译出版教科文组织出版物**〕 1999年，教科文全委会与国内业务及出版部门合作，翻译出版了一系列教科文组织出版物：

1998 年度《世界科学报告》、《世界传播报告》、《世界信息报告》、《高等职业技术教育研讨会论文集》、《汉城国际技术与职业教育大会建议》、《全民教育 2000 年杂志》35～38 期。中国社会科学院继续翻译出版了教科文组织季刊《社会科学》杂志，中国对外翻译出版公司出版了教科文组织《信使》杂志、《教育展望》杂志。

〔参加联系学校计划和俱乐部活动〕
1999 年，中国参与教科文组织联系学校计划和俱乐部活动有了较大发展。参加上述两项活动的学校积极利用教科文组织的渠道，加强对外交流，开展现代化教育革新。他们先后派师生到日本、韩国、法国参加国际会议，展示中国青少年的良好精神面貌。他们还积极参加教科文组织的国际书画比赛，不少人取得了优秀成绩。1999 年 7 月，在教科文组织俱乐部第五届世界联合会代表大会上，中国教科文俱乐部协会主席陶西平当选为世界联合会副主席。

撰稿　师淑云

审稿　张学忠

语言文字工作

〔**综述**〕 1999年，语言文字工作进一步深入贯彻第三次全国教育工作会议和全国语言文字工作会议精神，发挥城市的中心作用，推动城市语言文字工作逐步走上制度化、规范化的轨道；召开了学校语言文字工作会议，为全面推进素质教育服务；与人事部联合发出通知，要求加强对公务员普通话的培训工作；本着“热烈、务实、简朴”的原则，开展了第二届全国推广普通话宣传周活动；着手建立语言文字应用监督评测机制；发布了印刷魏体字形规范等四项规范，语言学科“九五”重大项目进展顺利，促进了汉语言文字信息处理技术的发展；少数民族语言文字应用调研工作启动；中国语言文字使用情况调查从准备阶段进入实施阶段；加强对外交流与合作，与加拿大魁北克政府法语局签订了科研合作协议。

撰稿　周道娟

〔**发挥城市中心作用，全面推进语言文字工作**〕 为贯彻1997年召开的全国语言文字工作会议精神，教育部、国家语言文字工作委员会于1999年2月5日联合印发《关于进一步发挥城市的中心作用，全面推进语言文字工作的意见》（以下简称《意见》）。

《意见》要求各地进一步提高对做好城市语言文字工作重要性的认识，切实加强领导。城市语言文字工作历来是全社会语言文字应用管理的重点，这是由城市的地位、作用以及语言文字工作自身的特点和规律决定的。进一步搞好城市的语言文字工作，对推动全社会语言文字规范化、标准化具有重要意义，对加强城市文化建设、提高市民整体素质、树立城市良好形象也具有深远影响。各级政府要进一步提高对搞好城市语言文字工作重要性的认识，切实加强领导，将其列入政府议事日程，纳入城市两个文明建设的总体规划，作为加强城市管理、树立城市形象、提高市民素质的一项重要内容来抓，做到有机构、有人管，并为开展语言文字工作提供必要的条件。各级语委要切实发挥好政府职能作用，振奋精神，扎实工作，在同级政府统一领导下，统筹规划，积极协调，充分调动有关部门和社会各界的积极性，形成并巩固条块结合、齐抓共管的工作格局，切实推动城市语言文字工作，为实现语言文字工作新世纪目标而努力。

《意见》对2010年以前“普通话初步普及”、“汉字的社会应用基本规范”的内涵分别作出界定，并提出“三类城市、分三个时间段达标”的总体构想和要求。一类城市包括直辖市、省会、副省级市和自治区首府，要求在下世纪头两年基本达标；二类城市指地级市（含地区行署所在地），要求在2005年左右基本达标；三类城市指县级市，要求在2010年以前基本达标。城市语言文字工作的重点是党政机关、学校、新闻媒体和主要的服务性行业，突出并重点做好这四个方面的工作，是城市语言文字工作达标的基础。要充分发挥教育的基础作用、国家公务员的带头作用、新闻媒体的示范作用和主要服务行业的窗口作用，以带动整个城市用语用字规范化水平不断提高。由于城市语言文字工作涉及各行各业，因而要统筹规划，突出重点，分步实施，逐步推进。

为推动城市语言文字工作逐步走上制度化、规范化的轨道，教育部和国家语委将颁布《城市语言文字工作评估标准》，有计划、分步骤地组织实施各级各类城市的语言文字工作综合评估工作。《意见》还对近期城市语言文字工作作出安排：1999年，教育部和国家语委将在调查研究、汲取各地经验的基础上制定、颁布《城市语言文字工作评估标准》，选择部分一类城市进行试评估；各地要结合本地实际，制订或调整所辖城市分阶段达标的规划和实施方案。从2000年起，各地要着手对一类城市实施评估，国家语委将在此基础上组织检查验收，并在适当时候召开评估工作汇报会或交流会。各地在评估实践中要及时总结经验，探讨加强城市工作的途径和方法，使城市语言文字工作不断迈上新台阶，取得新进展。

撰稿　王铁琨

〔研制《一类城市语言文字工作评估标准》〕 1999年，教育部语言文字应用管理司进行了《一类城市语言文字工作评估标准》（以下简称《标准》）的研制工作。《标准》将作为衡量一类城市是否实现跨世纪语言文字工作奋斗目标的评估标准，同时也可供各省、自治区、直辖市作为制定二、三类城市（地级市、县级市）评估标准的参照。

语言文字应用管理司于3月初在北京召开研讨会，进行初步酝酿，会后，起草了《标准》初稿。5月初，在南京召开了部分省市语委干部和专家学者出席的研讨会，对初稿进行研讨。这次会议肯定了《标准》制定所遵循的原则，确定了框架和指标体系。根据会议的精神，对初稿进行了修改，形成征求意见稿，于8月初下发各地征求意见。

《标准》的制定坚持了以下原则：(1) 坚持科学性。《标准》必须遵守《宪法》、《教育法》、《义务教育法》、《民族区域自治法》和《幼儿园工作条例》、《广告语言文字使用管理规定》等法律法规关于语言文字应用的有关规定，遵照国家语言文字工作方针政策，遵循语言文字学、统计与测量评估学的基本理论及语言文字工作的一般规律，提出的指标体系必须依据上述法律法规、方针政策和基本理论。要从当前语言文字工作的实际出发，紧紧围绕跨世纪工作目标，把现实性和前瞻性相结合，把定性分析和定量分析相结合，提出对相关工作的评估标准。(2) 突出指导性。《标准》要涵盖城市语言文字工作的有关方面，对这些方面应该达到的目标要求一一提出评估标准，反映城市语言文字工作达标的动态过程，用分值权重使标准量化、体现工作重点，以促使各级政府、语言文字工作部门进一步重视这项工作，加强法规、制度和队伍建设，加大管理力度；同时，引导各有关领域和部门按照《标准》的要求改进工作，推动相关工作走上规范化、科学化轨道，实现跨世纪工作目标。(3) 注重可操作性。《标准》的各项指标要内涵清楚，表述明确，分别代表工作的不同方面，给每项指标分配一定的分值来标明其在整体中的相对重要程度和实现的难易程度，使各项指标直观，易于把握和执行。

《标准》由四部分组成：评估项目即一级指标；评估要素即二级指标；评估标准即三级指标；最高得分。城市语言文字工作主要涉及三个大的方面，这三方面构成三个一级指标：一是综合管理，主要用来衡量城市各级政府对语言文字工作的领导，语言文字工作机构、队伍建设，法规、制度建设，基本工作措施等方面的情况。这是城市实现跨世纪工作目标的基本保障。二是普及普通话。三是社会用字管理。后两项是衡量用语用字实际水平，也就是看一个城市是否实现普通话“初步普及”、“汉字的社会应用基本规范”的目标的关键性指标。对一级指标进行分解，以每个一级指标所涵盖的工作领域和内容作为二级指标。构成每个二级指标的具体要点作为三级指标。

为了检验《标准》指标体系的科学性和可操作性，语言文字应用管理司于10月运用《标准》（征求意见稿）在昆明市进行了试评估，11月，召开了北京市各区、县及有关行业系统语委干部参加的座谈会，进一步征求意见。根据实地操作和征求意见的结果，对分值权重和一些三级指标进行了调整、修改，于12月底形成了送审稿。

撰稿　于　虹

〔**语言文字应用监督评测机制建设**〕　全国语言文字工作会议提出建立语言文字应用监督评测网的任务，并要求各级语委高度重视这一工作，以逐步形成语言文字社会应用的监督评测机制。1999年，教育部语言文字应用管理司就此问题召开两次会议，就语用司提出的建网设想专门征求语言文字学界、教育界、新闻出版界部分专家学者和部分语委干部的意见。

与会同志在以下一些问题上形成了较为一致的意见：(一) 监督评测网的性质：监督评测网是在各级语委组织领导下由社会有关方面组成的辅助性语言文字工作网络，是各级语言文字工作机构开展工作的有力补充和依托。(二) 监督评测网的任务和评测对象：监督评测网的任务是有组织地对语言文字的社会应用进行监听、监看，及时掌握语言文字应用的现状和问题，向主管部门反馈；就语言文字应用中的一些问题进行研究和评议，为行政管理部门科学决策提供依据，为群众正确使用祖国的语言文字提供一定的服务，并对社会语言生活加以适当引导。监督评测的对象主要是信息处理、出版物、广播影视以及党政机关、学校、社会窗口行业的用语用字。(三) 监督评测网的组织：监督评测网由各级语委依靠当地的语言文字、信息处理、新闻出版、教育等方面的学会、协会及有关高等院校，组织专家和热心语言文字工作的积极分子组成监督评测队伍，逐步形成纵向分级、横向包括各有关方面人员组成的网络结构。(四) 监督评测网的运作：监督评测工作由各级语委统一安排，各级语委负责组织制定当地监督评测规划和年度工作计划，建立监督评测报表制度和会议制度。监督评测情况和结果应及时向语言文字应用单位、上级语委及有关行业主管部门反馈，经有关主管部门同意也可以一定的形式发表。各级语委要及时分析监督评测中发现的问题，协调有关部门采取相应措施推进工作。

语言文字应用监督评测机制的建设是一个长期实践、逐步形成的过程，既要积极推动，又不能急于求成。与会同志认为，可以选择一部分工作基础较好的省市先行试点，取得经验后再逐步推开。同志们还就试点工作初步交换了意见。

撰稿 王铁琨

〔**开展公务员推广普通话工作**〕 推广普通话是我国的基本语言政策，普通话应当成为党政机关工作用语，公务员应当带头学习和使用普通话。随着改革开放和社会主义市场经济的发展，各级政府部门与社会的工作交往越来越广泛，公务员掌握全国通用的普通话并把普通话作为工作用语，其必要性和紧迫性越来越突出。国家推广普通话的工作思路是以学校为基础，以党政机关为龙头，以广播电视等媒体为榜样，以公共服务行业为窗口，以大中城市为重点，带动全社会推广普及普通话。因此国家公务员在推广普通话工作中应当发挥重要的龙头作用。

1999年5月，人事部、教育部、国家语言文字工作委员会联合发出《关于开展国家公务员普通话培训的通知》。《通知》说，“根据《中华人民共和国宪法》关于‘国家推广全国通用的普通话’的规定，为进一步贯彻中央领导同志关于‘推广普通话，公务员要带头’的指示精神，提高公务员的普通话水平，人事部、教育部、国家语委决定，在全国公务员中开展普通话培训工作。”

《通知》要求各地各部门采取措施，加强对公务员普通话的培训，原则要求1954年1月1日以后出生的公务员达到普通话三级甲等以上水平，对1954年1月1日以前出生的公务员不作达标的硬性要求，但鼓励他们努力提高普通话水平。《通知》指出，国家公务员在公务活动中应当自觉使用普通话，各地各部门要逐步将普通话作为考核公务员能力水平的内容之一。《通知》规定人事部负责国务院各部委、各直属机构公务员的普通话培训工作，各省、自治区、直辖市政府人事部门负责本辖区公务员的普通话培训工作，各级教育部门、语言文字工作部门协助配合。

1999年5月，最高人民检察院办公厅也发出了《关于在检察系统做好推广普通话工作的通知》，要求全国检察系统在诉讼活动中尽可能说普通话，逐步在检察系统形成说普通话的良好风气，并要求在检察人员中开展普通话培训测试工作，不断提高检察人员的普通话水平。

在此之前，上海、广东、湖北、云南、河南、山东、浙江等省市或省内一些部门已经开展起公务员普通话培训测试工作。如湖北省委组织部、省人事厅、省语委联合发文规定公务员应经培训测试达到普通话二级乙等水平，将普通话水平达到二级乙等纳入公务员的录用条件。

撰稿 袁钟瑞

〔**第二届全国推广普通话宣传周**〕 以“推广普通话，迎接新世纪”为主题的第二届全国推广普通话宣传周活动于1999年9月12日～18日在全国展开。本届推普周活动本着“热烈、务实、简朴”的工作原则，在进一步增强全社会语言文字规范意识，为现代化建设营造良好语言环境方面发挥了积极作用。

本届推普周活动有以下几个特点：

一、进一步加强了领导和部门间的协调。成立了以教育部部长陈至立为组长的全国推广普通话宣传周领导小组，多数省市也成立了由宣传、教育、人事、文化、广电、语言文字、军队等部门组成的推普周领导小组，进一步加强了对此项工作的领导，促进了各部门之间的协调合作。

二、突出了迎接新世纪的主题，加大了宣传力度。8月31日，全国推广普通话宣传周领导小组召开记者通气会，各媒体对即将开展推普宣传周活动进行了报道。9月12日，李岚清副总理为本届推普周发表题为《大力推广普通话，促进语言文字规范化，为现代化建设营造良好的语言环境》的书面讲话，新华社发了通稿和消息，《人民日报》、《光明日报》、《中国教育报》以及全国各大报刊予以转载。9月3日，《人民日报》发表了题为《继续大力推广普通话》的评论员文章；9月14日在人民大会堂召开了各界人士座谈会，《光明日报》作了发言摘登；9月15日举办了朗诵艺术欣赏会。推普周期间，向全国发放了20余万张宣传画及大量其他宣传材料。本届推普周，全国各地纷纷开展了活泼新颖、形式多样的宣传活动，如召开座谈会、学术研讨会、办墙报、黑板报、热线电话；开展竞赛、演讲、征文、测试、培训以及街头咨询、专题晚会等等，取得了良好的宣传效果。不少省市领导同志还为本届推普周发表了电视讲话或署名文章，在当地引起积极反响。

三、较充分地发挥了新闻媒体的宣传作用。推普周期间，全国各地均有计划地组织协调新闻媒体对宣传活动进行了较为充分的报道，宣传质量有明显提高。中央电视台播出电视专题片《中华民族的共同语言—普通话》和推广普通话的公益广告，中国教育电视台开办了《语言文字》专题栏目，中央人民广播电台制作了专题节目。北京电视台、广播电台也播出了专题片、评论以及公益广告等等。湖南省的《有话好说》、云南省的《方言和普通话》，江苏省的《说好普通话，热爱我中华》相声小品大赛，广东省旅游系统普通话大赛等节目，均通过卫星电视频道向全国播出。上海、天津、重庆、山东、福建、河北等地也都制作播出了广播电视专题节目。

四、注重了实效与日常工作相结合。上海、贵州、广东、河北、安徽、湖北等省市有计划地结合近中期重点工作开展推普周宣传活动，取得了较好的效果。

从全国情况看，本届推普周活动得到了广大群众、部队官兵、专家学者和社会各界的热烈响应和广泛参与，达到了预期效果，对深入宣传推广普通话的意义及方针政策，动员全社会参与，逐步强化公民语言文字规范意识，起到了积极作用。

撰稿　郝阿庆

〔全国学校语言文字工作会议〕 教育部于12月14日～16日在北京召开全国学校语言文字工作会议，来自全国31个省、自治区、直辖市和新疆生产建设兵团的教委（教育厅）和语言文字工作委员会的有关领导以及教育部有关司局的负责同志出席了会议。部党组副书记、副部长吕福源，国家总督学柳斌和国家语言文字工作委员会副主任朱新均等出席了开幕式。部党组书记、部长陈至立致书面开幕词，吕福源做题为《做好学校语言文字工作，为全面推进素质教育，实现新世纪语言文字工作目标而奋斗》的工作报告。副部长张天保出席了闭幕式，朱新均做会议总结。

这次会议是建国以来第一次全面研究部署学校语言文字工作的专门性会议，对于使学校语言文字规范化工作更加适应全面推进素质教育的需要，促进新世纪国家语言文字工作目标的实现具有重要意义。会议的任务是：贯彻全国教育工作会议和全国语言文字工作会议精神，总结建国50年来学校语言文字工作，认清形势，明确任务，落实措施，把学校语言文字工作提高到一个新水平，为全面推进素质教育服务，为实现我国新世纪语言文字工作目标而努力。

吕福源充分肯定了建国50年来，学校语言文字工作通过推广普通话、推行规范汉字和《汉语拼音方案》，增强受教育者的语言文字规范意识和提高受教育者的语言文字应用能力，为提高国民科学文化素质和全社会语言文字规范化水平，增强民族凝聚力，促进社会主义现代化建设做出的重要贡献。

吕福源说，今年6月，党中央、国务院召开了改革开放以来第三次全国教育工作会议，动员全党和全国人民，以提高民族素质和创新能力为重点，深化教育改革，全面推进素质教育，振兴教育事业，实施科教兴国战略，为实现党的十五大确立的社会主义建设宏伟目标而奋斗。做好学校语言文字工作是全面推进素质教育的一个重要方面。国务院批转教育部《面向21世纪教育振兴行动计划》明确了学校语言文字工作在素质教育中的位置和作用。他要求从提高国民素质、实施科教兴国战略、推进现代化建设的高度来认识和做好学校语言文字工作，为全面推进素质教育服务。

1997年全国语言文字工作会议提出：2010年以前，普通话在全国范围内初步普及，汉字的社会应用基本规范；21世纪中叶以前，语言文字规范化标准化水平和国民语文素质大幅度提高，形成与中等发达国家水平相适应的良好的语言文字环境。学校应力争在2005年左右基本达到用语用字规范化的要求，进而带动全社会，为2010年在全国范围内实现语言文字工作阶段目标提供条件和保证。当前和今后一个时期学校语言文字工作的任务是：继续坚持普通话在学校教育教学中的法定地位，大力普及普通话；继续坚持汉字简化的方向，并不断提高教育教学用字的规范化水平；继续推行《汉语拼音方案》，扩大使用范围；发挥语文教学主渠道的作用，深化语文课的教材和教学改革，加强学生语言文字应用能力的培养、训练和考核；积极参与面向中文信息处理的语言文字规范标准的研制和语言文字基础工程建设等。

为做好今后的学校语言文字工作，吕福源要求全国教育系统统一思想，提高认识，把学校语言文字工作摆在适当位置，给予足够的重视。要加强领导，健全机构，省级和副省级教育行政部门应当有专门的机构和人员管理语言文字工作，地、市级教育行政部门也应当有机构和人员专管或兼管，县级及其以下应有机构和人员兼管。各级教育行政部门要把语言文字工作列人议事日程，纳入教育质量综合评价指标体系，作为对学校进行管理、评估和督导的内容之一。他强调要把学校语言文字工作与学校的教育教学和管理工作结合起来，把语言文字规范化的要求纳入培养目标、纳入常规管理、纳入专业技能训练，并渗透到学校教育教学活动和校园文化建设的各个方面，逐步形成日常化、制度化和规范化的工作格局和工作模式。他还特别强调努力提高教师职业语文素养，教师要做“说普通话、写规范字”的模范。在实施教师资格制度的过程中，要把具备相应等级普通话水平作为教师录用和教师资格认定的必备条件。

吕福源希望在教育战线不同方面工作的

同志认清形势、明确任务、抓住机遇、开拓进取，把学校语言文字工作和其他各项工作做得更好，为进一步深化教育改革，全面推进素质教育，促进国家现代化建设事业，实现中华民族伟大复兴的宏图大业贡献力量。

河北、辽宁、上海、湖北、广东、云南等6省市的教委、语委以及浙江金华环城小学、南昌铁路机械学校、广西民族学院、新疆乌鲁木齐师范学校在大会上介绍了开展学校语言文字工作的经验。

会后，教育部和国家语委将下发《关于进一步加强学校普及普通话和规范用字工作的意见》,对进一步加强学校普及普通话和规范用字工作提出加强宣传教育、师生普通话水平达标要求、深化语文教学改革、实施学校语言文字工作评估等措施。

撰稿　袁钟瑞

〔印刷魏体字形、印刷隶体字形、汉字笔顺、汉字字序（笔画序）四项规范发布〕 由国家语言文字工作委员会主持制定的印刷魏体字形规范、印刷隶体字形规范、GB13 000.1字符集汉字笔顺规范和由教育部（国家语委）语言文字信息管理司与中共中央办公厅信息中心联合主持制定的GB13 000.1字符集汉字字序（笔画序）规范新闻发布会于1999年10月22日在北京召开。会议由国家语委副主任傅永和主持，全国人大常委会副委员长许嘉璐、国家语委副主任朱新均出席了会议，并发表讲话。

印刷魏体字形、印刷隶体字形、汉字笔顺、汉字字序（笔画序）四项规范是我国语言文字应用领域急需的规范，它们的发布将促进我国语言文字应用的规范化、标准化，尤其是中文信息处理中语言文字应用的规范化、标准化。

当今世界，信息技术水平及其产业规模，已经成为衡量一个国家综合国力的重要因素，计算机中文信息处理技术是我国信息产业的技术支柱。语言文字是信息的主要载体，语言文字的规范化、标准化程度直接影响我国信息化的水平。目前我国语言文字的应用，尤其是中文信息处理中语言文字的应用还存在着不同程度的混乱现象。1995年12月25日国务院副总理李岚清在纪念文字改革和现代汉语规范化工作40周年大会上的讲话中，着重强调要认真搞好中文信息处理中语言文字的规范化、标准化工作。国家语委近年来加强了语言文字规范标准制定工作的力度，已颁布和正在制定的规范有十多项。这四项规范的颁布正是为满足社会用字管理以及信息处理、排序检索、出版印刷、辞书编纂等方面的需要而制定的。

一、印刷魏体字形规范、印刷隶体字形规范

印刷魏体字形规范、印刷隶体字形规范是国家语委针对目前印刷出版物和各类汉字库字形设计中印刷字体字形存在的混乱状况而制定的。随着计算机汉字库字形技术的发展，作为印刷书体的魏体和隶体等已被广泛应用，如书写标语、广告等宣传用字和印刷出版物的标题字头等。在印刷出版物中，除了传统的宋体、仿宋体、楷体和黑体，各种印刷新字体大量涌现，这一方面丰富了印刷字体的种类，另一方面也带来了一些问题，即字形不规范。因此国家语委语言文字信息管理司于1996年6月开始组织研制各种印刷新字体的字形规范，主要用于出版印刷，也为各类汉字库字形设计提供依据。

印刷魏体和隶体字形规范经专家审定会审议通过，专家们认为：两项规范的指导原则是正确的；对字形规范的宽严要求是合理的；规范的内容和形式合理实用，示范例字有代表性，能满足有关领域应用需要。并认为两项规范意义重大，需求迫切，有助于消除目前印刷出版物和各类汉字库中印刷书体字形存在的混乱状况。

二、GB13 000.1字符集汉字笔顺规范

GB13 000.1字符集汉字笔顺规范是教育部（国家语委）语言文字信息管理司针对信息处理、排序检索、辞书编纂、汉字教学等领域大字符集汉字应用的需要而制定的。该项规范以1997年4月国家语委发布的现代汉语通用字笔顺规范为基础，并分类确定不同的源字集（中、日、韩）汉字笔顺的制定原则。

该项规范经专家审定会审议通过，专家们认为：规范的制定原则是正确实用的；对GB13 000.1字符集汉字笔顺的确定是妥当的；规范的内容和笔顺形式是合理的，能满足汉字信息处理、辞书编纂、排序检索、汉字教学等领域应用的需要。

三、GB13 000.1字符集汉字字序（笔画序）规范

GB13 000.1字符集汉字字序（笔画序）规范是教育部（国家语委）语言文字信息管理司和中办信息中心联合制定的。汉字按笔画排序是汉字最基本、最重要的排序方式。1965年发布的笔画序规范只规定到笔画数和笔顺，而对相同笔画数和笔顺的字则未规定排序原则，这对辞书编纂、排序检索（尤其是人名排序）和信息处理带来不便。为此，决定制定GB13 000.1字符集汉字字序（笔画序）规范，并确定了保证字量的可扩充性和不同字量字序的可兼容性的制定原则，形成了汉字定序规则。按照定序规则，通过计算机首先对GB13 000.1字符集20 902个汉字进行笔顺编码排序，然后对同码字（笔画数、笔顺相同的字）进行人工标注和反复试排，最后形成了20 902个汉字的字序表。

字序规范经专家审定会审议通过，专家们认为：规范的制定原则是正确的；定序规则是科学合理的；采用的技术手段先进、可靠；对GB13 000.1字符集20 902个汉字中同码字的排序是妥当的；能够满足汉字的信息处理、排序检索、辞书编纂等方面应用的需要。

该四项规范于2000年1月1日起实施。

〔**“信息处理用现代汉语词汇研究”进展顺利**〕 由国家语委承担的国家社科基金语言学科“九五”重大项目“信息处理用现代汉语词汇研究”1999年取得较大进展。根据1998年12月召开的课题研讨会纪要的要求，1999年各子课题按计划积极开展工作，课题进展顺利。“信息处理用现代汉语分词词表”课题按要求于4月5日在京召开了专家评审会。

1999年10月在北京召开了第二次课题研讨会，各子课题负责人及课题主要参加者共20多人参加了会议；全国人大常委会副委员长、课题组组长许嘉璐主持了会议。会上交流了课题执行情况，研究了课题执行和管理中的问题和解决办法，提出了下一步工作的计划和要求。

1999年课题取得了如下重要阶段成果：

1.《信息处理用现代汉语分词词表》(TH9904版)。

2. 歧义切分与专有名词识别软件：(1)汉语文本切词和词性标注软件评测系统(2.0版)；(2)中国人名识别软件（1.0版），召回率为85.6%，识别率为93%；(3)汉语文本切词和词性标注系统。

3.《中文文本自动切词与标注》(专著)。

4.《现代汉语语料库加工规范与手册》(技术报告)。

〔**少数民族语言文字应用调研工作启动**〕 1998年国务院机构改革后,少数民族语言文字的规范标准及信息处理的宏观管理工作转归教育部。为了解少数民族语言文字应用的现状及存在的问题,需要加强调查研究,形成关于少数民族语言文字的规范标准及信息处理宏观管理工作的思路和总体设想,提出3～5年的工作规划。为此,教育部语言文字信息管理司1999年对少数民族语言文字的情况进行调研。调研主要内容为:(1)当地民族语言文字的历史和现状;(2)当地民族语言文字规范标准的研制、发布情况;(3)当地民族语言文字信息处理的现状;(4)当地民族语言文字规范标准及信息处理未来3～5年的设想;(5)当地民族语言文字工作机构情况。1999年,已赴云南、新疆、内蒙古、延边、四川、广西、贵州等地进行调研,并形成了《少数民族语言文字调研报告》(初稿)。

撰稿 陈 敏

〔**“中国语言文字使用情况调查”进展情况**〕 8月9日中国语言文字使用情况调查工作会议开幕式暨启动仪式在北京举行。全国人大常委会副委员长、调查领导小组组长许嘉璐、教育部副部长吕福源出席会议并讲话。国家语委副主任朱新均主持会议并做工作报告。会议标志着中国语言文字使用情况调查工作从准备阶段转向实施阶段。

1999年主要做了如下工作:

一、召开了有关会议。5月5日召开了由教育部、国家语委、国家民委、公安部、民政部、财政部、农业部、文化部、国家广电总局、国家统计局、中国社会科学院等负责同志组成的中国语言文字使用情况调查指导小组第一次会议。会议听取了调查办公室负责人的工作汇报,指导小组成员就调查实施方案的执行情况进行了审议,并对以后工作提出了许多重要的意见和建议。8月5日,中国语言文字使用情况调查领导小组和指导小组召开联席会议。会议肯定了调查办公室准备阶段的工作,认为准备工作已经成熟,可以在全国范围内正式启动。8月9日召开了各省市调查工作负责人参加的工作会议。会议进一步明确了调查的目的意义和各省市所负担的任务,并对调查实施工作进行了具体部署。

二、颁发了有关文件。6月24日教育部办公厅发出《关于印发〈中国语言文字使用情况调查指导小组会议纪要〉的通知》;7月20日教育部、国家语委、国家民委、公安部、民政部、财政部、农业部、文化部、国家广电总局、国家统计局、中国社会科学院等11个部委局的办公厅联合发出了《关于开展中国语言文字使用情况调查的通知》;8月23日民政部办公厅、教育部办公厅和国家语委发出《关于做好中国语言文字使用情况调查的通知》。

三、完成了调查问卷的设计工作。问卷共有9种:入户问卷3种(家庭问卷、主调查问卷和其他成员问卷),专项调查问卷6种(公务员问卷、商业人员问卷、医务人员问卷、教师问卷、大学生问卷和中学生问卷)。在问卷设计的过程中,除了广泛征求各方面专家的意见外,调查办公室还在上海、辽宁、甘肃、云南进行了试点调查。

四、完成了抽样方案的设计工作。抽样方案由中国科学院系统研究所的抽样专家和调查办公室的工作人员共同完成。方案经过多次讨论、修改，并向统计专家、语言学家和语文工作者广泛征求了意见。全国抽中的市县有1 000多个，入户调查样本量将近14万户，专项调查人数将近4万。

五、编写了调查培训教材，举办了全国调查骨干培训班。在全国调查骨干培训班上使用的培训手册，经过调查办公室的补充修改，编写成《调查员手册》，由语文出版社正式出版，作为各地培训调查员的统一教材。

六、各省、自治区、直辖市着手制定具体调查计划，发布地方文件，组建调查机构，落实调查经费。部分省市如山西、黑龙江、上海、浙江、甘肃等已经举办调查员培训班，并开始进行实地调查。

撰稿 苏金智

审稿 杨 光 傅永和

教材建设、出版管理与教学仪器研究

人民教育出版社

〔**出版《改革开放20年的中国教育》画册**〕 为纪念改革开放20年，教育部编辑了大型画册《改革开放20年的中国教育》，由人民教育出版社出版。

深化改革，振兴教育是十一届三中全会精神的重要内容，是社会主义现代化伟业的重要组成部分。20年来，教育战线的广大职工高举邓小平理论伟大旗帜，锐意改革，无私奉献。优先发展教育、科教兴国的伟大战略正在我国逐步落实。党的十五大为进入21世纪发出了进军令，中国人民在以江泽民为核心的党中央的领导下，在邓小平理论的指引下，将谱写中国教育的更加辉煌的历史篇章。

画册选用了350多幅富有历史意义的照片，真实而生动地展示了改革开放20年中国教育的巨大成就和意气风发迎接新世纪的风貌。

〔**出版《新中国教育五十年》画册**〕 为庆祝中华人民共和国成立50周年，教育部组织编辑出版了《新中国教育五十年》画册。歌颂以毛泽东、邓小平、江泽民为核心的党的三代领导集体带领全国人民创建和发展新中国教育事业的丰功伟绩，歌颂和宣传50年来教育事业取得的伟大成就，向国内外展示了新中国教育事业的辉煌成就，激励全社会更加关注和支持教育事业，激励广大教育工作者，以崭新的姿态迈入21世纪。画册由人民教育出版社出版。

画册精选了800幅富有历史意义的照片。以具有里程碑意义的事件和代表人物为重点，突出了党和国家在不同历史阶段对教育事业发展的重大决策和措施，反映教育事业在社会主义现代化建设中的重要地位和作用；以历史为主线，纵横结合，反映50年来中国各级各类教育的成就和概貌，反映不同历史时期有代表性的重大教育科学实验和重要科研成果，体现了探索、建立有中国特色社会主义教育体系的历程、经验和规律。

撰稿 李 琳

〔**中等师范学校教学大纲和教材修订**〕 为进一步深化中等师范学校教育教学改革，教育部师范司于1998年5月对原国家教委颁发的《三年制中等师范学校教学方案（试行）》进行了修订，并更名为《三年制中等师范学校课程计划》。受教育部委托，人民教育出版社根据《三年制中等师范学校课程计划》,对现行的三年制中等师范学校各科教学大纲进行了修订，在教学要求、教学内容和时间安排上都做了相应调整。新颁布的教学大纲是对中等师范学校教学工作具有指导性的文件，是编写中师教材的依据，是开展中师学科教学的依据，是对中师教学质量进行评估的依据。全面贯彻执行这套教学大纲，必将对全国中等师范学校深化教育教学改革，提高教学质量起到推动作用。为了便于广大中等师范学校教师深入学习新大纲，人民教育出版社特将修订后的各科教学大纲汇编成《中等师范学校教学大纲》一书，于1999年秋季试行。

根据新的《三年制中等师范学校课程计划》和修订后的三年制中等师范学校各科教学大纲，人民教育出版社对现行的三年制中等师范学校各科教材进行修订。修订后的教材从内容结构到版式设计都比原来有了较大更新，将更加贴近中师教学，更加适应中师教育教学改革。修订后的新版中等师范学校各科教材于1999年秋，从中师起始年级陆续供使用。

〔**中等特殊教育师范学校专业课教材编写出版**〕 受教育部委托，人民教育出版社根据原国家教委1989年颁发的《中等特殊教育师范学校教学计划（试行）》，组织编写了一套中等特殊教育师范学校专业课教材。这套教材涉及盲童教育、聋童教育和培智教育，注重紧密联系特殊教育师范学校教育教学实际，突出体现了特师教育的思想性、科学性、师范性和实用性。整套教材包括：盲童心理学、盲童教育学、目盲预防及康复、聋童心理学、聋童教育学、手语基础、耳聋预防及康复、智力落后儿童心理学、智力落后儿童教育学、智力落后儿童学校语文教学法、智力落后儿童学校数学教学法、智力落后儿童学校常识教学法、儿童精神发育迟滞及测量、行为矫正基础14本。教材于1999年开始陆续出版发行。

撰稿　王　岳

〔**全日制聋校教材全部出齐**〕 自1994年以来，受原国家教委的委托，人民教育出版社开始组织人力编写全日制聋校一至九年级实验教材，至1999年底，已全部完成包括思想品德、语文、数学、自然常识、社会常识、理科、美工7个学科的教科书和教学参考书，以及体育、律动、劳动技术3个学科的教师教学用书，共计154个品种的编辑出版任务。

这套新编的全日制聋校实验教材，主要根据1993年原国家教委印发的《全日制聋校课程计划（试行）》规定的培养目标和课程设置要求进行编写，力求全面贯彻国家的教育方针，并使教材符合听力和语言残疾儿童的生理、心理特点，以对他们进行全面的知识和能力教育，补偿其听力或语言障碍造成的缺陷，为他们适应社会生活，成长为自食其力的劳动者奠定基础。教材采用大量的彩色图片，图文并茂，便于对听力和语言残疾儿童进行直观、形象和生动的教学。

为使各地聋校教师了解教材编写的指导思想，掌握教材的主要内容，提高教学质量，教育部（原国家教委）基础教育司和人民教育出版社继1996、1998两年联合举办新编全日制聋校教材培训班，1999年7月又组织了全国聋校律动教材培训班，来自全国27个省（自治区、直辖市）近50名聋校律动教师参加了培训。

撰稿　李　慧

〔**获奖图书和电子音像制品**〕　1999年人民教育出版社有5种图书和4种电子音像制品获国家级和部委级奖。

第四届国家图书奖

国家图书奖：　蔡元培年谱长编（4卷）

全国哲学社会科学基金项目优秀成果奖

三等奖：深化农村教育综合改革促进农村社会全面进步

全国第二届教育科学优秀成果奖

一等奖：深化农村教育综合改革促进农村社会全面进步

二等奖：九年义务教育教材（人教版）的研究与实验深化学校体育教学改革的研究

首届国家音像制品奖

音像制品奖：千秋基业—邓小平与中国教育（VCD）

加菲中国奇遇记（录音带）

九年义务教育三、四年制初级中学教科书化学上册、下册（录像带）

音像制品提名奖：九年义务教育三、四年制初级中学教科书英语第二册（录像带）

撰稿　李　琳　谭新新

〔**北京人教教材中心成立**〕　为适应计划经济向社会主义市场经济的转轨，人民教育出版社组建了北京人教教材中心。教材中心是人民教育出版社全额投资的二级法人单位，中心的法人由出版社社长兼任。

教材中心自1998年11月成立以来，以改革为动力，转变机制、转变观念、进入市场。

撰稿　刘继兴

〔**人民教育电子音像出版社成立**〕　人民教育电子音像出版社是经国家新闻出版署批准，于1999年11月2日完成工商注册，由人民教育出版社独家投资成立的出版企业。

人民教育电子音像出版社的成立是人民教育出版社面对新技术挑战所采取的重要举措，也是全面贯彻党的教育方针，全面推进素质教育，实施教材多样化、立体化、现代化的重要决策。人民教育电子音像出版社主要从事幼儿教育、初等教育、中等教育、成人教育等方面的电子出版物及音像制品的编辑、制作、出版和发行业务。

人民教育电子音像出版社下设社办公室、总编室、各学科编辑室、电子制作部、音像制作部、投影片制作部、出版发行部、财务部、技术部等部门。

撰稿　谭新新

审稿　魏国栋

高等教育出版社

〔**社庆纪念活动**〕 1999年，是高等教育出版社成立45周年。高等教育出版社举行纪念活动，庆祝建社45周年。教育部副部长周远清、新闻出版署副署长杨牧之、教育部和新闻出版署有关司局负责人、教育界和新闻出版界的专家学者，参加了纪念活动。教育部副部长周远清、新闻出版署副署长杨牧之分别在纪念活动中讲话，赞扬高等教育出版社成立45年来取得的成绩，为中国的教育事业和新闻出版事业所作出的贡献，并肯定高等教育出版社在改革开放以来，深化改革，加强管理，不断提高经营管理水平，走出了一条适合国情和社情的发展道路，为出版界的改革和发展提供了可资借鉴的经验。

高等教育出版社成立45年来，已累计出版图书1.2万余种，重版2万余种（次），12亿册，以及大量的音像制品和电子出版物。600余种出版物分别获得国家图书奖、国家音像制品奖、国家电子出版物奖、国家科技进步奖、五个一工程奖、国家优秀教学成果奖等各种奖励。该社还是全国优秀出版社。

〔**获奖出版物**〕 1999年，高等教育出版社又有一批出版物获得国家级奖励。其中《真核基因表达调控》《现代分子生物学》2种图书获国家图书奖，《新时期的旗帜——邓小平理论》、《世界名著半小时》、《我们拒绝毒品》3种音像制品获国家音像制品奖，《中国哲学与辩证唯物主义》获五个一工程奖，《地球科学》《机械电脑陈列柜》等获国家电子出版物奖。至此，高等教育出版社的出版物已经获得了国家设立的所有关于出版物的奖项。

〔**获中国韬奋出版奖**〕 高等教育出版社社长于国华荣获第六届中国韬奋出版奖，这是该社继原党委书记兼副总编辑皇甫束玉获首届中国韬奋出版奖后的第二位该奖获得者。于国华毕业于清华大学工程物理系，1978年调入高等教育出版社从事编辑出版工作，1983年起，先后任副社长、副社长兼副总编辑、社长兼总编辑，为高等教育出版社的改革和发展作出了突出贡献。在他任社领导的16年里，特别是他任社长的8年，高等教育出版社得到了快速发展，出书品种、销售数量、销售收入、创利润等各项经营指标连年递增，并创历史最好水平，并总结形成了一系列出版经营管理理论，在出版界产生了广泛的影响。

〔**教材出版**〕 为贯彻落实第三次全国教育工作会议精神和教育部《面向21世纪教育振兴行动计划》，高等教育出版社配合教育部工作，积极出版不同教育类型、层次的面向21世纪教学内容和课程体系改革的教材。1999年，出版高等教育面向21世纪课程教材250余种，推动了高等教育的教学改革。

撰稿 苏雨恒

出 版 管 理

〔**社科类图书报刊管理工作**〕 精心组织全国高校庆祝建国50周年书系。为庆祝建国50周年，进一步贯彻落实党的十五大精神，优化图书结构，提高图书质量，使大学出版社在原有工作基础上更多地出一些精品，教育部社政司在全国大学出版社（包括直属出版单位）中优选、汇集了一批优秀图书，形成了“全国大学出版社庆祝建国50周年书系”。入选“书系”的有31家高校出版社和直属出版单位1998年至1999年出版的47种图书。入选图书在保证内容、编校和印刷、装帧质量的基础上，主要侧重以下四个方面的内容：(1) 优秀政治理论类图书，特别是学习、研究和宣传邓小平理论的图书；(2)反映建国以来我国在各个领域取得巨大成就的图书；(3) 以我国改革开放和社会主义现代化建设中出现的重大理论和实践问题为主要研究内容的图书；(4) 弘扬中华民族传统文化的优秀图书。建国50周年前后，在《中国教育报》等报刊上对入选图书及出版社进行了集中宣传，社会反响较好。“书系”不仅汇集了高校出版社（包括直属出版单位）围绕建国50周年所出版的一批优秀图书，也从一个方面反映了高校出版社的整体风貌和出版水平。

研制和试用《全国普通高等学校出版社管理系统》。近年来，高校出版社获得了迅速发展。许多高校出版社根据本社发展状况，编制或选用了适合本社工作需要的出版管理软件。但这些软件都是局限于出版社内部管理。1999年以前，一直没有一个对高校出版社进行宏观管理的软件系统，给管理工作带来了极大的不便。为较全面系统掌握高校出版社的信息，提高宏观管理水平，实现管理手段现代化，1999年年初，教育部社政司与西安交通大学管理学院、北京师范大学大学出版发展服务中心联合研制了“全国普通高等学校出版社管理系统”，并于当年投入试用。该系统由单位管理、选题管理和图书管理3个子库组成。1999年，利用该软件，已成功实现了高校出版社1999年选题报批和1998年年终数据统计，在此基础上编辑出版了《发展中的中国高校出版社》（1998年基本情况）。该系统已成为对高校出版社进行宏观管理的一个重要手段。该系统对全面、及时地了解高校出版社的总体状况，系统掌握图书出版全过程的重要信息，同时促进各高校出版社之间的经验交流和实现资源共享，具有重要作用。由于图书出版管理过程的复杂性，该系统正在进一步调试，以期尽快完善。

撰稿 陈 矛

〔**获奖社科类图书与音像制品**〕 一、第四届国家图书奖获奖情况。1999年，第四届国家图书奖共评出荣誉奖12种，图书奖40种，提名奖96种，教育部所属出版社及全国大学出版社获奖情况如下：

荣誉奖：

《全宋诗》(72册) 北京大学出版社

图书奖：

《亚里士多德全集》(10卷) 中国人民大学出版社

《比较法研究》 北京大学出版社

《蔡元培年谱长编》(四卷) 人民教育出版社

提名奖：

《走出疑古时代》(修订本) 辽宁大学出版社

《真核基因表达调控》 高等教育出版社

《现代分子生物学》 高等教育出版社

《明慧宝镜》 内蒙古大学出版社

《现代汉语规范字典》 语文出版社

二、首届国家音像制品奖获奖情况。教育部所属出版社和大学音像出版社在新闻出版署主办的1999年首届国家音像制品奖评奖中，共有12种音像制品获奖（共评出53种）。具体奖项为：

社科类：

千秋基业—邓小平与中国教育 人民教育出版社

教育类：

新时期的旗帜—邓小平理论教学片 高等教育出版社

世界名著半小时系列有声读物 高等教育出版社

加非中国奇遇记 人民教育出版社

九年义务教育初级中学《化学》(上下集) 人民教育出版社 福建教育出版社

中华文化讲座 北京大学音像出版社

我们拒绝毒品—青少年禁毒教育录像片 高等教育出版社

大学物理专题—当代物理前沿专题 中央广播电视大学音像出版社

九年义务教育三四年制初中《英语》(第二册) 人民教育出版社

中国文学的历程 中央广播电视大学音像出版社

英语口语教程（初、中、高级） 北京外语音像出版社

大学英语听力 上海外语音像出版社

三、1999年首届国家电子出版物奖获奖情况。1999年，教育部直属单位、所属高校及高校出版社在新闻出版署主办的首届电子出版物国家奖评奖活动中获多项大奖，具体奖项为：

荣誉奖（1种）

类别	出版单位	制作单位
中国学术期刊（光盘版）	中国学术期刊（光盘版）电子杂志社	中国学术期刊（光盘版）电子杂志社

国家电子出版物奖（4种）

类别	出版单位	制作单位
中国玉器全集	方圆电子音像出版社	清华大学光盘国家工程研究中心
长城的故事	清华同方光盘电子出版社	清华同方光盘股份有限公司
地球科学—多媒体电子教材	高等教育出版社	南京大学多媒体科教制作中心
随大山访问加拿大	外语教学与研究出版社	北京银盘电子技术有限公司

国家电子出版物奖提名奖（10种）

类别	出版单位	制作单位
中国军事百科全书	北京北大方正电子出版社	北京北大方正电子出版社 北京芭蕊图文设计有限公司
方正奥斯多媒体创作工具	北京北大方正电子出版社	方正技术研究院
布达拉宫	清华大学光盘国家工程研究中心	清华大学光盘国家工程研究中心
标准汉字大字典	北京大学出版社	北京国安资讯设备有限公司
中医舌诊学	南开大学出版社	清华大学多媒体开发中心
无机材料晶体结构	武汉工业大学出版社	武汉工业大学出版社
机械原理电脑陈列柜	高等教育出版社	沈阳工业大学
病理学专科自测练习	中央广播电视大学出版社	中央广播电视大学多媒体研究开发中心
家庭电脑十用	清华大学出版社	清华大学出版社多媒体开发中心
少儿学拼音	华中师范大学出版社	华中师范大学出版社多媒体开发中心

撰稿　马建通

〔**大专院校音像教材管理**〕 教育部社政司与新闻出版署音像电子出版管理司于1999年9月联合印发了《关于加强大专院校音像教材复制、使用管理暂行办法》，以加强对大专院校音像教材复制、使用的管理，维护出版者的合法权益和学校正常的教学秩序，保证教学质量。

《办法》明确规定大专院校音像教材须由新闻出版署批准的出版单位出版；复制大专院校音像教材的单位，必须持有音像出版行政管理部门颁发的《音像制品复制经营许可证》和公安部门颁发的特种行业许可证，严格遵守《音像制品管理条例》、《音像制品复制管理办法》和《关于音像出版复制业治理工作的通知》的有关管理规定，确保教材的复制质量。未持有音像出版行政管理部门颁发的《音像制品复制经营许可证》和公安部门颁发的特种行业许可证的任何单位和个人，不得从事音像制品复制经营业务。违者将按照《音像制品复制管理办法》的规定给予处罚，并追究有关领导和责任人的责任。

《办法》要求，各有关单位对本单位内设立的未按规定程序审批并纳入管理的磁带复制厂（点），以及各类培训、资料、教学、研究等机构办的磁带复制厂（点），要进行一次全面清理，并报当地音像出版行政管理部门。《办法》强调大专院校必须从各地新华书店、外文书店及其它持有《音像制品批发经营许可证》的音像制品经营部门或出版单位购进教学所用音像教材。

《办法》提出，各级教育行政管理部门、大专院校要加强对音像教材使用的管理，增强法制意识，严禁盗版、伪劣音像教材进入学校，违者将追究有关领导的行政责任。

撰稿　魏小波

审稿　阚延河

教学仪器研究

〔修订中小学教学仪器配备目录〕　为了配合基础教育改革，加强实验教学，教学仪器研究所在广泛征求意见和进行典型调研的基础上，对原国家教委1993年发布的《中学理科教学仪器配备目录》和《小学数学自然教学仪器配备目录》进行调整，编制了《中学理科教学仪器配备目录调整意见》、《小学数学自然教学仪器配备目录调整意见》，已经教育部批准发布实施。调整后的配备目录在品种、规格、数量等方面作了增减。对加强和改进实验教学将起到积极的作用。

〔教学仪器检测取得国家计量认证合格证书〕　为加强教学仪器产品质量监管工作提供依据和手段，1999年教学仪器研究所向国家质量技术监督局提出了计量认证申请，在完成更新仪器设备、改造环境、培训人员、修改完善《质量管理手册》等工作后，经高校计量评审组审查通过，国家质量技术监督局于1999年10月19日向教学仪器研究所检测室颁发了《中华人民共和国计量认证合格证书》和《计量认证合格证》，取得了国家认可的产品质量检验资格。

〔**教学仪器研究成果**〕 1999年，四川师范大学和教学仪器研究所联合研究开发的"二维空间—时间描迹仪"和"多频电火花计时器"两项科研成果通过了专家鉴定。"二维空间—时间描迹仪"是在一个便携式框体内，利用框体不同放置状态时的竖直工作面或水平工作面，配以弹簧枪、几种不同的运动体、向心力旋转体、摆杆、多频电火花计时器，分别在做无自转运动的运动体所在的两平行导电板间，或做曲线运动的运动体与导电板之间，施加单向高电压脉冲，产生一种或多种确定频率的火花放电，利用粉墨纸的转印作用，在普通白纸上留下物体运动的二维空间—时间信息的点迹，可用来完成研究平抛物体的运动、斜抛物体的运动，碰撞实验、简谐运动的位移规律等实验。"多频电火花计时器"是以50 Hz的交流电频率为基准频率，经全波整流后成为倍频单向半波电流，利用100 Hz的π相位信息，经555集成电路组成的单稳电路分频，通过改变电路时间常数，可分别得到100 Hz、50 Hz、20 Hz的开关脉冲信号，触发可控硅，经脉冲变压器后，实现电脉冲输出，从而得到不同打点周期（0.01秒、0.02秒、0.05秒）的电火花打点点迹，以满足不同实验采用不同计时频率的需要。该计时器在中学物理力学实验的运动学、动力学实验中有广泛的适用性。

用于地理教学的新的演示仪器"晨昏仪"1999年由山西师范大学研制成功。它主要由球体、晨昏圈、底座、球体弧形拖板、球体轴等组成。利用地球在公转过程中"地轴空间指向黄赤交角的大小始终保持不变"的基本原理，把地球仪、晨昏圈、太阳直射线、公转轨道（黄赤面）等要素有机地结合起来，形象地演示地球公转所产生的太阳照射角度的变化，四季的形成及更替，五带的划分，昼夜长短的变化，极昼、极夜等自然现象。

1999年，教育部教学仪器研究所和温州教育学院实验厂共同编辑录制的中小学音乐欣赏教学曲库（CD光盘）通过了教育部全国中小学教材审定委员会的审查。该套曲库共收入古今中外名曲700余首，内容涉及各种音乐体裁，多种艺术表演及演奏形式，特别侧重对中国民族民间音乐的介绍，如戏曲和曲艺各流派的代表唱段、代表性的民族歌舞和器乐演奏形式等。该套曲库分小学、初中、高中三部分。小学部分的内容从音乐启蒙开始，介绍描写自然景观和生活场景的音乐，曲目选择注重童趣和形象化，适应小学生的年龄特点；初中部分囊括了传统音乐的各种体裁形式；高中部分以中外音乐史为线索，从古代音乐开始，直到20世纪音乐作品，曲库的三部分内容即可自成体系，又可融为一体，是一套高质量的音乐欣赏教学软件。

〔**与联合国儿基会合作项目**〕 1999年，教学仪器研究所（北京教具中心）继续执行教育部与联合国儿童基金会合作项目，即"调整教育内容和教育过程"、"加强贫困地区初等教育"项目中的教具开发和培训工作，制订并完成1999年项目行动计划和16项非设备活动；举办了国家级培训班，培训骨干教师120人，支持地方培训省级骨干教师480人；编写《教具包使用指导手册》和宣传我国自制教具活动的《Creat With Our Hands》一书。在外经贸部和联合国儿童基金会举办的年度评审暨中国政府与联合国儿童基金会合作20周年纪念会上，教学仪器研究所被评为先进单位，并授予奖牌。

撰稿　顾　敏
审稿　冯振家

教育科研、学术活动

国家教育发展研究中心

〔**中美数学教育高级研讨会**〕 1999年6月2日～10日，国家教育发展研究中心与美国卡内基教学促进基金会在北京和上海联合举办了中美数学教育高级研讨会。140余名中美学者和教师就数学教育如何迎接21世纪挑战等一系列问题进行了广泛研讨。

当代渗透在各个领域的高技术优势，几乎都是通过数学方法并借助计算机手段来体现的。但是数学教育一直有不尽人意的地方。中国的数学教育使学生能够系统、全面地掌握基础知识和技能，但同时存在理论研究比较薄弱，学生缺乏创造性思维的培养，数学与其他学科相脱节等不足。美国的数学教育在从小培养学生动手能力、应用数学解决问题、掌握研究科学问题方法等具有优势，但如何在数学教学过程中既面向全体学生又因材施教、如何培养学生学习数学的兴趣等方面，也存在难以解决的问题。由于各国数学教育水平的可比性较强，中美学者希望通过研讨会来交流经验，总结教训，取长补短，提高各自的数学教育质量。

全美数学会主席、布朗大学教授班乔夫、加州大学教授司徒杰、美国教育研究协会主席、加州伯克利大学教授舍费尔德、上海教科院副院长顾泠沅、斯坦福大学助理教授波乐、北京师范大学教授严士健、首都师范大学教授王尚志、北京教育学院教授王长沛等分别作了大会报告发言。中美代表还就以下问题进行了研讨。第一、关于中学数学教育合理内容的确定。目前中国中学数学教学内容庞多，有些比较陈旧，而美国的内容又过于简单。中美两国应实行数学教育优势互补，尽快找到确定中学数学教学内容的合理平衡点。第二、关于教师在教学过程中发挥的作用。双方专家一致认为，学生学习数学应是一个主动过程，教师要创造鼓励每个学生探索、讨论和应用数学的环境。这需要教师有较高的专业水平，必须能够充分调动学生的积极性，要有较好的全面调控能力。第三、关于数学学习的测试与评价。目前的主要测评形式书面测试虽然标准统一且成本低，但局限于考察学生学到了什么，而忽视考察应用数学解决实际问题和研究科学问题的能力。在如何在数学学习过程中既筑牢知识基础，又培养创造能力方面，中美双方有明显的互补性。

中方学者从此次研讨会得到的启示是：在保持已有的优势的同时，美国数学教育中尊重学生个性发展、培养学习兴趣和创新能力、及借助信息网络和高新技术辅助教学、注重教育质量和效益等方面的做法值得我们借鉴。

国家教育发展研究中心
比较教育研究室 供稿

〔流动人口子女就学政策的制定与实施〕

90 年代以来，随着工业化、城镇化、现代化进程的加快，中国出现了大量的流动人口，流动人口子女就学问题也随之产生。为确保流动人口子女接受义务教育，防止“普九”进程中出现新的漏洞，国家加紧制定相关政策，完善制度建设。

一、流动人口子女就学政策的制定

原国家教委基础教育司于 1996 年印发了《城镇流动人口中适龄儿童、少年就学办法（试行）》，并选取了较具代表性的北京市丰台区、上海市徐汇区、天津市河北区、深圳市罗湖区、浙江省义乌市和河北省廊坊市 6 市（区）进行工作试点。

此后，原国家教委基础教育司、教育管理信息中心等部门就试点地区流动人口子女接受义务教育的状况、流动人口子女就学中存在的主要问题开展了大规模的调查，并总结了试点工作的经验。教育发展研究中心接受联合国儿童基金会的资助，开展了“流动人口子女就学问题”的政策研究，对《城镇流动人口中适龄儿童、少年就学办法（试行)》的修改提出了咨询意见。原国家教委曾会同国家计委、公安部、劳动部、国家工商管理局、国家计生委等部门进行了多次协商和讨论。1998 年 3 月，原国家教委、公安部联合发布了《流动儿童少年就学暂行办法》（以下简称《暂行办法》)。

二、流动人口子女就学政策的实施

《暂行办法》发布以后，教育部基础教育司、教育发展研究中心于 1998 年开展了“促进地方流动人口子女就学政策的制定与实施”工作，并选取北京市丰台区、上海市浦东新区、广州市海珠区、天河区作为《暂行办法》的试点地区。经过两年多的努力，这一工作不仅在试点地区，而且在各地都取得了很大进展。(1)试点地区政府和教育行政部门高度重视流动人口子女就学工作，自觉地将流动人口子女就学问题纳入当地“普九”的工作范畴。各试点地区都建立了流动人口子女就学领导小组，由区政府领导亲自主持此项工作，以政府行为确保流动人口子女接受义务教育。(2)有关试点地区流动人口子女情况的调查逐步深入，为制定《暂行办法》的地方性配套政策提供了依据。(3)试点地区加紧制定《暂行办法》的实施细则。

教育部基础教育司、教育发展研究中心于 1998 年 11 月在上海召开了解决流动儿童少年就学工作总结及经验推广会议，促进各地流动人口子女就学制度的建立。1999 年，教育部基础教育司、教育发展研究中心在上海市浦东新区、广州市天河区开展“促进地方流动人口子女就学政策的制定与实施”工作，两个试点地区分别举办了流动人口子女就学政策的宣传周、宣传月活动，积累了落实有关政策的经验。解决流动人口子女就学的工作在全国各地稳步展开，并已取得积极效果。

国家教育发展研究中心
教育思想研究室 供稿

高校社会科学发展研究中心

〔**综述**〕 1999年，教育部高等学校社会科学发展研究中心（以下简称“社科中心”）把学习、研究和宣传邓小平理论作为首要任务，继续拓展邓小平理论研究与宣传的广度和深度，推动教育系统对邓小平理论的学习、研究和宣传。全面展开各个学科的课题研究和学术研讨活动，深化学术理论研究，并积极开展对外学术交流活动。以马列主义、毛泽东思想和邓小平理论为指导，坚持“二为”方向和“双百”方针，继续做好《高校理论战线》杂志的办刊工作。在反对“法轮功”邪教、反对以美国为首的北约轰炸中国驻南使馆和反对李登辉的“两国论”这三场重大政治斗争中，开展了积极的理论研究和宣传。在各项工作中，社科中心在国家教育行政部门与高校专家学者之间积极发挥桥梁和纽带作用，努力坚持马克思主义的理论阵地，繁荣马克思主义指导下的学术园地。

〔**邓小平理论的研究与宣传**〕 1999年，教育部邓小平理论研究中心主要开展了以下工作：

召开高校第三次邓小平理论研究中心工作交流研讨会。研讨会于1999年8月9日～11日在兰州大学召开，来自全国25所高校的邓小平理论研究中心或相关机构的负责同志参加了会议。与会代表就各高校理论研究中心开展理论学习活动的情况以及各校理论中心的工作方式、研究成果进行了汇报交流，并就理论学习、研究中遇到的重点和难点问题以及如何进一步搞好高校邓小平理论“进课堂、进教材、进学生头脑”工作展开了研讨。会议进一步明确了加强邓小平理论研究中心的建设是推动邓小平理论的学习和研究走向广泛和深入的一项重要举措。

召开“高校第三次邓小平教育理论研讨会”。研讨会于1999年11月2日～7日在上海华东师范大学、复旦大学举行，来自全国28所高校的以文入选的会议代表、教育部邓小平理论研究中心的部分理事和工作人员共60余人参加了会议。与会人员在认真学习《中共中央国务院关于深化教育改革全面推进素质教育的决定》和江泽民同志在全国教育工作会议上的讲话精神的基础上，结合中国改革开放特别是教育改革与发展的实际，通过大会发言和小组讨论，重点围绕着三个问题进行了广泛而深入的探讨：(1)全面推进素质教育与造就“有理想、有道德、有文化、有纪律”的、德智体美等全面发展的社会主义事业建设者和接班人；(2)全面推进素质教育与深化教育改革；(3)关于“思想政治素质是最重要的素质。不断增强学生和群众的爱国主义、集体主义、社会主义思想，是素质教育的灵魂”。

出版“有中国特色社会主义论丛”。“论丛”包括12本专著，涵盖了邓小平理论研究的主要方面。“论丛”以中宣部和全国哲学社会科学规划领导小组下达的三项国家重大课题和两项国家“九五”社科规划重点课题的研究成果为主干，并从有关高校报送的64个选题中精选出部分成果编辑而成，集中反映了高校在邓小平理论研究方面的最新成果。出版座谈会于 1999 年 12 月 14 日在北京举行。教育部、中宣部、新闻出版署、国家社会科学规划办公室、山东出版总社和山东人民出版社的有关领导，中央党校、中国社会科学院、国防大学、北京社会科学院以及北京大学、清华大学、中国人民大学、北京师范大学、首都师范大学、武汉大学、南昌大学及有关新闻单位的 60 余位专家出席了座谈会。

完成四项国家重大课题，这四项课题是："社会主义本质与发展道路"、"社会主义市场经济的理论与实践"、"邓小平关于两个文明一起抓的战略"、"保持我国政治、社会稳定的对策"，各课题研究工作已全部完成，共出版学术著作 7 部。

此外，配合思想理论战线形势的需要，邓小平理论研究中心及时开展工作，如召开高校学者"反对霸权主义，捍卫国家主权"声讨会，组织撰写、发表有关文章；举办当前国际形势专题报告会和当代世界经济与政治专题讲习班。

〔**哲学社会科学各学科的学术研究**〕 组织高校专家学者，组成课题组开展课题研究，并以课题组为依托，组织学术研讨活动；通过这些学术活动发挥正确的理论导向作用，用马克思主义占领思想阵地，推动学科建设，繁荣学术。

纪念五四运动 80 周年和建国 50 周年的学术研讨活动。1999 年学术研究的一个重点是结合纪念五四运动 80 周年和建国 50 周年开展近现代史的研究。4 月 8 日，联合中国史学会、北京市史学会和北京市高校革命史教学研究会，召开"五四精神与 20 世纪中国历史道路"学术研讨会，围绕什么是五四精神、五四运动与马克思主义在中国的历史命运、五四精神与中国共产党领导的新民主主义革命、五四爱国传统与捍卫民族独立、国家主权的斗争、五四精神与知识分子的历史道路、五四运动与中国近代文化的发展等专题进行了深入研讨。以这一学术研讨会为基础，4 月 26 日和 5 月 7 日，社科中心与北京市教育工委、北京市教委、中国史学会和北京市史学会举办了 4 场主题为"五四精神与 20 世纪中国的历史道路"系列学术报告会，北京市各高校宣传部长、社科部主任及部分教师参加了报告会。

8 月 30 日，社科中心与中国史学会、北京市史学会联合主办社会主义与新中国 50 年学术研讨会。研讨会围绕中国人民的历史选择与中华人民共和国的建立、中华人民共和国建立的伟大意义、中国共产党人对社会主义道路的探索和新中国 50 年来各条战线的伟大成就、社会主义各条战线建设的历史经验等专题进行了深入探讨。

编写出版《中国革命道德丛书》课题启动于 1997 年，系统整理五四运动以来中国革命道德的史料，总结、提炼中国人民在新民主主义革命、社会主义革命和建设中形成的优良道德，汇集五四以来中国革命道德的理论、名言、楷模、规范、修养等多方面成果。丛书共 350 万字，是《中国传统道德》的姊妹编。两套丛书都是按照江泽民同志"弘扬中国古代优良道德传统和革命道德传统，吸取人类一切道德成就，努力创建人类先进的精神文明"的题词精神而组织编写的。丛书简编本和多卷本分别由中央党校出版社于 9 月和 11 月正式出版。12 月 2 日，教育部和中央党校联合召开了丛书出版座谈会。

"中国古代灿烂文化的研究与宣传"课

题。课题工作始于1998年3月。1999年，课题计划中的6篇成果文章《先秦哲学——中国古代睿智之光》、《宏阔豪迈的绚丽之花——汉代文学略论》、《盛唐诗歌与盛唐气象》、《宋代文化的高尚风节和深沉思理》、《元杂剧：中国古典戏曲艺术的奇葩》和《明清小说的文化意蕴》均已完成，发表于《光明日报》、《中国教育报》和《高校理论战线》。

"学校美育理论与实践研究"课题系全国教育科学"八五"规划重点项目，该课题研究成果《"学校艺术教育研究"丛书》1999年已经基本出齐。编辑出版这套"丛书"，是为了给我国的艺术教育事业提供参考和借鉴，并为今后的科学研究和教学实践提供基本资料。"丛书"包括中外艺术教育（音乐教育、美术教育）领域的理论研究成果，力求向读者完整介绍中国艺术教育的历史原貌，并有选择地介绍了外国音乐教育的一些情况。

"艺术教育数据库管理系统"课题。1999年6月通过了教育部艺术教育委员会、体卫艺教司组织的联合鉴定。课题成果为电子软件"艺术教育数据库"。这一成果是国内首次运用高科技手段建立的学校艺术教育数据库管理系统，为艺术教育的管理部门以及各类科研、教学机构充分利用信息技术手段提供了条件，具有开创性。

"西方经济学与我国经济体制改革"课题。1999年围绕中国国有企业如何应对WTO挑战问题进行了深入研讨。"建设有中国特色社会主义政治"课题于建党78周年前夕召开"政治体制改革与坚持党的领导"研讨会。"当代资本主义的社会矛盾与21世纪社会主义前景"课题1999年完成了课题研究报告《经济全球化与当代资本主义世界经济体系的两个趋势》。国家社科基金"九五"规划年度委托项目"苏联演变过程中的意识形态研究"课题完成了研究报告《意识形态在苏联演变过程中的作用》。

学术研究成果获得多项奖励。1999年，社科中心以往承担或组织的学术研究工作，有多项科研成果获奖。社科中心组织编写的《中外历史八人谈》(中央党校出版社选送)获"五个一"工程优秀成果奖。陈先达《重视人文科学在文化建设中的地位和作用》(发表于《高校理论战线》1997年11期，教育部选送）一文获"五个一"工程优秀文章奖。国家社科基金"八五"课题"党建理论与实践研究"的最终成果《反腐败论》（田心铭主编），获国家社会科学基金项目优秀成果三等奖。全国教育科学"八五"课题"学校美育理论与实践研究"的成果"学校艺术教育研究"丛书之一《中国古代音乐教育》(修海林著)，获全国第二届教育科学研究成果二等奖。

〔**深入批判"法轮功"邪教**〕 在1999年的三场重大政治斗争中，社科中心按照部党组部署，组织高校学者投入斗争，开展理论研究和宣传。尤其是在反对"法轮功"的斗争中，社科中心承办7月29日教育部召开的"教育界贯彻中央《通知》精神，揭批'法轮功'座谈会"，协办8月13日教育部召开的教育界深入揭批"法轮功"座谈会。社科中心两次组织高校著名专家学者撰写批判"法轮功"的多篇文章，发表于《光明日报》和《中国教育报》、《高校理论战线》，或转达有关新闻单位。

〔**《高校理论战线》办刊工作**〕 1999年，《高校理论战线》杂志共发表200多篇文章，计120余万字。作为教育部主办的刊物，《高校理论战线》立足高校，面向全国，紧密联系当代世界现实和建设有中国特色社会主义的实践，反映高校理论研究和教学的最新动向，致力于哲学社会科学的繁荣和发展，为高校理论教学和科研服务。1999 年，围绕重大历史事件，开辟“五四运动 80 周年纪念”、“庆祝共和国 50 周年华诞”等专栏，结合三场重大政治斗争，组织了一系列文章。继续开设“学习研究邓小平理论”、“讲学习、讲政治、讲正气”、“高校工作研究”、“高校德育建设”、“学科建设”、“两课教学与改革”、“经济理论研讨”、“中国古代灿烂文化”、“改革开放与人生价值观”、“国际论坛”、“人权论坛”、“马克思主义经典著作研读”、“传统文化与现代化”、“读书与评论”、“文艺理论”、“探索与争鸣”、“社科动态”、“高校文科学报文摘”等栏目。

〔**对外学术交流活动**〕 1999 年 9 月，社科中心与中国人民大学道德科学研究院同英国威尔士大学、城市大学、格莱色姆学院在英国伦敦联合举办主题为“经济伦理与道德教育”的中英国际学术交流活动。这次活动是社科中心等单位继 1998 年 4 月在北京举行主题为“传统文化与青少年品德教育”中英国际学术交流活动后举行的第二次中英国际学术交流活动。

撰稿 冯 琳
审稿 田心铭

中央教育科学研究所

〔**举办全国第二届教育科学优秀成果评奖活动**〕 由教育部举办的全国第二届教育科学优秀成果评奖活动于 1999 年 7 月结束。本次评奖活动共收到各地各单位推荐参评成果 500 余项，最终确定了一等奖 27 项、二等奖 161 项。还确定了国防军事教育学科和部分部委的获奖成果。评委会根据首届社科基金项目优秀成果评奖办法的规定，向全国社科规划办推荐了 8 项成果，分获首届社科基金项目优秀成果一、二、三等奖。

这次活动的举办，是对中国近 10 年来教育科研工作的一次检阅，是进一步推动我国教育科学事业繁荣发展的重要措施。

附

全国第二届教育科学优秀成果获奖成果名单

一等奖（33项）

成 果 名 称	作 者
中外教育比较史纲（专著）	张瑞璠　王承绪主编
亚洲发展中国家的义务教育（专著）	王英杰　曲恒昌　李家永著
比较教育学史（专著）	王承绪主编
教育大辞典（工具书）	顾明远主编
教育投资决策研究（专著）	秦宛顺主编
走向21世纪的中国教育——中国教育发展战略研究（专著）	郝克明　谈松华主编
教育哲学通论（专著）	黄　济著
非智力因素的理论与实践（专著）	沈德立主编
关于促进中小学教育与生产劳动相结合的行动建议（建议报告）	卓晴君
中国教育魂——从毛泽东教育思想到邓小平教育理论（专著）	滕纯主编
冲突与整合：20世纪西方道德教育理论（专著）	戚万学著
深化农村教育综合改革促进农村社会全面进步（研究报告）	王明达等
中国岗位培训制度研究（研究报告）	董明传　尤　文主编
中国西部女童教育行动研究（研究报告）	周　卫等
小学语文情境教学（专著）	李吉林著
中国当代大学生价值观研究（专著）	杨德广　晏开利主编
面向未来的探索——“双元制”职业教育在中国的实践（研究报告）	课题组
老少山边侨地区农村职教的研究与实验（研究报告）	中华职业教育社
中国少数民族教育重大理论问题研究（专著）	郭福昌主编
上海高等教育面临的挑战与对策建议（研究报告）	胡瑞文
关于“适应我国国情，提高幼儿素质”的调查研究（研究报告）	史慧中主编
坚持与超越——理工科大学培养人才的基本特征及其途径的研究与试验（专著）	李卓宝　方惠坚　安洪溪主编
中小学生语文阅读能力研究（专著）	莫　雷著
“学习与全面发展”技术通论（专著）	杨玉英　朱法良著

中国少数民族教育史(专著)	韩　达主编
躁动的百年:20 世纪的教育历程(专著)	陆有铨著
中国少数民族高等教育学(专著)	哈经雄主编
* 学校国防教育指南(专著)	韩龙文　杭长钊主编
* 面向 21 世纪军队办学模式研究(专著)	张福奎　张维峰　任行素 陈巾巾　王玉学编著
* 新时期军校教育与教学研究(现代军校教育、教学、课程论)(专著)	朱如珂　董会瑜主编
* 多媒体教学网络系统的构建与应用理论研究(研究报告)	邓祖道
* 面向 21 世纪军队院校教育改革和发展战略(研究报告)	姜志军　顾　辉 李祥斌　王大华
* * 试论品德测评量化问题(论文)	肖鸣政

二等奖(191 项)

成果名称	作者
毛泽东教育思想的几个基本问题	孙喜亭
邓小平教育思想研究(专著)	张　健主编
现代教育引论(专著)	成有信主编
周恩来教育思想研究(专著)	赵德强等著
学习论(专著)	施良方著
教育目的论(专著)	扈中平著
教育社会学(专著)	吴康宁著
科学教育与人文教育(专著)	杜时忠著
教育学的建构(专著)	陈桂生著
劳动力市场与教育的自主调节问题(专著)	傅维利著
现代数学课程论(专著)	丁尔升等主编
素质教育论(专著)	燕国材　刘振中主编
教育科学学初探——教育科学的反思(专著)	张诗亚　王伟廉著
计算机与智力心理学(专著)	林　众　冯瑞琴著
初中学生数学自学能力结构的心理因素的实验研究(研究报告)	卢仲衡
结构化与定向化教学心理学原理(专著)	冯志良著

高等学校管理心理学(专著)	车文博主编
个性培养:开发中小学生科技创造力的重要阶梯(论文)	缪小春 陈国鹏 桑 标 宋正国
课堂教学心理学(专著)	李 蔚 祖 晶著
学生品德形成新探:试论品德的心理结构(论文)	章志光
论教师教学的监控能力(论文)	申继亮 辛 涛
智育心理学(专著)	皮连生著
儿童社会化(专著)	周宗奎著
小学综合课与学生素质协同发展的实验研究(研究报告)	郑和钧 冯周卓
初中生数学学习障碍研究(专著)	梁 威等著
动机心理学(专著)	孙煜明主编
中国书院史(专著)	李国钧主编
美国教育史(专著)	滕大春著
舒新城教育思想研究(专著)	崔运武著
平凡的神圣——陶行知(专著)	章开沅 唐文权著
西方教育思想史(专著)	单中惠主编
黄炎培教育思想研究(专著)	田正平 周志毅著
北京普通教育志稿(专著)	北京市教育志编纂委员会编著
胡适教育思想研究(专著)	黄书光著
中国古代教育哲学(专著)	何光荣著
从湖北看中国教育近代化(专著)	董宝良 熊贤君主编
藏族古代教育史略(专著)	谢 佐 何 波著
道家道教教育研究(专著)	陈德安 齐 峰主编
当代西方学校道德教育(专著)	冯增俊著
当代外国教育思想研究(专著)	毕淑芝 王义高主编
教师教育(专著)	梁忠义著
战后韩国教育研究(专著)	孙启林著
国外课程改革透视(专著)	钟启泉主编
德国和美国大学发达史(专著)	贺国庆著
国际职业教育发展的基本趋势及对我国发展职业教育的启示(论文)	周满生 李韧竹
比较教育学(专著)	高如峰 张保庆著

关于高校德育研究的回顾与展望(论文)	郑永廷
道德与自我(专著)	樊和平著
现代德育理论与实践(专著)	魏贤超主编
情感教育论(专著)	张志勇著
少年亲子关系研究(专著)	孟育群主编
学生品德测评(专著)	胡卫编著
中小学各科教学中的德育研究(研究报告)	曹福海
教育主题词表教育专业分类表(工具书)	曹青阳　赵燕群主编
燎原计划与农村教育综合改革的理论与实践研究(研究报告)	俞恭庆
面向21世纪的中国高等学校教师队伍建设(研究报告)	教育部人事司课题组
关于我国社区教育理论和实践研究报告(研究报告)	袁　采
普通高中毕业会考制度和普通高等学校入学考试制度改革研究(研究报告)	马金科
农村教育论(专著)	李少元著
教育科研成果转化的系统研究(专著)	王宗敏主编
中国民办教育发展的策略框架(研究报告)	课题组
教育管理哲学——现代教育管理引论(专著)	孙绵涛等著
高中会考制度的实践与研究(专著)	邵宗杰　蔡建民主编
全国不同地区普及九年义务教育进展情况及发展水平的比较研究(研究报告)	马树超
中国民办学校研究(专著)	王宗敏　徐广宇主编
教育管理辞典(工具书)	李　冀主编
贵州省"国家贫困地区义务教育工程"资金分配管理系统的研究与应用(研究报告)	谢庆生
关于贫困地区农村教育与经济协调、互促的思考(论文)	王克勤
教育测量学(专著)	张敏强著
跃上改革的新台阶——上海市嘉定教育综合改革探索(专著)	陆其兴主编
闵行区素质教育区域性整体推进的行动与对策研究(研究报告)	陈儒俊
中小学教育质量综合评价研究(研究报告)	梅　克
中小学基础薄弱学校研究与综合治理(研究报告)	严洪涛
OEH多媒体网络发展策略研究(研究报告)	江苏省OEH项目课题组

整体优化教育的理论与实践(专著)	杭州市天长小学 杭州大学教育系综合实验组
中国教育经费年度发展报告(研究报告)	国家教育委员会财务司 上海市智力开发研究所
区县政府实施素质教育行为的研究(研究报告)	邢 真
等级评分制改革研究报告(研究报告)	臧铁军等
科举考试的教育视角(专著)	刘海峰著
督导评估镇(乡)管理教育研究与实践(专著)	杨启贵 吴诚洪 刘忠信主编
考试管理学(专著)	廖平胜等著
课堂电化教学研究(专著)	许乃英 黄 慧主编
农村教育、教学综合改革(专著)	赵家骥主编
高等教育经费拨款模式研究(论文)	魏 新
校长成长的探索(专著)	广西教育学院课题组编著
有中国特色社会主义教育管理体制研究(专著)	吴 畏主编
苏南地区教育发展战略研究(专著)	吴 椿 周稽裘主编
中国农业教育发展战略研究(专著)	洪绂曾主编
淄博市城乡一体化教育发展研究(专著)	于庆臣 薛焕玉主编
云南教育问题研究(专著)	杨崇龙著
面对贫困——中国贫困地区教育发展的背景、现状、对策(专著)	张力主编
教育——科技——经济协调发展的机理与模式研究(研究报告)	许庆瑞
黑龙江省教育发展战略及规划(专著)	张惠芳 李道平主编
北京景山学校小学、初中综合整体改革的研究与试验(研究报告)	贺鸿琛 陈心五
当代中小学教育改革实验概说(研究报告)	潘仲茗等
历史教学问题探讨(专著)	白月桥等著
学习困难学生教育的理论与实践(专著)	钱在森等主编
尝试教学理论研究与实践(研究报告)	邱学华
基础教育与学生自我教育能力发展(研究报告)	叶 澜
世纪之交的工读教育(专著)	杨安定主编
张思中外语教学法(专著)	张思中著
高中生跨学科研究活动辅导(研究报告)	刘定一
面临贫困的选择——处境不利地区初等教育质量综合	

实验研究(专著)	马培芳等主编
教改经验成果推广研究(专著)	周　林等著
九年义务教育教材(人教版)的研究与实验(论文)	吴履平等
进入21世纪的中小学数学教育行动纲领(1997～2010)(研究报告)	顾泠沅
面向21世纪的中国基础教育改革:素质教育(论文)	杨银付等
“成功教育”的研究课题报告(研究报告)	刘京海等
超常儿童的鉴别和教育(研究报告)	龚正行
甘肃省全面提高小学教育质量综合革新实验(研究报告)	张铁道
班主任工作漫谈(专著)	魏书生著
“创业教育的理论与实验”课题研究报告(研究报告)	毛家瑞　彭　钢
《提高中学生学习质量整体改革国家行动计划》实验研究终结报告(研究报告)	倪传荣等
班级教育的理论与方法(专著)	王炳仁主编
“珠算式心算”教学实验效应的理论论证(报告)	刘　力
个性优化教育的探索(专著)	盛群力　金伟民主编
课外活动与教学体制改革(专著)	温寒江主编
数学素质教育论(专著)	郭思乐编著
“带领孩子走向世界”——21世纪国际型人才基础素质探索(专著)	王小平等主编
国民素质建构与基础教育改革(专著)	郭文安　陈东开著
诱思探究教学导论(专著)	张熊飞著
幼儿园环境与幼儿行为和发展的研究(专著)	朱家雄等著
大面积提高农村九年义务教育质量的探索(论文)	夏明华
愉快教学法的理论与实践(专著)	倪谷音　卢家楣主编
高级中等教育阶段的合理结构和办学模式研究报告(研究报告)	周德藩等
建设有中国特色社会主义高等教育理论要点(专著)	周远清主编
高等教育管理学(专著)	邓晓春　刘国瑞著
我国高等教育体制改革及其综合效益分析(专著)	蔡克勇主编
高等教育与生产劳动相结合新论(专著)	陈谟开主编
方向、目标、对策——新时期高等学校办学方向论纲(专著)	李进才　娄延常主编
高等学校教学改革的理论研究(专著)	王伟廉　邬大光等著
社会经济可持续发展与地质科学	

——21世纪地学人才智能结构及优化(研究报告)	马昌前等
高等学校教育评估(专著)	王致和主编
高校联合研究综合报告(研究报告)	叶春生
高等教育学新论(专著)	胡建华等著
大学生创造性的发展与教育(专著)	林金辉著
关于理工科大学生思维能力培养的试验研究(研究报告)	江丕权
中国英语本科学生素质调查报告(研究报告)	吴一安等
大学人文精神构架(专著)	张楚廷著
21世纪中国职业技术教育前瞻(专著)	孙震瀚主编
职业技术教育原理(专著)	高　奇著
职业技术教育"九五"规划学科调研报告(研究报告)	刘来泉
中国职教管理体制改革的目标模式——关于建立市(地)职教统筹协调管理体制的研究与实验报告(研究报告)	刘春生　韩英烈
职业高中教学规范的研究	蒋作斌
城乡企业在职业技术教育发展中的作用和地位(研究报告)	芮兴宝　沈纯道
经济特区职业教育研究(研究报告)	曾凡里　张彦玲
高中后教育模式研究(研究报告)	课题组
国际大都市成人教育功能研究(论文)	郭伯农
中国社会力量办学问题研究(研究报告)	项秉健　顾国治
中国扫盲教育(研究报告)	余　博　谢国东
教育培训及其管理对提高劳动生产率作用的研究(研究报告)	陈炳富
学前儿童艺术综合教育研究(专著)	楼必生　屠美如主编
中国古代音乐教育(专著)	修海林著
深化学校体育教学改革的研究(研究报告)	课题组
大美育实验研究——美育促进学生素质全面发展的效应验证(专著)	赵伶俐主编
中国西北少数民族教育(专著)	李定仁　蔡国英主编
中国少数民族高等教育的发展与研究(专著)	林仕梁著
中国西藏教育改革与发展的理论研究(专著)	吴德刚
初论跨文化数学教育研究(论文)	吕传汉　汪秉彝
新疆维吾尔族中小学双语教学研究(研究报告)	木哈白提·哈斯木哈力克·尼亚孜塔什·热合曼

中国少数民族教育学概论(专著)	孙若穷主编
＊邓小平军事教育思想论(专著)	雷焯民主编
＊军校教学过程优化论(专著)	何文山　张必田主编
＊军校学员政治素质培养工程研究(专著)	励永庆等著
＊战役训练学(专著)	朱荣榜主编
＊高技术战争下指挥军官的知识结构与培训(研究报告)	徐广洲
＊军队院校教员队伍结构分析与滚动预测研究(论文)	邵子钧
＊军事后勤教育学(专著)	於志明主编
＊医学本科课程及教师队伍评价指标体系的建立和应用(研究报告)	沈纪宗等
＊军队研究生教育改革与发展的研究与实践(论文)	王大华
＊培养学员实践能力的研究与实践(研究报告)	时呈霖
＊第二炮兵指挥干部培训研究报告(研究报告)	卢浩衷
＊课程考试命题科学化研究与试验(论文)	董钢铁　王国祥等
＊军事高技术教育训练内容体系、运行模式及综合配套建设的理论与实践(研究报告)	盛洪涛
＊毛泽东军事教育思想研究(专著)	张振华　刘德明主编
＊后勤演习指南(专著)	於志明　甘启伦主编
＊军队院校素质教育研究与实践(研究报告)	陈鸿猷
＊加强专业实验室建设,推动专业改造,全面提高教学质量(研究报告)	汪岳峰
＊加强实践教学环节,优化专业课程体系(研究报告)	陆金铭
＊军事指挥与工程技术合训教育理论研究(研究报告)	黄良俊　何博泉
＊军人非智力素质的研究与培养(专著)	费　中　韦建瑞主编
＊＊职业指导(专著)	王　珍　张树桂　张福珍　孟庆国　柏　莉主编
＊＊中国高级技工培训(专著)	薛景文　周丽华主编
＊＊中国“绿色证书”制度的研究与实践(专著)	孙　翔　陈建华主编
＊＊中国农业教育结构研究(专著)	王广忠著
＊＊林科本科专业目录(修订)的研究与实践(研究报告)	洪启清
＊＊我国西南地区高等林业教育的环境和对策(研究报告)	孙　冶
＊＊林业技术经济案例教学法研究(研究报告)	张大红
＊＊北京林业大学水土保持学院教学	

管理系统(学生数量化管理系统)的研究(研究报告)	万国良
＊＊交通高校实验工作改革的研究(研究报告)	周继良
＊＊交通高等教育投资效益研究(研究报告)	董京禧

注：＊为国防军事教育学科奖励成果＊＊为部分部委奖励成果

〔开展"跨世纪园丁工程名师项目专设课题"试点〕　为实施"跨世纪园丁工程'名师'项目"，有效推动中小学骨干教师队伍建设，决定设立"全国教育科学规划跨世纪园丁工程名师项目专设课题"。1999 年此课题首先在四川、上海等 7 省市试点，共有 42 项课题参评，最终确定 29 项课题。

撰稿　丰　力

审稿　金宝成

中国教育学会

〔开展群众性学术活动〕　1999 年，中国教育学会团结广大教育工作者认真学习、宣传、贯彻全教会和《面向 21 世纪教育振兴行动计划》精神，以全面推进素质教育为重点，组织学术研究和教改实验，在深化教育改革、全面推进素质教育中，发挥学会的作用。

1. 召开创新精神和实践能力培养学术讨论会。学会于 11 月 8 日～10 日在武汉召开以创新精神和实践能力培养为主题的全国第 12 次学术讨论会。与会同志指出，强调德育是灵魂，创新精神和实践能力的培养是重点，赋予了素质教育以时代特征和新的内涵，具有重要意义。与会同志认为，在基础教育阶段，应激发学生的好奇心、求知欲和想象力，培养学生创造性的思维品质、科学精神和人文精神，发展学生探究、发现和初步的创造能力。为达此目的，要把学生作为真正的教育主体，以科学的态度和民主的精神对待学生，给学生提供宽松的环境、发展的空间和实践的机会，善于激励学生进取，做到教的创新和学的创新、学科创新与活动创新、校内创新与校外创新、创新精神培养与实践能力提高的有机统一。与会同志指出，要转变教育观念，从培养依附人格转变为培养独立人格，从培养现实的守成者转变为培养历史创造者。培养创新精神和实践能力的主渠道是教学，要让学生真正成为学习和发展的主体而不是书本和考试的奴隶，将单一的继承型、维持型、守成型的教学模式转变为开拓型、发展型、创造型的多种教学模式。与会同志强调，创新型人才的培养需要创新性教师。

2. 召开农村初中教育改革研讨会。学会与教育部基础教育司于 11 月 24 日～27 日在福建永安市联合召开农村初中教育改革研讨会，交流了改革开放以来农村初中改革的经验和做法。这些经验和做法主要有：全程、全员、全面渗透职业教育因素；各种形式的分流教育；各种形式的综合性初中；初中毕业后进行一段时间的实用技术培训，即3+X模式。大家认为，这些做法都是同当地经济、社会发展水平以及教育基础相适应的，应鼓励继续实验，在实验中不断完善，办出各自的特色。与会同志认为，一些地方的教育部门引进“绿色证书”教育，在保证执行九年义务教育课程的前提下，不延长课时，不加大课程总量，通过调整部分教育内容，对学生进行一定的现代农业技术教育，既为学生升学奠定了基础，又为学生将来从事农业生产和经营创造了必要条件，是培养新型农民的一种有效途径。大家对如何推广“绿色证书”教育提出了许多建议。会后，教育部与农业部就推广“绿色证书”教育联合下发了文件。

此外，学会在天津召开了创造教育典型经验交流会，教育部副部长吕福源、民进中央主席楚庄出席会议并讲话。学会与教育部基础教育司联合召开面向21世纪的劳技教育座谈会，听取对新高中课程计划的意见。学会还与南宁市政府联合举办学生用品产业开发与素质教育研讨会；继续开展愉快教育、和谐教育等的专题研究。

学会分支机构和团体会员也都围绕贯彻全教会精神开展学术活动。吉林省学会建立了中小幼创新教育理论与实践的研究课题，举办了学术报告会和骨干培训班，确定了100所实验学校。上海市教育学会就学校实施素质教育的核心问题——课堂教学改革等举办两次教育论坛，分别就实施素质教育的课堂模式、课堂教学中如何发挥学生学习的主动性进行研讨。小学语文教学专业委员会召开的第二次阅读教学研讨会，就如何进一步优化阅读教学过程、改革课堂教学结构提高阅读教学效率、培养学生创新意识等问题进行了深入探讨。武汉市教育学会等单位召开研讨会，总结推广武汉粮道街中学实施希望教育的经验。中学语文教学专业委员会召开了年会，并总结推广广东顺德钟德赣语文反刍教学法经验。劳技教育专业委员会召开现场学习会，推广山东沂源开展生命树活动的经验。小学德育专业委员会先后召开了小学德育实验学校研讨会和工作会。

3. 组织德育专家讲学团。为落实全教会精神，经与教育部基础教育司研究，学会决定成立中小学德育专家讲学团，把全国有影响的德育专家和特级教师组织起来，开展培训活动。先后于7月和10月在杭州、北京举办了2期德育工作者培训班。

4. 开展培训活动，为园丁工程做贡献。学会于7月在京举办了小学语文、小学数学教师培训班。学会分支机构和地方学会也开展了大量的培训活动。如小学语文教学专业委员会举办了第三届青年教师阅读教学观摩活动，来自全国的31位青年教师做了现场教学，2 600名语文教师、教研员参加了观摩活动。书法教育专业委员会举办了首届高级书法创作培训班。上海市教育学会举办“步入信息时代的学习革命”大型学术报告会，还举办'99上海市中小学创造教育系列讲座。中学德育专业委员会举办加强和改进学校德育报告会。中学数学教学专业委员会举办了高中数学新教材讲习班。语文教学法专业委员会举办了中小学语文教学研修班。在培训活动中，以举办优质课、示范课、观摩课对教师的启发帮助最直接，最受教师欢迎。

5. 评选优秀科研成果。学会在成立20

周年时，举办了优秀科研成果评奖活动，共评出东方杯优秀科研成果特等奖1项、一等奖11项、二等奖39项、三等奖45项。许多分支机构如外语教学、小学德育专业委员会和团体会员如北京、上海、宁夏、内蒙古、广西、武汉学会也都定期开展优秀科研成果评奖活动，极大地激发了广大教育工作者科研的热情，有效地提高了教师的综合素质。

6. 开展群众性学术活动的调查研究。学会发动各分支机构和团体会员就20年来群众性教育学术活动蓬勃发展的背景、表现、成绩、作用、经验、问题和应采取的对策进行全面的调查研究，已先后在湖北、福建、河北、北京召开了4次座谈会。

〔**举办建国50周年庆祝活动**〕 中国教育学会与中国高等教育学会于9月21日召开“历史的跨越——共和国教育50年”座谈会，周远清、张承先、何东昌、徐锡安等出席会议并讲话。与会同志热情讴歌建国以来教育事业取得的伟大成就，指出50年来，在以毛泽东、邓小平、江泽民为核心的党的三代领导集体的领导下，中国教育事业在艰难曲折中不断发展，一个具有相当规模的基本适应社会主义现代化建设需要的教育体系已初步建立起来。与会同志指出，50年来，党的三代领导集体在探索建设有中国特色社会主义历程中，对教育的认识不断深化，极大地推动了中国教育的改革和发展。要认真学习三代领导集体关于教育的一系列重要论述，不断提高对社会主义教育本质和规律的认识，同心同德，把充满生机和活力的社会主义教育事业全面推向21世纪。

许多分支机构和地方学会也举办了庆祝建国50周年的活动。西安市教育学会召开了庆祝建国50周年座谈会。中学德育专业委员会以改进德育工作、提高德育实效为题，举办建国50周年中学政治课教师征文评奖活动，收到应征文章1 000多篇。青岛市教育学会举办庆祝建国50周年创新教育科研论文评奖活动，收到参评论文1 860篇，为历史之最。书法教育专业委员会举办了庆祝建国50周年迎接澳门回归书画展。

〔**开展学会成立20周年纪念活动**〕 5月20日，中国教育学会召开学会成立20周年纪念会。教育部副部长张天保到会并讲话。他指出：20年来，学会坚持以马列主义、毛泽东思想和邓小平理论为指导，紧扣时代主题，积极围绕中国教育改革、发展的重大理论问题和实际问题，开展群众性的教育科研、教改实验和学术交流活动，在促进教育决策的民主化、科学化，推动教育教学改革，繁荣中国教育科学，普及教育科学知识，提高校长教师素质，开展对外和对港澳台的学术交流方面，做了大量卓有成效的工作，取得了可喜的成绩。今后，教育部将一如既往地重视、关心、支持教育学会的工作，为学会工作的进一步开展创造更好的条件。同时也希望各地党政领导和教育行政部门在今后的工作中进一步重视和发挥教育学会的作用。张承先会长在讲话中回顾了学会成立以来取得的成绩和发挥的作用，强调必须在党的领导下，自觉地把学会工作放到整个社会主义现代化建设的大局去认识和把握，服从和服务于整个大局。首先，要兴起学习、研究、宣传邓小平理论的热潮。第二，研究新情况、新问题，不断提高学会的学术水平。第三，加强学会自身建设。会上表彰了学会系统先进单位95个，先进工作者99人。

与教育部基础教育司共同探讨在基础教育改革中进一步发挥教育学会作用问题。大家认为，为适应基础教育改革、发展的新形势和政府机构改革、职能转变的需要，应将基础教育司某些服务性职能转交给学会承担并重视发挥学会在教育改革进程中的理论支持、舆论引导和政策咨询作用。经研究，拟先从以下四方面做起，随条件逐步成熟再不断扩展：(1)承担部分校长、教师和教育行政干部的培训任务；(2)承担基础教育改革中一些热点问题的研究工作；(3)承担义务教育阶段学科教学研究的部分指导；(4)联合召开农村初中教育改革研讨会。

〔**开展对外和对港澳台的学术交流**〕 中国教育学会与香港教育工作者联会于6月26日在香港举办教育质素与教育管理研讨会，来自内地的21名专家和数百名香港同行就学校管理、教育行政、教育政策、师范教育、内地与香港教育改革趋势等问题进行了广泛深入的研讨。

应台湾海峡两岸教育文化交流筹备委员会邀请，学会组织由13名学会干部组成的考察团于12月访问了台湾。考察团参观了台北景文技术学院等6所学校，与台湾同行就教育学会的功能和跨世纪的教育两个主题进行了座谈，对台湾近5年的教育改革有了初步了解。

学会分支机构和团体会员也开展了一些对外和对港澳台的学术交流。如书法教育专业委员会与新加坡书法协会联合举办了第二届中新中小学师生书法作品交流展。外语教学专业委员会在暑期组织44名口语竞赛、优质课竞赛获奖师生赴英国和澳大利亚短期学习和考察；8月，和日本国际文化交流中心联合举办了第四届中学日语教师研修会。教育统计与测量分会于10月举办了第四届海峡两岸心理与教育测量学术研讨会。宁夏、陕西教育学会先后应台湾海峡两岸教育文化交流筹备委员会邀请组团访问了台湾。上海市教育学会等组团参加在香港举办的海峡两岸暨港澳地区第五届研讨会，组织小学校长、专家36人参加在台湾举办的'99海峡两岸小学教育研讨会。

撰稿　郭永福

中国高等教育学会

〔**学术研究活动**〕 1999年，中国高等教育学会积极开展形式多样的群众性学术研究活动，积极为高等教育的改革与发展服务。

高等学校教学工作研究会于12月7日～10日在南京举办了“大学教育思想国际研讨会”。与会代表集中讨论了面对知识经济的挑战，高等教育如何不断提高自身的质量，为社会提供高质量的服务等问题。面对1999年高校扩招，“如何看待高等教育大众化与高等教育质量问题”已引起全社会的关注。一些代表在作了大量调查研究的基础上，提出高等教育质量不仅是多样的，而且也是全面的，要树立多样化、整体化的质量观。与会代表还就如何培养具有创新精神与创造能力的专门人才问题进行了讨论，并对创新概念进行了界定，对创新人才的基本素质进行了分析。一些学者还从营造良好的学术氛围、提高教师素质、加强实践教学、改革考试与学分制等角度，讨论了创新人才培养过程的机制问题。这次研讨会提出的建设性意见、改革措施受到有关教育行政部门的重视。

中国高等教育学会与重庆市高等教育学会于10月21日～23日联合在重庆市举办了“全国高校内部管理体制改革”学术研讨会。会议围绕高校内部机构改革、人事制度改革、后勤管理体制改革、招生和毕业生就业制度改革等问题进行了深入的研讨。与会代表还就重庆市的高校内部管理体制改革问题作了专门探讨，为重庆市教育部门的决策工作提供了理论支持。地处边远省份的云南省高等教育学会则注意在全国范围内收集高校内部管理体制改革的经验材料，分析归纳后，提供给教育行政部门及省内高等学校，积极为高校内部管理体制改革做好服务工作。

云南省高教学会于6月16日～20日召开研讨会，根据云南经济发展状况，具体分析了云南高等教育改革发展的走向，提出了如何抓住机遇，发展教育产业，振兴云南教育的建议与措施。在中国高等教育学会的支持与指导下，由武汉汽车工业大学牵头，全国近20所高校于10月在武汉召开研讨会，就高校董事会如何发挥作用，如何沟通企业、院校、科研单位三者之间的关系，产学研在新形势下如何进一步发挥作用，推动师生更多地参与科技创新和科技成果转化等具体问题展开讨论。会上提出的一些观点富于启发性，措施有较强的实用性。

高校实验室工作研究会举办了“实验教学及其管理改革”专题研讨班，发动工作在一线的教师，针对目前高校实验课教学中存在的体制内容、方式和方法上的共性问题，探讨实验教学改革的出路。研讨班上提出的化学实验教学内容的改革方案，工业自动化专业实验教学体系的系统改革方案等，注重以培养学生个性发展和创新能力为切入点，重组教学体系，优化课程结构，强化学生的动手能力、实践能力。这些教改方案受到高校的普遍欢迎。师资研究会则在高校师资队伍建设的调查研究、咨询宣传、交流推动等方面发挥了积极的作用。学术研讨会和调查研究的成果为高校内部管理体制改革向纵深发展提供了可借鉴的经验与思路。高校外语教学研究会在1999年度认真总结北京大学、清华大学等8所学校教改试点的经验，专门召开试点工作经验交流会，以点带面，推动、促进高校外语教学改革的不断深化。冶金高等教育学会召开了冶金普通高校教学改革座谈会。建材高教学会召集本系统8所高校研讨了材料类学科面向21世纪教学内容改革方案。高校教学研究会则举办了高等学校教材评介、发行和使用工作研讨会，直接为全面推进素质教育，优化课程结构办实事，受到高等院校的欢迎。

〔召开共和国教育50年座谈会〕　为纪念中华人民共和国建国50周年，总结共和国教育50年所走过的历程，经教育部批准，中国高等教育学会和中国教育学会于9月21日在京联合召开了“历史的跨越——共和国教育50年”座谈会。教育部副部长周远清、中国高等教育学会会长何东昌、中国教育学会会长张承先及教育部有关司局和直属单位的负责同志出席了座谈会。周远清在会上回顾了建国50年来教育事业取得的巨大成就，指出：一个具有相当规模的基本适应社会主义现代化建设需要的教育体系已初步建立起来。当前，我国跨世纪教育工作面临的重大任务，就是全面贯彻改革开放以来第三次全国教育工作会议的精神，全面落实《中共中央、国务院关于深化教育改革全面推进素质教育的决定》和《面向21世纪教育振兴行动计划》，开创教育工作新局面。何东昌同志在回顾建国50年教育取得的巨大成就之后，就如何深化教育改革、全面推进素质教育谈了自己的看法。北京市教委主任徐锡安回顾了50年来特别是改革开放20年来，北京市教育事业取得的巨大成就，表示只有高举马列主义、毛泽东思想和邓小平理论的伟大旗帜，坚持党的领导，全面贯彻党的教育方针，走改革开放之路，教育事业才能获得健康快速的发展。北京大学党委书记任彦申，清华大学党委副书记陈显章则分别用北京大学、清华大学的新旧对比，论证了建国50年来我国高等教育事业所取得的巨大成就。这一座谈会是教育部纪念建国50周年系列活动的重要组成部分。江苏省高教学会等一些省市高教学会也分别举行了庆祝活动。

〔**国际交流活动**〕 1999年，中国高等教育学会在注重加强与国内各学术团体的交流协作的基础上，积极加强国际间的学术交流与互访活动。

10月10日～23日，应美国高等教育中心、全美教育研究会和跨文化交流中心的邀请，经教育部批准，中国高等教育学会一行8人对美国高等教育进行了考察。其间，考察团走访参观了约翰·霍布金斯大学、圣荷西大学、伊利县社区学院、伊利诺·罗斯福高中、温德米尔学校、美国高教学会、全美教育研究会、跨文化交流中心8个教育机构。考察团重点考察了美国高等院校在办学特色、科学研究、招生就业及教育中介组织等方面的情况，并就美国高等学校在办学中所呈现出的生源多样化、教育国际化、特色化、终身化、教育资源开放化、科学研究实用化、教师队伍高素质化等问题，展开了交流与座谈。考察团还就美国教育中介组织如何发挥作用等问题进行了考察。

12月16日～25日，中国高等教育学会考察团赴日本进行访问。考察团走访了东京大学、早稻田大学、东京学艺大学、东京一桥大学和日本民主教育研究所等单位，与日本同行交换了对21世纪世界高等教育改革与发展的看法，探讨了日本高等教育改革与发展的原因，磋商了两国高等教育机构交流与合作的意向。考察团还向日本高教界的同行介绍了中国高等教育改革与发展的有关情况，并认真听取了日方的意见和建议。

保卫学专业委员会应国际校园执法者协会邀请赴美考察。其间，参加了国际校园执法者协会第41届年会，考察访问了12所高校，对美国校园保卫工作立法、安全服务制度及保卫人员教育训练机制等问题进行了考察。考察团回国后提出的一些建议受到有关方面的高度重视。

1999年，中国高等教育学会及团体会员单位还举办了一些较有影响的国际学术研讨会。陕西省高教学会举办了海峡两岸现代大学的使命与高等教育现代化学术讨论会，进一步加强了海峡两岸高教界同仁的交流与合作。高等工程教育研究会11月3日在北京举办了'99工程教育国际学术研讨会，邀请了一些在国际工程界、教育界著名的专家、教授作有关工程教育发展前沿的报告，集中讨论了工程教育如何迎接新世纪的挑战这一主要问题，交流了世界各国在推动工程教育改革方面取得的经验和教训，展望了世界工程教育改革的态势。中国工程院院长宋健、教育部副部长周远清在大会上作了主题报告。

〔**为教育行政部门服务**〕 中国高等教育学会及团体会员积极开展教育决策咨询研究，承担专项调查，参与部分规章文件的草拟，为教育行政部门提供服务并紧密配合教育行政部门的工作，举办形式多样的培训班。广西高教学会组织高校教师和研究人员承担自治区哲学社会科学“九五”重点课题“21世纪广西教育发展战略研究”、教育部“十五”规划重点课题“少数民族地区和贫困地区教育发展战略研究”、自治区教育科学“九五”重点课题“高等学校办学目标定位与专业结构调整”等一系列课题。与此同时，还积极参与自治区多项教育决策的咨询与研究工作。如参与筹备全区高教工作会议，参与起草“广西面向21世纪教育振兴行动计划”，及“广西教育厅实施《高教法》若干意见”等重要文件。广东省高教学会举办了“高校电教主任”、“多媒体教学设计与制作”、“教学网络技术”、“青年科技管理干部”等8个培训班，为本省及时培训了教学一线的急需人才。

为贯彻落实《中华人民共和国高等教育法》，受教育部高等教育司的委托，中国高等教育学会于1月23日～2月6日分别在桂林、深圳和北京举办了三期“高等教育法与高等教育改革”研讨班。来自300多所高等院校和10多个省（直辖市、自治区）教委的400多名党政领导干部和教师参加了学习和研讨。

〔**拓展工作领域**〕 在教育部机构改革工作中，根据高校技术物质工作的特点和市场经济的要求，决定高校技术物质工作由中国高等教育学会负责，教育部高等教育司对这项工作给予支持。为此，中国高等教育学会组建了“高校技术物质中心”，并于1999年5月和11月在长春和上海举办了两次高教仪器设备展示订货会。其中，在上海举办的'99秋季全国高教仪器设备展示定货会，有500多家厂商报名并参展，展位数达600多个，成交额10 080万元，创历届之冠。本次定货会还开创了国际国内仪器设备联合办展的先例。展示定货会为高等学校和国内外教学仪器生产、经营企业提供了相互沟通、增进了解、扩大交流、加强合作的良好机会。

化工高教学会在化工部建制撤消后，注意加强与发挥该学会在政府职能部门与各类院校之间的中介作用，进一步理顺学会与企业产业界以及与各相关学会之间的关系，加强学会的组织建设，开展教育科学研究，交流研究成果，强化对各类化工院系的教学指导工作。

撰稿 王小梅
审稿 罗宏述

教 育 报 刊

中国教育报刊社

〔**概述**〕 1999年,中国教育报刊社始终坚持正确的政治方向和舆论导向,宣传党中央的方针政策和教育部的各项重点工作部署。在庆祝中华人民共和国成立50周年和澳门回归祖国这两大庆典活动中,在愤怒声讨以美国为首的北约袭击中国驻南使馆的罪恶行径、深刻批判李登辉分裂祖国的“两国论”,深入揭批“法轮功”邪教组织三场大的政治斗争中,在第三次全教会精神的宣传中,中国教育报刊社一报四刊(中国教育报和人民教育、中国高等教育、神州学人、中国民族教育杂志)高举旗帜,服务大局,唱响主旋律,打好主动仗,完成了宣传报道任务。

〔**坚持正确舆论导向,圆满完成宣传报道任务**〕 一、把握方向,服务大局,坚持党性原则。

对两大庆典和三大政治斗争的重大宣传报道,中国教育报刊社各编辑部的报道工作从形式到内容,从版面到风格,从文章到图片,都做到了精心编排,精心印制,高质量地完成了重大事件的宣传报道任务。

《中国教育报》在迎接建国50周年报道中,组织了“科教兴国”神州行的报道,重点报道了各省市自治区教育改革与发展的成就。教育报策划并刊出的“国庆50年特刊”和“澳门回归特刊”彩色报纸,内容丰富、图文并茂,报道有创新意识,受到读者高度评价。

《人民教育》杂志与广东教育杂志社等合作举办“喜迎澳门回归,共话教育改革”座谈会,在内地和澳门教育界产生很好的影响。

中国驻南使馆遭北约轰炸后,《神州学人》电子版当天即赶制了一个声讨北约的主页,通过Internet网向全世界发出,表明了我们的严正立场。

二、围绕中心,突出重点,把握正确导向。

中国教育报刊社在紧密围绕全党、全国的中心工作做好宣传工作的同时,坚持紧密围绕教育部中心工作,加大宣传力度,在重点、热点问题上加强正确的舆论引导。

1999年,国务院批转了教育部制定的《面向21世纪教育振兴行动计划》,党中央、国务院召开了改革开放以来的第三次全国教育工作会议,作出了深化教育改革,全面推进素质教育的决定。这次会议和制定的文件对跨世纪教育改革和发展具有及其重要的战略意义，报刊社对此进行了充分的宣传报道。

《中国教育报》围绕第三次全教会精神，先后开设了“深化教育改革，推进素质教育”、“认真学习落实教育振兴行动计划”等新栏目，及时反映了各地落实全教会精神的情况。11月，报纸以较大篇幅、显著位置、系列图片对上海高校后勤社会化改革进行了深层次报道，对全国高校后勤工作改革起了推动作用。

《中国高等教育》努力做到每期有重点选题，突出重点。通过调整栏目、加强理论文章深度、增加权威人士文章、创造组合报道形式、对某个问题集中刊发成组文章等方式，取得了很好的宣传效果。

报刊社一报四刊在围绕素质教育、“普九”、高校扩招、高校管理体制改革、后勤社会化改革、高教制度改革等问题的报道中，有计划、有组织、有重点地发表了大量文章，加大了宣传力度，形成了阵容，造成了声势，有力推动了中国教育的改革与发展。

三、抓好典型，贴近读者，形成合力优势

典型引路是报刊宣传的重要任务。一报四刊在抓典型、贴近读者、贴近实际、贴近生活、贴近教学改革等方面作了很多有成效的工作。

《人民教育》第6期发表的长篇通讯《追求一流——深圳市中小学实施素质教育纪实》是《人民教育》和深圳《特区教育》记者、湖南教育报刊社记者等合作完成的。刊发后，《深圳商报》、《深圳特区报》、《特区教育》全文转载，《广东教育》摘发，产生了很大的反响。

《人民教育》第11期《共同托起明天的太阳——天津市岳阳道小学学校、家庭、社会三结合实施素质教育纪实》刊发后，引起市长重视，天津市教育局发文并召开近千人大会，交流推广岳阳道小学的经验。

《中国教育报》策划了“教育新闻调查——新时期中小学师生关系调查”，在此基础上还开展了“新时期中小学师生关系大讨论”，在教育界引起了强烈反响，受到了社会及教育界专家、校长、教师、学生的极大关注。

四、适应形势，扩大版面，发挥各自特色

为了更好地适应中国向信息社会快速发展的趋势，中国教育报刊社一报四刊不失时机地进行扩版，满足读者对信息量的渴求。1999年《中国高等教育》由月刊扩版为半月刊；《人民教育》恢复为64页，并增加了中心插页；《神州学人》再一次更新了主页，由每周发刊一次，扩增为每周发刊二次，大大提高了电子刊物的时效性。中国教育报发掘版面潜力，加大了每版的信息量，提高了报纸的社会效益和经济效益。

各编辑部还对如何形成报刊风格，办出各自特色进行了积极探索，并已初步见到成效。为迎接新千年，教育报策划刊出了“新千年珍藏版”，受到广大读者和业内人士好评。

1999年中国教育报刊社的报刊在权威性、指导性、系统性、可读性、引导和监督性等方面不断增强和提高，得到社会的好评。《人民教育》杂志再次被新闻出版署评为“全国百种重点社科期刊”，并荣获首届“国家期刊奖”。

撰稿 张怀志

审稿 刘川生 刘堂江

中国教育报

〔**围绕中心，服务大局**〕 1999年，中国教育报在两大庆典和三大政治斗争的重大宣传报道工作中，突出政治，把准方向，精心策划，周密安排，高质量地完成了重大事件的宣传报道任务。

庆祝建国50周年的报道。中国教育报编辑部组织了“科教兴国神州行”特别报道，选择各地教育发展最具特色的一个方面，用大特写的体裁，唱响祖国颂、社会主义颂、改革开放颂，反映新中国教育发生的巨大变化，充分展现教育系统改革开放以来取得的成果。10月1日、2日中国教育报扩大为八版，出版了彩色《国庆50周年特刊》，图文并茂，内容丰富，以喜庆的形式报道和渲染了国庆50周年的热烈气氛，深得读者和专家好评。

澳门回归祖国的报道。中国教育报充分报道了各地围绕澳门回归在广大师生中开展的爱国主义教育活动，以及根据青年学生特点组织开展的多种形式的教育活动，大力宣传邓小平“和平统一、一国两制”的伟大构想，充分反映教育系统师生迎澳门回归的喜悦心情和爱国热情。中国教育报出版的彩色报纸《澳门回归特刊》以庄严、隆重、热烈、欢庆的基调，报道了澳门回归祖国这一举世瞩目的庆典盛事。

声讨北约袭击中国驻南使馆的罪恶行径。5月8日发生以美国为首的北约袭击中国驻南联盟大使馆事件。中国教育报较好地把握了报道方向和力度，从维护稳定大局出发，向积极的方向引导，充分发挥了在舆论宣传中的主导作用。在报道中，充分表达了各地师生对北约野蛮暴行的极大愤慨，对江泽民主席、胡锦涛副主席讲话精神的理解和支持，引导和鼓励广大师生立足本职工作，刻苦学习，勤奋工作，为祖国的不断强大作积极努力。从5月8日～28日，中国教育报共组织刊发了12个专版，本报记者采写消息30篇、通讯11篇、专访8篇、照片26幅。

批判“两国论”。中国教育报组织刊登了多篇学者撰写的文章，宣传中国政府解决台湾问题的严正立场，宣传“一个中国、一国两制、不放弃使用武力”的原则，并以大量历史事实，有力批判了李登辉的“两国论”。

揭批法轮功。中国教育报在这场严肃的思想政治斗争宣传报道中认真做好全国教育系统贯彻落实中央《通知》精神，深入揭批“法轮功”组织的政治本质和严重危害的宣传，揭露了李洪志及“法轮功”反科学、反社会、反人类、反政治的本质；在深入揭批的基础上，积极倡导“崇尚科学，破除迷信”；宣传教育系统通过“法轮功”事件，对广大教师和青年学生进行马克思主义唯物论和无神论教育，深入进行思想政治教育和科学知识普及，引导和帮助广大师生树立科学的世界观、人生观、价值观，自觉维护国家的团结和稳定。

人大、政协两会的报道。中国教育报在突出报道两会教育新闻方面作了很大努力。报道内容涉及教育改革、发展的方方面面，如素质教育、德育、教师培训、高等教育发展等。两会期间，中国教育报用 26 个版面报道了相关内容，记者共发文字稿件 86 篇、摄影图片 68 幅。

新千年到来的宣传。中国教育报于 2000 年 1 月 1 日出版了“新世纪珍藏版”，在原 4 个版基础上又扩充了 24 版。以全新的视角，新颖的版面，独特的主题反映了千年世界与中国，世界教育与中国教育的变迁，以及对未来世界和教育的展望。

贯彻落实党的十五届三中全会精神和中央农村工作会议精神的宣传。重点宣传了各地政府在教育为农业、农村、农民服务上制定的新政策，出台的新措施，以及近年来取得的好经验。突出教育在发展农村经济，提高农业生产力水平，提高农民物质文化生活水平，培养大批为农服务的专门人才、农业带头人、致富能手以及在“科教兴农”上创造的新经验，探索的新路子。

〔**服务教育，加强引导**〕 中国教育报在紧密围绕全党、全国的中心工作做好宣传工作的同时，坚持紧密围绕教育部中心工作，加大宣传力度，在重点问题上，在热点问题上加强正确的舆论引导。

《面向 21 世纪教育振兴行动计划》的宣传。年初，国务院批转了教育部制定的《面向 21 世纪教育振兴行动计划》，中国教育报充分宣传各省、自治区、直辖市在贯彻落实《行动计划》上的总体思路、总的设想、制定并出台的实施办法等。特别是对《行动计划》中准备实施的“跨世纪素质教育工程”、“跨世纪园丁工程”、“高层次创造性人才工程”、“高校高新技术产业化工程”、“现代远程教育工程”等重点选题，通过调整栏目、加强理论文章深度等方式，取得了很好的宣传效果，开辟了“学习宣传落实教育振兴行动计划”的专栏和两会期间“代表委员谈教育振兴行动计划”专栏。

第三次全国教育工作会议的宣传报道。6 月 15 日～18 日党中央、国务院召开了改革开放以来的第三次全国教育工作会议，作出了深化教育改革，全面推进素质教育的决定。《中国教育报》围绕全教会，先后开设了“深化教育改革，推进素质教育”、“认真学习落实教育振兴行动计划”等新栏目，及时反映了各地落实全教会精神的情况。会前，重点宣传各地贯彻实施“科教兴国”战略、切实把教育摆在优先发展战略地位，大力推进素质教育、使学生全面发展，贯彻实施《行动计划》的情况等；会后，推出“学习贯彻全教会精神，全面推进素质教育”栏目，重点宣传各地对中央领导同志在全教会上的讲话反响，特别是对大力推进素质教育的积极反映，以及各地认真贯彻落实全教会精神，在各项教育改革中推出的新举措。

围绕素质教育、“普九”、高校扩招、高校管理体制改革、后勤社会化改革、高考制度改革等群众关注的热点和难点问题，有计划、有组织。有重点的发表了大量文章，加大了宣传力度。推出了一批介绍教育教学改革的文章，如《中小学心理健康教育调查》系列文章（共 6 篇），文章从调查入手，提出问题，请专家会诊，指出解决问题的方法，在全国中小学校中产生很好反响。如反映教师竞争上岗问题的文章，《深化内部人事制度改革，实行全员聘用合同制度，南京市中小学教师全部竞争上岗》，《将激励竞争机制引入导师，中国科大实行博导进选上岗》，《福州师专试行教师挂牌上课制》，《双向选择，竞争上岗，厦门建立中小学教师管理新机制》等，分别从不同角度介绍了当前大中小学实行教师竞争上岗的作法，为国家将实行的教师资格认证制度出台作了舆论准备，也引导教师正确认识这一问题，全面提高自身素质，为竞争上岗打下良好基础。

教育系统以整风精神深入开展“三讲”教育的宣传。中国教育报在宣传报道中按照中央对“三讲”教育的要求，重点报道了各地教育领导干部如何联系教育和工作实际，认真开展马克思主义的自我教育，开展批评与自我批评教育，提高领导干部廉洁自律的自觉性，进一步推进党风廉政建设，保证党的路线方针政策和中央重大决策的贯彻落实，保证教育改革和发展的稳步进行。

进一步加强邓小平理论的宣传。配合5月中旬召开的全国青年学习邓小平理论经验交流会，进行了高校邓小平理论“三进”工作的宣传。介绍了高校积极进行“两课”改革，推进“三进”工作的经验，以及联系学生思想实际，努力用邓小平理论武装广大师生头脑的工作。在学习邓小平理论的宣传上，着重宣传报道了探讨在新形势下结合教职工、青年学生思想实际，在学习效果上下功夫的新鲜经验。如《校长书记讲课，课内课外结合，中南工大理论教学吸引力强》、《抓领导、建机制、强科研、编教材、设基地，天津大力推进两课改革和三进工作》等文章，较好地反映了这方面的情况。

“五四”爱国、进步、民主、科学精神的宣传。对五四运动的宣传做了重点部署。在编发的稿件中突出了“爱国、进步、民主、科学”的五四精神，报道了教育界对江泽民总书记五四讲话的热烈反响，引导干部、群众特别是青年学生和青年知识分子继承发扬五四光荣传统，坚定走有中国特色社会主义道路的信念，为建设富强、民主、文明的社会主义中国而奋斗。如连续报道四川全省青年学生举行纪念五四运动座谈会，起到了很好的作用。

各地高等教育扩大招生的宣传。宣传报道了各地坚决贯彻中央部署，认真执行教育部“尽力而为，量力而行”的扩招原则，积极做好校舍设施的挖潜，进一步调配、用好教育资源，以及制定新的收费办法，完善奖、贷学金制度，勤工助学和困难补助制度等方面的具体措施和办法。

减轻中小学生课业负担的报道。年底，教育部按照中央的部署，召开了全国教育系统电视工作会议，对减轻小学生课业负担作出明确规定。对此，中国教育报作了重点报道，突出报道了对减轻小学生课业负担意义的认识，贯彻落实中央精神，以及各地结合本地实际出台的具体措施，特别注重宣传在减轻小学生课业负担，全面实施素质教育，积极进行教学内容、教学方法以及教材改革方面的典型经验和作法。

撰稿　张怀志

审稿　赵书生

《人民教育》杂志

〔**宣传第三次全国教育工作会议精神**〕为了配合第三次全教会的召开，《人民教育》第6期刊发了长篇通讯《追求一流—深圳市中小学实施素质教育纪实》，并配发本刊评论员文章《努力推进全面的素质教育》，受到社会的广泛关注。

在1999年第7期、第8期、第10期，先后发表了《中共中央国务院关于深化教育改革全面推进素质教育的决定》《江泽民总书记在全国教育工作会议上发表重要讲话》，以及教育部部长陈至立在会议上的报告《统一思想，提高认识，深化改革，全面推进素质教育》和陈至立撰写的《增强综合国力的基础在教育—学习江泽民同志在全国教育工作会议上讲话的体会》。在第7期上，发表了《人民教育》杂志与《中国教育报》等报刊合写的社论《全面推进素质教育 开创教育振兴的新纪元——祝贺第三次全国教育工作会议胜利闭幕》。在第8期发表了本刊记者采写的《学习贯彻全教会精神，全面推进素质教育》的报道，介绍了教育部基础教育司召开的学习贯彻全国教育工作会议精神座谈的情况。

〔**传达教育部工作部署和指示**〕　《人民教育》在1999年第3期上，发表了教育部部长陈至立在1999年度教育工作会议上的讲话摘要《振奋精神　扎实工作　迎接新世纪》和《教育部1999年工作要点》。第2期、第7期，分别发表了陈至立的《在第五届国家督学会议暨全国教育督导先进集体、先进工作者表彰会上的讲话》和教育部副部长吕福源的讲话摘要《认清形势　深化改革　推动基础教育事业蓬勃发展》。

同时，在第4期还发表了由教育部制定、国务院批转的《面向21世纪教育振兴行动计划（摘要）》。还先后发表了教育部印发的《关于加强大中城市薄弱学校建设办好义务教育每一所学校的若干意见》，《关于加强中小学心理健康教育的若干意见》和《关于加强教育督导与评估工作的意见》摘要等。

〔**宣传新中国50年教育事业的伟大成就**〕1999年，是中华人民共和国成立50周年。为此，《人民教育》突出宣传了新中国50年来的伟大成就。在第1期发表了陈至立部长《回顾二十年光辉历程　跨世纪再创新的辉煌》的文章，介绍了改革开放20年来中国教育事业取得的历史性成就。在第10期发表了《中华人民共和国教育50年大事记》，重点介绍了新中国成立50年来，党中央、国务院关于教育工作的重要决策和指示，以及教育战线贯彻教育方针所取得的一系列辉煌成果。

〔**宣传教育战线喜迎澳门回归祖国**〕　为反映全国教育战线，包括澳门教育界人士喜迎澳门回归，《人民教育》开辟了《澳门回归倒计时》专栏。在第12期以《携手迈向新世纪》为题，介绍了《人民教育》编辑部与澳门中华教育会、广东教育杂志社、中山市教委联合举办的“喜迎澳门回归，共话教育改革”座谈会的情况。《人民教育》还在第1期、第3期、第9至11期，分别发表了《人民教育》记者赴澳门采写的关于澳门教育的系列报道。

〔宣传基础教育改革与发展的典型经验〕 为更好地配合各地全面推进素质教育，《人民教育》宣传了一批实施素质教育的先进典型。除第6期刊登的长篇通讯《追求一流——深圳市中小学实施素质教育纪实》外，还先后发表了《为学生的终身发展奠基——四川省绵阳市实验中学素质教育纪实》、《三清山下的一方乐土——江西省玉山一中实施素质教育纪实》、《共同托起明天的太阳——天津市岳阳道小学学校、家庭、社会三结合实施素质教育纪实》，分别介绍了四川省绵阳市、江西省玉山县、天津市和平区实施素质教育的先进学校和典型经验。

宣传基础教育改革与发展的先进典型。1999年，《人民教育》继续推出了一批在基础教育的改革与发展方面取得突出成绩的先进典型。第1期、第2期、第3期，连续发表了特别报道《敢立潮头唱大风》、《咬定青山不放松》、《欲铸利剑拄长空》，介绍了江苏省苏锡常地区实施素质教育现代化工程所取得的喜人成果和成功经验。

宣传实施“两基”的思路与经验。先后发表了国家总督学柳斌的《保障义务教育投入要有大的改革思路》、教育部负责人答本刊记者问《严把质量关，保质保量完成“两基”任务》以及《八十万人同唱一首歌——湖南省桂阳县教育改革与发展纪实》《全面追求农村教育规范化的实践——湖南省临澧县巩固提高“普九”成果纪实》等文章。

宣传中小学各科教学改革。教学改革是实施素质教育的关键环节，《人民教育》在1999年，以多种形式，积极宣传中小学进行各科教学改革的动态和先进经验，关注教育热点问题的引导。在“热点·焦点·难点”栏目中，发表了《高考将怎样改革?》《跨出一步天地宽——对1998年荆门、苏州、闵行语文中考改革的调查》等文章。在“教改新干线”、“新星舞台”、“名家点悟”、“教学偶拾”等栏目中，宣传了江苏省苏州市实验小学、山东省潍坊市奎文区开展教学改革实验的经验；发表了小学语文教学专家李吉林的《情境教学怎样设计情境》；推出了薛法根、窦桂梅、张思明、孙金荣等一大批优秀教师创造的教学风格和经验。在“语文教育世纪谈”栏目中，发表了10余篇各地教师关于改革语文教学、提高语文教学效率，及对语文高考的评价和建议；在“中小学外语教学大家谈”栏目，集中介绍了外语教学专家张思中的教学经验。

〔宣传校长和教师队伍建设〕 为提高校长和教师的全面素质，加强校长和教师队伍建设，《人民教育》在“校长治校”栏目，宣传了优秀校长刘中慧、陈云华、刘继荣的先进事迹，发表了教育家、老校长韦力和全国劳动模范、民族地区优秀校长刘让贤等撰写的治校经验和亲身体会。在第7期，以10万多字的篇幅，全面报道了吉林省吉林市《面向21世纪 构建教师队伍建设创新体系》的成功经验，受到各地的关注和重视。在“班主任”栏目，介绍了教育家魏书生和各地的优秀班主任的宝贵经验。在“教师形象讨论”栏目，发表了40余篇优秀教师畅谈为人师表、教书育人的心得体会和优秀班主任的感人事迹。在“当代师表”栏目，宣传了海南中学体育教师童声环、新疆石河子市第三小学教师唐长焕、西藏拉萨实验小学校长叶静等优秀教师的模范事迹。在“教育与计算机”、“生活时空”、“教艺大观”、“红烛”等栏目中，都以清新、高雅的内容，真诚地为广大教师服务。同时，《人民教育》在1999年继续举办了“以高尚的精神塑造人”、“跨世纪教师风采”等征文活动。

此外，《人民教育》1999年还用较多的篇幅宣传报道德育工作、学校心理健康教育、劳动技术教育，并对幼儿教育、特殊教育、中等职业教育以及域外教育、环境教育等，作了有计划的宣传报道。刊物还发表了批判“法轮功”的文章。

1999年10月，《人民教育》杂志再次被国家新闻出版署评为“全国百种重点社科期刊”，并荣获首届“国家期刊奖”。

撰稿 田菊影

审稿 傅国亮 瞿福英

《中国高等教育》杂志

〔**概述**〕 1999年，《中国高等教育》杂志从第1期起由月刊改为半月刊，增强了报道的时效性。在宣传工作中紧紧围绕党中央、国务院及教育部关于高等教育改革与发展的有关方针政策，及时宣传报道典型和经验，为推动高等教育改革与发展发挥正确的导向作用。1999年，《中国高等教育》杂志，新开辟了“教授进言”、“体制改革”、“热门话题”等新栏目。

〔**宣传贯彻实施《高等教育法》**〕 《高等教育法》于1999年1月1日开始实施，《中国高等教育》杂志组织了一批较有权威性的文章，如朱开轩同志的《一部推动高等教育改革和发展的重要法律》，陈至立同志的《贯彻执行〈高等教育法〉推进我国高等教育事业的改革和发展》等，把宣传贯彻实施《高等教育法》引向深入。

〔**宣传实施《面向21世纪教育振兴行动计划》**〕 1999年1月13日国务院批转教育部《面向21世纪教育振兴行动计划》。这是教育战线实施科教兴国战略的跨世纪蓝图。编辑部开设了“高等教育迎接新世纪”栏目，约请教育部高教司、社政司、人事司、师范司、学位办、发展规划司、学生司等司局的负责同志围绕着《面向21世纪教育振兴行动计划》的内容为该刊撰写稿件，扩大宣传效果。

〔**学习贯彻第三次全国教育工作会议精神**〕 1999年6月，党中央和国务院在京召开了改革开放以来的第三次全国教育工作会议，江泽民总书记在会上发表了重要讲话。中共中央、国务院作出了关于深化教育改革全面推进素质教育的决定，为构建21世纪充满生机与活力的、具有中国特色的社会主义教育体系指明了方向。为了宣传贯彻第三次全教会精神，《中国高等教育》在1999年13/14

期上全文刊登《中共中央国务院关于深化教育改革全面推进素质教育的决定》,发表社论祝贺第三次全教会胜利闭幕,请教育部教育发展研究中心主任张力谈学习《决定》体会,请教育部高教司撰写“加强素质教育提高人才培养质量”专题文章;并从15/16期起,开辟了“贯彻全教会精神加强素质教育”专栏,约请教育部司局领导撰写文章,部分省、市的教委主任和高等学校的校长、专家、学者也围绕素质教育的各个方面撰写稿件,加大宣传力度。

〔**纪念五四运动80周年**〕 1999年是五四运动80周年,为弘扬五四运动精神,继承和发扬五四运动光荣传统,明确当代青年运动的方向,开辟了“纪念五四运动80周年”专栏,约请北京大学党委书记任彦申,团中央有关同志及北京师范大学教授周之良专门就五四运动为刊物撰写稿件。并组织召开了纪念五四运动80周年座谈会,邀请部分在京高校的校领导参加,并将其的发言摘要整理发表。

〔**欢庆澳门回归祖国**〕 1999年12月20日,中国政府对澳门恢复行使主权。这是继香港回归祖国后中华民族历史上的又一盛事。为欢庆澳门回归祖国,《中国高等教育》杂志发表了“欢呼澳门回归、振兴科教大业”的评论员文章,并约请中国教育报记者专访了澳门特区政府首任行政长官何厚铧就如何把澳门的高等教育办得更好发表看法;《中国高等教育》杂志记者还访问了澳门大学创始人、香港新标志集团董事长黄景强博士。除发表上述两篇访问记外,还组织文章,介绍发展中的澳门高等教育。

〔**开展改革教育思想观念讨论**〕 1999年,《中国高等教育》杂志继续开辟“改革教育思想观念讨论”专栏,并在思想政治教育、大学教育思想、现代大学的教育理念、知识经济与高等教育改革、探索大学素质教育、教育产业等方面发表一批文章,起到舆论导向作用。

1999年,该刊继续对教育教学改革给予了高度关注。全年共编发教育教学改革方面的文章60余篇。尤其在第8期刊登11篇文章,重点介绍了北京市大面积开展本科课堂教学检查及对北京市58所高校就期末考试管理工作开展巡查和调研以及由此引发的思考,约请几位专家、教授为刊物撰写文章,谈对高校课堂教学状况开展调研工作后的感受,由此得出“教学改革要抓实,质量管理要创新”、“大学课堂:不可高枕无忧”的结论,对提高高校课堂教学质量起了推动作用。

1999年,进一步加强对高等教育中热点难点问题的关注和反映。中央电视台“焦点访谈”节目报道了河南师范大学组织大学生蹬三轮车勤工助学的事件,引起社会反响强烈。《中国高等教育》杂志及时派记者深入当地采访并召开大量座谈会的基础上,在1999年第3期上发表了编辑部的署名文章“关注和解决好高校贫困生问题——河南师大学生上街蹬三轮引发的话题”,请学生、校团委负责同志、河南部分高校领导、教育部有关司局负责同志谈了他们对解决高校贫困生问题的看法,随后又对高校后勤社会化、职称评聘工作、大学生公寓开发建设等问题进行了及时的报道和探讨。

撰稿 李石纯

审稿 刘仁镜

《神州学人》杂志及电子版

〔**办刊思路**〕 1999 年，编辑部紧紧围绕办好两刊的中心工作，继续坚持以下办刊思路：(1)高举邓小平理论旗帜，认真贯彻十五大精神，切实把办刊工作的中心放在加强社会主义精神文明建设上。(2)把握对外宣传舆论导向，加强对中国改革开放和社会主义现代化建设成就的宣传报道力度，使广大在外留学人员受到鼓舞和鞭策，增加向心力，凝聚爱国心，为中国社会主义现代化建设吸引更多的优秀人才做好宣传工作。(3)针对在外留学人员特点和实际情况，进行具有时代特点的爱国家、爱民族、爱中华民族传统文化、传统美德的宣传教育，激发他们振兴中华的历史责任感、使命感和紧迫感。(4)坚持宣传典型人物、典型事例，对在外留学人员和留学回国人员造成强烈的示范效应，鼓励和宣扬正确的人生观、价值观及艰苦奋斗的精神风貌和以奉献为乐的高贵品质。(5)了解和研究留学人员的思想动向及各地区、各部门留学工作中出现的新问题，抓住典型予以宣传报道，推动留学工作走向一个新的层面。(6)在鼓励留学人员回国报效祖国的同时，引导他们在人才引进、智力引进、技术引进、信息引进、资金引进等方面为国服务。(7)加强与留学人员和留学工作管理部门及驻外使(领)馆教育处(组)的联络与沟通，充分体现《神州学人》两刊对留学工作的引导和指导作用。(8)增强为在外留学人员诚心诚意服务的意识，为他们解忧、排难。

1999 年，《神州学人》两刊主要对全国留学成果汇报会、教育部“春晖计划”系列活动、21 世纪创新人才研讨会、中国留学服务中心成立 10 周年、留学人员如何在北京创业、第三次全国教育工作会议、全国科技创新大会、庆祝建国 50 周年、澳门回归祖国、留学人员创业园、北约袭击中国驻南使馆、“法轮功”的伪科学背景、自费留学中介机构的规范等选题进行了重点报道，以多种形式和手段，较好地完成了宣传任务，积极配合了教育部及其他部门、地方的留学工作，为广大在外留学人员回国工作或以适当方式为祖国服务提供了较好的舆论环境。

〔**报道党和国家领导人对留学人员的关怀**〕 《神州学人》杂志 1999 年第 1 期刊登了国务院副总理李岚清在接见 25 名近几年出国留学学成回到中国科学院工作的优秀杰出人才时的重要讲话。第 2 期报道了江泽民主席访日期间专程到日本早稻田大学亲切会见了在日本的中国留学人员，勉励大家勤奋学习，报效祖国。第 3 期刊登了国务院副总理李岚清在会见出席全国留学回国成果汇报会的代表时的讲话《出国留学政策要长期坚持不变》。第 6 期报道了江泽民主席在对奥地利进行国事访问时，会见中国在奥留学人员代表的情况。第 7 期刊登了报道在美国南加州的 60 名中国留学人员迎接、欢送朱镕基总理访问洛杉矶时的热烈场面的文章《情深谊长见总理》。第 9 期刊登了报道国务院副总理李岚清在京会见欧美同学会第四届理事会成员的文章。第11期刊登了国务院副总理李岚清在会见参加教育部面向21世纪创新人才发展战略研讨会的海内外神州学子代表时的讲话《为创新创业创造良好环境》。第12期报道了国务院副总理李岚清会见参加“中国青年科技创新行动——海内外青年材料博士服务企业活动”的海内外中华学人的情况。

〔**围绕重点选题做文章**〕 1999年第1期围绕科教兴国战略重点刊登了中国科学院院长路甬祥的文章《吸引和造就跨世纪新人》以及编辑部撰写的专题文章《知识经济与科教兴国》,路甬祥的文章介绍了中国科学院创新工程的试点工作，号召广大在外留学人员为国家创新体系的建设和科技事业的发展贡献力量。第4期重点报道了教育部颁布实施《面向21世纪教育振兴行动计划》的情况，并配发了《迎接新世纪的教育振兴》的社论。第6期刊登了《永不忘记 永难忘记——北约空袭中国驻南使馆事件备忘录》一文，全面声讨以美国为首的北约袭击中国驻南联盟使馆的罪恶行径；围绕知识经济和技术创新问题，专访了科技部部长朱丽兰；围绕招聘高精尖人才的主题，推出了“长江学者奖励计划”的特别报道。第7期就第三次全国教育工作会议的胜利闭幕发表了题为《全面推进素质教育 开创教育振兴的新纪元》的社论。第8期刊登了深入报道全教会拉开新一轮教育改革序幕的文章《世纪跫音》,并报道了中国女足在美国勇夺世界亚军的爱国主义情怀。第9期刊登了编辑部组织召开的全教会座谈会的发言内容，并撰写专门文章“揭穿‘法轮大法’弘扬科学精神”。第10期结合建国50周年，推出了“与祖国同行——国庆专栏”,介绍建国以来留学人员为中国社会主义现代化建设所做出的巨大贡献。第12期专门开设了《澳门回归专栏》,详细报道有关澳门及澳门回归祖国的有关情况。

〔**为留学工作营造舆论环境**〕 1999年第2期《神州学人》杂志刊登了教育部部长陈至立专门向留学人员拜年的文章《新春寄语》,表达了党和政府一如既往关心在外留学人员，并希望他们早日学成回国工作或以适当方式为国服务的意愿，同期还报道了首届中国广州留学人员科技交流会的盛况以及留学人员支持西部建设活动的追踪采访。第3期为配合全国留学回国成果汇报会的召开，推出了“全国留学回国成果汇报会专栏”,刊登了李岚清、陈至立、韦钰等领导同志在会上的讲话，以及部分与会留学人员座谈回国办企业的内容。第4期为纪念中国留学服务中心成立10周年,全面回顾了中国留学服务中心成立10年来为中国留学工作所做出的成绩。第5期刊登了专访教育部国际司司长李东翔的文章《围绕国家战略做实事》,指出教育部的出国留学工作一定要站在两大战略的高度，紧紧围绕培养人才特别是创新人才这一核心任务做实事；并推出为纪念五四运动的特稿——《中国留学生与五四运动》。第7期报道了教育部组织的留德汽车工业博士工程师回国交流合作团的全部活动，并撰写专题文章介绍留学人员企业在上海崛起的情况。第8期刊出了教育部、公安部、国家工商局联合发布实施的《自费出国留学中介服务管理规定》;报道了教育部支持的“辽宁海外学子回国投资与科技活动周”的有关内容，并刊登了科技部副部长徐冠华鼓励留学人员归国创业的文章《创业决策要当机立断》。第10期推出了“留学人员北京创业专栏”,全方位报道留学人员到北京创业的有关政策以及已在北京创业的留学人员的有关事迹，较好配合了国务院批准加快建设北京中关村科技园区的有关文件精神，以吸引更多在外留学人员为中关村的发展贡献聪明才智。第11期开设“与祖国同庆——国庆专栏”，全面报道了教育部为配合国庆50周年组织的主要由海外留学人员参加的“与祖国同庆”系列活动以及海外学子喜庆国庆的有关活动，并专题报道了留学生参加首届中国国际高新技术成果交易会的情况。第12期专门刊登了科技部火炬中心主任张景安的文章《大力推进留学人员回国创业工作》，吸引更多掌握高新技术的留学人员回国创办高新技术企业。

〔**推出典型人物报道**〕 宣传优秀留学回国人员一直是《神州学人》的传统，也是广大读者的一贯要求，更是发挥《神州学人》宣传作用的重要方式。1999年《神州学人》推出的典型人物有：北京大学王健平教授、中国社会科学院知识产权中心主任郑成思研究员、教育部副部长韦钰院士、上海段和段律师事务所主任段祺华、原亚信公司总裁现中国网通公司总经理田溯宁、清华大学教授刘西拉、浙江大学校长潘云鹤院士、华东政法学院院长曹建明教授、原北京医科大学副校长韩启德院士、中科院青年电子显微学家彭练矛研究员、北京大学著名教授季羡林先生、北京邮电总医院汪忠镐教授、上海第二医科大学附属瑞金医院血液研究所所长陈竺院士。

〔**电子版稳步发展**〕 1999年是《神州学人》电子版在全面更新主页和扩展内容的基础上稳步发展的一年。针对网上信息和技术竞争日益激烈的情况，《神州学人》电子版在包括新闻报摘、图片新闻、《神州学人》月刊检索、留学政策信息库、留学服务信息库、留学生文学作品库、留学生摄影作品库、知名站点导航等在内的各种内容方面继续保持自己的特色，读者访问量大幅跃升，累计访问人次已逾千万。

撰稿 朱国亮

审稿 张双鼓

北京市教育

概　况

〔基本情况〕

1999 年各级普通学校基本情况

单位：人

学校类别	学校数（所）	毕业生数	招生数	在校学生数	教职工数	
					计	其中：专任教师
总　计	5 807	603 027	603 332	2 297 673	317 743	175 496
一　研究生	(183)	12 290	19 470	50 655		
1. 高等学校	(52)	10 173	16 664	42 928		
2. 科研机构	(131)	2 117	2 806	7 727		
二、普通高等学校本专科	64	49 936	78 354	234 033	106 766	34 976
本科院校		38 857	60 519	197 403		
专科院校		11 079	17 835	36 630		
分校、大专班						
三、普通中等学校	1 182	271 611	320 731	931 029	106 487	65 454
1. 中等专业学校	111	27 266	34 294	123 379	12 658	5 780
中等技术学校	93	23 640	33 744	119 267	10 610	4 850
中等师范学校	18	3 626	550	4 112	2 048	930
2. 技工学校	143	15 491	25 215	64 879	7 900	3 711
3. 普通中学	754	193 832	229 704	634 895	72 312	48 165
高中	275	40 660	56 998	161 473		12 023
初中	479	153 172	172 706	473 422		36 142
4. 职业中学	168	34 474	31 004	106 964	13 195	7 691
高中	168	34 380	31 004	106 941		7 691
初中		94		23		
5. 工读学校	6	548	514	912	422	107
四、小学	2 352	175 656	94 358	836 655	74 114	61 121
五、特殊教育学校	29	1 538	956	8 246	1 009	729
六、幼儿园	2 180	91 996	89 463	237 055	29 367	13 216

1999年各级成人学校基本情况

单位：人

学校类别	学校数（所）	毕业生数	招生数	在校学生数	教职工数 计	教职工数 其中：专任教师
总　计	2 889	1 082 757	840 644	529 853	36 624	15 840
一、成人高等学校	69	68 916	88 169	237 787	16 952	7 281
1. 广播电视大学	2	1 586	1 705	5 262	1 121	392
2. 职工高等学校	36	10 395	9 491	30 529	9 793	4 510
3. 农民高等学校						
4. 管理干部学院	28	9 105	12 443	26 467	5 406	2 103
5. 教育学院	1	1 634	2 630	6 641	530	213
6. 独立函授学院	2	865	599	2 134	102	63
7. 普通高等学校举办：		45 331	61 301	166 754		
函授部		25 803	33 738	96 657		
夜大学		12 836	16 988	48 766		
成人脱产班		6 692	10 575	21 331		
合计中：电大普通专科班						
二、成人中等学校	2 820	1 013 841	752 475	292 066	19 672	8 559
1. 成人中等专业学校	106	25 169	16 388	60 919	7 133	3 277
广播电视中等专业学校	1	7 832	5 015	15 645	823	450
职工中等专业学校	61	9 064	6 480	25 539	2 899	1 176
干部中等专业学校	8	1 035	262	2 061	458	146
农民中等专业学校	16	4 929	2 325	10 696	913	432
函授中等专业学校	1	1 463	1 923	5 337	205	98
教师进修学校	19	846	383	1 641	1 835	975
其他类学校举办						
2. 成人中学	25	3 650	3 981	5 977	594	278
职工中学	24	3 564	3 859	5 617	552	259
农民中学	1	86	122	360	42	19
3. 成人技术培训学校	2 689	985 022	732 106	225 170	11 945	5 004
职工技术培训学校	511	544 012	384 357	139 625	9 099	4 357
农民技术培训学校	2 178	441 010	347 749	85 545	2 846	647
三、成人初等学校						
1. 职工初等学校						
2. 农民初等学校						
其中：扫盲班						

制表　任　彧

〔**教育改革和发展思路与年度工作**〕 1999年，北京市全面落实全国教育工作会议精神，在北京市委八届四次全会上就北京教育和科技发展进行了专题研究。12月21日《中共北京市委北京市人民政府关于深化教育改革全面推进素质教育的意见》正式下发。12月22日～23日，市委、市政府召开全市教育工作会，就北京教育工作进行全面部署。市委、市政府提出北京教育改革和发展的思路：即一个先导，三个率先，八项改革，六项重点工程。一个先导是：实施首都教育先导发展战略，就是要坚定不移地落实科教兴国战略，把教育作为先导性、全局性、基础性的知识产业和关键的基础设施，作为首都经济社会发展的战略重点和重要支柱。三个率先是：在全国率先进入高等教育普及化阶段，率先构建起各级各类教育相互衔接沟通、配套协调的现代教育体系，率先基本实现以建立终身学习制度和进入学习化社会为主要标志的教育现代化。八项改革是：教育管理体制和办学体制改革，人事分配制度改革，教育体系结构的调整和改革，区域性综合教育改革，教学改革，招生考试和质量评价制度改革，教育投资体制改革，学校后勤社会改革。六项工程是：德育工程、教师队伍建设工程、教材工程、示范学校工程、产学研基地工程、教育信息化工程。

1999年北京教育工作呈现三个特点。一是教育规模进一步扩大。全市初中毕业生升入高中阶段学校的入学率达到95.35%，招生总量为14.6万人，普通高中招生5.8万人，比上年增加5 000多人，增长9.6%。普、职比达到4∶6。市属普通高校研究生招生1 146人，比上年增加212人，增长23%；本专科实际招生27 026人，比上年增加5 577人，高考录取率达到76%；市属成人高校实际招生31 057人，比上年增加3 553人。这是历年来高等学校扩招规模最大的一次。二是素质教育全面推进。实现小学毕业生全部免试就近升入初中的改革目标，为减轻小学生过重的课业负担、均衡生源、实施素质教育创造条件。积极推进新一轮初中毕业生升学考试改革，在海淀、崇文、顺义、朝阳4个区进行试验。制订面向21世纪基础教育课程改革方案，全面启动新教材的编写工作，部分课程在初始年级开始试验。充分利用现代技术，改革教学手段，启动高带宽的北京教育信息骨干网建设，9月，怀柔区域网已经开通，实现全国首例基础教育基于计算机网络技术的实时、交互式远程教学试验。据对10个区县的749所中小学调查统计，拥有各种型号计算机共20 260台，有467所学校开设计算机课程；有37所学校建起了校园网，并有94所学校接入因特网。三是德育工作全面加强。制订《北京市大中小学德育整体化工作纲要》，建立市、区学校不同层次的5 500多个德育基地；抓住50周年国庆和澳门回归两件大事，组织几十万大中小学学生参加庆典，圆满完成了任务，使学生在实践中受到深刻的爱国主义教育；在同以美国为首的北约悍然轰炸我驻南使馆、李登辉抛出“两国论”以及揭露“法轮功”非法组织三项大的政治斗争中，全市学生表现出极大的爱国热情和高度的组织纪律性，斗争有理、有力、有节，保持了社会稳定。

1999年，市委、市政府把教育放在优先发展的战略地位，教育经费连续13年实现“三个增长”，其中1998年财政拨教育事业费增长比例高于财政收入增长比例3.9个百分点，是增长幅度较大的一年。市政府出台12项优惠政策鼓励社会投资大学生公寓建设，55所高校完成164栋筒子楼的改造，育新花园二期13.6万平方米教师住宅已建成投入使用。

撰稿　高福勤

〔**教师队伍建设**〕　1999年北京市积极组织实施“教师队伍建设工程”。本着“政治思想、业务水平、生活待遇”一起抓的原则，进一步优化教师队伍结构，提高教师队伍整体素质。加强了高校教师培训中心的建设，岗前培训更加规范。完成了对现有中小学校长的全员培训和专任教师第一轮继续教育。举办了成人教育校长培训班，中专校长、乡示范校校长、民办高校校长共83人参加了培训。在西城区进行的校长职级制试点已取得经验，正有计划地在城区扩大试点。积极推进新一轮学校内部管理体制改革，按照多劳多得、优劳优酬的原则，合理拉开收入差距，调动广大教职员工的积极性。改进职评工作，推动评聘分离，推进全员聘任制，形成能进能出，能上能下，竞争上岗，择优聘任的人事工作机制。稳步提高教师学历层次，从1999年起，初任小学教师和中学教师的最低学历要求分别为大专和本科，并逐步提高小学教师大学本科学历层次和中学教师研究生学历层次的比例。1999年全市中学教师学历合格率达到84.86%，比上年提高3.17个百分点；小学教师学历合格率达到97.72%，比上年提高0.38个百分点。

9月9日，北京市第二届“人民教师”奖在人民大会堂颁发。清华大学教授符松、北京四中教师顾德希、宣武实验幼儿园教师李玉英等10人获得“人民教师”奖。“人民教师”奖是以市政府名义颁发的教师最高荣誉奖，奖励对象为北京各级各类学校中献身教育事业并做出杰出贡献的优秀教师。该奖项设立于1993年，采用自下而上的方法进行推荐，最后选出10人，报市政府批准。

撰稿　高福勤　任　彧

〔**招生考试改革**〕　1999年，北京市加快招生考试制度改革步伐，主要做法有：(1)进行高校招生计算机网上录取试点。全年网上录取新生13 000余人，占录取总数的36%。(2)试行新高职的招生改革。1999年共有46所高校举办高等职业教育，有8所成人高校首次参加普校招生录取，40所学校招收统考生，24所学校招收中职应届毕业生，实行单考单招。统招录取6 860人，单招录取2 822人，基本完成招生计划。(3)做好扩大招生规模工作。按照教育部统一布置，1999年北京市普通高校招生在公布了招生计划后，又扩招3 666人，比原计划增加11.43%。(4)首次实现计算机采集、汇总、编辑硕士生招生专业目录，试用机读卡采集硕士报名信息，在全国率先在互联网上发布硕士生招生信息，启动面向社会的网络服务。(5)推进中考中招改革工作。崇文、朝阳、海淀、顺义4区为中考中招改革试点区，首次进行各类高级中等学校招生计划下达到试点区，由试点区自行命题、组考、阅卷、相对独立录取的试点。参加全市统一招生的所有学校，全部采用计算机录取，录取不分批次，录取名单一次成型。并通过160、168声讯台为考生提供中考成绩和中招录取结果，充分体现公平、公正、公开的原则。实行中专学校医护类专业统一加试，合格证明在同类专业通用的试点工作。(6)成人招生结合北京市实际情况，实行在报名现场由考生自己核对信息，提高了报名数据的准确性；对报考专升本和第二学历的考生首次尝试由城近6区县验毕业证书、报名的办法；增设艺术类专业志愿栏，确保艺术类考生按志愿录取；尝试通过计算机网络在录取前向招生学校提供考生信息，为今后计算机网上录取进行有益探索。(7)推进自学考试向农村发展、延伸，为农村培养人才，在良乡、密云、顺义、大兴、通州等一些区县建立自考乡村工作站。根据社会需求，1999年自学考试新开考中英合作的工商管理、金融管理专业、护理本科专业和证券资格考试等。(8)首次试行普通高校春季招生。12月27日～29日，全市共有1100人报名参加考试。

撰稿　丁秀涛　马超培

基础教育

〔综述〕　1999年，在结构布局调整中继续推进千所完小建设。经过3年的努力，完小校数已从1996年的1 016所调减到796所，农村小学的布局更趋合理。13个郊区县又有137所完小达到了建设标准，全市达标的完小已达736校，占完小总数的92%。其中通州、顺义、平谷、延庆4区县已率先完成农村完小建设任务，并通过了市教委的验收。又有42所远郊农村普通中学通过市教委的检查验收，全市已有125所农村中学通过验收，占远郊农村中学总数的32%。1999年全市普通高中招生比上年增长9.6%，普通高中招生规模已连续6年保持高比例增长。重点高中招生人数首次突破2万人。

升学考试制度改革平稳推进。1999年采取了两项措施，进一步巩固"小升初"改革成果。一是"民办公助"学校不得进行任何形式的入学考试，不得提前操作；二是将文体、科技特长生升入传统项目学校的比例，从1998年的2%压缩到1%。继续在崇文、海淀、顺义3个区进行高级中等学校招生考试制度改革试点，朝阳区也开始试点。

1999年适当扩大了办学体制改革试点。新审批10所民办中小学、幼儿园和4所"民办公助"学校，3月～6月，市教委对50多所民办和"民办公助"中小学办学情况进行了调查。进行了职、普融通的办学体制改革试点。为配合国有大中型企业改革，批准了北京送变电子弟学校的转制试点。至1999年底，全市民办、"民办公助"学校发展到113所，在校生5.6万人，分别占全市校数和在校生总数的1.8%和2.8%。印发《关于规范我市基础教育办学体制改革试验工作的通知》，对改革原则、重点、结构安排和管理要求等做出了明确规定。

9月26日，"北京市中小学远程教育网怀柔区域网"开通。在开通仪式上，北京22中数学特级教师孙维刚利用计算机网络技术对怀柔县多个中学的学生进行实时交互式远程教育课堂教学。该区域网由15个站组成，应用计算机网络技术，可以进行现代远程教学。

撰稿　宋宝璋　富凯宁　乔树平

〔**教学改革**〕　第一，继续组织区县小学围绕“注重学生个性发展，全面实施素质教育”、“学生创造能力培养”及“学生学习能力评价”等专题，开展课堂教学改革的系列研讨活动。“小班化教育实验”进一步扩大，14 个区县的 107 所学校开展了小班化教育的实验研究。马芯兰教改实验继续深入，参与实验的学生已达 27.4 万人，约占全市小学生总数的 1/3。第二，为适应小学毕业生免试就近升入初中后生源的变化，中学大面积提高学习质量（JIP）的整体改革实验、自主选择的分层教学实验规模继续扩大，由首都师范大学和崇文、宣武、海淀、东城、西城、朝阳、顺义、怀柔等区县教委（教育局）共同承担的“全面提高北京市初中教育质量”课题研究已全面展开。推进教学方法、手段改革，利用现代信息技术改革教学手段和探索新的教学模式的学校、教师迅速增多；小学、初中“九年一贯、五四分段”的学制改革实验，在景山学校、育英学校、丰台区实验学校和燕山地区取得可喜成果。第三，为按照素质教育要求深化教学改革，开展首届“北京市基础教育教学成果奖”评审表彰工作，共评出获奖成果 39 项，涵盖了 1978 至 1998 年 20 年间的教学成果，占申报总数的 9.6%。有 23 项的申报者是中小学校（包括幼儿园）和中小学教师。

〔**教育督导**〕　1999 年 1 月 14 日，市政府发布《北京市教育督导规定》。依据《规定》，市教委、市政府教育督导室分别对西城、石景山、朝阳、大兴、通州、燕山等区县（地区）的政府、教委（教育局）全面实施素质教育情况进行了督导评价，总结推进素质教育的好经验，检查工作中存在的主要问题，推动有关部门履行实施素质教育的职责，规范中小学的办学行为。还开展了对教育热点、难点问题的专项督导和调查研究，如对民办中小学教育教学工作的专项督导，对山区中小学建设工作的专项督导及中小学计算机使用效益的调研等。研究制订了体现素质教育要求的小学生群体素质发展水平评价方案，组织了对 8 个区县 52 所小学三年级和五年级 208 个教学班 7 000 余名学生群体素质发展水平的首次测评。

撰稿　宋宝璋　富凯宁

〔**中小学内部管理体制改革**〕　7 月 27 日，北京市召开中小学内部管理体制改革工作会议。会上，宣武回民中学等单位分别介绍“试行教职工全员聘任制”、“实行教职工聘任合同制”、“完善校内结构工资制”和“进行校长职级制试点”的经验，会议印发了市人事局、市财政局、市编办、市教委联合下发的《北京市中小学教职工岗位聘任办法》、《北京市中小学校长职级制试点工作的意见》、《关于完善中小学校内部结构工资制的意见》、《北京市中小学教职工聘用合同制试行办法》4 个文件，提出了深化改革的指导性意见。西城区中小学试行校长职级制试点学校已由 15 所扩大到 27 所（中学 11 所，小学 16 所）。

撰稿　刘国庆　宋宝璋　富凯宁

〔**山区中小学建设**〕　截至 8 月 31 日，历时一年的山区中小学建设工作取得阶段性成果。7个山区县认真落实《北京市关于加强山区中小学建设工作的意见》。全市49个边远山区乡镇原计划在调整学校布局中撤并32所学校，实际撤并49所；原计划使95所中小学办学条件达标，实际达标107校；原计划市、区县两级各投入专项经费3 500万元，实际市拨专项经费3 548.03万元，区县配比专项经费4 798.71万元；新建和改扩建校舍69 992平方米，添置教学、办公设备132 869件（套），配备图书资料904 464册；山区中学年生均公用经费344元，小学年生均公用经费168元；中学教师年人均收入10 579元，小学教师年人均收入10 536元，基本达到或略高于本区县中小学教师的年人均收入水平；7个山区县共向49个边远山区乡镇中小学发放助学金和寄宿生伙食补助370.27万元，领取两项补助的中小学生累计达15 459人次。

〔**农村完全小学建设**〕 9月20日～24日，市教委组织13个郊区县教委、教育局主管小教工作的副主任（副局长）、小教科长及专职督学，对率先完成农村完小建设任务的通州、顺义、平谷、延庆4区县进行检查验收。验收过程中抽查了67所完小和10所乡镇中心小学，占4区县243所完小的27%，涉及48个乡镇，占4区县乡镇总数的半数以上。验收结果表明，上述4区县农村完小建设工作取得显著成绩，办学条件和办学水平发生了显著变化。4区县用于农村完小建设的投资累计达1.96亿元，其中县级投入2 167万元，乡村两级投入1.62亿元，新建完小校舍93栋，各完小都按标准设立了专用教室，班班配有投影仪和录音机，教学和办公设备基本能满足需要。一些完小还配备了钢琴，设立了计算机教室、语音教室和多功能教室。在办学条件大幅度改善的基础上，各完小在学校管理、队伍建设、教育教学工作等方面都有明显提高，在深化教育改革，推进素质教育实施方面还涌现出一批办有特色的示范完小。10月29日，市教委召开首批农村完小验收工作总结会。会上，向上述4个通过验收的区县教委（教育局）颁发了“农村完全小学建设达标区县”奖牌，向4区县的243所农村完小颁发了“农村完全小学建设达标学校”证书。市教委专职委员李洪飞做了《以验收为契机，进一步深入动员，保质保量地完成千所完小建设任务》的总结讲话，对下一阶段农村地区小学建设工作提出了三点要求：一是已经完成完小建设任务并通过市验收的区县，要将村初小建设提上议事日程；二是完小建设接近尾声的区县，要善于抓住市验收的契机，进一步动员各方面力量，做好查缺补漏工作，全面提高完小办学水平；三是完小建设任务还较重的区县，要本着既实事求是，又坚持标准，保证质量的原则和软硬件并重的要求，对未验收完小的情况做出分析，制订切实可行的措施，保证建设任务如期完成。

撰稿 纪 岩

〔**基础薄弱学校建设**〕 5月28日，市政府召开“北京市加强基础薄弱学校建设工作总结表彰大会”。会上，副市长林文漪宣读市政府《关于表彰基础薄弱学校建设工作成绩显著单位的决定》，对东城、西城、崇文、宣武、朝阳、海淀、丰台、石景山等8个区政府进行表彰奖励；同时宣布：从现在起，北京市不再使用基础薄弱学校这一称呼，今后各区要进一步巩固工作成果，把“努力办好义务教育阶段每一所学校，使每个学生在德智体美等方面得到全面发展”作为提高全市义务教育整体质量和水平的重要目标。

1997年～1999年，城近郊8个区政府共为105所基础薄弱学校投入3.4亿元，学校办学条件有较大改善。105所学校中，撤消合并15所，停办9所，进行“民办公助”办学体制改革的9所；新增土地使用面积2.7万平方米，新建用房7.9万平方米，改扩建用房4.5万平方米，修建操场22.6万平方米；所有学校办学条件主要项目全面达到北京市办学条件一般标准，其中配备计算机、语音教室，配置闭路电视系统的比例分别比1996年提高54、38、47个百分点；校级干部的学历全部达到大专以上，其中达大学本科学历的占63%，比3年前提高19个百分点；专任教师短缺问题基本解决，专任教师的学历合格率达到93%，其中达到大学本科的达48%，有44名教师被确定为市、区级骨干教师。有66所学校分别与重点和较好学校建立了“手拉手”合作办学联系制度，106名优秀教师到薄弱学校兼课、任课。1999年招生的初一新生中，学生干部和三好学生占到13%，比3年前提高6个百分点。在校学生巩固率、学生体育达标率、中考及格率分别比3年前提高21、22、10个百分点。

撰稿　任　虹　乔树平

〔**建立初中毕业会考制度**〕　1月25日，市教委印发《北京市建立初级中学毕业会考制度及改革高级中等学校招生考试制度的意见》，提出初级中学毕业生会考在市教委宏观管理下，由区县负责制定方案并组织实施。要求：初级中学的必修课程，全部实行初中毕业会考；初中毕业会考采取考试与考查相结合的原则；初二年级的会考时间一般安排在学年末进行，初三年级的毕业会考时间在每年的五月中旬进行。《意见》规定，1999年完成初中毕业会考各科考试说明的制定工作，2001年完成初中毕业会考题库的建设工作。市教委建立对区县初中教学质量抽样、检测制度。

撰稿　张　源

〔**民族教育**〕　1999年，北京市有民族中学9所，在校生5 523人，教职工903人，其中专任教师455人；民族职高1所，在校生991人，教职工114人，其中专任教师72人；民族小学41所，在校生15 181人，教职工1 206人，其中，专任教师956人；全民所有制幼儿园9所，在园儿童1 088人，教职工154人，其中专任教师68人。3月，市教委、市民委派人到朝阳、房山、怀柔等区县的5所民族学校进行视导，并就如何规范管理，办出民族学校的特色提出要求。5月，市教委转发教育部、国家民委办公厅《关于在全国中小学开展民族团结教育活动的通知》，并提出北京市的实施意见。设立西城、朝阳和怀柔3个试点区县，在3个区县的小学四年级、初中一年级使用由教育部、国家民委统一审定的小学《民族常识》和初中《民族政策常识》试用读本，开展民族常识教育活动。8月，市教委组织各区县负责民族教育的行政领导进行了民族团结教育培训。并为各区县教育行政部门、西城、朝阳、怀柔3个民族团结教育试点区县和全市民族学校配备了《中华各民族》电视系列片录像带。

撰稿　张永凯

〔**特殊教育**〕 1999年，北京市特教学校中有盲人学校1所，聋人学校6所，培智中心学校18所。小学在校生6 392人，初中在校生1 574人。高中在校生280人，占完成九年义务教育后毕业残疾学生总数的75%以上。附设特教班及随班就读学生5 524人，占残疾学生总数的67%。有997名残疾幼儿在27个幼儿园（所）及学前康复训练机构接受多种形式的学前教育和康复训练。三类适龄残疾儿童少年入学率达92%。1999年继续招收特教高等职业教育大专班学生，特教高等职业教育班已达4个，在校生50人。特教专任教师学历合格率达95%以上，大专以上学历的265人，占专任教师总数的36.4%。1999年特殊教育有了新的突破。主要反映在：多种形式办学，适应社会及残疾儿童少年的需要；扩大特殊教育对象，包括残疾学生种类扩大，残疾程度的扩大，智残学生随班就读学段的扩展；劳动技术和职业技术训练有了新的进展。6月，市教委决定向本市确实受满九年义务教育又不能取得普通初中毕（结）业证书的残疾学生颁发《北京市九年义务教育修业期满证书》。

撰稿　富凯宁

〔**学前教育**〕 1999年全市共有各类幼儿园2 180所，另有749所小学附设了学前班，在园（班）幼儿共计23.7万人。全市3～6周岁儿童入园率为80.8%。

市教委针对全市学前教育面临的新形势和新问题，提出了“办园主体多元化、办园形式多样化、机构管理规范化，逐步建立起以社区为依托，正规与非正规教育并举，结构布局合理的学前教育体系”的总体思路。各区县结合实际进行了学前教育结构布局调整工作。城镇地区针对“入好园难、寄宿难、3岁以下入托难”的问题，依靠收费政策导向，鼓励有条件的幼儿园充分利用现有资源开办寄宿班、降低收托年龄，使城镇地区儿童入托状况明显改善，儿童入托率3岁以上达90.8%，3岁以下为21.6%，寄宿生近两万人。农村地区针对学龄前儿童数量逐年减少，部分乡镇中心幼儿园设施闲置的问题，加大了幼儿园布局调整力度。顺义、平谷等区县采取撤并规模小的村办园，集中力量办好乡中心幼儿园的办法，提高了中心幼儿园的规模效益和保教质量。

积极稳妥地推进幼儿园办园体制改革，一方面利用企、事业单位后勤社会化改革之机，促成企、事业单位自办园向社会化方向转轨；另一方面利用新建小区配套托幼设施，积极发展民办园或与境外机构合作办园。继续开展幼儿园质量评估工作，推进幼儿园标准化、规范化建设。年内又有14所幼儿园达到了一级一类标准，至此全市一级一类幼儿园总数达到115所；延庆、大兴、顺义3个区县又有8所乡镇中心园通过了市级达标检查，至此全市达到合格标准的农村乡镇中心园总计达到124所。

1999年，有计划地开展园长岗位培训，到年底已有999人取得了园长岗位培训合格证书，有450人正在参加培训，两项总计占园长总数的68%。继续在全市幼儿园中开展了以“走进童心世界——了解、理解、尊重幼儿”为主题的学习研讨活动。通过学习研讨，广大幼儿教师的教育观念得到更新，逐步树立起正确的儿童观，自觉面向全体幼儿实施素质教育，促进幼儿全面发展。

撰稿　简尔贤

职 业 教 育

〔**综述**〕　1999年，市政府决定调整全市高中阶段教育结构，使职业教育与普通高中的招生、在校生比例尽快达到5∶5；通过合并、改建、联办、划转等形式，将北京市的400多所中等职业学校调整为200所，把其中100所职业学校建成规模大、水平高、有特色的骨干示范性学校（国家级重点40所、省部级重点60所），努力建成20所具有国际先进水平的职业学校；加强职业教育师资队伍建设，到2005年，中等职业学校教师95%达到本科学历，"双师型"教师达到专业课教师的60%，建立和完善中等职业学校名校长、名教师评审制度，培养优秀的管理人才和学科带头人；建立健全面向各类职业学校的服务支撑体系。

1999年在高校、普通高中扩招的情况下，职业学校新生不能报到人数有所增加，中专学校统计未报到新生达2 500多人，职业高中未报到新生达6 200人。全市中等职业学校招生9万人，在校生29.5万人，招生数和在校生数仍占高中阶段的60%以上。中等职业学校优秀毕业生进入高等职业学校学习的共计4 300人（其中进入普通高校2 700人），占中等职业学校毕业生总数的6%。

根据教育部《关于调整国家级重点中等职业学校的通知》精神，经专家组评估、市教委评估领导小组审核认定，向教育部申报国家级重点校30所（中专校14所，职业高中校16所）。新评估认定骨干学校9所（中专4所、职业高中5所）。评估工作促进了职业学校办学条件的改善，教育教学质量的提高。

农村教育综合改革工作进一步深入，远郊区县学习昌平县政府加强统筹，经科教紧密结合的经验。年内，经市农办、科委、教委评估、认定科教引路支持的经济发展项目52个，不少项目已取得初步成果，为农村经济发展、农民致富起到了促进作用。

世界银行贷款工作进一步落实。5月30日，市政府与财政部、教育部签约，项目于6月22日生效，正式成为职业教育发展项目单位。落实了项目配套资金，市财政拨付685万元人民币给6所中专项目学校，全市编制完成设备采购清单，共计采购设备2 000台套件。项目技术援助工作已经开始，共派出两批26位校长、专业教师赴新加坡南洋理工学院培训。

〔**全市职业教育工作会议**〕　1999年4月10日，召开了北京市职业教育工作会议，印发了《中共北京市委、北京市人民政府关于加快职业教育改革和发展的若干意见》，进一步明确了在新形势下"职业教育是国家教育事业的重要组成部分，是促进社会经济发展和劳动就业的重要途径。必须大力发展职业教育，努力开创首都职业教育工作的新局面”。会议提出了北京职业教育的四项改革任务和加快发展的六项工程。四项改革任务是：积极推进高等职业教育管理模式和运行机制的改革，大力发展高等职业教育；加快中等职业教育的改革，努力提高办学质量和效益；深化农村教育改革，大力发展农村职业教育；加快职业教育办学体制改革，促进职业教育办学主体多元化和办学形式多样化。

撰稿　时雅卿

〔**中等职业教育**〕　为提高职业学校学生在社会主义市场经济中的创业能力，在前两年试点的基础上，编辑出版了北京市职业学校《创业教育》教材，提供创业、开业的实际事例。新学期开始，全市职业学校普遍开设创业教育课程。职业学校的校园网建设取得较大进展，部分中专校的网络已建成开通。市教委召开了全市职业学校网络建设工作会议，落实建网的技术指导等项工作。到学年末，市级以上重点职业学校全部进入北京市科教信息网。教育教学管理工作进一步加强，评出中等职业教育优秀教学成果58项，其中一等奖4项。

由英国Edexce基金会开发的“BTEC”教学模式，摒弃传统考试方法，让学生在学习中通过自身的活动、相应方案设计和与实际紧密相连的作业来完成其就业所需的16种能力的培养。1999年市教委组织2次讲座，介绍“BTEC”模式，并组织16所中职学校校长、教务科长和相关专业教师到实施“BTEC”教学的北京商贸学校进行教学观摩和研讨。

撰稿　时雅卿　何　静

高 等 教 育

〔**管理体制改革**〕　1999年，根据《国务院关于调整撤并部门所属学校管理体制的决定》和《关于调整撤并部门所属学校管理体制的实施意见》，北京轻工业学院、北京商学院以及原机械部所属机械管理干部学院于6月10日正式合并，成立北京工商大学；中央工艺美术学院于9月22日正式并入清华大学；东方大学城5所高校合作办学；中国人民大学、北京理工大学、北京外国语大学和中央民族大学4校间也开展了优势互补和资源共享工作。根据《国务院关于调整五个军工总公司所属学校管理体制的决定》，北京航空航天大学与北京理工大学归国防科工委所属，实行中央与地方共建的管理体制。两校的日常管理以北京市为主，重大事项以国防科工委管理为主。

撰稿　王海平　段豫龙

〔**学院路高校联合办学**〕　1999年，海淀区学院路地区沿线的北京航空航天大学、中国地质大学（北京）、海淀走读大学、北京语言文化大学、北京科技大学、中国矿业大学（北京）、北京医科大学、北京林业大学、中国农业大学（东区）、北京联大应用文理学院、北京电影学院、北京邮电大学、北京体育师范学院等 13 所大学自发组成了高校教学共同体。建设"共同体"旨在打破校际界限，实现优势互补，使现有的教育资源发挥更大的效益。现阶段已启动了校际间开设选修课程，互相承认学分，今后还将在互聘教师、选修专业等方面进行合作。该"教学共同体"实行共享教学资源，学生可以跨校进修课程，凡通过课程考核者，可获得所在学校进修课程成绩记录和相应学分，并记入学生档案。

撰稿　段豫龙

〔**高等职业教育**〕　1999 年 2 月，市教委根据首都经济发展和社会需求，在 45 所申办高职的高校中，遴选出 27 所，批准按照新的管理模式和新的运行机制试办高等职业教育。12 月，对 14 个办学点的教学领导、教学建设、教学管理、教学条件、教学效果、办学特色六方面，共 17 个项目计 41 项要素进行了全面检查。经检查，14 个办学点均符合高职要求，实践环节有特色、教学质量较好的专业占 58%，能够保证教学质量的专业占 27%，尚有 15%的专业需进一步端正高职办学思路，加大教学改革的力度。

1999 年 3 月，市教委聘请专家举办高等职业教育讲座，并由已办高职的学校介绍高职办学与教学改革的经验，近 40 所高校的教学副校长、教务处长、招生部门的同志共 94 人参加。5 月，举办加拿大职业技术教育讲座，组织 30 所举办高职的普通高校及 50 所成人高校和中等职业学校 240 人参加。

高校高职实训基地已具雏形。一批高新技术与通用技术相结合、相对集中、面向社会、水平较高的校内实训基地初步建成，同时高校与相关行业结合建立了一批相对稳定的校外实训基地。4 月市教委组织专家对北京联合大学、海淀走读大学、北京青年政治学院等 8 个高职实训基地进行检查。对建设情况良好的实训基地进行重点支持，共拨款 1 200 万元，一期款 500 万元已到位，学校配套资金也基本落实，有的高校配套资金已占总投资 40%。已投入 71 万元用于高职教材的编写及出版工作，现已出版 40 余种高职教材，还有 10 余种教材正在出版进程中。已有 2 种教材被教育部列为向全国推荐的高职教材。高等职业教育、高职人才培养模式的研究已形成阶段性成果。

撰稿　王海平　王东江

〔**高校科技工作**〕　1999 年，据对北京 30 所理、工、农、医、师范类高校的统计，高校理、工、农、医学科领域的科技活动人员有 55 815 人，投入研究与发展（R&D）人员 21 822 人，占科技活动人员总数的 39%，折合全时人员 13 747 人，占 R&D 人员的 63%，全时人员中科学家与工程师 13 011 人，占全时人数的 94.6%。1999 年到校的科技经费达 17.88 亿元，比上年增加 2.79 亿元，增长 18.5%。其中预算内拨款 3.05 亿元，占 17%；预算外拨入 14.83 亿元，占 83%。科技经费中政府拨款 9.83 亿元，占 55%，增长 18%；企事业单位委托经费 6.6 亿元，占 37%，增长 22.4%。有 14 所高校的科技经费当年拨款达到千万元以上，有 7 所大学科技经费超过亿元，分别是清华大学、北京航空航天大学、北京大学、北京理工大学、石油大学、北方交通大学、北京科技大学。北京高校承担科技课题 12 468 项，其中 R&D 课题 10 211 项（基础研究 2 745 项，应用研究 6 250 项，试验发展 1 216 项），科技服务课题 2 257 项（研究与发展应用 1 600 项，其他科技服务 657 项）。出席国际学术会议 2 027 人次，交流论文 1 567 篇；出席国内召开的国际学术会议 1 017 人次，交流论文 947 篇；派遣研究生 69 人；派遣进修访问学者 740 人次，接受进修访问学者 1 221 人次。北京高校获得各类科技奖励的成果 705 项，其中国家级奖励 64 项（国家发明奖 7 项，国家科技进步奖 41 项，国家自然科学奖 16 项），占获奖成果的 9%。国务院各部门科技奖励 338 项，省级科技进步奖 175 项，地市级奖 128 项。北京高校出版科技专著 731 部，发表学术论文 24 584 篇。通过鉴定的科技成果 543 项。签订的技术转让合同 937 项，合同金额 34 129.6 万元，当年实际的转让收入 27 802.4 万元。

1999 年，据对北京 56 所设有人文、社会科学专业的普通高校的统计，北京高校投入人文、社会科学活动的人员 21 241 人，其中高级职称人员 7 855 人，占 37%；中级职称人员 8 218 人，占 39%；初级职称人员 3 806 人，占 18%。专门从事人文社科研究的研究与发展（R&D）人员 6 844 人，折合全时人员 3 299 人。北京高校获得人文社会科学研究与发展经费 6 575.23 万元，比上年增加 309.97 万元，其中政府拨款 4 613.22 万元，占 70.2%，减少 173.04 万元；企事业单位委托经费 588.82 万元，占 9%，增加 27.8 万元。承担各级各类研究与发展课题 3 290 项（基础研究 1 265 项，应用理论研究 1 045 项，应用研究 980 项）。出版著作 2 731 部，其中学术专著 1 204 部；发表论文 12 530 篇，提交有关部门的应用性研究成果 1 112 项，通过鉴定的成果 524 项，获得地市级以上奖励的成果 304 项，其中国家级奖 19 项，省部级奖 176 项，地市级奖 109 项。参加国内学术交流会议 9 511 人次，提交论文 2 579 篇；参加国际学术交流会议 4 362 人次，提交论文 1 206篇；参加港澳台地区学术交流会议 1 764 人次，提交论文 324 篇。

1999 年，北京高校有 64 项成果获教育部科技进步奖，占全国授奖总数的 22.9%。其中一等奖 7 项，二等奖 27 项，三等奖 30 项，分别占授奖总数的 18.4%，24.1%，23.3%。按奖种分别为：应用类 32 项，推广类 16 项，发明类 6 项，科技教材类 10 项，分别占全国高校同类获奖成果的 24.4%，17%，23.1%，31%。

撰稿　侯东云

〔**教学工作**〕 1999 年，市教委对北京地区 43 所高校课堂教学情况进行调研。7 月，召开课堂教学状况调研反馈会，向各校主管教学工作的校长和教务处长反馈调研结果。调研结果表明，北京地区普通高校课程教学状况总体良好，教师讲授质量较高，但各校都不同程度地存在一些问题，调研组建议各级领导增强质量意识，加强教学质量管理，努力提高人才培养质量。

市教委还组织专家组对北京地区 24 所普通高校大学英语教学工作进行了检查。为促进高校考风好转，1 月市教委组织百名专家对北京地区 58 所高校 1998～1999 学年第一学期期末考试的考风建设和考试管理进行巡察，收到很好效果。在普通高校教务处评检工作中，共评出全国普通高等学校优秀教务处17个，北京市普通高校先进教务处27个。在教育部组织的教学评价中，北京石油化工学院、北京机械工业学院、北京电子科技学院、北京信息工程学院、北京建筑工程学院通过了本科教学工作合格评价，北京理工大学通过了教育部的优秀高等学校评估工作。

1999年，经专家评审，共批准教改立项项目80项，其中重点招标课题10项，共拨付补助经费205万元。重点招标项目研究北京高等教育发展中带有全局性、影响大和当前高等学校发展的一些重点、难点问题。采取集中力量、加大投入，尽快见效的方式。经过申请人答辩、专家评审，共有8所高校获得重点立项项目。

7月，市教委首次和对口交流单位河北省教委在河北承德石油专科学校共同举办了第三期高校教学管理干部培训班，北京地区有24所高校的90余名教学管理干部和河北省高校的60余名教学管理干部参加了培训班，并经考核取得了合格证书，到年底，几乎所有在京高校教务处领导及一般教学管理干部都参加过培训。

撰稿　张树刚　金红莲
李同铮　王海平

〔**高校后勤改革**〕　1999年，市教委对在京64所高校后勤改革现状进行了调研。其中：多元化管理模式占43.94%；小机关多实体（一体两制）占13.61%；总务大承包占18.18%；单项承包占4.54%；行政管理占18.18%。从北京高校后勤改革现状分析，主要在内部改组、改制、改造，在机制改革上下功夫，加快了管理体制改革的速度。北京邮电大学通过对学校后勤部门进行改组、改制、改造和引进社会力量，建立了“北京邮电大学后勤服务产业集团”，是北京高校第一个挂牌成立的后勤产业集团。市政府印发了《北京高等学校后勤社会化改革规划》，成立了市高校后勤社会化改革领导小组。实行“政府主导、因校制宜、区域联合、行业联办、加强组织、务求实效”方针，准备经过三年努力，建立由政府主导、社会承办、学校选择的满足学校、办学需要的社会化的后勤第三产业和社区服务体系。改革分三个阶段进行；第一阶段，2000年3月之前，全市高校后勤全部完成由行政管理型向小机关、多实体或大实体的转变，年底与学校规范分离；第二阶段，到2001年底，组建若干和校际联办、社会参与的行业集团；第三阶段，实现集团化规模经营，完成与市场的融合，达到后勤社会化改革的目标。

撰稿　宋玉珍

〔**高校毕业生就业制度改革**〕　1999年，北京市加大高校毕业生就业制度改革力度。主要改革措施是：(1)拓宽毕业生就业渠道。在毕业生服务范围上，取消学校隶属部门和行业限制，允许毕业生到非国有和非公有制单位就业。放开后，北京市所属院校毕业生的就业已无任何限制，部委院校除京外生源毕业生在京就业受留京比例限制外，已无其他制约。(2)放宽了京外生源毕业生留京就业指标的单列范围。录取为公务员的毕业生取消机关级别的限制，改为全部单列。到远郊就业的毕业生，其指标计算由以往的计半改为全部单列。(3)提高京外生源毕业生留京就业比例。由以往的各类院校一般为10%，提高到划转院校和进入“211工程”院校的为15%；教育部属院校为20%。(4)随着毕业生就业市场的放开，同时取消了相应的经济导向性收费。除定向、委培及享受奖学金毕业生改换单位的收费外，停止其他各项收费。(5)延长了待分毕业生的派遣时间。自1999年起，对毕业时未落实接收单位的毕业生，其可予派遣的时间，由以往的半年改为一年。

撰稿　任占忠

成人教育

〔综述〕 1999年，北京市成人教育培训工程在以下四个方面取得了初步成效。(1)在行业企业高级人才培训方面，高级经营管理人才、高级专业技术人才及高级技术工人培训并存并举，突出了以高级经营管理人才培训为重点。其中又将高级工商管理培训作为重点，已培训3 000余人次。(2)在企业职工培训方面，转岗、转业培训、在岗提高培训和岗位技能培训并存并举，以转岗、转业培训为重点。据不完全统计，全年全市开展转岗培训10万余人次，其中对701万人次的下岗职工和待业人员开展了转岗再就业培训，免费培训达6 000人次以上。(3)在农村教育方面，科技推广培训、实用技术培训和扫盲后文化提高培训并存并举，突出了以科技推广培训为重点。全市14个郊区县密切结合推进农村教育综合改革，重点实施了53个科技推广培训项目，把在农村中推广先进技术、普及科技知识，提高农业的科技含量作为培训的重点。市教委在怀柔县召开了现场会，推广了怀柔县实行“十乡、百村、万户电化教育推广先进农业科技项目”的经验。(4)在市民素质提高培训方面，社会文化生活教育、思想政治教育和功能性科技普及教育并存并举，以思想教育、法制教育和功能性科技普及教育为重点。市教委和市精神文明建设委员会办公室联合印发了《关于进一步深入开展首都市民素质提高培训工作的意见》，要求不断完善市民教育网络，发挥好市民学校的功能。崇文、东城、西城、通州、密云等区县已建立了市民学校总校。

1999年，全市报考各类成人高等学校的考生达10万人，比上年有所增长。高等教育自学考试全年报考人数达41万人。

撰稿　吴晓川

〔成人高等教育〕 1999年，批准市一轻职大和成人电子信息大学改建为高等职业技术学院；成人电子信息大学和无线电工业学校联合建立电子信息高等职业技术学院；9所独立设置成人高校试办全日制高职班，共招生1 343人。社区学院的改革进一步发展，朝阳区职工大学与朝阳师范学校联合建立了朝阳社区学院，在理顺管理体制、优化教育资源配置以及发挥多功能的办学优势方面进行了新的探索。

1999年，北京地区有成人高等学校131

所，其中市属学校53所。成人高校在校生中，部委属成人高校学生156 083人，市属成人高校学生81 704人；独立设置成人高校在校生71 033人，函授夜大学在校生166 754人，各占在校生的29.87%和70.13%。在校生中，本科生49 092人，专科生188 695人，各占20.65%和79.35%。参加高等教育自学考试人数达到555 171人次，131 477科次。北京广播电视大学发挥开放办学的优势，招收"注册视听生"3 167人，招收开放教育1 977人，其中本科生1 399人，专科生578人。参加全国计算机等级考试19万人，约占全国参考人数的1/4。

撰稿 吴晓川 张有声

〔**教学评估**〕 1999年，市教委组织专家组对成人高校、成人中专18个教改项目进行了检查验收，共评出一批优秀项目及合格项目。市教委组织专家对20个高职改革试点专业的实践性教学环节进行了检查，共评出优良专业12个，合格专业8个。已有16所成人中专和8所成人高校试行了学分制管理制度。市教委还组织专家对10所学校11个申报专业进行了评估，并评出9个特色专业。在全市成人院校达标检查及专业评估的基础上，初步完成了6所示范性成人高校、20所示范性成人中专及30所示范性乡办成人学校的评选工作。

〔**农村成人教育**〕 1999年，农村成人教育主要完成以下工作：(1)完成了财务会计、生产质量、市场营销、厂长经理4个工商管理岗位资格证书培训任务。完成了乡镇企业工商管理主要岗位10 000名专业技术人员培训。(2)在农村教育综合改革中完成实用技术培训87万人次(其中乡校承担36万人次，村校承担51万人次)；社会文化生活教育53万人次；绿色证书培训1.3万人，农民技术员职称培训1 500人。确定了农村科技推广培训项目53项，并对实施情况逐区县、逐项目进行了审核和调研。组织召开了全市农村劳动者科技推广培训现场会。总结推广了怀柔县"十乡百村万户电化教育"的经验和房山区、密云县、北务镇的培训经验。充分发挥北京广播电视大学的优势，组织制做了15种农村科技推广培训急需适用的音像教材。(3)进一步推动农村成人教育县、乡、村三级办学网络建设。10个远郊区县全部完成了标准较高、独立设置的成教中心建设，发挥其中心作用。组织复评了11所96年评审的示范性乡镇成人学校，撤销了1所，同时新审批1所；并举办了区县级示范乡校长岗位培训班。全市市级示范乡校和区县级示范乡校长全部取得了岗位资格证书。全市有示范性乡镇成人学校31所，区县级示范性乡镇成人学校52所，区县级示范性村成人学校170所。

〔**成人中等教育**〕 1999年，全市成人中专联合学分制改革工作进一步深化，学分制试点学校由原来的13所增加到16所。同时增加了学分制试点专业，由原来的3个增加到8个，学分制招生人数已达3 900人，在校生达7 400余人。学分制管理实行宽进严出、随时入学的更加开放的招生入学办法。全市初步完成了建设20所成人中专示范校的任务。这20所示范校其学历教育在校生人数占全市成人中专在校生数的40%左右，短期培训量占全市成人中专短期培训量的50%以上。

撰稿 吴晓川

〔**社会力量办学**〕 1999年，北京市社会力量举办的民办高校、民办成人中等专业学校和培训机构共计2 081所，毕（结）业生有188万人，招生数149万人，在校生数105万人，专兼职教工59 414万人。其中：民办高校有86所（不含中外合作办学），毕（结）业生数250 591人，招生数有19.9万人，在校生数314 720人，专兼职教工13 434人；民办成人中等专业学校4所，毕业生数1 559人，招生数500人，在校生数3 160人，专兼职教工数234人；培训机构1991所，结业生数162.8万人，招生数129.3万人，在校生数73.5万人，专兼职教工45 654人。

1999年，北京市对社会力量办学的举办者资格、校长资格、办学体制、教学质量、学生管理、招生、广告简章制作、教学点管理、财务管理的情况进行检查和规范，并作为年检的主要依据。6～7月组织专家对民办高校教学点进行全面检查，部分管理混乱、条件差的教学点被撤销和停止招生。全年审批招生广告简章390份，其中违纪广告、简章有80多份，已进行处理；对现代管理大学、北京蔚林经济管理学院内部管理混乱给予了停止招生、进行整顿的处理；对非法举办“七彩童谣”班、“七色摇篮”班的问题，与有关部门配合，进行执法处理。

撰稿　陈继霞

审稿　徐锡安

天津市教育

概　况

〔基本情况〕

1999年各级普通学校基本情况

单位：人

学校类别	学校数（所）	毕业生数	招生数	在校生数	教职工数	
					计	其中：专任教师
总　计	4 000	407 688	405 141	1 675 274	172 481	115 246
一、研究生	(16)	2 080	2 930	7 287		
1. 高等学校	(16)	2 080	2 930	7 287		
2. 科研机构						
二、普通高等学校本专科	21	19 292	31 670	90 450	25 808	9 647
本科院校						
专科院校						
分校、大专班						
三、普通中等学校	1 050	216 950	254 033	761 741	79 822	52 922
1. 中等专业学校	82	20 220	22 642	88 413	10 394	5 399
中等技术学校	72	17 318	20 005	79 418	8 994	4 678
中等师范学校	10	2 902	2 637	8 995	1 400	721
2. 技工学校	126	14 750	17 486	52 513	8 531	4 192
3. 普通中学	712	161 971	189 819	542 705	53 126	38 414
高中	208	27 851	42 209	114 371		8 285
初中	504	134 120	147 610	428 334		30 129
4. 职业中学	127	20 009	24 086	78 110	7 636	4 859
高中	127	19 097	23 790	77 403		4 827
初中		912	296	707		32
5. 工读学校	3				135	58
四、小学	2 642	156 584	104 452	773 064	59 002	48 293
五、特殊教育学校	21	421	355	2 722	688	484
六、幼儿园	266	12 361	11 701	40 010	7 161	3 900

1999 年各级成人学校基本情况

单位：人

学校类别	学校数（所）	毕业生数	招生数	在校生数	教职工数	
					计	其中：专任教师
总　计	3 413	612 489	598 822	185 277	13 845	7 087
一、成人高等学校	39	20 860	26 152	68 375	6 947	3 439
1. 广播电视大学	1	4 889	4 313	11 695	1 021	357
2. 职工高等学校	30	5 365	7 162	17 818	4 529	2 557
3. 农民高等学校						
4. 管理干部学院	8	2 010	2 869	5 405	1 397	525
5. 教育学院						
6. 独立函授学院						
7. 普通高等学校举办：						
函授部		3 129	4 044	12 116		
夜大学		4 658	6 191	17 884		
成人脱产班		809	1 573	3 457		
合计中：电大普通专科班		994	1 130	2 627		
二、成人中等学校	3 354	590 601	571 843	116 252	6 849	3 608
1. 成人中等专业学校	103	20 141	21 111	53 586	4 137	2 078
广播电视中专	3	2 343	2 843	5 674	173	88
职工中等专业学校	61	10 631	13 412	34 423	2 531	1 331
干部中等专业学校	17	5 864	4 617	11 462	602	231
农民中等专业学校	7	1 144	73	1 544	40	26
函授中等专业学校						
教师进修学校	15	159	166	483	791	402
其他类学校举办						
2. 成人中学	31	4 574	6 292	13 418	402	184
职工中学	31	4 574	6 292	13 418	402	184
农民中学						
3. 成人技术培训学校	3 220	565 886	544 470	49 248	2 310	1 346
职工技术培训学校	132	68 903	53 705	10 799	639	336
农民技术培训学校	3 088	496 983	490 765	38 449	1 671	1 010
三、成人初等学校	20	1 028	797	650	49	40
1. 职工初等学校	1	50	16	56	3	2
2. 农民初等学校	19	978	781	594	46	38
其中：扫盲班						

制表　李天芦　王光廷

〔**年度工作方针**〕 1999年，天津教育工作的总体思路是：高举邓小平理论旗帜，贯彻党的十五大和市七次党代会以及七届二次全体（扩大）会议精神，围绕市委、市政府部署的教育工作目标，特别是“提高整体素质”和“科教兴市”的战略任务，进一步解放思想，更新观念，开拓进取，勇于创新，以改革促发展，以创新求发展，使教育走上一条“依靠改革创新，提高整体素质，实现加快发展，增强综合实力”的路子，推进教育的全面发展，把一个具有创造性的天津教育全面推向21世纪，为建设高水平的教育强市奠定基础。基本任务是：以邓小平理论为指导，以改革创新为动力，进一步深化教育改革，扩大开放，努力创建教育新体制和新机制；大力开展教育的思路创新、观念创新、体制创新、机制创新和工作创新，努力探索教育发展的新思路和新办法；以调整各级各类学校布局结构为突破口，优化教育资源配置，创建一批名牌校和重点学科，提高教育质量和办学效益；以增加教育投入、加强学校基础设施建设和搞好教育基础工作为重点，加快产学研结合的步伐，加快学校高新技术产业的发展，努力形成天津经济新的增长点；以加大高层次优秀人才培养为重点，以政策和机制创新为动力，凝聚优秀人才，分流富余人员，加强教师队伍建设，造就一支跨世纪的高水平教师队伍。

〔**制订推进素质教育《若干意见》**〕 1999年12月16日，天津市委七届五次全体会议审议通过了《中共天津市委关于深化教育改革全面推进素质教育的若干意见》(以下简称《意见》)。提出大力推进素质教育，促进教育全面上水平的奋斗目标，并制定了若干重要措施。

《意见》强调要坚持以邓小平同志“三个面向”和江泽民同志“四个统一”为指导，以提高国民素质为根本宗旨，以培养全体学生爱国主义、集体主义、社会主义思想为灵魂，以培养创新精神和实践能力为重点，造就“有理想、有道德、有文化、有纪律”的，德智体美全面发展的社会主义事业建设者和接班人。到2010年，天津市要基本建成与中央直辖市、现代化港口城市和北方重要经济中心相匹配的高水平教育强市；基本建成与天津产业结构和人民群众对教育的需求相适应，各级各类教育协调发展的现代教育体系；基本建立起适应知识更新和知识创新要求的终身学习体系；基本建立起与社会主义市场经济体制相适应的充满活力的教育体制与运行机制；形成一支数量相当的高质量的教师队伍；初步建立起适应知识经济发展趋势，以科研成果转化、技术创新为主要内容的产学研创新体系和具有相当规模和效益的高校高新技术产业群，使天津教育的综合实力和现代化程度达到中等发达国家的水平，成为全国的教育发达地区。

《意见》要求：(1)用3年左右的时间普及高中阶段教育；完成普通高校的布局调整，实现在校大学生达到20万人，每万人口在校大学生达到200人以上。(2)用6年左右的时间，基本完成全市中小学布局调整，建成30所左右示范性高中，将市内六区现有570所中小学调整为390所左右的规范化学校。(3)用8年左右时间，基本建成初等、中等职业教育与高等职业教育纵向衔接，职业教育与普通教育横向贯通的高标准职业教育新体系，形成教育的新优势。(4)用10年左右时间，使高等学校在校生达到40万人，使全市高中阶段学校毕业生能够基本接受高等教育或职前教育，使全市新就业劳动者的整体素质达到中等发达国家水平。

《意见》强调要加大八个方面的创新力度：一是加大教育管理体制创新力度，二是加大教育投入体制创新力度，三是加大办学体制创新力度，四是加大高等学校后勤创新力度，五是加大招生考试制度创新力度，六是加大教育教学创新力度，七是加大学校内部管理体制创新力度，八是加大社会用人制度创新力度。并提出八项高水平建设行动计划，即：建设高水平的德育体系、基础教育体系、职业教育体系、高等教育体系、终身学习体系、教师队伍、教育产业、教育设施等行动计划。

〔制订建设教育强市行动计划〕 1999年5月20日，天津市科教领导小组组长、市长李盛霖主持召开市科教领导小组第二次会议，讨论《关于建设高水平教育强市的行动计划》(以下简称《行动计划》)。李盛霖强调，要继续把优先发展教育作为振兴天津的战略性措施，精心组织，认真实施，务求落实；同时，要大力促进教育产业化，使教育产业成为天津市经济发展新的增长点。

会上，市教委负责同志就《行动计划》作了说明，中国工程院院士吴咸中，天津大学校务委员会副主任委员、教授吴咏诗，南开大学校长、教授侯自新，天津师范大学校长、教授高悌等有关方面专家围绕《行动计划》进行了座谈，对加快天津教育发展提出了意见和建议。专家们认为，《行动计划》同国家的要求和天津发展的总体目标是一致的，是一个中长期可操作性较强的教育发展计划，结合了天津实际，体现了创新精神，经过努力是可以实现的。

《行动计划》的建设目标是：天津市到2010年将建成居全国前列的高水平教育强市。《行动计划》提出了实施教育的“八大工程”，即：高水平素质教育工程、中小学布局调整工程、高标准职业教育体系建设工程、高水平大学建设工程、产学研结合和高新技术产业建设工程、高水平教师队伍建设工程、教育设施现代化建设工程、学校精神文明建设工程。《行动计划》还将深化改革、扩大开放、增加投入、依法治教作为实施的措施保障。

〔邓小平理论“三进”工作〕 1999年，天津市教育系统以“两课”教学为中心，邓小平理论“三进”工作有了新进展。市委教卫工委、市教委组织“两课”教师重新编写5本马克思主义理论课系列教材，并为5个“两课”教学科研基地授牌；为“两课”教师和宣传、思想教育干部举办研究生课程进修班；举办了《邓小平理论概论》、《毛泽东思想概论》、《马克思主义哲学原理》课教师的集体备课班和全市形势与政策德育教师培训班；结合国际事件及国家政治经济形势，组织了形势政策报告会；举办了天津市大学生第四届邓小平理论论坛，以“走进新时代——大学生与跨世纪”为主题；召开了全市大学生邓小平理论学习经验交流会，市委副书记刘峰岩、市教卫工委书记邢元敏出席会议，刘峰岩同志在讲话中要求进一步扎扎实实地把邓小平理论“三进”工作提高到一个新水平。1999年12月2日，市委教卫工委、市教委、市教育局联合发出《关于在普通高等学校硕士研究生和中等专业学校、普通高中、职业高中学生中开设邓小平理论课的通知》。全市上下已经形成通过“三抓”(抓领导干部学习，解决领导权问题；抓教师队伍学习，解决发言权问题；抓学生学习，解决进头脑问题)促进“三进”工作的思路。

〔**高级人才选拔培养**〕 1999年，为贯彻落实市委、市政府提出的建设高水平教育强市的战略目标，造就一支高水平的教师队伍，市教委建立了“中青年骨干教师出国研修与培训基金”，专项资助市属高校、部分成人高校和中专学校的中青年教师出国研修与培训，每年第一季度受理“基金”申请。经评审，首批有66名骨干教师基本符合出国研修条件，平均年龄40岁。为建设高水平的高等教育体系，培养和造就高层次的跨世纪创新人才，市政府决定在高校实行特聘教授制度。特聘教授的聘期为四年，聘期内除享受国家规定的工资、福利等待遇外，还享受由天津市提供的每人每年10万元人民币的特聘教授津贴。第一期特聘教授岗位设置在天津医科大学（神经病学）、天津理工学院（材料物理与化学）、天津师范大学（发展与教育心理学）、天津纺织工学院（材料学）等学校的学科中。1999年上半年，全市普教系统开展第五批特级教师的评选工作，各区县教委共推选申报199人，经评审，有119人评为特级教师，其中，45岁以下的中青年教师占45%，最小的年仅28岁。年内，天津中医学院第一附属医院教授石学敏、天津大学化工系教授王静康当选为中国工程院院士。

撰稿 李 霞 狄建明

朱丽萍 孙 杰

基础教育

〔**综述**〕 1999年，全市中学有712所，12 072个教学班；小学2 642所，21 803个教学班；幼儿园266所，1 130个教学班。另有中小学附设的幼儿班2 303处，3 538个班。在校（班）幼儿97 050人。适龄儿童入学率达到100%，残疾儿童入学率达到95%；小学毕业生全部升入初中。高中阶段教育普及率达到85%，提前一年完成了市政府下达的到2000年基本普及高中阶段教育的指标。市内六区和滨海三区小学生入学年龄提前到6岁，“小升初”实现了免试就近入学，并由升学变成升级，形成了九年义务教育的整体管理。

〔**高中新课程试验**〕 1999年，天津市继续进行普通高中新课程试验，并取得阶段性成果。普通高中新课程试验工作的目标是：(1)检验新大纲、新教材的可行性，为新课程方案的进一步完善提出修改意见和建议；(2)探索在普通高中实施素质教育的模式和途径，推进素质教育的进展；(3)加强普通高中建设，进一步提高普通高中的办学水平。市教育局在普通高中新课程试验工作中，注重培养锻炼教师队伍，通过开展“双优课”评比及教学软件展评活动等，加强青年教师的培养，鼓励教师使用现代化教学手段，提高教学效益和质量；重视科研工作，把试验纳入科研轨道，制定了《天津市试教科研工作实施计划》，确定8个市级课题，聘请了市教科院和天津师范大学的10位专家教授组成天津市普通高中新课程试验专家组，具体指导课题研究。实施普通高中新课程方案取得了初步成果：(1)促进了教育观念的更新，推进了普通高中的素质教育；(2)促进了活动课和任选课教学的开展(开设活动课和任选课是新课程计划的一大特点)，经过试教总结，择优编辑10所学校的《天津市普通高中任选课教材》，供全市学校使用；(3)进一步深化了教学专题研究。全市共有115所学校和各学科教研室申报了各级课题，开展课题研究。涌现出一批教学改革先进校，带动了全市新课程试验工作的开展；(4)广泛应用现代化教育技术，全市普通高中学校在新课程试验中，普遍将以计算机为重点的现代化教育技术引进日常课堂教学，不断推出优秀的教学软件在全市推广；(5)校长和教师思想及业务素质得到了进一步提高，一大批中青年教师成为教学改革、实施素质教育的骨干力量。

〔**中小学布局调整**〕 1995年，市政府批转市教育局、市财政局《关于我市农村地区学校布局调整的意见》，确定农村中小学布局调整计划为：建设好高中121所，初中230所，中心小学545所，共896所；建筑面积344.6万平方米；计划土建投入22.37亿元，其中市补助3.24亿元。截至1999年底，已经建成中小学817所，其中高中111所，初中216所，中心小学490所，完成调整计划的91.18%；总建筑面积285.6万平方米；总土建投资20亿元，其中市补2.96亿元。还有在建的79所学校，建筑面积59万平方米，计划投资2.37亿元。

1999年，市内6区中小学布局调整工作正式启动。由于历史等原因，市区80%的中学、93%的小学、83%的幼儿园，校舍面积或占地面积达不到国家规定的标准。市政府决定抓住城区大规模危漏平房改造和实施城市建设规划的时机，适时启动市区中小学布局调整工作。上半年，成立了市中小学布局调整工作领导小组，市委副书记刘峰岩，市委常委、市委教卫工委书记邢元敏，副市长俞海潮任正副组长，市计委、市建委、市财政局、市教育局、市规划局、市建筑设计院等综合部门参加。市政府批转了市区中小学布局调整的有关文件。计划用5～7年的时间把市区中小学由570所调整为390所，全部建成标准校、规范校；同时，在全市再建设25～30所示范性高级中学，使之跻身于全国1 000所示范校行列。经市内各区区委、区政府常委会和办公会讨论制定的区规划方案和示范性高中建设方案，除河东区待批外，都已经过市领导小组批准，开始进行前期工作。其中，和平区建设南市教育园区的规划已经开始实施。

〔**学前教育**〕 1999年，天津市共有托幼园所3286处，收托婴幼儿219 428人，入托入园率为49.99%，其中收托3～6岁幼儿212 215人，入园率为77%，比1998年提高3.32个百分点。农村学前一年入园率达到100.99%，学前两年入园率达到87.27%，学前三年入园率达到43.27%。

积极探索园所体制改革。和平区第十一幼儿园大胆创新，发挥名园效应，兼并1所集体所有制幼儿园，同华夏未来基金会合作，创办了和平区第十一幼儿园艺术部——华夏未来艺术中心。经教育部批准，12月6日，由韩国金顺玉女士举办的天津爱华幼儿园正式成立，这是天津市第一所由外籍人员举办的幼儿园所。根据《天津市学前班工作评估指导实施细则》的要求，市教育局进一步加强了对学前班的指导与监督，以随机抽样的方式，对各区县上报的159所学校学前班进行了检查，有158所学校达到了要求；加强了农村乡（镇）中心幼儿园建设，对7个区县申报的62所中心园进行了达标验收，有58所幼儿园达到了标准。市教育局举办了天津市第三届学前教育优秀科研成果评选活动，全市共有331篇论文参加评选，评出二等奖20篇，三等奖69篇，纪念奖106篇。

幼儿教师学历水平进一步提高。1999年，天津市各种体制托幼园所共有教职工18 607人，其中幼儿教师11 223人，达到大专学历的占12.43%，比1998年提高2.06个百分点，达到中专学历的占56.07%。市内6区达到大专学历的幼儿教师占18.78%，达到中专学历的占68.62%。

撰稿　李　霞　焦军珍
孙志华　高国祥

职业教育

〔**综述**〕　1999年，天津市充分利用普通高校、成人高校的资源，按照新的管理模式和运行机制试办高等职业教育，有6 300名高中阶段应届毕业生通过考试进入高等职业院校学习。建立了第一所由成人高校改制的独立设置的高等职业教育学院和第一所民办高等职业教育学院。中等专业学校布局结构调整工作取得进展。天津农业学校、水利学校、机械工程学校和经济管理学校合并组成城乡经济学校，无线电机械学校和仪表无线电工业学校合并组成电子信息学校，国际商务职工中专学校并入国际商务学校的调整工作已进入实施阶段。11个区县的16所职业高中（职业中专）进行了合并重组，66所职业高中（职业中专）开发了科技含量较高的25个新专业，13所职业高中（职业中专）推出课程改革试验班，招收学生2 000人。技工学校也进行了调整，撤并14所学校，平均在校生规模由1998年的300人提高到420人，劳动力市场急需的复合型、高新技术及第三产业类专业占招生专业数的70%。

〔**构建高标准职业教育体系**〕　1999年，市教委根据《中华人民共和国职业教育法》的有关规定和《中共中央国务院关于深化教育改革全面推进素质教育的决定》（以下简称《决定》）、《中共天津市委关于深化教育改革全面推进素质教育的若干意见》的有关要求，经过调查研究，制定了构建高标准职业教育体系的规划，并开始组织实施。

构建高标准职业教育体系规划的基本思路是：按照21世纪初期全市经济建设和社会

发展的需要，打破部门、条块和不同所有制界限，对全市现有职业教育、成人教育两类教育资源统筹实施战略重组，实现具有长远性、根本性、基础性的优化布局和合理配置，切实达到盘活教育存量、用好教育增量、转变教育增长方式的目的，进一步形成体制转换、机制创新和全面进步的新格局。这项工作要统筹规划，坚持标准，重点建设，分期实施，滚动发展，逐步到位，加强管理，严格验收。

构建高标准职业教育体系规划的基本框架是：(1)经过4年的努力，即到2002年，实现职业教育资源战略重组，构建起以高水平建设的示范校、高标准建设的骨干校和标准化建设的规范校组成的、专业门类较为齐全的高标准职业教育体系的基本框架。形成中等职业教育与高等职业教育衔接、职前与职后教育并重、职业教育与普通教育沟通、学校教育与远程教育结合，具有时代特征、天津特点的职业教育发展的新格局。(2)形成规模，提高效益，使高中阶段后接受高等职业教育学生的比重逐年递增。职业教育在校生规模达到35万人以上。其中高等职业教育在校生规模达到8万人以上，年均招生2.7万人以上，校生均规模达到2 000人以上，生师比达到12∶1；中专教育在校生规模达到10万人，年均招生2.5万人以上，校生均规模达到1 200人以上，生师比达到14∶1；职业高中和技工学校在校生规模达到17万人。进一步缓解初、高中分流和就业压力，提高新增劳动力的就业素质。高等职业教育以专科层次为主，试办以培养职教师资为目的的本科和研究生教育层次，拓宽高中毕业生和优秀中等职业学校毕业生继续接受高等职业教育的通道。职业技术学院的毕业生经过一定的选拔程序可以进入普通本科高校高年级学习，普通高校的毕业生也可以接受高等职业教育，构建起有利于实施素质教育的高层次人才培养的“立交桥”。(3)深化职业教育办学体制改革，建立适应市场经济的运行机制。依法落实各方面兴办职业教育的责任和义务，形成以政府办学为主导，行业、企业和社会团体办学为主体，社会各界共同参与，公办与民办学校共同发展的多元化办学新体制。各级政府着力抓好国有示范和骨干学校的建设，在全市重点办好3～4所示范性、骨干性高等职业技术学院和80所示范性、骨干性中等职业技术学校；继续推进“国有民办公助”、“民办公助”等办学体制改革试验；广泛调动社会力量办学，大力发展民办教育；积极发展中外合作办学。逐步建立运转协调、办事高效、充满活力的职业教育运行新机制，尽快形成能进能出、能上能下、能高能低的竞争激励机制。(4)大体经过8年的努力，即到2006年，构建起规模适度，结构合理，质量上乘，与普通教育互补，与天津市主导产业和支柱行业紧密结合，与经济、社会协调发展的高标准职业教育新体系。全面建立劳动预备制度。要使未升入普通高校的高中毕业生及高中阶段毕业生都有机会接受高等职业教育，使天津市的职业技术教育的总体水平和综合实力位居全国前列，不断满足人民群众日益增长的对职业技术教育的需求。

〔**建设师资培训基地**〕 教育部在《面向21世纪教育振兴行动计划》中要求“依托普通高等学校和高等职业技术学院，重点建设50个职业教育专业教师和实习指导教师培养培训基地”。市委、市政府责成市教委组织专人具体负责落实。经过反复论证，确定天津大学、天津职业技术师范学院、天津职工工业技术学院（中德培训中心）为全国重点建设职业教育师资培训基地备选校，上报教育部。经教育部组织专家组严格审查和评定，上述三校被批准为首批全国重点建设职业教育师资培训基地。

〔**职业教育体制改革**〕　1999年7月，经全国高等学校设置评议委员会专家论证评议、教育部批准，天津工业职业技术学院正式挂牌成立。该院是在原天津市职工纺织学院和天津市职工电子仪表工程学院合并基础上转制而成立的，系专科层次的高等职业学校，全日制在校生规模暂定为2 000人，1999年秋季招生1 000人。

经全国高等学校设置评议委员会有关专家考察，经教育部批准，天津市第一所具有颁发学历文凭资格的民办高校——民办天狮职业技术学院于1999年7月正式挂牌成立。该院由天津天狮集团有限公司投资兴办，系专科层次的高等职业学校，在校生规模暂定1 000人，待学院二期工程竣工后，在校生规模逐步达到3 000人，1999年首期招收大专生240人。按照《高等教育法》和《社会力量办学条例》的有关规定，该院实行董事会领导下的院长负责制。

〔**高等职业教育**〕　根据教育部、国家计委《关于试行按新的管理模式和运行机制举办高等职业技术教育的实施意见》精神，经报请教育部和国家计委同意，市政府决定，1999年天津市在11所普通高等学校下设的职业技术学院（职教部）、2所新建的职业技术学院以及8所独立设置的成人高等学校，按新的管理模式和运行机制举办高等职业技术教育专科班，招生规模为6 300人，招生对象以本市参加当年全国普通高等学校统一招生考试的考生为主，其中安排招收各类中等专业学校普通班及部分技工学校的相关或相近专业的应届毕业生1 500人。所设专业均是天津市经济建设和社会发展急需的，课程设置具有较强的实用性和针对性。试办学校招收的高职学生，按照《普通高等学校学生管理规定》进行管理。学生就读期间户口不迁移，农业户口的学生入学后按照有关规定就地办理“农转非”；学生毕业时由学校颁发市教委统一印制的《天津市普通高等学校毕业生就业推荐证》，国家承认其大专学历；毕业生在国家就业方针政策指导下，与其他普通高校专科毕业生一样，实行双向选择、自主择业，被用人单位录用者，凭就业推荐证由有关部门办理就业手续。

〔**筹建高职教育师资培训基地**〕　按照教育部《关于同意天津市筹建全国高职高专教育师资培训基地（华北地区）的批复》意见，1999年，天津市筹建了全国高职高专教育师资培训基地。培训基地由天津大学、南开大学、天津职业技术师范学院、天津职工工业技术学院（中德培训中心）、天津职业大学等院校组成。天津大学、南开大学主要承担培养研究生层次的骨干教师和专业课教师本科层次的学历教育，以及学校行政管理干部的继续教育任务；天津职业技术师范学院主要承担专业课教师、实习指导教师本科层次的学历教育和职业技能培训；天津职业大学、天津职工工业技术学院（中德培训中心）主要承担专业课教师和实习指导教师的技能培训。在市教委的统筹管理下，发挥这些学校现有教育资源的作用，通力合作，共同承担华北地区的高等与中等职业教育师资培训任务。由天津市财政按1∶1比例提供配套资金，市政府还将用5年时间筹措1 000万元用于职业教育师资培训工作。凡按高等职业教育师资培训中心的规范要求，学完规定的理论课和实践课，并考核合格者，可获得教育部颁发的高等职业教育师资培训合格证书，作为职业教育教师岗位合格依据。

〔**技工教育**〕 1999年，天津市技工教育工作按照进一步落实“科教兴市”战略，以培养与现代化建设相适应的高素质劳动者和专门人才为目标，积极探索符合市场经济要求的办学体制和运行机制，充分发挥技工学校在专业技能开发工作中的主阵地作用，在突出技能训练的同时，全面推进素质教育，以缓解就业压力、提高新生劳动者的市场适应能力和整体素质。市劳动与社会保障局在教育资源不流失的前提下，对技工学校进行调整，通过合并、联办等形式，撤并技工学校14所，使平均在校生规模从1998年的300人提高到420人；在巩固和提高第二产业专业水平的同时，积极开发和设置劳动力市场急需的复合型、高新技术及第三产业类专业；评估1所国家级重点技校，初评2所市级重点技校，复评3所国家级重点技校，并对4所技校的示范专业进行了督导。通过督导评估，促进了整体办学水平的提高，被评估的学校仅用于改善办学条件的投入就达1 200万元。

1999年，市劳动与社会保障局在市职业介绍服务中心设立了技工学校毕业生就业服务窗口，定期发布劳动力需求信息，为学校设置专业、调整教学内容提供依据；建立了技工学校毕业生就业服务网络，对毕业生和用人单位实行“全方位、一站式”就业服务，截至年底，办理人事关系结转12 000人，合同鉴证1 300人，推荐就业400人，安排生产实习600人，开展岗前培训1 000人次；规范了技工学校教学管理秩序，开展了示范课和教育教学论文评选工作，促进了教师业务水平的提高；根据技工学校发展需要，调整了岗位设置及中高级职称结构比例；积极发挥技工学校综合培训基地作用，开展再就业培训，有52所技工学校采取多种合作形式为下岗职工开设了烹饪、家电维修等30多个专业，共培训4 000人次，提高了下岗职工的再就业能力。

撰稿 李 霞 岳腾仓 徐 铸
刘智刚 任锦风 安瑞威
李树岭

高 等 教 育

〔**综述**〕 1999年，天津市高等学校管理体制改革、办学体制改革、教育教学改革、内部管理体制改革等工作继续加大力度，进一步巩固全市高等教育全面、快速和良性发展的态势。年内，继续进行高校院校合并调整；高校第二批重点学科建设工作正式启动；天津医科大学“211工程”建设项目于11月6日正式立项；市教委专家组对列入普通高校面向21世纪课程体系和教学内容改革项目计划的270个项目进行了中期检查；天津大学和南开大学先后通过教育部专家组对本科教学工作的优秀评价；市教委专家组对天津中医学院进行了本科教学工作随机水平评价；高校“九五”基础实验室投资规划继续实施，天津师范大学、天津职业大学、天津医科大学、天津理工学院、天津财经学院及天津美术学院的教学、科研和医疗基础设施如期竣工并全面投入使用，进一步改善了办学条件。

1999年，市委、市政府决定将原天津师范大学、天津师范高等专科学校和天津教育学院三校合并，组建新的天津师范大学。新天津师范大学将专科、本科和研究生，包括硕士生和博士生各种层次师范教育融为一体，形成了职前与职后教育相贯通的较为完善的师范教育体系。

〔**重点学科建设**〕 1999年，全市共有18个单位32个学科申报建设天津市第二批重点学科。在专家评议的基础上，经专家组评审，初步确定第二批重点学科为13～14个，同时在第二批重点学科中设置特聘教授岗位11个。市教委与市财政局商定1999～2002年由市财政投入2 000万元，学校配套1 000万元，建设第二批重点学科。第二批重点学科建设工作的基本思路是：统一规划，逐级建设；相对集中，建“高水平”；发展优势，支持“新兴”；改革机制，“首席”负责；强化管理，责任到人。

〔**社会科学研究成果评奖**〕 在天津市举行第七届社会科学优秀成果评奖工作，共有15所普通高校申报研究成果262项，占全市申报总数的65.7%，其中著作97部，论文165篇，涉及哲学、教育、法学、历史学、文学、经济学和管理学等学科。评审结果，有108项普通高校申报的研究成果被评为优秀，占全市获奖总数142项的76.1%，其中一等奖5项，二等奖18项，三等奖59项，青年佳作奖26项。天津市教委被评为优秀组织工作奖。

〔**市属高校扩大招生规模**〕 1999年，经教育部、国家计委批准，天津市在原招生计划的基础上增加招生计划5 300人，其中普通高校4 300人(本科计划1 000人，高等职业技术教育计划3 300人)，成人高等教育本科计划1 000人。年内，天津市属高校招生计划为25 300人，其中普通本科计划19 000人，高等职业技术教育计划6 300人，与上年实际招生相比，增长幅度为54.2%。

〔**高校筒子楼改造**〕 1999年12月3日，天津市召开高校筒子楼改造工作总结大会。会上，南开大学等4个先进集体、刘汉广等33名先进个人受到表彰。教育部副部长张保庆到会祝贺表示：天津高校筒子楼改造工作走在全国前列，为全国高校筒子楼改造工作提供了经验。《人民日报》、《光明日报》、《中国教育报》、《天津日报》、《今晚报》作了报道。天津市高校纳入国家和市下达筒子楼改造计划共14.1万平方米，到1999年11月底共完成17.5万平方米，超额完成3.4万平方米。2 463户教师喜迁新居，提前实现了“决不把筒子楼带入21世纪”的目标。市委、市政府高度重视筒子楼改造工作，市教委和各院校都组成了筒子楼改造领导小组，任务目标层层分解，责任落实到人。市有关部门按照“特事特办”的原则，在立项、规划、施工、配套等方面提供方便；各种费用，能免的就免，能减半的就减半，实实在在落实了优惠政策；市质量监督检查部门将筒子楼新建工程全部纳入质量监督系统，确保各项工程达到优良标准。筒子楼改造任务完成后，教师住宅建设迈上了新台阶，极大调动了广大教师的积极性。

〔**高校基本建设**〕 1999年，天津市高校基本建设以改革创新精神为指导，以筒子楼改造工作为重点，以加强管理为核心，严格基建程序，取得重大进展。市教委在建项目1999年计划投资22 757万元，完成投资19 200万元；施工面积32.8万平方米，竣工面积10.7万平方米。市教委共有4个项目被市政府列入1999年改善城乡人民生活20件实事之中：(1)理工学院一期扩建工程，总投资4 520万元（其中市财政专项投资4 000万元、中国残疾人联合会投资500万元、教育部补助投资20万元），建筑面积29 170平方米，包括教学楼（含聋人工学院教学用房）、学生宿舍及食堂、操场等项目，1999年底全面竣工并投入使用；(2)职业大学教学实验楼工程，总投资1 652万元，建筑面积10 360平方米，已交付使用；(3)师范大学一期扩建工程，总投资3 078万元（其中市财政专项资金2 700万元、邵逸夫基金会捐资318万元、国家补助资金60万元），建筑面积17 402平方米，1999年10月竣工，经市质量监督站的工程验收，达到了“设计合理、施工规范、质量优良、造价经济”的建设目标，工程质量等级为优质工程，已交付使用；(4)医科大学“211工程”建设项目总投资7 500万元，建筑面积37 780平方米，该项目正按计划顺利进行。此外，医科大学总医院门诊楼1999年5月18日投入使用，该工程建筑面积为2万平方米，总投资6 000万元，工程竣工后，经验收，被市质量监督站定为“市优工程”，并获国家建筑业最高奖级“鲁班奖”。天津轻工业学院图书馆工程，建筑面积9 312平方米，投资2 160万元，其中国家拨款1 400万元，其余为自筹，1999年6月竣工后被评为优良工程，9月投入使用。

〔**高校后勤社会化改革**〕 天津高校坚持后勤社会化的改革方向，改革管理体制，转换运行机制，优化资源配置、服务结构和育人环境，取得了经济效益和社会效益。1999年，天津职业大学与宜兴埠镇、天津师范大学国际女子学院与工农联盟农场、天津轻工业学院与房信集团等就学生公寓的兴建进行了不同形式的合作。高校集中供热面积达到50万平方米，比1997年增加78%，供热效果有明显提高。在市电话局的支持下，各高校将通讯工作推向社会，撤消了校内交换台，交由社会承担通讯服务工作，从根本上解决了高校通讯难的问题；校内部门间的通讯采取虚拟专用网形式，降低了通讯费用，提高了通讯质量。南开大学引进投资建成校园光纤局域网，一期工程即覆盖全校17栋宿舍楼1 844间学生宿舍，实现了在学生宿舍内即可上网，进一步提高了校园网络的普及与技术应用水平。各高校在伙食改革工作中引进竞争机制，实施干部聘任制和全员劳动合同制，建立了以岗位、贡献、效益为主，并兼顾公平、适应企业化管理的工资、奖金分配制度，充分调动了伙食部门干部职工的积极性：高校伙食工作形成了集中采购、集中管理、集中发放、专业化生产、连锁化经营、社会化服务的体系，基本保证了师生的饮食需求，并坚持自筹资金和学校投入相结合，改造食堂的基础设施和设备。1999年，天津市市属高校又售出公有住房1 668套（间）、

94 646.52平方米，高校教师住房情况有了明显改善和提高。天津各高校通过改革创新，初步打破了“小而全”封闭式自我服务的旧格局，正在由传统的事业型、供给制、福利制向社会化、产业化、集约化方向发展。

〔**高校招生实现网上录取**〕 1999 年，全国 313 所普通高校在天津招生全部实现了网上录取，其中远程录取率实现了“双过半”的目标，即远程录取院校数过半（达 52.7%）、远程录取新生数过半（达 74.7%）。天津市教育招生考试中心被教育部授予“全国普通高校招生网上录取先锋”称号。教育部在《关于表彰天津市教育招生考试中心在普通高等学校招生网上录取工作中作出突出成绩的通报》中指出：天津网上录取试点的成功，使得以纸介质档案信息流转为基础、人力密集型的招生管理模式成为历史，以计算机及网络技术为支撑、以电子档案信息流转为基础、技术密集型的招生管理模式逐步建立；为在新形势下公平、公正地选拔高校新生提供了全新的技术手段和管理办法，为推进大学生管理的现代化和教育管理信息化做出了积极贡献。

撰稿 李 霞 张福中 邢 媛
阮澎涛 任锦凤 姜志红
叶 庆 于宝生 孔 超

成人教育

〔**综述**〕 1999 年，天津市进一步扩大成人高校试办高等职业教育的规模，批准 35 所成人高校开办了 110 个高等职业教育专业，录取新生 2 400 余人。继续深化教学领域改革，通过重点专业建设带动成人学校的师资队伍建设、教材建设和实验实习基地建设，制定了天津市成人学校特色专业评估标准及指标体系，修订了职业道德教材，启动成人学校专业目录修订工作，规定了各专业教学计划制定的原则意见，加强全市成人学校统考课程的管理，遴选一批成人高校青年教师到高等学校攻读硕士学位；广播电视大学在继续办好注册视听生教育的基础上，开办了改革人才培养模式和开放教育的试点工作，试办 3 个本科专业和 1 个专科专业，招生1 639 人；规范成人高校办学，开展了成人高校学籍管理人员培训，落实学籍管理人员持证上岗；加强对高等教育自学考试助学机构的管理，对违反招生规定、助学质量低下的吊销许可证，对申办单位严格考核和审批手续；创办了《天津成人高等学校联合学报》，开通了天津市教育系统再就业培训工程信息网暨成人教育网站。1999 年，天津市培训工作取得显著成绩，共培训各级各类人员 211.93 万人次，超额 41.29%完成全年的培训任务，其中规范化培训 179.89 万人次，占培训总量的 84.88%，教育系统为国有企业下岗职工再就业培训 6.96 万人，再就业率达 76.87%。完成了换发新的社会力量办学许可证工作，通过审核、换证，促进了社会力量办学健康发展。

〔**人才培养模式改革和开放教育试点**〕1999年，天津广播电视大学被教育部和中央广播电视大学以承担课题项目形式批准确定为“人才培养模式改革和开放教育试点”工作单位，其承担的科研项目子课题为“现代远程开放教育教学管理模式与学习支持服务系统的研究与实践”。市教委与天津广播电视大学共同组成评审小组，经评审确定15个电大工作站为首批试点单位。为加强统筹和管理，市教委批转了天津广播电视大学制定的《关于开展人才培养模式改革和开放教育试点项目研究工作实施方案》、《开放教育试点站设置标准》及《天津电大贯彻〈中央广播电视大学人才培养模式改革和开放教育试点项目研究工作教学教务管理暂行办法〉实施细则》3个文件。各试点工作站建立了一整套组织机构，包括由区、县、局主管教育的领导任组长的项目研究工作领导小组，由工作站站长任组长的工作站试点工作领导小组等，形成了自上而下的各级组织管理网络。1999年8月，进行首批招生录取工作，共招生1 639人。

〔**再就业培训暨成人教育网站开通**〕由市教委主办、天津市和平区新华职工大学承办的天津市教育系统再就业培训工程信息网暨天津市成人教育网站，于1999年9月10日正式开通。该网站的主要任务是利用天津数据通信局支持提供的宽带多媒体信息网，为各成人学校提供宽裕的网上空间、信息发布、检索、互访和建网上网知识培训，实现天津市各成人学校之间的远程教学和教育资源共享，开发网上成人教育管理应用系统，对成人教育综合信息以及成人教育改革和发展、教育科研、电化教学、招生录取等几大类信息，进行高效率的综合、统计与分析，开展成人教育各专业学科的网上辅导教学和课外自学指导，使成人教育不受时间、空间和地域的限制，通过计算机网络扩展成人教育服务的社会面向。该网站已经开设了成人教育信息、成人教育政策法规、世纪回眸、世纪展望、求职招聘信息、计算机知识等栏目，开发了成人教育教学论坛、电子邮件等管理应用系统，实现89所成人学校和22个再就业培训基地的互联和教育资源共享，并与中国北方人才市场、天津市对外交流中心、泰达人才交流中心、天津市劳动局人才交流市场、中文雅虎、搜狐、新浪网等网站进行了热链接，受到社会各界的欢迎。

〔**老年教育**〕随着社会老龄化的发展和老龄人口增加的趋势，天津市老年教育发展迅速。11月8日～10日举办了天津市老年教育成果汇报展，共有25所老年大学参加，展览面积2 000多平方米，展品达1 500余件，观众达15 000多人次。截至1999年底，天津市共有老年大学32所，其中市级和部分局办的老年大学10所，区、县老年大学14所，高等学校老年大学4所，其他4所。在校学员约15 000人，占全市120万60岁以上老龄人口的1.25%。各校共聘请兼职教师333人，其中高级职称的149人，占教师总数的44.74%；工作人员123人，多数为离退休干部。天津市老年人大学是天津创办最早、规模最大、专业最多的一所民办公助的综合性老年大学。1999年，该校设置专业22个（包括文史、书法、国画、家政、健身、文体等部类），招收学员4 100人，聘请教师73人，多数具有高级职称，学校工作人员33人，均为离退休的干部、教师。市长李盛霖在1999年10月12日听取了老年教育工作汇报，要求市计委、市教委牵头，用存量资产调整的办法妥善解决市老年大学的校舍问题，要求市教委和各区县都要重视老年教育工作，办好老年教育事业。

撰稿 李 霞 王 宇 安瑞威 闫春林
审稿 赵宝琪 叶中瑜 朱铁良

河北省教育

概　况

〔基本情况〕

1999年各级普通学校基本情况

单位：人

学校类别	学校数（所）	毕业生数	招生数	在校学生数	教职工数	
					计	其中：专任教师
总　计	51 220	2 934 108	4 148 970	15 203 506	785 388	658 004
一、研究生		567	1 214	2 660		
1. 高等学校						
2. 科研机构						
二、普通高等学校本专科	48	39 606	72 856	176 702	43 218	17 263
本科院校		15 462	33 193	96 225		
专科院校		24 144	39 663	80 477		
分校、大专班						
三、普通中等学校	5 615	1 447 713	1 885 900	5 194 906	349 585	279 412
1. 中等专业学校	172	68 016	85 156	255 162	28 466	14 578
中等技术学校	139	47 200	65 722	200 176	22 021	10 940
中等师范学校	33	20 816	19 434	54 986	6 445	3 638
2. 技工学校						
3. 普通中学	4 949	1 246 053	1 631 211	4 474 303	286 488	239 832
高中	677	158 174	232 230	629 883		40 539
初中	4 272	1 087 879	1 398 981	3 844 420		199 293
4. 职业中学	494	133 644	169 533	465 441	34 631	25 002
高中	425	117 964	152 189	415 491		22 254
初中	69	15 680	17 344	49 950		2 748
5. 工读学校						
四、小学	39 770	1 445 217	1 161 498	8 643 540	339 219	315 423
五、特殊教育学校	96	1 005	1 606	9 939	2 158	1 377
六、幼儿园	5 691		1 025 896	1 175 759	51 208	44 529

1999 年各级成人学校基本情况

单位：人

学校类别	学校数（所）	毕业生数	招生数	在校学生数	教职工数	
					计	其中：专任教师
总　计	66 372	8 518 092	8 352 616	4 673 850	70 664	24 423
一、成人高等学校	28	26 617	53 105	116 957	6 821	3 082
1. 广播电视大学	1	4 571	9 614	19 686		726
2. 职工高等学校	14	4 420	8 262	15 760		1 374
3. 农民高等学校						
4. 管理干部学院	6	3 105	5 690	9 739		552
5. 教育学院	7	1 233	1 916	4 619		430
6. 独立函授学院						
7. 普通高等学校举办：						
函　授　部		7 509	17 077	40 396		
夜　大　学		3 657	6 312	18 439		
成人脱产班		2 122	4 234	8 318		
合计中：电大普通专科班						
二、成人中等学校	49 684	8 234 321	7 989 167	4 361 994	51 096	19 264
1. 成人中等专业学校	248	47 804	40 349	126 447	10 695	6 397
广播电视中等专业学校	5	16 108	14 405	46 796	1 504	810
职工中等专业学校	57	10 781	9 767	33 381	3 308	1 823
干部中等专业学校	9	2 033	1 811	5 476	392	221
农民中等专业学校	14	1 599	1 374	4 208	400	269
函授中等专业学校	5	90	449	1 853	132	47
教师进修学校	158	17 193	12 543	34 733	4 959	3 227
其他类学校举办						
2. 成人中学	107	5 627	6 416	9 222	829	563
职工中学	64	3 060	3 520	5 009	359	202
农民中学	43	2 567	2 896	4 213	470	361
3. 成人技术培训学校	49 329	8 180 890	7 942 402	4 226 325	39 572	12 304
职工技术培训学校	1 281	414 873	349 746	231 297	7 232	2 578
农民技术培训学校	48 048	7 766 017	7 592 656	3 995 028	32 340	9 726
三、成人初等学校	16 660	257 154	310 344	194 899	12 747	2 077
1. 职工初等学校	29	3 318	3 938	1 986	124	60
2. 农民初等学校	16 631	253 836	306 406	192 913	12 623	2 017
其中：扫盲班	14 399	43 624	104 786	103 381	11 378	1 469

制表　王红卫　魏锡政　冯荣光

1999年，各类教育事业发展情况：

——小学招生116.15万人；在校生达到864.35万人，与上年相比减少31.09万人。

——初中招生139.9万人，在校生384.44万人，与上年相比，招生增加11.7万人，在校生增加24.23万人。

——普通高中招生23.22万人，在校生达到62.9万人，与上年比较，招生增加1.62万人，在校生增加7万人。

——普通中专学校招生8.52万人，在校生达到25.5万人，与上年相比，招生增加0.12万人，在校生增加1.61万人。

——职业高中招生15.22万人，在校生达到41.55万人，与上年相比，招生减少1.69万人，在校生增加2.28万人。

——全省高中阶段教育招生46.96万人，在校生达到129.95万人。其中各类职业教育招生占高中阶段的比例为50%，在校生比例达到52%。

——省属普通高校招生6.65万人，在校生达到15.38万人。

——成人高等教育招生5.3万人，在校生达到11.69万人。

——研究生招生1 214人，在校生达到2 660人。与上年相比，招生增加478人，在校生增加673人。

〔**年度工作方针**〕 年初，省教委根据省委、省政府本年度工作的总体要求和下达给教育战线的基本目标任务，制定了《1999年工作要点》，提出全省本年度教育工作的指导方针是：高举邓小平理论旗帜，贯彻落实党的十五大精神，按照党中央、国务院和省委、省政府有关教育工作的总体部署，认真组织实施《面向21世纪教育振兴行动计划》，迎接知识经济新挑战，进一步加大“科教兴冀”发展战略的实施力度，落实教育优先发展的战略地位，紧紧围绕提高劳动者素质、培养现代化建设人才和促进科技进步的根本任务，坚持规模、结构、质量和效益的内在统一，依靠改革和创新，加快教育事业发展，力求在推进素质教育、普及九年制义务教育、普及高中阶段教育，积极稳步发展高等教育、加快发展研究生教育和职业教育、加强教师队伍建设等方面实现新的突破，为建设经济强省和现代化河北作出新贡献。

〔**推广乡镇教育体系构建经验**〕 1999年9月25日全省教育工作现场会在安国市召开，推广安国市构建以郑章综合教育小区为代表的乡镇教育体系的经验。1996年以来，安国市根据农村经济社会和教育发展实际需要，创建了郑章综合教育小区，在管理体制上打破了原有的分割局面，领导班子实行一套人马，教师统一调配，公共设施统一管理，共同使用，把不同层次的学校统一起来。到1999年安国市的乡镇教育小区已经发展到6个。郑章教育小区的建设解决了县级以下教育在层次上脱节、类型上分离的问题，实现了各级各类教育的衔接和互补，使办学体制与管理体制实现了有机结合，促进了教育与当地经济的结合，构建起更有利于实施素质教育的各级各类教育相互沟通的乡镇教育新体系。同时解决了以教育为基础的文化设施，与整个城镇建设规划脱节的问题，体现了其综合功能，成为乡镇农科教结合、科技推广、文化传播、体育活动、法制教育和家长教育六位一体的、为社区服务的开放式文化教育中心。

〔**学生“三下乡”活动**〕 1999年暑期，河北省以“受教育、长才干、做贡献”为指导思想，以“弘扬五四爱国精神，勇担强国富民重任”为主题，继续采取集中组队和发动回乡度假的大学中专学生开展志愿服务的方式深入开展“三下乡”活动。有15万余名大学中专学生踊跃报名参加这一活动。活动的主要内容包括：“科技扶贫促发展”，以高、中等农林、水利等院校学生为主，带技术、带资料下乡，通过开办技术培训班、深入田间地头现场指导、捐书建站方式，帮助农民解决生产中遇到的问题；“灾区援助献真情”，各市组织4—6支志愿服务队，深入1998年遭受地震灾害的张北和洪涝灾害的地区，为灾区群众送去适合当地实际脱贫致富的好办法，提高当地群众的卫生和健康水平；“乡镇企业促进行动”，以高、中等理工类、财经类院校学生为主组成服务小分队，帮助乡镇企业引入科学管理机制，进行技术改造和技术创新；“千名农民健康普查”，由高、中等医学院校学生组成的医疗志愿服务队为农民进行健康普查，宣传医疗卫生知识，实现55个卫生常识普及村。“百支服务队支教扫盲”，以师范类院校学生为主，通过举办中小学师资培训班和中小学生文化辅导班，帮助贫困地区师生扩大知识面，提高素质；“法律宣传进农家”，组织政法类院校学生走村串户向农民宣传普及法律知识；“保护母亲河行动”，以农林水利等专业学生为主，以调查团、宣讲团、夏令营、提供技术服务等形式，开展大规模的宣传教育、植绿护绿等实践活动。

基础教育

〔**幼儿教育**〕 “九五”期间，全省农村幼儿园建设进展迅速，平均每年新建乡镇中心幼儿园和村办幼儿园800余所，加快了普及学前两年教育或学前三年教育的步伐。采用鼓励支持创办与小学相对独立的乡村幼儿园的形式，大力发展农村幼儿教育。省教委与中央教科所合作，开展了“河北农村学前教育项目”研究，已在实验区建立了幼儿园、学前班、混合班、巡回辅导班、家长活动站、联合活动站等多种形式的幼教机构，走出了一条正规办园与举办非正规幼教机构相结合的路子，逐步形成了集体教育与家庭教育密切结合的幼儿教育网。与此同时，各地坚持不懈地抓好幼儿教育教师队伍建设，每年选报一定数量的农村优秀非公办在册幼儿教师到幼儿师范学校学习，毕业后转为国办教师，并注重在岗教师培训，提高了农村幼儿教育教师队伍的整体素质。1999年，全省幼儿教育各项指标比“八五”末均有较大幅度增长。3～5周岁儿童入园（班）率达49%，学前一年儿童入园（班）率达97%，幼儿教师合格率达71.6%，各项指标均为历史最高水平。

〔**普及九年义务教育**〕 1999年，河北省富裕县“普九”工作已先后达标，剩下的均为经济欠发达的贫困县，“普九”难度大。为打好“普九”攻坚战，如期完成在本世纪内实现全省“普九”规划，省委、省政府把年内完成20个贫困县的“普九”任务列为年度考核省教委工作目标之一。年初，在全省年度教育工作会议上，省政府对全年的“普九”攻坚工作进行了全面部署，并召集未“普九”的20个县进行汇报交流。7月，省政府又召开“普九”工作调度会，再次督促各县加大工作力度，加快进度，确保年度目标的实现。省教委还多次对“普九”工作进行专题研究，逐县进行分析，对重点县有目标有重点地进行督导。全年先后有新河、灵寿、赞皇、献县、阜城、滦平、围场、崇礼、万全、涿鹿等20个贫困县通过省政府“普九”验收，另有未列入1999年度省委、省政府考核目标的崇礼县、南宫市、内邱县提前一年通过“普九”验收。使全省“普九”县（市、区）总数达到168个，“普九”地区人员比例占到98.5%。本世纪内基本实现了“普九”。

〔**中学办学模式改革**〕 为解决农村教育如何为当地经济服务的问题，1999年改革了农村中学的办学模式。初中阶段，大力推进“初二后”分流教育，在晋州市、丰宁县、涿鹿县等经济基础不同的县进行试点。高中阶段，在大力发展综合高中的同时，积极推进“高二后”分流；并鼓励普通高中与职教中心联合办学，建立普通高中教育和职业教育相融合的机制。

为最大限度调动各方面积极性，多渠道筹措教育经费，积极探索高中办学模式的改革，支持鼓励社会团体、企事业单位和公民个人参与办学，1999年，省教委批准15所高中试行“公办民助”式合作办学，使全省“公办民助”高中达到19所。此外，新增外国语高中7所，综合高中3所，特色高中2所，使全省的外国语高中、综合高中、特色高中分别达到12所、51所、24所。

〔**农村小学管理体制改革**〕 由于农村乡镇学校规模小、办学条件差等多种原因，农村小学尤其是初级小学办学水平普遍较低，素质教育难以实施。唐山市新区大胆改革村办村管的小学管理体制，实行小学学区一体化管理。即以中心校为总校，与周围的若干所初级小学共同组成小学学区，实现了学区内师资、资源和管理一体化，为农村小学全面推进素质教育提供了一条有效途径。为推广他们的经验，1999年3月，省教委在唐山市新区召开了全省小学学区一体化管理现场会，并印发了《关于积极推进农村小学学区一体化管理的意见》。

〔**小学英语教学**〕 1999年秋，全面开始分阶段普及小学英语教学工作。为保证这项工作的实施，省教委采取了一系列措施：(1)制定了《关于进行九年制义务教育阶段英语教学改革和推动普及小学英语教学的意见》，提出了全省英语教学改革的指导思想、主要内容和基本思路，同时提出普及小学英语教学的规划目标从1999年秋季入学开始，启动普及小学英语教学工作，到2003年，在全省城市市区基本普及小学阶段英语教学，至2008年，除贫困地区外，全省基本普及小学阶段英语教学，使85%的小学毕业生接受完三年的英语教育。(2)由省教科所、省教育出版社与加拿大有关部门合作编写适应九年义务教育阶段英语教学改革需要，能够使小学、初中英语教学顺利衔接的英语教材。(3)组织了由10个市的18个区、县、城区部分小学参加的英语教学实验，并在各实验区建立了专门的实验工作领导小组。(4)对各市英语教研员和实验区英语教研员及部分骨干教师进行培训，使实验教学工作按教材的编写思想、教学内容和方式、方法等顺利进行。

〔**普通话达标活动**〕 为加快全省中小学普及普通话的工作进程，省教委决定以学校为基础，坚持实事求是、积极进取、分类指导、区域推进的方针，在全省范围内开展创建中小学普及普通话达标县（市、区）活动，把普及普通话作为中小学校实施素质教育的重要内容，与教育教学工作紧密结合。创建普及普通话达标县（市、区）活动分三个层面，以创建普及普通话达标学校为基础，通过开展创建普及普通话达标乡（镇）活动，达到创建普及普通话达标县的目标。按照规划，到2008年，全省181个县及单位（市、区、场、局）都要达标。根据各县（市、区）所处地理位置和语言环境的不同，分五批达标。

〔**读书教育活动**〕 1998年2月至1999年5月，关心下一代工作委员会、省教委、省广播电视厅、共青团河北省委联合开展了“英模在我心中”读书教育活动。该项活动旨在加强社会主义精神文明建设，树立崇尚英模、学习英模的社会风尚。活动经历了学习英模事迹读书活动、开展教育活动、开展征文比赛、组织评奖四个阶段。据统计，全省有近百万名青少年参加了此项活动。通过活动，使英模人物进入青少年心中，学生们自觉树立起崇高理想，进一步明确了学习目的，增强了学习动力。同时，也使许多学校形成了勤奋学习、互助互爱、健康文明的校风。此次活动共收到各市推荐的优秀作文721篇，经过评委会评选，共有175篇征文分获一、二、三等奖及鼓励奖。同时，175名教师获指导教师奖，105个单位获组织奖。沧州市教委、邯郸市教委、唐山市教委、石家庄市教委、廊坊市教委的机关工委被评为活动先进单位。

〔**特殊教育**〕 特殊教育是九年义务教育工作中的薄弱环节。为保证特殊教育健康、快速、持续发展，河北省坚持把特殊教育与“普九”统一规划、统一部署、统一领导、统一检查的方法，把三类残疾（视力残疾、听力语言残疾、智力残疾）儿童、少年义务教育的入学率作为义务教育的普及标准之一，在“普九”达标验收中坚持把特殊教育作为必查的重要内容，并明确要求“普九”复查县（市）都要建立1所特殊教育学校，以特教学校带动残疾儿童、少年随班就读的开展。至1999年底，全省共有9 939名三类残疾儿童、少年在特教学校和普通中小学附设特教班就读，入学率达85%。为快速发展特殊教育，各地不断加大对特殊教育的经费投入。“九五”以来，全省各地投入特教资金仅基建就达3 000多万元。1999年有10个县新建了特教学校。与此同时，许多特教学校进行了改建、扩建，90%以上的特教学校配齐了律动教室、语言训练室、康复室等专用教室和必要的专用教学设备，30%的特教学校还配备了微机室，使残疾儿童、少年能够在较好的教学条件下学习。为使残疾儿童、少年最终能有一技之长，全省各特教学校都建立了诸如烹饪、按摩、服装裁剪、家禽养殖、蔬菜种植等多种专业。

职业教育

〔**高职教育**〕 1999年，经教育部批准，河北省按新的管理模式和运行机制试办高等职业技术教育，并争取到专项补助资金1 390万元。试办高职教育的院校包括：职业技术学院、普通本科院校内设立的高等职业技术教育机构（二级学院）、部分中央部委驻冀院校和部分办学条件达到国家规定合格标准的成人高校。高职教育的招生对象以应届高中毕业生为主，同时，适当招收中等职业技术学校毕业生。招收应届高中毕业生实行单独划线，单批录取；招收中等职业技术学校毕业生时，单独进行文化课和职业技能水平考试，单独录取。试办高职班的经费来源，以学生缴费为主，政府补贴为辅。学生在校期间不再享受各种政策性补贴及医疗费。学生学习期满，成绩合格，由学校发放省教育行政部门统一印制的毕业证书。学生就业实行“双向选择、自主择业”的办法。1999年，11所设在区市的职业技术学院（成高职部）均已挂牌并招生，共招收新生16 499人，完成了国家下达的招生计划。

〔**农村职业教育产业化**〕 河北省推进农村职业教育产业化的“1381”工程，在1999年启动。“1381”工程的内容是：2005年前，逐步在全省范围内选择和开发一批适合地方实际的生产项目，建设一批按照现代企业组织管理的、具有示范作用和良好效益的生产实习基地，发展一批龙头企业；全省建成30个具有一定规模的产业化试点学校（专业），30个地方特色产业研究中心，30个技术推广中心，30个信息服务中心，30个实验示范科技园，组建3个全省的职教产业集团；试点专业人才培养总量达到80 000人以上，辐射80 000个农民家庭，毕业生家庭年人均收入达到8 000元；辐射农户年收入达到1万元以上，每个产业集团年产值达到1亿元以上，试点学校均年创收达到100万元以上。为实施此项工程，省教委要求各地农村职业学校要按照农业和农村现代化建设的要求，围绕农业、农村和农民的实际需要，确定并办好与地方主导产业相适应的特色专业，并依托特色专业和当地主导产业创造龙头企业，实施产教结合；各学校要根据专业培养目标和提高学生综合职业能力的需要改革开发新的课程体系，更新教学内容，努力实现教学手段现代化；要加强教师队伍建设，在2005年前要把专业课教师逐步培养成为“双师型”教师；各职业学校要开设创业教育课程，培养树立创业典型，进行创业意识、创业能力、创业方法教育；要充分发挥县级职教中心的多功能作用，把职教中心办成当地实施继续教育的中心、经济信息情报中心、地方特色产品的展销洽谈订货中心、地方政府经济决策的咨询中心，对外经济联络中心和当地企业家、专业技术人员的科技活动中心。

〔**职教中心办出特色**〕 1999年，全省各地职教中心面向实际，办出特色，取得了新的成绩。东光县职教中心根据本县机械类企业急需懂管理、会操作、善经营的机械类人才这一实际，大胆进行课程体系改革，于1991年设置机械制造专业，通过调、聘、转等手段强化了专业课和学习指导教师的力量；调整了教学计划，在专业技能课中采用CBE教学模式，强化技能训练，划拨专项资金加大对机械专业所需的设备、图书仪器的投入。并先后与县内11家机械类企业签订了联合办专业的协议，吸收企业厂长、经理参加成立了特色专业董事会参与管理指导，使该专业的学生训练成为懂技术、会管理的“技艺型”人才，使毕业生对口就业率达90%以上。迁西职教中心在团员青年中广泛开展青年志愿者活动。遵循“贵在志愿、意在奉献、长期坚持、雪中送炭、量力而行”的原则，开展诸如采取“一助一”结对子的方式走进老党员、老干部及残疾人的家中，进行长期志愿服务。特别是注重发挥人才、设施、技术的优势，先后组成了以专业教师和学生为主的23个青年志愿者服务队，积极为当地农民提供各种服务。从1996年至1999年累计为农民挽回经济损失20万元，增收近50万元，潜在经济效益可达百万元。迁安市职教中心在1999年5月～6月举办了科教兴农月活动。在兴农月中，全体师生分专业组走访示范户，扶持毕业生，送技术送农资下乡，举办专业技术讲座等。通过活动，将科教兴农推向深入，提高学生的动手能力，增强办学吸引力。南宫市职教中心针对当地生产和经济发展实际开通了食用菌热线咨询电话，到1999年已使15个乡、60个村的菇农受益，姬菇栽培量由1998年的135万斤发展到1999年的860万斤，增长63.7%，该市农民的姬菇一项就可增收600万元。

〔**职教中心整体改革**〕 全省职教中心实行整体改革，取得成效。如抚宁县职教中心，在用人制度上实现契约化，全员聘任，建立完备的考核体系，截至1999年，在校教师中有148人次获得各级各类奖励，32位教师成为省市各专业学会成员。在管理制度上，引入市场机制，切实提高办学效益，根据市场经济需求，调整专业结构，并在1996年至1999年间，利用闲置教室和设备举办各种培训班30多期，培训总数达2 700人次。在办学方法上，抚宁县职教中心探索出多功能、多形式、多层次、多学制、多学籍办学的新路子，学制既有3年，又有2年；既有全日制，又有业余、半脱产。在学业管理上，机电、旅游、文秘及农口专业已开始实行弹性学制，达到规定学分就可上岗，上岗后继续进行跟踪教育。学生可在岗学习，也可随时离岗续学，直至完成全部学分，再领取毕业文凭。为鼓励在校生掌握更多的文化知识，实行了多学籍管理，即学生在完成本专业学习任务外，还可进修高一级学历，经职教中心与市自考办联系，统一报名参加大专学历的自学考试。在招生方面，放宽了录取范围，使生源逐年上升，学校办学的活力也不断增强，机电、旅游、工民建、医护等联办专业的毕业生，在进行毕业实习时就顶岗工作，如今，抚宁县职教中心的毕业生不仅遍布县内、市内，而且在北京、天津、沈阳、大连等地也都有了特色专业的毕业生。涌现出了“种菜能手”、“养牛大户”、“养鸡状元”、“科技攻关标兵”等一批人才。

高等教育

〔**党建工作和思想政治教育**〕 全省高等学校党建工作会议在石家庄市召开。会议全面分析了全省高校党建工作面临的形势，充分肯定了近年来高校党建工作取得的成绩，明确提出了进一步加强全省高校党建工作的各项任务。会议强调，必须站在战略和全局的高度，充分认识新形势下高校党建工作的艰巨性、长期性。要紧紧抓住高校党建工作的重点，进一步加强领导班子建设。要重视党的基层组织建设，继续深入贯彻《中国共产党普通高等学校基层组织工作条例》。坚持从严治党，特别是要加强对高校党员、干部和广大师生的理想信念教育、党性观念教育和世界观、人生观教育。要进一步加强高校思想政治工作。把邓小平理论进教材、进课堂、进学生头脑工作引向深入，在提高质量上下功夫。要把组织实施马克思主义理论和思想品德“两课”课程设置新方案，作为1999年高校理想信念教育的一项重要工作，认真抓好落实。各高校党委要通过定期召开形势报告会等形式，围绕师生普遍关心的问题，大力开展形势、政策教育，并把思想教育工作同为师生办实事、办好事、解决实际问题结合起来。建立领导干部联系高校制度。特别是高校驻地党政一把手，都要经常到高校了解情况，调查研究，为高校改革发展创造良好的外部条件。各高校党委要切实加强对高校改革发展的领导，确保党的教育方针得到全面贯彻落实。1999年秋季，省教委对马克思主义理论课进行了调整。新的调整方案为：将原来的《马克思主义原理》调整为《马克思主义哲学原理》和《马克思主义政治经济学原理》；将《中国革命史》改为《毛泽东思想概论》；将《中国社会主义建设》与《马克思主义原理》中的“科学社会主义”部分以及《中国革命史》1956年以后的部分调整合并，开设《邓小平理论概论》；文科类专业开设的《世界政治经济与国际关系》课程更名为《当代世界经济与政治》。调整后的课程设置方案以邓小平理论为中心内容，着眼于引导和帮助学生掌握马克思主义的立场、观点和方法，树立正确的世界观、人生观和价值观。同时，新的课程设置方案总结和继承了建国以来高校思想政治课教学的经验和近年来教学改革的成果，比较符合高校的教学实际，减少了不必要的重复。

〔**学生工作**〕 全省高校的学生工作随着高等教育改革的推进取得了进展，各高校在规章制度建设、队伍建设、校风学风建设等方面积累了经验。但在思想政治教育、学生宿舍管理、教辅队伍建设等方面还存在着不少薄弱环节，需要进一步加强和改进。11月22日～25日，1999年河北省高校学生工作表彰研讨会暨研究会年会在河北工业大学召开。会议提出，要加强高等学校学生思想教育工作，加大后勤社会化改革力度，逐步推行学分制，推进毕业生就业制度改革步伐，确保全省高等教育改革整体工作的顺利进行。会议强调，高校学生工作是高等教育的重要组成部分。各高校要充分重视大学生的思想教育工作，要坚定不移地以马克思列宁主义、毛泽东思想和邓小平理论为指导，有针对性地开展爱国主义、集体主义和社会主义教育，将大学生的思想教育同校园精神文明建设紧密结合起来，加强学生心理健康教育，大力倡导科学精神，杜绝封建迷信和伪科学在校园传播。要建立起与高校后勤社会化相适应的管理机制和运行机制，加快学生宿舍管理社会化；要积极改进旧的学生工作管理体制，研究弹性学制；要积极改进旧的学生工作管理体制，研究和完善各项新的规章制度；要加强学生管理工作队伍建设，重视学生管理人员的业务和政治素养培训。关于毕业生就业制度改革问题，会议指出，各高校要高度重视毕业生就业工作，建立健全大学生就业指导和服务机构，有效地为毕业生顺利就业提供全方位的指导与服务；要办好以学校为基础，以政府为主导的毕业生就业市场，为毕业生顺利就业提供更多的机会；要进一步加强毕业生的思想教育和职业教育，鼓励学生到基层、到艰苦地区、到祖国最需要的地方去建功立业。

〔**教学内容和课程体系改革**〕 1998年，省教委决定用3年左右时间，以本专科教育为重点，实施“面向21世纪教学内容和课程体系改革计划”，形成和建立具有鲜明地方特色的高等教育教学内容和课程体系，为21世纪提高全省高校教育教学水平和教育质量打下良好的基础。1999年，在全省31所高校申报的160项校级立项项目的基础上，经省评审委员会评审，省教委审核批准，有79项影响较大、基础较好、特色明显、研究力强、可望取得实质性成果、能起示范带头作用的教学改革项目被确立为省级教学改革项目。其中，重点项目6项、一般项目35项、备案项目38项。对这些立项项目，省教委予以政策倾斜，并对重点项目和一般项目予以一定的经费资助。立项项目的研究时限为3年，研究成果须经过一年以上实践检验。成果的主要形式可为改革方案、培养计划（专业、课程、实验室）、建设方案、评价方案、教学大纲、教材（含音像教材）、管理办法、教学课件、论著等。

〔**本科专业结构调整**〕 1998年7月，教育部正式颁布了《普通高等学校本科专业目录》。在认真研究论证的基础上，对省属普通高校的本科专业结构进行了调整，到1999年底，省属16所本科院校的专业调整全部完成，并已按照新专业组织教学。这次专业结构调整坚持厚基础、宽专业、多方向，注重创新型、复合型人才培养；坚持以内涵调整为主和积极稳步发展的原则，重点发展河北省支柱产业、高新技术产业急需的和新兴学科专业；撤销了一些陈旧过时、毕业生就业困难、布局不合理的专业。其中，将原53个专业合并为23个，改造重组专业95个，撤销专业32个，重点发展的专业91个，控制招生规模的专业30个，新增专业27个。调整后的全省高校本科专业共133种，专业点共280个，覆盖了新专业目录中除军事学以外的全部11个门类。在专业结构调整中，各高校以此为契机，积极推进新组建院校的实质性合并。一些高校对原有系科设置和教学科研机构重新进行了规划设计，通过二级学院的设立，减少了机构，精减了人员，促进了中层领导人员年轻化和学历高层次化，使有限的教育资源得到了进一步优化组合。同时，各高校重新规划学校的分工定位、层次和目标，使学校保持和充分发挥各自的传统优势，进一步办出特色，办出水平。

〔**人事分配制度改革**〕 1999年，省委高校工委、省教委决定加大高校人事分配制度改革，引入竞争机制，强化岗位聘任，打破“铁饭碗”和人才“单位所有制”，形成“能进能出、能上能下、能高能低”的激励竞争机制，努力创设有利于优秀人才尽快成长和发挥才干的制度环境。主要措施是：(1)精减机构，裁减冗员。高校的内部机构设置根据学校的性质和规模，在统筹规划、职能分解和职位分类的基础上确定。高校的党政管理机构及其领导职数按限额重新办理审批手续。加强编制管理，提高并合理确定高校的生员比（学生与教工比）和生师比，力争用2～3年的时间使生师比达到12∶1。从严控制学校管理人员编制，较大幅度地精减校部机关工作人员。学校内部教师、教辅人员、职员等各类人员形成合理的结构比例。高校在编制定额范围内，从本校的实际情况出发，按照岗位规范和教职工的标准工作量进行定编和聘用人员。学校可自主确定用人制度，实行固定人员与非固定人员相结合、专职教师与兼职教师相结合。(2)积极推行教师聘任制和全员聘用制。各学校按照按需设岗、公开招聘、平等竞争、择优聘用、严格考核、合约管理的原则实行聘用合同制，积极引入竞争机制，破除专业技术职务和干部职务终身制。教授、副教授及其他专业技术人员实行职务聘任制，党政管理人员实行教育职员聘任制和行政管理职务聘任制，后勤服务人员实行劳动合同制。(3)完善人事考核制度，建立激励约束机制。在加强编制管理的基础上，明确岗位设置，规范岗位职责。学校每年进行一次动态考核，按德、能、勤、绩四方面，根据各自的岗位职责对专业技术人员、职员和工勤人员进行考核。并将考核结果与人员的使用培养、晋职升级、任免奖励、聘任解聘、待遇分配挂钩。(4)加大分配制度改革力度。学校可根据国家有关规定和自己的实际情况，按照省核定下达的工资总额，实行工资总额包干制度，并设立校内津贴、浮动工资、职务津贴、学科带头人津贴、科研项目津贴等，将各种津贴和所承担的任务紧密挂钩。在普遍提高待遇的基础上，通过严格考核，按责任大小、贡献大小拉开档次，克服平均主义，体现按劳分配的原则，增强个人的学校意识和工作主动性，切实体现多劳多得，优劳优酬。为保证高校人事分配制度的顺利实施，省委高校工委、省教委要求各高校要加强领导，建立组织领导机构，党政一把手要亲自抓；要做好广大教职员工的思想政治工作，为深化改革创造良好的环境和条件，为促进河北省高等教育事业的发展做出贡献。

〔**学校管理工作**〕 实行高校后勤社会化，全省高校后勤部门根据“事企分开，两权分离”的原则进行转制重组，逐步与学校规范剥离，改为产权明晰、具有法人资格的经营服务实体，并按照企业化管理的要求，实行“自主经营、自负盈亏、自我发展”的社会主义市场经济管理体制，逐步形成政府主导、社会承担、市场引导、学校选择的后勤服务新体系，在3～5年内全省基本实现高校后勤社会化。同时，各高校结合专业结构调整和重点学科、重点实验室建设，加快教学内容和教学方法改革步伐，完善教学手段和方法，逐步建立现代高等教育体制。高校之间还将通过教师互聘、相互开放图书馆和部分实验室、允许学生跨校选课等形式，开展多方位、多层次的合作办学，形成高等教育的群体优势。从面向21世纪教育发展的高度，对高校教师结构进行优化。高校调入的教师必须具备硕士学位或硕士研究生同等学力；同时，提倡教师一专多能，要求讲师及其以上职务的教师必须具备承担两门以上课程的任教能力。学校增加师资培训经费，鼓励和支持中青年教师留学、进修；并结合学校学科建设规范化，采取在职培养和招聘引进等方法，抓好学术梯队和骨干教师建设。省政府将拨专款建立河北省学术、技术带头人培养基金、河北省青年教师科研基金，以加大跨世纪学术带头人后备人才的培养力度。

〔**毕业生分配**〕　1999年，全省毕业生分配政策有所调整。一是适当调整了综合测评比例和范围，使优生优配政策更加完善。扩大了择业毕业生的比例，将非师范类本科、专科、中专毕业生全省择业的比例，分别由30%、15%、5%调整为50%、25%、10%；师范类本专科、中专毕业生全省择业的比例，分别由40%、10%调整为50%、15%。二是适当推迟了并轨生和河北工业大学公助生的派遣期限，调整了就业程序。规定“在年底前落实就业单位的，予以分批派遣，未落实就业单位的，派回家庭所在地，在生源地范围内自主择业。三是扩大了各市毕业生就业工作的自主权。按照国家提出的毕业生就业制度改革要“因地制宜，实事求是，积极探索，稳步推进”的总体思路，1999年各市根据国家有关规定和人才需求状况确定就业政策的非师范类毕业生的范围，在上年市属中等专业学校和县职教中心普通中专班毕业生的基础上，增加本、专科委培生、定向生和省部属中专毕业生。同时，1999年的分配政策对毕业生到用人单位报到后发生问题的处理权限也作出明确规定。

〔**科技工作**〕　两项高科技成果获认定。1月29日，由中国工程院院士李正名教授和化工部、省化工厅、省科学院、河北大学和河北医科大学等单位的专家、教授组成的专家组，对河北师范大学和宣化化工厂共同承担的乙醛酸水溶液生产左旋对羟基苯甘氨酸中试研究成果进行了初步鉴定。经鉴定，该技术合理、可行、先进，具有工艺简单、收率高、产品质量好和环境污染小等优点，且大大降低了生产成本。其中，以硫酸盐形式采用优化结晶方法在中试装置上拆分DL一体的技术属国内首创，综合合成与拆分的工艺技术达到了国际先进水平。河北大学人工环境工程公司的ISO9001质量体系通过了国家认证中心的认证，获得ISO9001质量体系认证证书。由于中国是质量体系国家认可论坛多边承认协议的参加国之一，ISO9001质量证书同时也被美、英等17个国家承认，这使人环公司走向国际市场迈出了坚实的一步。

成立环境教育培训中心。1998年6月5日，河北省科技大学利用环境科学与工程专业的优势，设立了全国第一个“环境教育奖”,对在环境教育事业中取得突出成绩和重大科研成果的环境教育工作者与科技人员等进行奖励。为鼓励更多的教育工作者和有识之士关注环境保护，普及环境知识，营造绿色氛围，提高全民环境意识，经过一年的筹备，1999年6月5日河北科技大学正式成立环境教育培训中心。该中心成立后，将为全省大、中、小学培训环境教育师资；为社会各界传播更为全面的环境科学知识，环境法规知识和环境伦理知识；将动员社会各方面的力量，开展多种形式的环境教育活动，促进全省环境保护事业，为在全社会形成“重视环保、了解环保、支持环保、参与环保”的良好氛围做出贡献。

成人教育

〔**形成农村成人办学新机制**〕 河北省从1991年以来，在各县（市）政府的统筹下，依靠农科教结合，建成职成教办学机构为一体的县级职教中心。既是造就当地初中级人才的基地，又是培训企事业在岗职工、农民专业技术骨干、乡镇管理干部的基地。并具有科学实验、技术推广、生产示范、信息传播、技术服务等多种功能。到1999年，全省各县职教中心依据自身较强的人才、设施和技术优势，初步形成了“上挂”——向上挂靠大专院校和科研单位，“横联”——横向联合有关单位和企业，“下辐射”——向下辐射到乡、村、户和企业的办学机制以及教学、推广、科研、生产、服务相结合的教学机制。任丘市建立并完善了以职教中心为龙头的农村人才培训体系，共培训42万人次，使农业技术及时进村入户到田间，为形成“西片杂粮南片花（棉花），中片蔬菜北片瓜，东片乡镇种林果，沿淀乡镇养鱼鸭”的区域化经济格局和产业化发展趋势奠定了坚实的技术基础。

〔**成人高等教育**〕 8月15日～17日，河北省普通高等学校成人教育教学暨管理工作座谈会在秦皇岛市召开。会议总结了全省成人高等教育的经验，强调成人高等教育要以实施素质教育为核心，培养创新人才。1999年，省教委以扩大办学规模为重点工作，采取了8项措施。(1)放宽报名条件，发展联合办学，组织学校广泛发动生源。1999年成人高考报名比上年增加21.3%，达12万人。(2)电大与自学考试实行双沟通，开设6个专业，共招生15 000人。(3)成人高校与职教中心联合举办五年制成人高职班，共招生1 400人。(4)推荐应届中等师范毕业生参加成人专科教育，共招生600人。(5)加强成人高校与成人中专的沟通，1999年共推荐1 240名成人中专优秀毕业生升入成人高校。(6)实施县、乡、村三级书记“素质工程”，招生1 570人。(7)实行高等自学考试与成人高校互相沟通，促进自学考试向农村辐射。(8)根据全省产业结构调整和行业用人制度改革的要求，组织高校开展高等专业证书教育，全年共招生11 500人。截止到1999年，河北省成人高等教育正建成由普通高校函授夜大学、成人高等学校、广播电视大学及高等自学考试等组成的办学体系；形成了脱产、业余、函授、自学考试辅导等多种形式并举、教学网点遍布全省城乡的办学格局。

〔**社会力量办学**〕 1999年，河北省社会力量举办的各级各类学校不断增加办学投入。学校的固定资产、校园面积、建筑面积不断增加，教学设备、实验仪器和图书资料等办学条件得到改善。1999年，全省社会力量举办各级各类学校资产总额达17.6亿元，其中，自有资产15.3亿元，占资产总额的86.9%；校舍建筑面积达398.1万平方米，其中，自有校舍面积219.4万平方米，占校舍建筑面积的55.1%；教学仪器设备总价值约2.3亿元。1999年全省社会力量所办学校达3 018所，在校生达47.6万人，其中，高等层次学校134所，在校生4.6万人；中等专业学校96所，在校生3万人；中、初等层次学校1 765所，在校生16.5万人；开办普通中小学、幼儿园1 023所，在校、在园学生和幼儿23.5万人。在高等层次学校中包括高等教育学历文凭考试试点学校21所，在校生9 831人。为推进示范校建设和高中阶段教育发展，省教委组织实施社会力量办学形象建设工程，制发《关于评估认定河北省社会力量办学管理示范校的通知》，规定了不同层次学校的评定指标体系。全省确定30所学校为河北省社会力量办学管理工作示范学校。同时，加大扶持力度，动员社会各界参与兴办普通高中阶段学校。1999年，全省民办普通高中（含初中）达104所，在校生3.12万人；民办中等专业学校达96所，在校生30 360人。

〔**农村成人教育**〕　1999年，全省各地以建设省级示范性乡镇成人学校为重点，带动农村成人教育学校达标升级，1999年有109所乡镇成人学校达到省级示范学校标准，使全省示范性乡镇成人学校达298所。1999年，全省农业产业化技术培训达279万人，各种实用技术培训达570多万人次，回乡初高中毕业生和基层干部培训率达95%以上。保定市以项目、典型、活动、服务为驱动力，采取措施，把农业产业化技术培训工作落到实处。(1)以项目定内容，实施项目驱动。该市确定以“博野油漆、安国药材、雄县塑料、安新制鞋、蠡县皮毛、白沟箱包”等特色项目和开发山区林果、养殖、矿山、旅游资源为主，带动全市乡镇企业和农业发展。(2)典型引路，实施示范驱动。在工作组织落实上，以村为基础，以乡为重点；在培训对象上，以劳动力全员培训为基础，以回乡中学生、复退军人、农村基层干部、专业户为重点；在培训内容上，以农村实用技术为重点。先确定重点乡镇、村、户试点，在取得经验的基础上推广。(3)以活动为载体，实施活动驱动。该市举办了“百万农民进课堂”、“百项科技富农家”活动。各县、乡、村成人学校举办各种形式的培训班，使实用技术项目传到千家万户。(4)开展社会化服务，实施服务驱动。采取以培训带服务，以培训促推广的形式。上半年，全市推广项目108个，培训农村劳动力156万人次，培训在乡中学生42万人次。

河北省扫除文盲工作取得较好成绩。青壮年非文盲率由1979年的80.3%，上升到1999年的98.98%，脱盲人员巩固率保持在95%以上。1999年，教育部、财政部联合授予河北省“全国扫除文盲工作先进地区”称号，授予平泉县、张北县“全国扫除文盲工作先进县”，5所乡镇成人学校、3名成教干部、教师获国家“中华扫盲奖”。为把扫盲和扫盲后巩固提高工作引向深入，省教委制发了《关于切实做好扫除剩余文盲及扫盲后继续教育工作的通知》，明确了扫盲工作的任务、目标、措施和要求，强调抓好巩固提高，确保青壮年非文盲率不反弹并有所提高。有关部门当年及时召开工作调度会，组织有关人员深入各市、县进行调研督导。各市县还对现有文盲和近几年脱盲人员分门别类完善档案登记。1999年，全省共组织11.6万文盲半文盲参加学习，有 5.38 万人达到脱盲标准，有 34.78 万人参加脱盲后继续教育达到巩固提高标准。

〔**下岗职工再就业培训**〕 1999 年，省教委制发《关于继续做好下岗职工再就业培训工作的通知》，在原 400 所重点培训学校基础上，继续扩大重点范围，提高培训质量。从下岗职工实际需要出发，实行优惠政策，使更多的下岗职工有机会接受培训并达到再就业文化、技术的要求。全年共培训下岗职工 12.5 万人。

撰稿 李　铭　高智军　冯荣光　刘良业　李经普

审稿 刘永瑞　徐志卓

山西省教育

概　况

〔基本情况〕

1999 年各级普通学校基本情况

单位：人

学校类别	学校数（所）	毕业生数	招生数	在校学生数	教职工数	
					计	其中：专任教师
总　计	53 328	1 289 919	2 132 352	6 813 294	464 148	372 223
一、研究生	(12)	531	837	1 923		
1. 高等学校	(8)	487	783	1 784		
2. 科研机构	(4)	44	54	139		
二、普通高等学校本专科	23	19 628	37 897	94 120	23 632	9 547
本科院校	11	9 523	21 122	57 682		
专科院校	12	9 805	15 921	34 818		
分校、大专班		300	854	1 620		
三、普通中等学校	3 906	641 645	807 634	2 223 560	194 876	142 884
1. 中等专业学校	127	38 235	62 146	170 816	18 452	9 568
中等技术学校	104	28 250	43 640	131 683	14 923	7 648
中等师范学校	23	9 985	18 506	39 133	3 529	1 920
2. 技工学校	134	18 314	12 609	43 877	9 138	398
3. 普通中学	3 284	540 274	675 823	1 868 638	153 144	122 659
高中	417	68 621	108 843	278 356		19 970
初中	2 867	471 653	566 980	1 590 282		102 689
4. 职业中学	359	44 810	57 041	140 187	14 041	10 180
高中	265	33 621	41 091	101 450		7 664
初中	94	11 189	15 950	38 737		2 516
5. 工读学校	2	12	15	42	101	79
四、小学	38 804	627 540	623 393	3 452 505	193 963	177 563
五、特殊教育学校	45	575	1 334	4 906	1 143	845
六、幼儿园	10 550		661 257	1 036 280	50 534	41 384

1999年各级成人学校基本情况

单位：人

学校类别	学校数（所）	毕业生数	招生数	在校学生数	教职工数 计	教职工数 其中：专任教师
总　计	41 128	2 783 809	2 345 444	2 573 426	60 683	15 185
一、成人高等学校	24	17 985	25 247	62 233	5 484	2 684
1. 广播电视大学	1	2 512	2 480	6 807	820	334
2. 职工高等学校	11	2 606	2 758	7 625	2 566	1 329
3. 农民高等学校						
4. 管理干部学院	6	1 916	2 914	5 590	1 158	535
5. 教育学院	6	2 397	4 374	7 999	940	486
6. 独立函授学院						
7. 普通高等学校举办：		8 554	12 721	34 212		
函　授　部		5 755	7 286	20 512		
夜　大　学		1 762	3 761	10 024		
成人脱产班		1 037	1 674	3 676		
合计中：电大普通专科班		753	950	2 304		
二、成人中等学校	30 817	2 584 148	2 137 809	2 320 455	43 754	10 710
1. 成人中等专业学校	189	17 320	18 016	54 523	5 410	2 833
广播电视中等专业学校	3	3 397	2 588	12 968	946	542
职工中等专业学校	56	5 353	6 553	19 178	1 670	801
干部中等专业学校	4			174	40	17
农民中等专业学校	2					
函授中等专业学校	6	1 608	1 287	5 192	222	56
教师进修学校	118	6 962	7 588	17 011	2 532	1 417
其他类学校举办						
2. 成人中学	571	33 626	30 908	31 717	1 015	251
职工中学	35	3 539	3 513	3 842	185	112
农民中学	536	30 090	27 395	27 875	830	139
3. 成人技术培训学校	30 057	2 533 202	2 088 885	2 234 215	37 329	7 626
职工技术培训学校	286	48 932	40 964	48 139	1 017	623
农民技术培训学校	29 771	2 484 270	2 047 921	2 186 076	36 312	7 003
三、成人初等学校	10 287	181 676	182 388	190 738	11 445	1 791
1. 职工初等学校	21	1 787	1585	2 135	64	8
2. 农民初等学校	10 266	179 889	180 803	188 603	11 381	1 783
其中：扫盲班	4 575	38 801	35 474	41 615	5 043	830

制表　秦志伟

〔**年度工作方针**〕　1999年全省教育工作的指导思想是：高举邓小平理论旗帜，深入贯彻十五大和十五届三中全会精神，按照省委、省政府的统一部署，进一步落实科教兴晋战略，结合全省实际，实施《面向21世纪教育振兴行动计划》，依法治教，强化管理，加大改革力度，加快发展步伐，为全面完成“教育十大工程”提出的目标和任务而继续努力奋斗。工作思路是：坚持一个方向，突出三个重点，抓住一个大头，改变两个薄弱面貌，推进五项改革，抓好三项保障性措施。即：坚持社会主义办学方向，进一步加强高校党建工作、学校德育工作和教育系统精神文明建设，坚定不移地把实现“两基”作为教育工作的“重中之重”，把素质教育、师资队伍建设作为重点突出抓好；始终抓住农村教育这个大头不放，贯彻党的十五届三中全会精神，树立教育为农业和农村发展服务的思想，坚持和完善“三教统筹”、“农科教结合”，在点上深化的基础上，重点做好面上的推广工作；下大力气改变职教薄弱县的面貌，在薄弱中小学建设上取得突破；大力推进办学体制改革、高校和中专管理体制改革、学校内部管理体制改革、招生考试制度改革和教育教学改革五项改革；进一步抓好依法治教、教育投入、教育督导三项保障性措施。

〔**教育投入与支出**〕　1999年全省教育经费总支出为62.27亿元，比上年的55.74亿元增长11.71%。其中教育部门教育经费总支出54.15亿元，比上年增长11.60%；其他部门教育经费总支出4.69亿元，比上年增长5.63%；企业办学教育经费总支出1.93亿元，比上年增长4.89%；社会团体、公民个人办学教育经费总支出1.5亿元，比上年增长59.57%。落实《教育法》规定的“三个增长”情况：(1)全省各级政府预算内教育拨款增长速度与财政收入增长速度情况。1999年，全省各级政府预算内教育拨款（不包括城市教育费附加）为34.34亿元，比上年增长11.75%。其中，事业性经费支出32.66亿元，比上年增长9.23%（教育部门教育事业费支出30.47亿元，比上年增长10.12%）。同年，全省财政收入为181.2亿元，比上年下降0.54%。全省预算内教育拨款增长速度高于财政收入增长速度11.21个百分点。其中，事业性经费支出增长高于财政收入增长8.99个百分点（教育部门教育事业费支出增长高于财政收入增长10.66个百分点）。(2)各类教育生均预算内教育事业费支出增长情况。普通小学为369.36元，比上年增长8.33%，其中，农村普通小学为348.16元，比上年增长10.33%。普通初中为558.79元，比上年增长8.17%，其中，农村普通初中为511.21元，比上年增长7.4%。普通高中为1 066.96元，比上年降低7.58%。职业中学为937.13元，比上年降低2.12%。中等师范学校为1 948.98元，比上年降低1.81%。普通高等学校为6 061.67元，比上年增长7.22%。(3)各类教育生均预算内公用经费支出增长情况。普通小学为20.13元，比上年降低29.74%，其中，农村普通小学为14.61元，比上年降低29.82%。普通初中为53.56元，比上年降低17.03%，其中，农村普通初中为28.92元，比上年降低29.6%。普通高中为170.87元，比上年降低20.8%。职业中学为200.06元，比上年降低5.4%。中等师范学校为416.31元，比上年降低30.62%。普通高等学校为2 069.41元，比上年降低19.58%。

两个比例情况：(1)国家财政性教育经费支出占国内生产总值的比例。1999年全省国内生产总值为 1 631．4 亿元，国家财政性教育经费支出 44.99 亿元，占国内生产总值比例为 2.76％，与上年国家财政性教育经费支出占国内生产总值比例 2.5％相比，国家财政性教育经费支出占国内生产总值比例提高 0.26 个百分点。(2)预算内教育经费占财政支出的比例。1999 年全省预算内教育经费支出 34.34 亿元，其中，事业性经费支出 32.66 亿元（教育部门教育事业费支出 30.47 亿元)。财政支出 185 亿元，预算内教育经费占财政支出比例为 18.56％，比上年 18．69％下降 0.13 个百分点，其中：事业性经费支出占财政支出比例 17.65％，比上年的 18.18％下降 0.53 个百分点(教育部门教育事业费占财政支出的比例为 16.47％，比上年的 16.83％下降 0.36 个百分点)。

教育投资效益及措施。1999 年全省各级党委、政府认真实施科教兴国战略，千方百计创造条件筹措资金，加大教育投入，努力改善办学条件，不断深化教育教学改革，办学质量和效益明显提高。1999 年全省用于改善办学条件的资金共投入 6.74 亿元，其中，各级财政投入 1.41 亿元，群众集资办学、捐资助学、勤工俭学及其他资金 5.33 亿元；共新建改建校舍 98 万平方米，维修校舍 92 万平方米，购置教学仪器 25 万套，文体器材 26 万件，购置图书资料 331 万册。教学仪器、图书资料、文体器材“三配套”的比例由 1998 年的 92％上升到 93.42％。1999 年中央和省共下达教育系统基建投资 14 738 万元。其中，中央补助省属高校及委直单位基建投资 4 776 万元（含国债专项 2 000 万元，部委属高校筒子楼改造 2 226 万元，部委属院校划转地方计划 355 万元，补助地方师范、中小学教工住房等 195 万元)；省下达省属高校及委直单位 7 155 万元，中央补助地方普通教育基建投资 1 207 万元(含“国家扶贫教育工程”投资 872 万元)；省补助地市普通教育基建投资 1 600 万元。

〔**全省教育、科技创新大会**〕 12 月 28 日～30 日，中共山西省委、山西省政府在太原召开全省教育、科技创新大会。会议的主要任务是：贯彻第三次全国教育工作会议及全国技术创新大会精神，总结交流全省教育、科技工作经验，动员全省上下和社会各界认清新形势，面向新世纪，全面加强教育、科技创新，进一步推进科教兴晋战略的实施，为实现全省经济社会全面发展奠定坚实的基础。省委书记田成平在会上发表讲话，讲了四点意见：(1)充分认识科教兴晋战略，加强教育、科技创新的重要性和紧迫性。(2)明确目标，突出重点，努力开创全省教育改革和发展的新局面。(3)以科技创新为先导，建立有利于加速科技进步和技术创新的有效机制。(4)切实加强领导，动员全社会力量形成推进教育、科技创新的强大合力。副省长王昕作了题为《全面推进素质教育，大力加强技术创新，为实现山西经济社会全面振兴而奋斗》的工作报告。代省长刘振华做了《面向经济建设主战场，努力实现我省教育、科技发展的新飞跃》的总结讲话。

会上，出台了省委、省政府《关于深化改革，全面推进素质教育，大力振兴教育事业的决定》。省政府表彰了太原市迎泽区、杏花岭区，大同市南郊区、城区，长治市城区、郊区，阳泉市郊区、平定县、怀仁县、阳城县等 23 个教育先进县；省委办公厅、省政府办公厅表彰了 28 名尊师重教党政领导干部；省政府办公厅还对近两年来捐资在 50 万元以上的 28 名捐资助教先进个人进行了表彰。会议期间，部分地市、县党政主要领导和山西大学、太原理工大学交流了教育改革经验。

〔**省委、省政府做出大力振兴教育事业《决定》**〕 12月，在全省教育、科技创新大会上，省委、省政府做出《关于深化改革，全面推进素质教育，大力振兴教育事业的决定》(以下简称《决定》)。《决定》提出新世纪全省振兴教育的指导思想、总体思路，确定“十五”时期及到2010年全省教育发展的主要目标是：(1)全面“普九”，提高义务教育水平。“十五”期末，在巩固提高“两基”成果的基础上，全省119个县（市、区）全部实现“普九”。(2)推进高中阶段教育的普及。努力使中等职业学校招生数占高中阶段招生总数的比例保持在55%左右。“十五”期间为社会输送各类中等专业人才100万人。到2005年，全省普及高中阶段教育的地区达到60%左右。(3)高等教育有较大发展。2005年，全省高等教育毛入学率达到14%左右，普通本、专科在校生规模达到18万人，其中高等职业教育在校生规模达到6万人，在学研究生规模达到5 000人，“十五”期间为社会培养各类高级专业人才40万人。到2010年，全省高等教育毛入学率达到17%，普通本、专科在校生规模达到23万人，在学研究生规模达到8 000人。(4)民办教育有长足发展。“十五”期间，力争民办幼儿园占到幼儿园总数的30%，民办高中阶段教育在校生占到高中阶段在校生总数的10%以上。按照国家标准有步骤地发展3～5所民办高校。到2010年，努力使民办学校在校生占总在校生的比例达到10%以上，基本形成以政府办学为主体，公办学校和民办学校共同发展的新格局。(5)发展成人教育和职业技术培训，构建终身教育体系。“十五”期间，继续扫除青壮年文盲，使全省复盲率控制在2%以内。县、乡、村三级农民文化技术学校的办学面达到100%，每年完成130万人次的农村实用技术培训，使农村劳动力的培训面达到30%以上。积极开展社区教育实验，着力构建终身教育格局，到2010年形成各类教育结构合理、相互沟通，社会化、开放性、以现代远程教育网络为依托的终身教育体系的基本框架。

为实现上述目标和任务，省委、省政府决定从2000年起启动“新世纪10项教育重点工程”。(1)贫困地区义务教育工程。通过增加义务教育专款，组织先进地区和学校对口扶持、集中人力物力财力攻坚等切实措施，保证全省的每一个贫困县如期普及九年义务教育，坚决杜绝新文盲的产生。(2)中小学标准化建设工程。加速改造薄弱学校，在3～5年内基本完成改造任务。制定中小学标准化的目标和建设规划，力争2005年完成城市初中和小学校园设施、教师队伍、教育管理基本达标任务，2010年全省城乡中小学建设基本实现标准化。(3)职业技术教育工程。通过对现有高等专科、中等专业学校和成人高校进行改组和改制，到2005年建成10所高等职业技术学院并达到示范性标准。重点建设一批具有骨干示范作用的中等职业学校，到2005年省部级重点学校达到150所，其中国家级重点学校达到50所。与此同时，各地、市、县办好一所产教结合、服务当地经济建设的综合性职业技术学校。(4)重点大学、重点学科建设工程。继续重点建设山西大学、太原理工大学，使之成为全国地方同类大学一流水平和鲜明特色的教学科研型大学。重点建设50个重点学科，其中3～5个成为国家重点学科。到2005年高校硕士点增至250个左右，博士点增至40个左右。(5)全民终身教育工程。大力开展社区教育；建立职工继续教育制度；继续发展函授、自学考试等教育；发展老年教育和业余教育，不断扩大社会成员的受教育机会。(6)园丁工程。大力提高中小学教师学历层次，到2010年使全省小学教师大专学历、初中教师本科学历的比例达到50%以上，高中阶段教师研究生学历或取得研究生课程进修班结业证者达20%左右，培养3 000名省级学科带头人和1万名骨干教师。(7)高校创新人才工程。在高校重点建设50个特聘教授岗位，以优厚待遇吸引国内外杰出专家来山西执教；选拔培养300名中青年尖子人才和青年学科带头人，培养一批中青年骨干教师。到2005年，本科院校具有研究生学历教师的比例达到60%以上，专科学校达到30%以上。(8)高校高新技术产业化工程。依托高校的重点学科，建立10个由企业参与合作的高新技术产业化基地。创办大学科技园区，孵化、培育一批知识和智力密集、具有市场竞争优势的高新技术企业和企业集团。(9)教育技术现代化工程。依托高校建设现代远程教育基地，建成与中国教育科研网和卫星电视教育网联接的省级中心网和地区网、局域网、校园网。(10)文明学校建设工程。建设校园文化，再创建一批省级文明学校。

为实现全省教育事业的振兴和素质教育的全面推进，《决定》确定抓八项重大改革：一是深化教育管理体制改革，即高等教育要按照"共建、调整、合作、合并"的方式，继续推进联合共建、合并办学，尽快形成中央和省级政府两级管理、以省级政府为主的新体制；基础教育要进一步完善"三级办学、两级管理、以县为主、首长负责"的管理体制。二是深化办学体制改革，积极鼓励和支持各类民办教育加快发展。三是深化教育投资体制改革，建立以政府投入为主、多渠道筹措教育经费的教育投资新体制。同时认真组织实施助学贷款制度，完善奖学金、勤工俭学和特困生补助制度，保证所有在校生不因家庭经济困难而中途失学。四是改革人才培养方式和教学制度，构建各级各类教育横向沟通、纵向衔接的人才培养"立交桥"。五是深化学校内部管理体制改革。各级各类学校要按照"转化机制，优化结构，增强活力，提高效益"的原则，进一步改革人事分配制度，建立健全适应社会主义市场经济需要的管理体制和运行机制。全面推进高校后勤社会化改革。用3年时间剥离高校后勤系统，在全省基本实现高校后勤社会化。六是深化升学考试和就业制度改革。进一步改革中考、高考招生制度，从2000年起中等职业学校实行自主招生，高考进行"3+X"科目设置改革试验和网上录取试验。七是深化教学领域改革。构建以学生为中心、以学生自主活动为基础的新型教学过程，推进教学活动由教向学的转变，形成有利于学生主体精神、创新意识、创新能力健康发展的宽松的教学环境。八是深化城乡教育综合改革，促进教育与经济、科技的密切结合。

为保证新世纪教育十项工程和八项改革顺利实施，省委、省政府决定从2000年～2004年的5年中，省本级财政中教育经费所占的比例每年提高1个百分点。

〔**精神文明建设与德育工程**〕 1999年创建文明学校活动不断深入，经检查验收，山西农业大学、山西医科大学汾阳学院等206所学校达到省级文明学校标准，全省省级文明学校总数达到597所；有657人被评为"山西省教育系统精神文明建设先进个人"，先进个人总数达到1 815人。

德育工程进展顺利。1999年，省政府命

名大同市城区、汾阳市为“德育示范县（市）”；山西师范大学等38所学校为“山西省德育示范学校”。省教委确定武警山西总队通信站等92个单位为省级德育基地，80人被省教委授予“山西省德育工程建设先进工作者”称号，84人被授予“校外教育先进个人”称号。从而使全省德育示范县（市、区）总数达到20个，德育示范学校总数达到203所，德育基地总数1 000个。至此，从1995年开始实施历时5年的德育工程圆满完成建设目标，对全面加强中小学德育工作起了重要推动作用。

〔**举办校园艺术节暨校园周末音乐会**〕3月20日～7月1日，省教委、省文化厅、省广播电视厅、团省委举办了山西省大中小学1999年校园艺术节暨校园周末音乐会，历时3个多月。本次艺术节以纪念“五四”运动80周年，歌颂伟大祖国，迎接新世纪的太阳为主题，以育人为宗旨，以学校为基础，面向全体学生，突出展示各类学校艺术教育的特点，注重活动的艺术性、思想性和普及性，弘扬爱党、爱国、爱社会主义的主旋律，展示了山西省艺术教育的成果和师生的精神风貌。艺术节期间，各校充分利用现有条件，自己动手设计装饰舞台，师生共同创作、自编自演节目，培养了学生创新精神，激发了学生学习热情，推动了素质教育的实施。据统计，全省参与艺术节活动的学生占到总人数的90%以上，上报节目400余个，美术、书法、摄影作品560余件。经过评审，共评出文艺节目一等奖29个，二等奖44个，三等奖68个。美术、书法、摄影作品一等奖36件，二等奖50件，三等奖66件。

〔**语言文字工作**〕（1）机构建设。6月，省政府印发了调整后新一届省语言文字工作委员会成员名单。省语委主任由省政府副秘书长担任，副主任和成员由省有关部门、高等学校负责同志31人组成。同时成立由9名专家组成的专家咨询组在语委领导下工作。之后，各地市相继成立了语言文字工作机构，到年底，全省11个地市已有8个地市成立了语委，各地市和普通专科、本科高校都成立了普通话水平测试站并开展工作。（2）开展推广和普及普通话工作。6月，省政府办公厅印发《关于进一步加强我省语言文字工作的意见》，明确要求各级各类学校都要把推广普通话列入学校工作计划，使普通话成为以汉语授课为主的各级各类学校的教学用语和校园语言。据此，省教委、省语委作出在全省教育系统实行普通话水平等级证书制度的决定，从1999年开始开展普通话水平测试工作。对各级各类学校和教育系统事业单位的干部、教师、教学研究人员、教辅人员进行普通话水平测试，根据测试结果发国家普通话水平测试等级证书。并对各类人员普通话等级要求作了具体规定。从2000年起，山西省各类高等学校、中等职业学校的相关专业毕业生经测试普通话不合格者缓发毕业证，半年后补测，补测合格发毕业证，仍不合格只发结业证。师范类毕业生不达规定者，不得录用为教师。1999年共举办6期普通话水平测试员资格考核培训班，有767人参加培训，其中575人取得省级测试员资格，75人取得国家级测试员资格。长治市、太原市、运城地区3个地市在第四季度开始对中小学教师进行普通话水平测试，太原师范专科学校、晋中师范专科学校对2000届毕业生进行了测试。全省教育系统普通话水平测试工作全面展开。（3）开展语言文字使用情况调查。调查分三类，第一类是入户调查，对34个县的

6 480 户居民进行调查；第二类是专项调查，对象是公务员、大学生、商业工作者等；第三类是部门调查，主要在广播电视、文化系统调查。到年底，长子县第一个完成了调查问卷任务，其余 33 个县全面展开调查工作。

(4)9 月，举办第二届全省推广普通话宣传周活动。省城有关部门、各类学校干部、教师 600 多人走上街头参加宣传活动，各地市也在当地城区主要街道开展了宣传活动。

基础教育

〔**义务教育**〕 从 1999 年开始，尚未普九的 22 个县区多数是贫困县，普九攻坚难度越来越大。各级政府和教育行政部门继续把普九作为教育工作中的重中之重，坚持积极进取、实事求是的原则，按照“软件从严，硬件从实”的要求，进一步强化政府行为，依法落实义务教育经费的投入，大打普九攻坚战。年底，娄烦、沁县、沁源、平顺、平鲁、保德、岢岚、榆社、左权、交口、岚县 11 个县（区）通过省政府普九验收，其中 10 个是贫困县，使全省 50 个贫困县中实现普九的县达到 39 个。全省实现普九的县（市、区）累计达到 108 个，占全省县（市、区）总数的 90.76%，人口覆盖率达到 92.2%。继阳泉市、晋城市和运城地区全面实现普九之后，太原市、长治市和晋中地区所有县（市、区）也全部实现普九，使全省实现普九的地市达到 6 个。

在狠抓普九攻坚的同时，加大了基础教育改革力度。为了认真落实国务院办公厅《关于义务教育阶段办学体制改革试验工作的若干意见》，进一步推进全省城市基础教育办学改革，全面加强薄弱学校建设，省教委于 3 月 27 日～28 日在长治市召开了“推进城市基础教育办学改革工作研讨会”，全省 11 个地市和太原市杏花岭等 38 个县（市、区）教委负责人参加了会议。会议推广了长治市教委、长治市城区教委、长治八中实施市区中学招生制度改革和加强薄弱学校建设的经验，并围绕如何学习推广长治市等地的经验，加快全省城市基础教育办学改革步伐进行了研究。会上，省教委还就如何推进城市基础教育办学改革作了具体安排。使全省在加强城市薄弱学校建设、推进城市办学管理体制改革、加强企业办学分离和改制工作方面都取得较大进展。中小学办学体制改革方面迈开步子。省教委批准了左云综合职中初中部、榆次花园路逸夫小学等 4 所中小学实行国有民办、公办民助办学体制改革试点。太原市将办学体制改革与学校布局结构调整、薄弱学校改造、学校内部管理等方面有机结合，实行重点高中、初中分离办学，重点中学与薄弱学校合并办学，将条件适宜的两所重点中学与两所薄弱学校合并。针对企业出现的困难，太原市进行了民办公助、公有民办、股份制学校等办学体制的试验，将

3所企业学校合并，将1所企业学校改为国有民办公助。从1997年开始的对全省127所示范初中按素质教育要求进行的检查全部结束，将对不合格学校取消示范初中资格。

1999年，全省小学学龄儿童入学率99.69％（其中女儿童入学率99.68％），小学毕业生升学率92.89％。小学生在校生留级率0.45％（其中女生0.19％），小学生辍学率0.63％，其中农村小学生辍学率1.34％。初中阶段学龄人口入学率96.17％，初中生留级率0.13％，普通初中生辍学率2.17％，其中农村初中辍学率3.58％，女生辍学率1.83％。

〔**幼儿教育**〕 全省幼儿教育工作继续以贯彻国家幼教两个法规为中心，积极稳步发展幼教事业，幼教事业又有较大发展。全省有幼儿园10 550所（其中农村幼儿园8 716所，占幼儿园总数的82.62％），比1998年增加869所。在园幼儿103.63万人（其中农村在园幼儿72.30万人，占在园幼儿总数的69.77％），比1998年增加0.84万人。幼儿园教师41 384人（其中农村幼儿教师26 309人，占幼儿教师总数的63.57％），比1998年增加917人。

1999年，继续对基本满足学前三年教育的县（市、区）进行检查验收。11月，对已经普九的潞城市、洪洞县、闻喜县、清徐县、泽州县、孝义市、长治城区、黎城县、原平市等9个县（市、区）的满足学前三年教育工作进行检查评估，全部检查验收合格，其中潞城市获“山西省幼教先进市”称号。全省达到基本满足学前三年教育的县（市、区）达到42个，占全省总数的36％。同时，继续加强了示范幼儿园建设，省教委制订印发了《示范幼儿园第二轮评估标准》，对忻州地蛆实验幼儿园等13所幼儿园进行了检查验收，颁发了示范幼儿园牌匾。至此，全省示范幼儿园达到182所。

为加强幼儿教育教研科研，4月成立了“省级中心教研组”，各地市和部分县（市、区）也相继成立了教研组，形成全省幼教教科研网络。“适应山西省情实施幼儿素质教育的研究”、“幼儿教师在职培训的研究”和“蒙台梭利教育中国化”等省级“九五”规划课题研究进展顺利，取得阶段性成果。《幼儿教师心理健康状况的调查分析》、《注重养成教育提高幼儿素质》两篇论文在全国幼教学术研讨会获优秀论文奖，“探索以素质教育为核心的蒙台梭利教育模式”在中国蒙台梭利教育研讨会上获国家级优秀论文奖，并批准申报教育部重点研究课题“科学教育——开发儿童少年潜能的实验研究”课题。全年共有271名幼儿园园长参加了省级园长岗位培训。对42名省级骨干幼儿教师和学科带头人、300名保育员进行了培训考核，经过评选，全省有81名幼儿教师获第四届省级保教能手称号。

〔**特殊教育**〕 为了全面完成原国家教委和中国残联印发的《残疾儿童少年义务教育“九五”实施方案》及其山西省实施方案，省教委与教育部签订了1999—2000年残疾儿童少年义务教育项目目标责任书，于年初制定下发了《关于做好今后两年特殊教育工作的意见》，对“九五”后两年残疾儿童少年义务教育工作进行了重点安排部署。8月，省教委启动了随班就读教师培训工作，组织对40个县（市、区）的400余名随班就读教师进行了培训。个别条件较好的县（市、区）也自发组织开展了县级的随班就读教师培训工作。11月下旬，省教委组织对全省11个地市

22个县（市、区）、44个乡（镇）残疾儿童少年义务教育工作进行重点评估，主要就各地“九五”实施方案的进展情况及目标任务的完成情况进行了督查，进一步调动了各地的工作积极性。1999年继续在大同市城区、汾阳市开展资助贫困残疾儿童少年接受义务教育试点工作，并取得一些经验。在12月召开的全国特殊教育工作研讨会暨资助残疾儿童少年接受义务教育工作经验交流会上，汾阳市教委做了大会经验介绍。

1999年，全省特殊教育学校比上年增加2所；招生比上年增加341人；在校生比上年增加326人；毕业生比上年增加9人；专任教师比上年增加45人。在45所特殊教育学校中，有盲聋哑学校12所，在校学生1 689人，聋哑学校13所，在校学生972人。盲校1所，在校学生93人，弱智儿童校班19个，在校学生2 015人。全省已初步形成以特殊教育学校为骨干，以大量的特教班和随班就读为主体的残疾儿童少年义务教育办学格局。

〔**普通高中教育**〕 为推进高中阶段教育的整体改革和发展，1999年省教委制定印发了《关于高中阶段教育改革和发展若干问题的意见》，第三次全国教育工作会议后，省教委又发出《关于高中阶段招生工作的紧急通知》，进一步加大了高中阶段教育发展的步伐，对高中阶段的招生、收费作出新的政策规定，使普通高中教育有较大发展。1999年，全省普通高中学校数（含初高中合设）417所（其中农村普通高中82所，占普通高中总校数的19.66%），比上年增加38所；招生108 843人（其中农村普通高中招生12 950人，占高中招生总数的11.89%），比上年增加17 025人。在校生278 356人（其中农村普通高中在校生32 145人，占高中在校生总数的11.55%），比上年增加38 080人；毕业生68 621人（其中农村高中毕业生7 974人，占高中毕业生总数的11.62%），比上年增加2 226人。普通高中在校生辍学率0.53%。普通高中专任教师19 970人（其中农村普通高中教师2 623人，占高中教师总数的13.13%），比上年增加1 372人。专任教师学历合格率66.34%，比上年提高3.43个百分点。

继续推进普通高中新课程方案试验工作，历时三年的第一轮试验基本结束，从新学年开始新一轮试验。两次召开全省普通高中新课程方案试验工作总结和表彰会议，评选表彰了试教工作先进单位和先进个人。还进行了优质教案和优秀论文的评比活动，调动了各地开展试教工作的积极性。在暑期举办了14个学科21期高三教师培训班，近6 000名教师参加了培训。为顺利实施2000年高考科目设置改革和普通高中课程改革，省教委印发了《关于进行高考改革加强普通高中教学改革的指导意见》，对普通高中教学提出了具体意见，得到了教育部基教司的充分肯定，并向全国各省、市、自治区进行了推荐。

在普通高中毕业会考中，首次在英语学科中加试听力内容，加强了英语教学中的薄弱环节；进行了分段组织政治学科考试，允许学生提前考试或重考。同时，对除政治课以外的8门会考科目试行了会考成绩标准分转换，修订了《山西省高中毕业会考中考命题管理办法》，健全了各项规章制度。

〔**教育督导**〕 1999年在对娄烦县等11个县（区）普九进行评估验收的同时，还对这些县区的扫盲工作进行了复查。接受评估验收的11个县（区）人口155.88万人，占全省人口总数的4.96%。评估验收采取了重点抽查与面上检查的方法，使评估验收覆盖人口面积增大，达到75%～90%，掌握全面情况，克服了以偏概全，保证了评估验收质量。10月，组织省督学和督导人员100余人，分13个复查组，对1996年通过省政府“两基”评估验收的太原市迎泽区等18个县（市、区）的“两基”巩固提高工作进行了复查。复查表明，这18个县（市、区）在1996年通过“两基”评估验收后，继续把“两基”作为重中之重，及时制定了“两基”巩固提高的具体方案，取得了显著成绩：普及程度不断提高，教育经费持续增长，办学条件进一步改善，师资队伍整体素质提高，扫盲与成人教育卓有成效。

按照教育部要求，开展了基础教育专项督导检查，主要针对当前基础教育中存在的教育经费政策不落实、薄弱学校、学生课业负担过重、中小学生流失等热点难点问题，实施了对县（市、区）政府及其教育行政部门和普通中小学的专项督导检查工作。同时，建立了专项教育督导通知书制度。1999年共发出教育专项通知书49份，并组织督学进行专项检查，督促落实。所发专项督导通知书，件件有回复，事事有结果。

1999年，完成了第四届省督学的聘任工作，共聘任省督学56名。全省教育督导机构及队伍建设取得新进展。在全省11个地市、119个县（市、区）都建立了督导机构，全省专兼职督导人员951人，其中专职545人。8月，教育部在太原召开了全国“两基”督导工作会议，省教委在会上作了题为“积极进取、奋力攻坚、扎扎实实推进‘两基’工作”的经验介绍。

〔**教师工作**〕　中小学师资队伍建设是年度教育工作重点之一。针对全省中小学教师队伍总量不足，城镇教师超编，山老贫困地区教师短缺的实际，省教委于5月底召开了“全省中小学师资队伍建设河曲现场经验交流会”，在全省推广了河曲县解决山区教师短缺和素质偏低问题的经验，促进了全省贫困山区中小学师资队伍建设。通过多种手段和途径，提高教师的政治业务素质和学历合格水平，使普通高中和初中学历合格率都有所提高。中小学教师继续教育工作进一步加强，5月，省政府以省长令的形式发布了《山西省中小学教师继续教育规定》，使中小学教师继续教育走上有法可依的轨道。1999年全省中小学教师基本功训练测试基本结束，文化知识和实践考试考核合格率达到85%以上。出台了骨干教师和学科带头人管理办法，评选了高中100名、初中260名、小学330名学科带头人，选拔确定了高中300名、初中800名、小学1 000名骨干教师并进行了培训。中小学教师学历层次提高工作有了新进展，全省小学教师大专及以上学历达13%以上，初中教师本科及以上学历达10%以上。中小学校长的提高培训全面推开，全年培训高中校长248人，初中校长1 700余人，小学校长5 000余人。幼儿园园长岗位培训完成近1/3。

中小学教师待遇进一步提高。教师节前评选出第五批特级教师179人，每人每月享受80元的津贴。进一步加大了中小学教师职称改革力度，全面实行了中小学教师职务评聘结构比例控制办法。加快了中小学民办教师转正工作的步伐，5月，组织全省2.8万名民办教师进行了一次性文化课考试，合格率为90%以上，为民办教师转正提供依据。9月，省教委与省人事厅、省计委下达了1997、1998年度民办教师选招公办教师专项指标2

万名，其中3 200个指标用于1981年前的民办教师选招，16 800个指标用于1982—1986年的民办教师选招。为了搞好选招工作，省教委与省监察厅联合发出《关于严肃纪律做好民办教师选招工作的通知》。继续狠抓全省中小学教师的工资兑现工作，实行了教师工资兑现统计月报和年报制度，对拖欠教师工资的地区和县市进行了督促检查，12月，省政府办公厅发出《关于教师工资按时足额兑现的通知》，除个别县外，全省各地基本做到了按时足额兑现中小学教师工资。教师住房条件进一步改善，1999年建设城镇中小学教工住宅面积23万平方米，全省城镇中小学教工家庭人均居住面积达到9平方米。根据教育部和中华慈善总会联合会发出的《关于积极推动烛光工程项目实施的通知》，推荐50个贫困县的100名优秀农村中小学教师参加"烛光奖"的评选，有50名教师获奖。推荐4名中小学优秀教师参加王丹萍教育基金会1999年优秀教师奖的评选，其中太原市成成中学夏有璞、宁武县硫磺沟小学李月娥2人获奖。与晋绥儿女支持老区教育协会联合表彰了原晋绥边区所辖20个县（市、区）200名中小学优秀教师。1999年，全省小学有专任教师177 563人，其中民办教师36 626人，小学教师学历合格率98.44%，比上年提高0.72个百分点。全省初中专任教师105 205人，其中民办教师5 402人，初中教师学历合格率为84.51%，比上年提高1.99个百分点。普通高中专任教师19 970人，学历合格率为66.34%，比上年提高3.43个百分点。

〔**素质教育**〕 按照"整体改革、区域推进"的原则，在认真总结近几年实施素质教育工作经验和教训的基础上，省教委于3月印发了《关于进一步推进实施素质教育的意见》和《山西省关于建设素质教育实验区的意见》，加强了对1市22县实验区素质教育工作的指导。为巩固"两基"成果，构建并完善素质教育督导评估机制，在认真调研、广泛征求意见的基础上，省教委制定了《山西省关于对县（市、区）政府全面实施素质教育督导评估指标体系（试行）》、《山西省关于对县（市、区）教委全面实施素质教育督导评估指标体系（试行）》、《山西省普通中学全面实施素质教育督导评估指标体系（试行）》、《山西省小学全面实施素质教育督导评估指标体系（试行）》、《山西省中等职业学校全面实施素质教育督导评估指标体系（试行）》、《山西省幼儿园素质教育评估指标体系（试行）》、中幼师范学校参照教育部《中等师范学校教学评估方案》7个评估指标体系和《山西省评定素质教育实验学校、特色学校、示范学校办法（试行）》，引导各级教育行政部门、各类学校建立以自我评价为基础，健全自我评价和督导评估相结合的评估制度。

〔**中小学内部管理体制改革**〕 为进一步优化教育资源配置，激发学校内部活力，挖掘学校办学潜力，提高基础教育的办学质量和效益，省教委在总结高校内部管理体制改革经验的基础上，把全面推进全省中小学内部管理体制改革作为1999年的一项重点工作。在1998年成立了全省中小学内部管理体制改革研讨组，集中时间深入到全省几十个县（市、区）和中小学就中小学内部管理体制存在的问题，实行中小学校长职级制、教师聘任制、教职工待聘管理办法等进行了广泛的调查研究，在征求各方面意见的基础上，于年初的全省教育工作会上提出了全省实施中小学内部管理体制改革的方案，并对此项工作进行了部署。4月，省政府发出《关于转发省教委关于山西省中小学内部管理体制改革意见的通知》，省教委印发了《中小学教职工聘任暂行办法》和《中小学教职工待聘人员管理暂行办法》两个配套文件。省教委与省机构编制委员会办公室联合制定了《山西省中等师范学校、全日制中小学人员编制管理试行办法》，为中小学校核编定岗提供了政策依据。在推进这项改革过程中，晋中地委、行署高度重视。该地区以核编定员为基础，以考核为依据，以全员聘任为主导，以思想政治工作做保证，在全区189个乡镇、3 897所中小学全部实行了人事制度改革，32 000名教职员工中有7 000人被精简和分流。全区共有1 629名城镇教师向农村，农村教师向山区流动。通过改革，优化了全区的教育结构和资源配置，激发了教育系统内部活力，调动了广大教职工的积极性。10月，省教委召开全省中小学内部管理体制改革工作会暨晋中地区现场会，推广晋中地区的成功经验，标志着全省中小学内部管理体制改革全面启动。会后，运城地区、朔州市、太原市等从试行中小学教师聘任制入手启动中小学内部管理体制改革，创造出不同类型的经验。

〔**普及实验教学**〕 1999年继续把普及实验教学作为教育技术装备管理的重点，有计划有组织地进行了实验教学普及县的验收工作。4月，省教委发出《关于对申报普及实验教学县加强指导、确保验收质量的通知》，并对申报验收实验教学县的21个县的仪器站站长进行了业务培训，指导做好自查工作。1999年，全省共有教育技术装备管理人员88 241人。为培养学生创新精神和实践能力，弥补教学仪器的不足，促进教学仪器的改进和更新，在全省中小学广泛开展了自制教具活动。举办了全省第六届自制教具评选活动，并从全省第五、六届自制教具评选活动中获得二等奖以上的教具中选出15件参加了全国第五届自制教具评选活动。据统计，全省中小学自制教具累计达178万件以上，价值约千万元以上。经过努力，1999年全省有21个县（区）基本达到“实验教学县”验收标准。全省共有92个县通过“实验教学普及县”验收，占县（市、区）总数的77.3%，全省共有33 064所中小学实验教学达标，占总校数的76.9%，比1998年提高7个百分点。

〔**电化教育**〕 省教委于3月30日～31日召开了全省电化教育（现代教育技术）工作会议。副省长王昕出席会议并讲话。会议回顾和总结了近年来全省电教事业的成绩和经验，提出今后一段时期内全省电教工作的主要目标和任务是：大力发展电化教学，推广和应用现代化教学手段，努力使中心小学以上的学校基本实现教育手段现代化；积极发展广播电视教育，抓好教育卫星电视接收和播放网点建设，基本形成全省电教网络，覆盖大部分乡镇和边远地区，为21世纪全面实现教育现代化打下坚实的基础。会议还对74个电教先进集体和173名电教先进工作者进行了表彰奖励。

1999年，全省已有7个地市提前或超额完成“九五”规划的目标任务。全省中心小学以上的学校电化教育开展率，一类县（市、区）达到91%，二类县（市、区）电教开展率达到79%，三类县（市、区）电教开展率达到56%；达到国家教委颁布的一类电化教育配备标准的学校，一类县（市、区）达到79%，二类县（市、区）达到53%，三类县（市、区）达到51%。全省开展计算机学科教学的学校超过千所，计算机总数达到2.4万台左右。

年初，在全省范围内确定了58所省级现代教育技术实验学校。5月，对这些学校进行了评估验收。其共同特点是：学校领导具有强烈的现代教育意识，学校电教环境建设较好，具有一大批热心电教事业的中青年教师和开展电化教育的经验，并且取得了较为突出的成绩，在当地中小学中产生了广泛影响。10月5日～6日，召开了全省现代教育技术实验学校校长工作会议，总结交流了经验，安排部署了电教实验工作任务。

1999年完成了对太原、晋中、临汾、运城4个地市电教馆的达标验收工作，使全省达标的地市电教馆达到8个，有效促进了电教馆的规范化、标准化建设。10月，举办了山西省首届“方正奥思杯”中小学优秀CAI课件评选活动，评选出优秀CAI课件118件，在报送教育部评选的CAI课件中，太原新建路二小、大同二中、省实验小学等学校8个课件获奖。由山西省电化教育馆拍摄的《改革开放中的山西教育》、《农村教育新篇章》、《三晋名校风采录——校长管理》、《有那么一片沃土》、《田野上的希望》等8部电视专题片和科教片在中国教育电视台和山西电视台播出。

〔**勤工俭学**〕 1999年中小学勤工俭学工作提出了以强化学生用品管理、大力发展教育系统第三产业为勤工俭学新的增长点的新思路，并在全省各地组织实施。全年勤工俭学和校办产业总产值及营业额达6.88亿元，实现勤工俭学总收益2.01亿元。全年补助教育经费1.3亿元，上缴税金2 077万元，生均补贴1.2元。中初等学校勤工俭学开展率82.3%，全省有勤工俭学基地3.5万个，共接纳5 000万人次学生参加劳动。

〔**治理中小学乱收费**〕 1999年治理中小学乱收费工作坚持标本兼治，综合治理的原则，实行责任制度，公开收费标准，接受社会监督。在新学年开始之前，省教委、省物价局、省财政厅于7月13日联合发出《关于调整中小学、普通高等学校农林师范类专业、医学院校收费标准的通知》，对中小学收费标准进行了调整。7月22日，省教委召开了规范中小学收费行为专题会议，重申收费标准及有关规定，并通过新闻媒体向社会公布，以接受社会对学校收费的监督。8月，省教委又发出《关于进一步规范中小学收费的若干意见》，印发了对县区治理乱收费工作进行验收的方案，对进一步规范中小学收费行为、严格收费管理、坚决制止乱收费重申了有关规定。新学年开始后，省教委于9月14日召开了全省治理中小学乱收费电话会议，省政府副秘书长智玉莲到会做了讲话，省教委主任曹福成在会上通报了全省治理中小学乱收费工作，安排部署了新学年工作的基本思路、对策及阶段性目标。并提出今后几年全省治理工作的总体思路是：继续把治理中小学乱收费作为教育系统反腐败斗争，纠正行业不正之风的一项重要工作，全面贯彻落实国务院办公厅有关文件精神，坚持“五不准”目标的工作重点不变，坚持标本兼治、重在治本的原则不变；巩固成绩，防止反弹，着重在深化上狠下功夫，争取有一批县市通过省级验收达到治理目标的要求。1999年，共查处违纪金额128万元，清退125万元 。

职　业　教　育

〔**综述**〕　1999年7月，经省政府批准，新增14所省部级重点中专学校和11所重点职业高中，实现了到本世纪末全省重点中等职业学校达到100所的目标。这14所省部级重点中专是：山西省交通学校、山西税务学校、山西省轻工业学校、山西省人民警察学校、山西省忻州商业学校、山西省太原化学工业学校、山西省第二人民警察学校、运城地区会计学校、运城地区农业技术学校、吕梁地区会计学校、太原市人民警察学校、太原市财贸学校、太原市体育运动学校、长治市体育运动学校；11所重点职业中学是：太原市预备军人职业中学、太原市小店区第一职业高级中学、平定县高级职业中学、阳泉煤业（集团）有限责任公司职业技术学校、阳泉煤业（集团）有限责任公司第二职业技术学校、大同市第二高级职业中学、晋城市第一职业中学、屯留县职业中学、沁水县职业中学、榆次市第二职业中学、吕梁地区职业中等专业学校。11月～12月，按教育部关于调整国家级重点中专的要求，省教委组织开展了对国家级重点中专和职业高中的评估工作，并将评估合格的太原市商贸经济职业中专学校等19所职业高中和太原市铁路机械学校等17所中专学校上报教育部审批。

为提高职教师资水平，1999年，省教委建立了以山西大学等5所本科院校为依托的教育培养、培训基地，招收了1 000名职教本科师资班学员，并利用暑期对380名在职教师进行了培训。职业高中专业教师学历合格率由1998年的32．03%提高到33.9%。

〔**农村职业教育**〕　1999年，全省有23个县职教中心建设开始启动，使启动职教中心建设的县、市、区达到80多个，其中42个县（市、区）职教中心建成并投入使用。年底，省教委对第一、二批启动的26个县级职教中心进行了检查验收，经综合测评，阳泉郊区、左云县、平遥县、榆次市、寿阳县、太谷县、介休市、昔阳县、霍州市、侯马市、临汾市、永济市、运城市、芮城县、长治县、清徐县、平定县、阳城县18个县（市、区）的县级职教中心达到或基本达到建设标准，验收合格。同时，为了进一步明确县级职业教育的性质及其功能，省教委决定将县级职教中心名称统一规范为“县职业技术学校”。

1999年底，省教委组织对22个职教薄弱县进行了评估验收，验收结果表明，经过几年的努力，职教薄弱县面貌有很大改变，除娄烦、保德、闻喜3个县外，其余19个县均通过验收，摘掉了职教薄弱县的帽子。1999年，职业教育发展遇到了较大困难。通过采取改革招生办法、进一步扩大职业学校办学自主权等措施，有效地防止了中等职业教育出现大的滑坡，基本完成了各类职业学校的招生任务。全省高中阶段普通高中与职业技术教育的招生与在校生比例分别达到了52.52%和50.43%。

〔**省城旅游职业教育集团成立**〕　3月30

日，省城旅游职业教育集团正式成立，这是落实职业教育办学体制改革的一项具体举措。该集团是由太原旅游学校、晋源区职业高中、汾西矿务局第二中学、江阳化工厂子弟学校等一批专业相近的职业学校，与云水榭水上乐园有限公司，山西大酒店、省国旅、市中旅等相关的企业公司，和省、市旅游局、太原市教委、晋源区教委、汾西矿务局教育处等行业主管部门及教育等行政部门组建而成的。在制定适应社会需求的职业教育教学目标、专业教学计划，参与评价教育教学质量和指导毕业生就业与升学等方面由集团成员共同确定。成立仪式上，太原旅游学校与云水榭水上乐园有限公司签订了关于把“云水榭”建设成太原旅游学校实习基地的协议书。

〔**农村教育综合改革**〕 1999 年，省教委确定太谷、五寨、阳曲、永和 4 个县为农村教育综合改革实验县，清徐县集义乡等 63 个乡镇为“燎原计划”示范乡，实现了到本世纪末全省农村教育综合改革实验县总数达到 50 个，“燎原计划”示范乡镇总数达到 500 个的目标。在总结 100 个“科教兴村”典型经验的基础上，又开展了对 100 个科教兴乡的试验和推广工作。

高等教育

〔**综述**〕 1999 年，全省普通高等学校招生 37 897 人（其中本科 21 122 人，专科 16 775 人），比上年增长 57.31%；毕业生 19 628人，比上年增长 3.66%。1999 年全省高校扩招 1.3 万人，使全省高校在校生达到 94 120人，比上年增长 23.63%，创历史最高水平。

全省普通高校有专任教师 9 547 人，具有高级职称的教师占专任教师总数的 32.5%，比上年降低 0.46 个百分点。具有研究生及以上学历的教师占专任教师总数的 29.27%，比上年降低 0.32 个百分点。普通高校占地面积 7 601 819 平方米；校舍建筑面积 379.40 万平方米，生均校舍建筑面积 40.31 平方米；学生宿舍面积 57.18 万平方米，生均学生宿舍 6.08 平方米；教学科研仪器设备资产值 45 286.77 万元，生均 4 811.60元；学校藏书 1 113.48 万册，生均 118.30 册。建设高校教工住宅 8 万平方米，使高校教工家庭人均居住面积达到 9 平方米。

〔**管理体制改革**〕 1999 年，全省高等教育管理体制改革取得新进展。经教育部批准，山西大学师范学院、太原师范专科学校、山西省教育学院合并组建为太原师范学院。同时撤销太原师范专科学校、山西省教育学院建制。新组建的太原师范学院系本科层次的普通高等学校，全日制在校生规模为 5 000 人；大同煤炭工业学校和大同矿务局职工大学合并组建为山西矿业职业技术学院。这两所学校已在当年开始招生。教育部还批准将山西职业师范专科学校并入山西师范大学，同时撤销山西职业师范专科学校的建制。原属兵器工业总公司的华北工学院实行以地方管理为主的管理体制。同时继续对成人高校进行调整，经教育部批准，撤销了太原职工大学和雁北地区教育学院2所成人高校；经省政府批准，山西机电职工学院、太原重机厂职工大学、大众机械厂职工大学3所成人高校实行合并办学，组建山西机电职工学院。经过几年的高校布局结构调整和管理体制改革，全省普通高校由25所调整为23所，成人高校由35所调整为24所。普通高校平均在校生规模由2 754人提高到3 223人。

〔**高校内部管理体制改革**〕 1999年全省高校内部管理体制改革全面铺开并取得初步成效。通过精简机构，定编、定岗和实行全员聘任，全省本科院校的平均机构数由原来的26个减少为17个，专科学校平均机构数由21个减为10个；师生比由1∶8.22提高到1∶10，教职工与学生比由1∶3.8提高到1∶5。教学科研第一线人员占校本部人数之比由39.9%提高到50%，1/3左右的党政干部被充实到教学第一线和后勤服务部门，共削减临时工1 500人。通过改革在高校内部初步建立起平等、竞争、自我发展、自我约束和自我调节的机制，高校办学活力普遍增强，进一步提高了办学效益和为地方经济建设服务的能力。

〔**“四重工程”建设**〕 1999年高校“四重工程”（重点建设高校、重点建设学科、重点建设实验室、重点科技成果开发）建设取得新成就。在“211工程”建设上，省委、省政府继续为山西大学、太原理工大学各安排重点建设投资2 000万元；总投资2 678万元，面积达6 000平方米的省重点工程——山西大学文体中心建成并投入使用；总投资110万元建筑面积2 650平方米的太原理工大学体育馆建成使用，使2所大学的硬件设施进一步改变。太原理工大学“211工程”建设经国家计委正式批准立项。以取得标志性成果为目标，对部分重点建设学科进行了中期评估，制定了学科今后的发展规划。在此基础上，对重点建设学科进行了调整和增补，使全省重点建设学科达到45个。重点实验室建设有新进展，华北工学院动态测试技术实验室被列为省重点实验室，使重点实验室增至9个（含中试基地）。此外，经省有关部门批准，依托太原理工大学建立“山西省新材料工程技术研究中心”、“山西省机械电子工程技术研究中心”，依托山西大学建立“山西省光电工程技术研究中心”、“山西省生物工程技术研究中心”，依托华北工学院建立“山西省集成精密成形工程研究技术中心”。这5个中心是具有承担国家级、省级科技研究开发任务，具有工程化的技术成果和一定的自主知识产权的高科技中心。1999年，高校共完成高技术项目200多项，其中鉴定40项；获国家发明三等奖2项；获教育部科技进步一等奖1项，二等奖2项，三等奖3项；获省科技进步奖50项。山西大学生物工程技术研究中心研制的菌康灵、华北工学院的齿轮精密塑性成形技术已列入山西省高新技术产业化重点项目，另有4项高新技术项目也通过了高新技术产业化项目初审。1999年全省高校科技经费达1亿元，成果转化4 063万元，社会经济效益达10亿元以上，校办产业经营销售额达2亿元。

〔**教学工作**〕 全面完成了本科专业教学计划的修订工作，实现1999级新生全部按照新计划培养的目标。加大教学改革工作力度，对全省普通高校235项教学改革课题进行了调查摸底，并责成高校组织专家对近40项课题进行了鉴定。

加强高校教师队伍建设，注重教师队伍整体素质的提高和分层次培养人才工作。对240名新补充到高校的教师开展了岗前培训，做到“当年补充，当年培训，持证上岗”；投入100万元输送117名青年教师到全国各重点高校攻读硕士、博士学位；招收30名青年教师参加同等学力申请硕士学位研究生班学习；对百余名青年学科带头人培养对象（包括43名青年学科带头人）的教学、科研、学科建设等方面的工作进行了自我总结，为启动新一轮创新人才工作做准备。

按照“优化资源配置，提高实验效益”的原则，评估基础课实验室38个，完成了全省普通高校基础课实验室评估工作。通过评估，实验室数量由1995年的747个调整为353个，减少了52.6%，使实验教学资源得到优化，效益明显提高，确立了新的校系两级管理实验室的体制和模式。

〔**高校党建工作与思想政治教育**〕 继续加强高校领导干部的思想、组织建设，成立高校干部培训中心，举办了首期干部理论培训班。“七一”表彰高校系统“创先争优”先进基层党组织35个，优秀党员64人，优秀党务工作者27人。高校发展党员规模和质量有较大提高，1999年共发展新党员3 173人，其中大学生党员2 827人。

邓小平理论“三进”工作和“两课”改革取得重要进展。5月，省委副书记郑社奎、副省长王昕带领部分高校领导到山西大学听《邓小平理论概论》课，进行邓小平理论“三进”工作调研。山西大学在改变传统的教学方式，建立“两课”教学新体系上进行探索，从调动教师主导与学生主体两个积极性入手，建立了“两课”教学新模式，有效地提高了邓小平理论课的教学质量。山西大学政教部、太原理工大学宣传部、山西农业大学邓小平理论研究中心等10个单位被评为“青年学习邓小平理论先进集体”，山西师范大学的白捷等100名同学被评为“青年学习邓小平理论优秀大学生”，受到表彰。围绕纪念“五四”运动80周年、建国50周年和迎澳门回归等主题在全省高校开展了一系列爱国主义教育活动。6月，举行了2 000多名大学生参加的优秀大学生投身乡村锻炼成长报告会，6名1998年被选调到基层工作的优秀大学生代表介绍了在基层锻炼一年来的情况。

〔**学位工作与研究生教育**〕 1999年，全省有培养研究生单位12个，其中普通高校8个，科研机构4个；有博士学位授予单位6个，其中高校5个：山西大学、太原理工大学、山西医科大学、山西农业大学、华北工学院；科研机构1个。有博士点19个，其中高校17个，科研机构2个。硕士学位授予单位12个，其中高校8个，科研单位4个。有硕士点175个，其中普通高校162个，科研机构13个。学士学位授予单位11个，授予学士学位的专业160个。有7所高校采取非全日制形式开展授予具有研究生毕业同等学力人员硕士学位试点工作。在职以研究生毕业同等学力攻读硕士学位人员达2 000余人，第一批授予硕士学位的95人。全省有6所高校、16个专业开办了双学士学位班。雁北师范学院获准为学士学位授予单位。1999

年全省研究生招生 837 人，比上年增长 38.81%，其中：博士生 101 人，比上年增长 172.97%；硕士生 736 人，比上年增长 30.04%；在学研究生 1 923 人，比上年增长 17.76%，其中：博士生 189 人，比上年增长 48.82%；硕士生 1 734 人，比上年增长 15.14%；毕业生 531 人，比上年增长 5.57%。其中：博士生 38 人，比上年增长 31.03%；硕士生 493 人，比上年增长 4.01%。

〔**对外交流与合作**〕 1999 年，全省教育系统选派出国留学人员 312 人，其中公费留学生 73 人，自费留学生 239 人；各类留学人员回国 58 人，其中公费留学生 51 人，自费留学生 7 人。引进国外智力工作范围和规模不断扩大，具有聘请外国文教专家教师资格的学校 39 所。全年聘请长期文教专家、外籍教师 79 名，聘请短期专家 89 名，安排聘请外专外教专项经费 300 万元。高校招收长期来华留学生 37 人，使外国留学生总数达到 78 人。高校与国外校际交流进一步扩大，全省半数以上的普通高校与美、英、德、法、意、日及港澳台等国家和地区的 50 余所高校建立了校际交流关系。在开展实质性科研项目合作与交流方面，太原理工大学与澳大利亚 Swinburne 工业大学的合作研究项目“煤气化过程中氮氧化物及其前驱体的形成”进展顺利，山西农业大学与英国威尔士大学合作项目“对牛瘤胃中纤维颗粒大小与比重以及稀释的研究”取得成果。对留学回国人员科研资助力度继续加大，审核批准 1999 年省筹资金资助回国留学人员科研项目 84 项，安排经费 446 万元人民币。

〔**招生工作与高考改革**〕 1999 年，根据党中央、国务院做出的进一步扩大高等学校招生规模的重大决策，经过有关部门和高等学校的努力，省属高校扩招 1.3 万人，高校扩招工作平稳、顺利完成。全省报考普通高校的考生有 101 694 人，比上年增加 5 981 人。全国普通高校在山西省招生计划 49 184 人，比上年增加 20 301 人。共录取新生 48 665人，比上年增加 19 782 人，录取率为 47.85%，比上年提高 17.67 个百分点。1999 年全省高考招生录取实行四项改革。(1)改革考生填报志愿时间，将以往考前填报志愿改为考后，减少考生填报志愿的盲目性。(2)改革划定分数线的办法。1999 年除划定本科院校最低控制分数线外，还要根据第一批录取学校招生计划，扩大适当比例，划定第一批学校录取最低控制分数线。(3)改革招生学校分批录取办法。1999 年本科院校录取分两批进行。第一批由 A 类和 B 类两部分组成：A 类是全国重点院校和教育部指定参加第一批录取的院校；B 类是 1996 年～1998 年连续 3 年在山西参加第一批录取的部分一般院校。其余一般院校为第二批。(4)改革录取投档原则办法。本科院校录取分两批进行，第一批录取结束后方开始第二批学校的录取。其录取调配志愿的原则及办法是：第一志愿报考人数在最低控制分数线以上达到或超过院校计划招生数的，一般不调配参考志愿；参考志愿按考生所报志愿的先后顺序从高分到低分进行调配，由院校审查录取；高校在第一志愿不足的情况下，不得拒录非第一志愿的考生。

1999 年 4 月，教育部批复同意山西等 4 省从 2000 年开始进行“3+X”高考科目设置改革试点。据此，省教委制定了《山西省 2000 年进行高考科目设置改革试点的实施方案》，由省政府办公厅予以批转。7 月省教委在太原举行新闻发布会，向社会公布山西省2000年进行高考科目设置改革试点实施方案。“3＋X”科目设置为，“3”指语文、数学、外语，为每个考生必考科目；数学仍分文、理科，将来逐步过渡到不分文理科；英语增加听力测试，考试成绩暂不计入总分，作为录取参考，从2001年起计入总分。“X”指文科综合和理科综合。文科综合为历史、政治、地理3科的综合，理科综合为物理、化学、生物3科的综合。

成人教育

〔**扫盲与农村成人教育**〕 1999年，全省扫盲班毕业生4万余人。应县政府、代县政府、芮城县教育局、平定县锁簧镇成人学校被教育部评为第四届“中华扫盲奖”先进单位；张根虎（阳曲县教委副主任）、张铭东（省教委成教处）被评为“中华扫盲奖”先进个人。农村成人教育坚持实际、实用、实效的原则，全年完成150万人次的农村实用技术培训任务。经全省统一评估验收，有75所乡镇成人文化技术学校达到国家示范性“规程”标准。

4月11日，陵川县东谷农民文化技术学校教师郭焦顺因病去世，享年86岁。郭焦顺同志1946年担任农村夜校教师，他先后编写扫盲课本、乡土教材、教案500多本约25万字，累计授课10 000多小时，整理收集民校档案100多万字共220余卷，义务办黑板报2 500多期约18万字，在报刊电台发稿1 500余篇，举办各类实用技术培训班35期，培训学员近2 000人次。1984年，郭焦顺所在村被省政府授予“全国先进农技校”。郭焦顺的事迹被10余家报刊登载，并受到联合国教科文组织的高度赞赏，中央电视台为他拍了专题片《山村扫盲人》。1998年9月，郭焦顺获教育部“第三届中华扫盲奖”特等奖，名字被载入《中国名人大词典》。

〔**社会力量办学**〕 到1999年底，全省共有各级各类社会力量办学机构1 434所，在校生总数168 007人。其中国家高等教育学历文凭考试试点院校5所，在校生3 715人；高等教育自学考试助学机构56所，在校生14 006人；中等专业学校42所，在校生5 328人；高中（含职高）125所，在校生27 166人；初中65所，在校生20 236人；小学63所，在校生12 638人；幼儿园443所，入园人数29 147人，其他各级各类成人教育、职业教育培训机构635所，参训人数55 771人次。全省民办学校教师总数达到11 714人，其中专任教师8 331人。学校占地总面积近500万平方米，总资产13.75亿元，其中举办者投资约8亿元。在社会力量举办的学校中，投资千万元以上、在校生1 000人以上、建筑面积1万平方米以上的各类民办学校已达到20多所。

4月，在检查评估的基础上，省教委撤销

了21所不合格民办高校，其中检查不合格须撤销的学校3所，分别是：山西新青年工程专修学院、太原科技文化专修学院、晋信会计专修学院。协议停办的学校9所，分别是：山西翔宇财经专修学院、运城针灸专修学院、山西理工专修学院、风陵渡高等专修学院、山西青年进修学院、晋中成人自考辅导中心、山西行为管理专修学院、山西会计专修学院、山西医学专修学院。两年以上未招生，无在校生，举办者要求停办的学校9所，分别是：晋中医学专修学院，山西中山专修学院，太原育才专修学院、太原经贸专修学院、山西医科专修学院、山西工业经济专修学院、山西新闻出版培训中心、山西科技专修学院、山西世界语学院。

为提高民办学校校长和管理人员的政治、业务素质，5月，省教委举办了民办高校“现代学校教育管理培训班”；8月，举办了民办学校“面向21世纪的现代学校管理研修班”。

撰稿　张　为　刘月琴　侯文一

审稿　曹福成

内蒙古自治区教育

概　况

〔基本情况〕

1999年各级普通学校基本情况

单位：人

学校类别	学校数（所）	毕业生数	招生数	在校学生数	教职工数 计	教职工数 其中：专任教师
总　计	14 925	858 006	1 212 068	4 087 138	330 972	260 114
一、研究生	(8)	280	471	1 262		(648)
1. 高等学校	(7)	279	470	1 258		(640)
2. 科研机构	(1)	1	1	4		(8)
二、普通高等学校本专科	19	10 911	18 253	49 732	16 854	7 671
本科院校	11	8 492	13 538	40 529	12 948	5 626
专科院校	8	2 229	4 120	7 983	3 311	1 685
分校、大专班	(3)	190	595	1 220	595	360
三、普通中等学校	2 259	410 947	570 504	1 549 296	139 957	101 438
1. 中等专业学校	105	21 113	41 182	101 396	14 835	7 672
中等技术学校	84	16 311	35 304	84 579	11 863	6 076
中等师范学校	21	4 802	5 878	16 817	2 972	1 596
2. 技工学校						
3. 普通中学	1 710	337 013	443 048	1 221 959	104 656	78 208
高中	344	58 982	84 933	226 503		15 287
初中	1 366	278 031	358 115	995 456		62 921
4. 职业中学	443	52 795	86 258	225 891	20 412	15 536
高中	168	21 259	32 658	84 234		6 854
初中	275	31 536	53 600	141 657		8 682
5. 工读学校	1	26	16	50	54	22
四、小学	10 849	435 682	349 917	2 136 772	154 492	135 975
五、特殊教育学校	27	186	402	3 236	692	548
六、幼儿园	1 771		272 521	346 840	18 977	14 482

注：幼儿园招生数、在校生数、教职工人数、专任教师数中含学前班数。

1999年各级成人学校基本情况

单位：人

学校类别	学校数（所）	毕业生数	招生数	在校学生数	教职工数	
					计	其中：专任教师
总　计	14 508	1 580 564	1 372 020	1 507 217	28 806	14 483
一、成人高等学校	16	12 031	15 338	36 328	3 468	1 713
1. 广播电视大学	1	2 088	3 503	7 637	1 019	404
2. 职工高等学校	5	953	1 292	2 669	515	261
3. 农民高等学校						
4. 管理干部学院	2	960	1 298	2 623	398	186
5. 教育学院	8	2 701	2 524	5 450	1 536	862
6. 独立函授学院						
7. 普通高等学校举办：		5 329	6 721	17 949		
函　授　部	(16)	3 023	3 747	9 921		
夜　大　学	(8)	1 539	1 066	4 510		
成人脱产班	(16)	767	1 908	3 518		
合计中：电大普通专科班		233	910	1 359		
二、成人中等学校	9 376	1 432 511	1 232 569	1 294 502	18 192	9 092
1. 成人中等专业学校	139	23 799	15 061	43 212	6 610	3 599
广播电视中等专业学校	2	3 258	2 156	7 492	15	12
职工中等专业学校	64	6 329	5 307	15 191	2 590	1 309
干部中等专业学校	6	1 431	860	1 650	412	197
农民中等专业学校	4	2 035	2 170	7 857	510	293
函授中等专业学校	1	6 142	1 517	3 490	496	131
教师进修学校	62	4 604	3 051	7 532	2 587	1 657
其他类学校举办						
2. 成人中学	49	5 658	6 827	10 834	906	462
职工中学	44	5 118	6 174	8 035	611	283
农民中学	5	540	653	2 799	295	179
3. 成人技术培训学校	9 188	1 403 054	1 210 681	1 240 456	10 676	5 031
职工技术培训学校	168	50 841	88 935	25 001	1 496	1 135
农民技术培训学校	9 020	1 352 213	1 121 746	1 215 455	9 180	3 896
三、成人初等学校	5 116	136 022	124 113	176 387	7 146	3 678
1. 职工初等学校	2	360	73	73	4	4
2. 农民初等学校	5 114	135 662	124 040	176 314	7 142	3 674
其中：扫盲班	4 065	32 334	34 690	67 964	5 227	2 284

制表　海丽斯

〔**贯彻中共中央国务院推进素质教育《决定》**〕 1999年11月8日，内蒙古自治区党委、政府印发《关于贯彻〈中共中央国务院关于深化教育改革全面推进素质教育的决定〉的意见》，确定“十五”期间至2010年自治区各类教育事业改革、发展的主要目标是：(1)认真落实本世纪末和下世纪初的“两基”工作，到2005年，全区基本实现“两基”目标，以旗县为单位“普九”人口覆盖率达到85%以上，青壮年非文盲率稳定在96%以上。(2)积极发展高中阶段教育，到2005年，使初中毕业生的升学率达到75%以上，5个自治区直辖市的市区及其他盟所在地城镇基本普及高中阶段教育，条件成熟的城市市区，2～3年内普及蒙语授课高中阶段教育。(3)积极发展高等教育，在3～5年内，逐步建立起“结构、规模、质量、效益”相协调，学科门类较为齐全的高等教育体系。到2010年，使全区同龄人口的高等教育入学率从现在的7.6%提高到13%以上。(4)加快现代教育技术基础设施建设，从2000年起，用3年时间，在全区范围内建成教育卫星电视地面接收系统，到2005年，建立起内蒙古教育科研信息网，盟市、旗县分别建立起二、三级网络中心，实现高等学校、中等专业学校和城镇中小学基本入网，1/3以上的农村牧区中小学入网。(5)优化师范教育结构，逐步从三级师范向本、专科两级师范教育体系推进，到2005年，基本完成师范院校层次布局调整任务。逐步提高教师的学历层次，到2010年，自治区5个直辖市的市区及盟所在地城镇小学和初中阶段专任教师的学历，分别提高到专科和本科层次，高中阶段教育的专任教师和校长中要有一定比例的硕士研究生。

〔**全区教育工作会议**〕 1999年11月10日～11日，自治区党委、政府在呼和浩特召开全区教育工作会议。自治区党委书记刘明祖出席会议，自治区主席云布龙、自治区党委副书记乌云其木格作了讲话，自治区副主席宝音德力格尔作工作报告。会议的主要任务是：贯彻第三次全国教育工作会议精神，研究部署全区深化教育改革，全面推进素质教育。会议讨论了《内蒙古自治区〈面向21世纪教育振兴行动计划〉的实施意见》、《内蒙古自治区师范教育改革和发展的若干意见》、《内蒙古自治区加强农村牧区教育的若干意见》。会议期间，自治区政府表彰了全区教育战线先进集体、先进个人和尊师重教先进集体、先进个人。会议要求全区各级党委、政府以及社会各界进一步提高对教育重要战略地位的认识，领导和支持各级教育部门和各级各类学校深化教育改革，全面推进素质教育，为加快实施“科教兴区”战略提供有力的人才支撑和知识基础。

〔**学校管理工作现场会**〕 1999年8月30日～9月2日，自治区政府在赤峰市召开了全区学校管理工作现场会议。会议的主要任务是：深入贯彻落实第三次全国教育工作会议精神，从强化学校管理入手，全面推进素质教育，为学生的全面发展创造良好的内部环境。自治区副主席宝音德力格尔出席会议并讲话。会议总结、交流了改革开放以来全区各级各类学校的管理工作，现场考察了赤峰市松山区、元宝山区、喀喇沁旗、宁城县的25所学校，提出了今后加强全区学校管理工作的指导原则和奋斗目标。会议指出，学校管理工作要紧紧围绕全面推进素质教育来进行，把学校管理工作贯穿于学校教育的全过程，进一步提高区域性管理的整体水平。

〔**社会力量办学**〕　1999年，全区有各级各类社会力量教育机构965所，其中高等学校46所，中等专业学校5所，中学72所，小学119所，幼儿教育机构626个，其他教育培训机构97个，各级各类学校在校生达14万人，累计毕（结）业生9万多人。全区社会力量办学投入和固定资产达3.08亿元，其中，民办高等教育机构总资产6 678万元，占地面积达85万多平方米，建筑面积达19.7万平方米，图书达70.1万册。

全区社会力量办学层次和类别有基础教育、中等教育、高等教育和职业教育、成人教育；办学形式有学历教育、非学历教育，有全日制、寄宿制、业余、脱产等；在专业设置上，坚持以市场需求为导向设置专业和教学内容，不断增强办学的针对性和适用性；在培养目标上，瞄准经济建设和社会发展急需人才的地区和行业，加强学生实用技能培养，为社会培养各类实用人才，增强学校自身的生存和竞争能力。

社会力量办学事业的兴起和发展，对自治区经济建设和社会事业的发展发挥了积极的促进作用。一是缓解了经济建设和社会发展对人才需求的矛盾。截至1998年，累计为自治区培养各级各类高、中等人才4万多人。二是满足了部分青少年继续求学的愿望。据统计，自治区每年大约有14万初中毕业生和4万高中毕业生不能升入高一级学校深造。民办高校及中专、高中一定程度上解决了这部分学生的求学问题。三是促进了自治区教育体制改革的深化，改变了政府包办教育的做法。社会力量办学已成为自治区教育事业的重要组成部分，成为发展教育、拉动内需的有效途径。四是为国家节省了一定数量的办学资金。以1999年全区民办高等教育注册人数2.71万人为例，如生均培养费按3 000元计算，仅此一项一年就为自治区节省办学资金0.8亿元。

1999年12月23日～24日，自治区政府在通辽市召开全区社会力量办学工作会议，自治区副主席宝音德力格尔出席会议并讲话。会议讨论修改了《内蒙古自治区贯彻〈社会力量办学条例〉实施办法》等文件，交流了全区社会力量办学的经验，提出在今后3～5年内，全区社会力量办学的发展目标和重点是：(1)民办高等教育要把发展的重点，放在对现有民办高校的建设上，努力挖掘办学潜力，扩大办学规模，提高办学水平和教育质量。(2)高中阶段教育是社会力量办学事业发展的重点，要力争全区民办高中阶段教育有较大的发展。每个盟市要举办1所示范性的民办高中阶段教育机构，在经济发达、人口数量多的旗县，也可建立1所民办高中阶段教育机构。(3)注意引导社会力量在义务教育阶段设置教育机构，在贫困地区、流动人口聚居区和择校生问题突出的地区建立义务教育机构，作为国家实施义务教育的补充，与本地区公办学校统筹规划，合理布局。(4)大力发展以社区为依托的民办幼儿教育，形成公办与民办相结合的幼儿教育发展格局。规范现有民办幼儿教育机构，解决办学条件差、教育质量低的问题。(5)积极鼓励社会力量兴办各种社会文化教育机构，开展岗前岗后和各类劳动职业技能培训，推进劳动预备役制度，建立终身教育体制。

〔**“三讲”教育**〕　按照自治区党委的部署，1999年8月～12月，自治区教委和所属事业单位及试点单位内蒙古医学院，在领导班子和副处级以上党员干部中开展了“讲学习、讲政治、讲正气”的党性党风教育。盟市教育行政部门在地方党委的领导下，也开展了“三讲”教育，经过系统深入的理论学习，严肃认真的自我剖析，坦诚直率的批评帮助，求真务实的整改，教育系统的“三讲”教育取得了成效，特别是在加强领导班子建设，提高干部队伍素质方面有较大的收获，为今后继续巩固和扩大“三讲”教育成果，推进教育事业的改革和发展奠定了基础。

〔**教育法制建设**〕 1999年，全区教育法制建设工作在以下3个方面得到加强：(1)加快教育立法步伐。7月31日，自治区人大颁布了《内蒙古自治区实施〈中华人民共和国教师法〉办法》。自治区教委会同有关部门开展《职业教育法》、《高等教育法》实施办法的立法调研工作。(2)加强教育法制宣传。在全区范围内开展了《义务教育法》、《职业教育法》、《教师法》、《高等教育法》宣传月活动。(3)加大教育执法力度。自治区人大常委会在全区6个盟市开展了《教育法》执法检查活动。自治区教委建立了机关教育行政执法责任制。

〔**现代远程教育工程**〕 1999年，自治区“现代远程教育工程”开始启动。年内，建成内蒙古教育科研计算机网主节点和自治区教委、教育招生考试中心两个局域网；投入1 000万元，启动了内蒙古教育科研主干网和部分大中专学校节点建设工程。

基础教育

〔**“普九”工作**〕 1999年，全区普及九年义务教育进入攻坚阶段。3月～4月，自治区教委组成3个工作组，对年内拟“普九”的16个旗县进行考察指导，并对有关旗县的干部进行了培训。1999年底，经自治区政府验收，清水河县、林西县、巴林左旗、鄂温克旗、奈曼旗、西乌旗等14个旗县基本达到普及九年义务教育要求。至此，全区已有64个旗县（市区）实现“两基”达标，“普九”人口覆盖率累计达到全区总人口的58.31%。小学学龄儿童入学率、小学毕业生升学率分别为99.44%、94.5%。

自治区狠抓了“普九”巩固提高工作。1月8日，自治区政府召开全区“两基”达标巩固提高工作电话会议，对“两基”达标旗县的巩固提高工作提出要求。会后，自治区政府印发《关于做好“两基”巩固提高工作的指示》，全区“两基”达标后巩固提高工作已步入正轨，达标旗县的义务教育工作正向更高目标迈进。

特殊教育取得明显进展。年内，自治区教委发出《关于切实做好今年残疾儿童少年入学工作的通知》，编制《内蒙古自治区1999、2000年残疾儿童少年义务教育发展规划》。全区各地普遍加强了残疾儿童少年入学工作。自治区教委与北京视障研究中心合作，启动了全区视障儿童随班就读的“金钥匙工程”，在乌盟建成第一个视障教育资源中心，使乌盟282名视障儿童入学。

〔**实施贫困地区义务教育工程进展情况**〕 1999年，自治区实施“国家贫困地区义务教育工程”进展顺利，中央专款9 000万元、自治区配套资金1.46亿元（自治区本级7 200万元，盟市、旗县、乡镇苏木7 400万元），全部按时足额到位，盟市、旗县配套资金到位率达到104%。全年新建、改建、扩建学校923所，完成建筑面积42.4万平方米；仪器设备、图书资料、课桌椅购置及人员培训等方面均超额完成规划任务，贫困地区中小学的办学条件得到明显改善。年内，结合义务教育工程的实施，调整中小学布局结构。全区小学由111 614所调整为10 849所；小学教学点由7 894个调整为7 114个；普通初中由1 397所调整为1 366所。

〔**素质教育**〕 1999年，自治区确定12个素质教育实验区，按照实验规划方案组织实施素质教育工作。1月23日～25日，自治区教委在呼和浩特召开全区素质教育区域实验工作座谈会，并印发《关于开展素质教育区域实验工作的意见》，对重点抓好区域实验工作、稳步推进全区中小学实施素质教育作出部署。

基础教育招生考试制度改革取得进展。自治区教委制定印发了《关于改革义务教育阶段入学、考试和普通高中招生办法的若干意见》，全区各地认真贯彻文件精神，改革招生办法。呼和浩特市推行了小学毕业生升初中划片免试电脑配位的招生办法。至此，全区基本实现小学毕业生免试升入初中学习。年内，自治区区盟（地市）、县（旗）三级重点高中全部实行“统招”与“分招”相结合的招生考试办法，为推进素质教育创造了条件。

改革素质教育评价制度。1999年自治区政府办公厅印发了《内蒙古自治区实施素质教育评估办法（试行）》，要求各级政府采取定性与定量相结合开展素质教育评估工作。自治区对盟市2～3年评估一次，盟市对旗县（市区）1～2年评估一次，旗县（市区）对乡镇苏木每年评估一次。评估结果将作为上级政府对下级政府考核教育工作实绩及表彰、奖励有关单位和人员的依据。各盟市、旗县（市区）依据《评估办法》中对学校的评价指标体系，制定了具体的实施细则，并对辖区内中小学实施素质教育的情况进行了评估。

改造中小学薄弱学校工程全面启动。自治区政府批转了区教委《关于加强全区薄弱学校建设办好义务教育阶段每一所学校意见的通知》。《通知》指出，全区薄弱学校建设的重点是一些城镇的薄弱中小学和农牧区的初中学校，特别是薄弱民族中小学。薄弱中小学当前需要解决的重点问题是加强领导班子和教师队伍建设，改善办学条件，调节生源。《通知》要求，各地区、各有关部门要把改变薄弱学校的面貌放在突出的位置，力争用3～7年时间，使城乡中小学办学条件相对均衡，教育教学质量得到明显提高，义务教育学段的择校问题基本得到解决。具体时间安排是：自治区素质教育实验区和城市市区在2002年前，其他已实现“两基”的旗县在2004年前，1998年以后实现“两基”的旗县在2008年前基本完成薄弱学校的改造任务；到2010年，全区基本完成所有薄弱学校的改造任务。按照上述时间要求，全区薄弱中小学改造和建设要达到的目标是：领导班子建设得到加强，校长及班子管理水平、文化程度和敬业精神得到明显提高；教师队伍学历合格率，初中达到85%以上，小学达到95%以上，有一定数量的学科带头人，教师教书育人水平明显提高；多渠道经费投入明显增加，生均教育事业费、生均公用经费达到普及义务教育标准，按时足额发放教师工资；办学条件达到二类以上标准，城市市区达到高于二类以上标准；学生入学率达到义务教育普及标准以上，初中辍学率控制在2.5%以内，小学控制在1%以内。

〔**教师队伍建设**〕 1999年，自治区教委印发《关于严肃查处体罚、变相体罚学生及加强中小学教师职业道德建设的通知》，并要求各地进行自查。各盟市围绕进一步加强中小学教师职业道德建设，制定了实施办法，加大了检查力度，完善了管理制度。锡盟加强了对教师职业道德的考核；乌海市制定了《中小学教师职业道德建设规定》等，中小学教师职业道德建设取得了明显成效。

中小学教师继续教育在试点的基础上全面推开。1999年，按照《内蒙古自治区1998～2000年中小学教师培训规划》，全区各地较好地完成了中小学教师学历补偿教育任务，自治区教委在试点的基础上全面推开了中小学教师继续教育工作。自治区教委修订了《幼儿园、中小学教师继续教育工作实施方案》，确定全区幼儿园、中小学教师继续教育首批课程教学计划，召开了中小学教师继续教育实验区工作会议，并举办3期培训班。1999年，全区小学、普通初中和普通高中教师学历合格率分别达到94.35%、82.37%和57.83%。

与此同时，加强中小学教职工住房建设。1999年，共完成中小学教职工住房建设投资2.89亿元，其中教职工个人集资和学校自筹达2.7亿元，占93.6%。共建成中小学教职工住房48.38万平方米，有5 739户中小学教职工喜迁新居。

〔**治理中小学乱收费**〕 1999年，自治区在治理中小学乱收费方面采取了以下措施：一是突出政府行为，加大治理工作力度。自治区政府印发《关于治理中小学乱收费的意见》，全区各级政府认真贯彻落实。二是建立健全监督检查机制，加大检查的力度。自治区教育纪工委、自治区政府纠风办和物价局发出检查中小学收费工作的通知，在盟市自查的基础上，自治区于10月～11月对12个盟市普遍进行了抽查，推动中小学乱收费的治理工作。三是建立相关的监督制约机制，同时积极进行政务公开和校务公开的试点工作，把治理中小学乱收费工作纳入民主与法制建设的轨道，强化了依法治教和依法行政的意识。由于采取了上述措施，全区中小学乱收费现象得到了有效的遏制。1999年，全区查出违规收费金额124.59万元，比上年减少89万元。

职业教育

〔**职业学校招生改革**〕 1999年，自治区进一步深化普通中专、职业高中招生制度改革。(1)将1999年全区普通中专招生计划由指令性改为指导性，扩大学校扩充生源的自主权。(2)自治区教委作出规定，只要符合条件要求，中专学校可以突破计划，扩大招生。1999年普通中专录取新生人数普遍突破原定计划。同时，对报到率较低的学校，采取了二次补录的措施。(3)农业、牧业、林业普通中专单独招收乡村干部班、农牧业技术员班，为弥补农牧林普通中专招生不足开辟新途径。(4)自治区党委将职业高中招生纳入对盟市党政领导班子年度实绩考核目标，自治区教委对目标的运行情况进行了监控，使职业高中招生在领导和组织上得到保证。(5)部分职业高中建立了生源基地，采取走出去、请进来的办法，做好招生宣传工作，扩充了职业高中生源。(6)自治区在制定1999年普通高校招生计划时，确定由自治区高等职业学校对口招收职业高中毕业生2 234人，占自治区普通高校录取新生人数的13.5%。1999年，全区普通中专、职业高中在校生分别为10.13万人、8.42万人，较上年分别增长24.4%、6.5%。

〔**骨干示范学校建设**〕 按照教育部的部署，1999年，自治区教委开展国家级重点中等职业学校的评估、申报工作。在各参评学校自评和学校上级主管部门复评的基础上，自治区教委组成两个评估组，分别对11所申报国家级重点中等专业学校和10所申报国家级重点职业高级中学进行了评估，经过评估，确定呼和浩特交通学校等10所中等专业学校、包头第四职业高级中学等10所职业高中为申报国家级重点中等职业学校备选学校。

〔**教育教学改革**〕 1999年，自治区教委印发《深化中等职业教育教学改革的意见》，确定了教育教学改革的指导思想、目标、任务和措施。同时，自治区教委制订了《普通中专教学评估指标体系》、《职业高中教学评估指标体系》，《职业高中主要专业教学计划》、《职业高中实习试验示范基地建设标准》，强化了对中等职业教育教学制度建设的宏观管理。全区中等职业学校普遍进行了教学工作的整章建制，进一步确立了教学工作的中心地位。

〔**技术培训和推广**〕 1999年，全区中等职业学校积极发挥自身优势，开展下岗职工再就业培训和农牧民实用技术培训。据不完全统计，年内，中等职业学校举办下岗职工再就业培训201期，培训下岗职工1.04万人次；举办农牧民实用技术培训2 077期，培训农牧民15.01万人次；与贫困乡、村、户签订致富合同437个，推广实用技术291项，产生直接经济效益6 000多万元。

〔**宣传《职业教育法》**〕 1999年初，自治区教委印发《关于开展〈职业教育法〉宣传月活动的通知》。5月，全区职教系统利用广播、电视、报刊等新闻媒体，通过召开座谈会、开展法律知识培训和竞赛活动等形式，宣传《职业教育法》、职业教育的成就及其在区域经济发展中的作用。各职业学校积极开展了法律咨询、益民服务、人才交流、文艺演出、职教成果展示等活动。哲盟开鲁县第一职业高中和东风职业高中成立了“农林牧技术咨询”服务部，赴农村、牧区为农牧民传授农业知识和提供专业技术服务。乌盟艺术学校编排精彩的文艺节目，到各旗县市巡回演出。巴盟教育局、劳动人事局、就业局联合召开全盟职业中学人才交流会。呼和浩特市部分职业学校把5月15日、16日作为对外开放日，邀请学生、家长和广大市民到学校参观，让他们感受职业学校的办学特色和精神风貌。宣传月活动的开展，推动了职业教育改革和发展。

高等教育

〔**全区高教工作座谈会**〕 1999年，3月9日～12日，自治区政府在呼和浩特市召开全区高等教育工作座谈会，自治区党委副书记乌云其木格、自治区副主席宝音德力格尔、自治区教委主任张树逊作了讲话。会议对当前和今后高等教育改革、发展任务作出部署。

与会代表讨论了由自治区教委起草的《关于全区高等教育管理体制改革和布局结构调整规划》、《关于深化全区高等学校教学改革的意见》、《关于加强全区高等学校科技工作的意见》、《关于全区高等学校内部管理体制改革的实施意见》、《关于全区高等学校专业布局结构调整的实施意见》、《关于全区高等学校后勤改革的实施方案》、《关于加快全区高等学校校办产业发展的实施意见》7个文件。会后，根据讨论意见进行修改，由自治区政府于11月11日印发各地实施。

《关于全区高等教育管理体制改革和布局结构调整规划》提出：经过3年的努力，全区规划建设2所综合性大学、若干所多科性和少量的单科性高等学校；除在河套大学、包头职业技术学院、民办内蒙古丰州学院和呼伦贝尔学院以及部分本科院校附设的职业技术学院发展高等职业教育外，根据需要和可能，通过现有高校的合并重组和国家级重点中专改建等途径，再规划建设3～5所职业技术学院。除企业办学之外，自治区不再独立设置成人高校；积极引导和大力支持社会力量依法办学。调整优化各类师范院校布局结构，逐步实现由三级师范向两级师范教育的过渡。民族高等教育要相对集中办学，特别要注重建设经济类、管理类、外语类、职业技术类专业，以加速培养相关人才。

《关于深化全区高等学校教学改革的意见》提出：用5年左右的时间，通过改革，在全区初步形成具有时代特征和地方民族特色的现代高等教育思想体系；初步建立能够主动适应21世纪自治区经济和社会发展需要，反映现代科技发展趋势的人才培养体系；初步建立能够充分调动学校和师生教学积极性的教学运行机制，使自治区高等学校的教育教学质量有较大提高。

《关于加强全区高等学校科技工作的意见》提出：用5年左右的时间，基本形成以基础研究为依托，以知识创新、高新技术及其产业开发为导向，以科技成果推广、转化服务为重点的科技工作新格局。建设一支老、中、青相结合、以中青年学科带头人为骨干的专兼职科技创新队伍；通过科技攻关和技术创新，争取有3～5项高新技术成果形成产业化。建设好5～10个左右自治区重点实验室、重点工程技术研究开发中心和科技试验示范园区。

《关于全区高等学校内部管理体制改革的实施意见》提出：积极开展以聘任合同制为主要内容的人事劳动制度改革，以工资总额包干为主要内容的分配制度改革，以促进后勤社会化为主要内容的后勤管理体制改革，经过3～5年的努力，逐步建立起与自治区经济建设和社会发展相适应的高校内部管理体制和运行机制，使高校成为面向社会、面向市场、依法自主办学的实体。

《关于全区高等学校专业布局结构调整的实施意见》提出：经过一段时间的调整改革，使高等学校的学科、专业设置更加适应自治区经济建设和社会发展的需要，整体布局结构得到优化，教育层次、科类更为齐全合理，普通教育、成人教育和高等职业教育相互协调、相互衔接，管理规范有序，整体教育质量和办学效益明显提高，初步形成具有地区和民族特色，基本适应自治区经济建设需求的高等教育学科专业体系。

《关于全区高等学校后勤改革的实施方案》提出：按照政府主导、统筹规划、政策支持、分类指导、全面推进的原则，在3～5年内，通过改革基本实现高校后勤服务社会化。到2003年，初步建立起以社会承担为主，由高校选择，满足办学需要的市场化、社会化的后勤保障和服务体系。

《关于加快全区高等学校校办产业发展的实施意见》提出：1999年完成高校校办产业的清理整顿和体制改革。在此基础上，争取组建3～5个以高新技术产业化开发为主的高校科技企业集团。到本世纪末，全区高校校办产业的销售总收入达到2亿元；到2003年，销售总收入力争突破4亿元。

〔**管理体制改革**〕 1999年，自治区高等院校的调整工作取得实质性进展。4月，内蒙古农牧学院、内蒙古林学院两校合并成立内蒙古农业大学，自治区政府主持召开了成立大会，从9月起按新的管理体制和机制运转。自治区教委接管了包头职业技术学院，实行中央和地方共建，以自治区管理为主的体制。通过政府申报，专家组评审，教育部批准，在内蒙古建筑学校基础上组建呼和浩特职业技术学院。包头师范专科学校、包头教育学院、包头师范学校3校合并成立包头师范学院。内蒙古民族师范学院、内蒙古蒙医学院、哲里木畜牧学院3校合并成立通辽大学。年底，自治区统一部署了院校合并办学的筹备工作，院校调整进入实质性操作阶段。

〔**教学改革**〕 1999年，全区各高校开展了教育思想和教育观念大讨论，促进了学校教学改革和各项工作。在此基础上修订了各专业教学计划，完善了人才培养方案，秋季开学后实现了按新的教学计划组织教学。经过各校申报，自治区学位委员会审核，年内形成了全区高校学科和学位点建设发展规划。年初，自治区高校师资培训中心通过了教育部评估。自治区跨世纪学科带头人选拔培养工程形成实施方案，新开办研究生主要课程进修班 7 个，有 240 名青年教师接受研究生层次的培训。有近 500 名青年教师参加了基础理论培训，一批中青年教师作为高级访问学者到区外重点院校进修深造。自治区教委召开了全区高校教学管理工作座谈会，总结交流了各校教学改革、教学管理工作经验，评选出 4 个优秀教务处，3 个先进教务处。其中内蒙古师范大学教务处、内蒙古大学教务处、内蒙古农业大学教务处被评为全国高等学校优秀教务处。

〔**招生工作**〕 1999 年，经自治区政府批准，自治区教委成立了高考制度改革领导小组。制定了贯彻教育部《关于进一步深化普通高等学校招生考试制度的意见》的实施办法，对高校招生考试和录取方式改革进行准备工作。

自治区政府对全区普通高校有关招生政策规定进行了调整，对应届高中毕业生体育竞赛优胜者享受普通高考录取照顾的范围、名次等作出了严格的规定；对师范类体育教育专业录取办法作了改进；普通高校举办的职业教育师资班和高职班只招收职业高中应届毕业生；区内外高校在自治区招收的保送生均按教育部要求参加全国统一命题的综合能力测试。1999 年，全区共有 83 216 人报考普通高校，其中普通高中毕业生 78 216 人，职业高中毕业生 5 000 人。全区普通高校本专科顺利完成了扩大招生 2 000 人，招生总数为 18 253 人，较上年纯增 4 448 人。

〔**科技工作**〕 1999 年，全区高等学校面向自治区经济建设，确定研究领域，积极开展科技攻关。自治区教委组织各高校落实本年度科技项目。一是发动全区高校教师和科技人员，多渠道、多形式积极争取科技项目。在全区实行科研方向和运行机制改革、科技项目实行重点支持。年内，全区高校争取到国家“863”计划项目 1 项，国家自然科学基金项目 36 项，国家社科基金项目 5 项，自治区自然科学基金项目 72 项。1999 年各高校共承担与企业联合或企业委托的横向科技课题 17 项。全年高校科技共筹措资金 200 万元，其中用于新上科技项目 100 余万元，立项 32 项。1999 年全区高校共承担科技项目 252 项，获得经费 1 050 余万元。

〔**党建与思想政治工作**〕 1999 年，全区高教战线落实全国高校党建工作会议精神，进一步加强了党的建设和思想政治工作。(1)加强了高校领导班子建设和领导干部的实绩考核。自治区高校工委会同自治区党委组织部对全区 17 所高校领导班子和 97 名校级领导干部进行了考核；调整充实 15 所高校的领导班子，选拔任用了一批德才兼备的年轻干部。(2)加强了基层党组织建设。各高校贯彻落实《中国共产党普通高等学校基层组织工作条例》，采取举办研修班、研讨班、培训班等措施，突出抓了基层组织领导班子建设和后进支部的整顿工作。(3)思想理论建设和邓小平理论“三进”工作取得新进展。自治区教委召开了学习邓小平理论经验交流会，推动了高校的理论学习。全区高校全部实行了“两课”课程设置新方案，加强了教材和教师队伍建设，改革了教学内容和方法，促进了邓小平理论“三进”工作。(4)加强思想政治工作。各高校强化了形势政策教育、国情区情教育、辩证唯物主义和无神论教育，开展了丰富多彩的校园文化活动和社会实践活动。围绕高校稳定开展了一系列有成效的工作，治理了校园周边环境，组织揭批“法轮功”和抗议北约轰炸我驻南使馆的活动。11月12日，自治区党委组织部和高校工委召开第10次全区高校党建工作会议，总结1999年全区高校党建工作，对2000年全区高校党建工作作部署。

成人教育

〔**扫盲工作**〕 1999年，自治区进一步加大了扫除青壮年文盲工作的力度。一是把扫盲工作列为各级领导工作目标管理和实绩考核的主要内容，层层签订目标责任状，落实领导责任。二是各级教育部门开展调查研究，摸清了扫盲底数。年内，自治区教委组织专门力量，历时两个月，深入7个盟市、16个旗县、35个乡镇苏木进行扫盲工作调查。三是加强扫盲后的巩固提高工作，全区各地利用县、乡、村三级农牧民文化技术教育培训网络，开展以推广新技术、新产品为主的实用技术培训和“绿色证书”教育。四是加强督导评估和检查考核。在对年内实现“两基”达标旗县督导验收的同时，自治区教委组织3个组对各盟市的扫盲工作进行检查考核。年内，共扫除青壮年文盲2.58万人，青壮年非文盲率达到96.6%。

〔**成人高、中等教育**〕 年内，自治区教委进一步深化成人高、中等教育改革。(1)开展成人高、中等院校布局结构的调研工作，提出了调整方案。(2)确定内蒙古电视大学为自治区远程教育试点，进一步强化了注册视听生教育。(3)继续扩大成人高等职业教育试点，试点学校由5个增加到7个，突出了成人高等教育的职业性、操作性等特点。(4)在内蒙古广播电视中专校开展农村牧区综合管理专业的招生试点工作，在内蒙古中华会计学校进行了远程教育试点的筹备论证工作，促进成人中专学校积极为农牧业、农村牧区、农牧民服务。(5)扩大成人高校招生规模，全区成人高校扩招1 700人，招生总数比上年增加3 249人。(6)评选出首届成人中专优秀毕业生169名，并免试保送到成人高校对口专业学习。

〔**自学考试**〕 1999年，全区自学考试本、专科及中专累计报名人数为28.1万人，累计报名科次为74万科次。开考专业54个，其中本科12个，专科40个，中专2个。此外，还开考卫星电视函授专业17个，中师幼师卫星电视函授专业2个。年内，自治区教育招生考试中心制定印发《内蒙古自治区社会力量举办高等教育学历文凭考试工作实施意见》和《内蒙古自治区高等教育自学考试课程免考实施细则》，进一步完善了自学考试的规章制度。高等教育学历文凭考试制度试点工作得到加强，参加高等教育学历文凭考试的试点院校由原来的 2 所民办高校（内蒙古经贸外语学院、内蒙古医药专修学院）发展到 5 所，新增的 3 所民办高校是：内蒙古科技专修学院、内蒙古工程技术专修学院、内蒙古职业专修学院。

年内，自治区教委继续深化自学考试制度改革。(1)调整了开考专业计划。停考了一批报考人数少、社会需求量小的专业，开考 9 个面向农村牧区的应用型专业和面向少数民族考生的蒙语授课专业。(2)加强实践性环节的考核。对 16 个专业理论课全部合格的考生进行了实践性环节的考核。(3)实行教考分离。逐步减少区内命题，加大使用全国和外省区试题的比重。在评卷方面，回避办班院校对试卷的评阅。

自治区自学考试从 1985 年开考以来到 1999 年底，已经初步形成了学历层次、专业门类比较齐全，以国家学历考试为主，学历认定考试及其他社会考试为辅的综合体系。累计开考本科、专科、中专 3 个学历层次的专业 75 个，累计为国家培养各类毕业生 58 516人，其中本科生 1 247 人，专科生 51 410人，中专生 5 659 人。

民族教育

〔**综述**〕 1999 年，全区有民族幼儿园 98 所（其中民族语言授课 76 所），在园（班）幼儿 62 886 人。通过学校布局结构调整，民族中小学布点减少，规模扩大。全区有民族小学 2 188 所（其中民族语言授课 2 036所），在校生 447 176 人；民族普通初中 259 所（其中民族语言授课 239 所），在校生 230 635 人；民族普通高中 66 所（其中民族语言授课 63 所），在校生 46 076 人；民族职业初中 27 所（其中民族语言授课 23 所），在校生 18 246 人；民族职业高中 23 所（其中民族语言授课 22 所），在校生 12 127 人。全区在校少数民族研究生 413 人，普通高校在校民族学生 11 811 人，成人高校在校民族学生 3 871 人，普通中专在校民族学生 23 560 人，成人中专在校民族学生 8 120 人。

〔**“三语”教学改革**〕 为进一步培养更多的少数民族实用型人才，1999 年 9 月 14 日，自治区政府印发《内蒙古自治区人民政府关于在全区民族中学开设外语课有关问题的通知》。《通知》提出：在全区民族教育的改革中，民族语、汉语、外语（简称“三语”）教学改革是目前必须先行的重要改革。各地区、各有关部门要把“三语”教学改革作为整个民族基础教育改革的重要内容，抓紧抓好。

《通知》要求：全区各地蒙语授课（包括加授蒙文）和朝鲜语授课的中学，要从 1999 年秋季起从初中一年级开始开设一门外语课，并作为教学必修课来组织。英语和日语教材要统一使用内蒙古教育出版社供应的蒙译教材。各地区及各有关部门，要积极协助蒙语授课和朝语授课的学校尽快配备好蒙(朝)语、外语兼通的教师担任外语教学工作。各类师范院校（教育学院）和师资培训部门在近几年内，要扩大相应学历层次的民族学校外语师资班和培训班招生计划。

《通知》要求：自治区教委要参照国家实行的高考“3＋X”考试科目的有关规定，结合民族学校“三语”教学的实际，改革蒙语授课（包括加授蒙文）和朝鲜语授课学生高考记分办法，将外语成绩正式记入高考总分。各盟市要结合实际，研究并制定中考“三语”记分办法。

《通知》提出：根据国家九年义务教育的有关要求，从1999年秋季到2001年秋季对民族小学、初中现行“五、三”学制进行改革，民族小学、初中全部向“五、四”学制过渡。从现在开始，各盟市、旗县要统筹规划，有步骤地进行民族小学和初中的学制改革，做到学制改革与外语开设课同步进行。自治区将从2001年秋季开始，向民族初中供应四年制的各科蒙文教材，停止供应三年制的教材。

〔民族语文教材建设〕 1999年，自治区教委牵头召开两次全国中小学蒙文教材审查会，共审查90种中小学蒙文教材。按照教育部的安排，评选出6种中小学国家级优秀蒙文教材和74种国家级大、中专（中师）优秀蒙文教材。幼儿园蒙文教材已投入使用，中学英语教材的翻译出版工作进入规范化阶段。全区民族幼儿园、民族中小学的蒙文教材基本达到了种类齐全、结构合理，并且保证了课前到书。

〔示范性民族中小学建设〕 自治区教委决定，从1999年秋季开始，用2～3年时间，加快全区55所自治区级示范性民族中小学的“新三室”（微机室、语音室、电教室）建设。年内，共投入资金388万元，建设20所民族学校的微机室、语音室。

撰稿 陈 联

审稿 张树逊 秦政奇

辽宁省教育

概　　况

〔基本情况〕

1999 年各级普通学校基本情况

单位：人

学校类别	学校数（所）	毕业生数	招生数	在校学生数	教职工数	
					计	其中：专任教师
总　计	26 868	1 416 177	1 934 170	7 073 716	557 491	420 700
一、研究生	(44)	2 632	4 309	11 364		
1. 高等学校	(31)	2 426	4 005	10 574		
2. 科研机构	(13)	206	304	790		
二、普通高等学校本专科	64	49 964	87 851	235 819	59 590	25 179
本科院校		27 785	59 522	170 389		
专科院校		22 179	28 329	65 430		
分校、大专班		(840)	(280)	(1 493)	(141)	(59)
三、普通中等学校	3 041	718 754	855 462	2 314 462	218 342	164 774
1. 中等专业学校	151	40 100	42 839	156 847	22 602	11 286
中等技术学校	139	32 942	39 316	137 975	20 618	10 183
中等师范学校	12	7 158	3 523	18 872	1 984	1 103
2. 技工学校						
3. 普通中学	2 429	618 065	755 550	1 961 673	175 820	139 497
高中	465	106 998	143 871	399 229		25 411
初中	1 964	511 067	611 679	1 562 444		114 086
4. 职业中学	450	60 060	56 341	194 860	19 443	13 691
高中	404	58 407	55 030	191 947		13 557
初中	46	1 653	1 311	2 913		134
5. 工读学校	11	529	732	1 082	477	300
四、小学	13 748	644 042	503 795	3 666 131	222 460	191 011
五、特殊教育学校	80	785	913	7 267	2 517	1 855
六、幼儿园	9 935		481 840	838 133	54 582	37 881

1999 年各级成人学校基本情况

单位：人

学校类别	学校数（所）	毕业生数	招生数	在校学生数	教职工数 计	教职工数 其中：专任教师
总　计	14 315	4 495 111	4 393 799	3 473 211	54 496	24 978
一、成人高等学校	49	50 547	55 347	154 957	10 732	5 098
1. 广播电视大学	3	8 539	7 975	23 453	2 487	1 197
2. 职工高等学校	39	7 345	9 564	22 594	6 351	3 008
3. 农民高等学校						
4. 管理干部学院	5	4 784	2 584	7 989	1 108	451
5. 教育学院	2	493	1 052	2 429	786	442
6. 独立函授学院						
7. 普通高等学校举办：						
函　授　部		16 057	15 434	50 477		
夜　大　学		8 311	8 633	26 167		
成人脱产班		5 018	10 105	21 848		
合计中：电大普通专科班						
二、成人中等学校	13 226	4 389 017	4 280 143	3 261 827	41 897	19 327
1. 成人中等专业学校	233	28 612	21 253	76 585	14 496	8 912
广播电视中等专业学校	8	14 342	11 178	37 092	933	543
职工中等专业学校	105	8 611	7 126	28 106	6 142	3 167
干部中等专业学校	1				99	18
农民中等专业学校	28	5 322	2 910	10 215	1 375	882
函授中等专业学校						
教师进修学校	91	337	39	1 172	5 947	4 302
其他类学校举办						
2. 成人中学	269	24 614	19 830	27 987	2 235	1 601
职工中学	109	17 748	11 803	15 237	1 064	707
农民中学	160	6 866	8 027	12 750	1 171	894
3. 成人技术培训学校	12 724	4 335 791	4 239 060	3 157 255	25 166	8 814
职工技术培训学校	390	425 986	486 514	234 624	7 310	3 240
农民技术培训学校	12 334	3 909 805	3 752 546	2 922 631	17 856	5 574
三、成人初等学校	1 040	55 547	58 309	56 427	1 867	553
1. 职工初等学校	10	1 547	1 547	398	98	48
2. 农民初等学校	1 030	54 000	56 762	56 029	1 769	505
其中：扫盲班	493	23 542	25 956	26 162	172	129

制表　崔志刚

〔**年度工作方针**〕 1999年，辽宁省教育指导思想是：高举邓小平理论旗帜，贯彻落实党的十五大精神，进一步解放思想，转变观念，以改革为动力，以提高教育质量和效益为重点，盘活教育资源，促进教育走上合理布局、优化结构的发展道路，为实施科教兴省战略做贡献。要在以下四个方面取得突破：一是以城市普及高中阶段教育、农村提高高中阶段教育比例为目标，推进全省中初等教育结构调整和教育资源优化配置。二是推进全省高等教育管理体制改革和布局结构调整，促进高等学校的共建、调整、合并和合作，优化高等教育资源配置，提高高等教育质量和效益。三是推进中小学人力资源优化配置，优化中小学师资结构，推行全员聘任制，不断提高教师队伍的整体素质，提高办学质量和效益。四是推进高等学校内部管理体制改革，在高等学校实行人员编制与工资总额动态包干和教师职务聘任制度，营造优秀、创新人才脱颖而出的用人环境。此外，继续推进办学体制、投资体制改革和高等学校后勤、科技体制改革及各级各类教育的教学改革。

〔**全省教育工作会议**〕 为贯彻落实全国教育工作会议精神和《中共中央国务院关于深化教育改革全面推进素质教育的决定》，1999年11月13日～14日，辽宁省委、省政府在沈阳召开全省教育工作会议。会议提出：以提高全民素质和创新能力为重点，深化教育改革，加快教育结构和布局调整，全面推进素质教育，推进教育强省的建设，促进全省经济建设和社会事业的发展。省委书记闻世震在开幕式上作了题为《深化教育改革，全面推进素质教育，建设教育强省》的讲话；副省长张榕明作了题为《深化教育改革，建设教育强省，促进全省教育事业的更大的发展》的工作报告，就提交大会讨论的《中共辽宁省委省人民政府贯彻落实〈中共中央国务院关于深化教育改革全面推进素质教育的决定〉的实施意见》做了说明；省长张国光在闭幕会上作了题为《深化改革，加快发展，建设教育强省》的总结讲话。

闻世震在讲话中指出，面对21世纪知识经济的挑战，必须加速教育的改革与发展。必须从现在起，动员全社会力量，加大工作力度，采取多种措施，促进全省教育在扩大规模的同时把重点转向提高质量，由粗放型转向集约型发展，把提高教育水平作为重点，努力把辽宁建设成为教育强省。实现这一战略性目标，必须坚持改革、调整、创新、提高的原则，即：进一步深化教育改革，尽快建立与社会主义市场经济体制相适应的教育体制；加大教育结构布局调整的力度，增强教育与经济、社会发展的适应性；以培养创新精神和实践能力为重点，转变教育思想和教育观念，创新办学方式、教育模式；全面推进素质教育，大幅度提高教育质量。各级党委和政府都要从实现辽宁跨世纪发展目标的高度，关心和支持教育工作，切实加强领导，进一步健全和明确领导目标责任制，加强依法治教工作，加强教育战线党的建设，努力开创全省教育工作的新局面。

省长张国光在总结讲话中强调，各级党委、政府和有关部门要结合实际贯彻落实好会议精神，努力实现全面推进素质教育，建设教育强省的奋斗目标。要坚持把教育作为先导性、全局性、基础性的工作，摆到优先发展的战略地位。各级政府要继续增加教育投入。从2000年到2002年，省、市两级财政支出中的教育经费支出比例，每年要递增一个百分点，要采取有效措施，提高教育经费的使用效益。全面推进素质教育，努力培养学生的创新精神和实践能力，要着力解决的问题：一是要从小从早抓起，全方位推进素质教育；二是要抓紧更新教学内容和教学方法；三是建立教育与经济、科技密切结合的新机制；四是抓紧建立素质教育督导评价制度。关于深化教育体制改革，优化教育资源配置问题，张国光提出要抓好五个环节：一是深化办学体制改革，积极发展以社区为依托、公办与民办并举的幼儿教育，义务教育以政府办学为主，非义务教育阶段要大力发展民办教育；二是深化教育管理体制改革，进一步完善基础教育地方负责、分级管理的体制；三是深化招生就业制度改革和学制改革，要大力发展初、中等职业教育，进一步培育毕业生就业市场；四是深化学校内部管理体制改革，实行专业技术职务聘任制和工作岗位全员聘用制；五是深化教育综合改革，促进高等学校进入经济建设的主战场。张国光强调，实施素质教育的关键在教师。要切实加强师资队伍建设，全面提高教师素质。

会上，与会代表讨论了《中共辽宁省委、省人民政府贯彻落实〈中共中央国务院关于深化教育改革全面推进素质教育的决定〉的实施意见》，交流了教育改革经验，表彰了在“两基”工作中作出突出贡献的单位和先进个人。

〔**教育法制建设**〕 1999年，辽宁省加强教育立法、普法、执法和队伍建设，保障了教育改革与发展的健康进行。(1)把教育法制工作作为依法治国的基础工程来抓。做到认识到位，转变思想观念和工作方式；领导到位，实现依法论事、依法办事、评先评优必须考评法制；工作到位，做到从基础抓起，循序渐进。(2)做好教育立法工作。陆续出台地方教育法规5部、省政府规章9部。(3)搞好普法，为推进依法治教进程营造良好的社会舆论氛围。把教育普法工作列入“三五”普法规划之中，做到时间落实，内容落实，教材落实。并将法制教育与理论学习相结合，与岗位培训相结合，与依法治教、依法行政相结合，与法制宣传相结合。充分利用各种新闻媒体经常进行教育法律、法规的宣传教育。(4)健全机构，搞好培训，加强教育法制机构和执法队伍建设。全省县级以上教育行政部门都设立了教育法制工作机构，共有147名教育法制工作人员，全省共有1 546名教育行政执法人员经过培训考试取得了行政执法证。(5)建立责任制，依法行政，做好教育执法检查。

〔**纠正行业不正之风**〕 年初，省教委与省政府签定了“辽宁省教育系统纠正行业不正之风责任状”，与各市教委主任续签了1999年度辽宁省教育系统纠正行业不正之风责任状。坚持省定收费项目和标准，进一步完善收费管理办法；1999年各市教委、市物价局在春秋两季开学前后分别联合发出《关于1999年春、秋季中小学收费项目和收费标准的通知》、《关于进一步加强中小学收费管理的通知》，转发省教委、省物价局《关于进一步规范和完善全省教育收费明码标价工作的通知》，提出收费项目、收费标准以及收费范围和具体要求；把住教学及教辅用书入口关，省教委制发了《关于在九年义务教育阶段学生用书及教辅用书（含教育音像资料）征订实行最高限额的通知》，在保证学生正常学习用书情况下，自2000年春季起，对九年义务教育阶段学生用书及教学辅助用书（含教育音像资料）征订实行最高数额限额，每学期公布一次；继续推进普通高中招生制度改革，严禁义务教育阶段公办中小学校招收择校生，一律实行学生就近免试入学，并下大力量加强薄弱学校的建设；加强考风考纪的执法监督，严格考务管理，严肃考风考纪，把考风考纪的执法监督工作直接纳入到纠风治乱工作中；实行校务公开，强化学校民主化管理，制发了《辽宁省教委推行校务公开工作的实施意见》，对校务公开做了具体的规定。

〔**教育考试管理**〕 1999年，省教委与省招考委联合印发《辽宁省高中等教育统一考试考点规范化管理暂行规定》，省教委与省监察厅联合印发《辽宁省高中等教育统一考试管理处罚暂行规定》，两个规范性文件分别于3月11日和3月19日起实施。《辽宁省高中等教育统一考试考点规范化管理暂行规定》对考点设立的条件，考点的组织机构及职责，考点工作人员聘任条件，考点的考试管理，试卷装订程序和办法，规范化考点的确立与评估等作出规定。考试管理《处罚暂行规定》则明确了处罚对象，处罚权限，处罚程序，考生、考试工作人员及其他人员违反考试管理的行为及处罚等。

基础教育

〔**中小学布局调整**〕 为优化中小学教育资源配置，进一步提高办学效益和质量，1999年省政府印发了《关于调整中小学布局结构的意见》（以下简称《意见》）。《意见》提出，中小学布局结构调整的目的，是通过重组、拓展等途径优化教育资源，推动资源配置由粗放型向集约型转变，扩大办学规模，提高办学水平、效益和教育质量。

《意见》对全省农村和城镇中小学调整分别做出部署。农村要利用乡（镇）、村行政区划调整的时机，对中小学布局进行调整。以试办九年一贯制学校为契机，带动撤点、合班、并校，使中小学布点相对集中，以达到资源配置集约化。(1)提倡一乡一校，试办九年一贯制学校；(2)突破村办小学体制，根据人口、地理、交通条件划分学区，按学区布点设校；(3)提倡乡、村购置校车或租用通勤车接送学生，扩大学区范围，提高办学效益；(4)调整初级小学、完全小学办学结构，村设初小，数村合设高小，实行高小并班；(5)年招生生源不足20人的初小实行隔年招生，乡统筹规划隔招年份，防止高年段生源波动；(6)农村少数民族中小学的调整原则上由县级政府统筹，实行集中或联合办学。

《意见》提出，城镇要根据城区改造和扩展规划，通过合并、改制、置换等途径带动中小学布局调整和薄弱学校改造。(1)积极推进邻近初中、小学合并，组建九年一贯制学校；(2)以旧城区改造为契机，将学校建设纳入城区改造规划，在住宅小区新建、迁建九年一贯制学校；(3)强弱联合，将同学段的薄弱学校并入强校，以强带弱；(4)易地新建处于市区黄金地段、扩建困难的学校，特别是高中；(5)以改造薄弱学校为重点，优化资源配置，提高办学水平，实现区域均衡发展；(6)提倡城镇用"双语"教学的少数民族高中，实行地区间联合办学。

〔**中小学教师继续教育**〕 辽宁省中小学教师继续教育起步于1991年。1996年，又加大了中小学教师继续教育工作力度，全省小学教师继续教育已进入第二周期，初中、高中、培训院校、幼儿园教师的继续教育已全面启动。到1999年，各项配套措施，如培训基地建设、教材建设、政策法规建设等大都得到落实，基本形成了以邓小平同志"三个面向"为指导思想，创建面向21世纪、以终身教育为宗旨，以全员培训为主要特征的继续教育体系。(1)在培训目标方面，传授知识与培养能力相结合，以能力培养为主。不仅重视教师自己"学会"，更重视教师"教会"。(2)在培训内容方面，学科课程与活动课程相结合，充分发挥活动课程的优势。创建适于岗位培训，以生活工作实际确定教学内容，以工作程序决定开课顺序的活动课程。(3)在培训形式方面，离岗培训与岗位培训相结合，以岗位培训为主。(4)在培训管理方面，实行无限学制、分阶段要求、学分制管理。(5)在培训策略方面，面向全体，突出骨干教师培训。在抓教师群体素质提高的同时，注意发挥骨干教师的带动作用和辐射作用。(6)在培训基地方面，既注重发挥教师培训院校作用，同时更重视教师任职学校的作用。继续教育由省、市、县、校四级网络组织实施。

〔**分离企业办中小学**〕 为减轻企业负担，深化教育改革，实现国有企业3年脱困目标，做好分离企业自办的中小学校工作，1999年省政府办公厅印发了《关于分离企业办中小学有关问题的通知》。提出分离的重点是8个优化资本结合试点城市、135户现代企业制度试点企业、省重点扶持的60户大企业和经批准宣布破产或濒临破产的企业。分离企业办学的范围是企业办的义务教育阶段的中小学和普通高中。企业办非义务教育学校暂不移交。办学企业按照属地办学的原则，将所办学校移交给所在地区政府，由教育部门归口管理，校产资源（包括现有使用的土地、房屋、设施、设备及由学校占有和使用的其他资产）实行总体无偿移交，保证国有资产不流失。要求办学企业做好被分离学校教职员工的思想工作，确保学校教学质量和教学秩序不受影响。

〔**民办中小学管理**〕 1999年，全省有民办小学86所，占全省小学总数的0.6%，在校生13 609人；民办中学120所，占全省中学总数的4.93%，在校生50 194人。1月28日，辽宁省九届人大常委会第七次会议审议通过了《辽宁省民办中小学管理条例》，于1999年3月1日起施行，标志着对民办中小学的管理开始纳入法制化轨道。《条例》对民办中小学的设立、办学与管理、保障与扶持、解散与变更、法律责任等做出规定。

〔**控制中小学生辍学**〕 为进一步控制中小学生辍学，1999年省教委建立了辍学报告制度，开展了控制辍学月活动。(1)坚持"依法治教、以防为主、防治结合、综合治理"的控辍方针，抓好几道防线：一是提高课堂教学质量，减少分化，把后进生转化作为重点，要求各中小学校必须有后进生帮教计划和具体帮教措施；二是积极开展初中阶段职业技术教育，适时分流，分流班的教学要结合当地生产和生活实际；三是切实做好厌学学生和有辍学苗头的学生工作；四是坚持依法治教，做好辍学学生复学工作，对已经辍学的中小学生要坚决找回，控制辍学的主要工作应在学生辍学之前，应把主要精力从辍学学生向厌学学生转移。(2)建立辍学报告制度。各市、县在每年的4月和10月定期向省教委上报全市、县的辍学情况报告。(3)控辍月活动要长期开展，形成制度。省教委决定把每年的3月和9月做为控辍活动月。各级教育行政部门要加强领导，根据本地实际制定控制辍学月活动方案，要有专人负责；要广泛宣传，大造舆论，使农村地区家喻户晓；要摸清底数，解决贫困学生学习和生活上的困难；要加强学籍管理，严格执行入学、转学、休学制度。

〔**扩大高中招生规模**〕 1999年，经省政府同意，省教委决定扩大高中招生，并会同省物价局对收费标准进行调整：(1)采取强校兼并弱校、名校设立分校（不搞校中校或一校两制）、企业学校改制、创办中外合作学校等多种方式，扩大高中阶段教育招生。(2)本着尽力而为，量力而行的原则，挖掘现有高中教育资源潜力，扩大高中招生。新增扩招计划，全部纳入自费。普通高中自费生收费标准仍按每生每年不超过2 000元执行，重点高中自费生收费每生每年不超过3 000元。调整后的自费生收费标准从1999年秋季学生入学起执行，在校生仍执行原标准。(3)加强高中学校收费管理，建立完善的收支制度，确定合理的使用比例。自费所收学费，不准用于职工消费分配而要用于发展建设学校。教育行政部门可在学校招收自费生收入中提取20%，统一用于本地区薄弱学校改造和现代教育技术手段武装等方面；各学校也要制定奖学金、助学金政策，资助贫困学生完成学业，奖学金、助学金发放金额不低于当年收取自费生学费收入的20%。(4)调整收费标准要广泛做好舆论宣传，制定科学操作程序，稳妥无误，保证社会稳定。(5)扩招学校可以增加班数，但不能突破规定班额。要全面落实高中课程计划，在扩大高中招生规模的同时，保证教育教学质量。

高 等 教 育

〔**高校内部管理体制改革**〕 年初，省政府印发了《关于深化我省高等学校内部管理体制改革若干问题的通知》，全面启动全省高等学校新一轮内部管理体制改革。改革的主要目标是：建立和完善适应社会主义市场经济、社会发展需要的学校内部管理体制和运行机制；其核心是师资队伍建设；其重点是搞好学校的用人制度和分配制度。主要政策措施有：(1)实行编制包干。一是划分编制类型，科学界定高等学校的基本职能，分离学校承担社会服务的职能；二是提高学校教职工与学生比和师生比及教师占教职工的比例，规定师生比达到1：10以上，人员编制中，专任教师逐步达到50%以上，党务、行政、后勤管理人员不超过人员编制的20%；三是加强政府宏观调控，国家控制编制经费的总量，控制教育经费中人员编制经费的比例。(2)高校内部机构设置，本着增强活力、适度放权、促进发展、结合实际的原则，由学校按照实际需要自行确定。(3)完善教师职务聘任制（学校实行全员聘任制）并逐步向聘用合同制过渡。从1999年1月起，对各高校新进人员，一律实行聘用合同制。(4)实行工资总额包干。在包干期内，学校增人不增工资总额，减人不减工资总额。高校可在工资总额内进行自主分配，实行岗位工资制，以岗定薪。(5)促进高校后勤服务社会化。对于学校现承担的直接为教学提供生活后勤服务的单位（食堂、浴室、学生公寓等）及具有社区服务功能的医院等单位，首次工资总额包干按人员编制总数的70%核定人员经费，三年内过渡到经费自理。(6)政府管理高校的职能部门简政放权，高校在人员调配、内部管理人员职务任免、专业技术职务评聘、学校内部分配等方面享有自主权，不断增强学校办学的生机活力和学校自我发展能力。(7)高校主管部门及有关职能部门要加强对高校的监督检查，建立有关考核评估指标体系，通过监督措施促进高校办学效益和教育教学质量的提高。

〔**举办全省大学生文化艺术节**〕　2月26日，省教委、文化厅、广电厅、团省委联合发出《关于举办'99辽宁省大学生文化艺术节的通知》，大学生艺术节活动在全省各高校全面展开。这次大学生艺术节活动的基本特点：一是突出思想性，在校园弘扬歌颂祖国、歌颂社会主义、歌颂改革开放的主旋律；二是体现群众性，发动学生普遍参与，活动立足点放在基层；三是注意艺术性，通过文化艺术活动陶冶学生的艺术情操与鉴赏品位；四是遵循以育人为宗旨，着眼于提高当代大学生的综合素质，以此作为活动的出发点；五是普遍重视“组织落实、活动落实、经费落实”，加强各项活动的宣传和效果反馈。

〔**高校“文明校园”建设**〕　1999年，全省有9所普通高校申报参加“文明校园”检查评估，其中部委属高校3所、省属高校4所、市属高校2所。10月10日～21日，省委高校工委、省教委组织专家对9所高校逐一进行了检查评估。评估组经汇总分析，评议打分，形成了书面的评估意见，并与各学校交换了意见，既肯定了成绩，又提出了问题和整改建议，达到了“以评促建、以评促改、评建结合、重在建设”的目的。(1)各参评高校领导重视，工作扎实。中国刑警学院在创建工作中，提出既要重视评估结果，更要重视评估过程，把检查评估作为全面推进创建工作的动力。辽阳石油化工高等专科学校把创建工作列入党政工作的重要日程，定期研究，定期部署，定期检查。(2)加大投入，整体优化。沈阳音乐学院在创建“文明校园”活动中为改善办学条件，采取集资、自筹、联建等方法，加大了基础设施的投入，新建了综合楼、音乐厅、学生公寓等，投资500万元对教学楼、宿舍、食堂、道路等进行了修缮，改善了教学和学生生活环境。沈阳药科大学投入300多万元，使学校绿化、美化、亮化工程取得明显成效。抚顺职业技术学院投入550万元新建了教学楼、游泳馆，投入近300万元购置了教学仪器和实验设备，使学院学习条件有了明显改善，学校的育人环境得到了优化。(3)各学校注意突出特色，坚持硬件软件建设一起抓。如鲁迅美术学院创建“文明校园”注意突出鲁艺精神，学院把毛泽东主席为鲁艺题写的“紧张、严肃、刻苦、虚心”八字校训碑建在校园，并在校园兴建了鲁迅塑像，引导和激励学生。辽宁警官专科学校创建“文明校园”工作，注重养成教育，努力提高学员的文明素质，用正确的世界观、人生观、价值观去引导学员。(4) 强化管理，从严治校。各院校都在创建“文明校园”过程中，进一步健全和完善各项规章制度，层层落实岗位责任制，建立激励和约束机制，加强了教育管理和监督检查，不断提高了学校的管理水平。(5) 注重实效，成果显著。各院校在创建“文明校园”活动中，充分体现了“重在建设，意在育人，贵在坚持，注重实效”的指导思想，基本上达到了校园环境美化、绿化、亮化，教室、图书馆、实验室文明、安静、整洁有序，学生宿舍整洁、文明、安全，学生食堂环境清洁、饭菜丰富、价格合理等。

〔调整高等教育收费标准〕 为了促进教育事业的发展，缓解教育经费不足的紧张状况，按照教育部、国家计委、财政部《高等学校收费管理暂行办法》，经省政府同意，省物价局、省教委联合发出通知，对全省高校收费标准做适当调整。(1)1999 年全省普通高校本科生分专业学费标准为：哲学、法学(除公安学类)、文学中的中国语言文学类，历史学、管理学中的图书档案学类，每生每学年 2 400～2 600 元；经济学、文学中的新闻传播学类，理学、工学、农学（除原农学类专业）、管理学（除图书档案学类），每生每学年 2 700～2 900 元；医学、法学中的公安学类，教育学中的体育学类，文学中的外国语言文学类，工学中的建筑学、城市规划、工业设计（授工学学士）、服装设计与工程（授工学学士）专业，每生每学年 3 300～3 500 元；文学中的艺术类，工学中的工业设计（授文学学士）、服装设计与工程（授文学学士）专业，每生每学年不超过 8 000 元。(2)全国重点学校（即进入“211 工程”的学校），本科生学费可在普通高校同类专业收费标准基础上，每生每学年上浮 400 元。(3)普通高校专科生学费标准，按低于高校本科专业学费标准每生每学年 200 元执行。(4)高等职业教育专业学费标准每生每学年不超过4 500 元。(5)成人脱产教育学费标准按不超过普通高校同类专业学费标准的 90%收取，业余教育按不超过普通高校同类专业学费标准的 60%收取。

学费标准调整的同时，学校将新的奖学金、助学金和特困生补助的发放条件、办法等一并公布。奖学金、助学金和特困生补助的发放金额不低于当年收取学费金额的 20%。对特困学生的学费、住宿费应实行减免政策，确保家境困难的学生完成学业。普通高校和成人高校实行公寓化管理的学生宿舍，住宿费标准为每生每学年 500 元；未实行公寓化的，住宿费标准为每生每学年 300 元。

〔高校党建工作〕 1999 年，全省普通高校共有党总支（含分党委）745 个；党支部 3 518个，其中教师支部 1 292 个，学生支部 521 个；另有学生党小组 561 个。教职工中党员占 45%；专任教师中党员占 46%；青年教师中党员占 36%；在校生中党员占 7%；研究生中党员占 29%；非党青年教师中 40%以上的人要求入党，被列为积极分子的占 38%；非党学生中 59%以上要求入党，被列为积极分子的占 28%。注重总结、宣传和树立高校党建工作的先进典型，以点带面。评选了6所党建和思想政治工作先进学校，10个先进党总支，10个先进党支部，20名优秀共产党员和党务工作者，在全省高校党建工作会议予以表彰。

〔**高校后勤改革**〕 全省高校后勤改革的目标是，力争用3年左右的时间完成高校后勤向“独立核算、自主经营、自负盈亏”的经营实体过渡，逐步使高校后勤实现社会化。各高校分别从本校实际出发采取了不同的改革方式。主要有两种模式：一是经费包干（承包）使用模式，主要在专科学校实行，实行此种模式的学校约占全省高校的30%左右；二是“独立核算、自主经营、自负盈亏”的经营实体模式，实行该模式的学校约占全省高校的60%以上。全省各高校积极推进后勤社会化改革，精简130多个后勤机构，后勤人员由11 265人减少到9 129人，仅1999年增收节支就达5 768万元（其中省属高校增收节支3 268万元）。有15所高校进行了利用社会力量建设和管理学校后勤的尝试。沈阳师范学院利用学校搬迁的时机，除留少量调控部分外，将后勤服务体系全面推向社会。大连民族学院1998年7月与当地农民合作，农民出资800万元在校内建8 000平方米学生宿舍，由农民管理。沈阳工业大学与香港投资商合作，逐步将学生生活用房迁出校园，一期工程5万平方米已开工建设。辽宁大学、锦州师范学院利用社会投资各建4万平方米学生公寓。各高等学校的后勤工作正由“小机关、多实体、大服务”逐步向独立核算、自主经营、自负盈亏的实体方向发展。

职业教育与成人教育

〔**民办教育**〕 1999年，省政府办公厅转发了《省教委、省计委、省财政厅关于鼓励社会力量办学扶持民办学校教育发展意见》，提出了扶持民办学校教育发展的若干政策措施。

《意见》指出，要全面贯彻“积极鼓励、大力支持、正确引导、加强管理”的方针，逐步建立以政府办学为主体，社会各界共同参与，公办学校与民办学校共同发展的办学格局。只要符合国家的有关法律、法规，有利于增加教育投入，有利于扩大教育规模、提高教育质量，有利于满足社会对教育的需求，各种办学形式都可以大胆实践、积极探索。企事业组织、社会团体、其他社会组织以及公民个人都可以依法独立办学或以股份形式合资办学；可以与公办学校联合办学，也可以按照《中外合作办学暂行规定》与境外人士和机构合作办学，还可以进行“公办民助”或“国有民办”的改革试验。

《意见》鼓励社会力量办学的主要政策措施，一是社会力量新建或扩建民办学校，当地政府要纳入城乡建设规划，根据国家有关规定和实际情况予以优先安排，并以划拨方式供应土地，校舍建设享受与公办学校同等条件的优惠政策。二是民办学校可以通过向受益单位和个人收取费用，并将此费用作为学校自我完善和发展的主要资金来源。三是民办学校及其教师、学生依法享有与同类公办学校同等的地位、权利，承担同等的义务；鼓励大中专毕业生到民办学校任教，允许教师在公办学校和民办学校之间进行合理流动，教龄按有关政策连续计算。四是社会力量投资举办民办学校，可以在办好学校，保证学校有发展后劲的前提下，经办学机关批准，有计划地逐步收回本金，允许以教养教。五是各级政府加强对社会力量办学的领导，要统筹管理，合理布局，协调发展。

〔**高等职业教育**〕 省教委通过对现有学校进行改革、改组、改制的方式试办高等职业技术教育。一是通过改造、改组普通高等专科学校试办高等职业教育，如在为第一产业服务的辽宁熊岳农业高等专业学校、为第二产业服务的辽宁省交通高等专科学校、沈阳电力高等专科学校等有关院校进行高职试点；二是选择办学条件好的成人高校进行高职试点，如在辽宁省青年管理干部学院、辽宁省经济管理干部学院、沈阳联合职工大学、辽宁省公安司法干部学院、大连经济干部管理学院等成人高校举办高等职业教育；三是除沈阳、大连外其他11个市举办的12所地方高校改办高等职业技术教育，盘锦市已被教育部正式批准新办职业技术学院；此外，在普通高等院校中设置二级学院。四是选择少数办学条件较好的普通中等专业学校作为补充，进行高职试点，并根据省委、省政府关于高等教育结构布局调整方案，将这部分国家级重点普通中等专业学校并入高校组建职业技术学院。自1997年试办高等职业教育以来，到1999年，试点学校达47所，办学点53个，全省计划招生9 000人。共开设24类114个专业，专业点220个。

根据教育部、国家发展计划委员会《试行按新的管理模式和运行机制举办高等职业技术教育的实施意见》精神，结合全省实际，确定辽宁省发展高等职业技术教育的方针是，深化改革，积累经验，提高质量，办出特色。要求各试点学校根据全省经济建设和社会发展的需要，加强校企合作、产学研结合和实践教学，突出能力培养，努力办出高职特色。1999年辽宁熊岳农业高等专科学校、辽宁青年管理干部学院、沈阳电力高等专科学院转轨较快，创造和总结了一些成功经验。

为加速高等职业教育的发展，在政策上向高职倾斜，做出以下决定：一是加大投入力度，改善实验实习条件。1997年省财政投资180万元，1998年投资300万元，到1999年投资达1 000万元，用于省属院校的实验实习基地和实验设备的购置和改造，要求学校和学校主管部门按省拨经费标准1：1配套。二是高职毕业生由省统一印制毕业证书，统一印发高职毕业生就业派遣报到证或推荐证书。三是省财政仍按专科院校生均经费标准下拨教育事业费。四是被正式录用的高职学生可以转户口。对高职的在校生、毕业生在待遇上同普通专科学校的学生一视同仁，以扶植高等职业教育在试办阶段能够顺利发展。

〔**农村职业教育**〕 到1999年，全省54个县（市、郊区）全部建起了职业教育中心。职业教育中心实行政府统筹，部门联合，教委主管，一校多功能的办学体制。全省职教中心校均学历教育在校生规模达 1 560 人，建筑面积 16 600 平方米，实验实习基地 6.6 公顷。全省接受初等职业技术教育的人数达到 15 万人，占未升入上一级学校初中毕业生的 60%。每年全省县办农村成人中专、农业广播学校招收中等学历生 13 000 人左右，农民的实用技术培训 650 万人次以上。

〔**培训下岗职工**〕 省教委动员和组织全省高、中等学校，免费培训下岗职工。召开了全省高、中等学校开展下岗免费培训工作会议暨新闻发布会，印发了《关于在全省部分高中等学校开展下岗和转岗免费培训的通知》，确定 97 所学校作为负责培训下岗职工的试点学校，号召全省各类教育机构，充分利用现有教育资源，积极开展下岗职工培训工作。为使免费培训工作更具有实效，省教委又与省劳动厅联合发出《关于将全省高中等学校下岗职工免费培训试点纳入再就业培训管理体系的通知》，使培训工作进一步规范化。据不完全统计，全省教育系统有 263 所学校参与免费培训下岗职工的工作，开办 102 个专业与工种的培训班，共免费培训了 5.2 万名下岗职工。

〔**调整中等职业学校收费标准**〕 根据教育部、国家计委、财政部《中等职业学校收费管理暂行办法》，经省政府同意，省物价局、省教委对全省普通中等专业学校收费标准做适当调整。(1)按照教育部颁布的《普通中等专业学校专业目录》，根据各专业成本不同的实际情况，1999 年省普通中等专业学校学费标准为：农科、林科每生每学期为 900 元；工科、医药卫生科、财经科、管理科、政法科每生每学期为 1 000 元；体育科每生每学期不超过 1 400 元；艺术科每生每学期不超过 3 000元。(2)省部级重点学校学费标准可在普通中专同等专业标准基础上，每生每学期上浮 100 元。(3)普通中等师范学校学费标准为每生每学期 900 元。(4)成人中专脱产教育学费标准按不超过普通中专同类专业学费标准的 90%收取，业余教育按不超过普通中专同类专业学费标准的 60%收取。(5)学费每学期收取一次，不得跨学期预收。在校生仍执行原标准。(6)普通中专和成人中专实行公寓化管理的学生宿舍，住宿费标准为每生每学期 200 元；未实行公寓化的，住宿费标准为每生每学期 120 元。

撰稿　李洪军

审稿　李树森

大连市教育

〔基本情况〕

1999年各级普通学校基本情况

单位：人

学校类别	学校数（所）	毕业生数	招生数	在校学生数	教职工数 计	教职工数 其中：专任教师
总计	3 806	202 112	264 964	1 018 223	84 025	58 889
一、研究生		1 231	1 828	4 924		
1. 高等学校		1 231	1 828	4 924		
2. 科研机构						
二、普通高等学校本专科	15	12 740	22 741	64 960	16 253	6 555
本科院校	11	11 751	20 184	59 956	14 957	5 935
专科院校	4	989	2 557	5 004	1 296	620
分校、大专班						
三、普通中等学校	437	111 759	121 538	327 463	32 087	23 716
1. 中等专业学校	22	6 491	7 325	22 387	3 174	1 488
中等技术学校	20	5 406	7 325	21 436	2 668	1 231
中等师范学校	2	1 085		951	506	257
2. 技工学校	62	4 948	4 250	11 407	2 912	1 653
3. 普通中学	276	86 993	98 294	257 645	22 902	18 403
高中	69	16 690	22 668	61 696		3 900
初中	207	70 303	75 626	195 949		14 503
4. 职业中学	76	13 192	11 599	35 907	3 044	2 143
高中	76	13 192	11 599	35 907	3 044	2 143
初中						
5. 工读学校	1	135	70	117	55	29
四、小学	1 429	76 184	63 681	483 669	27 276	23 126
五、特殊教育学校	10	198	202	1 283	378	270
六、幼儿园	1 915		54 974	135 924	8 031	5 222

制表　王九存

1999年各级成人学校基本情况

单位：人

学校类别	学校数（所）	毕业生数	招生数	在校学生数	教职工数	
					计	其中：专任教师
总　计	1 078	854 611	860 988	391 509	6 812	3 645
一、成人高等学校	6	12 015	13 523	36 836	1 504	814
1. 广播电视大学	1	783	1 428	3 182	487	284
2. 职工高等学校	4	1 263	1 759	4 278	677	345
3. 农民高等学校						
4. 管理干部学院		855		1 201		
5. 教育学院	1	467	584	1 596	340	185
6. 独立函授学院						
7. 普通高等学校举办：		8 647	9 752	26 579		
函　授　部		4 240	3 352	12 040		
夜　大　学		2 672	3 067	7 279		
成人脱产班		1 735	3 333	7 260		
合计中：电大普通专科班		353	370	1 079		
二、成人中等学校	1 072	842 596	847 465	354 673	5 308	2 831
1. 成人中等专业学校	35	4 580	3 959	12 897	1 753	1 060
广播电视中等专业学校	1	2 639	1 964	6 397	117	73
职工中等专业学校	19	828	1 219	4 122	633	319
干部中等专业学校						
农民中等专业学校	5	1 113	776	2 378	220	140
函授中等专业学校						
教师进修学校	10				783	528
其他类学校举办						
2. 成人中学	12	92	788	786	83	25
职工中学	12	92	788	786	83	25
农民中学						
3. 成人技术培训学校	1 025	837 924	842 718	340 990	3 472	1 746
职工技术培训学校	73	37 118	38 111	29 394	950	427
农民技术培训学校	952	800 806	804 607	311 596	2 522	1 319
三、成人初等学校						
1. 职工初等学校						
2. 农民初等学校						
其中：扫盲班						

制表　杨乃昆

1999年，全市城区县镇已满足了3～6周岁幼儿入园要求，农村学前二年教育普及率达到86%。全市城镇民办托幼园所达193所。小学学龄人口入学率为99.90%，小学毕业生升学率为99.26%。初中毕业生升学率为64.77%（含普通高中、职业高中、普通中专、技校、成人中专招的应届初中毕业生）。调整了教育结构，扩大了普通高中教育规模，在原有普通高中招生计划的基础上扩大招生2 400人，全市高中阶段教育普及率达到65%，高中阶段教育中，普通教育和职业教育所占比例达到5∶5。城区普通高中教育中，民办高中招生达2 005人，占招生总数的19.76%。城区公办高中引入民办机制，比1997年扩招43%。全市普通高中应届毕业生升学率为81.61%，全市19～23周岁适龄人口高等教育的毛入学率达到23%。根据《大连市中等职业学校布局结构调整方案》，全市中等职业学校从209所调整到160所（含技工学校）。新设置高等职业技术学院2所（含民办1所），民办高校1所，617名普通中专、职业高中、技工学校毕业生升入高等职业学校。市属高校扩招1 405名。全市农村成人学校共举办实用技术班1.12万余期，培训农民102万人次，有1.1万余名农民通过乡镇职业学校培训获得“绿色证书”。

1999年市财政预算内教育事业费支出为69 497万元，占地方预算内支出79.7亿元的8.71%。校办产业在比较困难的情况下，补充教育经费4 000万元。加快了中小学校舍建设步伐，全市共投资1.97亿元，新翻扩建校舍19.68万平方米，其中农村完成11.07万平方米，改造危房校舍5.6万平方米。城区一次性抢修危旧校舍25所，13.3万平方米。学生人均校舍建筑面积小学生为4.33平方米，中学生为6.66平方米。完成教师住宅面积2.6万平方米，解决200多名教师住房问题。

撰稿　陈丕忠

〔**基础教育**〕　调整学校布局结构，加强办学设施标准化建设。1998年以来，瓦房店市、普兰店市和庄河市结合乡村建制调整，合并农村小学73所，合并班级611个，其中1999年合并19所，114班级。城区投资6 400万元，完成8项校建工程，建筑面积6.3万平方米，投资4 600万元，完成小区配套学校建设6项工程，建筑面积2.3万平方米，为改造市内“马路操场”小学，市政府决定投资动迁这类小学附近的建筑，拓展其操场面积，从根本上改变其办学条件和校容校貌，列入规划的15所小学中，有5所已拓展了操场。市区还一次性抢修了25所中小学的危旧校舍。中小学办学设施标准化活动开始启动，有101所学校和7个乡镇申报参评，已对51所学校和2个乡镇进行了检查评估，促进了“普九”水准的提高。全市普通中学和小学新增计算机2 500台，总量达1.64万台，提高了教育技术现代化水平。

全面推进素质教育。德育工作有所加强，德育地位、德育途径、德育方法得到较好的落实。各校结合庆祝建国50周年、喜迎澳门回归和纪念建市百年等活动，对学生进行了丰富多彩的爱国主义教育。城区中学学生学工、学农、学军等社会实践活动健康发展。甘井子区学农基地越办越好，还创建了劳动技能训练中心，为学生学工提供了良好的条件，学生社会实践活动每学期增加1周（利用假期进行）。以培养学生创新精神和实践能力为重点，对课堂教学如何体现素质教育进行了专题研讨，构建素质教育课堂教学的指导与评价模式活动已启动，还总结交流了主题综合活动课程的实验经验。农村小学课程整合改革实验取得了新进展。在城区中小学推行学生营养午餐的工作已经全面展开，并取得初步成效，中小学分别有10.48%和11.38%的学生在供餐单位或学校食堂就餐（共约4.5万人）。

积极稳妥地实施教师“双聘”（聘用、聘任）工作，进一步推进教师的继续教育工作。根据市政府批准的《大连市中小学工作人员双聘制实施办法》，市和区市县教委认真组织双聘实施工作。聘任工作以上年考评结果为依据，以学校为单位，按考评成绩依次排序，根据岗位需要择优聘任；同时，以考评结果及上级教育行政部门批准的岗位数额为主要依据，实行人员分流。全市中小学转岗分流6 823人，占原有教职工总数的13.34%。1999年，全市举办中学教师继续教育培训班，全员培训中学教师9 161人，培训骨干教师5 308人，使全市普通中学市级骨干教师数增至1 983人，占专任教师数的10.7%，小学骨干教师增至2 276人，占专任教师总数的9.8%。全市中小学又有教师1 232人被评为高级教师，18人被评为辽宁省特级教师。全市小学、初中、高中教师学历合格率分别为98%、93.7%、88.9%。

撰稿　汤启贤　李浩田

〔**职业教育**〕 1999年，大连市教委根据教育部和省教委有关要求，结合本市产业结构、社会劳动就业等经济发展实际，贯彻调整、巩固、提高的指导方针，开展了各项工作。制定了《大连市中等职业学校布局结构调整、体制改革实施意见》。调整目标规定，近几年内，学校数从209所减少到100所左右，每个主要行业设1～2所骨干示范学校。当年，将4所职业中专合并为2所，使教育资源利用进一步优化合理。部分部省属普通中专学校分别在主管部门领导下进行调整改革，1999年辽宁省纺织工业学校改办为大连轻工业学院所属职业技术学院，招收高职学生。1999年起，2所中等师范学校停止招生。

依据教育部和省教委有关职业高中（三年制）各专业教学计划要求，制发了有关共同课各学科教学内容和教学要求调整意见，结合学生文化基础状况的实际和不同专业特点，实行分层次教学，对不同专业提出不同要求。为加强骨干专业建设，组织各校按照市教委上年制发的《大连市职业中专、职业高中专业评估标准》，开展了市级骨干专业评估工作。为适应人才市场需要，经过论证、审批，新设了形象设计、计算机网络等17个专业。各普通中等学校全部开设了《邓小平理论基础》课。

根据教育部和省教委有关调整、评选国家级重点中等职业学校通知精神，大连市原8所国家级重点学校和新推荐4所备选学校，经过自查整改和市教委组织的初评，接受了省教委评估组的评估。

继续加强教师队伍建设。开展教师继续教育工作，全市有2 211人参加继续教育，98%获得合格证书；对继续教育成绩合格的教师，进行骨干教师评定，全市有198人评为首批市级骨干教师；开展了教师计算机应用能力（中级）培训。

1999年中等职业学校招生数有所减少。占高中阶段招生总数51%，比上年降低7.8个百分点。

撰稿　谢谷林

〔**高等教育**〕 1999年，大连地区加强了高等职业教育的试点工作。市教委对全市三年来举办高职教育情况进行了综合调研，提出了加强这项工作的方案；协助有关学校对21个高职专业教学计划进行论证，落实了招生计划；促成新设两所高职学校（大连职业技术学院与万成经贸职业学院），使全市高职教育有了较大发展。1999年共招收2 600人。其中，新机制高职教育招生1 554人。

1999年，大连市政府继续奖励优秀学术著作，并资助优秀学术著作出版。由大连市学术专著资助出版评审委员会、市优秀著作奖励工作委员会，组织70多位中国科学院院士、博硕士生导师和专家学者，对本市1999年度优秀著作进行的评审，共评选出25部优秀著作。其中高等院校学者撰写的有16部。这次评审，重点奖励了自然科学、工程技术、医学、经济管理、社会科学等领域的理论研究和应用推广方面的优秀著作。并首次将语言学、成人教育类著作纳入奖励范围。评审运用量化评价指标进行评价。评价指标体系按联合国教科文组织关于科学活动的定义和特点，针对著作本身的性质，分别制定出学术专著、应用技术著作、工具书、教材、普及类图书类别性评价指标体系。每类著作依其特点设基本指标、辅助指标和导向指标，并赋与不同的分值和权重。这种方法，使著作评价工作走上科学化。1999年，受到市政府资助出版的学术专著共有46部，其中高等学校学者所著38部，占总数的82.6%。

1999年，为了启动消费、扩大内需，拉动国民经济增长，满足群众对高教的需求，提高国民文化素质，大连市各高校都扩大了招生名额。总计招生24 569人（含研究生），比上年增招6 309人，增长36.5%。增招较多的有大连医科大学，增长103.7%；大连外国语学院，增长73.3%；还有东北财经大学、大连轻工业学院、大连铁道学院、辽宁师范大学、大连理工大学等，均增长30～40%。为保证扩招后的教学质量，各高校均采取措施，加大投入，改善办学条件。东北财经大学投资1亿元，新建了设备先进的综合教学大楼；大连铁道学院压缩机关办公楼，腾出房间改作教室；有些高校结合单身教师宿舍“筒子楼”改造，将腾出的房间改装成学生宿舍；有些高校出台优惠政策，吸引高层次人才加强教师队伍综合实力，提高教学质量。

撰稿　王九存

〔**成人教育**〕 1999年，大连市有成人高等学校6所（含部委属2所），共有学历教育在校生10 257人，非学历教育在校生13 252人，民办高校14所，中外合作学校4所，共有学生23 427人，教职工1 297人；办函授部、夜大学的普通高校14所；本、外埠院校在大连办函授站29个，共有在校生3 000余人；高等教育自学考试开考3次，参加考试148 896人次，实考299 814科次，及格148 183科次，毕业1 710人（系上半年数字）。

1999年，经教育部批准将大连管理干部学院改制为大连职业技术学院，以完善本市高等教育和职业教育体系。1999年成人高校中开设30余个各类高等职业教育专业。通过强化学生学籍、函授站、《专业证书》教育等的管理，进一步规范了成人高等教育办学行为，促进了办学质量的提高。

成人中等专业教育有学校比上半年减少3所，共有学历教育在校生12 897人，非学历教育在校生97 442人，教职工1 753人。中专教育自学考试开考4次，参加考试2 621

人次，实考5 990科次，及格5 005科次，毕业361人。1999年，成人中专根据《中等职业学校管理规程》要求，进一步规范办学行为：统一了教学计划、教学大纲、教材和教学进度；努力改善教学条件，加强校容校貌校风校纪建设，优化教育环境；认真贯彻教学管理细则，使教学质量不断提高。

职工教育有各类职工学校137所，共培训职工354 326人，其中岗位培训318 916人，继续教育21 534人，高等教育9 966人，中专教育2 019人，文化基础教育1 891人；共有职工教育干部1 043人，专职教师1 705人。1999年，职工教育的局面基本稳定，岗位培训、继续教育和下岗职工再就业培训等工作得到加强。大连造船厂的继续教育，大连远洋运输公司的岗位培训工作，被省教委分别评为辽宁省先进典型。大连造船厂还在开展岗位练兵活动后举行的“岩谷杯”技术比武大赛中，获团体和个人两项冠军，被评为大连市岗位培训技术标兵。

1999年，社会力量办学共有办学机构663个，其中集体办301个，私人办362个。共有专兼职教职工11 756人。共培训29.32万余人次，其中成人学员占70%左右。社会力量办学在强化管理中健康发展。各办学机构的各项制度日趋完善，办学和教学行为逐步规范，已发展成为大连市国办教育的重要补充，特别是通过贯彻当年制发的《大连市社会力量办学非学历教育机构设置标准及申办审批的有关规定（试行）》和23条量化评估指标，有效地推动了管理工作的科学化、规范化和制度化，其经验在全省推广。

农民教育有农业中等专业学校5所，其中市农业广播电视学校1所，下设区市县分校7所，共有在校生3 485人；乡镇职校123所，共培训44.6万余人次，有专职教职工607人；村职校1 149所，共培训52.2万余人次；乡镇企业职工教育有市培训中心1个，区市县培训中心7个，乡（镇）企业学校和企业职工学校共培训10.18万人次。1999年农民教育在发展中提高。通过抓成人学校示范基地建设，加大培训力度，发展学历教育等工作，为农村依靠科技进步，全面提高劳动者素质，落实科教兴农战略，推动两个文明建设，提供了及时、直接、有效的服务，取得了成绩。1999年，大连市农业广播电视学校被中央农业广播电视学校评为全国农业广播电视学校系统“育才兴农示范校”，成为“全国百强校”之一。

撰稿　杨乃昆

审稿　贾聚林

吉林省教育

概　况

〔基本情况〕

1999 年各级普通学校基本情况

单位：人

学校类别	学校数（所）	毕业生数	招生数	在校学生数	教职工数	
					计	其中：专任教师
总　计	16 412	988 697	1 302 042	4 878 925	400 023	301 057
一、研究生	(20)	2 209	3 442	8 600		
1. 高等学校	(15)	2 073	3 223	7 991		
2. 科研机构	(5)	126	219	609		
二、普通高等学校本专科	40	30 315	52 553	139 595	38 283	15 166
本科院校	23	15 137	37 723	97 304		
专科院校	17	15 178	14 830	42 291		
分校、大专班						
三、普通中等学校	2 286	509 067	603 353	1 673 147	157 279	113 775
1. 中等专业学校	118	39 217	33 380	141 790	16 370	8 383
中等技术学校	95	30 002	28 061	116 484	13 150	6 585
中等师范学校	23	9 215	5 319	25 306	3 220	1 798
2. 技工学校	158	21 800	12 810	51 486	8 954	5 471
3. 普通中学	1 722	389 097	494 251	1 336 757	118 687	90 943
高中	291	63 451	87 356	242 273		17 526
初中	1 431	325 646	406 895	1 094 484		73 417
4. 职业中学	284	58 938	62 802	142 846	13 143	8 919
高中	242	48 217	39 510	98 729		7 063
初中	42	10 721	23 292	44 117		1 856
5. 工读学校	4	15	110	268	125	59
四、小学	9 595	446 250	331 776	2 603 849	176 366	152 052
五、特殊教育学校	51	856	709	7 111	2 015	1 441
六、幼儿园	4 440		310 209	446 623	26 080	18 623

1999年各级成人学校基本情况

单位：人

学校类别	学校数（所）	毕业生数	招生数	在校学生数	教职工数	
					计	其中：专任教师
总　计	11 650	3 334 771	2 865 339	2 003 832	33 811	15 884
一、成人高等学校	29	16 245	14 964	38 099	6 212	2 810
1. 广播电视大学	2	9 111	7 695	18 079	1 496	708
2. 职工高等学校	17	3 980	4 062	12 219	2 408	1 166
3. 农民高等学校	3	481	428	953	206	127
4. 管理干部学院	5	2 067	1 914	4 499	1 503	467
5. 教育学院	2	606	865	2 349	599	342
6. 独立函授学院						
7. 普通高等学校举办：						
函　授　部						
夜　大　学						
成人脱产班						
合计中：电大普通专科班						
二、成人中等学校	9 299	3 260 992	2 773 409	1 919 535	25 017	11 738
1. 成人中等专业学校	150	22 634	15 573	52 172	9 638	5 922
广播电视中等专业学校	2	4 294	3 463	10 201		
职工中等专业学校	63	7 380	5 197	18 452	3 240	1 752
干部中等专业学校	2	90	105	195	69	33
农民中等专业学校	15	10 005	6 270	21 606	1 495	959
函授中等专业学校	2	767	538	1 718	477	248
教师进修学校	66	98			4 357	2 930
其他类学校举办						
2. 成人中学	55	3 528	5 589	8 269	575	344
职工中学	29	2 062	4 385	7 257	403	250
农民中学	26	1 466	1 204	1 012	172	94
3. 成人技术培训学校	9 094	3 234 830	2 752 247	1 859 094	14 804	5 472
职工技术培训学校	222	152 451	145 540	143 960	2 451	1 255
农民技术培训学校	8 872	3 082 379	2 606 707	1 715 134	12 353	4 217
三、成人初等学校	2 322	57 534	76 966	46 198	2 582	1 336
1. 职工初等学校	51	9 439	5 640	5 840	334	178
2. 农民初等学校	2 271	48 095	71 326	40 358	2 248	1 158
其中：扫盲班	1 087	8 374	6 578	6 934	1 631	787

制表　于世利

〔**召开全省教育工作会议**〕 1999年12月，省委、省政府召开全省教育工作会议，出台了《关于深化教育改革加快教育发展全面推进素质教育的意见》，确定了21世纪前10年吉林省教育改革和发展的目标任务，提出了促进教育改革与发展的重要政策和措施。在教育发展方面，强调积极发展民办教育，支持高等学校与社会力量合作举办民办二级学院；在教育改革方面，强调各类教育相互沟通和衔接，深化管理体制改革和布局结构调整，优化教育资源配置，实现高校后勤社会化；在师资队伍建设方面，要求师范教育由三级向二级过渡，提高教师学历层次，理顺中小学校长管理体制；在教育投入方面，规定教育经费占财政支出的比例每年提高1个[illegible]分点，取消各级各类学校预算外收入财政[illegible]，促进教育投资主体多元化。会后，各[illegible]高校认真传达贯彻会议精神，结合本地、[illegible]单位的实际制订落实措施，全省教育战线出现良好的发展势头。

〔**教育投入与支出**〕 1999年，全省教育经费各项指标均比上年有所增长。全省教育经费总支出83.79亿元，比上年增长9.69亿元，增长13.08%；其中地方教育经费总支出69.7亿元，比上年增长6.9亿元，增长10.98%。来源构成如下：财政性支出52.1亿元；各级政府用于教育的税费5.9亿元；企业办学经费4.4亿元；校办产业、勤工俭学和社会服务收入用于教育的经费1.7亿元；社会团体和公民个人办学经费0.7亿元；社会捐集资办学经费2.7亿元；学、杂费9.2亿元；其他收入0.9亿元。

1999年全省财政收入177.69亿元，比上年增长6.7%；同期全省地方财政预算内教育事业费支出34.2亿元，比上年增长11.4%，高于财政收入的增长。各级学校生均事业费支出的情况：小学比上年增长11.56%；中学比上年增长6.9%。各级学校生均公用经费情况：小学54.21元，比上年增长8%；中学132.7元，比上年增长11.5%。

1999年，在省财政十分困难的情况下，省有关部门积极筹措教育经费，推进教育投资多元化，确保了教育经费“三个增长”。同时，向教育部争取“普九”奖励经费600万元，邵逸夫先生赠款785万港币。建立特困生专项资金150万元。适当提高了学校的学费标准，全省各级各类学校比上年增加学费收入近2.4亿元，相当于全省全年教育事业费的8.1%。全省中小学勤工俭学、校办产业实现产值31亿元，收入5.7亿元。全省中小学和省属高校的办学条件得到进一步改善。新建校舍面积达75万平方米。中小学新建语音室193个，装配计算机室204个，新购电教设备73台（套）。省属高校新建校舍面积20万平方米（包括教学楼、图书馆、学生宿舍和食堂），新购置计算机及教学仪器设备5 656台（件）。

〔**教育对外交流**〕 1999年，省教育厅与长春市政府共同举办了’99中国长春国际教育展览会，出台了《吉林省中外合作办学的若干意见》。教育展期间，前来参展的国外院校达184所，国内院校115所，教学仪器设备生产厂家81个，共签订中外教育交流与合作项目124个，教学仪器的成交额达1 200万元，教育展取得丰硕成果，受到教育部和有关方面的充分肯定。

1999年，全省院校共招收外国留学生1 360人，国家公派出国留学68人，大专以上学历人员自费出国留学730人，大专以下学历人员自费出国留学 2 361 人。共聘请外国文教专家 900 余人，审批中外合作办学项目 14 个，有 5 所中外合作举办的学校正式开学。接受外国教育捐助 100 多万元。

基础教育

〔**综述**〕 1999 年，全省学龄儿童入学率达到 99.84%，普及了初等义务教育。平均每万人口中有小学生 980 人，有初中生 412 人。有高中生 91 人。全省各类民办普通中小学 51 所，占全省普通中小学校总数的 0.43%；在民办学校就读的学生有 18 548 人，占全省中小学生数的 0.45%。1999 年，扩大了普通高中招生规模，招生 11 200 人，比上年增长 11%。

进一步加强了薄弱学校的改造力度，到 1999 年全省改造薄弱校 677 所，使中小学整体办学水平有了明显提高。继续实施素质教育，全省 12 个素质教育实验区工作有了新的进展，其中珲春市"主动发展教育"和长春市朝阳区"创新教育"的典型经验在全省乃至全国范围内得到了宣传和推广。

〔**教育教学改革**〕 农村初中办学模式的改革逐步深入，推广了舒兰市、安图县、东丰县、抚松县和辉南县永康中学等一批先进典型经验。吉林省农村初中办学模式改革的经验，在全国农村初中教育改革经验交流会上作了介绍。1999 年全省农村初中实行分流校数占总校数的 79%，初三分流学生数占本年段学生总数的 45%。农村小学教育有了突破性进展，在长春市绿园区西新乡召开了全省农村小学教育经验交流会，总结推广西新小学"区域现代化、单元特色化、个体特长化"的办学经验，把全省农村小学教育推向了一个新阶段。现代教育技术应用得到进一步推广，召开全省中小学现代教育技术应用工作经验交流会，展示和推广了吉林市第[illegible]实验小学普遍开展 CAI 教学的经验。

〔**中小学内部管理体制改革**〕 省委、[illegible]政府召开了全省中小学内部管理体制改革工作会议，印发了《关于进一步深化学校内部管理体制改革的若干意见》。1999 年，全省基本上完成了"四定"（定学校规模、定人员编制、定工作岗位、定工作量）任务，减少编制人数 11 544 人。全省有 30%的学校进行了"四制"（校长负责制、教职工聘任制、岗位责任制、结构工资制）改革，有 10 512 人落聘，占教职工总数的 6%。

〔**教师队伍建设**〕 1999 年，全省中小学教师队伍的学历进一步提高，初中教师学历合格率达 94.9%，具有本科学历的比率达 28%；高中教师学历合格率达 85.2%；小学教师学历全部合格，具有专科学历的比率为 34%。在中小学教师中，高级职称教师占教师总数的比例，小学为 22.30%；普通初中为 3%；普通高中为 13.73%。师生比：小学为 1∶17.12；普通初中为 1∶14.91；普通高中为 1∶13.82；

中小学骨干教师建设进一步加强，评选出省级学科带头人 804 人，并建立市、县骨干教师梯次群体。同时通过“转”“招”等办法共解决 35 454 名民办教师的转正问题，提前一年完成党中央、国务院确定的“本世纪末基本解决民办教师问题”的历史任务。

职 业 教 育

〔**综述**〕 1999 年全省每万人口平均有中等专业学校学生 53 人，有技工学校学生 19 人，有职业中学学生 54 人。1999 年开办了农村电视职业中专，初步形成了合理的职业技术教育网络。全省农业学校及农业类中专进行能力教学体系的改革试验，根据能力教学体系要求，制订新的教学计划，经组织专家评审通过，已开始实施。高等职业技术教育的试点规模发展到 7 所学校，15 个专业，22 个班，611 人。共有民办职业高中 39 所，职业中专 12 所，占全省职业高中和职业中专总数的 12.9%，在校生共有 7 400 人，占全省职业高中和职业中专在校生总数的 3.06%。

〔**布局结构调整**〕 1999 年，中等职业学校布局结构调整工作进入实施阶段。完成了辽源、白山、白城 3 个地区中师布局调整任务。调整的实施方案已在酝酿中。白山市、吉林市、延边州等部分地区已开始进行调整工作。

〔**重点骨干学校建设**〕 有 24 所中专、16 所职业高中申报参评国家级重点中等职业学校的调整评估工作，经综合，已确定 34 所学校（中专 19 所、职业高中 15 所）作为国家级重点中等职业学校备选学校，准备上报教育部审批。

〔**办学管理体制改革试点**〕 1999 年，在长春市公共关系学校进行了“国有民营”的试点，使学校面貌发生了根本性变化，成为长春市职业学校中为数不多的超计划招生的学校。在管理体制改革方面，白山市对市区中等职业学校进行了调整，打破部门界限，实行资产置换，白山市工业学校（计委所属）、技工学校（劳动和教育部门共管）、职业高中实现实体性合并，成立白山市职业教育中心，由教育部门统管，迈出了管理体制改革可喜的一步。

〔**对口招生**〕 省属高校招收中等职业学校毕业生的对口招生工作有新进展，招生范围扩大到普通中专和技工学校，计划招生 1 800人，比上年翻一番，招生计划完成情况较好。招收初中毕业生五年制试点工作进展比较顺利，在实现中、高等职业教育衔接、完善职教体系建设上取得了进展。

〔**农村和企业教育综合改革**〕 全省20个县、100个乡镇的农村教育综合改革示范单位建设基本达标，其中有10个县、65个乡镇、300所学校提前一年达标。据统计，1999年全省向农村输送大专以上毕业生2 986名、中专及职高毕业生25 645名，培训科技致富新户主452 399人，培训农村科技骨干47 394人。在全省推广55项农村实用技术，已产生经济效益。

省级企业教育综合改革试点增加到4个，各市、州确定的试点企业87个，形成以国家级试点企业为龙头的三级试点体系。

高 等 教 育

〔**综述**〕 全省40所普通高校中，部属院校10所，省属院校30所，国家"211工程"立项学校4所。平均每万人口有大学生52人。全省高校科类结构比较合理，拥有哲学、经济学、法学、教育学、文学、历史学、理学、工学、农学、医学、管理学等11个学科门类，基本覆盖国民经济的各个部门。在层次结构上，全省高校中有国家重点学科13个，博士点100个，硕士点367个，博士后科研流动站19个。

1999年，全省普通高等学校师生比为1∶9。具有博士学位、硕士学位的教师分别为745、3 237人，分别占专任教师总数的4.91%、21.34%。在普通高校专任教师中，具有高级职称的1 379人，副高级职称的4 312人，中级职称的5 396人，分别占专任教师总数的9%、28. 43%、35.58%。45岁以下的教授、副教授达到2 896人，占教授、副教授总数的50.9%。

加强了对学生创新能力的培养。在部分普通高校中进行培养创新人才的试点，同时，组织普通高校学生参加全国课外科技活动和应用能力竞赛，获得了多项教育部的大奖。全国大学生数学建模竞赛，全省有3个队获一等奖，10个队获二等奖；电子设计竞赛，全省有7个队获一等奖，3个队获二等奖，总成绩居全国第二位，受到教育部和信息产业部的表扬。

启动了第二轮省属普通高校内部管理体制改革，制定了《关于省属普通高等学校内部管理体制改革的若干意见》，大部分普通高等学校已经开始运作，有的高校已取得明显成效。

〔**高校管理体制改革**〕 1999年经教育部批准，吉林市4所高校实体合并，组建了北华大学。长春工业高等专科学校、长春建筑高等专科学校、长春水利电力高等专科学校实体合并，组建长春工程学院。组建了辽源高等职业技术学院，成立了民办华侨外语职业学院。按照国务院调整撤并部门所属学校管理体制改革的决定，完成了两个批次共计 7 所中央部门直属普通高校、4 所成人高校、3 所普通中专、5 所成人中专、11 所技工学校的管理体制和经费划转到地方的工作任务。

〔**后勤工作**〕 1999 年高校后勤社会化改革开始启动。省教育厅制订了《吉林省高等学校后勤社会化改革总体方案》和《关于高等学校后勤社会化改革若干扶持政策的通知》，已经省政府颁发，高校后勤社会化改革正在顺利进行。

1999 年，省政府拨出 5 000 万元专款，用于 23 所省属高校筒子楼改造工程。通过多方筹资，全省完成筒子楼改造、改建面积 16.5 万平方米，解决并改善了 3 160 户教职工住房困难，省属高校教职工家庭人均居住面积提高到 9.2 平方米。

〔**科技工作**〕 1999 年，高校同县（市）科技对接有了实质性进展。全省 30 所高校已与 41 个县（市）结成对子，共开展对接活动 720 次，对接项目 142 个，其中较大项目 22 个，为各县（市）培训人员达 1 400 人次。实施“科教兴县示范工程”取得较好效果。安图县、双辽市和靖宇县龙泉镇与 14 所高等院校建立了合作关系，高校向两县（市）一镇转让一批科技成果，一大批农村实用技术和致富项目通过职业教育培训、科技服务体系在县、镇推广。

组织高校进驻高新技术开发区和经济技术开发区（简称“两区”）。高校已有一大批高新技术企业在“两区”注册，其中入驻高新技术开发区的就有 57 家。培育了一批科技含量和附加值高、市场前景好的项目。有的项目正在运作上市。高校高新技术产业园区正在加快筹建。高校科技成果转化率已达 30%。

〔**招生工作**〕 1999 年，全省充分挖掘普通高校的教育资源潜力，在保证基本办学条件的情况下，扩大了招生规模。普通高校招生 52 553 人，比上年扩招 15 444 人，增加 41.6%。全省高校录取比例达到 63.6%，比上年提高 20 多个百分点。全省高等教育适龄人口的毛入学率达到 15%。高校扩招社会反响很好，新生入学后教学和生活秩序正常。

成 人 教 育

〔**综述**〕 1999 年，全省青壮年非文盲率达 99.65%。农民文化技术学校乡级 1 019 所，占乡镇数 100%；村级 9 863 所，占村数 98%，农村实用技术年培训超过 227 万人次。职工教育广泛开展，有职工技术培训学校近 264 所，可容纳在校生 13 余万人。独立设置的成人高等学校 29 所，在校生 3.8 万人（含普通高校举办的函授、夜大在校生）。成人中等专业学校150所，在校生5.2万人。高等教育学历文凭考试试点学校已有5所，在校生8 558人。有各类民办高等非学历（自考助学）教育机构20所，在校生人7 061人。其他短期培训机构141所（个），参加培训人数每年达3万人次。

〔扫盲工作〕 1999年共扫除青壮年文盲8 374人（其中女性文盲4 827人），基本扫除有学习能力的青壮年文盲，全省青壮年的非文盲率为99.65%，复盲率为2.5%，全省有1/3的村达到"无文盲村"标准，"无科盲村"建设在100个村进行了试点。

撰稿 于世利
审稿 于志凯

黑龙江省教育

概　况

〔基本情况〕

1999 年各级普通学校基本情况

单位：人

学校类别	学校数（所）	毕业生数	招生数	在校学生数	教职工数	
					计	其中：专任教师
总　计	22 960	1 502 688	1 887 341	6 437 746	544 712	418 928
一、研究生	(22)	1 903	3 116	8 465		(2 476)
1. 高等学校	(15)	1 876	3 078	8 333		(2 383)
2. 科研机构	(7)	27	38	132		(93)
二、普通高等学校本专科	39	30 218	62 480	157 063	42 608	15 804
本科院校	20	15 402	37 152	103 480		
专科院校	19	14 676	24 488	52 523		
分校、大专班	(3)	140	840	1 060		
三、普通中等学校	3 267	683 866	948 043	2 651 149	227 087	167 882
1. 中等专业学校	128	45 616	48 985	142 161	18 625	8 749
中等技术学校	99	36 125	42 637	116 911	14 871	6 724
中等师范学校	29	9 491	6 348	25 250	3 754	2 025
2. 技工学校	170	21 884	11 200	35 519	12 034	7 040
3. 普通中学	2 699	575 538	852 360	2 356 487	183 112	143 036
高中	467	82 932	110 095	309 567		23 582
初中	2 232	492 606	742 265	2 046 920		119 454
4. 职业中学	269	40 828	35 496	116 937	13 289	9 032
高中	215	29 331	27 287	80 605		8 173
初中	54	11 497	8 209	36 332		859
5. 工读学校	1		2	45	27	25
四、小学	14 754	785 711	464 113	3 101 578	236 864	206 807
五、特殊教育学校	70	990	1 091	8 860	3 269	2 473
六、幼儿园	4 830		408 498	510 631	34 884	25 962

1999年各级成人学校基本情况

单位：人

学校类别	学校数（所）	毕业生数	招生数	在校学生数	教职工数 计	教职工数 其中：专任教师
总　计	17 563	3 356 473	3 231 896	2 732 068	57 286	32 444
一、成人高等学校	55	35 633	47 973	121 535	12 407	6 263
1. 广播电视大学	2	7 673	7 983	18 861	3 697	1 726
2. 职工高等学校	39	7 723	8 905	22 699	5 992	3 065
3. 农民高等学校						
4. 管理干部学院	5	2 182	2 738	5 078	1 344	616
5. 教育学院	9	1 719	3 493	8 968	1 374	856
6. 独立函授学院						
7. 普通高等学校举办：	(23)	16 336	24 854	65 929		
函　授　部		9 561	13 385	37 838		
夜　大　学		2 316	3 468	10 171		
成人脱产班		4 459	8 001	17 920		
合计中：电大普通专科班		3 415	3 520	8 455		
二、成人中等学校	11 354	3 246 391	3 115 773	2 525 404	35 920	20 775
1. 成人中等专业学校	333	30 069	25 442	77 554	15 276	8 707
广播电视中等专业学校	20	3 058	2 898	8 077	583	296
职工中等专业学校	155	16 259	13 894	47 116	7 881	3 998
干部中等专业学校						
农民中等专业学校	49	8 092	7 931	19 744	2 026	1 318
函授中等专业学校				31	4	1
教师进修学校	109	2 660	719	2 586	4 782	3 094
2. 成人中学	120	6 814	7 878	9 752	1 036	659
职工中学	61	1 888	2 594	1 849	752	473
农民中学	59	4 926	5 284	7 903	284	186
3. 成人技术培训学校	10 901	3 209 508	3 082 453	2 438 098	19 608	11 409
职工技术培训学校	531	383 279	336 123	195 973	5 529	3 200
农民技术培训学校	10 370	2 826 229	2 746 330	2 242 125	14 079	8 209
三、成人初等学校	6 154	74 449	68 150	85 129	8 959	5 406
1. 职工初等学校	77	4 715	2 627	4 922	502	276
2. 农民初等学校	6 077	69 734	65 523	80 207	8 457	5 130
其中：扫盲班	2 706	15 378	12 951	15 118	3 885	2 451

制表　梁秀海

〔**年度工作方针**〕 1999年，全省教育工作的指导思想是：高举邓小平理论旗帜，贯彻落实党的十五大精神和省委八届二次全会精神，围绕全省经济、社会发展的总体思路，启动《面向21世纪教育振兴行动计划》，更新观念、抢抓机遇，深化改革，调整结构，优化队伍，促进发展。正确处理教育发展中数量和质量的关系，德育和智育的关系，改革和发展的关系，提高教育质量和办学效益，为搞好二次创业、实现富民强省的跨世纪目标服务。

进一步推动邓小平理论"进教材、进课堂、进头脑"工作，加强"两课"教材建设和师资培训工作。深入进行爱国主义、集体主义、社会主义和党的基本理论、基本路线教育，加强形势和政策教育。加强和改进各级各类学校的德育工作，提高德育工作水平和实效性，进一步宣传改革开放和社会主义建设的伟大成就，继续保持高校稳定的政治局面。

扎实做好"两基"及验收后的巩固提高工作，保证在95%的人口地区普及九年义务教育，完善"普九"验收年审制度。全面推进素质教育，认真实施"跨世纪素质教育工程"，加强薄弱学校建设，深化升学考试和测评制度改革，抓好素质教育实验区工作。

积极发展职业教育和成人教育，为农业和农村经济发展服务，为国企改革服务。进一步贯彻《职教法》，加强中等职业教育的改革和发展，在继续改善办学条件的同时，把工作重点转到提高教育质量和办学效益的轨道上来，加强内涵建设，促进产教结合。

贯彻实施《高等教育法》，加强执法检查与监督，推进高校依法办学。继续深化高校教学领域改革、抓好普通高校面向21世纪教学内容与课程体系课题研究，加强重点专业、重点学科建设。认真贯彻落实"科教兴省"战略，加快高校科技成果转化步伐，积极推进产学研结合。

进一步加强教育法制建设，推进依法治教。结合"三五"普法，加强对《教育法》、《高等教育法》、《教师法》、《职业教育法》的宣传实施工作，切实做好《黑龙江省义务教育投入条例》、《黑龙江省民族教育条例》等法规的普及和实施工作。加强教育执法和执法队伍建设，完善执法监督机制。

以提高教育质量和办学效益为目的，加大教育结构调整力度。按照"适度集中，方便就学，提高规模效益"的原则，做好普通中小学网点布局调整工作；按照"政府统筹、部门联办、教委协调、一校多制"的原则，继续调整中等职业教育结构；坚持"共建、调整、合作、合并"的方针，稳步推进高等教育管理体制改革，加大同一地区省属高校的联合合并办学及与部属高校的合作办学工作。加速师范教育结构调整工作，优化师资培养、培训体系。

加强教师队伍建设，大力弘扬尊师重教的良好社会风尚，进一步提高教师文化业务素质，加强教师职业道德建设。深化师范教育改革。实施中小学教师继续教育工程，全面推进中小学教师继续教育工作。继续坚持高校以人事分配改革为重点的学校内部管理体制改革，优化教师队伍结构。进一步采取措施，解决教师工作、生活中的实际困难，继续提高教师待遇。

〔**召开科教兴省大会**〕 为动员全省上下进一步解放思想，加快推进科教兴省战略的实施，11月12日～13日，省委、省政府召开全省科教兴省大会。省委书记徐有芳在会上作题为《加快推进科教兴省战略，构建面向21世纪的竞争新优势》的讲话。

会议指出：实现中共黑龙江省第八次党代会确定的“二次创业、富民强省”的跨世纪战略目标，要以改革为动力，推进经济体制和经济增长方式的根本性转变，要落实科技是第一生产力的思想，尽快使经济建设转到依靠科技进步和提高劳动者素质的轨道上来。要树立新的优势观和发展观，学会用市场机制配置科技和教育资源，充分发挥科技对经济和社会发展的第一推动力作用。实现富民强省，就要加快推进科教兴省，增强发展能力。

会议印发了《中共黑龙江省委黑龙江省人民政府关于贯彻〈中共中央国务院关于深化教育改革全面推进素质教育的决定〉的实施意见》，《实施意见》对各级各类教育跨世纪改革和发展的目标、任务，教师队伍建设以及实施素质教育的保障体系建设等做了部署。《实施意见》规定：自1999年到2003年，省本级财政支出中教育经费比例每年提高1个百分点以上。在保留原省级教育专项经费的基础上，上述增量部分主要用于落实国务院批转的《面向21世纪教育振兴行动计划》中省级资助的项目及改善办学条件。

〔**教育经费**〕 1999年，全省教育经费总收入104.5亿元，比上年增加17.6亿元；其中地方教育经费82.5亿元。地方教育经费中主要来源和构成情况是：预算内教育事业费拨款43.2亿元，城市教育费附加3.3亿元，农村教育费附加2.5亿元，学杂费收入12.3亿元，校办产业、勤工俭学1.0亿元，捐集资收入0.9亿元，企业办学经费8.3亿元，社会团体、公民个人办学1.8亿元。

1999年全省教育经费总支出102.1亿元，其中地方教育经费总支出80.8亿元。国家财政性教育经费支出82.2亿元，其中地方财政性教育经费支出62.6亿元，地方财政性教育经费支出中：预算内教育事业费支出42.5亿元，企业办学经费支出8.4亿元，社会团体和公民个人办学经费支出1.8亿元。

全省普通小学生均预算内教育事业费支出为651.5元，其中，农村普通小学生均预算内教育事业费支出为558.0元。全省普通初中生均预算内教育事业费支出为659.2元，其中，农村普通中学生均预算内教育事业费支出为487.0元。全省普通高中生均预算内教育事业费支出1 286.3元，全省职业中学生均预算内教育事业费支出为1 278.0元，全省普通高校生均预算内教育事业费支出为5 472.9元。

全省普通小学生均预算内公用经费支出为46.1元，其中，农村普通小学生均预算内公用经费支出为22.4元。全省普通初中生均预算内公用经费支出为61.7元，其中，农村普通中学生均预算内公用经费支出为32.5元。全省普通高中生均预算内公用经费支出为112.0元，全省职业中学生均预算内公用经费支出为152.7元，全省普通高校生均预算内公用经费支出为1 566.2元。

撰稿　梁秀海　赵　广　牟书江

基础教育

〔**综述**〕 1999年，全省普通中学比上年减少13所，在校生比上年增加204 965人，其中高中比上年增加6所，在校生增加17 103人。小学比上年减少439所，在校生减少346 980人。特殊教育学校在校生增加908人。幼儿园比上年增加324所，在园幼儿(学前班)减少45 267人。工读学校在校生比上年增加10人。普通中学专任教师比上年增加4 068人，小学专任教师比上年减少4 147人。特殊教育学校专任教师比上年增加257人。幼儿园专任教师比上年减少311人。教师学历达标率：小学、初中、高中分别为96.74%、83.73%、70.10%。其中小学教师具有本科以上学历的占教师总数的21.64%。

〔**"普九"工作**〕 1999年，全省普及九年义务教育工作继续坚持巩固与提高并举的方针，抓好"两基"已验收地区的巩固提高工作，建立健全"两基"工作年检复查制度，确保"两基"工作政府行为不松，普及程度不降，投入不减，不断提高"两基"的整体水平。年内，先后对萝北县等38个县（市、区）及企业办学单位开展"两基"年检督查工作，检查结果评为优秀的34个，占受检单位的89.5%。

严把"两基"验收质量关，在强化过程性督导评估的基础上，对1999年申报验收的县（市、区）进行了评估验收，有8个县（市、区）通过国家"两基"验收，验收地区人口146.5万人，占全省总人口的3.96%，截止1999年底，全省通过"两基"验收的地区人口总数达3 553.5万人，占全省人口总数的96%。

1999年春季开学后，因受1998年特大洪水影响，全省农村初中生辍学现象出现反弹，个别乡镇流失率超过20%，为此，省政府于5月发出《关于做好控制中小学流失工作的紧急通知》，要求各级政府、教育行政部门迅速行动起来，遏制辍学反弹现象。5月底，省教委召开全省控制流失生工作汇报会。各级政府和教育部门（学校）努力工作，到6月底，全省初中生辍学率已控制到3%以下。省政府于7月在呼兰县召开了全省巩固提高"两基"成果控制学生辍学工作现场会。

〔**高中教育**〕 1999年，省教委根据教育部关于从2001年起实行3＋X的高考方案，组织专家对广东、吉林、浙江等先期试验省进行考察的基础上，经过研究论证，提出黑龙江省从2001年实行3＋文综、3＋理综的高考方案。

为了推进高中素质教育，与新的高考方案相衔接，制定了"关于2000年我省拟选用普通高中新课程方案的实施方案"提出全省从2000年起新高一年级开始使用新教材，年底，培训了第一批教师和教育行政部门干部。

启动示范性普通高中建设验收工作。按照年初的工作计划，印发了《黑龙江省示范性普通高级中学标准》、《黑龙江省示范性普通高级中学建设验收方案》。各级政府和教育行政部门强化领导，加大投入，改善了高中的办学条件。各地学校在认真学习“示范性”高中标准的基础上，总结学校的各项工作，加大改革力度，全面实施素质教育，不断提高教育质量。

高中毕业会考工作进一步规范。一是改革部分学科的考试形式，政治课进行开卷考试，重点考察学习运用所学知识分析问题、解决问题的能力。部分地市加试计算机，扩大外语听力所占分数的比重。二是改革考试内容，提出各个学科要有20%左右的考核综合能力的试题，引导教学改革。三是规范自行考试制度。调整了艺体特长班，分流进行职业预备教育班的教学计划，实行了对自行会考学校的抽考制度。

〔**素质教育**〕　省教委认真贯彻第三次全教会精神，学习领会《中共中央国务院关于深化教育改革全面推进素质教育的决定》，进一步加大素质教育区域推进的工作力度，以德育工作为灵魂，以创新精神和实践能力培养为重点，按照“全面启动、分类指导、综合改革、区域推进、点面配合、重点突破”的工作思路，重点抓了创新教育、实践能力的培养及农村初中和普通高中办学模式的改革等工作。

召开全省素质教育实验区现场会。全省各市、地主管教育的市长、专员与教委主任出席会议，副省长王佐书到会讲话。会上，学习了鹤岗市创新教育，综合实践能力培养，优化教育资源配置，调整农村学校网点，建立城市劳技教育中心以及“主体参与、分层教学、异步达标”的教学经验。

〔**特殊教育**〕　加快残疾儿童少年“普九”进程。按照年初确定的到2000年，全省义务教育阶段残疾儿童少年入学率达到90%以上的目标，各地共投入1 000多万元，新建扩建特教学校5所，建筑面积9 000多平方米。为推动特教学校队伍建设和教学水平提高，举办了全省特教学校校长培训班、聋校新教材骨干教师培训班和特教教师教学百花奖大赛。

为加快残疾儿童少年“普九”进程，在全省36个市、县推广齐齐哈尔市实行“两免一补”解决农村贫困家庭残疾儿童少年接受义务教育的经验。12月16日～18日，教育部和中残联在齐齐哈尔市召开了全国特教工作研讨会暨资助残疾儿童少年接受义务教育试点经验交流会，省教委主任董浩介绍了推动残疾儿童少年“普九”进程的经验。

〔**幼儿教育**〕　进一步加强对城市办园体制改革的指导，探索改革思路，总结经验。加强幼儿园（班）规范化建设，指导各地贯彻落实原国家教委颁发《学前班评估指导要点（试行）》及省教委制定的《幼儿园、幼儿学前班规范化建设标准》，提高保教质量，规范办园（班）行为。继续推广幼儿园教育目标管理、幼小衔接实验成果，学前三年入园（班）率达到65%。

〔**中小学德育工作**〕　进一步贯彻落实《中小学德育工作规程》，切实加强和改善德育工作。全省开展了贯彻落实《德育工作规程》的专项检查，以德育常规建设和常规管理为重点，从组织、制度、校园文化建设、“两课”开设、德育科研、德育保障等方面促进德育工作的落实。中小学德育工作向社会、家庭延伸，适应了新形势新任务的要求，学校、社会、家庭相互结合、渗透、融通的德育工作网络初步建立。

结合建国50周年，澳门回归，以及中国驻南使馆被炸等事件，在广大中小学生中进行以爱国主义为主题的教育活动，使学生增强了民族自尊心和自信心。

把心理教育做为德育的重要任务之一，开展心理健康教育。转发了教育部《关于加强中小学心理健康教育的若干意见》，确定全省从2000年秋逐步开展心理健康教育。依托省教育心理学会在全省培训师资骨干，共举办5期培训班。依托省教育学会，心理研究会开展心理健康教育试点工作，全省有试点校160余所。并确定哈尔滨、齐齐哈尔、牡丹江3个地区为国家级心理健康教育实验区。

为落实中共中央国务院关于加强民族团结和维护祖国统一教育的要求，在哈尔滨等5个城市的中小学开展首批民族教育试点工作，为全省在2001年全面开展这一教育进行前期实验准备。

〔**中小学教育管理**〕 继续把规范化学校建设作为全面推进素质教育，巩固“普九”成果，提高整体办学水平的重要举措。对规范化中小学标准进行修订和完善，在内容上增加了素质教育和现代教育技术要求；在标准上，分3个档次，从低到高逐步升级；在验收程度上由终结性验收改为过程性论证审定。改变了过去只重结果，不重过程的验收方法，实行视导论证办法；在目标上，要求各地用新标准进行视导论证和复查等工作。

合理调整全省农村中小学校布局，优化教育资源配置。省教委、省财政厅联合制定印发了《黑龙江省中小学校布局调整实施方案》，《方案》确定，从1999年到2001年，全省投入5 125万元专项资金对97个县（市）、区的中小学校布局调整予以扶持，计划撤消中小学校1 025所。1999年已撤消493所学校，省专项资金补助2 465万元。

深化办学体制改革。根据国务院和教育部有关文件精神，制发了《关于认真做好中小学办学体制改革实验工作的通知》为各地进行办学体制改革提供依据。同时明确了义务教育阶段公办校的改制实验须经省教委批准。

加强中小学安全工作。以《黑龙江省中小学安全工作管理规定（试行）》为依据，加强中小学安全管理工作，印发《关于进一步加强中小学安全教育和安全工作管理的通知》，强化“安全第一”意识，认真贯彻落实《黑龙江省学校环境管理条例》和《黑龙江省中小学安全工作管理规定》。由于各地加强了安全工作，学校安全事故明显减少。

〔**教学改革**〕 继续推进农村初中办学模式、课程结构、教学内容、教学方法改革，促进农村教育转变到主要为农村经济和社会发展服务上来。从4月开始省教委对宁安、密山、呼兰等地农村初中教改进行考察，了解农村初中教育综合改革的做法及经验。在教育部召开全国农村初中教育改革研讨会上，黑龙江省介绍了宁安县“双证教育”、呼兰县办学模式改革两个典型的经验。

为了更好地发挥考试对教学的导向作用，按照教育部《关于初中毕业、升学考试改革的指导意见》，在调研基础上，对1999年全省初中毕业、升学考试进行了改革：一是多考合一，即将以往升中专、中师、职业高中、普通高中的多次考试合并为一次考试。二是毕业、升学考试分级管理，即升学考试由省教委统一管理，毕业考试下放给市（地）教委管理。三是改革命题形式和内容，坚持选拔服从导向。本着有利于面向全体学生，有利于减轻学生课业负担，有利于推动教育教学改革的深入发展，有利于加强基础，培养学生创新能力和实践能力的原则。

小学EEC英语教学实验全面启动。在全省市（地）和农、林、铁路、等企业系统全面推广了小学EEC英语教学实验，以培养小学生英语听说能力和学习英语的兴趣为重点，及早奠定学生外语基础，并为在全省普及小学英语教育做好师资、教材、教学模式及物质条件等方面的准备工作。全省有200所学校的近5万名学生参加了此项实验。

〔**教师队伍建设**〕 1999年，教师队伍建设继续以师德、业务能力、学历层次提高为重点，贯彻落实《教师法》。加大职称评聘工作力度，1999年争取中小学高级职称指标3 130个，比上年纯增330人；中级职称指标达16 000个，纯增150人。根据省人事厅、省教委联合印发的《黑龙江省“振兴教育奖”评选办法》的规定，组织各市推荐并取得优异成绩的教育行政工作者，通过评委会评选，授予32名有突出贡献的县市级领导“振兴教育奖”称号。认真解决民办教师问题，继续贯彻“关、转、招、辞、养”的五字方针，1999年，有546名合格民办教师办理了转正手续，对9 120名不合格民办教师，限期予以辞退。至此，全省民办教师问题全部解决。积极开展全省中小学骨干教师评定和培训工作，全省分别评定出省级、地（市）级、县（区）级骨干教师，其中省级中学骨干教师120名，小学骨干教师1 509名。

撰稿 纪 体

职 业 教 育

〔**职业教育为农村服务**〕 省教委在1999年将职业教育，尤其是农村职业教育为“三农”服务作为方向，为当地经济发展、农村进步和农民致富服务。省教委总结了宾县职教中心为“三农”服务的经验。宾县职教中心成立于1995年5月，由原农业高中、成人中专、职业高中、技工学校、卫生学校、农业机械化学校、电大等学校合并而成。几年来，职教中心为农村培养了大批合格实用人才。对在岗的近1 000名村干部已普遍培训一次，举办了后备干部中专班和后备会计中专班，提高了村级干部队伍的素质。为乡镇中小学培养师资，招收学生355人，到1999年已有233人毕业。为农村培养科技致富带头人，成人中专和农业高中招生近千人，已毕业667人。建立农村教育师资网，实施对从业农民的全员、全面、全程培训，对全县25万从业农民已普遍培训一次，受训面达80%。同时，以专业产业化为突破口，努力使职教中心成为农业产业化的中介组织。

省政府于9月在宾县召开职业教育为农服务现场会，与会代表听取了宾县依靠职教中心的为农服务专业和乡农民技术协会合作，推广实用技术，使农民致富，农村经济结构得到调整，农村经济得以发展的经验。会议印发了全省职业教育为农服务的《意见》，提出将人才培养、培训、技术推广与农民致富紧密结合，为农村经济发展、农业生产水平提高和农民致富服务。

〔**改革招生办法**〕 1999年，省教委确定对普通中专学校中社会需求好、办学条件和办学水平达到要求的学校按其容纳的规模确定招生计划。同时压缩需求过剩专业的招生计划。考虑以往中专招生报到率不足，在录取时实行按招生计划115%进行录取。对农、林、水等类学校采取了应届初中毕业生，持毕业证即可入学，其他类学校实行应届生只要参加统一考试，持毕业证亦可入学的政策。通过以上措施，普通中专学校1999年共招收40 273人，比上年增加5 458人。

职业高中招生，采取变一年一次招生为全年招生不断线、既招应届生也招往届生、长班短训相结合等办法。1999年共招生27 287人，比上年减少8 672人，但短期技术培训比上年增加近20万人次。

1999年全省共下达高等职业教育招生计划8 000人，其中安排从中专和职高毕业生中招收1 200人，其余招收普通高中毕业生。由于学生待遇不同，收费较高，宣传不到位等因素，除哈尔滨工业大学等学校外，其他学校普遍生源不足。据初步统计，全省只完成计划的40%左右。

〔**职业指导教育**〕 为加强对中等职业学校学生的职业指导教育。省教委于1998年印发了《关于在部分中等职业学校开展职业指导实验的意见》，确定哈尔滨市第一职业高中、尚志职教中心、大庆外事职业高中等16所国家级、省部级重点学校作为首批参加全国教育科学规划“九五”教育部重点课题“中等职业学校职业指导研究与实验”的实验学校。要求实验学校依据社会主义市场经济条件下对职业指导的需求和教育特点，通过择业指导、学业指导、就业指导、敬业指导、创业指导、升学指导，引导学生树立正确的择业观念，发挥个人的潜能，提高职业能力，以适应未来社会发展的需要。

为把职业指导教育工作引向深入，省教委委托黑龙江省教育科学研究院成立“中等职业学校职业指导研究与实验”课题组，负责管理全省实验学校和组织国家课题的研究实验工作及指导学校职业指导工作。课题组成立后，在全省市（地）部分教科所、教育学院、县教师进修校建立13个“职业指导研究与实验”子课题组，实验学校在原有16所的基础上，发展为37所。1999年初省教委制定《黑龙江省中等职业学校职业指导教育纲要（试行）》、编写出版了《黑龙江省职业指导实验教材》，研究开发了“中等职业学校学生职业心理倾向测试系统”软件，供实验学校试用。经过研究与实验，1999年8月，国家总课题组在大庆石油管理局召开“暑期职业指导理论研讨会”，大庆外事职业高中、大庆蒙妮坦职业高中在研讨会上介绍了经验。

〔**高等职业教育**〕 1999年，黑龙江省初步形成了高等职业教育的体系框架，与中等职业教育衔接工作有所进展。经教育部批准建立伊春职业学院，使独立设置的高职院校达5所，在大学内设立的职业技术学院达11所，同时在11所普通高校、4所成人高校和7所普通中专学校中设立了高职班。

在高等职业教育的教学改革方面，重点

抓了专业设置。根据1998年省教委制定的《关于高等职业学校专业设置的原则意见(暂行)》，指导完成1999年高职专业设置的任务，同时指导了各校专业教学计划的制订工作。于12月17日～18日，召开了全省高等职业教育工作汇报会。会议提出，全省各高职院校要解放思想，注重质量，办出特色。

〔**教师队伍建设**〕 1999年加强了教师培训基地建设和在职教师培训。根据教育部建设50所职业教育师资培训基地的要求，黑龙江省在原一、二、三产业职教师资基地基础上，遴选哈尔滨工业大学、东北农业大学、黑龙江商学院作为国家级基地上报教育部。经教育部组织专家考核，黑龙江商学院成为全国首批20所职教师训基地之一，争取建设资金40万元。1999年，师资班新增“电子通讯教育”、“学前教育”、“市场营销教育”等专业，使职教师资班招生专业达到12个，招生470人。定向指标覆盖面涉及到12个市(地)和农场、森工、石油三大企业部门，100所学校。为保证1999年毕业的职教师资班学生都能回到职业学校工作，省教委制定了相关的制约措施，使绝大多数学生按定向协议分配到职业中学任教。为加强职业高中在职专业课教师学历达标和教学能力的提高，通过《职业合格证书》与有关岗位业务培训，共有1 600多名教师接受了培训。组织全省第二次学科带头人和教学能手评选活动。共评出中专学科带头人46名，职业高中教学能手52人。

〔**教育教学基本建设**〕 1999年8月，省教委在集贤县和宝清县召开了“全省职教中心学校内涵建设现场会”，推进学校实验室和实训基地建设。全省已启动建设72所职教中心学校，农村职教中心学校普遍有6公顷以上的实验实习基地，40所学校达到了职教中心学校建设标准。省教委与省教育学院组织全省第三产业10个专业学生技能大赛，推动了学校的实践教学。为加强职业高中实验室建设，1999年投入335万元用于专业实验室建设。

抓现代化教学设施建设，推进教学手段与方式改革。1999年初省教委分别在牡丹江林业学校和齐齐哈尔市职教中心学校召开了中专学校“校园网”建设和“多媒体教学现场会”。会后，近50所中专学校建立了校园网并开展了多媒体教学。

撰稿 曲阜文 马荣秀

高 等 教 育

〔**综述**〕 1999年，全省普通高等学校39所中，有地方高校32所，(包括当年成立的伊春职业学院)。本、专科招生比上年增加22 599人，在校生比上年增加31 923人。全省普通高等学校有博士点 109 个，硕士点 336 个。招收博士研究生 680 人，硕士研究生 2 398 人，在学研究生比上年增加 1 138 人。硕士研究生以上的高层次人才招生数量与本专科人才培养数量的比率由上年的1∶15.83 上升为 1∶20.3，本、专科招生比率由上年的 1∶0.616 调整为 1∶0.682。根据市场与社会的需求，扩大法学、农学、医学、文学、理学、历史学、哲学等学科的招生规模（省属高等学校当年增加招生 17 698 人），相应减少了工学、经济学、教育学学科的招生数量；高等师范学校增招 130 人。

1999 年，全省高等学校校舍建筑总面积 6 468 222 平方米，其中地方高等学校校舍面积为 4 146 400 平方米，比上年增加 546 173 平方米，生均 41.18 平方米。藏书 1 626.39 万册。教学仪器设备资产总值 99 689.13 万元。

全省高等学校专任教师中有教授 1 803 人，副教授 5 298 人，副高级职称以上教师 7 101人，占专任教师总数的 44.93%；专任教师中，有博士学位的教师 813 人，有硕士学位的教师 3 606 人。

办学条件进一步改善，基础设施改造步伐加快。1999 年，省财政在每年正常投入 1 300万元用于省属高等学校的基础设施维修改造的情况下，又追加专项资金 2 550 万元，合计投入基础设施维修改造专项资金 3 850万元，用于省属高等学校校舍维修及锅炉、实验室、水电、取暖设施的维修改造。

〔**管理体制改革**〕 1999 年，鸡西大学与鸡西师范学校合并为鸡西大学；原黑龙江大学伊春分校与伊春师范学校合并成立伊春职业学院，并计划于 2000 年开始招生，为当地经济建设与社会发展提供人才培养的保证；合并组建哈尔滨学院、哈尔滨交通学院的准备工作已基本就绪。各高等学校继续深化学校内部管理体制的改革。加大校、院（处、系）二级管理体系的建立、完善后勤管理社会化力度，裁减职能重复、交叉、人浮于事的管理机构，削减富余人员。

〔**学科建设与教学管理**〕 各高等学校进一步解放思想、转变教育思想和教育观念，针对市场对人才的需求，调整培养模式、教学内容与方法，加强专业与学科建设和教学管理，提高教育教学质量。1999 年，根据教育部颁布新的普通高等学校专业目录，省属普通高等学校对部分专业的布局与结构进行了调整，黑龙江交通高等专科学校、哈尔滨工程高等专科学校、黑龙江水利高等专科学校 3 个示范性专业改革试点工作取得进展，已经基本具备了示范性专业的标准，当年 11 月通过了教育部的考核。到 1999 年底，全省高等学校中，国家级重点专业及省级重点专业分别为 14 个和 51 个。巩固、加强重点学科与重点专业建设，1999 年，本着“统一规划、确定目标、集中使用、择优投放”的原则，东北农业大学、哈尔滨医科大学 8 个学科及一般院校的 5 个学科得到了重点支持，使这些学科得到很大发展，形成了支撑黑龙江省培养高层次人才的能力，同时也具备了承担高水平科研任务的能力。对于重点学科、重点专业建设的投入继续保持在每年 1 000 万元的额度。1999 年，省属高等师范专科学校对培养小学师资的教学计划、教学内容、教学方法等进行了全方位的改革。全省普通高校不断加强外语和计算机课程的教学内容、教学方法和教材结构的改革；教学效果明显提高。1999 年，全省各高等学校参加了优秀教务处评选，18 个参评学校中有 13 个学校教务处被评为省级优秀教务处，6个学校的教务处被评为全国高等学校优秀教务处。

按照教育部关于评估普通高校基础实验室的要求，经评估，全省有7所高等学校的20个实验室达到合格标准。1999年，全省普通高等学校申报的340个优秀教学科研成果项目中，黑龙江大学的“开展学位修读，实行单考单招，构建‘三位一体’研究生培养模式”、哈尔滨师范大学的“用学科方法论进行课程建设的探索与实践”、哈尔滨工业大学的“以大教育观为理论基础，深入系统进行大学生文化素质教育”、哈尔滨工程大学的“开展校内教学评估，提高教学质量的探索与实践”等50项教学科研成果获得一等奖，黑龙江大学的“开发、教学、培训三位一体推动计算机辅助教学的普及和提高”、哈尔滨师范大学的“一中心两层次多渠道全方位优化教学模式”等130项教学科研成果获得二等奖。

〔**校办产业**〕 省内高等学校的校办产业经过调整、合并重组，数量与规模都有较大发展，实现了校办产业现代企业化管理，校办企业遵循市场经济规律运行。哈尔滨工业大学高新技术产业股份制改造已经完成并申请股票上市；哈尔滨工业大学科技园已经被批准为国家级科技园区试点园区。1999年，全省高等学校校办产业总计199家，其中科技类型企业105家；当年资产总额达到16.9亿元，销售收入9.25亿元，实现利润总额1.33亿元，上缴税款1 640万元。

〔**科技工作**〕 全省高等学校教师和科研人员积极为急需科学技术支持的企业和农村提供科技服务。年初，为使科技成果尽快转化为生产力、振兴黑龙江省农业，全省7所高等学校的科技人员深入佳木斯市与当地政府一起举办了科技成果转化大会，佳木斯市所辖市县的上千名从事农业科技工作的科技人员和农村干部参加大会。7所高等学校与有关市县签定30多份协议，并且建立长期科技兴农的联系系统。1999年，黑龙江大学教授郭德栋经过十几年的潜心研究，发现野生甜菜的优异基因，并且成功分离出该基因，该项成果处于世界领先的水平，得到了国家“863”计划、“973”计划研究经费支持。哈尔滨工程大学等高等学校积极参与国家重点建设项目黑龙江省储备粮粮库建设工作，承担了绝大多数粮库的自动控制工程，按时、高质量地完成了任务。据不完全统计，1999年各高等学校直接转让给企业的科技项目达200多项，获得技术转让费4 000多万元。1999年，全省高等学校参加国家重点科研课题研究的教师与科研人员31 644人，获得国家及省、市、自治区和企事业单位委托的科研课题立项4 332个，全年获科研经费4.5亿元。当年结题1 190项。获得省、市级以上奖励226项，其中国家级奖励（国家自然科学奖、国家科技进步奖、国务院各部门科技进步奖）6项。出版科技专著297部，发表学术论文10 276篇，出版、编辑大专院校教科书348部。385项参与成果鉴定的科技成果中，有100项处于国际先进水平，107项属于国内领先水平；获得国家专利局各项专利权46项。1999年，全省高等学校出席国际学术会议人员238人次，交流学术论文246篇；出席在国内召开的国际学术会议人员382人次，交流学术论文545篇，引资约1 600万元。

撰稿　崔多立　刘　彤

成人教育

〔综述〕 1999年，成人学历教育加大了改革力度，整体办学水平明显提高。高等职业教育的试点学校已扩大到21所，试点专业达24个。成人高等学历教育在校生中，成人高校5.56万人、普通高校成人教育学院6.59万人；成人高等教育毕业生中，成人高校1.93万人、普通高校成人教育学院1.63万人。成人高等院校校舍建筑面积151.44万平方米。成人中专校舍建筑面积136万平方米。

1999年，自学考试加强了考风考纪建设。省招生考试办公室发出《关于我省自学考试管理有关问题的通知》，对考生的报名、资格认定等问题做了相应的调整。省招考办对全省现行开考的各专业计划做了修订，制订了过渡方案。本年度全省自学考试共开考63个专业，其中本科专业14个、专科专业47个、中专专业2个；当年，全国计算机等级考试全省共报名考生18 367人，其中8 342人已经获得国家教育部考试中心颁发的合格证书。全省总报考16.95万人次、49.94万科次；毕业生1.3万人，其中本科毕业生1 708人、专科毕业生10 308人、中专毕业生974人。高等教育学历文凭考试共开设7个专科专业，1999级新生1 348人。

成人非学历教育稳步发展，全省由单纯抓扫盲教育向重点抓好实用技术培训为主的扫盲与扫盲后的继续教育转移。1999年，全省共扫除青壮年文盲1.54万人，其中扫除妇女文盲0.93万人。截止到1999年11月，青壮年文盲率为0.75%。各地利用多种形式开展扫盲后巩固提高工作，接受实用技术培训的青壮年农民达424.4万人次，脱盲人员巩固率控制在95%以上。

〔成人高校调整〕 根据教育部有关《通知》精神，黑龙江纺织职工大学、黑龙江省黑河地区教育学院、黑龙江省林业教育学院、双鸭山煤炭教师进修学院、东北轻合金加工厂工学院、鸡西矿务局职工工学院、黑龙江省森林工业职工大学、大兴安岭地区教育学院、哈尔滨化工医药职工大学、黑龙江省牡丹江农垦职工大学10所学校予以撤销。据此，省教委于1999年12月29日发出《关于撤销黑龙江省林业教育学院等10所成人高等学校建制的通知》，决定：黑龙江省林业教育学院、大兴安岭地区教育学院分别更名为黑龙江省林业教师进修学院、大兴安岭地区教师进修学院；黑龙江省黑河地区教育学院撤销建制，并入齐齐哈尔大学黑河分校。

〔农村成人学校建设〕 1999年，农村成人学校建设取得突破性进展。各地在抓好县办成人中专的同时，重点抓了乡镇成人学校建设。

1998年10月～1999年5月，省教委根据原国家教委颁布的《关于印发〈成人中等专业学校暂行条例〉的通知》和《关于开展成人中等专业学校评估工作的通知》精神，先后对全省45所县办农村成人中专进行了全面检查评估。共评出龙江县农村成人中专学校、汤原县成人中专学校、五常市成人中专学校、尚志市成人中专学校等8所学校为优秀学校。另评出合格（一类）学校23所、基本合格学校（二类）11所、限期整改学校（三类）3所。通过评估，地方政府和教育部门对农村成人中专加大了支持力度，学校办学条件得到了改善，整体办学水平有明显提高。

各地教育行政部门加大了乡镇成人文化技术学校建设的力度，乡镇成人学校稳步发展。大庆、齐齐哈尔、佳木斯、牡丹江、绥化等地把乡镇成人学校建设纳入工作日程，增加经费投入比例，帮助学校筹措资金，改善办学条件。1999年，全省各地达到省级示范标准的乡镇成人学校超过30所，达到市、区标准的乡镇成人学校占全省总数的12%左右。1999年7月，安达市万宝山镇成人文化技术学校被联合国教科文组织授予"世宗王"国际扫盲奖。

〔**农村实用技术培训**〕 1999年，全省共培训农村青壮年424.4万人次。其中，培训农村知识青年120万人次，培训农村基层干部、农民技术员、乡企职工、养殖大户等30万人。

全省农村实用技术培训已形成了政府统筹、齐抓共管的局面。各地基本做到了主要领导挂帅抓，主管领导亲自抓，成员单位具体抓，工作人员专门抓。农村实用技术培训工作逐渐实现了"五结合"。一是与区域经济发展战略结合；二是与落实、推广科技项目结合；三是与扫盲及扫盲后巩固提高结合；四是与农村精神文明建设结合；五是与农村专业协会活动结合。大庆、齐齐哈尔、牡丹江、佳木斯、绥化、黑河等市和地区对农村青壮年实施专业化培训，提高农村从业人员的专业技术素质，促进农村经济向高优质量型、规模效益型和专业化、集约化方向发展。黑龙江省农业科技的转化率已达55%，科技对农业增长的贡献率达43.5%。

撰稿 单雪丽 赵丽娟

审稿 郑吉南

上海市教育

概　况

〔基本情况〕

1999年各级普通学校基本情况

单位：人

学校类别	学校数（所）	毕业生数	招生数	在校学生数	教职工数 计	教职工数 其中：专任教师
总　计	3 369	545 423	608 142	2 328 032	257 955	146 383
一、研究生	(57)	5 611	9 413	24 420		
1. 高等学校	(22)	5 196	8 758	22 656		
2. 科研机构	(35)	415	655	1 764		
二、普通高等学校本专科	41	40 316	63 244	186 307	60 285	20 093
本科院校						
专科院校						
分校、大专班						
三、普通中等学校	1 148	306 859	358 325	1 058 162	106 781	63 033
1. 中等专业学校	87	25 905	35 302	130 609	12 889	5 274
中等技术学校	85	25 382	34 845	128 341	12 694	5 184
中等师范学校	2	523	457	2 268	195	90
2. 技工学校	122	16 513	20 401	55 754	9 372	3 040
3. 普通中学	855	232 803	272 418	766 852	76 728	50 270
高中		53 317	80 024	232 828		13 666
初中		179 486	192 394	534 024		36 604
4. 职业中学	71	30 397	28 728	102 088	7 137	4 107
高中		30 356	28 601	101 761		4 055
初中		41	127	327		52
5. 工读学校	13	1 241	1 476	2 859	655	342
四、小学	1 208	191 875	104 900	871 620	63 979	46 810
五、特殊教育学校	35	762	902	7 529	1 604	973
六、幼儿园	937		71 358	179 994	25 306	15 474

1999年各级成人学校基本情况

单位：人

学校类别	学校数（所）	毕业生数	招生数	在校学生数	教职工数	
					计	其中：专任教师
总　计	1 341	902 464	1 111 647	604 577	26 277	14 746
一、成人高等学校	39	22 711	36 710	98 220	7 694	3 299
1. 广播电视大学	1	1 081	1 265	3 801	352	84
2. 职工高等学校	34	3 952	7 911	19 621	6 474	2 865
3. 农民高等学校						
4. 管理干部学院	4	632	1 202	2 634	868	350
5. 教育学院						
6. 独立函授学院						
7. 普通高等学校举办：	(62)	17 046	26 332	72 164		
函　授　部	17	5 656	7 150	22 166		
夜　大　学	30	10 707	17 398	45 570		
成人脱产班	15	683	1 784	4 428		
合计中：电大普通专科班						
二、成人中等学校	1 204	868 298	1 036 098	473 902	18 241	11 248
1. 成人中等专业学校	99	18 566	22 228	78 417	3 938	1 876
广播电视中等专业学校	2	7 790	12 122	41 361	73	19
职工中等专业学校	86	10 394	9 288	34 864	3 260	1 515
干部中等专业学校						
农民中等专业学校	1	75	155	293	70	36
函授中等专业学校						
教师进修学校	10	307	663	1 899	535	306
其他类学校举办						
2. 成人中学	291	115 553	183 535	120 000	4 434	3 142
职工中学	210	109 709	173 898	112 472	3 720	2 508
农民中学	81	5 844	9 637	7 528	714	634
3. 成人技术培训学校	857	734 179	830 335	275 485	9 869	6 230
职工技术培训学校	685	585 717	659 458	229 064	9 198	5 703
农民技术培训学校	172	148 462	170 877	46 421	671	527
三、成人初等学校	55	11 455	38 839	32 455	242	199
1. 职工初等学校	34	9 181	36 650	31 907	234	191
2. 农民初等学校	21	2 274	2 189	548	8	8
其中：扫盲班	14	683	665	222		

制表　冯静波

〔**年度工作方针**〕 1999年上海教育工作的指导思想是:以邓小平教育理论为指导，深化改革，全面规划，突出重点，抓住关键，重在落实。认真贯彻教育部《面向21世纪教育行动计划》,加强教育与经济科研部门的合作;加强高校高新技术产业化;加强高层次人才的培养和引进。处理好数量与质量、智育与德育、发展与改革的三大关系。进一步推进体制、机制、投资三位一体的改革，不断提高教学质量和办学效益。工作重点是:(1)启动实施“提供高质量教育服务计划”、“教育与经济合作发展计划”、“教育与科研界联合行动计划”和“教育经济启动计划”四大计划。(2)积极推进和深化教育教学、管理体制、办学体制、投资体制、高校后勤管理社会化、学校内部管理体制、招生考试和高校毕业生就业制度以及师资队伍建设八项改革。(3)切实抓好“上海教育事业‘十五’发展规划”的制订、《中华人民共和国高等教育法》的实施、教育督导、教育纪检监察审计和纠风工作、学校德育工作以及主要建设项目六项工作。

〔**教育工作会议**〕 1999年9月5日～7日，上海市教育工作会议在上海国际会议中心举行。会议的主要任务是，在邓小平理论和党的十五大精神指引下，动员全市各级党委、政府和全体市民提高对教育战略地位的认识,深化教育改革,全面推进素质教育,努力建成具有中国特色、时代特征、上海特点的现代化教育体系，为创建国际大都市作出更大的贡献。中共中央政治局委员、上海市委书记黄菊，上海市委副书记、市长徐匡迪出席会议并作讲话，市委副书记龚学平作了题为《深化教育改革全面推进素质教育为创建国际大都市作出更大的贡献》的主报告。会议明确了下一步上海教育改革和发展的目标。

〔**教育投入与支出**〕 1999年,全市教育部门财政预算内教育经费拨款68.92亿元，比上年增长11.97%。预算外共收到城市教育费附加8.76亿元,比上年增加0.78亿元，增长9.89%;农村教育费附加实征9847万元，比上年增加147万元，增长1.52%;多渠道投入30.93亿元，其中学杂费收入12.96亿元,学校校办企业支持教育3.12亿元,社会和群众捐资助学3.53亿元,其他投入11.32亿元。

1999年,全市教育部门教育事业费总支出94.92亿元，比上年增加16.33亿元，增长20.77%。完成当年财政拨款的137.73%。城市教育费附加支出9.86亿元,农村教育费支出9 509万元，社会事业建设费支出4 958万元。

撰稿 沈 敏 徐钦福

基础教育

〔**综述**〕 1999年，全市基础教育有各类学校3 048所，其中：中学855所，小学1 208所，幼儿园937所，特殊教育学校35所，工读学校13所，共有在校生182.89万人，比上年减少6.73万人。

〔**素质教育**〕 1999年，上海市采取以下措施推进素质教育。(1)举办“素质教育系列讲座”、“名师论坛”和各种形式的专题报告会、现场研讨活动，进一步确立素质教育的理念，明确构建素质教育运行机制的指导原则、方法；(2)制定了《上海市实施素质教育工作计划》，明确了改革与发展的指导思想、目标、工作重点和保障措施；区、县政府制定了中长期规划及近期工作目标、操作机制和评估考核责任制；(3)全面启动了中小学课程教材改革的二期工程，编制了各学科教育改革行动纲领的研究报告，正在编订新课程方案、课程标准和新教材；(4)积极探索构建适应素质教育要求的多元教学模式、技术和手段，深入研究并构建素质教育的评价机制，编制了从小学到高中的学生学业评价手册；(5)以初中毕业和升学两考分离的改革和高中会考免考等改革为重点，继续完善高中阶段招生考试的方法，使考试、招生工作更有利于素质教育的实施；(6)采取取消学校早自修、延长课间休息时间、规定学生每日作业量等多项措施，减轻学生过重的课业负担；(7)开展了“百万家长看素质教育，素质教育走进千家万户”及丰富多彩的体育、艺术、科普活动。

〔**“达标工程”建设**〕 1999年7月，上海市中小学标准化建设工程（以下简称“达标工程”）正式启动。“达标工程”的核心内涵是整体提高初中和小学校舍与装备的达标水平；提高学校教师队伍的整体合格水准，优化师资队伍；加强和改善学校管理，大面积提高教育教学质量。

为顺利实施“达标工程”建设，自1998年初，市教委多次全方位深入区、县调查，并在1998年至1999年初，两次组织230余人，到4县2区的农村初中、中心小学、村小进行调研，共调研542所学校，并就干部、师资队伍、校舍装备达标问题形成了调查报告。在调研基础上，市和区县制订了“达标工程”的目标和实施计划，计划3年内使80%的初中、小学达到一类标准（即《上海市中小学建设标准》）或二类标准（指中心城区学校占地面积等指标适当降低的标准），5年内所有初中、小学达到一、二类标准。为实现上述目标，决定继续改造一批中小学，使之达到一、二类标准，新建或共建配套一批中小学，1999年～2000年再撤并200所村小，同时对仍需使用的村校进行改造，所有特殊教育和工读教育学校达到一类标准，并加强师资力量和学校管理，确保列入“达标工程”的学校教育质量和办学水平的提高。截止年底，359所村校改貌工作已基本完成，区县、乡镇共投入1 700余万元用以平整场地，修缮校舍，绿化校园；市投入5 000万元农村教育专项资金配置设备、教具、图书，村校办学条件得到了明显改善。

〔**普及高中教育**〕 1999年，上海市初中毕业结业学生共18.19万人，比上年减少2.55万人。由于近几年高中阶段连续出现入学高峰，为确保大多数学生能受到高中阶段教育，市和区县采取了一系列措施：一是挖潜扩招，挖掘现有高中办学潜力，扩大学校办学规模；二是建造寄宿制高中，兴建了11所现代化寄宿制高中，既在数量上扩大了普通高中规模，又提供了优质的普通高中教育，1999年寄宿制高中和市、区县重点中学共招收新生近4万人，比1992年增加了1倍，占当年高一新生数的49%；三是改革办学体制，鼓励和支持社会力量办学，截止1999年底，民办普通高中在校生数已达3.74万人，通过上述措施，全市升入高中阶段各类学校的学生总数为17.21万人，升学率为94.6%，比上年提高3个百分点，基本上实现了普及高中阶段教育的目标。

〔**寄宿制高中建设**〕 1999年，建成了晋元中学、嘉定一中、青浦高中3所现代化寄宿制高中。至此，规划建设的11所现代化寄宿制高级中学已全部建成。班级总数近400个，在校生达1.62万人，校园总面积近113公顷，校舍建筑总面积为53万平方米，总投入20多亿元。现代化寄宿制高中基本上都建在城郊结合部，这些学校的建成并投入使用，扩大了普通高中的办学规模，缓解了高中阶段入学高峰矛盾，为上海青少年提供了优质的普通高中教育。

〔**实验性示范性高中建设**〕 开展实验性示范性高中建设，目的是建设一批在实施素质教育中能对其他学校起示范辐射作用的示范性学校，推进高中教育改革和发展。1999年，上海市正式启动实验性示范性普通高中规划评审。凡上海市普通高中、普通完中的高中部和综合高中，经区县教育行政部门审核同意，均可参加规划评审。学校要按照“实验性示范性普通高中”办学标准制定创建规划，市教委组织专家组对规划进行评审。至年底，共有35所学校申请参加规划评审，其中市重点中学17所，寄宿制高中9所，其他高中9所。经专家组对第一批申报学校初审，对其中的13所学校进行了规划评审，提出了修改意见。规划评审从1999年4月起到2000年结束，计划分三批进行。

〔**小班化教育**〕 1999年，全市280多所小学起始年级实行小班化教育的试点，占全市小学数的20%以上。试点班平均班额为24.49人，最多每班28人，最少每班18人；一般试点学校的班额在20～26人之间。一般每班配备2～2.5名教师，上课以分组学习和个别辅导为主，占课时的2/3；面向全体学生，实行等距离教学；师生角色经常互换，促进学生主动学习。小班化教育增加了师生之间的交流，发挥了学生的主体作用，试点学校的教育质量得到了明显的提高，学生的知识、能力和个性得到了全面的发展。

〔**九年一贯制办学**〕 1999年，义务教育九年一贯制办学试点工作取得新进展，全市九年一贯制学校已有74所，其中市区51所，占68.9%；郊区县有23所，占31.1%。

在试点过程中，九年一贯制办学呈现多元化趋势，从衔接程度上区分，有一个法人、一套班子、一所学校独立运作的紧密型办学，也有两个法人、两套班子、两所学校主动衔接、保持办学一致和连贯的松散型办学；从年段上划分，有小学与初中二段一贯制模式，有幼儿园、小学与初中或小学、初中、高中三段一贯制模式，还有幼儿园、小学、初中、高中四段一贯制模式。1999 年，这些学校全力构建九年一贯制学校素质教育运行体系，整体提高办学水平和教育质量，有近 50%的九年一贯制学校获得文明单位、行为规范示范校、素质教育实验校和各类先进称号，得到社会的肯定和家长的好评。

〔**教育专项督导**〕 根据教育部《关于在全国开展基础教育专项督导检查的通知》精神，组织开展了对全市 20 个区县教育工作的专项督导。督导情况表明，各区县根据本区县的实际情况和特点，采取了一系列以实施素质教育为核心的有效措施，依法行政，建立执行教育法律法规目标责任制，一些区县实行目标责任制考核与组织人事部门对干部、单位的年度考核相结合，落实教育经费“三个增长”，统筹规划幼、特、普、职、成各类教育，规范学校办学行为，推动了区域教育的整体发展和“大教育”观念的形成。市督导检查意见反馈给区县后，区县深入进行调研，对薄弱环节认真加以改进。此外，还组织了对 7 所市重点中学办学水平的综合督导，总结学校办学尤其是实施素质教育的成功经验，推动学校因地制宜办出特色。

〔**学生评价与管理改革**〕 1999 年，在总结区县中小学生素质教育评价探索成果的基础上，对原《学生成绩手册》进行了改革，制订了《上海市学生评价手册》，并于 1999 学年度起在全市中小学试行。《手册》确定了反映学生思想品德素质、文化科学素质、身体心理素质、劳动技能素质等基本素质培养目标，分小学低年级、小学高年级、初中和高中四个学段，提出相应的评价要求。采用等第制与定性描述相结合的评价形式，注重学生总体素质的评价。

建立中小学学籍电子化管理系统，在 1999 年秋季入学的高一学生中实施。主要内容有：建立科学反映学生全面素质的信息档案资料，为招生单位网上录取提供考生信息，把各类教育活动信息提供给学生。

〔**艺术与科普教育**〕 1999 年，组织举办了上海市金孔雀学生舞蹈节、学生优秀舞蹈展示、“六一”少儿书画展、中小学陶瓷艺术大奖赛等活动；组织参加全国第二届中小学音乐、美术教师基本功比赛，3 名教师获一等奖；金山区和奉贤县被教育部列为全国农村艺术教育实验县。开展青少年科技系列活动，举办了上海市第三届青少年科技节，科技节主要内容有：科技世界展、机器人大赛、科技教育研讨会和现场会、评选学校科普教育论文、表彰优秀科技辅导员和科技工作者。各区县、学校举办科技节、科技活动周和科技竞赛等。近 160 万学生参加了科技节活动，对提高青少年科学文化素质，培养青少年的创新精神和实践能力起到了积极的推动作用。

〔**教师队伍建设**〕 1999 年，经市政府批准，命名 82 人为上海市特级教师。评选产生 1 002 名上海市园丁奖获得者。全市普教系统实行聘用合同制改革的试点单位达 2 265 个，已占全市普教系统单位总数的 84.6%；列为改革试点范围的人数达 15.01 万人，占教职工总数的 84.9%，为全面推行聘用合同制改革奠定了基础。制定印发了《上海市中小学校长工作试行意见》和《关于第一届市级中小学骨干教师培养的实施意见》，完成了第二届市级中小学骨干教师材料申报工作。招收各类师范生 2 054 名，加大师范毕业生自主就业力度，除郊县紧缺专业毕业生限在郊县双向选择外，其他毕业生均实行与用人单位双向选择。加强对教师的师德教育和在职培训，“三结合”学历教育毕业学员 7 206 名，高中教师学历达标率达 86.48%，选派 3 批 61 名中小学骨干教师赴英美进行 1～2 月的业务培训。

〔**人事制度改革**〕 为提高中小学教师整体素质，上海市加大人事改革力度，在中小学积极推行聘用合同制。聘用合同制是由学校法人与教职工签约，其内涵一是由原来的国家用人制度转为单位用人制度；二是由原来的固定制用工转为合同制用工；三是专业技术人员由以前的单位所有转为社会所有。即学校法人和被聘用人员必须在平等自愿，协商一致的前提下履行聘用合同手续，双方享有对等的权力和义务。主要内容包括：实行差额聘任制度；实行末位淘汰管理制度；建立人才委托管理制度；实行单位内部待岗和提前退岗休养制度。1999 年，全市共有 90% 的中小学全面推行了聘用合同制。聘用合同制的推行有利于建立有效的人才竞争机制，让教师进得来稳得住出得去，促进了人才合理流动，优化了教师队伍。

〔**学校周边环境整治工作**〕 为维护中小学正常教学秩序，改善学校周围环境，保障中小学生健康成长与生命安全，上海市在全面调查的基础上，针对部分学校存在的问题，组织召开了中小学周边环境整治工作现场会，并印发了《关于进一步加强学校周边环境和治安综合治理的意见》。根据《意见》规定，各职能部门结合上海市的市政建设、集市入室、拆除违法建筑、绿化市容等实事工程的开展，进一步明确各自的工作职责，联合采取行动，使中小学周边环境和治安整治工作取得了显著成效。

撰稿 顾剑华 沈 敏 徐钦福

职业教育

〔**综述**〕 1999 年，全市共有中等职业学校（不含技校）158 所，其中：职业高中 71 所，比上年减少 6 所；中等专业学校 87 所，共有学生 23.27 万人，其中：职业高中10.18 万人，比上年减少 14.13%；职业初中 0.03 万人，中等专业学校 13.06 万人，比上年增加 5.49%。

上海职业技术教育现代化实事工程取得新成绩。已完成东辉职校新建、农业学校改建、房地产学校二期工程 3 个中等职业技术教育建设项目，建成 3 个高等职业技术实训中心基地。

加强了对中等职业技术学校管理与评估。组织修订上海市中专职校评估指标体系，完成8所中专、职校办学水平评估和升级评估。开展国家级重点中职校的复验和审查，对8所重点中专进行了复验，并对29所申报国家级重点中职校（中专18所、职校11所）进行评估认定。

〔**学校布局结构调整**〕 1999年，上海中等职业技术学校布局结构调整取得进展。布局结构调整工作依据以下原则进行：(1)加强支柱产业、新兴产业和高新产业联系紧密的学校；(2)以优质学校为核心进行组合；(3)以行业和区县为主进行调整。调整后的上海中等职业技术学校273所，比1998年的295所减少22所，减幅7.5%。其中中专由85所调整为79所，职校由79所调整为71所，技校由122所调整为123所。并在教育部召开的全国中等职业技术学校布局调整会议上作了经验介绍。

〔**教育教学改革**〕 1999年3月，召开上海职业教育教学改革经验交流会议，总结教学改革经验。开展职教教学改革工作调研，在全市中专、职校广泛征集教改经验，组织教改经验材料98篇。制定《面向21世纪深化职业教育教学改革的实施意见》；制定《中高职贯通办学（六年一贯制）、普职渗透的综合高中试点实施方案》。参与全国职教德育科研工作，确定全市8所学校进行德育改革实验和课题研究。开展教学改革活动，筹备上海市第三届职教教学法评优活动。召开现代教学技术现场交流会，推广上海化工学校、东辉职校的经验。

〔**重点专业（工种）建设**〕 选择50余个专业（工种）进行重点建设。这些专业（工种）的选择范围是：(1)本市中等职业教育中面广量大的；(2)为支柱产业与新兴产业培养紧缺人才的；(3)条件艰苦且急需的专业（工种）。1999年，50余个重点专业（工种）的选定已通过专家论证。为扶植重点专业建设，市和学校主管单位共同投入经费进行重点装备，其中市里投入2/3，主管单位配套1/3，计划投入经费6 000万元，1999年，2/3经费已陆续到位。

〔**职教公共实训基地建设**〕 继1998年上海第一个职教公共实训中心——机电类实训基地建成后，1999年又相继建成三个实训中心：上海交通大学农学院都市农业实训中心、同济大学高等技术学院上海城市建设和管理实训中心、工程技术大学上海汽车工程实训中心。城市建设与管理实训中心和都市农业实训中心的建设被列入1999年上海市政府实事项目。

实训中心在整体布局上，体现现代企业的良好氛围，力求与国内外先进企业的环境要求接轨。在实训设备配置上，体现先进性与典型性，如城建与管理实训中心部分设备采用了瑞士及美国公司产品与设备，处于行业领先水平，汽车实训中心也配备了与大众和别克轿车生产相匹配的设备。在实训手段和效果上，充分运用计算机技术、模拟仿真培训等手段，每个实训中心都配备了足够的实训工位与空间，以保证实训效果。

3个实训中心的设备总价值达3 000万元。其中市教委投入1 500万元，社会各界特别是国内外企业界支持1 500万元。在建设过程中，注意调动学校、企业积极性，积极探索一条政府扶植、学校自筹和企业赞助的三位一体建设方式。城市建设与管理实训中心争取到日本、瑞士、美国、德国、香港、上海、江苏共50多家大企业、专业化跨国集团公司的赞助，汽车工程实训中心也争取到了上海大众、上海汽车技术中心、南京汽车研究所、美国NG软件公司多种形式的合作与捐赠。

〔**课程改革与教材建设**〕 1999年上海职教课改取得阶段性成果。首批课改项目的8个大类专业(炼钢、都市农业、机电一体化、商业营销、财会、汽车维修、电力、电工电子）和9门文化课（应用数学、英语基础、计算机基础、综合理科、体育与保健、应用语文、职业道德与就业指导、艺术欣赏、政治),在审定通过的课程改革和课程标准的基础上,已编写出版了30本教材和部分内部试用教材。8个大类专业中，除汽车维修专业外，7个专业已都在有关学校进行了课改试验；5门文化课也在90所试验学校的4万多(人次）学生中进行了试点。试点结果普遍反映新课程教材贯彻了“能力为本”的课改指导思想，体现了时代特征和上海特点。列入第二批课改的7个大类专业（土木工程、物流管理、现代护理、旅游服务、形象设计、工业分析、环卫工程）和1门文化课（综合文科）的课改工作也已启动，其中大部分已进入调查研究、拟订综合职业能力表和课改方案阶段。

〔**高等职业技术教育**〕 上海高等职业技术教育1999年取得突破性进展。根据国家教育部和国家计委关于试行新的管理模式和新的运行机制发展高等职业技术教育的精神，提出了“统筹兼顾、合理布局、面向基层、办出特色”的方针，充分挖掘潜力，多渠道、多模式扩大招生，满足了广大群众日益增长的接受高等教育的要求。1999年上海共有28所高等职业技术院校，按照指导性计划招收高职生。其中：普通高等院校设立的职业技术学院（二级学院）13所；高等专科学校5所；独立设置的高等职业技术学院2所；成人高职学校6所；民办高职学院2所。与1997年相比，学校数扩大了近3倍。全市共设置高职专业115个，比1997年增加了1倍多。1999年共招生11 463人，占整个高等教育招生数的23%。招收应届“三校生”3 714人，应届高中毕业生7 362人，艺术类高职招生87人。1999年全市高职在校生近1.6万人。

〔**“三校生”招收工作**〕 1999年，上海市通过“3+2”考试安排“三校生”(中专、职业学校、技工学校）招生计划3 295人，比1998年增加2 207人。为了更好地完成招生计划，满足“三校生”升学的渴求，1999年增加了“三校生”的调剂志愿，允许考生在同类或相近专业院校之间进行调剂。并且根据线上未被录取考生的科类专业情况，追加了一些高职院校的招生计划，使资格线上表示愿意调剂的考生都被录取。实际录取了3 714人，比原计划增加419人，是上海市招收“三校生”最多的一年。另外，职教师资的“五年一贯制”试点还录取“三校生”1 508人。

〔**职教师资建设**〕 新建2所中等职业技术教育师资培训基地，全市中等职业技术师资培训基地已达15所。1999年，共开展各类职教师资培训3 000多人次。此外，骨干教师培养工程、上海职教信息网工程均已启动。

撰稿 袁玉棣 沈 敏 徐钦福

高 等 教 育

〔**综述**〕 1999年，上海高等教育积极贯彻“科教兴国”战略，以《中华人民共和国高等教育法》实施为契机，认真抓好依法治教、依法行政工作；积极推进高教管理体制改革和高校布局结构调整；加快高校科技体制改革，推进产学研结合，加快后勤社会化改革，积极推进市委、市政府关于改善教师工作条件、生活条件的工作；加快高校人事制度改革，优化师资队伍结构；深化招生考试制度改革，认真做好毕业生就业和创业的指导工作。1999年，普通高校本专科学生比上年增加12.84%；在学研究生比上年增加15.10%。上海市报考普通高校生源7.26万人，比上年增加25.48%，录取率达71%，比上年提高了11个百分点。各类普通高校在沪招生50 721人，比1998年增加49.3%，其中高职招生1.02万人，比上年增加1.68万人，增幅49.3%。大学适龄人口毛入学率达到32%。

〔**管理体制改革和布局结构调整**〕 1999年7月，市政府与教育部签署了共同重点建设复旦大学和上海交通大学的意见，以重点实行学科的优化组合，加强学校的内涵建设和体制、机制的创新，使两校成为我国高层次创造性人才培养和知识创新的重要基地，推动两校向世界知名的高水平大学目标迈进。为此，除了正常经费安排外，教育部和市政府将在3年内分别向两校各投入6亿元人民币的建设经费。

9月，上海农学院并入上海交通大学；上海纺织高等专科学校并入中国纺织大学，并更名为东华大学。同时，上海西南7校、东北8校进一步形成资源共享、优势互补的合作办学网络。

高等职业技术教育资源得到开发。上海冶金联合职工大学和上海冶金工业学校合并组建了东沪职业技术学院。东海职业技术学院和新侨职业技术学院2所民办高职校组建也已获教育部批准。

至此，上海全日制普通高校从1998年的40所调整为37所，另有独立设置的职业技术学院4所。

〔**重点学科建设**〕 在第三期重点学科中，根据发展基础及发展需要，建立了12个重点学科研究基地。对部委属高校重点学科科研课题进行了论证工作，有97项课题通过论证予以立项，其中文科类课题30项，理工农医类课题59项，医学类课题8项。设立了13个理工农医类成果转化项目，投入25万元，设立4个文科重点项目。1999年组织了6项联合课题，共涉及13个不同学科，体现了优势互补、强强联合，有利于促进学科的发展。在重点学科科研项目中，组织鉴定了近40个项目，这些项目都具有较高的学术水平和应用前景，对提高学科的学术水平和在为上海市的经济发展服务中发挥了重要作用。为加强重点学科学术骨干的培养，在市属高校重点学科内选择45岁以下、具有研究生学历和副高级以上职称的优秀学术骨干的31个科研项目予以资助。

〔**教学管理**〕 面向21世纪上海高校教材与课程建设继续推进。启动世界银行贷款项目，完成170余本教材和140余门课程的项目申报和预审工作。实施新专业目录，上海高校共设有本科专业160种（525个专业点），占教育部公布的249种专业种类的64.3%，覆盖71个二级学科中的62个，占87%。加强了评估工作，以评促改、以评促建、以评促管。

学位与研究生教育管理工作继续加强。完成了上海市学位委员会学科评议组换届和选聘第二届成员工作；20余本研究生教育重点建设教材出版；制定了《上海市研究生课程进修班登记备案和管理办法》（试行），审核批准192个专业举办研究生课程进修班；对1999年申请学位的2个一级学科、23个二级学科和2个三级学科的所有博士、硕士学位论文进行了“双盲”评议；审核了新增硕士点单位；建立了学位点情况动态数据库，为宏观管理和领导决策提供依据。

上海高校基础实验室改造工程启动。市教委制定了《关于改革投资体制，加快上海高校基础实验室改造工程的意见》，并与中国农业银行上海市分行签署了支持高校改造一、二年级基础实验设施4.5亿元的贷款额度协议，其中，上海理工大学与中国农业银行上海市分行签署了2 400万元的贷款协议，用于5个工科类基础实验室和10个现代化教学基础设施建设，现已取得阶段性成果。

教育技术现代化建设步伐加快。建设上海高校虚拟图书馆，集中解决上海高校网上图书借阅系统；上海高校外国教材中心建成开放；完成“上海普通高校‘九五’重点教材数据库”和“上海高校优秀教材数据库”。

〔**高校科技和经济合作**〕 高校科技产业化工作得到有力推进。制定并实施了《上海高校科技产业化行动计划纲要》（简称“993”计划）；成立了“上海高校科技产业化行动计划”领导小组；把高新技术成果转化的经济和社会效益列为上海普通高校办学水平评估指标体系的重要指标。根据市委、市政府关于加快发展张江高科技园区的精神，市教委与浦东新区管委会及张江高科技园区签署合作协议：张江高科技园区为上海高校建造1.5万平方米的科技及产业化用房，建立上海高校科技园，并提供3至5年零租金；市教委组织高校参与张江高科技园区的建设与发展，推进高校科技成果的产业化。首期市教委从高校申报的105个项目中遴选20余个项目，进入张江高科技园区。此外，上海交通大学科技园被科技部和教育部确定为国家大学科技园试点。

产学研结合进一步密切。1999年，上海高校获科研经费9.15亿元，其中，来源于社会企事业单位的经费为6.03亿元。19所高校的182项科技成果参加了上海市第十一次难题攻关招标暨成果转让洽谈会，推荐的成果占全市各系统推荐的276项的68.16%，在市经委下达的43项重点产品、生产技术难题攻关专项计划中，上海高校承担了18项，占总数的41.86%，其中一批项目是困难大、技术含量高、生产急需、市场潜力大的产业化开发项目。高校400余个科技成果和产业化项目参加上海科技博览会，44个项目获博览会金奖。

继续做好高校科技产业贷款贴息工作。对1998年度上海高校21个科技产业贷款贴息项目，由市教委核发一次性贴息。项目涉及14所高校，总投资14 223万元，贷款金额为9 280万元。

1999年上海高校的技术委托、转化、咨询、服务的合同登记总额已有1.8亿元，其中合同金额超过百万元的有20项。上海高校与各大中企业、研究机构共建研究开发中心、工程中心43家，成为企业科技基地和智力库。

与地区实行全方位合作，带动地区经济和社会的迅速发展。如，上海交通大学分别与徐汇、闵行区政府共建“慧谷”信息产业区、“敏谷”高新技术研究开发园区；上海大学分别与闸北、松江、宝山等区政府联建“上海大学科技园区市北工业园”、“莘莘学子创业园”、“上海民营科技开发区”，等。

上海高校校办科技企业有290多家，约占校办企业总数的40%。其中有34家高校校办企业被认定为上海市高新技术企业。

〔**鼓励考生报考外省市院校**〕 1999年，上海采取积极措施，鼓励考生报考外地高校。主要做法是：继续安排北京大学、清华大学在沪提前单独录取；重申被外地院校录取的沪籍生源毕业后，户口可回本市落户；凡被外地高校录取的上海生源，都发放毕业生就业信息表，在高校毕业时可提前推荐就业；凡一、二、三志愿报考外地院校者，如招生院校线上生源不足，只要院校同意可在重点或本科线下适当降分择优录取；被边缘省区高校录取的考生可享受适当的补贴。由于采取了上述措施，1999年，外地院校在沪招生计划完成良好，共录取3 786人，实际录取总量增加426人。

〔**高校扩招工作**〕 1999年，上海市普通高校招生计划总数比1998年增长39.04%，共录取新生50 721人，集中统考录取率达71%，是恢复高考以来录取率最高的一次。在录取过程中，主要做了四方面的工作：一是扩大招收应届毕业“三校生”，做好相近专业院校生源调剂工作；二是增加集中录取阶段重新征求志愿的次数，将减招压到最低限度；三是继续执行鼓励考生报考外地院校的政策；四是对扩招计划进行规范操作。

〔**教师队伍建设**〕 中青年骨干教师的培养继续得到加强。经各校推荐，批准39所高校的219名教师为第五届上海高校优秀青年教师，并作为重点培养对象。入选的219名优秀青年教师中，博士124名、硕士67名，两者占87.2%；教授31名、副教授157名，两者占86%；获得省部级以上各项荣誉称号65人。共有100名青年学者申报了第五届“曙光计划”。经评审，48名入选，其中社科类11名，生命、医学类13名，理科类24名；正教授27名，女学者6名，比例超过了历届学者；海外学成或进修归来的有22名；担任处、系、所级职务的骨干教师17名；获得过省、部级以上的科技进步奖和哲学社会科学奖24名。

〔**学生工作**〕 各校为庆祝建国50周年、庆祝上海解放50周年和迎澳门回归、迎新世纪，开展了以“爱国、成才、跨世纪”为主题的“双庆双迎”教育。

各高校加强了《邓小平理论概论》教学工作，制作完成10集《邓小平理论常识教学系列片》。出版了《马克思主义哲学原理》、

《马克思主义经济学原理》、《毛泽东思想概论》等6种“两课”系列教材，保证了1999年秋季实施新课程的教学用书。

高校经济困难学生受到各方关心和资助。市教委制定了上海市助学贷款的实施细则，划拨专款860万元作为“高校助学贷款专项资金”，组织工商银行上海分行、浦东发展银行等到高校进行贷款宣传，并集中办理有关手续。1999年，市政府拨款1 500万元，以解决高校贫困学生的困难。自1993年底起，市政府已连续6年拨款总计8 393万元。1999年，上海高校帮困经费总额达5 543.61万元，其中，市政府拨款1 500万元，部委属学校主管部门拨款413.54万元，学校从行政事业费中投入2 181.98万元，接受社会资助482.76万元，基金增值919.35万元。基金增值919.35万元。用于直接补助的有472.65万元，受益人数28 954人；用于勤工助学补贴的有3 290.91万元，受益人数37 683人；设立帮困奖学金609.04万元，受益人数6 657人；减免学杂费278.93万元，受益人数1 944人；发放助学贷款2 163.24万元，新增贷款人数3 225人。另外，各校勤工助学基地的固定资产总值为788万元左右。

高校毕业生就业工作继续加强。一是高校毕业生就业制度改革继续深化。市教委制定了《关于进一步推进上海高等学校毕业生就业工作改革的意见》，修订了《上海普通高等学校学生就业管理办法》，确立了毕业生就业工作主体地位，毕业生自主择业权和用人单位的自由选择权加大。二是对本市各级各类高校毕业生就业工作的指导继续加强。加强了对高等职业技术院校毕业生就业工作的指导，推进了高等职业技术院校的发展；修订了《就业指导》，提高就业指导的水平；建立和完善了就业供求信息登记制度，为毕业生提供了2万余条就业信息；建立了就业供求信息网络，方便高校毕业生上网寻找就业信息。三是开设高校毕业生人事代理服务、信息卡服务；开办大型毕业生就业市场。1999年，全市4.5万名本专科毕业生、毕业研究生中，近93%的学生顺利走上工作岗位。同时，引进了非上海生源毕业生1.57万名，其中博士603名，硕士3 592名。

〔**后勤改革**〕 上海市坚持政府主导、试点引路、整体推进、分步实施的思路，积极推进高校后勤社会化改革，将“校办”后勤转变为与社会联合办后勤，进而逐步实现社会化经营、多元开放、规范竞争、服务优质的高校后勤市场服务体系。

重点突破，学生公寓和教师公寓建设取得实效。通过“改造筒子楼、建设公寓楼、购买空置房、租赁公用房、清理占用房”5个途径，加快改善了教师住房条件。中央部委在沪高校中，原地改造7.25万平方米，移地新建3.85万平方米，购买社会空置房5.53万平方米，年内共有2 500多户青年教师住房得到改善；地方院校中，原地改造1.38万平方米，移地新建2.67万平方米，购置社会空置房8万平方米，年内共有1 500多户青年教师住房得到改善。在改造筒子楼的同时，教师公寓建设也取得进展。老沪闵路2.4万平方米、浦东泾南2.5万平方米教师公寓已竣工，兰花6万平方米的教师公寓竣工并投入使用。采取“改、购、建”的办法，加快了学生公寓建设的步伐。学生公寓建设已开工建设43万平方米，其中33万平方米已经竣工。在校内建设学生公寓的基础上，一些学校建造学生村，上海大学新世纪学生村、上海铁道大学学生村已开工建设。

体制创新，高校后勤跨出校门。采取联

办、并入、托管、连锁等方式，使学校后勤跨出校门，打破“一校一户办后勤，校校后勤办社会”的封闭体制。20所不同类型的高校后勤部门与学校规范分离，全市参加分离转制的高校已超过50%，70%的后勤干部职工已从旧体制中分离出来。这项改革改变了学校与后勤服务部门的传统关系，学校由“办后勤”到“选后勤”，为校领导集中精力抓教学和科研创造了有利的条件。

规模经营，后勤服务成本降低。依托国有粮、油、煤、肉类等副食品大企业联合建成了10个专业高校后勤配货中心，实现集约经营和规模效益，有效地降低了采购成本。现已创办26家教育超市和19家连锁餐厅，受到师生的普遍欢迎。此外，通过实行联合采购，引进社会企业参与校内竞争等方法，增强了高校后勤服务能力。

〔**教育合作与交流**〕 1999年，上海高校有长期外国留学生4 008人，来自113个国家，分布在上海23所高校，其中硕士以上留学生占总数的12%，自费留学生占总数的81%，另有短期自费留学生2 000余人。在上海高校就读的港澳台学生有424人，比上年增加90人。上海高校及有关教育机构主办和承办各类国际学术会议近50余个。

〔**体育、卫生、艺术工作**〕 学生体育健身活动广泛开展。从4月起，创设举办了“'99上海高校体育论坛”；上海市高校体育代表团在市第十一届运动会上，以50枚金牌、49枚银牌、23枚铜牌和2 028总分的优异成绩获成年组奖牌名次第一名和团体总分第一名，并荣获体育道德风尚奖；并举行了上海市第五届大学生运动会暨军训成果汇报活动。

艺术教育活动形式多样。贯彻教育部、文化部、国家广电总局、团中央等《关于举办'99全国大学生艺术节的通知》精神，广泛发动全市大学生积极参加各项文艺活动。全市集中举办了上海市大学生合唱、校园集体舞、表演舞、戏剧小品、器乐等8个专场演出比赛，举办了上海市大学生美术、书法、摄影展览活动，有近万名学生参加市级活动，有30多个节目和30幅美术作品入选参加全国大学生艺术节的展示汇演。

学校卫生和科普工作不断加强。3月正式成立上海高校献血志愿者队伍(有10所高校同时组建红十字献血志愿队)，报名参加献血人数有4 000多名师生。有3所高校重点实验室被评为市科技教育基地。

撰稿 王 庆 沈 敏 徐钦福

成 人 教 育

〔**综述**〕 1999年，全市共有成人中高等学历教育学校138所，其中：独立设置成人高校39所，成人中专99所。成人高等教育和中等专业教育在校学生17.68万人，其中：成人高等教育在校生9.83万人，成人中专7.85万人。区办业余中学291所，参加高中文化联考和自学考试25万人次，毕业1.42万人，结业14.64万人次。成人高校招生3.67万人，比上年增长26.12%；毕业2.27万人。成人中专招生2.33万人（“小中专”1.24万人），毕业1.86万人。乡镇成人中等文化技术学校172所，结业生达14.85万人次。社会力量举办院校165所，就学人次达19.58万。参加国家高等学历文凭资格考试的在校生达1.45万人，毕业生1 030人。参加上海电视大学“注册视听生”教育的达2.85万人，其中1999年招生1.35万人。此外，高等教育自学考试开设本、专科专业53个，开考课程383门，参加考试39.9万人次，比上年增长37.5%。中等专业自学考试开设专业25个，开设课程93门，参加考试3.86万人次。全年接受各级各类成人教育总数达230万人。目前，上海市已形成多层次、多功能、多规格的成人教育网络，终生教育体系正在逐渐建立。

制定了上海市实施《社会力量办学条例》的办法，修订《上海市职工教育条例》，制定《上海市成人高校全日制高职班学生管理的若干规定》、《上海市中外合作办学（非学历教育）设置暂行规定》等规章；组织区县进行社会力量办学对口检查，印发《上海市社会力量举办学校评估标准》，加强对区县审批社会力量举办院（校）设置分部、分院（校）、教学点的统筹协调工作。继续推行行业组织管理教育的探索，进一步构筑政府、社会团体、群众组织和中介机构相结合的地区、行业成人教育管理体制。

〔**社会化培训**〕 1999年，全市共有38万人参加上海市计算机应用能力考核、办公自动化应用能力考核，其中获合格证书的有2.11万人；共有10.9万人参加市通用外语水平等级考试，开考科目有英语初级、英语中级、交际英语、初级日语4个，共有7.6万余人获得合格证书。“十大紧缺人才培训中心”承担了涉外法律、国际商务、现代企业高级管理、房地产经营等30个大类的紧缺外向型、复合型人才的培养，累计有6.98万人经考核获得《上海市岗位资格证书》。200多所学校参与再就业培训工作，培训下岗、转岗、失业人员共5.17万名，培训除了开展基础性的初级培训和上岗培训外，还开展了中高层次培训和技能复合型培训，增强下岗人员在就业环境中的适应能力和抗风险能力，提高再就业的稳固率。

〔**社会力量办学**〕 上海市认真贯彻国务院颁布的《社会力量办学条例》，为社会力量办学提供了良好的发展空间。首先，加强法规建设，规范办学行为。上海市先后制定了一系列法规、规章，促进社会力量办学朝规范化方向有序发展。全市实行了社会力量办学院校长培训、持证上岗制度、社会力量办学年检制度、社会力量办学许可证制度、社会力量办学设置评议制度，增强了社会力量依法办学、依法治校的自觉性。其次，加强督导、评估。根据《上海市社会力量举办学校评估标准》，市、区县教育行政部门分别组织力量对社会力量举办院校进行办学评估。1999年市教委组织专家组评估了上海嘉华财经进修学院、上海侨友进修学院等8所社会力量举办非学历高等教育机构，促使其办学水平上新台阶，A级院校不断增加。第三，严把审批关，完善设置评议制度。市、区县教育行政部门对新设置的教育机构按照设置规定，组织专家进行设置评议。1999 年通过专家小组评议，由区、县教育行政部门审批上报，市教委核准的上海农工商超市进修学院等 4 所院校均自有办学场所。1999 年，上海市共有社会力量举办的非学历教育机构 1 179所，其中非学历高等教育机构 188 所，中等及以下办学机构 991 所。办学主体中民主党派办学 73 所，社会团体办学 223 所，事业单位办学 446 所，企业单位举办 267 所，个人办学 149 所，其他类型办学 20 所。专职教师 3 864 人，兼职教师 26 963 人，专职办学人员 5 119 人，兼职办学人员 4 786 人。拥有校舍面积 1 027 669 平方米，其中借用面积 747 901 平方米，自有校舍 279 768 平方米。全市社会力量举办院校年培训人次达 180 万，外语类、艺术类、生活类和职业技术类是学员学习的“热门”。

〔**实施“燎原计划”**〕 1999 年，上海市实施“燎原计划”的示范实验乡镇有 114 个，比 1998 年增加 14 个；参与实施“燎原计划十、百、千工程”的乡镇有 176 个，比上年增加 15 个。全年实施“燎原计划”项目 377 个，其中新增项目 108 个；结合项目培训8.41 万人次，比上年增加 0.85 万人次。实施“燎原计划”的显著特点是：结合新一轮农业产业结构调整和农业科技成果推广，开展燎原计划项目培训，发展适应市场需求的名特优产品。随着农村城镇化和农村经济的发展，农村职业技术培训内容趋向多元化。上海市乡镇成人学校全年各类培训 950 939 人次（含村和企业办学点培训 156 052 人次）。乡镇成人学校直接培训的 794 887 人次中，职业技术类培训 306 640 人次，占 38.6%，其中农村实用技术培训 166 498 人次，占职业技术类培训总数的 54.3%，其他职业技术类培训占 45.7%。1999 年，上海郊区有 5 320 人经培训考核获得“绿色证书”，其中应届初高中毕业生 3 531 人。至此，上海市郊区已有 7.61 万人持有“绿色证书”，涉及种植、养殖、农机、农村经济管理等行业。按市郊 117.59 万农村住户计算，平均 15.4 户有一名农民持有“绿色证书”。

〔**远程教育**〕 1999 年上海市加快发展远程教育的步伐，取得了可喜的成绩。教育部决定将上海列为国家远程教育定点城市，并在若干所高校建立远程教育点。并批准上海交通大学、同济大学为国家远程教育试点高校。在市政府召开的上海市成人教育工作会议上提出了实施上海远程教育工程，组织制订了“上海现代远程教育发展规划”。为此，上海市经过广泛调查，深入听取意见和反复论证，着手制定在重组远程教育资源的基础上组建上海远程教育集团的方案，争取在全国率先组建一个有中国特色、时代特征、上海特点的上海远程教育集团。1999 年，上海电视大学的远程教育，大专以上学历教育在校生达 3 万人，中专学历教育在校生达 4.2 万人，非学历教育培训人次达 50 万。上海电大继续探索以网上交互技术为基础、多种教学媒体综合应用的现代远程教育新的技术手段，进行了远程教育的实践。与上海市邮电局合作，共同建设“上海电大远程教育虚拟专用网”，初步建成电视大学系统宽带网络，实现了校本部与各区县 24 所电大分校、工作站的互联。普通高校的远程教育也有新发展。中外合作举办远程教育进入试点阶段。上海交通大学与澳大利亚阳光海岸大学合作举办高级工商管理研修班采用互动式教学，把国外最新课程传输到中国。普通高校还重视把远程教育手段运用到教学领域，技术装备水平得到提高。100多所中小学建立了校园网，开发了一批与教材相配套的教学软件和音像制品，现代教育技术逐渐运用到课堂教学中。

〔**高教自考工作**〕 1999年，18所主考高校开考了54个本、专科专业（不计重复）共开考了383门课程，报考人数399 944人（次），939 938科次，与1998年相比，报考人数增加了109 140人（次），增幅为37.5%，报考科次增加了237 204科，增幅33.7%。专业报考人数最多的专业为会计专业，报考生人数75 038人（次）。

截止1999年底，全市高教自考已有专科毕业生47 649人，本科毕业生1977人，总计颁发单科合格证176.25万张，全市参加高教自考人数196.97万人（次），在籍考生76.93万人。

〔**老年教育**〕 1999年，上海老年教育已形成以课堂教育、空中老年大学、网上老年大学三大阵地和市、区（县）、街道（乡镇）、居委（村）四级办学网络。老有所学成为上海老年人老有所养、老有所医、老有所乐、老有所为的基础和动力。1999年，市教委在全市学校布局结构调整中，调拨一所独立的校舍作为上海市老年大学。新校舍建筑面积3 800平方米，有电脑房、语音室、钢琴教室、书画教室、烹调教室、阅览室和健身房等。1999年，上海已建有3 111所老年教育教学点，其中市级老年大学4所，区县（行业）老年大学分校50所，街道（乡镇）老年学校269所，居委（村）教学点2 788个。上海电视大学“空中老年大学”栏目已开播了8门课程。上海老年大学开通了“网上老年大学”。1999年，全市接受老年教育的人数达22.85万，占全市老年人总数的9.77%，提前实现了上海市人民政府提出的到2000年参加老年教育人数占老年人总数8%的目标。

撰稿 徐民杰 沈 敏 徐钦福

审稿 张伟江

江苏省教育

概　况

〔基本情况〕

1999年各级普通学校基本情况

单位：人

学校类别	学校数(所)	毕业生数	招生数	在校学生数	教职工数 计	教职工数 其中：专任教师
总　计	40 558	2 338 060	3 485 323	13 568 983	824 034	641 402
一、研究生		4 075	7 154	18 226		
1. 高等学校		4 022	7 058	17 927		
2. 科研机构		53	96	299		
二、普通高等学校本专科	72	68 312	140 445	355 792	74 786	30 457
本科院校	42	46 449	103 178	270 965	62 189	24 657
专科院校	30	15 050	23 835	58 203	12 597	5 800
分校、大专班				657		
电大普通班		6 813	10 064	22 599		
成人新高职			3 368	3 368		
三、普通中等学校	4 535	1 210 252	1 493 932	4 191 522	336 818	249 321
1. 中等专业学校	206	123 461	124 574	475 856	27 516	14 783
中等技术学校	170	109 306	112 190	426 380	22 091	11 788
中等师范学校	36	14 155	12 384	49 476	5 425	2 995
2. 技工学校	183	37 401	32 286	109 876	13 989	8 326
3. 普通中学	3 727	975 080	1 277 971	3 408 878	264 160	203 756
高中	867	195 838	255 847	741 925		50 141
初中	2 860	779 242	1 022 124	2 666 953		153 615
4. 职业中学	415	74 123	58 927	196 677	31 035	22 381
高中	414	73 967	58 731	196 104		22 322
初中	1	156	196	573		59
5. 工读学校	4	187	174	235	118	75
四、小学	21 253	1 051 895	1 017 876	7 411 888	316 583	284 115
五、特殊教育学校	125	3 526	4 539	39 321	3 736	2 725
六、幼儿园	14 573		821 377	1 552 234	92 111	74 784

1999 年各级成人学校基本情况

单位：人

学校类别	学校数（所）	毕业生数	招生数	在校学生数	教职工数 计	教职工数 其中：专任教师
总计	40 328	7 447 352	6 503 630	6 338 168	67 382	37 800
一、成人高等学校	41	52 888	70 228	192 708	11 820	6 510
1. 广播电视大学	2	2 832	3 766	11 228	5 730	3 143
2. 职工高等学校	23	3 964	6 642	16 568	2 860	1 731
3. 农民高等学校						
4. 管理干部学院	9	2 467	3 407	7 745	1 467	735
5. 教育学院	7	2 923	3 327	8 469	1 763	901
6. 独立函授学院						
7. 普通高等学校举办：		40 702	53 086	148 698		
函授部		24 603	30 024	91 203		
夜大学		7 116	10 259	29 865		
成人脱产班		8 983	12 803	27 630		
二、成人中等学校	31 813	7 189 784	6 209 792	5 904 820	49 981	28 590
1. 成人中等专业学校	245	61 998	38 303	141 470	13 794	7 259
广播电视中等专业学校	3	14 262	7 872	29 590	1 629	758
职工中等专业学校	154	24 815	15 673	66 572	6 301	3 438
干部中等专业学校	6	2 264	1 787	6 674	532	221
农民中等专业学校						
函授中等专业学校	2	5 977	8 348	16 772	704	364
教师进修学校	80	14 680	4 623	21 862	4 628	2 478
其他类学校举办						
2. 成人中学	977	68 805	69 361	97 655	8 211	4 597
职工中学	378	19 280	24 159	44 466	4 710	2 248
农民中学	599	49 525	45 202	53 189	3 501	2 349
3. 成人技术培训学校	30 591	7 058 981	6 102 128	5 665 695	27 976	16 734
职工技术培训学校	1 611	1 038 233	1 043 236	944 607	10 019	5 728
农民技术培训学校	28 980	6 020 748	5 058 892	4 721 088	17 957	11 006
三、成人初等学校	8 474	204 690	223 610	240 580	5 581	2 700
1. 职工初等学校	217	42 875	54 391	62 521	472	173
2. 农民初等学校	8 257	161 815	169 219	178 059	5 109	2 527
其中：扫盲班	2 744	50 125	31 395	30 969	2 055	771

制表　孙　兵

〔**全省教育工作会议**〕 为认真贯彻落实《中共中央国务院关于深化教育改革全面推进素质教育的决定》和第三次全国教育工作会议精神,省委、省政府于1999年8月30日～31日，召开全省教育工作会议。会议要求动员和组织全省深入实施科教兴省战略，切实落实教育优先发展的战略地位，全面实施素质教育，积极推进教育现代化，把充满生机和活力的江苏教育带入21世纪。省委书记陈焕友、省长季允石到会讲话。

省委省政府印发关于贯彻《中共中央国务院关于深化教育改革全面推进素质教育的决定》的意见和《江苏省教育现代化实施纲要》,对跨世纪的江苏教育改革和发展工作作了战略性部署，出台了财政预算内支出中教育经费支出所占比例连续五年每年提高1个百分点、建立农村中小学教师工资由县统一发放和农村教育费附加实行“乡征、县管、乡用”的管理体制等政策，教育优先发展的战略地位得到进一步落实。

〔**推进教育现代化建设**〕 全省各地继续实施教育现代化工程，在抓好乡镇和学校现代化建设的同时，开始在更大区域内、更高层次上推进教育现代化建设，为完成全省教育改革和发展“九五”规划的目标，特别是到2010年全省教育基本实现现代化目标奠定良好基础。一是进一步推进省级实施教育现代化工程“先进乡镇”的创建工作。8月，省教委印发了《关于进一步提高“示范乡镇”建设水平的通知》,12月，省教委对部分“示范乡镇”分管领导进行了培训，拓宽视野，找到差距，更好地推进本乡镇的教育现代化建设。与此同时，乡镇教育现代化工程创建工作继续在面上推开。4月下旬，召开了由100多位乡镇领导参加的全省乡镇实施教育现代化工程观摩研讨会。年底，组织对创建省级实施教育现代化工程先进乡镇的147个乡镇进行了督导评估。二是规划跨世纪全省教育现代化建设。省政府于9月27日印发《江苏省教育现代化实施纲要》，具体规划了全省在完成教育事业“九五”计划目标和任务基础上，到2010年教育现代化建设的目标和任务。4月底，完成了省政府下达的“江苏教育现代化体系及其实现途径”课题研究任务，为制定全省教育事业“十五”规划和现代化建设提供了理论基础。三是推进县域教育现代化建设。8月省教委印发《江苏省县（市）教育基本实现现代化建设标准》，完成了《江苏省县（市）教育基本实现现代化评估意见（试行）》的制定工作。同时，引导县(市)在加强乡镇教育和学校现代化建设工作的同时，抓紧思考、设计、实施县（市）区域的教育现代化建设工作，加快提高教育发展水平，有效服务于本地的经济和社会现代化建设。四是促进各级各类教育现代化建设向内涵方向发展。总结推广了丹阳等地在以办学条件为突破口取得成效的同时，教育现代化建设内涵形成“硬件从实，软件从硬，管理求精，质量求高”的经验。调查指导各地教育现代化建设向制度层面发展；要求教育现代化为经济和社会现代化的服务由农科教结合向产学研结合提升；要求各地重视解决教育现代化建设过程中的热点、难点问题,确保教育现代化建设可持续进行。五是切实推进“教育促小康工程”的实施，为确保本世纪末全省全面实现小康目标任务。继续推广淮阴市评估教育促小康工程示范乡镇、评选教育优秀服务项目的做法,系统总结了苏中、苏北地区农村实施教育促小康工程先进县(市）乡镇和学校的经验。

持续推进教育综合改革。随着教育现代

化建设向纵深发展，需要通过深化教育综合改革，解决其中遇到的难点和热点问题，确保教育现代化建设的持续进行。一是制定出《江苏省深化教育综合改革方案》，5月，由省政府报送教育部审批。全省各级各类教育、农村与城市和企业教育综合改革开始按照《方案》提出的指导思想和思路、目标和任务加以实施。二是以“认真贯彻落实党的十五届三中全会精神，进一步深化农村教育综合改革，积极有效地为农村现代化建设服务”和“大力实施教育促小康工程，统筹协调各级各类教育发展，密切经科教结合，为全面实现小康作贡献”为主题，分别在溧阳市、金湖县召开农村教育综合改革实验区第15次、16次工作协作会议，总结经验，明确全省农村教育面临的新机遇和新挑战、农村教育为农村经济和社会发展服务的新思路和新任务。三是以“深化企业教育综合改革，促进企业成为技术创新主体”为主题，在常州市召开由30多家省级教育综合改革试点企业参加的第三次工作协作会议。四是在12月教育部召开的全国企业教育综合改革研讨会上，交流了江苏省企业教育综合改革的做法，提出了我省国有大中型企业分离中小学的具体意见和建议。

〔**教育法制工作**〕 教育法制工作以贯彻落实1998年全省教育法制工作会议精神为重点，在立法、执法和监督等方面进一步开展工作。一是通过协调工作，《〈中华人民共和国职业教育法〉实施办法》经省人大通过并正式颁布，同时，对《〈中华人民共和国高等教育法〉实施办法》进行了立法调研。二是省、市联合对全省各地落实教育法制工作会议精神的情况进行了检查，促进各市、县（市）加强教育法制工作机构建设，配备精干人员，切实做好工作。三是继续抓好依法治教试点工作。在盐城市召开了教育执法专题研讨会。进一步总结试点单位的工作经验，推动面上依法治教工作的开展。省政府正式印发了《关于依法治教工作的意见》。四是加强教育行政执法制度建设。在继续完善已有规范性法律文书的同时，指导市、县（市、区）用好法律文书。

〔**教师队伍建设**〕 组织人员对师资队伍建设“九五”计划实施情况进行检查，确保计划的完成。进一步推进“师表工程”，印发了《江苏省高等学校教师职业道德规范（试行）》，从依法执教、爱岗敬业、严谨治学、精心施教、热爱学生、教书育人、为人师表、团结协作等方面对高校教师提出了要求。开展了新时期师表形象讲座和征文活动。加快骨干教师队伍建设，组织实施“名师名校长工程”，首批评出名教师40人，名校长15人。加大“青蓝工程”建设力度，组织第四批高等学校优秀学科梯队和优秀学科带头人评选工作。进一步做好教师职务评聘工作，印发了高校、中专校和中小学教师职务结构比例和岗位设置的试行意见，组织评审出教授203人、副教授893人、高级讲师563人，评选表彰了“江苏省教育系统十大标兵”。拓宽新师资渠道，在保证师范毕业生分配就业到位率的同时，对部分市县建立的师范类毕业生就业市场进行指导，鼓励城市毕业生到农村任教。进一步做好支援苏北基层教育工作，派出了第二批扶贫支教队伍。启动中专学校教师“以毕业研究生同等学力申请硕士学位教师进修班”和省内高级访问学者工作。贯彻全国中小学教师继续教育和校长培训工作会议精神，制订《江苏省中小学教师继续教育信息化建设规划》，发出《关于建设江苏省中小学教师继续教育实验区和开展实验项目研究的通知》，启动小学教师小学教育专业专升本自学考试。进一步落实教师的待遇，积极会同省有关部门研究制定解决农村拖欠教师工资办法。

〔**教育投入和财务管理**〕 努力加大财政性教育经费投入，贯彻落实《江苏省教育费附加征收管理办法》，加快建立和完善教育经费补偿和分担机制步伐，调研全省中小学公用经费标准，分解教育地方附加费和人民教育基金的征收指标。紧密围绕教育现代化工程建设和重点工作，集中财力确保薄弱学校改造、高校扩招、重点学校、重点学科和重点实验室建设、教师住房、教师队伍建设等任务的完成。规范民办学校收费，促进社会力量办学健康发展。指导并协调全省各级各类学校做好“收支两条线”管理，做好世行贷款管理工作和第二个职业教育发展项目的国内设备招标采购工作。省教委会同人民银行南京分行、省财政厅等部门制订了《江苏省高等学校助学贷款管理规定（试行）》。全省中小学勤工俭学各项经济指标比1998年增长7%，总产值达340亿元，利润达19亿元，补充教育经费超过6亿元。

进一步规范各级各类学校的收费行为，全省有55个县（市、区）成为规范中小学收费行为达标县。规范高等学校的收费行为已列入行风建设的内容，印发了《关于进一步做好减轻农民负担工作的意见》，进一步加大对教育经费和教育系统财经活动审计监督力度。印发了《关于进一步加强我省教育系统内部审计工作的几点意见》，对省属高校37个基建工程项目竣工决算进行审计，为学校节省基建投资金额144.5万元，开展对离任干部的经济责任审计，在高校推行财务收支决算审计审签上报制度。

〔**教育督导评估**〕 1999年，进一步加强对全省教育评估工作的统筹管理，共完成5项教育评估项目，即评估14所高校的基础课教学实验室70个、评估12所合格职教中心校、评估22所教师进修学校、评估40所省级重点高中、评估4所省级重点职工学校。评估中坚持以“质量为本”，采用新方法、新手段、新程序。通过评估，推动了各类教育的发展。提高了学校的办学水平和档次。省教育评估院开展了“中国高等教育评估政策与制度研究”、“科教兴省与教育评估研究”两个课题的研究。组织第三次“两基”年审工作，重点对初中生辍学率、改造薄弱学校、教育经费投入和扫盲等项工作情况开展抽查，将“两基”年审结果向社会公布。推进构建素质教育督导评估机制工作，开展了第三次“素质教育千里行”活动，加强教育督导法制建设，制定印发了《关于加强教育督导与评估工作的意见》。

〔**国际交流与合作**〕 进一步扩大教育开放，加强国际交流与合作。拓宽出国留学渠道，组织开展咨询服务，办理1 288人到10多个国家自费留学；引进国外智力，1999年，聘请外籍专家、教师来华任教、讲学、合作科研1 100人次，接受来华留学、进修生1 845人次，全省在校外国留学生总数为2 677人，比上年增加180人。受理并报经教育部审批成立5个自费留学中介机构。接待境外团组46批共680人次。

〔**教育科研、信息工作**〕 为促进研究成果向实际应用转化，积极探索与学校合作开拓教育科研的新路子，确定南京民办东方中英文学校为实验基地，入股江苏南大苏富特教育信息技术有限责任公司。围绕全省各级各类学校教育教学改革中的热点、难点问题，组织课题攻关，向教育部申报了全国创新教育课题。国家级重点课题“脑科学与素质教育研究”和12个子课题的研究网站已建立。国家级重点课题“关于高校毕业生通向农村的途径与对策研究”、“苏南教育发展战略研究”继续进行，启动“构建江苏省终身教育体系研究和社区教育的实验研究”。省级重点课题“素质教育理论深化研究”形成最终成果《素质教育新论》初稿。

加快教育信息化步伐。召开了全省教育信息化工作会议。依托教育科研计算机网实施江苏高校网上远程教育试点工程，首批试点的2个专业共招生400人，推进现代教育技术在教学中的应用，成立了江苏省高校现代技术培训中心。加强“基础教育信息网”建设，并建成培训中心。以电化教育实验（示范）学校为基地，全面展开电教课实验研究。“OEH多媒体网络发展策略研究”进入宽带化网络多媒体创作的发展阶段。初步建成中小学、中专校教育信息库。

〔**语言文字工作**〕 积极施行《江苏省社会用字管理暂行规定》，依法治理社会用字，加大社会用字管理工作力度。大力推广普通话，积极开展普通话水平测试工作。全省13个省辖市都成立了语委，工作网络基本形成。建立了普通话培训测试工作视导制度。至1999年底，全省有普通话培训测试站109个，培养国家级测试员160多人，省级测试员2 046人，有19.21万人通过普通话水平测试获得等级证书。围绕“推广普通话，迎接新世纪”主题，省委宣传部、省教委、省语委、人事厅、广电厅等部门组织开展了街头宣传咨询，相声小品大赛、语言文字工作论文、“我与普通话”征文等宣传周系列活动。12月省教委、省语委在盐城、扬州、镇江召开了全省城市社会用字管理工作汇报会，用试行的《城市社会用字工作评估指导标准》，对3市部分党政机关、学校、街道、窗口行业、新闻媒体等用字情况进行模拟评估。

撰稿 陈宗伟 程光熙 王国强

基础教育

〔**综述**〕 1999年，全省小学比上年减少1960所，在校学生比上年减少10.63万人，小学适龄儿童入学率为99.83%。全省初中比上年减少115所；初中班级51 471个；在校学生比上年增加11.78万人。小学毕业生升入初中的比例为97.19%，比上年略有下降；初中毕业生升入高中阶段学校的比例为65.05%，比上年提高2.66个百分点。在校学生年巩固率，小学为99.26%，初中为96.14%。教师学历达到国家规定合格学历的比例，小学为96.10%，比上年提高1.28个百分点；初中为87.62%，比上年提高1.79个百分点。全省共有民办小学30所，在校学生15 211名；民办初中36所，在校学生27 659名。

〔**薄弱学校改造**〕 1999年4月，省教委在丰县召开全省薄弱学校改造暨中小学危房改造工作会议，副省长王珉到会讲话。1999年是全省改造薄弱学校和全部改造完现有积存中小学危房的关键年。会议要求，全省各地加大工作力度，采取得力措施，明确工作责任，确保年度任务的顺利完成。

会议提出，改造薄弱学校要与中小学布局调整、示范初中建设、高初中分设相结合，充分用好现有的教育资源，利用中小学和幼儿园的资产置换，改善各级各类基础教育学校的办学条件。在农村要结合中小学布局调整，扩大中心小学、中心初中的办学规模。计划撤并的初中在入学高峰时可暂时保留但不再进行投入，在入学高峰过后再行撤并。各地要按照教育现代化建设要求和未来人口情况，进行小学和初中布局规划，按规划调整布局。1999年全省要对现存中小学危房全部改造完毕，不能把危房带进21世纪，今后当年出现的危房要当年解决，确保中小学生的人身安全。

1999年全省改造薄弱学校1 171所，超额完成省政府年初确定的1 000所的改造任务。到1999年底，全省共改造薄弱学校4 131所，初步达到预期目的。

〔**完善学籍管理制度**〕 针对义务教育实施工作中学籍管理和制止学生辍学工作不规范、不严格的问题，1999年省教委制定印发了《江苏省义务教育阶段学校学籍管理规定(试行)》和《关于严格制止农村学生辍学工作的通知》。新的学籍管理规定，将民办学校与公办学校、小学和初中的学籍统一起来进行管理；把义务教育阶段学生的学籍管理权限由原来的在学校更改为在教育行政部门；统一了全省义务教育阶段学生的学籍号；明确了义务教育阶段学生入学、转学、休学、毕业、升学、借读等学籍管理的手续。10月，省教委对两个文件实施开展了工作培训，要求各市、县（市、区）在2000年上半年，须将所有学校的校长、分管教务的副校长、教务主任和学籍管理人员全部培训一遍。有关工作规范在2000学年落实到位。

〔**义务教育年审**〕 5月，省教委会同省人大教科文卫委员会、省政协教育文化委员会，组织90人分8个检查组分别对溧水、仪征等16个县（市）的“两基”工作进行了年审。共抽查54个乡（镇），实地察看272所学校。

抽查结果表明，这些县（市）重视“两基”巩固和提高工作，义务教育的实施水平在原有基础上有了提高。一是各级党政领导重视教育，“两基”工作的政府行为基本得到落实，政府各有关职能部门也能履行自己的职责。二是抓住重点环节开展工作。改造薄弱学校成效显著，小学和初中学生辍学情况得到控制，学校布局调整进展明显并已产生效益。三是努力增加教育投入，学校办学条件得到明显改善。四是切实加强了教师队伍建设，师资素质有所提高。存在的问题主要有：(1)教育费附加征收不足，教育经费严重不足，使用和管理也存在问题。(2)部分中小学设施不足标准不高的问题仍然存在。尤其是小学布局过散、规模过小的问题十分突出。(3)初中辍学率偏高，个别乡镇初中年辍学率超过了10%，制止学生辍学的工作难度很大。(4)合同代课教师偏多，有的村小代课教师达到了教师数的1/3。拖欠教师工资的现象仍很突出。

〔**初中教育**〕 1999年加大了初中教育改革和发展力度。2月，省教委印发《关于加强初中教育的若干意见》，提出加快初中教育改革和发展的主要工作重点、工作步骤和措施。各市相继召开初中教育工作会议，出台了加强本地区初中教育的举措。3月，省教委印发《江苏省实施教育现代化工程示范初中评估办法》，对苏州两所学校进行试评估，培训各市的有关人员。全省各地制定了创建示范初中的规划。到年底，全省各地共评估示范初中120多所。11月，省教委总结了泰兴市洋思初中办学的基本经验，印发了《关于学习洋思初中改革课堂教学模式全面提高课程实施水平的指导意见》，要求在全省初中学习洋思初中。省教委计划用五年时间，使全省初中实现由学生被动学习的课堂教学模式到学生主动学习的启发式课堂教学模式的根本转变。

撰稿 裘宗丞 林 放

〔**普通高中教育**〕 1999年，全省普通高中专任教师具有本科以上学历的占67.53%，每班学生数53.1人，每班教师数3.59人，每一教师负担学生数14.80人。与上年相比，普通高中学校数减少28所，平均每校学生数增加111人，招生减少0.34万人。高中教师学历达标率提高2.82个百分点。

全省民办高级中学47所，教学班335个，毕业生1 718人，招生6 653人，在校学生总数达14 357人。专任教师955人。与上年相比，学校增加9所，班级增加119个，在校学生增加4 793人，专任教师增加3 028人。

1999年，省教委贯彻教育部《关于积极推进高中阶段教育事业发展的若干意见》，并结合全省实际，提出贯彻意见：在确保“两基”的基础上，争取全省高中阶段入学率到2000年平均达到70%，到2005年初中毕业生高峰期仍不低于70%，到2010年达到90%，城市、苏南和沿江地区要提前普及高中阶段教育；扩大高中阶段教育事业规模要坚持以发展职业技术教育为主，以内涵发展现有高中阶段教育的方针；要进一步推进办学体制改革，形成以政府办学为主体、公办学校和民办学校共同发展的格局。高中阶段教育要实行缴费上学制度，逐步增加个人在教育成本中的分担比例；要妥善解决师资问题，通过深化内部管理体制改革，调动教师队伍的积极性，使在职教师达到满负荷工作量，同时通过招聘、返聘等形式充实教师队伍；要大力加强高中阶段师范学校、重点学校建设，积极扩大国家级示范高中、重点高中以及国家和省重点职业中学的招生规模，努力满足人民群众对高质量高中阶段教育的需求。

调整普通高中教学计划。为进一步推进高中素质教育，江苏省对现行高中课程计划和课程设置进行调整，并就改进高中教学工作提出意见。新增设了“综合实践活动”课。调整后的课程计划从1999学年度高一年级开始执行，不再分文、理科组织教学。

加强国家级示范性和省级普通高中建设。4月，省教委对南京市第一中学、南京市行知实验中学等23所创建国家级示范性普通高中的学校进行了评估验收。7月，经省政府同意，确认南京市第九中学、南京市宁海中学、无锡市第二中学、省宜兴高级中学、省南菁高级中学等17所省级重点高中学校已达到国家级示范性普通高中标准，待教育部启动国家级示范性普通高中评估工作后，再向教育部申报。4月和11月，省教委确认南京市第四中学、南京市人民中学、镇江市第四中学、句容市后白中学、常州市第三中学、常州市田家炳实验中学、溧阳市第一中学等38所学校为合格省级重点高中。

普通高中会考工作。1999年，省教委对1996级全省普通高中18.8万名学生进行会考，至1999年计有16.9万名学生取得了普通高中会考合格证书，会考全科合格率为90%。1997级有22.4万名学生参加6门学科的会考。

1999年，调整改革普通高中会考制度。主要思路：一是会考社会化，逐步扩大普通高中会考的功能，职业高中举办的综合高中班可以参加会考；二是适当扩大免予省级统一会考学校的范围；三是将会考科目的顺序和时间安排进一步理顺，对多数学科的考试时间进行了压缩。开展省普通高中会考考风考纪评优活动。在全年三次会考期间，省教委分别对13个市的会考办及考点进行了考风考纪评估。经综合测评，徐州等6个市被评为省普通高中会考考风考纪优秀单位，全省会考的考风考纪进一步得到好转。

撰稿　殷天然　施邦晖

〔**幼儿教育**〕　为推动幼儿园办园体制改革，摸准情况，理清思路，省教委于1999年1月和9月，分别对邗江县、睢宁县、宝应县、高邮市、宜兴市等地的幼儿园体制改革情况进行调查研究。据调查，全省幼儿园体制改革有以下五种类型：一是以产权制度改革为目标的办园体制改革。吸引社会力量投资办学，逐步实现办学主体多元化和办学形式多样化。对幼儿教育采取公办、公办民助、公民个人办、股份合作、租赁承包等办园形式。二是以承办与租赁为主的办园体制改革。即在产权不变的前提下，采取承办、租赁、委托、合作、合并等方式，改变幼儿园的经营使用权，每年向政府或企业等缴纳一定数额的租金。三是完全停止财政拨款，对幼儿园采取“休克疗法”。四是拍卖中心幼儿园，用以偿还农村信用合作基金的欠款。五是以增效为目的的幼儿园内部管理机制的改革。在所有权、使用权不变的前提下，引进竞争机制，改革幼儿园内部人事、经费等管理制度，提高保教质量，增强社会和经济效益。自1987年以来，江苏省推行幼儿园评估定类制度，改革幼儿园收费办法，引入竞争机制，实行按类收费，调动了幼教工作者的积极性，为幼儿园的自主发展注入了活力。针对调查中发现的少数地区在转制过程中将幼儿教育经费挪作他用，造成幼儿教育资产流失的情况，为确保幼儿园体制改革健康有序地进行，积极支持改革，把握好改制方向，省教委及时发出《关于制止幼儿园转制中资产流失问题的紧急通知》，要求各地按照《中共中央、国务院关于深化教育改革　全面推进素质教育的决定》、《幼儿园管理条例》和全省教育工作会议精神，切实加强对幼儿园体制改革工作的领导和管理，采取有力措施，确保幼儿教育资产不流失。

为落实“实施素质教育，要从幼儿阶段抓起”的精神，省教委召开了全省示范性实验幼儿园园长工作会议，交流改革实验的经验，参观考察了扬州市、无锡市郊区和锡山市城乡8所幼儿园。会议提出今后的工作任务：一要提高认识，明确幼儿教育改革的基本思路是：立足于“早期”开发智力资源，着眼于“全面”发展幼儿的素质，致力于“创新”精神的培养。二要加大体制改革力度，政府主要是办好骨干性、示范性幼儿园，积极鼓励和支持社会办园；转变幼儿园管理和经营机制，确保幼儿园依法自主办园。三要建设一支高素质的师资队伍，强调以爱孩子为内核的职业道德，加强幼儿教师职业能力的培养，提高园长队伍的管理水平。四要进一步提高办园条件和办园水平的现代化程度，合理利用和配置教育资源，不断提高办园的综合水平，提高幼儿教育教研和科研水平。会议要求各级教育行政部门要以创建省示范园为抓手，推动幼儿教育的改革和发展。

省教委于1999年6月印发《江苏省幼儿教师职业素质基本要求》(试行)，对幼儿教师的职业道德、文化素养、专业知识等方面提出要求。

1999年12月15日～17日，省教育学会幼儿教育专业委员会召开江苏省迎接新世纪幼儿教育研讨会，海内外专家、学者340人出席会议。会议认为，新世纪为幼儿教育发展提供了机遇，也提出了挑战。一是幼儿教育发展还不很完善时就受到市场经济的冲击；二是幼儿教育管理体制、办园体制、幼儿园内部管理体制改革和幼儿园教育教学改革交互同步进行；三是幼儿园发展的规模速度还没有得到很好调整就要转向同时注重质量和效益。因此，实施幼儿素质教育的责任十分重大。

撰稿　殷天然　赵桂丽

〔**特殊教育**〕 1999年2月，省教委根据教育部颁发的《特殊教育学校规程》，提出六条实施意见。一是各地要认真学习，用《规程》来规范特殊教育学校的教育教学行为；二是要进一步明确特殊教育学校的性质和任务，努力贯彻教育方针，坚持依法治校，深入实施素质教育，促进学生素质全面提高，为他们平等地参与社会生活、接受继续教育，成为社会主义事业的建设者和接班人奠定基础；三是要深化教育教学改革。学校要增强课程意识，开齐、上足、教好各科课程，要重视教学方法的研究和改革，提倡个别化教学；四是要加强师资队伍建设；五是要完善教育教学评价机制；六是要加强对特殊教育学校的领导和管理。

为加快推进全省特殊教育现代化示范学校的建设，进一步提高特殊学校的教育质量和管理水平，10月24日～11月2日，省教委组织对申报省示范性特教学校的单位进行评估验收。经过综合评估，省教委批准常州市聋哑学校、镇江市特教中心、锡山市特教学校、宜兴市聋哑学校、张家港市特教学校、如东县特教学校、南京市特师附小、无锡市崇安区辅读学校为“江苏省特殊教育现代化示范学校”。

为进一步推动全省特殊教育学校教师教学基本功训练，提高教师队伍素质，省教委于7月在常州市聋哑学校举办全省特教学校青年教师教学基本功大赛。全省有70名选手参赛。这次比赛主要项目有：三字一话（毛笔字、钢笔字、粉笔字、普通话)、专业手段(盲文打字及盲文阅读、手语表达及翻译、简笔画)、说课、论文答辩、计算机应用、借班上课等。

举行培智学校语文、数学优秀录像课评比。为推进培智学校课堂教学改革，省特教研究会于8月在南京举行全省培智学校语文、数学优秀录像课评比活动，组委会共收到各地报送的录像课32节，经评审，南京市信府河培智学校孙桂民等6名老师的录像课被评为一等奖。

召开个别化教学研讨会。6月，省特教研究会在镇江市特殊教育中心召开个别化教学研讨会。会议着重在个别化教学的理念、个别化教学计划的制定原则、方法、操作流程和评价等方面进行研讨，同时还观摩了镇江市特教中心的个别化教学示范课。会议认为，特殊教育个别化教学是当前世界上先进的特殊教育思想。会议要求全省特殊教育学校和教师要为每一位残疾儿童制定个别化教学计划，使教学最大程度地适应每一个儿童的个别差异，满足个体发展需要。

撰稿　杨九俊　程益基

职业教育

〔**综述**〕 1999年，全省有中等职业学校803所，其中普通中专170所、中师36所、职业高中414所、技工学校183所，总数比上年减少44所；招生22.6万人，在校生84万人，招生数、在校生数分别占高中阶段教育招生、在校生总数的46.9%和53.1%。

1999年8月20日，《江苏省实施〈职业教育法〉办法》（以下简称《实施办法》）经省九届人大常委会第十一次会议审议通过，并于10月1日起施行。《实施办法》共41条，立足解决实际问题，措施明确，操作性强，形成了“注重创新、强化职责、激发机制、突出保障”的立法特色。其创新内容主要体现在：强化各级地方人民政府、各级行政主管部门、行业、企业及社会各界职责；建立与多种所有制经济相适应的职教体制；积极发展高等职业教育，推进中、高等职业教育的衔接，加快完善职教体系；根据农村和农业在江苏经济发展中的主体作用和基础地位，强调农村和农业职业教育发展；推行就业准入制度、建立新型的就业机制；开辟新的经费投入渠道等。

1999年，是江苏省中等教育结构改革暨职业教育恢复发展20周年。20年来，全省职业学校为社会培养专业技术人才、管理人才和高素质劳动者200多万，开展各种实用技术培训数百万人次，改变了中等教育结构单一的局面，提高了各行各业劳动者的整体素质。10月24日，省人大教科文卫委员会、省教委、计经委、财政厅、人事厅、劳动厅、司法厅、总工会等部门在南京联合召开学习贯彻《江苏省实施〈职业教育法〉办法》暨纪念中等教育结构改革和职业教育恢复发展20周年大会。省委副书记顾浩、省人大常委会副主任王霞林、副省长王珉等领导出席大会并讲话。

会上，省教委、计经委、财政厅、人事厅、劳动厅联合表彰了《职教通讯》编辑部等62家江苏省职业教育先进单位和杨广飞等118位职业教育先进个人。

〔**农村职业教育**〕 1999年，教育部将“突出发展职业教育，尤其要发展农村职业教育”作为全国教育工作两个重点之一，农业部提出将1999年作为“全国农业职业教育培训年”。为此，江苏省进一步加强与改革农业和农村职业教育工作。1月，省教委组织部分市教委主任、职教科长赴湖南邵阳学习农村职教工作经验。4月下旬，省教委与省农林厅在泰兴市联合召开全省农业与农村职业教育工作会议，省政府副秘书长王斌泰、省教委主任陈万年、省农林厅副厅长吴沛良分别作了讲话。会议要求以农村职业教育为重点，拉动高中阶段教育的发展，建立责任制和考核制，坚决制止初中毕业生升学率滑坡的现象，确保全省初中毕业生升学率和职业教育占高中阶段教育比例的目标完成。

〔**骨干学校建设**〕 1999年，全省基本建成职教中心12所，至此，全省已基本建成92所市县职教中心；经评估验收，新增新沂市职业高中等6所职业高中为省级重点职业高级中学，全省省级以上重点职业高中总数达137所。根据教育部《关于调整国家级重点中等职业学校的通知》精神，省教委组织了全省国家级重点中专和职业高中评估验收工作。从“江苏应该比全国平均速度快”的实际出发，适当调整国家级重点中等专业学校和国家级重点职业高级中学评估标准，从严要求；举办了参评学校校长和评估人员培训班；11月，对申报国家级重点职业学校的41所中专校和56所职业高级中学进行评估，并及时总结，逐校反馈，限期整改。

〔**高等职业教育**〕 1999年，全省高等职业教育计划安排对口招收职业学校毕业生8 665人，比1998年增长近70%。一是招生规模增加；二是招生对象扩大到技工学校和职工中专（招收应届初中生部分）的毕业生，为整个中等职业教育各类学校的毕业生提供了深造的机会。三是对考试办法进行改革。由原来的文科考语文、数学、政治或历史，理科考语文、数学、物理或化学统一改革为考语文、数学、英语。全省制定统一的综合技能考核办法和考核标准，各市教委组织考核，考生通过综合技能考核后方有资格参加文化课和专业课考试，以利于保证生源质量。四是本科招生计划不再下达到市，有利于各地教育行政部门和职业学校更加注重教学质量的不断提高，同时增加了考生可填报的志愿，为考生提供了更多的机会。

继续深化五年制高等职业教育试点，1999年全省31所普通中专校举办五年制高职班，招生7 058人。为进一步确保人才的培养规格和教学质量，办出五年制高等职业教育的特色，省教委颁发了《关于制定五年制高等职业教育教学计划的原则意见(试行)》，作为学校制定五年制高职专业教学计划和进行教学改革的依据。同时，对1998年使用的五年制高职语文、数学、外语、物理教材进行修订，组织力量新编五年制高职化学教材。

〔**颁发职业学校德育纲要**〕 1999年，省教委颁发《江苏省中等职业学校德育纲要(试行)》，规定了新形势下中等职业学校德育工作的目标任务、内容途径、领导与管理等，根据职业教育特点和青少年身心发展规律，以全面育人为目标，以素质教育为核心，以职业道德为重点，以创业教育为特色，突出了职业学校德育工作的科学性、针对性、时代性和实效性。12月中旬，省教委、省职教学会召开江苏省职教学会德育工作委员会首届年会，就全面实施《德育纲要》，贯彻《中华人民共和国预防未成年人犯罪法》，进行研究探讨、部署新形势下加强学校德育工作的对策和措施，进一步推进和完善职业学校德育工作的制度化、科学化和规范化建设。

〔**开展就业与创业指导**〕 1999年初，江苏省中等职业学校开设了就业与创业指导课，对中等职业学校学生进行就业与创业的基本知识、能力的教育与训练。省教委颁发了中等职业学校《就业与创业指导教学大纲》、教材，并举办专题培训班。各地各校普遍加强了就业和中介机构的建设。苏南地区职业学校毕业生当年就业率在90%以上；苏中、苏北地区向外地联系，推荐学生就业，开展技术型劳务输出，毕业生就业率较高；重点骨干学校不仅自身毕业生全部就业，还帮助其他职业学校毕业生推荐就业。

〔**专业现代化建设**〕 继续推进机电一体化、现代农业、商贸、旅游、建筑、服装六大类专业现代化建设工作，进行课程改革和新教材的建设。完成六大类20个专业改革方案、教学计划和教学大纲的制定工作。完成机电一体化专业13门教材、商贸专业14门教材、设施园艺专业6门教材的编写出版任务，该批教材均已纳入教育部规划教材，向全国推广使用。江苏省专业现代化建设的经验，荣获“全国职业教育教学改革优秀成果”一等奖。

〔**职教师资培训基地建设**〕 1999年，教育部决定在全国重点建设50个职业教育专业教师和实习指导教师培训基地。12月，教育部在天津召开首批20个基地授牌大会，江苏省东南大学、扬州大学、常州技术师范学院在列。到1999年，全省已基本建成职教师资培养培训网络：以常州技术师范学院为专门基地，东南大学、南京农业大学、扬州大学、苏州大学、徐州师范大学等综合性高校分工配合，同时，在中德无锡职业高级技术学校等院校建有实习指导教师的培养培训基地，江苏省教委和法国巴黎教育局在苏州建有中法江苏时装培训中心。网络兼顾苏南、苏中、苏北地区需要，三类产业专业门类基本齐全，具有硕士研究生、本科生培养能力。

撰稿 马 斌 徐 萍

高 等 教 育

〔**综述**〕 1999年，全省普通高校中有综合性院校4所，理工院校26所，财经院校4所，师范院校9所，医药院校8所，农林院校2所，政法院校1所，体育、艺术院校各1所，职业技术院校16所。全省普通高校有国家级重点学科42个，省级重点学科95个。有国家级重点实验室18个，省级重点实验室18个。有国家级工程（技术）研究中心9个。有硕士点656个，博士点238个。1999年，公派留学人员702人，自费出国留学217人，接受来江苏高校留学的外国长短期留学人员2 677人。

〔**高等教育体制改革**〕 经教育部批准，在院校合并的基础上，新成立盐城师范学院和南通师范学院，同时新成立南京工业职业技术学院、无锡职业技术学院、南通纺织职业技术学院等7所高等职业教育院校。全面推进新一轮高校内部管理体制改革，制定了《江苏省普通高等学校机构编制管理暂行规定》，精简党政管理机构和管理人员，改革用人制度，逐步实行全员聘用制。办学体制改革有新进展。并批准民办钟山学院（筹）等6所筹建民办高校试招生，批准普通高校成立14所公有民办二级学院进行改革试点工作。

〔**教学工作**〕 全省高校继续实施《江苏省普通高校面向21世纪教学内容和课程体系改革计划》，遴选出13个项目进行重点建设。在南京大学、苏州大学、扬州大学等高校成立8个学科文献中心和地区文献中心。开发研制的图书馆自动化应用软件已经市场化。为强化素质教育，省教委提出《关于进一步加强大学生文化素质教育的意见》和《关于普通高校大学生文化素质教育基地建设的意见》，成立了江苏省大学生文化素质教育指导委员会。举办'99全省大学生艺术节、全省高校大学生文艺汇演和全省大学生书法、美术、摄影作品展，组织了在宁高校大学生军训成果汇报表演，展示大学生素质教育成果，推动素质教育的开展。

〔**高校科技工作**〕 1999年，江苏高校有科技活动人员近6万人，其中研究与发展人员20 093人。有中国科学院和中国工程院院士47人。1999年，江苏高校通过多种渠道争取科技经费11亿元，鉴定科技成果648项，发表学术论文23 180篇，获科技成果奖741项，其中国家级科技成果奖33项，承担"九五"国家科技攻关项目61项，"863"计划项目186项。当年与企业签订各类技术合同4 484项，合同金额5.84亿元。由国家科技部组织的1999年度中国基础研究十大新闻评选中，扬州大学和中国科学院合作的科研成果"转基因山羊体细胞克隆羊诞生"名列榜首。南京大学的科研成果"离子型声子晶体的光学性质研究"名列1999年全国高校十大科技进展之首。南京大学基础研究连续第七次获国际论文学术榜《科学引文索引》（SCI）中国大学排名第一。

〔**高校基本建设**〕 1999年，江苏省属高校基本建设完成投资8.39亿元，施工面积102.28万平方米，峻工面积55.48万平方米。对省属高校基本建设投资实行重大改革，改革了过去基建投资单一的财政拨款制度，实行拨款与贷款相结合的新体制。走出了一条"银行贷款，学校还本，政府贴息"的发展的新路子。当年下达第一批贷款项目7.85亿元。

〔**学位与研究生工作**〕 全省有29所普通高校为研究生培养单位，共有硕士点656个，博士点238个。1999年共招收研究生0.71万人，毕业研究生0.40万人，有在校研究生1.79万人。

〔**校办企业**〕 全省高校共兴办企业600多家，职工1.7万人，其中科技人员5 400人。年销售收入24亿元，利税2.37亿元，上交学校1.1亿元。

撰稿 夏成满

成人教育

〔**综述**〕 1999年全省农村成人教育培训总量达945万人次，其中实用技术培训达829万人次，占农村劳动力总量的33%，超过了农村实用技术培训人数占农村劳动力30%的“九五”目标；培训乡镇企业职工160万人次，占乡企职工总数的27%；农村参加各级各类学历教育的达52.3万人(其中高等教育2.8万人，中等教育17.2万人，初等教育32.3万人)；扫盲6.1万人，巩固数23.1万人，成人识字率达88%以上，农村劳动力文化指数除个别县需复查外均已达8年。据对全省13个市689万职工的统计，1999年参加各种学习和培训的职工共330万人，占统计职工总数的51%，全员培训率比上年提高3个百分点。参加岗位培训的有280万人，占参学职工总数的80%，与上年持平，其中参加资格性培训69万人，比上年增加2万人，参加技术等级培训36万人，参加适应性培训156万人，参加继续教育有2万人，均比上年提高。全省教育系统培训下岗职工20万人次，其中提供义务培训6万人次。1999年成人高等教育发放双专科毕业证书5 000余份，成人高等专业证书教育录取2.35万人。

1999年3月，省教委在苏州召开全省终身教育研讨会。会议就构建江苏省终身教育体系的理论与实验进行研讨，考察了苏州市社区教育试验工作。副省长王珉等在会上讲话。此后，省教委多次召开终身教育理论研究及区域研究会议，并部署有关高校和市教委分片对区域社会、经济及教育发展的环境、条件、背景进行研究，提出全省及分区域在不同发展阶段推进终身教育的目标、任务和要求。同时选择了城乡若干社区教育试点单位进行个案研究，先后在常州、扬州等地召开了座谈会，举办培训班，聘请专家对社区教育实验和课题研究进行指导。7月，在无锡举行座谈会，研讨社区教育实验工作，理清思路，确定江阴申港镇、武进湖塘镇分别参加全国社区教育课题“农村县城、集镇建设与社区教育研究”和“农村乡镇学习化社区研究”的试点，颁发了《关于开展社区教育试点工作的通知》。

〔**农村成人教育**〕 继续开展扫除青壮年文盲和脱盲后的巩固工作，省教委结合农村劳动力文化指数复查、1999年度“两基”年审等工作，会同省公安厅、统计局对苏南、苏中、苏北9市10县进行了检查，重点对农村脱盲人员文化程度、户籍变更、1990～1999年度的脱盲人数、巩固率等进行调研。

坚持“以农为本、为农服务、为农育人、助农致富”的工作思路，以实用技术培训和推广为切入口，加大农村成教的服务力度。针对农村经济呈现生产专业化、商品化、科技化的特点和农村产业结构调整以及农业产业化经营对农村成人教育提出的新要求，坚持把开展实用技术培训和推广作为全省农村成教的重点工作来抓，与省科委、科协、农科院、南京农业大学等举办“三新（新产品、新技术、新知识）科技大篷车，去洪泽、金湖等县送科技下乡。同时，组织编写农村实用技术系列丛书，编辑发行《实用技术录像目录》，满足广大农民学技术、用技术的需要。

做好省重点乡镇成教中心校的创建和评估工作。省教委发出《通知》，要求各地从实际出发，着眼于构建社区教育中心，实施成人职业教育沟通、三教统筹，实现农村乡镇成人学校规模、结构、质量、效益的协调发展。1999年新增省重点乡镇成人学校30所，全省重点乡镇成人学校总数达200所。编辑、出版《江苏省农村成人教育20年成果画册》，展示全省农村成校三级办学的成果。

加强市、县成人教育管理干部以及成人学校干部和教师的管理工作。对全省13个市、90多个县（市、区）农村成教管理干部状况进行调研，颁发了《江苏省县（市、区）级成教管理干部岗位规范》，并制定县（市）农村成人教育管理干部培训计划，利用省农村成人教育扬州大学农学院师资培训中心，分期进行培训。

积极参加国家、省教育科研课题的研究工作。一是完成了教育部课题“农村成人教育现状、目标及发展趋势研究”的报告；二是完成了省教科所“九五”科研课题“面向21世纪的乡镇企业职工教育发展战略研究”、“面向21世纪提高农民素质教育研究”。江苏省参加在北京召开的第三届亚洲扫盲教育论坛会议，向会议提交论文3篇，并在大会上发言。

〔**职工教育**〕 认真落实全省职工教育工作“九五”目标任务。会同计划、人事、劳动、工会等部门组织落实职工教育各项目标任务，并采取切实措施，把实施再就业培训工程作为职工教育的工作重点，完成了全省再就业培训的目标和任务。年初省教委在南通市召开全省教育系统开展再就业培训工作经验交流会议。表彰了作出显著成绩的30个先进单位和32名先进工作者。省教委与省劳动厅、省总工会联合组织35个办学单位，确定20多个培训项目，进行现场培训招生报名，有8 000多名再就业人员前来咨询，共招收600多名学员，经培训后约70%学员重新就业。省教委与省劳动厅联合发出《关于充分利用教育资源进一步做好再就业培训工作的通知》，对具备条件且承担再就业培训任务比较好的教育培训单位，经教育劳动部门认定合格将确定为“再就业培训定点单位”，保证再就业培训工作落到实处。

开展对职工教育工作者的培训，共培训职工教育管理干部200余人。通过评估，评出省重点职工学校20所。开展职工教育的理论研究，完成了省社科规划办下达的“面向21世纪江苏职工教育研究”的专项课题。

〔**成人高、中等教育**〕 坚持“两手抓”，既抓外延发展，又抓内涵提高，为江苏成人高、中等教育跨世纪的发展奠定基础。第一，进一步加强成人高教特色专业建设。对已经批准建设的14个特色专业进行了检查认定，并将特色专业介绍汇编成册印发各高校。第二，推进广播电视大学现代化建设。开展以现代化为主要内容的示范性县级电大评估和市级电大评估工作，优化并充分发挥广播电视教育资源，完善各级广播电视教育网络。1999年，武进、锡山、昆山、金坛、太仓、海门、大丰、沛县8所县级电大通过了省教委组织的示范性县级电大评估验收，连云港、苏州两所市级电大通过了省教委组织的市级电大评估验收；并适当增加注册视听生和开放教育招生数量，县、市电大合计招生1.5万人。第三，进行全省成人高教教学检查，不断完善质量监控机制，完善课程统考制度。省教委制订了《关于深化成人高等教育教学改革加强教学管理的若干意见》和《江苏省成人高等教育关于加强专业建设的意见》及《江苏省成人高等教育专业（专科）目录指南》等文件。第四，研究改革与发展成人高等教育的措施，与省人事厅共同出台了双专科毕业生可以享受部分本科待遇的政策，以鼓励复合型人才的培养。

为进一步总结成人高等教育教学工作，加强教学管理，深化教学改革，1999 年 12 月省教委召开了全省第二次教学工作会议。省教委印发《关于加强高等学校函授站管理的意见》、《加强专业证书班教学管理的意见》、《江苏省成人高等教育学生免修免考的有关规定》等教学管理文件，组织编写了《普通高校成人教育管理》一书。

〔**社会力量办学**〕 做好高等教育学历文凭考试试点工作。1999 年新增 9 所试点学校，新开设 5 个试点专业，至此，全省共有 22 个试点学校，11 个试点专业，共录取新生 3 300人，在校生达4 800人。为加强试点学校的规范化管理，省教委印发了《关于进一步做好高等教育学历文凭考试试点工作的意见》。

加强对社会力量办学管理。与省委宣传部、省工商行政管理局联合印发了《关于进一步加强社会力量办学及其他教育机构非学历教育招生广告管理的办法》，省教委还印发了《关于社会力量办学及中外合作办学管理有关问题的通知》，组织对省属社会力量办学单位逐一进行检查，同时对各市的年度检查工作进行抽查。

组织开展对社会力量办学管理人员的培训。根据教育部对社会力量办学实行“分级审批、分级管理”的原则，省教委发出《关于开展全省社会力量办学管理人员岗位培训的通知》，依托有关高校联合举办各市教育行政部门社会力量办学管理人员、省属社会办学单位和全省非学历高等教育机构管理人员的培训。各市也进行了分层、分期、分类培训，据初步统计，全省已培训社会力量办学管理人员近1 500人。

严格把好社会力量办学机构设置关。在执行《江苏省非学历高等教育机构设置暂行规定》的基础上，加强调查研究，进一步规范并完善非学历高等教育机构设置的程序和标准，制订了《江苏省非学历高等教育机构设置补充规定》，严格把好机构设置的审批关，1999 年共审批 9 所非学历高等教育机构。

〔**老年教育**〕 1999 年，省教委依托江苏广播电视大学和江苏教育电视台创建了江苏省空中老年大学，运用多种教育媒体，打破时空局限，满足老年人进行开放性远程教育的需要。空中老年大学的部分课程已开播，有关教材正在组织编写，不断开设新的栏目和课程；省教委、省老龄委组织了全省优秀老年大学和老年教育先进工作者的推荐评选工作，共评选出 74 所全省优秀老年大学（学校），先进工作者 82 名；省教委与省老龄委、省老干部局联合召开了全省第三次老年教育工作会议，省政府、省教委等领导到会作了讲话。

撰稿 张联华 经贵宝 裴东根
审稿 祭彦加

浙江省教育

概　况

〔基本情况〕

1999 年各级普通学校基本情况

单位：人

学校类别	学校数（所）	毕业生数	招生数	在校学生数	教职工数	
					计	其中：专任教师
总　计	32 588	1 552 841	2 317 786	7 678 823	467 496	380 588
一、研究生	(14)	1 578	3 216	7 460		(2 753)
1. 高等学校	(11)	1 570	3 205	7 432		(2 702)
2. 科研机构	(3)	8	11	28		(51)
二、普通高等学校本专科	36	26 750	52 657	138 564	30 523	13 140
本专科院校	33	26 436	51 055	136 230	30 194	13 002
分校、大专班	3	314	1 602	2 334	329	138
三、普通中等学校	3 778	842 944	1 042 133	2 794 044	198 743	158 464
1. 中等专业学校	149	50 772	51 565	165 227	14 851	7 765
中等技术学校	120	39 473	46 186	145 272	12 085	6 241
中等师范学校	29	11 299	5 379	19 955	2 766	1 524
2. 技工学校	99	18 081	22 681	63 128	6 197	4 510
3. 普通中学	2 995	699 086	857 241	2 281 459	157 835	131 360
高中	622	112 696	183 876	494 839		30 192
初中	2 373	586 390	673 365	1 786 620		101 168
4. 职业中学	534	74 970	110 616	284 123	19 825	14 802
高中	533	74 516	110 378	283 463		14 749
初中	1	454	238	660		53
5. 工读学校	1	35	30	107	35	27
四、小学	13 848	678 254	654 599	3 633 125	175 299	159 962
五、特殊教育学校	62	3 315	2 437	21 840	1 382	1 120
六、幼儿园	14 864		562 744	1 083 790	61 549	47 902

1999年各级成人学校基本情况

单位：人

学校类别	学校数（所）	毕业生数	招生数	在校学生数	教职工数 计	教职工数 其中：专任教师
总　计	28 205	4 327 795	4 618 020	3 311 773	34 545	15 662
一、成人高等学校	25	26 381	54 624	127 222	5 662	2 979
1. 广播电视大学	2	5 037	7 287	19 471	2 525	1 370
2. 职工高等学校	15	1 074	2 431	6 159	1 763	933
3. 农民高等学校						
4. 管理干部学院	2	237	307	785	505	201
5. 教育学院	6	2 891	9 462	18 619	869	475
6. 独立函授学院						
7. 普通高等学校举办：						
函　授　部		7 815	19 444	44 496		
夜　大　学		5 091	9 019	24 652		
成人脱产班		4 236	6 674	13 040		
合计中：电大普通专科班		3 811	3 757	9 868		
二、成人中等学校	24 830	4 199 206	4 478 667	3 108 778	25 409	11 053
1. 成人中等专业学校	155	32 371	32 459	103 875	4 149	2 303
广播电视中等专业学校	16	7 781	8 169	24 336	570	310
职工中等专业学校	77	15 226	14 246	44 507	1 642	924
干部中等专业学校	1	225	229	486	73	30
农民中等专业学校	3	364	227	1 085	127	84
函授中等专业学校	6	3 711	3 242	9 815	100	62
教师进修学校	52	119	664	1 404	1 637	893
其他类学校举办		4 945	5 682	22 242		
2. 成人中学	374	19 750	25 169	47 154	2 270	1 593
职工中学	132	7 582	8 802	17 687	941	578
农民中学	242	12 168	16 367	29 467	1 329	1 015
3. 成人技术培训学校	24 301	4 147 085	4 421 039	2 957 749	18 990	7 157
职工技术培训学校						
农民技术培训学校						
三、成人初等学校	3 350	102 208	84 729	75 773	3 474	1 630
1. 职工初等学校	53	2 731	3 515	3 633	68	33
2. 农民初等学校	3 297	99 477	81 214	72 140	3 406	1 597
其中：扫盲班	2 767	66 859	52 625	50 110	2 849	1 412

制表　孙桂芝

〔**年度工作要点**〕 1999年浙江省教育工作以邓小平理论为指导，继续深入学习和贯彻十五大精神，认真落实省第十次党代会精神，进一步解放思想，实事求是，抓住机遇，乘势而上，不断加强和改进高校党的建设和思想政治工作，加速高素质创新人才的培养，积极推进教育现代化进程，在更大空间和更高层次上开创浙江教育改革和发展的新局面。

坚持社会主义的办学方向。把用邓小平理论教育武装广大党员师生作为首要任务，切实抓好领导班子的"重点工程"、党员干部的"基础工程"和以"三进"为重点的青年学生的"希望工程"。把全省高校党的建设工作提高到新水平。大力加强以"三讲"为主要内容的党性、党风教育活动，提高党员干部的素质。抓好大学生、青年骨干教师和中青年学科带头人中建党工作。积极巩固行风建设成果，全面推行政务、校务公开，建立行政执法责任制。继续深入开展高校"文明校园"、中小学文明学校和行为规范达标学校的创建活动，在校内形成健康向上、奋发进取的氛围。

积极协调发展各类教育。制定和实施全省教育改革和发展五年规划。继续把"两基"放在重中之重地位，提高实施水平。实行"两基"年审制度，加强教育扶贫，对永嘉等7县进行"两基"复查。通过"联合、改制、撤并、帮扶"等措施，重点治理薄弱学校，严格制止流生和新文盲的产生，使部分地区达到高标准"普九"水平。加快发展高中段教育。初中毕业生升高中段教育比例不低于65%。继续调整中等教育结构，大力发展职业技术教育，继续创建一批有特色的骨干示范学校和专业，提高整个职业教育的质量和水平。改革和发展普通高中教育，推进办学模式改革，创建一批特色高中和综合高中，确定若干所教改试验学校，开展普通高中创造性人才培养的实验和探索。进一步发展成人教育。以岗位培训和继续教育为重点，配合有关部门，开展从业人员在岗、转岗和下岗再就业的培训。积极发展成人高等教育，成人高等学历教育招生增长10%。继续开展高等教育学历文凭考试试点。自学考试重点抓好向农村延伸的工作。积极发展普通高等教育和高等职业教育。

开展创建教育强县活动，加快教育现代化进程。召开创建教育强县现场会，评选首批省级教育强县。继续推进教育强镇建设活动，评选100余个省级教育强镇。加强以计算机为核心的现代教育技术，加速教育手段现代化。建立一批省级以上现代教育技术实验学校。加大重点建设和知识、技术创新的力度。加强学校重点学科、骨干专业、重点教材、重点实验室和工程技术中心等的建设，启动第四期高校重点学科建设工作。加强产学研工作，抓好第三批重大科技攻关项目的实施，发展知识型产业，使开发阶段科研成果应用率达到50%以上。

推进以创新精神为核心的素质教育。基础教育要积极开展面向21世纪教学内容和课程体系改革，优化教学过程，减轻学生过重的课业负担；加快招生考试、学业评价两项制度的改革，加强中小学劳动、劳技和科技教育，抓好体育、卫生、艺术和心理健康教育，加强对29个省素质教育实验联系县的指导，使区域推进素质教育取得新进展。职业技术教育强化实践环节，提高学生文化素质，培养高素质的创业型劳动者；推进职业教育布局调整，提高办学效益。高等教育教学改革围绕培养具有创新精神和实践能力的专门人才，有突破性进展。全面推进"高等教育面向21世纪教学内容和课程体系改革计划”，调整专业结构，拓宽专业面，探索培养模式的改革；继续开展教学思想大讨论，全面推进大学生文化素质教育。

努力建设一支高素质的教师队伍。加强中青年学科带头人和骨干教师队伍建设。中小学全面实施“2211计划”，加速培养一批青年骨干教师和学校教育管理者。制定高校中青年学科带头人培养和培训计划，完成选拔和培养100名省高校中青年学科带头人的任务。加强和改革师范教育，基本完成高师中师学校的布局调整工作。对中小学教师开始新一轮全员培训，优化教师的知识结构，增强创新意识和创新能力，进一步提高教师学历合格率。

深化体制改革，形成教育发展新的增长点。大力发展社会力量办学，推动社会力量以多种形式参与办学，把办学重点引导到高中段以上教育，特别是中高等职业教育。鼓励高校引进社会力量，参与举办二级学院、系科等，通过成人高校、普通中专改制改组，筹建一批高职学院。大力调整学校布局，提高办学效益。制定并实施分县、分学校5年调整规划，中小学布局调整工作初见成效。高校以共建联合为重点，继续深化办学体制和管理体制的改革。抓好滨江高教园区的规划和建设。突破高校发展“瓶颈”，全面推进高校后勤社会化，为到2000年所有高校基本实现校办后勤到社会化后勤的转变打好基础。

〔**贯彻全国教育工作会议精神**〕 6月24日，省教委召开高校党委书记（校长）、市（地）教委主任会议，学习贯彻全国教育工作会议精神，研究浙江省全面实施素质教育，推进教育改革和发展大计。

省教委主任侯靖方对浙江省如何贯彻全教会精神提出了意见和要求。首先各级教育行政部门和学校要认真学习领会中央领导同志的重要讲话和《中共中央国务院关于深化教育改革全面推进素质教育的决定》精神，进一步更新教育观念，提高对实施素质教育重要性的认识，自觉地把思想认识统一到会议精神和党中央、国务院的决策上来。二是要根据全教会、《决定》和省第十次党代会精神，修改全省和各地、各校的教育改革和发展的宏伟兰图。三是对全教会和《决定》提出的重大改革举措，及时进行研究，研究这些改革举措为浙江教育发展提供了哪些政策空间，从浙江实际出发，在哪些方面可以取得新的突破，形成新的教育生产力；要研究新问题，求得新发展。四是召开全省教育工作会议，全面深入贯彻落实全国教育工作会议精神。

〔**社会力量办学**〕 在6月15日召开的第三次全国教育工作会议上，浙江省委书记张德江代表浙江省委、省政府作了题为《鼓励社会力量办学加快教育改革与发展》的典型发言，介绍了浙江省近年来社会力量参与办学的情况和经验。

浙江社会力量以多种形式参与办学已成为教育发展新的增长点。至1999年全省有民办中小学394所，在校生17.06万人，较上年增长10.06%和28.85%。选择个别普通高校进行改制试点，浙江农村技术师范专科学校转由宁波万里教育集团举办，3年计划投资2.5亿元，1999年投入8000万元，更名为浙江万里学院；温州大学改制工作已顺利展开。全省有民办高等学校4所，省政府批准组建的本科二级学院17所，教育部和省政府批准组建浙江大学城市学院，国家质量技术监督局同意组建中国计量学院育英学院。各类民办高校（二级学院）招生0.79万人，其中地方属招生0.73万人，占招生总数的17%。

〔**校园文明建设**〕 1999年，先后对温州医学院、浙江经济高等专科学校、杭州应用工程技术学院3所高校进行了校园文明建设检查评估。截至1999年底，全省获“文明校园”称号的高校总数达18所。在促建的同时，还组织人员对已经通过评估的浙江财经学院、宁波大学、浙江水利水电专科学校3所学校进行了复查，以推动高校巩固和深化校园文明建设成果。

扎实推进中小学文明学校创建活动。按照文明学校创建工作的总要求，认真做好第二批省级文明学校的创建和评选工作。4月在宁波市召开了全省中小学文明学校创建工作现场会；10月和11月底，组织人员分6个组对各市地上报的102所学校中的92所学校进行了检查评估。

〔**教育宣传**〕 为大力宣传建国以来特别是党的十一届三中全会以来中国社会主义现代化建设的巨大成就，迎接建国50周年，在全省中小学开展了以“祖国在我心中”为主题的读书教育活动，组织了优秀征文比赛，全省近200万中小学生参加了这一教育活动。据不完全统计，全省各级教育部门共收到读书活动征文200万篇，其中获得省一级优秀征文2 300余篇。8月在上海举行了“祖国在我心中读书活动夏令营”。

为迎接中国政府恢复对澳门行使主权，在全省大中小学生中进行爱国主义教育。在全省高校开展了“知澳门、爱祖国”知识竞赛活动，有14万名高校师生参加了此次活动，其中130人获一、二、三等奖，300余人获优秀奖。在中小学举行了“知澳门、爱祖国”征文活动，并与浙江教育报社联合举办了大型知识竞赛，参加人数达200余万。先后邀请了外交部两位司长为在杭高校师生作了4场国际形势报告，近20所高校的5 000余名师生参加了报告会。

浙江教育报刊围绕省委教育工委、省教委的工作重点，进一步加强教育新闻宣传工作，大力弘扬教育改革与发展主旋律，引导社会和舆论对教育难点和热点问题的正确认识。

〔**教育经费**〕 1999年全省教育经费总投入173.03亿元，比上年的144.96亿元增长19.36%。其中：(1)财政预算内教育经费投入71.30亿元，比上年增加13.18亿元，增长22.68%。(2)各级政府征收用于教育的税费投入达28.13亿元，比上年增加3.71亿元，增长15.19%，其中城市教育费附加投入5.91亿元，比上年增长24.95%；农村教育费附加投入19.53亿元，比上年增长13.09%，其中向农民个人征收的农村教育费附加为8.95亿元，占上年农民人均纯收入的0.66%，离省定的1.5%～2%比例还存在较大差距。(3)校办产业、勤工俭学收入用于教育的经费1.65亿元，比上年下降9.34%。(4)企业办学经费总投入为4.94亿元，比上年增长69.76%。(5)社会团体和公民个人办学投入经费10.25亿元，比上年增长43.96%。(6)事业收入总计37.12亿元，比上年增长12.83%，其中财政专户返还的学杂费收入达18.87亿元，比上年增长27.76%。

全省预算内教育经费总投入71.30亿元，比上年增长22.68%，高出全省地方经常性财政收入增长比例(12.5%)10.18个百分点。

全省各级各类学校生均预算内教育事业费增长情况如下：普通高校生均预算内教育事业费为6 496.48元，比上年的5 609.15元增长15.82%，其中生均预算内公用经费为2 078.64元。中等师范学校生均预算内教育事业费为3 538.45元，比上年的3 046.19元增长16.16%，其中生均预算内公用经费为703.58元。农职业中学生均预算内教育事业费为1 416.92元，比上年的1 291.75元增长9.69%，其中生均预算内公用经费为364.28元。普通中学生均预算内教育事业费为993.72元，比上年的875.55元增长13.5%，其中生均预算内公用经费为169.54元。普通小学生均预算内教育事业费为677.31元，比上年的584.39元增长15.9%，其中生均预算内公用经费为69.01元。

1999年全省预算内教育经费支出（不含城市教育费附加）占财政总支出比重为20.72%，同口径比较，比上年的20.26%提高了0.46个百分点。国家财政性教育经费投入占国民生产总值的比例为1.98%，比上年的1.75%提高了0.23个百分点。

〔**语言文字工作**〕　组织开展第二届全国推广普通话宣传周活动，举行全省中小学生“推广普通话、迎接新世纪”的普通话大赛，取得了较好的宣传、教育效果。大力推进城市语言文字工作，制订推进全省城市语言文字工作规划。“中国语言文字使用情况调查工作”在浙江省启动较早，为作好调查工作，省教委与12个厅局联合印发文件，召开了工作会议，制订了调查工作计划，培训调查员134人。把语言文字工作纳入督导评估和学校常规管理，并作为对教师录用和教师资格认定的必备条件。印发了在教师中开展普通话水平测试的文件，未获相应等级证书的教师，视为业务考核不合格，不得晋升高一级教师职务，更不得评为优秀教师。除对广播电视系统进行两次测试外，还对全省1.5万名师范院校学生，近万名教师开展了普通话水平测试工作。开展对万名公务员的普通话培训试点工作。举办了4期省级普通话水平测试员培训班，培训118名省级普通话水平测试员。

基础教育

〔**综述**〕　1999年浙江省继续把巩固“两基”成果作为教育工作的“重中之重”，积极实施高标准普及九年义务教育、高标准扫除青壮年文盲。小学毕业升学比例为99.31%，初中入学率、巩固率分别为95.57%和99.41%，部分县（市、区）小学完成五年制向六年制的过渡工作，小学六年制招生数占招生总数的比例为72.84%，比上年提高11.67个百分点。

加快发展高中段教育。各地采取挖潜、新建、迁扩建等措施，努力扩大高中段教育招生规模，初中毕业生升入高中段教育的人数达到39.85万人，初中毕业生升学比例达到67.91%，比上年提高7.22个百分点。普通高中学校数622所，比上年增加19所，招生数达18.39万人，比上年增长5.82%；在校生49.48万人，增长14.22%。

进一步理顺和规范幼儿教育管理体制，幼儿教育得到快速发展。幼儿园比上年增加796所，在园幼儿比上年增加2.5万人，全省3～5岁幼儿入园率达到70.23%，比上年提高3.2个百分点。在全省大中小学生中发起了“爱心行动”，加大助残力度，提高残疾儿童入学率，特殊教育学校在校生2.18万人。继续实行对少数民族的教育倾斜政策，少数民族中小学在校学生3.07万人。

11月，经省政府批准同意，省教委公布了浙江省首届基础教育教学成果奖获奖名单。其中绍兴县夏履镇中心小学洪志明、郭建强的“生态环境教育课程模式的改革”等29项获一等奖；舟山市普陀区虾峙镇中心小学周旭光等的“小学海洋教育课程的研究和实践”等77项获二等奖。

全省中小学校舍面积达4 184.33万平方米，较上年增加341.73万平方米。生均校舍面积小学5.1平方米，普通中学8.78平方米。中小学藏书9 780.89万册，生均图书小学为13.36册，普通中学为19.56册。

完成了对最后3个县的“实验教学普及县”的验收，至此，全省所有的县（市）都通过了“实验教学普及县”的省级验收，为高标准普及九年义务教育和实施素质教育提供了条件保障。

〔**“两基”工作**〕 1997年提前实现“两基”目标后，浙江省继续把“两基”作为教育工作的重中之重，抓紧抓好。1999年加大了“两基”复查与年审工作力度，以提高“两基”整体水平。对1997年通过省评估验收的永嘉、平阳、苍南、文成、泰顺、青田和景宁7个县进行了“两基”巩固提高情况复查，复查结果表明，上述7县在普及程度、师资水平、办学条件、教育经费、教育质量和扫除文盲等方面均有明显提高，“两基”工作上了一个新水平。

首次对全省各县（市、区）进行了“两基”工作年审。各地十分重视，所有县（市、区）均以政府名义写出了自查报告。所在市（地）对50%左右的县（市、区）进行了抽查，省重点抽查了9个县（市）。从年审情况看，各县（市、区）的“两基”工作在原有基础上有了较大的提高，并正在向高标准“普九”目标迈进。

根据省政府提出的到2002年全省全面实施九年义务教育的要求，有18个县（市）启动小学五年制向六年制的过渡。有60所农村初中被评为省级农村示范初中，75所小学被评为省级农村示范小学。

〔**创建教育强县、强镇**〕 自省委、省政府决定在全省开展创建教育强县活动以来，全省各地反响强烈，创强活动在各地纷纷开展。省教委在调查研究的基础上制定了《浙江省教育强县评审认定操作标准》。有21个县（市、区）提出了创建省教育强县的申请，12月，对符合条件的绍兴县、萧山市等14个申报县（市、区）进行了评估验收。从验收情况看，各地创建教育强县的过程成为了教育大投入、大发展、大加强的过程。《中国教育报》头版先后两次就浙江创建教育强县经验作了报道。

此外，为创建教育强县打基础，浙江省还开展了教育强镇的评定工作。1998年，全省共命名172个镇（乡）为省教育强镇，占全省乡镇总数的9.6%，1999年，各地上报待审批的省教育强镇有138个。

〔**素质教育**〕 3月，在萧山市召开了全省素质教育经验交流会。会议展示了浙江省推进素质教育的成果，省教委对全面推进以提高国民素质为宗旨，以培养创新能力和实践能力为重点的素质教育提出了工作思路和要求，使会议成为全面推进素质教育再深入的一次动员会、研讨会和部署会。

在前两批已确定18个素质教育实验县（市）的基础上，又审定公布13个县为素质教育实验县，使全省素质教育实验县（市）达到31个。

11月，制订了《关于减轻中小学生过重课业负担的十项规定》。针对当前中小学生课业负担过重且长期得不到解决的状况，在总结省教委就此问题所作的一系列规定的基础上，研究制订了《十项规定》，各地根据当地的实际又做了补充规定，并组织了检查，使一些地方中小学生课业负担过重现象有所缓解。

以新昌县和新昌中学为现场，召开了全省劳技教育工作座谈会。新昌中学等一些学校善于把劳技教育与创造发明教育有机地结合起来，创出了一条提高劳技教育质量的新路子，得到了省委、省政府的充分肯定。座谈会还对全省进一步加强劳技教育工作作出了部署。

〔**普通高中教育**〕 10月，省教委根据教育部《关于积极推进高中阶段教育事业发展的若干意见》精神，制订并印发了《关于基本普及我省高中段教育的若干意见》，明确了浙江省高中段教育事业发展的目标是：到2005年，全省基本普及高中段教育，使初中毕业生的升学率达到85%左右；城市市区和教育强县（市）率先普及；少数教育基础比较薄弱的县，要力争达到75%左右。《意见》还就全省基本普及高中段教育的原则及措施提出了具体指导意见。

为适应普通高中的改革和发展，以及高校招生制度的改革，10月，省教委印发了《关于普通高中会考制度改革的若干意见》，对浙江省普通高中证书会考的科目设置、考试内容和要求、考试时间和方式以及省示范性普通高中的免考办法等作了进一步完善。同时，允许优秀学生提前报名参加会考，允许学生参加重考和多次补考，鼓励学校办出特色，促进学生发展个性特长。决定普通高中证书会考向社会开放，以满足广大社会青年对高中学历的需求。

5月，省教委在湖州市南浔镇召开了全省综合高中办学经验交流会。会议总结交流了各地综合高中建设情况，学习推广湖州市南浔中学、缙云县盘溪中学等综合高中的成功办学经验，同时就如何进一步加强综合高中建设，深化普通高中办学模式改革等问题进行了研究和探讨。

1999年秋季，在宁波市效实中学、杭州第二中学分别举办了侧重数学和物理的高中起点理科创新教育试点班，首次面向全省各招收了30名优秀学生。

制定并印发了《浙江省等级重点普通中学评估方案（修订）》和《浙江省民办普通高（完）中办学水平督导评估方案（试行）》。

〔**中小学教师队伍建设**〕 1999年全省中小学向社会公开招聘优秀教师1 643人，接受高等院校毕业生1.1万人，中小学专任教师达30.61万人。小学、初中、高中教师学历合格率为94.39%、91.31%、71.65%，均比上年有所提高。小学教师中大专毕业以上和初中教师中本科毕业以上的比例分别达到12.44%和14.07%，比上年提高3.94个和2.37个百分点。启动“‘2211’名师名校长计划”,进一步加快跨世纪高素质教师队伍建设步伐。下达了《浙江省“‘2211’名师名校长计划》，重点培养中学和小学各200名“名师”、各100名“名校长”。经审定，确定了中小学名师培养人选263名，名校长108名，共371名。

全省大部分市（地）、县（市、区）都已实行教师聘任制,初步建立起竞争激励机制,优化了教师队伍结构。部署第七批特级教师评选工作，特级教师管理进一步规范化、制度化。颁发《浙江省特级教师管理暂行办法》，制定了明确的任职条件和工作任务，建立年度考核评价制度，取得了显著效果。组织特级教师讲师团，赴金华、衢州、丽水、温州、台州5个市（地）的13个经济欠发达县，共上示范课80节，开设讲座或教研活动近90次，受训教师近万人次，受到各地欢迎。

继续深入开展师德师风建设，并将师德列入教师聘任、职务评审、工资晋升、表彰奖励和年度考核的重要内容；指导各级教育行政部门加强对教师的法制教育和职业道德教育，提高教师的法制意识和道德水平；结合教师奖励工作，广泛宣传优秀教师的先进事迹，树立先进典型。

切实做好中专、中小学教师职务评聘工作。组织中专高级讲师和“小学中学高级讲师”的年度评审工作，评审通过了337名高级讲师和159名“小学中学高级讲师”，其中45岁以下的分别占81.6%和55.3%，35岁以下的分别占20.5%和8.2%，较大地改善了骨干教师队伍结构，加快了梯队建设。

制定并印发了《教师和教育工作者奖励办法》，规范了教师奖励名称、层次和评选周期，明确了各奖项的条件和程序，增加了评优工作的透明度。经逐级评选推荐，评选表彰了浙江省优秀教师324名，浙江省优秀教育工作者32名，“春蚕奖”298名，“绿叶奖”107名。配合教育部和省慈善总会组织评选了贫困地区农村中小学优秀教师首届“烛光奖”10名；暑期分别组织了两期特级教师“园丁之家”赴舟山活动，优秀教师代表赴西安、延安考察和教育部组织的优秀教师赴昆明夏令营等活动。选拔了4名教师组成浙江省教委赴西藏那曲地区教师讲学组，为期1个月，受到当地的热烈欢迎和高度评价。

〔**学校安全工作**〕 5月7日，省教委召开全省学校安全工作紧急电视电话会议，省委教育工委书记、省教委主任侯靖方在会上通报了5月5日常山县重特大交通事故，分析了一些事故、事件发生的原因，就进一步加强学校安全工作提出了几条切实措施：全体学校领导、教师要加强交通安全常识的学习；完善学校安全工作责任制，各地要把学校的各项安全措施和各部位的安全工作责任落实到人，实行定点、定时、专人负责，定期检查；组织各种活动要确保师生安全；依据《食品卫生法》做好学校食品卫生工作；任何事业单位、团体和个人不得以预防和保健等名义自行组织学生集体服用药品和保健品；要加强对校舍安全的检查；高度重视学校周边环境的综合治理；重视安全教育，提高青少年学生的自我保护意识和防范能力。

〔**国防教育**〕 为增强广大在校学生的国防观念，激发他们的爱国之心、报国之志，引导他们关心、支持、参与国防建设，省国防教育委员会将1999年定为省国防教育学校年，举办了“万校国防教育活动”，组织6 800余所学校和210万学生参加全国“保卫21世纪中国”知识竞赛。

1999年着力对体育、国防教育在全面推进素质教育、面向21世纪教育过程中如何发挥其特长和作用进行研究。承办了'99世界公园定向（第七站）巡回赛，向全省广大师生及全社会介绍了定向越野运动，使体育、国防教育在对德育、智育、创新实践教育中的作用得到了发挥。

〔**中小学布局调整**〕　1999年浙江省继续积极推进中小学布局调整，合理布点校网。省教委制定了到2002年全省分县、分学校中小学布局调整规划。各地通过采取“联合、改制、撤并、帮扶”等措施，加大对薄弱学校的调整力度。全省共减少小学3 074所，初中152所，调整幅度历年来最大。办学效益进一步提高，教育规模日益扩大，小学校均在校生由上年的216人提高到262人，独立设置初中校均在校生提高到679人。

〔**教育科研**〕　1999年完成或基本完成了一批重大课题的研究工作。教育部“九五”重点课题“浙江省社会力量办学的理论与实践”已于12月通过国家级鉴定，并得到专家和有关领导的高度好评；教育部“九五”重点课题“小学教师继续教育发展模式研究”各项目组研究报告初稿已完成，并撰写了《论继续教育中的全员培训》等研究论文；教育部“面向21世纪中国高等教育”子课题“面向21世纪浙江高等教育结构调整”已完成，并向总课题组提交了研究报告；“农村职业教育为农业规模化经营服务”课题研究已完成，有关研究材料已汇集成15万字的研究报告；全国教育科学规划“九五”重点课题“东南沿海地区小学生道德启蒙教育”、“九五”青年课题“小学生元认知技能实验研究”等一批国家级课题也相继完成；省委、省政府重大调研项目《适应提前基本实现现代化的需要，加快浙江省高等教育发展的速度》也已完成初稿。

在全国第二届教育科学优秀成果奖的评选中，浙江省获奖总数名列全国第四位，共有1.5项成果获一等奖，9项成果获二等奖。

职 业 教 育

〔**综述**〕　1999年浙江省积极调整中等教育结构，大力发展中等职业教育。初中毕业生升入各类中等职业技术学校人数为21.6万人，占整个高中段教育招生总数的54.2%。职业高中学校数比上年减少19所，招生比上年减少7.27%，在校生比上年增长5.81%。职业中学生均校舍建筑面积11.58平方米，生均图书16.32册。

为推进职教教学质量的提高，开展了首届职业教育教学成果奖评选，制定了《浙江省职教教学成果奖实施细则》，共评出一等奖17项。组织了全省服装、财会、公关文秘、商贸、旅游服务、英语等7个专业的职业学校学生技能比赛。举办了职业教育教科研培训班。

随着政府职能的转变，中等职业教育尤其是中等教育办学层次、管理体制的改革已提到议事日程。为此，省教委和省计经委联合对省属普通中专调整和发展进行了专题调研，对省属中专今后的发展提出了建议性意见，并形成了《关于省属中专学校调整和发展问题的调研报告》。

〔**采取措施促进职教持续发展**〕 1999年浙江省的中等职教面临严峻挑战。为了使招生不出现大的滑坡，采取了一系列的对策和措施。一是允许在职业学校中举办综合教育班；二是在全省28所重点职业高中举办了“3＋2”高等职业教育试点班，共招收学生3 000人；三是决定从2000年起，在职业中学中保送1 000名优秀毕业生直接升入高等职业技术学院；四是允许中等职业学校应届历届毕业生报考普通高校、成人高校和高等职业技术学院；五是实行了二次招生，多招收学生0.7万人。全省各类中职校共招生22.3万人，比1998年招生数略有增加，中职与普高的招生比例为5.5：4.5。

〔**重点职业学校建设**〕 在完成重点建设100所省示范性职业学校的基础上，1999年开始在全省进行第二轮省级重点职业学校的评定工作，制定了一、二、三级重点职业学校的标准，组织力量对申报省一级重点的职业学校进行了评估。由于把必须有1所省一级重点职业学校作为省教育强县的必备条件，各地十分重视，有力推进了重点职校的建设和发展。

完成了全省中等专业学校教学管理水平评估工作。共有102所中专学校参评，有42所学校达到了优秀等级，60所学校达到良好等级。

〔**职教师资培养培训**〕 针对职教师资合格率较低的状况，省教委采取多种措施，开展多种形式、多种途径进行职教师资培养培训。1999年印发了《关于进一步加强中等职教专业师资队伍建设的几点意见》。全省共招收职教师资本科班350人，其中首次对口招收中等职业学校毕业生250人。在上年成立的省职教师资培训中心的基础上，全省又确定6所大中专院校作为职教专业师资培训基地，其中浙江大学、浙江工业大学、浙江师范大学、宁波大学职教学院推荐上报教育部作为全国职教师资培训基地。暑假期间，各培训基地均举办了职教专业师资培训班，培训学员500余人。

〔**普通中专招生工作**〕 1999年共有247所普通中专学校在浙江省招生，招生计划为63 456人，其中省内招生计划为61 132人，省外招生计划为2 324人，除师范类招生外，其他普通中专招生均实行“并轨”招生。普通中专共录取64 165名新生，完成招生计划的101.12%，其中省内录取62 411人，占计划的102.1%，省外录取1 754人，占计划的75.5%。

高 等 教 育

〔综述〕　1999年浙江省通过挖掘高校潜力，试办新的管理模式和运行机制的高等职业教育，鼓励通过银行贷款，吸收社会投资等措施，举办本科二级学院，扩大招生，促进普通高等教育事业快速发展。全省研究生招生和在学研究生分别比上年增长49.2%和24.5%；其中在学博士生2 088人，比上年增长16%。全省普通高校本专科招生和在校生分别比上年增长46.42%和22.47%，其中地方属高校招生4.8万人，在校生11.21万人，较上年增长61%和28.4%。1999年是浙江省改革开放以来普通高等教育事业发展最快的一年。

大力发展高等职业教育。浙江省政府出台了《浙江省试办高等职业技术教育的实施意见》，1999年起试办新的管理模式和运行机制的高等职业教育，招生1.16万人。

5月18日浙江丝绸工学院举行更名大会。经教育部批准，具有百年历史的浙江丝绸工学院正式更名为浙江工程学院。

省高校第四批重点学科建设方案报经省政府同意，共评出100个重点学科，其中省级重点学科40个，省级重点扶植学科60个。下达省高校重点学科建设经费900万元。

1999年，全省高校获省教委科技进步奖113项（一等奖17项，二等奖41项，三等奖55项）；获浙江省科技进步奖50项（一等奖1项，二等奖15项，三等奖20项，优秀奖14项）；申报教育部人文社科优秀成果奖，获三等奖1项。

普通高校校舍建筑面积525.35万平方米，净增77.06万平方米，增长17.19%。普通本专科生均校舍面积38.15平方米，其中生均学生宿舍6.76平方米。教学仪器设备值达9.95亿元，增长32.5%，生均教学仪器设备值达7 222元；学校藏书1 733.58万册，净增208.77万册，增长13.69%，生均图书126册。

〔省委、省政府重视高等教育发展〕　7月21日～23日，浙江省委书记张德江、副省长鲁松庭先后到中国美术学院、浙江中医学院、杭州商学院、浙江工业大学等12所在杭高校调研；8月31日～9月1日，省长柴松岳、副省长鲁松庭先后到浙江树人大学、浙江大学城市学院、浙江工业大学之江学院和杭州商学院国际经贸学院，考察民办高等教育。省委省政府领导听取了省教委以及各高校负责人的汇报，并发表了讲话。

张德江指出，在改革开放20年中，浙江经济和社会发展迅速，从一个农业大省发展成为经济大省。浙江的教育包括高等教育也有很大的发展，但高等教育发展的速度与目前经济建设和社会的发展远远不相适应，成了浙江经济建设和社会发展的“瓶颈”。而且群众对高等教育有强烈的需求，高等教育本身也有发展的潜力。浙江高等教育迫切需要有大的发展。省委省政府下决心，要大力促进浙江高等教育的发展，为浙江经济和社会新的腾飞提供人才支持和科技支持。在谈到如何发展浙江高等教育时，张德江指出，发展教育要有改革的思路，要打破传统的办学思想、办学观念和办学模式。必须实行政府办学和社会力量办学相结合，大力鼓励和支持社会力量举办高等教育，以此来促进高等教育大发展。浙江社会力量办学起步较早，已形成一定的规模，积累了一定的经验，要利用这一优势，扩大高校规模和招生容量。今后省政府将统筹规划教育资源的配置，更好地发挥资源的效益。各高校在专业设置和科研上要贴近浙江经济发展的实际，走产、学、研一体化的道路，为浙江经济建设尤其是高新技术产业的发展作出贡献。

柴松岳说，由于历史的原因，浙江高等教育滞后于经济建设和社会发展，高教不能满足经济建设和社会发展的需求，不能满足人民群众对教育的需求。特别要看到，浙江经济能否保持持续快速健康发展的势头，从根本上来说，取决于教育的发展特别是高教的发展。现在，我们利用社会力量办学，利用民间资金兴办高校，势头很好，通过近两年来的实践，我们找到了解决高校发展滞后问题的办法和路子，意义非常深远。社会力量办高校，这是市场经济的产物。办教育，特别是高等教育，要与本省本地经济建设和社会发展需求相适应。政府要有超前意识，学校要注重办学质量，要有自己的特色。省政府对民办高校采取积极扶持、正确引导、规范管理的方针，努力促进民办高校的健康发展。

〔**思想政治工作**〕　为加强对高校思想政治工作的领导，推进高校的改革、发展和稳定，省委、省政府成立了省高等学校思想政治工作领导小组。领导小组由省委副书记周国富任组长，省委常委、宣传部长李从军和副省长鲁松庭任副组长，成员有省委教育工委、省教委、省委组织部、省委宣传部、团省委等单位的负责人，领导小组办公室设在省委宣传部，负责日常工作。

5月21日，省委书记张德江到浙江大学与大学生谈心，希望大学生们认真学习江泽民总书记在欢迎中国驻南使馆工作人员大会上的重要讲话，深刻领会其精神，用以指导自己的学习与工作。要继续发挥爱国主义的精神，积极维护社会的稳定和校园的安宁，并把满腔的爱国热情转化到学习中去，为科教兴国和加速浙江省的现代化建设作出贡献，争做跨世纪优秀人才。

〔**教学工作**〕　高校在扩大规模的同时，保证正常的教学秩序，保证基本的教学质量，是浙江省高教工作的重点。为此，1999年在几个方面做了努力：一是抓好新一轮教学计划修订工作，在暑期进行了交流、研讨。二是抓教学工作规范化管理，针对本科院校、专科学校、本科二级学院和高职学院的不同基础和情况，分别召开有关会议，强调抓好有关教学条件、教学秩序和教学质量三方面的工作。三是抓教学检查和评估，对1996、1997年新设置的专业在学校自查的基础上进行了抽查，共对16所学校的26个专业进行了检查，并对有关情况进行通报，对6个专业示以黄牌警告。先后对浙江水利水电专科学校、浙江经济高等专科学校、杭州医学高等专科学校、浙江公安专科学校进行了教学工作合格评估。四是抓教学投入，学校普遍反映，1999年是历年来教学投入最有力度的一年。

在1998年开展教育思想大讨论的基础上，继续推进教育思想观念的改革。省高教学会举办了高教改革座谈会和报告会，承办了21世纪中国高等教育研讨会，评选了高教研究成果36项，编辑出版了论文集。“浙江省高等教育面向21世纪教学内容和课程体系改革计划”，省级立项95项，备案86项，各项目均有不同程度的进展，不少已取得阶段性成果。

从1997年起对全省普通高校的基础课教学实验室分批进行评估。1998年完成了第一批18个实验室的评估，1999年完成了第二、第三批评估任务，共有99个实验室通过了省级合格评估。据统计，99个实验室由403个实验室调整合并而成，共投入经费6 200万元，具有高级职称的人员由原来的79人增加到162人。

〔**教师培养培训**〕 继续开展浙江省高校中青年学科带头人选拔和培养工作。1999年评选出40名省高校中青年学科带头人，完成了到2000年前选拔和培养100名浙江省高校中青年学科带头人的目标。分别向教育部推荐“高等学校优秀青年教师教学和科研奖励基金”和“高等学校骨干教师资助计划”人选2名和48名，推荐高校系统“省151人才工程”人选110人。

加强高校青年教师岗前培训工作。1999年高校共有1 300余人次接受岗前培训。组织编写了《高等教育学》和《心理学》培训教材。

1999年，分别对821名申报职称的教师进行了评定，其中申报高级职称的637人，高、中级通过率为76.62%和94.57%。普通高校专任教师中，研究生毕业的占32.5%；具有副高以上职称的占37.7%；50岁以下中青年教师中，副高以上职称占22.33%，比上年提高3.63个百分点。

〔**管理体制改革**〕 1999年浙江省继续进行高等教育管理体制改革，积极开展高校的调整工作。杭州化工学校和部属的杭州应用工程学校划转后并入杭州商学院，部属的杭州船舶工业学校划转后并入浙江工业大学；经教育部批准湖州师范专科学校与湖州师范学校合并成立湖州师范学院。建立和完善高校省市共建共管体制，制定印发了省与舟山市共建浙江海洋学院的《实施意见》、省与宁波市共建宁波大学的《实施意见》。

以成人高校的改革、改制、改组和部分中专学校的升格为补充，采取土地置换、银行贷款、吸收社会力量参与办学等措施，组建高等职业技术学院。经教育部批准，成立了浙江交通职业技术学院、宁波职业技术学院、温州职业技术学院；经省政府批准，筹建了浙江机电职业技术学院等20所职业技术学院。

通过撤并调整，进一步扩大了高等教育资源，提高了办学效益。全省普通高校校均在校本专科学生达到3 850人，比上年增加302人，生师比从上年的9.6∶1提高到10.5∶1。

〔**巩固扩大高教改革成果**〕 浙江省委教育工委、省教委于8月24日召开全省高校书记校长、市（地）教委主任会议。会议要求各高校切实做好新学年各项准备工作，确保高校稳定和学校工作正常运转，巩固和扩大高等教育改革成果。省委教育工委书记、省教委主任侯靖方在会上讲了话。会议提出，首先要下定决心，抓好办学质量，要本着对党和政府负责、对社会负责、对学生及家长负责的精神，提高学校的办学质量。第二要抓发展。将采取联合办学、开辟教育园区等各种形式，组建具有一定规模和较高层次的高校，再次拓宽浙江省高等教育发展新空间。第三要抓改革。要加大内部管理体制改革力度，激发内在活力。要加快高校后勤社会化改革的步伐。改革应为构筑教育“立交桥”做好准备。会议还就高校思想工作作了部署。要求各高校首先要正确认识和分析形势，进一步做好高校政治稳定工作。高校的领导要增强政治意识、大局意识、责任意识，牢牢把握正确的舆论导向，确保高校的稳定。要抓好思想政治工作和党建工作。在新形势下高校的思想政治工作有许多新的课题，要不断探索解决问题的新办法。要建立一支高素质的政工队伍。

〔**高考改革**〕 8月18日，省教委举行高考改革情况通报会。会上正式宣布了浙江省2000年高考改革方案。方案包括五部分内容：一是普通高校招生入学考试“3+X”科目设置采取“3+综合”形式。“3”是指语文、数学、外语，为每个考生必考科目，数学分文理卷；“X”指由高等学校根据本校层次、特点的要求，从物理、化学、生物、政治、历史、地理6个科目或综合科目中自行确定1门或几门考试科目，在浙江省招生的所有高校都将选择综合科目。“综合科目”分为“文科综合”和“理科综合”，其中“文科综合”含政治、历史、地理；“理科综合”含物理、化学、生物。各高校各专业自主确定两类综合中的一种，考生根据自己所报的高等学校志愿，参加高等学校（专业）所确定的科目考试。二是“综合科目”考试以能力测试为主导，考查考生在中学所学这些相关课程基础知识、基本技能的掌握程度和运用这些基础知识分析、解决问题的能力为命题指导思想。三是“3+综合”试题由教育部统一命制。四是外语科试卷含听力部分。所有考生均须参加外语听力考试。其成绩计入总分。五是高考科目设置改革后，高校招生仍分文科、理科、艺术、体育四类。

9月，省教委发出了《关于稳步推进“3+X”高考改革的意见》，提出要统一思想，提高对高考改革重要性、必要性的认识；要切实转变教育观念，加强教师队伍建设；要改革学科教学，加强课程建设；要切实加强高中教学管理，认真执行课程（教学）计划；要加强对高考改革工作的领导。

〔**实行高校毕业生就业新政策**〕 8月，省政府办公厅批转了省教委、省委组织部、省计经委、省人事厅、省编委、省财政厅、省公安厅7部门《关于进一步做好普通高校毕业生就业工作的意见》。《意见》提出，允许毕业生在全省范围内通过“双向选择”，落实就业单位。毕业时没有落实单位的，派遣回生源所在地后，允许继续在当地或跨市（地）、县“双向选择”，落实就业单位。对在一定时间内找不到就业单位的毕业生，各地政府要采取措施进行人才储备，鼓励毕业生到基层支教、支农、支医、扶贫或到企业锻炼，参加农村基层工作。同时要积极鼓励毕业生自主择业、自主创业。

〔**举办大学生运动会**〕 5月5日，浙江省第十届大学生运动会在杭州师范学院隆重开幕。副省长鲁松庭、省政协副主席陈文韶以及省委教育工委、省教委领导出席了开幕式。5 000多名学生在开幕式上进行了主题为“辉煌在明天”的大型文体表演，体现了运动会“团结、奋进、文明、育人，迎接新世纪”的主题。本届运动会是自1960年浙江省举办首届大学生运动会以来比赛项目、参加院校（41所）和参赛人数最多（2 250余人）的一次。

〔**建立产学研示范基地**〕 8月4日，省教委与台州温岭市签订了共建全省第一个产学研示范基地的协议。根据协议，省高校科研人员在温岭进行的高新技术项目开发研究，其经费将由温岭市政府、项目实施企业和省教委（含高校）分别负担40%、30%和30%；省高校成果转化项目，从投产获利年份开始，5年内全额返还所得税地方留成部分；温岭市政府将拨出600万元，其中100万元用于项目开发和奖励有突出贡献的科技人员，500万元用于产业化项目贴息。对高校科技人员或与企业联合攻关在基地转化的项目，省教委则予以优先立项，重点扶持。

〔**与银行合作发展教育事业**〕 省教委和中国工商银行浙江省分行于8月24日在杭州就支持浙江教育事业发展签署了合作协议。根据协议，工行浙江省分行将在今后5年中每年安排一定规模的贷款，1999年度为20亿元，用于教育事业的发展。对符合浙江教育发展规划、科技产业发展规划和信贷政策，经评估审查符合贷款条件的项目，采取上下联动、短中长期贷款结合的方式，给予重点支持。同时给予部分优秀高校科技企业技改贷款。教育系统将每年为工行浙江省分行推荐优秀大学毕业生，提供各种形式、不同层次的业务和管理人员的培训。

浙江省委常委、省政府常务副省长吕祖善在签字仪式上讲话。他说，此次教育界与金融界签订合作协议，是浙江省实施“科教兴省”战略中的一件大事，表明了人们思想上、观念上已经有一个大的突破。教育界、金融界共同合作，必将促使教育事业更快地发展。

11月5日，省教委又与建行浙江省分行签署了合作协议，省建行承诺今后5年每年以不低于20亿元人民币的贷款规模投入全省教育系统的建设。

〔**教育交流**〕 1999年，经省教委审核报批的短期因公出访考察团组、学术访问、参加国际会议人员共93批281人次。上报国家公费出国留学候选人115人，录取66人，其中高级访问学者19人，普通访问学者47人。办理单位公派出国留学人员53人。

经省教委审核报批因公赴香港、澳门、台湾访问交流团组共31批95人次，其中省级教育行政部门赴台交流访问4人。省高校学生交流团首次赴香港交流，取得了成功。新增浙江师范大学、温州医学院、杭州师范学院3所高校具有招收港澳台学生资格。全省普通高校招收香港、澳门、台湾学生共46人，其中硕士研究生1人、本科生6人、插班试读本科生3人、进修生6人、汉语短期生30人。

1999年共办理自费出国留学资格审核758人，比上年增长37.6%。拟定了“并轨生”申请自费出国留学的培养费标准，并于7月1日起执行。

1999年经省教委审批的外国来浙文教长短期专家共125名，来自14个国家，聘请院校32所。有9名外国文教专家获浙江省政府西湖友谊奖。审批来自五大洲36个国家自费留学生来华签证申请表647份，至此，全省在校外国学生总数共1 230人次。

1999年共接待来自英国、日本、美国、澳大利亚等国家和地区的13批191人来访。

成 人 教 育

〔**综述**〕 1999年浙江成人教育继续坚持以岗位培训和继续教育为重点，积极开展农村实用技术培训，扫除青壮年文盲，自学考试进一步向农村延伸。1999年共批准建立（筹建）专修学院24所，至此全省共有专修学院42所。通过示范性乡（镇）成人文化技术学校的评估验收工作，促进了乡（镇）成人文化技术学校办学条件的改善和办学水平的提高。组织了对24所申报乡（镇）成人文化技术学校的验收，到年底省级示范性乡（镇）成人文化技术学校已达100所以上。利用乡（镇）成人文化技术学校普及推广农村实用技术，广泛开展技术培训。各类城乡文化技术学校培训职工、农民295.77万人；扫除青壮年文盲6.7万人，脱盲后的巩固率在95%以上。组织了对成人高校高等职业教育部分专业教学计划论证、审定工作，完成了40个专业教学计划的审定并汇编成集。对成人中专的调整改革作了调研，为下一年成人中专的调整改革做好准备。

〔**高等教育学历文凭考试**〕 为减缓升学压力，广开学路，加快浙江高等教育的发展，省教委决定扩大高等教育学历文凭考试试点规模。1999年全省共有32个民办高等教育机构进行高等教育学历文凭考试试点，其中有31所学校招收新生，共设置22个专业，计划招生5 540人，与上年相比，新批17所试点学校，新增9个专业，招生计划增加2 140人。

浙江省是1998年经教育部批准开始进行高等教育学历文凭考试试点的，试点学校15所。1999年1月，1998级学生首次参加了国家和省统考课程的考试，取得了良好成绩。首次国家和省统考共有6 820课次，平均合格率为76.3%。其中国家统考的哲学合格率为75.3%、大学语文为93.3%、会计学基础为78.9%；省统考课目合格率最高为92.4%，最低为51%。浙江女子进修学院共参加442课次的考试，合格率为100%。

〔**电大教育**〕 1999年，省教委就进一步加强全省电大县级基地建设发出通知，提出具体意见。主要内容有：从2000年开始，开展省示范性县（市）电大的评估工作，尽快在全省形成一批高规格、高水平、高质量的省示范性县（市）电大，以点带面推动全省县级电大教育的发展。凡达到省示范性县（市）电大标准，经评估、审批后更名为浙江广播电视大学××（县、市名）学院。其教学业务直属省电大管理，学校原性质、任务、行政管理体制等仍保持不变。

省教委还决定继续进行县级电大更名评估，新的更名评估标准从1999年起执行，要求原已通过评估更名的县（市）电大分校，对照新标准，提出整改措施，限期在2002年前达到新标准的要求。决定从1999年起对现有县级电大工作站进行合格评估，对未达到合格评估标准所规定的基本办学条件的县级电大工作站，省教委将分别给予黄牌、红牌警告，连续三年黄牌的工作站，将被列为红牌暂停招生，连续三年红牌的工作站，撤销建制并入邻近电大。到 2000 年还没有自建校舍，或专职教职工人数不足 5 人的县级电大工作站，将暂停其招生资格。

5 月，浙江省广播电视大学举行创建 20 周年纪念活动。建校 20 年来，学校坚持面向社会、面向基层、面向农村、面向边远地区的办学方向，实行多层次、多规格、多功能、多种形式的办学方式，开设了理、工、文、经济、农五大学科门类共 85 个专业，累计招生 29 万余人，已培养高等专科以上毕业生 13 万余人。1999 年 3 月，被教育部、中央电大评为全国广播电视大学教学工作先进学校。

〔**自学考试**〕 1999 年浙江省自学考试事业又有新的发展。全年新开本科专业 6 个、专科 5 个，至此，全省共开考本专科专业 67 个、中专专业 15 个，专业规模再创历史新高；接纳考生 63 万人次，比上年增长近 10%；大专以上毕业生 1.2 万余人。

自学考试学习支持系统建设取得成果，自考人才培养体系进一步完善。加大学习媒体开发力度，全年推出了 3 门课程学习包，有 15 门课程学习包已编制完毕；完善社会化助学网络，增批浙江大学等 7 所主考学校 15 个主考专业的助学试点资格，增批社会助学单位 57 个，全省自考社会助学单位达到 174 家；优化专业层次和类型结构，开出新闻、市场营销等 7 个本科专业，调整了广告学专业的开考模式及考试计划；出台了省自考办承办的全国计算机等级考试证书与省人事厅计算机应用能力考核证书具有相同效用的政策；制定了《浙江省农村自学考试可持续发展综合实验方案》，稳步实施农村自考基地“三步走”战略，加大乡镇自考联络站建设力度，全省共建有乡镇联络站1 005个，同时有效拓展了乡镇联络站功能，使一部分有条件的乡镇联络站发展成为工作站；进行依托现有教育资源建立县级自考助学中心试点。

〔**招生工作**〕 1999 年成人招生考试坚持向生产业务骨干倾斜的政策，将国家优惠录取调整政策落实到位。坚持有利于下岗职工再就业的政策，对报考高中起点本、专科的下岗职工，总分加 30 分；对具有初、高中学历的下岗职工，可免试进入成人中专学习。对于上高中起点本、专科最低控制分数线的下岗职工，在同分数段内优先录取。对于上高中起点本、专科最低控制分数，由于专业不开班而未被录取的或年龄在 28 周岁以上的下岗职工，发给成绩证明，可在以后两年内免试升入成人高校高中起点专科学历层次的专业学习。

继 1998 年率先在全国实行无纸化录取改革后，1999 年浙江省进一步完善办法，并配合网上录取试点工作，使无纸化录取做到了计算机动态计划操作、考生信息动态查询、计算机调退档及网上操作等同步联网。试行了网上录取实验，选择了刚刚进行了四校合并、招生规模最大的浙江大学和离录取点杭州最远的温州医学院作网上录取试点院校，共在网上录取新生11 579人，试点工作取得了预期的成功。

撰稿 钱晓芳

审稿 阮忠训

宁波市教育

〔基本情况〕

1999年各级普通学校基本情况

单位：人

学校类别	学校数（所）	毕业生数	招生数	在校学生数	教职工数 计	其中：专任教师
总　计	3 683	176 984	267 540	925 227	56 341	45 636
一、研究生			10	10		
1. 高等学校			10	10		
2. 科研机构						
二、普通高等学校本专科	4	3 208	7 567	16 825	2 384	1 315
本科院校	1	1 977	3 591	9 617	1 447	779
专科院校	3	1 231	3 976	7 208	937	536
三、普通中等学校	453	104 489	118 830	322 606	24 043	18 746
1. 中等专业学校	24	7 346	9 388	27 286	2 060	1 223
中等技术学校	20	6 383	8 708	25 007	1 696	1 011
中等师范学校	4	963	680	2 279	364	212
2. 技工学校	(15)		(3 500)			
3. 普通中学	326	84 239	92 323	251 167	18 436	14 866
高中	72	14 957	22 521	62 136		4 058
初中	254	69 282	69 802	189 031		10 808
4. 职业中学	103	12 904	17 119	44 153	3 547	2 657
高中	103	12 904	17 072	44 044	3 547	2 657
初中			47	109		
5. 工读学校						
四、小学	1 195	69 135	64 865	433 577	19 896	17 668
五、特殊教育学校	7	152	196	1 663	215	171
六、幼儿园	2 024		76 072	150 546	9 803	7 736

1999年各级成人学校基本情况

单位：人

学校类别	学校数（所）	毕业生数	招生数	在校学生数	教职工数 计	教职工数 其中：专任教师
总　计	3 425	478 552	633 448	557 041	3 936	2 259
一、成人高等学校	3	3 267	5 629	12 501	388	224
1. 广播电视大学	1	904	1 410	3 315	231	129
2. 职工高等学校	1			25	46	34
3. 教育学院	1	546	969	2 384	111	61
4. 普通高等学校举办夜大学	(4)	1 817	3 250	6 777		
合计中：电大普通专科班		317	269	543		
二、成人中等学校	3 189	470 258	623 007	539 990	3 236	1 845
1. 成人中等专业学校	22	5 967	5 106	14 858	520	256
广播电视中等专业学校	1	1 449	1 358	5 185		
职工中等专业学校	9	1 964	1 715	4 944	183	114
农民中等专业学校	3	821	472	1 619	31	19
函授中等专业学校	1	588	631	1 221	12	4
教师进修学校	8				294	119
其他类学校举办	(9)	1 145	930	1 889		
2. 成人中学	93	4 495	3 993	8 381	608	463
职工中学	39	1 512	1 863	4 285	238	153
农民中学	54	2 983	2 130	4 096	370	310
3. 成人技术培训学校	3 074	459 796	613 908	516 751	2 108	1 126
职工技术培训学校	418	104 451	161 817	124 792	670	419
农民技术培训学校	2 656	355 345	452 091	391 959	1 438	707
三、成人初等学校	233	5 027	4 812	4 550	312	190
1. 职工初等学校	27	1 055	1 153	1 188	16	1
2. 农民初等学校	206	3 972	3 659	3 362	296	189
其中：扫盲班	112	2 294	2 141	1 309	166	121

制表　娄逢良

1999年，宁波市共有各级各类学校3 683所，在校生92.52万人，教职工5.63万人。全市九年义务教育人口覆盖率为100%，义务教育阶段的入学率、巩固率、完成率分别为100%、99.6%和93.5%；初中生毛入学率为108.98%；幼儿入园率达93.64%，学前一年入园率为100%；盲童、哑童和弱智儿童的入学率分别达到88.81%、94%和92.37%；全市高中阶段招生5.46万人，占初中毕业生的78.81%，比1998年提高10个百分点，高于全省平均水平11个百分点，中职教育与普通高中招生比例为59∶41。高中毕业生升入全日制高校人数首次突破万人，达到11 165人，升入高校学生人数达同龄人比例的10.5%。

1999年，全市教育经费总收入27.90亿元，其中国家财政性教育经费为18.58亿元，分别比上年增加5.7亿元和4.48亿元；全市财政预算内教育经费支出为10.72亿元，比上年增加1.77亿元，占地方财政支出的15.4%；全年征收城乡教育费附加4.997亿元。在第三次全国教育工作会议精神鼓舞下，市委、市政府在全市科教兴市大会上宣布，从1999年开始，在保持"三个增长"的基础上，市本级教育经费占财政支出连续5年提高1.5个百分点，并列入基数；绝大多数县(市)区也作出了提高1个或1.5个百分点的决定，财政投入在教育经费支出中的主渠道作用将逐步强化。

1999年，宁波市加大了科教兴市的力度，教育改革取得了重大进展。9月10日～12日，市委、市政府召开了实施科教兴市大会，确立了实施科教兴市"一号工程"的发展战略，市委作出《关于深化改革全面实施素质教育推进宁波教育现代化的决定》，确定了今后几年宁波教育的发展目标、主要任务和具体推进措施。市教委根据市委、市政府的部署，拟订了《面向21世纪推进宁波教育现代化行动计划（1999～2010）》。社会力量办学特别是办高等教育迅速发展。宁波大学创办了国有民办二级学院——宁波大学科学技术学院，原浙江农村技术师范专科学校由万里教育集团承办，转制为国有民办，改名为浙江万里学院（筹）。1999年，全市共有全日制民办教育机构72家，其中民办高校学生已占全市高校在校生数的21.32%。高校后勤服务改革正式启动。按照"总体规划，分步推进，两至三年内全面完成高校后勤改革"的总体工作思路，市委、市政府出台了有关政策，通过减免营业税和所得税，鼓励社会各界以投资、租赁、承包经营等多种形式，进入学校后勤服务产业。

创建教育强县、示范性学校建设有了新的进展。1999年，全市新增省级示范性学校和幼儿园44所，使省级以上示范性学校达到122所。宁海、奉化、象山通过"两高"（高标准"普九"、高标准扫盲）验收，使全市11个县（市）区均通过"两高"县（市）区评估。全市教育强镇达到67个，占全市乡镇总数的44.97%。其中省教育强镇62个。在浙江省首次评估省教育强县活动中，宁波市的慈溪、鄞县、镇海、余姚、海曙5个县（市）区被评为教育强县（市）区，占全省首批教育强县（市）区的1/3以上。为提高教育资源的利用效益，加大了实行职教中心、成教中心、师资培训中心、电大工作站（分校）等集中管理、一体化运行的县（市）区"四中心"建设力度，镇海、慈溪已经建成，余姚、鄞县、宁海、奉化已拟订了"四中心"建设方案。继续进行学校布局调整，全市小学从1998年的1454所调整为1195所，普通中学从365所缩减为326所，使办学规模和效益有了新的提高。

全面实施素质教育，教师队伍素质是关键。为提高教师队伍素质，1999 年启动了宁波市名校长、名师培养工程，分别选拔 14 位校长、31 位教师为浙江省名校长、名师培养对象；确定了 50 位校长为市培养对象；制定了《宁波市中小学学科带头人和名牌教师培养管理的若干意见》；设立了骨干教师专项资金，1999 年市教委已专项拨款 300 万元。同时，全面抓好干训和师训工作，全年培训中小学校长1 000多人，使校长持证上岗率达到 100%；培训中小学教师 1.5 万人和 1.6 万人，培训率分别达到 90%和 95%以上。至年底，全市幼儿园、小学、普通初中、普通高中和职业高中的教师学历合格率，分别从上年的 70.2%、96.27%、91.45%、78.6%和 40%，提高到 82%、97%、94%、83%和 45%，小学教师专科学历和初中教师本科学历分别达到 23%和 26%，居于全省领先水平。

撰稿　徐祥贤

〔**基础教育**〕　1999 年，全市有 21 所乡镇中心幼儿园通过省级乡镇中心幼儿园达标验收，累计有 93 所乡镇中心幼儿园达到省办园标准，达标率为 70.5%。为加强和规范对幼儿园的管理，先后召开了全市乡镇中心幼儿园经验交流会、规范幼儿园办园行为研讨会、优秀辅导幼儿园经验交流暨表彰会，开展“幼儿园肩并肩结对帮扶”活动，制发《宁波市幼儿园新等级考核标准及实施办法》。加强了幼儿园教师的继续教育，启动幼儿教师“全程培训、全员培训”工作；评选第三届幼儿园“教坛新秀”，24 人分获一、二、三等奖；实施园长持证上岗制度，已累计培训 6 期，受训园长 395 人，启动以省示范幼儿园园长为对象的园长高级研修班，促进幼儿教育事业的发展。

高标准普及九年义务教育，教育质量稳步提高。各县（市）区将小学新生入学年龄提前到 6 周岁。高中阶段教育加快发展。一批示范学校脱颖而出，有 31 所农村初中、小学分别获省农村示范初中、省农村示范小学称号。高考成绩喜人，全市高中毕业生升入高校人数中，升入全日制高校为9 465人，创历史新高。

深化教育教学改革，不断拓展德育工作的新途径。建立了 53 所心理健康教育联系学校，制发了《关于开展心理健康教育试点工作的意见》，组织编印《中学生心理健康教育读本（试行）》，江东区和中国科学院心理所合作编写的《小学生心理健康读本》已经出版。法制教育进一步加强，印发了《关于进一步加强中小学法制教育的通知》。组织编写了《小学生法律知识读本》，使小学法制教育更加系统、规范。

素质教育深入课堂教学主渠道。3 月，在鄞县中学召开全市普通高中教育教学研讨会，5 月，在惠贞书院、宁波中学组织学校教育教学一日展示活动，正确引导教学。发动各县（市）区中小学的名教师，总结多年来教育实践经验，参加省基础教育成果奖评审，获一等奖 5 项，二等奖 15 项，获奖数为全省第一。开展创新教育实验，省、市教委分别决定在效实中学、镇海中学举办省、市创新教育理科实验试点班，探索培养创新型人才的新路子。效实中学在全省首创了学生科学院。抽测了城区初中美术、音乐、自然学科的实验和劳技的教学，城区高中招生扩大了省一级重点中学定向保送和其他完（高）中的校内保送名额。印发《关于要求切实做好减轻中小学生过重课业负担工作的通知》，加强“减负”工作，营造素质教育的良好氛围。

学生科技、劳技和计算机教育得到进一步加强，确定了38所市级科技教育联系学校。11月，组织了首届宁波市中小学科技教育月，在第12届全国发明博览会上，宁波市中小学生的3项作品获得由光华基金会颁发的“光华奖”，5项作品获全国发明协会颁发的金奖。宁波市的劳技教育中心建设经验作为强化中小学劳技教育的先进典型在全省劳技教育工作会议上推广，江东劳技教育中心、鄞县中学被评为全国劳技教育工作先进集体，方世国等被评为全国劳技教育工作先进个人。组织编写了计算机课教材，投入100余万元用于城区直属初中的计算机升级，初中计算机课教育全面启动。

撰稿　邵忠新

〔**职业教育**〕　1999年，全市有普通中专20所（其中市属12所、省部属8所），技工学校15所，独立设置的职业中学44所。中职招生稳定，1999年招生3万人，中职与普高招生比为59∶41，全市中等职业教育在校生总数达到7.9万人。1 793名中职毕业生对口升入高等职业院校，占当年中职毕业生总数的9%，中等职业学校毕业生继续保持较高的就业率。全市已建成20所省示范以上中等职业学校，其中9所达到国家级重点职业学校标准。全市高等职业教育招生数较上年又有较大增长，在校生已达到3 500多人。经教育部批准，宁波中专与宁波职工业余大学合并成立独立设置的宁波职业技术学院，规模容量可达3 000人，1999年招生1 200人。经省教委批准，在宁波服装学校、宁波商业学校、浙江医药学校的基础上，筹建宁波服装职业技术学院、宁波工商职业技术学院、浙江医药职业技术学院，成为全市中高等教育新的增长点。全市职教师资的学历合格率由1998年的40%提高到45%，中高级职称教师和“双师型”教师比例大幅度提高。

为适应社会和经济的发展，培养复合型人才，继续实行专业宏观调控。全市进一步调整了职业学校的专业设置，扩大了专业覆盖面，机械类和农类专业得到重视，并增强了专业的技术含量。确定13所学校的15个专业为第二批市重点专业，使市重点专业总数达到16大类35个。启动了职业教育现代化工程，确定了服装、计算机应用、机电一体化、旅游、商贸、文秘、财经、工艺美术、建筑、烹饪10个进行现代化试点的专业，以及宁波职教中心学校、奉化大桥职技校、宁海高级职业技术教育中心等一批现代化建设试点学校，制发了《关于实施宁波市职业教育专业现代化建设工程的通知》。“宁波市职业教育专业现代化建设研究”课题已由市教科所立项，《宁波市职业教育专业现代化标准》正在制定之中。

深化教学改革，提高教育教学质量。继续搞好教改试点，强化课程改革和教材建设，进一步推进了“双元制”教学模式，“宽基础、活模块”课程体系和学分制、专业协作组、导师制等教学管理制度的试点，在增强学生实践能力和职业适应能力方面取得了良好效果。办学模式改革有了新的进展。下半年，成功进行了“3＋2”五年一贯制职业教育试点，在6所职业学校开设12个专业，共招收新生648人。在城区3所职业中学开办4个专业6个职教综合高中试点班，共招收新生263人。在1999年浙江省首届职业教育教学成果奖评选中，宁波市的15项教学成果获得一等奖7项、二等奖8项。

深化办学体制改革，增强办学活力。积

极贯彻省教委、省计委《关于在公办职校进行改制试点的试行意见》，继续支持、鼓励和规范社会力量办学，积极指导国有民办改制试点、乡镇职校布局调整，学校办学活力进一步增强，质量和规模效益进一步提高。宁波中专“国有民办”改制后，运行情况良好，学校在稳定中得到了发展。余姚市第三职业中学于9月完成“国有民办”改制，取得了初步成效。宁波卫生学校与宁波第一医院护士学校于7月正式合并，统一定名为宁波卫生学校，在校生达到4 295人。10月，原宁波市二轻系统、轻工系统所属的7所职技校和培训机构合并。

继续把职业学校德育工作放在各项工作的首位，坚持对学生进行职业理想、职业道德、职业纪律教育、创业教育和职业指导。在1998年评选职业中学优秀毕业生的基础上，1999年编印了《宁波市职业中学优秀毕业生事迹选编》作为德育辅助材料，并组成优秀毕业生事迹巡回报告团，赴8个县（市）区为1万多名职业中学学生作10场报告，反响强烈。推出了宁波市职业教育“1551创业者工程”，即在全市确定15类专业，用5年左右时间，培养1万名技能强、会管理、面向小企业和个体私营经济的“创业者”，促进当地经济发展。为此，组织编写出版了《创业教育》教材，下半年各职业中学均开设了《创业教育》课程。

撰稿　王晓勇　王旭峰

〔**高等教育**〕　1999年，宁波高等教育快速发展，全市科教兴市大会确定了要把宁波建设成为全省高等教育“副中心”的发展目标。与1998年相比，普通高校和高等职业技术学院从3所增至8所（其中3所筹建）；普通高校在校生数从12 473人增至16 825人，增加35%；成人高等教育在校生数从11 236人增至12 501人；大学生毛入学率从1998年的8.8%提高到1999年的10.5%。研究生教育和省级重点实验室取得零的突破，宁波大学3个硕士点首次共招收研究生10人；宁波大学“冲击与安全工程”实验室成为省级重点实验室；学科建设取得新的进展，宁波大学原来仅有1个省级重点学科，在新一轮重点学科评定中，工程力学和理论物理两个学科被定为省级重点建设学科；另外，还有5个学科被定为省级重点扶植学科。在产学研结合上，全市高校发挥自身的技术优势，把已有的科研成果积极推向社会。宁波大学研制的防止鲈鱼孤菌病技术的推广应用，使鲈鱼的成活率由30%提高到99%，预计可增产值1.7亿元。“名师工程”开始启动，宁波大学上年引进高级职称教师31名，其中中科院院士1名，博士生导师3名；浙江万里学院在上年下半年引进的60多名教师中，教授占1/3。

高教办学体制改革步伐加快。各高校因地制宜，通过转制、升格、合并、创办二级学院等形式，深化改革，激活机制。浙江万里学院在原浙江农村技术师范专科学校的基础上，率先进行“国有民办”的转制，转制后的浙江万里学院（筹）以超常规的工作效率和开拓精神，在基建任务、专业申报和师资配备工作等方面取得了显著成绩，在鄞县中心区第一期征地66.6公顷、总投入6.6亿元的新校工程已经动工。宁波大学抓住1999年高校扩招的有利时机，建立了全省首家国有民办本科二级学院——宁波大学科学技术学院，既吸纳海外和民间的资金，也有效地激活了学校的内部运行机制，当年招生1 000人。此外，一些条件较好的中等学校根据全市经济和社会发展的需要，进行合并、升格，提高办学层次。公安边防船艇学校从中专升格为大专，改名为公安海警高等专科学校。宁波中专与宁波职工业余大学在上年合并的基础上，升格为宁波职业技术学院，并顺利完成了招生工作；同时还成立了宁波服装职业技术学院（筹）、浙江医药职业技术学院（筹）、宁波工商职业技术学院（筹）3所职业技术学院。除公安海警高等专科学校外，其他几所合并、升格的学院，均引进了国有民办机制，或推行股份制办学。

高校后勤改革与人事制度改革取得实质性进展。按照有利于加强教学和科研工作、有利于提高办学效益、有利于提高后勤服务质量和水平的原则，各高校不同程度地启动了后勤管理体制改革。宁波大学已完成了后勤机构设置调整，转变管理职能；宁波高等专科学校已计划撤消总务处，组建后勤服务总公司，设置后勤管理办公室。两校已基本完成对学校通讯管理，文印、教材供应，学生宿舍管理、校办产业、餐厅、车队、校园管理等项目的进一步剥离，实行企业化管理。浙江万里学院（筹）在建的鄞县中心区校区，17.7万平方米的后勤设施全部委托给浙江耀江集团负责投资建造和经营管理，率先进入社会化运作。人事分配制度改革陆续启动，全员聘任制迈出新步子。宁波大学已将原有42个处级部门合并调整到16个，所有正处级干部实行竞争上岗，坚持干部能上能下，新聘任的正处级干部达到55%；宁波教育学院大幅度调整了机构设置，中层干部全面实行竞争上岗。

撰稿　吴　春

〔**成人教育**〕 1999年，全市各类成人高校共招生5 629人，比上年增长35.4%。电大注册视听生招生1 643人，电大开放教育招生716人，4所职业专修学院国家学历文凭考试招生952人。下半年全市报名参加高等教育自学考试的人数达到5万余人。

经教育部批准，宁波广播电视大学被列为全国首批开展“中央广播电视大学人才培养模式改革和开放教育试点”的27所省级电大之一。慈溪、宁海、余姚、鄞县广播电视大学经省教委批准，成为首批省示范性县级电大，并分别冠名为宁波广播电视大学慈溪学院、宁波广播电视大学宁海学院、宁波广播电视大学余姚学院、宁波广播电视大学鄞县学院。经市政府批准，宁波广播电视大学江北分校在慈城镇成校成立。

改革成人中专招生办法，规定凡达到初中毕业文化程度的从业人员、下岗职工、社会青年以及未被高一级学校录取的应届、历届初（高）中毕业生均可免试入学。为适应社会经济发展需要，提高成人中专人才培养质量，市教委对成人中专教学计划作出调整，新教学计划扩大了选修课的课时比例，除必修课外，允许学校根据实际需要灵活设置选修课。

经市政府批准，原二轻企业集团公司所属的市二轻职工中专同原轻工集团公司所属的市轻工职工中专实行合并办学，占地面积2公顷，在校班级45班，在校生达1 800余人。

1999年，全市共有社会力量办学机构1 999所，全日制民办学校占地145.8公顷，共有建筑面积59.4万平方米，学校自筹资金47 853万元，办学积累资金34 660万元，共有资产6.3亿元。涌现了像宁波华茂外国语学校、宁波万里学校、宁波东方外国语学校、慈吉幼儿园、浙江万里学院等一批在省内外有一定知名度的民办学校，已初步形成从幼儿园到大学、从学历教育到职业技术培训的系列化社会办学格局，形成了以国家办学为主体,公办学校和民办学校共同发展的新局面。市教委还承办了国家教育发展研究中心、中国教育报社组织的全国民办教育研讨会。至年底，全市社会力量举办的全日制学校在校生占全市各级在校生的比例为,小学1.43%，初中2.49%，普高7.92%，职高17.1%，高校21.32%。

1999年，宁波市的农村成人教育围绕“农业和农村现代化建设”的主题,深化改革。全市扫除青壮年文盲1 594人，青壮年非文盲率达到99.11%,成人识字率达到89.9%,宁波市教委被教育部评为第四届“中华扫盲奖”先进单位。乡镇成校招收成人中专、职业高中等高中段新生110班4 629人，占全市农村（不含城区老三区）高中段招生数的9.79%，占职业技术教育（合中专技校）招生数的16.7%，成为承担高中段教育的一支生力军。积极实施“燎原计划”，全市围绕项目培训人数达到44 704人，项目所辐射产业的年产值达到12.15亿元，促进了全市开展的“农业增效，农民增收”工作。全市开展农业“绿色证书”培训，培训12 039人，其中结业7 355人；开展“农函大”培训，培训10 451人，其中结业7 516人，提高了农业从业人员的科技文化素质。全市还积极实施乡镇社区教育工作，广泛开展面向本乡镇各类人群的培训教育活动，全市农村成人教育培训人数达到103万，占农村劳动力总数的38.7%。农村成人教育的自身建设又跃上新台阶。全市151个乡镇均建立了成人文化技术学校，其中省示范性、省一、二、三级的学校分别达到22、26、59、44所，分别占总数的14.57%、17.22%、39.07%、29.14%。全市乡镇成校总占地面积56.13公顷，校舍建筑面积21万平方米，配备电脑2 803台，图书21.4万册，有专职成教干部教师1 061人，全市农村成人学校的成教事业经费支出达到2 611万元。在1998年完成乡镇成校校长岗位资格培训，实现持证上岗的基础上，1999年开展了第二轮的提高培训，对50位骨干成校的校长进行了为期3个月的培训考察，促进了乡镇成校校长队伍建设。

撰稿　黄明杰　周永明

审稿　华长慧　沈剑光

安徽省教育

概　况

〔基本情况〕

1999 年各级普通学校基本情况

单位：人

学校类别	学校数（所）	毕业生数	招生数	在校学生数	教职工数 计	教职工数 其中：专任教师
总　计	33 731	2 437 612	3 525 297	11 812 199	584 424	500 305
一、研究生	(17)	1 168	1 877	4 495		
1. 高等学校	(12)	1 066	1 735	4 112		
2. 科研机构	(5)	102	142	383		
二、普通高等学校本专科	37	23 101	51 726	133 025	27 397	12 375
本科院校	19	16 860	32 855	93 513	22 124	9 422
专科院校	18	6 067	16 814	36 883	5 273	2 953
分校、大专班		174	2 057	2 629		
三、普通中等学校	4 835	1 211 311	1 494 316	4 119 864	232 891	186 123
1. 中等专业学校	159	48 023	84 723	205 217	18 438	9 898
中等技术学校	118	37 528	71 707	167 948	14 282	7 514
中等师范学校	41	10 495	13 016	37 269	4 156	2 384
2. 技工学校	139	29 300	13 500	49 100	6 000	3 400
3. 普通中学	3 792	984 954	1 228 736	3 398 493	183 396	152 890
高中	653	111 465	170 838	453 806		26 191
初中	3 138	843 489	1 057 898	2 944 687		126 699
4. 职业中学	742	149 015	167 310	467 026	24 968	19 882
高中	385	65 711	61 003	175 876		9 370
初中	357	83 304	106 307	291 150		10 512
5. 工读学校	3	19	47	28	89	53
四、小学	25 476	1 200 173	1 139 910	6 419 167	293 206	276 616
五、特殊教育学校	69	1 859	2 286	19 525	1 247	894
六、幼儿园	3 314		835 182	1 116 123	29 683	24 297

1999年各级成人学校基本情况

单位：人

学校类别	学校数（所）	毕业生数	招生数	在校学生数	教职工数 计	教职工数 其中：专任教师
总　计	22 126	4 855 667	4 088 610	4 041 957	27 367	11 626
一、成人高等学校	24	27 512	37 900	93 333	4 848	2 427
1. 广播电视大学	1	4 542	4 368	11 827	1 093	490
2. 职工高等学校	13	2 464	3 786	8 572	1 896	1 024
3. 农民高等学校						
4. 管理干部学院	2	1 483	1 298	3 338	537	214
5. 教育学院	8	4 354	6 221	13 413	1 322	699
6. 独立函授学院						
7. 普通高等学校举办：		14 669	22 227	56 183		
函　授　部		7 415	11 710	30 813		
夜　大　学		2 729	3 628	10 197		
成人脱产班		4 525	6 889	15 173		
合计中：电大普通专科班		3 454	3 848	9 561		
二、成人中等学校	14 665	4 537 120	3 778 869	3 648 669	18 837	7 911
1. 成人中等专业学校	158	29 904	19 458	54 261	5 976	3 058
广播电视中等专业学校	8	3 640	1 805	7 329	456	205
职工中等专业学校	80	12 591	7 217	20 816	2 849	1 517
干部中等专业学校	22	4 967	4 105	11 077	1 225	572
农民中等专业学校	6	680	518	1 723	53	26
函授中等专业学校	4	2 409	2 017	6 313	155	69
教师进修学校	38	5 617	3 796	7 003	1 238	669
其他类学校举办						
2. 成人中学	39	10 372	3 174	5 840	462	258
职工中学						
农民中学						
3. 成人技术培训学校	14 468	4 496 844	3 756 237	3 588 568	12 399	4 595
职工技术培训学校						
农民技术培训学校						
三、成人初等学校	7 437	291 035	271 841	299 955	3 682	1 288
1. 职工初等学校						
2. 农民初等学校						
其中：扫盲班	5 698	209 262	200 222	226 851	3 076	1 185

制表　吴金辉

〔**年度工作指导思想和基本方针**〕1999年，安徽省教育工作的指导方针是：高举邓小平理论旗帜，深入贯彻落实党的十五大和十五届三中全会精神，解放思想，转变观念，坚持社会主义办学方向，根据安徽省经济社会发展的要求，进一步推进教育改革，大力加强基础教育，重点发展职业教育，加快发展高等教育，积极发展成人教育。认真处理好数量与质量、德育与智育、改革与发展的关系，调整布局结构，优化教育资源，提高质量和效益，保持各类教育健康、协调发展，努力开创教育工作新局面。

重点工作及主要目标是：(1)切实加强思想政治和德育工作。大力开展“三讲”教育和“三进”工作，落实高校“两课”改革方案；在各级各类学校开展爱国主义、集体主义、社会主义教育和道德品质教育，加强形势和政策教育，创建安全文明校园，确保教育系统政治稳定。(2)坚持“两基”重中之重方针，抓好最后三个县“两基”达标工作；下大力气抓好“两基”巩固提高工作，重点抓好辍学、复盲和硬件欠账问题；在城市和县镇推动普及高中阶段教育，加快普通高中办学模式改革和示范高中建设，开展示范高中评估，大力发展幼儿教育，切实抓好特殊教育；继续推进薄弱学校建设和中小学布局调整，加强中小学教育教学管理；实施“跨世纪素质教育工程”，全面实施素质教育。(3)进一步深化高等教育改革。抓好管理体制改革，调整布局结构，优化资源配置；加大教学改革力度，注重创新精神和创新意识培养，注重学生能力训练；积极推进内部管理体制改革和高校后勤社会化改革；着力做好省属高校在校生增加1.5万人的扩容工作；实施“高校高新技术产业化工程”，加强科技成果的转化、推广、应用工作，推动产学研合作向深层次发展。(4)大力发展职业教育。深化职业教育办学体制改革，加大政府统筹力度，多类型、多层次、多形式发展职业教育，力争中等职业教育招生数和在校生数有所增长；加快发展高等职业教育，力争职师班、高职班招生和在校生规模有所扩大；启动中专布局调整工作。(5)积极推进农村教育改革，促进教育为农业和农村工作服务。进一步抓好农科教结合工作，力争全年培训农民和回乡知青1200万人次。(6)积极发展成人教育。加快成人高等教育结构调整步伐，启动成人中等教育结构调整；大力开展多种形式的岗位培训和继续教育；加强农村成人文化技术学校建设；积极发展高教自考事业，调整和增设一批社会急需的实用型专业，继续拓宽自学考试为农村经济建设服务的渠道；继续开展下岗职工再就业培训，再组建一批再就业培训中心。(7)努力增加教育投入，改善办学条件，全面完成教育灾后恢复重建任务。大力发展中初等学校校办产业，力争总产值达到43亿元，纯收入6亿元；高校科技产业实现利润力争达到4900万元；继续消除中小学危房，充实中小学装备，加快教育现代化和信息化建设步伐。(8)继续加强师资队伍建设。抓好高校跨世纪骨干教师和学科带头人队伍建设；有步骤地推行中小学教职工全员聘任制，加强中小学教师学历教育，着力加强骨干教师队伍建设；基本解决全省民办教师问题；督促各地按时足额发放教师工资，提高教师待遇；加快安居工程实施步伐，努力改善教师居住条件。

〔**全省教育工作会议**〕第三次全国教育工作会议结束后，安徽省委及时召开常委会，省政府召开常务会议和办公会，听取全教会精神汇报，研究贯彻意见。省委、省政府于

8月向全省发出《关于认真学习贯彻全国教育工作会议精神的通知》。各级党政领导带头学习宣传，深入调研，各地结合实际，制订出贯彻落实全教会精神的具体方案。7月，省委教育工委、省教委分别召开全省地市教委主任座谈会和全省高校党委书记、校长座谈会，研究贯彻意见。全省各级教育行政部门和各级各类学校广泛开展了全教会精神学习讨论活动。通过学习讨论，进一步统一了思想认识，增强了深化教育改革，全面推进素质教育的紧迫感和使命感，进一步明确了奋斗目标和工作思路。

安徽省委、省政府于12月初召开全省教育工作会议。省委书记回良玉，省委副书记、省长王太华，省委副书记方兆祥到会发表了讲话；副省长蒋作君作了题为《深化教育改革，推进素质教育，为安徽经济腾飞社会进步作出新的更大的贡献》的报告。省委、省政府出台了《关于贯彻实施〈中共中央国务院关于深化教育改革全面推进素质教育的决定〉的意见》，提出：认真贯彻中央《决定》，把全面推进素质教育作为各级党委、政府和全社会的重要任务；认真贯彻党的教育方针，把全面推进素质教育贯穿于教育活动的各个环节；深化教育改革，为全面推进素质教育创造条件；优化结构，建设一支全面推进素质教育的教师队伍；切实加强领导，建立全面推进素质教育的保障机制。省政府决定从1999年起连续3年，省级教育事业费占省本级财政支出的比例，每年较上年提高1～2个百分点，并要求各市、县（区）政府也要相应提高本级财政支出中教育经费支出所占的比例。省政府还批转了省教委制定的《安徽省教育振兴行动计划》，提出安徽省教育振兴的目标是：(1)到2002年，普及九年义务教育成果得到巩固，3～6周岁幼儿入园率达到55%左右。95%人口地区适龄儿童少年入学率达到国家规定标准，青壮年文盲得到有效控制。初中毕业生升学率逐年提高，城市市区和有条件的县城镇基本普及高中阶段教育。高等教育毛入学率达到8%。(2)到2005年，九年义务教育水平进一步提高，3～6周岁幼儿入园率达到65%以上，全面普及九年义务教育，青壮年文盲率控制在2%以下。县城镇基本普及高中阶段教育。高等教育毛入学率达到10%左右。(3)到2010年，高标准、高水平普及九年义务教育，彻底扫除青壮年文盲，农村和城镇3～6周岁幼儿入园率分别达到70%、95%以上。基本普及高中阶段教育，新增劳动力人口普遍接受12年以上的教育。高等教育毛入学率达到15%。努力创造条件，重点建设6～8所万人以上规模的大学，并使2～3所高校和一批重点学科进入全国先进行列。基本建成与全省经济社会发展水平和产业结构相适应的，规模适当、结构合理、教育质量和办学效益较高的，各级各类教育协调发展的现代化教育体系，初步形成运转协调、灵活高效、充满活力的教育体制与运行机制。为实现上述目标，《行动计划》提出重点任务是，实施“全方位素质教育工程”、“跨世纪园丁工程”、“高层次创造性人才工程”、“重点高校建设工程”、“高校高新技术产业化工程”、“职业教育体系建设工程”、“农村教育综合改革工程”和“现代远程教育工程”八大工程。

〔**教育投入与支出**〕 1999年，全省教育经费收入共1 034 183.8万元，其中财政预算内拨款568 487.5万元，占55.0%；各级政府征收用于教育的税费101 496.3万元，占9.8%；校办产业、勤工俭学、社会服务收入中用于教育的经费11 185.5万元；占1.1%；

企业、社会团体、公民个人办学经费28 097.8万元，占2.7%；社会捐集资21 208.9万元，占2.0%；事业收入271 759.3万元，占26.3%；其他收入31 948.5万元，占3.1%。1999年，全省全口径教育经费支出总额为992 338.9万元，比上年增加98 083.2万元，增长11.0%。按隶属关系分，中央部委所属在皖院校教育经费支出69 836.5万元，占7.0%；安徽地方各级各类学校经费支出922 502.4万元，占93.0%。按部门划分，教育部门教育经费支出885 859.8万元，占89.3%；其他部门、企业及社会团体、个人办学教育经费支出106 479.1万元，占10.7%。

1999年，地方预算内教育经费安排和执行情况。全省地方教育部门各级财政预算内教育事业费实际支出数为445 182.6万元，比上年增长16.9%。地方预算内教育经费支出(含城镇教育费附加)为525 189.7万元，预算内教育经费支出占财政总支出的比重为18.96%。地方财政拨款（含预算内基建拨款和预算内专项资金拨款）为504 418.6万元，比上年增长18.5%，高于同期地方财政收入9.5%的增幅。1999年全省国家财政性教育经费支出69.88亿元，占当年国民生产总值的2.21%，较上年上升0.01个百分点。

1999年各级各类学校生均预算内教育经费及预算内公用经费情况：普通高校（不含在皖部委属院校)为4 118元和1 799元，比上年分别下降181元和上升150元；普通高中为881元和84元，分别上升41元和下降5元；普通初中为428元和32元，分别增加19元和下降5元；普通小学为304元和13元，分别增加23元和下降2元；职业中学为513元和46元，分别增加7元和下降16元。

1999年教育基建情况。全省省属高校基建总投资27 811万元（其中省统筹2 371万元，中央补助6 035万元，补助教师住房建设500万元，省财政专项补助7 471万元，学校自筹11 434万元)。经省计划部门批准，当年下达建设计划总面积646 096平方米（含教职工住宅172 969平方米)，竣工142 849平方米（含教职工住宅94 143平方米)。全省普通中学、职业中学、小学校舍总面积比上年分别增加88.2万、6.5万和20.5万平方米。全省城镇中小学教职工住房建设完成投资37 997.9万元，完成建筑面积66.8万平方米，建成住房8 258套；省属高校完成投资6 362万元，建成住房建筑面积9.4万平方米，建成住房1 110套。

〔**救灾及恢复重建工作**〕 继1998年遭受特大洪灾之后，1999年夏季安徽又遭受了极其严重的洪涝灾害。全省共有12个市地，50个县、市、区不同程度受灾。受灾学校达4 913所，倒塌校舍40.7万平方米，新增中小学危房75万平方米，倒塌校舍围墙18.5万米，毁坏学校操场、道路等面积共281.5万平方米，损失教学仪器、课桌凳等校产折合人民币1.32亿元，累计造成直接经济损失6.94亿元。

灾情发生后，全省教育系统干部职工积极投身抗洪救灾、保校护校和恢复重建工作中。省教委一方面努力争取外援500万元，一方面千方百计调剂筹措资金约1 000万元，分四批下拨灾区。省教委在全省教育系统开展了“我为灾区献爱心”的捐款捐物活动，共募集资金121.1万元、衣物8.77万件，全部送到了重灾区。

1998、1999两年，全省共安排教育救灾项目398个，建筑面积50.5万平方米，项目总投入约2.4亿元，其中受援资金达1.03亿元，地方配套资金1.36亿元，项目涉及64个县（市、区）。截止1999年底，赈灾复校工程项目已经竣工259个，竣工面积达29.5万平方米，占计划数的65%。其余35%的在建工程项目可望于2000年5月全面完成。此外，全省还维修和加固中小学校舍110.5万平方米，同时还购置了大批教学仪器设备。由于抗灾复校工作措施得力，抓得及时，灾区学校教育教学工作得到及时恢复。

〔**教育法制建设**〕 (1)组织省教委机关干部认真学习《行政复议法》，提高法律意识和依法行政水平。(2)1月和8月，组织进行了全省教育行政执法人员资格认证的法律知识培训和考试工作，累计两万多人次参加了培训，6 500多人参加了考试，6 200余人取得教育行政执法资格。全省基本实行教育行政执法人员持证上岗、亮证执法制度。(3)全面推行行政执法责任制。省教委制定了委主任、副主任的行政执法职责，分解落实了机关各有关职能处室实施教育法律、法规的职责，并由委主要负责同志与有关职能处室的负责同志签订了行政执法目标责任书或委托行政执法责任书。并先后制定了《安徽省教育行政处罚听证程序》、《安徽省教育行政处罚简易程序》、《安徽省教育行政执法监督制度》、《安徽省教育行政执法人员行政执法资格证书发放管理办法》、《安徽省教育行政执法人员行政执法证件使用管理办法》等文件，规范行政依法行为。

〔**50年安徽教育成就**〕 建国50年来，安徽教育取得了显著成就，为安徽的经济建设和社会发展做出了积极贡献。(1)教育规模显著扩大。全省全日制各类学校（不含各类成人教育），校数由1.2万所发展到3.36万所，其中普通高校由2所发展到37所，在校生由0.15万人发展到13.3万人；中等学校由142所发展到4 693所，在校生由3.9万人增加到407.1万人；小学由1.18万所发展到2.55万所，在校生由79万人增加到641.9万人；幼儿园由100所发展到3 314所，在园幼儿由0.78万人增加到111.6万人；特教学校从零起步发展到69所。(2)国民受教育程度明显提高。建国初，全省学龄儿童入学率不足10%，全省人口中90%以上是文盲。而今全省基本实现"两基"目标，小学学龄儿童入学率已达99%以上，小学毕业生升学率达到97%。50年来，全省每万人口中，各类高校在校生由0.53人提高到37人；各类中专在校生由2.1人提高到41.8人；青壮年文盲由85%以上下降到3%以下。50年间，普通高校培养人才46.5万人；成人高校毕业24.8万人；自学考试培养本专科毕业生9.9万人；普通中专毕业生51.2万人；成人中专毕业31万人。(3)办学条件明显改善。全省大中小学校舍面积增加1 300多倍，达到5 371万平方米；高校教学科研仪器设备从无到有发展到7.39亿元；中小学仪器、图书从几近空白，发展到全省中小学普及实验教学，绝大多数学校图书配备达标。各地都有一大批学校办学条件正向标准化、现代化迈进。(4)教师队伍不断壮大。全省各级各类学校专任教师由50年前的2.2万人发展到50.9万人。各级各类教育都培养、选拔出一批骨干教师和学科带头人。(5)经过50年的发展与改革，全省已基本形成各类教育发展协调、适应经济社会发展要求的教育体系。

撰稿 吴金辉

基础教育

〔**综述**〕 1999年，全省小学比上年减少977所，招生比上年减少6.8万人，在校生比上年减少6.7万人。校均在校生规模252人，比上年增加7人；师生比为1∶23.21，基本与上年持平。初中比上年减少77所，招生比上年增加4.4万人，增长3.9%；在校生323.6万人，比上年增加13.60万人，增长4.4%；初中校均在校生规模为938人，比上年增加57人。

〔**义务教育**〕 1999年，全省小学学龄儿童入学率为99.55%，比上年下降0.23个百分点；小学在校生辍学率为0.46%，比上年提高0.04个百分点；小学毕业生升学率为97.00%，比上年下降0.44个百分点。普通初中辍学率为2.31%，比上年下降0.04个百分点。全省进一步加大了义务教育执法检查和“两基”工作督查力度。根据省人大常委会部署，8月～9月，全省各地上下联动，开展普及九年义务教育执法检查。省教委对1997年验收的20个县(市、区)进行了复查，对尚未实现“普九”的岳西、阜南、利辛3县进行“两基”督导。省及各地进一步强化“两基”双线目标管理责任制，以加强教育教学管理、改造薄弱学校和控制流生为重点，狠抓补缺补差，切实巩固提高“两基”水平。全省累计已有102个县（市、区）实现基本普及九年义务教育，占县(市、区)总数的97%，人口覆盖率达94.89%。

〔**“贫三项目”和“义教工程”执行情况**〕 1999年，世界银行贷款“第三个贫困地区基础教育发展项目”(简称“贫三项目”)按照项目规划稳步实施。该项目总投资为28 900万元人民币，截止1999年底，累计使用的信贷资金为14 572.1万元，占信贷计划1 852万美元的92%。土建工程共完成建设项目学校2 328所，仪器设备、图书和课桌椅的采购，累计完成支出6 984万元，全部完成招标采购并下发各项目县。教师、管理人员的培训共完成20 289人次。“促进贫困地区女童教育项目”和“弱智儿童教育项目”两个科研成果推广项目累计完成支出185.1万元，进展顺利。学生资助计划累计完成支出244.5万元，资助学生5.52万人，占总计划的68%。全省实施国家“贫困地区义务教育工程”(简称“义教工程”项目)于1998年顺利通过国家验收。1999年7月，根据教育部、财政部的部署，开展了“义教工程”先进县和先进个人评比表彰活动。无为县、寿县、霍邱县、金寨县、潜山县被评为全国“义教工程”先进县，叶显林等40人被评为全国“义教工程”先进个人。

〔**幼儿教育**〕 1999年，全省幼儿园比上年增加867所，在园幼儿（含学前班）比上年增加6万人。幼儿园园长和教师比上年增加1 000人。省教委对六安等9个市、地落实幼儿教育“九五”规划的情况进行了调查研究；印发《关于深化幼儿教育改革，加快幼儿教育事业发展的通知》,对如何加强当前幼儿教育工作提出了具体意见;组织了省级一类幼儿园互查活动,对全省29所省级一类园组织了检查、总结和交流。继续开展省级一类幼儿园和农村示范幼儿园的评估认定工作;编辑出版《幼儿园优秀墙饰作品集锦》和《幼儿园自制教玩具作品集》;在合肥市召开了第三届全省暨市地级一类幼儿园园长联谊会。

〔**高中教育**〕 1999年,全省普通高中比上年增加18所。高中招生计划年初安排16.10万人,积极贯彻国家关于扩大高中阶段招生的决策,实行扩招,实际招生17.08万人,比上年增加1.85万人,增长12.1%。高中在校生比上年增加5.28万人,增长13.2%;毕业生11.15万人,比上年增加0.36万人,增长3.3%。对21所高中进行了省级示范高中评估。召开全省特色高中、综合高中工作会议,总结经验,进一步明确发展思路;共审批特色高中校(班)19个。支持、鼓励社会力量举办普通高中,共审批社会力量举办的普通高中19所;加强对社会力量办学的指导和管理,使其健康发展。

〔**特殊教育**〕 1999年,省教委把普及残疾儿童少年义务教育作为特殊教育工作的重点,制订了《安徽省1999—2000年残疾儿童少年义务教育发展规划》,印发了《关于切实做好今明两年残疾儿童少年入学工作的通知》,要求各地抓紧建校、办班,开展随班就读,大力组织残疾儿童少年入学。省教委检查了安庆等3个市地的幼儿一体化教育工作;对开展肢体残疾幼儿一体化教育的幼儿园和开展一体化教育幼小衔接试验的小学进行试验工作总结;启动了在长丰县、广德县和太湖县开展的农村地区小学一体化教育实验;在阜阳等5个市举办了一体化教育师资培训班;举办了全省特殊教育学校校长和骨干教师培训班,分四片开展了七次特殊教育教研活动。

〔**素质教育**〕 全省教育系统认真学习贯彻全国教育工作会议精神,坚持以德育为核心,以创新精神和实践能力为重点,全面推进素质教育。根据德育的总体目标以及社会发展和青少年思想品德形成规律的要求,各级教育行政部门和中小学对思想政治教育的教材、内容、方法进行了大胆的改革,积极构建有针对性的、目标层次递进的、贯穿中小学教育各个环节的德育体系。省教委开展了全省中小学德育状况调研活动,组织编写了《小学思想品德》等教材,通过开展纪念"五四"运动80周年、庆祝建国50周年、喜迎澳门回归、声讨北约轰炸我驻南使馆、揭批法轮功邪教等项活动,对中小学生进行形式多样、生动活泼的思想政治教育,增强了学生的爱国主义、集体主义、社会主义思想。各地中小学努力优化教学过程,提高课堂教学质量,既使学生掌握科学文化知识,又培养学生的创新精神和实践能力。合肥市筹资500万元创建了素质教育实践基地,内设种植园、饲养园、劳动车间、科技发明室、生物博物馆等,组织市区的中学生轮流到基地参加实践活动。为了使学生得到生动、活泼、主动的发展,各地还积极进行了评价、考试和招生制度的改革,全省绝大多数小学取消了成绩通知单,试行"学生素质报告单"制度。全省各地都取消了小学毕业生升学考试,实行划片就近入学。省教委继续对高中阶段招生考试命题进行改革,对初中教学发挥正确的导向作用,切实减轻学生的课业负担。各地还采取调整学校布局，高初中分离办学，加强学校领导班子建设，提高师资水平，增加教育投入，改善办学条件等措施，加强薄弱中小学的建设，缩小学校间办学水平的差距，为实施素质教育创造良好的环境。

〔**体育、卫生、艺术教育**〕 1999年，省教委组织了两项调查活动：一是对全省城镇学校的体育场地进行全面调查，二是对全省学校的音乐、美术教育的现状进行调查。两项调查活动摸清了底数，为制定相关政策提供了依据。当年还对部分学校贯彻学校体育、卫生两个《工作条例》的情况进行了检查评估。举办了中小学体育卫生师资培训班，参加培训班学习的骨干教师有300余人。为抓好典型，推动面上工作的开展，省教委在马鞍山市召开了初中毕业生升学考试体育工作现场会，在芜湖市进行中小学大课间操试点，指导凤阳县探索农村学校体育工作的路子，在砀山县、繁昌县进行农村学校艺术教育试点，砀山县还被教育部确定为全国农村学校艺术教育实验县。省教委还开展了学校体育、卫生、国防教育工作评选表彰活动，有103个单位被评为先进集体，386人被评为先进个人。3名教师参加全国第二届中小学音乐、美术教师基本功比赛，获一等奖1个、三等奖2个。在全国第七届中学生运动会上，安徽选手获田径男子甲组总分第七名，并获篮球预赛体育道德风尚奖。中小学的健康教育得到进一步加强，开课率明显提高。全省学校普遍开展了学生营养宣传教育、口腔健康教育活动。在中学开展了预防艾滋病教育和青春期健康教育。

〔**中小学教研、科研**〕 坚持“以研兴教”，为全面实施素质教育服务。完成国家“九五”重点课题“面向21世纪中国基础教育课程教材改革研究”一级子课题“面向21世纪安徽农村义务教育课程教材改革的试验和研究”等课题的年度研究任务。承接国家级重点课题“创新教育研究与实验”，在22所学校进行实验。课程改革迈出了新步伐，规划并组织了中小学15门必修课或选修课教材的编写和修订。继续开展中考、会考改革的研究，进行中考、会考命题改革和考试科目的改革尝试。继续进行中小学教师使用新教材的岗前培训，全年培训教师2 000余人次。组织中学地理、中小学音体美教师教学基本功比赛，组织中小学10余门学科的优质课评比。本年度全省中小学教师在全国有关教育、教学评比中，共获一等奖80个、二等奖370个、三等奖1 691个、优秀奖16个。

〔**中小学内部管理体制改革**〕 1999年，全省稳步推进中小学内部管理体制改革工作。芜湖、巢湖、蚌埠、马鞍山、铜陵、安庆、滁州等市、地全面实行以“校长负责制、全员聘任制、岗位责任制、校内结构工资制”为主要内容的中小学内部管理体制改革。这项改革受到当地党委、政府以及有关部门的重视和支持，巢湖、蚌埠、铜陵、安庆、滁州等地均以党委、政府的名义转发实施改革的意见或方案，以巢湖、芜湖、蚌埠3地市改革力度较大。通过改革，把竞争激励机制引入学校，充分调动了广大教职工的积极性，取得了明显成效，为在全省中小学进一步全面推进内部管理体制改革，提供了有益经验。

〔**基本解决民师问题**〕 为实现全省解决民师问题与“普九”工作同步，1999年，省教委会同有关部门进一步加大力度，将全省24 400名合格民师全部转为公办教师（其中中师民师班招生6 400人，“民转公”18 000人），余下3 000人予以退养、辞退。至此，全省提前一年实现党中央、国务院提出的到本世纪末基本解决民师问题的要求，安徽省存在了40多年的民办教师历史宣告结束。此外，清退代课教师工作也取得显著成效。省教委协调有关部门制定发出《关于抓紧清理清退乡镇自聘代课教师的通知》，要求采取坚决措施清退代课教师，全省共清退代课教师62 518人，堵住了新的民办教师产生的渠道。

〔**干训、师训和支教工作**〕 1999年，全省共培训各类基础教育干部7 585人，其中省级培训1 032人，市地级培训2 492人，县市级培训4 061人。首批重点中学校长高级研修班国内和国外培训相结合，收到良好效果。铜陵市选送校长赴先进地区挂职锻炼，积累了有益的经验。省教委制定了《安徽省中小学教师继续教育暂行规定》，全面启动了中小学教师继续教育工作，全年有4.9万中小学教师参加了培训。

4月中旬，省委、省政府在总结省直第一期支教工作经验，表彰33个支教先进单位和34名先进个人的同时，部署了第二期支教工作。4月下旬，省直机关87名支教队员分赴长丰等12个国家级贫困县的薄弱中小学担任教学工作。

〔**教育督导**〕 5月11日，省政府办公厅在合肥举行了安徽省人民政府教育督导团挂牌仪式，副省长蒋作君为督导团揭牌并讲话，省教委主任陈贤忠也就全省的教育督导及工作部署发表了讲话。出席仪式的领导为安徽省首届52位省督学颁发了证书和聘书。为尽快建立全省中小学校督导评估制度，省教委制定了《安徽省普通高级中等学校办学水平督导评估（基本指标）操作细则》，并指导各地教育督导部门开展对中小学校办学水平的督导评估，部分县（市、区）已完成对辖区内初中、小学的第一轮评估。为督促各地进一步依法落实政府行为，巩固提高“普九”水平，推动中小学全面实施素质教育，省教育督导团组织开展了全省基础教育专项督导检查，其内容为：教育经费投入情况、加强改造薄弱学校、巩固提高义务教育普及程度、减轻学生过重的课业负担、实施素质教育五个方面。此项工作采取逐级检查方式，自下而上进行，由全省各县（市、区）进行自查，各市、地对辖区内1/3的县（市、区）进行抽查，省督导办组织人员从17个市、地中抽样选取20个县（市、区）进行重点督查。

〔**电化教育**〕 1999年，省教委制定了《安徽省现代远程教育发展规划》，并印发了《安徽省现代远程教育工程实施意见》和《关于加快我省教育信息化建设的若干意见》。同时制定了现代教育技术实验学校工作评估检查实施意见，组织专家组对51所现代教育技术实验学校进行阶段性评估检查。省现代教育技术实验学校领导小组对20所实验学校进行了评估抽查。省电教馆组织检查组对1999年电教设备一类达标学校进行抽查验收，至1999年底，全省电教设备一类达标学校达到823所，其中1999年新增215所。开展优秀教育电视节目、优质课堂电化教学课和多媒体教育软件评选活动，共评出优秀教育电视节目19部、优质课堂电化教学片26部、优秀多媒体教育软件44个。

〔**教育技术装备**〕 1999年，在全省“普九”、“普实”任务基本完成的情况下，省教委提出以教育技术装备现代化为切入点，推动全省教育技术装备工作上台阶的要求，制定了《安徽省普通中小学现代教育装备标准》，着力抓了示范学校、示范实验室的建设工作，出台了各类示范学校、示范实验室和专业教室的配备标准和评估方案。省教育技术装备中心举办了一系列中小学理化实验教师、图书管理员、计算机教师培训班。在池州地区和宿州市进行了初中、小学实验操作考核和高中升学、中考加试理化实验的试点工作。

〔**校办产业**〕 1999年，全省中初等学校校办产业（含勤工俭学）总产值36.5亿元，纯收入5.8亿元，均比上年增长。省教委积极引导校办产业进行结构调整，一是调整产业方向，以开拓和规范教育内部市场为重点，大力发展校办第三产业；二是调整产品方向，引导和支持校办企业根据市场和教育改革的新要求，积极调整产品结构，为教育教学服务；三是调整服务方向，围绕全面实施素质教育，做好青少年学生生产实践基地建设的前期准备工作。

〔**治理中小学乱收费**〕 1999年，省教委着重抓了两个方面的工作。一是治理农村义务教育阶段乱收费。3月23日，《安徽日报》以《书记串门到农家》为题，报道了省委书记回良玉在农村调研，农民反映“学生上学费用太高”。3月24日，省教委主任陈贤忠立即召开专题会议研究治理措施，并迅速付诸实施。《安徽教育报》从3月下旬开始，连续刊发治理中小学乱收费的报道、文章50多篇，开办了期期见报的《乱收费者戒》专栏，通报了15所违规学校，营造了强大的“治乱”声势。二是从严整治违规为学生订购复习资料的行为。5月26日，省教委、省新闻出版局联合召开全省减轻中小学生书包重量电视电话会，向全省各级教委和中小学、各级新闻出版管理部门和新华书店发出动员令：集中半个月时间，对全省中小学为学生订购的目录外的教材和教辅材料进行登记、清退，对违规不办的单位及其负责人严肃查处。7月23日，省教委印发了《关于全省纠风工作会议精神的实施意见》，对治理中小学乱收费，从依法规范收费行为、代收代支项目实行总量控制、结合素质教育减轻学生课业负担、加大监督检查力度和标本兼治重在堵源五个方面提出了具体的治理意见和措施。

撰稿 赵钦波

职业教育

〔**综述**〕 1999年，全省职教系统认真贯彻落实省委、省政府关于职业教育的工作部署，坚持依法治教，推进素质教育，健全职教体系，加快事业发展。4月，省教委召开了全省职业教育工作汇报会，对全省各地贯彻落实全省职教工作会议和省委、省政府《关于加快职业教育改革和发展的决定》精神的情况进行了总结，并推广了金寨县加强政府统筹、抓好职教招生的成功经验和做法。5月，省政府召开了全省职业教育工作电视电话会，副省长蒋作君到会讲话，要求各级政府进一步明确目标，强化措施，切实把职业教育作为重点工作抓好、抓实，努力推进职业教育持续、健康发展。9月，省教委组织8个职教督查组，对全省40多个县、市职业教育发展规划、支持职业教育发展的政策措施和招生计划的落实情况进行重点督查。各地政府进一步加大对职业教育的支持力度，推进了职业教育的持续、健康发展。

1999年，全省普通中专学校比上年减少1所，职业高中比上年增加2所，职业初中比上年减少10所。普通中专学校专任教师和职业中学专任教师分别比上年增长2.8%和3.1%。全省中等职业教育（不含技工学校）招生14.57万人，在校生38.11万人，分别比上年增长8.9%和7.4%。其中职业高中招生比上年增加1 136人；普通中专招生数和在校生数分别比上年增长14.6%和21.1%。高校对口招生1 600人，比上年增长10%。

〔**教育教学改革**〕 进一步推进职业学校办学体制改革，广泛开展了多种形式的联合办学。一些地方积极开展职业学校布局调整试点工作，通过合并、共建、联办等形式，优化教育资源，建立综合性、多功能的职教中心，取得了初步成效。

加强职业学校教学规范化建设。在各地广泛开展了教育教学研讨、专业技能竞赛、教学水平检查和教学质量评估等活动。组织开展了全省普通中专教学论文评选、教学改革试点等工作。进一步完善职教教材服务体系建设，组织编写和修订了部分农科类省编职业高中教材，制订了职业高中部分专业的教学大纲。加强职业教育教学研究工作，组织开展了国家级重点课题《农村职业中学教学模式与课程结构改革研究》第二阶段的研究和实验。

1999年，依托有关高校和职业学校，组织开展了职业高中机械类、农科类专业教师实践技能培训班。继续开展“双师型”职教师资培养和校长持证上岗工作。

〔**骨干学校建设**〕 省教委成立了国家级、省级重点普通中专评估办公室和国家级、省级重点职业高中评估办公室，分别对评估专家和参评学校的校长进行专题培训。各地积极开展骨干师范学校创建工作。

10月～12月，省教委对30所普通中专学校进行了办学水平评估，对13所申报国家级重点普通中专的学校、23所申报省级重点职业高中和20所申报国家级重点职业高中的学校进行了省级评估。经严格评估，23所普通中专和23所职业高中基本达到省级重点标准，待省政府审批；12所普通中专和19所职业高中基本达到国家级重点标准，已上报教育部。创建和评估工作进一步促进了职业教育办学条件的改善和办学水平的提高。据不完全统计，仅19所职业高中在创建中增加投入1.36亿元，新增建筑面积11.3万平方米，新增实验实习设备价值1886万元，新增图书26.9万册。

〔**中等师范教育**〕 1999年，积极进行中师布局调整。全省中师由41所调减为32所，其中与高校合并3所，改为教师进修学校3所，改为普通高中1所，撤销2所。同时，推进三级师范向二级师范过渡。在部分高校举办了面向小学教育的初等教育专业，培养高中起点的小教大专师资，共招生 850 人；选择办学条件好、师资队伍和教学水平素质高的中等师范学校举办初中起点的五年制小教大专班，共招生1 490人。

为推动中等师范教学水平的提高，对全省中师进行了教学资源、教学管理、教学建设、师资队伍、教学质量等方面的全面评估。

〔**农科教结合工作**〕 全省市地、县两级和 65%以上的乡镇实施了农科教结合，一大批行政村启动了“科教兴村计划”。全年累计培训农民和回乡知青1 200多万人次，产生了良好的经济社会效益。在农科教结合示范地区，初中后、高中后毕业生培训面达到 80%左右，农村劳动力专项实用技术培训（含绿色证书培训）面达到 70%以上。

大力开展农村实用技术培训和推广工作。一是突出抓好春、秋两季“农科教培训月”活动。推广了 40 项组装农业技术和 500 部实用技术声像教材，组织省、地、县、乡四级农科教讲师团近 3 万名成员，深入农业生产第一线，开展农村实用技术培训和推广工作。二是大力推动农村中学生实用技术培训。先后推广了亳州市和黄山市的经验，在 5 个市（地）开展了农村初、高中应届毕业生的实用技术培训工作。三是与省妇联联合 7 个市（地）开展了以“妇女·科教·致富”为主题的实用技术培训活动。

省教委印发了《关于加快实施科教兴村计划，进一步开展创建省级农科教结合示范村活动的意见》，把科教兴村作为深入推进农科教结合工作的重要内容。确定了 176 个行政村为省级农科教结合示范村，阜阳市、铜陵县和凤阳县小岗村被增列为“全国科教兴村计划试点单位”。安徽省科教兴村与农科教结合统筹的做法被誉为全国科教兴村试点工作的五种模式之一。

撰稿 朱乃韬

高 等 教 育

〔**高教管理体制改革**〕 1999 年，安徽高教管理体制改革和布局调整工作取得实质性进展。中国科学院、教育部和安徽省签署协议，共建中国科技大学；安徽省教委与淮南、安庆、巢湖、池州、六安等地市签署协议，共建淮南师范专科学校、安庆师范学院、巢湖师范专科学校、六安师范专科学校；经教育部批准，成立淮北职业技术学院、安徽纺织职业技术学院、民办三联职业技术学院；合肥工业大学安庆教学点、安庆师范学校并入安庆师范学院，池州工业学校并入池州师范专科学校，淮南师范专科学校、淮南教育学院、淮南师范学校合并，组建淮南师范学院，六安师范专科学校、皖西联合大学、六安师范学校合并，组建皖西学院。

〔**教学工作**〕 省教委贯彻落实全国普通高校教学工作会议和全国教育工作会议精神，强化教学管理，深化教学改革。一是组织全省高校修订教学计划，推进素质教育；二是组织对全省高校进行教学评议；三是进行教学内容和课程体系改革，确定第二批省级教学改革项目共205个，其中重点项目45个；四是华东冶金学院等3所高校接受教育部组织的本科教学合格评估，获得通过；五是全省高校增设本科专业36个、专科专业109个；六是加强了教学实习基地建设，首次遴选设立师范院校教学实习基地，启动高等医学院校临床教学基地评审工作；七是召开新增高职专业评审会议、合并升格后的中等师范学校实施高师专科教育会议。

〔**研究生与学位工作**〕 1999年，各学位授予单位进行了第八次博士、硕士学位授权审核工作。全省有博士学位授予单位9个、硕士学位授予单位19个，学士学位授予单位21个；全省有博士点54个、硕士点265个；博士、硕士在校生分别达到784人和3 039人。安徽师范大学、安徽大学进行了首次教育学专业硕士学位和法律专业硕士学位的考试、招生、录取和教学工作。

〔**教师队伍建设**〕 1999年，全省高校选派770名教师外出进修和攻读博士、硕士学位，其中攻读博士学位的96名；依托中国科技大学、安徽大学、合肥工业大学、安徽师范大学、安徽医科大学、安徽农业大学、安徽财经学院7所高校举办了15期以毕业研究生同等学力申请硕士学位教师进修班，共涉及中文、外语、计算机、临床医学、农学等12个专业，参加学习人员367人；开展了第三批高校学科带头人培养对象和优秀中青年骨干教师的评选工作。

〔**科研工作**〕 1999年，全省高校共争取科研项目3059项、科研经费2.54亿元，均超过1998年。安徽大学徽学研究中心通过教育部专家评审，成为全国高等学校人文社会科学重点研究基地，是首批15个重点基地中唯一一所地方高校。

1999年全省有3所高校与企业、地方政府共建6个开发实体。安徽大学与合肥市政府共建生产力促进中心，与安徽芳草日化股份公司以股份制方式联合筹建应用化学研究院；安徽师范大学与安徽八一集团联合发起成立股份上市公司，其有机化学研究所以股份制形式进入企业，成为企业的技术开发中心，与安徽科苑集团公司合作建立研究开发小试基地，与芜湖博英药物新技术开发公司联合筹建新药合成研究中心；华东冶金学院与上海宝钢梅山集团联合筹建研究开发机构。高校与企业通过联合建立研究开发机构，激活高校科技活力，加快高校科技成果转化。全省高校继续推进产学研合作，利用高校科技优势，帮助企业进行技术改造和产业升级。中国科技大学与安徽圣泉集团、安庆石化厂、蚌埠卷烟厂、合肥美菱股份有限公司、荣事达集团、马钢公司等省内数十家大中型企业开展产学研合作，取得良好的经济和社会效益；合肥工业大学与省内100多家企业合作开展项目研究；安徽大学与扬子集团、安徽涡阳三星化工集团、合肥淝河集团、蚌埠浮法玻璃厂、铁四局、古井集团、合肥美菱股份有限公司等省内上百家大中型企业开展合作；华东冶金学院与上海宝钢集团联合开展的“宝钢冷连轧机主传动大电机运行状态监控故障诊断专家系统”，经济和社会效益明显，被评为“1999 年度上海市优秀产学研工程项目”二等奖；省教委与省科委、省经贸委联合组织高校参加深圳、济南、青岛、苏州、淄博等地科技成果展示交易会，促进高校科技成果转化；省教委确定舒城、含山两县为全省高校产学研合作实验县。

1999 年，在高校进行了现代企业制度试点，合肥工业大学、安徽大学、华东冶金学院等校初步制订了现代企业制度改革试点方案，中国科技大学按照现代企业制度模式，组建了科大创新股份有限公司，争取上市；安徽大学以科技成果与上海宝钢集团公司组建有限责任公司，合肥工业大学采用技术入股、联营、合资等多种形式，将知识形态成果转化为产品形态。全年全省高校科技企业总产值达 1 亿元以上。

〔**招生工作**〕 1999 年全省普通高校招生有 16.58 万人报考，比上年增加 1.24 万人，增幅为 8%，实际录取 5.9 万人，比原计划增招1 100人，比上年增加 1.6 万人，增幅为 35.1%。录取率为 35.6%，首次突破3∶1录取比例，是恢复高考以来录取率最高的一年。在招生中，对艺术专业考试科目作了微调，如美术专业取消基础知识，音乐专业设初、复试等，对军事院校招生录取也进行了部分改革。

〔**毕业生就业工作**〕 1999 年全省高校参加就业的毕业生共计26 537人，其中本科12 161人，专科14 376人，截止 7 月 10 日，本科落实就业单位的有10 220人，落实率为84%，多数高校高于去年；专科落实就业单位的有5 374人，落实率为 40%。全省共接受安排毕业研究生1 065人，派遣时落实就业单位1 013人，占 95%。省内接收的毕业生分配去向：到地、市、县20 928人，占 86%，到省直、中央驻皖单位及高校3 278人，占14%。毕业生就业特点：一是本科毕业生一次到位率比以往高；二是毕业生到党政机关明显减少，到部队、学校、国有企业明显增多；三是毕业生就业观念有很大转变，求职择业比较务实。

在毕业生工作中，着重抓了四方面工作：一是加强领导，加大毕业生工作力度。省教委、省人事厅召开四次毕业生就业工作会议，各地也先后召开了毕业生就业工作会议。高校都制定了详细毕业生就业工作计划，一些高校分管领导亲自带队到全国各地搜集毕业生需求信息。二是拓宽就业渠道。省委组织部、省教委、省人事厅、省编办、省财政厅联合下文，决定选调 50 名优秀毕业生到基层培养锻炼；并从 1999 年起，每年选拔 616 名毕业生到农村基层支农、支教、支医、扶贫和锻炼；鼓励毕业生到非国有制单位就业或自主择业；在皖部委高校打破行业封闭，加强同全国各地、各行业的联系，拓展毕业生就业渠道。三是培养和完善毕业生就业市场。举办不同层次、不同规模、不同学科门类的毕业生供需见面、双向选择活动和就业市场，举办毕业生供需洽谈会，同时加强了毕业生市场管理。四是加强思想教育和就业指导，引导毕业生正确择业。省教委充分发挥“安徽省高校毕业生就业指导中心”的作用，指导和推动全省高校毕业生就业工作。

〔**学生管理**〕 一是举办 1999 年度安徽省大学生艺术节。省教委、文化厅、广播电视厅、团省委联合举办了为期 3 个月的大学生艺术节，围绕“歌颂伟大祖国，迎接新世纪太阳”主题，开展了形式多样、内容丰富的艺术教育活动。在青年大学生中弘扬社会主义主旋律，提高艺术鉴赏能力，陶冶情操，推动高校校园文化的健康发展。在全国大学生艺术节上共获得12个优秀节目奖、13个优秀作品奖、2个优秀创作奖、2个指导教师奖。安徽省被授予1999年度全国大学生艺术节优秀组织奖。二是举办大学生心理教育培训班。省教委于7月27日～30日在合肥举办了全省第二期大学生心理教育培训班，各高校从事学生管理的干部和心理卫生工作者80多人参加了培训。三是省教委组织合肥地区高校大学生举办国庆演出活动。四是对“兴皖育才”奖学金的评定办法进行了修改，制定了《安徽省“兴皖育才”高校奖学金评定及资助暂行办法》，1998/1999学年全省共评定100名资助对象，支出奖学金20万元。

〔**高校党建和思想政治工作**〕 1999年着重抓好第七次全省高校党建会精神贯彻落实和《普通高等学校党建工作标准》执行工作。省委教育工委指导全省高校“三讲”教育工作，培训了高校“三讲”教育骨干，落实了高校“三讲”教育巡视组的派驻工作。省委教育工委在全省高校中开展党建和思想政治工作先进集体和先进个人评选表彰活动，合肥工业大学等4所高校被评为党建和思想政治工作先进高校，同时评出高校先进基层党组织62个、优秀党务工作者81名、优秀德育工作者63名。认真抓好高校针对“法论功”问题的党内教育和组织处理工作。省委教育工委加大高校领导班子的组织建设力度，先后对安徽师范大学、华东冶金学院等9所高校班子进行了充实调整。

1999年把用邓小平教育理论教育和武装广大党员、干部和师生员工作为高校思想政治工作的首要任务，省委教育工委成立了“安徽省高校‘两课’教学指导委员会”，实施《邓小平理论课程建设计划》，切实推进邓小平理论“进教材、进课堂、进头脑”工作。草拟了《安徽省高校两课教学标准》，举办了《邓小平理论概论》、《毛泽东思想概论》、《马克思主义哲学原理》课程进修班，成立了安徽省高校《毛泽东思想概论》、《马克思主义哲学原理》、《思想道德修养》教学协作组。开展了教育思想、教育观念大讨论。通过多种形式，围绕改革、发展、稳定大局，抓好形势与政策教育教学工作。及时抓住“五四”运动80周年、建国50周年、澳门回归祖国、喜迎新千年等契机，结合学校特点，开展了多种多样、丰富多彩的纪念、庆祝活动。

撰稿 夏业柱

成人教育

〔**农村成人教育及扫盲工作**〕 1999年，坚持“深化改革，加快发展，加强管理，逐步规范”的方针，大力发展农村成人教育。全省乡镇办学面达100%，村级办学面达93%。

印发了《关于合理利用教育资源，加快农村成人教育和职业教育发展的有关问题的通知》，要求采取切实措施促进农村职成教合作，进行远距离中专学校在乡镇举办中专班的探索，逐步建立健全全省县、乡、村三级教育网络。在扫盲工作通过国家检查验收后不松懈，把成人教育重点转移到岗位培训和继续教育上，下发了《关于进一步加强扫盲和扫盲后继续教育工作的通知》。1999 年全省扫除青壮年文盲 15.5 万人，青壮年文盲率下降到 2.5%。

〔**岗位培训和继续教育**〕 建立第二批下岗职工再就业培训中心 44 个，组织培训中心为本系统、本行业下岗、转岗、待岗职工培训服务，共培训 837 人。为缓解就业压力，拓宽高中后继续教育渠道，省教委与省人事厅联合组织扩大成人高等教育《学业证书》招生，全省 42 所高校申办成人高等《学业证书》教育，安排计划20 500人，开设 300 多个专业。实际招生学校为 39 个，共 188 个专业。报名人数18 000多人，考试合格经审核备案的有13 576人。继续办理高等教育双专科毕业证书约2 000份，对全省 1 万多名第二专业专科学历教育学员入学资格进行审核。

〔**社会力量办学**〕 积极鼓励、大力支持社会力量办学，审批了 3 所民办非学历高等教育机构。省教委批准建立了 15 所高等教育自考辅导中心（学校）。组织了第二批社会力量办学机构检查。检查结果：全省1 026所应归口教育行政部门审批的社会力量办学机构中合格 606 所，基本合格 357 所，暂缓通过 62 所，不合格 1 所，通过《安徽日报》向全省公布了第一、二批社会力量办学检查结果。根据《社会力量办学条例》，对全省社会力量办学进行全面检查清理。全省社会力量举办各级各类学校1 791所，在校生327 975人，现有资产总数 12.38 万元。制定了《关于鼓励和发展社会力量办学的若干意见》。拟订了民办非学历高等教育机构批设条件，对申报条件、申报手续、颁发证书、刊登广告等方面作了具体要求。

〔**成人中专、高校工作**〕 省教委拟定了全省 1999 年各类成人中专学校招生政策，对招生体制、招生学校、报名、考试、录取、照顾政策等提出了明确要求。为适应农村经济发展需要，扩大成人中专免试注册生招生学校范围，1999 年招收免试注册生 1.5 万人。发展远距离教育，批准成立了安徽广播电视中等专业学校淮北分校等 18 所分校；批准成立安徽广播电视中专武警分校，招生对象以当年的新兵和志愿兵中具有初中以上文化程度者为主的免试注册生。组织第二、第三批成人中专学校的评估工作，共有 22 所学校被评为合格。组织成立安徽省成人中专教育研究会，开展成人中专教育研究。组织编写了中专常用专业教学计划，编写 2000 年成人中专专业目录近 200 个。

1999 年，全省有 6.95 万人报考成人高校，比上年增加5 700多人，增幅为 9%，创历年成人高考报名最高记录。实际录取新生 3.6 万人，其中，高中起点专科 2.89 万人，高中起点本科2 306人，专科升本科4 810人。在高中起点本专科录取中，职工大学4 239人，占 13%；教育学院5 497人，占 18%；管理干部学院1 729人，占 61%。1999 年，审核同意 13 所成人高校 57 个专业 2000 年举办高职班并上报教育部待批。印发了《安徽省成人高等教育学生学籍管理办法》（试行）、《安徽省成人中等专业教育学生学籍管理办法》（试行)，和《关于加强成人高等教育学历证书管理有关问题的通知》。对成人高等教育个别课程进行了抽考，为建立成人高等教育质量监控机制奠定基础。进行了成人高中等学校布局结构调整工作。

〔**自学考试**〕 1999年自学考试报名考生迅速增长，接近70万人，科次为130多万。省教委制定了安徽省自学考试振兴行动计划和跨世纪发展计划。正式启用全省自学考试计算机管理网络，对全省17个市地考办的网站进行了检查验收，对其中16个市地考办的网站授予了“网站合格”铜牌，印发了“安徽省高等教育自学考试计算机网络规程”。制定了全省高等教育自学考试专业调整实施方案，为自考进一步走向规范、确保质量打下了基础。狠抓了考风考纪，加强考点和规范化考场建设，进行了监考教师培训。对全省各市地辖区的社会助学单位再次进行了全面摸底调查、登记。继续认真贯彻“教考分离”原则，再次强调考办工作人员绝对不允许在社会助学单位中担任实际职务或名誉职务，办考者不办学，办学者不办考。在纪念建国50周年之际，出版了安徽省高等教育自学考试宣传画册，让更多人关注自考事业，鼓励有志青年走自学成才的道路。

撰稿 刘新跃

审稿 陈贤忠

福建省教育

概　况

〔基本情况〕

1999 年各级普通学校基本情况

单位：人

学校类别	学校数（所）	毕业生数	招生数	在校学生数	教职工数	
					计	其中：专任教师
总　计	29 396	1 948 315	2 042 816	7 475 720	442 363	371 598
一、研究生	(10)	889	1 562	3 907		(1 412)
1. 高等学校	(8)	874	1 538	3 854		(1 374)
2. 科研机构	(2)	15	24	53		(38)
二、普通高等学校本专科	30	20 691	38 710	102 589	20 972	8 923
本科院校	11	12 708	23 527	67 925	15 556	6 058
专科院校	10	4 903	8 651	19 238	3 479	1 881
分校、大专班	9	3 080	6 532	15 426	1 937	984
三、普通中等学校	2 415	743 387	1 004 074	2 638 429	174 212	137 955
1. 中等专业学校	118	32 075	43 034	128 881	12 825	7 162
中等技术学校	92	21 450	39 461	109 615	9 728	5 330
中等师范学校	26	10 625	3 573	19 266	3 097	1 832
2. 技工学校	138	15 998	88 730	47 608	3 791	2 711
3. 普通中学	1 893	642 449	799 307	2 281 355	143 086	117 312
高中	440	64 024	125 433	307 796		19 295
初中	1 453	578 425	673 874	1 973 559		98 017
4. 职业中学	266	52 865	73 003	180 585	14 510	10 770
高中	261	51 215	71 717	176 177		10 494
初中	5	1 650	1 286	4 408		276
5. 工读学校						
四、小学	14 355	695 885	528 644	3 868 492	197 912	183 601
五、特殊教育学校	74	5 891	6 089	43 201	1 322	1 086
六、幼儿园	12 522	481 572	463 737	819 102	47 945	40 033

1999年各级成人学校基本情况

单位：人

学校类别	学校数（所）	毕业生数	招生数	在校学生数	教职工数	
					计	其中：专任教师
总　计	18 668	2 653 498	2 307 691	2 053 188	18 123	8 572
一、成人高等学校	20	16 690	23 430	57 891	2 654	1 287
1. 广播电视大学	2	6 118	6 170	16 758	900	359
2. 职工高等学校	9	534	1 436	3 462	435	269
3. 农民高等学校						
4. 管理干部学院	4	2 339	3 434	6 849	714	370
5. 教育学院	5	981	2 290	4 800	605	289
6. 独立函授学院						
7. 普通高等学校举办：		6 718	10 100	26 022		
函　授　部		3 235	5 500	14 787		
夜　大　学		1 829	1 995	5 903		
成人脱产班		1 654	2 605	5 332		
合计中：电大普通专科班		3 212	2 893	6 420		
二、成人中等学校	12 275	2 516 256	2 182 932	1 880 579	13 516	6 740
1. 成人中等专业学校	221	22 339	22 858	62 078	7 282	4 532
广播电视中等专业学校	5	4 545	5 319	14 464	189	92
职工中等专业学校	95	7 662	9 210	25 001	3 037	1 911
干部中等专业学校	31	1 636	2 574	5 177	668	388
农民中等专业学校	14	1 239	1 638	4 100	386	255
函授中等专业学校	2	2 129	2 364	6 868	281	83
教师进修学校	74	5 128	1 753	6 468	2 721	1 803
其他类学校举办						
2. 成人中学	46	2 416	3 157	4 777	240	160
职工中学	25	1 201	563	1 061	150	95
农民中学	21	1 215	2 594	3 716	90	65
3. 成人技术培训学校	12 008	2 491 501	2 156 917	1 813 724	5 994	2 048
职工技术培训学校	353	61 769	82 863	82 922	916	452
农民技术培训学校	11 655	2 429 732	2 074 054	1 730 802	5 078	1 596
三、成人初等学校	6 373	120 552	101 329	114 718	1 953	545
1. 职工初等学校	19	697	558	540	4	4
2. 农民初等学校	6 354	119 855	100 771	114 178	1 949	541
其中：扫盲班	3 727	64 374	47 982	56 490	896	192

〔**年度工作方针**〕 1999年，福建省教育工作总的指导思想是：高举邓小平理论旗帜，深入学习贯彻党的十五大和十五届三中全会精神，认真落实省委、省政府关于实施科教兴省战略和可持续发展战略的总体部署，进一步加大教育改革力度，加强学校德育工作，不断提高教育质量，促进各级各类教育协调发展，逐步满足全省经济建设和社会发展对各类人才的需求。总的工作要求是：坚持以邓小平理论为指导，制订并启动实施《福建省面向21世纪教育改革和发展规划》，筹备召开全省第三次教育工作会议；坚持教育的社会主义方向，切实加强学校党建、德育和思想政治工作，加强学校精神文明建设，确保学校的稳定；做好"两基"巩固提高工作，全面推进素质教育；大力发展职业教育和成人教育，深化农村教育综合改革，促进教育更好地为农业和农村发展服务；积极调整师范教育结构布局，优化资源配置，增强师资培养培训能力；继续做好高等教育改革和发展工作，深化各类学校内部管理体制改革，建立教育经费筹措新体制，努力探索并逐步形成充满生机和活力的教育体系。

〔**教育投入与支出**〕 1999年，福建省多渠道筹措教育经费，总收入99.86亿元，比上年增加13.26亿元，增长15.31%。其中国家财政性教育经费收入70.86亿元，占经费总收入的70.96%，比上年增加9.86亿元，增长16.16%。

教育经费总收入来源及构成为：(1)财政预算内教育经费拨款62.12亿元（不含城市教育费附加），比上年增加11.32亿元，增长22.28%，占总收入62.21%，比同期财政收入增长速度高11.1个百分点，比同期地方级财政收入增长速度高10.88个百分点，比同期经常性财政收入增长速度高12.58个百分点。(2)各级政府征收用于教育的税费7.71亿元，比上年减收1.01亿元，占总收入7.72%。其中城市教育费附加征收2.2亿元，与上年基本持平。农村教育事业费附加征收5.15亿元，比上年减收1.05亿元，下降16.94个百分点。农民人均征收19.67元，占农民人均纯收入0.64%，比上年下降0.17个百分点。(3)企业办学经费拨款0.19亿元，比上年减收0.05亿元，占总收入0.19%。(4)校办产业、勤工俭学和社会服务收入用于教育的经费收入0.85亿元，比上年减收0.32亿元，占总收入0.85%。(5)学校事业收入19.25亿元，占总收入19.28%，比上年增加3.87亿元，增长25.16%。其中由财政专户返还学杂费收入11.0亿元，比上年增加1.5亿元，增长15.8%。(6)社会捐、集资办学经费3.89亿元，占总收入3.89%，比上年减收1.6亿元，下降29.1个百分点。其中港、澳、台及海外华侨捐集资收入0.8亿元，比上年减收近1亿元。(7)社会团体及公民个人办学经费收入2.12亿元，占总收入2.12%，比上年增加0.79亿元，增长59.4%。(8)其他教育经费收入3.74亿元，占总收入3.76%，与上年基本持平。

1999年全省各类学校生均教育事业性经费支出均有不同程度提高，其中：普通高校提高1.32个百分点，中等师范学校提高33.96个百分点，职业中学提高2.6个百分点，普通中学提高9.07个百分点，小学提高16.17个百分点。生均公用经费支出除普通高校继续下降外，其他各类学校与上年比较均有所提高，其中：普通高校下降21.52个百分点，中等师范学校提高41.34个百分点，职业中学提高24.71个百分点，普通中学提高4.52个百分点，小学提高7.71个百分点。

1999年全省国家财政性教育经费支出占国内生产总值比例为1.82%，比上年提高0.04个百分点。财政预算内教育经费拨款64.31亿元（含城市教育费附加），比上年的53.06亿元增长21.2%，占财政支出比例为23.03%。财政预算内教育事业费拨款54.63亿元，比上年的47.45亿元增长15.13%，占财政比例为19.6%。

1999年，全省多渠道筹措改善普教办学条件经费18.78亿元，比上年减少0.54亿元。其中：各级政府拨款3.62亿元，占19.28%；乡村及城乡个人捐集资2.94亿元，占15.65%。全省中小学校新建、扩建校舍153.26万平方米，修复校舍129万平方米，购置课桌凳43.5万付。

〔**新中国成立50年福建省教育成就**〕新中国成立50年来，福建省教育改革和发展取得了辉煌的成就。

基础教育健康、协调、稳步发展。建国后，福建省积极发展基础教育，努力提高人口的文化素质。改革开放后，基础教育建立了地方负责、分级管理体制，进一步调动了地方政府的办学积极性，基本普及九年义务教育和基本扫除青壮年文盲被摆上教育事业发展的“重中之重”位置，经过解决“一无两有”、打好初中翻身仗以及开展“两基”全面攻坚等不同阶段，全省彻底改变了义务教育的薄弱面貌。到1999年，全省小学适龄人口入学率达99.83%，初中阶段入学率达99.06%，全省人口中青壮年非文盲率达96%以上，每万人口初中在校生598.23人，在全国“二片”地区12个省中率先实现了“两基”目标，成为全国第九个完成“两基”任务的省份。幼儿教育得到了较快发展。到1999年，全省幼儿入园率达73.23%。普通高中通过实行分级达标、分类推进的办法，不断朝办学条件标准化、学校管理规范化、科学化方向发展，全省已有150多所普通完中达到三级以上办学标准。1987年以来，全省先后获国际中学生奥林匹克学科竞赛奖牌22枚（其中金牌15枚）。

职业教育在宏观教育结构调整中发展迅速。到1999年，全省有职业大学8所，普通中专92所，职业高中261所，技工学校138所。高中阶段职业学校与普通高中在校生比由1978年的8：92调整为57：43。同时还建成了81所省部级以上重点中等职业学校，为经济建设培养了上百万名中初级应用型人才。

以岗位培训和继续教育为重点的成人教育成绩显著。1999年全省县一级农村成人教育中心达到53所，所有乡镇建立了农民文化技术学校，村级文技校办学面已占行政村总数的99%，形成了农村成人教育县、乡、村三级办学网络。1978年以来，全省完成农民实用技术培训2000多万人次。成人学历教育稳步发展，全省独立设置成人中专已发展到221所，独立设置成人高校有19所，成人高等教育在校生达5.79万人。同时，成人教育办学形式日益多样化。积极鼓励和支持社会力量多形式办学。全省社会力量举办的高等教育机构已发展到9所，中等职业学校和成人学校达48所，普通中小学达137所。自学考试迅速发展，报考人数逐年增加；广播电视、函授等远距离教育已覆盖全省所有县（市、区）。

建国后，全省高等教育几经调整，曲折发展，终于在十一届三中全会后，进入了一个全面发展的新时期，20年来，通过充实整顿、结构调整，注重挖潜，走内涵发展路子等，全省高等教育规模稳步发展，结构日益优化，办学质量和效益不断提高，形成了多层次、多形式、学科门类较齐全的高等教育办学格局。到1999年，全省有普通高校30所，校均学生规模从1978年的1 284人提高到3 550人。全省普通高校已拥有国家级重点学科7个、博士点52个、硕士点217个、博士后流动站11个、国家理科、文科人才培养和科学研究基地10个。

教师队伍建设得到重视和加强。到1999年，全省各级各类学校教职工总数达45.67万人，专任教师达37.74万人，全省小学、初中专任教师学历达标率分别由1979年的50.4%、19.2%提高到96.05%、94.36%，高中专任教师学历达标率达63.96%。1997年，全省全面实行了中小学校长持证上岗，完成了各类学校教师资格过渡，统筹解决了民办教师问题；从1995年开始，省委、省政府连续4年将教职工住房建设列入为民办实事项目，全省共新建教职工住宅279万平方米，2.55万套，城镇教职工家庭人均居住面积提高到10.12平方米。同时，教师的工资、医疗等待遇得到不断提高，教师正逐步成为令人羡慕的职业，教师的社会地位有了很大提高。

多渠道筹措教育经费体制基本建立。改革开放后，全省进行了筹措经费体制的大胆改革和实践，逐步建立以国家财政拨款为主，辅之以多渠道筹措经费的新机制，教育经费投入的总体水平明显提高。1999年，全省多渠道筹措教育经费总收入达99.86亿元，是1978年的47倍。“八五”以来，全省多渠道筹措教育经费支出总额为423.5亿元，平均年递增22.06%，其中预算内教育经费和国家财政性教育经费支出的平均递增速度均达到19%以上。“八五”以来，全省利用多渠道筹措的130多亿元改善办学条件，新建、扩建校舍1 684万平方米，使全省中小学生均占有校舍面积达到5.6平方米，中小学危房率下降到0.23%，有效地改善了各级各类学校的办学条件。

教育改革不断深化。以联合办学和多形式共建为主要内容的高等教育改革取得重大进展，福建省政府，厦门、泉州市政府与国家部委共建厦门大学、华侨大学取得成效；集美大学实现实质性合并；全省范围内的高等教育、师范教育布局结构调整和资源重组工作也已普遍展开，进展顺利。同时全省全面实现了普通高校、中等及中等以上职业学校招生“并轨”，并建立了与之相配套的奖学金、贷学金、勤工助学基金和学杂费减免制度。学校内部管理体制改革、农村教育综合改革积极推进，积累了经验。教育思想、教育观念、教学内容和教学方法改革稳步进行，素质教育由点及面推进，学校招生与毕业生就业制度改革进一步深化。对外教育交流与合作也日益广泛。

全省不断加强高校党建和思想政治工作，加快邓小平理论“进教材、进课堂、进学生头脑”工作步伐。同时，不断加强和改进学校德育工作，广泛开展爱国主义、集体主义和社会主义教育，建立了各类德育基地600多个。全省创建高校文明校园活动广泛开展，中小学文明学校创建工作不断深化。到1999年，全省有5所高校成为省级文明校园，4 600多所中小学成为省、地、县三级文明学校。校园环境、校风、学风发生了可喜的变化。

〔**迎澳门回归活动**〕 1999年下半年，省委教育工委和省教委组织全省教育系统广大师生充分利用校园文化阵地，围绕“迎接澳门回归，共创美好未来”主题，开展书画摄影作品展、专题讲座、知识竞赛、征文比赛、文艺晚会、主题球赛等一系列活动。省教委还专门举办了以“颂祖国、迎回归、盼统一、展望新世纪”为主题的全省第三届校园文化艺术节，组织学生文艺汇演、中外艺术歌曲音乐会、科学文人专家进校园等10项活动，激发了广大师生的爱国热情。

〔**学校内部管理体制改革**〕 1999年，省教委下发了《福建省中小学内部管理体制综合改革实施意见（试行）》、《福建省中小学教师实行全员聘用合同制的实施意见（试行）》等文件，并在德化县召开全省中小学内部管理体制综合改革座谈会，决定用2～3年时间重点推进“五制”改革，即：实行校长负责制；逐步建立与行政脱钩的中小学校长职级制；实行教师聘任制；实行校内结构工资制；试行工资总额包干制。

9月中旬，省教委在厦门大学召开全省高校内部管理体制改革座谈会，启动实施以人事分配制度和后勤制度改革为主要内容的新一轮高校内部管理体制改革，推行教师聘任制和全员聘任制，建立符合高校特点的管理运行机制。

〔**教育强县建设**〕 1999年5月，省教委在晋江市召开建设教育强县（市）工作会议，动员经济十强县（市）全面规划，深化改革，加大投入，促进教育与经济协调发展和适当超前发展，努力在全省率先建成教育强县（市）。教育强县（市）建设，是落实教育强省建设目标的一项重要举措。省教委确定的教育强县（市）建设目标是：坚持教育面向现代化、面向世界、面向未来的战略发展方向，全面完成《面向21世纪教育振兴行动计划》和第三次全国教育工作会议确定的阶段性任务，使教育结构进一步优化、布局更加合理，整体推进素质教育实践水平明显提高，教育发展总体水平进入全省前列；基本普及高中阶段教育，人口受教育年限达9年以上，新增劳动力和在职人员普遍满足当地现代化建设需要，基本形成具有区域特色，与经济保持适度超前发展的县级现代教育体系和运行机制。省教委制定了教育强县（市）建设标准，并决定从2000年起进行教育强县（市）的试评估，力争到2005年全省有15～20个县（市）达到教育强县（市）建设要求。

〔**教师队伍建设**〕 1999年，省教委分步实施师专、中师和教师进修院校布局调整。有7所中师停止招生，2所中师改制为普通中专，泉州师范专科学校等4所高师院校举办小学教育专科专业，扩大了高师本科招生规模。省教委组织开展了实施素质教育与中师教育改革以及进一步提高全省中小学校长培训工作水平的研讨，加强了教师的计算机和信息技术培训。加强和改进教师的继续教育工作。全省有10万名中小学教师参加了专科和专升本自考，1万多名小学教师取得专科学历。小学教师中具有专科学历的比例由上年的3.6%提高到7.76%。加强师德建设，开展《话说教师职业道德》声像教材的学习宣传，在全省教育系统广泛开展向师德标兵徐开清学习的活动。同时，继续努力改善教师的工作条件和生活待遇。进一步健全教师工资按时足额发放的反馈、监督、保障机制，初步遏制了拖欠教师工资现象。继续加强中小学教师安居工程建设，加快实施省属高校筒子楼改造项目。完成了福州金牛山高校住宅小区项目立项、土地转让、总体规划及施工图设计等工作。

1999年，省教委在全省范围广泛开展职

教师资评先评优活动，共评出全省职业教育先进工作者50名、1999年度优秀青年教师60名、中等职业学校“明星校长”、“明星教师”各10名。省教委还组织进行了普通中专学校教师优秀论文评选，共评出优秀论文23篇，其中6篇推荐参加全国普通中专学校优秀论文评选。

1999年，福州大学校长、中国工程院院士魏可镁教授荣获国家“杰出专业技术人才奖章”。为进一步宣传魏可镁的先进事迹，弘扬专业技术人才的拼搏、创新、奉献精神，省委、省政府于1999年11月15日作出《关于表彰‘杰出专业技术人才奖章’获得者魏可镁同志的决定》，号召全省专业技术人员和干部向魏可镁学习。

〔**对外、对台交流与合作**〕 1999年，福建省对外、对台教育交流与合作主要抓了以下几项工作：一是积极组织做好各种层次、各种渠道的留学工作。1999年，全省公派出国留学人员121人，448人办理了自费出国留学手续。首次通过校际交流的方式，在全省选派了43名中学生赴新加坡学习。全省共接收来闽留学的长短期外国留学生738人。二是进一步加强了对自费出国留学中介服务机构的治理整顿。积极宣传贯彻《自费出国留学中介服务管理规定》及其《实施细则》。三是进一步加强与有关国家地区教育管理机构和学校间的相互交流、合作。审批派出教育系统各类团体102批300人次，接待有关国家国际友人200多人次，全省全年共聘请各类文教专家、外籍教师244人。与英国盖普组织的交流项目进展顺利，与日本冲绳县签订了两省县间教育交流协议。四是重视对台教育交流工作，积极开拓对台交流渠道。福建师范大学和福建中医学院在全国率先进行了单独招收台湾学生的试点。全年共接收352位台生来闽学习，使在闽学习的各类台生达1 035人。全省院校共接待台湾学者848人来闽参加学术会议及参观访问，全省教育系统共有75人赴台进行学术交流及考察。五是因势利导，规范中外和闽台合作办学。及时协调合作办学机构在办学过程中遇到的问题，召开全省中外和闽台合作办学机构负责人座谈会，促进合作办学健康发展。到年底，全省已有18所中外合作办学机构。

基础教育

〔**综述**〕 1999年，全省小学比上年减少469所，招生减少10.64万人，在校生减少15.12万人，每万人口小学在校生1 085.49人。适龄儿童入学率99.83%；小学毕业生69.59万人，升学率为97.02%。普通中学比上年减少9所，招生增加0.42万人，在校生增加2.68万人，每万人口初中在校生598.23人，毕业生增加4.69万人，初中生年流动率为1.83%。高中招生增加2.36万人，在校生增加5.41万人，每万人口高中在校生

93.30 人，毕业生增加 0.8 万人。特殊教育学校比上年减少 12 所，在校生减少 0.28 万人。全省幼儿园比上年减少 90 所，在园幼儿减少 1.87 万人。3 至未满 7 周岁幼儿入园率 73.23%，比上年提高 2.87 个百分点，每万人口在园幼儿 248.29 人。

〔**义务教育**〕 1999 年，省教委着力提高初等义务教育水准。在认真贯彻《小学管理规程》，加强小学规范化管理的基础上，注重抓好两类学校的建设。一是示范小学建设。省教委组织部分省级示范小学校长外出考察，结合各自学校的情况，交流探索实施素质教育的经验和措施；复查验收了 7 所省级示范小学，使全省的省级示范小学达到 44 所；评估确定了 113 所省级农村示范小学，使全省的农村示范小学达到 417 所。示范小学在办学条件、办学水平和教育教学管理方面都具有较高的水平，通过他们的示范和辐射作用，带动了全省小学办学水平的整体提高。二是薄弱学校建设。针对全省农村仍存在许多薄弱学校的实际，省教委把加强薄弱学校建设作为提高全省小学教育整体水平的一项重要工作来抓。1999 年，省教委共拨出 500 万元专项经费，用于中小学薄弱学校的改造，要求各地对学生数在 300 人以上，将来仍需承担初等义务教育任务的薄弱小学进行重点改造，加强管理，使之尽快达到国家规定的基本办学标准和管理水平。初中教育重点抓好"两基"验收后巩固提高工作。1999 年初，针对初中流生出现回升的情况，省教委发出了《关于认真做好控制初中流生工作的通知》，组织调研检查小组，在新学期的开学初深入到各地进行初中流生情况专项检查，有效地遏制了初中流生回升的势头。10 月，省政府发出《关于做好教育"两基"验收后巩固提高工作的通知》，就加强"两基"巩固、提高工作的组织领导，优先保证"两基"巩固、提高工作的经费投入，巩固和提高义务教育普及程度等工作作了部署。

〔**特殊教育**〕 1999 年，福建省有特教学校 74 所，特教班级 524 个，其中盲聋哑学校 331 班，弱智学校 193 班。在单独设置的特教学校（班）就读的学生6 208人。1999 年全省共招收盲童 40 人，聋童 466 人，弱智儿童 488 人，随班就读残疾儿童4 809人，全省在校残疾儿童总数达到43 201人。福建省"九五"期间特殊教育学校数、三类残疾儿童在校生数增长幅度远远高于全国平均水平，已跃入全国先进行列。

〔**幼儿教育**〕 在 1998 年启动幼儿园园长岗位培训的基础上，1999 年省教委委托福建师范大学教育系举办了两期幼儿园园长岗位培训班，受训园长 260 人，基本完成了省优质幼儿园、省标准幼儿园和其他骨干幼儿园园长的培训任务。各地（市）教委也陆续举办了地（市）级园长岗位培训，使全省在 2000 年实现幼儿园园长持证上岗有了坚实的基础。为提高幼教行政干部和教研人员的幼教理论水平和管理能力，省教委还组织了全省幼教行政干部和教研人员培训，参训人员 170 多人。1999 年，省教委还重视发挥"省优质幼儿园"的示范作用，组织厦门市 3 所"省优质幼儿园"向全省开放，审核确认了 5 所"省优质幼儿园"，使全省"省优质幼儿园"达到 38 所。

〔**素质教育**〕 1999 年，省教委明确把全面实施素质教育作为落实科教兴省战略的重大举措，贯穿于各级各类学校教育教学工作的全过程。进一步把德育摆在素质教育的首要位置。通过工作会议、业务培训、检查评估等各种途径，加深各级教育行政部门和学校对德育工作重要性的认识，加强和改进学校德育工作。围绕庆祝共和国成立50周年和澳门回归祖国两件大事，在全省教育系统开展了摄影展、校园文化艺术节、50年成就展等系列宣传活动，将学生的爱国主义、集体主义和社会主义教育引向深入，促进思想政治素质的提高。

全省各级教育行政部门和学校继续推动和落实素质教育“三个突破口”（加强薄弱校建设、减轻学生过重课业负担、改革升学考试和考试测评制度）工作。全省基本实现初中招生就近免试入学；在保证小学入学率和巩固率不降低的前提下，各地积极稳妥地进行了小学布局调整，并加强管理，使边远山区小学的办学质量和办学效益得到进一步提高；进一步深化教学领域改革和中考改革，进行了高中阶段招生指标分配与初中校办学水平、教育质量评估结果挂钩的试点，调整和改革了普通高中会考制度，组织开展了形式多样、内容丰富的教研活动，促进学科素质教育的落实。省和各地还进一步加强了小学科技教育工作，从小培养学生科技意识和创新精神。有1 200多所中心小学建立了科技活动室，积极开展科技制作活动，并举办了全省小学生科技制作展评。为加强劳动教育，省教委在建瓯市召开了全省农村中小学农业基地建设现场会，积极推广连城县“多校一地”、建瓯市“一校一地”、福州市集中开发、南平市“菜篮子工程”等劳动基地建设的经验，促进中小学劳动教育工作走上制度化、规范化的轨道。

〔**民族教育**〕 省教委充分重视少数民族教育工作，采取了许多切实可行的措施加快全省少数民族地区的教育发展。一是采取各种形式办学，形成民族教育网络。根据少数民族大布散、小聚居的特点，全省在少数民族地区采取了多种形式办学：小学，采取了县办民族实验小学、在畲族人口较多的乡中心小学办民族高小班，在畲族聚居的行政村办完全小学，在畲族散居的自然村增设教学点，对家务事多，不能进全日制小学学习的办夜小学，同时大力创办寄宿制小学。中学，在办好独立设置的民族中学外，还在少数民族人口达万人以上的县（市）选择1～2所达标中学设置民族班。职业教育，逐步形成了举办民族职业中学和通过其他职业学校开办少数民族班并举的格局。二是加强少数民族地区师资队伍建设。从1978年开始，在福安师范学校办民族师范班，每年招40～50人，毕业后全部分配到畲乡任教；逐年增派公办教师到民族小学，特别是选调优秀汉族教师到畲乡任教；组织各县的教师进修学校有计划地举办脱产、半脱产班轮训少数民族教师。三是增加民族教育投入。省教委明确要求各地设立贫困地区义务教育专项资金，多次强调各级教育经费安排要向贫困地区和少数民族地区倾斜。民族重点小学和民族中学建校时，省教委均拨出专款予以资助。对民族重点小学，统一配备了原国家教委颁发的2类以上教学仪器设备。对少数民族的主要聚居地宁德地区采取最大限度支持，其人口占全省不到10%，安排的省级经费一般占全省的15%以上。从1986年开始，省教育经费每年安排300万元贫困地区教育补助专款，在省财力有限情况下，多方筹资争取到邵氏基金，世行“贫三项目”贷款，“贫义工程”专款等，主要安排在贫困地区和民族地区。1999年，从年度事业费预算中安排200万元，专项用于办少数民族地区寄宿制小学。四是制定倾斜政策，为少数民族地区培养适应当地经济建设需要的各类人才。根据少数民族地区经济发展的状况，省教委在历年招生中均对少数民族的考生采取一系列的照顾政策，还通过联合办学，委托培养以及办民族班、民族预科班等多种渠道招收民族学生。五是认真抓好民族教育对口帮扶工作。1999 年，省教委成立了“对口帮扶少数民族和民族地区教育工作领导小组”，还与省民委联合召开全省民族教育对口帮扶工作座谈会，对口帮扶工作。

通过努力，全省民族教育取得了一定成绩。1999 年，全省小学招收少数民族学生7 637人，在校少数民族小学生50 441人，有独立设置的民族小学 256 所；中学招少数民族学生8 984人，在校少数民族中学生24 613人，有独立设置的民族中学 12 所。省教委获得了“全国民族团结进步模范单位”荣誉称号，受到国务院第三次全国民族团结进步大会的表彰。

〔**调整小学布局**〕 1998 年，福建省共有小学14 824所，教学点10 213个，其中班生额在 10 人以下的班级有9 983个，单双人校2 431所。这些教学点和单双人校大多集中在边远山区，由于班额小，办学质量和办学效益受到一定的影响，也不利于素质教育的全面开展。为了提高办学效益和办学质量，为实施素质教育创造条件，1999 年，省教委要求各地在保证入学率和巩固率不降低的前提下，努力建设一批寄宿制小学，积极稳妥地进行小学布局调整，分期分批撤并一些学校和教学点。为解决少数民族地区调整小学布局的资金困难，省教委和省民委联合下达了200 万元专款专项用于办少数民族地区寄宿制小学。经过努力，1999 年全省共撤并小学469 所、教学点1 881个，新建寄宿制小学 458所，至 1999 年秋季新学年时，全省已有寄宿制小学1 794所，10 人以下的班级减少到9 569个，单双人校减少到2 155所。

〔**农村初中教育**〕 为深化农村初中分流教育改革，1999 年，省教委将原有的16 个省定农村初中分流教育改革实验县调整为 11个，作为省级长期的实验研究基地；在总结经验的基础上，召开了全省农村初中教育改革工作交流和表彰会；还对原省编技术班教材按项目进行编写，组织了农村实用技术自编教材评选。至 1999 年底，全省已有 69 个县（市、区）开展农村初中分流教育，占全省县（市、区）总数的 84%；实施分流教育学校1 080所，占全省农村初中校总数的66%；初三技术班学生 9.1 万人，占全省农村初三年级学生的 17.3%，比 1998 年有较大幅度提高。1999 年 11 月，教育部基础教育司、中国教育学会在永安市召开“全国农村初中教育改革研讨会”，会议交流了福建省开展农村初中分流教育改革的经验，充分肯定了福建省深化农村初中教育改革所取得的成绩。

〔**高中教育**〕 1999 年 1 月，省教委在福州召开全省普通高中教育工作会议。会议总结了普通高中教育改革和发展的经验以及存在的问题，部署了到 2005 年前全省普通高中教育工作任务。会后，省教委印发了《福建省普通高中教育改革和发展的若干意见》，提出了全省普通高中教育改革和发展的总体思路是：在巩固、提高“两基”成果的基础上，按照“积极发展，注重质量和效益”的基本方针，加强师资队伍建设，增加投入，改善办学条件，深化体制改革，促进办学模式多样化，加大教育教学改革力度，全面推进素质教育，逐步建立适应全省经济建设和社会发展需要，面向21世纪，具有福建特色的普通高中教育教学体系和运行机制；明确了2005年前，全省普通高中教育工作的主要目标和任务是：(1)城市市区、县城城关和经济比较发达的县（市）基本普及高中阶段教育，初中毕业生升学率达到85％以上；经济发展中等程度的县（市），初中毕业生升学率达到70％以上；其余县（市）在巩固和提高“两基”成果的基础上，适度发展，初中毕业生升学率达到60％以上，为全省2010年基本普及高中阶段教育打下基础。(2)全省普通高中招生由1999年12.5万人增加到20万人左右，普通高中在校生数由1999年的约30万人增加到54万人左右。(3)全省普通高中专任教师学历合格率达到80％左右，有5％～10％的专任教师和校长取得教育硕士学位或研究生学历。(4)增加经费投入，改善办学条件，实现学校建设标准化。全省调整新增100所普通高中；在办好现有达标高中的基础上，再重点建设100所左右达标普通高中(完中)，力争30所左右普通高中进入国家级示范性高中行列。(5)提高教育技术手段的现代化水平和教育信息化程度。普及计算机操作和信息技术教育，加快校园网络建设，全省重点建设30所左右示范性校园网。

为加快普通高中改革步伐，省教委还要求各地积极推进普通高中办学体制、管理体制和办学模式改革。同时对全省普通高中毕业会考制度进行重大调整和改革，从1998年秋季入学的高中生开始，将语文、数学、英语改由学校自行组织毕业考试，不再举行全省统一会考；原安排在高三年级的政治会考调整到高二年级进行；增加全省统一会考次数，一年举行两次；允许部分优秀高中生提前参加毕业会考并取得毕业证书；普通高中毕业会考向社会青年开放等。

1999年，全省普通高中教育有较大发展。年初，省教委下达了10.6万人的招生计划，全教会后，根据中央加快发展高中阶段教育的精神，又增加了10％的招生计划。各地（市）通过调整学校布局，新建初中校，实行高初中分离等形式，大力挖掘办学潜力，扩大普通高中办学规模，使招生数达到12.54万人，比上年增加2.36万人。在积极发展的同时，省教委进一步规范普通高中办学行为，5月，制定并颁发了《福建省普通高中设置标准及管理办法暂行规定》。截至1999年底，全省共有159所普通中学达到三级以上标准。

职业教育

〔**综述**〕　1999年，全省普通中专（含中师）比上年增加2所（其中技术中专增加5所），招生增加0.37万人（其中技术中专增加0.68万人），在校生增加1.58万人（其中技术中专增加1.77万人)，毕业生减少0.08万人（其中技术中专增加0.12万人)。职业中专（高中）减少9所，招生增加1.03万人，在校生增加1.27万人，毕业生减少0.59万人。

1999年，全省高中阶段职业教育与普通高中招生比、在校生比分别为55：45和57：43，中等职业教育与普通高中教育得到共同、协调发展。

〔**职业教育改革**〕 1999年3月，省教委召开全省职业教育工作座谈会，针对中等职业教育发展中出现的新情况、新问题进行研讨。会后，省教委印发了《关于搞好中等职业教育招生工作的紧急通知》及《补充通知》，通过放开招生计划、改革招生政策等方法，使中等职业学校生源得到及时补充，有效地促进了中等职业教育招生任务的完成。省教委还全面放开农村职业教育招生，实行春、秋两季招生，让愿意接受职业教育与培训的青年都有进入学校学习的机会，同时鼓励沿海重点职校向农村职中辐射办学，积极探索新形势下职业教育为农村服务的新路子。在全省推广漳州市各县的农村职业中学与县委组织部联办“村务管理”班，培养村一级干部，为农村基层政权服务的经验。省教委与省委组织部联合印发《关于组织村干部及村后备干部参加“村务管理”职业中专班学历教育的通知》，全省有30多个县的农村职业中学与县委组织部联合办学，在校生3 000多人，走出一条农村职教发展的新路子。

1999年，省教委还开展了中职与高职接轨试点工作。福建高级工业专门学校、福建侨兴轻工业学校、福建水利电力学校、福建省商业学校、福建船政学校、漳州农业学校、福建银行学校和医学中专学校等都独立举办或依托高校举办新高职班，对口招收中等职校毕业生，全省初、中、高相互衔接的职业教育体系初步形成。

〔**职业学校布局结构调整**〕 为改变中等职业学校隶属关系复杂、规模小、重复设置的现状，省教委对全省中等职业学校布局调整进行调研，并提出了调整方案，按照有利于教育行政部门归口管理学历教育、有利于促进中等职业教育健康协调发展、有利于统筹配置教育资源、有利于加强师资队伍建设、提高职教教学质量和效益的原则，采取“合并、共建、联办、划转”的办法，对职业学校的布局进行调整。1999年，省教委重点抓了省交通厅下属的福建交通学校、福建船政学校、福建交通技校合并组建福建交通职业技术学院工作，试点取得成功，实现了资源共享，扩大了办学规模，提高了办学效益。

〔**办学评估**〕 在1998年对部分普通中专学校进行合格评估的基础上，1999年上半年，省教委继续进行普通中专学校办学条件和办学水平评估，又有福州卫生学校等6所普通中专通过合格学校评估。下半年，省教委重点开展了调整省部级、国家级重点中等职业学校工作。8月，省教委成立了福建省教委重点中等职业学校评估领导小组，负责全省重点中等职业学校办学水平评估、审核和推荐工作。11月，成立了由部分中等职业学校校长组成的复评工作组，分赴各参评学校开展工作。通过对办学条件和办学水平的评估，省教委重新调整确定了福建省龙岩市农业学校等39所在职业教育办学中起骨干示范作用、具有良好社会声誉的省部级重点普通中专学校，并从中推荐福建林业学校等17

所申报国家级重点中等专业学校。重点中等职业学校的建成，有力地促进了职业教育办学条件和办学水平的提高。

〔**内地西藏中专班工作**〕 根据教育部安排给福建省的中等职业教育援藏任务，省教委积极与有关部门协调，共同做好内地西藏中专班招生工作。1999 年，福建建筑工程学校继续举办工业与民用建筑专业西藏中专班，福州市交通职业中专学校举办西藏职业中专交通驾驶专业，均完成了招生任务。福建工商行政管理学校又有 29 名工商行政管理专业西藏中专班学生完成学业，取得福建省颁发的普通中专毕业证书返回西藏工作。

高 等 教 育

〔**综述**〕 1999 年，全省共有普通高等学校 30 所（省属高校 28 所），其中本科院校 11 所，专科院校 19 所（其中职业大学 9 所）；高等学校办学规模不断扩大，在校研究生比上年增加 626 人；本专科在校生比上年增加 17 442人，本专科在校生比例为 1：0.79（省属 1：1.03）；全省普通高校每万人口在校生数为 31.10 人，其中省属高校 26.33 人。全省普通高校教职工中省属高校16 922人，专任教师中省属高校7 433人。专任教师中，有正高级职务教师 643 人，占专任教师总数的 7.26%，副高级职务教师 2 380 人，占 26.88%；中级职务教师 3 041 人，占 34.35%。全省普通高校师生比为 1：11.6，其中省属高校师生比 1：11.7。

〔**高校布局结构调整**〕 1999 年，全省高等教育按照“共建、调整、合作、合并”的方式，合理配置教育资源，进一步提高了教育质量和办学效益。部分学校的布局调整与资源重组工作已先期展开，完成了福建交通职业技术学院的组建和福建公安专科学校与福建警察学校的合并工作。省教委制定了三明、龙岩师范专科学校布局调整方案，完成泉州师范专科学校升格为师范学院的申报工作，积极支持泉州师范专科学校、福州师范专科学校、龙岩师范专科学校与本科大学联办师范本科班。

〔**高等职业教育**〕 福建省高等职业教育按“重在改革、重在建设、重在质量、重在办出特色、全面提高”的方针，充分利用现有高等教育资源，加强对各类高职、高专教育的统筹规划，围绕基层和生产第一线对技术应用性人才培养的要求，不断探索高等职业教育人才培养新模式、办学特点和教学规律。制订了全省按新的管理模式和运行机制举办高等职业技术教育的实施方案，组织学校制订新高职专业教学计划和课程设置方案。全省已有独立设置的高职学校 10 所，有 16 所高校设置了二级职业教育学院。同时积极鼓励和引导社会力量兴办高等职业教育，新批准筹办民办福建长兴职业技术学院和民办福建育青职业技术学院。

〔**教学改革**〕 1999年，省教委积极推进以教学内容和课程体系改革为中心的高校教学改革。完成了普通高校本、专科专业的调整和增设以及全省高校新一轮本科专业教学计划的修订工作；修订印发了《面向21世纪深化教学改革，提高人才培养质量的若干意见》；继续推进面向21世纪教学内容和课程体系的改革计划，批准第二批省级立项项目12个，核拨了项目经费；完成了省级52个项目列入省普通高校社科研究课题的填报、批准等工作；制订教学内容和课程体系改革成果鉴定办法，进行了21世纪初高教教学改革项目选题的征集、评审和申报工作。

〔**学科建设**〕 1999年，省教委制订了《福建省学科建设与发展规划》；提出第八批申报博士、硕士点的名单，并重点进行建设；开展省属高校学科中期检查，对20个重点学科建设1996年至1998年的工作进展、成效和经费筹措及使用情况、大型仪器设备购置的使用情况等进行项目检查和评估。全省20个省重点学科已有正教授173人，副教授343人，共购置5万元以上仪器设备213台(套)，价值计4 462.53万元，重点学科科研能力不断提高，1999年获国家级项目98项、省部级项目534项。

〔**科技工作**〕 1999年，全省高校进一步深化科技管理体制改革，抓好重点科技创新项目建设，推进科技成果转化与产业化。全省共开发各类研究课题3 383项，投入科技经费1 490万元，比上年增长33.89%。9个高校共获618.4万元省自然科学基金，占全省总量710万元的87.1%。共鉴定科研成果138项。发表学术论文7 708篇，其中国外学术刊物564篇，共获各种奖325项。1999年抓了以下几项工作：一是积极探索高校科技发展路子，围绕全省经济社会发展的重点项目和关键技术，坚持产学研结合，加强与社会生产应用部门的横向联系，参与多种技术交易活动，以多种形式进入经济建设主战场。组团参加1999全国产学研联合洽谈会，提供可推广项目300余项；组织高校参加福建省第二届青年科技成果博览会，参展项目80个，获博览会金奖16项、银奖32项、优秀组织奖5个。二是选准技术创新重点课题，做好科技计划项目立项和中期检查工作。申报国家拨款科研课题589项，立项91项，获资助经费417.4万元，自筹经费科研课题147项、自筹经费186.4万元。对6所本科高校在研项目进行中期检查，完成率达95%以上。三是落实基础设施建设和加快科技队伍培养。组织3所高校申请教育部重点实验室，并建立了福建省第一批高校重点（开放）实验室。部署教育部《高校骨干教师资助计划》项目申报工作，通过专家论证，择优推荐53个高校中青年教师申报该项计划。1999年，全省高校科技活动人员达1.75万人，研究与发展人员5 718人，其中具有高级职称3 945人，有中科院院士和工程院院士8人，国家有突出贡献专家50多人，省优秀专家100多人，近千人享受国务院津贴，有6名优秀中青年教师入选国家百千万人才工程。四是大力推动高校校办产业发展。省教委制定了《福建省高校产业改革和发展的若干意见》。各高校努力实施产学研联合工程，以市场为导向，经济为纽带，成果为结合点，加强技术创新，发展高科技，实施产业化。福州大学新大陆科学园列入福建省1999年建设计划中的重中之重项目和福建省1999年科技重大项目。福建农业大学“蜜蜂系列生物制品研制及其产业化”项目已经国家计委立项，总投资3 600万元，现已建成4 000平方米的科、教、工、贸、临床一体化的开发基地，初具产业化的基本条件。

〔**高校后勤社会化改革**〕 1999年，加快学校后勤改革和学生公寓建设。制订了《福建省高校后勤社会化改革方案》。采取银校结合的融资方式，与工商银行、建设银行签订协议，引导学校通过贷款加快高校基础设施建设，并与有关部门一起调整了学生住宿费标准，调动了各高校和社会力量加快学生公寓建设的积极性。

成人教育

〔**综述**〕 1999年，全省成人初等学校在校生比上年减少3.5万人。参加成人技术培训学习的人数达242万人次，比上年增加43.91万人次。各类成人中专招生比上年减少792人，在校生比上年减少4 768人；成人高校招生比上年增加3 060人，在校生比上年减少1 663人。

〔**农村成人教育**〕 1999年，全省共扫除青壮年文盲64 374人，巩固56 287人，提高55 481人。省教委举办了成人文化技术学校校长培训班和农村成人教育骨干培训班，印发《福建省示范性乡(镇)成人文化技术学校规程》和《福建省示范性乡(镇)成人文化技术学校评估标准》，加强对农村成人教育工作的业务指导。1999年，全省所有乡镇都建立了农民文化技术学校，已有40所文技校办学条件达到省级示范性文技校的标准，全省农村县、乡、村三级成教网络全年共培训农村各类人员及推广实用技术达242.9万人次。

〔**成人学历教育**〕 1999年，制定成人中专布局结构调整方案；组织专家对6所成人高校17个大专起点本科教育，14所成人高校25个专科教育、7所成人高校18个高职教育新专业和1所成人高校进行评审论证。省教委组织力量对全省社会力量举办的成人中专学校和各地举办的专业证书教学班开展了全面检查，完成了全省县级以上电大工作站评估工作，开展了成人高等函授教育辅导站和第二专科学历教育清理整顿和重新登记备案工作，有效地促进了全省成人教育布局结构的合理调整和教育质量的提高。1999年，全省组织成人中专春秋两次水平考试，报名7 066人，上线录取4 876人。继续开展电大注册视听生试点，审核录取新生8 972人，开展电大开放教育试点，审核录取新生1 907人。

〔**自学考试**〕 到1999年，省自学考试已走过15年的历程，取得令人瞩目的业绩。

首先，开考专业多样化。截止1999年下半年，先后开考77个高教与中专专业，覆盖面遍及文、理、农、林、工、医、政法、教育、经济、管理等多学科门类。第二，在学考生规模化。全省累计报考人数达232.67万，484.16万人次，为国家经济建设培养了44 390名合格的专门人才。自学考试在学考生超过全省普通高校和成人高校在校生人数的总和。第三，学历层次多级化。已由单一的大专拓展到本科、大专和中专。其四，考试功能多元化。突破了过去单一的学历考试的樊篱，承担了全国计算机等级考试、全省青年干部计算机培训与考试。此外，还承担了国家学历文凭认定考试、广播电视大学注册视听生统考课程的考试、中英合作剑桥少儿英语考试等。1999年，全省自学考试报考人数突破54万人，在册自考生达84.12万人。

撰稿　肖　铮　张学强
审稿　朱之文

厦门市教育

〔基本情况〕

1999年各级普通学校基本情况

单位：人

学校类别	学校数（所）	毕业生数	招生数	在校学生数	教职工数 计	其中：专任教师
总　计	863	74 448	76 721	285 331	19 173	15 715
一、研究生						
1. 高等学校						
2. 科研机构						
二、普通高等学校本专科	1	514	930	2 211	260	133
市属高校	1	427	800	1 907	260	133
电大普通班		87	130	304		
三、普通中等学校	81	32 642	35 785	100 892	8 695	6 505
1. 中等专业学校	7	972	1 136	3 534	735	343
中等技术学校	6	691	1 136	3 095	615	264
中等师范学校	1	281		439	120	79

续表

学校类别	学校数(所)	毕业生数	招生数	在校学生数	教职工数 计	其中：专任教师
2. 技工学校	3	599	1 145	2 543	197	127
3. 普通中学	54	27 468	29 652	84 970	6 704	5 361
高中	27	3 575	8 570	15 041		1 274
初中	27	23 893	21 082	69 929		4 087
4. 职业中学	16	3 603	3 852	9 845	1 039	661
高中	16	3 603	3 852	9 845	1 039	661
初中						
5. 工读学校	1				20	13
四、小学	364	21 323	20 826	143 360	7 381	6 807
五、特殊教育学校	5	94	61	662	105	90
六、幼儿园	412	19 875	19 119	38 206	2 732	2 180

1999 年各级成人学校基本情况

单位：人

学校类别	学校数(所)	毕业生数	招生数	在校学生数	教职工数 计	其中：专任教师
总计	513	81 905	87 186	82 292	979	599
一、成人高等学校	3	2 872	3 546	9 338	297	152
1. 广播电视大学	1	302	297	869	109	35
2. 职工高等学校	1	201	290	805	56	42
3. 农民高等学校						
4. 管理干部学院						
5. 教育学院	1	56	189	295	132	75
6. 独立函授学院						
7. 普通高等学校举办：						
函授部		1 274	1 295	3 945		
夜大学		459	681	1 731		
成人脱产班		580	794	1 693		
合计中：电大普通专科班						
二、成人中等学校	376	76 991	81 535	70 689	682	447
1. 成人中等专业学校	16	1 171	1 425	4 417	272	164
广播电视中等专业学校						
职工中等专业学校	11	1 073	1 304	3 437	151	81
干部中等专业学校	1	25		42	23	15

续表

学校类别	学校数（所）	毕业生数	招生数	在校学生数	教职工数 计	其中：专任教师
农民中等专业学校						
函授中等专业学校	1		121	580	7	
教师进修学校	3	73		358	91	68
其他类学校举办						
2. 成人中学	7	246	169	295	25	12
职工中学	6	176	169	295	25	12
农民中学	1	70				
3. 成人技术培训学校	353	75 574	79 941	65 977	385	271
职工技术培训学校	47	15 048	40 639	36 042	288	196
农民技术培训学校	306	60 526	39 302	29 935	97	75
三、成人初等学校	134	2 042	2 105	2 265		
1. 职工初等学校	1	20	20	20		
2. 农民初等学校	133	2 022	2 085	2 245		
其中：扫盲班	102	1 492	1 831	1 851		

1999 年，厦门市教育系统高举邓小平理论旗帜，把握教育改革和发展大局，以第三次全国教育工作会议精神为指导，以“三讲”教育为动力，以体制创新为核心，以培养学生的创新精神和实践能力为重点，全面推进素质教育工作。

1999 年 10 月 25 日～26 日，厦门市委召开全委扩大会议，贯彻第三次全国教育工作会议和全国技术创新大会及省全委会精神，制定了《中共厦门市委、厦门市人民政府关于贯彻〈中共中央国务院关于深化教育改革全面推进素质教育的决定〉的实施意见》和《厦门市人民政府关于鼓励社会力量办学的若干规定》。会议结束后，市教委召开干部会议，传达会议精神，统一思想，明确任务，提高了贯彻实施科教兴市和全面推进素质教育的自觉性。

1999 年，全市教育经费总支出初步统计为 14.70 亿元，比上年增加 20%；国家财政性教育经费支出初步统计为 11.80 亿元，比上年增加 22%。1999 年注重抓基础教育的重点投入，全市投入 7.3 亿元，比 1998 年增长 9%。为进一步加快教育发展步伐，市委、市政府决定提高市本级财政预算内教育支出所占的比例，从 1999 年起到 2003 年，连续 5 年每年提高 2 个百分点，在新增教育投入中安排 2 亿元用于扶持农村薄弱学校，5 年内，各区财政预算内支出中教育经费支出所占比例每年至少提高 1 个百分点。

1999 年继续深入治理中小学乱收费，查处并清退违规收费110 750元，同时处理了违规违纪问题。

1999 年进一步加强学校思想政治工作。全市各级各类学校充分运用业余党校、团校、学生社团、夏令营等各种阵地，组织学生学习邓小平有关改革开放和发展教育的论述，大力宣传改革开放和特区飞速发展的成就，增强学生对祖国的向心力。学校党建工作进一步加强，全年共发展教师党员 51 人、学生党员 95 人。以重大节日、历史性事件为契机，加强爱国主义、集体主义和社会主义教育。三场重大政治斗争中，广大师生经受了考验，思想政治觉悟进一步提高。围绕庆祝新中国成立 50 周年和迎接澳门回归祖国两件大事，在教育系统开展征文、演讲、诗歌朗诵等系列宣传活动。市教委组织15 000多名学生参加全市庆祝新中国 50 周年华诞大型广场歌咏联欢演出。高校建立了稳定工作责任制，保持了校园稳定。

〔**基础教育**〕 1999 年，全市继续把“两基”验收后的巩固提高工作摆在“重中之重”的地位，确保九年义务教育的普及程度稳中有升。1999 年小学入学率为 99.99%，毕业率为 99.53%。初中入学率 99.94%，年保留率 99.36%，按时升学率 96.67%。为加强对义务教育标准化、规范化管理，全市坚持义务教育情况的表、册、卡登记制度，加强教学质量监控，努力制止初中生辍学回潮现象。同时通过调研和采取积极的措施，改善了农村中小学的办学条件，加强了巩固学额工作。举办了初等教育改革成果展。

市委、市政府着眼于厦门经济和社会发展的大局，根据广大市民日益增长的教育需求，提出本届政府任内（1998 年至 2002 年）在厦门市普及高中阶段教育的跨世纪目标。1999 年是厦门市初三在校生数高峰年份，也是厦门市普及高中阶段教育的关键一年。市教委采取积极有效的措施，通过将初中校升格、挖掘现有学校潜力、扩大班生额等途径，满足了高中阶段入学的需要。1999 年全市初三在校生升学率达到 76.7%，普职比为 4.6：5.4。全市报考普通高校考生4 104人，比 1998 年增加 683 人。被普通高校录取3 089人（含体育、艺术类），升学率达 75.27%，比 1998 年提高 13 个百分点。普通高校招生数比 1998 年增长 33%。

1999 年，市教委认真贯彻市委、市政府《关于扶持一般学校，办好所有初中的若干措施的决定》。一是加强一般学校领导班子和教师队伍建设，选拔调整了 25 位年富力强的中青年干部担任学校领导。厦门一中等 4 所重点学校和厦门五中等 4 所一般学校进行了骨干教师双向对口挂职交流。对口挂职交流的学校间建立了共建互帮关系，取长补短，共同进步。二是加大一般学校的教育经费投入，完善其硬件设施。在厦门市首批建成校园网的 12 所中学中，一般学校占了 9 所。三是加大对一般学校的调研和指导力度。组织机关干部、退休校领导、特级教师和省市学科带头人分赴一般学校进行调研指导，针对学校存在的问题和困难提出对策和建议，并帮助学校进行整改。四是开办全省第一所工读学校——林边学校，对极少数轻度违法、严重违纪的初中学生进行集中帮教转化。

为适应现代信息技术快速发展的要求，市教委加快了教育技术现代化工程建设。学校计算机基本实现网络彩显配置；市属中小学基本配置现代化音频、视频系统、多媒体教学系统和电子备课系统；厦门教育科研网建成开通；已有 12 所中学开通了校园网并与互联网接通。全市教师掀起了学习计算机、制作课件和使用多媒体电教设备的热潮，一批优秀课件在国家和省级评比中获奖。厦门市被教育部确定为全国计算机教育实验区。

1999 年，加强了对实施素质教育的实践探索。厦门一中、双十中学、厦门六中、康乐小学、厦师一附小、厦师二附小、厦门实验小学及同安区继续深化其原有改革。在此基础上，又有槟榔小学的自主教育、思北小学的主题教学研究、金鸡亭小学的开放式教学、梧村小学的张思中教学法实验等，都取得了可喜进展，起到了示范作用。全市中小学注重学生全面发展，一批学校发扬传统，发挥优势，形成办学特色。如厦门二中的足球，同安一中的篮球，厦门六中的小发明、小制作，厦门九中的学生社团活动，华侨中学的航模制作，同安二中的艺术碑苑，人民小学的音乐、大同小学的美术、群惠小学的舞蹈、演武小学的电化教育等。还成立了厦门市中学生艺术团和教师艺术团，有4个区的少年宫已成为少儿艺术和科技创造的课外培训基地。

1999年厦门市学生在国内外各类竞赛和评选中获得多个奖项。突出的有厦门一中洪毅颖获31届中学生国际化学奥林匹克竞赛金牌；厦门六中黄国宏被评选为首批“中国少年科学院小院士”（全国仅评选14名）；实验小学方佳佳被评选为“全国十佳少年”；在第29届世界儿童画展中，厦门市1名学生获金奖、6名学生获银奖。

1998年以来，加大了教育科研力度。建立健全了由市级、片区、校级教研组织构成的三级教研网络。在中学教师中开展了计算机应用、CAI课件制作和说课三项现代教学基本功训练及评比活动。成立了市教育科研工作领导小组，负责统筹、规划、领导全市的教育科研工作。制定了《厦门市加强教育科研工作意见》，审定了两批53个市级教育科研课题，并核拨了教育科研经费。厦门市被中央教育科学研究所确定为全国创新教育实验区，第一批12个实验校（单位）已启动实验。

针对新形势下青少年成长特点，加强了心理健康教育，制定了《厦门市中小学生心理健康教育实施意见》，举办了心理健康教育师资培训班，开展专题研讨，编写心理健康教育辅导教材，逐步将心理健康教育纳入正常化轨道。

1999年，加强了教师队伍的师德建设，市教委成立教师职业道德建设工作领导小组，开展师德检查，设立师德师风举报电话，组织师德演讲团巡回演讲等。同时建全教师继续教育制度，通过多层次、多形式的培训，提高中小学教师实施素质教育的能力和水平。制定《加快我市教师住房社会化的意见》，加大力度解决教师住房问题，1999年市政府优先优惠安排400套统建房，解决岛内中小学教师住房困难。市政府还决定在1999～2000年，由市、区两级财政拨调专款改善边远山区、海岛教师住校条件。

1998年以来，加快了教育系统人事、工资和干部管理体制改革步伐，先后制定《厦门市中小学幼儿园教师职务聘任制暂行办法》、《厦门市中小学幼儿园试行工资总额包干的意见》。成立教育人才交流中心。制定《关于教委系统干部制度改革的若干意见》，加大了年轻干部的培养、选拔力度，学校和事业单位领导平均年龄降至48岁。同时实行公开招聘校长，从省外招聘的集美中学和交通职业学校校长已经到位。

〔**职业教育**〕 1999年，实行普通高中与职业高中分离。全市原有兼办职业教育的普通完中的职高、职专停止招生，将普通完中所属职教专业按行业类别归并到职业学校，实现普高与职高办学脱钩。这样做既有利于普通完中扩大普高的招生，也有利于职业学校的办学力量相对集中，按类归并，形成规模，共享资源。

厦门师范学校已停止招生，厦门电子职业中专学校和其他职校的部分专业已陆续迁到厦门师范学校校址办学。集美大学师院招收小教大专班，补充了小学教师的需求。

杏林、集美、同安3个区已成立职业技术教育中心。

〔**高等教育**〕 1999年厦门市加大与厦门大学、集美大学共建的力度，继续支持厦门大学“211工程”建设和争取进入教育部21世纪重点建设大学行列的工作。1999年9月，省委、省政府与厦门市主要领导先后两次到厦门大学研究实施重点共建厦门大学事宜。决定从1999年至2002年，省、市政府向厦门大学投人3亿元的共建资金。为支持厦门大学后勤社会化改革和解决厦门大学进一步扩招急需解决的学生公寓问题，市政府划拨7万平方米土地，通过社会集资，建设5万平方米的学生公寓。集美大学也与市工商银行签订额度为1亿元的优惠贷款，用于学校教学基础设施建设、实验室建设和后勤社会化改革。

1999年全市高校结构布局调整取得新的进展。根据厦门市教育事业发展的实际，确定市属高校发展的重点是高等职业技术教育。市政府决定加大投入，争取将鹭江职业大学办成全国示范性职业技术学院。

1999年，全市普通高校招生比1998年增长33%。

〔**成人教育**〕 1999年杏林、集美、同安3个区又新建3所农村文化技术学校，使全市达到国家建设标准的农村文技校达到8所。结合农村经济发展的需要，大力开展“绿色证书”的培训和建立联系科技户工作。开办了以农村基层干部为对象的乡镇管理、农村经济管理等为农村服务的专业，提高农村干部素质。农村扫盲工作继续加强，全市青壮年非文盲率巩固在99.2%以上。

1999年，市教委派人前往上海、北京等地考察调研社区教育工作。制定了《厦门市开展社区教育试点构想》、《厦门市实施社区教育试点方案》。同时，开展“世纪之交厦门市市民素质调查”工作。确定了鼓浪屿区、思明区、开元区、湖里区为首批开展社区教育的试点单位。

1999年，厦门市成人高校招生比1998年增长35%。高等教育自学考试继续成为社会青年求知求新的一大热门，全年共有51 373人次参加自学考试。与此同时加快现代远程开放教育的发展，扩大了注册视听生的试点规模。市委、市政府还决定在原电大、教育学院两校征地11.3公顷基础上再扩大征地，将电大、教育学院、职工大学合并建立新校，办成厦门市现代远程开放教育中心、教师继续教育中心及成人高等教育中心。

积极鼓励社会力量办学，利用侨乡和特区优势，吸引和鼓励境内外人士捐资办学、捐资助学。1999年全市社会力量开办的全日制民办学校共9所，其中大专院校1所（民办华夏学院），另有2所国际学校专门招收外籍学生入学。全市共有各级各类民办教育机构140多个，初步形成以政府办学为主体，公办学校与民办学校共同发展的办学新格局。市政府制定《关于鼓励社会力量办学的若干规定》，出台了一系列优惠政策，鼓励进行“国有民办”，“民办公助”等多种模式的办学体制改革试验，激发社会力量办学的积极性，保证民办学校健康有序地发展。

撰稿 赵家明

审稿 王民生

江西省教育

概　况

〔基本情况〕

1999 年各级普通学校基本情况

单位：人

学校类别	学校数(所)	毕业生数	招生数	在校学生数	教职工数 计	其中：专任教师
总　计	33 512	1 681 657	2 338 478	7 962 859	479 419	413 007
一、研究生	(11)	364	661	1 573		
1. 高等学校	(11)	364	661	1 573		
2. 科研机构						
二、普通高等学校本专科	34	25 057	43 586	110 873	25 481	10 147
本科院校	14	14 948	29 022	75 702	17 848	6 544
专科院校	20	9 594	13 888	33 553	7 410	3 462
分校、大专班	(4)	515	676	1 618	223	141
三、普通中等学校	3 228	816 400	1 046 597	2 819 639	186 699	153 578
1. 中等专业学校	101	45 460	62 482	161 755	13 598	7 278
中等技术学校	77	33 209	48 579	126 496	10 518	5 316
中等师范学校	24	12 251	13 903	35 259	3 080	1 962
2. 技工学校	73	22 915	14 376	37 484	5 845	3 480
3. 普通中学	2 739	700 389	906 514	246 8362	155 552	135 034
高中	465	86 523	129 423	322 198		22 261
初中	2 274	613 866	777 091	2 146 164		112 773
4. 职业中学	314	47 636	63 225	152 038	11 695	7 784
高中	279	38 671	54 627	124 230		6 908
初中	35	8 965	8 598	27 808		876
5. 工读学校	1				9	2
四、小学	22 617	838 959	732 469	4 399 376	237 666	224 835
五、特殊教育学校	31	877	965	5 389	394	323
六、幼　儿　园	7 602		514 200	626 009	29 179	24 124

1999年各级成人学校基本情况

单位：人

学校类别	学校数（所）	毕业生数	招生数	在校学生数	教职工数 计	其中：专任教师
总计	22 680	1 959 968	1 853 633	2 012 299	20 608	8 333
一、成人高等学校	20	18 185	28 495	68 740	3 944	1 841
1. 广播电视大学	1	3 956	5 910	14 886	705	361
2. 职工高等学校	12	2 920	4 171	8 906	1 400	858
3. 农民高等学校						
4. 管理干部学院	2	1 503	1 437	2 699	997	189
5. 教育学院	5	1 916	2 841	6 229	842	433
6. 独立函授学院						
7. 普通高等学校举办：		7 890	14 136	36 020		
函授部	(17)	4 557	8 627	21 346		
夜大学	(21)	1 994	3 260	10 107		
成人脱产班	(11)	1 339	2 249	4 567		
合计中：电大普通专科班		583	1 662	4 623		
二、成人中等学校	12 226	1 682 370	1 623 509	1 706 936	11 471	4 993
1. 成人中等专业学校	139	15 948	16 538	49 176	5 641	3 170
广播电视中等专业学校	3	3 722	4 303	9 570	799	389
职工中等专业学校	38	4 962	4 814	15 256	2 474	1 238
干部中等专业学校	4	218	197	948	158	80
农民中等专业学校	2					
函授中等专业学校	2	3 290	2 234	9 049	36	12
教师进修学校	90				2 174	1 451
其他类学校举办		3 756	4 990	14 353		
2. 成人中学	65	17 303	3 954	5 208	232	138
职工中学	30	1 946	1 590	2 090	191	100
农民中学	35	15 357	2 364	3 118	41	38
3. 成人技术培训学校	12 022	1 649 119	1 603 017	1 652 552	5 598	1 685
职工技术培训学校	31	3 674	3 177	3 113	100	44
农民技术培训学校	11 991	1 645 445	1 599 840	1 649 439	5 498	1 641
三、成人初等学校	10 434	259 413	201 629	236 623	5 193	1 499
1. 职工初等学校	5	328	413	350	12	3
2. 农民初等学校	10 429	259 085	201 216	236 273	5 181	1 496
其中：扫盲班	9 140	216 488	155 142	177 732	3 935	1 261

制表　周民武

〔**年度教育工作会议**〕　1999年2月4日～6日，省教委在南昌召开教育工作会议，传达贯彻教育部1999年度工作会议精神，总结1998年工作，分析形势，部署1999年工作。副省长胡振鹏出席会议，省政协副主席、省教委主任黄定元作了讲话。有关县（市、区）教委分别就“两基”达标、推进素质教育、教师工资足额发放、教师聘任制、民办学校发展等作了典型发言。

会议确定1999年全省教育工作的主要任务是：(1)以邓小平理论为指导，加强学校党建和德育工作。学习邓小平理论，做好高校邓小平理论“三进”工作。在中小学开展传统道德教育和革命传统教育，运用多种形式对大、中、小学生进行爱国主义和社会主义教育。(2)坚持实施“两基”攻坚，确保“普九”目标的实现。全面完成“实验教学普及县”的工作，同时做好灾区中小学仪器设备和图书资料配备和补充，抓好部分县（市、区）实验教育装备水平的提高工作。对已经实现“两基”的县（市、区）建立年检制度，进行复查。做好迎接教育部对江西省基本扫除青壮年文盲的验收工作。(3)扎实推进素质教育，坚持从小学抓起。从1999年秋季起，全省小学全部取消百分制，实行“等级＋特长＋评语”的学业成绩测评办法；鼓励农村初中积极进行办学模式改革的探索，试行“分类指导、分层教学、分层测评、分流施教”的教学模式；继续抓好高中新课程方案试验和高中招生制度的改革；制定和修订幼儿园、小学、高中办学水平的评估标准，力争在3年内建设好示范性的100所幼儿园、1 000所小学、100所初中、10所高中；抓好企业举办中小学校的分离试点；做好学校防病工作，继续确保学校大灾之后无大疫。(4)抓好职业教育一个重点、两项改革，实现三个突破。即每县（市、区）重点建设好1所示范性骨干职业学校或职业教育中心。总结“国有民办”和“校长招聘”两项改革的经验，实现职业教育质量、规模和效益的突破。(5)加快高等教育改革和发展。各类高校要进一步学习、贯彻《高等教育法》，坚持依法行政、依法办学、依法治教。继续坚持“共建、调整、合作、合并”的方针。进行高校内部管理体制改革和后勤社会化改革，提高教育质量和办学效益。坚持多种形式发展高等职业教育，试行招收高等职业教育学生。继续加强南昌大学的重点建设，确保“211工程”的顺利实施。(6)深化成人教育改革，积极发展民办教育。搞好成人高校内部管理体制改革，结合高等职业教育的教学内容、方法进行教学改革，对教师实行双师型培训。按照《社会力量办学条例》，规范各级民办学校办学行为。(7)深化教师人事制度改革，提高教师队伍整体素质。逐步引导师范教育从三级办学向两级办学过渡。对教师工资兑现的情况严格执行定期报告制度，坚决杜绝拖欠教师工资现象的发生。

〔**教育经费投入与支出**〕　1999年，全省教育经费总支出为61.25亿元，比上年增加10.58亿元，其中国家财政性教育经费支出为42.33亿元，比上年增加4.77亿元，财政性教育经费支出占当年国内生产总值的2.15％，比上年有所增长。1999年预算内教育经费支出为35.29亿元（含城市教育附加1.54亿元），占当年财政支出的16.97％，比上年下降0.35个百分点。

1999年全省预算内教育经费拨款为34.23亿元，比上年的增加4.66亿元。1999年中央专项补助江西省1.02亿元。

除财政主渠道外，努力通过多种渠道筹

措教育经费，仅农村教育事业费附加一项，1996～1999 年就共为教育提供 18.08 亿元。在省政府办公厅转发省教委、省计委、省财政厅、省建设厅《关于进一步做好基本建设中小学校舍修建附加费工作的意见》后，1999 年征收达4 808万元。

为充分发挥各级教育行政部门的积极性，继续对教育专项经费和救灾经费采取统一切块分配下达到地、市的办法，将权力和责任交给地方，强化教育经费的使用和管理。合理调整教育支出结构，教育经费的安排和使用继续体现“重心下移”的原则，优先保证义务教育，重点投向中小学危房改造，同时对民族教育进行了扶持。改变了省本级教育经费预算分配办法，调整提高了本专科生、研究生经费综合定额标准。

〔**高校基建和中小学校舍建设**〕　加快了高校建设步伐，满足高校扩大招生的需要。重点是加强基础设施建设以及若干重点项目的前期工作。高校教职工住房建设进一步加快。省属高校青年教师住宅小区的征地、三通、规划、设计等前期工作已基本完成，并委托南昌大学牵头组织实施建设工作。1999 年省属高校共完成基建投资 1.34 亿元，竣工校舍面积 15.8 万平方米，其中建成高校教工住房 8.7 万平方米。

继续对全省中小学校舍建设工作实行目标管理。全省多渠道筹措中小学建设资金 9.67 亿元，修建中小学校舍 365.1 万平方米，其中扩建初中校舍 101.5 万平方米，建成城市市区中小学教工住房4 543套。

〔**教师队伍建设**〕　按照省政府的要求，在制定《江西省特级教师考察指标体系》的基础上，组织对全省第三批特级教师人选考察、评选工作。经省政府批准，授予王运遂等101名教师特级教师称号。加大了培养造就跨世纪学科带头人和骨干教师的力度，全省确定124名学科带头人和294名骨干教师。认真抓好教师系列的职称评审工作，职称指标分配向中小学倾斜，1999年有2 200名教师通过了高级职称资格的评审。继续狠抓中小学教师继续教育，在完成中小学校长岗位培训后，及时开展了提高培训，已有1 500名中学校长和7 000名小学校长参加了提高培训，并对高中3 000名骨干教师进行了摸底造册工作。完成全省民办教师资格遗留问题的认定工作，对于符合民办教师资格条件的予以资格认定，以确保2000年之前民办教师问题得以解决。

基础教育

〔**综述**〕　1999 年，全省小学适龄儿童入学率达 99.61%，辍学率为 0.54%；小学升初中阶段的比例达 93.65%；初中阶段适龄人口入学率达 93.50%，辍学率为 2.69%。初中毕业生升入普通高中比例为 26.36%。

1999 年，通过撤消、合并等手段，调整中小学布局，教学点由7 891个减到6 823个，小学由25 633所减到22 617所，普通高中由539 所减到 465 所。

中小学德育、艺术教育、安全教育等得到加强。开展了省级三好学生、优秀学生干部的评选活动，制定了规范中小学生竞赛活动的意见，确定了宜丰、芦溪县为全国农村艺术教育试点县，组织开展了全省中小学音乐教师、美术教师基本功比赛。

〔**义务教育**〕 为确保本世纪末基本实现“普九”,省教委继续加大督促检查力度,组织4 个工作组,分片负责,多次到接受验收的县进行过程督导,有针对性地进行分类指导,解决问题。在评估验收中本着确保质量的原则,从四个方面进行严格要求:一是经费审计的重心下移,把经费审计的重心放在乡镇,确保投入到位、使用到位。二是扩大乡镇受检面,受检乡镇普遍达到 70%以上,有的达到100%。三是细化检查内容和项目,经费既看明细帐,又看收支发票。四是实行书面报告制度,验收组和政府双方出具意见,增强检查和受检双方的责任。1999 年,有 5 个县通过“两基”评估验收,全省实现“两基”县市累计达93 个,覆盖全省人口的 91.7%。

加快特殊教育发展步伐,1999 年召开了全省特殊教育工作现场会，总结和推广了景德镇市统筹规划，合理布局，建立特殊教育发展基金，扶持贫困残疾学生入学，提高残疾少儿入学率的经验。同时，对特殊教育学校建设、入学率实行项目管理，签定责任状，以促进特殊教育事业的发展。

在实施义务教育的同时，省教委还抓好企业举办中小学校的分离试点工作。南昌市印发了《关于分离企业自办中小学校的意见》，九江市对 2 所企业办校实施了分离接收，萍乡市对 4 所九年制学校和 4 所初中的全部学生实行向公办学校分流。

〔**素质教育**〕 1999 年,江西省加快了教育改革的步伐，大力推进素质教育。

改革考试测评制度,促进学生个性发展。省教委制订印发《江西省小学学生成绩考核实行等级制的办法（试行)》,规定从 1999 年秋季开始，全省小学学生成绩考核取消百分制，实行“等级＋特长＋评语”的评价体系改革，弱化考试的区分功能，加强基本素质、基本能力的检测，减轻学生的负担。改革学校评价制度，规范办学行为。省教委印发了《江西省示范性普通高中评估标准和验收办法》、《江西省示范性幼儿园评估细则》、《江西省〈小学管理规程〉的若干意见》和《江西省全日制小学学籍管理办法》等文件，进一步强化学校内部管理,规范学校办学行为。改革农村初中办学模式。萍乡市芦溪县农村初中引进职教因素，实行初三分流。赣州地区在部分农村初中实行“分类指导、分层教学、分层测评”的试点，使学校既能为高一级学校输送人才,又能为当地经济建设服务。

实施“园丁工程”,提高教师队伍整体素质。1999 年，全省全面铺开中小学教师继续教育，先后印发《关于在全省初中教师中开展“三字一话一机”教学基本功训练的意见》、《关于开展我省高中骨干教师培训工作的意见》、《关于做好中小学教师基本功训练检查评比工作的意见》，对部分县（市、区）小学教师“三字一话一画”教学基本功进行了检查验收。

与此同时,继续抓好全省 18 个素质教育实验区的实验工作,制订印发了《关于进一步做好我省素质教育实验区工作的指导意见》,召开了全省素质教育实验区经验交流会,18

个素质教育实验区课题研究全面启动。

〔**幼儿教育**〕 1999年，省教委印发了《关于农村小学大力举办学前班的意见》，各地按照要求，做好学龄前幼儿的测算工作，因地制宜确定农村小学招收学前班的数额，并在小学布局调整中，注意把小学教育、幼儿教育统筹安排，充分利用教育资源，将撤并后的小学（校）点用于发展学前教育。1999年全省幼儿园在园（班）幼儿626 009人，比上年增加107 326人，在园幼儿总数中学前班为348 424人。

开展省级幼儿示范园评估工作。省教委组织评估小组，分批对各地申报的省示范幼儿园进行了评估，评出新余城北幼儿园等17所幼儿园为省级示范园。

通过开展多种类型的活动，促进保教质量提高。继1998年在全省幼儿园、学前班开展苦练基本功活动的基础上，1999年，省教委在全省幼儿园开展了幼儿教师职业技能系列竞赛活动。为交流、展示全省各类幼儿园自制玩教具的成果，在全省各类幼儿园学前班保教人员中开展自制玩教具评展活动。此外，各地还普遍开展了园长岗位培训工作，据不完全统计，1999年全省幼儿园有1 200余名园长参加了园长培训班，并取得了岗位合格证。

〔**高中教育**〕 省教委印发了《关于积极推进高中阶段教育事业发展的意见》，在正确处理好改革发展与稳定的关系，速度、规模与质量、效益等关系的基础上，继续有计划、按比例地适度发展和扩大普通高中规模。

调整高中阶段收费标准。在充分考虑群众承受能力的基础上，经省政府同意，省教委、省物价局、省财政厅联合印发调整普通高中收费标准的《通知》，区别不同地区和不同类型学校，提高高中阶段学费。每生每学期，乡镇及农村100～120元，县城150～180元，省辖市、行署所在地城市200～270元。省重点高中学费每生每学期300～400元，特色高中学费比照省重点高中的标准执行。

为了推动普通高中提高教育质量，加速人才培养，省教委开始启动省示范性普通高中的评估工作，印发了《关于进行省示范性普通高中评估验收的通知》。省示范性高中包括省重点中学、综合高中以及办学有特色的一般高中，评估工作分批进行。省教委根据原国家教委颁发的《示范性普通高级中学评估验收标准》，制定了《江西省示范性高中评估验收指标体系》。各级政府、教育行政部门，以此为契机，加大投入，改善办学条件，争创省示范性高中学校。

1999年，省教委发出《关于征集高中新课程方案试验阶段性成果的通知》，各地各校报送了一批具有较高理论水平，形成了一定模式，具有改革创新意识，有推广价值的经验、成果。据统计，全省征集到的文字材料（论文、教案、研究报告）近2 000篇，教具模型300余件，教学录像、多媒体课件200余盘，各类测试卷1 000余份。成果评审工作年底已经开始。

〔**中小学危房改造**〕 1984年以来，在全省范围进行中小学危房改造工作，到1997年，累计投入危房改造资金56亿多元，中小学危房比例下降到自然增长率以内。从1994年开始，江西省连续组织实施“世界银行贷款第二个贫困地区基础教育发展项目工程”、“国家贫困地区义务教育工程”、“江西省救灾复校工程”，上述3个“工程”共完成投资13.29亿元，其中80%以上的资金用于危房改造和校舍建设，土建工程涉及项目学校达到7 000多所。

但近年来连续遭受各种自然灾害的破坏，中小学危房比例呈上升趋势，校舍安全隐患增加。1999年4月1日，东乡县王桥中学厕所倒塌，造成8名学生死亡、5名学生受伤。对此，省委、省政府要求教育部门总结教训，举一反三，对全省各级各类学校进行一次全面的危房普查，采取措施，坚决杜绝这类事故的发生。省政府印发《关于认真做好学校安全工作防止安全事故发生的紧急通知》，各级教育主管部门在当地党委、政府的领导下，对中小学校舍进行了全面检查。东乡县“王桥事故”发生后，抚州地区努力改造中小学危房，拆除中小学危房40多万平方米，修建校舍近70万平方米，其中新建校舍800多栋约55万平方米，已竣工的校舍20万平方米。全区80%村完小以上的中小学实现了楼房化，至年底，全区中小学危房比例已下降到2%。

根据1999年4月的统计，全省共有危房面积203.9万平方米，危房比例达5.96%。“王桥事故”后，全省掀起了危房改造的高潮，到1999年10月底，全省有危房面积145.3万平方米，危房比例下降到4.33%。

〔**治理中小学乱收费**〕 1999年，省教委连续印发5个专项治理中小学乱收费的文件，召开2个会议布置治理工作，进行了4次专项检查，查处90余起乱收费案件，取得了明显的效果，特别是通过制止乱收费和对困难学生学杂费的减免，巩固了“两基”成果，减轻了群众负担，维护了社会稳定。

职业教育

〔**综述**〕 1999年，通过布局结构调整，全省职业高中比上年减少25所；招生比上年减少6.74%；在校学生比上年减少0.54%；毕业生比上年增长8.77%。普通中等专业学校（含中师）比上年减少4所，招生比上年增长25.9%；在校学生比上年增长11.4%；毕业生比上年增长10.5%。此外劳动部门主管的技工学校招生比上年减少0.3%；在校生比上年减少15.4%。1999年各类中等职业学校招生数、在校生数占整个高中阶段的招生数、在校生数的比例分别为53.14%、53.38%。职业初中比上年减少9所；招生数比上年减少18.4%；在校生数比上年减少17%；毕业生比上年增长7.8%。

〔**职业教育办学体制改革研讨会**〕 1999年4月12日～15日，为研究探讨和解决中等职业教育办学体制方面存在的问题，教育部职业成人教育司委托江西省教委承办，在南昌召开了中等职业教育办学体制改革工作研讨会。副省长胡振鹏到会讲话，省教委副主任于玉梅在会上介绍了江西省中等职业教育办学体制改革的做法和经验，会议认为，改革开放20年来，中等职业教育发展迅速，积累了许多经验。但随着社会主义市场经济体制的逐步建立和完善，中国中等职业教育由于受传统办学体制的束缚，很多学校还没有面向市场实行自主办学，办学机制不灵活，不能适应市场经济对职业教育的要求。会议要求各省（市）进一步解放思想，勇于探索，大胆实验，积极推进中等职业教育办学体制、管理体制和运行机制的改革。

〔**重点中等职业学校评估**〕 根据教育部文件精神和评估国家级重点中等专业学校、国家级重点职业高级中学的指标体系，省教委在各地（市）各校自评、申报的基础上，组织专家评估组对参评学校进行了复评。经过复评，确定南昌铁路机械学校等16所普通中等专业学校，南昌市第一职业中等专业学校等12所职业高中为国家级重点中等职业学校备选学校。

高等教育

〔**综述**〕 1999年，江西省高等教育坚持以邓小平教育理论为指导，贯彻全国第三次教育工作会议精神，加快高教改革和发展步伐。经国家计委、教育部批准，江西地方高校进一步扩大招生计划，招生总数达36 500人，比1998年增长50%；由于高校招生计划扩大，1999年江西省的高考录取率达到41.8%。

为了确保扩招后学生的学习、生活条件，省政府多次召开会议研究，各高校采取挖掘潜力和创造条件并举的方式，扩大了办学容量。省教委组织3个调查组，对12所本科院校的扩招条件进行检查，督促扩招高校努力使办学基本条件达到标准。

5月，省人大教科文卫委、省委宣传部、省教委组织《高等教育法》执法情况调查。省人大常委会副主任陈癸尊在南昌主持执法情况汇报会，听取省政府有关部门关于《高等教育法》执法情况的汇报。会后，两个调查组分赴赣州市、九江市进行实地调查。并向省人大常委会报告了执行情况。

〔**高校管理体制改革和布局结构调整**〕 1999年10月，教育部发展规划司负责同志考察了宜春、吉安、上饶、九江等地的高校体制改革和院校调整工作，副省长胡振鹏及省教委有关负责同志参加考察。经考察，原则同意组建宜春学院，并于2000年在6个专业招收本科生；同时将九江市4所高等院校组建为九江学院的工作列入地方高教布局调整规划。年底，教育部派专家组考察了筹建中的井冈山师范学院和上饶师范学院，确定将两校组建工作列入2000年初全国高等学校设置评议委员会评审。华东地质学院、南昌航空工业学院实行中央和省共建，以省管理为主的管理体制，已完成交接工作。

1999年，江西省启动高等职业教育。省政府批转了省教委、省计委《关于按新的管理模式和运行机制试办高等职业教育的意见》。经教育部批准，设立江西工业职业技术学院、九江职业技术学院和民办蓝天职业技术学院3所高等职业学校，1999年正式招生。民办蓝天职业技术学院成为全省有资格举办学历教育的第一所民办高校。

〔**教学改革和管理**〕 全省高校加强面向21世纪的教学研究，省教委筹措专项经费资助100项教学改革课题研究。开展了评选和表彰高校先进教务处和教务工作先进个人的活动。共评出高校先进教务处11个，教务工作先进个人89人。南昌大学、江西师范大学、江西财经大学、吉安师范专科学校4所高校教务处被评为全国先进教务处。继续组织大学生参加全国大学生数学建模和电子设计竞赛。在1999年的全国数学建模竞赛中，南昌大学获一等奖，南方冶金学院3个队获二等奖，江西财经大学获得二等奖；上饶师范专科学校获专科组一等奖，江西中医学院和南昌大学各有1个队获专科组二等奖。在全国大学生电子设计竞赛中，南方冶金学院获得二等奖。

为适应经济建设和社会发展的需要，高校共增设本科专业29个、专科专业15个，完成1999年江西省普通高等学校基本工作状态数据库数据采集汇编工作，高校图工委对高校图书馆开展了第三次评估。对南昌航空工业学院、南方冶金学院、赣南师范学院、赣南医学院的基础课实验室进行了评估。召开1999年全省高师师资培训工作会议，明确面向21世纪高校教师培训工作的总体思想和工作重点。

〔**高校后勤社会化改革**〕 年初，省教委印发《江西省高校加快后勤工作社会化改革的意见》，明确高校后勤社会化改革的目标、步骤和具体实施办法。并确定南昌大学、江西师范大学、南昌航空工业学院3校为改革试点校。12月，召开江西省高校后勤社会化改革工作座谈会，传达贯彻全国高校后勤社会化改革工作会议精神，进一步推动高校后勤社会化改革的步伐。

〔**高校科研**〕 1999年，全省高校共争取到省科委项目53项，科研经费239.5万元。评出1996～1997年度江西省高校优秀科技成果34项，其中应用科技成果7项。组织了全省高校第六届人文、社会科学优秀成果评选，从217项中评出86项优秀成果，授奖面为40%，其中应用研究成果58项，占获奖总数的70%。大型古籍整理项目《豫章丛书》出版了第一卷，并被列为全国高校古籍整理研究重点项目。

组织全省高校参加“江西省纪念建国50周年暨第6次邓小平理论研讨会”，有11篇论文获奖，占获奖总数的37%。组建了全省高校科研管理研究会文科专业委员会，进行了课题招标。评选了优秀硕士论文，从110篇论文中评出优秀论文20篇。

〔**高校党建与德育工作**〕 1999年，召开了全省第十次高校党建工作会议，组织高校党政干部参加研究生课程进修班，对高校“文明校园”进行了评选，开展了全省高校党建和思想政治工作专题调研。并召开全省高校邓小平理论“三进”工作暨思想政治教育会议，总结交流“三进”工作经验；并就实施“两课”课程新方案召开了专题研讨会，编写出版了新教材，培训了新课程骨干教师。暑期组织“两课”教师集体备课，对高校“两课”教学质量、改革与建设进行了评估。

1999年全省高校围绕纪念“五四运动”80周年、庆祝建国50周年、迎接澳门回归三件大事，在校园广泛开展了唱响爱国主义教育主旋律活动。为了配合全国大学生艺术节活动，省教委会同省委宣传部、文化厅、广电厅、团省委联合举办了全省第四届大学生文化艺术节。江西省选送参加’99全国大学生艺术节活动评奖的节目，获得7个一等奖、9个二等奖、15个三等奖，并获得组织奖。

〔**教育交流与合作**〕 1999年，全省教育系统共派出53批、计136人次出访美国、日本、澳大利亚、英国、法国、德国和香港等国家、地区进行教育考察和学术交流。全省共有31所高校（单位）获得外国专家聘请资格，其中有26所院校聘请了长期外国专家、外籍教师60人，短期外国专家46人。留学工作稳步发展。1999年江西省国家公派和单位公派出国留学16人，自费出国留学170人。与法国普瓦提埃大学开展了合作项目，有37人赴法国留学。1999年江西共办理22名长期来华留学、26名短期来华留学的学生申请。在合作办学方面，南昌航空工业学院与澳大利亚拉筹伯大学、北墨尔本高等技术学院合作成立了“中澳教育培训中心”。全省已有对外合作办学机构6个。

成人教育

〔**扫盲工作**〕 1999年初，省政府下达年度扫除文盲20万人的任务，各地逐级分解指标，将任务落实到村、到人。全年全省各地共举办扫盲夜校9 140个、扫盲教学班15 551个，有216 488人达到脱盲要求。傅小军、柯南生等7人和黎川县燎原广播电视学校社萍分校等8个单位获第四届“中华扫盲奖”。3月28日～4月7日，国家扫盲检查团对江西省进行验收检查，重点抽查了浮梁、婺源、宁都和吉水4个县的扫盲工作。同年11月，宣布江西省“基本实现扫除青壮年文盲目标”。

为了保证验收后“思想不松、机构不撤、人员不减、经费不少、工作不停”，省政府和省教委加强对扫盲和农村成人教育的检查指导。省政府在年初派出4个工作组，对全省11个地、市的23个县（市）进行扫盲督查。春节后，省教委又派出2个工作组，对8个县（市）的扫盲工作进行帮助和指导。4月～5月，省教委对各地农民文化技术学校开展脱盲后教育等情况开展专题调研。6月，省政府发出《关于立即对扫盲工作进行复查的紧急通知》。全省各地按照省政府的要求，对照第四次人口普查确定的文盲名单分乡分村进行查假纠错、查缺补漏。99个县（市、区）先后向省政府递交复查报告，提出整改措施。9月中旬，省教委召开全省扫盲座谈会，制定《我省扫盲与农村成人教育现状及今后工作意见》，提出今后一个时期提高农村群众素质的具体计划。从10月到年底，省政府再次组织力量，重点抽查10个县的扫盲复查及整改工作。

〔**社会力量办学**〕 全省进一步贯彻执行《社会力量办学条例》。到年底，全省各级各类民办学校共3 093所，在校生308 460人。省教委加大管理力度，第三次修订《江西省实施〈社会力量办学条例〉办法》，报请省政府列入立法项目。修订下达《关于加强社会力量办学教育机构招生工作管理的通知》，规范招生秩序。全省民办高校在普通高校扩招的情况下，仍招收新生3万人，超过历年招生人数。省教委对申办学校建立严格审批制度，印发《江西省民办高等教育机构设置标准、申办及审批程序暂行规定》。经考察审核，批准成立江西航天科技专修学院、江西长城专修学院等6所院校，使民办高校由36所增至42所。批准12所民办高校参加学历文凭考试，使学历文凭考试试点院校增至24所。经教育部批准，全省第一所民办高等学历教育学校江西蓝天职业技术学院成立。

1998年12月，根据省委组织部《关于加强社会力量办学教育机构党组织建设的意见》，相继建立中共江西省教委社会力量办学管理办公室党委和团委，领导民办院校基层党（团）组织，组织学生学习邓小平理论，学习中华民族优秀文化传统，弘扬爱国主义精神。积极推进素质教育，开展"创文明校园、文明班级、文明寝室，做文明大学生"等活动。

〔**成人高、中等教育**〕 继续对独立设置的成人高校进行调整、改制。江西纺织工业职工大学、江西国防工业职工大学与南昌无线电学校联合，成立江西工业职业技术学院。省教委印发《江西省成人高等职业教育制订教学计划的原则意见》，制订示范性教学计划，召开成人高职班经验交流会，统一刊登成人高职招生简章，使成人高等职业教育得到发展。省教委组织专家审订300多个专业教学计划，对成人高校计算机课程全面抽考，组织3 200余人参加英语等级考试。为了加强成人高等教育的管理，省教委印发《关于成人高等教育学历证书管理工作有关事项的通知》和《江西省成人高等教育毕业证书管理及验印工作的若干规定》，重新明确资格审查、验印范围和证书填写要求。并对160多个部（委）和外省院校函授站进行了备案登记。

成人中等教育多种形式办学。批准增设了一批成人中专部，试办经济信息、导游、医学美容等一批新专业；并在普通中专学校举办自考助读班。省教委印发《进一步落实成人中专学校招收应届初中毕业生有关问题的通知》，进行优秀成人中专毕业生推荐升入成人高校综合测试试点。为加强管理，省教委开展了对省工会职工中专、省女子职工中专及省广播电视中专办学水平评估。会同省卫生厅完成卫生类专业设置认定的前期准备。成人中专学校重视培养学生职业能力和创业能力，新编85种教学大纲，出版成人中专《语文》、《数学》、《计算机应用基础》等规划统编教材，组织2.2万名学生进行专业课和专业基础课考试，并对1.3万名学生进行了计算机理论和实践测试。

撰稿 刘雪平 邓 弘 熊庆任 杜 侦 黄周村 刘静俭
审稿 漆 权 王占铭 李国祥 邱泽忠

山东省教育

概　况

〔基本情况〕

1999年全省各级普通学校基本情况

单位：人

学校类别	学校数（所）	毕业生数	招生数	在校学生数	教职工数 计	教职工数 其中：专任教师
总　计	68 838	3 869 236	4 839 649	17 584 615	1 110 909	919 616
一、研究生		1 537	2 617	6 431		3 087
1. 高等学校		1 477	2 530	6 182		2 951
2. 科研机构		60	87	249		136
二、普通高等学校	52	49 612	82 410	213 679	49 624	21 252
本科院校	32	37 295	63 988	175 190	40 522	16 978
专科院校	20	12 134	17 335	36 874	9 102	4 274
分校、大专班		183	1 087	1 615		
三、普通中等学校	5 342	1 902 174	2 489 744	6 974 497	495 101	383 033
1. 中等专业学校	251	106 740	122 331	344 062	39 274	21 311
中等技术学校	191	88 762	106 443	296 292	30 974	16 768
中等师范学校	60	17 978	15 888	47 770	8 300	4 543
2. 技工学校						
3. 普通中学	4 586	1 648 768	2 222 037	6 204 328	414 538	333 884
高中	694	236 588	347 516	939 420		58 206
初中	3 892	1 412 180	1 874 521	5 264 908		275 678
4. 职业中学	505	146 666	145 376	426 107	41 289	27 838
高中	497	143 197	143 377	419 508		26 946
初中	8	3 469	1 999	6 599		892
5. 工读学校						
四、小学	29 453	1 914 045	1 160 371	8 707 249	451 063	418 828
五、特殊教育学校	142	1 868	2 661	16 362	4 994	3 252
六、幼　儿　园	33 849		1 101 846	1 666 397	110 127	90 164

注：全省高中、初中、小学教师学历达标率分别为68.88%、85.13%、98.34%。

1999年全省各级成人学校基本情况

单位：人

学校类别	学校数（所）	毕业生数	招生数	在校学生数	教职工数	
					计	其中：专任教师
总计	75 105	11 216 857	10 503 117	8 422 510	65 483	53 155
一、成人高等学校	40	61 611	87 117	221 161	14 335	7 131
1. 广播电视大学	2	13 722	13 635	34 778	6 734	3 582
2. 职工高等学校	22	7 958	12 294	28 936	3 917	1 803
3. 农民高等学校						
4. 管理干部学院	5	5 097	9 019	17 760	1 400	530
5. 教育学院	11	4 988	9 945	23 265	2 284	1 216
6. 独立函授学院						
7. 普通高等学校举办		29 846	42 224	116 422		
函授部		21 074	30 149	82 947		
夜大学		5 455	7 801	23 882		
成人脱产班		3 317	4 274	9 593		
合计中：电大普通专科班		8 358	8 879	20 051		
二、成人中等学校	59 634	10 715 535	10 033 406	7 798 400	30 298	36 949
1. 成人中等专业学校	300	60 750	47 479	121 860	15 149	8 379
广播电视中等专业学校	10	7 720	5 841	13 542	1 035	576
职工中等专业学校	138	26 910	21 450	57 716	5 401	2 900
干部中等专业学校	23	6 320	4 082	9 917	1 685	824
农民中等专业学校	36	7 683	8 575	20 644	1 955	1 379
函授中等专业学校	5	1 028	402	1 377	77	48
教师进修学校	88	11 089	7 129	18 664	4 996	2 652
其他类学校举办						
2. 成人中学	195	33 591	23 766	33 799	2 045	787
职工中学	90	17 842	13 244	20 933	976	300
农民中学	105	15 749	10 522	12 866	1 069	487
3. 成人技术培训学校	59 139	10 621 194	9 962 161	7 642 781	75 376	27 783
职工技术培训学校	891	775 006	811 780	472 651	9 930	5 685
农民技术培训学校	58 248	9 846 188	9 150 381	7 170 130	65 446	22 098
三、成人初等学校	15 431	439 711	382 594	402 909	20 850	9 075
1. 职工初等学校	19	33 260	37 830	37 830	114	44
2. 农民初等学校	15 412	406 451	344 764	365 079	20 736	9 031
其中：扫盲班	10 183	118 543	82 774	96 880	11 647	6 024

制表 李霞

〔**全省科技教育工作会议**〕 1999年10月8日～9日，省委、省政府在济南召开全省科技教育工作会议。省委副书记、省长李春亭主持大会，中共中央政治局委员、省委书记吴官正到会并讲话。他在讲话中指出，到2010年，全省要基本普及高中阶段教育，实现高等教育向大众化教育的跨越，基本形成结构合理、运转高效、教育质量和办学效益较高、各级各类教育多轨运行、相互沟通、协调发展的教育体系，整体实力和现代化水平进入全国先进行列。要全面推进素质教育，各级各类学校要成为创新人才培养的摇篮。学校思想政治工作只能加强不能削弱。尤其是各高等学校，要切实加强党建和思想政治工作。要加快培育高水平大学，力争经过10～15年的努力，建成1所位居全国前列的综合性大学，培养一批全国一流水平的学科、学者。同时，重点支持3～5所高校，力争进入全国同类学校前列。积极发展校办高科技产业。积极发展民办教育，力争在不长时期内，形成以政府办学为主、社会各界广泛参与、公办民办共同发展的局面。副省长邵桂芳作了总结讲话，对教育工作提出要求：(1)巩固提高“普九”成果，夯实奠基工程。省级财政继续拨付普及九年义务教育的专款不变；用三年左右的时间，完成师范教育由三级向二级的转变，以提高新任中小学教师的素质。(2)以减轻“两重”为突破口，全面推进素质教育。继续推进中考制度改革，加快薄弱学校的建设与发展。2000年全省将按照各市地总人口数、高中阶段学生数和前三年本科上线人数等因素，把大学本科的统招指标分配到市地，以减缓市地之间升学竞争的压力。继续加快高等教育发展，努力扩大招生规模。改革教学方法，下决心精简教辅材料，减轻学生课业负担和学生家庭经济负担。在高等学校和中小学逐步普及计算机教育。(3)调整布局结构，优化教育资源配置。各市地要统筹规划本地高等教育的发展，原则上一个市地要在现有高校合并调整的基础上，集中财力办好一所综合性高等专科学校或职业学院。省有关部门所属市地的中专学校，可以并入市地学校。要重视中等职业教育和普通中小学的布局调整工作，提高各级各类教育的办学水平和效益。要研究打通中等职业教育、普通高中教育、普通高等教育和成人教育、电视大学、自学考试等各类教育的沟通渠道，构建各类教育相互沟通的“立交桥”。(4)加强高校重点建设，提高整体办学水平。要集中财力和人才，加大对高校重点建设的投入。要将高水平大学、“211工程”、高校三项重点建设、工程技术研究中心等统筹规划，把重点建设与学位点建设等有关高层次人才培养的工作结合起来。

〔**保障妇女儿童受教育权利**〕 1999年，全省各级教育部门认真宣传贯彻《山东省妇女发展规划（1995～2000年）》和《山东省儿童事业发展规划（1996～2000年）》，并纳入到贯彻落实教育法律法规的范畴，明确目标责任制，在确保“两基”和大力推进素质教育的基础上，各级各类教育得到健康持续发展，真正有效地保护了少年儿童和广大妇女受教育的权利。全省学龄儿童入学率达到99.62%，女童入学率达到99.61%，小学毕业生升初中比率为97.61%，其中女学生升入普通初中的升学率为94.46%。全省幼儿园基本满足了幼儿接受教育的需求。全省普通高等学校在校女研究生已达2 809人，比上年增长15%。女研究生占研究生总人数的41.25%，比上年度提高1.9个百分点。普通高等学校在校女本专科生7.39万人，占

39.4%。全省已基本完成教师资格过渡工作。女性师生依法受教育、培训等权益基本得到保障。

〔**财务管理改革**〕 1999年，全省乡村中小学实行了乡镇“集中管理、分校核算”的财务管理体制。乡镇教委建立了财务机构，对所属中小学的财务集中进行管理，分户核算，中小学只配备报帐员。各高等院校实行了“统一领导，集中管理”的财务管理体制，即“统一财经方针政策，统一财务收支计划，统一财务规章制度，统一资源调配，统一财会业务领导”。学校根据事业发展的需要统筹安排和使用学校的各项经费和资产，对财经工作和财务活动进行集中管理。各级教育行政部门对直属单位也采取了“集中管理，分户核算”和委派会计人员的财务管理体制。通过改革，减少了会计机构及人员，提高了会计人员的素质，规范了会计基础工作，增强了单位的宏观调控能力，加强了国有资产的管理，强化了会计监督。

〔**教育经费投入**〕 1999年，省委省政府制定印发了关于贯彻《中共中央、国务院关于深化教育改革全面推进素质教育的决定》的意见，要求切实增加各级财政对教育的投入。主要有：(1)落实《教育法》规定的“三个增长”的政策。(2)提高各级财政支出中教育支出的比例。从1999年起至2003年，省级财政支出中教育支出所占的比例每年提高1个百分点，市地、县级财政支出中教育支出所占比例也要逐步提高。(3)各级财政每年安排的超收部分，应按不低于年初确定的教育经费占财政支出的比例用于教育。(4)各级财政预算外统筹部分也应安排适当比例用于教育。(5)农村义务教育阶段各类学校公办教师的工资，由县级财政负责。(6)农村教育费附加实行乡征县管乡用的管理体制，确保按农民人均纯收入的1.5%～2%及时拨付教育行政部门，主要用于义务教育。

1999年，全省教育经费总收入由上年的166亿元增加到195亿元，增加17.74%。其中，预算内教育经费由上年的92.3亿元增加到107.5亿元，增长16.33%。实际利用世行贷款1 700万元。

〔**现代远程教育网建设**〕 1999年，全省正式启动现代远程教育工程，确定了“山东省现代远程教育网”建设的总目标：紧紧围绕为教育、经济、社会发展服务这一中心任务，在充分利用现有资源的基础上，建立教育专用网，并与公共网相连接，覆盖全省各级教育行政部门、各大中专学校和部分中小学，通过公共网为全社会提供现代远程教育服务。主要任务：(1)教育教学管理。接收、贮存并视需要发送教育部、省委、省政府、省直有关厅局、各高等院校、各市地教育部门及其他学校、单位的文件、数据、资料。贮存、发送省教委有关文件、数据、资料，实现信息采集和交换的智能化、及时化和教育机构办公自动化、无纸化。(2)教学信息发布及网上教学。通过对社会开放，实现各种教学信息查询，包括名校、名师、教学大纲（计划）、优秀教案、模拟试题、招考信息、家长咨询解答，以及成人教育（自学考试）网上辅导、高校网上招生、远程教学等。(3)教育资源信息共享。科研信息查询主要包括全省高校科研立项，科研成果、优秀教学成果（含中等以下学校）及国内外相关信息；实现高校大型精密贵重设备、图书资料、实验室等教育资源的网上查询，促进资源共享。

网络中心通过室内光纤及超五类双绞线与省教委各处室相连，形成核心网络。委属单位采用光缆、DDN、ISDN、电话线等方式接入省教委网。省教委网络按山东省的统一规划通过电信线路、广电线路、百灵城域网接入省政府网、公共信息网；通过光纤线路与山东工业大学连接，进入中国教育网及教育部网，进而进入国际互联网。1999 年，省教委核心网络进入正常运行状态，山东省现代远程教育一期工程完成。

〔**教育工会组织建设**〕 省教委、省委高校工委、省总工会联合印发了《关于加强教育工会组织建设的意见》。《意见》指出：努力提高对教育工会地位和作用的认识，切实加强教育工会的组织建设。凡未建立或组织不健全的，要按照《工会法》和《工会章程》的规定，认真搞好组建、恢复和重建工作。要根据《工会法》和《社会力量办学条例》等有关规定，加强民办学校工会组织的建设。加强教育工会的干部队伍建设，认真解决县级以上教育工会的机构设置和人员编制，根据工作需要配备相应数量的专职工会干部。各级教育工会主席、副主席应由各级代表大会或会员大会选举产生。切实加强对教育工会的领导，教育部门和学校的党组织要把教育工会工作列入重要议事日程，关心工会干部的学习、生活和工作，支持他们依法独立自主地开展工作。

撰稿 吴建华 孟令君

基础教育

〔**义务教育**〕 1999 年，全省实现“普九”的县（市、区）达到 135 个，占县（市、区）总数的 97.1%，人口覆盖率达到 95.9%。全省基础教育加大了对尚未“普九”县的重点扶持力度，嘉祥、鱼台、梁山、菏泽、定陶、东明、单县等县市通过了省政府“两基”评估验收。印发了《关于巩固九年义务教育实施水平的意见》和《关于在全省建立“两基”复查制度的规定》，在全省基本形成巩固“普九”成果，提高“普九”水平的保障机制。

〔**素质教育**〕 1999 年，继续全面推进中小学素质教育。加强和改进了中小学德育工作，重点抓了《中小学德育管理条例》的贯彻落实和队伍培训。评选表彰了省级三好学生 396 名，省级优秀学生干部 561 名。与团省委联合表彰了 50 名优秀少先队辅导员，与省妇联联合表彰了 100 所优秀家长学校和 200 名优秀家长。加强了中小学科技教育，印发了《山东省中小学生创造活动实施方案》。进一步加强了高中会考工作，公布了第六批共 60 所省级规范化学校名单，启动国家级示范性普通高中建设。加强了中小学心理健康教育和小学生的计算机教育工作。全面启动了“中小学实验教育普及县工程”，印发了《山东省中小学实验教学普及县检查评估办法》。在全省农村中小学中推广了泰安市“快乐体育”教学经验。总结推广了高密市中小学课程、教材改革和办学体制改革经验。加强了中小学办学水平的督导评估工作，印发了《山东省县级政府教育工作督导评估方案（试行）》。在中共中央、国务院召开的第三次全国教育工作会议上，省长李春亭作了题为《深化教育改革全面推进中小学素质教育》的典型发言，从深化改革，建立素质教育良性运行机制；调整结构，夯实素质教育的基础；建章立制，把素质教育纳入法制化轨道；加强领导，创造素质教育的良好环境等方面介绍了全省中小学实施素质教育的情况。

1999年，省教委印发了《山东省中小学生素质发展目标》。该目标总体结构包括政治思想素质、文化科学素质、身体素质、审美素质、劳动素质、心理素质六部分，各部分分为若干分项，分项又包括若干具体内容。该目标操作性强，并已在全省中小学试行。该目标的实施，有助于中小学教师正确认识素质教育，把全省的素质教育引向深入。

〔**招生改革**〕 1999年，省教委印发了《关于进一步完善中考招生制度的意见》，加大了评价结果在招生指标分配中的权重，扩大了招生指标分配的比例，取消了指标生录取控制分数线。在考试内容上，减少了背诵内容，增加综合运用知识的题目，增加实验操作和英语听力测试。在考试形式上，以政治科为主，进行开卷考试与闭卷考试相结合的试点，加大了改革力度。一定程度上减轻了区域和学校间升学的过度竞争，为学校实施素质教育创造了宽松的环境。

〔**中小学用书管理**〕 1999年，省教委认真执行省政府办公厅转发省教委、省新闻出版局、省物价局、省出版总社4部门《关于加强中小学生用书管理减轻学生负担意见的报告》。严格教材管理，禁止使用未经审查的教科书；按照编审分开的原则，“限字限页限价”审定初中和高中毕业年级的复习资料；整合部分教育内容，减轻辅助读本的种类。加大监查力度，实行校长负责制，坚决制止其他变相加重学生负担的行为。通过采取有力措施，实现了对教育内容的宏观控制，减轻了学生的经济和课业负担。

〔**示范性高中建设**〕 1999年，省教委印发了《开展国家级示范性普通高中试评估的意见》，提出了“先进的教育思想，优秀的师资队伍，科学的学校管理，深入的教育改革，先进的办学条件，深厚的文化底蕴，明显的示范作用，优良的学生素质”八个方面的要求，并对试评估的程序作了明确规定。9月23日～25日，省教委在青岛召开了全省国家级示范性普通高中建设座谈会。对省教委起草的示范性普通高中的标准和条件进行了讨论。全省国家级示范性普通高中建设正式启动。

〔**学前教育**〕 省教委印发了《关于加强城市学前教育工作的意见》（鲁教基字［1999］5号）。《意见》在巩固和发展城市学前教育的规模、办园体制改革、师资队伍建设等方面作了具体规定。修订下发了《省级实验、示范幼儿园办园标准》，起草了《山东省幼儿园园长教师资格认定暂行规定》、《关于加强农村学前教育工作的意见》、《山东省学前教育管理条例》。验收公布了第八批省级实验幼儿园和第四批省级示范幼儿园。“六、一”儿童节期间，与山东教育电视台联合举办了“改革发展中的山东学前教育”录像展播活动。

撰稿 王培岭 孟令君

职 业 教 育

〔**综述**〕 1999年，全省职业教育更新观念，开拓进取，坚持大力发展的方针、为当地经济建设服务的办学宗旨和控制职教普教比例、合理分流的指导思想。加强了对中等职业学校招生的宏观指导，发出《关于做好中职招生工作的通知》，采取多种形式，制定优惠政策，扩大招生规模。同时，加快高等职业教育的发展，1999年从职业高中（中专）计划对口招生5 000人，比上年增长52%。

进一步加强和改进了中专学校德育工作，成立了中专德育工作委员会。举办了首届全省中专学校“十佳学校”、“十佳校长”、“十佳教师”、“十佳学生”评选活动。

认真组织一年一度的《职教法》宣传月活动，积极参与省人大对全省有关市地贯彻落实《职教法》情况的检查工作，参加了省人大《山东省实施〈职教法〉办法》（草案）专题调研，并撰写了起草说明。

1999年11月山东工程学院（山东职教师资培训中心）、平度职教中心被教育部批准为首批全国重点建设职教师资培训基地。

〔**布局调整和管理体制改革**〕 进一步优化职业教育结构，合理配置资源，提高职业教育的办学效益。总结推广烟台市以县（市、区）为单位，合理调整布局，建设高标准、高规格、高水平骨干职业学校的经验。6月，省教委在烟台召开了全省职业学校布局调整经验交流会，提出用3～5年时间，在各级政府的统筹下，从实际出发，加大措施，完成职业学校布局调整工作的目标。9月，教育部在烟台召开全国中等职业学校布局调整工作会议，在全国推广青岛、烟台职业学校布局调整经验。

加大各项改革力度，在管理体制改革方面，打破部门、行业地域界线，变多头领导为在政府统筹下，教委综合管理，各办学单位分工协作。县级职教中心基本实行一套班子，多块牌子，进一步理顺各类中等职业教育的管理体制。在办学体制改革方面，大力推广“双元制”办学模式，同时积极进行“产业教育集团”、“专业实体制”、“股份制”、“国有民办（民助）”等办学体制改革的试点，突出职业教育的办学特色。在教学体制改革方面，进行了“双元制”、“学分制”、“CBE”等教学体制改革的试点，提高学生的职业素质水平。普通中等专业学校的办学体制和管理体制改革也迈出较大步伐。山东机械工业学校并入山东建筑工程学院；聊城市农业学校并入聊城师范学院，成立农业职业技术学院，实行“地方政府与师范学院双重领导，以师范学院领导为主”的管理体制。

〔**骨干学校建设**〕　按照教育部的部署完成了对省级、国家级重点职业学校的复评工作。各地为争创国家级、省级重点职业学校，加大措施，增加投入，1999 年共投入资金 1.5 亿多元，其中仅电子阅览室、校园网络建设达4 000多万元。到 1999 年底，全省有 101 所职业学校基本达到国家级重点标准，248 所职业学校达到省级重点标准。组织全省有关职教专家起草了《山东省高标准职业教育体系建设工程方案（初稿）》。

1999 年 6 月，山东省教委职教处转发了教育部职成教司《关于进一步加强中等职业学校信息化建设的通知》后，仅几个月，全省就有 100 多所中等职业学校建起校园网，投入资金3 000多万元，促进了学校办学条件的改善和重点骨干学校的建设。

〔**为农村经济服务**〕　1999 年，全省职业学校认真开展了“教育如何为农业和农村工作服务”为主题的思想讨论和专题调查研究，积极促进农科教结合，抓好“三教”统筹。依托职业学校，积极推行农民技术资格证书制度，实施“绿色证书工程”，全省 100 多个县市区全面开展绿色证书教育，有 26 万人获得了绿色证书。职业学校还积极投入到农业科技成果的推广中，参与黄潍海平原开发、黄河三角洲开发、农业良种产业化开发等全省综合性的农业科技开发活动。组织师生开展了百乡千村送科技下乡活动，引导农民成立经济合作组织和科普协会，建立攻关田、示范田、示范园。潍坊等地职业学校调整教学内容，采取多形式办学，为实施农业产业化战略服务。

撰稿　李兰香　王树勋　丛培军　孟令君

高 等 教 育

〔**综述**〕　1999 年 4 月 28 日～29 日，省委、省政府在济南召开了全省高等教育改革工作会议，对全省高等教育改革和跨世纪发展做出全面部署。省政府印发了《关于深化高等教育改革的若干意见》，对高教管理体制、校内管理体制、办学体制、教学、招生就业制度、投资体制等方面的改革做出了明确的规定。积极稳妥地推进高校布局调整工作。3 月，省政府决定将山东经济学院、山东艺术学院、山东轻工学院、莱阳农学院、山东农业大学、山东水利专科学校 6 所学校划归省教委管理。山东科技大学、民办青岛滨海职业技术学院经教育部专家组现场考察和评审，正式批复成立。按照国务院的要求和省委、省政府的部署，1999年共计安排招生计划8.7万人，比上年增加招生3万人，增长54%。深入开展转变教育思想、更新教育观念的讨论，组织了全省面向21世纪教学内容和课程体系改革项目的中期检查，评出优秀项目130个。对100门课程和50个新兴、交叉与空白学科的专业进行了评审。组织专家对国内外著名高等学校进行了考察，提出了全省建设高水平大学的初步方案，已经由省政府研究通过。组织申报了国家有关部门和全省各类科技计划项目。组织制定了山东省2000～2006年学科建设与发展规划和第七批新增博士、硕士点的建设计划。审核批准了省内11所高校和外省高校在全省举办的研究生课程进修班。举办了全省大学生艺术节。加快了高校后勤改革步伐，推广了山东大学、青岛大学、石油大学、山东工业大学、山东农业大学、聊城师范学院等高校后勤改革的典型经验。开展了全省高校文明校园检查评估活动。加强了全省高等学校专业技术职务岗位设置管理，评审通过高级专业技术职务任职资格的教师7 000人。

〔**科研工作**〕 1999年省教委安排文、理两批科研计划195项，下拨科研经费500万元；古籍整理项98项，拨款33万元。组织申报国家有关部门和全省各类科技项目105项，经费901万元。认真评审确立了全省自然科学基金资助重点项目18项，资助金额308万元，批准资助106名青年科技工作者的基础性探索研究。1999年全省高等学校获得省科技进步奖144项，占全省受奖项目的32.5%；获得教育部科技进步奖31项，占全国受奖项目的11%，其中获得推广奖项目18项，占全国受奖项目的19%。评出省教委科技进步项目221项。组织高校参加了全国首届产学研（青岛）洽谈会、省第九届产学研洽谈会、山东省第一届农业科技博览会，共展出科技成果1 000多项，签订意向合同100多项，签订正式合同48项，合同意向金额2 184万元。在充分论证的基础上，形成《山东省2000～2006年学科建设与发展规划》，已报送国务院学位委员会。

〔**师范类毕业生分配**〕 1999年全省有师范类大中专学校毕业生40 321人。按学历层次分，毕业研究生227人，本科毕业生6 440人，专科毕业生15 951人，中师毕业生17 703人。1999年全省师范毕业生就业政策在保持连续性的同时作了较大调整。(1)在就业安置的力度上，由上年确定的师范类毕业生由各级教育行政部门安排到各级各类学校任教，重点充实基层中小学，调整为师范类毕业生要面向各级各类学校就业，重点充实基层中小学。(2)在师范类毕业生就业范围方面：由上年规定师范类毕业生不安排到其他行业就业，调整为确实安排不了的，毕业生可以到其他行业就业，不再返还其在校学习期间普通专业的学费及定向奖学金、专业奖学金等有关费用。(3)中等师范学校毕业生的就业政策调整为：市地可根据本地实际确定中等师范学校毕业生的就业办法等。

〔**实验室管理体制改革**〕 1999年全省高等学校实验室（设备）管理体制改革取得新进展。(1)实验室建设实现了规划管理。各高校成立实验室建设专家指导委员会，结合本校专业调整和学科、学科群、课程体系建设，制订实验室建设总体规划，对规划外项目，原则上不审批、不立项、不拨款，从源头上解决实验室重复设置、设备重复购置的问题。(2)对实验室进行了结构和资产重组。

各高校根据本校实验室建设总体规划，对原来功能相同或相近，但分散设置的实验室，在全面调整、合并的基础上，实现了实验室结构和资产重组。部分高校实现了中心化管理。(3)理顺了管理体制。由校（院）、系、教研室三级管理，以教研室管理为主的体制，改为校（院）、系两级管理体制，实现了在统管、统配、统调基础上的规范化、科学化管理。(4)仪器设备及技术物资采购工作逐步规范。采取归口管理、集中招标采购的办法，初步达到了质量高、价格廉、服务优和采购过程规范化的目标。

〔**银行贷款建设校舍**〕 1999年，省教委、计委、财政厅、物价局、银行等部门联合进行了拓宽高等学校融资渠道的专题研究，制定了《关于利用信贷资金加快高校建设的实施意见》。省教委先后与省建设银行、工商银行等签定了银行与学校合作框架协议。全年全省各高等学校与银行签定贷款协议4亿元，新建校舍48万平方米。

〔**国际交流**〕 年公费出国人员134人，具有大专以上学历自费出国留学人员635人。20所学校与国外院校建立友好学校。接受外国留学生1 050人。审核和审批18所中外合作办学学校。聘请外国文教专家、外籍教师467人。教育系统出国（境）团组326个，计669人。

撰稿　陆信祥　江新政
于炳文　孟令君

成人教育

〔**农村成人教育**〕 1999年，全省农村成人教育继续扫除剩余文盲，同时，举办业余小学班，学文化与学技术相结合，巩固、提高扫盲成果。制定了《山东省成人教育工作先进县标准》和《山东省富民培训工程方案》，农村成人教育三级办学网络进一步完善。1999年，全省共有县办成人中专108所，有20所达到省、部级示范性学校标准，年招生2万人；95%的乡镇建立了成人教育中心学校，有750所达到省级规范化学校标准；有1.2万个村成人学校达到省级规范学校标准。乡村两级成人学校年培训800多万人次。全省农村成人教育充分发挥自身优势，面向农业、农村和农民，采取短、平、快的办法，积极开展多形式、多层次、多样化的培训，为农村培养了大批高素质的劳动者、初中级技术人才和基层管理人员，提高了农村劳动者的思想道德和科技文化素质，为农村的两个文明建设发挥了重要作用。

〔**成人高等教育**〕 1999年，全省成人高校在校生22.1万人，占高等教育在校生总数的51%。本年度，又有11所普通高校成人教育学院和管理干部学院获得了举办成人学历教育专科升本科的资格，全省大多数本科普通院校、教育学院和管理干部学院已经举办成人本科教育。在青岛海洋大学、山东工程学院、山东建筑工程学院3所高校开展了推荐优秀应届成人专科毕业生升本科的试点工作。山东广播电视大学开展了中央广播电视大学统一组织下的远程开放教育试点工作，学生免试入学，通过网络和双向电视系统等现代教育教学手段教学，招生500多人。全省高等学校自学考试开设本、专科专业73个，全年两次考试报考97.63万人。加强了普通高等学校函授站和自考助学点的清理整顿工作，普通高等学校函授站由原来的800个调整为425个，促进了成人高校办学规范化建设，办学秩序明显改善。

〔**社会力量办学**〕 1999年7月26日～28日，省教委在济南、淄博召开全省民办高等教育工作会议。会议的主要内容是，贯彻落实第三次全国教育工作会议和全省高等教育工作会议精神，总结交流全省各地举办民办高校的做法和经验，考察部分民营大企业举办的民办高校，部署今后全省民办高等教育改革和发展工作。副省长邵桂芳出席会议并在讲话中指出，政府要加快制定扶持民办教育发展的优惠政策：(1)允许对办学者的投入给予适当回报；(2)社会力量新建或扩建校舍，当地政府可以无偿提供土地，免收校舍配套费用；(3)达到国家规定的高等学历教育标准的民办高校，可以尽快经过评估确定为学历民办高校；(4)达到规定条件的民办高校可以成为国办高校以高职为主的二级学院；(5)民办高校达到省教育行政部门规定的办学标准可以直接划拨高职指标；(6)提高收费标准或放开收费，实行优质优价；(7)鼓励大学毕业生到民办高校任教；(8)民办高校教师在评先选优、管理职称评定等方面与国内高校教师一视同仁；(9)民办高校可以获得银行提供的贴息贷款或贷款担保，贫困生可以获得政府提供的贫困生贷款；(10)省教委设立社会力量办学表彰奖励基金。

到1999年底，全省已有各级各类民办教育机构2 749个，其中幼儿园540所、小学155所、中学185所、中等专业学校85所、民办非学历高等教育机构105个，其他教育机构1 682个。全省民办学校在校生40万人，教职工2.8万人，校舍建筑面积278万平方米，固定资产达30多亿元。民办教育已成为全省教育事业的重要组成部分和新的增长点。1999年，有29所民办高校获准开展了学历文凭考试试点，开设了22个专业，年招生8 500人，在校生达1.3万人。

撰稿　周佳敏　孟令君

审稿　陈光华　孟庆旭

青岛市教育

〔综述〕

1999 年各级各类教育基本情况

单位：人

学校类别	学校数	在校学生数	毕业生数	专任教师数
幼儿园	3 831	154 066		10 117
小学	1 447	583 594	106 806	32 672
初中	297	274 269	96 674	19 718
特殊教育学校	13	1 484	185	360
普通高中	68	77 969	22 358	5 059
职业中学	66	70 236	18 775	4 321
中等专业学校	19	26 955	10 371	1 749
其中：中等师范学校	7	4 750	2 400	441
成人中等专业学校	33	18 325	8 602	809
普通高等学校	5	33 852	7 202	2 977
成人高等学校	5	14 630	3 969	745
社会力量办学校（班）	435	5 283	106 224	5 890

1999 年 11 月 7 日，中共青岛市委、青岛市政府召开了全市教育工作会议，印发了《贯彻〈中共中央、国务院关于深化教育改革全面推进素质教育的决定〉的实施意见》，提出了建设现代化教育强市的总体目标和要求：用 5～10 年时间，基本形成各级各类教育结构合理、相互衔接沟通、现代化的终身教育体系，基本形成与社会主义市场经济和教育内在规律相适应的创新教育体制，基本形成以德育为根本、以创新精神和实践能力为重点的全面发展的素质教育模式，基本形成与科技进步和经济、社会发展紧密结合的知识产业机制，逐步实现教育思想、教育内容、教育设施、教育手段和教师队伍的现代化。

全市教育系统有 207 名执法人员获得了行政执法资格。各级政府和教育行政部门加大了依法规范各类学校办学行为的力度，对社会力量办学情况进行了全面检查，对部分公、民办学校、幼儿园进行了督导评估和定级，并对素质教育实施情况进行了督导调研，推动了全市学校素质教育的深入开展。健全了对乡镇政府教育工作督导评估制度。

各市、区加强教育科研机构建设，充实

科研队伍。青岛市教科所在教师中进行教育科研培训达4万多人次。由市教委承担的3项全国教科研课题、1项全国哲学社会科学“九五”重大课题及由市教科所承担的3项省级教科研课题已进入结题阶段。192项市级“九五”教科研课题也大都已进入结题阶段。一批素质教育模式试点实验正在顺利开展。

市委、市政府批转了《青岛市教委关于进一步深化教育人事制度改革的报告》,全市中小学在继续落实原有人事制度改革措施的基础上,实施了以竞争聘任、评聘分开、合理分流富余人员及在部分市(区)试行聘用合同制试点为主要内容的新一轮教育人事制度改革,成立了青岛市教育人才市场,建立起能进能出、能上能下、公平竞争、有序流动的用人机制,共有4 018名教职工转岗分流,优化了教师队伍。市教委通过举办校长岗位培训班、提高培训班,组织赴国外、外地研修、挂职锻炼等方式,提高校长素质。评选表彰了青岛市中小学“十佳校长”和“优秀校长”。对副校级以下干部实行竞争上岗和聘任制,校长中具有大学本科学历的由45.13%升至70.50%,平均年龄由51.3岁降至47.7岁;中层干部由556人减至425人,具有大学本科学历的由52.7%升至63.1%,平均年龄由41.1岁降至36.5岁。继续施行中小学教师岗位培训和新教师试用期培训制度,进一步加强了骨干教师队伍建设,评选出省优秀教师、优秀教育工作者57人,市优秀教师、优秀教育工作者400人,学科带头人49人,青年教师优秀专业人才424人。年内为最后一批符合条件的1 461名民办教师办理了转公办手续,并为5 119名公办教师家属办理了“农业人口转非农业人口”手续。

1999年,全市教育经费总收入21.06亿元,其中预算内经费10.62亿元,各级政府征收用于教育的税费3.52亿元,校办产业、社会服务收入用于教育的经费0.38亿元,社会团体和公民个人办学经费0.76亿元,社会捐、集资0.73亿元,事业收入3.86亿元。市教育基金会全年筹集各项资金及实物合计529.7万元,认捐基金500万元。教育基金累计已达3 200余万元,并利用资金增值开展奖教助教工作:为考上大学的特困学生每人提供4 000元资助,为城乡2 100余名家庭困难的中小学生提供15万元资助;设立“红烛奖”,奖励10名特困优秀教师每人1万元。

全市教学仪器总值已达3亿元,图书1 300余万册。各种教学设施设备有较大改善,市南、市北、四方、黄岛4区基本达到国家一类标准。继小学之后,市区初中已全部用上燃油锅炉取暖。多数委属学校配置了多媒体电教室和微机网络教室。闭路电视系统、多媒体备课系统也已进入学校。市教委公布了第二批电化教育试点中小学57所。计算机辅助教学管理已渗透到各学科,涌现出一批优秀课,有2所小学的计算机辅助教学课分别在全国评比中获一等奖。

全市中初等学校中有1 502所开展了勤工俭学,开展率为80.7%,全年共有61万人次学生在2 582个劳动基地参加劳动实践。其中的756所学校共有校办企业3 354个,土地440公顷,全年上缴税、费5 393万元,创利润7 750万元。校办企业转向为教育内需服务,已为8个市、区的5万多名新生实行统一着装。年内对500家微利、亏损校办企业采取了改制或关停措施。

〔**基础教育**〕 全市有省、市示范幼儿园95所,一类幼儿园539所;学前三年幼儿入园率93%,其中市区99%;教师学历达标率达91%。加强了幼儿园布局调整工作，优化了教育资源配置。已有85%的乡镇实现了幼儿教师工资统筹，1/3的乡镇为幼儿教师办理了养老保险。

市政府印发了《巩固农村“普九”成果，提高“普九”水平工作计划》。各市、区普遍将撤点并校与改造薄弱学校、创建规范化学校和教育示范乡镇、加快内配设备现代化相结合，投资近2亿元，共撤并初中19所、小学625所，扩建中学48所、小学382所，新建初中6所、小学83所。各级政府和教育部门加大制止学生流失工作力度，对贫困生和学习困难生给予帮助，对拒不上学的依法强制入学，对企业非法雇用童工进行了严肃治理，农村初中辍学率回落。1999年全市初中毕业生升学率为69.5%，市内4区为95.9%。全市省、市级规范化普通高中已达24所，占公办普通高中总数的40%。青岛市及各市、区教委根据教育部有关意见，确定了参加创建全国千所示范性高中的学校，并在各方面给予扶持。其中青岛二中新校舍于8月31日正式建成并投入使用，其一流的校舍设施及“高质量、出人才”的办学特色在9月召开的山东省国家级示范性普通高中建设研讨会上赢得好评。

市区继续完善“电脑派位，小学毕业生全部就近直升初中”的招生办法。各郊区继续实行将普通高中计划内招生名额按乡镇政府和学校办学水平分配，经统一考试后分别录取的办法。市区向重点高中推荐毕业生的初中扩大到43所，推荐比例扩大到10%。调整了物理、化学A、B卷在升学成绩中的权重，扩大了实验操作能力考查考核范围；语文扩大了阅读、写作能力的考查范围并加大成绩权重，实行三人“背对背”式作文评卷。进一步完善学生素质发展综合评价办法，等级制评价由小学低年级逐步向中高年级扩展，减轻了学生心理负担和学业负担。

全市中小学突出了课堂教学在素质教育中的主渠道作用，推进课程体系、教学内容和教学方法的改革，重点加强了课程设置、课堂教学模式和教学评价办法的改革，加强活动课、选修课等学科，推行启发式、讨论式教学，培养学生的创新精神和实践能力。全市中小学共有学科教研课题29项。普通高中学校进一步落实选修课学分制，加强管理，扩展内容。已在100多个乡镇推行了农村小学音乐、美术巡回教学制度，专职音美教师任课学校的比率由上年的62.5%、59%上升到1999年的94.5%和92.3%。1999年全市中小学生体育合格率达99.9%，委属初中升高中考试体育及格率为95.50%。开展了中小学生饮食行为调研，培养学生的“合理营养，平衡膳食”意识，全市中小学生健康知识知晓率达95%，行为形成率达90%，龋齿和近视眼发病率下降。

落实“青岛市中小学家长教育工程”，各中小学通过常规授课、讲座、开展活动等形式指导家长更新教育观念，改进教育方法，努力使素质教育贯穿于学校、家庭、社会，形成全方位育人的良好格局。从秋季开学起在全市中小学广泛开展了“家长看素质教育开放日”活动。9月4日，市区218所中小学近5万名家长参加了第一个“开放日”活动，受到各界好评。

〔**职业教育**〕 1999年，全市各类中等职业学校招生4.2万多人，占高中段招生总数的57.9%(不含成人中专学校招生数)。市教委举办了全市职业学校学生专业竞技大会，展示了全市职业教育发展20年来的成果；组织了近五年来职业教育教育教学优秀成果评选，其中44项参加了省职教学会的评选，分别获13项一等奖和31项二等奖。

市教委在职业学校中实施了建设名牌学校和名牌专业的“双名牌工程”，强调“加强管理、练好内功”，提高办学质量和办学效益。年内首先启动了职业教育装备现代化工程，城乡职业学校的办学条件有所改善，校校配备了微机室、语音室，委属职业学校还配备了多媒体电化教室、电子备课室(阅览室)等。青岛电子学校、青岛华夏职教中心建起了校园网。平度职教中心被教育部确定为“全国重点建设职教师资培训基地”，该基地将依托赛德尔基金会和青岛海洋大学，承担教育部职教师资培训任务，同时也为青岛市的职教师资培训提供良好的条件。青岛食品学校与青岛啤酒集团联合成立了青岛啤酒学校，为产教结合探索出一条新路。

1999年，针对小学教育对教师素质要求提高、需求数量减少的情况，市政府决定胶州、胶南、即墨、莱西4所师范学校停止招生，待在校生全部毕业后撤销建制；同时确定在保留的青岛师范学校、平度师范学校、青岛幼儿师范学校和具有培养小学音美教师职能的青岛艺术学校停招三年制中师生，实行“3+2”学制(3年中师加2年大专)，共招收五年制学生976名，两年制大专班学生537人，专业设置增为普师、幼教、英语、微机、音乐、美术6个专业。

〔**高等教育**〕 1999年，青岛地区高等学校专任教师中共有教授486人，副教授1 362人，分别比上年增加96人、87人；博士生导师54人。高级职称专任教师的比例由1995年的29.2%上升到40.8%。学历结构为：博士后30人，博士215人，硕士1 210人。有省级优秀人才65人，享受政府特殊津贴133人。

高等职业教育发展迅速。全市已有8所高校举办了高等职业教育，年内招生3 019人，是上年的3倍。以青岛市职工大学为基础，筹建了青岛职业技术学院，年内完成了二期工程建设规划，正在加强教学基本建设，制定教学计划，编写专用教材，推行技能考核制。

各高等学校坚持以教学工作为中心，不断深化教育教学改革，加强教育教学管理和学科建设，增加投入，加强科研力量，提高科研能力和科研水平。至1999年，已有一级学科博士授予权学科1个，博士后流动站5个，博士点11个，硕士点83个；有省部级以上重点学科24个，重点实验室19个；承担国家级科研课题112项，省、部级科研课题174项。1995年以来，共承担国家、省、市级科研课题2 159项，其中达到国际领先水平的52项，达到国际先进水平的118项。各高校还发挥科技智力优势，积极与地方开展多种形式的科技合作，使一大批科技成果转化为生产力，有力地支持了企业技术创新和科技进步。

高等教育对外合作与交流日益活跃。全年共有来自几十个国家和地区的50名外籍教师在青岛高校任教，448名专家、学者来青进行学术交流，430名外籍留学生到青岛高校留学深造，青岛高校也有278人出国访问、讲学。

各高等学校从制约扩大办学规模和影响高校发展的“瓶颈”入手，根据政企分开、产权明晰和提高效益的原则，通过改革内部管理机制，加快了后勤社会化改革的步伐，扩大了办学规模。

高等教育自学考试全年两次报名130 718人、277 775科次，又创历史最高峰。

实考人数和人次数分别为69.65%和61%，及格人数和及格人次数分别为56.5%和44.1%，有2 538人获自学考试毕业证书。郊市区全面推开自学考试工作，已建立乡镇自考联络站43所，社会助学组织18个，农村考生约占全市总数的43%。

〔**成人教育**〕　1999年是“双五”富民工程实施的最后一年。5年来，该工程坚持为农业经济发展服务的宗旨，走农科教结合道路，共吸收农户561 722户，参与工程的比没参与工程的平均每户年增收入1 300元，年均增长15%。双五富民讲师团的30多名专家先后到8个市（区）的70多个乡镇举办技术讲座，现场指导，听课和接受指导的农民5万余人次。

各市（区）进一步完善县、乡（镇）、村三级成人教育办学网络，以评选农村成人教育十面红旗和创建省级规范化学校为动力，推动农村成人学校特别是乡镇成人教育中心学校建设，加大投入，强化管理，扩建校舍，建立实验实习基地，提高培训质量。年内评出10所农村成人教育红旗学校，另有31所学校参加省级规范化学校的达标验收。各乡镇充分发挥成教中心的作用，立足当地经济，开展科技实验与示范工作，大力开发高科技含量的产品，搞好新品种和新技术的引进和推广，全年共推广科技新项目120余个。

1999年，全市共有各级各类社会力量办学校（班）435所。其中公民个人办学校192所，各民主党派、企事业单位、社会团体办学校231所，中外合作办学校10所，国际学校2所。青岛滨海职业技术学院经教育部批准成为可颁发学历证书的民办高等学校，另有3所民办高等学校经省教委批准成为学历文凭考试试点学校。全市进行学历教育的民办中小学共37所，占地面积约100公顷，建筑面积21万平方米，总投资2亿元以上，在校生约12 000人。市教委首次对全市私立普通中小学进行了评估定级，其中4所学校被评为A级；另有41所学校被命名为青岛市社会力量办学非学历教育规范化学校。

撰稿　姜宏德　徐国臣　孙　兴
审稿　陈显青　翟广顺

河南省教育

概　况

〔基本情况〕

1999 年各级普通学校基本情况

单位：人

学校类别	学校数（所）	毕业生数	招生数	在校学生数	教职工数 计	教职工数 其中：专任教师
总　计	51 721	3 945 438	5 980 352	20 507 627	980 490	831 452
一、研究生	(22)	577	1 034	2 392		(1 513)
1. 高等学校	(15)	563	1 010	2 343		(1 308)
2. 科研机构	(7)	14	24	49		(205)
二、普通高等学校	56	39 890	78 805	185 486	43 365	18 776
本科院校	18	15 540	35 442	96 933	24 871	9 903
专科院校	38	23 088	41 193	84 483	18 494	8 873
分校、大专班	(5)	1 262	2 170	4 070		
三、普通中等学校	7 200	1 853 467	2 509 804	6 652 563	425 066	342 685
1. 中等专业学校	180	98 716	113 799	347 095	31 107	16 781
中等技术学校	137	63 813	76 097	244 072	23 526	12 212
中等师范学校	43	34 903	37 702	103 023	7 581	4 569
2. 技工学校	201	35 471	25 176	79 255	14 275	8 249
3. 普通中学	6 120	1 539 742	2 201 227	5 688 611	343 265	290 943
高中	688	155 035	244 256	610 652	55 834	40 899
初中	5 432	1 384 707	1 956 971	5 077 959	287 431	250 044
4. 职业中学	696	179 502	169 541	537 477	36 357	26 677
高中	684	176 829	167 436	528 656	35 809	26 251
初中	12	2 673	2 105	8 821	548	426
5. 工读学校	3	36	61	125	62	35
四、小学	41 404	2 050 056	1 936 465	11 869 651	476 183	446 613
五、特殊教育学校	118	1 448	2 264	12 302	2 839	2 207
六、幼　儿　园	2 943		1 451 980	1 785 233	33 037	21 171

1999年各级成人学校基本情况

单位：人

学校类别	学校数（所）	毕业生数	招生数	在校学生数	教职工数	
					计	其中：专任教师
总计	51 092	7 540 115	7 071 946	4 031 184	38 755	24 136
一、成人高等学校	40	51 234	56 713	148 937	8 933	4 731
1. 广播电视大学	1	9 506	6 467	15 986	1 966	895
2. 职工高等学校	19	4 110	5 262	15 223	3 009	1 688
3. 农民高等学校						
4. 管理干部学院	4	2 606	3 565	8 336	1 211	548
5. 教育学院	16	5 439	7 523	14 563	2 747	1 600
6. 独立函授学院						
7. 普通高等学校举办：		29 573	33 896	94 829	(928)	(448)
函授部		18 648	17 626	55 266	(628)	(338)
夜大学		3 311	3 048	11 863	(300)	(110)
成人脱产班		7 614	13 222	27 700		
合计中：电大普通专科班		5 201	4 130	8 985		
二、成人中等学校	34 725	7 005 755	6 535 577	3 538 159	28 198	18 174
1. 成人中等专业学校	300	80 695	60 400	191 725	18 247	10 466
广播电视中等专业学校	4	18 076	15 756	56 999	2 069	798
职工中等专业学校	83	9 879	8 269	31 197	3 075	1 638
干部中等专业学校	28	4 779	2 281	8 679	1 713	961
农民中等专业学校	53	8 276	8 219	25 986	2 492	1 624
函授中等专业学校	2	8 756	6 792	19 439	3 009	1 708
教师进修学校	130	24 089	10 398	27 087	5 889	3 737
其他类学校举办		6 840	8 685	22 338		
2. 成人中学	64	18 920	23 078	20 630	114	90
职工中学	10	585	1 651	2 582	73	49
农民中学	54	18 335	21 427	18 048	41	41
3. 成人技术培训学校	34 361	6 906 140	6 452 099	3 325 804	9 837	7 618
职工技术培训学校	609	368 670	380 226	147 708	2 652	1 335
农民技术培训学校	33 752	6 537 470	6 071 873	3 178 096	7 185	6 283
三、成人初等学校	16 327	483 126	479 656	344 088	1 624	1 231
1. 职工初等学校	123	14 495	19 485	13 066	53	22
2. 农民初等学校	16 204	468 631	460 171	331 022	1 571	1 209
其中：扫盲班	10 618	255 166	228 410	141 319	1 206	878

制表　刘湘如

〔**年度教育工作方针**〕 1999年1月27日，省教委召开全省教育工作会议，会议确定年度教育工作总的指导思想是：高举邓小平理论旗帜，贯彻落实党的十五大精神，着眼21世纪知识经济发展对人才的要求，正确处理质量和数量、德育和智育、改革和发展的关系，深化改革，积极主动服务于社会主义现代化建设，培养更多的高素质人才。据此，省教委确定1999年全省教育事业改革发展的工作重点是：(1)进一步学习邓小平理论，加强学校党建、德育和思想政治工作，坚持社会主义办学方向，确保学校稳定。大力推进邓小平理论“进教材、进课堂、进学生头脑”工作，加强“两课”师资的培训，全面实施“两课”课程设置新方案。认真开展以“三讲”为主要内容的党性党风教育，加强学校领导班子建设。充分利用建国50周年、五四运动80周年、澳门回归等重大节庆，组织师生开展丰富多彩的思想政治教育和校园文化活动，以“两创两争”(创建文明学校、文明班级，争当文明教师、文明学生）活动为载体，加强师生思想道德建设，提高全省教育系统社会主义精神文明创建水平。(2)开展教育质量年活动。切实把教育工作的着力点放在提高质量和效益上来，走内涵发展为主的路子。省教委决定通过开展“教育质量年”活动，强化质量意识，搞好“三改三加强”工作，即：改革教学观念、改革教学内容和方法、改善教学条件，加强学校管理、加强师资队伍建设、加强督导评估，推动全省各级各类学校教育质量不断提高。(3)推进高校管理体制改革，促进高等教育的结构和布局优化。(4)抓好“两基”及其巩固提高工作。继续把“普九”放在教育工作“重中之重”的位置，强化政府行为，加大投入，继续搞好世行贷款“第三个贫困地区基础教育”项目和“普九扶持工程”，加强督导检查，积极推进剩余21个县的“普九”工作。城市市区，重点抓好“薄弱学校更新工程”，全省重点改造好40所左右的薄弱学校；同时，切实解决好下岗职工子女辍学和流动人口子女的入学问题。在农村地区，重点研究解决好人口高峰到来，适龄儿童少年的入学问题。切实搞好脱盲人员的巩固提高工作。(5)深化农村教育综合改革。实行农、科、教结合，农村职业教育、成人教育、基础教育要统筹规划，特别是农村职业学校、成人学校、中小学校要紧密结合，利用现有教育资源，建立县(市)、乡、村三级农业技术培训网络，提高教育为农业和农村工作的服务力度。(6)贯彻实施《高等教育法》，抓紧制定《高等教育法》实施办法。切实抓好《河南省高等学校面向21世纪教学改革计划》的实施和管理，抓好一批人才培养模式改革试点。在抓好郑州大学“211工程”建设的同时，加大投入，继续加强重点学科、重点开放实验室的建设。抓好博士、硕士学位点建设和研究生教育工作。大力发展高等职业教育，面向经济、社会发展和就业市场需要，培养生产、服务、管理第一线急需的实用人才。(7)增加投入，改善办学条件。认真落实筹措教育经费的法规和措施，强化财政主渠道作用，努力实现全省教育投入的“三个增长”。加强城乡教育费附加的征收、管理和使用工作。在完善高校贫困生资助办法的基础上，本年筹措资金建立家庭贫困学生义务教育救助基金，逐步建立起比较完善的大中小学贫困生资助体系。全年完成各级各类学校校舍建筑面积600万平方米、教师住房100万平方米，中小学危房比例控制在0.5%以下。

〔**召开全省教育工作会议**〕 1999年10月，省委、省政府召开全省教育工作会议。会议的主要内容是:《贯彻中共中央国务院关于深化教育改革全面推进素质教育的决定》和第三次全国教育工作会议精神，以提高全省人口素质和创新能力为重点，进一步动员各级党委、政府和全社会实施科教兴豫战略，深化教育改革，全面推进素质教育，为实现全省跨世纪发展战略目标提供更多的人才支持和知识贡献。省委书记马忠臣、省长李克强出席会议并讲话，会议印发了《中共河南省委、河南省人民政府关于贯彻〈中共中央国务院关于深化教育改革全面推进素质教育的决定〉的实施意见》。

〔**教育投入与支出**〕 1999年全省教育经费总额达到149.59亿元，较上年增加14.32亿元;其中，国家财政性教育经费达到100.93亿元。这是进入“九五”以来全省教育经费增幅最大的一年，尤其是国家财政性教育经费的大幅度增加，标志着以政府为主体的政策性教育投入进一步增强。1999年，全省预算内教育经费（含教育事业费和基建投资、科研、社会保障费等）达到78.86亿元，较1998年的65.55亿元（此数是预算内教育经费收入口径数，支出口径数是63.98亿元）增加13.31亿元，增长20.30%。其中，教育事业费拨款达到67.63亿元，较上年增加7.24亿元，增长11.99%。1999年全省一般性财政收入为221.9亿元，较上年增长6.6%。

1999年各级各类生均教育事业费和生均公用经费情况见下表：

单元：元

	生均教育事业费	较上年增减数	生均公用经费	较上年增减数
普通高校	6 790	+1 035	2 976.5	+479.5
中　师	1 344	−15	158	−7
职业中学	631	+20	55	−4
普通高中	850	−48	79	−4
初　中	405	−25	29	−9
小　学	204	+8	10.7	−1.3

多渠道筹措教育经费。1999年，全省多渠道筹措教育经费共计70.73亿元（含企业办学经费），较上年增加1.02亿元，占同期教育经费总额的47.29%。各级政府征收用于教育的税费为16.85亿元，其中，城市教育费附加4.09亿元，较1998年增加0.28亿元，实际计征比例为1.8%。农村教育事业费附加为12.65亿元，全省匡算实际计征比例为0.89%，扣除附加减免因素，1999年全省实际计征比例为1.31%，全省欠征农村教育费附加为8.49亿元。全省18个市地中除新乡、濮阳、三门峡、许昌、驻马店5个市地外，其余13个市地农村教育费附加均出现大面积下滑现象。企业办学经费为2.77亿元，较1998年减少0.85亿元。校办产业、勤工俭学和社会服务收入用于教育的经费2.45亿元。社会团体和公民个人办学经费2.1亿元，较上年增加0.9亿元。社会捐、集资办学10.06亿元。学杂费收入33.5亿元，其它收入3亿元。

教育投入的增加，促进了各级各类学校办学条件的改善。全省各级各类学校占地面积达到4.1亿平方米，比上年增加2 000万平方米。校舍建筑总面积达到10 186万平方米，新建校舍1 554万平方米，新建改建教师住房135万平方米。家庭人均居住面积高校教师为8平方米，中小学为9.5平方米。中小学危房面积14.99万平方米，危房所占比例为0.2%。全省普通高校固定资产总值39.22亿元，比上年增加9.91亿元。其中，教学科研仪器设备总值8.95亿元，增加1.93亿元；拥有图书2 310.87万册，生均124.6册。普通中专固定资产总值28.13亿元，比上年增加2.51亿元，其中教研仪器设备总值4.71亿元，增加1.05亿元；图书总量1 517.90万册，生均43册。普通中小学生均图书分别为：高中20.5册，初中15.9册，小学11.8册。

〔**教师队伍建设**〕 1999年，全省各级各类学校教职工总数比上年增加3.6万人，其中专任教师比上年增加3.47万人。全省各类学校每一教师负担学生数分别为：小学27人，普通初中20人，普通高中15人，普通中等技术学校21人，中等师范学校22人，普通高校9.7人。小学、初中、普通高中、职业高中（含职业中专）教师学历达标率分别为97%、85.2%、67.7%、36.6%；普通中等技术学校专任教师中本科及以上学历的占74.0%，中等师范学校占87.2%，分别比上年提高0.8和0.1个百分点；普通高校教师中研究生及以上学历的占22%。

启动“跨世纪园丁工程”。1999年2月，省教委印发《关于启动“跨世纪园丁工程”，开展中小学幼儿园中青年骨干教师选拔培养工作的通知》，决定在全省选拔一批优秀中青年教师进行重点培养。在逐级推荐选拔的基础上，经省专家组审核，确定973人为河南省首批中小学幼儿园中青年骨干教师省级培训对象。12月，省教委印发了培训实施方案。

中小学教师继续教育。1999年，省教委加强了对中小学中青年教师继续教育的法规建设。11月，省教委、省人事厅联合印发《河南省中小学教师继续教育规定》、印发《关于实施“跨世纪园丁工程”，全面推进中小学教师继续教育工作的意见》，提出到2003年，对现有70多万中小学幼儿园教师基本轮训一遍；中小学幼儿园教师普遍接受计算机基础知识和技能培训，全省（省、市、县三级）重点选培10万名中小学幼儿园骨干教师。

中小学教师学历培训。1999年全省教育学院共招收本、专科学员7 600人，比原计划多招2 100人；有5 815名中小学校教师通过在教育学院进修取得了本、专科学历。继续做好教育学院和中师招收中小学民师工作，共录取15 000人，经过培训学习，两年后将转为公办教师。继续做好高师本科培训和自学考试的有关工作。9月，省教委印发《关于组织中学教师参加高等师范本科培训和自学考试的通知》，决定组织第三届高等师范本科自学考试，有4万多名中小学教师参加学习。

教师职称评审。召开河南省教师职称评审工作会议，共收到上报材料7 827份，经专家评审，通过6 140份，平均通过率为78.45%。其中，高校通过率为80.14%；中专通过率为77.46%；中小学通过率为78.25%。

民办教师转“公办”。8月，省人事厅、省计委、省教委下达1999年计划内民办教师转为公办教师专项指标2.8万名。年内，全省157个深山区乡镇和小浪底水库建设移民区搬迁符合条件的民办教师全部转为公办教师。

高新人才培养。6月1日，省教委印发了《河南省高校创新人才培养工程实施办法(试行)》。全省有16所本科院校54名教师申报。9月16日，省教委召开“高校创新人才培养工程”评审会议，确定了王天泽等13人为“创新人才工程”1999～2004年培养对象。

〔**语言文字工作**〕　1999年，全省语言文字工作依据国家的方针政策，以城市为中心，以公务员为龙头，以教育为基础，以广播电视为示范，充分利用窗口行业的推动作用，积极、稳妥地开展语言文字工作。省教委、省语委对全省中等师范学校的推广普通话工作进行了评估，要求各师范院校在一、二年内实现普通话成为校园语言的目标。并为率先实现普通话成为校园语言的10所中等师范学校颁发了“普通话校园语言示范学校”的证书和牌匾。1999年8月，省语委举办了首届职业学校普通话口语师资培训班，培养30多名普通话口语教师。继续对全省师范院校、教育学院的应届毕业生进行普通话水平测试。年内，已基本完成对城市大学、中学、小学、幼儿园教师的普通话水平测试工作。全省全年普通话水平测试总人数达20万人。

加强社会窗口行业推广普通话工作。在卫生、民航、邮电、公安、交通等部门举办了行业普通话骨干培训班。省语委配合广电系统已全面完成全省2 000名播音员、节目主持人的培训测试工作，并持证上岗。社会用字管理工作有新的进展。濮阳、商丘、南阳市对社会不规范用字进行了清理，并把语言文字工作纳入精神文明工作的范围。1999年9月河南省举办第二届推广普通话宣传周，各市地举办了街头宣传活动，全省有12万人参加了宣传活动。省语委与省电视台联合举办了“中信银行杯”窗口行业普通话知识电视大赛，省公安厅、贸易厅等12个行业组队参赛，在电视台连续录播两场，收到了较好的宣传效果。

基础教育

〔**综述**〕　1999年，全省有小学教学点8 596处，小学招生比上年减少24.17万人，在校生比上年减少13.09万人。全省初中阶段招生比上年增加25万人，在校生比上年增加46万人。小学适龄儿童入学率99.84%，比上年提高0.12个百分点；在校学生辍学率0.06%，比上年下降0.37个百分点；学生毕业率98.8%，比上年下降0.3个百分点；毕业生升入初中阶段学校的比率95.6%，比上年提高0.8个百分点。初中适龄人口入学率98.05%，比上年提高1.54个百分点；在校学生辍学率1.81%，比上年下降0.46个百分点；学生毕业率99.66%，比上年提高0.16个百分点；毕业生升入高中阶段学校的比率40%，比上年下降3.6个百分点。

1月，省教委印发《关于认真做好1999～2000年残疾儿童少年义务教育发展规划的通知》，对1999年和2000年残疾儿童少年义务教育提出了具体要求。5月，省教委发出《关于下达1999年度义务教育有关目标任务的通知》，对小学毕业生升学率、初中适龄人口入学率、初中辍学率、盲童入学人数等有关指标实行目标管理。针对初中学龄人口高峰问题，省教委印发了《关于认真解决今年初中学龄人口高峰问题的通知》，要求各地把解决初中入学任务层层分解落实到县、乡直至每所学校，保证适龄儿童按时入学。为改善初中办学条件，省教委印发《关于实施城市薄弱初中更新工程的意见》，决定从1999年开始，在全省城市市区实施薄弱初中学校更新工程，争取用3年时间，对全省120所（约占城市初中总数的20%）左右城市薄弱初中进行更新改造，逐步达到学校布局合理化、办学条件标准化、教育管理规范化、办学特色多样化，提高基础教育的整体办学水平和教育质量。年内，全省有43所城市薄弱初中得到更新改造。

〔**“两基”评估验收**〕 到1998年底，全省尚有21个县未能实现“普九”，青壮年文盲有120多万人。为了确保1999年有6～10个县通过“普九”验收，省教委于3月举办“普九”评估验收培训班。4月，由省督学及有关人员组成的6个小组，分别对尉氏、杞县等21个县进行了以教育经费审计为主要内容的过程督导，共抽查51个乡镇、109个行政村、217所中小学校。查出21县1998年欠拨教育经费1.5亿元，欠征农村教育费附加4 160万元、城镇教育费附加497万元。6月15日～25日，由省督学组成4个小组，分别对民权、宁陵等10个县进行办学条件为主要内容的过程督导，考察51个乡镇、177所中小学校，了解过程督导后的整改情况。6月29日，省教委召开了由淮阳、兰考等12个县主管教育的副县长、教委主任等参加的“普九”督导评估座谈会。9月13日～22日，组织省督学，分别对淮阳、商水等16个县进行以普及程度为主要内容的第三次“普九”过程督导，抽查32个乡镇、43个行政村和75所中小学校。

在三次“普九”过程督导的基础上，省教委组织人员分6个评估验收组，于1999年10月25日～11月5日分别对淮阳、商水、沈丘、鹿邑等13个县的“普九”工作进行了评估验收。11月，省政府印发通知，公布淮阳等13个县为普及九年义务教育和扫除青壮年文盲单位。至此，全省实现“两基”的县（市、区）达150个，占县（市、区）总数的94.9%，累计人口覆盖率达87%，提前一年实现了省委、省政府《纲要》实施意见规定的目标。

1999年，省教委分别对获嘉、卫辉、安阳、长葛、汝南、唐河6个县（市）实现“两基”后的工作进行了复查，共查看34个乡（镇）、26个行政村、52所小学、58所初中，走访座谈196人次。12月，省教委印发《关于对获嘉等6县（市）“两基”复查情况的通报》，以此指导实现“两基”县（市）巩固提高“普九”成果。

〔**中小学德育工作**〕 1999年，河南省以建国50周年和迎澳门回归为契机，在全省中小学生中深入开展爱国主义教育活动。4月，省教委印发《关于在全省中小学生中开展庆祝建国50周年征文活动的通知》，在全省范围内开展庆祝建国50周年征文活动，共评选出获奖征文600多篇；8月，组织获一等奖的中小学生参加“爱祖国、北京行”夏令营活动，并出版《祖国，你好》征文集。5月，省教委印发《关于开展全省中小学生迎澳门回归知识电视大赛的通知》。在各地比赛选拔的基础上，选拔出安阳等6个优胜代表队，于11月16日在省电视台举办“全省中小学生迎澳门回归知识电视大赛”，在河南卫视、河南电视三台播出后，引起广泛影响。

〔**普通高中教育**〕 推进普通高中办学模式改革。6月，省教委印发《关于试办综合高中的意见》，要求每个市地试办1～2所。截至9月底，全省共试办综合高中45所。推进普通高中办学体制改革。经评估考察，省教委批准许昌中原外语学校等27所民办高中招生。为加大高中招生改革力度，省教委在全省推行英语听力测试和作文三人独立阅卷活动，以推动初中素质教育。同时扩大高中招生规模，完成招生24.4万人，比原计划增加近5万人。为适应普通高校招生考试改革的要求，6月，省教委发出《关于严禁普通高中提前分科组织教学的紧急通知》，要求各学校严格执行国家的课程计划，不得提前分科组织教学。加强对普通高中推荐保送资格的规范管理。经过学校申报、市地初审和省教委评估，确认郑州一中等42所普通高中具有保送应届优秀毕业生上大学的资格。

〔**体育、卫生与艺术教育**〕 1999年，省委宣传部、省教委、省体委、省财政厅、省计委和团省委继续组织实施河南省中学生“晨光”体育活动，并在全省中学生中全面开展。8月，省教委在郑州市举办河南省首届中学生“晨光”体育夏令营活动。夏令营期间，举办三人制篮球、乒乓球比赛、进行专项辅导和专家讲学等活动，各项活动突出“育人”宗旨，培养学生勇敢顽强、自立向上精神。

7月，河南省中学生组团参加第七届全国中学生运动会，共参加田径、篮球、足球、乒乓球和广播体操5个项目的比赛。其中，田径比赛获得2枚银牌；男子足球获得第三名；乒乓球获得男子团体第二名、混双第四名、男双第四名；广播体操获得第五名；女子篮球获得第八名。

学校卫生工作。一是及时处理了项城、兰考、焦作、信阳等地相继发生的学生食物中毒事件。为杜绝此类事件的再次发生，省教委切实加强学校卫生工作，对预防食物中毒提出要求。二是建立学生体质健康监测网络。省教委按照教育部的部署，在郑州、新乡、洛阳等市以及郑州大学、郑州工业大学建立监测站，开展监测工作，及时获得有关资料和信息，为改善学生体质健康状况提供科学依据。三是与省禁毒委员会办公室和省卫生厅联合开展对青少年进行禁毒和性病、艾滋病预防知识的宣传教育，先后举办禁毒知识有奖征文和预防性病、艾滋病知识展览活动，增强广大青少年学生自觉抵御意识。

举办中小学音乐美术教师基本功比赛。6月，省教委在河南大学举办全省中小学音乐、美术教师基本功比赛，评选出音乐组和美术组一等奖5名，二等奖10名，三等奖20名，并从中选拔出河南省参加全国比赛的优秀教师。在10月举行的全国第二届中小学音乐教师基本功比赛中，郑州铁路第二子弟中学吴琦获全国一等奖；洛阳铜加工集团公司子弟小学赵铁获二等奖；信阳市浉河区第十三小学冯海燕获三等奖。在11月举行的全国第二届中小学美术教师基本功比赛中，郑州铁路第六子弟中学申鹏获全国一等奖；开封市文昌小学卢中云获二等奖；开封铁路第二子弟小学邵继胜获三等奖。

〔**勤工俭学**〕 1999年，省教委贯彻落实教育部《关于进一步做好当前中初等学校校办产业工作的几点意见》和《关于贯彻落实全面推进素质教育决定，进一步加快中初等学校校办产业发展的几点意见》，以素质教育为中心，加强了学生生产实践教育基地建设，加快了全省农村学校校园经济的巩固和提高工作。全省中初等学校勤工俭学、校办产业完成总产值及营业额31.6亿元，勤工俭学总收益达到5.73亿元，分别比上年增长2.2%、3.7%。全省开展勤工俭学活动的中初等学校达45 990所，占中初等学校总数的94.8%。校办工厂3 735个，第三产业网点19 294个，农、林、牧、副、渔基地29 376个，拥有土地17 492公顷。郑州、南阳、洛阳、商丘等市勤工俭学、校办产业纯收入均在5 000万元以上。在校办企业中纯收入100万元以上的有12家。全省勤工俭学纯收入用于补助教育经费金额3.47亿元，其中用于改善办学条件2.51亿元。

〔**实验教学**〕 中小学实验室本着“建、管、用”并重的原则，与“普九”工作紧密结合，以抓好仪器设备的配备、管理和使用为重点，致力于实验教学的普及。一是组织专家对各市地选送的122件优秀自制教具进行评审，共评出优秀自制教具68件。二是在12个市地开展中招加试实验课，取得了较好的成效。三是起草《2000年河南省普通初中实验教学优质课评选办法》和《2000年度河南省中招加试实验操作实施方案》，为2000年开展工作创造条件。1999年全省共有150个县（市、区）普及了实验教学，占全省县（市、区）总数的95%。全省中小学实验室建设经费投入10.15亿元。演示实验开出率中学为94%，小学为97%；分组实验开出率中学为91%，小学为95%。

职业教育

〔**综述**〕 河南省职业教育紧紧围绕全省开展“教育质量年”活动，促进中等职业学校教育教学质量提高。一是3月省教委在郑州召开职业教育年度工作会议，提出全省职业教育要转移工作重心，即由过去注重数量规模的外延发展转到以提高质量和效益为主的内涵发展上来，要求全省各级教育行政部门和各职业学校紧密结合经济发展和人才需求的实际，牢固树立质量意识，以质量促巩固，求发展。二是省教委加大了职业教育师资队伍建设的力度，全年共举办职业学校校长岗位培训班6期，培训校长600名，委托河南职业技术师范学院、信阳师范学院、河南教育学院、开封第二职业中专等院校举办农村机电、蔬菜栽培新技术、计算机应用与维修等15个专业课教师培训班，培训教师900多人。同时，全省拓宽专业课教师培养和来源渠道，省教委委托全省10多所普通高等学校招收职业教育师资2 500人，各地还采取措施吸引非师范类高校毕业生到职业学校任教。河南职业技术师范学院已被教育部确定为全国首批重点建设的职业教育师资培训基地。三是促进职业学校的专业课教学和学生实际动手能力的培养，省教委举办了全省职业学校学生服装、电子电器、机械、财会、旅游、英语等15项专业技能竞赛，共有200多所学校的近1 000名学生参加比赛。四是对上年度评估中因办学条件差，保证不了培养质量而停止招生的新乡医学院附属职业中专等4所学校进行了重新评估，其中，新野县卫生职业中专、洛阳市第二卫生职业中专整顿措施得力，办学条件改善较快，允许其继续招生；新乡医学院附属职业中专、博爱县卫生职业中专办学条件变化不大，经研究，撤销2所学校建制。五是抓专业建设，省教委制定了中等职业学校卫生类专业和建筑类专业设置标准，评估认定了一批骨干专业。

〔**县级骨干职业学校建设**〕 按照省教委用3年左右时间重点建设好100所县级骨干职业学校（职教中心）的计划，1999年，省教委在总结上年度重点装备工作的基础上，又考察确定安阳县第一职业高中等35所学校为县级骨干职业学校。省教委拨出900万元，地方配套900万元，为35所学校装备了专业课实验室。

〔**重点职业学校建设**〕 8月，省教委按照教育部《关于调整国家级重点中等职业学校的通知》，向各市地和有关厅局委及各普通中等专业学校发出《关于调整国家级、省部级重点中等职业学校的通知》，要求各市地和有关厅局委及各学校做好申报及有关的准备工作。同时，省教委依据教育部国家级重点中等职业学校评估指标体系，组织专家对评估指标体系进行了具体分解、细化、调整和规范。10月，省教委召开会议，安排和部署全省国家级重点中等职业学校的调整工作。会后，各申报学校普遍开展了自评，并将自评报告上报省教委。11月，省教委组织专家组对申报国家级重点的职业高中和普通中专学校分别进行了评估，从中遴选出河南省交通学校等28所普通中专学校和郑州市第四职业中专等23所职业高中作为省国家级重点中等职业学校的预备学校，并上报教育部。

〔**中等职业学校招生**〕 近两年，河南省中等职业学校招生出现了持续下降现象。为此，省教委要求各地要千方百计解决因经济、就业等各种因素给中等职业学校带来的招生难问题，努力完成招生任务。一是在3月全省职业教育年度工作会上提出，各地各学校要继续加大对职业教育的宣传力度，早动手，早宣传，走出去，请进来，让家长和考生了解职业教育。同时，要紧密结合本地实际，采取措施，吸引学生上职业学校。二是省教委于6月3日向各市地发出通知，要求各地上报中等职业学校招生报名情况存在的突出问题及拟采取的对策。省教委派出调查组到周口、平顶山等地市具体了解招生报名情况，研究对策。三是印发《关于进一步做好中等职业学校招生工作，巩固中等职业教育成果的意见》，提出改革招生政策，减政放权，将职业高中、职业中专的专业设置权及招生工作全部下放到市地及学校，扩大学校招生的自主权和灵活性，扩大对口升学指标，做好毕业生就业指导等，最大限度地满足初、高中毕业生和广大群众学习科学，掌握实用技术的需要。四是针对各地职业学校招生报名人数减少的情况，省教委于6月15日召开了全省高中阶段招生工作会议，就做好1999年高中阶段，特别是中等职业学校招生提出了具体措施，要求各地各学校提高认识，统一思想，增强信心。五是严格规范招生秩序。招生前夕，省教委在《教育时报》上公布了全省具备招生资格的普通中等专业学校和职业中等学校名单，并要求各市地将职业学校招生简章、手册等宣传品报省教委审查备案，避免出现乱许诺、乱办学现象。通过以上工作，1999 年度的中等职业学校的招生占高中阶段招生总数的比例达到 55.59%。

〔**核定中专学校办学规模**〕 全省普通中专学校办学规模核定工作，自 1998 年 7 月开始到 1999 年 8 月结束，涉及到全省 123 所普通中专学校和各市地教委及有关厅局。8 月 20 日，省教委发出《关于公布普通中等专业学校办学规模的通知》，对 123 所普通中专学校的办学规模依据其办学条件逐一核定。通过办学规模核定工作，摸清了全省普通中专学校的教育资源，为编制事业发展计划提供了科学的依据。规范了各学校办学行为，提高了管理水平，改善了办学条件。据对 123 所学校统计，共增加投入 3.1 亿元，新增土地 169 公顷，新增建筑面积 167 万平方米，新进教师2 314人。

〔**执法情况调查**〕 为进一步贯彻实施职业教育的法律法规，促进和保障职业教育的健康发展，省人大教科文卫委和省教委联合发出《关于开展〈职业教育法〉执法情况调查的通知》，要求各市、地对贯彻落实《职业教育法》及河南省《实施办法》情况进行调查。在各市地调查的基础上，6～7 月，省人大副主任张世英、袁祖亮分别带队对郑州、濮阳、平顶山、南阳等市进行了调查，听取了市政府及有关部门的执法情况汇报，召开了 9 次座谈会，实地考察 20 余所中等职业学校。通过开展执法调查，强化了各地依法治教意识，尤其是对县（市）政府加强对职业教育的统筹起到了促进作用。

〔**技工教育**〕 1999 年，全省技工学校中，有地方劳动保障部门办学 41 所，地方国有经济单位办学 136 所，国务院部委及所属单位办学 24 所。教师中有文化技术理论课教师5 984人，生产实习指导教师2 265人，其他教师2 783人。

技工学校招生政策调整。1999 年 4 月，经省政府协调省劳动厅、计委、公安厅、粮食厅，研究出台了从农村招收苦、脏、累、险专业（工种）的新生随迁户粮关系的政策，艰苦专业（工种）目录由省劳动厅向社会公布，计划部门负责计划下达，公安、粮食部门凭录取通知书办理户口、粮食关系。

毕业生职业技能鉴定与就业工作。省劳动厅根据劳动部关于在技工学校毕业生中实行“双证制”的要求，在市地劳动部门配合组织下，分别于 1 月和 5 月认真组织了各类中等职业学校毕业生的职业技能鉴定。技工学校35 471名毕业生全部参加了职业技能鉴定，涉及工种 160 余个，经考核合格获得相应职业资格证书的人员共有32 797人。1999 年对技工学校毕业生各市地劳动部门采取召开人才交流、供需见面会等形式，对技工学校毕业生推荐就业，各技工学校均成立了指导和介绍机构，加强与职业中介组织的联系，指导毕业生就业。截至年底已有23 881人就业。

全省技工学校还承担了企业下岗人员、企业在职职工和其他人员的技能培训任务，共培训社会各类人员112 433人次，其中下岗职工52 751人次，失业人员6 155人次，劳动预备制学员3 252人次，在职职工41 603人次，其他人员8 672人次。培训的社会人员全部结业，并有8 325人获得初级技能职业资格证书，9 978人获得中级技能职业资格证书，13 612人获得高级技能职业资格证书。

高 等 教 育

〔综述〕 1999年，全省有博士学位点14个，其中高校13个；硕士学位点198个，其中高校191个。研究生指导教师1 513人，比上年增加365人。其中，博士生导师7人，博士兼硕士导师29人，硕士生导师1 477人，全省普通高等学校比上年增加5所。普通本专科招生比上年增加2.86万人；本科与专科招生之比为45：55。普通本专科在校生比上年增加3.91万人，本科生与专科在校生之比为52：48。校均普通本专科在校生3 240人，比上年增加370人。

在教育部作出扩大高等学校招生决策后，省政府立即进行研究部署，并对高校容量进行调研，提出挖掘潜力、调整结构、深化改革、扩大资源，恢复招收走读生，缓解学校压力的对策措施，并按照"量力而行，尽力而为，扩大招生规模与今后持续发展紧密结合，遵循办学规律，避免大起大伏"的安排原则，迅速编制下达了扩招计划。1999年，全省高等教育招生比上年增长56.9%。

1999年，省教委组织专家对申报举办职业技术学院的7个市地的8所院校进行实地考察，全国高等学校设置评议委员会专家组对申报学校进行了考察评议：三门峡职业技术学院、郑州铁路职业技术学院、中原职业技术学院3所专科层次院校获得通过。下半年，省政府向教育部申报6所专科学校升格为本科院校。

〔"211工程"建设〕 1999年6月，国家计委批准郑州大学"211工程"建设立项，其中，有机化学及应用、材料物理、计算机及自动化技术、高分子材料、激光技术5个学科被列入国家重点建设学科。为确保郑州大学"211工程"建设如期完成，省委、省政府对国家计委批准的建设目标任务，已布置了中期检查评估工作，按照国家"211工程"办公室的要求，中期检查评估工作将在学校自查的基础上，由省教委组织进行。10月，郑州大学激光技术学科获国家"长江学者奖励计划"专家委员会批准设置特聘教授岗位，郑州大学按国家有关程序，着手向国内外公开招聘特聘教授的工作。

〔专业结构调整〕 1999年高校实行新专业目录后，个别专业年招生量过大。为此，省教委对26所高校申报的96个专业（其中本科专业47个，专科专业49个）进行设置评议，主要坚持以下原则：一是根据全省经济和社会发展的需求增设新专业；二是对师范院校设置非师范专业，其他院校设置经济、法学、艺术类专业从严控制；三是注意拓宽专业面向，切实调整过细过窄的专业；四是注意全省合理布局，加强专业点人数总量控制，注意提高规模效益；五是注意新增专业的办学条件。经专家审核评议，同意26所院校增设54个专业，其中本科专业30个、专科专业24个。

〔**教学工作**〕 为贯彻执行国务院《教学成果奖励条例》，6月，省教委制定了《河南省普通高等学校教学成果奖励办法》(暂行)。9月，省教委组织召开全省高校教学成果鉴定会。全省39所学校共申报285项，经鉴定，共有170项获得通过。

1999年，河南职业技术师范学院和信阳师范学院参加教育部组织的2000年本科教学评价工作。省教委成立了教学评价工作协调小组，并决定给学院以经费支持，同时，在政策上如招生计划、贷款额度等方面向参评学校倾斜。在迎接教育部专家组评估前，将组织专家组对河南职业技术师范学院和信阳师范学院进行预评价。

教务处评价工作。在1998年拟定的《河南省普通高等学校教务处建设意见》的基础上，省教委制订了《河南省普通高校教务处评价方案和评价指标体系》，于4月印发。6月底，在各校自评的基础上，省教委组成评价小组对各高校进行复评，依据省教委的评价方案和教育部表彰优秀教务处条件，省教委确定表彰高校优秀教务处。其中，郑州大学教务处、河南大学教务处、河南师范大学教务处、郑州工业大学教务处、郑州牧业工程高等专科学校教务处、洛阳工业高等专科学校教务处获“全国普通高等学校优秀教务处”荣誉称号。

〔**高等职业教育**〕 为贯彻落实《面向21世纪教育振兴行动计划》，探索以多种途径发展高等职业技术教育，1999年教育部试行按新的管理模式和运行机制举办高等职业技术教育，并将河南作为试点省之一，确定在中州大学等26所高校开展试点。5月，省教委召开高等职业教育教学研讨会，明确教学的基本要求和目标，讨论修改了《河南省高等职业教育专业教学计划的意见》，省政府批转了省教委《关于我省试行按新的管理模式和运行机制举办高等职业技术教育的实施意见》。为让考生及家长了解政策，省教委召开新闻发布会，并在《河南日报》、《大河报》等新闻媒体广泛宣传新的高等职业教育有关政策，当年，录取新高职计划完成79.8%。

〔**高校筒子楼改造**〕 到1999年底，华北水利学院、郑州粮食学院、郑州航空学院、焦作工学院、郑州大学、河南大学、河南中医学院、河南师范大学、信阳师范学院、开封医学高等专科学校、南阳师范专科学校等院校的青年教师入住新房，至此，高校筒子楼改造工程基本结束。

全省普通高校原有筒子楼139栋，建筑面积270 000平方米，约占全省普通高校教师住房面积的11%，住有教师家庭7 200多户，约占全省普通高校教师总户数的6.5%。全省普通高校筒子楼改造已经投入的2.5亿元中，中央财政和有关部委投入近7 000万元，省政府投入5 200万元，高校自筹近1.3亿元，市、地政府投入数百万元。

截止到1999年底，全省完成筒子楼改造工程，可安排7 600余名青年教师入住。其中，驻豫11所部属、省部共建院校的47栋筒子楼全部改造完成，新建的36栋、153 901平方米的青年教师公寓全部竣工交付使用，可以安排3 175户青年教师入住。省属院校筒子楼改造项目中除河南医科大学高层青年教师公寓(26层、30 000平方米，投资4 500万元)正在紧张建设以外，其它55栋、238 318平方米的筒子楼改造项目也已全部竣工交付使用，可以安排4 168户青年教师入住。市、地所属高校中，共有7所学校有筒子楼改造任务，面积达1万多平方米。

〔**高校后勤社会化改革**〕 为进一步促进高等教育事业的发展，省政府于12月15日～16日在郑州召开全省高校后勤社会化改革工作会议，对全省新一轮的高校后勤社会化改革作出部署。12月27日，省政府批转河南省高校后勤社会化改革方案。高校后勤改革的目标是：从现在起，用3年左右的时间，在全省基本实现高校后勤社会化，形成资产多元化、经营多样化、管理企业化、运作市场化的后勤服务系统。主要任务是：通过转制，分流后勤服务人员8 000多人，约占整个高校教职工人数的20%；改革后，每年可增收节支1亿元左右，用于学校的教学和科研。通过对现有后勤资源的优化重组和引资、贷款等方式，用3年左右的时间，多渠道、多形式新建、改建约120万平方米的学生宿舍、学生食堂等基础设施，基本解决高校普通本专科在校生3年内净增15万人的食宿问题。

〔**研究生教育**〕 1999年4月27日，省教委召开有关高校主管校长和研究生处长座谈会，就学位与研究生教育的发展、改革、质量评估、导师队伍建设进行研究，为制订全省学位与研究生教育改革和发展的意见奠定基础。11月，省教委制订印发《河南省学位与研究生教育学科建设与发展规划》，《规划》从加强学科建设入手，加快全省学位与研究生教育的发展，提高培养高层次人才的能力。

继续开展在职人员以毕业研究生同等学力申请硕士学位工作。6月，省教委组织同等学力申请硕士学位外语和综合水平全国统考。英语报名人数3 004人，实考人数2 704人，合格通过1 507人，通过率为55.7%；小语种105名考生，实考104人，合格通过54人，通过率为51.9%；综合考试共9个学科，报考人数1 419人，实考人数1 155人，合格通过176人。

12月，经国务院学位委员会批准，洛阳工学院、焦作工学院为开展工程硕士专业学位授予单位。

〔**高校图书馆建设**〕 根据教育部在南京召开的高等教育文献保障体系建设现场会精神，省教委制定了河南省高等教育文献资源保障体系建设调研方案。10月15日～30日，省教委组织高校图书馆有关人员分赴北京、上海等地考察学习高校图书馆现代化建设的经验后，根据全省实际制订了《河南省高等教育文献保障体系建设规划》，拟在2年内建立全省高等教育文献保障体系，建设若干个学科文献中心（文学、工学、农学、医学）和若干个地区特色中心。使全省高校图书馆由过去“一校一馆、自我保障”的管理体制变为文献资源共建、共知、共享，提高为高校教学科研服务水平。

根据年初关于高校图书馆评估工作安排，省教委发出《关于对全省普通高等本科院校图书馆现代化技术应用专项评估的通知》，并组织专家组完成了对普通高等本科院校图书馆现代化技术应用专项评估。

成 人 教 育

〔**综述**〕 1999年，河南省把成人教育工作重心放在为农业经济发展和农村工作服务上，放在提高教育质量上，采取措施，抓落实，推动成人教育事业发展。成人学校、成人中专学校围绕河南省教育质量年活动要求，开展教学管理和教学质量督导检查和对市地级广播电视大学办学条件的评估工作，对各地设立的167个普通高校函授专业依照规定重新进行了审查备案。广播电视大学“注册视听生”教育逐步向基层延伸，省工商、税务和烟草等3个系统和8个县被批准开展“注册视听生”教育。省教委批准中牟、新密等12个县级“注册视听生”试点。全省共招收“注册视听生”11 418人，首批1 040人已毕业，取得学历证书。经教育部批准，河南广播电视大学开展远程教育及人才培养模式改革试点，开展本科（专科起点）和专科层次教育。社会力量办学稳步推进，完成了省地方性法规和立法调研工作。

〔**成人高等教育**〕 1999年2月，省教委发出《关于进行成人高等教育教学管理、教学质量督导检查的通知》。4月，制订了《河南省成人高等学历教育教学管理、教学质量督导检查工作方案》。6月，组织2个专家组，对郑州煤炭管理干部学院、河南金融管理干部学院、新乡医学院3所成人高等教育的教学综合管理、师资及学生管理、教学计划、大纲、教材、教师的教学情况及学生的学习情况等进行试点检查。10月，又抽调专家对郑州大学等28所高校进行重点督查。6月和8月，分别组织开展了对成人高校1998级学生计算机、应用写作课程的统考，共有75所成人高校（含普通高校成教院、独立设置的成人高校）的3.5万名学生参加考试，到考率92.3%，及格率92.1%。开展对市、地级广播电大基本办学条件的评估工作。3月，省教委发出《关于市（地）级广播电视大学基本办学条件评估工作的通知》，对评估程序、内容、方法、时间安排等作出规定，同时印发电视大学办学条件评估方案和评估指标体系。在各校开展自评的基础上，11月，省教委组织有关专家对全省20个市地级电大进行了复评，并对在豫各地设立的167所普通高校函授站办站条件依照有关规定重新进行了登记备案。省教委发出《关于公布普通高等学校函授站名单的通知》，对符合条件的45所高校的43个函授站重新进行了公布确认。

成人院校管理体制调整。1月，省教委复函省煤炭厅，同意原煤炭部所属5所成人高校及其下设的成人中专部，4所职工中专和平顶山煤炭卫生学校中设立的成人中专的招生计划、录取、学籍管理以及毕业生证书发放工作，从1999年起纳入省教委统一管理。

开展成人高等学历教育学分制试点。10月19日，省教委批复同意河南大学从1999年新生开始，在化学化工学院和建筑工程系开展学分制试点。

继续进行成人高校举办高等职业教育试

点。经教育部批准，1999 年，河南省成人高等职业教育试点学校由上年的 11 所增至 14 所，专业由上年的 23 个增至 26 个，录取人数由上年1 325人增至2 000人。8 月，省教委发出《关于成人高等职业教育建筑施工与管理等四个专业专科教学计划的通知》。将审定的成人高等职业教育《建筑施工与管理》、《汽车运用与维护》、《机电工程》、《机械制造与维修》专业的教学计划印发有关成人高校试行。

〔**扫盲及巩固提高工作**〕 1999 年，河南省扫盲工作领导小组针对扫盲工作存在的问题，发出《关于我省扫盲及巩固提高工作几个问题的通知》，要求各级政府及有关部门要坚持对扫盲农村成人教育工作实行目标管理责任制，并对全省扫除剩余文盲、脱盲后的巩固提高以及第五次人口普查的有关配合工作提出明确要求。全年全省共扫除青壮年文盲 26.6 万人，超额完成省政府规划的 25 万人的扫盲任务。

8 月，河南省扫盲工作领导小组发出《关于开展第三十四届国际扫盲日纪念活动的通知》，要求各地在开展纪念活动时，组织学习和落实《河南省人民政府批转省教委关于做好我省扫除青壮年文盲验收后巩固提高工作的报告的通知》，认识巩固和提高扫除青壮年文盲工作成果是一项长期而艰巨的任务，各级政府要保证对扫盲教育工作人、财、物的投入落实到位。特别强调要结合当地实际，组织力量检查扫盲任务完成情况和评估农村乡镇成人学校建设水平，把扫盲和扫盲后的巩固与提高农民的脱贫致富紧密结合起来，提高扫盲工作的质量和效益。9 月，教育部印发《关于表彰第四届“中华扫盲奖”先进个人和单位的决定》，河南省周世俊等 10 人和淅川县荆紫关镇成人学校等 9 个单位获“中华扫盲奖”。11 月，陈苏英等 4 人获全国“巾帼扫盲奖”荣誉称号。

〔**社会力量办学**〕 7 月，省教委批复同意许昌科技专修学院、许昌国际商务专修学院、洛阳经贸专修学院、漯河市医学专修学院 4 所社会力量举办高等层次教育机构正式建校；批复同意民办河南省通源国际外国语学校、封丘县明昌中学和周口奋进高级中学正式招生；批准建立河南省电子信息技术自学考试辅导中心和郑州兴豫高等教育中心。9 月，省教委批复同意河南省三门峡黄金工业学校与日本国丸信株式会社信男教育学院合作开办“河南黄金信男专修学院”。12 月，省教委研究并报省政府审核同意，批准在周口市筹办民办恒大科技大学。

开展民办高等教育学历文凭考试试点。1 月，省教委印发《河南省高等教育学历文凭考试试点工作实施办法》，对试点工作的组织领导和试点学校的职责、培养目标及学制、专业设置、试点学校的教学计划、教学大纲、学籍管理、证书发放以及收费标准等问题作了规定。7 月～9 月，省教委公布本年度河南省高等教育学历文凭考试试点学校、招生专业及招生计划。全省实施高等教育学历文凭考试的试点学校有民办黄河科技学院，郑州中华职业专修学院等 22 所学院；试点专业有社区医学、中西医结合等 14 个专业；年内有 20 所学校 14 个专业共招收新生6 035人。9 月省教委召开高等教育学历文凭考试试点专业省考课程教学大纲评审会议，共审定 14 个试点专业的教学计划和省考课程的教学大纲。

11 月，省教委转发教育部《关于高等教育学历文凭考试政治理论课课程设置调整及实施工作的意见》。将各试点专业原规定的

“政治经济学”、“哲学”、“中国革命史”3门课程，相应调整为“马克思主义政治经济学原理”、“马克思主义哲学原理”和“邓小平理论概论”。

〔**成人中、初等教育**〕 8月，省教委发出《关于加强我省乡（镇）、村成人学校建设的通知》，提出乡（镇）、村成人学校建设规划是：到2000年，全省所有乡（镇）都建成达到省定三类以上标准的乡成人学校，其中一类以上占15%，二类以上占40%，省示范性乡（镇）成人学校达到100所；全省98%的行政村建起成人学校。要求各市地根据全省规划，结合当地实际，制订乡、村成人学校建设规划。采取措施，把乡（镇）成人学校办成综合性、多功能培训中心；重点抓好一批示范性乡（镇）成人学校，促使其在学校建设、管理、教学和培训质量，办学效益和科技实验、示范、培训、推广和服务等方面成为榜样，有效地为当地经济建设服务。1999年，省教委对各地申报省级示范性乡校的72所乡校进行了考察评估，经评审，同意45所乡校为省级示范性乡镇成人学校。10月～12月，省教委在河南省职业技术师范学院分两期对80名省级示范性和120名一类乡校的校长进行了培训，学习邓小平教育理论及党的农村工作的政策法规、乡镇成人学校管理、种植、养殖及加工实用技术等。

成人中专学校学生政治课统考。3月，省教委印发《关于在成人中专学校进行政治课统考的通知》，对考试课程及时间、考试对象以及考试的组织及要求提出明确的意见。年内有145所成人中专的4.4万名学生参加了邓小平理论与实践概论等3门课程的统考，及格率为91%。

选拔优秀成人中专毕业生进入成人高校学习。4月，省教委印发《关于做好选拔成人中专优秀毕业生进入成人高校学习的通知》，继续实行成人高校招收部分成人中专优秀毕业生。1999年，经省招办综合测试，360名成人中专优秀毕业生进入成人高校继续深造。

〔**农村教育综合改革**〕 1999年，河南省为把农村教育综合改革列入省政府下达的责任目标，坚持重点工作重点抓，扎扎实实地向前推进。2月，省教委先后组成若干小组，分赴18个市地进行调查研究。4～5月，先后召开市地农村教育综合改革工作座谈会和高校科教兴农问题座谈会，研究深化农村教育综合改革工作。6月，省教委考察河南农业大学以及临颍、开封、光山等县的高新农业技术园区建设情况。在调查研究的基础上，6月2日～3日，省教委在郑州市召开全省农村教育综合改革工作会议，副省长陈全国到会讲话。会议总结了农村教育综合改革的经验，部署今后的工作。确定2个市地、13个县市、100个乡镇为农村教育综合改革试点单位。强调在试点县市中重点抓好临颍县，在试点乡镇中重点抓好新乡县七里营镇的改革实验工作。同时，省教委提出要进一步抓好教育部在河南省确定的栾川县、扶沟县、长葛市、辉县市、淅川县5个全国农村教育综合改革实验县（市）的改革实验工作。省教委印发了《关于加强我省农村教育综合改革试点单位建设的意见》，明确了试点单位建设的指导思想、工作任务和保障措施。年内，各试点单位的工作已全面启动。省教委还印发了《关于加强100个农村教育综合改革试点乡镇成人学校实验实习基地建设的意见》，对实验实习基地建设提出要求和措施。各试点乡镇都制定了成人学校实验实习基地建设方案，基地建设工作全面启动。12月，省教委在郑州举办1期全省农村教育综合改革干部培训班，各市（地）、县（市）教委的分管主任、主管科室的科（股）长共260多人参加培训。为切实加强试点单位建设，提高试点单位的专业教学水平，省教委聘请河南农业大学、省农科院等专家、教授，在郑州举办6期试点市、县专业课教师专业技能培训班，共培训310人，通过培训，提高了专业课教师的理论水平和实际动手能力。

撰稿　杨智磊　尹洪斌　韩　冰
高培华　赵发中　李明霞
郭郑州
审稿　王日新

湖北省教育

概　况

〔基本情况〕

1999 年各级普通学校基本情况

单位：万人

学校类别	学校数（所）	毕业生数	招生数	在校学生数	教职工数 计	教职工数 其中：专任教师
总　计	32 844	2 193 464	3 120 056	11 823 853	703 672	561 029
一、研究生	(44)	4 520	7 462	19 528		
1. 高等学校	(25)	4 394	7 278	19 033		
2. 科研机构	(19)	126	184	495		
二、普通高等学校	57	49 362	96 375	257 875	70 404	27 858
本科院校	38	41 840	76 136	217 788	61 571	23 797
专科院校	19	7 067	18 195	36 345	8 833	4 061
分校、大专班		455	2 044	3 742		
三、普通中等学校	3 881	1 026 377	1 375 808	3 697 524	279 999	220 504
1. 中等专业学校	222	122 331	89 643	354 369	31 136	16 614
中等技术学校	193	102 330	75 241	297 931	25 539	13 039
中等师范学校	29	20 001	14 402	56 438	5 597	3 575
2. 技工学校						
3. 普通中学	3 301	842 640	1 230 626	3 180 854	231 764	191 343
高中	588	146 673	233 902	593 431		39 252
初中	2 713	695 967	996 724	2 587 423		152 091
4. 职业中学	354	61 406	55 524	162 219	17 046	12 518
高中	282	48 315	38 083	118 405		9 834
初中	72	13 091	17 441	43 814		2 684
5. 工读学校	4		15	82	53	29
四、小学	25 107	1 112 412	997 103	6 984 361	307 676	278 689
五、特殊教育学校	70	793	1 212	7 706	1 563	1 150
六、幼儿园	3 729		642 096	856 859	44 030	32 828

1999 年各级成人学校基本情况

单位：万人

学校类别	学校数（所）	毕业生数	招生数	在校学生数	教职工数	
					计	其中：专任教师
总计	22 273	3 342 423	2 887 779	2 505 131	58 852	26 185
一、成人高等学校	38	55 431	71 151	182 159	10 387	5 308
1. 广播电视大学	2	9 012	11 758	25 483	4 227	2 323
2. 职工高等学校	21	4 443	5 757	13 523	3 319	1 702
3. 农民高等学校						
4. 管理干部学院	7	3 447	3 382	8 044	1 492	595
5. 教育学院	7	2 434	3 735	7 101	1 105	523
6. 独立函授学院	1	918	1 502	3 972	244	165
7. 普通高等学校举办：						
函授部		20 205	25 901	76 641		
夜大学		3 644	4 042	12 314		
成人脱产班		11 328	15 074	35 081		
合计中：电大普通专科班		4 585	5 094	12 737		
二、成人中等学校	14 815	3 088 402	2 600 305	2 170 125	39 707	17 219
1. 成人中等专业学校	227	45 791	23 263	97 472	12 214	6 934
广播电视中等专业学校	4	7 757	1 725	15 752	100	82
职工中等专业学校	146	18 869	10 513	41 617	7 168	4 162
干部中等专业学校	4	1 738	711	3 952	778	437
农民中等专业学校	30	9 377	5 482	21 574	1 736	958
函授中等专业学校	4	2 372	767	2 612	706	201
教师进修学校	39	5 678	4 065	11 965	1 726	1 094
其他类学校举办						
2. 成人中学	83	11 153	7 637	12 067	1 014	713
职工中学	40	4 251	3 977	8 125	748	553
农民中学	43	6 902	3 660	3 942	266	160
3. 成人技术培训学校	14 505	3 031 458	2 569 405	2 060 586	26 479	9 572
职工技术培训学校	252	68 324	69 953	72 750	2 130	1 224
农民技术培训学校	14 253	2 963 134	2 499 452	1 987 836	24 349	8 348
三、成人初等学校	7 420	198 590	216 323	152 847	8 758	3 658
1. 职工初等学校	46	5 329	6 470	3 941	549	266
2. 农民初等学校	7 374	193 261	209 853	148 906	8 209	3 392
其中：扫盲班	6 371	140 169	147 122	98 076	6 897	2 818

制表　李明霞　　审核　张文斌

〔**年度教育工作方针**〕 1999年1月，中共湖北省委高校工委、省教委召开全省地市州教委主任会议，研究部署1999年全省教育工作，会议提出年度全省教育工作的指导思想是：高举邓小平理论旗帜，贯彻落实党的十五大精神和省第七次党代表大会精神，正确处理各级各类教育中数量与质量的关系，智育与德育的关系，发展与改革的关系，坚持社会主义办学方向，进一步加强教育战线党的建设和学校思想政治工作；深化教育体制、教育思想、学校管理、教育内容和教学方法改革，全面提高教育质量和教育效益；按照规划，加大“普九”攻坚工作力度，积极推进素质教育；积极发展职业教育和成人教育；适度发展高等教育，积极推进教育与经济建设的结合，确保教育系统稳定的政治局面，为实施科教兴鄂战略迎接知识经济挑战服务。

会议明确1999年要切实抓好以下工作：(1)加强高校党的建设，加强师生政治思想教育；(2)发挥教育的人才科技优势，为实施科教兴鄂战略服务；(3)深化教育体制改革全面提高教育质量和办学效益；(4)按照规划推进普及九年义务教育，切实抓好素质教育；(5)加强教育立法执法和法制教育工作，推进依法治教进程；(6)加强教育重点工程建设，提高教育投资的综合效益；(7)加快教师队伍建设步伐，提高教师素质，改善教师待遇；(8)进一步加强教育外事工作，扩大教育国际交流与合作；(9)转变机关工作作风、工作职能，提高管理和服务水平；(10)筹备召开全省教育工作会议。

〔**全省技术和教育创新工作会议**〕 1999年10月16日～19日，中共湖北省委、省人民政府召开全省技术创新和教育创新工作会议，传达、贯彻党中央、国务院召开第三次全国教育工作会议和第一次全国技术创新大会精神，要求各级党委和政府都要认真学习，深刻领会，切实把思想和行动统一到中央的重大决策和战略部署上来，创造性地抓好落实。

省长蒋祝平在开幕式上作主题报告，提出动员全社会各方面力量，以提高民族素质和创新能力为重点，抓住机遇深化科技、教育体制改革，大力开展技术创新，加速发展高新技术产业，全面推进素质教育，加快实施科教兴鄂战略，更好地促进科技，教育与经济社会发展相结合，为实现湖北省跨世纪发展目标而努力奋斗。省委书记贾志杰作大会总结报告，强调坚持企业、技术、教育“三大创新”一起抓，全省上下务必形成高度共识。在“三大创新”中，以全面推进素质教育培养创新人才为中心内容的教育创新是基础，以发展高科技、实现产业化为中心内容的技术创新是关键，以企业改革为中心环节的经济体制创新是主体。要坚持“三大创新”配套联动，整体推进，促进湖北经济、社会的全面振兴。

省委高校工委书记、省教委主任余风盛在会上作题为《全面推进素质教育，服务科教兴鄂战略》的发言。武汉、黄冈等市和武汉大学、华中师范大学、葛洲坝教育实业集团、武汉市武昌区、华中师大一附中等12个单位交流了推进素质教育，培养创新人才，服务经济建设等方面的经验。

〔**颁布推进素质教育决定**〕 1999年10月15日，中共湖北省委，省政府颁布《关于深化教育改革全面推进素质教育的决定》(以下简称《决定》)，明确教育改革的根本目标是：全面推进素质教育，为21世纪湖北振兴崛起培养大批创新人才和高素质的劳动者，即全面贯彻党的教育方针，以提高民族素质为根本宗旨，以培养学生的创新精神和实践能力为重点，造就“有理想、有道德、有文化、有纪律”的德、智、体、美全面发展的社会主义事业建设者和接班人。为此，要高度重视学校德育工作；智育工作要转变观念，改革人才培养模式，切实提高教育质量，要进一步加强学校体育卫生和美育工作；要加强生产劳动和社会实践的教育。

《决定》提出：力争经过10年的努力，实现湖北由教育大省向教育强省转变的跨越：建立起与社会主义市场经济相适应，有利于全面实施素质教育的教育体制，形成新的充满活力的运行机制；建立起职前教育与职后培训相贯通，学历教育与非学历教育相结合，努力满足全体公民多种学习需求的终生教育体系；建立起以政府办学为主，公办学校和民办学校共同发展的格局，不断完善多渠道筹措教育经费的体制；2000年全省基本普及九年义务教育；2005年，大中城市的城区和经济发达的农村，基本普及包括普通教育和职业教育在内的高中阶段教育，全民受教育的年限高于全国平均水平1～2年；到2010年，同龄人口大学入学率达到20%以上，争取创建两所世界知名高水平大学和一批世界一流学科；教育为经济建设和社会发展服务的功能大大增强，教育和科技对经济增长贡献的份额逐年增长。为此，将着力推进建设教育强省的“六大工程”，即实施“两基工程”，为提高民族素质打好基础；实施“职业培训工程”，培养大批初中级人才和高素质的劳动者；实施“创新人才工程”，造就高素质的专门人才；实施“现代远程教育工程”，实现教育手段的现代化；实施“园丁工程”，建设一流的教师队伍；实施“高新技术创新工程”，增强为经济建设服务的功能。

〔**灾后学校重建**〕　1999年10月29日，省教委、财政厅在荆州市召开全省1998年灾后学校重建工程总结暨表彰会。至此，湖北省中小学灾后重建工程圆满竣工。

1998年长江流域特大洪涝灾害中，湖北省共有7 500多所学校受灾，其中1 291所中小学遭受毁灭性破坏。各级教育行政部门进行调查论证，筹划灾后重建工作。1998年9月下旬，省教委正式启动全省灾后学校重建工程。按照“移民迁建、后靠迁建、原地重建、并校扩建”的原则，以及“初小就近入学，高小适当集中，初中形成规模”的要求进行规划，撤销合并一批规模小，布局不合理、办学条件差的学校。1 291所水毁学校规划重建744所，落实重建项目494个，总建筑面积84.2万平方米，工程覆盖37个县市，覆盖人口750万人。

为实施学校重建工程，中央财政补助救灾资金1亿多元，省政府调拨财政资金2 000万元，人民解放军和武警官兵捐赠2 500万元，北京、上海、广东、延安等省市地方教育部门，以及香港邵逸夫先生在灾区捐建了一批学校。在一年内，全省省级筹集资金2.56亿元，接受捐赠物质价值1 200万元。重建工程总投入近5亿元，其中省补助2.2亿元，地方配套2.6亿元。石首、监利、公安、嘉鱼等特重灾区的群众提出“救灾先救孩子，重建先建校园”的口号，让田让地，出钱出力，全力支持学校重建工程。到1999年，近500个项目圆满竣工，解决了灾区38万中小学生入学问题。

〔**教育投入与基本建设**〕　1999年，省委、省政府出台了教育经费投入政策性文件，要求省级财政支出中教育事业费拨款所占比例，按2000年达到17%的要求，力争2002年达到19%。市、县两级政府要根据本地实际，增加本级财政中教育经费的支出，且每年增长应不低于1个百分点。1999年，全省教育经费投入有较大幅度的增长，仅教委口省本级教育事业费预算安排47 304.2万元，比上年增加6 526.7万元，增长16.19%。

基本建设方面，全省普通高校全年完成投资7.2亿元，其中，国家预算内投资2.8亿元，占38.9%，学校自筹4.4亿元，占61.1%。普通高校校舍建筑面积达到1 181.73万平方米，比上年增长19.4%。仪器设备值达到19亿多元，比上年增长约24.3%。普通中专校舍建筑面积达到711.51万平方米，生均较上年增长1.74平方米。仪器设备价值8.437亿元，较上年增长17.3%。普通中学校舍建筑面积达到2 947.2万平方米，较上年增长8.08%。各级各类校办学实力进一步增强。

撰稿　何泽云　余国芳　边志文

基础教育

〔"普九"工作〕 年初，全省共有86个县（市、区）实现基本"普九"目标，占全省县（市、区）总数的85%，人口覆盖率占全省88%。为完成余下的15个县（市、区）的"普九"任务，省政府确定1999年为"普九"攻坚年，狠抓"普九"验收前的考察、督办。3月～4月，省组织7个检查组，对计划当年验收的14个县（市、区）的普及程度、教育经费、基本办学条件等，进行了重点考察与督办。到年底，有黄梅等8个县（市、区）实现"普九"目标，使全省实现"普九"的县（市、区）达到94个，占全省县（市、区）总数的93.1%；覆盖人口5 453.2万人，占全省总人口的92.3%。另有郧西等7个县（市）根据考察，决定延期到2000年组织达标验收。

为提高适龄儿童入学率，降低辍学率，狠抓了春秋两季开学检查工作。1999年是特大水灾后的第一年，中小学生入学和巩固工作难度很大。为此，省教委在1月召开会议进行部署，要求各地克服困难，千方百计，通过先入学、先发书、费用减、免、缓及社会救助，执法处罚等多种措施，依法保障适龄儿童少年按时入学，巩固提高普及程度。春节后，省政府发出《关于作好灾区中小学春季开学工作的紧急通知》的传真电报。在春秋两季，省教委派出十几个检查组分赴全省各地、尤其是部分重灾县和贫困县，检查督促和指导开学工作，并将检查情况发了通报。在各级政府的重视和有关部门、学校共同努力下，灾区中小学基本做到按时开学。全省小学学龄人口入学率达到99.51%，初中学龄人口入学率达到96.43%，小学、初中年辍学率分别为0.98%和4.97%。

〔**素质教育**〕 1999年初，省教委印发了《关于在全省中小学全面实施素质教育的试行意见》，要求全省各地根据本地实际，研究制定具体实施方案，全面推进素质教育的实施进程。

加大中小学生减负工作的研究力度，为实施素质教育提供保障。为贯彻落实省委、省政府《关于深化教育改革全面推进素质教育的决定》和全省教育创新会议精神，促进中小学生的身心健康和全面发展，通过调查研究、认真分析，制定并印发了《关于切实减轻中小学生课业负担的意见》，出台了“减负”具体量化标准，力求为全面实施素质教育创造良好条件。

改革中考招生制度，做好素质教育的导向工作。一年来，本着积极稳妥、分步实施的原则，着重从以下几个方面推动中考招生制度改革，取得初步成效。一是改革招生办法，淡化升学竞争。将重点高中的部分招生指标，按乡镇（办事处）义务教育普及、巩固、提高的程度和初中办学水平的高低，直接分配给乡镇或初中。到1999年底，此项改革已逐步推广到全省50%以上的市州。二是制定考试纲要，规范命题。省教委委托省教研室制定了《湖北省九年义务教育初中各科毕业考试及升学考试纲要》，供各地试行。三是建立中考试卷的备案制度和评估制度。从1999年开始，省教委组织有关专家对各地送审的试卷进行评估，并将结果予以通报。

切实加强中小学教学用书管理。按照国家教委“编审分开”等教学用书管理原则，经省教委办公会议研究通过，年初发出《关于加强中小学教学用书管理工作的通知》，对教学用书的编写、征订、选用、发行和管理作出了明确的规定。并进一步理顺教委系统对中小学教学用书管理体制，规范了同类合并、分类合并、分类编排的编制模式，加强了全省春秋两季中小学教学用书目录的编制工作。1999年秋和2000年春共削减中小学学生用书、教辅资料种类达20多种，取消了小学一、二年级学生的课外作业。秋季开学重点检查了中小学学生用书情况，对违反规定的地方和学校进行了通报批评。

〔**普通高中教育**〕 针对湖北省存在普通高中教育资源不足，人民群众接受普通高中教育的愿望日趋强烈，而部分中等教育资源利用不充分、办学效益不高等现象，省教委发文要求各地教育部门，在当地政府的统筹下，积极调整中等教育结构，通过对现有中等教育资源的重组，努力挖掘现有中等教育资源的潜力，保证1999年普通高中扩招计划的完成。(1)鼓励各市、州、县将生源不足且具备条件的普通中专、成人中专和农村职业高中改制为普通高中。(2)将中等师范学校改办为普通高中。全省除恩施州、十堰市、咸宁市各保留1所中等师范学校外，其他中等师范学校原则上改制为普通高中，中师校牌可保留至现有中师在校生毕业为止。(3)对于近期改制为普通高中有困难的普通中专学校、中等师范学校，在当地政府的统筹下，允许既挂普通中专学校、中等师范学校校牌，又挂普通高中校牌（即实行“一套班子、两块牌子”），或采取与当地重点高中联合办学的方式举办普通高中教育。(4)提倡完全中学办成单设普通高级中学，扩大现有中学的招生能力。(4)加强对厂矿企业举办的普通高中和民办普通高中招生的统筹协调工作，鼓励他们在办学条件许可的情况下扩大招生规模。

(6)积极发展民办普通高中,鼓励社会力量依法举办普通高中教育。(7)提倡将其他适合举办教育的优质资源,经过调整用于发展普通高中教育。1999年,全省普通高中实际招生23.4万人,比原计划扩招3.4万人,扩招17%。普通高中校数达到588所,在校生达到59.43万人。

〔**中小学教师继续教育**〕 加强继续教育法规建设和科学管理。近年来,省教委相继制定《湖北省中小学教师继续教育考核管理办法》及各类教师培训课程计划等一系列文件。1999年4月,省政府批转《省教委关于全面开展中小学教师继续教育的意见》,对中小学教师继续教育的权利和义务、培训内容、形式与要求、培训经费的来源、培训后的待遇等问题作出规定。8月,省教委与省财政厅又联合印发《关于实施中小学教师继续教育工程的通知》。黄冈、荆门、随州、赤壁、大冶等市、县政府也出台了适应本地中小学教师继续教育的规定。推行全省中小学教师计算机网络管理系统,将对全省中小学教师基本情况和参加继续教育的情况实行动态跟踪管理。省中小学教师继续教育中心还制定了规范的继续教育学分登记制度。

加强继续教育师资队伍、教材、基地建设。省教委在设立专家咨询委员会、学科指导委员会的基础上,在全省范围内遴选出500名优秀教师,组建省级继续教育师资库和讲师团,以求共享教育资源,并采用双向选择和协调的办法,择优推荐师资库教师到各地培训授课。同时,依托湖北教育学院等院校开展继续教育师资培训,到1999年底,已培训继续教育计算机师资达1 000多人。在教材建设方面,成立湖北省中小学教师继续教育课程与教材编审委员会,设立课程与教材建设项目资金,采取联合开发、择优推荐等形式,鼓励教师吸收学科前沿知识和中小学学科教学、教研、教改最新成果,形成专题式、活页式教材,已开发《计算机在现代教育中的运用》等培训教材10多本,使用效果较好。在培训基地建设方面,按照省教委、省财政厅有关文件要求,依托湖北师范学院等11所高等师范院校,建立11个中学教师继续教育培训基地。大部分培训基地与所在市(州)教委签订了继续教育工作协议书。同时,根据湖北省师范教育资源重组的要求,对以县(市)教师进修学校为主体的小学教师继续教育培训基地进行了调整和确认。

突出重点,抓计算机全员培训和骨干教师培训。一是在仙桃市召开全省中小学教师计算机培训工作经验交流会议,推动中小学教师计算机培训的开展。二是督促各市(州)教委抓好教师计算机培训。据统计,全省中小学教师按照继续教育标准完成计算机培训的约有11万人,占中小学教师总数的25%。三是启动骨干教师培训。根据教育部关于中小学教师骨干教师培训的要求,确定全省培训骨干教师50 000名,其中市(州)教委培训45 000名,省教委培训4 500名,推荐到教育部培训500名。到年底,大部分市(州)教委已正式启动骨干教师培训工作。

加强继续教育实验区及实验课题的指导。省教委重点抓了潜江市、十堰市两个国家级继续教育实验区的工作,分步完成了教育部下达的实验任务,上述两个实验区已提交部分实验结果。襄樊市等12个市、县作为省级实验区的工作也在有序进行,已取得阶段性成果。同时,加强了课题的研究,其中"九五"国家级重点课题《面向21世纪我国中小学教师队伍建设研究》的子课题《中小学教师继续教育目标、内容、模式与管理运行机制研究》已进入终结阶段。

继续抓好学历补偿教育和学历提高教育。根据教育部《面向21世纪教育振兴行动计划》的总体要求，在抓好中小学教师的学历补偿教育的同时，鼓励中小学教师参加学历提高教育。1999年，参加成人高考的中小学教师28 700多人，师范院校招生计划为9 610人，实际录取15 563人，超过招生计划的62%，其中：师范类专业10 952人（本科4 123人，专科6 829人），占录取总数的70%。全省小学、初中、高中教师的学历达标率分别达到94.7%、80%和63.74%，其中小学教师达到专科以上学历的占18%，初中教师达到本科以上学历的占13.3%，高一层次学历比例分别比上年提高3个和2个百分点。

〔**教育干部培训**〕1999年，省教委在调查研究的基础上，制定了《湖北省"九五"期间中小学校长培训评估办法》和《湖北省民办中小学校长培训的意见》，进一步规范了干部培训工作。

按照素质教育的要求，加强干部培训教材建设。重新修订和出版了省编教材10本，修订后的教材对提高培训质量起了作用。对中小学校长培训声像教材的编写和制作也做了基础性的工作。

举办各种类型的校长培训班。1999年，全省各培训院校共培训中小学校长9 458人，其中小学校长7 110人，初中校长2 118人，高中校长230人。

加强教育干部培训的教学与课题研究。组织部分干训讲师团成员到基层示范教学和现场指导20多次；组织部分干训教师和管理人员完成教育部立项的《中小学校长培训的有效性》课题研究。

〔**中等师范教育改革**〕为贯彻全国教育工作会议精神，加快师范教育由三级向二级过渡，湖北省采取4种形式，改革中等师范教育。(1)将部分中等师范学校改为普通高中或与重点中学联合办学。决定除恩施州、十堰市、咸宁市各保留1所中等师范学校外，其他中师原则上改为普通高中。到年底，已有4所中师改制为普通高中，16所中师采取与重点中学联合办学的形式招收高中生。据不完全统计，全省改办的高中和部分中师共招收高中生5 000余名。多数学校在办好中师的同时，也在试办高中班或艺术高中，为改办普通高中创造条件。(2)转向举办高等职业教育或整体并入高校，继续培养小学教师。原武汉市第一师范学校采取多种措施，摸索在一所学校内办好师范教育和高职教育的新途径。原大冶师范学校则整体并入黄石高等专科学校，组建黄石高专师范部，开办大专小学教师专业，从当年开始招收大专生。(3)继续办好中等师范教育。全省保留的3所中等师范学校之一的咸宁市蒲圻师范学校，在办好普通中师的同时，抓好小学教师和校长的继续教育，利用现有教育资源，试办咸宁市赤壁艺术高级中学；选送8位教师就读研究生班；扩大征地6.6公顷，为办好师范教育创造条件。(4)申办高等师范教育。沙洋师范学校在原基础上继续加强教师队伍建设，以优惠条件引进硕士研究生。同时，选派教师攻读教育硕士或研究生课程，并通过加强科研活动提高在职教师的整体素质；继续加强教学设施、设备建设，投资1 400万元兴建10 000平方米的教学大楼，投资50万元建立多媒体课件制作室和微机教室，投资60万元装修和改造部分原有校舍。该校申办师范专科学校的论证已通过省级专家组评估。

撰稿　雷方圣

职业教育

〔**综述**〕 1999 年，湖北省职业教育坚持深化改革，积极发展的方针，以优化学校布局，突出职教特点，建立健全职教体系为重点，坚持主动服务经济建设的发展方向，推动职业教育由规模数量型向质量效益型转化。一是调整中等职业学校特别是普通中等专业学校办学规模。各类中等职业学校与调整前相比减少 150 余所，普通中专学校平均在校生规模由 1 252 人提高到 1 629 人；其中 10 所中等职业学校在校生超过 3 000 人，30 余所县市职业学校在校生超过 2 000 人。二是职业学历教育与职业培训并举；初、中、高等职业教育相互衔接，与其他教育相互沟通、协调发展的职业教育体系框架初步形成，中等职业学校毕业生升入高等职业学校学习的渠道已经开通。全省职业初中在校生 4.38 万人，中等职业学校在校生 51.7 万人（不含技工学校），高等职业教育在校生超过 1 万人。1999 年，全省高等职业技术学院招收新生 1.4 万余人。三是骨干示范学校得到发展壮大。42 所国家级重点职业学校和 130 所省部级重点职业学校已成为省职业教育发展的支撑点和增长点。四是为地方经济建设培养了大量应用型人才，并推广了一批实用科学技术。

〔**学校布局结构调整**〕 湖北省积极探索以多种形式、多种模式、多种机制发展高等职业技术教育。1999 年全省新高等职业教育共布点 37 个，其中：普通高校直接举办的二级职业技术学院 11 所；以普通中专学校为基础组建的普通高校二级职业技术学院 10 所；独立设置的职业技术学院 4 所；成人高校 12 所。初步构建起以区域为主、行业为辅的高等职业技术教育网络。全省中专学校由 1998 年的 248 所调整到 222 所，减少 26 所。湖北省能源经济学校、湖北省第一机械工业学校、十堰市卫生学校、孝感市建筑工程学校、湖北省电子工业学校 5 所中专学校分别并入有关高等学校；黄冈农业学校、黄冈财贸学校、黄冈机电工程学校合并组建为黄冈职业技术学院；恩施州和宜昌市的各 4 所中专学校合并组建为 2 所新的中专学校；撤销了建始县卫生学校。

〔**实施职业教育“512 工程”**〕 1999 年，湖北省将实施“512 工程”作为职业教育工作的重点。“512 工程”是：用 5 年时间，在全省重点建设 100 所在校生 2 000 人以上，条件好、规模大、涵盖宽、形式多、功能全的县（市）中等职业技术学校。“512 工程”的核心是对县（市）辖区内各类中等职业学校（包括职业高中、成人中专、教师进修学校、广播电视大学分校、技工学校等）进行联合和合并，实行政府统筹、教委主管、部门参与的管理体制，原则上每个县（市）只建 1 所中等职业学校。其主要的经验和做法是：坚持“三个有利于”的原则，即：有利于现有职业教育资源的充分利用与合理配置，提高投资的综合效益；有利于提高职业学校的办学质量和办学效益，增强职业学校的竞争活力；有利于坚持正确的办学方向，促进地方经济建设和社会发展。

将实施"512工程"与加强重点学校建设结合起来，与深化职业教育教学改革结合起来。在实施"512工程"的规定中，提出只有进入"512工程"的学校才能参加省部级以上重点职业学校的评估。1999年和2000年，教育部对国家级重点中等职业学校进行重新调整和评估，各县(市)和职业学校抓住这一契机，普遍加大了投入，据对22个县市统计，共投入中等职业学校建设经费4 000多万元。全省22所"512工程"合格学校有12所学校参加了国家级重点中等职业学校的评估。

注重发挥政府统筹和市场调节作用。在实施"512工程"工作过程中，重点建设和支持了办学条件好、办学水平高、市场前景好的职业学校，而对那些质量差、效益低、市场前景差的学校利用市场调节的机制，辅之以适当的行政手段，使其退出职业教育行列。

加强检查和评估。年初，省教委和省计委联合下发推进"512工程"的《实施办法》和"512工程"合格学校的《评定标准》，提出各级政府和有关部门的责任和相应的激励政策，省和各市、州的职教专款要主要用于"512工程"建设。1999年底，省教委组织有关专家对22所"512工程"合格学校的创建工作进行了评定，主要评定体制改革、资源配置和办学条件等情况，通过评定促进了地方政府依据《职业教育法》，加大对职业教育的统筹力度和投入力度。大冶市政府将市中等专业学校创建"512工程"合格学校作为1999年的十大实事之一；罗田县委、县政府提出举全县之力，建设"512工程"合格学校。

〔**高职教育教学工作**〕 湖北省是教育部发展高等职业教育的试点省份之一，年初，省教委组织有关人员到江苏、广东等省考察学习，同时对全省高等职业教育发展情况和教学工作情况，进行了调查研究，摸清情况。自1996年全国职教工作会议确定湖北省为发展高等职业教育的试点以来，到1998年，经原国家教委批准，新组建了孝感职业技术学院、武汉船舶职业技术学院、十堰职业技术学院，共招生4 700多人；1999年，共有37所学校经批准举办高等职业教育，招生1.4万人，加之荆门职业技术学院、十堰职业技术学院、武汉船舶职业技术学院、鄂州职业大学、沙市职业大学和武汉商业服务学院等校按原计划渠道招收高职生，高职在校生人数较上年有较大增长。但1999年扩大招生后，不少高职学校存在以下主要问题：一是教学观念有待更新。多数学校习惯于"学科型"的教学模式，注重理论教学的系统性和学科性，必须转变学科本位观念，树立以能力为本位的教育观念，强化"技能型"教学体系。二是办学条件不适应。各个试办高等职业教育的院校，普遍缺乏配套的实验实习设备和师资条件，尤其是缺乏生产第一线的先进设施。三是没有形成基本的教学规范。在高等职业教育的专业设置、教学管理、师资配备、教学内容等方面没有较好的制度和措施。为此，省教委于5月印发《湖北省教委关于高等职业教育专业设置的原则意见》(试行）和《关于制定高等职业教育教学计划的原则意见》(试行)，提出高等职业教育的专业设置和教学工作，应该坚持为地方经济建设服务的原则，突出实用型、技能型和针对性。专业设置必须坚持按需设置的原则，直接面向生产、管理和服务第一线，根据区域和行业对人才的需求状况，以社会需求作为专业设置的重要依据，发展社会急需的专业；

要有完整的突出高职特点的教学计划和教学大纲。教学计划要根据培养目标，坚持理论教学与实践教学并举，培养的学生应是牢固掌握职业岗位所需的基础知识及专业技能，并具有较强综合职业能力的高层次技术型、应用人才；坚持以职业能力培养为主线、行业牵动和产学研结合，课内外教学活动和校内外教育活动相结合，实现“合格＋专长”培养目标。普通课设置，必须把实践教学放在突出位置，做到理论教学与实践教学1：1，把职业技能训练落到实处，使学生达到获得职业技能等级证书和资格证书的实际能力。

撰稿　刘维国　卢进元　边志文

高等教育

〔**综述**〕　1999年，湖北省高教工作以邓小平理论为指导，贯彻落实《中华人民共和国高等教育法》及全国教育工作会议、全省科技创新和教育创新工作会议精神。全省有普通高校57所，比上年增加2所，其中中央部委属院18所，比上年减少1所；地方院校39所，比上年增加3所。普通高校研究生招生7 278人（博士生1 463人），比上年增加1 496人（博士生增加507人）；在学研究生19 033人（博士生3 939人），比上年增加3 322人（博士生增加1 022人）；毕业研究生4 394人（博士生702人），比上年增加872人（博士生增加131人）。本专科招生比上年增加32 908人；在校生59 410人，比上年增加29 645人；毕业生49 362人，比上年减少270人；全省普通高校共有教职工70 404人，比上年增加3 499人；专任教师27 858人，比上年增加1 783人。全省普通高校校舍面积达1 881.73万平方米，比上年增加192.33万平方米。

〔**高校体制改革**〕　1999年，省教委提出并完成在湖北创建两所世界知名水平大学的方案论证工作；提出了扩大武汉大学、华中理工大学办学主权的意见，进一步推进两校的改革与发展；完成了孝感师范学院等6所院校的论证申报工作；帮助经教育部批准新组建的荆州师范学院、黄冈师范学院和江汉大学等3所本科院校搞好院（校）系组建、学科规划和专业建设；进一步推进高校间合作办学工作，合作办学学校达18所，比上年增加4所；检查、协助学校搞好教学评价工作，湖北民族学院，武汉城市建设学院等2所学校顺利通过教育部本科教学工作合格评估。配合教育部对咸宁医学院的整改工作进行检查，并向教育部上报了《湖北省普通高等学校本科教学工作合格评估总结》；对高校扩大招生后的教学工作提出了要求，督促各校落实“三个保证”，即保证正常的教学秩序，保证必要的教学条件，保证教学质量，使扩招学生“进得来、住得好、学得好”。

〔**教学改革**〕 高等教育教学领域改革以加强素质教育和培养创新型人才为重点，主要做了以下工作：一是对教学工作提出了指导性意见。二是开展人才培养方案和教学计划的修订、研讨，认真组织实施新一轮教学计划。三是重新修订印发《湖北省普通高等学校专业管理实施办法》，将部分本科专业的管理权限下放给学校，专业设置和建设管理更加规范。四是对全省高校本科生毕业论文（设计）进行调研检查，在学校自查和省抽查的基础上，向教育部呈报《湖北省普通本科院校毕业论文（设计）调研报告》。五是加强教学实践实习基地建设。制定了《关于进一步加强全省高等师范院校教育实习基地建设的几点意见》，规范了高师院校教育教学实习工作，重新确定 242 所中学为高师院校的合格教育实习基地。六是加强重点学科建设。对省属高校"九五"期间 23 个省级重点学科进行了中期检查，就下一阶段重点学科建设工作提出指导性意见。七是加强教学改革研究。组织评选省级教学研究项目 290 个。八是加强现代化教学手段、技术和教学方法的学习与培训，提高了高校教学工作质量和管理工作水平。九是加强教材建设。组织编写了全省高校非计算机专业学生使用的《计算机基础教程》和《计算机基础教程上机指导》两本统一教材。十是围绕培养和提高学生创新思维、实践动手能力和独立科研能力，在全省高校继续组织开展了大学生电子设计竞赛、数学建模竞赛、英语竞赛和英语演讲比赛等活动。

〔**教师队伍建设**〕 1999 年，继续抓好学科带头人和学术骨干的选拔培养工作。在省属高校遴选了第二批省级学科带头人 59 名和学术骨干 62 名，并对第一批学科带头人和学术骨干进行了考核。组织部分高校师资管理人员分 3 个小组赴四川、辽宁、上海等 9 省（市）、高校考察、学习师资队伍建设经验，扩大视野，开阔思路。在部分高校设立教师岗前培训点，并使高校教师岗前培训工作进一步规范和落实。积极配合教育部做好湖北省高校师资培训中心的评估工作。

〔**高校党建和思想政治工作**〕 11 月中旬，省委召开了全省第八次高校党建工作会议，总结经验，统一认识，进一步明确高校党建工作的主要任务。一年来，高校党委通过举办培训班、组织报告会等形式，积极引导广大党员和师生学习邓小平理论。邓小平理论"进教材、进课堂、进学生头脑"工作取得新的进展。1998 年入校的新生普遍开设了《邓小平理论概论》课，经抽考，80％的学生考试成绩合格。全省高校已全面实施"两课"课程设置新方案。加大了"两课"教师培训力度，已培训教师占"两课"教师总数的 62％。努力把高校的领导班子建设成为坚强的领导核心、政治核心和团结核心。进一步完善了党委领导下的校长负责制，加强了民主集中制建设，加强了优秀后备干部的培养。按照"党要管党、从严治党"的要求，坚持不懈地抓基层党组织的自身建设和党员队伍建设，基本形成了一班人共同抓，一级抓一级，一级促一级，层层抓落实的党建工作新格局。各高校围绕纪念建国 50 周年、迎接澳门回归等喜事、大事，深入开展了爱国主义、集体主义、社会主义教育。以校园文化建设为主题，认真抓了学风、行为规范、道德文明习惯的养成教育。针对以美国为首的北约悍然用导弹袭击我驻南使馆、取缔"法轮功"的斗争、李登辉抛出所谓的"两国论"等事件，各高校认真组织抗议示威、声讨批判等系列活动。

撰稿　罗　哲

〔**学位工作与研究生教育**〕 1999年，湖北省学位工作与研究生教育按照“深化改革、严格管理、积极发展、提高质量”的基本工作思路，主要开展了如下工作：

全面调查研究生培养工作。根据国务院学位办的统一部署，省学位办从年初开始，围绕按新学科、专业目录制订并实施的新培养方案，对全省研究生培养工作进行全面调研。在各培养单位进行自查的基础上，分期分片组织研讨会，最后形成调研报告在全国研究生培养工作会议上进行了交流。调研报告全面总结了20年来湖北省研究生培养工作的经验和教训，进一步明确了面临的困难和问题，以及改进培养工作、提高研究生教育质量的若干途径和方法。

建立学位点立项建设制度，全面开展学位点建设工作。3月，省学位办首次提出加强学科建设，实行学位点立项制度。经专家论证，从各单位申报立项的学位点中筛选出217个学科、专业进行立项建设。10月，省学位办组织各有关单位对立项建设工作进行抽查和交流。大多数单位在学科建设上，尤其是在导师梯队建设、学术带头人培养、科学研究工作、基本建设和经费投入等方面均有突破。

制订湖北省学科建设与发展规划。根据国务院学位委员会的要求，湖北省各研究生培养单位和部分本科高校，制订了中期学科发展规划。在调查研究的基础上，省学位办制订出湖北省近期、3年、5年的总体学科建设与发展规划，提出湖北省学科建设与发展的指导思想和任务，总体建设目标以及实现规划目标的若干主要措施。

组织开展全国第二届优秀博士论文评选和全国学位与研究生教育管理工作先进集体评选的推荐工作。根据国务院学位办的要求，湖北省采取通讯评议的方式，组织200多名专家从100多篇博士论文中筛选出67篇省级优秀博士论文，其中37篇推荐参加全国优秀博士论文评选。同时，在全省学位与研究生教育管理部门中开展先进集体评选与推荐工作，武汉大学等8所高校受到全国表彰。

进一步规范学位与研究生教育管理工作。省学位办完善了学位基本信息管理系统，修订并实施湖北省学位委员会关于学士学位的授予办法及研究生课程进修班管理办法，制定了关于联合培养研究生的管理办法。与此同时，贯彻执行国务院学位委员会关于以同等学力申请硕士学位的暂行规定，认真组织好有关人员申请学士、硕士学位的外语和综合统考以及GRK入学考试；加强研究生学籍、学历管理、堵塞了研究生毕业证、学位证书发放的漏洞。

湖北省学位办　供稿

〔**高校科技工作**〕 据不完全统计，1999年全省高校科技经费投入已超过5亿元，其中省属重点高校科技经费大幅增长。全年完成科研课题5 700多项，通过鉴定成果270项，获省部级以上科技奖励260项，申请专利120项。

培育科研优势和特色，促进全省高校科技工作再上台阶。(1)评选确定全省高校科研优势和特色领域。高校共申报优势与特色科研领域520个，经省教委组织专家评审，确定286个为省优势与特色领域。(2)组织重大科研项目攻关。本年，省属高校共申报重大科研项目31项。这些项目主要集中在各校的科研优势和特色领域，内容包括生物制品和新材料，农村农业发展、灾害防治等。(3)启动高校省级重点实验室建设。年初，制定了《湖北省高等学校省级重点实验室建设管理试行办法》，拟选定若干个实验室进行试点。已有29所高校37个实验室申报，省教委将组织有关专家评审确定首批试点单位。(4)注重青年拔尖人才的发现和培养。提出省教委科研项目计划资助的重点是青年冒尖人才。全年，项目申请人中45岁以下的约占总数的80%；优秀青年人才科研专项计划所资助的青年教师都是学校重点培养对象。平均资助强度比往年提高一倍以上。并从省属高校的优势与特色领域中推荐22名青年骨干教师申报教育部高等学校骨干教师科研资助计划项目。

加强产学研合作，推动高校科技工作为湖北经济建设服务。(1)会同省经贸委在宜昌举办"科技支持三峡库区暨产学研成果交易会"。企业提出技术需求80余项，高校提供科技信息400多项，武汉大学等6所高校与企业签订协议12项，还有100多个项目形成了合作意向。同葛店高新技术开发区签订了发展新技术及产业的合作协议。开发区以优惠条件吸引高校高新技术产业化项目到开发区落户。合作项目正在逐个落实。举行"百名教授企业行活动"，支持企业技术创新，为湖北企业实现3年解困目标做实事。已有14所高校158名专家报名参加，49家企业提出合作项目63项。(2)继续推进实施"大学——乡镇合作计划"。重点抓28个项目的组织、跟踪和检查，典型示范。全年高校与近200家乡镇企业开展合作项目233项。(3)重奖成果转化推广的先进个人。6月，省教委召开全省教育战线科技创新与成果转化推广表彰大会，对成绩显著的12名教师和9名学生分别给予2万元和1万元重奖，并通报表扬50名教师和33名学生。1999年，省教委主持鉴定科技成果45项，90%以上的成果得到不同程度地应用；共推荐7项成果申报教育部科技进步奖、25项成果申报湖北省科技进步奖。(4)推动大学科技园建设。提出了建园的初步设想。这项工作已在部分高校起步，其中华中理工大学的科技园工作进展较快，率先进行开发建设。10月，经省统一协调，武汉大学、华中理工大学等高校按一园多校模式共建东湖高新技术大学科技园，并向教育部、科技部推荐成为国家大学科技园首批试点单位，已获批准。(4)建立华珍科研开发基金，开拓产学研合作新途径。武汉华珍医药保健品有限公司出资500万元，在省教委建立华珍科研开发基金，支持高校在医药、保健品和生物制品领域的研究开发。年底已签订了协议，并出台了基金管理办法。

加强基本建设。(1)制定科技管理的基本制度。省教委制订了关于科研项目申报、审批和管理，高校省级重点实验室建设、管理以及成果奖励的试行办法等7个基础性管理文件，其中3个已印发各高校执行。(2)加大高校科技工作宣传力度。中央和省有关报纸报道湖北高校科技工作的消息共8篇，与省电视台合作拍摄有关高校科技成果转化和产学研结合的专题片5集。创办《湖北高校科技工作简讯》，全年出刊6期。(3)开发湖北省高校科技信息系统，修订了省教委科研项目管理系统软件。(4)筹建湖北高等学校学报资料室，收集、保存全省高校学报和学术期刊；使之成为集中展示湖北高校科研，学术成就的窗口。

湖北省教委科技处供稿

成人教育

〔综述〕 1999年，湖北省成人教育把促进实用科技成果转化为现实生产力作为工作重点，取得显著成效。(1)开展农村实用技术培训，提高农民科技致富能力。全年扫除剩余文盲14万人，农村青壮年文盲率下降到2.1%，巩固提高25万人；按照“围绕资源搞开发，围绕市场上项目，围绕项目抓培训”的原则开展农民实用技术培训307.7万人次，并将其中约10万人培养成为科技致富带头人。(2)实施“大学、中专——乡镇”、“乡镇成校——村组”合作计划，缩短新技术、新成果推广应用周期。省教委组织40余所普通高校和成人高校、200余所普通中专和成人中专、1 000多所乡（镇）成人学校对口支援101个乡（镇）和一批乡镇企业，校乡、校企合作开发并转让科技成果1 300余项，产生了巨大经济效益。仅华中农业大学推广优质油菜一项，产生经济效益就达1亿多元。(3)创建科技示范基地。80所农村成人中专、职教中心和1 000余所乡（镇）成人学校创建2 000个高产高效种植、养殖和农副产品加工示范基地，转化推广实用技术2 300余项，全省乡（镇）成人学校示范基地创利5 800多万元，农民增收3亿元。(4)促进了教育自身创新。在办学机制上，乡（镇）成人学校按照市场需要，通过引进优良种植、养殖品种，进行试验、示范及技术服务，吸引广大农民学科技、用科技，推动农村经济发展，使农民与学校之间形成双向需求、双向结合、双向参与的新机制。在办学模式上，乡（镇）成人学校形成了“学校＋公司＋农户”集“试（示）、训、推”、“产、加、销”于一体的“培训、经营、服务”体系，涌现出一批工作扎实、富有成效的先进示范乡（镇）成人学校。

湖北省教委成教处供稿

〔岗位培训和继续教育调研〕 省教委于8月就“政府为岗位培训和继续教育应提供的政策措施与保障”等问题，组织人员赴武汉、荆门、潜江、仙桃等地和江汉石油管理局、武汉钢铁集团公司等国有企业、省直有关业务主管部门进行调研。通过调研，摸清基本情况，发现存在的问题，并就进一步推进全省岗位培训和继续教育工作提出建议。调查表明，湖北已基本形成了“企业为主体、行业为主导”的岗位培训和继续教育体系，建立了岗位培训和继续教育制度，构建了由教育、人事、行业主管等部门、企事业单位和各类培训机构组成的岗位培训和继续教育网络。开展了以企业管理干部、工程技术人员、关键岗位的技术工人和高级工为重点的岗位培训和继续教育工作，年培训100万人次。岗位培训和继续教育存在的主要问题是：地位和作用尚未被充分认识，缺乏相应的激励机制和保障机制，经费严重不足，管理体制不顺等。为进一步推动全省岗位培训和继续教育的深入发展，需要理顺体制，建立培训、考核使用相结合的制度，改革培训方法、提高培训质量，落实培训经费，加大立法力度。

〔成人中专学校管理体制改革〕 根据省教委《关于改革各类中等专业教育学生学籍及毕业证书管理办法的若干规定》，全省成人中等专业教育自1999年1月起，实行分级办学、分级管理体制。即省、部属学校的学籍管理及毕业证书发放权在省教委，市（州）所属学校的学籍管理及毕业证书发放权下放到市（州）教育行政部门。经省教委和各市（州）教委共同努力，到年底全省成人中等专业教育实现了新旧管理体制的交接工作。

撰稿 张明礼

〔社会力量办学〕 认真贯彻国家对民办教育“积极鼓励、大力支持、正确引导、加强管理”的方针，促进社会力量办学健康发展。加强立法工作，加大政策指导和鼓励支持力度。1999年，省教委草拟了《湖北省民办教育条例（草案）》、《关于积极发展我省民办教育的意见》等行政规章和法规性的文件，按照立法程序上报待批。依照《湖北省民办教育机构（非学历）设置暂行规定》，按程序批准5个非学历民办高等教育机构。组织力量，在全省开展制止乱办学、乱办班的检查。区别不同情况，对极少数违法办学行为严肃查处，对探索中出现的偏差，通过建章立制加以规范，对依法办学、严于管理、注重质量的学校大力表彰，引导民办教育健康发展。

1999年，全省有民办高校2所（普通专科1所，成人专科1所），1999年招生2 311人，在校生4 781人。民办中专13所，招生3 275人，在校生10 491人。民办普通中小学130所，招生13 779人，在校生46 969人。全省还有民办职业中学17所，在校生2 698人。民办幼儿园778所，在园幼儿77 509人。

〔法官培训〕 1999年10月，湖北省法官培训与法官职业国际研讨会在中南政法学院举行。包括美国、加拿大、德国、法国的法官教育专家以及北京大学、清华大学、中国人民大学、中国社会科学院等校院所的专家学者50多人应邀参加会议。与会专家学者对该院培训在职法官的做法给予肯定，并一致认为研讨会必将对所有国家的法官教育产生深远影响。

利用高等院校对在职法官开展继续教育，是具有中国特色的法官教育模式。1995年，中南政法学院获得美国福特基金会对“中国地方法官培训班”项目的资助，5年来，共培训湖北省三级法院法官464人。1998年和1999年，还受最高法院委托，为来自全国8个省、市高等法院的120余名行政法官举办两期行政法官培训班。培训为在职法官确定法律理念，开阔办案思路提供帮助。

撰稿 边志文

审稿 郑年春 涂桂辛 胡学荣

湖南省教育

概　况

〔基本情况〕

1999年各级普通学校基本情况

单位：人

学校类别	学校数（所）	毕业生数	招生数	在校学生数	教职工数 计	教职工数 其中：专任教师
总　计	46 970	2 383 930	2 995 379	12 139 991	707 944	601 251
一、研究生	(20)	1 394	2 380	5 585		(2 506)
1. 高等学校	(14)	1 381	2 352	5 527		(2 397)
2. 科研机构	(6)	13	28	58		(109)
二、普通高等学校本专科	51	39 688	77 236	193 553	42 409	17 990
本科院校	22	24 811	47 295	128 456	30 888	12 372
专科院校	29	14 014	28 825	62 731	11 303	5 510
分校、大专班		863	1 116	2 366	218	108
三、普通中等学校	5 270	1 116 759	1 537 019	4 060 873	297 099	242 009
1. 中等专业学校	157	65 341	81 239	272 556	23 658	11 934
中等技术学校	127	54 811	70 043	233 114	19 526	9 788
中等师范学校	30	10 530	11 196	39 442	4 132	2 146
2. 技工学校						
3. 普通中学	4 502	982 024	1 367 856	3 560 453	248 658	212 435
高中	687	133 018	207 529	531 887		36 094
初中	3 815	849 006	1 160 327	3 028 566		176 341
4. 职业中学	611	69 394	87 924	227 864	24 775	17 632
高中	570	65 678	83 365	218 448		16 937
初中	41	3 716	4 559	9 416		695
5. 工读学校					8	8
四、小学	37 143	1 223 723	790 897	7 213 955	325 706	307 404
五、特殊教育学校	58	2 366	4 198	22 864	3 052	860
六、幼儿园	4 448		583 649	643 161	39 678	32 988

1999年各级成人学校基本情况

单位：人

学校类别	学校数（所）	毕业生数	招生数	在校学生数	教职工数 计	教职工数 其中：专任教师
总　计	46 557	2 741 590	2 511 002	2 398 554	79 236	24 891
一、成人高等学校	33	47 370	59 168	153 475	7 335	3 388
1. 广播电视大学	1	10 298	12 674	33 762	1 117	454
2. 职工高等学校	22	7 432	9 322	20 243	4 442	2 126
3. 农民高等学校						
4. 管理干部学院	4	2 625	3 542	7 767	883	411
5. 教育学院	6	4 731	5 163	13 772	893	397
6. 独立函授学院						
7. 普通高等学校举办：	(45)	22 284	28 467	77 931		
函　授　部		13 602	18 146	48 462		
夜　大　学		4 834	5 629	16 715		
成人脱产班		3 848	4 692	12 754		
合计中：电大普通专科班		4 935	4 057	13 625		
二、成人中等学校	35 993	2 544 769	2 302 383	2 082 429	58 886	17 955
1. 成人中等专业学校	232	51 512	33 646	113 011	9 094	5 352
广播电视中等专业学校	12	5 353	3 623	13 374	583	303
职工中等专业学校	67	10 329	6 248	21 821	2 662	1 473
干部中等专业学校	17	2 375	2 321	9 861	553	286
农民中等专业学校	35	4 451	5 372	11 395	1 714	1 150
函授中等专业学校						
教师进修学校	101	15 092	7 284	18 483	3 582	2 140
其他类学校举办		13 912	8 798	38 077		
2. 成人中学	812	53 769	41 938	69 549	1 967	1 225
职工中学	60	3 535	4 707	8 973	757	477
农民中学	752	50 234	37 231	60 576	1 210	748
3. 成人技术培训学校	34 949	2 439 488	2 226 799	1 899 869	47 825	11 378
职工技术培训学校	520	77 515	94 534	73 584	4 217	2 162
农民技术培训学校	34 429	2 361 973	2 132 265	1 826 285	43 608	9 216
三、成人初等学校	10 531	149 451	149 451	162 650	13 015	3 548
1. 职工初等学校	124	2 856	4 200	5 610	269	131
2. 农民初等学校	10 407	146 595	145 251	157 040	12 746	3 417
其中：扫盲班	7 162	91 523	92 253	105 680	8 114	1 895

制表　许胜如

〔**年度工作方针**〕　1999年全省教育工作的指导思想是：高举邓小平理论旗帜，全面贯彻党的十五大和十五届三中全会精神，以全面提高教育质量和效益为中心，正确处理质量和数量、德育和智育、改革和发展的关系，确保学校稳定，深化教育的各项改革，优化教育结构和布局，加强教师队伍建设，全面贯彻教育方针，整体推进依法治教，加大教育为经济服务的贡献力度，促进教育与经济社会协调发展，促进各级各类教育协调发展。

1999年教育工作的基本思路是：(1)高举一面旗帜。高举邓小平理论旗帜，深入开展"讲学习、讲政治、讲正气"的教育活动，加强思想政治工作和德育工作，确保学校稳定。(2)突出两个重点。突出"普九"和素质教育工作，坚持"普九"工作"重中之重"的地位不动摇，确保1999年"普九"目标如期实现；突出发展职业教育，特别是大力发展农村初、中等职业教育，积极发展高等职业教育。(3)力争两个突破。在教育结构和学校布局调整上有新的突破，在培育和发展高校高新技术产业方面有新的突破。(4)深化四项改革。深化各类教育教学改革，全面提高教学质量；深化办学体制和办学模式改革，努力探索适应社会主义市场经济的教育发展新机制；深化高等教育管理体制改革，理顺政府与学校关系，促进高校依法自主办学；深化以人事管理改革为主的学校内部管理体制改革，增强学校活力，提高办学效益。

为此，必须着重抓好以下工作。(1)进一步深入学习邓小平理论，加强学校党的建设和德育工作。重点学习邓小平教育理论，切实提高广大干部和教职工的政治素质与理论水平。进一步加强各级各类学校的领导班子和基层党组织建设，落实党风责任制，加强廉政建设，深入开展创建"文明学校"的活动，广泛开展以"讲学习、讲政治、讲正气"为主要内容的教育活动。(2)高度重视，落实责任，确保学校稳定。抓好一个"中心"，即学校坚持以教学为中心，狠抓校风学风建设，严格校规校纪，加强教学管理，把师生的注意力引导到加强教学和科研上来。建立和落实"五项制度"，实行稳定工作党政领导责任制、热点问题部门负责制、稳定工作例会制、重点部位和重点单位保卫制、节假日和重大事件期间值班制。依靠"四支队伍"，即党员、教师骨干、学生干部、党政管理干部队伍，依靠他们做好师生思想政治工作、维持学校纪律、化解矛盾、收集信息等方面的工作。打好"三个战役"，全省各级各类学校在"五四"、国庆、澳门回归前后，组织三次大的爱国主义教育活动，运用多种形式，向师生进行生动活泼的正面教育。化解"五个热点"，包括切实做好毕业生思想教育和就业指导工作；抓好学校周边环境治理和校内治安；抓好学校后勤和特困生救济工作；规范招生和学校收费，坚决制止乱收费；切实保障教师工资按时足额发放。(3)大力推进"普九"，实施全面素质教育。尚未通过"普九"验收的19个县市区，必须坚持实事求是，能快则快，量力而行。省教委继续采取特殊政策和措施给予支持。按照1998年确定的任务，三年内筹集6 000万元，再帮助贫困地区建设200所寄宿制初中。进一步组织好地市之间的对口支援，动员各方面力量，大力支持贫困地区实施"普九"。建立"普九"年检制度，对各地巩固、提高"普九"成果的情况进行严格的复查评估。同时继续大力发展和办好特殊教育、幼儿教育，积极办好普通高中，继续按照示范性、高质量、有特色、现代化的要求，发挥重点中学的作用，进行综合高中的试点。推行全面素质教育，特别注意加强德育，加强师资培训，加强教研教改，完善课程体系、规范教学管理、改进教学方法、优化教学过程、推进教学手段现代化。(4)坚持为当地经济建设服务的方向，积极发展职业教育和成人教育。大力发展农村职业教育，积极推广和完善邵阳市实施“十百千万工程”的经验。(5)认真贯彻实施《高等教育法》，积极稳步发展高等教育。拟订全省实施《高等教育法》的意见和办法。以多种形式积极发展高等教育，高校招生规模将有较大的增长。(6)大力发展高新技术，加快科技成果转化。各高校都要围绕湖南集中力量加快发展的电子信息、新材料、生物工程和光机电一体化四大产业，抓住重点，发挥自己的优势，确定研究主攻方向。(7)继续加大教育体制改革和学校布局结构调整力度，努力提高办学效益。切实做好7所新设高校的合并、调整工作，理顺各种关系。继续做好部委划转学校的接管工作。积极争取将有条件的高等学校并入教育部的在湘学校。在体制改革中，着重抓好学校内部管理体制的改革。大力抓好学校布局和结构调整，盘活和合理配置各级各类学校的教育资源。农村中小学布局要转变观念，打破村村办小学的格局，按照三五年后生源情况设置学校，省里将逐县进行验收。中师学校要进行大幅度调整，中专学校、成人中专、职业中学要打破条块分割、部门所有的格局，由省市统一规划，合理调整。今后，本科学校原则上不再招收专科生，专科教育主要是发展高等职业教育。(8)加强教师队伍建设，全面提高教师队伍整体素质。加强高校学科带头人和中小学中青年骨干教师培养工作，开展“十佳教师”评选活动，培养一批跨世纪的名校长、名教师。(9)依法加大教育投入，改善办学条件。争取各级政府落实《教育法》规定的“两个比例”、“三个增长”，确保教师工资不留硬缺口。依法稳定农村教育经费的管理体制，实行预算内教育经费由县一级教育行政部门统一管理，未经批准下放到乡镇的县市，必须收归县管。坚决治理义务教育阶段乱收费，适当放开非义务教育阶段的收费标准。

〔**教育法制工作**〕　继续把教育立法作为一项重要的基础性工作来抓，制定了全省2000年至2002年教育立法3年计划。经过多次反复讨论修订，省九届人大常委会第九次会议通过了《关于修改〈湖南省职业教育条例〉的决定》。8月，省政府发布了《湖南省教育督导规定》。省教委起草了《湖南省实施〈社会力量办学条例〉办法》。为规范全省教育行政部门行政执法及执法监督行为，省教委起草了《湖南省教育行政执法监督制度》、《湖南省教育行政处罚简易程序操作规程》、《湖南省教育行政处罚一般程序操作规程》、《湖南省教育行政处罚听证程序操作规程》、《湖南省教育行政执法案卷存档制度》、《湖南省教育行政执法及行政执法监督统计制度》等一系列规章制度以及相应的文书样式。这些制度符合法律规定，切合湖南实际，具有较强的实用性和可操作性，已经基本趋于成熟。此外，教育法制宣传、教育执法试点和教育法律咨询服务工作都有新的进展。

〔**教育经费投入**〕　1999年，全省地方教育经费总支出125.54亿元，比1998年的109.06亿元增加16.48亿元，增长15.1%。其中，地方各级政府预算内教育拨款52.64亿元，比1998年的44.96亿元增加7.68亿元，增长17.08%，高出全省经常性财政收入增长比例1.89个百分点。全省普通小学、普通初中、普通高中、职业中学、中等师范学校、普通高校生均预算内教育事业费分别为283元、443元、902元、1133元、1338元、4049元；普通小学、普通初中、普通高中、职业中学、中等师范学校、普通高校生均预算内公用经费分别为12.08元、31.23元、110.43元、149.31元、143.40元、1495.35元。地方预算内教育经费支出为55.87亿元，占地方财政支出的18.05%，比1998年提高0.44个百分点；全省国家财政性教育经费支出占国内生产总值的比例为2.14%，比1998年提高0.15个百分点。

〔**学校收费工作**〕 为了加强收费管理，省教委在进一步规范义务教育阶段收费行为的同时，适当放开非义务教育阶段教育，全省城镇重点高中学费由1998年的650元提高到1999年的800元，农村高中由260元提高到450元。并且在常德市、长沙县组织了放开非义务教育阶段收费的试点。根据高校扩招的需要，适当提高了普通高校新生收费标准。适当调整了普通中专和成人学校的收费标准。制定了新高职的收费标准。继续实施了普通高校热门专业增加30%收费的办法。

制定和下发有关学校收费工作的文件，各级教育行政部门配合纪检、监察部门开展了开学收费检查，进一步规范各级各类学校的收费行为。据省教委信访办公室统计，因学校收费上访的人次和举报信件占总上访人次信件的比率比1998年下降16个百分点。省教委还配合省物价检查所对各市、州教委行政收费进行了检查。

〔**教育交流**〕 截至1999年年底，全省获得聘请外专、外教资格的学校已达63所。新增的院校中，专科院校3所，中学3所，其余5所为社会力量办学院校，改变了过去只有大中专院校聘请外专、外教的单一局面。全年共邀请了来自20多个国家的507名长短期外教和专家来湘进行教学、科研和其它多种形式的交流与合作。

认真组织国家公派留学人员的选派工作，被教育部录取42人。选派6名汉语教师赴泰国进行为期一年的汉语教学。到1999年底，全省已先后选派60余名教师赴国外从事汉语教学。

全年共派遣高校公派出国人员144人，审批全省自费出国留学人员301人。有102人学成回国，其中有博士后6人，博士10人，高级访问学者17人；有126位出国留学人员回湘参加学术会议，举办学术讲座和进行合作研究。为了更好地帮助回国留学人员启动科研项目和表彰奖励优秀留学回国人员，省财政专项拨款100万元，使教育系统留学基金达到150万元。外国来华留学工作有了新的起色。全省共有11所高等院校获准有权招收外国留学生，其中中南工业大学、湖南大学可以接收享受中国政府提供奖学金的外国留学生。1999年，全省在校外国留学生和进修生达470余人，其中攻读硕士和博士学位的近40%。

国际交流更加活跃，拓宽了对外交流渠道。全年共派出8个团组，分别到德国、英国、日本、澳大利亚、新西兰、美国、埃及、泰国访问考察，进行了实质性的交流。促成了澳大利亚新南威尔士州南悉尼TAFE学院与湖南城建高等专科学校、长沙航空职业技术学院的合作办学项目；与泰国私立职业技术学校协会就2000年互派教师、学生事宜达成协议；与英国鲁顿大学就互派留学生和访问学者，开展学术交流达成了初步协议。美国马歇尔大学与湖南医学高等专科学校的合作办学项目已开始实施。

与港澳台地区教育交流工作稳定发展。年初，湖南省职业技术教育赴台交流团访台，这是湖南省教育系统官方首次组团赴台交流。继续加强和巩固与“香港中国助学基金”的联系，对方已同意资助湖南省1000名边远山区和少数民族地区贫困学生，帮助他们完成小学和初中阶段的学习。

〔**教育援藏**〕　1999年，在湖南到西藏山南地区的12名中学教师完成2年的支教任务返湘后，继续派遣10名中学骨干教师赴山南支教。这是湖南省与西藏山南地区开展对口支援以来派出的第3批支教人员。3批共计派遣37人。

结合庆祝中华人民共和国成立50周年和迎接澳门回归，对西藏班学生进行爱国主义教育，在西藏班学生中开展了“爱我中华”演讲比赛。岳阳师范学校和岳阳市第一中学660余名藏族学生参赛，共评出一等奖4人，二等奖7人，三等奖11人。

撰稿　雷桂平　王俊良　刘国龙
周芳友　樊国斌

基础教育

〔**“普九”工作**〕　规划1999年进入“普九”评估验收的县有沅陵、辰溪、溆浦，经调整后提前到本年度验收的有吉首、龙山、古丈、新化、安化5县市。3月18日～30日，省政府教育督导室组织力量分两组对上述8个单位“普九”情况进行视导，核查了各县市1996～1998年的教育经费投入情况，分别对各县市的工作提出了整改意见。6月底，召开了8县市分管教育的副县长、教育局局长会议，进一步掌握工作进度，研究解决存在的主要问题。辰溪县因近期难以达到验收要求，申请推迟验收。10月17日～28日，省政府教育督查室对7个县市进行了“普九”评估验收，确认7县市“普九”达到验收标准，7县市共计人口459.5万人，占全省总人口的7.08%。到年底全省实现“普九”的人口覆盖率达93.61%。

11月24日～12月2日，3位国家督学对新化、衡阳两县的“普九”和“普九”后的巩固、提高工作进行了重点考察。检查组实地考察了12个乡镇、13所初中、18所小学，还检查了3所高中、1所九年一贯制学校、1所特殊教育学校。考察组认为湖南省“普九”评估验收工作是严肃认真的，做到了坚持标准，程序规范，深入细致，实事求是。

为促进全省“普九”工作的巩固提高，省教委根据教育部和省政府的要求，制订了《普及九年制义务教育年度检查评估方案》。9月～10月，已实现“普九”目标的115个县级行政区域全面进行了“普九”年检的自查，所在市州对其巩固提高工作情况进行了全面检查。在此基础上，省政府“普九”年检评估团分成五个分团对邵东、新宁、涟源等17个县市区进行了“普九”年检，并结合进行了中小学校收费情况专项检查。这次“普九”年检抽查重点是教育经费投入、小学毕业生升初中、初中辍学率三个主要指标。通过年检，全省各市督促县级财政追补教育经费3 800万元。

为推动贫困地区加大“普九”工作力度，省教委派员到湘西苗族自治州具体指导编制教育发展规划，4月中旬在吉首市组织召开湘西苗族自治州5年教育发展规划座谈会，副省长唐之享、省教委主任许云昭等到会。会议确定用3年时间帮助自治州建设100所乡镇骨干初中；从1999年开始，每年选派一批中小学校长到对口支援的市重点中小学校挂职学习，提高管理水平，进一步调动湘西苗族自治州各县（市）抓“普九”工作的积极性。年底，吉首市、龙山县和古丈县通过省级验收，成为湘西苗族自治州首批“普九”的县（市）。

经省政府同意，1999年1月，省教委还表彰奖励了12个“两基”工作先进县，即邵东县、祁东县、澧县、浏阳市、湘阴县、祁阳县、桃江县、桂东县、衡阳县、会同县、醴陵市、慈利县。其中前六县被评为全国“两基”先进县。

〔**素质教育**〕 5月16日～6月4日，省教育督导室对北湖、耒阳、祁东等16个素质教育实验县（市、区）进行了督导评估。11月28日～12月1日，对长沙市雨花区进行了素质教育督导评估。检查团既肯定成绩又指出问题，并着重提出改进意见。省教委对临澧、北湖、衡山、岳阳、醴陵、攸县、娄星、雨湖8县市区给予了通报表彰。

年底，省教委召集全省28个素质教育实验县分管教育工作的副县长和各市、自治州教委副主任，在长沙县召开了全省“跨世纪素质教育工程”现场研讨会，明确了今后一段时期基础教育领域内实施素质教育的基本工作任务。会后，28个素质教育实验县共同向全社会发出了《进一步深化改革，全面推进素质教育》的倡议书。

1999年12月，省教委与省人大教科文委联合召开了全省推进素质教育研讨会。会议强调：(1)必须依法保障基础教育改革发展和素质教育的实施，行政规章必须遵循法律的规定。(2)教育经费的筹措和管理是教育面临的主要问题，必须依法兑现教育经费，教育经费必须坚持由县统管的体制。(3)创新是素质教育的核心，教育为适应经济知识化和全球化趋势必须进行战略性改革，使人才和物资资源共享、优势互补，使学校成为创新教育的基地。

〔**教育改革**〕 为了规范义务教育阶段办学，省教委组织调研组，选择办学体制改革较为活跃的湘潭市作为重点，在全省范围内开展调研，通过调查，对全省义务教育阶段办学体制改革的现状进行了分析，初步提出了义务教育阶段办学体制改革的基本原则：(1)义务教育必须坚持以国家办学为主体，各级政府必须确保每一个适龄儿童都能平等地接受基本的义务教育，在此基础上，最大限度地调动社会各界对义务教育阶段办学的投入。(2)义务教育阶段的民办学校，一般只限于在县城以上的中心城镇举办，并坚持高起点的要求，避免低水平重复，避免重复布点，以适应社会择校的要求。(3)公办学校改制，必须在确保国家能够提供足够的学位，确保学生就近入学的前提下结合薄弱学校改造进行，无论什么形式的改制，都必须确保国有资产不流失。

进一步扩大各地、各学校的办学自主权，有利于各校形成办学特色。省教委对会考制度进行了改革:(1)部分具备条件的学校经过批准后，可自行组织普通高中毕业会考，不再参加省统一会考。其成绩与省统一会考成绩等值。(2)将高三年级的政治、语文、数学会考时间提前到高三年级第一学期末。各科考试范围限在教学计划所规定的正常教学进度所涉及的内容。(3)从2000年起，初中毕业会考组织和命题权下放到市、州教育行政部门，待条件成熟后再进一步下放到县、校。

进一步加大了教育教学改革的力度。(1)积极推动以计算机辅助教学为核心的课堂教学改革，在10所区域性龙头学校成立了计算机辅助教学协作组，安排了专项经费，按照“高起点、快起步、重实效”的原则，逐步构建全省现代化的教学体系。(2)以郴州市、湘潭市、衡阳市为重点，部署德育、心理健康教育试点工作。(3)以长沙市等4个市为重点，部署课程教材改革研究，作好课程教材改革前期准备工作。(4)以张家界市为重点，部署教学评价制度改革试点工作。(5)以长沙市、常德市为重点，开展举办综合高中的试点。

〔**中小学教师继续教育**〕　5月中旬，省教委组织了14个调查组，对全省14个市州的中小学教师继续教育状况进行了为期半个月的专项调查。通过调查，基本摸清了全省中小学教师继续教育及县（市、区）教师进修学校的现状，为今后制定全省师范教育特别是中小学教师培训的政策提供了依据。

制定和实施了《湖南省中小学教师继续教育教务管理暂行办法》，对中小学教师继续教育的办班、学籍管理、发证等都作了明确规定。组织编写了小学教师语文、数学、自然、体育、美术5个重要学科的教学技能训练教材，初中语文、数学、外语3科每门5本共15本培训教材。在省小教师资培训中心举办了县（市、区）教师进修学校语文、数学、音乐、体育、美术教师课堂教学技能培训班，培训人数近200人。在湖南师范大学开办了研究生课程班。全省中小学教师和教师进修学院（校）的部分中青年教师及管理干部参加了学习。

对中小学教师进行了大面积的计算机和普通话培训。据统计，1998年11月～1999年11月，参加全省计算机教学培训和统一考试的人数达67 991人，获得一级以上证书的有57 130人，合格率为84.03%。参加普通话培训的中小学教师全省有近3万人，其中报名参加普通话测试的有2.2万多人。

〔**特殊教育培训**〕　为提高特殊教育学校的办学水平和办学效益，10月～11月，省教委在湖南教育学院举办了为期40天的全省特教学校校长岗位培训班，86人参加了培训。

为帮助聋校律动教师加深理解律动教材，提高律动教师业务素质，暑假期间，省教委在长沙市盲聋哑学校举办了全省律动教师培训班，30多名律动教师参加了培训。

〔**世行贷款执行情况**〕　在湖南省实施的世界银行贷款贫困省教育发展项目于1999年6月30日正式关闭。从1992年该项目实施以来，全省普教部分共完成投资55 517万元，其中使用世行贷款11 288万元（折2 117.8万美元)。15个项目县共对1 062所小学、448所初中的校舍进行了新建或重建，完成面积小学为681 652平方米，初中为567 982平方米；对4 318所小学、625所初中的校舍进行了维修，完成面积小学为1 308 181平方米，初中为1 405 670平方米。采购教学仪器3 535 588件（套），采购图书7 215 406册、课桌椅408 714套。培训公办教师35 706人次、民办教师16 103人次。完成了民办教师、重读辍学、学生评价和复式教学四个专题的研究任务。按计划完成项目目标。

〔**灾后中小学校重建工作**〕 1998年湖南省遭受特大洪灾，中小学校毁损严重。全省各方面努力开展了灾后学校重建工作，重点实施了灾后重建"百校工程"。

到1999年底，全省灾区学校恢复重建工作，特别是"百校工程"项目实施顺利。全省共维修水毁学校935所，修复校舍面积44.92万平方米；新建、扩建学校586所，竣工面积64.20万平方米；落实省级补助经费1.05亿元，落实配套资金2.41亿元。其中，全省灾后重建"百校工程"应完成82个项目，已竣工72个，主体封顶的9个，正在施工的1个；计划建筑面积17.12万平方米，已竣工面积15.46万平方米；落实省级补助经费4 167万元，落实配套资金6 830万元。平垸行洪、移民建镇项目学校应完成30个，已竣工11个，主体封顶的5个，正在施工的14个；计划建筑面积9.64万平方米，已竣工建筑面积3.14万平方米；落实省级补助经费3 535万元，落实配套资金4 220万元。灾后学校恢复重建过程中，突出布局调整，提高投资效益。全省共调减学校384所，校均班数由重建前的7个提高到1999年的11个，校均学生数由原来的295人提高到483人。

〔**中小学电化教育**〕 5月，召开了全省现代教育技术实验学校经验交流会暨省级现代教育技术实验学校授牌大会；授予64所学校"湖南省现代教育技术实验学校"铜牌。会议明确了下阶段现代教育技术实验学校工作目标以及工作重心战略转移的方向，即由硬件装备转移到课题研究、课件开发、课堂教学设计。结合省教委颁发的《湖南省电教综合实验县评估方案（试行）》，从全省17个实验县中抽查了6个县。组织举办了CAI课件开发培训班，80多所学校的电教专业技术人员参加了培训学习。全省CAI课件多学科、多层次的开发格局初步形成。组织举办了全省自制教学软件评比，有CAI课件、自制投影片、电视剧本、优秀课实录等1 200多个教学软件参评，促进了全省教学软件的开发。为完成国家的教育资源网建设，向教育部提供了300多条教学软件，并为全省建立教育资源信息网络中心打下了基础。

〔**中小学图书馆（室）建设**〕 11月，由省政府教育督导室牵头，对17个县市区进行了"中小学图书馆（室）合格县市区"的专项督查，经评议，认定17个县市区的中小学图书馆（室），在馆舍及配套设施、藏书、图书馆管理和利用等方面均达到教育部和省定标准。到1999年，全省已有40个县市区通过了"中小学图书馆（室）合格县市区"的评估验收，为巩固"普九"成果，实施全面素质教育发挥了积极作用。1999年还举办了3期中小学图书馆（室）计算机管理培训班，44个县市109所学校的123名图书管理员参加了培训。有27个县市区举办了38期培训班，颁发图书管理员岗位证书2 100个。

〔**中小学布局调整**〕 全省中小学布局结

构调整取得成效，其中小学布局调整明显呈现出办寄宿制和分段制学校两种方式。1999年，全省共调减布局不合理的中小学校2 219所，其中初中30所，小学2 189所，是近几年调整力度最大的一年，办学效益明显提高。在全省小学在校生减少47.96万人的情况下，小学校均规模为194人，仅减少2人，平均班额为35人，仅减少1人，校均覆盖人口由1 600人提高到1 750人。初中校均规模由749人增加到794人，平均班额稳定在54人，校均覆盖人口由1.67万人增加到1.7万人，全省减少代课教师17 421人。经过布局调整，教育资源得到优化配置，办学条件得到了改善。小学教师学历合格率达97.26%，比上年提高1.17个百分点。初中教师学历合格率达85.6%，比上年提高2.22个百分点。小学生均校舍建筑面积比上年增加0.61平方米，全省普通中学生均校舍面积增加0.29平方米。仪器设备、图书资料、文艺体育卫生等设施也有很大改善，为进一步提高办学质量创造了条件。

撰稿 雷桂平 彭酉斌 蒋 明
张毅龙 樊国斌 贺安溪
王 玲 颜胜利 吴跃辉

职业教育

〔**概述**〕 1999年全省普通中专、职业高中、技工学校三类学校共招生21.83万人，比1998年减少2.37万人，减少9.78%；在校学生59.62万人，减少1.63万人，减少2.66%。三类学校招生数和在校生数分别占整个高中阶段相应总数的51.33%和52.98%，分别比1998年下降4.54和2.95个百分点。其中中等师范学校通过布局结构调整，多数学校停止招收新生，全省中师学校1999年招生11 196人，包括师范类6 750人（含小教大专班3 500人），非师范类4 446人。

各类职业学校的办学条件有新的改善。全省职业高中专任教师本科及以上学历的8 386人，学历合格率为44.8%，比1998年提高3.7个百分点。全省职业高中用于添置仪器设备和图书的经费7 687.6万元，比1998年增加528.4万元，增长7.4%。全省职业高中有各类生产实习基地1 198个，固定资产19 720.9万元，年创利税3 534.8万元，固定资产和利税分别比1998年增加1 204.9万元和27.5万元，分别增长6.5%和0.7%。其中，校办工厂有182个，拥有固定资产15 618.5万元；农林场有142个，占地面积360.8万平方米。

〔**教学工作**〕 1999年，省教委举办了全省中等职业学校学生专业技能竞赛，分机械、汽车维修、电工等10大项目，分普通中专和职业高中两组，共有14个市、州教委、67所普通中专代表队的614名选手参加了比赛。通过技能竞赛，推动了全省职业学校加强教育教学改革，加强实验室建设和技能教学、技能训练，展示了职业学校的风采和学生的综合素质，增进了社会对职业教育的了解。

积极开展教学改革与研究。以农科类的专业教学改革为重点，将原有8个专业归纳合并为现代种植技术、现代养殖技术、家庭经营3个专业，实行模块式教学。同时还对文化课教材、第二、三产业的专业课教学计划进行了全面修订，对普通中专和职业高中的文化课教材实行"合流"。教研活动广泛开展，17个中专教研分会和18个职业高中教研联组分别开展活动近百次，产生了一批研究成果。

加强教学常规建设和管理。按照省教委颁发的职业学校教学常规，课堂教学、技能训练、教师执教、学生行为等各方面进行分级督查，分级管理，并在年终进行总结评比。

〔**实施"现代职业教育样板工程"**〕 1999年5月，省教委决定在全省中等职业学校实施"现代职业教育样板工程"，即在全省范围内建立1个农村教育综合改革实验示范区、2个窗口城市、20所现代化示范性学校、20个现代化专业点、20个农科类生产实习示范基地、6个职业技能实训中心、2个职教师资培训示范基地和1个信息网络中心。通过加强基本建设、改革教育教学、改善学校管理，使进入工程的地区和学校成为全省改革和发展职业教育的样板，以此推动职业教育向现代化方向发展，更好地为经济建设和社会发展服务。

〔**中等职业学校毕业生对口报考高校**〕 1999年省教委对高校对口招收职业高中毕业生作出了新规定。在招生对象上，将过去只限招职业高中与成人中专毕业生改为招所有中等职业学校毕业生，即普通中专毕业生同样可对口升大学；在报名方式上，将过去按招生计划以1∶5的比例推荐报名改为放开报名，不受比例限制；在招生方式上，将过去招生计划指标到地市、以地市分专业划线录取改为计划指标不分到地市，全省分专业统一划线；在考试科目上，将过去考2门文化课、3门专业课改为考3门文化课、2门专业课；在考试专业上，将过去的数十个专业改为十六个大类；在招生优惠政策上，将过去的不享受有关优惠政策改为同等享受普通高校招生的优惠加分政策。

〔**高等职业教育**〕 经教育部批准，空军第二职工大学、湘钢职工大学、省机械厅职工大学、省电子职工大学采取与普通中专合并的形式，改制为高等职业技术学院。经教育部批准，湖南省被列为全国首批试行按新的管理模式和运行机制举办高等职业技术教育试点的省份之一。湖南经济管理干部学院、湖南政法管理干部学院等7所成人高校被确定为首批试点学校，录取1 412人，实际注册1 218人。

在继续扩大职高对口招生的同时，开通了高职对口招收普通中专毕业生的渠道，所有中等职业学校毕业生都可以报考高职院校，并在部分高职学院和重点普通中专开办了招收初中毕业生的五年制高职班。高等职业教育的专业设置以一、二产业为主，优先开设了农业及制造业、加工业和冶金、机械电子、建筑建材、食品等湖南省支柱产业的专业，每所高职院校都开办了2～3个骨干特色专业。同时组织教育、生产、经营和管理等方面的专家，加强了对高等职业教育的研究，在高职培养目标、课程设置、教学计划、教学模式等方面进行了新的探索，制订和颁发了《五年制高职教育教学计划》，促使五年制高职教育尽快走上正轨。

〔师资培训工作〕 年初，省教委两次召开座谈会，专题研究职业教育师资培训工作，确定全年培训计划，纳入全省职业教育目标管理考核范围。1999 年先后举办了计算机、英语、电子新技术等 11 个专业大类的职业教育教师培训班，参加省级培训的职业学校校长和教师共 664 人。

撰稿 雷桂平 黄扬清 冯立兵

高等教育

〔高校管理体制改革和结构布局调整〕 1999 年 4 月，教育部正式批准湖南申报合并设置 6 所高校。6 所高校是：岳阳师范学院、常德师范学院、衡阳师范学院、株洲师范高等专科学校、湖南工业职业技术学院、民办湘南医学职业技术学院。湖南省明确普通高校实行中央、部门与省共建共管、以省为主的管理体制。据此顺利、平稳地接收了划转湖南省为主管理的湘潭工学院、中南工学院、湘潭机电高等专科学校等学校。依据《湖南省高等教育管理体制改革和布局结构调整总体规划》，申报设置了衡阳职业技术学院和湖南信息职业技术学院。提出了将中南工业大学与湖南医科大学合并、中南工学院与衡阳医学院合并、湖南计算机高等专科学校并入湖南大学、湖南教育学院与湖南师范大学合并的方案。湘潭机电高等专科学校与湖南纺织高等专科学校合并组建湖南工程学院、湖南第一师范学校升格为师范高等专科学校、怀化卫生学校改办为怀化医学高等专科学校，通过了教育部的形式审查，11 月中旬教育部组织全国高校设置评议委员会专家组对通过形式审查的 3 所学校进行了实地考察。

〔基本建设投资〕 1999 年省计委安排 700 万元省属高校筒子楼改造经费，并纳入省本级预算内教育基建投资基数，改变了省本级预算内教育基建投资连续 12 年没有增加的局面；为适应高校扩招的需要，省计委、省财政厅将 2000 年省本级高教基建投资 2 200万元提前到 1999 年使用，并争取国家计委、教育部将湖南省 11 个高校基建项目纳入国债教育项目计划，获中央预算内专项资金 4 490 万元。全年预算内高教基建投资首次突破 1 亿元，此外，省教委与省工商银行签订了 5 年内由省工商行向高校提供 15 亿元优惠贷款，支持全省高校学生公寓、教学用房及实验室建设的合作框架协议。至 12 月底，工商银行共为教育系统发放贷款 3.15 亿元。

〔高校筒子楼改造〕 到 1999 年底，中央部委在湘院校完成筒子楼改造任务，共改造、改建青年教师住房106栋、28.03万平方米，完成投资19 182万元，其中国家补助11 390万元，学校自筹7 792万元；3 570余户青年教师告别筒子楼搬入了设施配套的单元房。另有3 000余户中老年教师的住房条件进一步得到改善。省属高校筒子楼改造共竣工112栋、3 300套、30.14万平方米，完成投资2.19亿元。此外，通过筒子楼改造，全省高校还调出筒子楼33栋转为学生宿舍，折合床位数9 700多个，为全年高校扩招创造了有利条件。

〔**高校后勤社会化改革**〕 进行了首次全省高校后勤改革基本情况调查，初步摸清了高校后勤的现状。在此基础上，起草了《湖南省高校后勤改革的现状、问题及下一步改革的设想》，制订了《湖南省高校后勤社会化改革实施方案》。年底，召开了高校后勤管理研究会1999年年会，重点就如何贯彻全国高校后勤社会化改革工作会议精神，加快湖南高校后勤社会化改革进行了研讨。此外，省教委还积极与长沙市政府有关部门协调，就推进长沙市高校后勤社会化改革所需扶持政策，征求合理化建议，帮助长沙市政府制定高校后勤社会化改革方案。

〔**教学工作**〕 进一步深化教学改革，着重抓了教学改革立项项目的跟踪调查、规范管理、新申报项目的审批等。启动了第一批"湖南省高等教育21世纪课程教材"改革项目，各高校还申报了181项第二批"湖南省高等教育21世纪课程教材"改革项目，省教委委托省高等教育学会对教学改革项目进行了评审。

加强马列课、大学英语和计算机课程等公共基础课的改革、建设和管理。组织专家编写了《马克思主义政治经济学原理》、《毛泽东思想概论》、《当代世界经济与政治》等课程教材，培训马列课教师，组织专家对教学进行抽查，及时发现问题，改进教学工作。组织开展了全省大学生英语演讲比赛，并在全国大学生英语竞赛中获得特等奖4个，一等奖12个，12月召开了全省大学英语教学改革座谈会，并制订了《湖南省普通高等教育加强大学英语教学工作的意见》。进一步加强了计算机教学工作，继续组织计算机教学水平考试，修订了考试大纲，研制了建立在WINDOWS平台上的考试软件，并进行了考试试点。

按照教育部、卫生部关于开展普通高等医学院校教学基地评估的要求，组织专家组对全省38个教学医院进行了评估；按照教育部关于开展普通高等院校基础课教学实验室评估的要求，组织专家分别于6月和11月对全省15所高校52个基础课教学实验室进行了合格评估；配合湘潭机电高等专科学校和湖南城市建设高等专科学校，迎接教育部组织的高等专科学校示范性建设专业验收评估。还组织了师范专科学校中文和数学专业毕业生的综合水平测试，以及高等学校试卷、毕业设计（论文）的抽查。通过这些活动，促进了学校的教学改革，加大了投入力度，规范了管理工作，提高了教育质量。如通过实验室评估检查，实验室由164个合并调整为54个，增加投入1 484万元。

1999年组织大学生开展了数学建模、电子设计等多项竞赛活动。参加数学建模竞赛有29所高校134个队，48个队获得省级奖励，18个队获得国家奖励；参加电子设计竞赛有17所高校77个队，37个队获得省级奖励，5个队获得国家奖励。通过竞赛活动，不仅提高了学生的综合素质，也推动了教学改革的深入开展，调动了广大教师的教学积极性。

〔**科技工作**〕　1999 年 6 月，省政府批转了省教委、省科委《关于进一步加强高等学校科学技术工作的意见》。《意见》确立了高校科技工作主要目标：逐步构建湖南省高校知识创新体系、科技成果转化体系和产学研结合的机制，解决一批重大科技课题，重点建设 3～5 个高校科技产业集团，建好一批科研基地，造就一批科技人才，力争 2003 年全省高校综合科技实力跻身全国十强。提出了科技发展的战略重点，持续稳定地开展基础研究、应用基础和高新技术研究。基础研究要围绕农业、能源、信息、资源环境、人口健康、材料等，以应用基础研究为重点。高新技术研究要围绕全省重点发展的电子信息、生物工程、新材料和光机电一体化技术等领域和机电、冶金、建材、食品、化工等传统支柱产业，着眼于培育新兴产业。

1999 年省属高校科研项目 275 项，其中重点项目 15 项，青年项目 28 项，一般项目 232 项。资助科研经费 410.9 万元，其中学校配套 120.9 万元。从 1999 年起，还设立了湖南省高校科技成果推广与产业化专项经费，在原贴息贷款 50 万元的基础上，又增加 50 万元。

1999 年全省高校共获国家级科技进步奖 7 项、自然科学奖 3 项，获教育部科技进步奖 3 项。获省级科技进步奖 101 项，占全省获奖总数的 30%，其中一等奖 5 项，二等奖 26 项，三等奖 46 项，四等奖 24 项。省教委评选出科技进步奖 77 项，由省教委组织或主持鉴定的科研成果近 40 项。

省科委、省计委在高新技术产业化项目、高新技术发展引导资金立项和资金筹措方面给予了高等学校科技产业很大支持。省教委与省经贸委共同确定了第一批 66 个产学研联系点（高校有 20 所），推动高等学校和科研院所、国营大中型企业的合作，运用高新技术改造传统产业，加快高新技术产业化。与省乡镇企业局联合召开了科技成果交易会，组织高校 320 项科技成果参加会议，达成意向合作协议 60 多项，为全省乡镇企业提供了一批应用技术和成果。

省内几所高校跨校、跨学科合作，建立了湖南省生命科学联合研究中心。岳麓山大学科技园的建立已获国家批准，成为全国首批 15 个大学科技示范园之一。

加快了教育和科研计算机网建设步伐，教育部投入 90 余万元，省教委又投入 30 万元用于 Cernet 湖南省主节点建设，省网络中心建设进一步完善，省网出口速率由 64K 升到 256K，全省已有 23 所高校、8 所中等专业学校接入湖南教育和科研计算机网。省教委投入 10 万元用于重点学科服务体系公用平台研究，建立了“湖南教育”、“湖南高校科技”主页。

〔**学位工作**〕　1999 年湘潭大学、长沙铁道学院、长沙交通学院分别获得法律硕士专业学位、工程硕士专业学位、授予同等学力人员硕士学位授予权。对 1997 年全省高校 7 个不合格硕士点进行了复评，其中 1 个点申请撤销授权，其余 6 个达到或超过合格标准。

全省共有 10 所高校 71 个学科、专业举办的研究生课程进修班登记备案，共招收 3 000多名学员在职进修硕士研究生课程。11 所高校试行自行学士学位授权审核工作，共审核批准了 24 个学科、专业。首次组织了全省成人高等教育本科毕业生申请学士学位外国语学位课程的统一考试工作，共有 2 729 名考生参考。

全省开展了首次优秀博士学位论文评选

工作，评选出22篇优秀博士论文，还推选出14篇论文参选全国优秀博士论文。

〔**招生工作**〕 1999年，全省共有165 268人报名参加全国普通高校招生统一考试，计划招收79 671人，实际录取84 516人，其中理科类52 309人，文科类32 207人。研究生报名16 756人，录取2 782人（其中硕士生2 135人，博士生647人）。全省普通高校录取人数比上年增加25 181人，增幅为41.5%，其中本科增加15 277人，增幅为56.7%，专科增加11 100人，增幅为36.2%。

〔**毕业生就业**〕 为适应毕业生就业制度改革的要求，湖南省积极建立本区域、本学校的毕业生就业市场。已有8个市州和32所高校建立了初级的就业市场，其中岳阳市、郴州市等和湖南大学等高校的就业市场和就业网络建设已初具规模。1999年省、市两级和高校共举办各类毕业生就业市场活动51场次，17 000多名毕业生通过市场活动落实了就业单位，为顺利实现全省高校毕业生的就业制度由“统包统分”到“自主择业”的转轨创造了条件。

1999年全省接收、派遣毕业研究生和普通高校统分、并轨、定向、委培毕业生（以下统称统分生）41 346人，普通高校计划内自费毕业生和省广播电视大学普通专科班毕业生11 947人，比1998年增加8 331人，增长率为18.5%。在湖南省内就业的高校毕业生有42 178人，其中统分生31 182人，计划内自费生10 996人。到1999年10月底，统分生就业率为96.4%，计划内自费和省广播电视大学普通专科班毕业生有7 829人落实了就业单位，就业率为71.2%。

撰稿　雷桂平　郭建国　黎佑甫
丁志诚　金　彪

成人教育

〔**扫盲教育**〕 1999年乡、村两级农民文化技术学校办学面分别达到94%和61%，共培训农民达416.89万人次。全省举办扫盲班12 016个，组织了19.72万青壮年文盲参加扫盲学习，其中脱盲9.15万人。

为巩固扫盲成果，加强脱盲人员及务工农民的实用技术培训工作，省教委组织编写了《农村实用技术读本》一套7种85万字，包括种植、养殖、农副产品加工、小机电、家庭经营及生活常识等方面，受到了基层农村成教工作者和农民的欢迎。

〔**乡镇农民文化技术学校建设**〕 为加强乡镇农民文化技术学校建设，促进农村教育与农村经济的结合，出台了《湖南省乡镇农校建设合格县（市、区）标准》及《认定办法》，以县（市、区）为单位整体推进乡镇农校建设。

1999年全省各地按照教育部的要求开

展了创示范乡镇农民文化技术学校活动，经各地验收推荐，省教委抽查审核，授予望城县白若铺乡农民文化技术学校等62所乡镇农民文化技术学校为省级示范乡镇农民文化技术学校。

〔**成人中专教育**〕 以农村成人中专为重点，加快了学校布局调整和体制改革的步伐。各地在县级政府的统筹下，近10所农村成人中专学校与职业学校实行了合并或联合办学，实现了教育资源的合理配置，提高了办学的规模效益，促进了职教与成教的协调发展。1999年没有因学校布局调整而影响招生规模的扩大。另外，安化县、沅江市、桑植县等部分原由农业和其他部门管理的学校划归了教育部门管理，进一步理顺了管理体制。

1999年各地、各学校积极开展了创建省级示范学校的活动，全省评选出38所学校为省级示范学校。全省独立设置的成人中专学校至1999年底有校舍建筑总面积141.9万平方米、教学仪器设备总值12 581.9万元、图书资料560.8万册、计算机8 814台、专职教师6 862人，累计毕业学生35.22万人。

〔**职工教育**〕 4月16日～26日，省教委对14个州、市247所职工教育培训中心、职工学校进行了全面检查。共评出优秀单位109个，良好单位77个，合格单位49个，有待评估的单位12个。近年全省职工教育的办学经验主要是：第一，坚持把职工教育摆在重要位置，纳入企业的整体发展规划；第二，坚持为企业深入改革、提高产品质量和经济效益服务的办学宗旨；第三，坚持多门类、多层次、多规格、多形式的办学路子，为职工教育的发展开辟了新的前景。但通过检查也发现职工教育还存在许多新情况、新问题，主要是各级政府对职工教育的管理亟待加强，职工教育经费投入亟待解决，职工教育立法势在必行等。

1999年举办了三期职工教育管理研修班，全省14个州市教育行政部门的成教管理干部和校长共137人参加培训。

〔**成人高等函授教育**〕 1999年，省教委针对全省高等教育函授站办得过多过滥的情况，先后发出《关于全省高等教育函授站实行办学许可证制度的通知》和《关于加强函授站管理的通知》，对全省364个函授站的教学情况、管理水平等进行了年审，278个合格，获得2000年成人高等教育招生资格，86个不合格被取消办学资格。

〔**广播电视教育**〕 在进一步巩固1998年全省电大办学水平评估成果的基础上，省教委又组织力量进行了复评，促进了电大分校的建设和发展。

电大“人才培养模式改革和开放教育试点”工作首次开通，教育部和中央电大批准湖南广播电视大学1999年开办本科专业2个（计算机、法学），下达计划800人，实际注册885人，开设专科专业1个（金融），下达计划500人，实际注册423人。凡申请参加学习的学生，只须经过省级教育行政部门的资格审核便可直接注册取得学籍。

电大“注册视听生”试点工作进展顺利。1999年共开设7个专业，招生5 617人。自1996年开始试点以来，已累计招生25 134人。

撰稿 周德义 何建农
蒋维加 张晓春
审稿 蒋作斌

广东省教育

概　况

〔基本情况〕

1999 年各级普通学校基本情况

单位：人

学校类别	学校数（所）	毕业生数	招生数	在校学生数	教职工数	
					计	其中：专任教师
总　计	41 107	4 050 737	4 721 167	16 525 642	893 790	705 036
一、研究生	(26)	2 218	3 849	9 602		
1. 高等学校	(18)	2 109	3 735	9 301		
2. 科研机构	(8)	109	114	301		
二、普通高等学校本专科	50	47 988	85 341	220 810	44 645	18 489
本科院校	26	29 578	49 463	143 655	35 196	13 768
专科院校	24	14 163	31 148	65 680	9 342	4 657
分校、大专班		4 247	4 730	11 475	107	64
三、普通中等学校	4 602	1 404 034	1 785 352	4 925 405	309 755	248 380
1. 中等专业学校	248	81 678	86 906	279 608	25 134	14 353
中等技术学校	202	62 192	73 398	228 606	19 095	10 428
中等师范学校	46	19 486	13 508	51 002	6 039	3 925
2. 技工学校						
3. 普通中学	3 914	1 256 290	1 615 801	4 439 061	265 253	218 899
高中	914	165 284	241 505	641 074		39 187
初中	3 000	1 091 006	1 374 296	3 797 987		179 712
4. 职业中学	435	65 973	82 503	206 510	19 297	15 086
高中	427	63 143	79 538	197 719		14 665
初中	8	2 830	2 965	8 791		421
5. 工读学校	5	93	142	226	71	42
四、小学	24 556	1 433 779	1 498 378	9 209 566	414 314	357 429
五、特殊教育学校	63	2 225	2 782	29 806	1 261	990
六、幼儿园	11 836	1 160 493	1 345 465	2 130 453	123 815	79 748

1999 年各级成人学校基本情况

单位：人

学校类别	学校数（所）	毕业生数	招生数	在校学生数	教职工数	
					计	其中：专任教师
总　计	6 624	1 513 169	1 159 235	1 556 054	43 176	19 223
一、成人高等学校	54	37 858	69 482	175 064	12 345	6 274
1. 广播电视大学	3	7 180	11 224	29 857	3 373	1 769
2. 职工高等学校	25	4 504	9 968	22 090	3 376	1 763
3. 农民高等学校						
4. 管理干部学院	14	6 688	14 277	27 428	2 964	1 421
5. 教育学院	12	4 473	6 418	14 754	2 632	1 321
6. 独立函授学院						
7. 普通高等学校举办：		15 013	27 595	80 935		
函　授　部		6 214	12 288	33 673		
夜　大　学		4 896	10 111	30 408		
成人脱产班		3 903	5 196	16 854		
合计中：电大普通专科班		2 039	2 794	6 033		
二、成人中等学校	5 367	1 213 558	838 263	1 165 861	27 857	12 427
1. 成人中等专业学校	311	65 097	63 685	179 362	13 982	8 965
广播电视中等专业学校	4	5 260	7 204	19 429	11	
职工中等专业学校	149	29 219	34 553	93 504	6 953	4 583
干部中等专业学校	3	572	340	761	64	37
农民中等专业学校	54	10 302	11 402	29 848	3 073	2 142
函授中等专业学校	2	3 137	1 913	6 011	354	228
教师进修学校	99	16 607	8 273	29 809	3 527	1 975
其他类学校举办						
2. 成人中学	527	44 313	36 166	65 895	2 343	1 211
职工中学						
农民中学						
3. 成人技术培训学校	4 529	1 104 148	738 412	920 604	11 532	2 251
职工技术培训学校	49	31 979	33 920	32 439	852	333
农民技术培训学校	4 480	1 072 169	704 492	888 165	10 680	1 918
三、成人初等学校	1 203	261 753	251 490	215 129	2 974	522
1. 职工初等学校						
2. 农民初等学校						
其中：扫盲班		2 475	2 422	2 364	149	26

制表　吴华明

〔**年度工作方针**〕 1999年，广东普通教育工作的指导思想是：深入学习党的十五大和省的八次党代会以及全国教育工作会议精神，贯彻落实教育部《面向21世纪教育振兴行动计划》和《中共中央国务院关于深化教育改革全面推进素质教育的决定》，按照江泽民总书记提出的“教育要全面适应现代化建设的需要，教育要全面提高质量和效益”的要求，巩固提高普及九年义务教育，大力发展职业教育和成人教育，深化教育教学领域里的各项改革，全面推进素质教育，积极推动珠江三角洲教育现代化和全省教育信息化，把一个良好的基础教育带入21世纪。

1999年，广东省高等、中专教育工作的指导思想是：高举邓小平理论旗帜，贯彻落实党的十五大和广东省八次党代会精神，坚持解放思想、深化改革，促进高等中专教育与经济社会发展密切结合；坚持规模、结构、质量、效益协调统一发展的方针，在不断提高教育质量、办学水平和效益的基础上，加快高等教育发展步伐；坚持社会主义办学方向，加强党的建设和思想政治工作，加强德育、美育及心理健康教育；坚持依法治教、依法办学，正确处理改革、发展、稳定关系，把健康繁荣充满生机活力的高等中专教育带进21世纪。

〔**学习贯彻全国教育工作会议精神**〕 6月，省教育厅召开了由各市教委、教育局主要负责同志参加的学习贯彻全国教育工作会议精神的会议，组织学习江泽民、朱镕基、李岚清同志在全国教育工作会议上的讲话和《中共中央国务院关于深化教育改革全面推进素质教育的决定》，讨论了全省普教系统学习宣传贯彻全教会精神的意见。8月，省教育厅又举办了全省普教系统学习贯彻全国教育工作会议精神领导干部学习培训班，各市、县(区)教委(教育局)主要负责同志和12个素质教育实验县(区)主管教育的领导共200人参加了培训。8月17日，省委、省政府发出《关于认真学习贯彻第三次全国教育工作会议和中发[1999]9号文件精神的通知》，对全省学习贯彻全国教育工作会议精神提出了要求。《通知》要求各级党委、政府和教育主管部门要认真学习，进一步转变观念，提高认识，把学习全国教育工作会议精神与学习邓小平理论相结合，与学习贯彻《中国教育改革和发展纲要》、《面向21世纪教育振兴行动计划》相结合，与实施科教兴省战略，建设教育强省相结合。在教育改革和发展方面，要调整宏观教育结构，加快非义务教育的发展；加快考试和评价制度改革的步伐，进一步推动教学改革，建立高素质的教师队伍；大力提高教育技术手段现代化水平和教育信息化程度；促进教育与经济、科技和社会发展的密切结合，发挥教育在科教兴粤中的重要作用。

中共广东省委高校工委、省高教厅也先后召开厅党组会议和全省高校党委书记、校长会议，认真传达学习《中共中央国务院关于深化教育改革全面推进素质教育的决定》和江泽民总书记、朱镕基总理的重要讲话和李岚清副总理所作的主题报告。会后，全省各高校分别召开了学校中层干部会议、教授座谈会等，就如何贯彻落实会议精神，积极开创广东高教新局面展开了热烈讨论。省委高校工委、省高教厅在总结广东省高教改革和发展经验，征求各方面对高教改革和发展意见的基础上，提出了深化广东高教改革、全面推进素质教育的思路，综合整理了《广东高等教育改革和发展的意见》(草案)，作为省委、省政府制定《关于深化教育改革全面推进素质教育的决定》的高教参考内容。在《广东高等教育改革和发展的意见》(草案)中，提出了面向

21世纪广东高等教育改革和发展的指导思想和目标，从实现高教大众化、改革高教体制、保证并提高教育质量、推动科学技术发展、增加高教经费、健全地方法规体系和监控机制、加强党的建设、思想政治和德育工作8个方面提出了广东高教发展的主要对策和措施。

〔**教育投入与支出**〕 1999年，全省普通教育经费总支出为243.02亿元，比上年增加19.95亿元，增长8.94%。其中国家财政性教育经费支出143.76亿元，比上年增加9.60亿元，增长7.16%；社会团体和公民办学经费为10.11亿元；社会捐资办学经费为16.48亿元；学费、杂费44.75亿元；其他教育经费38.03亿元。

1999年广东省财政投入高等教育经费12.8亿元。其中，高等教育专项资金预算安排44 034万元，“211工程”建设专项10 000万元。当年高等教育专项资金的安排以校舍达标建设为重点，并继续向教师住宅建设倾斜，同时加强重点学科、重点实验室、重点课程、重点师资的投入。其中：校舍达标17 400万元，教师村建设8 000万元，仪器设备2 000万元，图书资料1 000万元，生活设施1 800万元，重点学科3 500万元，教师岗位津贴4 000万元，其他项目6 334万元。

〔**语言文字工作**〕 深入贯彻全国语言文字工作会议精神，大力推广普通话，促进用字规范化。1999年举办了两期省级普通话水平测试员培训班，培训测试员100多人，至此，全省共有国家级和省级测试员262人，初步建立起普通话水平测试队伍。广东省语委与珠海市联合举办中小学校长推广普通话培训班，并举办暑假普通话骨干教师培训班。继续抓好各类学校普及普通话工作。精心策划，认真组织了第二届推广普通话宣传周活动，举办了全省中等师范学校学生普通话大赛，以及广东省旅游系统普通话大赛。积极准备做好中国语言文字使用情况调查工作，制定了广东省中国语言文字使用情况调查实施方案。

基础教育

〔**综述**〕 1999年，全省小学比上年减少168所，在校生比上年减少3万人；初中比上年增加21所，在校生比上年增加15万人；普通高中比上年增加14所，在校学生比上年增加5.07万人；特殊教育学校比上年增加8所，在校学生比上年减少0.1万人；幼儿园比上年增加1 689所，在园幼儿比上年增加9万人。全省适龄儿童入学率达99.7%，初中学龄人口毛入学率达99.82%；学龄少年入学率为95.12%；小学、初中、高中的毕业生升学率分别为96.06%、61.88%、56.43%。

1999年，由广东省政府承办，广东省教

育厅、广东省体委、共青团广东省委协办的第七届全国中学生运动会于7月18日～28日在广州市举行。

本次运动会是历届规模最大、比赛项目和参赛人数最多的一次中学生体育盛会。广东省代表团取得了团体总分第一、金牌总数第一、体育道德风尚奖的优异成绩。

〔**建国50年教育成就**〕 50年来，特别是改革开放以来，广东基础教育取得了巨大成就。以普及九年义务教育为标志的基础教育事业取得了较大发展。1950年在园幼儿1.62万人、在校小学生209.24万人、中学生15.22万人，到1998年分别提高到203.64万人、918.01万人、442.49万人。1985年广东基本普及小学五年教育，1995年基本扫除青壮年文盲，成为全国较早实现“两基”的省份之一。“普九”逐步得到巩固提高。1998年小学适龄儿童入学率为99.73%、初中学龄人口毛入学率为99.48%，每万人口小学、初中在校生分别为1 301.95人和517.05人。全省已有广州、深圳、东莞、中山4个地级以上市和顺德、南海、新会3个县级市基本普及高中阶段教育，为提高全省劳动者的素质奠定了良好基础。

基本形成比较完整的基础教育结构体系。全省1998年每万人口幼儿园在园儿童为15.78人，居全国第一位。特教学校55所，在校学生3.12万人。职业中学422所，在校生19.81万人，每万人口职中在校生28.1人，中等以下成人教育学校数1 690所，人数28.57万，乡镇办学面达到99.6%。到90年代，各种职业技术类教育占整个高中阶段教育的一半以上，中等教育结构渐趋合理，基本形成学前、初等、中等教育相互衔接，普教、职教、成教相互贯通的比较完善的教育体系。

中小学教师队伍建设不断得到加强。1964年小学教师24.03万人、初中教师2.41万人、高中教师0.53万人，到1998年分别扩充到34.79万、17.32万、3.58万人。中小学教师学历达标率不断提高，1964年小学、初中、高中教师的学历达标率分别为35.5%、62.28%、59.08%，到1998年学历达标率分别提高到98.25%、86.17%、63.15%。基本上建立起一支数量充足、结构合理、素质较高的教师队伍。

办学条件得到显著改善。到1998年全省已基本完成中小学校舍危房改造任务，90%以上的旧校舍整体更新，80%以上的学校实行了楼房化。教学仪器设备总值达16.25亿元，全省123个县（市、区）通过了中小学实验室建设和教学仪器配备达标验收，在全国领先一步。在此基础上全省又在现代教育技术装备上迈出重大步伐，到1999年底全省中小学有计算机室3 301间，拥有计算机总量15万台，约占全国的1/7，开展电化教育的学校达70%，有30多所中小学校建成校园计算机网络。

教育教学质量有了较大的提高。1999年全省人均受教育年限达到6.9年。改革开放20年来，全省认真贯彻党的教育方针，促进学生在德智体几方面全面发展，各级各类中小学校为广东现代化建设培养了数以百万计的合格的劳动者，也为高一级学校输送了一大批合格的新生。学生的思想主流良好，三好学生大批涌现，学生的学习成绩逐年有所提高，1998年小学、初中毕业生升学率分别为97.07%、59.59%。进入90年代以来，广东省每年都有学生获得国际奥林匹克学科竞赛奖。在1995年和1999年全国第六届、第七届中学生运动会上，广东均获团体总分、金牌总数和精神文明风尚奖三个第一，也从一个侧面展现了广东中小学生的精神风貌。

〔**义务教育**〕 继续贯彻落实省政府转发的《关于巩固提高普及九年义务教育的意见》，围绕全面推进素质教育这一中心任务，紧紧抓住改造薄弱学校、建设规范化学校这项重点工作，普及九年义务教育的成果得到进一步巩固提高。

改造薄弱学校的工作进展顺利，义务教育阶段学校办学条件进一步改善。1998 年召开全省改造薄弱学校会议后，各地认真贯彻落实《广东省小学、初中改造薄弱学校、建设规范化学校实施规划》，采取切实可行的措施，积极筹措资金，结合中小学校的布局调整，全面启动“改薄”工程。经过一年的艰苦努力，全年全省共完成 2 145 所薄弱学校的改造任务。两年共完成 4 145 所，占全省“改薄”任务的 42.1%。

加强义务教育阶段学籍管理，严格控制中小学生辍学。各地认真贯彻落实省教育厅《关于严格控制中小学生辍学问题的通知》，严格控制中小学生非正常流失。8 月初，省教育厅制定了《广东省义务教育阶段学籍管理暂行规定》，组织教育行政部门及学校有关学籍管理人员进行了两期的学习培训。10 月底，在从化市召开了义务教育阶段“防流控流”工作汇报会，就降低义务教育阶段学生辍学率提出目标要求。

认真解决特殊人群适龄儿童少年的入学问题。做好 16 个贫困县特困家庭适龄儿童少年的入学工作，积极动员沿海和珠江三角洲经济发达地区的对口扶持工作，发出了《关于落实对口扶助贫困县特困家庭子女义务教育阶段就学工作的通知》，并于 6 月召开省扶助贫困县特困家庭子女就学工作会议，签订了对口扶助协议书，扶助金额达 1 865.98 万元，惠及学生 4.07 万人，为巩固“普九”，减少中小学生辍学起了很大的作用。

〔**普通高中教育**〕 制定《广东省高中阶段教育改革和发展意见》，提出全省今后一段时期高中阶段教育改革与发展的指导思想、基本目标和工作要点。积极推动高中教学改革进程，根据高中教育发展的需要以及高考改革试验的情况，组织制定了《广东省普通高中教学计划调整意见》，并积极参与高中综合课程试验。认真做好中小学考试工作。积极进行初中“两试合一”和普通高中毕业会考考试内容的改革，组织了全省近 79 万初中毕业生参加的初中“两试合一”考试。进一步完善了普通高中毕业会考制度，首次进行了向社会开放的普通高中毕业会考，全省 59 万在校高中学生，123 人次的社会人员参加了考试；改革了普通高中毕业会考形式，会考每年开考两次，每次开考 9 科，并进行了综合理科会考试验。

〔**特殊教育**〕 根据全省不同经济类型地区特殊教育事业的发展，进行分类指导，全省特殊教育事业“九五”规划的各项任务指标取得了阶段性的成果。认真做好招生工作，全省残疾儿童少年入学率有了较大幅度的提高，入学率达 86.56%，比上年提高 5.96 个百分点。

〔**幼儿教育**〕 围绕《全国幼儿教育事业“九五”发展目标实施意见》和《幼儿园管理条例》、《幼儿园工作规程》的贯彻实施，积极开展城市幼儿园办园体制改革，在大中城市、珠江三角洲地区及县城坚决取消了学前班，大力发展幼儿园，逐步普及学前三年教育；在办好乡镇中心幼儿园的同时，发展村办园，在贫困地区积极创造条件发展多种形式的幼儿教育机构，努力推进幼儿教育数量与规模的发展。

根据社会经济发展的要求和幼儿教育发展的现状，制定了幼儿教育“十五”计划及2 015年发展规划。印发了《关于办好乡镇中心幼儿园，发展农村幼儿教育的意见》，启动乡镇中心幼儿园规范化建设工程。

加强师资队伍建设和园长岗位培训基地的建设，审核批准了西江大学等8所院校为全省幼儿园园长岗位培训基地，并对幼儿园园长岗位培训工作提出了指导意见，为2001年全省幼儿园园长持证上岗做好准备。

〔**素质教育**〕 1999年，围绕素质教育这一主题进行了一系列重大调研活动，提出了配套改革、全面推进广东素质教育的基本构想及其实施方案。12个素质教育实验县（区）的试点工作也取得了一定进展，深圳市实施素质教育的经验在全国主要教育报刊上作了报道。以建国50周年、澳门回归等重大事件为契机，广泛开展了以爱国主义为中心的思想政治教育，在法制教育和心理健康教育方面进行了一些新的探索。九年义务教育阶段课程教学内容的调整和普通高中教学计划的调整得到落实。普通高中综合文科、综合理科课程改革进入第二周期实验阶段，在课程理论框架、教材实验和教学评价等方面有所突破。完善了中小学劳动技术课系列教材21种。组织修订、审查省编教材和教学辅导类用书共11个系列200多本（册）。1999年考试改革迈出了重大步伐。在全国率先实施了“3+X”高考科目改革试验，为全国高考改革探索出一条新路。全国中小学创新教育研究与实验课题工作会议在广东省召开，科研促教和科研兴校工作提高到一个新水平。积极开展创建“美丽的校园”活动，举办了全省24所民乐示范学校调演，学校精神文明建设得到加强。组织了全省第四届中小学优秀自制教具评选活动，评选出优秀作品83件。全省学习推广湛江快乐体育园地经验，“健康第一”的指导思想更加明确。

〔**教育现代化和信息化**〕 1999年1月，省教育厅在中山市召开了珠江三角洲教育现代化暨全省教育信息化工作会议，会上制定的规划和确定的工作思路引起了良好反响。1999年全省中小学计算机拥有量为18.8万台，80多所学校建起了校园网，1 612所小学、1 013所初中、600所高中开设了计算机课程，221.15万中小学生接受计算机教育。有57所中小学校进入全国1 000所全国现代教育技术实验学校行列，基本完成了“3网1站13室”的建设。省确定2市、2区、10个乡镇和100所学校为教育信息化试点单位，以其示范性的先进经验带动了全省工作。广州市天河区在1998年率先开展多媒体教育技术实验，提高教育信息化程度，1999年已推广到全区80%以上学校。深圳市、顺德市作为全省率先实现现代化试点市，积极推进教育现代化。中山、佛山、东莞、江门等市也采取积极措施推进教育现代化，佛山市将在2000年建立全市教育信息网络。南海市作为“信息市”，其教育信息化建设迈出了重大的步伐。教育部副部长吕福源在考察广东教育时充分肯定了广东省教育现代化、信息化的做法，指出：广东教育信息化走在全国的前列，天河区的经验是成功的。

〔**教师队伍和住房建设**〕 培养跨世纪教育人才的“百千万工程”取得了实质性进展，

评选出第一批省级培养对象中，有教育专家25名、名校长60名、名教师108名，举办了两期高级研修班，1999年已进入导师指导下的专题研究阶段。1999年中等师范招生实行全省集中录取的重大改革。加快小学教师大专化进程，首次从应届中等师范毕业生中经普通高考择优录取3 547人进入教育学院专科班学习，教育学院招生10 816人，比招生计划增加29.5%，为历年来招生增幅最多的一年。妥善安排国家计划师范类大中专毕业生32 338人。小学、初中、高中教师学历达标率分别为98.88%、87.48%、65.35%，比上年分别提高0.63、1.31、2.20个百分点。1999年教师节隆重表彰了南粤杰出教师10人、南粤优秀校长84人、南粤教书育人优秀教师725人。组织评审出中学高级教师1 967人。此外，全省中小学教师基本实现"教者有其居"，城镇中小学教师家庭人均居住面积由1994年的8平方米提高到1999年的13.3平方米，住房成套率也由60%提高到85%以上。

〔**教育法制和督导工作**〕 1999年，省人大常委会审议通过了《广东省实施〈中华人民共和国教师法〉办法》，省政府颁布了《广东省中小学教师继续教育规定》、《广东省基础教育民办学校管理规定》，为全省教师队伍建设和民办教育改革提供了重要的法规依据。加强了督导评估与检查验收的归口管理，规范了各级教育行政部门的督导评估行为。组织开展了对曲江县等6个县（市）的"两基"专项督导和对东莞市21个市、县（区）"两基"工作的年度复查工作并通报了督查情况。评估省一级中小学校20所并对53所省一级学校、26所国家级重点职业中学进行复评。根据全教会精神，会同省财政厅、省物价局调整了全省非义务教育阶段的高(职)中的基准收费标准，适当增加学费在培养成本中的比例。依法规范民办学校的办学行为，推进民办学校教育储备金转为收取学杂费的工作，使部分高收费民办学校平稳过渡。

〔**治理中小学乱收费**〕 1999年，广东省治理中小学乱收费的工作重点是抓好巩固治理成果，防止中小学乱收费反弹，特别是加强了思想教育，加大监督力度，狠抓薄弱环节，查处顶风违纪案件，中小学乱收费和农村搭车收费现象得到了有效的遏制，城市借读生收费得到了规范。对中小学乱收费加大了查处力度。省教育厅与省纠风办于9月对部分县区、镇、中小学的收费情况进行了抽查。据统计，1999年全省21个地级市共查出违规收费金额749.33万元，其中学校擅自立项，提高标准乱收费金额477.14万元，社会向学校乱摊派、搭车收费金额100.31万元，地方政府行为乱收费金额171.88万元。处理违规收费金额668.18万元，其中清退违规收费金额636.33万元，罚没违规收费金额31.85万元，清理违反规定强制学生购买复习资料72万册，计减少学生交费金额237.45万元，进一步减轻家长负担7 301.52万元。处理责任人43人，其中通报批评30人，党纪处分13人，行政撤职或党内留看以上处分2人。并将检查结果内部通报各市，对存在问题限期改正。

职 业 教 育

〔**综述**〕 1999年，广东省职业中学比上年减少7所；招生数和在校生数分别比上年增加0.36万人和0.89万人。全省共有国家级重点职业中学11所，经省政府同意报教育部正在审批的国家级重点职业中学15所；省级重点职业中学66所，已通过评估，正在办理审批手续的重点职业中学5所。针对全省职业教育发展不平衡，职业中学规模小、效益低、资源浪费等问题，省教育厅加强了对薄弱地区的职业教育发展的指导，帮助落后地区解决实际困难，对决心大、行动快的职业中学在经费上给予重点扶持，同时争取地方政府大力支持办好职业中学。通过一年的努力，全省职业教育空白点逐步减少，职业教育规模不断扩大。

〔**普通中专教育**〕 加强中等专业教育教学改革，积极推动中等专业教育的发展。通过抓好办学水平等级评估、骨干专业改革建设、信息化和现代化教学手段建设、教师队伍“双师型”建设、实行“双证书”教学等，增强中等专业学校办学活力，提高教育质量。1999年新开办3所学校，有7所学校升格为高等职业学校和专科学校。继续建立9个骨干专业，当年全省普通中等专业学校改革与建设的骨干专业共68个。从1996年开始的中等专业学校办学水平等级评估，到1999年底，共评估140所学校，分别通过一、二、三级评估。在通过二级评估的学校中遴选16所学校为省级重点普通中等专业学校，当年共有54所省级重点中等专业学校。根据教育部职业教育与成人教育司《关于重新调整国家级重点中专学校的通知》要求，对20所一级学校进行评估，遴选了一批优秀学校报教育部。1999年继续组织中等专业学校学生参加英语和计算机应用基础的统考。其中计算机应用基础考试与广东省职业技能鉴定指导中心合作，考试合格，将颁发劳动部制作的全国通用的计算机应用的技术证书。1999年全省共有54万学生参加考核，获证率70%，英语课程有70多所学校第一次参加全国英语等级考试试点工作，获证率64.89%，2000年将要求全省中等专业学校学生参加全国英语等级考试。

〔**专业建设**〕 为使职业教育的专业建设尽快迈向现代化，省教育厅在广州市电子职业中学、顺德市梁銶琚中学、江门市工交职业中学、广州市旅游职业中学、东莞市威远职业中学分别建立了广东省中等职业学校电子信息、机电、计算机、旅游、服装5个理工类专业研究中心，在新会市崖西职业中学、信宜市丁堡职业中学、新兴县农业科技学校建立了广东省中等职业学校现代农业多种经营、种植、养殖3个农业类专业研究中心。中心的设置极大地调动了各级政府办学的积极性。省职业教育专项经费重点扶持中心的现代化设备建设。各地也加大对中心经费的投入，充实师资设备，改善办学条件。8个专业研究中心的建设，初步发挥了其教学、科研、信息咨询、技术推广、培训的辐射作用，带动了全省职业中学同类专业的发展，从而形成了一批专业群，构建了全省职业教育的专业特色。各地还积极进行职业教育现代化办学模式的探索和实践。新会市荷塘职业中学独创的“校企合一，产教结合”的“荷塘模式”、顺德市梁銶琚中学创立的“职教中心”模式、中山沙溪理工学校构建的“立交桥”办学模式等等，开创了一条具有珠江三角洲特点，与当地经济社会发展相适应的集团式发展职业教育的新路子。

〔**骨干职中建设**〕　1999年，广东省继续加大力度进行重点职业中学建设。一年来，省级投入职业中学建设经费2 550万元，地方各级政府也加大了对职业中学的投入，像顺德市科龙职业中学、陈登职业中学、东莞市塘厦职业中学、高州市石鼓职业中学、高明市第三中学等一批条件充实完善，办学效益好，教育质量高的学校迅速崛起。1999年底，根据教育部关于调整国家级重点职业学校的通知要求，对原有的11所国家级重点职业中学和1999年评选并经省政府同意拟报教育部审批的12所职业中学进行了复评。这批重点职业中学在校生数占全省职业中学在校生数的1/3以上，对全省职业教育的稳定和发展起到了举足轻重的作用，成为全省职业教育现代化建设的中坚力量。

〔**职中课程教材和招生考试改革**〕　省教育厅积极开展职业中学教学领域的各项改革。在课程建设和教材体系改革方面，省教育厅牵头组织广东、北京、广西三省市区的职业教育专家、学者、一线的职业学校教师编写了中等职业学校9个专业大纲和一年级秋季用的3门文化课和8个专业的教材共32本，经部分市县职业中学试验，反映较好。在职业中学招生考试制度、升学机制、就业机制、教学管理体制等方面，积极倡导职业中学招生实行宽进严出，放宽年龄限制，跨地区招生，采用积分制，允许分阶段完成学业等改革。这些改革，在江门、东莞、珠海、广州等地都进行了有效的尝试，取得了阶段性的效果。全省重点职业中学大都建立了校园网，并与互联网相联，基本实现了教学、管理电脑化，学校办公无纸化，职业教育信息化、现代化建设迈出了可喜的步伐。

〔**专业教师队伍建设**〕　积极进行“双师型”的专业教师队伍建设，多渠道解决职业中学教师的学历水平和基本素质，职业教育队伍素质有了较大提高。一是大力开展职教师资培训基地建设，充分利用省职业与成人教育师资培训中心以及广东教育学院、江门工交职业中学的计算机培训基地等，对理工类教师进行培训，共培训了700多人；利用省现代农业教育培训中心，对农业职业中学和乡镇成人学校的骨干教师进行培训，已培训176人。设在顺德市梁銶琚中学职教中心的广东省职业与成人教育师资培训中心被教育部评定为全国重点建设的首批20所职教师资培训基地之一。二是大力提倡职业学校把骨干教师送出去进修，提高他们的学历层次和技能水平；提倡大胆引进外地教师，充实专业教师队伍。继1998年广东省组织部分市、县教育部门和职业中学领导共30多人到天津、大连、北京、上海等地的高等院校应届毕业生中选招近100个“双师型”的专业课教师后，1999年又组织部分市县教育部门和职业中学领导到天津、大连等地高等院校应届毕业生中选招了一批“双师型”的专业课教师，大大充实了职业教育师资，提高了队伍素质。

高 等 教 育

〔**综述**〕 一年来，广东省高等教育围绕“科教兴粤”，认真贯彻第三次全国教育工会精神，以“三讲”教育为动力，紧紧抓住扩大招生和大力发展职业教育的机遇，着重抓了以下7项主要工作：(1)积极争取并圆满完成普通高校扩大招生任务，各类高等教育办学规模持续快速发展；(2)继续完善高等教育管理体制改革；(3)围绕加强素质教育和培养创新人才，不断深化教学改革，加强教学管理和监控，加快教育手段现代化，努力提高教育质量；(4)调整重点学科的布局和结构，强化应用研究与技术开发，积极推动科技成果转化与产业化；(5)全面推进高校人事分配制度和后勤社会化改革，加强教师队伍建设；(6)继续推进招生制度改革，加强毕业生就业指导工作；(7)加强高校党的建设和思想政治工作，维护高校稳定。

〔**办学规模持续快速发展**〕 1999年，全省圆满完成了普通高等学校扩大招生任务。为保证扩招任务的顺利完成，采取了几项措施：一是把高等职业教育作为发展的重点。在广东工业大学、湛江海洋大学等校设置了职业技术学院；选择部分办学条件较好，具有一定工科教学基础的成人高等学校承担高等职业学校招生任务；采取特殊政策允许少量国家级和省级普通中等专业学校开设高等职业教育班。上述学校和独立设置的职业技术学院承担扩招的大部分任务。二是在一部分普通高等学校安排招走读生。许多学校积极主动与社会联系，帮助新生统一租房。部分学生回家住宿，同时也允许学生自行解决住宿问题。三是想方设法克服高等学校后勤等基本设施的“瓶颈”制约。学校的课室、实验室、图书馆“全天候”运转，教学仪器设备相对集中管理，提高利用率。实行教学多时制、弹性制。四是抓好扩大招生后的教学管理工作，保证正常教学秩序。五是开拓资助经济困难学生工作新思路，切实把资助经济困难学生工作落到实处。进一步健全原有困难学生多元资助体系，同时从学费中提取10％用于勤工助学，10％作为奖贷学金，并积极寻求银行贷款，参与解决困难学生问题。另外还采取措施制止各类乱收费现象，有效保证了没有一个学生因经济困难而辍学。

加快申办本科院校和职业技术学院的步伐。根据教育部提出的高等教育的重心适当下移的发展方针，在挖掘现有高等学校潜力扩大招生规模的同时，根据改善高等学校布局和结构，提高办学水平的需要，拟以广东石油化工高等专科学校、韶关大学、嘉应大学、西江大学、惠州大学5所专科学校为基础，将附近其他高等学校与之合并，分别组建设置本科的茂名学院、韶关学院、嘉应学院、肇庆学院、惠州学院，此方案已通过省专家组论证，全国高等学校设置评议委员会的专家组也对有关学校作了实地考察。当年新成立了广东轻工职业技术学院、民办白云职业技术学院、顺德职业技术学院、广州民航职业技术学院、广东交通职业技术学院、广东水利电力职业技术学院、民办潮汕职业技术学院7所职业技术学院。

积极鼓励和引导社会力量举办民办高等学校，民办高等学校的数量增至5所，核定民办专修学院58所，民办自学考试助学辅导机构65个。民办高等学校的发展呈现良好的发展势头。

部分高等学校利用原有的教育资源，根据学校的实际充实办学条件。如中山大学在珠海市兴办珠海校区、广东工业大学加快龙洞校区建设等。

〔**管理体制改革**〕一是落实高等学校专业设置管理权限，做好新设专业的监督和审查工作。普通本科高等学校可以在学校的分类属性之内自主设置专业，但一般每年新设专业不得超过3个；超出学校分类属性的专业和属于教育部审批的专业，仍按原规定的程序报批。对普通专科专业的设置参照本科专业的做法，但每年新设专业个数可以略多，一般情况下不超过4个。对成人高等学校的专业设置也作了改革，将过去的专业设置评议制改为备案制，加大成人高等学校的办学自主权。二是经省政府同意，佛山煤田职工地质学院由省高等教育厅划转佛山市政府管理。三是经论证，广州师范学院、华南建设学院（西院）、广州大学、广州师范专科学校合并组建新的广州大学的方案已报教育部审批。

〔**教学科研工作**〕　全面修订了教学计划，实行教学内容和教学方法的改革。年内全省50所普通高等学校和承担高等职业教育任务的12所成人高等学校1 000多个本、专科专业（点）都已完成了教学计划的修订工作。教学工作“一三五二”工程（即在“九五”期间，编写出版100门有广东特色的、具有国内先进水平的教材，建设300门达到国内先进水平的省级重点课程，建立500个教学、科研、生产三结合的校外教学基地，完成20个在全国有较大影响的、对提高教育质量有较大促进作用的教学改革项目）和“五个一百工程”（即在“九五”期间，有计划、分期分批建设一百个多媒体综合电化教育课室或多媒体网络CAI教室，组织开发一百个课程配套系列化多媒体教学软件，编制一百个课程配套专题系列电视教材，完成一百门优秀电化教育试验课程，培养一百名中青年电化教育业务骨干）建设取得了新的进展。经评估，确定第五批省级重点课程44门，使省级重点课程达到310门。组织对高等师范院校教育实习基地进行检查评估，评出144个师范院校教育实习基地。各校已建成一批具有现代教学手段的课室与设备，如：计算机室，语音实验室，CAI课室，多媒体综合电化教育课室，多媒体课件制作系统等；基础课实验教学仪器设备已基本实现填平补齐；实验课开出率平均达到93%，其中基础课实验开出率达到95%以上。积极推广学分制。修订了学分制的方案和管理办法，贯彻因材施教的原则，实行弹性学制，扩大学生学习的自主权和自由度，共有30多所学校实行了学分制。学分制正由学年学分制向完全学分制过渡。完成了世界银行贷款师范教育发展项目。该项目从1993年开始执行，至1999年6月底完工。通过该贷款项目的建设，较大改善了全省7所师范院校的教育环境与条件，推动了全省师范教育事业的全面发展。据统计，7所项目院校新建和改建的校舍面积达

56 756 平方米；在校生数从 1991 年的12 809 人提高到 1999 年的 36 214 人，增加了近两倍。

加强“211 工程”和重点学科建设。组织近 800 名具博士生导师资格的专家对全省 159 个学科进行书面评选，在此基础上，请全省 79 名专家对申请增列为广东高等学校重点学科的学科进行了评审，初评出 110 个学科点列为广东省高等学校重点学科，给予重点支持。认真落实“211 工程”管理工作，“211 工程”学校科学研究能力提高。

发明专利的申请和授权数持续增长。1999 年度全省高等学校申请专利数达 172 项，创历史最高水平。应用科技成果大幅增长，科技成果转化呈加速之势。全省高等学校当年共拥有应用科技成果 1 105 项，其中可供转化成果达 933 项（1998 年仅为 468 项），已转化成果 309 项（1998 年仅 70 项），获得收入 9 396 万元。在深圳举行的中国高新技术成果交易会上，中山大学、深圳大学、暨南大学、华南理工大学、华南农业大学 5 所高校实现交易额 3.2 亿元（合同额 1.4 亿，合同意向 1.8 亿）。另外，华南理工大学科技园已得到教育部的正式批准。校有科技产业快速发展。1999 年全省高等学校科技产业总收入及实现利税均比上年增长 50%以上，产生了收入超亿元的科技企业（中山医科大学家庭医生杂志、医学科技信息产业），实现了“零”的突破。

〔**信息网络建设**〕 1999 年 7 月，召开了广东省首次高等教育信息网络工作会议。会议分析了广东省高等教育信息网络建设的形势并提出了今后的发展思路，会后，许多院校迅速制定并落实了本校校园网和信息网络的建设规划。1999 年，全省有 10 所院校建成校园网并接入广东教科网，当年全省已建成校园网并接入广东教科网的普通高等学校共有 39 所，另有 11 所大中专院校的建网、联网工作亦已展开。大部分联网高等学校校园网已连接到图书馆、教学楼、实验室和办公楼（其中深圳大学已有 40 多间课室联网，占课室总数的 50%）；华南理工大学、暨南大学、华南师范大学、深圳大学、广州民航职业技术学院等院校的 45 栋学生宿舍已铺设光纤到楼，信息点超过 1 万个，另有 30 多栋学生宿舍楼正在布线施工。中山大学、华南理工大学、暨南大学、华南师范大学、深圳大学等院校的部分远程教育课件和教学资源库已在网上运行，并形成了部分有特色的课程，如中山大学的《微机原理》、《模拟电子技术》、暨南大学的《医学咨询》、华南师范大学的《计算机基础》、《物理学教学法》等。

〔**教师队伍建设**〕 1999 年，广东省高层次教师队伍建设取得较大成绩。高等学校当年增加的两院院士数是历年之最，工程院院士增加 3 个，科学院院士增加 1 个，共有院士 22 个。建立省特聘教授岗位，当年共有 5 人受聘为特聘教授。同时继续引进一批高层次人才，顺利完成了“千百十”工程（即在全省高校选拔 1 000 名校级学术骨干、100 名省级学术骨干、10 名国家级学术骨干的培养对象）培养对象的调整、增补工作，调整后“千百十工程”共有培养对象 1 080 名，其中国家级 10 名，省级 92 名，校级 978 名。

〔**后勤社会化改革**〕 积极推动高等学校后勤逐步向社会化方向发展。1999 年 10 月，省高教厅在湛江召开了全省高等学校后勤改革座谈会，对高等学校后勤改革作了总体规划和部署。湛江海洋大学学生公寓引进社会资金建设，实行公寓化、企业化管理的改革试点取得了成效，到1999年8月已完成4.43万平方米学生宿舍的建造，共缓解教育事业费投入4 500万元。湛江海洋大学、广东医学院和湛江师范学院3校组建“湛江高等学校后勤集团”，实行联办，与学校剥离，为全省高等学校深化后勤改革起到了示范作用。

〔**教师住房建设**〕 1999年，通过加大投入，教师住房建设实现了预期目标。广州市农林下路的教师住宅大厦于年底验收，6万多平方米的华南师范大学教师村二期工程年底封顶，10多万平方米的五山和赤岗教师村建设也已全面动工，至年底基本解决了教师福利购房问题，使4 000多名教职工乔迁新居。基本实现三年解困，2000年每户教师都有一套省定标准房子的目标。

〔**党的建设和领导班子建设**〕 1999年高等学校中层以上领导班子思想政治建设的重点是开展以“讲学习、讲政治、讲正气”为主要内容的党性党风教育。1999年上半年，省委高校工委、省高教厅就全省高等学校“三讲”教育学习的内容、形式、方法等工作作出安排和部署，各高等学校普遍按照要求，抓好落实。同时在省委“三讲”办公室的指导下，在华南理工大学抓了“三讲”教育的试点工作，为全省高等学校开展“三讲”教育探索了路子，积累了经验。

高等学校领导班子建设继续得到加强。1999年有27所高等学校领导班子得到调整充实，有20名45岁以下的优秀年轻干部进入学校领导班子，有5名党外干部、2名女干部走上学校领导工作岗位；完成6所高等学校行政班子和5所高等学校党委换届工作。同时，认真抓好高校领导班子的理论学习和培训工作，学校党委理论学习中心组学习制度得到较好落实和坚持，还选派29名校级干部和102名中层骨干分别到国家高级教育行政学校、教育部中南培训中心或省委党校等省部级理论培训机构进行学习培训。认真抓好党风廉政建设。抓好基层党组织建设。根据第八次全国高等学校党建工作会议的精神，以及在揭批“法轮功”中高等学校党内暴露出来的问题，组织了高等学校党建工作情况的调研，提出加强全省高等学校党建工作的对策，为做好下年的工作提供了依据。

〔**思想政治工作**〕 围绕“五四”运动80周年、建国50周年、澳门回归等重大纪念日和坚决反对以美国为首的北约推行的霸权主义和强权政治，维护国家的主权和尊严，严厉声讨北约野蛮轰炸中国驻南斯拉夫大使馆；坚决取缔“法轮功”邪教组织；坚决反对李登辉抛出的“两国论”，维护祖国和平统一三场严肃的政治斗争，组织高等学校师生深入开展邓小平理论的学习，开展各种形式的爱国主义、集体主义和社会主义的教育活动，着重加强马克思主义基本观点的教育，加强崇尚科学，反对迷信，深入开展揭批“法轮功”组织的教育活动，积极推进高等学校的“两课”建设，开展高等学校及周边治安整治工作，较好地维护了高等学校和社会的稳定。举办了全省大学生艺术节、纪念建国50周年音乐会、学习澳门基本法系列报告会、图片巡回展、征文比赛、迎澳门回归长跑等活动。

〔**体育、艺术工作**〕 成功举办了第五届全省大学生运动会，开设项目和参加人数都是历届最多的一次，参加总人数达7 000多人。有7人7次破全国大学生运动会纪录，212人48队685次破省大运会纪录，取得了比赛成绩和精神文明双丰收。积极开展全省高等学校群众性体育活动，举办了有27所高等学校720支队伍3 500多人参加的广东省大学生“百事可乐”杯三人篮球赛。组织了全省高等学校田径、篮球、武术等项目的培训班，邀请国内知名学者、资深教练员、裁判员进行相应项目的新规则、裁判法的学习和现场辅导，共培训专项教师280多人，提高了教师的专业知识和裁判实际能力。召开了全省高等学校体育科学论文报告会，推动高等学校体育科研工作的开展。当年，中山大学、暨南大学、华南理工大学、嘉应大学、深圳大学5所学校被教育部、国家体育总局授予全国学校体育工作先进单位。

组织省、市交响乐团和省高等学校音乐教育研究会，到30多所高等学校举办了60多场交响乐视听演示会，参加人数达3万多人，受到了广大师生员工的欢迎。

〔**对外教育交流**〕 积极开展以拓展与外界的教育交流合作为目的的信息交流和研讨活动。全年共接待63批436名来自五大洲的专家学者及外交官员。接收18所院校867名外国留学生，其中学历生55人，非学历生812人。当年广东招收外国留学生资格的院校由19所增至25所。办理单位公派出国留学作访问学者或攻读学位的教师共30人，其中中青年教师的比例占99%。办理33所院校168名外国专家（教师）的聘请审批手续。办理具有大专以上学历的学生自费出国留学学历审核2 113人次，改进了操作程序，将自费出国留学学生的资料录入全国自费出国留学软件。继续支持和规范中外合作办学，当年共受理26项中外合作办学的申请，办学性质均为成人非学历教育。在审批过程中，既鼓励“强强合作”办学，也兼顾各类型学校的办学需要，特别是为地方科技和经济服务的职业技术学院。

〔**招生制度改革**〕 顺利实施“3＋X”高考科目改革。1999年教育部在广东省进行了“3＋X”高考科目改革试点。在考试科目设置上，对高中阶段开设的语文、数学、英语、物理、化学、生物、政治、历史、地理9门课程全部开考。其中语文、数学、英语3门为必考科目，且数学不分文、理科，每一个考生都必须参加考试，其他6门课程全部是选考科目，由高等学校根据专业的系科特点、办学水平和层次等实际情况，自主地确定各专业的考试科目，考生根据自己的能力、兴趣、特长来选择考哪门科目。在录取上，实行以语文、数学、英语3科综合分，选考科目资格分组成录取分数线，考生必须同时达到综合分和资格分要求，才能视为上线考生，才可以出档。为确保改革顺利实施，省招生办公室认真听取各方意见，集思广益，及时调整和完善各项招生政策和配套措施。从实施情况看，改革试验是成功的，受到了教育部的肯定。它不仅有利于高等学校选拔优秀人才，也体现了高等学校办学自主权，并对推动基础教育改革和开展素质教育起到了积极的作用。

〔**毕业生就业工作**〕 1999年，全省共接收省内外院校毕业生64 623人，其中毕业研究生5 044人，本科生33 943人，专科生25 636人。从毕业生流向看，在中央驻粤单位就业的1 844人，占2.85%；在省直单位就业的4 044人，占6.25%；到各市及其以下单位就业的58 735人，占90.9%。在接收的毕业生中，到高等学校就业的1 298人(其中毕业研究生938人)，占2%，到科研单位就业的703人，有584人到高新技术产业就业。回各市县推荐就业的14 995人，占23.2%。当年广东省毕业生一次到位率达77.2%。根据近几年来广东省高等学校毕业生就业工作遇到的问题和矛盾，1999年，广东省对毕业生就业政策进行了相应的调整，一是调整回生源地就业的比例；二是制定奖励措施鼓励毕业生到贫困县和艰苦地区就业；三是延长毕业生派遣时间；四是采取措施做好文明离校工作；五是积极协助有关部门做好选调优秀毕业生到基层培养锻炼的工作。

成人教育

〔**农村教育综合改革**〕 1999年，全省农村教育综合改革实验县(市、区)达到78个，实施“燎原计划”的乡镇有880个。为了促进教育更好地为农业和农村工作服务，广东省教育厅在新会市召开了全省农村教育综合改革工作经验交流会，会议明确了开展“农民教育工程”的目标、任务和措施，要求各地要继续认真贯彻落实国务院和省有关积极实行农科教结合，推动农村经济发展的各项规定和要求，要以县(市、区)、乡镇为重点，建立和完善农村社会化服务体系和人才培养、科技推广体系及其运行机制，统筹实施“星火”、“丰收”、“燎原”计划，最大限度地提高人才、技术、资金、资源在“科教兴农”中的整体效益。省政府办公厅转发了省教育厅等单位《关于大力发展农民文化科技教育的意见》，《意见》明确了农村教育的目标和任务，并要求各地进一步提高对农民教育的认识，积极实施“科教促富奔康”工程、“绿色证书”制度和“农村青年星火带头人”的工作，全面提高农民的文化素质和科技水平，加强农村教育师资队伍建设和教材建设，从而推动了全省农村教育综合改革的深入发展。

〔**农村成人教育**〕 1999年，全省乡镇成人文化技术学校1 692所，办学面达99.6%，其中相当于高中建制的67所，初中建制602所，中心小学建制的747所，未建制的276所。全省乡镇成人文化技术学校年经费支出(不含人员经费)共2.18亿元，其中事业公用经费0.8亿元，基建经费1.38亿元。当年新增校舍占地面积39万平方米，新增校舍建筑面积13万平方米，新增教学用房面积3.7万平方米，乡镇成人文化技术学校占地总面积、校舍总面积、教学用房总面积分别达到254万平方米、113万平方米和52.3万平方米，办学条件进一步改善。全省乡镇成人教育督导员(成人教育专职干部)1 717人，乡镇成人文化技术学校专兼教职工总数达17 941人，其中专兼职教师17 041人，专兼职教师中，专职教师4 179人。经评估，又有

55 所成人文化技术学校被评为省级示范性成人学校，全省省级示范性乡镇成人文化技术学校总数达到 189 所，全年参加培训人数为 518.77 万人次，村级成人学校 19 691 所，参加文化、“三高”农业技术、政治时事学习的达到 588.48 万人次。其中乡镇、村两级成人学校参加学历教育和各类技术培训的达到 110.8 万人。

〔**成人高等、中专教育**〕 积极进行成人高等教育布局调整。召开了广东省普通高等学校成人教育工作会议，提出“关于推进广东省普通高校成人教育改革和发展的意见”，加大了对电视大学的投入。继续加强电视大学远程教育基础设施和课程媒体建设，为 10 所市级电视大学重新配备了多媒体阅览室，加强了多所电视大学电化教育设施的更新改造。省级电视大学、市级电视大学及部分有条件的县级电视大学的校园网络建设工作已基本完成。从 1999 年开始，继续实行单科、多科教育制度，并选择部分条件较好的电视大学进行完全学分制开放教育试点，实行电视大学开放教育改革，激活了电视大学的办学机制，促进了电视大学办学规模和办学效益的提高。1999 年全省电视大学仅开放教育专业招生人数就达 7 万多人，超过上年全省电视大学招生人数的总和。加速了部分成人高等学校的转制。佛山职工大学与佛山煤田地质学院、佛山机电学校合并组建佛山职业技术学院；广州铁路职工大学与两所本系统中等专业学校合并组建广东铁路职业技术学院，韶关钢铁职工大学与一所中等专业学校、技工学校初步实现联合办学，并通过了转制办职业技术学院的省级专家论证；汕头业余大学与汕头职工大学实现联合办学；省农工商管理干部学院已通过转制办职业技术学院的省级专家论证。

〔**自学考试**〕 广东省自学考试规模持续增长，1999 年开考 106 个专业 1 680 门课程，下半年全省报考人数达 43.3 万人，全年报考总人数达 53.6 万人，毕业生 1.7 万人（1998 年 1 339 人）。15 年来，广东省自学考试报考人数累计达 173 万多人，平均约 42 名广东人中有 1 人报名参加自学考试，累计毕业人数达 9.9 万多人。

撰稿 方树生 石勰平 吴华明 张幼铎

审稿 李小鲁 李学明 陈 健 许学强

广西壮族自治区教育

概 况

〔基本情况〕

1999 年各级普通学校基本情况

单位：人

学校类别	学校数（所）	毕业生数	招生数	在校学生数	教职工数	
					计	其中：专任教师
总 计	23 378	1 855 231	2 642 976	9 591 274	473 831	375 132
一、研究生	(9)	327	610	1 591		(831)
1. 高等学校	(9)	327	610	1 591		(831)
2. 科研机构						
二、普通高等学校本专科	29	19 262	32 596	90 286	16 629	8 651
本科院校	12	11 430	19 034	56 617	10 927	5 571
专科院校	17	6 831	11 369	28 324	4 758	2 537
分校、大专班	(5)	1 001	2 193	5 345	944	543
三、普通中等学校	3 511	815 858	1 152 949	3 000 731	192 538	141 677
1. 中等专业学校	126	37 553	48 471	161 281	15 621	8 941
中等技术学校	97	28 720	37 416	129 581	11 478	6 299
中等师范学校	29	8 833	11 055	31 700	4 143	2 642
2. 技工学校	99	21 847	15 451	43 099	6 101	3 666
3. 普通中学	3 012	716 863	1 045 611	2 670 224	160 076	121 738
高中	420	74 042	125 697	309 524		16 740
初中	2 592	642 821	919 914	2 360 700		104 998
4. 职业中学	271	39 551	43 362	126 117	10 697	7 307
高中	237	28 398	27 836	79 154		6 341
初中	34	11 153	15 526	46 963		966
5. 工读学校	3	44	54	10	43	25
四、小学	16 155	1 018 442	806 377	5 694 639	230 925	198 950
五、特殊教育学校	44	1 342	2 521	20 545	1 957	1 438
六、幼儿园	3 639		647 923	783 482	31 782	24 416

1999年各级成人学校基本情况

单位：人

学校类别	学校数（所）	毕业生数	招生数	在校学生数	教职工数	
					计	其中：专任教师
总计	18 580	4 114 973	3 818 937	4115 880	41 501	14 703
一、成人高等学校	14	20 533	27 569	75 491	3 598	1 864
1. 广播电视大学	1	3 709	3 313	11 722	887	408
2. 职工高等学校	3	497	833	2 173	378	229
3. 农民高等学校						
4. 管理干部学院	4	2 224	2 978	8 577	947	461
5. 教育学院	6	3 406	4 017	11 102	1 386	766
6. 独立函授学院						
7. 普通高等学校举办：		10 697	16 428	41 917		
函授部		6 562	13 723	32 827		
夜大学		548	831	2 208		
成人脱产班		3 587	1 874	6 882		
合计中：电大普通专科班						
二、成人中等学校	13 892	3 894 658	3 650 260	3 846 533	29 813	10 968
1. 成人中等专业学校	147	38 896	37 273	112 633	8 441	4 491
广播电视中等专业学校	3	1 312	1 404	3 994	519	238
职工中等专业学校	26	2 382	2 741	9 268	1 208	609
干部中等专业学校	24	6 214	6 791	19 972	3 349	1 745
农民中等专业学校	20	3 539	3 555	11 572	799	491
函授中等专业学校	5	3 018	2 634	6 216	429	167
教师进修学校	69	8 185	3 761	18 738	2 137	1 241
其他类学校举办		14 246	16 387	42 873		
2. 成人中学	78	2 381	3 168	3 903	568	388
职工中学	29	794	1 275	1 571	203	129
农民中学	49	1 587	1 893	2 332	365	259
3. 成人技术培训学校	13 667	3 853 381	3 609 819	3 729 997	20 804	6 089
职工技术培训学校	201	74 736	32 909	32 860	938	717
农民技术培训学校	13 466	3 778 645	3 576 910	3 697 137	19 866	5 372
三、成人初等学校	4 674	199 782	141 108	193 856	8 090	1 871
1.职工初等学校	6	182	162	171	7	3
2.农民初等学校	4 668	199 600	140 946	193 685	8 083	1 868
其中：扫盲班	3 754	63 472	49 916	93 126	6 594	1 150

制表　蒋仕松

〔**年度工作方针**〕 1999年，广西壮族自治区教育系统以邓小平理论为指导，全面贯彻党的教育方针，坚持社会主义办学方向，紧紧围绕自治区党委提出的“三大战略（实施区域经济战略、开放带动战略、重点突破战略）、六大突破（思想认识的突破、经济结构优化的突破、经济体制转换的突破、对外开放的突破、科学技术与经济结合的突破、人才培养、引进和使用的突破）”的战略目标和农村工作总体思路，抓住机遇，开拓进取，大力推进了各级各类教育的改革和发展。

1999年6月，党中央、国务院召开了第三次全国教育工作会议，颁布了《中共中央国务院关于深化教育改革全面推进素质教育的决定》，全区教育系统迅速掀起学习的高潮，深刻认识教育在社会主义现代化建设中的重要地位。为深化教育改革，全面推进素质教育，自治区党委、自治区政府召开了全区教育工作会议，出台了关于深化教育改革全面推进素质教育的意见。会议确定了广西面向21世纪教育工作的大政方针，较好地解决了全区教育事业发展的一些重大问题，统一了认识，各地结合实际，制定了贯彻落实全区教育工作会议精神的具体措施。

〔**教育投入**〕 1999年，自治区财政下达全区教育事业费预算5.34亿元（含中央专款），比上年增长18.94%，其中高校经费约1亿元，比上年增长29.59%；自治区教育厅直属经费3 744.42万元，比上年增长23.62%；自治区财政安排地、市、县经费6 929万元，比上年增长3.9%。中央补助专款1.27亿元，比上年增长5.61%。自治区对高校实行“按人员经费加公用经费加专项经费”的经费拨款办法，使高校经费的拨款在保证人员经费需要的前提下更趋于合理。自治区明确建立非义务教育成本分担机制，提高了成人高等、中等教育收费标准。

〔**党建与思想政治工作**〕 自治区高校工委、教育厅和各高校认真贯彻落实第八次全国高校党建工作会议精神，切实把“三讲”教育作为党建工作的重中之重，积极、认真、扎实地开展“三讲”教育，使参加“三讲”教育的同志受到了一次深刻的马克思主义理论教育，基本上达到了中央和自治区党委的要求。全区高校的邓小平理论“三进”和“两课”教学改革成效显著。

各级教育部门切实加强广大师生的思想政治工作，充分利用各种重大历史事件和重大纪念日以及各种突发事件，因势利导对师生进行爱国主义、社会主义和集体主义教育，并抓典型、树榜样、办实事，把思想政治教育工作寓于现实生活之中，增强思想政治工作的实效性，继续保持了学校的稳定。特别是在1999年发生的政治斗争中，各级教育部门和学校经受住了严峻考验，表现出在党的领导下，同心同德、团结一致的强大民族凝聚力，特别是广大青年学生表现出极高的爱国热情和政治觉悟，显示出多年来学校思想政治工作的显著成效。

撰稿 黄 宇 黄华吉

〔**师范教育**〕 1999年全区有普通高等师范院校9所，其中本科院校2所，专科院校7所。毕业本科生2 357人，专科生3 725人；招收本科生3 755人，专科生5 437人；在校本科生1.09万人，专科生1.43万人。普通高等师范院校有教职工4 382人，其中专任教师2 280人。全区6所教育学院中独立建制5所，主要承担中学教师培训任务。全区有教师进修学校70所，主要承担小学师资培训任务。

1999年，自治区教育厅成立了广西中小学教师继续教育指导中心，对全区中小学教师、校长及教育行政干部继续教育的组织实施提供咨询，承担课题研究和培训任务。制定印发了《广西中小学教师继续教育登记制度实施办法》、《广西中小学教师继续教育教学组织管理办法》、《关于加强中小学教师继续教育基地建设的意见》等文件，并组织实施“21世纪园丁工程”，从1999年到2003年，在全面推进中小学教师继续教育的同时，突出重点，集中力量，有计划、有组织、分层次、分阶段地发掘和培养一批面向21世纪的中小学骨干教师和教育教学专家。其中，自治区直接培养100名45岁以下中青年为主体的自治区级中小学教育教学专家；由各地、市培养出1 000名地、市级中青年教师带头人；由各县（市、区）培养出10 000名中青年骨干教师。

1999年，首次对全区中小学教师和校长继续教育工作进行督导评估，对全区14个地、市的继续教育的组织领导、规章制度、教育计划、经费筹措、基地建设、实施情况等进行督导评估，促进各地继续教育的进一步开展。

1999年，自治区教育厅决定扩大培养小学教育专业专科生的规模，采取中等师范学校与高师联合、合作，加挂高师二级学院牌子的方式，招收中师应届毕业生，进行专科层次的教学。同时，调整师范院校布局，优化资源配置，积极稳步发展普通高等师范教育，使教师培养的层次结构逐步提高。深化师范院校教育教学改革，进一步加强和改进德育工作，转变教育思想，调整课程结构，优化教学内容，推广应用现代教育技术，加快教学方法教学手段的改革，加强师范生的素质教育和学习能力，创造能力的培养，提高师范教育的专业水平。

撰稿　王永娟

〔**语言文字工作**〕 1999年，自治区语委加强语言文字的宏观管理，加强语言文字工作机构建设，制定了全区2000年～2010年语言文字规范工作的目标规划。建立健全普通话测试管理制度，抓好培训测试工作。组织开展第二届推广普通话宣传周活动。开展语言文字使用情况调查，为全国的语言文字普查工作奠定基础。

撰稿　黄　宇　黄华吉

基础教育

〔**综述**〕 1999年，全区小学招生比上年减少3.8万人，在校生比上年减少34.16万人。普通初中招生比上年增加6.48万人，在校生比上年增加10.46万人。职业初中比上年减少18所，招生比上年减少0.05万人，比上年增加0.25万人。初中阶段教育的毛入学率为90.07%，比上年提高2.49个百分点。普通高中420所比上年增加5所，招生比上年增加1.81万人，在校生比上年增加4.19万人。

1999年，全区小学专任教师比上年增加0.3万人，顶编代课教师11.1万人，比上年减少1.5万人；初中专任教师比上年增加0.49万人；普通高中专任教师比上年增加0.11万人；普通中学顶编代课教师1.70万人，比上年减少0.38万人；职业初中专任教师中有顶编代课教师0.03万人。全区中小学专任教师学历合格率：小学为94.22%，普通初中为80.49%，普通高中为69.1%，职业初中为82.4%，分别比上年提高1.15、2.84、4.8、10.2个百分点。

全区小学和普通初中占地面积分别为14 250.98万平方米和7 815.08万平方米，生均占地面积分别为25.0万平方米和33.1万平方米；校舍面积分别为3 088.21万平方米和1 948.44万平方米，生均校舍面积分别为5.4万平方米和8.3万平方米；小学和普通初中分别拥有图书4 393.95万册和3 150.01万册，生均图书分别为7.7册和13.34册。

1999年，加大力度治理中小学乱收费，共组织470个检查组，检查小学3 365所、初中1 111所。受理群众举报案件436件，查处违纪案件216件，处理责任人69人，查出违规收费金额414万元。

撰稿　周克依　黄　宇　黄华吉

〔**“普九”工作**〕　1999年，全区“两基”工作又取得新进展。“两基”达标的地方注意抓好达标后的巩固提高工作，尚未实现“两基”的地方稳步推进“普九”进程，加大督导力度，分类指导，分步实施，在以县为单位进行“普九”验收的同时，加强以乡镇为单位进行“普九”验收。全区各级教育部门认真抓好国家级扫盲验收后的整改工作。1999年，全区已累计有67个县（市、区）通过自治区“两基”达标验收，人口覆盖率已达70.38%。小学学龄儿童入学率为98.54%。初中阶段在校生达240.77万人，初中毛入学率为90.07%，都已经达到《广西教育改革与发展纲要》的规划要求。全区顺利通过全国人大《义务教育法》执法检查。

〔**实施“国家贫困地区义务教育工程”**〕　1999年，自治区加强对“国家贫困地区义务教育工程”建设项目的资金到位、使用情况和项目土建质量的督查和管理，总结推广先进经验，加快了“工程”的建设步伐，年度项目学校为835所，建筑总面积567 605平方米，计划投入资金30 330万元，年内已基本竣工或完成主体建筑770个，占总数的92.2%，其中已通过验收的占47%。行政村学校改造工程与实施“义务教育工程”同步进行。实施异地安置场（点）学校建设进展顺利，大部分项目已经开工，少数项目已经竣工交付使用。“工程”的实施极大地促进了民族地区教育事业的发展。

撰稿　黄　宇　黄华吉

〔**素质教育**〕　1999年，全区基础教育改革进一步向素质教育方面拓展。为充分发挥学校的资源优势，加强农村基层精神文明建设，促进农村经济发展，自治区教育厅开展了农村中心小学素质教育试点工作，在14个地、市各确定1个村中心小学，努力把它们办成为当地精神文明建设服务的文化科技体育中心。年内，定点工作已完成，并初步完善了科技文体设施。自治区教育厅先后总结了南宁、玉林、荔浦、昭平等市县在改造薄弱学校、实施初中“绿色证书”工程、加强中小学劳技教育方面的成功经验，并在11月召开的全国农村初中教育改革研讨会上进行了交流。

撰稿　周克依

〔**普通高中教育**〕　为贯彻落实《中共中央国务院关于深化教育改革全面推进素质教育的决定》和自治区的贯彻意见，各地采取措施，扩大普通高中的办学规模。1999年，全区普通高中招生为12.57万人，比上年增加16.79%。主要措施有：调整布局，提高办学效益；剥离高完中的初中部，走内涵发展的道路；调动社会积极性，发展民办高中。

为进一步完善普通高中教育质量的监控和评价体系，促进普通高中教育质量和整体办学水平的提高，自治区教育厅对全区普通高中毕业会考制度进行改革，调整高中毕业会考科目设置和安排，建立免考制度，允许学生提前参加会考，高中毕业会考向社会开放。

撰稿　林　军

〔**幼儿教育**〕　1999年，全区幼儿园比上年增加1 042所，学前班18 997个，比上年减少1 350个；在园（班）幼儿中，在园幼儿22.08万人，比上年增加1.05万人；在班幼儿56.27万人，比上年减少6.95万人。幼儿园（班）专任教师比上年增加0.12万人，学历合格率为93.1%。

为推进全区乡镇中心幼儿园规范化建设，从1999年起，自治区教育厅开展了“建立100所自治区示范性幼儿园”工作。据此，各地、市教育行政部门按照自治区教育厅规定的评估标准，对当地申报自治区示范性幼儿园的单位进行了评估。在此基础上，自治区教育厅确定武鸣县仙湖乡中桥幼儿园等19所乡（镇）幼儿园为“自治区示范性幼儿园”。

推广“早期儿童发展”项目经验。1996年，联合国儿基会在隆安、忻城两县实施“早期儿童发展”项目，旨在使更多的农村幼儿有机会接受学前教育。隆安县教育部门和广大幼教工作者积极探索和实践，采取多种形式，努力扩大幼儿受教育面。1998年，该县3～6周岁幼儿入园率和6周岁幼儿学前一年入班率，已由项目实施前的30%、51%分别提高到60.4%、95%，他们的经验和做法得到联合国儿基会项目官员的高度评价。为此，1999年，自治区教育厅在隆安县召开了学前教育项目工作汇报暨经验交流会，推广隆安县经验，并对项目工作进一步作出部署。

撰稿　俞妮亚

〔**特殊教育**〕　1999年，全区有各类特殊教育学校45所，附设在普通学校的特教班302个，在校残疾儿童少年20 545人。此外，民政部门在社会福利院举办的残疾儿童少年特教班20个，在班学生为210人。

实施“广西特殊儿童服务计划”项目。1999年11月，自治区教育厅与国际世界宣明会签订了《广西特殊儿童服务计划》合作协议书。根据协议书规定，从1999年11月至2001年9月，首先在南宁市城区对弱智、肢体残疾、脑瘫儿童进行康复教育试点。世界宣明会负责出资购买设备、支付师资培训经费及贫困学生的补助，自治区教育厅负责联络、协调和督促有关学校及其他部门，按照计划组织该项目的实施。

撰稿　饶洁芳

〔**中小学勤工俭学**〕　1999年，全区有1.81万所中小学校开展勤工俭学活动，占中小学校总数的92.11%，其中有校办企业的学校8 857所；校办农业生产基地2.20万个，总面积4.26万公顷；校办工业企业1 193家，校办第三产业网点9 231个。校办企业职工总数2.91万人。校办产业固定资产净值3.69亿元，流动资产2.64亿元。全年完成勤工俭学总产值25.37亿元，比上年减少5 327万元；实现勤工俭学纯收入6.44亿元，比上年减少2 234万元。学生人均收入74.22元，比上年减少1.26%。上缴税金3 472万元，比上年减少6.79%。除防城港市外，全区有13个地、市和柳铁勤工俭学纯收入超过1 000万元。勤工俭学纯收入用于补助教育经费4.20亿元，占纯收入总额的65.17%，其中用于改善办学条件2.51亿元，用于师生福利和政策性补贴1.69亿元。

全区各级各类学校充分利用勤工俭学、校办产业基地作为学生劳动教育基地，通过劳动技术课教育和劳动技术的实践活动，培养学生的创新精神和实践能力，让学生掌握一两门实用技术，使勤工俭学活动成为实施素质教育的重要组成部分。1999年，全区各级各类中小学校勤工俭学开展率达92.11%，接纳学生进行勤工俭学的基地达24 235个，共5 851万人次。

1999年，全区勤工俭学总产值和纯收入分别比上年下降的主要原因是：校办农业基地逐年减少，校办农业收益有所下降；校办工业企业享受的优惠政策有所调整和紧缩，缺乏发展资金，产品科技含量和产销率偏低，缺乏市场竞争力；校办第三产业的发展有所减缓。1999年，全区教育系统和学校为减轻学生的过重负担，清理和规范了学校内部市场，使校办第三产业占领学校内部市场的份额有所减少。

撰稿　黄富雁

职业教育

〔**综述**〕　1999年，全区各类中等职业学校在校生比上年减少3.26万人；招生比上年减少3.14万人；毕业生比上年减少18.8%。在校生数和招生数分别占高中阶段学生的56.15%和50.67%。专任教师中达到本科学历的0.97万人，占专任教师的比例为51.6%；具有高级专业技术职称0.26万人，占教师总数的13.8%；中级专业技术职称0.78万人，占41.5%。

各类中等职业学校中，普通中专学校在

校生、招生和毕业生分别比上年增长 0.5%、0.3%和 2%；教职工和专任教师分别比上年增加 0.17 万人和 0.01 万人；专任教师中具有本科学历的 0.62 万人，高级职称的 0.14 万人，中级职称的 0.42 万人，分别占教师总数的 50.9%、15.7%和 47.2%。技工学校在校生比上年减少 20.7%，招生比上年增加 7.7%，毕业生比上年减少 17.4%；专任教师中具有本科学历的 1 212 人，高级专业技术职称 351 人，中级专业技术职称 1 648 人，分别占教师总数的 46.3%、13.4%、62.9%。职业高中在校生、招生分别比上年减少 10.2%、15%；专任教师中具有本科学历的 0.23 万人，高级职称的 0.08 万人，中级职称的 0.2 万人，分别占教师总数的 37%、10.3%、27.4%。有职业初中 34 所，在校生 4.7 万人。

开展全区性的职业教育大宣传。1999 年举办了《广西职业教育成果展》，展示了改革开放 20 年来广西职业教育的发展及其所取得的社会效益。在职业教育大宣传活动中，自治区教育厅和各地、市教育行政部门分别在新闻媒体开展了长达 3 个月的连续宣传活动，邀请社会各界人士及家长畅谈对职业教育的展望及要求；各地、市教育行政部门开展了声势浩大的“职教办学成果汇展”、“职业学校技能表演比赛”、“职教特色文艺表演比赛”、“初中生看职教”等大型宣传活动。

〔**农村职业教育**〕 自治区教育厅和各地、市采取各种措施，推进农村职业教育与经济的结合。贵港市委、市政府以农民增收统揽全局，转变工作方法，把教育培训作为“三农”（农村、农业、农民）的服务载体，打破技术推广和传统教学界限，由市教委、科委、扶贫办、畜牧水产局、杨翔饲料有限公司联合开展“杨翔献爱心百万助学扶贫大行动”，深入各乡镇边远山区举办学习班，向扶贫农户和其他农民传授养殖新技术，使 10.5 万人接受了养殖技术的培训，418 户特困农户得到物质扶持并解脱了经济困境，子女也恢复了学业。自治区教育厅总结推广了“杨翔献爱心百万助学扶贫大行动”的经验，要求各地学习贵港市“政府＋公司＋农户＋培训”的作法，大规模推广技术、良种，帮助农户脱贫致富。自治区教育厅还总结推广了来宾县“职业学校＋公司＋农户”的科教兴农模式，通过科技示范、产品包销、组织培训等方式，带动当地甘蔗种植良种化及反季节蔬菜栽培，与农民签订技术合同，实行产前、产中、产后一条龙服务。

自治区教育厅还启动农业生产高科技示范基地建设项目。以广西农业科学院为依托，选择田林、全州、来宾、钟山、大化、浦白、容县、资源、荔蒲、博白等县级农村职业中学为试点单位，进行农业生产高科技示范基地项目建设。项目的目标是：接受先进农村种养技术和优良品种，形成县、乡、村技术培训网络和教学、科研、生产相结合的农业发展体系，培养大批能扎根农村基层的种养能手，为“三农”提供服务。

〔**招生和教学改革**〕 为促进全区职业教育的发展，自治区教育厅决定从 1999 年起，全区的职业高中招生可凭初中毕业证书免试入学；放开重点职业高中招生计划；允许职业高中以“3＋1”形式招收普通高中毕业生进校进行一年的职业技术学习，学习结束可发职业高中毕业证书。自治区教育厅要求各地教育部门和学校要全面执行扩大高中阶段教育的政策，采取措施防止职业学校学生的流失，并努力开展职业培训等措施充实职业中学的生源。自治区教育厅决定在部分中等职业学校开展“第二专业”试点，开通中等职业学校在校生在修好本专业课程的基础上选修相关或相近的第二专业课程，经考试合格可获得第二专业毕业证书。

〔**重点职业学校评估**〕 根据教育部的部署，自治区教育厅开展了调整国家级重点中等职业学校的评估工作，成立了全区评估工作领导小组，根据《普通中等专业学校办学水平评估体系》和《国家级重点职业高中评估体系》，对广西水电学校等26所申报国家级重点中等职业学校的学校进行了检查评估。通过评估，有效地推动了全区中等职业教育办学体制、管理体制、运行机制的改革，促进了学校办学水平、教学质量的提高。

撰稿 郑安宁

高等教育

〔**综述**〕 1999年，全区普通高校招生比上年增长28.05%；毕业生比上年增长6.31%；在校生比上年增长16.52%；教职工和专任教师分别比上年增长2.18%和7.56%。全区普通高校本专科在校生校均规模为2 930人。普通本专科在校生和专任教师比例为10.4∶1。高校研究生招生比上年增长21.27%；在校生比上年增长21.17%；毕业生比上年增长30.80%。

高等教育管理体制改革迈出新的步伐。1999年自治区组建了广西机电职业技术学院，申办玉林师范学院。全区高等教育在层次、学科专业结构和学校地域布局上得到进一步优化。

高校后勤社会化改革进一步深化。贯彻落实全国高校后勤社会化改革工作会议精神，加快高校后勤管理社会化步伐，组建了广西高校后勤股份有限公司，广西大学、广西医科大学、广西民族学院已作为试点单位进入公司运营。

高校内部管理体制改革向纵深发展。各高校大力改革人事、分配制度，改善了优秀拔尖人才、学术带头人和中青年骨干教师的工作和生活条件，逐步形成有利于优秀人才脱颖而出的机制，较好地调动了广大教师的积极性。

自治区高校工委、教育厅和各高校认真执行自治区政府关于设立“春雨奖学金”的决定，把“春雨奖学金”的评选、奖励工作抓紧抓好，1999年共奖励2 698名高校特困生，奖励面约占全区高校特困生总数的40%。

撰稿 黄 宇 黄华吉 李 菁

〔**贯彻《高等教育法》**〕 1999年，为贯彻落实《中华人民共和国高等教育法》(以下简称《高等教育法》)，自治区教育厅发出《关于在全区高等学校中开展学习宣传和贯彻实施〈高等教育法〉活动的通知》，要求各高校在师生员工中以多种形式开展学习宣传活动。通过实施《高等教育法》，规范高等教育活动，优化教育结构，合理配置教育资源，提高办学质量和效益，使高等学校成为面向社会依法自主办学、自我约束、积极进取、锐意创新的办学主体。自治区高校工委、教育厅举办了高等学校管理干部《高等教育法》研修班，全区普通高校中层领导干部 60 余人参加了学习。同时自治区教育厅印发了《关于实施〈高等教育法〉若干意见（征求意见稿)》，从进一步解放思想、采取多种形式积极发展高等教育事业，依法治教、全面落实高等学校的办学自主权，大力推进高等教育管理体制改革，以培养人才为中心、深化高等教育教学改革等方面提出实施意见。

〔**教学改革**〕 1999 年，全区高校以提高教学质量为中心，进一步更新教育思想观念，加强教学基本建设，优化课程体系，改革教学内容和教育方法，注重素质教育，严格教学管理。(1)自治区教育厅出台了《关于改进和加强高等学校教学工作，培养适应 21 世纪需要的高质量人才的意见》、《关于广西普通高校教学管理制度改革工作的原则意见》等文件，进一步明确了教学改革的目标和措施。(2)1999 年，自治区教育厅抓好一批教学改革重点项目，对全区承担的教育部“高等师范教育面向 21 世纪教学内容和课程体系改革计划”等 4 个课题进行中期检查，并通过了教育部组织的专家评议；启动第二批自治区级重点课程建设项目，评出 46 门第二批重点课程，自治区教育厅投入建设经费 13.8 万元，学校配套 27.6 万元，总投入 41.4 万元；同时启动全区“面向 21 世纪高等职业教育教学内容和课程体系改革计划”项目申报工作。(3)加大大学生素质教育和创新人才培养力度。自治区教育厅制订《全区普通高校创新人才培养实施方案》，各高校加强大学生创新精神、创业精神和实践能力培养，在各项大学生专题竞赛中获得好成绩。1999 年，在全国电子设计大赛中，广西获一等奖 3 项、二等奖 1 项；在全国数学建模竞赛中，获一等奖 2 项、二等奖 3 项；在首届全国大学生英语竞赛中，获特等奖 2 项、一等奖 8 项、二等奖 17 项、三等奖 35 项。(4)加强教学管理，自治区教育厅制订了高校《教务处工作评价方案》，并组织评出 1998～1999 年度全区普通高校优秀教务处 7 个。(5)加强实习基地建设。与自治区卫生厅联合开展对全区医科院校定点实习 25 家教学医院的合格评估工作，经报教育部、卫生部联合审批，有 24 家医院通过了合格评价。(6)改革教学管理制度。扩大“优秀专科生选拔制”专升本试点工作，在 12 所本科院校和 8 所专科院校开展异地校专升本试点，1999 年选拔 300 余名专科生升入本科学习。

〔**学位工作与研究生教育**〕 1999 年，自治区教育厅大力抓好学位建设，促进学位与研究生教育快速、持续发展。组织全区本科院校制订《广西普通高校 2000 年～2006 年学位建设和发展规划》；根据国务院学位委员会的部署和要求，对全区学位与研究生教育进行调研后，制定了《关于改进和加强我区学位与研究生教育的若干意见》等文件。1999 年，完成了同等学力人员申请硕士学位外国语水平和专业综合水平全国统一考试的考务工作、优秀研究生的评选工作及全国优秀博士论文评选的推荐工作。

撰稿　李　菁

〔**成人高等教育**〕 1999年，根据教育部《关于做好成人高等学校举办高等职业教育班试点学校及专业申报工作的通知》精神，做好全区26所学校申报办班的工作。认真贯彻教育部关于成人高等教育的教学基本要求，积极推广使用教育部统编教材，规范全区成人高等教育教材管理；进一步修改完善全区成人高等教育各专业教学计划，加强应用性、实践性教学环节，努力培养应用型、实用型人才。同时，认真做好质量监控工作，在继续抓好《英语》、《计算机》统考的同时，对部分专业课进行抽考，促进成人高等教育形成良好的校风、教风、学风、考风。做好广播电视大学“注册视听生”试点工作，年内招生3 500人。

撰稿 李向红

〔**高校科技工作**〕 高校科研工作以产品创新为核心，推进科技与经济相结合取得新突破。据不完全统计，1999年全区高校有26项科研成果转让成功，转让后产值达3 450万元，利税达580万元。1999年全区高校共承担科技研究与发展课题1 653项，其中“九五”国家科技攻关在研项目3项，本年度实到拨款11万元；国家“863”高技术课题当年立项3项，获资助78万元，在研项目3项，实到经费340万元；国家自然科学基金项目62项，经费151万元；承担科技服务课题160项，筹措经费941万元。本年度科技研究与发展经费总额为4 818万元，其中预算内经费3 184万元，预算外经费1 634万元，总经费比上年增长61%。

全区高校共承担人文社会科学研究与发展课题431项，其中国家社会科学规划基金项目11项，经费7.3万元；教育部人文社会科学研究项目8项，经费1万元；自治区社科项目132项，经费21万元；本年度人文社会科学研究与发展经费总额为181万元，其中预算内经费106万元，预算外经费75万元，总经费比上年增长24%。

全区高校共出版科技专著17部，大专院校教科书20部，科普著作19部；发表论文3 942篇，其中国外学术刊物发表105篇；共鉴定科技成果72项，其中研究成果达国际水平的6项；申请专利11项，获专利授权10项。本年度广西高校共获得各级科技进步奖93项，其中国家级奖1项，省部级奖42项。广西医科大学第一附属医院何巍等完成的“浅低温体外循环心脏跳动中进行二尖瓣置换术的研究”获国家科技进步三等奖。广西大学庄应烘等完成的“稀土—铁—过渡金属体系相图及其化合物的磁性研究”成果获广西科技进步一等奖。

全区高校人文社会科学研究共出版著作74部，发表论文1 221篇，其中国外学术刊物4篇；提交有关部门的应用成果15项。共获得各级人文社会科学研究成果奖励133项，其中省部级奖励67项。

撰稿 黄 宇 黄华吉 李向红

〔**教育信息化建设**〕 1999年，国家支持中国教育科研计算机网在广西大学和广西师范大学两个主节点的建设，其设备已经在安装调试，这两个主节点到华南地区主节点的线路提速规划工作已经完成。自治区教育厅在建设两个主节点的同时，同电信部门沟通，争取得到线路资费、设备等方面的支持。年内，此项工作已取得突破，所有学校租用DDN线路资费全部减半，为各上网高校减轻了负担；实现了广西教育科研计算机网同中国电信163网在广西本地交换，中国电信将把线路直接拉到学校，为各高校开办现代远程教学点创造条件。同时广西广播电视大学同中国电信在开展现代远程教育方面进行全面合作，中国电信的设备已经在广西电大安装调试。

撰稿 李向红

〔**高校招生考试工作**〕 招生考试改革进展顺利，区属本科院校试行了7%的招生计划自主调节权，全区高校自主调节专业招生计划数。1999年普通高校在广西招生30 856人，比上年增长31.1%；成人高校在广西招生27 569人，比上年增长14.5%，普通高校和成人高校录取率达46.7%，比上年提高8.6个百分点，毛入学率达6.17%，比上年提高0.47个百分点。

全区1999年普通高校招生录取工作全部实现了网上录取，异地远程录取新生数超过录取总数的50%，受到教育部的表彰。组织实施普通高考英语科计算机“无纸化”阅卷取得成功。全年共为1 034门课程命题2 419套，印制试卷482.93万份。组织大规模考试7次，共计考生103.83万人次，其中普通高考9.09万人，自学考试37.30万人次，成人高考7.17万人，中考46.85万人，研究生考试3 255人，计算机等级考试3.09万人。

撰稿 黄 宇 黄华吉 吕 逸

〔**高校毕业生就业工作**〕 1999年，全区接收推荐普通高校毕业生2.39万人，按学校隶属分：中央部门所属院校毕业生6 268人，区属院校毕业生1.76万人；按学历层次分：毕业研究生473人，本科毕业生1.26万人，专科毕业生1.08万人。按毕业生就业流向分：到地、市、县所属单位就业2.07万人，到区直所属单位就业1 249人，到中央驻桂单位及驻军就业1 568人，其他（含考研、到区外就业等）364人。另外接收推荐国家计划内高校毕业自费生2 955人。

撰稿 林 冰

成人教育

〔**扫盲和农村成人教育**〕 1999年，自治区教育厅按照教育部要求，做好扫盲巩固提高工作。自治区政府办公厅印发了《关于认真做好国家级扫盲验收后扫盲工作的整改意见》，强调各级政府要继续做到思想认识到位、行为到位、经费到位、工作措施到位。据统计，1999年共扫除文盲6.35万人，其中妇女脱盲4.20万人，超额完成教育部下达全区扫盲6万人的年度任务。自治区政府调整、充实了自治区扫盲工作协调领导小组，增加了计生委、总工会两个成员单位。召开自治区扫盲工作协调领导小组会议，对扫盲工作进行总结和部署。自治区政府授予百色地区行署等36个单位为“全区扫除文盲先进单位”，授予吕秋群等210人为“全区扫除文盲先进工作者”。自治区教育厅被评为全区扫盲先进单位。抓好扫盲督查工作，对14个县（市）的扫盲整改工作进行了督查，并将督查结果上报教育部。

根据自治区政府办公厅转发《自治区教育厅、农业厅、广播电视总局、科学技术协会关于广西农村教育培训工程实施方案的通知》的要求，认真实施“教育培训工程”，加大农村实用技术培训工作力度。一是抓好培训计划的落实，年内全区农村实用技术培训超过450万人次。二是抓好农村成人教育师资培训。在广西农业学校举办两期乡（镇）成人文化技术学校专业教师培训班，共有110名教师参加培训，重点进行农村先进实用技术培训。三是选定田阳县百育镇、头塘镇作为科普工作联系示范点，重点抓好冬菜良种、栽培技术、经营流通等方面的科普工作。四是加强农村成人教育培训基地建设。自治区教育厅从国家扫盲奖励经费和自治区扫盲专项经费中安排21万元，补助13所乡（镇）成人文化技术学校，促进了这些成人文化技术学校办学条件的改善；制订了《广西壮族自治区示范乡（镇）成人文化技术学校标准（试行）》和《广西壮族自治区示范性乡（镇）成人文化技术学校评估细则》等文件，进一步规范了乡（镇）成人文化技术学校的办学行为。

自治区教育厅加强对联合国教科文组织“教育扶贫项目”、“社区学习中心”和“女童科技班”项目的检查指导力度，召开了项目工作会议，对教育扶贫和社区学习中心项目工作进行了中期总结；组织项目县管理人员到甘肃省考察学习；制订了《广西联合国教科文组织教育扶贫项目评估细则（试行）》，推动了项目工作的开展，提高了项目的质量和效益。

〔**成人中专教育教学改革**〕　在部分成人中专学校（班）进行“岗位培训转全员培训”试点工作，根据“缺多少、补多少”的原则，以函授学习为主，对经过3个月以上岗位培训的初中毕业以上在岗在职人员进行系统的专业教育，使之达到中专水平，获取成人中专毕业证书。年内共有14所成人中专学校进行此项工作试点，参加学习人数达6 000多人。

〔**社会力量办学**〕　1999年，全区社会力量办学机构共有1 223个，在校生21.14万人（其中幼儿园783所，在校生5.28万人；小学206所，在校生8.82万人；中学164所，在校生5.36万人；职中59所，在校生1.33万人；高等学历和非学历教育机构8所，在校生3 446人），招生8.27万人，毕（结）业生2.23万人，在校教职工1.04万人（其中专任教师7 797人），兼职教师2 888人。

根据国务院《社会力量办学条例》等文件精神，针对全区社会力量办学和办学管理工作存在的问题，切实加强和规范社会力量办学管理工作的力度。一是清理、整顿全区社会力量办学教育机构，完成核发全区社会力量办学机构新的《办学许可证》工作。二是清理、移交气功类培训机构，归口由体育卫生部门和民政部门审批和管理。三是对民办学校进行调查研究，妥善处理有关民办学校的问题，维护社会安定团结。四是就社会力量办学机构的审批权限、规范名称、审批招生广告和简章以及境外组织、个人在广西境内办学和合作办学等问题作出规定。

撰稿　钟宏有
审稿　余益中

海南省教育

概　　况

〔基本情况〕

1999 年各级普通学校基本情况

单位：人

学校类型	学校数（所）	毕业生数	招生数	在校学生数	教职工数 计	教职工数 其中：专任教师
总　计	5 450	281 740	429 852	1 646 984	102 254	82 950
一、研究生	(2)	23	40	91	48	48
1. 高等学校	(2)	23	40	91	48	48
2. 科研机构						
二、普通高等学校本专科	5	3 560	4 903	14 569	3 607	1 436
本科院校	4	2 977	4 180	12 694	3 215	1 258
专科院校	1	543	683	1 795	392	178
分校、大专班		40	40	80		
三、普通中等学校	593	125 652	174 217	454 469	35 022	25 694
1. 中等专业学校	34	8 291	10 254	28 399	3 256	1 736
中等技术学校	26	4 785	6 892	18 812	2 191	1 098
中等师范学校	8	3 506	3 362	9 587	1 065	638
2. 技工学校	15	1 680	2 553	4 283	732	430
3. 普通中学	501	112 756	157 303	412 376	29 546	22 442
高中	97	13 219	21 080	52 710		3 359
初中	404	99 537	136 223	359 666		19 083
4. 职业中学	43	2 925	4 107	9 411	1 488	1 086
高中	43	2 873	3 924	9 116		1 069
初中		52	183	295		17
5. 工读学校						
四、小学	4 199	152 363	161 165	1 051 079	56 417	50 130
五、特殊教育学校	1	142	411	2 120	83	58
六、幼儿园	652		89 116	124 656	7 077	5 584

1999年各级成人学校基本情况

单位：人

学校类型	学校数（所）	毕业生数	招生数	在校学生数	教职工数	
					计	其中：专任教师
总　计	1 858	350 661	390 410	364 879	2 045	723
一、成人高等学校	3	3 662	4 444	10 625	257	137
1. 广播电视大学	1	419	514	1 325	124	69
2. 职工高等学校	2	29	60	256	133	68
3. 农民高等学校						
4. 管理干部学院						
5. 教育学院						
6. 独立函授学院						
7. 普通高等学校举办：		3 214	3 870	9 044		
函　授　部		1 943	2 650	6 408		
夜　大　学		170	152	482		
成人脱产班		1 101	1 068	2 154		
合计中：电大普通专科班		96	228	625		
二、成人中等学校	1 730	341 247	381 083	348 593	1 778	576
1. 成人中等专业学校	25	3 980	4 255	9 271	874	447
广播电视中等专业学校		78		251		
职工中等专业学校	4	461	421	1 426	103	60
干部中等专业学校						
农民中等专业学校	2	36	75	111	73	40
函授中等专业学校						
教师进修学校	19	2 068	340	2 986	698	347
其他类学校举办		1 337	3 419	4 497		
2. 成人中学	3	325	248	308	11	11
职工中学	3	325	248	308	11	11
农民中学						
3. 成人技术培训学校	1 702	336 942	376 580	339 014	893	118
职工技术培训学校	51	9 444	7 820	9 128	83	43
农民技术培训学校	1 651	327 498	368 760	329 886	810	75
三、成人初等学校	125	5 752	4 883	5 661	10	10
1. 职工初等学校						
2. 农民初等学校	125	5 752	4 883	5 661	10	10
其中：扫盲班	89	5 117	4 404	5 067		

制表　唐电润

〔**年度工作方针**〕 1999年，全省教育工作指导思想是：高举邓小平理论旗帜，全面贯彻党的十五大和十五届三中全会以及第三次全教会精神，按照省委、省政府作出的海南经济建设和社会发展的总体部署，积极主动地服务于特区现代化建设的全局，全面落实《面向21世纪教育振兴行动计划》，使教育整体水平有明显的提高。

加强思想政治理论建设。全省教育系统各级领导干部要结合"三讲"(讲学习、讲政治、讲正气）学习邓小平理论，发扬理论联系实际的好学风，突出重点，讲求实效。高等学校要继续抓好"两课"教学和邓小平理论"三进"工作；普通中专、中小学要根据学生的年龄特点，进行思想道德教育和职业道德教育，开展爱国主义、集体主义和社会主义教育，引导学生树立正确的世界观、人生观和价值观，培养学生成为社会主义"四有"新人。

继续以"普九"工作为重点，扎实做好"普九"及验收后的巩固提高工作，整体推进素质教育，加强基础教育各项工作。(1)1999年决定将没有实现"普九"的儋州、东方、琼中、陵水4市县和洋浦管理局同步推进，同步验收。同时抓好已实现"普九"地区的巩固提高工作。(2)全面启动以培养创新精神、创造能力为核心的"跨世纪素质教育工程"。进一步做好小学、初中课程调整；加强学校体、卫、艺工作；积极倡导小学取消百分制，实行等级分制加特长鼓励性评语，中学阶段实行学分制试验；推进农村初中教育综合改革，加强劳动教育。(3)积极推进普通高中教育教学改革。

深化职业教育和成人教育改革，把为农业和农村发展服务摆到突出位置。(1)通过中专学校布局结构调整，将由省财政拨款的中专学校分类合并后收归省教育厅统一管理，打破部门、行业"条块分割"的办学格局。(2)大力发展高等职业教育，将海南大学、海南医学院、华南热带农业大学的成人教育与专科专业改组，组建为3所高等职业技术学院（二级学院)，另外，由省教育厅、海南广播电视大学和省内有实力公司以股份制形式联合创办海南省高等职业技术学院。(3)推动农村教育综合改革和农科教结合，积极发展多种形式的中等职业教育和成人教育，同时发挥职教讲师团的作用和依托普通中专办好"小康班"，为海南经济建设培养大批高素质劳动者和实用型人才。

积极稳步发展高等教育。(1)加大高校管理体制改革力度，优化教育资源配置，抓好海南师范学院和海南教育学院合并工作。鼓励各高校之间开展合作办学，引导高校和企业开展多种形式、多种层次的合作办学。(2)推进高校教学改革，注重学生创新能力的培养和整体素质的提高。(3)加快科研成果的转化和推广。认真抓好海南大学的"两院一园"(海南大学信息技术学院、海南大学信息研究院和海南大学信息技术工业园）和华南热带农业大学的"热带农业高新技术产业示范区"的建设，增强高校对海南经济和社会发展的贡献。

启动实施"跨世纪园丁工程"，建设一支适应现代化教育需要的高素质教师队伍。(1)进行中等师范学校和教师进修学校的结构调整，合理配置教育资源，逐步提高小学专任教师学历大专化比例和初中专任教师学历本科化比例；对中小学校长和专任教师进行全员培训和继续教育，启动中小学骨干教师的重点培训；注意师德建设；加强以计算机为重点的现代化教育技术的学习和培训，提高教师应用信息技术能力。(2)深化以人事制度和分配制度改革为核心的学校内部管理体制改革，实行工资总额包干制和教师聘任制、全员聘用制，加强考核，竞争上岗，优化教师队伍。(3)依法保障教师的合法权益。建立教师工资由市县统筹发放的保障机制，不断提高教师的待遇和社会地位。

〔**教育投入与支出**〕 1999 年海南省各级各类教育总投入 21.224 亿元。其中国家财政性教育经费 14.29 亿元（含预算内教育经费10.980 7亿元，各级政府税收用于教育的税费 1.08 亿元，企业办学经费1.875 6亿元以及校办产业、勤工俭学和社会服务收入用于教育的经费0.353 6亿元），社会团体和公民个人办学经费0.484 4亿元，社会捐集资办学经费0.854 7亿元，事业收入4.982 3亿元(含学杂费 3.361 亿元)，其他收入 0.613 亿元。

1999 年，各级各类教育总支出 20.5 亿元，其中预算内教育经费支出 10.5 亿元（含教育事业费拨款支出 9.52 亿元），其他来源用于教育的支出 10 亿元（含学杂费支出）。

〔**教育国际交流**〕 1999 年根据全省经济建设和高校重点学科建设需要，有步骤、有计划、有针对性地改进和加强国外智力引进工作，聘请外专、外教工作由重点聘请语言型专家向重点聘请科技型专家转变，重点从美国、英国、加拿大、澳大利亚、日本等国引进农业专家开展农业科技项目。全年全省共聘请外教、外专 50 多名。

1999 年改革公派留学生的选派办法，实行个人申请、单位推荐、专家评审、平等竞争、择优录取、签约派出、违约赔偿办法，结合高校科研、重点学科建设及海南特区经济发展需要，实行按项目组成配套派出的办法。全年通过国家公派名额及校际交流等渠道，共派出留学人员 22 名，分赴德国、英国、美国、意大利、新加坡等国进行研修及交流；办理大专学历以上自费出国留学人员 81 名。

1999 年，海南共派出 12 人次赴德国、美国、日本、澳大利亚、新加坡等国家和香港、澳门地区考察、参加学术研讨和文化交流。接待来自美国、日本等 9 个国家和地区的 80 名国际友人来访，进行学术文化交流。全年全省高校有来自日本等 6 个国家的 25 名留学生学习汉语、中国文化等。

〔**教育法制工作**〕 1999 年，进一步加大教育立法和教育执法力度。《海南省实施〈中华人民共和国职业教育法〉办法》经反复修改后，呈送省法制局立项；《海南省社会力量办学管理办法》完成起草工作。1999 年省教育厅会同省人大教科文卫工委对儋州、东方、琼中、陵水等市县落实《义务教育法》和《教师法》情况进行跟踪调查。

〔**“扶贫支教”工作**〕 1998 年以来，省教育厅动员和组织各方面力量帮助贫困乡镇发展教育。共筹集资金3 745.5万元，新建校舍 7.2 万平方米，改善贫困乡镇办学条件，充实教学设备和图书资料，扶持特困家庭子女入学，使贫困乡镇学校整体面貌发生了变化。农村小学和初中入学率有了较大提高，小学入学率达到 99.5%，初中入学率达到 94%；在校生辍学率明显下降，小学控制在 1%以下，初中下降至 2.8%。

〔**电化教育**〕 1999 年，全省各类学校实践教学、实验教学应用现代教育技术基地建设和教学仪器、电教设备、技术培训的投入共3 500万元，比上年增长 16.7%。全省中小学理科实验课开设率分别达到90%和78%。高校基础学科和中师各学科实验室合格率分别达到100%和90%。全省中小学50所实验室示范学校建设正式启动，占90%的市、县重点中小学实验室建设达到国家一类标准。

国家、省级现代教育技术实验学校硬件、软件建设提前达到规定标准。全省新建多媒体、计算机、语音、电子阅读等现代教育技术用室158间，增添计算机教学活动的学校增加到450所。1 000多名教师接受不同程度的教育技术培训。自编自制视听教材580部(套)、计算机课件350盘。占全省40%的学校开展现代教育技术推广和应用活动，并取得多项教改成果。

加大投入，充实设备，完善优化CERNET海南网络中心设备、设施和环境建设，为各教育部门提供各项信息服务的功能得到更好的发挥。全省新建教育卫星电视接收站40个，三套卫星节目的收看率明显增加，扩大了教师继续教育学习园地。

基础教育

〔**综述**〕 1999年，小学在校生比上年减少20 831人；初中在校生比上年增加21 111人；高中在校生比上年增加5 959人；残疾儿童少年在校生2 120人，比上年增加576人；在校幼儿园幼儿（含学前班幼儿）比上年增加4 778人，入园率达78.2%。

全省学龄儿童入学率99.61%，比上年提高0.33个百分点；初中适龄少年入学率92.99%，比上年提高0.55个百分点。义务教育阶段中小学在校生年辍学率比上年有所下降，初中年辍学率为5.24%，小学为2.79%，分别比上年下降2.07和0.33个百分点。

1999年小学毕业生升入初中就读的136 406人（含职业中学普通初中班183人），升学率为89.52%，比上年提高12.61个百分点。

教师达到国家规定合格学历的比例，小学为97.89%，比上年提高0.78个百分点；初中为86.77%，比上年提高3.07个百分点；高中为63.17%，比上年提高3.97个百分点。全省中小学教师与学生的比例为：小学1∶20.96，初中1∶18.84，高中1∶15.69。

〔**义务教育**〕 1999年是海南省“普九”攻坚任务繁重的一年。根据调整后“普九”规划，东方、琼中、陵水、洋浦4个市县（单位）要实现“普九”，其中3个是民族贫困市县。面对这一形势，省教育厅进一步加强了“普九”工作：(1)及时召开“普九”通气会，准确掌握全省“普九”工作进展情况和存在问题，采取措施予以解决。(2)根据实事求是、分类指导、分步实施的原则，多次组织人员对上述4市县（单位）和2000年实现“普九”的儋州市，进行重点指导、督促、检查。督查组深入乡镇、学校，对“普九”各项指标进行逐项摸底调查和指导，对存在问题进行分析研究，提出改进意见。(3)派员到各地培训“普九”骨干队伍和统计人员，帮助提高“普九”工作水平。(4)采取合理调整初中学校布局，扩大部分初中学校规模，新建几所初级中学等方式，提高初中入学率，控制辍学率。年末，省教育厅与省人大、省政协及省有关局对东方等4市县（单位）的“普九”工作进行评估验收。4市县（单位）“普九”的各项指标基本达到要求，通过省级验收(已报国家教育部待批)。到1999年底，全省20个市县（区）、洋浦开发区、海南农垦总局已实现“普九”，总人口673.3万人(1998年数字)，占全省总人口的91.8%。与此同时，继续抓好已“普九”市县的巩固提高工作，加强年审制度，加大督查力度。

〔**高中教育**〕 1999年省教育厅在深入调研的基础上，制定了《关于进一步调整布局加快我省普通高中教育改革与发展的若干意见》，对全省普通高中在2010年前的发展目标、阶段性目标作了规划并提出加快改革与发展的意见。1999年已撤并一批规模小、办学质量低、效益差的完全中学高中部，扩大了办学水平较好的普通高中的招生人数。全省普通高中招生比上年增加3 092人。

1999年上半年，省考试局组织全省1999届高三年级会考，共12 524人参加；组织1999年高中毕业会考补考，共计11 750人(科)；组织2000届高二年级会考和2001届高一年级会考，两届考生分别为13 971人和17 528人。

1999年会考进行了改革：一是实行由省统一命题、统一要求、统一时间、统一发放会考合格证书；二是对考试不合格的考生要求参加全省统一补考，克服考生忽视非高考科目，而产生的偏科思想；三是将会考信息并入高考信息查询网，堵绝外省考生混入海南省参加高考。

〔**民办教育**〕 1999年，一些民办中学或由于办学思想不端正，或由于管理不善而出现问题，其中文昌市和平公学是一个典型代表。省教育厅一方面派员协助文昌市政府和教育局妥善处理该校问题，化解了矛盾，稳定了局面；另一方面认真总结和平公学的教训，加强对民办学校的管理，出台了《关于进一步加强社会力量举办中小学校、幼儿园管理的意见》等有关规定，规范了民办学校的管理。年内，对一批民办学校进行了年审，使民办学校的管理工作逐步走上规范化。

〔**幼儿教育**〕 (1)1999年新办幼儿园136所，在园幼儿比上年增加4 778人。教职工7 077人，其中园长655人，教师4 929人，保育员1 104人。园长、教师中师范院校本专科毕业者797人，中师毕业者3 709人。(2)3月24～26日，省教育厅在全省幼儿园优质课评比活动第一阶段评比基础上进行第二阶段调教总评和观摩活动，有4人获一等奖，7人获二等奖，12人获三等奖。(3)11月举行海南省第二届幼儿教育论文评比活动，全省16个市县和省直幼儿园参加，共收到论文129篇。评比结果：一等奖10篇，二等奖27篇，三等奖48篇。(4)开展1999年省级示范幼儿园、省优秀一级园及省一级幼儿园等评估活动。评估结果：省级示范幼儿园3所，省优秀一级幼儿园5所，省一级幼儿园8所。

〔**素质教育**〕 (1)进一步加强和改进德育工作。根据德育的总体目标以及社会发展和学生品德形成规律的要求，有针对性地调整和完善不同学龄阶段德育的内容和要求，形成贯穿于中小学各级教育阶段，由浅入深的德育目标层次递进的完整体系；根据不同学科的特点，促使学科教育与德育的有机结合；紧密联系学生思想实际和社会生活实际，增强德育的时代性和针对性，提高德育的实效；加强校园文化建设和校园周边环境综合治理，净化育人环境。引导学生从小具有良好的道德品质、遵纪守法的法律意识和文明的行为习惯，形成科学的世界观、人生观、价值观。(2)改革人才培养模式，加强智育工作。各中小学积极开展课程、教材和教学改革，实行启发式和讨论式教学，激发学生独立思考和创新的意识，切实提高教育质量，重视培养学生收集处理信息的能力、语言表达的能力以及团结协作和社会活动的能力。(3)进一步加强学校体育卫生和美育工作。配齐体、音、美教师，保证学生每天有一小时的体育锻炼时间，开展多种多样的群众性体育活动和比赛活动，培养学生的竞争意识、坚强毅力和团结精神。加强学生心理健康教育、青春期教育和防治艾滋病教育。通过加强美育教育和开展丰富多彩的课外文艺活动，培养中小学生的审美能力和创新精神。(4)实行教育与生产劳动相结合。1999 年全省有4 625所中小学开展勤工俭学活动，通过勤工俭学活动，建立青少年参与社区服务和科普活动的制度。组织学生参加课外实践活动。既使学生学到生产知识，又培养学生的动手能力、热爱劳动习惯和艰苦奋斗精神。

〔**教学工作**〕 1999 年，主要抓了以下几项工作：(1)健全科研教研机构。省教科所、教研室配齐了教研员，加强了薄弱学科的建设，各项教研工作得到全面开展。(2)组织全省性、承办全国性大型学科教研会议、学术研讨会 11 次。如承办人民教育出版社主办的全国历史教材教法、考试研讨会，召开全省中学物理教学研讨会等。(3)组织省内教师参加中南片、全国性优质观摩课、课件比赛、教学成果交流 12 次，举行全省性此类活动 10 次；组织全省小学社会，中学语文、数学、物理、美术、历史、生物、地理、体育、计算机、活动课等学科论文、教案评比 14 次，选送一批成果到全国参评，有 7 篇论文获全国一等奖。(4)组织省内学科教师业务短训班 5 期。(5)开展科研课题研究。省教科所独立承担全国性课题 2 项、参与全国性课题 10 项。这些课题中有不少已取得阶段性成果。如独立承担的“九年义务教育教学目标——导学——评价的实验与研究”课题，对全省基础教育产生了巨大影响，已在全省普遍推广。(6)组织学生参加全省、全国学科竞赛活动、作品展示、科普活动 8 次，1 100余人获全国性奖励。

〔**体育、卫生与艺术教育**〕 (1)3 月，与体育研究会联合举办全省中小学体育骨干教师培训班，重点研究体育课如何深化改革和在中小学体育课中如何实施素质教育，加快开展快乐体育园地的建设等问题。(2)修订印发《海南省中等学校实行体育考试的意见》，1999 年全省初中毕业生参加升学体育考试的有50 090人，其中考试合格的42 456人，及格率为 84.76%。(3)继续抓《大中小学生体育合格标准》、《国家体育锻炼标准》的施行。前者施行面，中学达 100%，合格率 94.7%，小学达 75%，合格率 86%；后者施行面达 79.24%，合格率 78.63%。(4)制定《关于进一步开展大课间体育活动的实施方案》下发各中小学执行。(5)11 月 20～27 日在屯昌县举办全省小学体育优质课调教评选活动，有

22个市（县）农场、厂矿、企业参加，通过层层选拔，选出25名小学教师参加调教，通过调教评优活动，推动了体育课程的改革。(6)组团参加第七届全国中学生运动会。田径获乙组总分第7名，男子排球获第6名，广播体操获第7名，团体总分排列第13名。(7)继续开展《学校健康教育评价方案》，其中海口、琼海、文昌、三亚等市，把《方案》的20项指标定为创建全国卫生城市的检查内容，通过创卫活动促进了学校健康教育的开展。(8)全省乡镇中心小学以上学校均已开设健康教育课，其中海口、琼山、琼海、白沙等市县乡村学校开课率为100%，在没有条件开课的市县学校也采取不定期召开健康教育专题讲座方式向学生进行健康知识教育。(9)积极贯彻《全国学生常见病综合防治方案》，开展口腔疾病、视力监测、青春期健康教育及艾滋病的宣传教育，与广州宝洁、高露洁公司合作，对全省低年级学生进行口腔健康教育活动，效果显著，受教育地区有海口、琼山、琼海、文昌、儋州、东方等市县，人数达13万人次。协同省爱国卫生委员会在全省城市大、中、小学开展"无吸烟"与戒毒的宣传教育，海南省卫生学校、海口市第二十五小学等8所学校被评为"无吸烟"先进学校。(10)制定《全省学校艺术教育实施方案》、《学术艺术教育检查评估细则》，并确定琼海市为省农村学校艺术教育实验市，总结经验，全面推广。(11)组织有关市县领导、中小学校长到四川温江县考察学习农村学校艺术教育工作经验。(12)举办省中小学音乐、美术教师基本功比赛。(13)举行全省中学生小歌手比赛和全省中师学校学生汇演；组织"教师节"专场文艺晚会和组织海口市第十一小学民乐队赴京在北京音乐厅做专场演出，博得社会各界的好评。(14)继续贯彻《小学、初中国防教育纲要》；加强学校军训工作的管理和指导；推行琼山市、琼海市创办少年军校的先进经验。

〔**教育督导**〕　(1)继续抓好督导机构和队伍建设。1999年又有东方市和定安县配备了专职督学。东方市教科局在中层干部竞岗中，设置了副科级督导室主任一岗，公开竞聘，成为全省第一个配有副科级督导室主任的市县。现在全省各市县和农垦总局都建立了督导室，大部分市县配备了专职督导人员。(2)年初召开全省教育督导工作会议，总结、交流督导工作经验，并对市县教育局长和督导室主任进行业务培训，提高其业务水平。(3)3月，省教育厅对海南农垦和琼山市等市县、单位申报的"省一级学校"进行评审，确认海南农垦第二小学等18所学校为"海南省一级学校"，并发给奖牌。

〔**教师队伍建设**〕　(1)继续加强师资培养和培训。制订出台中小学校长培训实施意见，加强小学校长培训。1999年，省小学师资培训研究中心举办小学校长、学区主任培训班，共培训1 200人次；举办世行贷款项目县教育管理干部、小学校长学习班，共培训教育行政管理干部244人、小学校长217人。此外，为落实民办教师有关政策和民师转正工作，举办小学民师岗位培训班，共培训777人。制订《海南省中小学教师继续教育实施方案》，启动"跨世纪园丁工程"。委托教育部中南高师师资培训中心代培海南省中等学校教师硕士研究生，第一期（1997年7月～1999年7月）已毕业105名，第二期（1999年9月～2001年7月）又招250名。(2)开展中小学教师教学基本功训练。1999年，小学教师学科基本功训练先以海口市、琼海市为试点。海口市教育局在市第二十七小学、市第十一小学开展课堂教学技能训练，把训练分解成导入、讲解、提高、板书、演示、结束等各项内容，结合各学科提出具体要求，并通过训练，提高教师综合运用的能力；琼海市组织第一小学教师整理、编写各年级各学科基本知识训练教材，对教师进行教学大纲、教材、备课和教案的学习、训练，从学科知识方面提高教师的教育教学能力。省教育厅在总结试点经验的基础上，结合海南实际，制订了《海南省小学教师学科基本功训练方案》，开展中小学教师基本功训练。年底，全省有20 482位小学教师通过验收考核，获得合格证书。对尚未合格的教师，采取集中培训与自学自练相结合的方式，强化训练提高，次年再考核。(3)继续提高教师的社会地位和物质待遇。在全省教师节表彰大会上，表彰了获省中小学"十佳校长"、"十佳班主任"荣誉称号的30位同志；开展了对家庭生活困难的教职工献爱心活动，及时查处侵犯教师合法权益的重大案件。(4)继续贯彻落实省委办公厅、省政府办公厅《关于解决干部、教师工资拖欠问题的实施意见》，上半年连续四次组织力量对全省教师工资发放情况进行调查，并向省政府汇报，提出解决方案，继续采取教师工资收归市县统一发放等措施，督促各市县保障教师工资按时发放。全省各市县没有出现新的拖欠现象，其中万宁市、屯昌县已全部清还了以前拖欠的教师工资，其他市县也制定了清欠计划，争取尽快兑现原拖欠工资。

〔**勤工俭学**〕 1999年，全省开展勤工俭学的中小学校有4 625所，占全省中小学校总数的96.8%。全省勤工俭学总产值及营业额达14 497万元，总收益达6 206万元；勤工俭学创收用以补助教育经费及其他达4 480万元，占总收益的72.2%。

全省中小学中，按照教学大纲要求安排劳动技术课的有4 625所，占中小学校总数的96.8%。全省接纳学生参加劳动的基地有4 512个，参加劳动的学生达177万人次。

1999年全省勤工俭学工作取得持续、稳定发展的主要原因：一是积极鼓励、指导城乡校园经济开展互补性联合开发的试点工作。每个市县选1～2所学校做试点，由城镇学校出资金，农村学校出土地或资源，共同经营，收益按比例分享。琼山、澄迈、陵水、琼海、文昌、屯昌等市县的试点工作进展顺利，校园经济发展有较大的突破。二是依靠科学技术提高校园经济的单位产值和经济效益，澄迈、屯昌、琼中等市县勤工办积极牵线搭桥，由当地农业科研机构提供技术和品种援助，帮助学校发展校园经济，取得较好的经济效益。三是充分发挥琼海市文子小学、长山园小学、海南华侨中学等8所校园经济示范学校的典型引路作用，带动更多的学校走科学种养、规模种养之路。四是继续抓好"百校万亩"项目的开发。

〔**治理中小学乱收费**〕 1999年，省教育厅根据省委办公厅、省政府办公厅《关于印发〈海南省1999年党风廉政建设和反腐败工作实施意见〉的通知》要求，采取了如下措施：(1)公开中小学收费标准。春秋两季开学之前，将收费标准在《海南日报》上公布，并向社会公布举报电话，接受监督。(2)规定省会城市义务教育阶段停止招收"择校生"。(3)认真搞好中小学收费方面的信访举报工作。(4)由省教育厅厅长与各市县分管教育的副市县长、副市县长与本市县教育局长（科长）、局（科）长与校长，级级签订《治理中小学乱收费责任书》。(5)实行“校务公开”。即财务收支、基建工程、住房分配、职称评定、科研经费、物资采购、招生工作、收费标准、福利待遇、领导用车、通信工具使用等公开。(6)发挥新闻媒体配合监督作用。(7)严查乱收费。10月，由省教育厅、省监察厅、省物价局、省人大教科文卫工委组成联合调查组，到4所学校进行检查。发现有一所中学秋季开学擅自提高初一每位学生住宿费100元，共收4.25万元；另一所学校违规收费25万元；再另一所学校自立项目，收取初一新生尖子班赞助费，收取不到尖子班分数的学生27人，每人500～2000元，共2.8万元。经检查落实后，都勒令学校作了清退，并追究学校领导和当事人的责任，博得学生家长和群众的称赞。

职 业 教 育

〔**综述**〕 1999年，海南省中等职业学校与1998年相比，中等技术学校增加1所，招生减少40人，在校生增加1 836人，毕业生增加519人，教职工减少154人，专任教师减少29人；中等师范学校招生减少104人，在校生减少194人，毕业生增加548人，教职工增加3人，专任教师增加36人；技工学校增加1所，招生增加1 176人，在校生减少16人，毕业生增加51人，教职工增加4人，其中专任教师增加81人。中等专业学校专任教师中，具有副高级职称的218人，中级职称的635人，初级职称的782人。

〔**中等职业教育**〕 改革管理体制，调整普通中专布局结构。1999年，省教育厅遵照省科教领导小组第一次会议决定和省政府颁布的《海南省人民政府办公厅关于将省财政拨款的普通中专学校统一划归省教育厅管理的通知》精神，认真做好交接工作。至9月6日，第一批普通中专海南省农业学校、海南省通什农业学校、海南省机电工程学校、海南省外贸学校、海南省商业学校、海南省华侨商业学校、海南省工业学校、海南省粮食学校和海南省财税学校共9所学校已平稳交接。省教育厅接收后，从专业评估着手进行调整和重组，并大幅度增加普通中专和职业学校招生计划。1999年普通中专招生比上年增加3 322人，职业中学招生比上年增加739人。

举办“9+1”职业教育培训班。9月，省教育厅制订了《海南省“9+1”职业教育培训方案》，计划每年为贫困乡镇培训400～700名未能继续升学的初中毕业生，使这些新生劳动力切实掌握1～2门实用技术，成为当地技术骨干和脱贫致富带头人，带动贫困乡镇经济发展，奔小康。并会同省扶贫办在通什、陵水、乐东、白沙、昌江、保亭和琼中7个民族市县举办“9+1”培训班，共招收9个班，学生402人。

开展科技下乡活动。1999年4月，省教

育厅牵头组织63名大中专学校教师和科研单位专家，成立海南省职业教育讲师团。先后到保亭、文昌等16个市县、47个乡镇及职校巡回办班、讲学，传授农业实用技术，如红毛丹、杨桃、荔枝、龙眼和瓜菜等栽培技术，畜禽饲养技术，计算机基础知识，家电、汽车维修技术等，接受培训人数达10 621人次。

组队参加技能比赛。5月，省教育厅组队参加教育部职教司在西安市举行的全国中等职业学校第二届“蒙妮坦杯”美容美发技能大赛，代表海南省参赛的海口旅游职业学校的两位学生获4个项目的奖励。

〔**中等师范教育**〕 做好中师毕业生分流工作。1999年选送90名优秀中师毕业生到省内外高等师范院校进修，其余分配到各市县小学任教；在中师学校举办小教大专班，1999年在海南琼台师范学校招收大专班40人，培养高素质师资。

11月，举办中师“教学能手”示范观摩课。由中师学校9位获得“教学能手”称号的青年教师，分别在通什农垦师范学校和琼台师范学校进行教育心理学、语文、数学3个学科的上课、说课示范观摩教学，参加听课的教师有300多人。12月21～25日又分别在琼海、琼台、临高师范学校举行生物、音乐、美术3个学科“教学能手”的评选活动。全省中师学校共推选出生物教师7名、音乐教师9名，美术教师8名参加评选，评出“教学能手”奖11名，“教学能手”提名奖4名。

组织省级中师教育学论文，小学语文教学论文，政治课论文、说课和生化学科技作品评比竞赛活动，并推荐优秀论文、教案参加全国评比。省小学师训研究中心周积昀撰写的论文《面向21世纪中师教育学课程改革的五个一体化》获全国论文一等奖。

高 等 教 育

〔**综述**〕 1999年，全省普通高校在校本、专科生比上年增加1 037人，在校研究生比上年增加18人，专任教师比上年增加122人。专任教师中有正高级职称的62人，副高级职称的411人，中级职称的575人，初级职称的346人。

体制改革。1999年，为合理配置师范教育资源和教师资源，将海南师范学院与海南教育学院合并，新的海南师范学院融培养培训于一体。9月底，省教育厅起草了《关于将海南民族师范学校并入琼州大学及将琼州大学升格为以本科师范教育为主的地方性综合大学的请示》报省政府，计划在不久的时间内实现全省三级师范体系向二级师范体系过渡，合理配置教育资源。

发展高等职业技术教育。1999年3月初，省教育厅同意海南大学和华南热带农业大学成立校内职业技术学院。8月，成立海南高等职业技术学院筹备组，计划在2000年春季招生。

〔**党建与干部队伍建设**〕 (1)1999年7月，省高校工委配合省委组织部对海南师范学院和海南教育学院合并后新的领导班子进行考核。9月，任命了新的海南师范学院领导班子，从而保证两校合并后各项工作正常开展。(2)指导各高校顺利召开党代会。中国热带农业科学院、华南热带农业大学于1月召开第七届党员代表大会，这次会议明确了学校实行在党委领导下的校长负责制。琼州大学召开了第一次党代表大会。产生了新一届党委。(3)组织各高校领导干部学习《中共中央国务院关于深化教育改革全面推进素质教育的决定》，研讨关于加快海南省高等教育改革和发展的问题，并讨论省高校工委制定的《关于海南省高等学校实施素质教育的意见》。(4)开展"七·一"纪念与表彰活动。经过各高校党组织的认真评选，评出全省先进基层党组织、优秀共产党员和优秀党务工作者，受到省委组织部表彰。

〔**思想政治工作**〕 (1)开展"向新时期的好战士李向群学习"活动。省高校工委组织"学习李向群先进事迹演讲团"，到各高校进行演讲。各高校以"学习李向群，为民献爱心"为主题，组织大学生志愿者在校内外广泛开展科技文化义务服务活动。许多大学生积极参加无偿献血活动。通过学习李向群活动，促进了大学生正确的世界观、人生观和价值观的树立。在活动中，大学生们表现出无私奉献、团结友爱、助人为乐的良好精神风貌。(2)组织声讨以美国为首的北约轰炸我驻南斯拉夫使馆的罪行，深入开展爱国主义教育。同时引导大学生把强烈谴责以美国为首的北约的愤怒转化为刻苦学习科学文化知识和努力工作的动力。(3)11月16～17日，在海南大学和海南师范学院举办《邓小平理论概论》课教学观摩活动，促进全省高校《邓小平理论概论》课教学水平的提高。(4)在高校全体党员中开展针对"法轮功"问题的学习教育活动，并采取有力措施，处理和解决高校的"法轮功"问题。广大党员通过这次学习教育活动，普遍受到一次马克思主义唯物论和无神论的教育，增强了政治敏锐性和政治鉴别力，坚定了共产主义理想信念。

〔**大学生社会实践活动**〕 1999年，省高校工委组织开展大学生志愿者暑期文化、科技、卫生"三下乡"活动。"以服务基层办实事、接受教育长才干、奉献爱心做贡献"为出发点和落脚点，采取集中与分散相结合的方式，范围遍及全省19个市县以及华南、西南、华东等15个省、市、区。省队由省高校工委组队，在白沙县七坊镇和邦溪镇开展农业科技、文化教育、医疗卫生、家电维修等服务活动，为当地群众做了大量好事。据统计，全省1999年参加社会实践活动的学生人数为13 390人，约占在校生人数的95%。各校集中组织的各类社会实践团队和课题小组249个，参与指导社会实践活动的校（院）领导7人、教师285人，投入经费近30万元，收回实践论文、调查报告8 699篇。经省高校工委和共青团省委评审，共评出3所先进学校、15支先进团队、20名优秀指导教师、50名学生积极分子。经专家评选，共评出社会实践优秀论文一等奖6篇、二等奖8篇、三等奖10篇、优秀论文奖15篇。海南大学、华南热带农业大学、海南师范学院被中宣部、教育部、共青团中央授予"1999年中国大中专学生志愿者暑期文化、科技、卫生‘三下乡’和大学生社会实践活动先进单位”。

〔**教学工作**〕 (1)更新教育思想观念,推进教育教学改革。1月,海南医学院召开了转变教育观念、深化教学改革研讨会,会议征文60余篇,大会交流16篇,激发了全体师生进行教学改革的热情;海南大学教务处按照学校的安排,开展了更新教育思想观念的学习讨论,深入教学单位调查研究,广泛听取各方面意见,制订了《海南大学特聘教学岗位设置与管理办法》、《海南大学教学工作奖励办法》、《海南大学关于深化教学改革的若干意见》、《海南大学课堂教学质量评估办法》及《海南大学教材建设条例》等文件。(2)全面修订学科建设与发展规划。各高校根据全面发展、整体优化要统一性和多样性相结合的原则,以培养适应21世纪建设需要,德智体全面发展,基础扎实,能力强,素质高,富有创新精神的应用型高级专门人才为目标,认真修订1999学年度的专业培养计划与发展规划。海南大学制订《海南大学本科专业建设总体规划》和《海南大学学科建设与发展规划》,华南热带农业大学全面修订全校13个本科专业的培养计划。(3)继续开展教学视导员和信息员工作。海南医学院聘请部分在职教师和已退休的老教师组成“教学督导组”,华南热带农业大学聘请10名教学视导员和22名学生信息员,采取不定期听课、查阅教师教案和提供教学信息等方法,帮助提高教学质量。(4)增加教学设备投入。据统计,1999年全省高校教学科研仪器设备资产值达9 479.65万元。其中海南医学院、华南热带农业大学共投入528万元,用于教学设备的购置,建设实验室、教学生产基地等,改善教学条件。(5)加强教研室建设。华南热带农业大学重新修订了《教研室工作暂行条例》,组织安排教研室对教师进行课前教案检查和部分中、青年教师试讲,教师间互相听课等活动,促进教学质量的提高。(6)组织青年教师讲课比赛。省教育厅在各校进行青年教师教学比赛评选出的20名选手中进行讲课比赛,评选出“海南省普通高等学校青年教师教学十佳”,调动了青年教师的教学积极性。(7)举行全省高校大学生英语演讲比赛,评选出21名优胜者,并给予表彰。(8)开展教师评优活动。海南大学在全校毕业班学生中通过投票,评选出54位“最受欢迎的教师”。(9)实施“高层次创造性人才工程”。确定8个省级重点学科,并设立责任教授岗位。1999年通过专家评审,有8人定为责任教授。从1999年开始,设立海南省普通高校优秀中青年教师科研和教学基金,决定用5年时间遴选30名中青年学术带头人进行重点培养。(10)第一次对高校教学管理进行评估,评选出海南大学教务处和华南热带农业大学教务处为先进教务处,并给予表彰。

〔**科研工作**〕 1999年,全省各高校科研工作稳步发展。华南热带农业大学、海南医学院共有60多个课题获得国家、省部级、世界卫生组织资助。华南热带农业大学有一项成果获全国科技进步一等奖,有一人获得国家人事部颁发的全国专业技术人员一等功臣奖励;海南医学院陈世民等“中分子物质与SMAO休克关系的研究”成果鉴定达到国际先进水平。各校重视以科研成果为社会服务,如华南热带农业大学的“椰果生产技术”转让给文昌的盛发实业有限公司,已经投产,并与珠江建设股份有限公司签订长期科技合作意向书,与海南先信股份公司合作创建“成信橡胶股份公司”,实行规模经营等。

〔**招生工作**〕 1999年，全省高考报名人数16 600人，比上年减少1 045人。全国237所普通高校在海南录取新生8 482人。全省报考研究生人数400多人，省内院校录取34人。

1999年高考进行了如下改革：(1)改变报名管理方法，将过去的先报名后进行资格审查的制度改为先审查资格后报名的受理制度，同时延长了报名时间。(2)考生在高考报名中必须提供本人身份证，以防范假年龄、假户口、冒名顶替等现象。(3)严格借读生审查制度。对省外借读生的报名资格仍实行两级审查的办法，明确规定这部分考生的资格审查责任在市县招生办，省招生办只负责复查。(4)实行一年二次考试。根据1999年计划部门下达扩招700名的指标，在2000年春季以前将再组织一次考试和一次录取。

成人教育

〔**综述**〕 1999年，海南省成人高校本科招生比上年增加492人，在校生比上年增加1 021人；成人中专学校招生比上年增加2 579人，在校生比上年增加2 191人；成人中学招生比上年减少66人，在校生比上年减少204人；成人技术培训学校招生比上年增加58 989人，在校生比上年减少783人；成人初等学校招生减少1 836人，在校生比上年减少2 057人。

〔**农村成人教育**〕 (1)5月初，省教育厅在琼海市召开全省农村成人教育工作会议。与会代表参观了琼海市、万宁市示范性乡镇农民成人文化技术学校，学习了这些学校的办学经验。为进一步巩固扫盲成果，深化以质量、效益为中心的农村成人教育改革，发展农村成人教育。6月，省教育厅会同省农业厅、科技厅、省妇联、省团委联合发文，组织全省“科教兴农”宣传月活动，通过广播电视、宣传车、墙报、黑板报、标语等多种形式，以及抽调各部门干部、学校教师下乡宣传、引导农民参加各种培训活动，学科技、用科技、靠科技致富。(2)制订了《乡镇成人文化技术学校干部、教师登记卡》、《乡镇成人文化技术学校登记表》等表册，发到各市县乡镇填报，完善档案资料；同时制定下发《海南省示范性乡镇成人文化技术学校评估指标量化考核表》，使各级成人文化技术学校向规范化、标准化发展。(3)年底，举办全省示范性乡镇成人文化技术学校校长培训班，培训内容主要是如何规范建设、管理学校，如何发挥学校的优势，充分利用农村这一培训阵地组织农民学文化、学技术等，提高学员对当前农村成人教育现状及21世纪成人教育前景的认识，增强办好农民文化技术学校的责任感。

〔**办好“小康班”**〕 省教育厅根据省委、

省政府关于为农民脱贫致富培养技术骨干带头人，为推动农业和农村工作提供实用型人才的指示精神，委托通什广播电视大学、海南农业学校、海南机电工程学校和三亚中专学校举办“小康班”。1998 年开始招收“小康班”学员 450 名。1999 年又继续招收学员 460 名。省教育厅召开了承办“小康班”培训任务学校的管理及教学研讨会，汇报、交流“小康班”教学、管理情况。会议探讨了“小康班”应怎样为农村培养急需的应用型人才等问题，并提出进一步加强“小康班”教学、管理方面的意见。

〔**成人大中专教育**〕 1999 年，全省有国家各部委属高等学校函授站 30 个，学员 2 376人。上半年对 30 个函授站进行了年审登记和重新备案登记。

为进一步发展中专教育，1999 年 5 月中旬，省教育厅召开全省成人中专招生工作会议。决定：(1)要做好招生宣传工作；(2)继续在全省范围内实行免试报读；(3)各成人中专学校要加强学校管理，做好教学改革，提高教学质量；(4)教育行政部门对成人中专学校要继续抓好教学质量评估，促进办学水平和教学质量的提高。

〔**社会力量办学**〕 1999 年，全省社会力量培训学校有 64 所。据不完全统计，到年底，全省社会力量培训学校举办1 060个各类长短期培训班，培训各层次学员25 000人次。

〔**自学考试**〕 1999 年，高等教育自学考试开设长线专业 27 个、短线专业 11 个，比上年增加 8 个，增加金融（本专科）、经济法、行政管理、律师本科、交通工程、保险学、热带作物、汽车维护专科。考点 23 个。全省报考人数28 236人，报考科次81 328个，科目 186 门；考试合格领取毕业证书的 497 人，其中本科毕业证书 113 个，专科毕业证书 384 个。社会考试（包括托福考试、外语水平考试、剑桥少儿英语考试、计算机等级考试）共组织 4 次，参加考试 710 人。

撰稿　唐和亲

审稿　符鸿合

〔年度工作方针〕　1999年，重庆市教育工作的指导思想是：高举邓小平理论旗帜，深入贯彻党的十五大精神和“一纲五法”，认真落实《面向21世纪教育振兴行动计划》，实施科教兴渝、育人兴市战略，打好“两基”和高教体制改革两个攻坚战，加大教育改革力度，加快教育发展和对外开放步伐，全面提高教育质量和办学效益，增强教育为经济社会发展服务的能力，维护教育战线的持续稳定。

根据这一指导思想，在全面推进重庆教育改革与发展的同时，着重抓好以下工作：

一、落实《面向21世纪教育振兴行动计划》；全面贯彻《高等教育法》；大力加强思想政治工作、党建工作和德育工作，确保学校稳定。

二、突出三个重点。(1)突出“两基”和素质教育工作，确保“两基”年度目标任务完成，全面推进素质教育；(2)突出高教体制改革工作，完成一批高校的调整任务；(3)突出发展职业教育，通过多种途径和形式，为新增劳动力和在岗、下岗人员提供广泛的接受教育和培训的机会。

三、加强七项工作。(1)加强学校党建和德育工作，提高思想政治工作水平；(2)加强产学研结合，增强教育为经济建设服务的能力；(3)加强高校培育高新技术产业工作，加快高校科技成果的转化与推广；(4)加强教师队伍建设，提高教师队伍素质；(5)加强教育法制建设，促进依法行政、依法治教；(6)加强教育对外交流工作，加快教育对外开放步伐；(7)加强高校、中等职业学校和普通中小学校布局结构调整，优化教育资源配置。

四、积极推进教育教学改革、高教管理体制改革、办学体制改革、农村教育综合改革、学校内部管理体制改革、学校后勤工作社会化改革六项改革。

〔全市教育工作会议〕　1999年11月，重庆市委、市政府召开了重庆直辖后第一次全市教育工作会议。会议传达了第三次全国教育工作会议精神和《中共中央国务院关于深化教育改革全面推进素质教育的决定》，颁发了《中共重庆市委、重庆市人民政府关于实施科教兴渝战略，深化教育改革，全面推进素质教育的决定》，研究和部署了重庆市今后一个时期教育改革和发展工作，确立了教育改革和发展的目标及指导方针。

总体目标是：到2010年，基本建立起由坚实的基础教育、比较完备的职业教育和成人教育、较为发达的高等教育组成的现代教育体系，各类专门人才的拥有量基本满足现代化建设的需要，市民受教育的平均年限高于全国平均水平，教育质量和高层次创造性人才培养能力进入全国先进行列，初步把重庆建设成为长江上游地区的人才培养中心。

具体目标是：(1)到2000年，在保证质量的基础上，全市完成“两基”目标的县级单位达37个，累计“两基”人口覆盖率达85%以上；2005年，全市普及九年义务教育，青壮年文盲率控制在1%以内。巩固“两基”成果，以提高普及程度，加强师资队伍建设和进一步改善办学条件为重点，提高“两基”整体水平和质量。切实加强民族教育，积极发展特殊教育，加强和改进工读教育。(2)扩大非义务教育的规模，积极发展高等教育。到2010年，高等学校在校生规模在现有基础上翻一番，同龄人口的高等教育入学率要从现有的9%提高到16%左右。加快研究生教育的发展。(3)积极发展包括普通教育和职业教育在内的高中阶段教育。到2005年，全市初中毕业生升入高中阶段学校的比例，从现有的55%提高到65%，2010年提高到80%以上。到2005年，城区和经济发达地区基本普及高中阶段教育，农村地区有步骤地普及高中阶段教育。(4)切实抓好幼儿教育。2010年，各乡镇建立合格的中心幼儿园，城乡基本普及幼儿教育。

教育改革与发展的指导方针是：(1)全面贯彻党的教育方针，全面推进素质教育。大力推进教育观念、教育体制、教育结构、教育内容和方法等改革，为学生全面发展创造良好条件，提高全体市民素质。(2)加强教育与经济、科技的紧密结合，深化教育体制与经济体制、科技体制的配套改革，提高教育对重庆经济增长的贡献率。(3)加强义务教育，扩大非义务教育的规模。促进各类教育相互沟通和协调发展，构建与社会主义市场经济体制和教育内在规律相适应，不同类型教育相互沟通相互衔接的教育体制。(4)城乡教育共同发展。坚持分区规划、分类指导、分步实施，鼓励城区和经济发达地区率先进入全国教育先进行列，扶持贫困地区和少数民族地区加快教育的发展，逐步缩小城乡差距。(5)规模、结构、质量、效益相统一。在加快教育发展的同时，合理调整布局，优化教育结构，提高教育质量，增强办学效益。

撰稿　邓朝喜

〔**教育投入与支出**〕　1999年，全市地方教育投入490 006.5万元，其中：财政预算内教育事业费拨款233 308.4万元，占全市财政预算内收入的25.95%。科研经费（科技三项费）拨款1 248.8万元；其他教育经费拨款23 465.8万元；基建拨款95 196万元。

各级政府征收并用于教育的税费36 362.7万元，比1998年减少4 700.5万元，下降11.44%。企业办学经费14 181.5万元，比1998年减少124.2万元，下降0.87%；校办产业、勤工俭学和社会服务收入用于教育的经费10 212.4万元；社会捐集资办学经费22 701.2万元；事业收入103 729.4万元（其中学杂费收入48 567.1万元）。其他收入29 958.7万元。

1999年，全市地方教育经费支出469 785.1万元，比1998年增加60 807.1万元，增长14.87%，其中：地方教育部门教育经费支出420 287.5万元，比1998年增加55 690.5万元，增长15.27%。全市人均预算内教育事业费80元，比1998年增加7元，增长9.59%。

在地方教育及其他部门预算内教育事业费、基建经费支出245 893.4万元中，预算内教育事业费支出236 373.8万元，其中：公用经费支出35 952.7万元，占事业费支出的15.21%。

普通高等学校预算内教育事业费支出19 674.9万元，其中：公用经费支出9 863.4万元，占事业费支出的50.13%；中等专业学校预算内教育事业费支出15 959.6万元，其中：公用经费支出4 201.7万元，占事业费支出的26.33%；普通中学预算内教育事业费支出70 617.4万元，其中：公用经费支出7 480万元，占事业费支出的10.59%；职业中学预算内教育事业费支出9 453.4万元，其中：公用经费支出1 687万元，占事业费支出的17.85%；普通小学预算内教育事业费支出103 058.7万元，其中：公用经费支出6 405.8万元，占事业费支出的6.22%；幼儿园预算内教育事业费支出2 909.3万元，其中：公用经费支出270.8万元，占事业费支出的9.31%；特殊教育预算内教育事业费支出740.6万元，其中：公用经费支出180.6万元，占事业费支出的24.38%。

撰稿 邓 睿

〔**教育基本建设**〕 1999年，全市各级各类学校基本建设投资计划10.81亿元。投资资金来源中，国家预算内投资1.27亿元，占11.75%；预算外投资9.54亿元，占88.25%。预算外投资资金来源中，各级财政投入4.1亿元，占42.98%，教育附加1.44亿元，占15.09%，个人集资2.18亿元，占22.85%，学校（单位）等投入1.82亿元，占19.08%。

1999年度完成投资10.82亿元，施工项目1 116个，施工面积238万平方米。全市教职工家庭人均居住面积11.6平方米，成套住房占75.7%。竣工项目1 028个，面积187.2万平方米。竣工项目中，教室54.3万平方米，实验室5.6万平方米，图书阅览室3.3万平方米，科技活动室3.7万平方米，行政及教师办公室6.6万平方米，教职工住宅79.4万平方米(7 132套)，教职工单身宿舍2.4万平方米，学生宿舍1.3万平方米，厨房、食堂(兼风雨操场)21.3万平方米，其他辅助用房9.3万平方米。

撰稿 王华玖

〔**三峡库区学校搬迁工作**〕 重庆市三峡库区移民迁校涉及15个淹没县，其中有5个国家级贫困县，5个省级贫困县。受淹（含随迁）学校占地面积209.4万平方米，受淹校舍总面积160.9万平方米，教育机构527个(其中82个教育事业单位)。受淹的445所学校中，涉及4 640个教学班，学生223 427名，教职工23 031名。经组织专家反复论证、测算，学校搬迁（含其他教育事业单位）需新征校地122万平方米，复建校舍面积189万平方米，共需资金15.3亿元。

近几年中央有关部委和广东、福建、上海、天津、山东、辽宁、江苏、吉林等省市援助库区迁校资金达4 490多万元。到1999年，库区一、二期水位已规划迁建学校280所，动工建设142所，其中已竣工交付使用80所；完成征地191.2万平方米，完成校舍建筑面积41.4万平方米，投入资金23 678万元。

撰稿 陈源国

〔**校办产业**〕 1999年，全市高校校办产业发展到124个，中初等学校校办工厂752个，农林牧副渔基地发展到3 749个，土地面积1 780公顷，第三产业网点2 936个。全市校办产业、勤工俭学完成总产值（营业额）229 012万元，实现利润25 912万元，上缴税金9 206万元，提供办学经费15 075万元。沙坪坝、九龙坡、南岸和江北4个区产值超过亿元。年利润上100万元的企业已发展到24家，重庆大学兴办的重庆金沙电器厂年创利703万元，重庆第八中学兴办的重庆刹车管厂年创利577万元。沙坪坝、江北、巴南、江津、潼南等区县（市）已陆续建立起了学生素质教育基地。

撰稿 黄家庆

基 础 教 育

〔**“两基”评估验收与专项督导**〕 1999年，按照“积极进取，实事求是，分区规划、分类指导”的原则和“加强过程督导”的要求，市教委、市政府教育督导室组织40多名干部分组对尚未评估验收的县级单位，进行了多次过程督导检查。经市政府组织评估验收，潼南县、万州区龙宝管理委员会、万州区五桥管理委员会3个县级单位基本完成“两基”任务。至此，全市共有34个县区（自治县、市）实现“两基”，人口履盖数达到2 466.9万，累计人口覆盖率达到80.62％。同时建立了巩固“两基”成果，提高“两基”水平的制度，开展了复查试点工作。

1999年，在全市范围内开展了基础教育专项督导检查，促进基础教育热点和难点问题的解决。到10月底，全市42个区县（自治县、市）认真开展了自查。在此基础上，市教委、市政府教育督导室组织人员对部分区县（自治县、市）进行了抽查核实。通过专项督导检查，对加大教育投入、加快薄弱学校治理、执行教育计划、减轻学生课业负担、加强教育督导机构和队伍建设等方面起到了推动作用。

撰稿　董正男

〔**示范小学建设**〕 1999年，按照“办学条件标准化，教育管理规范化，教育技术现代化，办学特色多样化”的要求，重庆市人民小学、重庆市巴蜀小学、渝中区实验一小、渝中区实验二小、九龙坡区谢家湾小学等11所小学被评为全市首批示范小学。这批示范小学已成为重庆市小学教育的窗口，在实施素质教育中发挥了表率作用。人民小学的“主动教育模式”、巴蜀小学的“创造教育模式”、渝中区实验一小的“和谐教育模式”、实验二小的“协同教育模式”、朝阳小学的“未来教育模式”，在全市产生了较大影响。

撰稿　张子元

〔**高中教育**〕 为进一步规范全市普通高中的办学行为，促进重点中学办出特色，推进中学素质教育的深入实施，推动普通高中教育的持续发展，市教委组织专家对原四川省批准的41所重点中学逐校进行检查验收，重庆一中、重庆南开中学等38所学校被确认为首批市级重点中学。

1999年，重庆市为扩大高中招生规模，减轻初中学生的升学竞争压力，改革中招考试办法，将初中毕业考试和高中招生考试同时举行，实行A、B卷。将重点高中、中专（中师）招生考试合并进行，实行“互不兼报，一考多录”。这项改革，受到学生及家长的欢迎。

〔**农村初中推行“两证”教育**〕 重庆市潼南县于1994年在玉溪镇开展了“文化农技并进”教育改革试点，学生毕业获得“两证”（初中毕业证书、绿色证书）。这一改革收到较好效果，学生既学到了文化知识，也学到了农业生产实用技术，增强了农村初中的办学活力。学校得到了社会各界的广泛支持。1999 年潼南县在全县 31 个乡（镇）41 所农村初中开展了“文化农技并进”教育。市教委作出决定，在全市推广“两证”教育。

撰稿　万　力

〔**幼儿教育**〕　依据原国家教委颁发的《幼儿园管理条例》中“国家实行幼儿园登记注册制度”的规定，重庆市于 1998 年 1 月至 1999 年 6 月对辖区内的各类幼儿园（班），均按新的《重庆市幼儿园（班）登记注册管理办法》，对其举办资格、园舍场地设备、保教人员配备、领导管理等进行了全面检查。全市有13 148个幼儿园（班）重新办理了市教委颁发的《重庆市幼儿教育办园许可证》。通过此项工作，强化了办园单位依法办园的观念，促进了幼儿园办园条件的改善和办园水平的提高。

1999 年对申报的示范幼儿园和乡镇中心幼儿园进行了检查验收，市教委命名沙坪坝区实验幼儿园等 12 所幼儿园为重庆市示范幼儿园，九龙坡区巴福镇等 89 所幼儿园为重庆市合格乡镇中心幼儿园。

撰稿　黄荣淑

〔**特殊教育**〕　1999 年，全市盲、聋、弱智三类残疾儿童入学率达到 82.9%，其中，主城区 6 个区三类残疾儿童入学率达到 99%，少数民族地区为 55%，其余地区 80.3%。大足县、荣昌县、武隆县等开展了资助残疾儿童接受义务教育的活动。通过财政拨款，有关部门支援，社会捐赠，部分收费项目减免等方式发展特殊教育。部分县坚持给在校的残疾学生每月发放 50～100 元的生活补助，并通过多种形式使残疾儿童少年进得来，留得住，学得好。

重庆市首次组队参加教育部、文化部、广播电影电视总局、中国残联举办的“第三届全国盲、聋、弱智学校学生艺术汇演”，获团体奖和 12 项单项奖。

撰稿　张子元

〔**中小学教师继续教育**〕　1999 年市教委在重庆教育学院设立了重庆市中小学教师继续教育培训中心、重庆市中小学教师现代教育技术培训考试中心，各区县也相继成立了该类培训中心，完善了全市教师培训网络，确保中小学教师继续教育的实施。

中小学教师继续教育多形式、多层次开展。1999 年，全市有 17.5 万名中小学教师参加了各类继续教育，其中参加教育硕士研究生进修 133 人，参加地方高等学历（师范类）教育15 000人，参加计算机培训6 000人，参加中小学骨干教师培训10 000人，参加中小学校长培训2 000人，参加贫困县初等教育师资培训 350 人。教师学历合格率不断提高，小学教师达到 93.6%，初中教师 85.44%，高中教师 65.31%，幼儿园教师 75.67%。

撰稿　陈　洁

职 业 教 育

〔**综述**〕 1999年，全市中等职业教育占整个高中阶段教育的比例，招生为53.78%，在校生为51.79%。

1999年，重庆市中专学会召开重庆市中专学校教改经验交流会，传达学习全国中等职业教育教学改革工作会议精神，重庆工程技术学校、万州财贸学校等9所学校在会上交流了新形势下深化教学改革、提高教学质量、全面推进素质教育的经验。

举办了首期中专学校教师普通话培训班，经市语言文字工作委员会组织专家测评，68名参训教师中，获一级乙等23人，二级甲等38人，二级乙等7人，为在中专学校进一步推广普通话准备了师资。

〔**办学体制改革**〕 1999年，重庆第二财贸学校、重庆商业技工学校合并，组建了新的重庆第二财贸学校；重庆交通学校并入重庆交通学院，在保留重庆交通学校的同时，设立重庆交通学院继续教育分院；重庆市南岸区政府国有资产营运中心与上海成浦集团联合举办重庆东方教育管理有限责任公司，并对重庆龙门浩集团高级职业中学进行了股份制改造；重庆市九龙坡区教育局与重庆中华职业教育社联合举办重庆市中华职业学校。

〔**实施职业教育合作项目**〕 澳大利亚政府首次援助中国政府改革发展职业教育合作项目在重庆实施。项目的内容是，澳大利亚政府无偿援助中国2 000万澳元，帮助重庆市重点建设5所职业学校和两个中心（职教师资培训中心、职教信息管理中心）。1999年完成了项目实施的前期准备工作。3月举办了“中澳职业教育能力建设研讨会”，4月举办了“中澳职业教育能力建设培训班”，6月中国职业教育考察团赴澳大利亚访问考察，9月澳大利亚政府项目设计团来重庆进行项目设计。前期准备工作的完成，为项目的正式实施奠定了良好基础。

〔**重点中专建设**〕 1999年，开展了申报国家级重点中等专业学校的复查评估工作。市政府成立了以副市长程贻举为组长的领导小组，市教委组建了评估专家组。专家组于11月22日～12月15日，对重庆工程技术学校、重庆交通学校、重庆民政学校、西南工业管理学校、重庆市药剂学校、重庆机器制造学校、重庆市万县农业学校7所学校进行了复查评估。评估结果，7所学校均达到《指标体系》的优秀级标准。经领导小组审核，市教委将上述7所学校作为“国家级重点中等专业学校”的备选学校，报教育部审批。

撰稿 侯廷坚

〔**中师教育**〕 1999年，全市32所中等师范学校中，有20所学校招生，中师招生总数比1998年减少10%。全市已有11个区县（市）的师范学校与教师进修学校合并，为实施中小学教师继续教育工程奠定了基础。重庆正稳步推进三级师范(高师本科、专科、中师)向二级师范(高师本科、专科)过渡。

中师德育工作进一步加强。1999年12月，市教委召开了重庆市中师德育工作经验暨表彰会,总结交流了中师德育工作经验,并就如何进一步提高对中师德育工作重要性的认识、新时期中师德育的内容、德育工作的新途径和新方法、构建中师德育新体系等问题进行了深入研究，进一步明确了中师德育工作的任务。会上表彰了中师德育工作先进集体11个、先进个人50名。

中师科研工作取得明显成效。6所中师学校参加10项国家级科研课题研究,获得一等奖3个、二等奖9个、三等奖8个。

撰稿 陈 洁

〔**职业高中教育**〕 1999年,职业学校在“双师型”师资队伍建设、专业设置、课程开发、实践能力培养、实习基地建设、教材编写和教研课题研究等方面做了大量的工作，尤其是农村职业学校为农服务工作取得新的成效。重庆勉仁职中,运用组织培养技术,向库区贫困县提供马铃薯无毒原种，为振兴库区农村经济作出了贡献。永川松溉职中积极引进特种牛、羊、梅花鹿试验示范，适应了农村产业结构调整的需要。石柱一职中实施的“葡萄产业化工程”得到了高度评价。

撰稿 何思树

〔**布局结构调整**〕 为做好中等职业教育布局结构调整工作，重庆市成立了以副市长程贻举为组长、有关部门负责人为成员的领导小组。召开了四次“布局结构调整工作座谈会”,广泛听取有关部门、中等专业学校的意见，研究调整方案，重点对12所中专学校进行了调整，提出了“合并、共建、联合、划转、改制、升格、改办、撤消”8种调整模式。在此基础上,又对全市46所中专学校进行了调查，其中希望合并的占40%，要求通过“创重”或申办5年制高职继续保留现有办学模式的占37%，要求与其他中职校、高校以及科研所、企业等联合办学的占23%。经过充分调查研究，形成了《重庆市中等职业学校布局结构调整的实施意见》，此《意见》市政府将于2000年批准实施。

撰稿 张 荣

高等教育

〔**管理体制改革**〕 重庆市成立了高等学校管理体制改革和布局结构调整领导小组和工作小组，对重庆市高等教育现状、结构布局和改革发展进行了调研和论证，修改和完善了《重庆市高等教育管理体制改革和布局结构调整方案》。《方案》提出：通过联合、合并，以重庆大学为基础，采取中央与地方共建方式,重点建设1所学科门类较齐全、教学科研实力强劲的新重庆大学。

1999年3月，原兵器总公司所属的重庆工业管理学院顺利划转重庆市，实现了中央与地方共建，以地方管理为主的管理模式。重庆工业管理学院于1999年5月更名为重庆工学院，并顺利通过了教育部组织的本科教学合格评价。高等学校与行业或企业集团联合办学取得实质性成果，重庆大学与香港美视集团合作，组建了重庆大学美视电影学院；重庆师范学院与重庆旅游局合作，组建了重庆旅游学院；渝州大学与派斯集团合作，组建了渝州大学派斯管理学院等。

〔**教学工作**〕 1999年4月，重庆直辖后首届高等学校教学工作会议举行，会议交流总结了全市贯彻落实“第一次全国普通高校教育教学工作会议”的情况，提出了今后一段时期深化教学改革的思路。

对普通高校本科专业的结构进行了调整，并按照新的本科专业目录，全面修订了1999级的教学计划。到1999年底，在16所本科院校中，有本科专业124种277个点，约占我国现有249种本科专业的49.8%，覆盖了11个大学科门类。

全面启动了重庆市21世纪初高等学校教学内容和课程体系改革计划和大学生文化素质教育项目，由西南师范大学、重庆大学、西南政法大学、西南农业大学、重庆建筑大学和重庆医科大学共同建设的国家大学生文化素质教育基地1999年6月正式成立，推动了重庆市大学生文化素质教育。

重庆工学院和渝州大学通过了教育部本科教学合格评价，被教育部授予本科教学合格学校。重庆大学教务处、西南师范大学教务处和重庆医科大学教务处被教育部授予全国优秀教务处称号。

〔**高等职业教育**〕 1999年7月，经教育部批准，西南航天职业大学与重庆电子工业学校合并，组建了全市第一所职业技术学院——重庆电子职业技术学院，同时有15所普通高等学校举办了职业技术学院。有13所院校、59个专业按照新的管理模式和运行机制招收了高职学生。重庆市还积极探索五年制高等职业教育和成人高等职业教育的试点。到1999年底，各类高等职业教育在校生已超过5 000人。

1999年，重庆市召开了第一次高职高专教学工作会议。会议明确提出了全市高职教育的思路：即以转变教育思想为先导、教学改革为核心、教学基本建设为重点，边研究、边实践、边改革、边建设，注重提高质量，努力办出特色。为促进高等职业教育的健康发展，重庆市成立了高职高专专业设置评议委员会和高职高专教学指导委员会。启动了高等职业教育的教学改革工程、教材建设工程和示范专业建设工程，实训基地建设计划和双师型教师培训计划。

〔**成人高等教育**〕 1999年，重庆市独立设置的成人高校有22所，在校生为7.3万人，比1998年增加0.6万人；各类非学历成人高等教育学生近2万人。

根据成人教育特点，完善了成人高等教育管理，增强了成人高等教育的质量意识和特色意识。市教委对各成人高校的校外办学点进行了办学条件的检查，撤消不合格点25个。

召开了全市成人高等教育教学改革研讨会，编辑出版了《重庆市成人高等教育教学改革论文集》。在重庆广播电视大学的21个专业试行了完全学分制。

撰稿　严欣平

〔**学位与研究生工作**〕 1999年，重庆市有博士点69个，硕士点253个；博士生导师302人，硕士生导师2 472人；博士后流动站22个。25所高校中，14所具有硕士学位授予权，其中8所兼有博士学位授予权。全市高校有国家级重点学科6个、重点实验室1个；省部级重点学科63个，重点实验室30个。

1999年，组织了同等学力人员申请硕士学位外语水平考试和学科综合水平考试，成人本科毕业生申请学士学位外语水平考试。重庆邮电学院、重庆交通学院、重庆师范学院、四川外语学院被批准增列为有权向同等学力在职人员授予硕士学位的单位。全市新增学士学位授权点7个。

撰稿 陈 渝

〔**毕业生就业工作**〕 1999年，重庆地区有高校毕业生21 433人，其中：本科毕业生11 433人，专科毕业生9 009人，毕业研究生991人。毕业生就业率分别是：毕业研究生99%；本科毕业生85%；专科毕业生50%。

1999年，重庆市共接收应届毕业生43 000人，其中：本专科毕业生17 000人，中专毕业生26 000人。基本就业情况为：本科毕业生平均就业率为90%，专科毕业生为75%，中专毕业生为60%。

1999年，全市对非师范类毕业生均实行“国家宏观调控，各级政府和学校推荐，毕业生与用人单位双向选择”的就业模式和“不包分配、竞争上岗、择优录用”的就业机制。由于各级地方政府和院校的共同努力，妥善处理，既不断深化毕业生就业制度改革，又保持政策连续性；既进一步转变职能，又努力完善各项管理措施；既积极促进毕业生顺利就业；又尽可能实现毕业生资源的合理配置等四个关系，使毕业生就业情况基本达到预定指标，毕业生就业派遣平衡有序。

撰稿 谢建松

〔**高校科技工作**〕 1999年，全市高校参加科技活动总人数为18 737人，其中教授级1 094人，副教授级4 352人，属于R&D（科学研究与事业发展）人员5 544人；各类研究机构168个，承担各级各类自然科学与哲学、社会科学科研课题3 150项，其中R&D课题2 818项，属于“863计划”、国家科技攻关、国家重大基金等类的重大课题65项；出版科技专著59部，大专教材95部，其他著作43部；发表学术论文7 482篇，其中在国际刊物发表219篇；获省、部级以上科技奖63项；技术转让90项，合同金额1 583.2万元，当年技术收入817.4万元；申请国家专利25项，获专利授权19项；出席国际学术会议（含在国内召开）486人次，提交论文398篇。高校承担科研项目数和总科研经费分别较1998年增长7.99%和5.22%。

为了加快高新技术科技成果产业化，实现科技与经济的有效结合，1999年，市教委与市科委合作，部分高校和科研院所参加，组成科技展团参加了“深圳高新技术成果交易会”，成交12.3亿元。其中市教委提供的项目成交额达9.6亿多元。以重庆市教育系统的名义，组团参加了“中国重庆高新技术成果交易会”，提供参展交易项目245项，成交额10.71亿元，其中正式合同金额5.67亿元，意向合同金额5.04亿元。

撰稿 肖建国 彭 渝

成人教育

〔**扫盲工作**〕 1999年，全市共扫除剩余文盲23 346人，青壮年非文盲率达到99%以上，城乡的脱盲巩固率分别达到98%和95%以上。万州区、龙宝、五桥和潼南县通过了市政府组织的扫盲复查验收。1999年10月10日～18日，教育部扫盲工作检查组对重庆市扫盲工作进行了抽查评估，认定重庆市所辖区县（自治县、市）基本扫除青壮年文盲，实现了现阶段国家规定的基本扫除青壮年文盲的目标。

重庆市万州区柱山乡成人学校、綦江县古南镇成人学校、黔江土家族苗族自治县濯水镇人民政府、南川市大观镇成人学校被评为第四届“中华扫盲奖”先进集体；重庆市教委助理调研员邓明成、丰都县教委成教股长梁小平被评为第四届“中华扫盲奖”先进个人。万州开发区教委等100个单位，游古国等100名同志被市政府分别授予“重庆市扫除文盲工作先进集体”和“重庆市扫除文盲工作先进个人”称号。

〔**乡镇成人学校建设**〕 1999年，全市建成合格乡镇成人学校869所，合格率达到60%。涪陵区义和镇，开县赵家镇、临江镇，垫江县坪山镇，渝北区龙溪镇，梁平县虎城镇6所成人学校被确认为市（省）级示范成人学校，至此，全市有市级示范成人学校15所。荣昌县和九龙坡区建成了县（区）成人教育中心。1999年，全市县、乡（镇）、村三级培训机构共组织了431 256人进行文化学习，其中毕（结）业391 205人；组织了1 175 057人参加技术培训，其中毕（结）业1 115 163人。

〔**社会力量办学**〕 依法加强对社会力量办学的规范管理，认真做好《社会力量办学条例》的执法监督。举办了社会力量办学教育机构管理干部培训班，有140名社会力量办学人员参加了培训。

随着办学体制改革的不断深化，全市已初步形成一个多学科、多门类、多形式的社会力量办学网络。全市民办学校达到1 712所，在校生156 301人，教职工12 841人，专兼职管理人员6 096人，开设专业163个。其中，非学历高等教育机构12个，结业生3 565人，招生17 640人，注册学生19 492人，专职教职工654人。

撰稿 吴之有

民族教育

〔**综述**〕　重庆市有20多个少数民族，约200万人，主要分布在石柱、黔江、酉阳、秀山、彭水等自治县，零散居住在荣昌、綦江、万盛等区县，这些民族以土家族、苗族为主。重庆市各级党委、政府从实际出发，认真贯彻党的少数民族政策和教育方针，关怀和重视少数民族教育事业，加大对少数民族教育的资金投入，近年来全市对少数民族地区基础教育的基本建设资金总投入11 158万元，修建校舍354 661平方米，改善了少数民族教育办学条件。

在各级党委和政府的高度重视下，重庆市民族教育的普及程度和质量不断提高。黔江土家族、苗族自治县1998年通过“两基”、“普实”评估验收后，抓好巩固提高工作，1999年，13～15周岁的初中入学率达到97.1%，15周岁初等教育完成率98.8%；初中辍学率控制在1.9%以内，初中毕业率达97.8%；17周岁人口中，初等教育完成率90.3%。全市民族中学毕业生已经成为当地的专业技术骨干和致富带头人。

〔**办好内地西藏班**〕　为完成中央交给的“智力支援西藏，进一步办好内地西藏班(校)”的任务，支援西藏自治区教育，市政府和有关部门对办好重庆西藏中学高度重视，成立了重庆市内地西藏班领导小组，统筹领导该校的援藏教育工作，使该校藏族学生的生活，学习条件得到显著改善。到1999年，先后有1 400多名西藏学生从该校毕业。1999级学生返藏接受了首次全国性统考，毕业率100%，升学率97%。学校先后被命名为省级“文明单位”，重庆市“文明礼仪示范学校”、“师德先进集体”，重庆市“绿色学校”，全国“军民共建社会主义精神文明先进单位”。

〔**教师队伍建设**〕　重庆市黔江开发区各少数民族自治县认真贯彻《中小学教师继续教育的规定》，从师德师风建设、学历培训、教学基本功训练、教学研究四个方面对教师进行继续教育，有效提高了民族地区教师队伍素质。所有新教师均参加了120学时的上岗培训，有1 050名中青年教师参加了为期三年的区县级骨干教师培训，3 282名教师参加了高教自考和成人高校学历培训，135名小学校长和91名中学校长参加了岗位培训。1999年，黔江开发区小学和初中专任教师学历合格率稳步提高，小学达到92%，初中达到80.9%；小学教师达到专科学历和初中教师达本科学历的比例，分别为9%和8.9%。

撰稿　肖　钢

审稿　欧可平

四川省教育

概　况

〔基本情况〕

1999年各级普通学校基本情况

单位：人

学校类别	学校数（所）	毕业生数	招生数	在校学生数	教职工数 计	教职工数 其中：专任教师
总　计	62 490	3 474 075	4 142 304	14 515 482	809 459	656 365
一、研究生	（30）	2 255	4 388	10 259		
1. 高等学校	（17）	2 150	4 242	9 875		
2. 科研机构	（13）	105	146	384		
二、普通高等学校本专科	43	35 465	65 481	180 256	45 343	17 891
本科院校	21	17 580	39 597	114 411	36 558	13 857
专科院校	22	17 885	25 884	65 845	8 785	4 034
分校、大专班						
三、普通中等学校	5 235	960 128	1 596 980	3 848 946	317 996	242 805
1. 中等专业学校	209	73 860	79 840	256 921	27 441	13 469
中等技术学校	138	56 913	62 264	205 185	20 764	9 758
中等师范学校	71	16 947	17 576	51 736	6 677	3 711
2. 技工学校	264	29 355	22 475	52 256	12 598	7 193
3. 普通中学	4 375	804 529	1 427 007	3 364 576	256 567	207 305
高中	788	114 797	193 508	508 282		34 929
初中	3 587	689 732	1 233 499	2 856 294		172 376
4. 职业中学	383	52 370	67 645	174 942	21 318	14 794
高中	368	50 165	64 416	165 156		14 239
初中	15	2 205	3 229	9 786		555
5. 工读学校	4	14	13	251	72	44
四、小学	45 133	1 327 862	1 240 217	8 270 859	374 910	336 356
五、特殊教育学校	63	943	1 163	10 771	1 437	1 148
六、幼儿园	12 016	1 147 422	1 234 075	2 194 391	69 773	58 165

1999年各级成人学校基本情况

单位：人

学校类别	学校数（所）	毕业生数	招生数	在校学生数	教职工数	
					计	其中：专任教师
总　计	43 405	8 458 688	6 284 733	6 764 066	54 484	23 325
一、成人高等学校	48	47 976	61 427	145 607	11 752	5 401
1. 广播电视大学	2	12 924	11 700	32 055	2 916	1 060
2. 职工高等学校	26	3 476	5 283	12 623	3 821	2 024
3. 农民高等学校						
4. 管理干部学院	7	2 780	4 130	7 617	1 939	761
5. 教育学院	12	8 498	12 048	24 706	2 556	1 264
6. 独立函授学院	1	2 589	2 100	6 289	520	292
7. 普通高等学校举办：		17 709	26 166	62 317		
函　授　部	(33)	7 084	12 860	33 216		
夜　大　学	(23)	1 408	2 163	5 861		
成人脱产班	(36)	9 217	11 143	23 240		
合计中：电大普通专科班	2	3 129	4 200	8 946		
二、成人中等学校	37 031	7 983 772	5 694 930	6 066 365	32 181	13 701
1. 成人中等专业学校	260	41 395	32 452	221 252	8 488	4 415
广播电视中等专业学校	9	15 665	12 607	45 008	573	273
职工中等专业学校	52	10 299	8 804	31 592	2 208	1 078
干部中等专业学校	19	4 125	3 057	8 437	1 003	487
农民中等专业学校	22	2 897	2 363	6 279	845	541
函授中等专业学校	1	3 089	1 406	4 485	30	23
教师进修学校	157	5 320	4 215	10 387	3 829	2 013
其他类学校举办				115 064		
2. 成人中学	188	11 566	10 122	19 304	1 236	680
职工中学	30	3 286	2 980	5 360	528	183
农民中学	158	8 280	7 142	13 944	708	497
3. 成人技术培训学校	36 583	7 930 811	5 652 356	5 825 809	22 457	8 606
职工技术培训学校	357	138 592	120 805	124 155	2 425	1 514
农民技术培训学校	36 226	7 792 219	5 531 551	5 701 654	20 032	7 092
三、成人初等学校	6 326	426 940	528 376	552 094	10 551	4 223
1. 职工初等学校	65	10 406	3 904	6 669	143	72
2. 农民初等学校	6 261	416 534	524 472	545 425	10 408	4 151
其中：扫盲班	4 630	217 053	217 802	227 653	7 758	3 266

制表　樊建华

〔**年度工作方针**〕　1999年全省教育工作的指导思想是：高举邓小平理论旗帜，深入贯彻党的十五大精神，进一步推动教育优先发展战略地位的落实，依法促进教育经费增长；加快发展，深化改革，全面实施素质教育，提高教育质量，努力适应知识经济挑战；把农村教育放在突出重要位置，切实为“科教兴农”服务。1999年全省教育的重点工作是：(1)认真贯彻落实党的十五届三中全会精神，抓好农村教育，大力推进“普九”进程，继续扫除剩余文盲。全年23个县“普九”，全省实现基本扫除青壮年文盲目标。(2)大力发展高中阶段和高等教育，继续进行高等教育布局结构调整，加快高校后勤社会化改革步伐。(3)以培养学生创新精神和实践能力为重点，全面实施素质教育，促进教育的可持续发展。

〔**第三次全省教育工作会**〕　1999年12月10日～11日，省委、省政府召开改革开放以来第三次全省教育工作会，省委书记、省人大主任谢世杰，省委副书记、代省长张中伟等主要领导出席会议并讲话。会议研究讨论了贯彻落实全国教育工作会议精神，实施《中共中央国务院关于深化教育改革全面推进素质教育的决定》的意见，规划部署了新时期全省教育改革发展的任务。会议决定进一步加大教育改革和发展步伐，全面推进素质教育，建设一支高素质的教师队伍，着力培养创新精神和创造性人才；鼓励支持社会力量办学，建立和完善终身学习的教育制度，使人才培养的数量、质量、结构不断适应新形势需要。要求各级政府切实履行法定责任，努力增加教育投入，为全面推进素质教育提供有力的物质保障。省委、省政府决定，省级财政支出中教育经费所占比例，3年内力争每年提高1个百分点。省政府对四川省扫盲工作先进集体、先进个人和四川省国家贫困地区义务教育工程先进单位进行了表彰。

〔**教育投入与支出**〕　1999年全省坚持用好用够各项教育筹资政策，多渠道筹措教育经费，积极争取中央和省的各项专项资金及社会各方面的捐赠款，努力增加教育投入。全省教育经费总额(不含部委属学校)115.96亿元，比上年增长13.56%，其中财政拨款64.13亿元，比上年增长15.83%。

全省预算内生均公用经费支出情况见下表：

	生均教育事业费(元)	生均公用经费(元)	生均公用经费占教育事业费比重(%)
普通高校	3 291.06	1 406.31	42.73
中　　师	1 472.32	225.43	15.31
普通中学	572.11	52.61	9.20
职业中学	1 120.89	107.16	9.56
小　　学	304.68	15.08	4.95

1999年，全省教育基金本金总额达1.7亿元，比上年增加17.24%。

省教委根据省政府《关于实施高校高新技术产业化工程加速发展高校校办产业的通知》精神，制定了《四川省高校校办产业财务管理办法》、《四川省高校校办产业产权制度改革实施办法》和《四川省高校校办产业人事管理办法》，为高校校办产业特别是高科技产业的发展创造了良好的条件。1999年全省中初等学校校办产业实现总产值52.2亿元，纯收入6.4亿元，分别比上年增长1.95%和8.47%。高校校办产业实现总产值16亿元，利税3.1亿元，分别比上年增加33.33%和6.90%。省教委切实加强了对教育经费的审计监督，全年完成审计项目6 343项，审计金额72.26亿元。

〔**电化教育**〕 办学条件继续改善，中小学电化教学、实验教学取得新进展。全省新建教学放像点300个，1 821所中小学电化教育达标。配合“普九”完成了“艺体、卫生、劳技、图书”等装备县23个，普及实验教学县16个。累计完成“普九”条件装备县124个，“普实”县138个。

撰稿 陈 玲

基础教育

〔**综述**〕 1999年全省基础教育以培养学生创新精神和实践能力为核心，全面实施素质教育，积极进行结构调整，推进改革和发展。全省小学比上年减少959所，在校生减少1.99%，巩固率为99.1%，小学适龄儿童入学率为99.41%，比上年提高0.27个百分点；初中学校比上年减少77所，在校生增加16.40%，巩固率为95.43%；高中学校比上年增加4所，通过挖掘办学潜力，积极扩大普通高中办学规模，招收新生19万人，在校生增加11.68%。初中毕业生升入高中阶段升学率为48.18%。幼儿园比上年增加631所，在园幼儿增加17.9%；3～6周岁幼儿入园率达50%，比上年提高2个百分点。特殊教育学校63所，在校生比上年增加6.60%。积极开展三类残疾儿童随班就读实验，三类残疾儿童少年入学率达75%。

〔**素质教育**〕 全省中小学把德育工作作为实施素质教育的重要内容，开展多种形式的活动，贯彻德育大纲和《中小学日常行为规范》，提高德育工作的针对性和实效性。以“庆祝建国50周年，迎接澳门回归祖国”为主题，组织开展爱国主义教育活动，加强时事政治教育；深入开展中学生创先争优活动，在普通高中评选表彰省三好学生641名，优秀学生干部424名，先进班集体211个。

继续开展素质教育区域实验。省教委加强对28个素质教育实验县工作的指导，帮助各地完善方案，总结推广经验。

为切实减轻中小学生过重课业负担，省教委印发了《四川省减轻中小学生过重负担的意见》，提出：(1)严格执行国家和省颁布的课程计划和调整意见，除省教委批准的实验外，不得随意增减课程和课时。(2)严格按各科教学大纲组织教学，不得任意增减教学内容，不准额外提高教学要求，教育行政部门和学校组织考试不得超出教学大纲的要求。(3)严格控制课外作业量，提倡布置活动性、实践性的小学生家庭作业。中学各年级也要从严控制书面家庭作业，不得布置机械性重复和大量抄写的作业，严禁用增加作业量的方式惩罚学生。(4)切实推进考试改革，小学除语文、数学外，其他课程一律不组织考试；全省已“普九”的县（市、区）从“普九”后次年起，一律实行小学毕业生免试就近升入初中学习，小学毕业考试由学校自己组织；初中毕业考试由县（市、区）组织，以后逐步过渡到由学校自行命题和组织考试；普通高中招生考试由市（地、州）教育行政部门组织进行。(5)从2000年春季起全省小学生学业成绩评审实行优、良、及格、不及格的四级等级制，并辅之以激励性评语，逐步建立素质教育测评报告制度。(6)任何部门和单位不得给学校、班级和教师下达考试成绩指标和升学指标，更不得单纯以学科成绩和升学率高低作为评价学校、教师的唯一标准，要加强对中小学教学过程的管理，不断提高广大教师的教育教学水平。(7)全省中小学生专题教育和学生用书、电子音像制品、学具及学生用品的归口管理工作由省教委基础教育处负责，未经省教委批准，其他部门、团体均不得以任何形式组织面向中小学生的专题教育和向中小学生推销图书、电子音像制品、学具及学生用品。(8)严格控制各类竞赛、读书活动，组织中小学生参加竞赛（活动）要根据有关规定报教育行政部门审批。(9)节假日、寒暑假和课余时间不得给小学生集体补课或变相补课，更不得收费上课、有偿补课。(10)加强对减轻中小学生过重负担工作的督导检查，形成全省减轻中小学生过重负担工作的督查机制。

〔**义务教育**〕 在按规划、按标准、按程序依法“普九”的进程中，省教委进一步强化过程管理，加强宏观指导。通过督导调研，及时发现和解决各地工作中的矛盾和问题。

国家贫困地区义务教育工程的实施推动了全省的“普九”工作，覆盖27个项目县的“二片扫尾（三片）”项目顺利完成。苍溪、剑阁等8个县（市）被评为二片地区“国家贫困地区义务教育工程”先进县（市、区），周旺云、李万银等61人被评为先进个人，受到教育部、财政部的联合表彰。

1999年，资中县、泸定县等23个县基本普及了九年义务教育，覆盖人口1 476.3万，占全省总人口的17.8%。至此，全省累计已有124个县（市、区）基本“普九”，人口覆盖率达89.2%。成都、自贡、德阳、广安、眉山等12个市、地实现全市（地）“普九”。

〔**普通高中教育**〕 全省认真贯彻教育部《关于进一步办好普通高中的若干意见》，大力调整高中布局结构，扩大办学规模，分类指导、分层推进，普通高中建设进一步加强。(1)在保证实现“两基”目标和巩固提高基础上，适应高等教育发展和人民群众接受教育的需要，扩大全省普通高中招生规模。(2)继续开展对一般高（完）中办学条件和办学水平的评估，90所学校达到《四川省普通高（完）中办学基本要求》。(3)加大已“普九”地区的省重点中学建设力度，依照《四川省重点中学达标检查验收细则》对15所学校进行了评估。(4)加快示范性高水平高（完）中建设步伐，启动全国示范性普通高中试评估工作，对绵阳市科学城一中进行了试评估。

高中毕业会考已实现省和市（地、州）两级学生学籍和会考成绩计算机管理，管理工作质量和效率进一步提高。

〔**幼儿教育**〕 坚持多渠道，多形式办园，重点加强农村幼儿教育工作，农村乡镇中心幼儿园得到长足发展。部分边远贫困地区除举办正规幼儿园、小学附设学前班外，还积极探索发展非正规形式幼儿教育，通过兴办农村季节性幼儿园、幼儿游戏点、流动游戏小组等，增加了农村幼儿接受学前教育的机会。示范性幼儿园建设继续得到加强，11所幼儿园达到合格示范幼儿园标准。

〔**体育、卫生、艺术教育**〕　召开全省农村学校体育卫生艺术教育经验现场会，深入贯彻落实学校体育卫生两个《条例》和艺术教育《总体规划》，推广岳池县农村学校体育和温江学校艺术教育经验。

《初中毕业生升学考试体育实施方案》施行面达86.7%，比上年提高3.2个百分点；体育两类（学科类、活动类）课程考试改革试点工作稳步扩大。组队参加全国第七届中学生运动会，获得金牌2枚、银牌5枚。

针对学生体质健康调研中发现的问题，重点开展了以下工作：(1)在全省10万初中一、二年级女生中开展了青春期健康教育试点工作。(2)对全省小学一年级60万新生进行口腔教育，并由企业赞助免费向学校提供教学模型，向学生提供牙具。(3)继续加强近视、龋齿、蛔虫、甲肝、乙肝等常见病和多发病的防治工作，重点加强了对肠道传染病的预防工作。(4)完成了联合国儿基会“预防和控制艾滋病健康教育师资培训班”项目。

开展了争创百所艺术教育特色学校活动，争取到2000年创建100所艺术教育特色学校。省教委制定了《四川省百所艺术教育特色学校评估细则》，对创建学校的艺术教育水平、条件和校园文化建设提出了具体要求。

〔**教师队伍建设**〕　全面实施《四川省跨世纪教师队伍建设纲要》，着重抓了以下工作：(1)在绵阳市继续进行教师资格认定试点，为面向社会认定教师资格试点作准备。(2)举办各类培训班和研究生课程进修班，大力培养骨干教师和学科带头人。1999年，经省教委审定，60人成为四川省首批中小学教育教学专家后备人选，448人作为四川省中小学学科带头人后备人选，各市地州也选拔确定了2 607名中小学骨干教师重点培养，初步形成省、地、县、校分层次、多渠道的骨干教师培养人才的格局。(3)继续推进中小学教师继续教育，开展了中小学教师《教学技能》、中学教师《组织教育活动》的研究和试点；在成都市武侯区、绵阳市涪城区两个国家级中小学继续教育实验区的基础上，建立了19个省级实验区。1999年，全省中学教师人均接受继续教育培训达到44个学时，小学教师继续教育登记制度实施面也达95%以上。

〔**教育科研**〕　全省中小学教育科研围绕实施素质教育，提高课堂教学质量开展系列研究活动，取得了成效。为提高青年教师教学水平，开展了初中思想政治、中学物理、中学历史、中小学体育等部分学科的优质课现场赛课活动及全省第三届小学语文、第四届小学数学中青年教师教学观摩活动，展示优质课69节，听课人数达6 000余人；组织了四川省第一届小学社会课教学优质论文评选，在全省重点推广“科学建设班集体五项系列法”等8项教学成果；承担了中国—联合国儿基会“促进贫困地区初等教育”项目中“小学生学习质量监测”等课题的研究工作；7个全国基础外语教学研究资助金项目正式启动。

〔**督导工作**〕　按照《普通中小学校督导评估指导纲要》，以监督引导学校实施素质教育为中心内容，继续开展对中小学校的综合督导评估工作。1999年，省教委聘请了11位第二届特约教育督导员，督导队伍机构建设进一步加强，促进了素质教育的实施。

撰稿　陈　玲

职 业 教 育

〔**综述**〕 全省中等职业学校（含普通中等技术学校、中等师范学校、技工学校、职业中学）856所，全年招生16.99万人，在校生48.41万人，比上年减少5.15%。其中，中等技术学校138所，招生6.2万人，在校生20.5万人；职业中学383所，招生6.76万人，在校生17.49万人；高等职业教育对口招生4 115人，比上年增加1倍以上，在校生8 297人。

加强骨干示范职业学校建设。全省以创建国家级重点中等职业学校为突破口，推动了中等职教水平的提高。省教委印发了《四川省中等专业学校办学水平评估指标体系》和《国家级重点职业高级中学评估指标体系》，组织力量对33所中专学校和21所职业高中进行评估检查，促进了学校的全面建设。

启动中等职业学校布局结构调整。省教委研究制定了加快全省中等职业学校布局结构调整工作的意见，要求加强领导，正确处理调整与发展、调整与稳定、“块与条”以及各类中等职业学校的关系，搞好调查研究，提出本地和本部门的初步规划方案。成都、绵阳、乐山等市地对部分职业学校进行合并和重组，优化了教育资源配置，增强了办学活力。

全面实施素质教育。各校注意加强学生思想政治工作，重视运用现代化教学手段，开展教学科研，努力改善育人环境，把增强学生适应能力、竞争意识和创业创新意识，作为学校工作的重要立足点，促进学生的全面发展和综合素质的提高。四川省轻工业学校、四川省财政学校、温江农业学校被命名为省级校风示范学校，组织了以“走进自然，了解社会”为主题的首届优秀职校生夏令营活动；举办了全省首届中等职业学校饭店服务技能竞赛，15个市地代表队的130名旅游服务和餐饮服务专业的学生参加了比赛。

为促进中等职业教育发展，探索地方政府与学校联合办学的新路，1999年8月，省教委决定筹建“四川省职业教育园区”。园区将利用现有教育资源，走集团化办学道路，由学校和地方政府共建，按照市场规则实行产业化、集团化的管理模式和运行机制。在川职业学校，具备一定办学条件，均可进入职业教育园区办学，并享受省教委给予的政策支持。

〔**中专教育**〕 加强教育教学管理。5月，省教委发出通知，对开展校外办学的资格和条件、教学点的审批程序及内部管理、质量保证等作了明确的规定，规范了学校办学行为，保证了教育质量；继续开发新专业，拓宽办学路子。17所普通中专经批准设置了新的专业；中专招生改革进一步深化。在保证完成国家招生计划的前提下，允许学校面向社会自主招生，一定程度上弥补了因新生报到率偏低产生的缺额，提高了初中毕业生的升学率。

运用职务评审的杠杆作用引导教师加强业务学习，提高自身素质。从1999年起，中专教师晋升专业技术职务实行计算机应用水平考试。在9月进行的首次考试中，2 160名参考教师合格率达到80%以上；调整教师晋升专业技术职务学术成果鉴定办法。学术成果鉴定工作由省教委组建的成果鉴定委员会统一进行；完成了中专学校高级和中级职务评审委员会调整换届，并开展了中专教师晋升专业技术职务评审工作，评审通过高级职务任职资格406人。

〔**职业中学建设**〕 加强教师培训和基地建设。继续在普通高校培养职业中学急需的新师资，鼓励教师通过专升本提高学历。举办暑期职业学校教师专业技能培训班，开设专业13个，培训教师及管理干部800余人。四川农业大学职教学院被教育部确定为首批全国重点建设的职教师资培养培训基地。全省职业中学在普通高中大幅度扩招、初中毕业生人数大幅度减少的形势下，招生数与去年基本持平。

〔**高等职业教育**〕 适当调整了全省普通高校对口招收中等职业学校毕业生的办法，招生对象由职业高中毕业生扩大到普通中专应届毕业生和中等师范学校非师范类专业应届毕业生，报考条件增加了职业高中毕业生须有相关专业的技能等级鉴定证书、上岗证或专业合格证书。1999年，全省21所高校对口招收中等职业学校毕业生，招生专业38个，报考学生7 600余人，招生4 115人，在校生8 297人。

撰稿 田星苍 何 浩

高 等 教 育

〔**综述**〕 1999年，四川普通高校在校本专科学生18.03万人，比上年增加18.66%，其中，本科在校生比上年增加26.49%；本专科生招生比上年增加33.54%，其中，本科招生比上年增加50.8%；研究生招生较上年增加45%，在读研究生达到1万人。在校研究生、本科生、专科生之比为1∶11.15∶6.42。成人高校在校本专科生14.56万人，比上年增加6.97%，招收新生6.14万人，比上年增加25.19%。高校具有副高级以上专业技术职务的教师比上年增加425人，具有副高级以上专业技术职务的专任教师占教师总数的比重由上年的35.67%提高到36.74%。

〔**管理体制改革**〕 根据国家统一部署，结合四川实际，按照“共建、调整、合作、合并”的方针，修订了“四川省高等教育办学体制改革及布局结构调整总体方案”，调整布局，优化结构，逐步完善中央和省政府两级管理、以省为主的高等教育管理体制。“条块分割”的管理格局进一步打破，学校之间、学校与企事业单位之间、地方政府与学校主管部门之间的合作不断深入。在省政府的统筹协调下，顺利完成了8所原部委属院校的划转接收工作。内江师范专科学校、乐山师范专科学校分别与当地教育学院合并，升格建立本科师范学院；四川省公安管理干部学院与四川省人民警察学校合并改建为普通高等专科学校的工作进展顺利，通过了教育部专家组的评估考察。

〔**党建和思想政治工作**〕 普通高校全面实施“两课”新方案，加强教材建设和师资培训，成人高校统一开设《邓小平理论概论》课程，“两课”建设与改革进一步深入；大学生学习政治理论形式更加多样化，邓小平理论“三进”工作进一步落到实处；在抗议以美国为首的北约袭击我驻南使馆暴行、批判揭露李登辉“两国论”的分裂图谋和处理“法轮功”邪教组织的政治斗争中，高校师生表现出了高度的政治觉悟和爱国热情，确保了学校的稳定；各校普遍重视对学生的马克思主义唯物论和无神论教育，思想政治工作针对性进一步提高；高校校园及周边环境的治理取得阶段性成果；召开了第八次全省高校党建工作会议，一批先进单位、先进基层组织和先进个人受到表彰。

〔**教学改革**〕 为实施素质教育，省教委加强了对学校教学工作的指导，教学改革进一步深入。重点抓了六项工作：一是完成了全省高校本科教学计划的修订工作。新的教学计划着眼于跨世纪人才培养模式的构建，体现整体优化和个性发展并重，突出知识、能力和综合素质的协调发展；二是积极实施“面向21世纪教学内容和课程体系改革计划”。全省高校共承担国家级和省级研究项目257项，取得了一批有价值的研究成果；三是加强实验室建设。立项建设的省级重点实验室达到48个，开展了基础课实验室评估工作，编辑出版了《四川省高等学校省级重点实验室开放指南》；四是以大学生文化素质教育为切入点，全面实施素质教育。外语和计算机基础教育加强，在全国大学生英语竞赛、英语演讲比赛及“电子设计”、“数学建模”竞赛中，四川高校学生均取得了优异成绩；五是加强重点课程建设，批准立项的省级重点课程共计328门，形成了较为完备的重点课程建设体系；六是改革图书情报工作，6所“211”工程建设学校开始试行文献网络传递和馆际互借服务，区域内高校图书馆之间的协作水平进一步提高。四川大学图书馆被教育部确定为中国高等教育文献保障体系（CALIS）西南中心。

〔**招生与毕业生就业工作**〕 普通高校进一步调整招生政策与办法，强化考试管理，严肃考风考纪。除军事、武警、公安、职教等少数专业单独招生外，在其余高校试行网上录取，较好地体现了公开、公平和高效原则，保证了扩招任务的顺利完成。加强毕业生就业市场信息网络建设，完善以高校为基础的毕业生就业指导服务体系，提高服务质量。共派遣高校应届毕业生54 700人，全省普通高校本、专科毕业生就业率达72.2%。

〔**科技工作**〕 高校科技工作坚持多渠道争取科研任务和经费，推进产、学、研结合，促进科技成果转化和推广应用。据不完全统计，全省高校年科研经费达3.1亿元，获四川省科技进步奖68项，占全省获奖总数的32.5%；完成了第二届四川省教委科技进步和人文社会科学研究成果奖评审奖励工作，共评出人文社会科学研究获奖成果63项；高校科技成果推广运用产生社会经济效益30亿元，涌现出一批技术含量高、具有一定规模和良好发展前景的高校高新技术产业；四川农业大学周开达教授当选为中国工程院院士。至此，全省高校共拥有中科院院士7人，工程院院士6人。

〔**学位工作与研究生教育**〕 在职人员申请硕士学位的工作进一步规范，继西南民族学院和四川师范学院获得接受在职人员申请硕士学位资格之后，全省共有12所高校和1个科研单位有权开展此项工作；全省共有国家级重点学科19个，省部级重点学科113个，省级重点课程328门。对硕士、博士学位授权点专业结构进行了调整。到年底，全省有博士学位授权单位19个（其中科研机构9个），博士点121个，硕士学位授权单位42个（其中科研单位25个），硕士点425个。

〔**成人高等教育**〕 学校布局结构调整全面推进。成都煤炭管理干部学院并入四川师范大学，成都有色金属职工大学并入成都理工学院，成都飞机公司职工大学、成都发动机公司职工大学、四川核工业职工大学由原中央主管部门划归省管理，新建四川电大甘孜州分校和阿坝州分校；压缩长线专业，重点发展工、农、医、师类专业，专业结构进一步优化；积极探索举办高等职业教育的路子，办学改革逐步深化。全省有31所成人高校、142个专业招收高职学生，招收新生3 026人；大力调整课程体系，加强教材建设和教学管理，教学质量稳步提高，全省三门课程统考平均及格率达到87%；各校注意选聘优秀技术和管理人员兼职任教，选送教师参加职业技术和教学培训，“双师”型教师比重明显提高，队伍结构趋于合理，有效地保证了人才培养质量。

〔**对外交流**〕 教育对外交流进一步扩大。全年经国家公派、单位公派和自费出国留学、培训及工作的人员共计1 558名；59个单位获得聘请外国文教专家教师的资格，长期聘请外国专家、教师161名，邀请短期来华讲学、交流的外国专家152名；接受外国来华留学生647名，港澳台学生65名。

撰稿　何　浩

成人教育

〔**综述**〕 1999年，全省成人初等学校比上年减少2 415所，在校生55.21万人，比上年增加24.42%；成人中等专业学校260所，在校生22.13万人；成人中学188所，比上年减少 20 所，在校生 1.93 万人；成人技术培训学校 3.66 万所，比上年增加 837 所；经各级教育行政部门批准的社会力量办学机构 7 548 个，在校生 72.21 万人。全省 218 万职工参加了各类培训。

〔**扫盲工作和农村成人学校建设**〕 1999 年全省扫除青壮年文盲 21.71 万人，其中妇女文盲 11.57 万人，乡城、昭觉、若尔盖 3 个少数民族县基本扫盲达标。至此，占全省人口总数 98.4%的 160 个县（市、区）实现了基本扫除青壮年文盲目标，全省青壮年非文盲率达到 96%以上。4 月，四川省扫盲工作顺利通过了教育部的检查评估，得到国家扫盲工作检查组的好评，省政府受到教育部和财政部的联合表彰。

各地结合农村经济发展的实际，广泛开展了技术教育和实用技术培训，加强了乡镇、村成人学校的建设。1999 年，全省有乡镇成人学校4 575所，村成人学校（教学点）3.79 万个，省级示范性乡镇成人学校 20 所，全年参加脱盲后巩固提高班学习结业 91 万人，农民高小、初中班毕结业 2.16 万人，较系统的技术教育培训 331 万人，短期实用技术培训 939 万人次。

在扫盲和农村成人教育工作中，各地创造了一些好的作法和经验。(1)党政领导重视，政府行为到位，保证了扫盲宣传动员落实，目标责任落实，经费措施落实，检查考核落实。(2)部门分工协作，形成齐抓共管的社会合力。(3)各地采取灵活办学形式，将学文化与学技术结合，统一与人口教育、法制教育和社会文化生活教育结合，做到堵盲、扫盲、巩固提高相统一，收到了较好的效果。(4)建立复查制度，巩固提高扫盲成果。省教委制定了关于对扫除青壮年文盲县进行复查验收的办法，规定了复查验收的内容、程序和指标体系，实行“两基”同步验收、复查。(5)发挥乡村成人学校的多功能作用，开展技术培训，服务当地经济建设。各地把大力发展农村成人学校作为巩固扫盲成果，培训农村应用人才，推广科学技术，开发当地产业，服务农村经济建设的主阵地来抓，形成了初具规模的农村成人教育体系，举办了大量的各类培训，促进了农村劳动者整体素质的提高。

〔**职工教育**〕 职工教育继续纳入省政府目标管理，并逐级分解指标，落实任务。为配合再就业工程和做好下岗职工培训工作，各地教育行政部门和学校继续贯彻省教委《关于减免下岗特困职工子女学杂费和加强下岗职工培训工作的通知》精神，积极开展下岗职工的再就业培训工作，免费开展社会急需的多种实用技术培训，为下岗职工再就业提供良好的培训服务。

〔**成人中专教育**〕 继续规范学校招生行为。省教委向社会公布校外办学点的招生情况，鼓励社会监督。各校按照近年制定颁发的教学管理要求和标准，加强教学管理、学籍管理和校外办学点管理，压缩了条件较差占总数 25%的校外办学点，办学秩序明显改善，管理更加规范。继续进行学校自主招生试点，成人中专优秀毕业生免试进入成人高校学习的试点工作进一步完善。

〔**社会力量办学**〕 1999 年 4 月，省教委召开了全省第一次社会力量办学工作会暨表彰先进集体、先进个人大会。省教委、省公安厅联合发出《关于严厉禁止非法招生活动的通告》、《关于整顿成都火车北站站前接待新生秩序的通知》，有关部门通力合作，打击非法招生行为，招生秩序明显改善。

新增5所民办学校开展高等教育学历文凭考试试点，试点学校扩大到17所，开设专业22个，招收新生2 422人，在校生4 500余人。省教委与省招委联合发出《关于认真做好四川省高等教育学历文凭考试试点招生工作的通知》，将学历文凭试点学校新生录取纳入了全省普通高校招生录取工作。继续加强教学管理，审定并印发了高等教育学历文凭考试部分试点专业的试行教学计划。

为促进四川省社会力量办学学校管理的科学化、规范化，省教委制订了《四川省民办高等学校内部管理指标体系（试行）》和《四川省民办中等及以下层次学校（教育机构）内部管理指标体系（试行）》。在全省逐步建立起了严格审批制度和年审许可证制度。

〔**自学考试和社会考试**〕 1999年，自学考试新开考常规专业3个，专业总数达到56个；新开考应用型专业6个，专业总数达到43个；非学历考试迅速发展，组织了全国计算机等级考试、证券咨询从业人员资格考试。全年报考人数达49.3万，比去年增加2.5万人，2 000人获得大专或本科毕业文凭。

撰稿 赵家平 梁应源 曾中良 韩春蓉 林亚坤 何 浩

民族教育

〔**综述**〕 1999年，全省民族自治地区幼儿园246所，在园幼儿7.41万人；普通小学7 458所，在校生65.79万人；普通初中277所，在校生11.22万人；普通高中89所，在校生2.12万人；职业初中16所，在校生2 971人，职业高中10所，在校生1 717人；中师8所，在校生0.54万人，中专15所，在校生1.41万人；大专5所，在校生0.93万人，民族预科近300人；成人校点4 241所，人校学员10.59万人次。普通中小学中少数民族学生40.17万人。民族地区各级各类学校教职工5.94万人，其中专任教师4.99万人，小学、初中、高中、中师专任教师学历达标率分别为95.4%、89.9%、53.8%、52.6%。人均教育投入达138元，中小学、中师、中专校舍建筑面积达500.2万平方米，图书213万册。

〔**义务教育**〕 1999年，民族自治地区2个县及10多个乡镇实现基本普及九年义务教育，普及九年义务教育的地区累计达到4个县及30多个乡镇，“普九”人口覆盖率达20%。有4个县及30多个乡镇实现基本普及初等教育，使普及初等教育的地区累计达到37个县及60多个乡镇，普初人口覆盖率达92%，小学入学率达94.11%，其中少数民族儿童入学率达 87.83%，女童入学率达 91.43%。

〔**扫盲工作**〕 民族自治地区扫除青壮年文盲 10 万人，有 3 个县达到基本扫除青壮年文盲要求，使实现基本扫除青壮年文盲的县达到 30 个，扫盲人口覆盖率达 72%。多数地区开展农牧民实用技术培训，部分地方开始推广继续教育。

〔**寄宿制学校情况**〕 民族自治地区寄宿制小学共 901 所，学生 8.92 万人；寄宿制初中达 136 所，学生 2.60 万人；寄宿制高中达 27 所，学生4 999人。寄宿制中小学生占到中小学民族学生总数的 29.90%。

〔**双语教学**〕 1999 年，两类模式开展双语教学的中小学达2 100所，学生 16.62 万人。其中，以汉语文教学为主同时开设民族语文课模式的中小学达1 725所，学生 14.04 万人；以民族语文教学为主同时开设汉语文课模式的中小学达 375 所，学生 2.58 万人。接受两类模式双语教学的学生数占到少数民族中小学生总数的 41.4%，从事双语教学的教师达3 710人。

〔**教育对口支援**〕 4 月中旬，省教委召开内地与民族地区教育对口支援协作工作会议，教育对口支援协作工作得到进一步加强，内地为民族地区举办的中学民族班取得了较好的成绩。成都 46 中面向民族地区招收高中学生 90 名，在校民族班学生达到 160 多人；绵阳民族中学面向阿坝州招收初中学生 70 人，在校民族班学生达到 200 多人；德阳经济学校面向甘孜州招收初中学生 45 人，在校民族班学生达到 130 多人。初、高中会考，3 所学校民族班学生优秀率均达到 80%以上，合格率达 100%，初中升入高中阶段学校的升学率 95%以上，高中升入大中专学校的升学率达到 90%左右，在民族地区具有良好声誉。

撰稿 张 生

审稿 王可植 罗大宪

贵州省教育

概　况

〔基本情况〕

1999年各级普通学校基本情况

单位：人

学校类别	学校数（所）	毕业生数	招生数	在校学生数	教职工数 计	教职工数 其中：专任教师
总　计	22 255	1 089 831	1 895 157	7 157 654	330 583	284 242
一、研究生	(7)	133	318	768		465
1. 高等学校	(6)	114	287	694		440
2. 科研机构	(1)	19	31	74		25
二、普通高等学校本专科	20	10 568	24 810	56 454	13 133	6 050
本科院校	8	6 614	15 209	36 805	9 735	4 191
专科院校	12	3 954	9 003	18 891	3 398	1 859
分校、大专班			598	758		
三、普通中等学校	2 363	422 208	642 681	1 606 773	114 272	91 465
1. 中等专业学校	109	33 272	44 124	118 175	12 470	6 976
中等技术学校	83	24 684	34 167	89 178	9 600	5 145
中等师范学校	26	8 588	9 957	28 997	2 870	1 831
2. 技工学校	85	9 366	7 412	22 321	4 007	2 301
3. 普通中学	1 896	353 864	557 310	1 386 285	90 523	76 654
高中	304	41 231	62 904	157 770		10 692
初中	1 592	312 633	494 406	1 228 515		65 962
4. 职业中学	270	25 322	33 402	79 529	7 225	5 500
高中	175	15 841	17 040	39 903		3 331
初中	95	9 481	16 362	39 626		2 169
5. 工读学校	3	384	433	463	47	34
四、小学	18 508	656 238	815 402	5 009 598	183 879	170 680
五、特殊教育学校	24	684	2 188	15 688	2 079	1 422
六、幼儿园	1 340		409 758	468 373	17 220	14 160

1999年各级成人学校基本情况

单位：人

学校类别	学校数（所）	毕业生数	招生数	在校学生数	教职工数 计	教职工数 其中：专任教师
总计	17 474	2 795 856	3 179 808	2 587 381	26 473	5 643
一、成人高等学校	14	13 559	20 259	43 022	2 397	1 246
1. 广播电视大学	1	4 095	6 201	12 321	687	330
2. 职工高等学校	6	1 696	2 608	4 862	541	320
3. 农民高等学校						
4. 管理干部学院	3	1 376	2 045	4 425	536	267
5. 教育学院	4	2 184	2 828	6 243	633	329
6. 独立函授学院						
7. 普通高等学校举办：		4 208	6 577	15 171		
函授部		886	1 997	4 402		
夜大学		30	255	501		
成人脱产班		3 292	4 325	10 268		
合计中：电大普通专科班		1 725	1 928	4 566		
二、成人中等学校	12 707	2 499 428	2 855 945	2 232 364	12 220	2 780
1. 成人中等专业学校	38	11 929	10 880	27 088	2 578	1 362
广播电视中等专业学校	3	3 268	6 376	15 818	722	312
职工中等专业学校	20	1 394	2 846	6 585	812	479
干部中等专业学校	10	1 014	952	2 098	364	169
农民中等专业学校						
函授中等专业学校	2	6 215	621	2 385	605	354
教师进修学校	3	38	85	202	75	48
2. 成人中学	3	134	242	242	62	51
职工中学	3		242	242	62	51
农民中学		134				
3. 成人技术培训学校	12 666	2 487 365	2 844 823	2 205 034	9 580	1 367
职工技术培训学校	13	3 483	1 818	3 821	202	151
农民技术培训学校	12 653	2 483 882	2 843 005	2 201 213	9 378	1 216
三、成人初等学校	4 753	282 869	303 604	311 995	11 856	1 617
1. 职工初等学校	3	433	730	2 160	44	34
2. 农民初等学校	4 750	282 436	302 874	309 835	11 812	1 583
其中：扫盲班	4 748	282 060	301 853	308 843	11 771	1 570

制表　段志茹

〔**教育经费**〕 1999年，贵州省教育经费总支出为44.56亿元，比上年的33.60亿元增长32.62%，其中国家财政性教育经费支出37.89亿元，比上年28.76亿元增长31.75%，国家财政性教育经费支出占全省国内生产总值的4.18%；财政预算内教育经费支出32.16亿元，比上年23.82亿元增长35.01%；政府征收用于教育的税费支出3.5亿元，比上年3亿元增长16.67%，其中：城市教育费附加支出为1.31亿元，比上年1.16亿元增长12.93%，农村教育附加支出为1.88亿元，比上年1.69亿元增长11.24%，地方教育附加支出为2 965万元；企业办学经费支出为2.04亿元，比上年2.09亿元增长24.5%；校办产业、勤工俭学和社会服务收入用于教育的经费支出1 961万元，比上年1 936万元，增长1.29%；社会团体和公民个人办学经费2 466万元，比上年1 916万元增长28.71%；社会捐、集资办学经费支出为5 973万元，比上年7 425万元减少19.56%；学、杂费支出为4亿元，比上年2.38亿元增长68.07%；其他支出为1.81亿元。

贵州省教育事业费支出构成情况。全省教育事业费支出为28.45亿元，比上年增加6.8亿元，增长31.41%。在教育事业费支出中，人员经费支出21.89亿元，比上年增长25.33%，占事业费支出的76.94%；公用经费支出为6.56亿元，占事业费支出的23.06%。人员经费支出占教育事业支出比例及增长幅度仍比公用经费大。

全省各类学校人员经费与公用经费占教育事业费支出比例是：

学校类别	人员经费(%)	公用经费(%)
普通高等学校	58.55	41.45
中等师范学校	52.13	47.87
普通中学	70.50	29.50
其中:农村	79.48	20.52
普通小学	81.21	18.75
其中:农村	82.44	17.56

全省各类学校生均教育事业费与公用经费分别是：普通高等学校，生均教育事业费6 934元，比上年增长44.98%，生均公用经费2 878元，比上年增长59.85%，中等师范学校，生均教育事业费2 572元，比上年增长59.85%，生均公用经费1 231元，比上年增长193.8%。普通中学，生均教育事业费629元，比上年增长52.3%，生均公用经费186元，比上年增长458.7%。普通中学，生均教育事业费318元，比上年增长49.3%，生均公用经费60元，比上年增长351.5%。

1999年多渠道筹措教育经费123 911.8万元，比上年增长36.59%。

撰稿 林 义

〔**基建投资**〕 1999年，全省教育事业基本建设年度投资计划共安排82 134.7万元，与上年比，年度计划投资增加1 114.7万元，增长1.4%。1999年，实际完成投资7 139.33万元，占计划投资（下同）的86.92%。其中，国家预算内投资（包括国家各种专项投资补助、地方非经营性基建基金等）28 935.5万元，比上年增加11 182.5万元，增长62.99%。实际完成投资22 037万元，占76.1%，比上年增加4 128万元，增长23.5%；自筹资金（包括中央各部门安排、地方各级机动财力自筹资金、教育费附加和单位自筹、个人集资及无偿捐赠等)49 395.8万元，完成45 821.6万元，占92.76%；其他资金投资（包括利用外资等）3 803.4万元；完成3 534.7万元，占92.09%。

上述投资按高等教育、成人教育、普通中专、基础教育分类：高等教育共安排投资22 293.8万元，比上年增加14 026.8万元，增长169.69%，年底实际完成投资11 104.4万元，占49.81%；成人教育共安排442万元，年底实际完成投资215万元，占48.62%；普通中专共安排3 474.2万元，年底实际完成投资3 719.2万元，占107.05%；基础教育共安排55 845.2万元，年底实际完成投资56 274.2万元，占100.77%。

全年新增固定资产共计70 777.8万元。其中高等教育12 033.7万元，成人教育215万元，普通中专3 469.9万元，基础教育54 978.7万元；固定资产交付使用率为86.2%，其中高等教育53.98%，成人教育48.64%，中等专业教育99.9%，基础教育98.5%。

1999年全省教育事业住宅建设完成投资合计26 285.4万元，占总完成投资的36.82%；住宅建筑面积竣工率为84.55%，住宅竣工套数7 196户(高校1 052户，普通中专726户，基础教育5 418户)。

撰稿　胡　勇

〔**教育审计**〕　1999年，贵州省教育系统进一步加强教育审计机构和队伍的建设，健全教育审计制度，扩大了审计范围，加大了审计工作力度。1999年共完成教育审计项目2 341个，审计总额达142 313万元；其中财务收支审计580个，基建维修项目审计845个，经济责任审计151个，专项经费审计229个，其他审计576个。查出违纪违规经费2 474.85万元，纠正违纪违规经费2 119万元。通过审计，增加教育投入4 000余万元。

继续加强了教育部门基本建设项目预、决算审计监督。凡基建项目投资，高校达50万元以上、地（州、市）达30万元以上、县（市、区）达20万元以上的一律实行了招投标。1999年，贵州省教育系统基建投资审计总额25 471.97万元，核减投资1 682.14万元。其中省教委审计处负责审计的基建项目预决算30个，金额1.1亿元；决算金额2 650万元，核减263万元。贵阳市教委1999年共审计基建维修项目53个，核减资金196.73万元。

为保证“两基”的质量，促进国家教育投入政策的进一步落实，1999年，由省政府教育督导室、省教委、省审计厅共同组成的审计组对仁怀、凯里、龙里、开阳、思南、万山、玉屏、红花岗、乌当等9个申报“两基”验收和复查的县（市、区）教育经费的投入及管理使用情况进行了审计，审计涉及金额1.1亿元，其中财政教育拨款31 887.46万元，预算外教育经费8 340.48万元；查出教育财政拨款缺口4 444万元，农村教育费附加未足额征收差额1 549.92万元，城镇教育费附加未足额征收差额701.94万元。通过自查自纠和审计，追回未及时拨付或被截留挪用的教育经费2 000余万元，有力地促进了政府在教育上的投入，也促进了“两基”的发展进程。

撰稿　谢丽如

〔**学校体育工作**〕　经过历时两年多时间的调查研究和立法论证工作，《贵州省学校体育工作规定》于1999年8月20日经省政府常务会议通过，并于1999年10月1日起施行。制定这一规章，是为了贯彻《教育法》、《体育法》和《学校体育工作条例》及教育部有关学校体育工作的规定，保证全省学校体育工作的正常开展。规章对全省各级各类学校（除高校体育系（科）外）的体育课教学、课外体育活动、课余体育训练和学校体育竞赛作出了规定。对学校体育管理机构的设立、学校体育场地、设施和经费、体育师资队伍建设等方面，作出了具体规范。并对组织和个人执行规章提出了奖惩要求。规章是贵州省实施素质教育的立法之一。以地方政府规章形式规范学校体育工作在全国尚属首家，对此，教育部予以充分肯定。

撰稿　詹中志

〔**大中专毕业生就业**〕　1999年贵州省纳入国家招生计划的省内外普通高等、中等专业学校毕业生、毕业研究生49 903人，其中：省外高校毕业生4 770人；省内高校毕业生12 392人；中等专业学校毕业生32 592人；毕业研究生149人。

1999年国家任务招生计划（含并轨）的毕业生，继续实行在国家就业方针政策指导下，通过双向选择，在一定范围落实就业单位。在规定时间内，经学校或有关部门推荐落实工作单位的毕业生，国家负责派遣。定向培养的毕业生坚持定向就业；委托培养的毕业生按合同就业；计划内自费毕业生自主择业。师范专业毕业生不允许改行，原则上回生源地就业。积极鼓励、支持毕业生到非公有制单位就业，到非公有制单位就业的毕业生，其档案转至工作单位注册地政府人事部门所属人才交流中心管理。保留全民所有制职工身份，工龄连续计算，职称考评按政府人事部门有关规定执行，户、粮关系可转至工作单位、父母或亲属处。积极鼓励毕业生到县及县以下单位工作，凡农业院校毕业生到县及县以下农、林、水系统事业单位就业；医药院校毕业生到县及县以下医院就业；师范院校毕业生到县和县以下中小学校任教，接收单位允许超编接收，同级政府人事、机构编制、财政等部门给予支持。继续实行择优分配原则。贵阳医学院、遵义医学院和贵阳中医学院继续实行择优分配。定向毕业生中的优秀毕业生，按本专业定向生的10%比例享受非定向毕业生的待遇。适应新形势，加强毕业生择业观念的转变，高度重视毕业生思想教育工作，帮助毕业生树立正确的择业观念，正确处理好国家利益与个人发展的关系，鼓励毕业生自主创业、科技创业和艰苦创业，提高毕业生为社会服务的自觉性，引导他们到祖国最需要的地方建功立业。

撰稿　白　冰

基础教育

〔**义务教育**〕 1999年是贵州省实施"国家贫困地区义务教育工程"（以下简称"工程"）的第二年，省委和省政府继续将实施"工程"列为年内要重点抓好的十件实事之一。全省共计投入"工程"项目建设资金25 810.5万元，为55个项目县建成项目学校460所，新建校舍建筑面积48.35万平方米，购置教学仪器设备460套/标准、图书153万册、课桌凳13.86万套/人，培训校长1 000人、骨干教师3 220人。项目学校不仅建了造型新颖、功能齐全的教学楼，还建了校门、围墙、厕所、运动场、国旗台（杆）等配套设施，绿化、美化了校园。

1999年，教育部和财政部在贵州省召开了三片地区"工程"工作会议，会议代表参观了息烽县"工程"项目学校的建设和遵义师范"工程"项目学校师资培训基地。年底，省政府对55个项目县"工程"实施工作进行了检查验收评估，息烽、印江2县评为特优县，正安、习水、道真、务川、凤冈等34个县评为优秀县，贵阳、遵义、安顺、铜仁、毕节、黔南5地（州、市）评为优秀地（州、市）。

1999年，按照省委、省政府要求，各级政府制定了义务教育规划，努力增加教育投入；各级教育行政部门强化学校内部管理，提高了义务教育教学质量。但是，制约义务教育发展的矛盾仍然十分突出。针对这些矛盾，省人大、省教委执法检查提出了3条对策：(1)加强教育法制建设，加大依法治教的力度。(2)依法确保财政主渠道对义务教育投入的逐年增长，做好地方教育类附加的征收、使用和管理工作。(3)多渠道、多形式培养中小学师资，并切实保障他们的待遇，确保中小学教师队伍的稳定和素质的提高。

撰稿 刘祖辉 詹中志

〔**世行贷款项目进展情况**〕 贵州省于1987年开始实施世行贷款"第四个贫困地区基础教育发展"项目（简称"贫困四"项目），信贷总额为1 700万美元。截至1999年底，累计完成信贷资金1 237.58万美元，为信贷总额的72.8%；筹集到配套资金10 157.7万元人民币，占计划总数的89.98%。竣工学校859所，面积41.13万平方米，分别占计划总数的115.92%、129.69%；采购课桌椅148 812单人套，为计划总数的89%；参加国家级培训班12个，受训人员115人次；举办省级培训班11个，受训人员400人次；完成县级培训18 151人次；在平坝、惠水两个样板县建立的教师服务网络，为乡村、教学点教师进行了112人次的传帮带及答疑解难服务；在德江等6个县积极推广女童教育研究成果，编制并推广使用女童补充教材，增设了女童班；20个项目县利用配套资金建立了总额为249万元人民币的人民助学金基金，共资助贫困学生20 304人次，其中女生13 062人次；9个项目地区（州、市）和20个项目县利用配套资金建立并完善了教育管理信息系统，完成投资102.23%。

撰稿 雷忠勇

〔**普通高中扩大招生**〕 1999年，为了满足人民群众日益增长的教育需求，加快人才培养步伐，适应高等教育改革的发展，省政府印发了《关于深化教育改革，扩大普通高中规模、改革收费等有关问题的紧急通知》，要求各地充分挖掘潜力，扩大普通高中招生规模；全省普通高中招生规模要比原定计划扩大25～30%，贵阳市要在30%以上，各地州市所在地不低于30%，县城在25%左右。根据省政府的要求，各地采取了扩容增班、调整合并、贷款引资、鼓励社会力量办学等一系列积极措施扩大普通高中招生规模。经过努力，全省完成扩招任务9 210人，招生数达到62 904人，为历年招生人数之最。

〔**示范性普通高中评估**〕 为加强普通高中建设，推动全省高中教育的改革和发展，促进学校全面贯彻教育方针，端正办学思想，提高办学质量，根据《中国教育改革和发展纲要》及其实施细则的有关精神和原国家教委《关于大力办好普通高级中学的若干意见》、《关于评估验收1 000所左右示范性普通高级中学的通知》的要求以及《贵州省省级示范性普通高中办学标准》，省教委制定了《贵州省省级示范性普通高级中学评估方案（试行）》及《贵州省省级示范性普通高级中学评估方案实施细则》。《评估方案》从办学方向、学校管理、办学条件、教育质量、示范特色五个方面对示范性高中办学提出了要求，制定了评估标准；《实施细则》对评估目的、评估申报程序、评估方法、分值确定、类别划分、评估范围及有关事宜进行了说明。

撰稿　代其平

〔**中小学实验教学评估**〕 根据教育部《“九五”期间实验室工作意见》和省教委有关文件要求，省教委督导室、条装处组织专家工作组，在县（区）自查自评，地（市）复查的基础上，严格按照《贵州省中小学实验教学评估验收办法》，采取听、看、查、访、考、改等方法对贵阳市乌当区、玉屏县普及中小学实验教学工作进行了认真、细致的检查评估。专家工作组认为：贵阳市乌当区和玉屏县普及实验教学工作的各项指标均达到省规定的要求，认定为贵州省“普实”县（区）。同时认定乌当区的乌当中学、新场中学、朱昌中学、野鸭小学、实验小学，玉屏县的民族中学、田坪中学、镇屏中学、大屯小学、印山民族小学10所学校为“普实”示范学校。

撰稿　胡成俊

〔**初等学校勤工俭学**〕 1999年，贵州省共有9 931所中、初等学校开展勤工俭学，占全省中、初等学校总数的47.73%，有农、林、牧、副、渔基地2 555个，工业企业232个，第三产业网点2 010个，接纳学生参加劳动基地3 024个，接纳学生人数2 782万人次。1999年全省勤工俭学、校办产业总产值19 989万元，纯收入3 620万元，比上年增加367万元（其中用于补助教育经费为2 309万元，占纯收入的63.78%），学生生均收入5.48元。

撰稿　张亚宏

〔**教师队伍建设**〕 1999年，贵州省有小学教师170 680人，中师以上学历达标率为86.94%，为提高小学教师大专层次学历比例，省教委委托省高等教育自学考试委员会开考“小学教师进修师范高等专科小学教育专业”，1999年有13 000余名教师参考，共有17万余名小学教师参加继续教育。有初中教师65 962人，专科以上学历达标率为81.38%，有高中教师10 692人，本科以上学历达标率为67.76%，经教育部批准，贵州省中学教师继续教育试点工作已在贵阳市、黔南州率先启动。1999年，以师范院校为主体，其他各类院校共同参加，专业齐全，职前与职后培训相互衔接的师范教育体系已经形成。

为深入贯彻落实《面向21世纪教育振兴行动计划》和全国第一次师范院校计算机工作会议精神，适应小学计算机教育教学改革和发展的需要，省教委于1999年暑假对480名中等师范学校教师进行了以计算机为基础的现代教育技术培训，培训活动由贵州教育学院负责，经过培训，使受训学员学习掌握了现代教育的有关理论及现代教育技术的有关知识和技能，达到了深化教学改革、优化教学过程、提高教学质量的目的，参训学员均获省人事厅颁发的初级合格证书。

为满足社会发展提出的新师资需求，省高校专业设置评议委员会、省教委于1999年6月两次评议审批了1999～2000年度、2000～2001年度贵阳师范专科学校、贵州教育学院等12所学校“学前教育”、“科技教育”、“计算机科学与技术教育”、“小学教育”等24个专业的新设或更名，分别于1999年9月、2000年9月开始招生。同时，根据初中教育对体育教师身体素质、体育理论及各项运动技术的要求，省教委批准黔西南师范专科学校、遵义师范专科学校、毕节师范专科学校“体育教育”专业由二年制改为三年制。

为适应教育部提出的逐步提高小学教师学历层次的要求，使全省在职小学教师专科学历所占比例有所提升，也为缓解脱产学习带来的工学矛盾，1999年秋季开始，省教委委托省自考委面向全省小学教师开考“小学教育”专业（专科）高等教育自学考试，并通过有关高等师范专科培养权的院校助学、各级教育行政部门有计划地组织等方式，帮助在职小学教师提升学历。1999年10月，首次参加考试的小学教师达13 000余人。

全省从1998年下半年开始在师范院校毕业生中进行普通话水平等级测试，按照国家的普通话水平测试大纲，各校对应试学生进行了测试前的强化培训，通过培训，大部分学生均能达到国家规定的等级。初步统计，到1999年底，全省除黔西南州外，其他8个地（州、市）的师范院校毕业生均参加了由省教委普通话培训测试中心组织的测试，测试结果，70%左右的学生均达到国家要求，受试学生约1.5万人左右。

1999年，贵州省采取考试和考核相结合的办法，组织了全省最后一次“民转公”工作。凡考试考核合格的民办教师，均可转为公办教师，对考试、考核不合格的，将区别不同情况，或实行离岗退养，或予以辞退。至此，全省已基本解决了民办教师问题。

撰稿　吴刚平　程　蓓
杨慧娟　滕　义

高等教育

〔**宣传贯彻《高等教育法》**〕　1999年贵州省继续宣传贯彻《高等教育法》，全省高校扩大招生，在发展规模上取得突破，结束了无万人大学的历史；大学毛入学率由上年的3.6%上升到1999年的4.2%，应届高中毕业生入学率由上年的30%提高到1999年的50%左右。高校结构趋向合理。但是，对照《高等教育法》规定，贵州省高校办学自主权远未落实，办学条件较差，教师队伍结构不合理等，难以适应西部大开发对高素质人才的需求。省人大、省教委联合执法检查提出了6项对策：(1)进一步宣传贯彻《高等教育法》、加大贯彻实施力度。(2)制定出台相关政策法规，使全省高校办学自主权尽可能得以落实。(3)加强地方立法，支持民办高等教育发展。(4)落实高校后勤社会化改革的有关问题，带动高校内部管理体制改革。(5)多方筹措高等教育经费，解决投入不足、办学条件差的问题。(6)尽快成立贵州省学位委员会，采取切实措施解决无院士、无博士点、无全国重点大学“三无”状况，支持高校解决教师队伍断层严重问题。

撰稿　詹中志

〔**扩大招生规模**〕　1999年，在省委、省政府的领导下，通过有关部门的积极支持，各学校努力配合，努力挖掘办学潜力，顺利完成了普通高校的扩招任务。贵州省1999年原安排普通高等学历教育招生计划（含电大普通班）18 600人，已比上年增加2 000人，增长12.0%；成人高等学历教育招生计划12 920人，比上年增加100人，增长0.78%。扩大招生后普通高等学历教育招生计划为27 220人，比原安排招生计划增加8 620人，增长46.3%，比上年增加10 620人，增长64%，实际完成27 137人。成人高等学历教育扩大后招生计划为16 880人，比原安排招生计划增加3 960人，增长30.7%，比上年增加4 060人，增长31.6%，实际完成16 880人。

撰稿　黄　琳　段志茹

〔**国际教育交流**〕　1998年6月，中美两国政府签署了《中华人民共和国与美利坚合众国关于在中国实施美国志愿者项目的协议》。1999年8月，该项目开始在贵州省实施。该项目的实施的宗旨是：由美方向中方指定的项目院校派遣志愿者，义务服务于项目院校的英语教学，提高有关项目院校的英语教学水平，并以此为契机，进一步促进中美两国人民之间的相互了解，增进中美两国人民的友谊。贵州省首次进入项目的院校是贵州教育学院、遵义医学院，每校2名志愿者担任英语教学工作，来回旅费及工资由美方支付，学校只提供免费住宿，任期两年。

贵州省师范高等专科学校与英国海外服务社（VSO）的合作已有10多年，由于双方的共同努力，志愿者们在贵州省的教学工作取得了一定的成绩。为在今后的教学与科研工作中更上一个台阶，省教委外事处与VSO北京代表处合作，于1999年12月召开了贵州省聘用VSO志愿者院校研讨会。来自全省各师专的外语系主任、VSO北京代表处负责人、聘用的VSO教师及全省部分中学英语教学教师等近30人参加了研讨会。会议交流了经验，商讨了工作中出现的问题及解决问题的办法和措施，并就如何进一步完善教学手段、提高教学质量进行了研讨，达成了共识。

撰稿 朱 琴

成人教育

〔**社会力量办学**〕 1999年，贵州省加强对社会力量举办的各级各类教育机构的指导和管理，进一步深入开展社会力量办学调研工作；批准设置5所社会力量举办成人中专，2所普通中学；同意建立"贵州智祥扇形快速写作学校"；贵州商业高等专科学校获准举办高等教育自学考试社会助学班。

〔**农村成人教育**〕 1999年，全省共扫除青壮年文盲300 037人，文盲率为8.4%，比上年下降0.9个百分点；非文盲率上升至91.6%。

受省政府委托，由省教委组织有关部门和地（州、市）教育行政部门组成的扫盲验收团，对岑巩、道真、水城、毕节4县（市）进行基本扫除青壮年文盲单位验收，其各项指标均达到国务院《扫除文盲工作条例》的要求，报经省政府批准上述4县（市）为基本扫除青壮年文盲单位。至此，全省已有62个县（市、区）通过扫除青壮年文盲单位验收，占全省总县数的72%。

1999年，贵州省10所农民文化技术学校和9名扫盲先进工作者获教育部第四届"中华扫盲奖"；11个扫盲先进单位和19名扫盲先进个人获省表彰。全省各级农民文化技术学校继续加大扫盲巩固力度，开展各类技术培训达120万人次以上，为巩固脱盲成果，帮助农民脱贫致富奔小康发挥了积极作用。

〔**成人高、中等教育**〕 贵州省加强了对高等职业教育试点学校的指导和管理，贵州省电子工业职工大学、贵州航空工业职工大学、贵州政法管理干部学院、贵阳职工大学等8所成人高校和5所普通高校的47个专业获准举办高等职业教育班；加强对广播电视大学"注册视听生"工作的管理；进一步加强对省内外普通（成人）高校设立成人教育函授站审核备案和管理工作，继续实行年度审核检查制度；加大成人高校校长培训力度；加强对成人专科升本科学历教育以及成人高等教育证书管理，从1999年起，贵州省独立设置的成人高等学校和普通高等学校举办的成人高等教育本、专科毕业生，均使用教育部新统一印制的成人高等教育毕业证书，加盖贵州省教委自行刻制的验印章。

加大成人中专改革力度；批准省政府司法警官学校举办监所管理专业成人中专专修班，700多人入学；加强对成人中专教学质量管理，继续选拔成人中专优秀毕业生进入成人高校学习深造。

为进一步深化全省成人高、中等学校教育的改革和发展，加强对专业设置、调整的宏观管理和指导，省教委对各类成人高校、成人中专校（班）所设专业进行了认真核查，核准公布了全省31所各类成人高校的440个专业，73所成人中专校（班）的370个专业，作为学校今后继续招生办学的依据。

撰稿 钱光祥 何秀黔 雷忠勇 孙永红

〔**成人大中专学校招生工作**〕 1999年，贵州省各类成人高校调整后的招生计划总数为22 852人。其中，国家部委属院校5 546人，占总计划的24.3%，外省院校426人，占1.86%，省内院校16 880人，占73.86%；专科20 385人，占计划总数的89.2%，高中起点升本科447人，占1.950%，专科起点升本科2 020人，占8.84%；普通高校9 519人，占41.65%，成人高校13 333人，占58.34%；省内普通高校6 589人，占省内计划总数的39%，省内成人高校10 291人，占省内计划总数的60.96%，成人中等专业学校招生计划数为19 131人。

全省报考全国各类成人高校总人数为44 997人，计划数与报名数之比为1∶1.96。其中，国家部委属院校11 253人，占报名总数的25%，外省院校1 375人，占3.1%，省内院校32 369人，占71.93%；专科39 112人，占报名总数的86.92%，高中起点升本科1 510人，占3.36%，专科起点升本科4 375人（非师范类1 886人，师范类2 489人），占9.72%；文科280 008人，占报名总数的62.24%，理科16 989人，占37.76%，文理科比例为1.65∶1，部委属和外省院校的报名数比上年增加了25.4%，省属院校比上年增加了30.3%；20岁以下的报名数15 251人，占报名总数的33.9%。

根据教育部和贵州省招生委员会确定的最低录取控制分数线，贵州省1999年录取各类成人高等学校考生总数为22 748人，完成总计划数的99.5%。其中：省外院校（含部委属和外省院校）5 868人，占录取总数的25.8%（完成省外院校计划数的98.26%），省内院校16 880人，占录取总数的74.2%（完成省内院校计划数的100%）；专科20 277人，占录取总数的89.14%（完成专科招生计划数的99.47%），高中起点升本科546人，占录取总数的2.4%（完成高升本招生计划数的122.15%），专科起点升本科1 925人，占录取总数的8.5%（完成专升本招生计划数的95.3%）。

成人中等专业学校录取17 210人，完成招生数计划的89.96%。

撰稿 杨尚连 梁兴福

〔**自学考试与社会考试**〕 1999年贵州省共组织四次自学考试，共设置专业60个，其中本科17个、专科35个、中专8个。报名人数146 768人，报考375 864科次。毕业生人数6 110人，其中本科115人、专科4 895人、中专1 100人。

全年计算机等级考试有5 249人报考9 996科次，其中有1 440人获合格。电大注册视听生有2 710人报考7 817科次。组织了计算机应用、会计电算化、医学护理、工民建、农学类、音乐、美术等专业的实践性环节考核和英语听说能力的考试。完成600门课程的命题任务及各专业考生的免考审批、毕业生资格审查。

撰稿　任丽莉

民族教育

〔**综述**〕　1999年，贵州省各级各类学校在校少数民族学生258.12万人，占在校学生总数的35.90%。加大高等学校少数民族预科教育的改革与发展力度，积极引入竞争机制，加强管理，使高等学校少数民族预科的教育教学质量普遍提高。继续办好民族中小学和中小学寄宿制民族班。全省有民族中学115所，在校生85 439人；民族小学254所，在校生90 555人。中小学寄宿制民族班140多个，在校生7 000多人，民族中小学和中小学寄宿制民族班主要面向边远民族地区招生。各地根据不同情况，改善办学条件，采取定点、定指标等方法招收少数民族学生，努力使少数民族学生进得来、留得住、学得好。1999年，全省小学在校少数民族学生占在校学生总数的比例为34.46%。积极开展与深圳、青岛、大连、宁波4城市的教育对口帮扶工作。1999年此项工作取得新进展，据不完全统计，4城市又先后援助教育资金600多万元，帮助贵州省贫困地区建立中小学。由深圳市教育系统援建的桐梓县鹏城小学已建成使用，深圳方面共投入资金190万元。大连市与六盘水市已签定协议帮助贵州省六盘水民族中学建设一栋图书楼，大连市援助资金120万元。深圳市派出100名优秀骨干教师组成的教育考察团赴贵州省考察，加深了对贵州省民族贫困地区的了解，建立了一批姊妹学校。青岛、宁波、大连派员考察了贵州省教育，进一步建立了协作关系。贵州省还选派了82名民族贫困地区中小学校长赴上述4个城市的中小学进行为期半年的挂职培训，学习先进的教育思想和管理办法。

〔**中小学民族团结教育**〕　1999年，贵州省在中小学开展民族团结教育活动，使中小学各民族学生初步了解中国56个民族的历史、文化、宗教、风俗习惯，初步认识和理解马克思主义关于民族、宗教问题的基本理论和党的民族、宗教政策，有利于使广大少年从小树立正确的民族观，养成自觉维护民族团结意识和良好的行为习惯，对于实施素质教育，加快改革开放，促进民族团结、保持社会稳定，都有重要的意义。贵州省是一个多民族的省份，少数民族人口占全省总人口的36.77%，积极地开展此项工作意义尤为重大。根据教育部、国家民委《关于全国中小学开展民族团结教育活动的通知》、《关于中小学民族团结教育活动实施工作的几点要求》等文件精神，贵州省已全面布置在中小学开展民族团结教育活动的工作，并积极探索方法和措施。

〔**高校少数民族预科班**〕　1999年，贵州省高校少数民族预科班共招生590人。对全省高校少数民族预科班的阅读写作、数学、英语3门主干课的教学作了统一要求，对本科预科和部分专科预科实行统考，还作出了本科预科生在结业成绩名列前茅的学生，可重新选择专业等规定。实行这些措施的目的是在高校少数民族预科的教育教学中引入竞争机制，不断提高教育教学质量，实践之后效果明显。

撰稿　王晓红

审稿　金正宇　鲁源安　宋广强

云南省教育

概况

〔基本情况〕

1999 年各级普通学校基本情况

单位：人

学校类别	学校数（所）	毕业生数	招生数	在校学生数	教职工数 计	教职工数 其中：专任教师
总　计	26 970	1 188 087	1 930 232	7 451 332	413 990	342 605
一、研究生	(15)	387	822	2 077		(992)
1. 高等学校	(9)	341	740	1 840		(876)
2. 科研机构	(6)	46	82	237		(116)
二、普通高等学校本专科	24	15 757	27 502	73 902	18 297	8 296
本科院校	11	7 210	15 320	45 276	14 341	6 160
专科院校	13	8 547	12 182	28 626	3 956	2 136
分校、大专班						
三、普通中等学校	2 654	514 828	738 131	1 973 550	153 340	114 140
1. 中等专业学校	136	35 029	36 460	119 484	15 290	8 304
中等技术学校	108	24 920	26 906	89 559	11 641	6 144
中等师范学校	28	10 109	9 554	29 925	3 649	2 160
2. 技工学校	83	16 687	13 542	40 730	5 385	
3. 普通中学	2 225	428 065	629 347	1 674 413	122 821	98 927
高中	407	51 543	74 290	194 212		13 511
初中	1 818	376 522	555 057	1 480 201		85 416
4. 职业中学	209	35 039	58 772	138 907	9 835	6 900
高中	189	31 738	36 985	87 426		6 246
初中	20	3 301	21 787	51 481		654
5. 工读学校	1	8	10	16	9	9
四、小学	22 705	656 091	705 991	4 808 006	216 538	201 125
五、特殊教育学校	19	1 024	1 623	16 304	559	426
六、幼儿园	1 568		456 163	577 493	25 256	18 618

政性教育经费支出占国内生产总值的比例3.9%，比上年的3.65%提高0.25个百分点，预算内教育经费支出（含城市附加）占财政支出的18.22%，比上年降低0.64个百分点。

全省教育经费总支出中教育部门支出77.1亿元，其中：国家财政性教育经费支出65.7亿元，社会捐集资办学、学杂费等其他支出11.4亿元。

1999年，中央和省级补助各地、州、市各种教育专款4.51亿元，其中：省级专款3.15亿元，中央专款1.36亿元，促进了各地"两基"工作的实施。

撰稿　陈跃琼

〔云南省教育工作会议〕　12月25日～26日，云南省教育工作会议在昆明召开。这次会议的主题是：认真贯彻落实党中央、国务院召开的第三次全国教育工作会议精神，动员全省各族人民解放思想，深化改革，全面推进素质教育，大力实施科教兴国战略，为积极投入西部大开发，实现全省跨世纪发展目标奠定人才和知识基础。

省委书记令狐安在会上作了报告。报告根据第三次全国教育工作会议精神和云南实际，提出全省教育工作的总体要求是：以邓小平理论为指导，解放思想、实事求是，紧紧围绕实施西部开发战略和建设绿色经济强省、民族文化大省的宏伟目标，坚持教育与经济社会发展相结合，以改革开放为动力，全面推进以德育为核心、以创新精神和实践能力为重点的素质教育，不断提高教育质量和水平，建立健全经科教、产学研相结合的教育发展机制，形成基础教育、职业教育、成人教育、高等教育、民族教育和民办教育协调发展、结构合理、衔接沟通、与云南经济社会发展相适应的现代教育体系。并指出：要实现这一目标，必须实现6个新突破：(1)要在教育体制改革上实现新突破。即鼓励形成各级各类学校面向社会自主办学、适度竞争、优胜劣汰的办学体制。(2)在教育结构调整上实现新突破。按"以集中办学为方向，宜并则并，宜增则增"的原则，优化中小学校校点布局。在高校中，围绕生物资源、旅游业、高新技术等新主业的培育和传统产业的改造，调整专业设置，继续扩大招生规模。(3)在教育内容、方式、方法改革上实现新突破。改变"填鸭式"教学方式和方法，建立利于全面提高学生素质，发展个性，提高创新创造能力的课程体系。(4)在发展民办教育上实现新突破。在全力抓好公办义务教育的同时，积极发展民有民办、民办公助、国有民办、合作办学等办学形式，要大胆探索以民办方式发展非义务教育的新路子，努力形成以政府办学为主体，社会各界共同参与，多种办学形式共同发展的新格局。(5)在大力发展职业教育上实现新突破。要把职业教育作为推动云南经济社会发展的重大问题抓紧抓好，实行学历与职业资格两种证书制度。(6)在发展民族教育上实现新突破。要遵循实事求是、区别对待、分类指导的原则，在充分尊重和保护少数民族语言文字的地方，要强化汉语文和外语学习。对广泛运用少数民族文字的地方，要继续坚持汉语文和少数民族语文双语教学，但对小学高年级以上的学生要加大汉语文字和外文学习力度。在只有少数民族语言，但没有文字的地方，要坚持用汉语文字教学。同时扩大各类学校招收少数民族学生的比例，促进各民族青少年之间的互相学习、了解交往、团结友爱和共同进步。

省长李嘉廷也在会上作了报告，提出下

世纪初全省教育改革和发展的主要目标是：到2005年，占全省总人口85％的地区实现普及九年义务教育，人均受教育年限达到7年。到2010年，全面普及九年义务教育，并在部分城镇和经济发达地区有步骤地普及高中阶段教育；基本扫除青壮年文盲，人均受教育年限达到8年。同龄人中高等教育入学率由现在的3.85％提高到11％。为实现这一目标，省政府决定把每年2亿元的“两基”专项资金延长至2002年；动用1亿元的贫困中小学生助学基金本金，从后年起改为由财政每年列入预算1 000万元作为贫困中小学助学金。为切实解决民族、贫困地区“普九”难的问题，将采取3项措施：(1)将半寄宿制学校学生的人均补助由现在的每月7元提高到12元；(2)省定寄宿制民族中小学和33所贫困县一中的民族部学生人均生活补助由每月15元提高到25元；(3)对边境沿线行政村学校中小学生免收杂费、课本费、文具费。以上3项合计，省财政每年支出4 000万元。

副省长梁公卿在会议闭幕式上作了总结报告。指出贯彻会议精神要把握三个重点，处理好四个关系。三个重点：坚定不移地把“两基”作为教育工作的“重中之重”；进一步推进高校后勤社会化改革；进一步促进教育与经济、科技的结合。四个关系：处理好学生的思想政治素质和科学文化素质的关系；处理好发挥高等教育龙头作用与“两基”是“重中之重”的关系；处理好培养人才与人才的关系；处理好增加投入和充分利用现有教育资源的关系。

撰稿　李建福

〔**省教育科学规划领导小组成立**〕　为充分发挥教育科研在全省教育改革和发展中的先导作用，走“科研兴教”之路，2月23日成立了由省教委主任杨崇龙为组长的云南省教育科学规划领导小组。

省教育科学规划领导小组成立后，制定了《云南省加强教育科研工作的实施意见》、《云南省教育科研课题管理暂行办法和课题规划》、《云南省教育科研课题评审标准》，编印了《云南省教育科研项目(课题)申请、评审书》，并受理课题的申报评审工作。截止到年底，共受理全省申报的教育科研课题51项，经学科规划组的初评和省教育科学规划领导小组办公室组织专家复评，确定了“云南省教育发展研究”、“云南省教育科研‘十五’规划课题研究”、“云南省高等教育改革与发展研究”3个课题为省级重点课题，确定“峨山县中小学学习方法指导实验研究”等5个课题为省级规划课题，确定“素质教育与师专师资管理”等20个课题为省级立项课题。

撰稿　曾传虎

〔**大中专毕业生就业综合网络系统开发**〕

省教委组织研制开发的“云南省大中专毕业生就业综合网络系统”获得成功。该项目包括毕业生生源业务处理子系统、需求业务处理子系统、毕业生计划管理子系统、构架web站点、网上查询系统、网上动态录入系统及办公自动化系统。云南省大中专毕业生就业管理服务信息网站于10月31日开通，可适时地将有关政策、供需信息、单位情况介绍等在网上动态公布。供需双方可在网上进行信息交流。该项目所用的开发平台先进，设计思想新颖，方法合理，较充分地体现了实用性、简洁性、规范性、安全性。为全省毕业生就业无形市场的建设填补了一项空白，为营造大中专毕业生就业公开、公平、竞争的择业环境提供了前提条件。

撰稿　卢宇辉　陈永进　朱华山

〔**普通话水平测试工作**〕　1999年3月8日，副省长梁公卿率省政府办公厅部分公务员到普通话培测中心视察工作，并接受普通话水平测试。6月、11月，分两批对全省聘期已满的测评员进行了续聘考核。考核内容含理论、口语和实作三项。普通话水平测试工作拓展至全省各中专、技校和职业学校，这几类学校已将毕业生的普通话口语成绩与毕业证挂钩，加强了学生的语言素质教育。截止12月底，全年共测试各类人员80 168人次。

撰稿　李竹屏

基础教育

〔**综述**〕　1999年，全省小学适龄儿童入学率达到99.0%，比上年提高0.3个百分点；小学毕业生升学率88.0%，比上年提高5.4个百分点；小学生辍学率1.92%，比上年下降0.83个百分点；初中学龄人口入学率69.6%，比上年提高6.8个百分点；初中生辍学率3.04%，比上年下降1.55个百分点。21个县基本实现普及九年义务教育，11个县基本实现普及六年义务教育。全省共扫除青壮年文盲近40万人，16个县基本扫除青壮年文盲。青壮年文盲率下降到10%，比上年降低1个百分点。实验教学普及县1999年验收21个，全省已有41个县达到实验教学普及县标准，有力地巩固了普及义务教育的成果。小学布局调整初见成效，1998年推广华宁县华溪乡的经验后，小学校减少475所，教学点减少1 083个。1999年小学校又减少544所，校点减少1 134个。

撰稿　郎畴生

〔**"两基"评估验收**〕　1999年，经省教委组织检查评估，省政府批准验收，基本普及九年义务教育和扫除青壮年文盲县有宣威市、双柏县、弥勒县、祥云县、洱源县、永胜县；普及九年义务教育的有禄劝彝族苗族自治县、师宗县、富源县、南华县、大姚县、新平彝族傣族自治县、泸西县、景谷傣族彝族自治县、景东彝族自治县、漾濞彝族自治县、宾川县、昌宁县、施甸县、临沧县。以上20县市连同1998年已经省政府验收而教育部未予公布的腾冲县通过复查后，共21县基本普及九年义务教育。至此，全省共有67个县（市、区）基本实现普及九年义务教育，占全省人口总数的53.0%。

此外，省政府还批准验收了扫除青壮年文盲的武定县、元江哈尼族彝族傣族自治县、江城哈尼族彝族自治县、勐腊县等10个县。到1999年底，共有93个县（市、区）通过扫除青壮年文盲评估验收（含67个"两基"县、市、区），占全省人口总数的69.3%。

1999年通过普及六年义务教育评估验收的县市有大关县、巧家县、墨江哈尼族自治县等11个县。至此，全省共有116个县（市、区）普及六年义务教育（含“普九”县67个），占全省人口总数的89.1%。

撰稿　李晓南

〔**现代教育技术实验工程**〕　现代教育技术实验“11（28）工程”，是根据原国家教委《关于设立“全国中小学现代教育技术实验学校”的通知》精神，从1998年起开始启动的，实施此项工程的目的是：经过3～5年的努力，在全省中小学培养（培训）1 000名左右的教育技术（电化教育）工作骨干教师，并建设形成学校主管部门支持教育技术工作、学校领导有教育现代化意识、学校教师积极主动应用教育技术、学校的硬件建设、软件建设和教育技术科研、教学环境优良的“六达标”现代教育技术实验学校100所，其中，20所建成国家级实验学校，80所建成省级实验学校。1999年此项工作取得较大进展。制订印发了《云南省现代教育技术实验学校项目方案》和《云南省基础教育运用现代教育技术实验研究方案》。在1998年已被认定5所国家级实验学校的基础上，1999年又建设了10所实验学校报教育部审批。年内建设了30所省级实验学校。全年举办“教育技术培训班”4期，共培训各种教师256人。在5个地州、12个县（区）的35所学校进行了“运用现代教育技术促进素质教育”和“优化教学过程，构建新型教学模式”课题实验工作，并结合上述工作的开展论证审批了第二批课题实验学校（27所中小学），审批了47个子课题的实验方案，同时进行了相关的教育教学理论、教育法以及教育科学实验研究的培训（400余人次参加）。

撰稿　代荣琼

〔**普及实验教学**〕　继1998年云南省首批验收20个实验教学普及县后，1999年又有21个县通过省实验教学普及验收。至此，全省已有41个县获得“实验教学普及县”称号。已普及实验教学的县，在实验用房、内部设施、仪器配备、实验教师队伍、实验教学开展方面，基本达到省定标准。此项工作推动了中小学实验室建设：(1)实验室面积有较大幅度增加，中学达到84.6万平方米，比1998年增加10.3万平方米，小学达到41.9万平方米，比1998年增加6.2万平方米；(2)理科教学仪器配备达标率再创新高，完全中学达到95.2%，初级中学达到84.4%，完全小学达到76.8%，分别比1998年提高2.6、1.1和7.4个百分点；(3)实验用房及配备标准明显提高，中学用房达标1 343校，占77%，完全小学用房达标6 753校，占43%；仪器配备，中学达到一、二类标准的1 559校，占配备总数的87%，完全小学达到一、二类标准的6 493校，占配备总数的53%。实验室管理、实验教师培训得到进一步加强，实验教学的开展从课堂扩展到课外活动，从完成教学大纲内容向各种科技活动展开，不断培养学生的动手能力和创新精神。

撰稿　李　润

〔**签定残疾儿童少年义务教育项目责任书**〕　为大力提高义务教育阶段残疾儿童少年入学率，省教委与教育部签定了1999～2000年残疾儿童少年义务教育项目责任书。主要内容如下：(1)1999～2000年，云南省新建特殊教育学校8所，改扩建特殊教育学校2所；2000年，全省特殊教育学校数达到25所，在校学生数达3 079人。国家补助云南省新建特殊教育学校经费100万元，改扩建特殊教育学校经费30万元。(2)1999～2000年，云南省新建普通学校特教班30个，接受省级培训的教师达300名；2000年，普通学校特教班和随班就读残疾学生数达到15 973人。国家补助云南省特教班和随班就读经费50万元。(3)云南省负责落实项目配套资金，以确保责任书所列项目目标的实现。(4)教育部基础教育司将以教育统计部门上报的正式统计数据为准，组织力量对有关项目目标进行评估。(5)2000年，云南省如未能达到项目责任书确定的目标，教育部将酌情减少2001年云南省的特殊教育补助费的拨付金额。

撰稿　吕志雄

〔**幼儿教育**〕　4月21日～23日，省教委在思茅市召开全省幼儿教育工作会议。会议进一步贯彻落实了全国、全省幼教事业"九五"发展目标实施意见，总结、部署了下一步的工作，研讨了加强全省幼儿教育工作的意见，交流了经验，参观了思茅地区的两所幼儿园，对全省首批112所一、二、三级幼儿园等进行表彰并授予铜牌和证书。会议促进了全省幼教事业的改革和发展。据年底统计：全省在园（班）幼儿总数比上年增长6.2%，入园（班）率比上年提高1.4个百分点。

制定《幼儿素质发展评价手册》。为贯彻素质教育从幼儿阶段抓起的精神，省教委以《幼儿园工作规程》的教育目标为主要依据，组织幼教专家编写了《幼儿素质发展评价手册》。《手册》采取定性与定量相结合的办法，把过程性评估与终结性评估有机结合起来，科学、全面的反映幼儿3年来的素质发展水平。幼儿教师通过《手册》掌握每个幼儿素质发展情况与本班总体水平，研究个体差异，采取相应措施，提高保教质量；幼儿家长通过《手册》的记录，可了解自己的孩子素质发展现有水平与应有水平，配合幼儿园，改进家庭教养方法，科学育儿；幼儿园的领导可根据评估标准和评估结果，有针对性地对班级实施的幼儿园教育目标进行检查和指导；同时，也是教育部门对幼儿园幼儿素质发展认可性评估的依据。

首家股份制幼儿园成立。保山市股份制幼儿园于1998年12月9日破土动工，1999年8月10日竣工，9月1日正式开学。保山市股份制幼儿园是由政府无偿提供土地，保山市幼儿园全体教职工入股投资286万元建成的，是全省第一家股份制幼儿园。

撰稿　张晓村

〔**全省教师进修学校校长会议**〕　6月22日～24日，省教委在曲靖市召开了首次全省教师进修学校校长会议。会议总结了全省改革开放以来中小学教师在职培训工作所取得的经验：(1)师训工作必须树立全心全意为基础教育服务的思想，以基础教育改革和发展为目标，适度超前；(2)必须把做好中小学教师培训工作作为政府职责；(3)必须坚持以法治教、依法施训；(4)必须建立和加强以教师进修院校为主体的中小学教师培训网络；(5)教师进修校必须坚持社会主义办学方向，坚持"两全"，提高办学效益；(6)中小学教师培训工作必须坚持从实际出发，分区规划，分类指导。

会议明确了全省教师进修学校跨世纪的发展目标和工作任务。首先，要尽快实现全省教师进修学校工作重点的转移，即从以学历补偿教育为主，转移到学历合格后的继续教育为主。其次，要对教育进修学校的任务进行新的定位：经过加强、充实、提高，主要承担小学教师继续教育任务，并作为中学教师继续教育工作辅导站；通过与当地教研机构、电教机构的配合，合作或合并，建成本县（市区）在教育教学、信息资料、实验、现代教育技术、教育科学研究等方面具有指导作用的教育中心。第三，根据教师进修学校新的定位，结合本县（市区）的实际，确定学校与其所承担任务相适应的新的建设目标。为实现新的建设目标，一方面，政府和主管部门要在干部教师队伍配备、经费投入、基本建设、技术条件装备等资源配置上重点给予保证；另一方面要根据教育产业化的需要，加大改革力度，使教师进修学校具有自身发展的动力和活力。

撰稿　高云姝

〔教师队伍建设〕 1999 年全省继续完善中小学教师“三沟通”学历培训的教学管理、招生和考务工作。共录取“三沟通”学历培训学员8 869人，其中“小大专”学员5 955人，“专升本”学员2 914人。在校生已达20 000人，已有14 326名“三沟通”学历培训学员获得了毕业证书。

全省中小学教师履职晋级培训考试工作进展顺利。共有348 713名中小学教师报名参加了春秋两季共 42 科次课程的培训工作，其中有296 615人次参加了培训考试，考试总合格率为 90.3%，共有268 046 人次考试合格，获得所学课程的相应学分，为其履职晋级考核及评优评先考核奠定良好基础。

撰稿　李勇莉　高云姝

职业教育

〔综述〕 1999 年，全省有中等专业学校 136 所，比上年减少 6 所；职业中学 209 所，比上年减少 2 所。高中等职业技术教育在校生与普通高中在校生之比达到1.45∶1。1999 年，在全省农村、贫困地区开展“初二分流”、“初中 2.5 分流”、“农村综合初中”的试验，将发展职业初中纳入当地普九统筹规划。1999 年新建规范化初中后“3＋1”校点100 个。与此同时，扩大高职招生比例，招生3 490人，高等职业教育在校生达到5 000人。其中面向普通中专、职业高中（职业中专）、技工学校应届毕业生对口招收 634 人，占高职招生总数的 20%。

根据《中华人民共和国职业教育法》，近期发展云南省职业教育的指导方针是：重视发展初等职业教育，大力发展中等职业教育，积极发展高等职业教育。深化改革，调整布局，优化结构，提高水平，使规模、结构、质

的具体目标是：全省高校平均师生比达到1∶14；具有教授、副教授职称的教师比例，教学科研型高校为45%～55%，教学为主的本科高校为45%，职业技术学院和专科学校为15%～25%；具有研究生学历教师的比例在少数教学科研型的高校达到80%（其中具有博士学位教师比例达到30%），教学为主的本科高校争取达到60%，职业技术学院和专科学校争取达到30%；加强学术梯队建设，重点培养一批在国内外享有较高学术声誉和学术上具有权威性的专家学者。

撰稿　谢怀昆

〔**专业建设与整理**〕　1999年，经学校自愿申报、专家评审、实地考察，首批列入省级重点建设专业的有7所高校的12个本科专业：云南大学的旅游管理、统计学、计算机科学与技术；云南师范大学的教育学、数学与应用数学；昆明理工大学的环境工程、机械工程及自动化；云南民族学院的中国少数民族语言文学；云南农业大学的农学、植物保护；西南林学院的林学；大理医学院的药学。

普通高校进行专业整理和抽检工作。3月，全省普通高校现设本、专科专业整理工作全部完成。经过整理，25所普通高校共设置本、专科专业381个，比上年减少62个，其中：本科专业209个（减少13个），专科专业172个（减少49个），专业效益从过去每专业142人提高到165人。之后，省教委又对普通高校的经济学类、计算机类、旅游管理类布点较多的专业进行抽检，有15所高校的36个专业通过抽检，3个专业暂缓通过，建议取消1个专业。

撰稿　叶　绿

〔**人才培养模式改革和开放教育试点**〕为推动实施“现代远程教育工程”，进一步落实《关于广播电视大学贯彻〈中国教育改革和发展纲要〉的意见》，经中央广播电视大学确定，云南省广播电视大学被列为“中央广播电视大学人才培养模式改革和开放教育试点”项目单位。经教育部组织专家评审，批准本、专科计划招生1 600人，其中，本科的法学和英语两个专业700人，专科的教育管理、水利水电工程两个专业900人。在全省报名学习人员中，经审录合格的1 836人，实际注册人数为1 469人。

撰稿　孙云宾

〔**高校科技工作**〕　高校科技工作出台了《关于加强云南省高等学校科技工作的意见》、《云南省省级重点学科建设管理办法》。全省高校获省自然科学奖22项，有15项成果获省教委科技进步奖，29项成果获省教委人文社会科学研究成果奖。组织了“留英学人为云南建设服务团”活动，签订了36份合作意向，涉及40多个项目。

创办云南省大学科技园。7月8日，云南省大学科技园经省政府批准，正式挂牌。首批进入大学科技园的有云南大学、昆明理工大学等5所高校，已有31个企业（项目）获准首批入园，投资金额达10 220万元。云南省大学科技园被科技部、教育部批准作为首批15个大学科技园之一进入国家大学科技园建设试点的行列。全年高校科研经费达到1.1亿元，并争取到了国家自然科学基金重点项目、“863计划”项目、国家计委高新技术产业化示范项目和一批省级攻关项目。全省175名跨世纪学科学术带头人中，高校有90人，占全省51.7%。

“云南省高新技术创新人才培养基地建设方案”，经省政府批准，已正式启动基地遴选工作。云南大学、云南农业大学、昆明医学院被批准为“省产学研联合研究中心”。认真总结昆明理工大学“矿业开发产学研联合中心”和原云南工业大学的“动力机械产学研联合研究中心”的创办经验，推动了全省高校科技体制改革、科技工作的开展和高新技术与产学研的有机结合。

撰稿　郎畴生　邹　平

〔**“两课”教学改革与建设**〕　全省实施“两课”新方案工作取得了初步成效。(1)根据教育部颁布的新课程大纲，省教委组织高校的专家教授编写省编“两课”教材。8月底，新编“两课”7门课教材全部出版，并已使用。(2)省教委对全省“两课”教师基本情况进行调查，为“两课”教师队伍建设工作提供了决策依据。(3)举办了暑期全省高校“两课”教师培训班，参加培训教师达370人。(4)为及时了解“两课”新方案的实施情况，省教委组织“两课”督导组对在昆7所高校进行随班听课、评课等调研工作。(5)完成了《思想道德修养》(财经类)、《司法职业道德》、《卫生法学基础》、《法律基础》(师范类)4门教材的出版工作。(6)出版了云南省高校“两课”教师撰写的有关“两课”教学热点、难点问题研究的优秀论文集《邓小平理论学习与研究》。(7)根据教育部、国务院学位办《关于开展高等学校“两课”教师在职攻读硕士学位的通知》，对高校“两课”教师在职攻读硕士学位情况进行调研，做出1999～2001年的培训规划。

撰稿　杨丽宏

〔**毕业生就业情况**〕　1999年全省有普通高等院校、中等专业学校毕业生、毕业研究生6.2万人，比上年增加近1万人，增幅达17%。毕业生人数是云南省历史上最多、增幅最大的一年。实际列入就业计划的统分毕业生45 296人，其中，本科8 823人，专科8 085人，中专28 388人；另有近300名研究生列入教育部编制的研究生就业计划。主要开展了以下工作：(1)加快毕业生就业市场建设。省教委等职能部门分别举办了全省大中专毕业生就业“供需见面、双向选择”会议及毕业生就业工科类、师范类、非公有制经济类等专业市场。各地州市、一些行业也举办了以本地、本行业为主的毕业生就业区域及行业市场。(2)逐步推进毕业生就业市场化、法制化、信息化进程。把云南省大中专毕业生综合网系统及办公自动化系统在各高校、各地州推广运用，并在中国教育信息网络上建立了云南省大中专毕业生就业信息网站，逐步实现毕业生就业市场从传统的劳动力密集型管理向以信息技术为基础的现代管理模式转变。(3)加强宏观调控和行政管理职能，积极疏通毕业生就业渠道，缓解就业矛盾，完善配套政策。各地对毕业生自主创业、到非公有制经济就业制订了相应的优惠政策。制订了毕业生就业的“三鼓励、三优先”政策。同时，放宽了毕业生就业时间、空间限制，一定程度上打破了条块分割界限。(4)加强毕业生就业制度改革的调研和实施。中央政策研究室和省委政策研究室及省有关部门对全省毕业生就业情况进行了全面调研和分析，使工作具有前瞻性和现实操作性。形成了符合省情的《1999年全省就业工作意见》。(5)强化了毕业生思想教育和就业指导工作。各高校和省属中专学校都开设了毕业生就业指导课。省教委表彰了850名优秀毕业生和100名主动赴边疆、艰苦行业、重点单位就业的先进毕业生。通过有效的市场调节和合理的宏观调控，全省较好地完成了毕业生就业工作。到地州市就业毕业生39 359人，占计划总数的86.89%，其中，到10个边远地州16 481人，占总数的36.39%；到省属单位2 418人，占总数的5.33%；到中央驻滇单位2 235人，占4.93%；到非公有制企业就业529人，占总数的1.17%。在1999年的毕业生中，到国家重点建设单位有2 957人，占总数的6.53%，毕业生一次性就业率达到50%以上，保证了全省经济建设和社会发展对人才的需求。但由于受国家机关人员分流、国有大中型企业减员及经济结构调整，以及毕业生专业、层次、生源分布结构、择业期望值偏高等多方面的影响，截止年底，列入计划安置的毕业生中，仍有7 224名毕业生（本科432人，专科1 115人，中专5 677人）尚未落实就业单位，占计划总数的15.9%。

撰稿　卢宇辉　袁淑文　戴红兵

〔**高校贫（特）困生助学工作**〕　2月初，省教委对全省26所高校贫（特）困生情况进行调查。4月27日，在昆15所高校共同座谈、探讨高校贫（特）困生助学问题，省委、省政府、省财政厅等部门的领导同志参加了座谈。针对1999年全省高校贫（特）困学生不断增加，本金利息不断下降，能得到资助的学生比例呈下降趋势这一现实，要求各高校结合自身情况，积极争取社会各界对本校贫（特）困生的关心和支持，千方百计为贫（特）困生提供勤工助学岗位，进一步规范贫（特）困生资助工作，不让任何一个贫（特）困学生辍学。省财政专款下拨270万元，加上260万元贫困生基金利息，保证全省高校没有一名贫（特）困生因家庭困难而辍学。

撰稿　卢宇辉　陈永进　罗朝新

〔**高校招生计算机网上录取试点工作**〕云南省1999年被教育部确定为计算机网上录取试点省。根据“态度积极、步子稳妥、分步实施”的原则，确定省属5所本科院校各1个本科专业为试点，即云南大学的信息电子技术专业、昆明医学院的口腔专业、云南师范大学的英语专业、昆明理工大学的信息管理系统专业、云南工业大学的计算机科学与技术专业。试点工作按预定方案取得初步成功。

撰稿　杨竹英

〔**省院省校教育合作**〕　省院省校教育合作工作进展顺利，注意抓好已签定项目的落实。在高层次人才培养方面，考取博士后1人，论文博士3人，委培定向博士36人，硕士生3人，免试推荐本科生攻读研究生52人；与清华大学、北京大学、中国农业大学合作举办7个研究生课程进修班，共计264人参加学习；选派省内高校136名教师到国内知名高校进修、访问；开展了11个省级重点学科的建设咨询；聘请了40多名国内知名教授担任省高校的客座与兼职教授；与清华大学、北京大学等开展13项人文社会科学研究项目，进展顺利；清华大学与云南大学合作开办清华大学远程教育云南大学分站，招收研究生课程进修学员近120名。1999年落实的省院省校教育合作经费907万元。

撰稿　郎畤生　邹　平

〔**教育交流**〕 1999年，高等学校共签订对外合作交流协议42个，组织短期出访团组近100个、约400人，接待来访团组210多个、1 000多人。省教委与澳大利亚维州教育部、南澳州政府教育部建立了交流关系；与澳大利亚DEAKIN大学、MELBOURNE大学、英国WOLVERHAMPTON大学在培训、研究生培养、学生交流、教师交流、人员互访等方面签订了交流协议。与澳大利亚南澳州政府教育部合作的雅姿(IELTS)考试中心已在昆明成立。

1999年，有39人申请国家公费留学，经考核，有23人被教育部录取，其中高校21人。地方公费留学选派工作从120名申报者中选派46名普通访问学者赴国外进修。

根据《自费出国留学中介服务管理规定》和《自费出国留学中介服务管理规定实施细则（试行）》的精神，对全省自费出国留学中介市场进行了清理，发出《关于发布〈自费出国留学中介服务管理规定〉的通知》和《云南省自费出国留学中介服务管理暂行办法实施细则（试行）》。根据有关规定，中国留学服务中心云南分中心向教育部、公安部申报自费留学中介机构资格，并获批准，成为云南省唯一一家合法办理自费出国留学中介机构。

撰稿　胡　雷

成人教育

〔**社会力量办学**〕 1999年，全省社会力量办学学校已发展到650多所，其中教育行政部门审批的505所，劳动部门审批的约150所。在教育部门审批的学校中，幼儿园212所，小学17所，中学15所，中专2所，其他类型学校259所。社会力量办学学校在校生16.7万人，毕结业生17.1万人，每年在民办学校学习的学生达20万人。在民办学校工作的专职管理人员和教师有5 600多人，兼职教师有6 800多人。学校的资产约3.6亿元，其国有资产约1亿元，创办者投入1.5亿元，办学积累1.06亿元，社会捐赠近100万元。

为促进全省社会力量办学的健康发展，省教委制定了《云南省实施国务院〈社会力量办学条例〉细则》（草案），待省政府批准执行。发出《关于进一步明确社会力量办学审批和管理权限的通知》，起草了关于社会力量办学的若干规定。

撰稿　段剑新　姚　勇

〔**农村成人文化技术学校建设**〕 1999年，云南省农村成人文化技术学校呈稳步发展趋势，全省共开办乡级成人文化技术学校1 559所，村级成人文化技术学校10 884所，办学面分别为99.3%和80.9%；全年共组织542.8万人次参加各种适用技术培训；组织近10万脱盲人员和小学辍学生进入成人小学班学习，其中5.1万人获得毕业证书。在大面积开办乡村成人文化技术学校的基础上，着力完善乡级成人文化技术学校的办学条件，继续创建省级示范性乡镇成人文化技术学校，全年共评估23所学校，使省级示范学校达到104所；首次把建设合格标准的乡镇成人文化技术学校列入省教委对地、州、市的责任目标考核，全年共建成合格学校232所；组织150余名乡镇成人文化技术学校管理干部和专职教师参加中央广播电视大学"开放教育"试点教育管理专业学习，以解决乡镇成人文化技术学校部分干部和教师学历偏低的实际问题。

撰稿　徐惠珠

〔**成人中专教育**〕　以建立多种形式成人中专教育和终身教育为目标，通过建立现代企业教育制度和职业资格证书制度，采取灵活多样的办学形式，使各类下岗和转岗人员都能接受不同层次和年限的职业培训或学历教育。开展各种形式的短期培训班，一是开展对各类下岗分流人员的培训；二是积极开展各种类型的社会化生活教育，为云南省精神文明建设服务。学历教育的重点放在提高在职人员、转岗人员往届初中毕业生、社会青年以及乡镇企业的职工素质方面，实施"跨世纪素质教育工程"，推动和加快成人中专教育发展，发挥其有效的作用。

加强成人中等专业学校专业建设和结构调整。以专业学科建设为龙头，优化专业结构，调整专业设置，着眼于专业的地方性、灵活性、可行性、超前性、开放性、统筹性。专业建设或改造主要抓课程改革，向智能型、职业型方向发展，加强实践教学环节，强调实践动手能力培养，使课程结构和内容有针对性、适应性；有一定的理论含量、有超前性。教学计划、课程设计和教材编写分别适应成人中专的各种办学规格、培养目标和中等层次岗位培训目标的需要，鼓励成人中专学校向社会推出自己的特色专业，尤其是面向农村，为发展农村的主导产业设置专业。

深化教育教学改革，在广播电视学校、燎原学校试办"中专注册视听生"，以不组班的形式，通过实施学分制，实现中专学历教育。学分制的实施，有利于推进教育观念的转变与管理机制、教学模式和课程内容的深化改革，催发学校主动适应新形势的内在活力。

恢复干部中专专业证书班招生考试工作。进一步强化管理，严格招生，规范工作程序，有领导、有计划、有组织地实施。1999年专修班新生入学考试录取2 587人，转全科班录取学员855人。

撰稿　霍云云

民族教育

〔**边境口岸学校建设**〕　为加强边境口岸学校建设，1996年～1998年，省教委共拨专款3 035万元，地、州、县、乡的配套经费2 936.78万元（其中，地州配套396万元，县配套1 441.32万元，群众集资和个人捐资1 099.46万元），总投资为5 971.78万元。用于26个县边境沿线的68所学校（中学24所，小学44所）的建设，共建校舍面积92 327.28平方米。改善了口岸学校的办学条件，使一批口岸学校基本达到省定九年义务教育必备办学条件标准，为建成一批办学水平较高的窗口学校，适应对外开放的迫切需要，促进边境一线经济和社会发展、增强民族团结，稳定边疆奠定了坚实的基础。

撰稿　吕昆池

〔**民族文字教材建设**〕　7月5日～15日，省教委在昆明召开了建国以来云南民文教材建设史上规模最大、人数最多、内容最丰富的民文教材审定会。经过近半个月的工作，审定并通过了傣族、景颇族、苗族、哈尼族4个民族6种文字的31本小学民文教材。标志着云南民文教材建设逐步走上了规范化建设的轨道。1999年云南省的"德宏傣文小学语文课本第一册"，"德宏景颇族载瓦文小学语文课本第一册"，"苗文扫盲课本"3本民文教材分别获得全国少数民族文字优秀教材一等奖、二等奖和三等奖，受到教育部的表彰和奖励。

1999年，省教委、省民委组织成立了云南省少数民族文字优秀教材评奖委员会。下设16个相关文种的专业组，聘请53人任各专业组委员。评奖委员会的工作职责是：负责云南省少数民族文字教材的评选和奖励工作，并负责向上级有关部门推荐、上报云南省的少数民族文字优秀教材。

撰稿　徐忠祥　杨春城
审稿　杨崇龙

西藏自治区教育

概　况

〔基本情况〕

1999 年各级普通学校基本情况

单位：人

学校类别	学校数（所）	毕业生数	招生数	在校学生数	教职工数	
					计	其中：专任教师
总　计	978	45 780	84 741	372 329	22 746	19 559
一、研究生						
1. 高等学校	(2)		10	10		
2. 科研机构						
二、普通高等学校本专科	4	1 066	1 681	5 249	1 736	765
本科院校	4	1 066	1 681	5 249	1 736	765
专科院校						
分校、大专班						
三、普通中等学校	118	13 989	20 398	51 359	6 195	4 831
1. 中等专业学校	14	1 427	1 664	5 672	1 264	740
中等技术学校	13	640	923	3 178	803	441
中等师范学校	1	787	741	2 494	461	299
2. 技工学校						
3. 普通中学	101	12 092	18 167	44 947	4 861	4 045
高中	17	2 392	4 383	10 075		3 259
初中	84	9 700	13 784	34 872		786
4. 职业中学	3	470	567	740	70	46
高中	3	470	567	740	70	46
初中						
5. 工读学校						
四、小学	820	30 725	58 939	310 437	14 418	13 726
五、特殊教育学校						
六、幼儿园	36		3 713	5 274	397	237

〔**全区第六次教育工作会议**〕 全国第三次教育工作会议后，自治区及时召开了全教会精神传达会议。10月17日～20日，自治区党委、政府召开全区第六次教育工作会议，出台了一系列教育改革发展的目标任务和方针政策，勾画了21世纪初叶西藏教育改革发展的蓝图，对全区进一步落实教育优先发展战略，积极参与西部大开发，为实施西部大开发战略提供人才和智力支持，全面推进素质教育，具有重大意义。会上，自治区党委、自治区政府提出了关于贯彻《中共中央国务院关于深化教育改革全面推进素质教育的决定》的意见，明确今后一段时间全区教育改革和发展的目标。主要精神是：

全面贯彻教育方针，培养社会主义事业建设者和接班人。全面推进素质教育，要贯穿于德育、智育、体育、美育等各方面教育之中，使各方面教育相互渗透，相互促进。要贯穿于幼儿教育、中小学教育、高等教育，社会教育、学校教育、家庭教育等各级各类教育之中，使各级各类教育协调发展，全面推进。切实加强德育工作，培养受教育者坚定地维护祖国统一和增进民族团结，旗帜鲜明地反对达赖集团的分裂活动，要加强马克思列宁主义、毛泽东思想和邓小平理论的教育，使受教育者树立科学的世界观和人生观、价值观，正确的祖国观、民族观、文化观和宗教观。要加强爱国主义、集体主义和社会主义教育，理想、伦理道德以及文明习惯养成教育。要在全体师生员工中深入持久地开展反对分裂、揭批达赖的活动和唯物论、无神论教育。要加强法制教育。依法禁止宗教干预教育。加强校园精神文明建设。严禁一切封建迷信和其他有害于学生身心健康的活动及物品传入校园。要切实改变全区文化课教学质量偏低的状况。加强体育卫生工作。中小学要重视音乐、美术课教学。各级各类学校要加强和改进生产劳动教育。

大力调整教育结构，促进各级各类教育协调发展。坚持“两基”重中之重地位不动摇。基本普及九年义务教育、基本扫除青壮年文盲，是全区教育工作的首要目标。2010年，全区基本普及九年义务教育，基本扫除青壮年文盲。积极发展高中阶段教育。2005年，区内普通高中和各类中等职业技术学校在校生分别达到12 000人，2010年分别达到18 000人。加快发展高等教育。通过发展多种形式的高等教育，拓宽人才培养的渠道。2005年，区内高等学校本专科在校生达到7 000人，2010年达到10 000人。用10年时间，区内外结合，培养1 000名硕士和100名博士。2010年高等教育入学率达到12%。加快发展职业技术教育。完善自治区、地市、县、乡四级职业教育网络。扩大高等职业教育规模。加快中等专业学校结构调整。办好若干所骨干中等职业技术学校。建立学业证书和职业资格证书“双证”制度。自2000年起，实行“先培训，后上岗”制度，使新增劳动力普遍接受不同层次的职业培训。

进一步搞好内地办学。贯彻“长期坚持，适度扩大，逐步完善”的方针，以培养高级专业人才为主，继续办好初中，重点发展普通高中和高等教育。大力提高教育技术手段的现代化水平和教育信息化程度。要开展多样化的电化教育。办好现代教育技术实验学校。创建西藏广播电视大学。

深化教育改革，建立富有生机和活力的教育体制。深化办学体制改革，基本形成以政府办学为主体，社会各界共同参与，公办学校和民办学校共同发展的办学格局。深化教育管理体制改革。要继续完善基础教育主要由地方负责，分级管理的体制。中等职业技术学校的建立及专业设置，由自治区教育行政部门批准。高等学校要依法制定学校章程，面向社会自主办学。高等学校、中等职业技术学校及普通高中实行党委或党支部领导下的校长负责制，其他中小学要继续完善校长负责制。改革学校编制管理办法。自治区教委会同自治区编委重新制订各类学校编制标准。自治区编委根据教育事业规模及编制标准，对教职工编制实行总量控制。人事部门不再具体管理教职工的调配。教师的管理调配由各级教育行政部门负责。

深化农牧区教育综合改革。农牧区教育要坚持主要为当地经济建设服务，为农牧民脱贫致富服务，兼顾升学的办学方向。加强农科教结合，促进农牧区普通教育、职业教育和成人教育的协调发展。农牧区学校要建成传播科学文化知识的基地，科技成果普及和推广的基地，社会主义精神文明建设的基地。

深化招生、考试和就业制度改革。落实高等学校招生自主权。继续做好在内地部分省和区内内地入伍战士中招收大中专生的工作。积极推行大中专毕业生在国家就业政策指导下双向选择、自主择业的就业制度，2000年进行试点，2002年全面实行。深化教学改革。建立国家课程、地方课程和学校课程相结合的课程体系。高等学校和中等职业技术学校要逐步实行弹性的学习制度，允许学生分阶段完成学业。

加强和改进教师工作，提高教师队伍整体素质。建设高质量的教师队伍，是全面推进素质教育的基本保证。用5年时间使小学、初中、高中阶段学校的教师学历合格率及高等学校教师中本科以上学历者均达到85%以上。2010年，小学教师基本达到大专学历层次，初中教师基本达到本科学历层次，高中阶段学校有一定数量的教师达到硕士以上学历层次，本科高等学校教师具有研究生以上学历的达到60%以上。学校逐步推行教师聘任制和全员聘用制。不合格教师要转岗。完善教师培训制度，以在职培训为主，对教师实行全员培训和继续教育。调整师范教育结构。2000年起实施三级师范向二级师范过渡，全区停招中师生，招收小学教师5年制专科生，同时调整内地办学师范教育结构。

增加教育经费投入，促进教育事业发展。以自治区级财政教育拨款为主渠道，保证全区教育事业发展的基本需要。各级政府教育财政拨款的增长要高于财政经常性收入的增长，并使按在校学生人数平均的教育经费逐步增长，保证教师工资和学生人均公用经费逐步增长。多渠道筹措教育经费。在非义务教育阶段，适当增加学费在培养成本中的比例。提高教育经费使用效益。

各级党委政府要进一步加强对教育工作的领导，切实落实教育优先发展战略。努力造就高素质的教育管理干部和政工干部队伍。校长在推进素质教育中具有特殊作用。要切实加强校长队伍建设。

撰稿 郑 鑫

基础教育

〔**综述**〕 1999年，全区有中学101所，小学820所，教学点3 033个。全区有民办教师3 330人，专任教师中高中、初中、小学教师的学历合格率分别达到65%、77%、67%。全区小学适龄儿童入学率83.4%，初中入学率28%，高中阶段入学率13%。

〔**义务教育**〕 自治区普及义务教育评估验收组于1999年11月4日～12月6日对拉萨市城关区普九和昌都、洛隆、工布江达、措美、曲松、浪卡子、康马、白朗、当雄、墨竹工卡、林周等11县普六进行了实地评估通过验收。拉萨市城关区成为全区第一个实现普九目标县域，1998年末总人口13.97万人，占全区总人口的5.69%。11个普六县1998年末总人口合计40.37万人，占全区总人口的16.45%。全区普九人口覆盖率为5.69%。截止1999年底，全区已有28个县（市、区）实现普六目标，普六人口覆盖率提高到44.36%。当雄县成为全区25个牧业县中率先实现普六目标县，拉萨市成为所辖各县区全部实现普六目标市。全区7地市中，除那曲地区、阿里地区外，均有实现普六目标县。阿里地区噶尔县1998年经地区行署组织评估验收，实现了普三目标。预计到2000年，全区将有1个县申请予以普九评估验收、12个县申请予以普六评估验收。

〔**“国家贫困地区义务教育工程”实施情况**〕 1999年是自治区实施“国家贫困地区义务教育工程”的第二年。计划安排小学建设项目87个、中学二期项目4个。计划投入资金10 200万元，实际投入10 850万元。其中：中央专款6 000万元，自治区财政配套3 000万元，地县财政配套1 850万元，完成计划的106.3%，除财政投入外，群众义务投工献料折合人民币337.6万元。

工程涉及项目县数57个，计划土建面积96 600平方米，实际完成98 800平方米，土建投入计划8 700万元，实际投入9 350万元，完成计划的107.5%。此外，根据实际需要，购置课桌凳13 000套、图书331 000册、学生双层床4 500副、铁制书架250副，培训师资、校长1 092人次，共计1 070万元。到1999年11月，91个项目学校土建工程全部竣工，其他各项附属工程也按期完成。“国家贫困地区义务教育工程”自实施以来，已建成项目学校145所，累计投资1.8亿元。这些项目学校在办学物质条件、教师配备方面，绝大多数已达到自治区合格学校标准，大大改善了贫困地区的办学条件。

项目工程启用后，共撤并65个教学点。145所项目学校的入学率由原来的73.5%提高到85.7%。教师总人数由原来的1 475人缩减为1 238人，辞退并调整了不适应教学的民办和代课教师，小学校长持证上岗率达到95%以上，校均人数在300人以上。工程的实施为贫困地区儿童的就学创造了优良条件。一幢幢崭新的教学楼拔地而起，已成为中央关心西藏各族人民的一座座历史丰碑。

此项工程的顺利实施，取得以下经验：

第一，加强领导，统一认识，合理规划。领导重视、认识到位，是确保“工程”顺利实施的前提。一是切实加强工程项目的领导。由于有的领导工作变动，及时对自治区实施义务教育工程领导小组进行了调整，成立了由政府主席担任组长，政府分管教育的副主席担任副组长，区教委、财政、计委、税务、城建等单位的领导为成员的实施义务教育工程领导小组。下设办公室、由教委副主任兼任办公室主任，抽调素质好、业务精的人员负责日常事务，指导工程实施。二是从长计议、合理规划。把工程项目都安排在“普六”工作难度大、最需要布点的地方。根据原国家教委、财政部“集中投放、重点突破、确保效益、投入一所、建成一所”的原则，通过对项目学校所在地区办学现状，教育和经济发展潜力等各方面因素的综合分析，制订了既符合当地学校布局，又能充分体现办学效益的项目计划实施方案。三是加强宣传，统一认识。实施“国家贫困地区义务教育工程”，对于经济、社会发展相对落后的西藏来说，是机遇，也是挑战。自治区各级党政领导、人民群众认识到西藏落后的根本原因是劳动者的素质低下，只有把教育摆在优先发展的战略地位，实施科教兴藏才是改变西藏落后面貌的唯一出路。通过深入细致的宣传、发动工作，项目学校所在地区的干部、群众统一了认识，增强了办学责任感和紧迫感，激发了群众投资办学的热情。从捐资、集资、土地划拨或无偿划拨，至工程建设每一个环节，都得到当地干部群众的密切配合。为全面落实规划，按期完成施工奠定了基础。

第二，强化管理，精心施工，确保质量。向管理要质量，向管理要效益，成为全区各级工程领导小组及项目管理人的共识和目标。一是建立健全规章制度，照章施工，依法办事。按照项目要求，制定印发了《西藏自治区国家贫困地区义务教育工程项目学校基本要求》，对师资、办学条件、学校管理以及小学在校生规模等都作了明确规定。印发了《“国家贫困地区义务教育工程”项目土建管理暂行办法》，进一步从工程项目立项、计划、责任、资金、施工、质检等各个方面作了具体可操作性的规定，克服了主观性、随意性。二是分级负责、分兵把关。按照项目协议及土建管理暂行办法，工程实行分级管理、分级负责。明确了自治区、地（市）、县、乡各级职责。重点把好项目土建关，在设计和施工中紧紧贯彻“适用、牢固、经济、安全、美观”的原则。多数项目学校按照基建程序、实行了招投标。在基建招标时严格按照国家建筑法。采用竞争性招标的办法确定施工队伍，审查施工队资质等级、技术势力、资金力量等。“工程”验收后，绝大多数项目都达到了优良标准。自治区工程办对1999年项目仪器图书采购也进行了国内竞争性公开招标，通过招标既节约了资金，又保证了质量，取得了投入低、质量高的良好效果。三是严格管理、全程监控。由于项目学校地理位置偏僻，有的项目学校离县、乡有几百公里，水电路等基础设施差，断水、缺电、停电、交通阻塞等情况时有发生，直接影响工期和工程质量。为了确保按时、优质完成项目工程，县、乡领导以及工程办的同志严格管理，督查工程的进度、质量，处理存在的问题，对施工过程进行全程监控，大大提高了工作效益，使得工程保质、保量按期交付使用。

〔**教育督导**〕 1999年，西藏教育督导工作持续加强。首先，各级教育督导机构和队伍建设得到加强。1月27日，自治区教育督导委员会举行了1996年2月成立以来的第四次全体会议。昌都地区教育督导委员会举行了首次会议，昌都地区行署聘任了3名地区兼职督学、2名地区特约督学；昌都地区左贡县于12月成立了县教育督导委员会。4月至5月，首次组织地市教育督导室负责人5人，参加了在华东师范大学教育管理学院举办的第23期全国省地级督导人员培训班。9月下旬，在拉萨举办了西藏6个项目县教育督导培训班。拉萨市教育督导委员会副主任张文和被评为全国先进教育督导工作者。

到1999年底,全区共有自治区和各地市及驻青海格尔木办事处教育督导委员会专职委员2人、兼职委员138人；有6个县建立了教育督导委员会，有兼职委员60人；自治区教育督导室暨7地市教育督导室共配备工作人员16人、全区共聘任自治区、地市两级兼职督学16人，地市级特约督学3人。

其次，继续抓紧"两基"评估验收。1月23日，召开了自治区1998年实现普六目标县、实现扫盲目标县区表彰大会，向1998年实现扫盲目标的洛扎县等4县区、实现普六目标的达孜县等6县颁发了奖牌和奖金。自治区和地市两级加大了对实施"两基"县域的过程督导力度。4月12日至6月2日，自治区教育督导室对计划1999年申请予以普六评估验收的昌都等11县、计划申请予以扫盲评估验收的错那等4县进行了过程督导，对各县实施"两基"、进行接受评估验收的准备工作，给予了有效帮助和指导；8月，自治区教育督导室负责人又对当雄、墨竹工卡、林周3县普六准备工作进行了过程督导。各地市也加大了对实施"两基"县域进行过程督导的力度，多次到计划申请"两基"县指导工作。第三，督政督学工作有所进步。各地市坚持进行了对所辖县域年终教育督导评估工作，坚持开展了督学工作，加强了教育督导规章制度建设和教育督导信息工作。

撰稿　次仁央宗

职业教育

〔**中专布局调整**〕　1998年以前，全区共有普通中专16所，其中包括1所技工学校和5所师范学校，以招收少数民族学生为主，40年中为西藏社会发展和经济建设培养了大量的人才。但是随着西藏社会经济的不断发展，对各类专业技术人才的培养提出了更高的要求。1998年底，自治区教委组织了对全区中等专业学校的办学水平评估工作，发现中专学校因长期受计划经济体制的影响，每年靠国家下达的招生计划招生，而且大多数学校为部门办学，专业设置老化单一，学校主动面向市场的意识不强，办学思想观念没有转变。仍然不能打破行业界限，摆脱部门单一办学模式，从而束缚了学校的发展。为改变这一现状，改革和发展中等专业学校，于1999年初开始对全区中专学校进行认真细致的调研，与各学校主管部门和学校负责人就如何打破部门界限、面向社会、面向市场，自主办学等问题进行探讨。经过多方协商和论证，提出了《关于调整我区中专学校布局的请示》，并经自治区科教工作领导小组批准。全区中专学校布局调整工作涉及面广，社会影响大，为此，自治区教委积极稳妥地理顺各种关系，做好各方面的协调工作，做了充分准备。布局调整后，在自治区商业学校基础上筹建了自治区综合中专学校，自治区艺术学校并入西藏大学艺术系，撤销自治区电力学校，批准成立拉萨市中等职业技术学校、林芝地区中等职业技术学校。通过这次布局调整，使有限的教育资源得到合理配置，改变了中专学校办学停滞不前的现状，扩大了招生规模。

〔**中专专业设置与调整**〕 自治区教委积极引导各中专学校探索从外延扩展转向内涵发展的道路，改革办学体制、管理体制、结构布局，使学校有限教育资源在办学中得到最佳配置，发挥最大效益。布局调整后各学校对所设专业做了全面调整，自治区教委对中等专业学校专业的设置，严把审批关，要求各校的专业设置，主要依据自治区中等专业技术人才的市场需求及其变化来确定。专业设置应着重考虑是否适合市场的需求，学生毕业后是否能学以致用，是否具有良好的就业前景等问题。专业设置与调整应遵循的原则：第一，必须以满足自治区市场经济发展过程中人才市场现实的和潜在的需求为出发点；第二，必须具有相应的教育资源配置的基础和能力，以保证基本办学条件和教育教学质量。第三，开发新专业要有较好的投入产出关系，以不断增强学校自我发展能力，克服办学上的短期行为。通过专业调整，使各中专学校的专业结构不断优化，并与全区产业结构和人才流向变化相一致，实现专业结构的稳定性和灵活多样性的有机统一。如自治区综合中专学校原是一所区贸易厅所属的部门学校，过去主要为本部门培养中等专业人才，现在学校积极主动地面向市场，灵活办学，拓宽专业面，提高教学质量，加强师资队伍的建设，发展校办产业，开展灵活多样的办学形式，与四川省崇州职业学校联合开办了服装专业，与区建筑电视中专学校联合开办了建筑专业，这些举措为全区中专学校的办学提供了有益的经验。

〔**开展职业技术培训**〕 根据西藏农牧区劳动力素质低，农牧业科技含量不高的实际，在农牧区大力开展职业技术培训，让新一代农牧民接受实用技术培训。充分利用现有农牧区教育资源，合理安排教学计划和教学内容，开展不同形式的初等职业教育。首先，在经济、教育条件较好的部分县成立了县职教中心；其次，在普通中小学引进实用技术，即实行小学“6＋1”、初中“3＋1”、初二分流等形式的职业技术培训，使农牧区的学生在走向社会之前接受多种形式的职业培训，培养会经营、懂管理的新型农牧民和致富带头人。

〔**国际教育合作**〕 1999年自治区教委与西藏扶贫基金会及世界教育组织合作开展了“面向21世纪西藏职业教育发展计划”项目，确立那曲中等职业学校、贡嘎农村实验中学、达孜中学、曲水县中学为项目试点学校。全年共举办3期研讨会，由试点学校的教师和外方专家共同参与开发适合西藏实际的发展职业教育的路子，项目在实施中。争取到德国援助改善自治区综合中专学校的办学条件的项目。

〔**农村教育综合改革**〕 1998年底，自治区教委印发了《关于贯彻十五届三中全会精神，深化我区农牧区教育改革的意见》，确定贡嘎、堆龙德庆、乃东、日喀则4县、市为全区农村教育综合改革试点单位。首先，加强领导。全区各级党委、政府把农牧区教育综合改革作为实施科教兴藏战略的重要措施。尤其是4个试点县抓住有利时机，开展各项工作，成立了县农牧区教育综合改革领导小组，出台了本县农村教育综合改革的实施意见。其次，继续推进农村教育“三教统筹”农科教结合的发展路子。各试点县在发展农牧区不同形式的职业教育的同时，进行农牧区基础教育与职业教育早期结合的实验，在小学普遍开设劳动课，在中学开设劳动技术课，许多学校建起了自己的劳动实验基地。贡嘎实验中学以“不求人人升学，但求人人成材”为办学宗旨，实行上挂（挂科研单位）横联（联系各行各业），下辐射（千家万户），使学校成为一个综合性、多功能的起骨干作用的职业学校。第三，加强师资队伍和教材的建设。组织全区（重点是农村教改试点县）357名中小学教师进行了为期一个月的农牧业基础知识和实用技术的培训。组织编写小学《劳动》教材6册、初中《劳技课》教材10册和西藏农牧民实用技术读本，录制音像教材20套。各试点县和部分学校还结合当地实际编写了乡土教材。

高等教育

〔**综述**〕 1999年加强了高校专业建设工作，调整了高校专业结构，增设了社会、经济发展急需的10余个新专业。西藏大学自2000年起实行工资总额包干等内容的改革试点。普通高校在校生中，本专科生4 021人。高等教育入学率约4%。

撰稿　郑鑫

成 人 教 育

〔**扫盲工作**〕 1999年7月19日～8月10日，自治区扫盲评估验收组对错那、亚东、曲水、堆龙德庆4县进行了扫盲实地评估。4县经评估均达到自治区扫盲评估验收标准。到1999年底，全自治区已有8个县（区）实现扫盲目标，全区扫盲人口覆盖率提高到13.74%，全区青壮年人口中的文盲率下降到42%。

〔**社会力量办学**〕 随着西藏社会经济的不断发展，广大人民群众对各种层次和形式的教育需求日益强烈。企事业单位，社会团体和个人兴办社会力量办学的日益增多。为了使社会力量办学事业健康发展，使之规范化、制度化，自治区教委向社会各界广泛宣传国家颁行的《社会力量办学条例》，并组织起草西藏自治区实施《社会力量办学条例》办法，下发施行。对全区的社会力量办学进行宏观管理、指导与服务，按照“分级审批，分级管理”的原则，积极稳妥地发展社会力量办学事业。1999年对全区社会力量办学进行了一次全面的清理、整顿工作，对办学成绩突出的进行奖励，对于不符合办学条件的予以取缔。对符合办学条例经过各级教育行政部门审批的学校在报纸上予以公告。现在全区共有35所社会力量办的学校，办学以各种形式的职业技术培训和学前教育为主。

撰稿　强巴索朗
审稿　吴德刚

陕西省教育

概　况

〔基本情况〕

1999 年各级普通学校基本情况

单位：人

学校类别	学校数（所）	毕业生数	招生数	在校学生数	教职工数 计	教职工数 其中：专任教师
总　计	39 318	1 383 397	2 276 928	8 209 498	452 802	352 112
一、研究生	(52)	3 248	5 560	14 415		
1. 高等学校	(24)	3 116	5 361	13 915		
2. 科研机构	(28)	132	199	500		
二、普通高等学校本专科	43	36 803	68 966	181 900	50 819	19 750
本科院校	32	23 648	51 344	146 129	44 800	16 137
专科院校	11	13 155	17 622	35 771	6 019	3 613
分校、大专班						
三、普通中等学校	3 248	625 025	940 288	2 424 671	184 027	137 800
1. 中等专业学校	114	36 811	50 744	145 737	16 627	7 814
中等技术学校	92	27 212	37 835	113 030	13 652	6 039
中等师范学校	22	9 599	12 909	32 707	2 975	1 775
2. 技工学校	176	21 980	14 384	47 731	11 199	5 956
3. 普通中学	2 586	512 828	788 352	2 044 138	142 131	115 007
高中	565	89 293	141 084	350 224		23 580
初中	2 021	423 535	647 268	1 693 914		91 427
4. 职业中学	371	53 394	86 700	186 945	14 030	9 001
高中	361	51 329	83 076	178 437		8 619
初中	10	2 065	3 624	8 508		382
5. 工读学校	1	12	108	120	40	22
四、小学	34 336	717 291	715 705	4 921 827	196 011	178 655
五、特殊教育学校	29	1 030	1 041	10 634	596	433
六、幼儿园	1 662		545 368	656 051	21 349	15 474

1999 年各级成人学校基本情况

单位：人

学校类别	学校数（所）	毕业生数	招生数	在校学生数	教职工数 计	教职工数 其中：专任教师
总　计	42 195	2 871 988	2 646 944	2 052 180	42 210	17 219
一、成人高等学校	30	34 692	46 006	117 057	6 413	3 054
1. 广播电视大学	2	6 468	8 889	17 594	1 882	985
2. 职工高等学校	18	2 382	3 219	7 651	2 095	997
3. 农民高等学校						
4. 管理干部学院	4	2 894	1 128	2 845	1 011	408
5. 教育学院	6	3 094	4 367	9 724	1 425	664
6. 独立函授学院						
7. 普通高等学校举办：						
函　授　部		13 258	18 672	53 590		
夜　大　学		3 062	3 166	10 745		
成人脱产班		3 534	6 565	14 908		
合计中：电大普通专科班						
二、成人中等学校	27 153	2 625 414	2 349 407	1 703 753	21 236	9 118
1. 成人中等专业学校	125	22 494	25 997	75 307	4 575	2 361
广播电视中等专业学校	3	12 014	13 189	46 200	838	390
职工中等专业学校	30	3 495	4 313	13 238	763	360
干部中等专业学校	3	70	64	222	70	30
农民中等专业学校						
函授中等专业学校	2	3 558	4 767	8 123	672	286
教师进修学校	87	3 357	3 664	7 524	2 232	1 295
其他类学校举办						
2. 成人中学	91	3 005	3 853	4 101	322	194
职工中学	14	770	1 379	1 312	136	85
农民中学	77	2 235	2 474	2 789	186	109
3. 成人技术培训学校	26 937	2 599 915	2 319 557	1 624 345	16 339	6 563
职工技术培训学校	333	95 901	80 429	68 802	1 723	815
农民技术培训学校	26 604	2 504 014	2 239 128	1 555 543	14 616	5 748
三、成人初等学校	15 012	211 882	251 531	231 370	14 561	5 047
1. 职工初等学校	18	1 920	1 430	2 338	117	96
2. 农民初等学校	14 994	209 962	250 101	229 032	14 444	4 951
其中：扫盲班	14 131	198 427	239 506	219 091	13 658	4 341

制表　魏天纬

〔**年度工作方针**〕 1999年，陕西省教育工作的方针是：以邓小平理论为指导，认真实施国务院转发的教育部《面向21世纪教育振兴行动计划》和贯彻落实第三次全国教育工作会议精神及《中共中央国务院关于深化教育改革全面推进素质教育的决定》，研究制定《陕西省人民政府关于落实国务院〈面向21世纪教育振兴行动计划〉实施意见》，提高各级各类教育的办学水平，培养适应跨世纪发展的创新人才。(1)坚持教育的社会主义方向，深入学习邓小平理论，广泛开展"三讲"教育，确保教育系统特别是高等学校的稳定；(2)加强高校党建和教育系统精神文明建设，进一步推动党风廉政建设；(3)坚持"两基"为"重中之重"，全面实施素质教育，推进农村教育综合改革，促进教育更好地为农业和农村工作服务；(4)发展职业教育和成人教育，积极探索民办教育发展的新机制；(5)继续推动面向21世纪的高等教育教学改革，进一步推进高教管理体制和高校内部管理体制改革；(6)加强师范教育，努力提高教师队伍的整体素质；(7)不断完善教育经费筹措体制，提高教育经费使用效益，促进全省各级各类教育协调健康发展。

〔**精神文明建设**〕 为推进全省教育系统精神文明建设，1999年，陕西继续开展以一条主线（提高思想道德素质）、两项建设（校园环境和校园文化）、五项教育（爱国主义、集体主义、社会主义、教职工职业道德、学生基础文明）为基本内容的创建文明校园活动。(1)把邓小平理论"三进"工作作为创建文明校园的根本任务。组织专家学者编写《邓小平理论概论》教材，对理论课教师进行全员培训；建立健全邓小平理论学习网络，全省高校有2 000多个理论学习小组，参加理论学习的学生达7万多名；组织10余万名大中专学生开展文化、科技、卫生"三下乡"活动，让学生从感性、理性两方面加深对邓小平理论的理解。(2)把教职工的职业道德和学生的思想道德教育作为创建文明校园的重点工作。强化责任意识和敬业精神，相当一部分地（市）、县（区）以及学校结合实际制订师德量化评比办法。开展高校师生思想状况滚动调查，推行"教师联系学生制度"；按照"区分层次、循序渐进、生动具体、重在养成"的原则，在各级各类学校开展了养成良好文明习惯的教育，突出了环境建设的育人功能和文化建设的德育功能。制定《关于加强和改进普通高校民办高校思想政治工作的意见》与《关于加强和改进中小学德育工作的意见》，推动思想政治工作和德育工作向纵深发展。(3)根据文明校园《检查评估量化指标体系》，将文明校园评估具体分解为200多个具有可操作性的措施，坚持经常性的检查和年终考察评比。(4)在政治斗争中培养高校师生的爱国主义和辩证唯物主义精神，重视维护高校的稳定。全省28所高校的7万余人参加游行活动，声讨以美国为首的北约轰炸中国驻南联盟大使馆的野蛮行径；深入进行揭批邪教"法轮功"的斗争，并做好参与者的教育转化工作。

〔**依法治教**〕 1999年，陕西省加快了教育立法。省教委起草送审了《陕西省实施〈职业教育法〉办法》、《陕西省教育事业费附加征收管理使用办法》、《陕西省实施〈残疾人教育条例〉办法》等法规性文件。截至1999年，陕西省已正式颁布施行地方教育法规、规章近20个。

加强法制教育。省教委组织处级以上干部参加领导干部法律知识讲座，组织了《预防未成年人犯罪法》的学习宣传活动，举办了两期《高教法》学习培训班和三期教育行政执法人员培训班，培训执法骨干300多人。同时加大执法力度。集中抓了治理中小学乱收费工作，省教委印发文件要求学校严格执行收费规定，不得自行决定收费项目，不得提高收费标准，并进行全面检查，处理了一批中小学乱收费的突出问题。依法对社会力量所办学校实行属地管理，实行年检和办学许可证制度，规范其办学行为。依法整顿招生纪律，对招生工作中出现的问题进行严肃查处，采取加强监督监察、公布录取结果、开通查询电话等措施，增加了招生工作的透明度。

推行行政执法责任制。省教委根据《陕西省教委机关行政执法责任分解表》，对行政执法的目标任务和工作责任进行了"三落实"，即处室落实，处室相关岗位落实，处室相关岗位的执法人员落实。同时，要求各地市教育行政部门建立教育行政执法的基本制度，提高教育行政执法水平。

〔**教育经费管理与投入**〕 1999年，省教委印发了《陕西省本级教育经费使用效益考核评价办法》、《陕西省教委预算管理办法》、《陕西省高等学校财务管理办法》、《陕西省高等学校资助贫困学生办法》4个文件。省教委在执行《陕西省教委本级国有资产管理办法》的过程中，重点帮助下属单位建立管理制度，进行清产核资，使各项资产合理有效配置，充分发挥效益。理顺县（区）教育经费管理体制。省教委向省政府提出改革和理顺教育经费管理体制的报告，建议进一步推进预算内经费收归县管、农村教育费附加乡征县管乡用的教育经费管理的改革，以保证教育经费完全足额用于教育，保证按时足额发放教师工资。

1999年省本级教育事业费总预算达4.7亿元，加上下划6所院校预算，共计7.1亿元。合理调整了非义务教育的收费标准，初步建立起符合市场经济体制以及政府公共财政体制的教育成本分担机制，为教育事业发展创造经费保障条件；加大了资助贫困学生的力度，使全省高校没有发生学生因经济困难而辍学的情况。

〔**教师队伍建设**〕 (1)教师队伍管理逐步走上法制化轨道。1999年，省教委先后制订了《关于加强中小学教师队伍建设的意见》《陕西省中小学教师继续教育规定》《关于贯彻省委办公厅、省政府办公厅〈关于解决当前普通高等学校发展中几个问题的意见〉的实施办法》《陕西省特级教师评选和管理办法》《新时期高等学校教师队伍建设实施意见》《陕西省省属高等学校专业技术职务结构比例控制办法》6个法规性文件。(2)全面启动全省中小学教师继续教育工作。西安、咸阳两市为国家级继续教育实验区，省教委指导两市结合本地实际制订1999～2003年继续教育实验方案，并指导其他地市制订继续教育工程方案；全省11个地市以多种形式开展中小学教师继续教育工作，有151 983人次接受了继续教育。(3)按照教育部颁发的《高等学校教师培训规程》，组织实施了高等学校、中等专业学校1994年以来新补充青年教师的岗前培训工作，全省有6 200多人参加了培训，经验收考试，5 400多人取得培训合格证，合格率达到90%以上。此外，在省高校师资培训中心举办了5个专业的研究生课程进修班，共招收来自全省高校和中等师范学校的186名学员。(4)为贫困地区培养培训中小学教师。利用国家贫困地区义务教育工程专款，从高考生源中为贫困地区定向招收

920名中学师资班和小教大专班学生；利用联合国儿童基金会合作项目为贫困地区培训小学骨干教师800名。(5)对中等师范学校教学工作进行教与学的双向评估，全省有7 200多名学生参加了1999年的评估活动。(6)完成全年全省计划培训5 000名中小学校长任务，其中，省教委举办4期培训班，培训中小学校长160人。制定并印发了《关于进一步加强中小学校长提高培训的实施意见》。(7)加大解决民办教师问题的力度。省教委对全省民办教师现状和底数进行调查，并会同有关部门落实了选招民办教师转为公办教师的1.1万名计划指标；同时，通过高师、中师民教班招收民办教师1 600名。

基础教育

〔**普及九年义务教育**〕 1999年，陕西省始终坚持“普九”工作“重中之重”的战略地位。首先，加强检查和指导。省教委深入到永寿、长武等6个县区，对当年拟验收的县、乡“普九”工作进行过程性检查，将发现的校建工程进展、资金到位情况、档案管理和学校教育教学管理等方面的问题及时反馈给当地政府，为其宏观决策和指导提供参考依据，保证了“普九”实施质量。其次，加强“普九”验收后的巩固提高工作。在长安县召开全省“两基”巩固提高现场会，介绍长安县完成小学校舍改造任务和旬阳县、凤翔县巩固提高“普九”成果的经验。对已“普九”的武功、三原、旬邑等县的普及程度、巩固率、提高率、学校管理以及实验设备、图书的添置和使用等情况进行了抽查。1999年“普九”验收的单位绝大部分县是贫困县，由于“普九”中的困难和问题能及时得到解决，有泾阳、麟游、永寿、长武、府谷、留坝、延安市宝塔区7个县（区）通过了省政府“普九”验收。至此，全省累计有78个县（市、区）实现了“普九”，覆盖人口达到78.24%。

认真实施“国家贫困地区义务教育工程”，并于1999年上半年顺利通过教育部、财政部检查验收组的检查验收。之后，又全面实施“国家贫困地区义务教育工程”扫尾项目，中央增补专款3 800万元，省、市、县、乡层层配套，全省“工程”总投入1.7亿元，覆盖5个地市、14个项目县、350多万人口地区的323所中小学。扫尾项目实行全程项目管理。为了确保“工程”的质量和进度，省教委采取项目县自查和省抽查的形式进行督促；对14个项目县的项目管理人员进行了项目管理知识和计算机基本知识、项目管理动态数据库培训；完成了图书、电教设备的招标任务，使采购的电教设备和图书及时配发到学校。至年底，扫尾项目基本完成。

〔**素质教育**〕 1999年，省教委为确保素质教育顺利实施，采取了以下措施：一是深化教育评价制度改革。发出《关于在义务教育阶段实行“素质教育报告单”制度的通知》,在全省小学全面推行,并及时进行检查。二是认真落实《陕西省中小学实施素质教育若干规定》,全面推进素质教育,并总结了西安市莲湖区开展成功教育与和谐教育的经验,形成特色。三是制订《全省中小学心理健康教育实施方案》,进一步在全省范围内开展心理健康教育,陕西省已被教育部列为全国心理健康教育实验省。四是继续推进中考制度改革。为克服应试教育倾向,切实落实初中课程标准,重点抓了初中毕业生升学考试试题评估,于11月成立初中毕业生升学考试试题评估专家组,对10个地市的中考试题进行了全面评估,并将结果通报全省,使中考工作沿着素质教育轨道健康、规范地发展。五是提出《关于我省基础教育实施“素质教育工程”的意见》,总体思路是:分10个项目实施素质教育工程,做到强化一个基础(“两基”),力求两个创造(体制和机制),实现三个突破(结构、质量、科研),抓好四项建设(教师队伍、骨干体系、教育技术现代化、社会实践基地),最终达到全面推进素质教育的目的。六是进一步完善高中毕业会考制度。对省级重点中学5%的优秀生实行免试,对物理、化学、生物、外语竞赛获奖者,科技、文艺、体育竞赛获奖者,以及省级三好学生、优秀学生干部给予免试。七是继续抓好11个县市和30所中小学的区域性素质教育实验。八是一手抓薄弱学校改造,一手抓骨干学术建设,1999年审定命名了21所学校为省级示范中小学。

〔**教育教学改革**〕 1999年主要作了以下工作:(1)抓教育科研。制定印发了《陕西省跨世纪科研课题管理办法》,结合基础教育实际,拟定课题110多个,调动各方面的科研力量,联合进行课题攻关,并积极开展实验,以提高科研成果的运用效益。(2)抓复式教学工作。全省复式教育量大面宽,布点分散、层次复杂,省教委组织人力,通过调查研究,制定印发了《关于加强复式学校(班)管理意见》,进一步规范复式学校,提高复式教学质量。(3)继续开展对地、县教研室的评估验收,省教委重点对安康地区教研室进行了评估验收,并将结果通报全省。(4)在抓好省国防工办系统和西安市小学开设英语课实验的基础上,1999年,又在咸阳市小学高年级开设英语课,进行小学英语教学实验。(5)建立8个科技教育基地,为培养学生的创新精神和实验能力创造条件。(6)推进教育技术现代化。省教委组织人员对40所省级教育技术现代化实验校的工作进行了检查评估,对70所申报教育技术现代化实验校的学校进行检查验收。开发了政治、语文、数学等学科辅助教学的计算机软件。(7)4月,省教委召开了“中国—联合国儿童基金会贫困地区初等教育项目”工作会议,部署安排当年项目工作,按照项目计划举办10期培训班,残疾儿童少年随班就读项目乡、校由1998年的16个扩大到23个。

〔**幼儿教育**〕 省教委加大省级示范幼儿园建设步伐。新增省级示范幼儿园6所,晋级为一级一类的幼儿园10余所。同时,对1995、1996两年通过省级示范幼儿园评估验收的西安幼儿园等12所幼儿园进行了复查。对开展“双语教学”实验工作的38所幼儿园的园长、89名教师进行了任职资格考试,有31所幼儿园园长、57名教师取得任职资格证书。进一步加大儿基会幼儿教育合作项目实施力度,召开了“早期儿童发展项目经验交流与研讨会议”,举办了两期“幼儿项目管理与规划”培训班,并在项目县开展了培训。为庆祝建国50周年和中国学前教育研究会成立20周年，召开全省幼儿教育论文交流会；省教委、省卫生厅、省优生优育协会联合召开了“幼儿早期素质教育观摩和经验交流会”。对幼教工作“九五”实施方案执行情况进行了中期检查评估，韩城市、凤翔县等受检县、市学前幼儿接受学前教育的普及率有一定幅度提高。

〔**特殊教育**〕 为提高特殊教育学校办学水平，省教委制订了《陕西省1999～2000年特殊教育发展规划》，印发了《陕西省示范特教学校评估标准》。省级示范特教学校标准包括办学条件、学校管理和教育效果三个方面，标准项目全部量化。创建活动从2000年开始，每年建成2～3所。此外，对特教工作“九五”实施方案执行情况进行了检查评估。据检查，宝鸡、渭南等地、市残疾儿童少年的入学率有了一定提高。

〔**体育、艺术与卫生教育**〕 1999年，陕西省组团参加在广州举行的第七届全国中小学生运动会，获金牌4枚、银牌3枚、铜牌4枚，团体总分名列第九。庆祝建国50周年，迎接澳门回归，展示艺术教育成果，举办了全省中等师范学校、中小学师生书画展览，展出作品560幅。组织学校卫生管理干部和专家分为4个小组，分赴11个地、市的36个县、区的中小学，进行卫生和健康教育大检查，检查结果通报全省，推动了《学校卫生工作条例》的贯彻落实。省教委与生产学生口腔卫生用具的厂家合作，无偿向全省中小学生发放牙具、宣传资料10万余份，教育学生从小保护牙齿，养成良好的讲卫生习惯。组织专家编写了中小学音乐、美术、健康教育课本，并已使用。

〔**勤工俭学**〕 1999年，全省中小学勤工俭学纯收入达到3亿元，比上年约增长8%。为顺利实施全省中小学勤工俭学“九五”规划，又配套实施了“121”工程，即到“九五”末，全省有10个县勤工俭学年纯收入达到1 000万元；200个乡镇勤工俭学年纯收入达到30～50万元；1 000所职业中学、普通中小学年勤工俭学纯收入分别达到50万元、20万元和10万元。据1999年上半年统计，西安市、汉中市、榆林三地市达到目标的乡镇及学校有91个，受到省教委表彰。

〔**教育督导**〕 1999年，省政府督导团办公室从年初开始，对当年要完成实施“普九”任务的县进行督导检查。在长安县召开全省“两基”巩固提高现场会，总结推广长安县完成小学校舍改造任务的先进经验。对长安县、周至县“两基”工作进行了复查，西安、咸阳、汉中、宝鸡、渭南、延安、榆林等地市的教育督导机构对辖区16个县、区的“两基”工作也进行了复查。各级教育督导部门在检查适龄儿童少年入学率、辍学率、危漏校舍、课桌凳完好率等问题的同时，重点督导了中小学生课业负担过重和县、乡财政拖欠教育经费问题，共追回拖欠的经费2 000多万元。宝鸡、渭南、咸阳等市开展“两基”示范乡镇或义务教育强乡强镇、标准化小学的评估验收工作，宝鸡、咸阳两市共验收15个“两基”示范乡镇，渭南市共验收10个农村标准化小学。推广了西安市对普通中小学校实施素质教育进行综合督导评估的经验，在渭南、咸阳、宝鸡3市的部分中小学校开展实施素质教育综合督导评估优秀学校活动。为提高地市和县区督学的业务素质，举办有13名地市督学和37名县区督学参加的督学培训班。省政府聘任52人为第三届省督学。评选表彰了全省教育督导先进集体20个、先进个人35名；评选全省“两基”先进县（市、区）27个。

职业教育

〔**县级职教中心建设**〕　1999年，省教委依据省政府批转的《陕西省县级职教中心建设方案》，加快建设县级职教中心进度。年内，铜川市郊区、岐山县、太白县、眉县、武功县、长武县、三原县等19个县（区）基本建成县级职教中心。至此，全省已有45个县区基本建成县级职教中心。省政府在《关于加快发展职业教育的意见》中提出，从扶贫款中拿出2 000万元用于扶持贫困县建设职教中心。1999年向30多个县拨款1 000多万元，支持并加快贫困县职教中心的建设。

重视发挥县级职教中心的多种功能，积极开展为民服务工作。省教委利用杨凌国家农业高新技术产业示范区的优势，召开职业教育为农服务通报及项目介绍会，沟通示范区科教部门与县级职教中心的联系，提高县级职教中心为农服务的科技含量，开辟农业科技成果转化为现实生产力的新途径。会上，杨凌示范区科教部门50名教授、专家介绍了新技术、新产品，双方就近百个项目达成了合作意向。会后，一批县级职教中心以乡、村农民技校为依托，联村、联产，带领农民脱贫致富。省教委把乾县、彬县、凤县、白水、子长5个县级职教中心和佳县职业中学、临渭区官路职业中学的7个为农服务项目列为省级示范项目，并多方筹集100万元予以重点资助。

〔**职业学校招生**〕　1999年，省教委采取积极鼓励和支持社会力量办学、继续开展普通中等专业学校和重点职业高中联合办学、职业中专实行两次招生考试、扩大高职对口招生数量等办法，在全国中等职业学校招生数量下滑的形势下，完成了职业学校的招生任务。中专招生5.07万人，在校生达到14.6万人，比上年分别增长18.2%和11.1%；职业高中招生8.3万人，在校生达到17.8万人，比上年分别增长2.5%和12.27%。

〔**骨干学校建设**〕　为推动全省中等职业教育办学水平的提高，省政府批准7所普通中专学校和2所职业高中为省级重点职业学校，至此，省部级以上重点中专学校和职业高中分别达到27所和22所。此外，按照《国家级重点中等职业学校标准》和相应的指标体系，组织专家对30多所中等职业学校的办学水平进行了评估，根据评估结果，确定了国家级重点中等职业学校的备选学校报教育部审批。

〔**教育教学改革**〕　为促进学校教学管理水平的提高，省教委举办了省部级重点以上中专学校校长高级讲习班，聘请西北大学教授讲解MBA管理课程，交流管理经验，研讨新形势下提高中专学校管理水平的思路。要求中专学校适应市场经济需要，调整专业结构，改革教学思想、教学内容和教学方法。普通中专学校设立了16个新专业。组织编写了《创业基础》和《计算机应用基础》教材，作为中等职业学校必开课，从1999年开始逐步推开。继续对全省示范职业中学以上的学校进行质量检测，解决职业中学在教育教学方面存在的突出问题。加快职业教育专业课师资培养步伐，继续在西安交通大学职教学院、西北农林科技大学等5所高校举办职教师资班，教育部已批准将西安交通大学、西北农林科技大学作为首批全国职教师资基地进行重点建设，并分别拨给40万元专项建设基金。

全省确定26所职业高中为职教科研项目学校，有12个课题组向教育部申报科研项目，争取课题补助资金。完成全省中等职业学校重点专业建设的论证和规划工作，确定了一些经济建设发展需要、招生与就业前景较好的专业，作为今后一段时间陕西中等职业学校的重点建设专业，职业高中确定30个，中专学校确定25个。

〔**高等职业教育**〕 高等职业教育继续发展，办学规模扩大，举办高等职业教育的院校和教学点达到30个。举办高等职业教育的22所院校中，普通高等院校19所（本科14所、师专2所、职业技术学院2所、专科学校1所），成人高等院校3所；在14所普通本科院校中，有9所分别与10所重点中专学校和省职教中心实行联合办学。1999年，计划招生6 826人，实际招生6 800人，完成99.6%。在校生人数达到8 500人。

为提高人才培养质量、办出特色，各校重视加强教师队伍建设工作：一是聘用企事业单位较好的工程技术人员；二是安排教师参加第一线生产实践；三是安排有丰富的教学和实践经验的教师对中青年教师传、帮、带；四是安排中青年教师到相关高校提高学历层次或专业进修；五是请国外教师短期到学校讲课。

陕西省高职教育发展还存在学校布点和专业设置不合理等问题。为此，省教委聘请长期从事高职教育教学管理人员检查组，于10月中旬开始对高职教育工作逐校进行检查。

高 等 教 育

〔**面向21世纪教学内容与课程改革**〕 1999年，陕西省有42所普通高校实施面向21世纪教学内容与课程体系改革，向省教委申报课题556项，参加教师近5 000人，超过全省高校教师总数的20%。4月，经专家评审，正式批准151个教改项目立项，并开始全面实施。省教委决定连续3年，每年拨出100万元对立项项目进行资助。一年来，项目进展顺利，其中“陕西省高等师范专科学校教学工作合格评价指标体系的研究”已通过省级鉴定，并已印发各有关高校；“中国通史CAI课件研究”等项目已经完成。

〔**修订专业计划**〕 1999年，全省本科院校根据1998年教育部新颁布的专业目录，全面修订人才培养方案。专业种数由原来的504种减少为249种，缩减50.6%，修订后的专业，改变了专业设置过窄的状况。9月开学前，所有本科院校新的培养方案均已初步形成并在教学中实施。9月～10月，对省属院校1994年以来新建的200个专业，特别是拟新增的80多个专业进行全面检查，经专家评审，最后审批了25个本科专业和11个专科专业；同时，根据专业管理权限，向教育部报批7所学校的9个本科专业。

〔**教学管理与科研**〕 1999年全省普通高等学校教学成果奖评审，共评出特等奖102项，一等奖342项，二等奖992项。

为使普通高等学校实行的浮动学制更加规范化、科学化。年初，制定了《陕西普通高等学校浮动学制暂行办法》，对试行范围、申报条件、选拔程序等提出明确要求，并确定由省教委统考两门基础课。同时，把专升本比例由上年的10%扩大到20%以内。进一步加强对四、六级英语考试规范化管理，增设4个社会考点。

高校基础课教学实验评估工作。从1996年开始至1999年，经过三次检查评估，有34所普通高校和1所军事院校的共250个基础课教学实验室通过省级评估，占全省基础课教学实验室的85.6%。省教委制订印发了《陕西省师范专科学校教学工作合格评价方案（试行）》，要求用三年左右的时间，完成对省属师范院校的第一轮教学评价工作。

〔**管理体制改革**〕 继续贯彻“共建、调整、合作、合并”八字方针，进一步推动全省高等教育管理体制改革与布局结构调整工作。在调研论证的基础上，对高等教育管理体制改革规划和布局结构调整方案重新进行修订，提出下世纪初全省高等教育发展的规模、结构和目标。加大改革和调整力度，使省属高校由26所调减为18所，校均规模提高到4 500多人。在部署7所院校划转、接收工作的同时，推动11所院校和5个科研院所的合并，组建5所新的高校。其中西北农业大学、西北林学院与5个科研院所合并为西北农林科技大学，省林业学校、农业学校、水利学校合并为杨凌职业技术学院，以及陕西工业职业技术学院的组建工作已完成。实行省部共建，加大支持力度。教育部与陕西省共建西安交通大学，力争建成具有世界先进水平的一流大学；共建西北农林科技大学，力争建成国内外知名的培养农业现代化高级专门人才和科学研究的重要基地。

加快高校内部管理体制改革。按照“转换机制、优化结构、增强活力、提高效益”的原则，推进了高校用人制度、分配制度、精简机构等项改革。制订了改革意见和办法，进行了试点，使高校人员总量得到有效控制，生师比由上年的7.84∶1上升到9.21∶1。

〔**学位工作与研究生教育**〕 1999年，省教委组织全省学位与研究生培养单位开展质量年活动。西安交通大学、陕西财经学院等校进一步完善了提高研究生培养质量的规章制度。4月，组织了在读研究生英语演讲竞赛，并于6月对在读一年级研究生进行英语检测。对272名优秀博士生导师进行了表彰奖励。对陕西6所高校的“211工程”建设进行一期工程验收，提前启动二期工程。抓了陕西省人才“三五”工程的选拔培养工作，有29人再次进入“三五”人才工程；遴选15人参加全国“百千万人才工程”的评选。高校列入省学术带头人达181名。在全省18个研究生培养单位选拔37篇论文参加全国博士生优秀论文评选。西安交通大学等9个单位被教育部评为全国学位与研究生教育管理工作先进集体。

〔**高校党建与领导班子建设**〕 进一步加强基层党组织建设。制订印发了《陕西省普通高等学校党的建设工作量化评估体系》，在对西安音乐学院、西安石油学院、西安理工大学3所高校进行党建评估工作的基础上，1999年对全省高校进行评估，进展顺利。加强民办高校的党建工作，省委教工委、组织部联合印发了《关于加强陕西省民办高等学校党组织建设的意见》，已有16所民办高校建立党的组织。陕西师范大学、西安工程学院、西安统计学院3所高校完成了党委换届。据统计，全省高校35岁以下青年教师入党的比例比上年同期提高14.63个百分点。

继续推进高校领导班子的结构优化。对37所高校领导班子进行了考核，调整任免干部132人次，全省高校领导班子的革命化、年轻化、知识化、专业化程度进一步提高，平均年龄为50.03岁，比上年下降1.7岁；45岁以下青年干部达85人，占总数的30.04%，50岁以下137人，占总数的48.9%；具有研究生学历的69人，占总数的24.6%，副高以上职称的占总数的80%以上。

〔**高校科研工作**〕 1999年，高校科研工作有了新发展。(1)高校设置科研机构399个，其中自然科学和工程技术研究机构343个，人文社会科学研究机构56个；投入科研活动人员4.4万人（理、工、农、医类3.3万人，人文社科类1.1万人)，其中研究与发展全时人员1.2万人。(2)有各级各类重点实验室65个，其中省级重点实验室32个；有省级工程技术研究中心11个。西安交通大学科技园进入国家大学科技园试点行列。(3)全省高校承担各级各类研究课题约6 000项，1999年科研经费到款突破5亿元，西北工业大学与西安交通大学均超过亿元，另有7所高校达到1 000～7 000万元。通过评审验收的科研项目260项，通过省级技术鉴定项目110项，一批重大项目获得国家奖励。有19项高新技术列入省政府重大产业化计划，有2项高新技术列入国家计委重大产业化示范工程项目计划。(4)促进科技成果转化，为地方经济建设服务。制订了《深化高校科技体制改革总体方案》，组织全省20多所高校在宝鸡、西安分别设立“陕西高校常设技术市场”，组织西北大学、西安交通大学、陕西财经学院等高校的65名专家教授，深入到12家大中型企业，进行3个月的咨询诊断，形成12篇企业解困咨询报告。组织全省高校参加经贸、科技成果、产学研等各种洽谈会，签订技术交易合同1 200项，成交金额2.1亿元。

〔**艺术教育、体育与军训**〕 为庆祝建国50周年，纪念“五四”运动80周年，喜迎澳门回归，全省各高校举办了'99大学生艺术节。有16万大学生参加，占在校大学生的70%以上；各校从班级到系、校级，层层举办书画展览、汇演等各种艺术活动500多次。有73个优秀书画作品和优秀文艺节目获一、二、三等奖。

举办全省大学生田径运动会、足球比赛

和高校体育科学论文报告会，推动高校体育工作的正常开展。进一步加强对学校体育工作的领导。1999年全省高校招收体育优秀生96人。

1999年，省教委印发了《关于加强军训试点学校意见》，对军训机构建设、军训管理、军训经费保证等提出了要求，教育部已将该文件转发全国各省（自治区、市）。

〔**毕业生就业工作**〕 1999年，高校毕业生就业矛盾仍很突出。由于措施得力，分配工作较为顺利，到年底，陕西高校有4万余名毕业生走上工作岗位。主要做法：一是争取学校和用人单位领导对就业工作的重视；二是创造良好、宽松的就业环境；三是建立需求信息库，共收到需求信息2万余条，涉及4万余人；四是加大宣传力度，使毕业生就业政策家喻户晓；五是精心组织，安排好高校毕业生供需洽谈会；六是加强宏观指导，拓宽毕业生就业渠道，要求到非国有单位就业的毕业生达到1 500余人。

〔**教育交流与合作**〕 积极开展对外教育交流与合作，为教育改革和发展服务。(1)制定印发了陕西省教育系统涉及聘请外专、外教工作、接受来华留学生，办理出国手续等6个规定，简化程序，提高效率。(2)对53所具有聘请外国文教专家资格的学校进行了年度审验，对5所申请聘请资格的学校进行会审，经上报国家外国专家局获得批准，至此，陕西省具有聘请外国文教专家资格的学校累计达58所。(3)对外专经费的拨付办法进行改革，逐步减少语言专家聘请经费，并实行按人/年拨付，鼓励聘请科技专家，实行按项目拨付经费的办法；同时，为使有限资金发挥最大效益，对全省重点聘请单位的聘请效益、专家经费管理及使用、专家公寓等进行综合评估。(4)接待25批来自美、日、挪威、意大利、香港、台湾等国家和地区的教育代表团509人，接待外国教育机构、高等学校的代表20余批、60人次，邀请短期来访团组17批、124人；与国外教育机构、组织新签订8个合作交流协议。17所高校招收来华留学生990人，其中长期842人，短期148人；学位生212人。(5)全年共选派各类代表团16批、151人次。全省教育系统短期出国访问及出席国际会议的团组和个人共437批次、651人次。截至11月底，出国留学各类人员达705人，其中，获国家留学基金的公派留学生105人。(6)陕西省贯彻教育部、公安部、国家工商管理局《自费出国留学中介服务管理规定》的实施细则经省政府批准正式施行，制止了一些自费留学中介机构不按正规程序进行合法中介服务的行为，进一步规范了自费出国留学市场。

〔**高校基础设施与住房建设**〕 针对高校招生规模扩大，校舍普遍紧张的状况，1999年采取措施加快基础设施建设：一是安排好正常年度基建投资，并对全省42所高校所有在建项目逐校进行检查；二是申报“国债”投资，给11所院校安排“国债”投资4 170万元；三是鼓励学校多方筹措资金，并积极为学校创造条件，以增强学校自身发展能力；四是认真做好建设项目的立项、设计、预（决）算的审定，全面推进建设项目的招投标和施工监理制度，加强管理。

加快教师住房建设。1999年，加上省“广厦工程”投资2 155.7万元，省属高校用于教师住房的投资达6 985.7万元。在建和新建住房项目21个，总建筑面积15.6万平方米，建设住房1 674套。筒子楼改造工程进展顺利，除个别异地建设工程量较大，年底完成主体外，其余均已完成改造任务。

〔**高校后勤社会化改革**〕 1999年，省教委制定了《陕西省高等学校后勤社会化改革方案》。12月，省政府办公厅召开了全省高校后勤社会化改革工作会议。根据“整体规划，分步实施”和“真抓实干，勇于实践”的原则，陕西师范大学于6月率先成立了后勤集团，按照社会化服务，企业机制运行，完成了与学校事业规范分离。西安交通大学、西北工业大学、西安科技学院、西安理工大学、商洛师范专科学校等院校后勤社会化改革也相继启动，从管理体制、运行机制、人事制度等方面实行了企业化管理。省政府提出，高校后勤社会化改革分三步走，但要因校制宜，不搞一刀切，条件具备的可先走一步，第一步于2000年9月以前，所有高校后勤服务必须完成与学校事业规范分离，实现社会化服务，企业化运作。

成人教育

〔**扫盲工作**〕 1999年，陕西省继续狠抓扫盲工作不放松。(1)为迎接国家对陕西扫盲工作的评估验收，成立省以及地、县各级扫盲迎检领导小组；省政府召开全省扫盲迎检电视电话会议，部署工作，并向各级政府提出明确要求；各级政府继续增加扫盲经费投入，省扫盲专款增加到200万元；组成检查组分赴延安、榆林、商洛、汉中、安康等地、市，对所辖15个县的30个乡镇的扫盲工作进行随机抽查；5月，陕西省通过了国家检查组的评估验收，实现了现阶段国家规定的基本扫除青壮年文盲的目标。(2)省教委与各地、市教育局（教委）签订1999年目标责任书，仍把扫盲工作列为重要内容。年初，将全省扫盲15万人的任务分别下达各地、市，并要求落实到县、乡、村。到年终共扫除文盲19万人，超额完成扫盲计划，全省青壮年文盲率下降到3.48％。(3)组织开展扫盲工作先进集体和先进个人评选活动。省政府对户县教育局等45个扫盲先进集体和程学俭等53名扫盲工作先进个人予以通报表彰；志丹县教育局等9个单位和李东甫等7名干部、教师荣获第四届中华扫盲奖。

〔**成人中专教育**〕 1999年，全省成人中专学校比上年增加5所，毕业生比上年增加2 750人；招生比上年减少3 801人，在校生比上年减少11 821人。

1999年，主要做了以下工作：(1)创建文明校园活动。印发成人中专学校文明校园标准及评选办法，对申报参加文明校园评选的学校进行评估，评选出省农业职工中专学校、西安铁路成人中专学校、铜川市职工卫生学校、铜川矿务局职工中专学校为文明校园达标学校。(2)进行成人中专学校教学计划修订和审定工作。由省教委组织各成人中专学校，根据社会主义市场经济发展和改革开放的需要、成人教育的特点，对各专业原有教学计划进行修订，对各校申报的46个专业的教学计划，组织专家进行审议。(3)组织成人中专学校的教学检查活动。采取听课、查教案、查作业及作业批改情况等，对部分学校进行检查，针对存在的问题提出改进意见。(4)组织成人中专学校计算机教务管理校际交流活动，以促进教务管理工作科学化、规范化。(5)作好毕业证审验工作。

〔**成人高等教育**〕 1999年，成人高校和普通高校函授、夜大学、成人脱产班招生比上年增加7 649人，其中，成人高校增加3 390人，普通高校函授、夜大学、成人脱产班增加4 259人。毕业生比上年增加4 655人，其中，成人高校增加1 352人，普通高校函授、夜大学、成人脱产班增加330人。在校生比上年增加9 179人，其中，成人高校增加726人，普通高校函授、夜大学、成人脱产班增加8 153人。全省每万人口中成人高等教育在校本专科学生数达32.55人，比上年增加2.33人。

1999年抓了电视大学开放教育和人才培养模式改革试点工作，7月，教育部批准陕西省广播电视大学为电大开放教育和人才培养模式改革试点单位。加强评估工作，省教委对宝鸡、渭南、延安、咸阳4所电大分校和普通高校设在宝鸡、安康、西安、汉中4地（市）的63个函授站进行了评估。11月，省教委批准西安外语学院、西安美术学院、延安大学、陕西中医学院、陕西工学院5所普通高校从2000年起具有举办本科函授教育和夜大学本科教育资格，西安联合大学具有举办夜大学专科的资格。同时，公布了全省独立设置的成人高校和普通高校函授、夜大学的专业目标。对延安大学、榆林高等专科学校的成人高等教育工作进行调研和检查，促进其改善办学条件和加强管理工作。抓了毕业证验印工作。对全省高等教育自学考试管理工作中的有关问题进行调研，印发了《关于进一步加强我省高等教育自学考试管理工作的几点意见》，对调整考试次数，科学安排考试时间，加大监督力度，规范自考财务管理等问题，提出原则性意见。

〔**社会力量办学**〕 陕西省领导重视社会力量办学工作。5月，省长程安东对西安欧亚培训学院进行了考察，强调“要大力发展社会力量办学”。12月，省委副书记范肖梅先后到西安翻译培训学院、民办西京大学、西安欧亚培训学院和西安外事服务培训学院进行考察，对民办高校发展发表了意见。

制订管理制度。印发了《关于加强民办高校管理的通知》，就控制学校设置数量、稳定办学规模、进一步规范校名、严格审批程序、加强学校内部管理、组织民办高校评估活动等提出了明确要求。还印发了《关于调整我省社会力量办学收费标准的通知》与《关于社会力量办学机构学生退学退费问题有关事项的补充通知》。对42所民办院校申请建校的材料进行审核，对学校的办学条件进行了实地考察。省教委批准了28所学校的办学申请，撤销了53所办学物质条件差、管理混乱、或两年未招生的学校。

组织全省社会力量办学机构年检工作。10月13日，省教委发出《关于做好1999年度全省社会力量办学年检工作的通知》，对年检的范围和期限、程序和时间、主要内容提出要求。到年底，已完成年检工作。

撰稿 魏天纬
审稿 杨生枝

甘肃省教育

概　况

〔基本情况〕

1999年各级普通学校基本情况

单位：人

学校类别	学校数（所）	毕业生数	招生数	在校学生数	教职工数 计	教职工数 其中：专任教师
总　计	26 585	782 708	1 386 103	4 918 599	269 189	228 729
一、研究生	(19)	706	1 073	2 874		(1 134)
1. 高等学校	(8)	571	918	2 412		(851)
2. 科研机构	(11)	135	155	462		(283)
二、普通高等学校本专科	18	14 007	23 010	62 637	16 624	6 899
本科院校	10	6 991	12 647	40 603		
专科院校	8	7 016	10 363	22 034		
分校、大专班						
三、普通中等学校	1 957	343 061	501 358	1 309 199	102 507	82 025
1. 中等专业学校	113	20 739	25 067	73 442	12 964	6 699
中等技术学校	91	16 369	20 240	57 525	10 481	5 233
中等师范学校	22	4 370	4 827	15 917	2 483	1 466
2. 技工学校						
3. 普通中学	1 667	305 292	455 111	1 185 891	83 172	70 711
高中	410	53 867	75 439	201 138		14 233
初中	1 257	251 425	379 672	984 753		56 478
4. 职业中学	177	17 030	21 180	49 866	6 371	4 615
高中	170	15 779	20 414	48 111		4 525
初中	7	1 251	766	1 755		90
5. 工读学校						
四、小学	22 560	424 250	538 695	3 131 747	135 004	128 839
五、特殊教育学校	10	684	1 049	4 653	388	297
六、幼儿园	2 040		320 918	407 489	14 666	10 669

1999 年各级成人学校基本情况

单位：人

学校类别	学校数（所）	毕业生数	招生数	在校学生数	教职工数	
					计	其中：专任教师
总　计	20 559	2 179 974	2 279 996	1 559 721	47 110	4 838
一、成人高等学校	18	12 699	16 395	39 603	2 353	1 272
1. 广播电视大学	1	2 228	2 940	6 140	187	67
2. 职工高等学校	12	1 368	1 415	3 667	1 155	699
3. 农民高等学校						
4. 管理干部学院	1	514	622	1 280	230	110
5. 教育学院	4	1 152	1 759	3 289	781	396
6. 独立函授学院						
7. 普通高等学校举办：		7 437	9 659	25 227		
函　授　部		4 427	5 691	15 301		
夜　大　学		1 678	1 350	4 782		
成人脱产班		1 332	2 618	5 144		
合计中：电大普通专科班		469	400	909		
二、成人中等学校	11 928	1 867 389	1 894 201	1 252 715	22 193	3 154
1. 成人中等专业学校	96	15 862	20 020	49 120	2 903	1 530
广播电视中等专业学校	2	4 989	6 638	21 064	552	262
职工中等专业学校	30	2 866	2 571	7 333	936	475
干部中等专业学校	6	422	110	409	74	25
农民中等专业学校	3	109	117	424	95	65
函授中等专业学校	1	2 175	1 380	3 176	264	105
教师进修学校	54	1 181	3 048	4 469	982	598
其他类学校举办	(40)	4 120	6 156	12 245		
2. 成人中学	2	84	23	68	8	5
职工中学	2	84	23	68	8	5
农民中学						
3. 成人技术培训学校	11 830	1 851 443	1 874 158	1 203 527	19 282	1 619
职工技术培训学校	129	32 738	34 527	22 946	1 177	586
农民技术培训学校	11 701	1 818 705	1 839 631	1 180 581	18 105	1 033
三、成人初等学校	8 613	299 886	369 400	267 403	22 564	412
1. 职工初等学校	3	571	675	254	24	21
2. 农民初等学校	8 610	299 315	368 725	267 149	22 540	391
其中：扫盲班	8 263	256 039	313 140	221 963	21 067	252

制表　台衍博

〔**年度工作方针**〕 1999年，全省教育工作的指导思想是：高举邓小平理论旗帜，深入贯彻落实党的十五大、十五届三中全会和省第九次党代会精神，实施《面向21世纪教育振兴行动计划》，坚持社会主义办学方向，坚持依法治教，坚持深化改革，加强学校管理，全面提高教育质量和办学效益。正确处理数量与质量、智育与德育、发展与改革的关系，坚持以“两基”为“重中之重”，积极发展职业教育和成人教育，适度加快高等教育发展，因地制宜，分类指导，抓住重点，突破难点，协调发展，推进全省教育事业上台阶。进一步密切教育与经济社会发展的关系，尤其要大力提高职业教育和高等教育直接为经济建设服务的能力，力争在参与全省创新体系建设、加速培育高新技术产业、加大为农业和农村工作服务力度等方面实现新的突破。

全省教育工作的重点是：在全省教育战线兴起学习邓小平理论新高潮，“讲学习、讲政治、讲正气”，把理论学习不断引向深入。加强高校党建工作，深化“两课”改革，推动邓小平理论“进教材、进课堂、进头脑”。进一步加强和改进各级各类学校的德育和思想政治工作，以建国50周年、“五四”运动80周年、澳门回归为契机，开展丰富多彩的爱国主义教育活动，确保学校稳定。认真贯彻落实《面向21世纪教育振兴行动计划》，制定甘肃省实施方案。继续抓好“义务教育工程”、世行贷款“贫三”项目等工程和项目的实施工作。启动实施“素质教育工程”、“园丁工程”、职业教育“461建设工程”、“高层次创造性人才工程”、“高校高新技术产业化工程”、“现代远程教育工程”等重大工程，力争取得阶段性成果。坚持“两基”“重中之重”地位不动摇，打好“普九”和扫盲攻坚战。根据全省区域经济特点，以充分利用现有职教资源，提高职教整体效益为中心，完善职业学校直接为当地经济建设服务的机制。普通中专由计划经济管理模式向市场经济管理模式转变，抓好中等教育结构的调整，加大对中东部地区和农业类学校的支持力度，构建适合当地特点的职教发展模式。深入贯彻落实《高等教育法》，进一步深化高等教育管理体制改革。坚持“共建、合作、合并、调整”八字方针，做好《甘肃省高等教育管理体制改革和布局结构调整规划方案》的进一步论证，精心组织实施。加强教育经费的筹措、管理、使用和教育建设项目的监督检查及审计工作，严格规章制度，强化各个实施环节的管理，保证工程项目的高质量，坚决杜绝教育资金的挤占挪用、流失浪费、不合理使用等现象。下功夫抓教育质量的提高，以教师队伍建设为中心，大力提高教师业务能力和教学水平，切实重视学风、教风、校风建设，优化育人环境，形成重学习、重教学、重管理、重质量的良好作风和局面。

〔**全省教育工作会议**〕 为全面贯彻落实改革开放以来第三次全国教育工作会议精神，推动甘肃省教育事业的进一步发展，中共甘肃省委、甘肃省政府于10月19日～20日在兰州召开了全省教育工作会议。省委书记孙英在会上讲话，省委副书记仲兆隆、副省长李重庵分别就高校党建工作和全省教育工作作了报告，省长宋照肃在会议结束时作了形势报告，并对教育工作提出要求。

会议以党的十五大精神为指导，进一步学习贯彻全国教育工作会议精神，研究讨论落实省委、省政府《贯彻〈中共中央国务院关于深化教育改革全面推进素质教育的决定〉实施意见》的办法措施，总结交流近年来全省素质教育的成功经验，安排部署全面推进素质教育和加强高校党建的各项工作。会议出台了两个重要文件：《中共甘肃省委、甘肃省人民政府贯彻〈中共中央国务院关于深化教育改革全面推进素质教育的决定〉实施意见》和《甘肃省面向21世纪教育振兴行动计划》，这两个文件明确了今后5～10年全省教育改革与发展的目标，提出了实现目标的对策与措施，为下个世纪全省教育改革与发展指明了前进方向。

〔**教育投入**〕 1999年，全省教育经费总支出46.73亿元，比1998年的37.97亿元增加8.76亿元，增长23.07％；其中国家财政性教育经费支出38.44亿元，比上年的31.38亿元增加7.06亿元，增长22.5％。

〔**思想政治工作**〕 教育行政部门始终把邓小平理论和党的各项方针政策的学习放在首位，坚持运用邓小平理论指导实践，解决教育改革与发展中的具体问题；高校党建和思想政治工作认真贯彻落实全国高校党建会议精神，进一步深化“两课”改革，由本省编写的“两课”系列教材全面使用，80名高校“两课”教师接受了培训；中小学德育工作以“五爱”教育为主线，强化日常行为规范教育，加强德育与学生生活和社会实践的联系，增强德育工作的效果。全省各级教育行政部门和各级各类学校冷静把握，积极开展多种形式的政策教育，用正确的观念引导广大教育行政干部和师生全面正确认识形势，抓住纪念“五四”运动80周年，迎接国庆50周年和澳门回归等契机，积极开展丰富多彩的文化活动，弘扬主旋律，对师生进行爱国主义、社会主义和改革开放伟大成就的教育，及时稳妥地处理各种突发问题，尤其在抗议以美国为首的北约野蛮轰炸我驻南使馆，揭批“法轮功”邪教和抵制李登辉“两国论”的斗争中，教育系统的广大员工和师生表现出了高度的爱国热情和强烈的正义感，以及较强的辨别是非能力和法制观念，成为维护社会稳定、保持发展的重要力量。

撰稿 马正学

〔**语言文字工作**〕 全省语言文字工作继续坚持一抓师范院校，二抓中小学，三以公务员和广播电视工作者为龙头抓社会的工作方针，逐步走上科学化、制度化、规范化的轨道。一是培训队伍。举办了第二期省级测试员培训班，共培训人员61名，并推荐7名教师参加国家级测试员培训。现已拥有国家级测试员70人，省级测试员87人。二是积极开展普通话测试工作，提高推广普通话工作的质量。全年组织测试5批次，参加测试人员10 071人，其中师范院校学生9 540人，教师375人，广播电视工作者156人。并对师范院校学生的测试工作进行了巡视，99届中师毕业生实行普通话合格毕业制度。三是加大宣传力度，搞好全国第二届“推普周”活动。四是做好“中国语言文字使用情况调查”甘肃区域调查的前期准备工作。5月，配合教育部、国家语委圆满完成了全省的试点调查任务；11月，在兰州召开调查工作会议，进行安排部署，并举办调查员培训班，培训调查员163人。

撰稿 李慕堂

基础教育

〔综述〕 1999年，全省基础教育以全面推进素质教育和“普九”攻坚为重点，强化常规管理，狠抓教育教学研究，得到较大发展。幼儿园比上年增加237所，在园幼儿比上年增加3.1万人，4～6周岁幼儿入园(班)率达到33.9%，比上年提高2.6个百分点。小学比上年减少74所，在校生增加3.9万人；适龄儿童入学率达到98.62%，比上年提高0.42个百分点，其中适龄女童入学率达到98.11%，比上年提高0.91个百分点；小学生年辍学率3.00%，其中女生2.75%；毕业率99.3%，升学率89.5%，其中女生毕业率99.9%，升学率88.1%。初中在校生比上年增加9.1万人，初中学龄人口入学率83.4%，比上年提高4.4个百分点，其中适龄女少年入学率81.5%；初中生年辍学率4.60%，其中女生4.27%；毕业率98.1%，升学率49.9%。普通高中在校生比上年增加1.5万人；经会考合格毕业49 946人，毕业率95.2%，比上年提高3.8个百分点；招生7.5万人，是1985年以来最多的一年。

〔素质教育〕 根据原国家教委《关于当前积极推进中小学实施素质教育的若干意见》和省教委《关于积极推进中小学素质教育的实施意见》，各地采取了一系列措施积极实施素质教育。特别是第三次全国教育工作会议后，全省基础教育战线掀起了一个学习《中共中央国务院关于深化教育改革全面推进素质教育的决定》的高潮。省教委结合实际，因势利导，充分调动各地教育部门和学校的积极性，注意调查研究和宣传政策相结合，借鉴推广外地先进经验与总结各地和试点县工作相结合，在全省形成了实施素质教育的良好氛围。

从4月开始，省教委先后就课程计划的执行、教学用书的征订使用等问题，组织人力到庆阳、定西、临夏、陇南、武威等地，进行检查调研；7月，会同省委政策研究室、省政府政策研究室，组成联合调查组，就全面推进素质教育和“两基”工作情况，分别到实施素质教育起步较早的张掖地区张掖市、临泽县、民乐县，以及贫困和少数民族地区“两基”攻坚成效显著的定西地区陇西县、临夏州永靖县进行了一次专题调查。根据教育部《面向21世纪教育振兴行动计划》和全省基础教育现状，制定了“甘肃省实施跨世纪素质教育工程方案”，其主要内容被列入《甘肃省面向21世纪教育振兴行动计划》。

素质教育的实施，促进了教师队伍建设，薄弱学校建设，课堂教学改革以及现代教育技术的应用。河西大部分地市和天水、白银、庆阳、定西、陇南等地市中已经“普九”的县市区全部实现小学升初中就近免试入学，并积累了一定经验；兰州、武威、平凉、临夏、甘南等地市州也在逐步推行这项制度。

但实施素质教育还存在一些问题：教师队伍整体素质有待进一步提高；小学升初中就近免试入学工作进展不平衡；由于经济、文化、历史等方面原因，尚未实现“两基”的地区，推进素质教育的步伐相对滞后；各地不同程度地存在学校办学水平参差不齐的状况，改善办学条件和薄弱学校改造的任务还很繁重；进一步消除“应试教育”的负面影响还需要比较长的时间。

〔**义务教育**〕　根据“两基”规划，1999年全省有临潭、卓尼、广河、康乐、舟曲、和政、岷县7个县实现“普初”；陇西、临洮、镇原、两当、文县、榆中、武山、庆阳、平凉9个县市实现“两基”。为实现上述目标，省教委继续坚持“两基”在教育事业中“重中之重”的地位不动摇，加强领导，做到了一季度动员部署调查指导，二季度检查督促查缺补漏，三季度合力攻坚评估验收，四季度审核材料上报总结，并结合“国家贫困地区义务教育工程”等项目的实施加大经费投入，保证了“两基”任务的按期完成。9～10月，本着“硬件从实，软件从严”的原则，依照程序，坚持标准，点面结合，对16个县市分别进行了“普初”、“两基”评估验收。除和政县外，其他县市各项指标基本达到了国家颁布的评估验收标准。全省实现“两基”的县达到52个，占县市区总数的59.8%，人口覆盖率为61.00%；“普初”县80个，占县市区总数的91.9%，人口覆盖率为95.97%。

对已经实现“两基”的县市区，结合实施素质教育，仍注意突出重点，抓好薄弱环节；强调加强领导，保证经费投入，继续巩固提高普及程度。“两基”整体水平和质量有新的提高。各地“两基”工作的主要做法：一是坚持教育优先发展的战略地位不动摇；二是坚持依法治教、依法“普九”不动摇；三是深化办学体制改革，不断强化各级政府办学行为；四是坚持多渠道筹措教育经费，努力改善办学条件，借贷办教育，负债修学校；五是强化学校内部管理，努力提高办学效益；六是坚持抓点带面，整体推动“两基”工作。但困难与问题依然很多：一是教育经费不足与事业发展需要之间的矛盾十分突出；二是初中学龄人口进入高峰，校舍不足的矛盾更加突出；三是在普及程度上，部分地区还存在着入学率、巩固率和完成率较低，留级率、辍学率和文盲率较高的现象；四是中小学教师学历合格率与全国平均水平相比还有一定差距等。

初中毕业会考进一步加强，改进了考试的组织和管理工作。试题的命制，既注重对九年义务教育教材基本内容的考察，又注意考察学生的基本能力，达到了检验九年义务教育教学成果的目的。全省初中毕业会考6科合格率达到54.1%。

〔**普通高中教育**〕　1999年全省各地都把适当加快普通高中教育发展作为一件大事，注意正确处理各种关系，不断推进办学体制、办学模式改革和学校内部管理体制改革，充分挖掘潜力，努力改善办学条件，不同程度地扩大了普通高中的招生规模。全省原计划招生65 400人，实际招生75 439人，扩招10 039人，扩招比例为15.4%。其中白银市扩招20%以上。各地教育部门，一些重点中学和办学水平相对较高的中学对扩招工作给予了高度重视，采取了切实有效的措施，确保了高中扩招工作的顺利进行。民办普通高中教育呈现出新的发展势头。

为引导和促进全省普通高中教育的健康发展，努力满足人民群众日益增长的对高质量高中阶段教育的需求，省教委在继续强化学校常规管理，加大改造薄弱学校力度的同时，重点加强了示范性普通高中的建设工作。制定了《甘肃省示范性普通高中评估验收实施方案》和《甘肃省示范性普通高中申报表》，修订了《甘肃省示范性普通高中评估细则（试行）》。示范性普通高中建设进入实质性和关键性阶段。

普通高中毕业会考工作得到加强，会考制度更趋完善。一是改革会考命题组织形式，采取命题、拼题组卷分段工作，从12月高三会考开始，将兰州市普通高中毕业会考下放由市教委单独组织命题和制卷，改进和加强保密工作；二是继续狠抓考纪考风建设，积极发挥各级会考部门的积极作用，结合纠正行业不正之风，严肃处理会考作弊学生，维护会考的严肃性和权威性；三是加强会考成绩的统计分析与反馈，为客观评价普通高中教育教学质量提供基本依据；四是加强日常考务管理和学籍管理，严格审核发放普通高中毕业证书。1999年共组织会考正考52万人次，补考3万人次；1999届学生参加审核毕业资格52 489人，经审核发放毕业证49 946本，结业证2 543本。

〔**幼儿教育**〕 不断加强对各级各类幼儿园及学前班的科学管理与指导，以提高幼教师资队伍整体素质为突破口，以实施“早期儿童发展”项目为契机，以扶持和推动贫困地区学前教育发展为重点，健康、快速地发展全省幼教事业。5月，举办了全省第二期一类幼儿园园长培训班，有58名园长接受培训并取得合格证书。承办了教育部基础教育司和中央教科所联合在兰州召开的全国“早期儿童发展”项目会议。11月，根据全省幼教发展的新形势和实施素质教育的要求，从进一步规范办园行为，提高保教质量出发，组织专家对1991年颁布的《甘肃省幼儿园分类评估标准（试行）》进行了修订。

〔**特殊教育**〕 一是进一步加大宣传力度，提高广大干部和群众对发展特殊教育重要性的认识；二是通过“普九”、“普初”促进特殊教育的发展，通过举办特教学校律动课教师培训，语文、数学学科优质课评选等活动，促进各学校教学质量的提高；三是以随班就读和特教班为主体，以特教学校为骨干，坚持多种形式办特教；四是规范残疾儿童少年随班就读管理，创造条件接受校外具备随班就读条件的残疾儿童少年入学，加强残疾儿童少年入学统计工作；五是加强特教学校硬件建设，提高特教学校的办学水平；六是加强特教管理人员和教师队伍建设。但发展特殊教育还存在以下问题：(1)部分干部、群众对发展特殊教育的重要性认识不足，残疾儿童少年入学率明显偏低。(2)特殊教育在全省发展不平衡。从特教学校建设来看，有10地市建起了特教学校或特教中心，4地州还没有特教学校。(3)特教经费严重不足，办学条件较差。(4)师资力量不足，教师素质和待遇有待于进一步提高。(5)随班就读的管理和教学工作很不规范。

〔**“未来工程”实施情况**〕 “未来工程”启动一年来，进展顺利，基本取得了预期效果。为实施好这项工程，省教委认真总结试点工作经验，多次对全省小学“两课”（计算机、英语）开设情况进行调查研究。5月，印发了《甘肃省小学“未来工程”七年实施规划》。10月，省教委在经费特别紧张的情况下，专门拨出50万元，用于扶持甘南、临夏和礼县实施“未来工程”（其中甘南州、临夏州各20万元，礼县10万元）。年底，对各地“未来工程”实施情况进行了一次全面调查。范围涉及甘肃矿区、东风场区、长庆石油勘探局陇东学区等厂矿企事业办学单位。统计结果显示，全省小学开展计算机教育的学校达到223所（含工程启动前已有的34所），全年共有89 687名小学生接受了计算机教育；334所小学开设了英语课程（含工程启动前已开课的41所）。

〔**项目工作**〕 1999年是中国——联合国儿童基金会“促进贫困县初等教育项目”(1996～2000年)周期最为关键的时期。省项目领导小组在年初正式确定和下发工作计划后，积极组织并指导各项目县，开展项目管理与监测评估、社会动员与成功经验收集、女童教育、有特殊需求儿童教育、早期儿童发展、教具开发、提高小学教学质量等内容的国家级培训活动3次，省级培训活动14次，县级培训活动11次，参加人员涉及教育行政管理人员、乡镇干部、教研人员、骨干教师等，主要活动共有4 500人次参加。在省、县级项目活动中，通过增强项目活动的针对性，项目培训向下延伸，及时进行指导和监督检查，狠抓项目示范乡镇、学校建设，及时进行年度审评等措施，使项目工作取得比较显著的成效。一是项目县学校的办学条件得到改善，学龄儿童的入学率明显提高，辍学率下降，二是带动了农村基层学校教研活动的广泛开展，三是家庭、社区、学校相互配合的早期儿童发展网络逐步形成，达到了项目实施的预期目的。

撰稿　李慕堂

职 业 教 育

〔**综述**〕 1999年，全省职业中学比上年减少1所；教职工比上年增加176人，专任教师比上年增加200人，专任教师学历合格率达到29.08%，比上年提高2.01个百分点；在校生比上年增加977人；招生比上年增加1 390人。职业学校占地面积3 786 072平方米，校均21 390平方米，68所职业学校面积达标，占全省职业学校的38%；校舍建筑面积667 830平方米，校均3 773平方米，48所学校实验建筑面积达标，占全省职业学校的27%，当年新增面积21 155平方米，校均增加120平方米；教学分组实验达标学校51所，占全省职业学校的29%；藏书1 076 515册，校均6 082册，当年新增图书109 980册，校均新增621册，51所学校图书馆达标，占全省职业学校的29%。1999年全省普通中专学校991所，教职工比上年减少102人，专任教师比上年增加49人，在校生比上年增加2 625人，招生比上年增加1 083人。占地面积4 817 806平方米，校均52 943米；藏书89.96万册，校均0.99万册；固定资产总值11 693.10万元，校均128.5万元。

〔**确定职业教育发展思路**〕 3月20日～21日，召开全省职教工作会议，分析和研究了全省职业教育面临的新形势，讨论制定了《甘肃省职业教育发展基本框架意见》、《甘肃省职业学校（中专）建设工程》和《1999年全省职业教育工作要点》。高校与普通高中扩大招生后，中等职业教育面临新的问题和困难。为此，7月16日～26日，省教委与省人事厅、劳动厅、农委等单位组成中等教育结构与发展职业教育联合调查小组，对天水市、平凉市、静宁县中等教育结构与发展职业教育情况进行了调研，为全省教育工作会议提供决策依据。9月、12月，对中东部地区职业教育情况进行调研，形成了《中等教育与发展职业教育调查报告》和《甘肃省高等职业教育发展框架意见》，8月，召开全省职业教育研讨会，学习贯彻全国教育工作会议精神，研究全省职业教育发展的对策和举措，确定了全省发展高中阶段教育要以发展职业教育为重点的方针。

在广泛调研的基础上形成了加快职业教育发展的新思路和实施途径：在河西地区，认真总结建立县级职教中心校的经验，进一步完善“政府统筹、部门参与、教育主管、一校多制”的体制，努力充实教学设施和师资力量，扩大招生规模，提高办学质量；在中东部地区，统筹利用现有教育资源，强化重点职业学校建设，积极创造条件办好现有职业学校；在南部山区及民族地区，举办完全职业学校，有困难的地方举办“职普沟通、高中分流、一校多制、多种功能”的综合学校，采取必要措施巩固中等教育结构改革成果，防止出现新的不平衡和结构失调。

〔**中等职业教育改革**〕 1999年，河西部分地区试行了“两头延伸”的招生政策，即允许初中毕业生免试进入职业中学，允许高中二、三年级分流到职业高中学习，扩大了生源；河东地区招生增幅较大，全省中等职业教育招生人数稳中有升，普通中专和职业学校招生41 420人，确保了当年招生任务的完成，有效防止了招生滑坡。

普通中专并轨改革有了较大进展。到年底，已有64所普通中专实行并轨，进行并轨改革的中专学校占全省普通中专的57%，促进了普通中专从计划经济向市场经济转轨。

7月2日，甘肃农业大学与部分农职业中学召开了农业科技项目合作商谈会，甘肃农业大学各系的专家、教授介绍了本系适合农职业学校的各项科研成果，农职业学校校长介绍了自己学校的办学情况和急需的科研项目。通过这次商谈会，加强了农业大学与各地职业学校的沟通与联系，尤其在新技术推广方面收到了较好的效果。

7月5日～8日，省职业教育学会中专教育工作委员会在兰州榆中县召开了全省中专教育改革研讨会，全省55所中专学校63名代表参加了会议。会议就加快高等职业教育的发展，构建培养各类人才的“立交桥”，加强中等职业教育改革，扩大学校办学自主权。加强专业建设，推动职业教育进一步适应市场经济需要等问题进行了研讨。

〔**高等职业教育**〕 1999年，按新的管理模式和运行机制举办高等职业教育，新高职为专科层次学历教育，学生完成学业后，由举办学校发给毕业证书，毕业生不包分配，不再使用《普通高等学校毕业生就业派遣报到证》，与其他普通高等学校毕业生一样，实行学校推荐、自主择业。当年各类高职招生人数突破2 980人，促进了全省高等职业教育发展。

按照教育部《关于做好今年有关职业技术学院和民办高校申报设置工作的通知》要求，经甘肃省政府论证申报，教育部专家组考察评估，全国高校设置评议特别会议批准成立兰州石化职业技术学院。兰州石化职业技术学院的成立，结束了甘肃省没有独立设置的高等职业技术学院的历史，有力地配合了高校扩大招生工作，当年招生907人。

〔**重点学校建设与布局调整**〕 9月10日～12月29日，由甘肃省中等职业教育和教学指导委员会组织省内专家教授分成普通中专和职业高中两个专家评估组，按照教育部《关于调整国家级重点中等职业学校的通知》精神和要求，分别依据《中等专业学校办学水平评估指标体系》和《国家级重点职业高级中学评估体系》，在申报学校自评自查的基础上，对各申报学校进行了复查评估。认定兰州职业技术学校和兰州石油化工学校等24所学校基本达到国家级重点职业学校标准，经省政府批准上报教育部。

根据《国务院办公厅转发教育部等部门关于调整五个军工总公司所属学校管理体制实施意见的通知》，国防科委4月6日～8日在北京召开会议，将中国核工业总公司原属西北工业学校移交甘肃省，拉开了全省中等职业教育结构和布局调整的序幕。7月15日，兰州市工科职业学校、兰州市十七中学并入兰州职业技术学校。合并后的兰州职业技术学校占地面积4.3公顷，校舍面积16 027平方米，在校生2 100人，实行多层次办学，优化了资源配置，提高了办学效益。

〔**职教师资培养培训与基础建设**〕 7月7日，甘肃农业大学职教学院从原成教学院分设，成立了二级职教学院，进一步加强了职教学院的办学条件，当年招生491人，其中，职教师资（本科）90人，新高职311人。10月，在兰州石化职业技术学院和省教育学院联合建设职教师资培训基地，并申报教育部“全国50个重点建设职教师资基地”。5月，西安交通大学职教学院在兰州石化高等职业技术学院设立了“专升本”函授站，当年招收40名职业学校在职教师进修学习。1998年在西北师范大学音乐、计算机、美术3个专业招收的职教教师“专升本”提高班的68名学员，1999年6月经考试考核全部合格毕业。6月28日～7月12日，在兰州铁道学院举办了职业学校计算机骨干教师培训班，全省50名职业学校教师参加了培训。9月，利用兰州铁道学院研制的新一代职业教育管理系统，对全省在职教师资队伍进行计算机建档管理，为职教师资队伍管理改革奠定了基础。经过几年努力，职业中学（职业中专）校长轮训工作基本完成，学校管理水平和办学水平普遍提高。

〔**“461”工程与“401”项目**〕 3月，通过调查和研究，提出在全省实施3～5年内建成40所重点职业学校，扶持60个骨干专业，创建10所综合学校的“461”工程。8月，采取“扶优”、“扶快”的工作方法，调动了地县和学校事实措施实施工程的积极性。

在全面完成“401”项目文本计划的基础上，1999年重点对初等职业教育模式进行了理性分析和完善总结。整理、修订和编写了《贫困地区义务教育阶段渗透职业教育模式论文集》、《女童教育研究论文集》等专集或教材，对增加项目成果科技含量及项目成果推广、辐射发挥了重要作用。

撰稿 牛辉峰

高 等 教 育

〔**综述**〕 1999年，新设置高等学校1所（兰州石化职业技术学院），全省普通高等学校达到18所。各高等学校招收本专科学生比1998年增加6 197人，增长36.86%，大学录取比例由1998年的4.56：1提高到3.60：1；普通高校在校生总人数比1998年增加8 623人，增长15.96%。全省每万人口中普通高校在校生由20.54人提高到24.87人。

〔**高校思想政治教育工作**〕 继续落实深化“两课”改革的各项措施，全省高校普遍开设了《邓小平理论概论》课，“两课”改革系列教材按时出版发行。开展了全省高校“两课”教师队伍建设情况调研，全省共有专职“两课”教师177人。举办了全省高校“两课”教师培训暨教学研讨班，有77名“两课”教师参加了培训班学习。根据教育部新颁布的“两课”课程内容和教学要求，培训班组织学习研讨了教学要点、难点和教学方法，为提高“两课”的教学效果和教学质量作好了基础性的准备工作。

省委组织部、宣传部和省教委联合开展了全省高校党的建设和思想政治工作评估。指出了存在的问题，提出了意见、建议和要求。评选和表彰了高校党的建设和思想政治工作先进集体和先进个人。

〔**高等教育管理与改革**〕 围绕《甘肃省高教管理体制改革规划方案》的落实，在深入调查研究和论证的基础上，提出了各种具体实施方案，对解决甘肃联合大学办学问题，进行了调研和论证，为政府提供了参考方案和实施意见。11月，组织省级专家组对天水师范专科学校改建本科师范学院的工作进行考察，11月底，经教育部专家组考察评估，顺利通过。

对全省民办高等教育积极鼓励，大力支持，正确引导，加强管理。支持社会各界有志于高等教育的人士，积极推进民办高校的创办工作。经过充分调研论证，审批了甘肃省第一所设在普通高校内的民办二级学院西北师范大学知行学院，还向省政府申报开办一所独立民办大学。

认真贯彻落实全国高校后勤工作会议精神，积极推进高校后勤社会化的进程。按照“先分离，后剥离”的思路，许多高校在伙食、车队、房产管理等方面实行了承包制，自主经营、自负盈亏、返还工资等等，调动了总务后勤工作者的积极性，初步改变了过去吃大锅饭的状况，改善了经营和服务质量，也减轻了学校负担。制定了《甘肃省高校后勤工作社会化改革的实施意见》。鼓励和引导社会力量参与高校后勤改革，吸纳社会资金投入高校后勤基本建设，西北师范大学、甘肃工业大学、西北民族学院的后勤改革都已取得实质性进展。

高校内部人事制度改革有了一定进展，

部分高校开始精减机构，实行聘任制；普遍开展了对各类人员的考核管理，在一定程度上改变了分配上的平均主义。全省高校生师比达到了11.37：1，比上年提高了0.94个百分点。

〔**教学管理**〕 积极推进教学改革，改革教育思想、观念、内容和方法，加强了对高校教学工作的管理和研究。开展了1999年度普通高校教学成果奖评选工作，评出省级一等奖28项、省级二等奖47项、省教委级奖121项，调动了教师开展教学研究的积极性。

结合全国高校优秀教务处的评选，开展了全省高校优秀教务处的评选表彰工作，表彰了6个优秀教务处，其中有3个获“全国高校优秀教务处”称号；评选表彰了18名优秀教务工作者。

继续加强对数学、外语和计算机教学的指导和督导检查，组织大学生参加了1999年全国大学外语等级考试、全国大学生数学建模、计算机程序设计、电子程序设计等竞赛活动，其中数学建模和电子程序设计各有1队获全国一等奖，促进了基础课的教学和大学生实践、创新能力的锻炼和培养。组织高校申报教育部21世纪初高等教育教学改革项目的选题，全省高校共申报13项。

〔**专业管理和教学计划修订**〕 进一步加强了高校专业设置和管理工作，发出《关于进一步加强我省高校专业设置和管理工作的通知》，召开了1999年全省高校专业设置评议会，对当年高校申报的新专业进行了评审。落实教育部有关文件精神，在全省高校本科专业点调整为191个后，督促各高校抓紧相关专业教学计划的修订，教材和课程内容的改革，全省高校大多已经完成了教学计划的重新修订。

为增强专科层次高等师范院校的办学活力和办学能力，进一步提高办学层次和办学水平，论证、协调了师范院校试办预科班工作，检查和评估了天水师范专科学校开办中文、数学两个本科班的条件，同意1999年开始招生，为天水师范专科学校改建师范学院迈出了重要的一步。

〔**科研工作**〕 1999年，全省高校共争取到各类纵、横向科研课题1 947项，获科研经费7 107.5万元；共有科研活动人员9 361名，全年共签订技术转让合同12项，实际收入152.7万元；专利申请12项，发表学术论文5 049篇，1998年在《SIC》、《EI》、《ISTP》三大检索系统收录329篇，出版著作245部，鉴定成果153项；获得省部级以上奖励128项，其中国家二等奖1项，三等奖1项。

为鼓励高校教师大力开展应用研究，加速产学研结合，促进科技成果转化，省教委与省经贸委合作，采取“1+1”配套投入的方式，共投入60万元，实施“产学对接项目计划”，对兰州大学等5所高校的6个有较好产业化发展前景的项目进行重点扶持。

围绕教育部《面向21世纪教育振兴行动计划》，发挥高校优势，促进产学研结合，推动科技进步和科技成果转化，制定并实施甘肃省高等学校“高新技术产业化工程”，争取确定50个左右的省级重点学科和重点实验室，并从中产生一批重大科技成果、培养一支高水平科技队伍；争取高校与企业合作设立5～10个工程（技术）研究中心；建成10个高校科技成果转化基地。

在国家有关部门举办的深圳、青岛、兰州等科技成果展交会（专利成果博览会）上，全省高校共向全国发布高新技术成果7项，成交金额达2.5亿元。根据《中华人民共和国专利法》,省教委审批同意甘肃工业大学的两项专利权转让给兰州永新科技股份有限公司。为加大科技成果转化力度,兰州大学、甘肃工业大学相继成立了“高新技术成果转化推广中心”,面向市场,独立运作。

〔**学位工作与研究生教育**〕　为了有序地做好学科建设,发展社会急需的学科,使学位工作与研究生教育更好地为经济建设、社会发展、科技进步服务,制订了《甘肃省学科建设与发展规划(2000年～2004年)》,该规划包括全省20个学位授予单位的总体规划和年度发展计划,确定了全省学科发展的方向和规模。

受国务院学位办委托,对1997年学位授权点评估中未通过合格评估的兰州铁道学院、兰州医学院的3个硕士学位点进行重新评估,3个硕士点评估结果均为“合格”。积极申请专业硕士学位授权点。1999年共申请到法律硕士专业学位点和工程硕士专业学位各一个,使全省的硕士专业学位点达到4个(教育、工商管理、法律、工程)。

1999年,共有1 131名考生报名参加了同等学力人员申请硕士学位全国外国语水平及学科综合水平统一考试,该项考试在甘肃省涉及英、俄、法、德、日、阿拉伯6个语种和经济学等10个学科;外语通过率为26%。共有195人报名参加了全国在职攻读工商管理硕士学位入学考试,录取率为53.9%。共有264人参加了全省成人本科生申请学士学位外国语统一考试。172人通过了考试,合格率为65.15%,全省成人本科生学士学位授予率为11.04%。

对研究生课程进修班进行登记、审批、备案工作。经审核,1999年,兰州大学、西北师范大学、兰州铁道学院和兰州医学院4所高校在省内外共举办36个研究生课程进修班,外省有关研究生培养单位在甘肃省共举办5个研究生课程进修班。在国务院学位委员会与教育部首次开展的全国学位与研究生教育管理工作先进集体表彰活动中,兰州大学研究生处和甘肃农业大学研究生处被评为全国学位与研究生教育管理先进集体。

根据国家有关精神,从1999年4月9日起,博士生指导教师的审批权全部下放给各博士学位授予单位,当年全省共自行选聘博士生导师16名。

〔**重点学科建设**〕　“区域经济学”等36个学科被确定为1999～2001年度甘肃高校省级重点学科,“社会学”等11个学科为1999～2001年度甘肃高校省级重点扶持学科;三年内省财政重点学科建设经费达510万元,配套后,使重点学科建设的总投入达到1 020万元以上。甘肃农业大学的“动物遗传育种与繁殖”省级重点学科被批准为农业部重点学科。

〔**教师队伍建设**〕　省高师培训中心通过了教育部的评估并被评定为优秀,被教育部授予“全国高等学校师资培训中心网络先进单位”。举办了1999年全省高校青年教师岗前培训班4期(比上年增加了2期),培训教师240多人。

甘肃省高校在1999年曾宪梓高师奖评选中,有1人获二等奖,25人获三等奖。在全省高校开展了第六届青年教师成才奖评审推荐工作,35名教师受到表彰奖励。

继续支持全省高校青年教师攻读硕士学位,1999年资助高校委培研究生经费50万元。根据教育部要求,组织了“两课”教师在职攻读硕士学位考试的报名工作。召开了全省高校教职工数据库建设工作会议，组织各校完成了数据库的完善和更新工作。

〔**学生工作**〕 发出《关于本科院校选拔优秀专科生升入本科学习的通知》，加强对此项工作的规范和宏观管理。发出《关于省属普通高等师范专科学校选拔优秀本科生进行再培养的通知》，选拔26名学生升入西北师范大学继续深造，调动了师专学生的学习积极性。在全省高校大学生中开展了三好学生、优秀学生干部和先进班集体的评选工作，共表彰35名全省三好学生及优秀学生干部、24个先进班集体，其中有1个班被评为全国先进班集体标兵、2名学生被评为全国三好学生。继续开展资助高校特困生的工作，1999年向全省高校划拨资助特困生经费80万元，资助高校特困生1 600人。学籍管理工作得到进一步加强。

〔**高层次人才培养**〕 制定了甘肃省高校"高层次创造性人才工程"，该工程包括"三岗一奖扶持人才计划"(即"特设省级重点学科带头人岗位"、"特聘国内访问学者岗位"、"特设省级主干课程岗位"、"特设高校科技攻坚人才奖")和"百学科培养人才计划"。

国家实施"长江学者奖励计划"以来，1999年，全省共申请到特聘教授岗位8个，遴选招聘到特聘教授3人。62位人被确定为1999年度甘肃省高等学校跨世纪学科带头人。进行了甘肃省"333科技人才工程"(分别选拔30人、300人、3 000人进入国家级、省级、厅局级人才工程)一、二层次的推荐及其科研经费资助的组织工作，有37人获经费资助46.5万元；与省人事厅、省电视台联合摄制了甘肃"333人才工程(高校部分)"专题片，对高校的知名专家及其科研成果进行了大力宣传。组织高校遴选推荐了1999年度国家"百千万人才工程"一、二层次候选人，截至1999年底，全省高校共有12人进入"百千万人才工程"一、二层次，进入"333工程"一、二层次共有62人。

〔**实验室及网络建设**〕 根据原国家教委《高等学校基础课教学实验评估办法和标准表》精神，省教委组织专家对兰州大学等8所高校的24个基础课教学实验室进行了地区性合格评估，并对首批评估合格的兰州铁道学院物理实验室等21个基础课教学实验室举行了授牌仪式。

制定了甘肃省CERNET网一期建设方案，并报请省政府立项，争取专项经费支持；省CERNET网络中心设在兰州大学，与国家CERNET中心的信息传送已采用"光缆+卫星"两种方式进行。制定并启动实施甘肃省"现代远程教育工程"，省教委与省邮电管理局签订了共建甘肃省现代远程教育工程框架协议；协调组织兰州大学、西北师范大学、甘肃工业大学分别与兰州市电信局和甘肃省数据通信局分别组建甘肃省现代远程教育工程中心，该项工作正在进行中。

〔**稳定和综合治理工作**〕 同党中央保持一致，保持清醒的头脑和高度的政治敏感性，正确对待和处理"法轮功"问题，指导高校稳定工作。从5月～6月，加强了值班工作，及时掌握高校动态，做到了工作细、信息灵、情况明，并且积极贯彻党中央有关"法轮功"问题的一系列指示精神，做好高校"法轮功"的揭批和群众的教育工作。经过大量细致的工作，全省高校师生员工经受住了北约轰炸我驻南使馆等政治风波的考验，在迎接纪念“五四”运动80周年、庆祝建国50周年、澳门回归等重大的活动中，保持了高校的稳定，维护了正常的教学秩序。

对高校周边环境和校内的综合治理情况进行了调研，提出了改善高校办学和教学环境的建议，对学校内部提出了整改要求，增强了防范意识，及时处理了突发事件。

撰稿 张东林 余学军

成人教育

〔综述〕 1999年，全省动员31.31万文盲、半文盲参加学习，脱盲25.6万人，农民文化技术学校发展到8 610所，有181万人参加各类实用技术培训。成人高等教育招生比上年增长14.56%，毕业生比上年增长17.27%，在校生达到39 603人。自学考试开设101个专业，在籍考生25.5万人，当年毕业9 807人，其中本科364人，专科6 806人，中专2 637人。广播电视大学进行开放教育试点，招收学生700多人，其中英语本科314人，金融专科402人；注册视听生招生5 663人，招收单科生1 488人。

〔**扫盲及农村成人教育**〕 根据教育部对“三片”地区的要求，从实际出发，进一步加大了扫除文盲工作力度，9个县市达到国颁基本扫盲标准，6个县实现省颁基本扫盲标准，有10个单位和7名个人获得第四届“中华扫盲奖”。乡镇农民文化技术学校得到较好的发展，学校数比上年增长13.6%，181万农民接受了各类实用技术培训。

开展扫盲宣传月活动。2月8日省教委发出《关于开展1999年扫盲宣传月活动的通知》，各地纷纷开展行之有效的宣传活动。一是各地党政领导重视，宣传月活动有声有色。在扫盲宣传月活动期间，一些地县的党、政领导也纷纷发表讲话，撰写文章，广泛宣传扫盲工作重要性，并对扫盲工作提出了行之有效的措施。二是各地教育行政部门精心组织，扫盲宣传月各项活动落到了实处。白银、天水、平凉等地市教委转发了省教委《通知》，采取了书写宣传标语，组织宣传小分队，散发宣传标语，开展广播、电视专题讲座，排练节目等多种形式的扫盲宣传活动，据不完全统计，书写永久性标语14 000多条，宣传标语28 000多条，仅礼县一个县就下发《文盲入班学习通知书》20 400份，动员入班学员18 000人次。三是在做好宣传的同时积极开展扫盲工作，据统计，此间，参加扫盲学习的人数达76 180人。6月省教委对全省开展扫盲月情况进行了通报。

9月～10月，对镇原县、平凉市、临洮县、庆阳县、陇西县、两当县、榆中县、武山县、文县9县、市实现“普九”和基本扫除青壮年文盲的县（市）进行验收；对临潭县、卓尼县、广河县、康乐县、舟曲县、和政县6个实现普初和省颁扫盲标准的县进行验收。至此，实现“两基”的县52个，人口覆盖率达到60.01%；实现“普初”省颁扫盲达标的县81个，人口覆盖率达到95.97%。

11月，省教委发出《关于抓好今冬明春扫盲工作的通知》，进一步落实《中共中央国务院关于深化教育改革全面推进素质教育的决定》，继续把“两基”作为全省教育工作的“重中之重”，确保2000年“两基”目标的实现和达标后的巩固与提高。要求各地进一步加大投入，切实加大工作力度，确保2000年目标的实现，12月省教委转发了教育部《关于扫盲达标地区抓紧做好扫盲后巩固提高工作的通知》。

12月24日～25日，省教委在兰州举办了“扫盲专干培训班暨扫盲和农村成人教育汇报会”。对2000年要达标的县教育局长和教育专干进行了培训，总结了1999年扫盲和农村成人教育工作，安排部署了2000年的工作，同时将财政部、教育部奖励甘肃省扫盲工作的45万元奖金，分别奖给了全地区或全市实现扫盲任务的兰州市、金昌市、张掖地区、酒泉地区、嘉峪关市以及第一批实现国颁基本扫盲任务，经复查合格的城关区、七里河区、安宁区、西固区敦煌市、安西县、金塔县、玉门市、酒泉市、临泽县、高台县、金川区、白银区教育行政部门。

〔**成人高等教育**〕 成人高等教育贯彻落实第三次全教会精神，积极稳妥地处理发展与改革的关系，坚持为经济建设和社会发展服务。调整专业设置，1999年新增设本、专科专业28个。普通高校夜大、函授和独立设置的成人高校招生数比1998年增长15%。全省以职工大学为主体的成人高等职业技术教育试点自1995年起步，试点学校和专业班在逐年扩展，1999年已有9所学校的20个专业被批准招生723人，1998、1999年已向企业和社会输送毕业生近200人，全省成人高等职业教育在校生近1 700人。

1999年有13所学校申请2000年举办高职教育试点专业22个，已经教育部审核批准。还有省建工学校、酒钢职工大学、金川公司职工大学3所职工大学向省教委提交申请报告，申请改制举办高等职业技术学院。

〔**成人中等教育**〕 全省有独立设置的成人中专51所，普通中专附设成人班的57所，1999年由学校组织往届和应届初中毕业生进行成人中专入学测试，经省招办审核，共录取学生16 972人。招生人数超过千人的学校有省电视中专、省农业广播学校、甘肃中华函授会计学校、定西卫生学校等。全省成人中专在校生数达44 649人。全省成人中等专业教育有专业96个。

〔**社会力量办学**〕 1999年，省批社会力量办学机构3个，地县教育行政部门当年审批民办中小学和幼儿园20个，截至12月底，44个省批社会力量办学机构中有在校生的只有29个，当年招生6 956人。

撰稿 温攀玺

民族教育

〔**综述**〕 1999年，甘肃省民族地区有小学2 506所，学生368 038人，比上年增加22 626人；专任教师14 805人，增加433人；学龄儿童入学率94.83%，提高3.8个百分点；女童入学率92%，提高5.12个百分点。普通中学146所，在校生84 565人，比上年增加11 402人；专任教师5 984人，比上年增加355人。职业中学16所，在校生1 851人，专任教师242人，中等专业学校10所，在校学生3 770人，专任教师492人。教师学历合格率分别为：小学93.73%，初中73.93%，高中40%。

〔**义务教育**〕 根据省政府普及九年义务教育规划，1999年民族地区临潭、卓尼、舟曲、广河、康乐6个县要实现基本普及初等义务教育和达到省颁扫盲标准。省教委把"普九"作为各项工作的"重中之重"，坚持求实进取，坚持验收标准，扎扎实实稳步推进。从3月开始，组织力量多次对这些县进行了提前介入、重点指导。其中5个县顺利通过了普初扫盲验收，使民族地区基础教育的发展上了一个新的台阶。1999年底，民族地区已有4个县普及了九年义务教育，12个县普及了初等义务教育。普初的人口覆盖率达到76.33%。

全省普初扫盲难点主要集中在甘南藏族自治州和临夏回族自治州，甘南藏族自治州加强了牧区寄宿制学校的建设步伐，寄宿制学校由上年的59所增加到73所，占学校总数的10%，在校学生13 846人，全州的学龄儿童入学率达到94.45%，女童入学率93%，藏族儿童入学率91.88%，巩固率96.74%，毕业率97.8%。临夏回族自治州学龄儿童入学率94%，女童入学率90%，少数民族儿童入学率81.5%，巩固率94.2%，毕业率98%。

〔**"双语"教学**〕 全省有少数民族语言文字的地区，都实行了"双语"教学。1999年，根据《甘肃省面向21世纪教育振兴行动计划》和省委、省政府贯彻《中共中央国务院关于深化教育改革全面推进素质教育的决定》实施意见的要求，"未来工程"已经在民族地区实施，在实行"双语"教学的地区，根据形势发展的迫切需要，有的已提出在学好母语的同时，必须学好汉语文，有条件的开设外语，甘南州的一些藏族中小学开始加授外语。中小学的教学质量稳步提高。1999年甘南藏族自治州初中6科合格率：普通类达53.1%，汉语文教学为主类达7.9%，藏语文教学为主类达18.73%。小学双科（或三科）毕业会考合格率：普通类83.62%，汉语文为主类14.8%，藏语文为主类10.04%。

省教委配合五省区藏文教材协作办公室，组织人员编写出版发行了中师藏语文教材，《藏语文》第一册和《藏文语法基础知识》，已供青海省和甘肃省民族中师使用。

〔**民族班工作**〕 甘肃省在3所高校、2

所中师、7所重点中学开设了民族班，在14所中专增加了少数民族招生人数。高等院校民族班有在校生300人，中师民族班在校生130人，重点中学民族班有在校生540人。

为进一步贯彻落实中央有关文件精神，办好民族班，为民族地区培养合格人才，省教委于12月20日～21日在兰州召开了全省民族班工作会议。会议总结交流了20年民族班工作经验，研究在新形势下进一步加强民族班工作，为西部大开发培养少数民族人才。会议表彰奖励了12个先进个人和4个先进集体。讨论修改了《关于进一步加强民族班工作的规定》，使民族班工作进一步规范化。

〔教育对口协作〕 积极开展与天津的教育对口支援协作工作，天津市政府落实了扶持甘肃省教育扶贫资金700万元。完成了天津师范大学、天津医学院等5所学校为甘肃省18个贫困县和少数民族贫困县定向招收36名学生计划。

甘肃与内蒙古自治区、新疆维吾尔自治区继续开展教育协作，内蒙古自治区为甘肃对等培养蒙语文授课的本科生6名，中专生5名；新疆维吾尔自治区为甘肃对等培养用哈语文授课的本科生4名。专业由原来的师范类拓宽到财政、金融、医学、建筑等专业。青海师范大学为甘肃对等培养藏文理科生10名。

〔改善办学条件〕 民族地区进一步加强了多渠道筹措教育经费的工作力度。各级政府在安排各项资金时，重点考虑民族教育，群众的办学积极性空前高涨，校舍面貌发生根本性的变化，民族地区小学校舍危房面积下降到6.3％，中学下降到12.3％。临夏回族自治州年内各项投资共4 030多万元，其中州县筹措1 870万元，社会各族群众教育捐资达725万元，征收农村教育费附加936万元，勤工俭学创收220万元。甘南藏族自治州争取中央和省级及州外捐投资金项目共3 228万元，通过财政渠道征收教育费附加，干部职工集捐资、群众投工献料等途径完成了各类项目的地方配套资金共1 319万元，大大改善了办学条件，全州中小学危房比重下降到6.91％。应用现代化教学手段提高教育质量已成为民族州、县改善办学条件的一个重要内容，并有了较大进展。

撰稿　王守斌

审稿　罗鸿福　黎志强

青海省教育

概　况

〔基本情况〕

1999年各级普通学校基本情况

单位：人

学校类别	学校数（所）	毕业生数	招生数	在校学生数	教职工数 计	教职工数 其中：专任教师
总　计	4 185	138 852	247 913	812 919	60 103	51 063
一、研究生	(5)	20	32	85		
1. 高等学校	(3)	3	9	29		
2. 科研机构	(2)	17	23	56		
二、普通高等学校本专科	6	2 490	3 172	9 347	3 454	1 711
本科院校	4	1 957	2 491	7 516		
专科院校	2	553	681	1 831		
分校、大专班						
三、普通中等学校	536	67 578	89 052	233 303	24 607	19 804
1. 中等专业学校	35	4 252	4 050	12 600	3 072	1 777
中等技术学校	24	2 526	3 000	8 216	2 223	1 226
中等师范学校	11	1 726	1 050	4 384	849	551
2. 技工学校	22	2 323	984	3 440	1 378	960
3. 普通中学	448	56 712	78 901	207 214	19 090	16 260
高中	171	13 924	17 556	47 059		4 401
初中	277	42 788	61 345	160 155		11 859
4. 职业中学	31	4 291	5 117	10 049	1 067	807
高中	28	3 173	4 276	8 275		731
初中	3	1 118	841	1 774		76
5. 工读学校						
四、小学	3 448	68 728	95 983	500 723	29 130	27 452
五、特殊教育学校	6	36	165	2 666	128	97
六、幼儿园	189		59 509	66 795	2 784	1 999

1999年各级成人学校基本情况

单位：人

学校类别	学校数（所）	毕业生数	招生数	在校学生数	教职工数 计	其中：专任教师
总　计	1 966	360 447	351 329	316 300	1 962	1 009
一、成人高等学校	2	1 386	3 286	7 084	597	400
1. 广播电视大学	1	310	1 018	1 957	414	264
2. 职工高等学校	1	423	708	1 568	183	136
3. 农民高等学校						
4. 管理干部学院						
5. 教育学院						
6. 独立函授学院						
7. 普通高等学校举办：		653	1 560	3 559		
函　授　部		123	258	1 056		
夜　大　学			5	62		
成人脱产班		530	1 297	2 441		
合计中：电大普通专科班		51	73	198		
二、成人中等学校	1 481	323 397	295 356	260 779	924	551
1. 成人中等专业学校	20	4 444	2 926	10 861	789	457
广播电视中等专业学校	2	993	717	3 030	191	111
职工中等专业学校	14	2 341	1 413	4 587	453	262
干部中等专业学校	3	237	236	1 011	107	51
农民中等专业学校						
函授中等专业学校	1	873	514	2 187	38	33
教师进修学校			46	46		
其他类学校举办						
2. 成人中学						
职工中学						
农民中学						
3. 成人技术培训学校	1 461	318 953	292 430	249 918	135	94
职工技术培训学校	3	13 994	14 313	14 361	65	65
农民技术培训学校	1 458	304 959	278 117	235 557	70	29
三、成人初等学校	483	35 664	52 687	48 437	441	58
1. 职工初等学校	3	1	12	1	1	
2. 农民初等学校	480	35 663	52 675	48 436	440	58
其中：扫盲班	268	28 742	30 449	26 210	440	58

制表　张晓乐

〔**年度工作指导思想**〕 1999年，青海省教育工作的指导思想是：以邓小平理论为指南，深入落实党的十五届三中全会和省委九届二次会议精神，认真实施科教兴青战略，坚持依法治教的基本方略，把为农牧业和农牧区工作服务摆到突出地位，在为农牧区经济、社会发展方面采取新的措施，争取新的突破。

工作的主要思路和措施是：以牧区为重点，加大普及义务教育工作力度，加快“两基”实施步伐，如期完成规划任务；大力发展农村初中等职业教育和成人教育，积极稳妥地发展高等教育，推动科技进步；积极探索符合省情，多种形式多种体制办教育的路子；正确处理质量与数量、德育与智育、改革与发展的关系，更加注重提高质量、加强德育、深化改革；充分依靠各级党委、政府和各级教育行政部门及广大教育工作者，调动社会各方面办教育的积极性，进一步解放思想，求真务实，加大各项改革力度，以新的业绩迎接建国50周年和新世纪的到来。

〔**教育投入与支出**〕 1999年全省教育事业经费总支出为9.13亿元，比上年增长26.6%；全省教育事业经费总支出中，人员经费为6.17亿元；公用经费为2.96亿元，占32.4%。各类教育的事业经费分别为：高校9 911万元，占10.85%；中专10 016万元，占10.97%；中学26 348万元，占28.86%；职业中学1 748万元，占1.91%；小学36 216万元，占39.66%；特殊教育学校214万元，占0.23%；幼儿园1 701万元，占1.86%；其他4 947万元，占5.42%。支出教育费附加0.51亿元，与上年持平。

1999年全省地方所属学校共落实基建投资25 923.4万元，其中国家预算内投资11 125万元；截至年底，共完成投资23 506万元。全省教育项目施工面积43.44万平方米，竣工面积32.6万平方米。其中，中小学教师“安居工程”建设总投资4 977.8万元，计划建设住宅1 064套，建筑面积66 657平方米，年内大部分竣工交付使用。

〔**学习宣传贯彻全国教育工作会议精神**〕 党中央、国务院召开的改革开放以来的第三次全国教育工作会议，给青海省教育工作者以极大鼓舞。会议结束后，全省教育系统立即开展了学习、宣传、贯彻活动。省教委干部职工围绕深化教育改革，推进素质教育、2000年后全省教育发展的目标和任务、加强教师队伍建设、加快民族教育特别是青南地区教育发展、优化各级各类学校尤其是中等专业学校布局、加强薄弱学校建设、改革课程设置和教材等问题，深入研究思考，献计献策，提出了大量意见和建议，进一步统一了思想，提高了认识，明确了新形势下全省教育事业的发展思路。各级地方党委、政府、教育行政部门和各级各类学校也开展了形式多样的学习宣传活动。

〔**教育法制建设**〕 加强学校治安综合治理工作，确定西宁市、格尔木市、青海大学、青海民族学院、青海省财经学校、青海建工建材学校为学校综合治理工作示范地区和单位。全省中小学共聘任法制副校长、辅导员759名。坚持依法行政，制定并印发了《青海省教育行政公示事项》、《教育行政执法监督办法》、《教育行政处罚简易程序、一般程序操作规程》、行政处罚、行政复议等使用的法律文书式样。

〔**语言文字工作**〕 年内，举办了5期省级普通话水平测试员培训班，培训学员202人，有101人取得省级普通话测试员资格证书。推行中小学教师持普通话等级合格证上岗制度，乐都、湟中等县有2 512人取得了普通话等级证书。在中等师范毕业生中进行普通话等级测试工作，共有1 600余人参加测试，均取得了相应等级的普通话等级合格证。组织西宁地区2 000余名中小学师生参加了第二届全国推广普通话宣传周活动。

〔**支援基层教育工作**〕 1996年9月，省委、省政府为贯彻中共中央办公厅、国务院办公厅《关于转发中共中央组织部、国家教育委员会、人事部〈关于从党政机关和事业单位选派人员支援基层工作的请示〉的通知》，成立了以主管教育的省委副书记桑结加和副省长白玛为组长的省支援基层教育工作领导小组。从省直机关、人民团体和事业单位中选派了229名专业特点比较适合基础教育的优秀人员参加了为期2年的支教工作。支教人员遍布除西宁地区以外的全省37个县，他们克服了生活和工作中的各种困难，全身心投入到基层的教育教学工作中，得到了基层教育部门和学校教职工的广泛赞扬。1999年2月9日，召开了支教工作总结表彰大会，表彰了韩向晖等55名先进支教个人。

〔**大中专招生与分配**〕 招生考试工作坚持依法治考，重视招生考试重点工作、重要环节、关键岗位的领导管理，对各类考试和招生工作实行计算机管理，增强了招生工作透明度。全年共有21 849人报考普通高校（含高中中专），省内外高校共录取6 659人，完成招生计划的101.6%，比上年增加790人；录取率为30.05%，比上年提高4个百分点；少数民族考生录取率为31.1%，比上年提高4.2个百分点；普通中专录取高中毕业生148人，录取初中毕业生6 480人。

大中专毕业生就业工作实行“老生老办法、新生新办法”，分类安置。坚持高师毕业生充实到教学第一线就业，优先考虑重点部门和行业对毕业生的需要，全年省内外青海生源大中专毕业生约8 000人，实际列入就业计划的6 338人。其中，到州（地、市）、县就业的4 278人，占就业计划的67.5%；到国有大中型企业就业的1 371人，占21.6%；到中直单位就业的344人，占5.4%；到其他部门就业的345人，占5.4%。

〔**学校体育、卫生与艺术教育**〕 举办了全省第十届大学生暨第十二届中学生运动会，组团参加了全国第七届中学生运动会。在全省中小学、幼儿园推广了新广播操。开展了体育与健康教育课程的调研及中小学生禁烟教育及防治学生近视眼、常见病、多发病活动。加强了学校食品卫生管理。果洛州藏文中学祝先甲等8人、虎台中学等7所学校被教育部、国家体育总局评为全国学校体育卫生工作先进个人和先进单位。举办了以“歌颂伟大祖国、迎接新世纪的太阳”为主题的'99全省大学生艺术节。

〔**教育交流**〕 组织职业教育考察团访问德国职业教育，组织英国大学生来青海任教，为省内中学生举办英语强化班。年内高校和其他教育机构聘请外国文教专家15人，招收外国留学生50人，选派国家公派出国留学人员2人，组织、参加出访团组11个，共40余人次。

基础教育

〔**综述**〕 1999年，全省小学比上年减少17所，在校小学生比上年增加14 075人，适龄儿童入学率比上年提高0.56个百分点，小学毕业生升学率比上年下降0.64个百分点。初中比上年减少9所，在校生比上年增加11 964人，适龄少年入学率比上年下降1.29个百分点，初中毕业生升学率比上年下降0.97个百分点。高中比上年增加8所，在校生比上年增加213人。特殊教育学校比上年增加4所，在校生比上年减少440人。普通学校附设特殊教育班比上年减少2个，残疾儿童入学率比上年下降5.5个百分点。幼儿园比上年减少3所，在园幼儿比上年减少4 113人。小学和初中辍学率分别降至2.2%和3.99%。

〔**义务教育**〕 继续把“两基”工作作为全省教育工作的“重中之重”，加强检查、督促和指导。年内，互助县、平安县通过了省政府的“普九”验收，同仁县、尖扎县通过了“普六”验收。截止年底，全省已有西宁市城西区、城中区、城东区、城北区，乐都县、湟中县、湟源县、平安县、互助县、格尔木市、德令哈市、冷湖行政委员会、茫崖行政委员会、大柴旦行政委员会实现了“两基”目标，人口覆盖率达48.31%，大通县、民和县、门源县、祁连县、海晏县、同仁县、尖扎县、共和县、贵南县、乌兰县普及了六年义务教育，人口覆盖率达76.88%（含“普九”人口覆盖率）；兴海县、同德县普及了三年或四年义务教育，人口覆盖率为7.73%。

〔**素质教育**〕 以“两基”为重点，全面贯彻教育方针，抓住教材建设、课程设置、教学内容和评价体系改革、师资培训等关键环节，科学全面地推进素质教育。省教委印发了《关于大力实施素质教育、提高教育质量的通知》，明确要求各级教育行政部门：一是提高认识，突出教育教学质量在教育工作中的核心地位。二是加强政策指导和教育，引导教师严格按照教育规律、教学规律和青少年身心发展规律开展教育教学活动，坚持向教改教研要质量，向先进的教学管理要质量，向课堂要质量。不搞题海战术，不延长学生在校学习时间，不利用节假日组织学生补课。三是对教育教学质量进行目标管理。今后5年，高中、初中、小学教师学历达标率分别达到60%、90%和98%，乡以下中小学的主要学科至少要有2～3名骨干教师，教师“双考”（专业知识考试和德能勤绩考核）合格率达到95%以上，小学生数学、语文双科合格率达到98%以上，初中学生合格率和毕业率达到95%以上，高中会考合格率达到90%以上。四是加强教育教学常规管理，对备课、授课、辅导、作业批改、考试五大教学环节实行严格的目标管理，坚持和完善备课制度、校长任课、听课制度和教师评课制度，要按课程计划开足开齐课程，合理安排课时，尤其要开好实验课，提高开出率，增强学生的实践能力。五是建立一支师德高尚、有创新意识和科研能力的师资队伍，加强对现有中小学校长和专任教师的全员培训和继续教育，所有中小学校长都要参加任职培训，持培训合格证上岗，西宁、海东地区50岁以下、各州45岁以下的中小学教师，凡未达到规定学历的，都要分期分批地参加学历合格培训，要继续抓好教师岗位大练兵、大比武活动。六是加强教学研究。从1999年起，全省中小学要建立课题制度，逐步形成所有学校、所有教研组都有研究课题，所有专任教师都参与课题研究的局面。七是全面推行素质教育。按照全面启动、重点突破、区域推进、早见成效的原则，重点抓好素质教育的区域实验工作，各州（地、市）县（区）都要建立各自的实验区，乡、镇要有自己的实验点。八是增加对教学领域的投入，为提高教育教学质量提供条件保障。加快推广素质教育区域实验的经验，在乐都县召开了全省素质教育现场会，使全省素质教育逐步由区域试点转向全面推进。加强素质教育的理论宣传与指导，组建了全省素质教育讲师团，赴西宁、海东、海西等地向教职工做专题报告8场，参加人员达2 000人次。努力普及小学、初中英语、计算机教育，西宁市区和有条件的州、地的初中普遍开设了计算机课，小学开设了英语课。在湟中县选择了10所学校进行农村初中办学模式改革试点，主要内容是实施普通教育与职业教育分流教育，对不同学习程度和学习水平的学生开展教育，渗透职业教育因素，因材施教，实行农科教结合，增强了基础教育的服务功能。

〔**提高办学质量和效益**〕　继续开展中小学争先创优活动，评定青海铝厂初中、青海油田一、二中和实验中学、青海油田四小、格尔木铁路中学为青海省中小学标准化学校。西宁市在争先创优活动中涌现出的部分优秀学校，如青海昆仑中学、西宁七中、南川西路小学、朝阳小学、北大街小学、晓泉小学，就规范收费、不体罚和变相体罚学生、不向学生家长要财物、不训斥学生家长、不驱赶后进生、控制学生在校时间、不乱订滥购教学辅导复习资料、减轻学生过重的课业负担等社会反映强烈的热点问题向社会公开作出承诺，自觉接受社会和学生家长的监督。从9月1日起，取消了西宁市区及州、地政府所在地小学附设的学前班。对全省中等师范学校毕业年级学生进行了语文、数学统一考试，共有1 670名学生参加了考试，95%的学生合格。

〔**教育项目工作**〕　全年国家和省财政下达各种专项资金3 412万元，其中用于学校土建2 790万元，总建筑面积47 858平方米；用于校舍维修、仪器设备及课桌凳采购等622万元。年内，“第三个贫困地区基础教育发展”项目安排土建学校6所，建筑面积1 838平方米，投资105.7万元；全面完成了项目学校867.4万元教学仪器、远距离电化教育设备和图书资料的检验、调拨、分发工作；完成了7所帐房小学和715套中小学化学试剂药品及生物演示材料询价采购工作；培训师资2 139人，其中小学1 623人，初中516人；在项目学校继续推广女童教育、双语教学、基础教育阶段渗透职教因素等科研成果。

年内，“国家贫困地区义务教育工程”安排建设项目202个，建筑面积106 734平方米，总投资7 329万元。正式开工建设的项目学校168个，建筑面积82 381平方米，占年度计划的77.2%；完成了教学仪器和图书招标采购的前期准备工作，安排采购资金2 000万元。

中国与联合国儿童基金会合作“促进贫困县初等教育项目”完成投资10万美元，为门源县、贵南县、循化县、化隆县、囊谦县、达日县的小学共配备低年级教具包300个，语言复读机200台；举办教师培训班16期，培训项目县教师860名。

〔**教师队伍建设**〕 省教委印发了《青海省中小学校长持证上岗办法》、《青海省中小学教师培训办法》和《青海省教师和教育工作者奖励规定》，组织实施了首次中小学和中等师范学校教师“双考”工作，共有4万余名教师参加了专业知识考试，合格率为95%以上。通过举办培训班、讲座、送教下乡等加强教师继续教育工作，编写并出版发行了青海省中小学教师继续教育教材《中小学教学基本技能》和《现代教育技术教程》。全省小学、初中、高中教师学历合格率分别达到94.31%、81.51%和46.92%，分别比上年提高2.42、5.03和1.98个百分点。1999年，评定中学高级教师364名。扎布等9人获1999年曾宪梓高等师范院校教师奖，祁全林等20人获陈香梅优秀教师奖，韩福雄等22人获教育部、中华慈善总会“烛光奖”。

〔**德育工作**〕 落实教材、师资和教学计划，深入开展邓小平理论“三进”工作。选择2所小学、3所初中、5所高中进行邓小平理论“三进”试点；围绕庆祝建国50周年和澳门回归，开展了以爱国主义教育为重点的系列教育活动。举办了全省大中小学生迎接澳门回归知识竞赛，10万余名学生参加了竞赛；省教委与文化厅联合举办了全省中小学生书画比赛，参赛作品5 000幅；举办了全省中小学生诗歌朗诵比赛。各地教育行政部门和各级各类学校通过举办展览和专题讲座，宣传、展示建国50年来的辉煌成就，激发了青少年学生的民族自豪感和爱国热情。年内，省教委组织评选省级三好学生87名、优秀学生干部129名和优秀班集体20个。评选教育系统关心下一代先进集体8个、先进个人22名。评选了50名全省优秀班主任、30名先进德育工作者。

〔**教育督导工作**〕 对1998年全省地方教育事业发展《目标责任书》实施情况进行了初评，针对存在的突出问题，提出了整改措施，督促各地全面完成责任书规定的各项任务。开展了基础教育经费投入、减轻学生过重的课业负担、教学计划执行情况和薄弱学校建设四项内容的专项督导检查。

〔**电化教育**〕 制定和印发了《青海省中小学电教教材管理办法》和《青海省中小学计算机教育发展规划》及《五年发展纲要》。重新审查登记了教育系统200余座卫星地面站。指导检查了26所全省现代教育技术实验学校的实验工作，分别对5所国家级、19所省级实验学校进行了中期评估，同时申报了西宁贾小庄小学等8所中小学为第二批国家级现代教育技术实验学校。

职 业 教 育

〔**综述**〕　1999年，全省职业教育工作认真贯彻为农业和农村工作服务的方针，以改革为动力，大力推动农村职业教育发展。1999年全省有中等职业教育学校111所（不含初中，下同），比上年减少3所，在校生36 536人，占高中阶段在校生的比例为43.71%，比上年下降1.51个百分点。其中职前各类中等职业技术学校（不含初中）91所，在校生18 617人，比上年减少3 362人；普通中专减少325人，职业中学减少1 321人；技工学校减少1 706人，占高中阶段在校生的比例比上年下降6.68个百分点。

〔**端正办学指导思想**〕　职业教育结合全省经济和社会发展，进一步端正了办学指导思想，并形成各自的特色，如互助县职校坚持育一方人才、富一方百姓，西宁城西区职业中学基地带农户、带动群众致富，省农林学校将学历教育与职业培训并重，完善为农业服务体系。农村职校增设了一批为农业服务的专业，加强了职业教育实习基地建设，互助、西宁城西区、乐都、湟中县等职业中学建设了3340公顷的生产实习基地，其中乐都县职业中学的生产实习基地达18.4公顷，开展种植、养殖等生产和经营活动，经营利润达10万元以上。

〔**高等职业教育**〕　为促进高等职业教育发展，构建职业教育人才培养的立交桥，在青海大学、青海师范大学、青海师范专科学校进行了开办高职班试点工作，制定了具体政策措施，开通了从中等职业学校毕业生中招收高职专业学生的渠道。截止1999年底，高校已开办11个高职专业，招生565人。

〔**继续推行“双证书”制度**〕　全省中等职业学校毕业生有1 187人通过职业技能鉴定，占毕业生总数的49%；职业中专毕业生有511人通过鉴定，占毕业生总数的75.4%。省交通学校的毕业生在获得毕业证书的同时，还获得3种技能等级证书。

〔**职业技能培训**〕　广泛开展各种形式的职业培训和职业技能鉴定。年内，中专学校开展行业培训12 000人次，职业学校开展各种技术培训300余人次，培训下岗职工800余人次，进行职业技能鉴定2 000余人次。

〔**中等职业学校评估**〕　根据教育部制订的普通中专和职业中学评估体系，年内分别对全省中等专业学校和职业学校进行了评估。评估工作分别按照学校领导、师资队伍、设施与经费、思想政治工作、教学管理、行政管理、办学效益和办学外部条件、办学指导思想、规模校舍设备、领导班子和教师队伍、学校管理教学工作、德育美育体育、办学质量和效益等评估标准，逐条打分，找到了差距，制订了整改措施。大多数学校通过评估，重点解决了一两个突出问题，普遍建立健全了规章制度。

高等教育

〔专业建设〕 省委高校领导小组与省教委召开了首次大中专院校学习邓小平理论经验交流会。加强专业建设，年内论证通过了麻醉学、医学影像学、护理学、生物技术、环境科学、资源环境与城乡规划管理、公共事业管理7个本科专业，并报教育部备案；新设了计算机信息管理、饭店管理、初等教育3个专科专业和环境工程、城市规划、计算机科学与技术3个本科专业。

〔教学科研工作〕 高等教育积极实施面向21世纪教学内容和课程体系的改革，组织了高校青年教师教学竞赛。加强教学实践研究项目的立项管理，申报省科委高校科研基金项目10项，省级专家项目1项，自然科学基金1项；申报教育部科研成果2项，获全国第二届教育科学研究优秀成果奖1项。高校选拔了第三批省级中青年骨干教师40名，推荐了12名教师申请教育部骨干教师培养资助项目。组织高校参加了'99CIETE全国多媒体教学软件大赛，青海师范大学的"示波器的作用"获优秀奖。

〔高校后勤改革〕 高校后勤管理社会化改革迈出了步伐。省教委会同有关厅局拟定了高校后勤管理社会化改革的初步方案，同时积极协调有关部门，动员社会力量在高校周边兴建高校后勤服务设施。各高校也提出了分离后勤职能的具体措施，并已着手实施。

〔产学研结合〕 青海大学完成的"棘豆中毒预防及棘豆吲哚兹定生物碱提取技术研究"项目，达到国际同类领先水平，青海省英德尔羊场应用推广后，两年内取得了百万元以上的经济效益。

〔高校基础设施建设〕 省财政投资1 500万元为青海大学建设综合教学楼，投资1 200万元为青海师范大学建设科技实验楼，投资152万元为青海民族师范高等专科学校建设办公楼，青海师范高等专科学校与方圆建筑公司联建了学生公寓。

〔学位工作〕 1997年11月，成立了青海省学位委员会。1999年10月27日，召开了省学位委员会第一次全体会议，制定了今后3～5年全省学位工作发展规划。对办学单位进行指导，审查批准了青海省高校师资培训中心举办基础数学、中国古代文学、课程与教学论（教育管理方向），青海省社会科学院举办民法商学、政治经济学，省计委培训中心举办财政学，民盟青海省委和青海省高校师资培训中心联合举办政治经济学、计算机软件与理论等9个研究生课程进修班。

成人教育

〔**农牧民教育**〕 1月中旬，召开了全省扫盲领导小组第十次工作会议，确定了1999年全省扫盲工作的重点是确保完成全省脱盲4万人，按国颁标准和省颁标准分别对3个县和7个县的扫盲工作进行评估验收。强化了扫盲工作的过程指导与监控，组织力量对海晏、乌兰、共和、贵南、同德、互助、同仁、尖扎等县按省颁和国颁标准扫盲的检查指导，及时发现问题，给予现场指导，对海晏、贵南县进行了省颁标准的扫盲验收，对上年度未通过省颁标准评估验收的祁连、共和、尖扎、同仁县进行了复验。海晏县通过了省颁标准的扫盲验收，互助县通过了国颁标准的扫盲验收。祁连、共和、尖扎、贵南、同仁县未能通过验收。省政府要求上述各县加大工作力度，采取有效措施，努力做好工作，2000年进行复查。其中，对同仁县进行复验。至此，全省有西宁市城西区、城中区、城东区、城北区，乐都县、湟中县、湟源县、平安县、互助县、格尔木市、德令哈市、冷湖行政委员会、茫崖行政委员会、大柴旦行政委员会、大通县、民和县、乌兰县、贵德县、化隆县、都兰县、门源县、海晏县通过省颁标准扫盲验收，其中有14个县通过了国家高标准扫盲验收。大通回族土族自治县教育局成人教育办公室、果洛藏族自治州久治县政府、海晏县哈勒景乡政府、尖扎县扫盲领导小组办公室等4个单位，化隆县扫盲办公室马有才、省教委成人教育处林海等2人获第4届“中华扫盲奖”。

〔**成人高等、中专教育**〕 成人学历教育适应全省经济社会发展需要，新增专业27个，其中21个为高职专业。各类高校104个本专科专业获得了函授、夜大学生教育资格。成人中专新增专业7个，即青海省畜牧职工中专增设畜牧业技术推广、畜产品加工专业，青海省文化艺术学校增设舞蹈专业，青海省广播电视中等专业学校增设铁道通信与管理、铁道信号与管理专业，青海省卫生职工中专增设中医医疗和藏医医疗专业。省广播电视大学新增了海西、海南、海北3所分校和德令哈、乌兰、天峻、都兰、大柴旦、格尔木、祁连、门源、刚察、海晏、湟源、循化、果洛13个工作站。省教委印发了成人中专公路与桥梁、工业与民用建筑等11个专业的指导性教学计划，各类成人教育机构面向社会需求，培训下岗职工800余人次。

〔**社会力量办学**〕 省政府颁布了《青海省〈社会力量办学条例〉实施细则》，对社会力量办学的体制、领导管理、办学资格、办学条件、收费标准、教师聘任等制定了优惠政策。全省社会力量办学的教育机构为83个。

民族教育

〔综述〕 1999年民族教育工作认真贯彻全省民族教育工作会议精神，突出民族教育在全省教育工作中的重点地位，着重抓好基础教育，注重质量效益。全省专设民族学校为1 567所，占全省普通学校总数的37.48%。其中，民族高校2所，民族中专13所，民族中学74所，民族小学1 478所。少数民族在校生（含普通学校少数民族学生）330 784人，占在校生总数的40.84%。其中，少数民族大学生3 716人，占全省高校学生总数的39.63%；少数民族中专生6 279人，占49.83%，少数民族中学生64 291人，占31.02%；少数民族小学生234 170人，占46.77%。民族中小学中用少数民族语言文字授课的学校868所，在校生105 247人。全省各级各类学校中少数民族专任教师15 569人，全省少数民族适龄儿童入学率比上年提高5.11个百分点，其中，纯牧区适龄儿童入学率比上年提高10.35个百分点，女童入学率比上年提高1.67个百分点。

〔民族教育调研〕 为落实省委、省政府1998年6月1日发布的《关于加快民族教育改革与发展的决定》，加快发展青南地区的民族教育，省教委组织力量对青南三州最具代表性的玉树州民族教育发展现状进行了20天的大规模调研。玉树州教育发展的主要问题：一是教育经费不足。玉树州6个县中4个是国家贫困县，乡一级政府又没有财政，在县穷民贫的情况下，分级办学的职责难以落实，义务教育投入得不到保障，加之当地办学成本比较高，教育经费一直严重短缺。二是寄宿制中小学学习和生活费用严重不足。寄宿制中小学助学金标准为初中学生每生每月25元，小学每生每月20元。近年来，寄校生数不断增加，但助学金标准和基数一直没有增加。三是办学条件普遍较差。四是教师素质不高。为解决上述问题，省教委向省政府建议：(1)建立经费投入保障机制。将青南地区的义务教育教育经费全额纳入中央、省、州三级预算，中央、省、州三级分别按70%、20%、10%的比例承担，并实行预算单列，由教育行政部门按预算垂直划拨。(2)提高青南地区寄宿制学校的助学金标准。将现行中小学生助学金标准提高到150元和130元，以保证寄校生最低生活标准，这部分经费由中央、省、州三级分别按70%、20%、10%的比例承担。此外，助学金标准要根据学生人数的增加及物价指数的上涨而调整，以扶持这个地区的适龄儿童少年受完九年义务教育。(3)中央和省两级财政拨专款在教育部和省属师范院校定期为青南地区免费培训中小学骨干教师，提高教师的整体水平；扩大部属院校在这一地区的招生名额，并减免这一地区贫困农牧民子女的学习费用。(4)在青南地区实施的各类教育项目，不再要求地方配套资金。

〔**提高牧区教学质量试点**〕 省教委在刚察县开展了提高牧区教学质量试点工作。成立了领导小组，拟定了试点方案。3月，召开了项目启动会。7月，组织西宁地区中小学优秀教师和教育专家组成讲师团到刚察县开展师资培训，举办了试点县校长、教导主任和教师培训班，培训教师320名。

〔**民族教材编译**〕 完成了五省区藏文教材协作九年义务教育各类教材的编译任务。从1992年起，青海民族教材编译处承担了青、藏、甘、川、滇五省（区）藏文协作教材编译任务，累计编译教材348种，3 621.8万字。年内编写教材16册，约142.5万字，翻译教材1册，21万字。1999年，26种民族语文教材参加了全国少数民族优秀教材的评选。其中，《高中物理（全一册）》等2种教材获1等奖，《高中物理（第二册）》等4种教材获2等奖，《初中物理（第二册）》等10种教材获3等奖。

〔**汉语水平考试试点工作**〕 从1998年起，在青海师范大学民族部预科班、青海民族师范高等专科学校、海南州民族中学进行汉语水平考试试点。1999年，根据教育部民族教育司关于1999年的试点要与高考挂钩的要求，省教委调整试点学校为黄南州藏文中学、同仁县民族中学和乌兰县民族中学，并对3校的140名高中毕业生进行了全国统一考试，同时在高校招生中实行了HSK证书与高考成绩挂钩的办法，即达到三级以上者，每增加一级，高考成绩加1分，共有16名学生因此被高校录取。2年来，共有372名民族学生参加了全国统一考试，有272名学生获得相应等级的《汉语水平证书》。至此，圆满完成了试点工作。

〔**民族地区师资培训**〕 省教委组织西宁地区教育专家、学者赴玉树州开展“送教下乡”师资培训暨讲学活动，指导牧区的教育教学工作。9名专家和教师在4天中共讲课75课时，采取听课、说课、讲授示范课、培训大纲、教材、与本地教师同讲一堂课相互交流等方式，培训教师369名。在玉树地区产生了较大影响，受到了当地教育行政部门和教师的欢迎。

撰稿 杨 忠

审稿 葛文平 庞晓玲

宁夏回族自治区教育

概　况

〔基本情况〕

1999 年各级普通学校基本情况

单位：人

学校类别	学校数（所）	毕业生数	招生数	在校学生数	教职工数 计	教职工数 其中：专任教师
总　计	4 212	196 902	302 855	1 082 966	70 768	60 264
一、研究生	(5)	32	55	137	117	
1. 高等学校	(5)					
2. 科研机构						
二、普通高等学校本专科	4	2 277	3 600	15 093	3 178	1 541
本科院校	3	1 236	2 684	7 747	2 943	1 398
专科院校	1	1 041	916	7 346	235	143
分校、大专班						
三、普通中等学校	482	95 160	118 074	325 792	27 790	22 135
1. 中等专业学校	25	4 211	5 240	14 806	3 017	1 509
中等技术学校	21	2 513	3 544	10 340	2 449	1 211
中等师范学校	4	1 698	1 696	4 466	568	298
2. 技工学校						
3. 普通中学	432	86 927	106 005	294 520	23 510	19 660
高中	95	17 001	19 670	57 266		3 922
初中	337	69 926	86 335	237 254		15 738
4. 职业中学	25	4 022	6 829	16 466	1 263	966
高中	23	2 944	6 085	14 969		886
初中	2	1 078	744	1 497		80
5. 工读学校						
四、小学	3 460	99 380	116 583	658 154	36 018	34 096
五、特殊教育学校	5	53	74	416	115	79
六、幼儿园	261		64 469	83 374	3 550	2 413

1999年各级成人学校基本情况

单位：人

学校类别	学校数（所）	毕业生数	招生数	在校学生数	教职工数 计	教职工数 其中：专任教师
总　计	2 003	182 504	163 240	261 193	2 684	85
一、成人高等学校	5	3 212	4 604	11 939	685	7 392
1. 广播电视大学	1	874	1 433	3 667	164	7 070
2. 职工高等学校	4	758	1 097	3 074	521	322
3. 农民高等学校						
4. 管理干部学院						
5. 教育学院						
6. 独立函授学院						
7. 普通高等学校举办：		1 580	2 074	5 198		
函授部		760	1 160	2 913		
夜大学		291	276	905		
成人脱产班		529	638	1 380		
合计中：电大普通专科班			100	300		
二、成人中等学校	1 269	150 459	112 602	202 136	1 712	864
1. 成人中等专业学校	23	3 855	3 787	10 646	928	512
广播电视中等专业学校	1	459	830	2 195	115	60
职工中等专业学校	8	2 524	2 195	6 518	428	228
干部中等专业学校						
农民中等专业学校	1	18	20	64	41	22
函授中等专业学校	1	476	506	1 143	6	2
教师进修学校	12	378	236	726	338	200
其他类学校举办						
2. 成人中学	2	552	549	936	16	16
职工中学	2	93	90	477	16	16
农民中学		459	459	459		
3. 成人技术培训学校	1 244	146 052	108 266	190 554	768	336
职工技术培训学校	50	6 304	6 300	6 302	200	100
农民技术培训学校	1 194	139 748	101 966	184 252	568	236
三、成人初等学校	729	28 833	46 034	47 118	287	245
1. 职工初等学校	1	17	20	90	13	13
2. 农民初等学校	728	28 816	46 014	47 028	274	232
其中：扫盲班	601	18 891	35 949	36 963	248	206

制表　殷　华

〔**年度工作方针和任务**〕 1999年，全区教育工作以认真贯彻第三次全国教育工作会议精神、大力实施科教兴宁战略、积极筹备召开全区教育大会为中心，把握大局，抓住机遇，突出重点，狠抓落实，不断推进教育改革和发展。经过充分准备，11月10日～12日，自治区党委、政府召开了全区教育大会。自治区党委书记毛如柏、政府主席马启智作了讲话。副主席刘仲作了主报告。大会讨论了自治区党委、政府《关于加快教育改革和发展，全面推进素质教育的决定》，表彰奖励了一批模范教师、十佳校长、优秀教师和尊师重教先进集体和个人，交流了教育改革的经验。《决定》确定了面向新世纪自治区教育改革和发展的七项任务。一是实施跨世纪“两基”工程，调整基础教育布局结构，优化教育资源配置，努力提高全民素质。二是调整教育体系结构，加快非义务教育发展，培育新的教育产业。三是坚持优先发展、重点扶持的方针，采取倾斜政策，努力提高民族教育水平。四是促进各类教育的相互贯通和衔接，构建开放式终身教育体系，满足人们对不同形式、规格、层次教育的需求。五是加强德育工作，深化教育教学、招生考试、评价等制度改革，全面推进素质教育。六是实施跨世纪园丁工程，建设适应素质教育需要的高质量教师队伍。七是加强组织领导，加大教育投入，改革和完善教育收费管理和筹措体制，开创宁夏教育新局面。

〔**教育投入和基础建设**〕 认真落实多渠道筹措教育经费的政策和措施，教育投入有了进一步增长。据统计，1999年全区教育经费总支出12.16亿元，各类教育费附加征收8 359.9万元。继续争取外援项目，1999年自治区获得邵逸夫赠款项目17个，赠款总额达660万港币，宋庆龄基金会捐助90万元，香港洪逸挥先生捐款50万元，教育对口支援320万元，对自治区教育事业发展产生了积极推进作用。

全面推进教育重点工程建设。一是全面实施“国家贫困地区义务教育工程”。1999年是工程全面展开的一年，也是投资力度最大的一年。工程总投资1.25亿元，建成项目学校552所，完成校舍建筑面积279 657平方米，是计划面积的141.3%，制作课桌凳34 717套。二是世行贷款“贫困二”项目任务顺利完成。“贫困四”子项目完成投资880万元，新建、翻建、维修校舍2.3万平方米，制作课桌凳1 000套。三是中小学办学条件标准化综合配套建设取得新进展，学校的整体办学水平不断提高。

撰稿 宛国成

基础教育

〔**综述**〕 1999年，自治区基础教育深化改革，加快发展，推进整体水平和教育教学质量的提高，突出“两基”重中之重的战略地位，全面推进素质教育。1999年，全区小学适龄儿童入学率达到97.01%，女儿童入学率达到95.74%，初中阶段入学率达到73.66%。

普通高中扩大了招生，并进一步扩大自费生的招生比例。高中招生实行全区统一命题，为下一步高中阶段招生实行“三考合一”做好前期准备，顺利完成全年高中会考的工作任务。开展了幼儿园按新标准实施分类定级的评估验收工作，首次评估认定3所自治区级示范性幼儿园，加大了幼儿园校长和教师全员培训力度。特殊教育方面，拟定了全区开展特教专项调查的方案，和教育部签定了特教工作的目标责任书。联合国儿基会项目除完成项目计划的重要任务外，还部署了开展评选表彰项目示范校的工作。

〔**“普九”工作**〕 1999年，自治区教委对“普九”工作采取了一手抓宁南山区“普初”攻坚，一手抓川区“普九”巩固提高。第一，在自治区政府召开宁南山区“两基”攻坚动员大会全面动员、整体部署的基础上，抓了三个方面工作，一是抓督促、检查、指导和培训，多次赴山区各县检查指导“两基”攻坚工作。3～4月，组织了宁南山区“两基”攻坚指导培训小组，利用20余天时间到山区8县了解情况，指导工作，培训“两基”工作人员。二是从实际出发抓政策措施的完善，及时组织形势分析会，从宁南山区实际出发研究提出了适当调整山区“普初”有关指标要求，规范非正规教育，规范山区“普三”、“普四”、“普九”乡镇验收程序等一系列政策措施。三是5月底在固原召开了自治区政府宁南山区“‘两基’攻坚及国家贫困地区义务教育工程”工作汇报会，交流了各县“两基”攻坚的进展情况和主要经验，提出了“两基”攻坚有关指标、程序的调整意见和规范要求，对“两基”攻坚进行了再动员、再部署，督促、推动了宁南山区8县的攻坚进程。会后，印发了《关于加强和规范宁南山区普初工作中非正规教育工作的若干意见》。隆德县于1999年9月顺利通过了自治区“普初”评估验收。第二，川区“普九”之后一是要巩固，确保九年制义务教育纳入法制化、规范化、稳定化的轨道；二是要提高，要以“普九”为基础，进一步提高基础教育的整体水平。为此，根据教育部的要求，借鉴外地经验，设计了一个目标、两个机制的“普九”巩固提高模式。一个总体目标：即要求川区市县通过“普九”巩固提高，努力实现“四高二化”（普及程度高，经费投入高，师资水平高，教育质量高，办学条件标准化，学校布局合格化）。二个机制，一是“两基”年审和复查机制，二是创建教育强县、教育强乡的机制。3月初，自治区政府召开了川区“两基”巩固提高暨实施素质教育工作会议，自治区政府副主席刘仲就川区“两基”巩固提高工作作了动员部署，会议印发了《宁夏回族自治区“两基”巩固提高复查办法》，创建教育强县、教育强乡活动的决定等讨论稿，会后，自治区教委正式印发了《宁夏回族自治区“两基”巩固提高复查办法》。1999年，已通过自治区政府首批“两基”复查验收。川区已有利通区、灵武市、贺兰县、大武口区等县市区完成了“两基”年审工作。

〔**素质教育**〕 3月，自治区政府召开了川区“两基”巩固提高暨实施素质教育工作会议，提出全区中小学推进素质教育的目标、步骤、要求和有关举措。会议印发了《宁夏回族自治区教育委员会关于推进中小学素质教育的意见》(讨论稿)和《全面推进素质教育，维护中小学教育教学秩序的十不准》(讨论稿)等有关文件。

把加强中小学德育工作摆上重要日程，向全区部分市县教育部门和中小学印发了专题调研提纲和要求，回收调研报告近70份，并召开了全区中小学德育工作研讨会，形成了全区中小学德育工作现状的调研报告并上报教育部，为提出全面加强中小学德育工作，适时召开全区中小学德育工作会议做好准备。此外，组织全区部分德育工作骨干参加两期培训，还组织开展了全区中小学庆祝建国50周年迎澳门回归系列活动。

抓住当前推进素质教育的突出问题，积极采取相应举措，为实施素质教育创造良好环境和条件。一是正式印发了“十不准”，首先要求中小学校坚决纠正随意增加课时，乱征乱订复习资料，利用节假日上课、补课等增加学业课业负担等错误做法。二是改革考试制度，明确初中毕业考试由学校自主进行，并建立了义务教育教学质量监测制度。三是开展示范性初中和示范性小学的评选活动，鼓励中小学校以实施素质教育为核心，全面提高学校整体办学水平。

〔**教师队伍建设**〕　通过开展教师全员培训、教师基本功训练、新教师试用期培训、优质课评选及送课下乡活动，以及采取进修、外出学习考察等形式，进一步提高了广大教师的整体素质。1999年全区小学、初中和高中教师学历合格率分别达到95.3%、90.13%和68.66%。高校取得研究生以上学历的教师占14%。全区中小学校长岗位培训工作稳步推进。教师表彰奖励机制进一步完善。1999年全区教育大会上，模范教师、十佳校长、优秀教师、尊师重教先进集体和先进个人受到自治区党委、政府的表彰奖励。有640名教师被评审为中学高级教师职称。

撰稿　陈少娟　宛国成

职业教育

〔**综述**〕　1999年，宁夏职业教育继续保持了稳中前进的态势。全区各类职业学校招生数和在校生数分别达到2.05万人和5.49万人，分别占高中阶段招生数和在校生数的51%和48.9%，分别比上年提高5.7和4.1个百分点。

为了筹备全区教育大会，自治区教委组织了专门小组对全区的职业教育情况进行了调研，并于1999年4月28日召开了全区职业教育工作会议，研究职业教育在新形势下的改革和发展问题。

为了全面贯彻落实第三次全国教育工作会议精神，充分利用自治区现有中等职业教育资源，促进中等职业学校教育教学改革和办学体制的改革，加强全区中等职业学校教学研究工作，成立了以重点职业学校骨干专业为基础的15个专业教学研究组。在广泛调查研究的基础上，经自治区政府批准，同意筹建银川民办大学和吴忠高等职业技术学院。为了加快全区中等职业学校布局结构调整工作，自治区教委拟定了关于调整自治区中等职业学校布局结构的意见，对如何发展高等职业技术教育，如何进行中等职业学校布局结构调整提出了规划性意见。

〔**职业学校建设**〕 1998年底，自治区教委制定了《关于进行第三批自治区级重点职业学校评估认定工作的通知》，对全区职业高中的评估工作做出了具体安排。1999年5月，对申报参评的9所职业高中进行了办学水平评估工作。评估工作结束后，根据宁夏实际及被评学校的办学条件，在确认原4所自治区级重点职业中学（银川市第一职业中学、银川市第二职业中学、石嘴山市第一职业中学、固原县职业中学）的基础上，经自治区政府批准，又新确认银川市光华职业中学、隆德县职业中学、青铜峡市职业中学、吴忠职教中心为自治区重点职业中学。这8所自治区重点职业中学在办学水平，质量效益等方面均发挥了骨干示范作用，为自治区中等职业教育连续几年增长速度居全国前列做出了贡献。尤其是固原县、隆德县职业中学，地处贫困地区，自然环境恶劣，经济比较落后，但学校在条件十分艰苦的环境下，结合当地经济特点，努力培养适合当地需要的各类人才，社会效益和经济效益不断提高，深受当地群众的好评。

为了落实全区职业教育工作会议布置的任务，进一步提高自治区中等职业学校教育教学水平，于1999年7月2日～3日进行了全区职业高中、职业中专学校在校生的文化课水平测试；于7月15日～16日进行了全区中等职业学校“亚龙杯”计算机技能比赛。通过这两项活动，加强了全区中等职业学校全面提高学生整体水平和专业教学质量的管理意识，同时对规范自治区中等职业学校的教育教学工作起到了积极的指导作用，实现了自治区职业教育的发展从相对注重数量向以提高质量和效益为中心的逐步转变。

〔**普通中专教育**〕 1999年11月2日～12月25日自治区教委对全区21所普通中等专业学校进行了办学水平评估工作。为搞好评估工作，先后印发了《关于进行国家级和自治区级重点中等职业学校评估工作的通知》和《关于对自治区普通中等专业学校进行评估的通知》，并成立了评估领导小组和评估专家组，同时结合自治区实际，重新制定了《宁夏回族自治区中等专业学校办学水平评估指标体系》。在评估工作中，注重从学校的办学基本条件、办学方向、质量效益以及以突出改革和骨干示范作用等方面进行评估。结合两次评估结果，经自治区政府同意，自治区教委向教育部推荐宁夏卫生学校、宁夏财经学校、宁夏农业学校、银川电力工业学校、银川市第一职业中学、固原县职业中学为宁夏国家级重点职业学校。

撰稿　王　林　宛国成

高 等 教 育

〔**学习《高等教育法》**〕 1999年初，自治区教委会同自治区人大教科文卫委员会、政府法制局共同组织举办了《高等教育法》学习报告会。随后，又举办四期学习、贯彻《高等教育法》培训班，对全区高校近400名副处级以上干部进行了培训。各高校也采取举办培训班的办法，宣传贯彻《高教法》。通过层层培训学习，使全区高校领导和广大师生员工增强了依法治教的意识。

〔**体制改革**〕 1999年，继续做好宁夏大学合并后的重组工作，已完成处级机构设置、中层党政干部配备和教学领导班子调整。新的宁夏大学合并后运行平稳，已经显示出合并办学优势和良好发展前景。根据高等教育发展的需要和自治区党政领导的有关指示精神，自治区其他高校的搬迁、合并、资源共享工作也列入了议事日程，已组织了前期调查、摸底工作，为具体实施作好准备。

1999年，根据全区高校的实际，拟定了《关于进一步扩大我区高校办学自主权的若干意见》(讨论稿)、《关于深化我区高等院校内部管理体制改革的意见》(征求意见稿)和《宁夏高校后勤社会化改革方案》3个文件，正在进一步修改讨论中。

〔**高校党建和思想政治工作**〕 6月，自治区教委会同自治区党委组织部、宣传部组成联合调查组，对全区普通高等学校党的建设和思想政治工作进行了调查研究，形成了《宁夏回族自治区普通高等学校党的建设和思想政治工作调查报告》，针对全区高校党建和思想政治工作中存在的问题提出了对策和建议。组织召开了全区第八次高校党建会，提出了通过“三讲”教育推动高教改革的思路，坚定了改革的信心，以改革促发展。学习、传达中央和自治区关于“法轮功”问题的一系列文件，组织高校开展揭批“法轮功”邪教组织的斗争，积极做好练功者的教育和转化工作。努力抓好邓小平理论“三进”工作，会同自治区党委宣传部，组织自治区有关专家、教授统一编写了6本具有地方特色的普通高等学校“两课”教材，已于9月出版发行。通过纪念“五四”运动80周年、庆祝建国50周年和迎澳门回归以及抗议北约轰炸我驻南使馆等重大活动，对大学生进行爱国主义、集体主义、社会主义教育。组织高校大学生开展暑期“科技三下乡”活动，让他们在农村广阔天地受教育、长才干、做贡献。建立了高校稳定工作一把手负责制、值班制和信息报告制度；并组织检查，落实防范措施，确保了高校的安全和稳定。与自治区党委宣传部联合召开了“全区大中专院校思想政治工作研究会年会”，表彰奖励自治区大中专院校思想政治工作先进集体和先进个人。

〔**教学工作**〕 1999年，根据教育部《高等学校本科专业设置规定》的精神，自治区教委组成高校新增本、专科专业学科评议组，对宁夏大学、宁夏医学院、固原师范专科学校3所学校申报的新增专业进行了评审，共批准新增专业8个，其中本科专业7个（法学、生物技术、旅游管理、艺术设计、医学影象、医学麻醉、护理学）；专科专业1个（小学教育）。为加强宁夏医学院教学实习医院的工作，提高学生培养质量，会同自治区卫生厅对宁夏医学院的3所教学实习医院（自治区人民医院、银川市第一人民医院、石嘴山医院）进行了评估。

〔**教师队伍建设**〕 按照教育部开展学术支边活动的安排，利用暑期举办了计算机网络培训班，对86名高校教师和行政管理干部进行了新知识、新技能的培训。9月举办了青年教师岗位培训班，对120名年轻教师进行职业道德、教育心理学、教学法、教学艺术等课程的培训。1999年共评审出高教系列高级职称教师144人，其中教授37人，副教授107人；有11人破格晋升为教授，7人破格晋升为副教授，占评审人数的12.5%；破格晋升的多为中青年骨干教师，评审的政策导向有利于中青年骨干教师脱颖而出。1999年5月，教育部对宁夏高校师资培训中心进行评估。评估之前，自治区教委做了大量迎评促建工作，把培训中心从宁夏大学独立出来，单独设置，配备专职人员；投入10万元，重新选址，改造装修；配备必要的办公设施，建章立制，规范管理，使高校师资培训中心各项工作迈上一个新台阶，受到教育部评估组的较好评价，顺利通过了合格评估。

〔**科研工作**〕 1999年初，召开了全区高校科研工作座谈会，座谈讨论高校科研工作如何在全区科技发展中发挥作用，自治区的科技专项经费如何加大对高校科研工作的支持力度以及高校科研如何立项、如何转化成果、如何形成产业等问题。

与自治区财政厅联合对1999年宁夏高校科研申报项目进行了研究，共批准立项项目26项。其中应用研究项目20项，占立项总数的77%；基础研究项目6项，占23%。资助总经费为30万元。本年度部分立项项目是校企挂钩的合作研究与开发项目。

组织申报教育部人文社科专项研究项目5项、教育部“资助优秀年轻教师基金”项目和教育部“高等学校骨干教师资助计划”项目13项。与自治区科委联合申报“国家级宁夏大学科技园”。

组织全区高校科研成果参加1999年全国高校产学研洽谈暨展示会，展示科研成果22项，部分成果已在洽谈中。此后，又组织高校科研处长赴福建省、上海市高校科研主管部门和有关高校进行考察，开阔眼界，启发思路。

〔**教育交流与合作**〕 完成了外国文教专家、外籍教师年度聘请计划，共聘请外教11名；组织外教赴西安参观考察；全年公派出国3人；审核自费出国留学人员资格28人；接受来华留学人员11名。

〔**学位工作与研究生教育**〕 积极筹备成立宁夏学位委员会，加强对学位工作的领导。完成了《宁夏高校“十五”学科建设与发展规划》的编制和上报工作，积极组织高校申办博士点和硕士点，为自治区高校和社会培养更多的高层次人才。审批13个宁夏高校和外省高校联合举办的研究生课程进修班，并组织力量对这些研究生课程进修班进行了教学质量检查和登记备案。进一步落实东西部合作项目，完成了福建省在宁夏招收定向研究生的招生工作。

〔**特困生资助工作**〕 1999年，在自治区党委、政府领导同志的倡议下，由宁夏证券有限公司、宁夏伊斯兰国际信托投资公司、广夏实业股份有限公司共同捐资成立了“宁夏光明证券助学促进会”，旨在帮助南部山区家庭困难的大学生顺利完成学业。自治区教委派人深入南部山区了解贫困学生报考大学情况，并在录取期间及时和各县教育局、招办联系，推荐、确定补助学生名单。共资助507名贫困学生升入大学，其中区外大学生115名，区内大学生392名，资助总金额为35万元，平均每人获得资助金额700元，最高资助金额达1 000元。

撰稿　李传武

成人教育

〔**扫盲工作**〕 1999年，始终把基本扫除青壮年文盲工作摆在“重中之重”的位置，强化对全区扫盲和扫盲后继续教育工作的指导和管理，广泛开展多种形式的扫盲工作，把学文化与学技术推广农业科技成果结合起来，把扫除青壮年文盲与普及科学知识提高农民的思想道德素质结合起来。根据扫盲进展情况和存在的问题，1999年先后制定下发了《关于全区继续深入开展扫除文盲工作的意见》和《关于在今冬明春大力开展扫盲工作的意见》。根据教育部《关于2000年三片地区扫盲工作主要指标要求的意见》，及时重新调整扫盲规划，把扫盲工作重点放在固原县、西吉县、海原县、同心县。确保到2000年底基本扫除青壮年文盲任务的完成。1999年共举办扫盲班675期，参加学习的人数52 894人，验收脱盲人数25 336人。

1999年，自治区教委专门划拨扫盲经费20万元，对经费困难的县给予补助，赶印7万册扫盲课本及时发放到学员的手中，保证了扫盲工作顺利开展。努力办好乡（镇）村成人文化技术学校，充分发挥成人文化技术学校实用技术培训和扫盲主阵地作用。全区共办乡（镇）成人文化技术学校293所，办学面100%；村文化技术学校2 158所，办学面85%。1999年共举办实用技术培训班8 339期，参加培训756 271人次。

开展了教育部第四届“中华扫盲奖”先进集体和先进个人的评选活动，1999年宁夏有4个先进集体、2个先进个人获奖。并配合自治区妇联开展了“巾帼扫盲奖”的评选活动。

〔**成人高、中等教育**〕 1999年，加大了对成人高校、中专学校教育教学质量的宏观管理和指导力度，以教育思想观念改革为先导，以教学改革为核心，以教学基本建设为重点，努力办出特色。自治区教委向独立设置的成人高校、中等专业学校，下放了自主设置专业、自主确定培养模式和课程设置的权利，向普通高校举办的函授夜大学下放了自主开设成人教育专业的权利。

对全区成人高、中等教育开展了广泛深入的调研活动。先后到3地6县区、5所成人高校、10所职业中等专业学校等开展调研，发出调研提纲和调查表近100套，召开大型座谈会四次。起草了自治区独立设置成人高校改革和发展、社会力量办学情况的调研报告，并为全区中等职业学校结构布局调整调研报告提供资料和数据。

进一步完善广播电视大学“注册视听生”试点工作，扩大试点范围。1999年全区有2 525名学生经审核批准为“注册视听生”。

坚持对成人高校的教务和学籍实行计算机管理，检查成人高校、中专的教育教学质量。1999年共抽查成人高校1998、1999两届学生2 700多名，抽考15个专业20门课程。

严把毕业证书关。1999年对自治区成人高校毕业生和成人中专毕业生，严格按规定审核验印，查处冒名顶替6人。同时对外省区成人高校毕业证书进行审核，共审核1 880份。

为促进高等职业教育的发展，根据自治区经济建设和社会发展，向教育部申报了宁夏成人高校、宁夏大学、宁夏农学院等7所学校试办高等职业班的专业设置和2000年招生计划。申报专业39个，招生计划1 170名。试点的学校、专业、招生数都多于往年。

为规范管理，促进教学质量的提高，根据教育部和自治区的有关文件要求，组织力量对外省区普通高校驻宁46个函授站进行了年审，并将年审合格的函授站名单报教育部备案。

〔**社会力量办学**〕 本着积极鼓励、大力支持、坚持标准的原则，结合实际，审核批准了3所民办高级中学和4所社会生活类培训机构。民办银川大学已经自治区政府批准筹建。坚持社会力量办学许可证的年检制度，对自治区教委审批的86所教育机构严格进行年检，并核发办学许可证。坚持对区外社会力量办学单位在自治区招生的审核制度。对不符合跨省招生条件的社会力量办学机构，会同工商、公安、市容监察等有关部门进行清理，并在宁夏日报上刊登了关于外省区社会力量办学单位在宁夏招生有关原则的通告。

撰稿 石丽文

民族教育

〔**综述**〕 1999年，自治区党委、自治区政府认真贯彻落实党的民族政策，大力发展民族教育，全区已基本形成了较为完整的民族教育体系，建立起了回族教育的骨干办学网络，培养了一大批回族建设人才，基本实现了民族教育与全区教育的同步发展。

1999年，全区各级各类学校中，有民族院校1所，民族中专2所，回民中学21所，回民小学101所(含回民寄宿制中学7所，小学65所)，各级各类学校回族在校生350 387人，占在校生总数的29.36%，已接近全区回族人口的自然比例。其中，回族小学生246 336人，占34.34%。中学生69 222人，占23.5%，大专院校回族在校生占21.13%。全区回族适龄儿童入学率达到94.6%，全区各级各类学校有回族专任教师11 109人，占18.94%。

3月，自治区教委和自治区民委对全区民族教育基本情况和有关政策执行情况进行了联合调查，共对77所小学、18所中学的回族在校生比例、教师学历、校长学历、办学条件、普及程度、学校经费情况几个方面进行了细致的调查，为制定民族教育政策、措施提供了依据。

〔**发展方针**〕 1999年11月10日，自治区政府召开全区教育大会，自治区党委书记毛如柏在《大力推进教育改革与发展为实现宁夏跨世纪奋斗目标奠定坚实基础》的报告中指出，加快民族地区发展，必须大力发展民族教育，建设一支高素质的民族干部队伍，培养一大批少数民族各类专业技术人才，这是落实党的民族政策和民族区域自治制度的重要内容。近年来全区民族教育有了长足发展，但仍跟不上实际需要。要继续实行政策倾斜，对回族聚居的贫困山区，在教育经费投入、师资配备和培训、改善办学条件等方面给予重点扶持，加快普及义务教育进程。继续办好普通高中民族班、少数民族预科部和寄宿制回民中小学，重点建设1所高标准的示范性高级回民中学。实施“百所回民中小学标准化建设工程”和“民族教育扶贫和百名优秀教师支教工程”，争取在3～5年内，使100所回民中小学达到全区先进水平。切实抓好回族女童教育，提高回族女童的入学率和巩固率。继续坚持大中专院校招收回族学生的比例，每年上升1个百分点的政策，使回族在校学生的比例大体接近全区回族人口的自然比例。少数民族预科部、预科班要扩大规模，采用灵活学制，为高等学校录取回族学生提供充足的生源。多形式发展民族职业教育，使多数中小学毕业生都能学到1至2项实用技术。要采取有效措施，进一步提高少数民族学生的成才率。要多渠道筹集民族教育资金。中央、自治区和各地发展民族教育的专项经费必须专款专用，任何部门不得挤占挪用。建立民族教育发展基金，引导宗教及各界人士支教助学，积极争取国际和国内发达省区的援助，动员全社会力量扶持民族教育事业发展。

〔**高校民族预科部**〕 1999年，高等学校民族预科部进一步扩大招生规模，到2002年在校生将达到600人。允许民族预科部(班)结业生参加当年的高校统一招生考试，未能考取区外高校的统一安排在区内高校，以加快回族高级专门人才的培养。

〔**职业教育**〕 多形式发展民族职业教育。采取多种办学方式，使多数回族中小学毕业生都能学到一二项实用技术。1999年组建固原民族职教中心，将其建设成面向宁南地区，培养各类应用型、技能型人才的重要基地。继续支持民族地区与发达地区联办专业，开展应用型劳务人才输出。

撰稿 陈少娟

审稿 高 志

新疆维吾尔自治区教育

概　况

〔基本情况〕

1999 年各级普通学校基本情况

单位：人

学校类别	学校数（所）	毕业生数	招生数	在校学生数	教职工数	
					计	其中：专任教师
总　计	9 585	799 569	990 109	3 980 824	291 262	227 020
一、研究生	(10)	229	386	901	738	738
1. 高等学校	(7)	214	363	841	677	677
2. 科研机构	(3)	15	23	60	61	61
二、普通高等学校本专科	17	11 657	19 435	54 058	17 106	7 516
本科院校	12	9 591	16 036	45 961	15 114	6 470
专科院校	4	1 355	2 203	5 372	1 312	638
分校、大专班		94		151		
短期职大	1	617	1 196	2 574	680	408
三、普通中等学校	1 954	326 430	453 758	1 205 696	110 636	83 022
1. 中等专业学校	113	25 118	36 014	93 445	13 930	7 229
中等技术学校	92	18 130	26 363	70 973	10 976	5 418
中等师范学校	21	6 988	9 651	22 472	2 954	1 811
2. 技工学校						
3. 普通中学	1 725	282 486	399 516	1 062 380	91 324	72 195
高中	488	52 403	69 801	189 037		15 673
初中	1 237	230 083	329 715	873 343		56 522
4. 职业中学	116	18 826	18 228	49 871	5 382	3 598
高中	109	13 331	10 653	30 035		3 158
初中	7	5 495	7 575	19 836		440
5. 工读学校						
四、小学	6 796	357 801	391 298	2 507 406	14 589	126 401
五、特殊教育学校	7	84	175	681	300	171
六、幼儿园	811	103 368	125 057	212 082	16 993	9 172

注：高等学校、中等专业学校、普通中学、职业中学、小学在校学生数中少数民族学生分别为 23 224、49 700、691 625、28 551、1 743 047 人；专任教师中少数民族教师分别为 3 016、3 864、41 295、1 363、81 919 人。

1999年各级成人学校基本情况

单位：人

学校类别	学校数（所）	毕业生数	招生数	在校学生数	教职工数 计	教职工数 其中：专任教师
总计	3 040	1 452 883	1 090 652	1 375 638	16 869	7 867
一、成人高等学校	27	18 387	33 816	67 633	6 364	3 142
1. 广播电视大学	2	6 323	7 680	18 074	2 404	1 128
2. 职工高等学校	12	2 224	3 574	8 021	1 179	662
3. 农民高等学校						
4. 管理干部学院	2	909	2 199	3 805	555	223
5. 教育学院	11	2 746	5 512	9 505	2 226	1 129
6. 独立函授学院						
7. 普通高等学校举办：		6 185	14 851	28 228		
函授部		2 148	8 645	15 490		
夜大学		1 505	3 177	5 610		
成人脱产班		2 532	3 029	7 128		
合计中：电大普通专科班		2 563	3 557	9 045		
二、成人中等学校	2 620	1 315 911	999 502	1 174 824	8 595	4 214
1. 成人中等专业学校	81	22 158	10 414	33 231	4 895	2 580
广播电视中等专业学校	2	12 592	5 314	16 820	1 370	693
职工中等专业学校	30	4 441	1 882	6 553	1 186	648
干部中等专业学校						
农民中等专业学校						
函授中等专业学校						
教师进修学校	49	3 732	1 894	6 300	2 339	1 239
其他类学校举办		1 393	1 324	3 558		
2. 成人中学	14	5 143	5 082	6 423	219	64
职工中学	14	2 322	1 859	2 226	114	60
农民中学		2 821	3 223	4 197	105	4
3. 成人技术培训学校	2 525	1 288 610	984 006	1 135 170	3 481	1 570
职工技术培训学校	43	36 054	26 638	30 285	663	359
农民技术培训学校	2 482	1 252 556	957 368	1 104 885	2 818	1 211
三、成人初等学校	393	118 585	57 334	133 181	1 910	511
1. 职工初等学校	2	136	137	188	4	2
2. 农民初等学校	391	118 449	57 197	132 993	1 906	509
其中：扫盲班	264	52 163	23 080	54 383	1 308	459

制表　张徐江　宁晓菊

〔**年度工作方针**〕 1999年2月25日，自治区教委、高校工委在乌鲁木齐召开了教育工作会议。会议提出1999年教育工作总的指导思想是：高举邓小平理论旗帜，全面贯彻党的十五大和十五届三中全会精神，积极主动地服务于社会主义现代化建设全局，坚持依法治教，深化教育教学改革，启动《面向21世纪教育振兴行动计划》，进一步落实“科教兴新”战略，努力提高各民族的整体素质和创新能力，为促进自治区经济发展和社会全面进步作出新的贡献；切实加强党建和学校思想政治工作，不断促进学校的社会主义精神文明建设，确保各级各类学校的政治稳定；继续大力推进“两基”，扎实做好“两基”验收后的巩固提高工作；科学地整体推进中小学素质教育，全面提高教育质量；把为农业和农村工作服务摆在突出位置；注重提高教育质量和办学效益，积极发展职业教育和成人教育；认真贯彻实施《高等教育法》，积极推进高等教育改革；大力加强汉语教学，积极推进汉语水平考试制度，提高少数民族教育教学质量；切实注重教委机关建设，进一步增加服务意识，转变工作职能，改进工作作风，提高工作效率。

〔**贯彻全国教育工作会议精神**〕 1999年12月28日～30日，自治区教育工作会议在乌鲁木齐召开。会议的主题是：贯彻全国教育工作会议精神，结合新疆实际，研究确定加快全区教育改革与发展步伐，全面实施素质教育的目标、任务和主要措施，学习讨论《自治区党委、自治区人民政府贯彻中共中央国务院关于深化教育改革全面推进素质教育决定的意见》，进一步认清形势，统一思想，全面推进教育改革和发展，为实施科教兴新战略，促进全区经济社会发展和社会政治稳定奠定坚实的基础。

自治区党委书记王乐泉在会上作了题为《强化素质教育，加大改革力度，努力培养合格的社会主义事业的建设者和接班人》的讲话。他在讲话中指出，当前和今后一个时期，要抓住国家加快中西部发展的历史性机遇，努力实施西部大开发和优势资源转换战略。面对新的挑战，必须强化提高劳动者素质的意识，像抓经济工作那样抓教育工作。新疆经济要实现后来居上，首先要做到人的素质后来居上。实施素质教育，要着力解决好三个方面的问题：一是要进一步加强学校领导班子和教师队伍建设；二是要加大调整教育结构的力度，使教育更加适应全区现代化建设的需要；三是要按照素质教育的要求，培养德智体美等全面发展的社会主义事业的建设者和接班人。并强调，各级党委和政府要高度重视教育工作，切实把教育作为先导性、全局性、基础性的知识产业和关键的基础设施，摆在优先发展的战略地位，列入重要议事日程。要建立和完善定期研究教育工作制度，领导重点联系学校制度，建立健全目标责任制。要进一步改变政府包办教育的状况，鼓励社会力量以多种形式办学，形成以政府办学为主体，公办学校和民办学校共同发展的格局。要完善机制，保证教育的有效投入，努力实现教育经费的“三个增长”。同时，要进一步完善财政教育拨款和教育成本分担机制，明确政府、学校、个人和社会对各级各类教育不同的投入责任，拓宽教育经费来源渠道，积极运用财政、金融、税收政策，吸引更多的社会力量投资办学和捐资助学。教育行政部门和学校要强化内部管理，不断提高教育经费的使用效益。

自治区副主席王怀玉为大会作了工作报告，就全面推进素质教育、努力提高教育质量、深化教育改革、加快教育事业的发展、加强教师队伍和学校领导班子建设、努力提高学校的办学水平，以及全社会都要关心支持教育等问题讲了具体的意见。

〔**思想政治工作**〕 1999年，各级教育行政部门和各级各类学校通过举办座谈会、讲演会、书画展、知识竞赛等丰富多彩的活动，庆祝建国50周年和迎接澳门回归。新疆教育电视台制作了《前进中的新疆教育》专题片作为向新中国成立50周年的献礼。《新疆教育报》、《新疆教育》杂志开辟了“新疆教育50年”栏目，发表了《回首新疆教育50年》等一系列文章、诗歌等，回顾、展望新疆的教育事业。喀什、和田、阿图什、阿克苏、库尔勒市各族师生参加了“迎澳门回归，展校园风采”的文艺演出。乌鲁木齐、昌吉、石河子、克拉玛依、伊犁、吐鲁番、哈密、塔城、阿勒泰市各族师生以“澳门的昨天、今天和明天”为主题举行了演讲和报告会。

5月9日，自治区教委机关和大中专院校的师生员工举行座谈、集会，强烈谴责以美国为首的北约对中国驻南斯拉夫大使馆进行导弹袭击的野蛮行径。新疆大学、新疆师范大学、新疆农业大学、新疆医科大学、新疆工学院、新疆财经学院、新疆石油学院、新疆电视大学、乌鲁木齐职业大学等学校的师生员工高举“中国人民不可欺，中华民族不可辱”、“反对霸权、反对侵略”等横幅上街游行，表达了新疆各族人民的爱国热情。

7月25日～27日，自治区高校工委、教委以及各大专院校召开各族干部和师生座谈会，对李洪志“法轮功”的歪理邪说进行批判。大家通过学习《中共中央关于共产党员不准修炼“法轮大法”的通知》和有关文件，一致认为党中央关于处理和解决“法轮功”问题的通知非常及时，完全正确，表示坚决拥护中央的决策，决心深入揭批“法轮大法”的本质和危害，以实际行动维护社会稳定。

1999年，根据《中共中央关于在县级以上党政领导班子、领导干部中开展以“讲学习、讲政治、讲正气”为主要内容的党性党风教育的意见》和自治区党委的统一部署，自治区高校工委、教委党组在领导班子和领导干部中率先开展了“三讲”教育，取得了较好成绩。

1999年自治区教委与自治区团委联合进行了评选、推荐全国和自治区“三好学生”、“优秀学生干部”及“先进班集体”的工作，共评选表彰自治区级“三好学生”197名、“优秀学生干部”103名、“先进班集体”48个。新疆医科大学药学院药学系的依不拉音·司马义被教育部、团中央授予“全国优秀学生干部标兵”称号，肖友能共6名同学被评为“全国三好学生”、“全国优秀学生干部”，新疆医科大学医学院96级二班等4个班集体被评为“全国先进班集体”。

〔**纪检监察和教育审计**〕 1999年年初，印发了《1999年自治区教育系统纪检监察工作要点》和《自治区高校工委、教委关于加强党风廉政建设加大反腐败力度的意见》，明确了教育系统党风廉政建设工作的指导思想。印发了《自治区高校工委、教委党组关于实施党风廉政建设责任制的意见》和《党风廉政建设责任制实施办法》，划定了党风廉政建设责任区。创办了《纪检监察信息》，将各级教育行政部门和高校党风廉政建设方面的经验、做法与信息，及时上报教育部，并印发全区。组织教育系统4 630余人观看了自治区纪委举办的1999年党风廉政及反腐败斗争成果图片展览，使党员和干部受到了总计划306.8万册，已采购232.37万册，完成计划的75%。(4)计划采购课桌椅152 849套，已采购140 737套，完成计划的92%。其中小学课桌椅109 576套，初中31 161套。(5)计划培训中小学教师21 593人，已培训20 687人，完成计划的96%。(6)原计划世行贷款19.96万美元。通过招标已回补18.74万美元，完成贷款计划的94%。所采购的设备已安装调试完毕，并开始使用。

基础教育

〔“两基”工作与教育督导〕 1999年2月26日～27日，自治区“两基”工作会议在乌鲁木齐召开，150余名各地、州、市及部分县、市、区教育部门的负责同志参加了会议。会议回顾了1998年的“两基”工作，表彰了先进，部署了1999年的任务。1999年“两基”工作的任务是：按照自治区“两基”规划，对13个县（市）的“两基”工作进行验收，实现“两基”人口覆盖率54.6%。扫除剩余文盲5万人，并做好迎接国家检查验收的各项工作。同时，对2000年将接受验收的16个县（市）采取“提前介入”的办法予以督促指导。会议指出，1999年要验收的县（市）中有不少是“国家贫困县”、“自治区贫困县”，有大量的工作要做，“两基”工作进入攻坚阶段。

1999年9月15日～22日，由许嘉璐副委员长率领的全国人大常委会《义务教育法》执法检查组一行12人，对新疆《义务教育法》贯彻执行情况进行了检查。执法检查的内容主要是，制定和落实配套法规的情况及实施义务教育的实际进展；保障义务教育经费及改善办学条件的情况；加强教师队伍建设的情况。检查组认为，新疆地处祖国西北边陲，少数民族人口占自治区总人口的61.7%，财政收入自给率不足40%。经过全区努力，教育得到长足的发展，小学适龄儿童入学率达97.09%（少数民族为97.71%），巩固率为99.41%；初中入学率达到76.65%（少数民族为70.27%），巩固率为97.63%。小学辍学率为0.5%，初中辍学率为2.37%。截至1999年6月，全区已有46个县（市、区）通过了自治区的“普九”验收，“普九”人口占全区总人口的48.8%，文盲率下降到1.24%。对新疆贯彻落实《义务教育法》、实施义务教育的进展，检查组给予肯定，并认为，新疆各级党委、政府和教育部门始终把“普九”和扫除青壮年文盲作为教育工作的“重中之重”，作为当地科教兴县（市）的基础工程给予高度重视，保证了“普九”规划的实施。在不断完善基础教育办学体制，充分调动各级政府和广大群众办学积极性的基础上，逐步建立完善了“普九”双线目标责任管理制度，即在各级人民政府层层签订“两基”教育目标责任书。新疆制定出台了《自治区扫除文盲条例》、《自治区义务教育实量、深化教育改革、加快教育事业的发展、加强教师队伍和学校领导班子建设、努力提高学校的办学水平，以及全社会都要关心支持教育等问题讲了具体的意见。

〔**思想政治工作**〕 1999年，各级教育行政部门和各级各类学校通过举办座谈会、讲演会、书画展、知识竞赛等丰富多彩的活动，庆祝建国50周年和迎接澳门回归。新疆教育电视台制作了《前进中的新疆教育》专题片作为向新中国成立50周年的献礼。《新疆教育报》、《新疆教育》杂志开辟了“新疆教育50年”栏目，发表了《回首新疆教育50年》等一系列文章、诗歌等，回顾、展望新疆的教育事业。喀什、和田、阿图什、阿克苏、库尔勒市各族师生参加了“迎澳门回归，展校园风采”的文艺演出。乌鲁木齐、昌吉、石河子、克拉玛依、伊犁、吐鲁番、哈密、塔城、阿勒泰市各族师生以“澳门的昨天、今天和明天”为主题举行了演讲和报告会。

5月9日，自治区教委机关和大中专院校的师生员工举行座谈、集会，强烈谴责以美国为首的北约对中国驻南斯拉夫大使馆进行导弹袭击的野蛮行径。新疆大学、新疆师范大学、新疆农业大学、新疆医科大学、新疆工学院、新疆财经学院、新疆石油学院、新疆电视大学、乌鲁木齐职业大学等学校的师生员工高举“中国人民不可欺，中华民族不可辱”、“反对霸权、反对侵略”等横幅上街游行，表达了新疆各族人民的爱国热情。

7月25日～27日，自治区高校工委、教委以及各大专院校召开各族干部和师生座谈会，对李洪志“法轮功”的歪理邪说进行批判。大家通过学习《中共中央关于共产党员不准修炼“法轮大法”的通知》和有关文件，一致认为党中央关于处理和解决“法轮功”问题的通知非常及时，完全正确，表示坚决拥护中央的决策，决心深入揭批“法轮大法”的本质和危害，以实际行动维护社会稳定。

1999年，根据《中共中央关于在县级以上党政领导班子、领导干部中开展以“讲学习、讲政治、讲正气”为主要内容的党性党风教育的意见》和自治区党委的统一部署，自治区高校工委、教委党组在领导班子和领导干部中率先开展了“三讲”教育，取得了较好成绩。

1999年自治区教委与自治区团委联合进行了评选、推荐全国和自治区“三好学生”、“优秀学生干部”及“先进班集体”的工作，共评选表彰自治区级“三好学生”197名、“优秀学生干部”103名、“先进班集体”48个。新疆医科大学药学院药学系的依不拉音·司马义被教育部、团中央授予“全国优秀学生干部标兵”称号，肖友能共6名同学被评为“全国三好学生”、“全国优秀学生干部”，新疆医科大学医学院96级二班等4个班集体被评为“全国先进班集体”。

〔**纪检监察和教育审计**〕 1999年年初，印发了《1999年自治区教育系统纪检监察工作要点》和《自治区高校工委、教委关于加强党风廉政建设加大反腐败力度的意见》，明确了教育系统党风廉政建设工作的指导思想。印发了《自治区高校工委、教委党组关于实施党风廉政建设责任制的意见》和《党风廉政建设责任制实施办法》，划定了党风廉政建设责任区。创办了《纪检监察信息》，将各级教育行政部门和高校党风廉政建设方面的经验、做法与信息，及时上报教育部，并印发全区。组织教育系统4 630余人观看了自治区纪委举办的1999年党风廉政及反腐败斗争成果图片展览，使党员和干部受到了深刻教育。

1999年，自治区纠正行业不正之风工作继续坚持“纠建并举”的方针和“谁主管、谁负责”的原则。自治区教委主任与各地州市教育行政部门签订了《1999年纠风工作目标责任书》，明确纠风工作专项治理目标为“加大对中小学乱收费问题的专项治理力度，进一步规范收费行为，强化收费管理；基本解决乌鲁木齐市义务教育阶段公办学校择校生问题；积极查处高校招生、考试中的不正之风及乱办班、乱发文凭、乱收费问题”等主要任务。加大了对基层治理中小学收费的检查指导力度，先后对全区314所中小学的收费工作进行了检查，较好地完成了本年度中小学乱收费治理任务。

1999年初，自治区教委印发了《1999年教育审计工作要点》，明确提出了教育审计工作的指导思想和具体要求。举办了两期培训班，对有关单位的会计人员和部分主管财务的领导干部进行轮训，系统学习了《审计法》、《事业单位财务规则》、《事业单位会计准则》、《事业单位会计制度》等基础知识和技能，不断提高教育审计水平。1999年全区教育系统共完成审计项目486个，检查纠正各类违纪金额1 714万元，减少损失浪费506万元，促进增收节支2 056万元。

〔**勤工俭学**〕 1999年，自治区召开了勤工俭学校办产业业务会议，总结了各地开展勤工俭学校办产业的成绩和经验，找出了不足和问题，确定了全年勤工俭学校办产业的目标任务。会后，发出《关于贯彻〈面向21世纪教育振兴计划〉，加快高校科技开发及校办产业发展的若干意见》、《关于安排1999年自治区勤工俭学贴息贷款的通知》、《关于继续做好自治区学生保险工作的通知》等文件。为推动全区勤工俭学工作的健康发展，自治区教委先后组织高校产业负责人和部分地、州、市学校勤工俭学办公室主任赴内地考察学习。同时，组织人员对吐鲁番、哈密、塔城、阿勒泰、巴州、阿克苏、昌吉、博州、喀什、克州、和田、乌鲁木齐等地、州、市、县、乡的师生保险、劳务活动、勤工俭学校办产业、学生着装、教育市场等进行了专题调研，为政府决策提供了依据。

1999年自治区安排给勤工俭学贴息贷款控制指标4 000万元，109个项目。全区中初等学校有99%的学校开展了各种形式的勤工俭学校办产业活动，纯收入2.56亿元；生均收入70元；补充教育经费1.94亿元。

1999年自治区中、初等学校勤工俭学校办产业提前一年完成“九五”规划纯收入目标。

〔**教育信息网络建设**〕 1999年，自治区教委加快了教育信息化的步伐，成立了教育信息化领导小组，教委机关办公信息网络系统建设方案已确定。新疆大学、新疆财经学院、新疆工学院、新疆石油学院、新疆农业大学、新疆电视大学、乌鲁木齐职业大学已先后建起了校园网，并已与新疆大学教科网联通。新疆化工学校、交通学校、农业学校、商业学校、轻工学校以及乌鲁木齐部分重点中学也都积极进入网络筹备阶段。

〔**体育、卫生、艺术教育**〕 年初，自治区教委召开了中考体育研讨会，由昌吉州介绍了中考体育的工作经验。与会同志就如何发展自治区的体育教育进行了研讨。年内，自治区组织了中学生、大学生田径运动会的参赛工作。在全国第七届中学生运动会上，新疆体育代表队获得银牌1枚、铜牌2枚、第四名1个、第五名1个、第六名2个、第七名1个、第八名3个。足球队取得第六名。田径队和足球队分获“体育道德风尚奖”。代表团荣获“体育道德风尚奖”。1999年在全国学校体育卫生工作经验交流会上，自治区有10个先进集体和12名先进个人受到表彰，并有2篇论文被收入会议论文专辑中。

1999年，学校卫生工作紧紧围绕对学生进行卫生健康教育，让学生初步了解卫生健康常识，群防群治地方病，使学生养成讲卫生的习惯，培养学生自我保健能力。一是根据自治区艾滋病、性病预防与控制工作领导小组的要求，自治区教委部署了大中专院校进行自查自检预防艾滋病、性病的工作。继续开展了“三个一”活动(即听一堂讲座、看一盘录相、发一个处方)，加强了学校的住宿管理，使学生做到自重、自爱、自强、自立。二是为了加强对中学生禁毒的宣传教育工作，向中学生推荐了《海洛因》、《禁毒常识》两本书。三是为了降低学生龋病率，在全区中小学生中开展了“氟化泡沫”防龋活动。

1999年，围绕全国’99大学生艺术节，开展了多种形式的艺术教育活动。自治区成立了大学生艺术节组织委员会。各级各类学校以庆祝新中国成立50周年，迎接澳门回归，纪念“五四”运动80周年为主题，开展了丰富多彩的文艺活动，并选出10个优秀节目参加全国评比。新疆大学、新疆艺术学院获得优秀组织奖，新疆大学“边陲学子的风彩”，获舞蹈（甲组）二等奖，新疆工学院“塔里木的女儿”，获舞蹈（甲组）三等奖。在开展音乐、美术教师基本功大赛的基础上，推荐3名教师参加全国音乐教师基本功比赛，获得二等奖1名，三等奖2名；3名教师参加全国美术教师基本功比赛，获一等奖1名，二等奖2名。根据教育部要求，自治区推荐乌鲁木齐县、麦盖提县为全国艺术教育实验县，得到教育部批准。

〔**教育基本建设**〕 1999年，自治区教育部门主管的各级各类学校基本建设取得了显著成绩。全年计划投资69 042.7万元（其中高校13 138.7万元，中等师范学校2 450万元，职业中学927万元，中小学及其他建设项目52 527万元），年底累计完成投资63 398.9万元，占计划数的91.8%，比上年增长27.14%。全年计划施工面积118.6万平方米，年底实际竣工面积948 955平方米，比上年增长77.43%（其中含1998年开工到1999年竣工的面积）。全年累计新增固定资产59 534.5万元，比上年增长74.9%（其中含1998年未竣工转入固定资产的项目）。

1999年总投资中教工住房投资占42.79%，竣工面积中教工住房面积占33.1%。到1999年底，高校教职工家庭人均居住面积达到9.08平方米，中等师范学校教职工家庭人均居住面积达到9.49平方米，中小学教职工家庭人均居住面积达到8.54平方米。

〔**世行贷款项目完成情况**〕 1999年，自治区世行贷款总额为1 950万美元，折合人民币1.6亿元。贷款项目完成情况如下：(1)土建工程已完成733 851平方米，其中新建147 506平方米，改扩建444 921平方米，维修141 424平方米，完成总计划的122%。(2)仪器设备采取招标方法，共分44个包，计划总金额19 347 369.55元，中标价16 763 879.92元。节约资金2 583 489.63元。有32个厂商中标，与31个厂家签订了合同，合同金额13 339 879.92元。1999年设备已全部到货，并分发到各项目县。(3)图书总计划 306.8 万册，已采购 232.37 万册，完成计划的 75%。(4)计划采购课桌椅152 849套，已采购 140 737 套，完成计划的 92%。其中小学课桌椅 109 576 套，初中31 161套。(5)计划培训中小学教师 21 593 人，已培训 20 687 人，完成计划的 96%。(6)原计划世行贷款 19.96 万美元。通过招标已回补 18.74 万美元，完成贷款计划的 94%。所采购的设备已安装调试完毕，并开始使用。

基础教育

〔**"两基"工作与教育督导**〕 1999 年 2 月 26 日～27 日，自治区"两基"工作会议在乌鲁木齐召开，150 余名各地、州、市及部分县、市、区教育部门的负责同志参加了会议。会议回顾了 1998 年的"两基"工作，表彰了先进，部署了 1999 年的任务。1999 年"两基"工作的任务是：按照自治区"两基"规划，对 13 个县（市）的"两基"工作进行验收，实现"两基"人口覆盖率 54.6%。扫除剩余文盲 5 万人，并做好迎接国家检查验收的各项工作。同时，对 2000 年将接受验收的 16 个县（市）采取"提前介入"的办法予以督促指导。会议指出，1999 年要验收的县（市）中有不少是"国家贫困县"、"自治区贫困县"，有大量的工作要做，"两基"工作进入攻坚阶段。

1999 年 9 月 15 日～22 日，由许嘉璐副委员长率领的全国人大常委会《义务教育法》执法检查组一行 12 人，对新疆《义务教育法》贯彻执行情况进行了检查。执法检查的内容主要是，制定和落实配套法规的情况及实施义务教育的实际进展；保障义务教育经费及改善办学条件的情况；加强教师队伍建设的情况。检查组认为，新疆地处祖国西北边陲，少数民族人口占自治区总人口的 61.7%，财政收入自给率不足 40%。经过全区努力，教育得到长足的发展，小学适龄儿童入学率达 97.09%（少数民族为 97.71%），巩固率为 99.41%；初中入学率达到 76.65%（少数民族为 70.27%），巩固率为 97.63%。小学辍学率为 0.5%，初中辍学率为 2.37%。截至 1999 年 6 月，全区已有 46 个县（市、区）通过了自治区的"普九"验收，"普九"人口占全区总人口的 48.8%，文盲率下降到 1.24%。对新疆贯彻落实《义务教育法》、实施义务教育的进展，检查组给予肯定，并认为，新疆各级党委、政府和教育部门始终把"普九"和扫除青壮年文盲作为教育工作的"重中之重"，作为当地科教兴县（市）的基础工程给予高度重视，保证了"普九"规划的实施。在不断完善基础教育办学体制，充分调动各级政府和广大群众办学积极性的基础上，逐步建立完善了"普九"双线目标责任管理制度，即在各级人民政府层层签订"两基"教育目标责任书。新疆制定出台了《自治区扫除文盲条例》、《自治区义务教育实施办法》、《自治区人民教育基金征收管理办法》等一批配套性的地方法规、规章和规范性文件。这些政策法规的贯彻实施，不仅规范了教育行为，使广大人民群众认识到，接受扫盲和送子女完成义务教育是法律规定的义务，也使各级政府、各职能部门明确了做好教育工作是必须履行的法律责任。检查组认为，当前新疆贯彻《义务教育法》主要面临的困难和问题是：办学经费投入不足，办学条件尚需进一步完善，教师队伍的素质需要进一步提高，教师工资还存在拖欠现象，教育质量和效益尚需提高，对少数民族学生的教育需加快发展步伐。

1999 年，自治区政府决定授予哈巴河县、焉耆县、泽普县、布尔津县、福海县等 12 个县、市“基本普及九年义务教育，基本扫除青壮年文盲合格县、市”称号，并颁发了奖牌。12 个县、市人口总计 166.18 万人，占自治区地方总人口的 10.6％。至此，全区已有 55 个县、市、区实现了“两基”，总人口为 917.39 万人，占自治区人口的 58.53％（兵团另计）。根据教育部《关于做好“两基”验收后巩固提高工作的实施意见》，自治区政府教育督导室对 1997 年“两基”验收合格的 11 个县、市的“两基”工作进行了复查。各地重视“两基”验收后的巩固工作。伊宁市“两基”工作验收后，继续筹资近千万元，为 7 所学校扩建了校舍。博乐市 1998 年被国家评为“两基”工作先进市后，把荣誉变为动力，在提高“普九”水平、做好扫盲巩固工作、增加教育投入方面采取了一系列有力措施，并对推进素质教育进行了积极探索。吉木乃县基本杜绝了学生辍学现象，为牧区学校制止辍学问题提供了经验。民丰县、克拉玛依市进一步规范了“两基”档案，并针对薄弱学校采取了许多改进措施。

〔**德育工作**〕 1999 年，自治区教委对部分地、州、市中小学德育工作现状和在师生中开展马克思主义的国家观、民族观、宗教观、文化观、历史观和民族团结教育情况进行了调研，了解和掌握了学校德育工作的基本情况，分析了存在的主要问题，形成了《自治区中小学德育工作的调查报告》。编写了《崇尚科学，坚持无神论》、《民族政策和民族团结》等系列读本和“坚持教育与宗教分离，坚决抵制宗教对学校渗透和影响”的宣传材料，作为对学生进行马克思主义“五观”教育的辅助材料。自治区教委印发了《关于在中小学开展崇尚科学，破除迷信，坚持无神论教育活动的通知》，并组成“五观”教育调查组到和田、喀什等学校进行实地调研，边调查、边指导，收到了较好的效果。库尔勒市教育系统开展了丰富多彩的马克思主义“五观”教育，并在入耳、入脑、入心上下功夫。着重抓了“六个结合”，即把“五观”教育同“三讲”教育结合；平时学习同集中学习结合；班级评优评先同“五观”教育的学习成绩结合；课内同课外结合；思想品德课同“五观”教育结合。同时，各校还通过广播、黑板报、主题班会、团队会、演讲比赛、知识竞赛等形式，对“五观”教育的基本内容、意义等进行了深入学习和宣传。

〔**素质教育**〕 2 月，自治区中小学素质教育经验交流会在乌鲁木齐召开。会议总结交流了自治区近 12 年来实施素质教育的做法和经验，研究分析了实施素质教育中存在的主要问题，部署了今后推进素质教育的指导思想和主要措施。

会议提出推进中小学素质教育的指导思想是：以全面提高教育质量和办学效益为重点，以转变教育思想、转变观念为前提，以加强教育科学研究和教育现代化建设为先导,以课程教材改革和优化教学过程为核心,以建立评估机制和提高教师素质为保证,以改革考试制度和考试内容、考试方法为动力,坚定不移地、扎扎实实地推进素质教育。采取整体规划、分类指导、夯实基础、分步实施、分层推进的工作方针;总体思路是全面启动小学、积极推动初中,逐步影响高中。

推进中小学素质教育的主要措施是,进一步加强宣传力度,多形式、多途径开展研讨培训,转变思想观念,形成社会各方面对素质教育的共识;努力建设一支高素质的校长、教师队伍,实施"425"园丁工程,即争取到2010年,分别培训小学、初中、高中骨干教师4 000名、2 000名、500名,培养一批"教学能手"或"学科带头人";建立素质教育的督导评估制度,进一步改革和完善考试制度和考试评估方法;进一步加强和改进中小学德育工作;加强薄弱学校建设,合理调整学校布局,提高整体办学水平和效益;深化教学改革,优化教学进程,重视学生个性发展和特长培养,全面提高教学质量;大力加强少数民族中小学双语教学工作,努力提高少数民族中小学教育质量,推动少数民族中小学素质教育的实施;以教育科研、教学研究为先导,推动素质教育的全面实施;认真做好素质教育区域实验工作;加强领导,统筹规划,保证素质教育的顺利实施。

〔**特殊教育**〕 根据教育部《关于认真做好1999～2000年残疾儿童少年发展规划的通知》精神,自治区制定了1999～2000年残疾儿童少年教育发展规划确定(1)根据盲童分布情况,采取分片集中办学。在办好乌鲁木齐市盲童学校(规模200～250人)的同时,在南疆喀什市聋哑学校设立盲生部(规模100人),已于1999年秋招收南疆3地、州的民族盲童就读。2000年在北疆奎屯市筹建盲童学校(规模150～200人),并在汉族聚居区积极推行盲童在普通中小学随班就读工作。(2)计划建设聋哑学校15所,采取由地、州、市办学,逐渐向县辐射的办法。1998年立项的塔城聋哑学校(规模250～300人)已于1999年秋开始招生。1999年计划在伊犁地区筹建聋哑学校(规模250～280人)。2000年计划筹建克孜勒苏柯尔克孜自治州聋哑学校(规模150～200人);扩建昌吉州聋哑学校(规模250～300人)。(3)不单独设立弱智教育学校。根据各民族语言授课的实际,采取在普通中小学随班就读和附设特教班的形式就学。

1999年自治区举办了盲童教育和弱智儿童教育师资培训班,有106名特殊教育教师参加了培训。1999年自治区部分特殊教育学校参加了第三届全国盲聋哑学校文艺汇演,所推荐的5个节目分别获得一等奖2个,三等奖1个,优秀奖1个。

〔**教育科研**〕 1999年,自治区教科所、教研室开展了各种类型的中小学学科教学活动。主要有:组织开展了"生物学教学能手大奖赛",开展了《远程教育与现代教育技术》专题讲座,举办了素质教育督导评估方案实施人员培训班、计算机培训班、健康教育和幼儿教育培训班等,有9 000多人参加了培训,为提高教育教学质量奠定了基础。

教育教学研究取得新的进展。研究制定了《新疆维吾尔自治区普通中小学素质教育督导评估方案》,并在全区施行。经自治区教育科学规划办公室评选,评选出"九五"教育规划课题40项,其中重点课题10项。为社会科学年论文评比征集论文64篇,其中获一等奖的 9 篇，二等奖的 2 篇，三等奖的 27 篇。奎屯市王林辉老师的"做家庭小主人"录像课获全国小学思想品德研究会二等奖。乌鲁木齐市第 12 小学毛飒老师执教的"白杨"课获全国小学语文研究会一等奖。乌鲁木齐铁路局第二小学齐新强执教的小学数学课获全国小学数学研究会二等奖，韩玉才（实验小学）、戴文兰（乌市第 41 小学）的录像课分获一、二等奖。

〔**会考工作**〕 1999 年，自治区教委会考办公室加大了高中会考的保密教育和安全教育力度，落实了岗位责任制。在命题、审题、翻译、印卷、考试、成绩统计分析、证书审核发放、实验考查等方面建立起一套科学化、规范化的管理体系。年内，采用维吾尔、汉、哈萨克、蒙古、柯尔克孜 5 个语种进行会考，有 168 851 名各族在校高中生参加了 9 门必修课的会考考试。

〔**教师队伍建设**〕 1999 年，全区小学教师的学历合格率为 96.81%，比上年提高 0.72 个百分点；大专及以上学历的占 24.3%，比上年提高 2.7 个百分点。初中专任教师学历合格率为 86.96%，比上年提高 3.37 个百分点；本科及以上学历的占 16.5%，比上年提高 2 个百分点。高中教师学历合格率为 52.71%，比上年提高 4.51 个百分点。

1999 年，自治区政府转发了《关于大力开展中小学教师继续教育和加强汉语教师队伍建设的意见》。5 月 24 日～26 日，自治区教委召开了中小学教师继续教育工作会议和义务教育工程师资培训工作会议。会议提出从 1999～2004 年为自治区中小学教师继续教育第二个五年管理周期。各地要广泛开展中小学教师继续教育和"双语"教育，切实加强汉语教师队伍建设，为全面提高中小学教师队伍整体素质，全面贯彻教育方针，全面提高教育质量而努力奋斗。会议全面部署了全区中小学教师继续教育工作，使中小学教师继续教育工作步入新的历程。会后，印发了《新疆维吾尔自治区中小学教师继续教育第二个五年管理周期实施管理办法》、《自治区中小学中青年骨干教师"4、2、5"培训行动方案》。针对中小学教师继续教育缺乏教材的问题，自治区教委采取组织编写一部分，推荐一部分，各地自编一部分的办法予以解决，年内已编写印刷公共必修课《思想道德教育》、《素质教育的理论与实践》、《现代教育技术基础》教材。举办了小学语文、数学、汉语，中学语文、数学、汉语，公共必修课备课研讨班 8 期，共有 241 名教师参加了培训。根据《自治区中小学中青年骨干教师"4、2、5"培训行动方案》，通过层层推荐、评审、遴选出能够涵盖多学科、多语种的中小学骨干教师，建立起分级负责、分工培养培训的管理体制。通过上下配合，多方协作，开展有计划、有步骤的培养培训活动，帮助青年教师尽快成长。

1999 年，自治区教委对全区 21 所中等师范学校进行了摸底调查，根据"师范学校三级结构向二级结构过渡"的方向，提出了中等师范学校布局结构调整初步意见。根据教育部颁布的《中等师范学校教学评估方案》（试行）的规定，在各中等师范学校进行自查自评的基础上，自治区教委组成专家组对伊犁第一、二师范学校、博州师范学校，塔城师范学校，阿勒泰师范学校进行了评估，推动了中等师范学校的教育教学工作。1999 年，继续推进中等师范学校招生并轨工作。全区中等师范学校招生 9 100 余人；中等师范学校和教育学院联合完成“3+2”招生计划2 500余人，为南疆3地州定向培养汉语教师800人，其中中师500人，高师300人。

1999年，自治区教委举办了中小学校长培训班，培训校长150人；举办了幼儿园保育员培训班，培训保育员261人。从全疆选送中小学校长30人到乌鲁木齐市中小学校挂职锻炼。完成1999年中小学教师职称评审工作，共评出中学高级教师125人，小学高级教师96人。

职业教育

〔**布局结构调整**〕　哈密地区1997年将7所不同类型的学校和培训机构合并成立哈密工业学校和哈密农业学校。1999年6月自治区教委领导同志专门赴哈密对中等职业学校布局结构调整后的情况进行了专题调研。学校调整合并后，尽管还有一些困难，但优势越来越明显，领导体制进一步理顺，办学规模不断扩大，专业覆盖面在拓宽，为本地区经济服务的功能在增强，教育资源利用率在提高。1999年哈密工业学校在校生由合并前的300人提高到780人，另有短训班学员200人；农业学校在校生由原来的600人提高到1 060人。

吐鲁番地区提出，将地区卫生学校、农业学校、技工学校合并成立地区职业技术培训中心。为积极稳妥地做好这项工作，1999年自治区教委领导与地区领导进行了实地考察和论证后，同意吐鲁番地区的调整方案。地区职业技术培训中心成立后，运转正常。奇台县政府加大政府统筹力度，将县属职业高中、教师进修学校及培训机构合并成立成人教育职业教育中心，县长担任中心主任，将全县职业教育与职业培训统一起来，多层次、多形式办学，并辐射昌吉东3县，办学效益逐步提高，已创造出好的经验。

〔**科教兴农现场会**〕　1999年，自治区教委与自治区农业厅联合召开了“自治区校地结合，科教兴农现场会”，总结推广了新疆农业学校与呼图壁县大丰镇实施校地结合、科教兴农的经验。全区10所农业学校、2所畜牧学校、10所职业高中的领导及主管部门的领导参加了会议。会上介绍了全国农业中专改革与发展的情况，代表们实地考察了大丰镇棉花生产基地和玛纳斯县乐土驿玉米制种基地，受到启发和教育。新疆农业学校与大丰镇校地结合，双方得益。农业学校提高了办学水平，锻炼了教师队伍，改善了办学条件。大丰镇的棉花产量和人均收入均大幅度提高，该镇靠科技一跃成为呼图壁县的首富镇。

〔**普通中专教育**〕　1999年，自治区在1998年部分中等专业学校进行招生并轨试点的基础上全部实行并轨。根据自治区职业教育工作会议确定的利用招生计划杠杆推动学校专业布局结构调整工作的精神，1999 年自治区继续在新疆农业大学、乌鲁木齐职业大学举办对口招收中等职业学校毕业生升学班，当年招生 180 人；在成人高等学校增加计划招生 2 500 人；还举办“3+2”班，对口招收中等职业学校毕业生，培养应用型人才。

为加强中等专业学校思想政治工作，自治区教委于 1999 年 5 月在新疆石油学校召开了中等专业教育研究会思想政治工作委员会年会，总结交流了新形势下学校思想政治工作经验。会议提出今后应认真抓好以下工作：(1)加强学校思想政治工作队伍建设；(2)注意学校环境建设，营造良好的育人环境；(3)认真抓好学校思想政治工作的各个途径和各个环节；(4)加强学校与社会的联系。

1999 年，组织了中等专业学校教师职称评审工作，共评出具有高级职称的教师 174 人，中级职称的教师 126 人。

高等教育

〔党建工作与“两课”建设〕 1999 年 12 月 10 日，自治区党委组织部、宣传部、自治区高校工委、教委党组联合在乌鲁木齐市召开自治区高等学校党建工作会议。会议的主要任务是：高举邓小平理论伟大旗帜，认真贯彻改革开放以来的第三次全国教育工作会议和第八次全国高校党的建设工作会议的精神，按照以“讲学习、讲政治、讲正气”为主要内容的党性党风教育的要求，研究制定进一步加强和改进全区高等学校党的建设工作的政策措施，交流加强学校党建和思想政治工作的经验和方法。

自治区党委副书记克尤木·巴吾东在会上作了题为《进一步加强高校党的建设，努力培养高素质的建设者和接班人》的讲话。自治区政协副主席、自治区高校工委书记、教委党组书记张贵亭作了题为《按照“三讲”教育的要求，进一步加强高校党的建设，全面推进我区高等教育事业的改革与发展》的主题报告，报告回顾了一年来自治区高校的党建工作，同时就今后的工作讲了四点意见：(1)认清形势，明确任务，从面向 21 世纪的战略高度，进一步增强搞好党建工作的紧迫感和责任心；(2)按照“三讲”的要求，切实加强高校领导班子建设，提高领导干部素质；(3)进一步加强基层党的组织建设，全面提高党务思想政治工作队伍的整体素质；(4)进一步加强思想政治工作，维护高校稳定。

1999 年，自治区高校工委、教委继续推进邓小平理论和江泽民总书记视察新疆讲话中“三进”教育（即进教材、进课堂、进学生头脑）的精神；进一步贯彻落实中宣部、教育部《关于普通高等学校“两课”课程设置的规定及其实施工作的意见》，规范了全区高校“两课”教学，制定了《自治区高校工委、自治区教委贯彻中宣部、教育部〈关于普通高等学校“两课”课程设置的规定及其实施工作的意见〉的实施方案》，并对高校《邓小平理论概论》课开设情况及“三进”工作进行了调研。及时编译和印发了维吾尔文版《江泽民总书记考察新疆工作讲话学习纲要》,对高校学生学习邓小平理论和江总书记讲话作了统一部署，掀起了学习热潮。

〔**结构调整与教学工作**〕 1999年自治区教委在调查研究的基础上，提出了关于组建新疆理工大学和新疆财经大学的方案，即将新疆工学院、新疆石油学院、新疆工业高等专科学校、新疆职工大学合并成立新疆理工大学；将新疆财经学院、新疆经济管理干部学院、新疆财政学校、新疆银行学校合并成立新疆财经大学。这两个方案经多次研讨修改后，已由自治区政府上报教育部审批。

1999年7月自治区召开了普通高等学校首届教学工作会议。会议贯彻全国首届高校教学工作会议和第三次全国教育工作会议精神，确立了教学工作在高校工作中的中心地位，明确了普通高校今后教学工作的总体目标和指导思想，制定了关于加强高校教学工作，深化教学改革，提高教学质量，培养创新人才的系统意见和措施。大会研讨了《加强教学建设,增强质量意识，推进教学改革，努力提高高校教育教学质量》、《自治区普通高校专业设置结构调整实施意见》、《关于自治区普通高校重点学科建设的意见》、《关于实施〈高等教育教学内容和课程体系改革〉的若干意见》等文件。会上，自治区政府对高等学校教学成果进行了表彰奖励。获自治区一等奖的3项，二等奖的12项，三等奖的27项。

新疆农业大学采取有力措施加强实践教学，取得较好效果。措施之一是从青年教师抓起，让教师在教学中起主导作用。学校规定，教师晋升职称前必须有一年时间的社会实践锻炼。教师在社会实践期间的工作时间计入工作量。措施之二是加强实践性教学环节。学校本科教学计划规定，除课程实验之外，一般安排了16%至20%的实践教学，高年级学生还要参加科研活动。措施之三是改革考核考试方法，使实践性教学真正起到作用。学校改变了过去将实验成绩作为平时成绩的办法，逐步实行实验、实习、补考制度，并对实践性强的课程实行单个考试，使教学质量有了较大提高。措施之四是鼓励学生取得职业技术证书。学校强化了专业技术和实用技术的培训。通过各种培训，使学生在校期间就可以获得相应的职业技术证书，提高了学生的综合素质，也增强了学生择业的竞争力。

新疆财经学院本着培养“复合型专门人才”的宗旨，从1997年开始以启动学分制管理为突破口，加快了本科教育体制改革的步伐。学校制定了学分制管理的总体方案以及“三自主选课制”、“弹性学制”、“教师任课制”、“贷学金、特困补贴制”、“导师制”、“题库制”、“重修重考制”、“优胜劣汰制”、“教学管理信息系统”和“课堂教学质量评价监控体系”等20多个配套制度，为学分制的全面启动创造了良好的条件。该院实施学分制的成果在自治区内已得到普遍认可，1998年获得了自治区优秀教学成果二等奖。

新疆石油学院为适应市场要求拓宽了专业口径。学校按专业必备的基础、技术基础和专业的主干设置必修课；按社科、人文、艺术、经济管理、通用科技等大类设置选修课。在外语、计算机“两翼”教学上实行4年不断线制。“两课”教学则按国家教育部和自治区教委的文件执行。同时，学校还坚持贯彻执行“理论教学与实践教学并重”的原则，改革实践教学环节，建立起机械CAD实验室，将《画法几何与工程制图》课程改革为《现代工程设计制图》，在我区率先开设机械CAD课程及其相关实验；将原来的3个专科实验室和一个本科实验室，扩大到每室3个不同实验，每实验6套仪器设备，每人一套实验仪器的6个本科综合物理实验室。学校本着“重基础、宽专业”的原则，对课程设置进行了一系列改革。基础课程、技术基础课程、专业课程的课时设置比例约为6∶3∶1。工学类各专业计划的实践学时占30%左右。选修课的总学时设置在900学时以上，学生选修课达300学时以上，方可达到毕业要求。

〔**学位工作**〕 1999年，自治区组织制定了《自治区2000～2006年学科发展规划》，提出了总体规划及分年度规划建设目标、政策措施等。规划确定：2000～2006年自治区新增博士单位4个，新增硕士单位4个；新增博士点51个，新增硕士点156个。

1999年自治区组织在职人员以同等学力申请硕士学位全国外语水平考试和学科综合水平考试。参加外语考试的790人，通过324人，通过率为41%。参加学科综合考试的286人，通过37人，通过率为13%。参加成人本科学士学位外语水平考试的411人，通过181人，通过率为44.5%。

〔**师资培训**〕 1999年，为迎接教育部对自治区高师师资培训中心的评估，年初自治区教委根据“以评促建，以评促改”的原则，组织培训中心进行了自查自评，找出问题和不足，制定了整改措施。5月初，教育部专家组依据评估指标，通过听汇报、座谈、查验档案资料、实地考察等方法，对高师师资培训中心的工作条件、干部配备、主管部门重视程度、职责履行情况、内部管理、教学情况、经费投入、培训工作效果等进行了全方位的评价，评价等级为合格。根据专家组的建议，自治区拟将“新疆维吾尔自治区高师培训中心”更名为“新疆维吾尔自治区高等学校师资培训中心”，以便更好地发挥中心在高等学校师资培训方面的作用。

1999年自治区加强了选拔高校青年教师参加外语培训的工作。全年培训英语语种教师79人，其中区内67人，区外12人；培训日、意、德、法语种教师共49人。派出高校赴日本国留学人员26人；选拔于2000年地方公派出国人员24人。举办高校青年教师岗前培训班4期，培训260多人。

1999年，自治区教委举办了两期高等院校干部培训班，培训系、处级干部120人；组织高等学校教师职称评审工作，共评出具有高级职称的教师286人。

〔**招生工作**〕 1999年自治区普通高等学校扩大招生6 000多人，比上年增加66.9%。普通高考报名人数66 756人，比上年增加6.3%；按计划录取新生28 488人（含内地院校录取数10 871人），比上年增加27.1%。成人高考报名人数53 216人，比上年略有减少；按计划录取新生43 271人（含内地成人院校录取数），比上年增加48.1%。研究生报考人数3 179人，比上年增加19.1%；按计划录取新生372人，比上年增加39%。

〔**国际交流与合作**〕 1999年，新疆教育系统共有73人获得国家公费出国留学资格。有25人被自治区公费派遣赴日本留学，有164人自费出国留学。全年共审核审批因公、因私出国（境）468人次。

自治区坚持“以我为主，为我所用”的原则，年内有22个学校和单位取得国家颁发的聘请外国文教专家单位资格，共聘请90位外国文教专家和外籍教师，其中长期21人，短期69人。全区高校共接受外国留学生119人。全年共办理、接待来访的国（境）外团组37批，共计328人次。在中外合作办学方面有新的进展。新疆商业学校与英国西敏寺商学院合作成立了新疆西敏寺（英）国际商学院。乌鲁木齐广播电视大学与澳大利亚墨尔本北城高等学校合作成立了乌鲁木齐广播电视大学北城（澳大利亚）高等职业技术培训中心。

〔**后勤社会化改革**〕 自治区高校后勤社会化改革工作会议于1999年12月7日在乌鲁木齐市召开。会议部署了自治区高校后勤社会化改革的原则、目标、步骤和方法。自治区副主席王怀玉出席会议并讲话。他指出：(1)高校后勤改革各高校要动、要快，不要犹豫、不要观望、不要争论、不要等待。当前改革的重点是学生的宿舍。(2)多想一点办法。学校自己要主动和银行、人事部门、企业联系，争取各个部门积极地配合。(3)学校党委书记、校长都要抓，要认真研究改革方案。3年要实现高校后勤社会化，后勤从高校剥离出来。高校后勤改革按政府主导，教委组织，学校实施，社会参与的原则进行。

〔**“211工程”建设**〕 1999年，新疆大学“211工程”建设取得较好的成效。重点学科建设已完成了多项与全区社会稳定与经济、文化发展密切相关的应用性课题。如少数民族语言文学学科已完成“新疆少数民族现当代文学重要作品研究”、“维吾尔族聚居区中小学双语教学研究”、“维吾尔文学史”、“维吾尔古文学与古文献导论”等课题。中国新疆与中亚经济文化研究学科的经济系统实时、预警动态仿真模拟实验室已初具规模，实现了信息的收集、储存、整理、编辑功能，该学科组针对克拉玛依引水工程提出的“统筹规范、优化布局、生态优先、产业发展”的思路和对乌鲁木齐市“雅玛里克山地区”综合治理的可操作方案等，已被政府有关部门采纳。新疆资源、生态环境与生物技术学科已建成，并在科研方面取得一系列成果：(1)中日合作项目利用遥感技术进行的“塔里木南缘绿洲——荒漠交错带环境演变研究”进展良好；(2)新疆土地资源利用及土地定级估价项目，已完成10多个县市及团场的土地利用规划，对30多个县市进行了土地经济评价；(3)“细胞因子对绵羊胚胎生长发育的免疫调控研究”取得成果；(4)建立了集流域信息分类、显示、数据、图形为一体的管理系统；(5)国家基金重点资助项目“阿拉善受损生态系统的恢复与重建研究”已探寻出重建受损生态系统的新路子；(6)棉花抗虫转基因、甜瓜抗病转基因工程研究已成功培养出愈伤组织和试管苗，构建出含Gus基因的脓杆菌。新疆地区的信息技术与通信学科已完成“图文与信息处理实验室”的组建并投入使用。该学科主持多项自治区“九五”和国家自然科学基金项目，取得了国家级及自治区级鉴定成果和科技进步奖20余项。该学科研制成功的“维汉声图文一体化信息处理环境及应用系统”项目，是新疆大学承担的国家863计划智能机主体项目，填补了中国多媒体计算机维文信息处理技术和多文种Windows'95处理平台方面的技术空白。应用化学与材料物理学科已建成“化工原理实验室”和“超临界萃取实验室”，主持、承担多项国家级重点课题，获得多项科技进步奖，已申请9项专利。应用数学与系统工程学科主持各类科研项目33项，发表学术论文数十篇。1999年10月新疆资源生态环境与生物技术学科和中国科学院新疆生地所联合申报的《国家重点基础研究发展规划》项目，即“973”项目“中国西部干旱区生态研究演变与调控研究”获得批准立项，这是新疆首次获准的国家级重点基础研究发展规划项目。1999年10月少数民族语言文学学科成果《西域翻译史》获得国家社会科学基金项目优秀成果奖。1999年共申报国家自然科学基金项目10项，资助资金首次突破百万元。校园网建设取得阶段性成果。新疆大学校园网作为教育科研网新疆地区的主接点，现已与CERENT及INTERNET互连，建立了全校管理信息系统。校图书馆“光盘信息检索系统”项目已建成，可向全校师生提供电子阅览及信息检索服务。公共教育设施建设和基础设施建设卓有成效。建成三套语言实验室，已投入使用；影视播放厅和两个多功能教室已供教学使用。建成并投入使用的开放式语言自学环境——视听阅览室，预计全年服务可达10万人次。完成学生公寓楼6 020平方米，教学楼8 347.5平方米等基础设施项目。1999年5月，自治区政府组织召开自治区“211工程”领导小组会议，对已取得的成效予以肯定，并对今后建设予以实质性的支持和政策保障。

成 人 教 育

〔**扫盲工作**〕 国家赴疆扫盲工作检查验收团于9月11日～20日对自治区扫盲工作进行了检查评估。检查团听取了自治区政府关于全区扫盲工作情况介绍后，分别到经济教育基础相对薄弱，第四次全国人口普查文盲率相对较高的巴音郭楞蒙古自治州和静县、昌吉回族自治州、木垒哈萨克自治县、阿勒泰地区福海县进行抽查评估。同时，检查团还考察了巴音郭楞蒙古自治州的和硕、轮台、博湖、焉耆、库尔勒、尉犁，昌吉回族自治州的奇台、吉木萨尔，阿勒泰地区的富蕴、布尔津、阿勒泰市和伊犁地区的察布查尔锡伯自治县等12个县（市）以及乌鲁木齐市沙依巴克区的“两基”工作情况。检查团认为，多年来，新疆各级党政领导和各族人民投入了大量的人力、物力、财力，大力发展教育事业，坚持不懈地开展扫盲工作，取得了巨大的成绩。检查团宣布：新疆维吾尔自治区为全国第23个通过国家扫盲验收达标的省（区）。

〔**农村教育综合改革**〕 1999年2月28日～3月3日，自治区召开“农村教育综合改革和职工教育业务工作会议”，与会代表学习了国家和自治区有关教育改革的文件以及先进省区教育改革的经验，总结了上年的工作，部署了1999年的任务。4月自治区教委组织调查组对昌吉州农村教育综合改革、职业技术教育、成人中等教育等进行了调研，并组织昌吉、伊犁等地州主管教育的领导同志及部分农村教育综合改革实验县的同志赴广东、广西、云南等地学习考察其农村教育改革工作先进经验。

为贯彻全国教育工作会议精神和“全国教育为农业和农村工作服务研讨会”及“全国农村教育综合改革经验交流现场会”精神，自治区政府成立了农村教育综合改革（农科教结合）领导小组，加大了领导力度。

〔**职工教育**〕 1999 年，为了进一步规范自治区职工教育，加强依法治教力度，自治区教委对《自治区职工教育条例》、《自治区成人教育管理干部和教师培训办法》、《自治区职工教育培训机构管理暂行规定》进行了修订。完成了职工高中文化补课 1 036 人次。对个别部门以营利为目的，挂教育培训中心牌子的现象，进行了检查纠正。年内，对新纺（集团）公司、和田高等师范专科学校、新疆农业银行、新疆航空公司、新疆移动通讯公司 5 所申报设立职工教育培训中心单位的办学条件、教学水平等进行了实地考察评估，经申报已批准成立。

〔**社会力量办学**〕 1999 年，自治区教委编印了《社会力量办学文件选编》和《1999 年社会力量办学工作要点》，加强了对社会力量办学检查指导和监督力度。2 月，自治区召开了社会力量办学联合会首届会员代表大会，通过了自治区《社会力量办学联合会章程》及理事会人选。年内，新增民办中小学校 21 所。举办了社会力量办学管理人员培训班，有 199 人参加了培训。针对近年来社会上出现的乱办班、乱招生、乱收费问题，自治区教委印发了《关于制止非法招生、谨防学生上当受骗的通知》，并在 8、9 月集中招生期间，根据群众举报，及时组织干部到招生点明察暗访，并予曝光，从而有效地制止了“三乱”，维护了正常的招生和办学秩序。为了调动社会力量办学教职工的积极性，1999 年自治区社会力量办学机构教师专业技术职称评聘工作正式启动。年内，有 5 所社会力量办学机构的 24 名教师申报初级职称，有 22 人经评审通过，占申报人数的 93%，稳定了社会力量办学的教师队伍。

〔**自学考试工作**〕 1999 年，自治区自学考试共设置 65 个专业，其中汉文本科 17 个，维、哈文本科 5 个；汉文专科 28 个，维、哈文专科 15 个。开考课程 709 科，报考人数 45.9 万科次。开考专业数和课程数均创历史最高记录。至 1999 年累计发放课程合格证书 8 万余张，培养本、专科毕业生 10 126 人，为社会输送了大批合格人才。

民族教育

〔**教育对口支援**〕 由教育部、国家民委和自治区政府联合召开的内地高校支援新疆第四次协作会议于1999年9月18日～21日在乌鲁木齐召开。教育部副部长张天保、国家民委副主任图道多吉、自治区副主席王怀玉、自治区政协副主席张贵亭到会并讲话。来自国务院有关部委、教育部直属院校及自治区高校的150多名代表参加了协作会议。会议公布了教育部、国家民委制定的2001年～2005年内地高校支援新疆培养少数民族本专科生的第四期五年计划。国务院有关部委（局、公司）和河南省等所属的有关高校将每年从自治区招收1 000余名少数民族应届高中毕业生，5年共计为自治区办班培养5 000余名少数民族本专科生。

自1989年以来，在原国家教委、国家民委和国务院其他有关部委的大力支持下，先后实施了三期“内地高校支援新疆协作规划”。10年来，国务院24个部委所属的80多所高校共招收培养新疆少数民族本专科生近7 000人，定向培养研究生640名，培训教师和少数民族教育行政管理干部860多人，培训少数民族经济和企业管理干部1 400名，派出高校少数民族访问学者30名。

〔**“双语”教学**〕 1999年2月1日～3日，自治区少数民族中学双语授课实验教学工作研讨会在乌鲁木齐市召开。14个地州市开展双语授课实验班的教师、校长120多人共同总结、研讨、观摩双语授课实验班的成果、现状和教学经验。自治区自1992年在乌鲁木齐、塔城、吐鲁番3个地区的3个初中班、100多名学生中开展双语教学实验，至1999年已发展到14个地州市的27所学校、2 629名学生。从教学成绩上看，实验班的学生在初中毕业升学考试中，数、理、化3科均用汉语答卷，平均成绩均处于汉语系学校学生成绩的中等水平或中上等水平；汉语水平考试(HSK)基本上达到6级以上，有80%的学生达到8级。1998年实验班高中毕业生升学率达77.1%，其中乌鲁木齐、吐鲁番、塔城、克拉玛依等地区达100%。会议提出，要提高汉语教学质量，首先要提高教师素质。当前，加强汉语教师队伍建设要从以下几方面入手：(1)应尽快在具有一定教学和科研能力的院校建立汉语教学研究培训基地，有计划地分批分期轮训在职教师，提高在职教师的理论修养，摆脱目前“经验型”教学的状况，以提高教学质量。(2)凡是新分配到学校的大学毕业生，无论什么学历什么民族，一律进行一段时期的培训，并进行理论考试和教学实践。通过培训使新教师了解少数民族汉语教学的性质、特点、任务以及有关的语言理论、语言教学理论。对于那些不过关的教师坚决不允许上讲台。(3)要不断加强对教师的职业道德教育，增强教师的敬业精神。(4)要从现有教师队伍中选拔一些有培养前途的中青年骨干进行重点培养，在选拔时应注意选拔那些热爱汉语教学工作的教师。对被选拔的教师应根据他们的特长，尽可能地提供一些机会和条件，创造汉语教学良好的工作、学习条件，使他们早日成为教学骨干和学科带头人。(5)加强汉语教学的理论研究。

〔**调整中小学汉语学科课时**〕　1999 年自治区教委发出《关于调整少数民族中小学汉语学科课时的通知》。《通知》提出，为了进一步加强民族中小学汉语教学工作，不断提高民族中小学汉语教学质量，自治区教委决定从改革教材入手，改变自治区民族中小学汉语教材存在的质量不高，内容陈旧，一些方面脱离学生认知特点和实际应用需求等问题，进而推动民族中小学汉语教学改革。主要依据国家汉语水平标准化考试（HSK）的总体要求，充分吸收借鉴国内外各类汉语教材的优点，对现行民族中小学汉语课教材进行全面改革，优化自治区民族中小学汉语课程教材体系。按照 HSK 的规定，对现行民族中小学汉语学科的课时做如下调整：(1)小学每个年级每周增加 1 课时（由原来的 3 课时增加到 4 课时），增加的课时由地方安排课时中安排。小学六年级的汉语课时由 408 课时调整到 544 课时。(2)初中每个年级每周增加 1 课时（由原来的 4 课时增加到 5 课时），增加的课时由地方安排课时中安排。初中三年的汉语课时由 400 课时调整到 500 课时。(3)高中每个年级每周增加 1 课时，高一学年由每周 4～5 课时，增加到 5 课时，高二、三年级由每周 4 课时增加到 5 课时，增加的课时由选修课时中安排。高中三年的汉语课时由 385 课时调整到 460 课时。这样少数民族中小学汉语课教学总课时可达 1 504 课时。调整意见从 1999 年秋季起开始执行。

〔**教材建设**〕　1999 年，自治区中小学教材审查委员会办公室和自治区教委教材处按照《新疆维吾尔自治区中小学教材审查委员会工作章程》规定，组织审查了中小学教材 49 种，其中维吾尔文 4 种、哈萨克文 13 种、柯尔克孜文 12 种、俄罗斯文 2 种、汉文 13 种、汉语 5 种；组织审查中小学教学大纲 2 种；中小学课堂目标教学实验材料和教学手册 84 种。组织编写、翻译、审查、出版高等学校（含成人自学考试）少数民族文字教材和地方教材 25 种，其中维吾尔文 13 种、哈萨克文 5 种、汉文 4 种、汉语 3 种；师范类维吾尔文教材 9 种；其他类教材 16 种。

新疆教育出版社 1999 年出版中小学教材：汉文 402 种（其中新版 30 种）、维吾尔文 350 种（其中新版 50 种）、哈萨克文 341 种（其中新版 34 种）、柯尔克孜文 217 种（其中新版 8 种）、蒙文 151 种（其中新版 36 种）。全年出书 5 401.14 万册，基本满足了学校教学的需要。

根据教育部关于 1999 年开展中小学少数民族文字优秀教材评奖活动的通知精神，自治区推荐上报大学、中专、中小学少数民族文字教材 62 种。为“99 巴黎中国文化周”活动推荐汉语教育参展教材和图书 13 种。继续组织编译出版《新疆地方史简明读本》教材 3.5 万册，供培训干部使用。

撰稿　王建德

审稿　刘　华

新疆生产建设兵团教育

〔综述〕

1999 年各级普通学校基本情况

单位：人

	学校数（所）	毕业生数	招生数	在校学生数	教职工数	
					计	其中：专任教师
总　计	1 019	103 098	134 913	487 207	39 460	27 249
一、研究生		19	40	78		
1. 高等学校		19	40	78		
2. 科研机构						
二、普通高等学校本专科	2	2 625	3 415	10 446	2 991	1 126
本科院校	2	2 625	3 415	10 446	2 991	1 126
专科院校						
分校、大专班						
三、普通中等学校	341	36 605	52 466	134 712	16 265	10 215
1. 中等专业学校	7	1 579	2 721	7 524	551	267
中等技术学校	6	1 049	1 857	5 367	419	184
中等师范学校	1	530	864	2 157	132	83
2. 技工学校	12	1 650	1 845	3 905	900	428
3. 普通中学	294	30 396	45 362	114 836	14 034	9 003
高中	93	9 940	9 972	29 635		2 582
初中	201	20 456	39 390	85 201		6 421
4. 职业中学	28	2 980	2 538	8 447	780	517
高中	28	2 950	2 508	8 417	776	513
初中		30	30	30	4	4
5. 工读学校						
四、小学	461	35 405	46 707	287 884	16 809	13 893
五、特殊教育学校						
六、幼儿园	215	28 444	32 285	54 087	3 395	2 015

1999 年各级成人学校基本情况

单位：人

	学校数（所）	毕业生数	招生数	在校学生数	教职工数	
					计	其中：专任教师
总　计	26	13 491	7 518	21 073	2 552	1 184
一、成人高等学校	3	2 677	3 748	9 968	1 068	538
1. 广播电视大学	1	1 009	1 620	3 983	585	233
2. 职工高等学校	1	247	358	919	227	109
3. 农民高等学校						
4. 管理干部学院						
5. 教育学院	1	393	480	1 228	256	196
6. 独立函授学院						
7. 普通高等学校举办：						
函授部						
夜大学						
成人脱产班		1 028	1 290	3 838		
合计中：电大、普通专科班		525	600	1 200		
二、成人中等学校	23	10 814	3 770	11 105	1 484	646

制表　李幸福

1999 年 2 月 9 日～10 日，新疆生产建设兵团年度教育工作会议在乌鲁木齐召开。会议总结了上年兵团教育工作，交流了各地的情况与经验，分析了当前所面临的形势和任务，安排部署了 1999 年兵团教育系统的重点工作任务。会议强调，1999 年兵团教育工作的指导思想是：高举邓小平理论旗帜，全面贯彻落实党的十五大和兵团党委四届六次全委（扩大）会议精神，为提高兵团广大青少年和干部职工的整体素质，促进经济发展和社会全面进步作出新的贡献。会议指出，发展兵团教育事业要注意处理好三个关系：在数量和质量的关系上，要更加重视质量，特别是要提高中小学的教育质量；在德育和智育的关系上，要更加重视德育，要坚持用马克思列宁主义、毛泽东思想和邓小平理论教育学生，使他们树立坚定的社会主义理想和信念，具有为国家和社会作贡献的精神；在发展和改革的关系上，要更加重视改革，进一步改革教育体制、教育思想、教育内容与方法，提高教育质量和效益，着力发挥现有人员和设备的潜力。

会议确定的 1999 年度工作重点是：(1) 进一步掀起学习邓小平理论尤其是邓小平教育思想的新高潮，加强和改进学校党建工作、思想政治工作和德育工作。继续推进邓小平理论“三进”工作，加强“两课”师资培训，高质量地全面实施“两课”设置方案。结合国庆 50 周年、兵团成立 45 周年、“五·四”运动 80 周年、澳门回归祖国等重大庆典活动，开展生动活泼、丰富多彩的宣传、教育、文娱、体育活动，激发学生的爱国热情，振奋民族精神，增强凝聚力和自豪感。面向教育系统全体干部深入开展“三讲”教育，提高干部和教师的政治素质、党性和师德修养，改进工作作风，提高工作效率，激发工作热情。(2)启动《面向21世纪教育振兴行动计划》，全面规划兵团3～5年的跨世纪教育发展目标和具体措施。(3)继续坚持“两基”工作“重中之重”地位的同时，扎实做好验收后的巩固提高工作，大力推进素质教育，全面提高教育质量。完成29个农牧团场的“两基”实施及验收工作，使“两基”农牧团场人口覆盖率达到78%左右。进一步加强对“国家贫困地区义务教育工程”的管理与指导，落实配套资金，加大实施力度。加大对少数民族义务教育的扶持力度，规划并启动少数民族义务教育补助项目。出台《兵团素质教育督导评估体系》及其配套方案，开展素质教育专项督导评估的试点。(4)加强师范教育，继续抓好教师培训工作，努力提高教师队伍整体素质。加大投入，改善师范教育办学条件，保证师范教育优先发展。继续开展学历教育，不断提高初任教师学历层次和教师学历合格率。全面开展以帮助教师树立正确教育思想、提高教师师德修养和教师应用现代教育技术能力为重点内容的校长、专任教师的全员培训和继续教育。(5)采取切实措施，巩固和发展职业教育和成人教育，进一步统筹中等职业教育和成人教育资源，着力做好学校、专业的布局结构调整的准备工作。已经实现“普九”的师局、团场，要通过大力发展各种形式的中等职业教育，适度扩大普通高中规模，为逐步实现普及高中阶段教育创造条件。认真抓好扫盲工作，对照国家检查验收的指标体系，认真做好档案、资料的搜集、整理等各项准备，以优异成绩迎接并通过国家扫盲抽查验收。(6)认真学习、宣传和贯彻落实《高等教育法》，促进高校依法自主办学。理顺高校基建投资体制和渠道，依法确保高校的投入。依据新的教学大纲和专业教学计划，进行课程体系改革和实习、实践及其他教学环节的配套改革；加强重点学科、课程和实验室建设以及硕士点建设，积极申报新的硕士点。积极推进高校内部管理体制改革和人事制度改革，重点推进高校后勤社会化改革并取得阶段性成果。围绕兵团经济建设主战场，发挥人才、信息和科研设备等方面的优势，争取一批大课题、大项目。(7)鼓励和支持高校和有条件的中等职业学校、中小学校建设校园网并实现与中国教育科研网的联接。继续发挥卫星电视教育在现代远程教育中的积极作用，进一步办好电大和农业广播学校。加强对青年教师和干部的计算机与网络知识的培训，提高其应用现代教育技术的能力，为尽快实现教育技术手段的现代化创造条件。(8)明确语言文字管理的职责。加快普通话水平测试及培训工作，力争三年内完成中小学校教师的测试过级工作。做好兵团语言文字使用情况调查的各项准备工作。(9)千方百计筹措教育经费，依法保证教育经费的增长；认真做好教育经费的监控、考核和管理，努力提高使用效益。

〔**基础教育**〕 1999年，兵团完成了24个农牧团场的“两基”实施及评估验收。至此，兵团已有113个农牧团场、占农牧团场77.25%的人口地区实现了“两基”目标。小学适龄儿童入学率为99.08%，比上年提高2.69个百分点；辍学率为0.14%，比上年提高0.03个百分点。初中学龄人口入学率为83.08%，比上年提高6.66个百分点，辍学率为0.34%，比上年降低0.38个百分点。小学教师学历合格率为91.97%，比上年提高

1.28 个百分点；其中小学高级教师和一级教师分别占小学专任教师总数的 19%和 40%。初中专任教师学历合格率为 86.34%，比上年提高 3.1 个百分点；具有中级以上职称教师占 35%。高中专任教师学历合格率为 38.69%，比上年提高 9.42 个百分点，具有中级以上职称教师占 60%。

1999 年，兵团小学校舍面积 105.69 万平方米，比上年增加 10.07 万平方米，增长 10.53%；小学校舍面积中有危房 3.306 7 万平方米，危房率为 3.13%，比上年下降 1.64 个百分点。普通中学校舍面积 154.61 万平方米，比上年增加 2.27 万平方米，增长 1.49%；中学校舍面积中有危房 5.93 万平方米，危房率为 3.84%，比上年降低 0.86 个百分点。

较好地完成了"国家贫困地区义务教育工程"、"扶贫教育工程"和"邵逸夫工程"安排的项目；启动了"兵团少数民族教育补助项目"建设。1999 年，"国家贫困地区义务教育工程"兵团项目团场完成投资 6 561 万元，其中中央专款 2 500 万元，兵团配套 2 000 万元，师、团配套 2 061 万元，新建校舍面积 6.51 万平方米；制定了《兵团"国家贫困地区义务教育工程"验收评比办法及标准》；检查、验收了农六师、农八师、和管局、哈管局 4 个师局的 1998 年项目；培训 181 名土建、仪器、图书等分项目的管理人员，完成仪器项目的采购、分发及图书采购目录的汇总工作。配合兵团计委实施 14 所学校的"扶贫教育工程"，新建小学校舍面积 1.6 万平方米，完成投资 800 万元。有 17 所学校获得邵逸夫第 12 批共计 660 万港元的赠款，新建校舍建筑面积 4.23 万平方米。争取设立并启动"兵团少数民族教育补助项目"，已投资 550 万元，用以改善农三师、农四师共 7 所民族学校办学条件。

进一步加强中小学校长和教师队伍建设。1999 年，兵团共有 110 名中小学校长、书记和后备干部参加了岗位培训，有 70 名高中校长参加了国家高级教育行政学院的提高培训。通过脱产、半脱产、函授等多种途径，大幅度提高教师学历。中小学教师继续教育工作全面展开，共有 1 766 名教师参加了各学科的继续教育；采取送教上门的办法培训了和田管理局、农四师民族教师 188 人；还有 40 名民族教师参加了为期 3 个月的汉语强化培训；有 25 名幼儿园保育员参加了技术岗位培训。组织了小学思想品德、中学思想政治课优秀教师的评选活动，表彰了 19 名优秀教师，其中有 2 名教师荣获全国百名"两课"优秀教师称号；组织了中小学教师基本功比赛和音乐、美术教师基本功比赛，有 18 名中小学教师获一、二、三等奖，有 48 名音乐、美术教师获得一、二、三等奖和优秀奖，其中有 1 人获得全国音乐、美术教师基本功大赛一等奖第一名。

素质教育的探索不断走向深入。在较大范围内组织了"语文教学目标管理一体化"教改试验，共有 45 所学校、144 个教学班、8 000 多名学生参加了试验，取得了良好效果，获得了较为广泛的社会好评。制定并不断完善了《兵团中小学素质教育督导评价方案》及配套评估体系，并在部分学校对照自查、兵团教育督导室随访性督导评估的基础上，在 121 团专门组织了素质教育督导评价及学校等级评估试点，极大地促进了兵团中小学素质教育的实施。中小学生文艺、科技活动广泛开展，组织了兵团中小学生文艺会演，组织参加了新疆维吾尔自治区第九届青少年科技作品展览，110 件参展作品中有 4 件荣获一等奖，8 件荣获二等奖，21 件荣获三等奖，兵团荣获优秀组织奖。

重视教育技术手段现代化建设。先期投入400万元的兵团教育平台已完成规划及论证工作。兵直、师局及大型团场中小学基本上开设了计算机课程，兵团中小学普遍开展了多样化的电化教学。

充分发挥了教育督导的作用。对9个团场进行了以“两基”达标后的巩固提高为重点的复督工作，及时提出了整改措施。通过对27个团场进行教育投入与使用的专项督导检查，进一步规范了记帐科目，明确划分支出中基建支出与事业费支出的界限，及时纠正了基建支出计入事业费支出中以挤占事业费的做法；有力地制止了教育经费支出中的不合理行为，保证了教育经费的足额到位；督促发放拖欠教工工资286.17万元。

〔**职业教育与成人教育**〕 1999年，顺利通过了国家扫盲抽查评估验收，完成了现阶段扫除青壮年文盲的任务。为迎接国务院委托教育部组织的扫盲抽查评估验收，兵团成立了扫盲迎“国检”工作领导小组，召开了南北疆两个“两基”工作片会和扫盲工作部际协调会、扫盲工作现场会，组织了对扫盲专职干部的业务培训和对南北疆9个师局的检查与指导。教育部检查组对兵团扫盲工作给予了高度评价。11月，兵团作为全国扫盲先进地区受到教育部和财政部的表彰与奖励；另有2个团场、1名个人荣获中华扫盲奖。

通过组织教师外出进修、开展教学研究、教学观摩等活动，教师教学水平和业务素质有了提高，在中央农业广播学校组织的教学基本功大赛中，兵团有3名教师获得好的成绩，其中1名教师荣获西北地区第一名，并进入全国十佳农广校教师行列。

兵团电大和农广校系统建设及硬件设施建设取得成效。全面开展了对兵团电大师局分校的教学评估工作，评选出3个教学工作先进单位和2个教学管理工作先进单位，极大地促进了电大系统的教学与管理工作。建成了电大校园网并实现了与中国教育科研网的联接，为大力发展现代远程教育打下了基础。兵团农广校率先在全国开办了中专后继续教育，并进行了对少数民族职工的农业科技教育试点，受到了中央农广校的好评。

配合兵团人事局积极开展干部补学历教育和内部学历教育，共招收学员4 404人，对改善兵团基层干部的知识结构、提高政治与业务素质产生了良好影响。

〔**高等教育**〕 1999年，为了进一步合理配置教育资源，在认真开展调查研究和科学论证的基础上，向兵团党委提出将兵团职工大学并入石河子大学，将石河子大学成人教育学院奎屯分院成建制移交农七师举办普通高中的方案并得到批准。

组织了兵团大中专学生艺术节活动，90%以上的大中专学生参加各类文化艺术活动。5月，在乌鲁木齐举行了两场大中专学生文艺节目会演，在石河子大学举办了大中专学生书法、美术作品展览。在此基础上，遴选优秀节目和作品参加了全国大学生艺术节评奖活动，兵团共获得14项奖励，其中文艺节目二等奖2项，三等奖3项，书法美术作品一等奖2项，二等奖2项，三等奖1项，兵团教委、石河子大学、塔里木农垦大学获得优秀组织奖。

召开了兵团高校实践生招生与培养研讨会。会议认为，招收实践生是为兵团经济建设和社会发展培养大批“用得上、下得去、留得住”的各类实用人才的一种好的途径与方式，应很好地坚持下去。会议指出目前实践生招生面临的困难应主要通过改革专业结构及设置、采用灵活多样的教学形式予以解决。会议强调，各有关院校应更进一步明确为兵团经济建设服务的办学指导思想，进一步改进和完善实践生的招生与培养办法及培养模式。

教师队伍建设和重点学科建设得到进一步加强。兵团大中专师资培训交流中心通过了国家教育部委托西北、中南地区师资培训中心组织的评估验收。设立了兵团重点学科专项补助，促进了重点学科及重点课程建设。

撰稿　郑立峰

审稿　阎龙喜

香港特别行政区教育情况简介

根据《中华人民共和国香港特别行政区基本法》中规定的“一国两制”、港人治港、高度自治的原则，香港教育行政机构与内地教育行政部门不存在从属关系。香港回归后的两年多来，两地教育交流进一步深入和发展，教育交流与合作取得了积极成果。

〔基本情况〕　1999 年全港约有 22%的人口在学校或幼儿园就读。为保持和促进香港的繁荣与发展，特区政府十分重视教育，正如特首董建华在 1998 年的《施政报告》中所说：面对全球日趋激烈的竞争，要推进香港社会的进步，必须将教育放在首位。因此，1999 年度在经济尚未完全好转的情况下，特区政府依然加大教育投入，1998～1999 年财政年度，教育方面经核准的公共开支 507．8 亿港元，占政府经常总开支的 21．7%；占非经常开支的 11%。为香港教育的发展和高科技研究开发提供了有力的保证。特区政府还积极推进教育方法、课程设置、教学评估和整体教育目标等方面的改革，提出了“乐于学习、善于思考、勇于承担、敢于创新”的教育改革思想，为推进优质教育做出了不懈努力。

香港的学校可分为三大类，即：完全由政府办的官立学校；政府资助而由办学团体主办的资助（津贴）学校；私立学校（其中部分私立学校接受政府资助）。香港的学制小学 6 年，初中 3 年，高中 2 年（中 4、中 5），大学预科 2 年（中 6、中 7），大学 3 年（学士学位），研究生院 3～5 年。

〔**基础教育**〕　1999 年全港共有 744 所幼儿园（按照教育条例注册），在园儿童达 175 073名；幼儿园教师总人数 8 619 名。除幼儿园之外，还有特区政府社会福利署主办的“幼儿中心”，招收 2～6 岁的儿童，重点负责儿童的生活照料，将这部分入园的儿童一并计入，全港儿童入园率为 95%以上。

1971 年起，香港实施小学 6 年免费义务教育；1978 年推进中学 3 年免费义务教育，实现了 6～15 岁儿童 9 年免费义务教育。1999 年全港小学生总数 476 802 名，入学率为 98%；中学日校学生有 455 872 名，入学率为 95%。中小学教师总数 42 056 名。

倡导优质教育，认知中华文化。特区政府倡导优质教育，1998 年拨款 50 亿港元设立“优质教育发展基金”，其宗旨是鼓励各校培养创新人才，提高教学水平。该基金主要用于奖励在教学和教育研究方面取得优异成绩的学校和教师；资助弱校提高教学水平和培训师资；鼓励及资助教育研究。1999 年已有 500 多项计划获得资助，总额超过 3.5 亿港元，使 50 多万名中小学生和幼儿园儿童受益。

香港回归祖国之后，特区政府通过公民教育，加深学生对国家、民族归属感和对中国历史文化的认同。特区政府还鼓励学校以中文为教学语言，并致力于提高学生的语文水平。政府的语文政策是，以“两文三语”（即：中文、英文，普通话、粤语、英语）为目标，期望学生既擅长中、英文，又能流利地掌握普通话、粤语和英语。

〔**特殊教育**〕 截止 1998/1999 学年，香港共有 62 所特殊学校（包括一家医院病童学校），4 所实用中学和 7 所技能训练学校，总计收录了 9 464 人。另外有千余名弱能儿童就读于普通学校。教育署为这些孩子提供特殊班、巡回教师、教育心理学家和听觉专家等支援服务。特殊学校则为孩子们提供与外界交流方面的服务。此外特区政府还从人员配备和改善硬件设备等方面提供援助，包括社会工作者与学生的比例，为肢障儿童提供更完善的服务。

〔**高等教育**〕 1998/1999 年度，由大学教育资助委员会资助的院校在校生人数总计 59 528 名；在专上学院就读的学生总数为 2 346名。据统计，香港每年 17～18 岁年龄组升入大学的升学率是 18%，另有 8%有机会修读全日制第一年副学位课程。

战后香港高等教育的发展，始终紧密结合香港社会、经济的实际特点和需要，为香港经济的发展提供了推动力量，因而高等教育本身也得到蓬勃发展。为适应香港社会发展多元化的需求，使各类人才的层次、数量合理搭配，香港高等教育朝着多门类、多渠道、多形式、多层次的方向办学，使香港的高等教育显示出巨大的生命力。为推动新兴卓越学科领域的发展，大学教育资助委员会于 1999 年初，审议了由高校提交的 41 项建议，经过严格评审后将确定若干项目，决定在第一轮拨款计划中资助三项重要研究课题，资助额是 5 年内 1.26 亿港元。

〔**教育管理体制**〕 特区政府教育统筹局负责全港的教育和就业工作，设 1 位局长和 3 位副局长，主要负责制定教育发展规划和方针政策、人力资源培训等宏观决策；下设机构有：教育署：主管基础教育和师资培训；大学教育资助委员会：对大学的发展、院校的教育设施及拨款提出建议；学生资助办事处、职业训练局、劳工处。除此与教育相关的还有：香港考试局。

另，教育统筹委员会系根据社会需要，就香港的整个教育体制向特首提出综合意见的咨询机构，该会多以发表教育改革“报告书”的形式进行工作。

撰稿 闫 丽

审稿 李海绩

澳门特别行政区教育情况简介

〔基本情况〕　1999年12月20日中华人民共和国政府恢复对澳门行使主权，经历了300余年的葡萄牙殖民统治的澳门，结束了受奴役的屈辱历史，终于回到祖国的怀抱。根据《中华人民共和国澳门特别行政区基本法》的规定，按照“一国两制”、澳人治澳、高度自治的方针，澳门特区是一个享有高度自治权的地方行政区域，直辖中央政府。因此，澳门教育行政机构与内地教育行政部门不存在隶属关系。两地的教育交流与合作随着澳门的回归，日益发展，澳门的教育发展将步入新的时期。

澳门特区包括澳门半岛、仔岛和路环岛，面积23平方公里，人口42.2万。1999年，澳门有中小学和幼稚园共计193所，在校学生达9.2万人，特殊教育学校9所，夜校7所，成人教育学校81所，在校生3万余人；有大专院校5所，在校生8 000余人。全澳各类学校共有教师3 700余人。长期以来，澳门教育的发展十分缓慢。直到20世纪70年代澳门经济起飞后，教育事业才逐渐有所发展，进入80年代后，澳门教育蓬勃发展并走向正规。

澳门的教育机构可分为：官立、官制和私立三种类型。回归前官立教育是由原葡国统治的澳门政府开办的，按照官方的教学计划实施教育；官制教育是由特别的实体开办，但接受政府的财政支持，并按照官立学校的教学计划施教；私立教育是由社会团体或私人开办，办学经费自筹，自主决定并实施教学计划。回归后，基本上保留了原来的教育机构模式。特区政府社会文化司负责教育的管理，基础教育由教育暨青年局负责。澳门中华教育会是澳门教育界最早成立、极富影响力的爱国社团，有会员约3 000人，占全澳教师总数的78%。

由于历史上特殊的政治、经济、文化背景，澳门教育形成了其独特的特殊性，私立学校是澳门教育的主体，由此决定了澳门教育呈现出的几大特点，其一：教育的多元化。学校自行设置课程，制定教学计划，形成各具特色的灵活多样的课程体系和教学模式；其二：管理体制的自主化。学校在办学的重大问题上可以自行决策，有利于提高办学的效率与效益；其三：培养人才目标的多样化。学校可根据市场的需要培养不同层次、规格的人才。上述特点配合了澳门社会和经济发展的要求。但是，由于长期以来葡萄牙政府没有实施发展教育的统一计划，使得这种多元化的教育体制，在整个社会发展中，缺乏系统性和连贯性。

〔**基础教育**〕 据统计，澳门中小学校中官立的学校有25所，学生数占全澳学生总数的7%；各种社团组织、教会开办的学校和私立学校有163所（其中澳门天主教和基督教等教会开办的中小学和幼稚园有48所，占全澳学校总数的45%）。私立学校是官立学校的6倍，在私立学校就读的学生多达93%，由此可见私立学校承担了澳门基础教育的重任，为澳门教育的发展起到了举足轻重的作用。鉴此，自80年代起，澳葡政府逐渐调整教育政策，开始向私立学校发放津贴，发放小学助学金。90年代中期，澳葡政府将推行免费教育作为教育政策的重点。1999年已有50所小学加入免费教育网络，受惠学生为36 200人，占小学学生总数的67%；另政府每年拨给每名中学生的津贴为5 600元（澳门币，下同）。1999年已有22所中学加入免费教育网络，受惠学生为12 000人，占中学生总数的68%。

由于办学实体的不同，澳门中小学教育存在着三个体系的四种学制，即：中文体系、葡文体系和英文体系；学制为中国内地学制、台湾学制、葡国学制和英港学制。除英港学制受教育年限13年外，其他三种学制均为12年。在上述四种教育制度中，中文体系的学校占绝对多数，全部为私校招收华人子弟，采用内地或台湾教科书中文授课；葡文体系的学校均为官校，招收葡籍子弟，使用葡语和葡国教材授课；英文体系的学校亦全部为私校，学生以华人子弟居多，采用香港教材，使用英语授课。澳门中学毕业生有相当数量前往内地、台湾、香港地区以及葡萄牙等其他欧美国家升入大学。

〔**特殊教育**〕 1999年，澳门特殊教育学校有9所，其中6所系由澳门政府监管，3所隶属于慈善利益组织等。特殊教育包括学前、小学和中学，就读学生仅为300余人，远远不能满足特殊儿童受教育的需求。

〔**高等教育**〕 80年代以来，澳门高等教育发展迅速。1999年有5所高等院校。社会文化司下属的高等教育辅助办公室负责管理澳门的高等教育行政工作。澳门大学的前身系香港社会人士于1981年开办的东亚大学。1988年由澳门政府通过澳门基金会收购，1991年改名为澳门大学。该校设有工商管理学院、教育学院、法学院、科技学院、社会及人文科学学院、葡文学院、中文学院以及预科中心、继续教育和特殊课程中心；在校生共计3 500余人，其中博士生14人，硕士生342人，本科生2 539人。有教师304人。澳门理工学院原附属于澳门大学，1992年脱离澳门大学后陆续与有关学校合并调整，逐步发展成今天的规模。该院有提供高等专科及学士学位课程的6所学校：管理科学高等学校、语言暨翻译高等学校、行政暨应用科学高等学校、艺术高等学校、体育暨运动高等学校和高等卫生学校。此外还有一个成人教育暨特别计划中心。在校学生1 300余人，全职教师109人。澳门旅游培训学院是将澳门大学酒店管理专业和旅游管理专业与澳门旅游学校合并后，于1995年成立的。该学院辖有旅游高等学校、旅业及酒店业学校、望厦迎宾馆和餐厅。澳门高等警官学校于1989年成立，是澳门保安部队为培养高级警官而设立、进行四年学士学位课程培训的高等学校。亚洲（澳门）国际公开大学是由原东亚大学所属公开学院和研究院基础上改组成立的澳门东亚公开学院，与葡萄牙公开大学于1992年在澳门联合设立的一所私立大学，主要为在职人员开办学位培训课程。近年来，随着澳门高等教育的快速发展和内地高校在澳门招生人数增加，澳门每年约 2 000 名高中毕业生中，升读大学的有 1 600 多人，应届高中毕业生的升学率已达 80%。80 年代内地院校恢复在澳门招生，近几年招生人数明显增加，1997、1998 两年招收了 1 900 多名澳门学生，占同期澳门应届高中毕业生的近 50%，随着澳门回归祖国，两地的教育交流与合作将进一步深入发展。

撰稿　闫　丽　张　栋

审稿　李海绩

文件选编

试行按新的管理模式和运行机制举办高等职业技术教育的实施意见

（1999年1月11日　教育部、国家计委印发）

为了贯彻落实"科教兴国"战略，加快高等教育的改革和发展，积极探索以多种途径发展高等职业技术教育，决定在1999年普通高等教育年度招生计划中，安排10万人专门用于部分省（市）试行与现行办法有所不同的管理模式和运行机制举办高等职业技术教育。

一、目的

按新的管理模式和运行机制举办高等职业技术教育的目的是：1. 促进我国高等教育更好地适应经济建设和社会发展需要，加快培养面向基层，面向生产、服务和管理第一线职业岗位的实用型、技能型专门人才的速度，缓解应届高中毕业生的升学压力；2. 积极探索以多种形式、多种途径和多种机制发展高等职业技术教育；3. 按照《中国教育改革和发展纲要》及其实施意见精神，进一步扩大省级政府对发展高等教育的决策权和统筹权。

二、管理职责

按新的管理模式和运行机制举办的高等职业技术教育为专科层次学历教育，其招生计划为指导性计划，教育事业费以学生缴费为主，政府补贴为辅。毕业生不包分配，不再使用《普通高等学校毕业生就业派遣报到证》，由举办学校颁发毕业证书，与其他普通高校毕业生一样实行学校推荐、自主择业。

国家主要负责高等职业技术教育的统筹规划、综合协调和宏观管理，制订基本统一的质量标准、管理办法，编制年度指导性计划，审定举办学校的资格，以及对试办情况进行监督检查。对这部分高等职业技术教育，国家不再统一印制毕业证书内芯。

在国家宏观政策的指导下，省级政府根据本地区经济和社会发展的实际需要、产业结构特点、招生能力、就业状况和国家下达的指导性计划等综合情况，确定年度招生计划、招生办法、专业设置、收费标准和户籍管理，监督检查学业证书发放，指导毕业生就业，确定生均教育事业费的补贴标准等，并同时负有保证教学质量、规范办学秩序和改善办学条件的职责。

举办学校应根据社会需求和自身办学条件的可能，编制年度招生计划，并按高等职业技术教育的特点，认真组织教学，保证教学质量。举办学校除按国家有关规定进行学籍管理外，还应就毕业证书的发放、办学秩序的稳定制定严格的管理措施，同时负责毕业生的就业指导和服务。

三、举办学校

为积极探索按新管理模式和运行机制发展高等职业技术教育的途径，可由下列符合《高等教育法》和《职业教育法》的规定，并达到相应的国家规定标准的高等教育机构承担：

1. 短期职业大学、职业技术学院、具有高等学历教育资格的民办高校。上述学校原则上须承担此项试办任务。

2. 普通高等专科学校。

3. 本科院校内设立的高等职业教育机构（二级学院）。

4. 作为过渡措施，经教育部批准的极少数国家级重点中等专业学校，改办为既从事高等职业教育，又从事中等职业教育双重任务的学校（限于骨干专业举办高等职业教育）。

5. 办学条件达到国家规定合格标准的成人高校。但须视办学条件状况，相应调整成人脱产学历教育的培养规模。

凡承担此项试办任务的上述各类学校，不得安排常规的普通高等学历教育的招生。

四、招生对象及办法

招生对象主要面向当年参加全国普通高等学校统一招生考试的考生，也可招收少量的中等职业学校应届毕业生。由省招办统一择优录取。

对招收相关或相近专业的少量的中等职业学校应届毕业生，其文化课和职业技能水平应由省级招生部门单独组织考试，并确定具体的录取标准。

五、教学管理

按社会需要调整专业设置和培养目标，教学计划和课程设置按适应职业岗位群的职业能力的要求来确定。强调理论教学与实践训练并重，毕业生具有直接上岗工作的能力。加强与有关部门合作，按劳动和社会保障部门有关职业技能考核标准，对学生实施职业技能考核鉴定，使学生毕业时能同时获得相应的学业证书和职业资格证书。

在校生的管理按《普通高等学校学生管理规定》执行。

六、试办范围及招生规模

根据“两基”普及情况、人均国内生产总值、高校办学条件、普通高中升学压力和就业状况等综合考虑，1999年确定北京、天津、河北、辽宁、黑龙江、上海、江苏、浙江、福建、山东、河南、湖北、湖南、广东等省(市)试办。

试办省(市)的招生规模一般控制在3 000～10 000人之间，试办省(市)要千方百计增加投入、挖掘办学潜力、优化资源配置，并根据规模服从条件，数量服从质量的原则，统筹安排本省范围内高校年度招生规模。此次试办工作不以国务院有关部委和计划单列市为单位进行。对中央部委驻试办省(市)的高等院校，若需参与此项工作，应由学校在1999年1月20日前提出申请，经主管部门同意后，报由试办省(市)统筹安排与管理。

试办学校不得跨省招生。

七、操作程序

各试办省（市）根据本文的要求，研究提出试办的总体方案，以省级人民政府的名义于1999年1月30日前上报教育部。教育部会同国家计委对国家负责管理的事项进行审核。总体方案中应包含以下基本内容：1. 试办总规模；2. 试办学校、试办规模及其基本办学情况（按附件要求填报）；3. 教学质量、办学秩序和办学条件改善、教育事业费补贴保证措施；4. 管理办法。经国家审核的试办学校，其招生计划将于1999年4月随普通高校本专科招生计划一并下达执行。

八、加强领导

以新的管理模式和运行机制发展高等职业技术教育是一项重大的制度性创新，涉及办学体制、办学机制、经费投入、计划管理、就业等多方面的深刻变革。鉴于此项工作涉及面广，政策性极强，希望各试办省（市）切实负起责任，加强领导，做到统筹规划，精心组织。在试办过程中，既要积极，又要稳妥，要正确处理好改革、发展与稳定、需要与可能、数量与质量的关系，确实保证人才培养的质量，办成真正的高等职业技术教育，维护高等职业技术教育的声誉。

教育部会同国家计委将加强对试办工作的监督与检查，对于组织不得力，管理混乱的省（市）将停止其继续举办的资格。

少年儿童体育学校管理办法

（1999年2月4日　国家体育总局、教育部发布）

第一章　总　则

第一条　为加强少年儿童体育学校（以下简称体校）管理，促进体校全面贯彻国家体育、教育方针，提高办学质量和效益，适应我国体育事业发展的需要，制定本办法。

第二条　体校是指九年义务教育阶段培养少年儿童体育专项运动技能的体育特色学校。

第三条　体校的主要任务是为国家和社会培养、输送具有良好思想品德和文化素质的体育后备人才，以及具有体育专项运动技能的体育骨干。

第四条　体校必须坚持四项基本原则，贯彻执行国家体育和教育方针政策。

第五条　体校由县级以上（含县级）人民政府体育、教育行政部门共同领导，共同管理。教育行政部门负责体校文化教育的管理和指导工作，体育行政部门负责体校的体育训练和日常管理工作。

第六条　国家鼓励和支持企业事业组

织、社会团体及其他社会组织和公民个人举办体校。

举办体校不得以营利为目的。

第七条 体校应当从实际出发，采取独立办校或依附体育场馆、普通中小学办校等形式。

第二章 条件与审批

第八条 体校应当根据本地区的体育传统和运动项目布局开设办学项目。

第九条 体校必须具备与所设置运动项目相适应的训练场馆、器材设施。集中学生进行文化学习的体校必须按照义务教育法有关规定，具备与办学规模相适应的文化教学设施、设备。

第十条 举办体校必须由申请举办的单位、个人向当地县级以上（含县级）人民政府体育行政部门提出书面申请，体育行政部门按照国家规定的审批权限进行审批，并抄报同级教育行政部门备案。

凡是冠以“中国、国家、全国、国际”名称的体校必须经国务院体育行政部门审核批准。

第十一条 申请举办体校的单位应当具有法人资格；个人应当具有政治权利和完全民事行为能力。审批工作应当以体校的设立条件、设置标准为依据，要有利于体育、教育事业的发展。

第三章 招生与学籍

第十二条 体校面向普通中小学招生。

招生时必须严格进行体检、选材测试（包括骨龄检查、身体形态和机能评定、身体素质测验）和文化考核。

第十三条 体校必须按学年度招生。体校招生时，应当同时将不适宜在体校继续进行专项运动训练的学生，调整回原输送学校。

第十四条 体校必须严格执行中、小学生学籍管理规定。

集中学生进行文化学习的体校，录取学生时必须将其学籍转入体校，同时保留原输送学校学籍；依附普通学校进行文化学习的体校，学生的学籍由依附学校进行管理。

第十五条 体校学生完成九年义务教育课程，经考核合格的，发给相应的中、小学毕业证书；专项运动训练达到运动员等级标准的，发给相应的运动成绩证书。

第四章 思想品德和文化教育

第十六条 体校的思想品德教育工作，必须坚持以马列主义、毛泽东思想和邓小平理论为指导；体校的教育内容，应当遵循少年儿童思想品德形成的规律和社会发展要求，从体校工作和少年儿童的实际出发。

第十七条 体校应当加强党的基本路线教育，爱国主义、集体主义、社会主义思想品德教育，中华民族优良传统教育，文明行为养成教育，法制教育，中华体育精神及体育职业道德教育。

第十八条 体校应当保证学生完成九年义务教育课程。

依附普通学校进行文化学习的体校，应当和所依附的学校签定联合办学协议书，明确双方各自享有的权利和承担的义务。

体校制定的教学实施计划必须报主管的体育、教育行政部门审定。

第十九条 体校学生因参加体育竞赛误课或文化考试不及格的，应当适当减少或暂停训练，集中时间补课。

第五章 体育训练、竞赛

第二十条 体校应当贯彻"选好苗子、着眼未来、打好基础、系统训练、积极提高"的训练原则，认真抓好选材、育苗、启蒙和基础训练工作。

第二十一条 体校必须严格按照国家体育总局颁布的《青少年儿童教学训练大纲》所规定的内容和任务要求，进行科学系统的训练。

第二十二条 体校应当根据学生文化教学和体育训练的需要和实际情况，合理安排学生的训练时间。

第二十三条 体校应当坚持形式多样、就近比赛的原则，通过竞赛推动少年儿童体育训练的普及和提高。

第二十四条 体校学生可以代表体校和原输送学校参加上一级体育、教育行政部门举办的体育竞赛活动。

学生竞赛代表资格发生争议的，由主管的体育、教育行政部门按照国家体育运动竞赛有关规定协商解决。

第二十五条 体校学生严禁使用兴奋剂，违禁者按照国家体育总局有关规定处罚。

体校应当加强医务监督工作。

第六章 教师、教练员

第二十六条 体校教师、教练员要忠诚于国家的体育、教育事业，热爱本职工作，为人师表；要相互尊重、团结协作、关心学生的全面成长，做好学生的思想教育、文化学习、体育训练和生活管理工作。

第二十七条 体校教师、教练员实行聘任制。

聘任的教师、教练员必须符合国家规定的教师、教练员资格和任职条件。

体校可以聘请兼职教师、教练员任教。

第七章 保障条件

第二十八条 体校必须保证办学经费。国家办的体校，文化教学经费由主管的教育行政部门按照义务教育法有关规定给以保证；体育训练经费由主管的体育行政部门根据批准的办学规模向当地人民政府申请财政拨款；基本建设投资由主管的体育、教育行政部门联合向当地人民政府申报解决。

社会办的体校，必须要有稳定的办学经费来源。

第二十九条 体校学生、教练员的伙食补助执行原国家体委、财政部、原商业部发布的《关于优秀运动员、专职教练员和其他人员伙食标准的规定》([1985]体计计字464号）四类灶的实物标准。

第三十条 体校可以根据培训成本业务费、公务费、体育训练器材设备购置费、场地修缮费等，向学生适当收取体育运动技能培训费。对经济困难和优秀体育苗子的学生可减免。

体校学生收费标准必须报当地物价、财政部门审批。

第八章 附 则

第三十一条 本办法自颁布之日起施行。原国家体委、教育部发布的《少年儿童业余体育学校章程》[(79)体群字27号]同时废止。

科技部、教育部、人事部、财政部、中国人民银行国家税务总局、国家工商行政管理局关于促进科技成果转化的若干规定

（1999年3月30日　国务院办公厅转发）

为了鼓励科研机构、高等学校及其科技人员研究开发高新技术，转化科技成果，发展高新技术产业，进一步落实《中华人民共和国科学技术进步法》和《中华人民共和国促进科技成果转化法》，作出如下规定：

一、鼓励高新技术研究开发和成果转化

1. 科研机构、高等学校及其科技人员可以采取多种方式转化高新技术成果，创办高新技术企业。以高新技术成果向有限责任公司或非公司制企业出资入股的，高新技术成果的作价金额可达到公司或企业注册资本的35%，另有约定的除外。

2. 科研机构、高等学校转化职务科技成果，应当依法对研究开发该项科技成果的职务科技成果完成人和为成果转化做出重要贡献的其他人员给予奖励。其中，以技术转让方式将职务科技成果提供给他人实施的，应当从技术转让所取得的净收入中提取不低于20%的比例用于一次性奖励；自行实施转化或与他人合作实施转化的，科研机构或高等学校应当在项目成功投产后，连续在3—5年内，从实施该科技成果的年净收入中提取不低于5%的比例用于奖励，或者参照此比例，给予一次性奖励；采取股份形式的企业实施转化的，也可以用不低于科技成果入股时作价金额20%的股份给予奖励，该持股人依据其所持股份分享收益。在研究开发和成果转化中作出主要贡献的人员，所得奖励份额应不低于奖励总额的50%。

上述奖励总额超过技术转让净收入或科技成果作价金额50%，以及超过实施转化年净收入20%的，由该单位职工代表大会讨论决定。

以股份或出资比例等股权形式给予奖励的，获奖人按股份、出资比例分红，或转让股权所得时，应依法缴纳个人所得税。

3. 国有科研机构、高等学校持有的高新技术成果在成果完成后一年未实施转化的，科技成果完成人和参加人在不变更职务科技成果权属的前提下，可以根据与本单位的协议进行该项科技成果的转化，并享有协议约定的权益。科技成果完成人自行创办企业实施转化该项成果的，本单位可依法约定在该企业中享有股权或出资比例，也可以依法以技术转让的方式取得技术转让收入。

对多人组成的课题组完成的职务成果，仅部分成果完成人实施转化的，单位在同其

签订成果转化协议时，应通过奖励或适当的利益补偿方式保障其他完成人的利益。

本单位应当积极组织力量支持、帮助成果完成人进行成果转化。

4.对科技成果转化执行现行的税收优惠政策。科研机构、高等学校的技术转让收入免征营业税。科研单位、高等学校服务于各业的技术成果转让、技术培训、技术咨询、技术承包所取得的技术性服务收入暂免征收所得税。

5.科技人员可以在完成本职工作的前提下，在其他单位兼职从事研究开发和成果转化活动。高等学校应当支持本单位科技人员利用节假日和工作日从事研究开发和成果转化活动，学校应当建章立制予以规范和保障。

国有科研机构、高等学校及其科技人员可以离岗创办高新技术企业或到其他高新技术企业转化科技成果。实行人员竞争上岗的科研机构、高等学校，应允许离岗人员在单位规定的期限内（一般为2年）回原单位竞争上岗，保障重新上岗者享有与连续工作的人员同等的福利和待遇。

科技人员兼职或离岗期间的工资、医疗、意外伤害等待遇和各种保险，原则上应由用人单位负责。科研机构、高等学校应按照国家的有关规定，制定具体办法予以规范，并与用人单位和兼职人员签订书面协议予以确定。

从事上述活动的人员不得侵害本单位或原单位的技术经济权益。从事军事科学技术研究的科技人员兼职或离岗，执行国家关于军工单位人员管理的有关规定；高等学校有教学任务的科技人员兼职不得影响教学任务。

二、保障高新技术企业经营自主权

6.科技人员创办高新技术企业，应当贯彻“自愿组合、自筹资金、自主经营、自负盈亏、自我约束、自我发展”的原则，应当遵守国家的法律法规，遵从与本单位签订的协议。

7.要妥善解决集体性质高新技术企业中历史遗留的产权关系不清问题。

集体性质高新技术企业过去在创办及后来的发展过程中，国有企事业单位拨入过资产并已明确约定是投资或债权关系的，按照约定办理；未作约定的，由双方协商并重新约定产权关系或按有关规定界定产权；与国有企事业单位建立过挂靠关系、贷款担保关系的，国有企事业单位一般不享有资产权益，但国有企事业单位对集体性质的高新技术企业履行了债务连带责任的，应予追索清偿或依照有关规定转为投资；对属于个人投资形成的资产，产权归个人所有。

对集体性质高新技术企业仍在实施的由国有企事业单位持有并提供的高新技术成果，当初没有约定投资或债权关系的，可以根据该项技术目前的市场竞争力，以及有关各方在技术创新各阶段的物资技术投入情况，按照有关规定重新界定产权。

8.允许国有和集体性质的高新技术企业吸收本单位的业务骨干参股，以增强企业的凝聚力；企业实行公司制改造时，允许业务骨干作为公司发起人。

9.国有科研机构、高等学校与其投资创办的高新技术企业要实行所有权与经营权分离，合理确定投资回报比例，为企业留足发展资金。要保障企业经营管理人员和研究开发队伍的稳定，在经营决策、用人、分配等方面赋予企业经营者充分自主权。任何单位或个人都不得随意摊派或无偿占用企业的资源。

三、为高新技术成果转化创造环境条件

10. 各地方要支持高新技术创业服务中心（科技企业孵化器）和其他中介服务机构的建设与发展，有关部门在资金投入上要给予支持，政策上要给予扶持。要引导这类机构不以赢利为目的，以优惠价格为科研机构、高等学校和科技人员转化高新技术成果，创办高新技术企业提供场地、设施和服务。

高新技术创业服务中心和其他中介服务机构要按社会主义市场经济办法，以市场为导向，为转化科技成果做好服务，求得发展。有条件的高新技术创业服务中心可以依据《中华人民共和国促进科技成果转化法》及其他有关法律、法规和文件规定，建立风险基金（创业基金）和贷款担保基金，为高新技术企业的创业和发展提供融资帮助。

11. 政府利用竞标择优机制，以财政经费支持科技成果转化，包括采用投资、贷款贴息、补助资金和风险投资等形式支持成果转化活动。有条件的地方可以按照国家的有关规定，设立科技成果转化基金或风险基金。商业银行应对符合信贷条件的高新技术成果转化项目积极发放贷款。

各地方、各部门在落实国家股票发行计划时，应对符合条件的高新技术企业给予重点支持。

12. 独立科研机构转制为企业的，参照本规定执行。

各地方、各部门应当积极鼓励各种科技成果转化活动，鼓励科研机构、高等学校和科技人员兴办高新技术企业，鼓励科技开发应用型科研院所转制为科技型企业，切实加强对科技成果转化工作的领导。各地方、各部门应及时研究科研机构、高等学校和科技人员发展高新技术产业中出现的新情况、新问题，制定切实可行的实施办法，优化政策环境，推动我国高新技术产业发展跃上新台阶。

高等学校知识产权保护管理规定

（1999 年 4 月 8 日　教育部令第 3 号发布）

第一章　总　则

第一条　为有效保护高等学校知识产权，鼓励广大教职员工和学生发明创造和智力创作的积极性，发挥高等学校的智力优势，促进科技成果产业化，依据国家知识产权法律、法规，制定本规定。

第二条　本规定适用于国家举办的高等学校、高等学校所属教学科研机构和企业事业单位（以下简称“所属单位”）。社会力量举办的高等学校及其他教育机构参照适用本规定。

第三条　本规定所称的知识产权包括：

（一）专利权、商标权；

（二）技术秘密和商业秘密；

（三）著作权及其邻接权；

（四）高等学校的校标和各种服务标记；

（五）依照国家法律、法规规定或者依法由合同约定由高等学校享有或持有的其他知识产权。

第二章　任务和职责

第四条　高等学校知识产权保护工作的任务是：

（一）贯彻执行国家知识产权法律、法规，制定高等学校知识产权保护工作的方针、政策和规划；

（二）宣传、普及知识产权法律知识，增强高等学校知识产权保护意识和能力；

（三）进一步完善高等学校知识产权管理制度，切实加强高等学校知识产权保护工作；

（四）积极促进和规范管理高等学校科学技术成果及其他智力成果的开发、使用、转让和科技产业的发展。

第五条　国务院教育行政部门和各省、自治区、直辖市人民政府教育行政部门，在其职责范围内，负责对全国或本行政区域的高等学校知识产权工作进行领导和宏观管理，全面规划、推动、指导和监督高等学校知识产权保护工作的开展。

第六条　各高等学校在知识产权保护工作中应当履行的职责是：

（一）结合本校的实际情况，制定知识产权工作的具体规划和保护规定；

（二）加强对知识产权保护工作的组织和领导，完善本校知识产权保护制度，加强本校知识产权工作机构和队伍建设；

（三）组织知识产权法律、法规的教育和培训，开展知识产权课程教学和研究工作；

（四）组织开展本校知识产权的鉴定、申请、登记、注册、评估和管理工作；

（五）组织签订、审核本校知识产权的开发、使用和转让合同；

（六）协调解决本校内部有关知识产权的争议和纠纷；

（七）对在科技开发、技术转移以及知识产权保护工作中有突出贡献人员予以奖励；

（八）组织开展本校有关知识产权保护工作的国际交流与合作；

（九）其他在知识产权保护工作中应当履行的职责。

第三章　知识产权归属

第七条　高等学校对以下标识依法享有专用权：

（一）以高等学校名义申请注册的商标；

（二）校标；

（三）高等学校的其他服务性标记。

第八条　执行本校及其所属单位任务，或主要利用本校及其所属单位的物质技术条件所完成的发明创造或者其他技术成果，是高等学校职务发明创造或职务技术成果。

职务发明创造申请专利的权利属于高等学校。专利权被依法授予后由高等学校持有。职务技术成果的使用权、转让权由高等学校享有。

第九条　由高等学校主持、代表高等学校意志创作、并由高等学校承担责任的作品为高等学校法人作品，其著作权由高等学校享有。

为完成高等学校的工作任务所创作的作品是职务作品，除第十条规定情况外，著作权由完成者享有。高等学校在其业务范围内对职务作品享有优先使用权。作品完成二年内，未经高等学校同意，作者不得许可第三人以与高等学校相同的方式使用该作品。

第十条 主要利用高等学校的物质技术条件创作，并由高等学校承担责任的工程设计、产品设计图纸、计算机软件、地图等职务作品以及法律、行政法规规定的或者合同约定著作权由高等学校享有的职务作品，作者享有著名权，著作权的其他权利由高等学校享有。

第十一条 在执行高等学校科研等工作任务过程中所形成的信息、资料、程序等技术秘密属于高等学校所有。

第十二条 高等学校派遣出国访问、进修、留学及开展合作项目研究的人员，对其在校已进行的研究，而在国外可能完成的发明创造、获得的知识产权，应当与派遣的高等学校签订协议，确定其发明创造及其他知识产权的归属。

第十三条 在高等学校学习、进修或者开展合作项目研究的学生、研究人员，在校期间参与导师承担的本校研究课题或者承担学校安排的任务所完成的发明创造及其他技术成果，除另有协议外，应当归高等学校享有或持有。进入博士后流动站的人员，在进站前应就知识产权问题与流动站签定专门协议。

第十四条 高等学校的离休、退休、停薪留职、调离以及被辞退的人员，在离开高等学校一年内完成的与其原承担的本职工作或任务有关的发明创造或技术成果，由高等学校享有或持有。

第十五条 职务发明创造或职务技术成果，以及职务作品的完成人依法享有在有关技术文件和作品上署名及获得奖励和报酬的权利。

第四章 知识产权管理机构

第十六条 高等学校应建立知识产权办公会议制度，逐步建立健全知识产权工作机构。有条件的高等学校，可实行知识产权登记管理制度；设立知识产权保护与管理工作机构，归口管理本单位知识产权保护工作。暂未设立知识产权保护与管理机构的高等学校，应指定科研管理机构或其他机构担负相关职责。

第十七条 高等学校科研管理机构负责本校科研项目的立项、成果和档案管理。

应用技术项目的课题组或课题研究人员，在申请立项之前应当进行专利文献及其相关文献的检索。

课题组或课题研究人员在科研工作过程中，应当做好技术资料的记录和保管工作。科研项目完成后，课题负责人应当将全部实验报告、实验记录、图纸、声像、手稿等原始技术资料收集整理后交本校科研管理机构归档。

第十八条 在科研活动中作出的职务发明创造或者形成的职务技术成果，课题负责人应当及时向本校科研管理机构（知识产权管理机构）提出申请专利的建议，并提交相关资料。

高等学校的科研管理机构应当对课题负责人的建议和相关资料进行审查，对需要申请专利的应当及时办理专利申请，对不宜申请专利的技术秘密要采取措施予以保护。

第十九条 高等学校应当规范和加强有关知识产权合同的签订、审核和管理工作。

高等学校及其所属单位与国内外单位或者个人合作进行科学研究和技术开发，对外进行知识产权转让或者许可使用，应当依法签订书面合同，明确知识产权的归属以及相应的权利、义务等内容。

高等学校的知识产权管理机构负责对高等学校及其所属单位签订的知识产权合同进行审核和管理。

第二十条 高等学校所属单位对外进行知识产权转让或者许可使用前，应当经学校知识产权管理机构审查，并报学校批准。

第二十一条 高等学校的教职员工和学生凡申请非职务专利，登记非职务计算机软件的，以及进行非职务专利、非职务技术成果以及非职务作品转让和许可的，应当向本校知识产权管理机构申报，接受审核。对于符合非职务条件的，学校应出具相应证明。

第二十二条 高等学校要加强科技保密管理。高等学校的教职员工和学生，在开展国内外学术交流与合作过程中，对属于本校保密的信息和技术，要按照国家和本校的有关规定严格保密。

高等学校对在国内外科技展览会参展的项目应当加强审核和管理，做好科技保密管理工作。

第二十三条 高等学校应当重视开展知识产权的资产评估工作，加强对知识产权资产评估的组织和管理。

高等学校对外进行知识产权转让、许可使用、作价投资入股或者作为对校办科技产业的投入，应当对知识产权进行资产评估。

第二十四条 高等学校可根据情况逐步实行知识产权保证书制度。与有关教职员工和学生签订保护本校知识产权的保证书，明确保护本校知识产权的义务。

第五章 奖酬与扶持

第二十五条 高等学校应当依法保护职务发明创造、职务技术成果、高等学校法人作品及职务作品的研究、创作人员的合法权益，对在知识产权的产生、发展，科技成果产业化方面作出突出贡献的人员，按照国家的有关规定给予奖励。

第二十六条 高等学校将其知识产权或职务发明创造、职务技术成果转让给他人或许可他人使用的，应当从转让或许可使用所取得的净收入中，提取不低于20%的比例，对完成该项职务发明创造、职务技术成果及其转化作出重要贡献的人员给予奖励。为促进科技成果产业化，对经学校许可，由职务发明创造、职务技术成果完成人进行产业化的，可以从转化收入中提取不低于30%的比例给予奖酬。

第二十七条 高等学校及其所属单位独立研究开发或者与其他单位合作研究开发的科技成果实施转化成功投产后，高等学校应当连续三至五年从实施该项科技成果所取得的收入中提取不低于5%的比例，对完成该项科技成果及其产业化作出重要贡献的人员给予奖酬。

采用股份制形式的高等学校科技企业，或者主要以技术向其他股份制企业投资入股的高等学校，可以将在科技成果的研究开发、产业化中做出重要贡献的有关人员的报酬或者奖励，按照国家有关规定折算为相应的股份份额或者出资比例。该持股人依据其所持股份份额或出资比例分享收益。

第二十八条 高等学校应当根据实际情况，采取有效措施，对知识产权的保护、管理工作提供必要的条件保障。高等学校应拨出专款或从技术实施收益中提取一定比例，设立知识产权专项基金，用于支持补贴专利申请，维持和知识产权保护方面的有关费用。对知识产权保护与管理做出突出贡献的单位和个人，高等学校应给予奖励，并作为工作业绩和职称评聘的重要参考。

第六章　法律责任

第二十九条　剽窃、窃取、篡改、非法占有、假冒或者以其他方式侵害由高等学校及其教职员工和学生依法享有或持有的知识产权的，高等学校有处理权的，应责令其改正，并对直接责任人给予相应的处分；对无处理权的，应提请并协助有关行政部门依法作出处理。构成犯罪的，应当依法追究刑事责任。

第三十条　在高等学校教学、科研、创作以及成果的申报、评审、鉴定、产业化活动中，采取欺骗手段，获得优惠待遇或者奖励的，高等学校应当责令改正，退还非法所得，取消其获得的优惠待遇和奖励。

第三十一条　违反本规定，泄漏本校的技术秘密，或者擅自转让、变相转让以及许可使用高等学校的职务发明创造、职务技术成果、高等学校法人作品或者职务作品的，或造成高等学校资产流失和损失的，由高等学校或其主管教育行政部门对直接责任人员给予行政处分。

第三十二条　侵犯高等学校及其教职员工和学生依法享有或持有的知识产权，造成损失、损害的，应当依法承担民事责任。

第七章　附　　则

第三十三条　本规定自发布之日起施行。

关于初中毕业、升学考试改革的指导意见

（1999 年 4 月 27 日　教育部印发）

为贯彻落实《面向 21 世纪教育振兴行动计划》，实施“跨世纪素质教育工程”，要积极进行课程、教学及考试、评价的改革。初中毕业、升学考试是义务教育阶段的重要考试，进行考试改革，将对中小学实施素质教育产生积极的导向作用。由于“应试教育”的影响，目前一些地方在考试内容、形式和管理等方面还不同程度地存在着与素质教育相悖的倾向，必须高度重视，予以解决。1998 年，教育部在全国七个地区进行了初中毕业、升学语文学科考试改革试点，取得了一些值得借鉴的经验。今年将以语文考试改革为突破口，全面推进初中毕业、升学考试改革工作。现就初中毕业、升学考试的有关问题提出以下指导意见。

一、初中毕业、升学考试改革的指导思想

初中毕业、升学考试改革应有利于全面贯彻国家的教育方针，全面提高教育教学质量；有利于面向全体学生，体现九年义务教育的性质；有利于突破“应试教育”的模式，

建立科学的评估体系，推进素质教育；有利于改革课堂教学，减轻学生过重的课业负担，促进学生生动、活泼、主动学习，培养学生的创新意识和创新能力。

二、初中毕业、升学考试改革的重点

改革的重点一是考试内容改革；二是完善与考试改革相应的管理机制。

1. 关于初中毕业、升学考试内容的改革

(1)各地命题要以各省（自治区、直辖市）按原国家教育委员会《关于推进素质教育调整中小学教育教学内容、加强教学过程管理的意见》（教基［1998］1 号）文件精神调整后的九年义务教育教学内容和要求为依据。

(2)各科命题都要注重考查学生运用知识分析问题、解决问题的能力，要有利于发挥学生的创造性。

(3)命题要符合学科特点。当前特别需要注意的是：文科要严格控制客观题的比例，提高客观题的效度；理科要适当加强对实验操作能力的考查；外语要适当加强对听说能力的考查；体育考试项目的设置应给学生留有选择余地，考试标准要合理，重在检查学生体质。

(4) 命题要科学，禁止出偏题、怪题，禁止有意编拟一些似是而非的考题为难学生。试卷结构要简约。题量要适度，要扭转试卷题量偏大的倾向。

2. 关于初中毕业、升学考试管理改革

(1)在国家规定的毕业年级文化学科范围内确定升学考试科目，要严格控制考试科目数。其他科目实行结业考试或考查。

体育考试分数一般应为中考总分的5%。要严格体育课的考勤制度，积极试行将体育课成绩和平时参加体育锻炼情况计入体育考试总分，折合分数建议占体育考试成绩总分的40～60%，具体分值由地方教育行政部门确定。农村初中体育学科的考试一般在乡、镇范围内组织。

(2)初中毕业考试与升学考试，可以二考合一进行，也可以分开进行。但两考性质不同，如果二考合一进行，在选拔的同时还应充分体现九年义务教育水平考试的性质。如果两考分开进行，应提倡毕业考试逐步由学校自行命题并组织考试。

(3)初中毕业、升学考试的科目，以及考试如何组织和进行，均由各省（自治区、直辖市）教委、教育厅确定或提出指导性意见。

(4)教育行政部门要组织教研部门和有关单位，建立严格的命题、审题、阅卷制度。考试命题应由地级以上（含地级）教育部门组织进行，如果由地级教育部门组织命题，省级教育部门要加强对命题的指导与监控。要特别注意做好审题工作，确保试题质量；加强主观性试题的评阅，作文阅卷应力争保证三人独立评阅。要逐步建立阅卷教师的资格认定制度，有条件的地方可使用专用计算机软件以监控阅卷质量。

每年毕业、升学考试后要组织对考试题目的科学评估，逐步建立试题评估制度，并将评估结果向社会公布，加强舆论监督。

(5)要加强初中学校教学管理，规范教学行为，不得搞各种名目的模拟考试；对乱编滥印各种形式的复习资料要加大治理力度。

三、切实加强对初中毕业、升学考试改革工作的领导

各省（自治区、直辖市）教委、教育厅要有领导专门负责，同时要充分发挥地（市）级教育部门的积极性，组织力量认真研

究考试改革涉及的各个具体环节，在政策、管理、人员和经费上予以保障。要从本地的实际情况出发，拟定切实可行的改革方案，认真做好试点工作，在取得经验的基础上，积极稳妥地推进这项改革。

加强对考试经费的管理，切实保证考试改革后增加工作量所需的经费。考生所缴的费用，不得挪作他用。

初中毕业、升学考试改革是中小学实施素质教育的重要环节，各级教育行政部门要充分认识这项工作的重要性，要积极推进，精心组织。今年初中毕业、升学考试工作结束后，请各省（自治区、直辖市）教育行政部门将今年考试改革的方案与工作总结报教育部基础教育司。

教育部关于实施《中华人民共和国高等教育法》若干问题的意见

（1999年5月25日印发）

《中华人民共和国高等教育法》（以下简称《高等教育法》）已于1999年1月1日起实施。现就实施《高等教育法》的若干问题提出如下意见：

一、加强领导，深入学习，全面贯彻，依法治教

（一）《高等教育法》是继我国教育根本大法《教育法》之后颁行的又一部重要的教育法律，是我国教育法律体系的重要组成部分，对于落实科教兴国的伟大战略，促进和保障我国高等教育的改革和发展，建设社会主义物质文明和精神文明，具有极其重要的意义。各级教育行政部门要把学习宣传和贯彻实施《高等教育法》列入重要议事日程抓紧抓好。要加强领导，做出部署，在各级党委、人大、政府的领导下，做好《高等教育法》的学习宣传和贯彻落实工作，促进高等教育的改革和发展。

（二）《高等教育法》已纳入“三五”普法工作的重点，各级教育行政部门、高等学校及其他高等教育机构，要进一步组织广大干部、教职员工和学生深入学习《高等教育法》，加强社会宣传，不断提高政府有关部门、高等学校和其他高等教育机构、企业事业组织、社会团体以及其他社会组织和公民对高等教育在科教兴国战略中重要地位的认识，形成全社会都来关心、支持高等教育改革和发展的良好局面。各级教育行政部门、高等学校和其他高等教育机构要在贯彻实施《教育法》的基础上，实施《高等教育法》，认真落实《中国教育改革和发展纲要》所提出的任务，进一步转变思想观念，依法治教，深化高等教育体制改革和教学改革，切实解决改革中存在的重大问题。

二、解放思想、实事求是，采取多种形式积极发展高等教育事业

（三）各省、自治区、直辖市教育行政部门要按照《高等教育法》第六条的规定，进一步解放思想、实事求是，根据本行政区域经济发展状况和社会需求情况，采取多种形式积极发展高等教育事业。要坚持规模、结构、质量和效益协调发展的方针，走内涵发展为主的道路，不断满足国家以及本行政区域经济发展对高等教育人才的需要和人民群众日益迫切的接受高等教育的愿望。

（四）要按照《高等教育法》第六条第二款的规定，积极鼓励企业事业组织、社会团体及其他社会组织和公民等社会力量依法举办高等学校，逐步形成以政府办学为主体，社会各界共同参与，政府举办的高等学校和社会力量举办的高等学校共同发展的办学体制。对社会力量举办的高等学校和其他高等教育机构，要按照《社会力量办学条例》的规定，实行“积极鼓励、大力支持、正确引导、加强管理”的方针，在严格执行设置标准，依法加强管理的同时，为其提供必要的支持。

（五）深化改革，努力建立和完善面向21世纪具有中国特色社会主义的高等专科教育人才培养模式和运行机制，推动教育与生产的结合，不断提高人才培养质量。要采取多种形式、多种渠道、多种模式，积极发展高等职业教育。要根据各地区的实际需要和条件，积极进行改革试点，鼓励和扶持社会力量举办学历和非学历高等职业教育，使更多的普通高中毕业生和一部分中等职业学校毕业生能够接受各种形式的高等职业教育。

（六）在充分利用中国教育和科研计算机网（CERNET）和卫星电视教育网的基础上，利用国家其他已有的信息和通信资源，大力发展现代远程教育。有条件的高等学校要采用网络、广播、电视、函授及其他远程教育方式实施高等教育，不断提高教育质量、办学效益和现代远程教育的水平。

要大力发展从业专业技术人员和管理人员的大学后继续教育，制定发展规划，以知识更新、拓展和深化为主要内容，以提高实际工作能力和创新能力为主要目标培养人才，促进经济建设、科技进步和社会发展。

三、依法治教，全面落实高等学校的办学自主权

（七）教育主管部门要尽快制定有关规定，加强分类指导，采取有力措施，依法落实高等学校的办学自主权，促进各类高等学校和其他高等教育机构建立自我发展、自我约束、面向社会依法自主办学的运行机制，保障高等教育事业的健康发展。

（八）按照《高等教育法》第三十九条的规定，国家举办的高等学校实行党委领导下的校长负责制。高等学校要依法切实落实党委和校长的具体职责与分工。党委和校长要相互支持，密切配合，建立高效的管理和运行机制。社会力量举办的高等学校要按照《社会力量办学条例》的有关规定，建立学校内部的管理和运行机制。各类高等学校要加强民主管理和监督，逐步完善学校内部管理体制和运行机制，加快决策和管理科学化、民主化、法制化的进程，保证高等学校健康高效地发展。

（九）国务院有关部委和省、自治区、直辖市应尽快核定所主管的高等学校的办学规模。国家举办的高等学校按照原国家教委颁布的《普通高等学校本、专科招生计划管理意见》中“核定普通高等学校招生规模办学条件标准”的规定，在核定的办学规模内制定年度招生计划，根据本校情况和专业特点提出招生附加条件，自主决定系科招生比例，提出面向省级行政区域招生数，经国务院教育行政部门综合平衡后下达本专科招生来源计划。社会力量举办的高等学校根据《社会力量办学条例》的有关规定，行使招生自主权。

经国家批准招收研究生的高等学校和科学研究机构，在国家下达的年度招生规模数额内，自行确定招生面向的地域或行业系统，自主决定各专业的招生人数，提出招生附加条件。

（十）国务院教育行政部门在已下放专科专业和部分本科专业设置、调整权的基础上，进一步调查研究，尽快组织修订现行的有关专业设置管理规定，依法落实高等学校本科专业设置、调整权。

（十一）根据《高等教育法》第三十四条的规定，各高等学校根据国家的教育方针、国务院教育行政部门确定的人才培养目标和基本规格，并从学科专业实际和社会需要出发，自主制定人才培养方案和具体教学计划，确定课程、课时和学分，编写教学大纲和教材，组织考试和开展其他教学活动。

（十二）高等学校要以培养人才为中心，自主开展科学研究和社会服务活动。高等学校应重视并积极开展基础研究和高新技术研究，要围绕经济建设中的重大科学技术问题，开展科技攻关，为改造传统产业、调整产业结构、培育国家经济发展新的生长点服务。开展哲学社会科学研究要以马克思列宁主义、毛泽东思想和邓小平理论为指导，紧密结合国民经济和社会发展的重大理论和实践问题，充分发挥高等学校“思想库”、“人才库”的优势，为各级政府部门决策和实践提供理论依据。要加强产学研结合，建立和完善高等学校之间、高等学校与科学研究机构以及企事业组织之间协作的运行机制，真正做到资源共享，优势互补，不断提高高等教育资源的使用效益和人才培养质量。

（十三）按照《高等教育法》第十二条第二款和第三十六条的规定，高等学校依法自主开展与境外高等学校之间的教育、科学技术和文化的交流与合作，包括缔结校际交流协议、互换人员（包括留学人员、讲学人员等）、科研合作、举办学术研讨会、合作办学、参加国际学术组织及其学术活动、学术考察等。

（十四）根据《高等教育法》第三十七条的规定，高等学校可根据实际需要和精简、效能的原则，自主确定和调整学校的教学、科研组织机构及其管理体制；在国家规定的学校内设管理机构限额内，自主设置内部管理机构；在学校主管部门核定下达的人员编制定额内，自主确定人员配备和各类人员的构成比例，并可依据校内各方面承担的任务和工作性质，选择不同的用人制度和管理体制；依据教学、科研等任务需要和国家的有关规定，自主设置和调整专业技术职务岗位，进行专业技术职务聘任工作；在实行工资总额包干的前提下，自主确定校内分配办法和津贴标准。

（十五）依照1997年财政部和原国家教委制定的《高等学校财务制度》、1995年原国家国有资产管理局和财政部制定的《行政事业单位国有资产管理办法》的规定，高等学校应对举办者提供的财产、国家财政性资助、受捐赠财产自主管理和使用。高等学校可依照国家有关规定多渠道筹集事业资金；在国家有关部门核定学校总收支情况后，可自主安排学校预算；对于国家有关财务规章制度没有统一规定支出范围和标准的，学校可以结合本校实际情况自行规定，报主管部门和财政部门备案。

四、认清形势，理清思路，加快高等教育体制改革步伐

（十六）要按照《高等教育法》第七条的规定，积极推进高等教育体制改革。体制改革是高等教育改革的关键，管理体制改革是体制改革的重点和难点，要按照“共建、调整、合作、合并”的改革方针，加大力度，加快步伐，积极推进高等教育管理体制改革，争取到下世纪初基本形成国务院和省级政府两级管理，分工负责，在国家宏观政策指导下，以省级政府统筹管理为主，学校面向社会依法自主办学的新体制。要通过改革进一步优化高等教育的布局结构和资源配置，不断提高办学效益和教育质量。

（十七）要按照《教育法》、《高等教育法》以及《中国教育改革和发展纲要》的有关规定，逐步提高国家财政性教育经费占国民生产总值的比例，进一步完善以财政拨款为主、多种渠道筹措高等教育经费为辅的高等教育投入体制。教育行政部门要积极参与拟定筹措教育经费、教育拨款、教育基建投资的方针、政策，并会同财政部门认真落实已出台的筹措高等教育经费的各项法规和政策，切实做到政府教育财政拨款的增长要高于同级财政经常性收入的增长，在校学生人均教育经费逐步增长，保证教师工资和学生人均公用经费逐步增长。要采取各种措施，切实用好经费，提高使用效益。

（十八）加大招生和毕业生就业制度改革力度。要有计划、有步骤地改革高等学校招生考试制度，改革高考科目和考试内容，加强对考生综合素质和能力的考核。要进一步巩固近年来招生并轨已取得的成果，加快研究并推进研究生教育实行收费制度的改革。要创造条件，积极鼓励和支持高等学校的毕业生到国家迫切需要人才的边远地区和艰苦行业工作，建立并完善在国家宏观调控下学校和各地政府推荐、学生和用人单位双向选择的毕业生就业制度。

在高等学校中积极推进国家助学贷款制度的试点工作，并通过金融、保险、捐助、勤工助学和国家有关优惠政策等多种形式保证家庭经济困难学生顺利入学和完成学业。对于符合国家规定录取标准的残疾学生，要依法保证其接受高等教育的权利。内地高等学校要采取措施积极招收少数民族学生，并大力支持少数民族地区高等学校的建设和发展。

（十九）高等学校要积极推进内部管理体制改革，不断提高办学水平和效益。要依法根据实际需要和精简、效能原则，调整内部管理机构，合理设置教学、科学研究组织机构，提高科学决策和管理水平；要实行全员聘任制，建立公平竞争机制，完善有效激励机制，优化教职工队伍，培养和稳定学术带头人和骨干教师队伍，充分调动和发挥教职工的积极性。要加速进行高等学校后勤社会化的改革，各省、自治区、直辖市可以进行试点，组建企业化经营管理的高等学校后勤生活服务集团，从事学生公寓物业管理以及校内后勤生活服务。

五、以提高人才培养质量为中心，深化高等教育教学改革

（二十）《高等教育法》明确规定，高等教育要“培养具有创新精神和实践能力的高级专门人才”，“高等学校应当以培养人才为中心”，“保证教育教学质量达到国家规定的

标准”。高等学校和其他高等教育机构要以培养人才为根本任务，以马克思列宁主义、毛泽东思想和邓小平理论为指导，充分发挥马克思主义理论课和思想品德课在人才培养过程中的重要作用，深入持久地对广大学生进行爱国主义、集体主义、社会主义教育，进行党的基本路线教育以及中华民族优良道德传统和艰苦奋斗精神的教育，进行形势与政策教育、民主法制教育、审美和心理健康教育，重视校园文化建设，引导学生树立科学的世界观、人生观和价值观，形成良好的道德品质。高等学校要增强质量意识，将教学改革作为各项改革的核心，大力加强各项教学基本建设，努力培养适应21世纪需要的具有创新精神和实践能力的各类专门人才。

（二十一）要按照《高等教育法》第七条的规定，大力推进高等教育教学改革。要适应我国经济体制和经济增长方式两个根本性转变的需要，适应21世纪社会发展和我国社会主义现代化建设的需要，改革人才培养模式，调整专业设置，优化课程结构，加强文化素质教育，更新教学内容，改进教学方法和手段，逐步形成注重素质教育，融传授知识、培养能力与提高素质为一体，富有时代特征的多样化人才培养模式，形成具有中国特色的现代教育思想观念、教学体系和教学运行机制。

（二十二）要按照《高等教育法》第四十四条的规定，逐步建立高等学校的办学水平和教育质量评估制度和机制。通过评估试点，不断完善有关评估指标体系，引导高等学校根据我国经济建设和社会发展对人才的实际需要改革、建设和发展。高等学校的办学水平和教育质量，由国务院教育行政部门组织专家或委托有关组织机构进行评估。各省、自治区、直辖市教育行政部门应对本行政区域内的高等学校办学水平和教育质量进行监督、检查和必要的评估。国务院教育行政部门将依法制定有关评估的具体办法，加强对评估工作的管理。

六、规范管理，加强教育执法与监督，促进高等教育的健康发展

（二十三）根据《高等教育法》第二十五条和第二十六条的规定，国务院教育行政部门将制定具体实施办法，对高等学校名称依法规范。今后，凡使用“大学”名称的应符合国家有关规定。对不规范使用“大学”名称的高等学校，国务院教育行政部门将依法规范。

（二十四）根据《高等教育法》第二十七条和第二十八条的规定，今后申请设立高等学校者，必须向审批机关提交章程。在《高等教育法》施行前设立的高等学校，未制定章程的，其章程补报备案工作由其教育主管部门制定规定逐步进行。

（二十五）根据《高等教育法》第二十九条的规定，国务院教育行政部门待国务院制定有关规定后，将尽快实施“设立实施专科教育的高等学校，经国务院授权，也可以由省、自治区、直辖市人民政府审批”的制度。

（二十六）根据《高等教育法》第十八条“高等教育由高等学校和其他高等教育机构实施”和“高等专科学校实施专科教育”的规定，从1999年起不再批准中等专业学校招收专科生和高等专科学校招收本科生。《高等教育法》实施前经原国家教委批准的在中等专业学校设置的高职班和小学教师专科班，2000年停止招生；经批准在高等专科学校设置的本科班，从1999年起招生人数将逐步减少，2001年停止招生。

（二十七）国务院正在根据《教育法》、

《教师法》和《高等教育法》的规定，制定有关教师职务的法规。高等学校教师职务的聘任，应根据有关法规和规章进行；其他专业技术人员的职务聘任，按照相应系列专业技术人员职务条件及国务院教育行政部门的有关实施办法执行。教育职员制度通过试点，逐步实施。

(二十八)有关教育行政部门要配合有关部门，根据实施《高等教育法》的要求，认真协助做好对地方现行高等教育法规、规章及规范性文件的审查、清理工作。对与《高等教育法》相抵触的内容，要按照法定程序尽快修改或由发布机关宣布废止。

(二十九)为落实《高等教育法》有关保护高等学校和教师、学生合法权益的规定，教育行政部门要按照《教育法》和《教师法》的规定，建立和健全行政复议和教师、学生申诉制度，依法保护高等学校和教师、学生的合法权益。

(三十)各级教育行政部门要配合人大常委会和专门委员会开展教育执法监督检查，加强与司法机关的密切配合，充分发挥各级公安、检察和审判机关在解决教育纠纷，维护教育法律关系主体合法权益方面的重要作用。同时，要建立重大教育违法案件的报告制度。

中国人民银行、教育部、财政部关于国家助学贷款的管理规定（试行）

（1999年6月17日　国务院办公厅转发）

为促进教育事业的发展，依据《中华人民共和国中国人民银行法》、《中华人民共和国商业银行法》、《中华人民共和国教育法》等法律的有关规定，现就实行国家助学贷款有关事项作如下规定：

(一)国家助学贷款适用于中华人民共和国（不含香港特别行政区、澳门和台湾地区）高等学校（以下简称：学校）中经济确实困难的全日制本、专科学生。

(二)国家助学贷款是以帮助学校中经济确实困难的学生支付在校期间的学费和日常生活费为目的，运用金融手段支持教育，资助经济困难学生完成学业的重要形式。

(三)中国工商银行为中国人民银行批准的国家助学贷款经办银行。国家助学贷款的具体管理办法由中国工商银行制定，报中国人民银行批准后执行。

一、管理体制

(四)为保证国家助学贷款制度的顺利实行，由教育部、财政部、中国人民银行和中国工商银行组成全国助学贷款部际协调小组（以下简称：部际协调组）。教育部设立全国学生贷款管理中心，作为部际协调组的日常办事机构。各省、自治区、直辖市设立相应的协调组织和管理中心。

（五）部际协调组主要负责协调教育、财政、银行等部门及学校之间的关系，制定国家助学贷款政策，确定中央部委所属学校年度国家助学贷款指导性计划。其中：教育部主要负责根据国家教育发展状况，会同有关部门研究如何利用助学贷款的有关政策；财政部主要负责筹措、拨付中央部委所属学校国家助学贷款的贴息经费（含特困生贷款的还本资金），监督贴息经费使用情况；中国人民银行主要负责根据国家有关政策，确定国家助学贷款经办银行，审批有关办法，监督贷款执行情况；经办银行负责贷款的审批、发放与回收。

（六）全国学生贷款管理中心负责根据部际协调组确定的年度国家助学贷款指导性计划，接收、审核中央部委所属学校提交的贷款申请报告，核准各学校贷款申请额度，并抄送经办银行总行；统一管理财政部拨付的中央部委所属学校国家助学贷款贴息经费，接受国内外教育捐款，扩大贴息资金来源，并将贴息经费专户存入经办银行；根据经办银行发放的国家助学贷款和特困生贷款数量，按季向经办银行划转贴息经费；与经办银行总行签定国家助学贷款管理协议；向经办银行提供有关信息材料；协助经办银行监督、管理国家助学贷款的发放、使用，协助经办银行按期回收和催收国家助学贷款；指导各地区学生贷款管理中心工作；办理部际协调组交办的其他事宜。

（七）各省、自治区、直辖市国家助学贷款协调组织，根据部际协调组确定的有关政策，领导本行政区域国家助学贷款工作；负责协调本行政区域教育、财政、银行等部门及学校之间的关系，提出本行政区域所属学校的国家助学贷款年度指导性计划。

（八）各省、自治区、直辖市学生贷款管理中心为本行政区域内国家助学贷款协调组织的日常办事机构，根据本行政区域协调组织确定的年度国家助学贷款指导性计划，接收、审核所属学校提交的贷款申请报告，核准各学校贷款申请额度，并抄送同级经办银行；统一管理地方财政拨付的贷款贴息经费及特困生贷款偿还所需经费，贴息经费专户存入经办银行；根据经办银行发放的国家助学贷款和特困生贷款数量，按季向经办银行划转贴息经费；与当地有关经办银行签定国家助学贷款管理协议，向经办银行提供有关信息材料；协助经办银行监督、管理贷款的发放、使用和回收，并负责协助经办银行催收贷款，办理同级协调组织交办的其他有关事宜。

（九）各学校要指定专门机构统一管理本校国家助学贷款工作，负责对申请贷款的学生进行资格初审；按期向学生贷款管理中心报送全校年度贷款申请报告；根据学生贷款管理中心核准的贷款申请额度，将经初审的学生贷款申请报送经办银行；与经办银行签定国家助学贷款管理协议；协助经办银行组织贷款的发放和回收，并负责协助经办银行催收贷款；及时统计并向上级学生贷款管理中心和有关经办银行提供学生的变动（包括学生就业、升学、转校、退学等）情况和国家助学贷款的实际发放情况，办理学生贷款管理中心交办的其他事宜。

（十）国家助学贷款经办银行接受中国人民银行的监督，负责按照国家信贷政策，制定国家助学贷款的具体管理办法，审核各学校报送的学生个人贷款申请报告等相关材料，按贷款条件审查决定是否发放贷款；具体负责贷款的发放和回收；有权根据贷款的回收情况、学生贷款管理中心和学校在催收贷款方面的配合情况，决定是否发放新的国家助学贷款。

二、贷款的申请和发放

(十一)经办银行发放的国家助学贷款属于商业性贷款，纳入正常的贷款管理。

(十二)国家助学贷款实行学生每年申请、经办银行每年审批的管理方式。

(十三)经办银行负责确定国家助学贷款的具体发放金额，其中：用于学费的金额最高不超过借款学生所在学校的学费收取标准；用于生活费的金额最高不超过学校所在地区的基本生活费标准。

(十四)学生申请国家助学贷款必须具有经办银行认可的担保，担保人应当与经办银行订立担保合同。

(十五)确实无法提供担保、家庭经济特别困难的学生，可以申请特困生贷款。特困生贷款由学校提出建议，报上级学生贷款管理中心审批后，由经办银行按有关规定办理贷款手续。

(十六)经办银行核批国家助学贷款，并将已批准发放贷款的学生名单及其所批准的贷款金额反馈相应的学生贷款管理中心和学校，学校上报上级学生贷款管理中心备案，并配合经办银行加强贷款管理。

三、贷款期限、利率和贴息

(十七)国家助学贷款的经办银行根据学生申请，具体确定每笔贷款的期限。

(十八)国家助学贷款利率按中国人民银行公布的法定贷款利率和国家有关利率政策执行。

(十九)为体现国家对经济困难学生的优惠政策，减轻学生的还贷负担，财政部门对接受国家助学贷款的学生给予利息补贴。学生所借贷款利息的50%由财政贴息，其余50%由学生个人负担。财政部门每年按期、按规定向学生贷款管理中心拨付贷款贴息经费。

(二十)国家鼓励社会各界以各种形式为经济困难学生提供助学贷款担保和贴息。

四、贷款回收

(二十一)学生所借贷款本息必须在毕业后四年内还清。为保证国家助学贷款的回收，学生毕业前必须与经办银行重新确认或变更借款合同，并办理相应的担保手续。此项手续办妥后，学校方可办理学生的毕业手续。

(二十二)在借款期间，学生出国(境)留学或定居者，必须在出国(境)前一次还清贷款本息，有关部门方可给予办理出国手续；凡需转学的学生，必须在其所在学校和经办银行与待转入学校和相应经办银行办理该学生贷款的债务划转后，或者在该学生还清所借贷款本息后，所在学校方可办理其转学手续；退学、开除和死亡的学生，其所在学校必须协助有关经办银行清收该学生贷款本息，然后方可办理相应手续。

(二十三)特困生贷款到期无法收回部分，由提出建议的学校和学生贷款管理中心共同负责偿还(其中：学校偿还60%，学生贷款管理中心偿还40%)。学校所需的偿还贷款资金在学校的学费收入中列支；学生贷款管理中心所需的偿还贷款资金，在财政部门批准后的贴息经费中专项列支，专款专用。

(二十四)借款学生不能按期偿还贷款本息的，按中国人民银行有关规定计收罚息。

(二十五)对未还清国家助学贷款的毕业生，其接收单位或者工作单位负有协助经办银行按期催收贷款的义务，并在其工作变动时，提前告知经办银行；经办银行有权向其现工作单位和原工作单位追索所欠贷款。

自费出国留学人员偿还的高等教育培养费管理使用办法

（1999 年 7 月 15 日　教育部印发）

第一条　为加强自费出国留学人员偿还的高等教育培养费（以下简称“培养费”）管理工作，提高使用效益，根据财政部、国家发展计划委员会《关于收取自费出国留学人员高等教育培养费有关问题的函》（财综字［1998］150 号）有关规定，特制定本办法。

第二条　自费出国留学人员偿还的高等教育培养费，主要是大专以上在校公费学习提前退学的学生和毕业后工作时间没有达到国家规定的服务期的在职人员，在申请自费出国留学时，所偿还的公费学习期间的部分高等教育培养费。

第三条　大专以上的公费在校学生和公费学习期间退学的学生申请自费出国留学偿还的培养费由其最后就读的高等学校收取；公费培养的具有大专以上学历的在职人员偿还的培养费由其所在省、自治区、直辖市及计划单列市教委、教育厅（高教厅）收取。收费标准按原国家教委《关于自费出国留学有关问题的通知》（教留［1993］81 号）中有关规定执行。

第四条　各省、自治区、直辖市及计划单列市教委、教育厅（高教厅）所收取的培养费的 70％须于当年 12 月 10 日前上交教育部，由教育部集中上缴中央财政专户；其余 30％的培养费由各地方教育行政部门上缴同级财政专户。

各高等学校收取的培养费，上缴其主管部门，由其主管部门集中上缴同级财政专户。

第五条　各单位使用上缴同级财政专户的培养费时，应向财政部门申办核拨手续，并按规定的用途安排使用，使其充分发挥效益。

第六条　上交教育部的培养费，由教育部统筹安排使用；各地方教育行政部门留用的培养费，由地方教育行政部门安排使用；各高等学校收取的培养费，由各高等学校安排使用。

收取的培养费，主要用于弥补高等教育事业费和回国留学人员科学研究以及支持回国留学人员开展工作，不得挪作他用。

第七条　为及时了解培养费的收费、使用等情况，加强财务监督，各地教育行政部门应于每年 1 月 30 日前向教育部报告上年度培养费的收取、使用和管理情况。各高等学校应向其主管部门报告有关情况，接受财务监督。

第八条　本办法由中华人民共和国教育部负责解释。

中小学接受外国学生管理暂行办法

（1999 年 7 月 21 日　教育部令第 4 号发布）

第一条　为适应我国改革开放事业发展的需要，方便外国学生来我国中小学就读，促进我国中小学的国际交流，特制定本办法。

第二条　中小学获得接受外国学生的资格后可接受适龄外国学生入校学习。

第三条　中小学接受外国学生的资格由省、自治区、直辖市教育行政部门会同同级外事、公安部门审批，并报教育部备案。

第四条　申请接受外国学生资格的中小学应具有较好的教学条件及较高的教学水平和管理水平。

第五条　具有接受外国学生资格的中小学一般应接受随父母在华常住的外国学生；如接受父母不在华常住的外国学生，须由外国学生的父母正式委托在华常住的外国人或中国人作为外国学生的监护人。如在中国境外办理委托手续，该委托书一般应经外国学生国籍国公证和认证，并经中国驻该国使、领馆认证；如在中国境内办理委托手续，该委托书可经中国有关公证处公证，也可经外国学生国籍国驻华使、领馆公证。

第六条　具有接受外国学生资格的中小学可以接受以团组形式短期(六个月以内)来华学习的外国学生，但须预先与外方派遣单位签订协议，并要求外方派遣单位按该国法律规定预先办理有关组织未成年人出入境所需的法律手续。

这类外国学生应有组织地集体来华、离华，外方派遣单位应派代表随学生来华并担任其在华期间的监护人。

第七条　来华在中小学学习六个月以上的外国学生应凭“外国留学人员来华签证申请表”(JW202 表）和学校录取通知书，向我驻外使、领馆申请“X”字签证，并自入境之日起三十天内向当地公安出入境管理部门申请外国人居留证。

入学前已持短期签证入境或已在华并持有居留证件的外国学生，应凭“外国留学人员来华签证申请表”(JW202 表）和学校录取通知书，到当地公安出入境管理部门办理签证和居留证项目的变更手续。

以团组形式短期（六个月以下）来华学习的外国学生，凭被授权单位的邀请函电向我驻外使、领馆申请“F”字团体签证。

第八条　外国学生一般应与其父母或监护人一起居住；有条件的学校经批准后可向外国学生提供校内宿舍。

第九条　中小学对外国学生的有关收费项目和标准，由省、自治区、直辖市教育行政部门会同物价管理部门制定。

第十条　中小学应按学籍管理规定管理外国学生，教育他们遵守中国的法律和学校的校规、校纪。除安排必要的汉语补习外，一般不为外国学生单独编班。学校可按课程方案的要求组织其参加公益劳动等社会实践活动。外国学生免修思想品德课和思想政治课。

外国学生完成各科学业，考试合格，由接受学校发给毕业证书；未按计划完成全部学业者，学校可发给写实性学习证明。

第十一条　省、自治区、直辖市教育行政部门归口负责本地区中小学接受外国学生的工作，并对学校接受外国学生的资格逐年进行审核；对违反规定招生或管理工作中存在严重问题的学校，应视情况中止或取消其接受外国学生的资格，并将处理结果及时报教育部。

第十二条　省、自治区、直辖市教育行政部门可根据本办法制定本地区中小学招收外国学生资格的审批办法，并报教育部备案。

教育部关于积极推进高中阶段教育事业发展的若干意见

（1999年8月12日印发）

积极发展高中阶段教育事业，对于提高国民受教育水平，适应普及九年义务教育后人民群众对高中阶段教育日益增长的需求，缓解初中升学压力，创造全面推进素质教育的良好环境，提高民族素质，落实科教兴国战略具有十分重要的意义；同时，也是增加居民消费，带动与教育相关产业的发展，减轻就业压力，稳定社会的重要举措。为积极推动高中阶段教育事业的发展，现根据《中共中央国务院关于深化教育改革全面推进素质教育的决定》和中央有关文件精神，提出以下意见。

一、各地教育行政部门要在确保实现“两基”目标和巩固提高的基础上，重视发展高中阶段教育事业，积极发展包括普通教育和职业教育在内的高中阶段教育，为初中毕业生提供多种形式的学习机会。城市和经济发达的地区要有步骤地普及高中阶段教育，满足初中毕业生接受高中阶段教育的需求。已经基本普及高中阶段教育的地方，要优化教育结构和教育资源配置，进一步提高教育质量和办学效益。

二、积极发展高中阶段教育要处理好改革、发展与稳定的关系，要以改革为先导，促进事业发展，要从维护社会稳定的大局出发，周密制定改革和发展措施，平稳操作；要处理好速度、规模与质量、效益的关系，在加快发展、扩大规模的同时，要努力提高教育质量和办学效益，避免发生盲目追求速度和规模，忽视质量和效益的倾向；要处理好与“普九”的关系，高中阶段教育的发展要有利于促进“普九”目标的实现和巩固提高，要与初中发展规模相适应；要处理好当前扩大招生规模与长远发展的关系，在积极扩大今年招生规模的同时，根据初中毕业生变化情况对今后高中阶段教育的发展进行统筹规划，保证高中阶段教育的可持续发展；要处理好普通高中的发展与中等职业教育发展的关系，各省、自治区、直辖市可以根据本地经济、社会发展实际，逐步优化高中阶段教育结构，促进普通高中教育与中等职业教育的协调发展。

三、高中阶段教育的发展要充分利用现有教育资源。已经“普九”的地方，可以通过学校布局调整、高初中分离、重点学校与薄弱学校联合办学、灵活多样的授课制等形式，挖掘潜力，扩大现有公办普通高中的招生规模。鼓励重点职业学校、特色专业扩大招生规模；在教育行政部门的指导下，办学质量较高的重点职业学校可以根据社会需求与办学条件的可能，自主确定招生规模，可以在本省（自治区、直辖市）范围内跨地区招生，少数重点骨干示范性职业学校、专业可按照国家有关规定跨省（自治区、直辖市）招生；有条件的地区，农村职业学校可以免试招收农村应届初中毕业生或具有同等学力的学生入学；有条件的成人中等专业学校可以根据条件扩大招收应届初中毕业生；加强示范性高中的建设，扩大示范性高中的招生规模，努力满足人民群众对高质量高中阶段教育的需求。

四、各地要实行鼓励民间办学的优惠政策，包括无偿提供办学用地，免收配套费用，充分利用现有设施和房屋等，为民间兴办高中阶段的学校创造条件，并加强管理、指导和监督。举办民办学校的单位和个人要落实担保责任，教育行政部门不承担金融责任。

鼓励办学条件较好、教育质量较高的公办普通高中在保证本校规模和教育质量的前提下，采取多种方式与其他学校、社会力量联合举办民办普通高中；部分公办职业学校可以在政府的指导下，进行办学体制改革的试验；中等专业学校要加快招生、毕业生就业体制改革的步伐，实行在国家方针政策指导下自主择业的制度；鼓励行业、企业举办的高中阶段各类学校面向地方、社会扩大招生；有条件的高等学校可以按照国家有关规定，采取民办机制举办附属普通高中和外语、体育、艺术等特色高中。

五、高中阶段教育属于非义务教育。要在充分考虑当地群众承受能力的基础上，经物价部门批准，区别不同地区和不同类型学校，适当调整学费标准，提高高中阶段学费在培养成本中的比例。要进一步完善助学金制度，扩大对困难家庭子女的助学金、特困学生补助的规模。要积极鼓励单位和个人捐资助学。

各地要加强对高中收费的管理和监督，要保证收费用于发展教育事业。任何单位不得违反国家规定向学校乱收费、乱摊派。

六、各地要深化学校内部管理体制改革，充分发挥现有教师的潜力，以适应高中阶段教育发展的需要。学校可以根据教学需要返聘退休教师或以合同制的形式从社会招聘教师。积极鼓励非师范类高等学校毕业生到高中阶段各类学校从教。要避免将义务教育阶段教师拔高使用。

七、各地要解放思想，实事求是，周密部署，平稳操作。扩大1999年高中阶段学校的招生情况要及时分别报送教育部基础教育司、职业教育与成人教育司和发展规划司。同时，要认真研究制定今后几年发展高中阶段教育的方案。

关于新时期加强高等学校教师队伍建设的意见

(1999年8月16日　教育部印发)

世纪之交是我国实施科教兴国发展战略，实现社会主义现代化建设目标的关键时期。在科教兴国的战略布局中，高等教育担负着培养高级专门人才和知识创新、技术创新的重要历史使命，而高等教育的发展水平在很大程度上取决于教师队伍的整体素质。为了全面贯彻落实全教会精神和《面向21世纪教育振兴行动计划》，推动高等教育的改革与发展，现就新时期进一步加强高等学校教师队伍建设提出如下意见。

一、充分认识新时期高等学校教师队伍建设面临的形势

1.“八五”以来，随着我国经济体制改革和高等教育的改革发展，高校教师队伍建设进入了一个新的发展阶段。党和国家高度重视高校教师队伍建设，大力倡导重教尊师的社会风尚。各级政府积极采取有效措施，教师队伍建设取得了明显成效。国家颁布了《教师法》《高等教育法》，教师队伍建设开始走上法制化轨道；教师队伍总体素质有较大提高；人员结构逐步得到改善；学术梯队建设取得积极进展；教师的社会地位逐步提高，生活、工作条件总体上有所改善；学校内部管理制度改革逐步深化，用人效益明显提高；教师队伍的积极性得到较好的发挥，涌现了一大批敬业爱岗、无私奉献的优秀教师。高校教师作为国家创新体系的重要力量，不仅在培养高层次专门人才方面，而且为发展我国的科学技术、促进社会文明进步做出了突出贡献。

2. 高校教师队伍建设在取得较大进展的同时，仍然存在许多问题和困难：教师队伍的整体素质亟待进一步提高；师德建设仍是薄弱环节；教师队伍的结构仍不尽合理；高水平的学科带头人紧缺，骨干教师队伍新老交替的形势严峻；教师的生活工作条件仍待进一步改善；教师队伍管理的法制建设任务还十分艰巨；教师资源的合理配置和充分利用、用人制度改革、教师队伍结构调整和整体素质的提高还受到许多因素的制约，现行教师队伍管理体制、运行机制和相关政策不能适应新时期高等教育改革与发展的需要。

3. 当今世界，科学技术日新月异，知识经济初见端倪，国力竞争日趋激烈。我国实施科教兴国的发展战略，对作为国家创新体系动力源的高等教育和高等学校教师队伍提出了新的更高的要求；经济体制和经济增长方式的根本转变，使教育资源配置特别是高校教师队伍建设面临许多新情况和新问题；高等教育的改革与发展，尤其是教学改革和人才培养模式的变革，对高校教师队伍建设提出了更加迫切的任务；世纪之交骨干教师队伍的新老交替，对高校教师队伍建设，既

是严峻的挑战，又是发展的契机。各地和高等学校要从国家发展战略的高度，充分认识在新的历史时期实施“高层次创造性人才工程”、加强高校教师队伍建设的重大战略意义，进一步解放思想，抓住机遇，积极进取，锐意改革，开创高校教师队伍建设的新局面。

二、高等学校教师队伍建设的指导思想和目标

4. 当前和“十五”时期，高等学校教师队伍建设的指导思想和总体目标是：高举邓小平理论伟大旗帜，认真贯彻落实全教会精神和《面向21世纪教育振兴行动计划》，以《教师法》《高等教育法》为依据，以全面提高教师队伍素质为中心，以实施“高层次创造性人才工程”、培养中青年学科带头人和骨干教师为重点，坚持依法治教、深化改革、调整结构、内涵发展的方针，遵循开放、创新、精干、高效的原则，建立促进教师资源合理配置与开发利用和优秀人才成长的有效机制，建设一支结构优化、素质良好、富有活力的高水平的教师队伍。

5. 到2005年，高等学校教师队伍建设的具体目标是：

——制度建设　制定和完善《教师法》配套法规，基本形成科学、规范的教师管理制度体系框架；依法落实高校用人自主权，依法保障教师合法权益，依法管理教师队伍。

——总量与效益　根据高等教育发展规划，全国高校教师总量基本保持现有规模或稳中略增；在保证高等教育水平不断提高的同时，全国高等学校平均当量生师比达到14∶1左右。

——结构与素质　全国高校教师队伍的结构逐步趋于合理、规范，整体素质有较大提高。

优化职务结构：教授、副教授岗位占专任教师编制总数的比例，教学科研型高校一般为45～55%，少数学校可以达到60%左右；教学为主的本科高等学校一般为30～40%；职业技术学院和高等专科学校一般为15～25%。

提高学历层次：具有研究生学历教师的比例，教学科研型高校达到80%以上（其中具有博士学位教师比例达到30%以上）；教学为主的本科高等学校达到60%以上；职业技术学院和高等专科学校达到30%以上。

改善学缘结构：在校外完成某一级学历（学位）教育或在校内完成其他学科学历（学位）教育的教师应占70%以上。

——学术梯队建设　通过实施“高层次创造性人才工程”，培养数百名在国内外有较高知名度的专家学者，带动一批学科达到和保持国际先进、国内一流水平。他们中的杰出者，成为有重大影响的学术大师、教学名师；培养数千名具有较高学术水平的中青年学者，带动一批学科达到国内领先水平，他们中的出众者成长为杰出的学科带头人；培养数万名优秀年轻骨干教师，承担培养高层次创造性人才任务和国家重点科研项目，他们中的优秀者成为教学、科研成绩卓著的青年学科带头人。

——待遇与保障　根据《教师法》和《中国教育改革和发展纲要》及其实施意见所规定的教师待遇的目标，提高并保障高校教师的实际工资收入在国民经济十六个行业中达到中上水平；教师的家庭人均住房标准达到或超过当地城镇居民人均居住水平；按照国家整体部署建立符合教师职业特点的医疗养老保险等社会保障制度，切实保障教师的合法权益。

三、高等学校教师队伍建设的政策措施和工作重点

6．全面贯彻落实《教师法》《高等教育法》，大力推进高校教师工作的制度建设。尽快制定与完善《教师法》配套法规。近年内颁布《教师职务条例》《〈教师资格条例〉实施办法》《高等学校教师聘任办法》《高等学校编制管理规程》以及《教师考核规定》等法规与规章。在教师资格认定、遴选任用、职务聘任、培养培训、流动调配、考核奖惩、工资待遇、申诉与仲裁等主要环节上实现政府依法治教、学校依法管理、教师依法执教。

7．加强教师思想政治工作，提高教师职业道德水平。在邓小平理论指导下，认真贯彻党的十五大和全教会精神，坚持又红又专的方向，增强学校思想政治工作的针对性和有效性。制定教师职业道德规范，引导教师树立正确的教育观、质量观和人才观，增强实施素质教育的自觉性，促使教师自觉履行《教师法》规定的义务和职责。教师要热爱党、热爱社会主义祖国，忠诚于人民的教育事业，遵守教师职业道德规范，增强职业责任感，不断提高思想政治素质和业务素质，教书育人，为人师表。要表彰奖励优秀教师，广泛宣传模范教师的先进事迹；强化教师工作的政策导向，把教师职业道德作为教师工作考核和职务聘任的重要依据。

8．实施“高层次创造性人才工程”，加强骨干教师队伍建设。

紧紧抓住骨干教师和学科带头人新老交替的契机，围绕学科发展和教学改革，根据加强基础学科、重点发展应用学科、有针对性地发展新兴学科和边缘学科的方针，进一步加大工作力度，强化政府行为，采取有效措施，实行政策倾斜，通过多种方式，加速培养中青年骨干教师和学科带头人。

——建立特聘教授制度，从国内外吸引一批能够领导本学科达到国际先进水平的优秀中青年学术带头人。3～5年内，在高等学校国家重点建设的学科设置特聘教授岗位500～1 000个，实行特聘教授岗位奖金。在工作条件和经费方面给予重点资助，学术带头人在国家政策允许的范围内享有人员聘用和经费使用的自主权，促进高校学术梯队和中青年骨干教师队伍建设，带动一批重点学科在其前沿领域赶超国际先进水平。

——以竞争优选方式分批精选万名骨干教师，采取国家拨款与自筹经费相结合的办法增强经费支持力度，以改善教师的工作条件，提高教师的教学、科研水平，促进中青年学术梯队的建设。

——设立“高等学校优秀青年教师教学和科研奖励基金”，从1999年起每年对百名35岁以下、取得重大教学和科研成果、具有创新精神和创新能力的优秀青年教师给予奖励，连续五年加大支持其教学和科研工作的力度，培养新一代优秀青年学术带头人，鼓励优秀拔尖人才脱颖而出。

——国家设立专项资金，建立国家重点实验室和开放实验室访问学者制度，实现重点学科的开放效益，充分发挥重点学科和重点实验室的作用，培养学科带头人和学术骨干，带动教师队伍的整体素质的提高。

——选拔部分大学系主任和科研所、实验室骨干作为高级访问学者，由国家资助到国外一流大学进行研究交流，培养能够参与国际科技竞争的学术带头人和科技攻坚骨干。

——进一步加大支持强度，充分利用“国家杰出青年科学基金”、教育部“跨世纪优秀人才培养计划”、“资助优秀年轻教师基

金”、“留学回国人员科研启动基金”、“优秀拔尖留学回国人员科研重点基金”、“博士点基金”和国家设立的“人才培养基地建设基金”及自然科学基金等专项基金计划，结合实施高校教学成果奖励制度、科技奖励制度等措施，促进年轻骨干教师和学科带头人的成长。

——各地和高等学校要设立专项经费用于骨干教师队伍和学术梯队建设，以提高高等学校的学术水平和知识创新能力。“211”工程等重点项目的经费，应有相应比例用于教师队伍建设。要积极争取社会各界的支持，鼓励企业、个人在高等学校设立奖教基金或提供专项资助。同时，各高等学校要特别注意创造有利于人才成长的学术氛围和工作环境。

9. 调整教师队伍结构，优化教师资源配置。

——积极适应人才竞争与人才流动的形势，因势利导，加大力度，调整教师队伍结构。通过补充优秀毕业研究生、吸引优秀留学回国人员、向社会公开招聘高水平教师、加强培训等措施，调整和改善教师队伍的学历、职务结构，提高教师队伍的整体水平。

——适应学科发展的趋势，根据高校自身特点，改革、调整教学科研组织方式，优化教师资源配置。加强校际合作，加大学科交叉合作的深度和广度，积极组织以学科群为基础的高层次人才协作。

——进一步加强高校与产业部门和科研机构的联系与合作，聘请高水平专家兼职任教，组织联合攻关，同时要积极鼓励高校教师主持校外重点项目、重点实验室工作。

——有博士点的高等学校要充分发挥学科优势，积极吸纳博士后研究人员，形成人才储备、骨干遴选和人员流动的有效机制，加强高等学校教学科研力量，使基础学科，尤其是应用学科教师队伍始终保持活力。

——要特别重视加强基础课教学力量。基础课、专业基础课和专业课教师要加强交流与联系。教授应承担并认真完成基础课教学任务，知名教授应为本科生授课。

10. 强化教师考核制度，完善教师职务聘任制度。要积极探索并制定科学、有效、可行的教师考核办法和指标体系，使教师考核工作制度化、规范化、科学化。教师考核的重点是“师德”和“实绩”。实行师德“一票否决制”，考核结果要作为教师聘任、晋升、奖惩的依据。

认真贯彻国务院关于教师职务聘任制度的法规政策，坚持教师及相关专业技术岗位职务聘任制度的正确方向，进一步完善和强化教师职务聘任制度。根据学科建设需要和国家关于高校教师职务结构比例的规定，科学设置教师职务岗位，形成合理的职务结构；完善教师职务聘任办法，强化聘任环节，实行严格的定期聘任，择优上岗；加强教师聘后管理和履职考核。教授、副教授要认真履行教育教学职责，教学工作量原则上不低于额定工作量的70%。对不能履行教育教学职责或者经考核不称职的，依法解聘其教师职务。要强化政策导向，充分利用教师职务聘任这一政策杠杆，全面提高教师队伍的政治业务素质。

11. 强化教师培训，提高教师队伍素质。认真贯彻《高等学校教师培训工作规程》，实现高校教师培训工作重点和运行机制的两个转变：从基础性培训和学历补偿教育逐步转变为着眼于更新知识，全面提高教师素质的继续教育；从主要依靠政府行为逐步转变为政府行为、学校行为和教师个人行为相结合，完善具有中国特色的高校教师继续教育制度。

教师培训要坚持立足国内，在职为主，形式多样，加强实践。要以中青年骨干教师为重点，着眼于加强师德教育，更新和拓展知识结构，提高教育教学能力。教师要有宽广厚实的业务知识和终身学习的自觉性，掌握必要的现代教育技术手段，在教学科研工作中勇于探索创新。青年教师必须参加岗前培训。各地和高等学校要根据教师队伍建设目标和《高等学校教师培训工作规程》的要求，制订切实可行的培训计划和政策措施。高校教师培训要贯彻责任共担、效益共享的原则，充分发挥学校和教师个人的主动性、积极性。各地应增加高校教师培训专项经费，高等学校应在教育事业费中安排专项经费用于教师培训。不断完善高校教师培训网络，承担教师培训任务的高等学校和培训机构应认真履行职责，加强协作，不断提高培训质量和效益。

12. 以人事制度改革为核心，深化学校内部管理体制改革。

——改革教师管理模式。高等学校依法实施用人自主权。按照相对稳定、合理流动、专兼结合、资源共享的原则，探索和建立相对稳定的骨干层和出入有序的流动层相结合的教师队伍管理模式和教师资源配置与开发的有效机制。通过加强协作、联合办学、研究生兼任助教、青年教师兼做班主任和学生政治辅导员、互聘联聘教师、聘任兼职教师、返聘高级专家等多种途径，拓宽教师来源渠道，促进教师资源的合理配置和有效利用。要利用产业结构调整的契机，积极采取措施，面向企业和科研机构招聘优秀人才担任专职或兼职教师。目前，有条件的高校顶编兼职教师一般应占到教师总数的四分之一以上。

——改革教师编制管理制度。强化编制管理的约束机制，实行编制和工资总额动态包干，大幅度压缩非教学人员，提高人员使用效益。教学、科研人员及其他专业技术人员占事业编制教职工的比例当前应达到80%以上。强化教育人事部门和学校编制管理的职责权限。非编制管理部门不得干预学校机构设置和人员编制管理。

——改革教师任用制度。按照《教师法》和国家有关规定，根据按需设岗、公开招聘、平等竞争、择优聘任、严格考核、聘约管理的原则，高等学校依法自主聘任教师，吸引优秀人员从教。建立人员流动和淘汰机制，调整或辞退不能履行教师职责人员。所在地区已实行社会保障制度改革的高校，要率先实行教师聘任制。

——加大分配制度改革力度。高等学校要全面实行工资总额动态包干管理，包干节余工资由学校自主分配。要切实贯彻“多劳多得，优劳优酬”的分配原则，根据劳动复杂程度和贡献的大小，合理拉开分配差距，鼓励和支持教师立足本职工作多做贡献。要采取非常措施，加大力度奖励作出突出贡献的骨干教师和学科带头人。建立特殊岗位津贴和基础科研津贴等符合高校特点的岗位津贴制度，吸引和稳定优秀拔尖人才。

——高校应按照国家的总体部署，加快养老保险、医疗及待业保险等社会保障制度的改革步伐，积极建立社会保障机制，为深化人事制度改革创造条件。

13. 采取有效措施，大力改善教师地位和生活工作条件。

——继续大力倡导重教尊师的社会风气，努力提高高校教师的社会地位；进一步完善高校教职工代表大会制度，充分发挥广大教师参与学校民主管理和民主监督的主人翁作用。

——继续采取措施，努力改善教师的工资待遇。进一步完善教师津贴制度；各地要因地制宜，多方采取措施改善教师待遇。

——各地要继续认真贯彻落实党中央、国务院关于解决教师住房问题的方针、政策，把教师住房建设纳入城市建设总体规划，加大投入强度，对教师购房、租赁等实行优惠政策，尽快改善教师尤其是青年教师的住房条件。

——教师是高等学校的主体。学校各职能部门、服务机构，所有员工都应树立和增强为教学科研工作服务、为教师服务的意识，做好管理和服务工作。要为教师特别是教授创造必要的工作条件，视需要与可能为教师配备助手或秘书，使他们专心致志地从事教学科研工作。

14. 建立和完善教师工作的支持系统。建立教师管理信息系统，加快高等学校教职工数据库网络建设，增强教师工作的科学性和有效性；加强教师工作的服务体系建设，各地和有条件的高校要逐步建立教师流动服务机构，发布教师供求信息，提供中介服务，促进教师资源的合理配置。

四、加强领导，统筹规划，狠抓落实

15. 各地要把高校教师队伍建设作为贯彻落实全教会精神和国务院批转教育部《面向21世纪教育振兴行动计划》的重要工作，纳入社会经济发展的总体规划，切实加强领导、统筹规划、采取措施、狠抓落实，要做好高校教师队伍建设方面重大政策、重要工作的研究和协调工作。要组织进行高校教师职务聘任及师资素质评估检查。要把教师队伍建设工作作为考核政府工作、评估学校办学水平、审批高校设置、确定教师职务评审权限和学位授予权限等的重要依据。

16. 各高等学校要把教师队伍建设作为学校教育教学工作的首要任务，根据本意见和学校事业发展规划，制定加强教师队伍建设的具体计划，积极采取有效措施，着力解决关键性问题，使教师队伍建设的目标、任务落到实处。

关于加强教育督导与评估工作的意见

（1999年8月20日　教育部印发）

改革开放以来，在各级政府和教育行政部门的领导下，我国教育督导制度逐步恢复重建并不断完善。督导与评估工作取得了显著成绩，积累了丰富经验。为贯彻全国教育工作会议精神，落实《中共中央国务院关于深化教育改革全面推进素质教育的决定》，进一步加强教育督导工作，健全督导机构，完善督导制度，保证“两基”质量和素质教育的顺利实施，特提出以下意见。

一、加强教育督导与评估工作，是依法治教，保障素质教育顺利推进的迫切需要

《中共中央国务院关于深化教育改革全面推进素质教育的决定》明确提出：要“进

一步健全教育督导机构，完善教育督导制度，在继续进行‘两基’督导检查的同时，把保障实施素质教育作为教育督导工作的重要任务。”这不仅为教育督导工作提出了新的目标和任务，而且为进一步建立健全教育督导机构和制度提供了依据。我国教育督导工作面临新的发展机遇。

建立教育督导制度，是邓小平教育理论的组成部分。早在1977年，邓小平同志在关于教育战线拨乱反正问题的谈话中，就提出了恢复和重建教育督导制度，以监督教育计划、政策等的执行情况的要求。改革开放以来，国家颁布了《教育法》、《义务教育法》、《教师法》、《职业教育法》、《扫除文盲工作条例》、《社会力量办学条例》等一系列教育法律、法规，初步形成了教育法律、法规体系。但要做到依法治教，必须加强对教育法律法规执行情况的监督。《教育法》确立了教育督导与评估制度的法律地位。教育督导制度的建立、健全，正是我国现代教育管理体制和依法治教机制日趋完善的重要标志。

多年来，教育督导在推动落实教育优先发展战略地位和依法治教，特别是在实现“两基”，推进实施素质教育中发挥了重要的作用。二十年的实践表明，教育督导与评估制度是保障教育事业健康发展的有效机制，教育督导机构的职能作用是不可替代的。

目前，全国已经形成中央、省、地、县四级教育督导机构网络。在教育督导机构设置上，各地积累和创造了一些好的做法和经验。其中，主要有两种机构设置形式。一是建立人民政府教育督导机构，明确代表人民政府及其教育行政部门依法行使教育督导职能，并对本级人民政府负责。现在，有十九个省（自治区、直辖市）和半数地（市）、县（市、区）建立了政府教育督导机构。二是在教育行政部门内部建立专门的教育督导机构，由同级人民政府授权，代表人民政府及其教育行政部门依法行使教育督导职能。1998年国务院机构改革中教育部教育督导机构得到了加强，体现了党的十五大和九届人大一次会议精神，是加强教育宏观管理的重要决策，也是推进我国中等和中等以下教育改革和发展的有力措施。

但是，由于我国恢复重建教育督导制度的历史不长，教育督导事业在全国发展还不平衡，一些地方和部门对教育督导工作的重要性还缺乏应有的认识，教育督导机构、队伍、法规、制度建设还不能完全适应教育改革和发展的需要。我们必须根据《中共中央国务院关于深化教育改革全面推进素质教育的决定》的要求，提高对教育督导工作的认识，进一步加强教育督导机构，完善教育督导制度，努力发挥教育督导在推进“两基”和实施素质教育中的保障作用。

二、明确教育督导与评估工作的性质和督导机构的职责

总结多年来我国教育督导工作的实践，借鉴国外的成功经验，建立有中国特色的教育督导与评估制度，必须进一步明确教育督导与评估工作的性质和督导机构的职责。

教育督导工作的性质和任务是：以教育法律、法规和方针、政策为依据，在同级人民政府领导下，代表人民政府和教育行政部门，对下级政府的教育工作和教育行政部门的工作，对中等及中等以下学校和其他教育机构及其举办者的工作，进行督导、评估和检查、验收。根据人民政府授权，也可以对其他教育工作，对同级政府有关职能部门依法履行教育职责，进行督导检查。

评估既是教育督导的重要手段，又是教

育督导的一项重要职能。督导评估是教育督导部门进行的教育行政评估，它是代表政府和教育行政部门按照国家教育法律、法规和方针、政策，对有关部门、学校的教育管理工作，教育质量、效益，以及发展水平进行价值判断的过程。督导评估具有鉴定、激励、导向、调控等功能。

中央教育督导机构是国家教育督导团。国家教育督导团及督导团办公室的主要职责是：依据国家的教育法律、法规、方针、政策，制定教育督导与评估工作的方针、政策、规章和有关文件；组织国家督学对地方各级政府和教育行政部门以及中等和中等以下各类学校贯彻执行国家教育法律、法规、方针、政策情况进行督导、评估、检查、验收；宏观指导各地的督导与评估工作。当前主要是抓好"两基"实施和巩固提高的督导检查和评估验收；建立素质教育的督导评估和检查验收机制，保障素质教育的全面推进。

省级教育督导机构的主要职责是：对本行政区域贯彻执行教育法律、法规、方针、政策的情况进行督导检查；对下级人民政府及有关职能部门履行教育职责的情况进行督导检查；对本行政区域内"两基"的实施和巩固提高工作进行督导检查和评估验收；对本行政区域内中等和中等以下学校和其他教育机构实施素质教育工作进行督导评估和检查验收；制定地方教育督导与评估的工作制度和指导性文件。

三、建立和完善教育督导与评估制度

教育督导与评估工作的指导思想是：高举邓小平理论伟大旗帜，认真贯彻全国教育工作会议精神，落实《中共中央国务院关于深化教育改革全面推进素质教育的决定》和《面向21世纪教育振兴行动计划》，充分发挥教育督导机构的职能作用和各级督学的作用，坚持"督政"与"督学"相结合，努力构建具有中国特色的教育督导与评估体系和机制，促进中等及中等以下教育的改革和发展。

（一）建立和完善"两基"督导检查和巩固提高复查制度。

党中央、国务院提出："两基"是全面推进素质教育的基础，各地要把"两基"工作继续放在"重中之重"的位置，确保"两基"目标的实现和巩固提高"两基"成果。从我国情况看，实现"两基"和巩固提高"两基"成果，将是一项长期的历史任务。因此，从现在起至下个世纪初的很长一段时间必须加强"两基"督导检查和评估验收工作。在"两基"督导检查和评估验收工作中，要把督导政府的教育执法行为作为重点，首先保障义务教育的投入，保障义务教育所必需的办学条件并不断提高办学条件水平。同时，逐步建立义务教育监测系统，及时真实地反馈"两基"工作的发展状况及存在的问题，提出解决的措施。对已经通过"两基"验收的县（市、区）建立复查制度，推进"两基"在巩固已有成果的基础上不断发展和提高。

（二）建立全面推进素质教育的督导评估制度。

为全面推进素质教育的实施，充分发挥督导评估在实施素质教育中的导向、激励、规范和保障作用，根据《中共中央国务院关于深化教育改革全面推进素质教育的决定》，建立对地方实施素质教育工作进行督导评估的制度，着重检查《中共中央国务院关于深化教育改革全面推进素质教育的决定》中对地方政府提出的要求是否落到实处，推进素质教育工作是否扎实而有成效。教育部将制定对县（市、区）全面推进素质教育工作督导

向其所在地的省、自治区、直辖市教育主管部门提出申请，经审核同意后报教育部商公安部进行资格认定。通过资格认定的机构应当到当地工商行政管理部门办理企业登记注册手续。同时到机构所在地公安机关出入境管理部门备案。

第五条 申办中介服务业务的机构在提出申请时应当报送以下材料：

（一）申请书；

（二）法人资格证明；

（三）办公条件、办公地点、业务人员情况；

（四）与国外机构交流与合作情况；

（五）资金和固定资产有效证明；

（六）拟开展中介服务的业务范围和计划等。

第六条 中介服务的业务范围包括：相关的信息和法律咨询、代办入学申请、提供签证服务、进行出国前的培训等。

第七条 中介服务的主要对象为已完成高级中等教育或高等教育后申请自费出国留学的中国公民。在校大专以上学生自费出国留学需符合《关于自费出国留学有关问题的通知》（教督［1993］81号）的规定。

中介服务机构的业务活动应当在本地区进行，开展跨省、自治区、直辖市的业务活动需经教育部商公安部批准。

第八条 中介服务机构应当直接与国外高等院校和教育机构签订有关合作协议并报送所在地省级教育行政部门备案。

第九条 中介服务机构应当与自费出国留学人员签订出国留学中介服务协议书，明确双方的权利、义务和责任。

第十条 中介服务机构开展中介服务应当以培养人才为宗旨，遵守国家有关法律、法

规，贯彻执

第十一

服务机构出

法向户口所

办护照。其

办护照时应

有关证明材

第十二

服务广告，

工商行政管

文件或与批

作、代理和

商行政管理

民共和国广告

第十三条

主管部门会同

地区的中介服

事非法经营的

期整改；对造

责任，同时报

自费出国留学

政管理部门申

依法吊销营业

第十四条

批准（包括已

开展自费出国

相应业务，并

经资格认定和

方式从事自费

自开展此类业

门会同当地公

处。

第十五条

国家工商行政

第十六条

评估的指导性文件，各省（自治区、直辖市）要结合本地实际，制定实施办法。

要全面建立和完善对普通中小学校的督导评估制度。各地要按照原国家教委下发的《关于当前积极推进中小学实施素质教育的若干意见》（教办［1997］29号）和《普通中小学校督导评估工作指导纲要（修订稿）》（教督［1997］4号）要求，以监督和引导学校实施素质教育为中心内容，全面开展对普通中小学校的综合督导评估工作。要把对中小学校的督导评估同考试制度改革结合起来，引导学校逐步把升学竞争转变为提高办学水平和提高教育质量、效益的竞争。要理顺学校评估工作体制，对学校的各类评估工作应以综合督导评估为主，各有关部门相互配合，减少评估项目，减轻基层和学校负担，提高评估效益和信度。除普通中小学外，还要通过试点，取得经验后，逐步开展对中专学校、职业学校、技工学校、幼儿园、特殊教育学校、社会力量举办的中等及中等以下学校和其他教育机构的督导评估工作。

（三）建立对地方教育行政工作的督导检查制度。

建立对地方各级政府贯彻执行《教育法》、《义务教育法》、《教师法》、《职业教育法》、《扫除文盲工作条例》、《残疾人教育条例》、《社会力量办学条例》等法律法规的督导检查制度。

建立对地方各级政府实施科教兴国战略和教育优先发展战略地位的督导检查制度。开展对区域性教育综合水平的督导评估。各地可利用教育督导评估机制开展创建教育先进乡（镇）、先进县（市、区）等活动，并把它与全面推进素质教育督导评估工作结合起来，推动政府教育行为的全面到位。

建立专项督导检查制度。各地可围绕教育的中心工作，针对教育的热点、难点问题，有计划地开展专项督导检查工作。

为充分发挥教育督导的功能，有条件的地方可逐步建立督导责任区制度。根据行政区划或便于开展工作的原则划分督导责任区。督导责任区的责任督学负责对责任区内的中等和中等以下教育工作进行随机督导和调查研究，及时发现问题，提出处理意见和建议，向教育部和地方人民政府、教育行政部门报告督察情况。

要重视教育督导评估结果的使用，充分发挥其效能。督导活动结束后，督导机构应向被督导单位和有关部门反馈督导评估情况。定期发布教育督导公报。督导评估结果应成为被督导单位改进工作的依据，成为政府和教育行政部门教育决策及考查干部和评价学校的重要依据。

四、加强和改善对教育督导与评估工作的领导，充分发挥督学的作用

为充分发挥教育督导与评估工作在现代教育管理中的重要作用，各级政府和教育行政部门要在工作部署、法规建设、机构设置、队伍建设、经费和工作条件等方面，切实加强对教育督导与评估工作的领导和支持。

要切实加强教育督导的法规和规章制度建设，争取经过几年的努力，从中央到地方初步形成教育督导的法规体系和依法督导的工作程序。

要进一步加强教育督导评估工作机构和队伍建设。要建立与教育督导职责相适应的教育督导机构，明确督导机构和督学的职能和权限。已建立人民政府教育督导室的，要采取各种形式充分发挥其功能。明确督学的职级，使其能够更好地履行职责。逐步提高对督学及督导工作人员的素质要求，不得把

督导部门视为安置干部、解决待遇的单位。要认真贯彻原国家教委颁发的《关于加强教育督导队伍建设的几点意见》(教督［1996］6号)，努力建立一支行政管理型和专家型相结合、专职和兼职相结合、数量足够、素质较高、年龄和知识结构合理的督学队伍。

要加强对督学的培训。省、地两级督学主要依靠教育部华北和华东教育管理干部培训中心进行培训。省级教育行政部门要采取多种办法、多种形式对县级督学进行培训，不断提高督学的素质和水平。有条件的高等师范院校教育管理专业的硕士点、博士点，经批准，可设置教育督导与评估专业，培养从事教育督导与评估理论和实践工作的高级专门人才。

要充分发挥国家督学和各级督学的作用。国家督学应成为教育部的参谋和顾问，要

积极参加
全国性督
发挥本省
要的工作
当地人民
问。各级
认真遵守
原则，大
工作的水

各级
学习邓小
和方针、
命感和责
加强理论
利于教育
设有中国

自费出国留学中介服务

(1999年8月24日 经国务院同意，
国家工商行政管理局令第5

第一条 为保护自费出国留学当事人的合法权益，加强对自费出国留学中介服务的管理，制定本规定。

第二条 自费出国留学中介服务(以下简称中介服务)系指经批准的教育服务性机构通过与国外高等院校、教育部门或者其他教育机构合作，开展的与我国公民自费出国留学有关的中介活动。

第三条 申办中介服务业务的机构应当具备以下条件：

(一)
务性机构

(二)
策并从事

(三)
与交流关系

(四)
受损时保

第四条
许服务行业

关于调整中等职业学校布局结构的意见

(1999年9月9日 教育部印发)

为贯彻落实《中共中央国务院关于深化教育改革全面推进素质教育的决定》和第三次全国教育工作会议精神，进一步深化中等职业教育办学体制和管理体制改革，优化中等职业教育资源配置，实现中等职业教育在新的历史时期的资源重组，提高办学质量和整体效益，促进中等职业教育适应经济体制改革的需要，更好地为经济建设和社会发展服务，现就调整中等职业学校布局结构问题提出如下意见：

一、调整中等职业学校布局结构势在必行

我国目前的中等职业学校布局结构是在计划经济体制下形成的。在计划经济体制下，部门、行业和地方分别举办中等职业学校，形成了"条块分割"的中等职业学校布局结构，在当时的历史条件下，对调动各方面办学的积极性，促进中等职业教育的发展，起到了积极作用。但是，随着我国经济体制由计划经济转变为社会主义市场经济，原有的学校布局结构已经不能继续适应经济建设、经济体制改革及教育体制改革的需要，严重制约着我国中等职业教育的进一步发展，因此，调整中等职业学校布局结构势在必行：

1. 目前，中等职业教育整体规模效益不高，1998年，我国中等职业学校和成人中专约22 000所，除普通中专学校校均规模约1 200人，已基本达到原国家教委规定的中专学校设置有关标准外，其他几类学校校均规模只有500人左右，其中有些学校已经连续几年没有招生，教育资源没有得到充分利用，急需通过调整优化，增强中等职业教育的整体效益。

2. 随着社会主义市场经济的建立和完善，以及政府机构改革和职能转变，各级政府部门管理经济和企业的职能，正朝着政企分开的方向转变，政府业务主管部门对中等职业学校的直接管理也在逐步削弱，因此，对现有的中等职业学校进行布局结构调整，不仅是中等职业教育发展的需要，也是政府机构改革转变职能的需要。

3. 随着我国经济发展和科学技术的进步以及产业结构的调整，各行业对人才的需求数量和要求不断地变化，一些新兴的产业和职业岗位不断出现，许多行业、职业岗位趋向融合、复合，为适应这些变化，必须对学校和专业的布局结构进行调整。

4. 在社会主义市场经济体制下，学校的发展面临越来越激烈的竞争，通过合并、共建、联办、划转等多种形式进行布局结构调整，可以进一步优化资源的配置，扩大学校的办学规模，改善办学条件，使教学质量和办学效益都得到提高，进一步提高学校的竞争力。

益等方面的进一步协调发展。

二、指导思想和工作目标

中等职业学校布局结构调整的指导思想是：以《中共中央国务院关于深化教育体制改革全面推进素质教育的决定》为指导，通过调整中等职业学校布局结构，进一步推动中等职业教育办学体制和管理体制及运行机制的改革，优化资源配置，提高办学质量和整体效益，更好地为经济建设和社会发展服务，促进中等职业教育的健康协调发展。

这次中等职业学校布局结构调整的工作目标是：经过 2～3 年的努力，初步建立起面向 21 世纪，布局结构合理，专业门类齐全，办学质量和整体效益好，适应社会主义市场经济体制和现代化建设需要的中等职业学校布局结构。为实现这一目标，首先要做好以下几个方面的工作：

1. 改变“条块分割”的中等职业学校布局结构，建立起在当地政府的统筹规划下，适应区域经济和社会发展需要的中等职业学校布局结构。

2. 改变在教育内部由不同部门按职业教育与成人教育分别规划管理中等职业教育的状况，建立起按照学生的培养目标和规格要求统筹规划，相互沟通的中等职业学校（成人学校）布局结构。

3. 改变分散办学、重复办学，资源配置不合理，办学效益低的状况，通过“合并、共建、联办、划转”等调整形式，进行资源重组，建设好一批规模大、水平高、有特色的骨干示范性学校。

4. 改变中等职业教育主要靠外延发展的状况，通过调整，使中等职业教育在规模上进一步发展、结构更加合理（层次结构、学校、专业布局结构）、质量、效益明显提高。促进中等职业教育在规模、结构、质量、效益等方面的进一步协调发展。

三、调整中等职业学校布局结构的主要实现形式有：合并、共建、联办、划转等。

1. 合并：是指根据学校布局调整规划将两所或更多的学校合并为一个学校，实现人、财、物等各个方面的统一领导，统一规划和统一管理，做到一套班子、一套机构和一套制度。合并可以在普通中专之间、普通（成人）中专与技工学校、普通（成人）中专与职业高中、普通中专与成人中专、技工学校与职业高中，及其他各类学校之间进行；有条件的，部门与地方的学校、部门与部门的学校也可以实行合并。

2. 共建：是指学校在投资渠道基本不变的前提下，实行中央部门与省（自治区、直辖市）人民政府、地方业务部门与教育行政部门、地方业务部门之间双重领导，共建共管。要通过共建淡化和改变单一的隶属关系，打破条块分割，实现条块的有机结合，增强地方政府的统筹力度，使学校更好地为地方经济和社会发展服务。

3. 联办：是指学校在隶属关系和投资渠道不变、自愿互利的基础上，进行各种形式的合作，实现资源共享，优势互补，以达到共同提高办学水平和办学效益的目的。

4. 划转：是指部委直属学校划转地方管理（如撤销的 9 部委直属中专、技工学校已划转为地方政府管理）；省（自治区、直辖市）业务部门所属学校划转教育行政部门管理或下一级政府管理等。

学校布局结构调整的形式，要因地制宜，各地还可结合各自实际情况，在有利于促进职业教育的发展，有利于职业教育适应经济和社会发展需要，有利于满足人民群众和用人单位对职业教育的需求，有利于职业教育资源优化配置，提高教育质量和办学效益的前提下，大胆探索和实践。

四、组织实施

1. 这次学校布局结构的调整，应在教育部制定的统一原则下，条块结合，以块为主进行。各级政府要加强统筹和领导，教育行政部门要深入调查研究，在摸清中等职业教育资源的现状，明确了发展规划的基础上，提出中等职业学校布局结构调整的规划方案和实施办法，以及配套的政策措施，经政府决策后，组织实施。教育行政部门要充分听取行业部门、企事业单位等办学单位和有关学校的意见，做好协调工作，加强对企业、行业所属中等职业学校调整工作的业务指导。要积极探索办学体制改革的新路子，增强办学活力。

2. 在调整过程中，要坚持依法办事的原则，严格按照“教育法”、“职业教育法”、“社会力量办学条例”等有关法律的规定，依法保护各方面的权益。调整工作要保证现有中等职业教育资源不流失。学校调整后，原有通过财政等渠道投入的事业经费、基建投资等按原定标准核拨，并应逐年有所增加。调整后的学校应当做到产权明晰，各方面职责明确。

3. 中等职业学校布局结构调整，要根据当地经济发展和中等职业教育发展的实际，实行分区规划，分类指导。

在城市和经济发达地区要通过调整，将普通中专、成人中专、技工学校、职业高中中一些规模小、条件差、布局不合理的学校做适当的撤并，达到扩大规模、提高效益的目标。

在县（市）一级要尽快将教育部门、各有关部门举办的各类中等职业学校、成人中专等进行中等职业教育和培训的机构进行统一的规划调整，集中力量建设一到两所面向当地经济和社会发展需要的，融职前、职后教育于一体，学历教育与职业培训相结合的中等职业教育办学实体，改变县（市）职业学校点多、规模小、效益低的状况。

对政府机构改革，职能转变过程中，需要划转的中等职业学校，要努力打破行业与地方、行业与行业之间的界限，淡化隶属关系，加强地方统筹，按照布局结构调整的总体规划要求，选择适当调整形式，但不能将学校层层下放。

4. 调整工作中要正确处理好几个关系：一是调整与发展的关系，布局结构调整的根本目的是促进中等职业教育健康协调地发展，包括规模的扩大，结构的优化，质量效益的提高，不能因调整而影响中等职业教育的发展。二是“块”与“条”的关系，调整工作以地方政府为主进行，但应充分保护、发挥行业部门的积极性，做到条块结合，共同促进职教发展。三是处理好调整与稳定的关系。调整工作既要态度积极，又要步子稳妥，可采取先易后难、先点后面的方式有计划、有步骤地推进，要保证学校教学和各项工作的正常秩序。四是处理好各类中等职业学校校名的关系，通过调整，淡化中专、职高、技工学校的界限，改变中等职业学校校名种类过多的状况，使校名进一步规范化。

评估的指导性文件，各省（自治区、直辖市）要结合本地实际，制定实施办法。

要全面建立和完善对普通中小学校的督导评估制度。各地要按照原国家教委下发的《关于当前积极推进中小学实施素质教育的若干意见》（教办［1997］29 号）和《普通中小学校督导评估工作指导纲要（修订稿）》（教督［1997］4 号）要求，以监督和引导学校实施素质教育为中心内容，全面开展对普通中小学校的综合督导评估工作。要把对中小学校的督导评估同考试制度改革结合起来，引导学校逐步把升学竞争转变为提高办学水平和提高教育质量、效益的竞争。要理顺学校评估工作体制，对学校的各类评估工作应以综合督导评估为主，各有关部门相互配合，减少评估项目，减轻基层和学校负担，提高评估效益和信度。除普通中小学外，还要通过试点，取得经验后，逐步开展对中专学校、职业学校、技工学校、幼儿园、特殊教育学校、社会力量举办的中等及中等以下学校和其他教育机构的督导评估工作。

（三）建立对地方教育行政工作的督导检查制度。

建立对地方各级政府贯彻执行《教育法》、《义务教育法》、《教师法》、《职业教育法》、《扫除文盲工作条例》、《残疾人教育条例》、《社会力量办学条例》等法律法规的督导检查制度。

建立对地方各级政府实施科教兴国战略和教育优先发展战略地位的督导检查制度。开展对区域性教育综合水平的督导评估。各地可利用教育督导评估机制开展创建教育先进乡（镇）、先进县（市、区）等活动，并把它与全面推进素质教育督导评估工作结合起来，推动政府教育行为的全面到位。

建立专项督导检查制度。各地可围绕教育的中心工作，针对教育的热点、难点问题，有计划地开展专项督导检查工作。

为充分发挥教育督导的功能，有条件的地方可逐步建立督导责任区制度。根据行政区划或便于开展工作的原则划分督导责任区。督导责任区的责任督学负责对责任区内的中等和中等以下教育工作进行随机督导和调查研究，及时发现问题，提出处理意见和建议，向教育部和地方人民政府、教育行政部门报告督察情况。

要重视教育督导评估结果的使用，充分发挥其效能。督导活动结束后，督导机构应向被督导单位和有关部门反馈督导评估情况。定期发布教育督导公报。督导评估结果应成为被督导单位改进工作的依据，成为政府和教育行政部门教育决策及考查干部和评价学校的重要依据。

四、加强和改善对教育督导与评估工作的领导，充分发挥督学的作用

为充分发挥教育督导与评估工作在现代教育管理中的重要作用，各级政府和教育行政部门要在工作部署、法规建设、机构设置、队伍建设、经费和工作条件等方面，切实加强对教育督导与评估工作的领导和支持。

要切实加强教育督导的法规和规章制度建设，争取经过几年的努力，从中央到地方初步形成教育督导的法规体系和依法督导的工作程序。

要进一步加强教育督导评估工作机构和队伍建设。要建立与教育督导职责相适应的教育督导机构，明确督导机构和督学的职能和权限。已建立人民政府教育督导室的，要采取各种形式充分发挥其功能。明确督学的职级，使其能够更好地履行职责。逐步提高对督学及督导工作人员的素质要求，不得把督导部门视为安置干部、解决待遇的单位。要认真贯彻原国家教委颁发的《关于加强教育督导队伍建设的几点意见》（教督［1996］6号），努力建立一支行政管理型和专家型相结合、专职和兼职相结合、数量足够、素质较高、年龄和知识结构合理的督学队伍。

要加强对督学的培训。省、地两级督学主要依靠教育部华北和华东教育管理干部培训中心进行培训。省级教育行政部门要采取多种办法、多种形式对县级督学进行培训，不断提高督学的素质和水平。有条件的高等师范院校教育管理专业的硕士点、博士点，经批准，可设置教育督导与评估专业，培养从事教育督导与评估理论和实践工作的高级专门人才。

要充分发挥国家督学和各级督学的作用。国家督学应成为教育部的参谋和顾问，要积极参加国家教育督导团及其办公室组织的全国性督导活动，省级教育行政部门要重视发挥本省的国家督学的作用，为他们提供必要的工作条件。省、地、县级督学也应成为当地人民政府和教育行政部门的参谋和顾问。各级督学要严肃、认真地依法履行职责，认真遵守《督学行为准则》，坚持实事求是的原则，力戒形式主义和虚假作风，不断提高工作的水平。

各级督学和教育督导工作人员，要努力学习邓小平教育理论，学习教育法律、法规和方针、政策，热爱教育督导工作，增强使命感和责任感。要善于发现问题，总结经验，加强理论研究，不断开拓创新，大胆进行有利于教育改革和发展的各种督导试验，为建设有中国特色教育督导制度作出贡献。

自费出国留学中介服务管理规定

（1999年8月24日　经国务院同意，教育部、公安部、国家工商行政管理局令第5号发布）

第一条　为保护自费出国留学当事人的合法权益，加强对自费出国留学中介服务的管理，制定本规定。

第二条　自费出国留学中介服务（以下简称中介服务）系指经批准的教育服务性机构通过与国外高等院校、教育部门或者其他教育机构合作，开展的与我国公民自费出国留学有关的中介活动。

第三条　申办中介服务业务的机构应当具备以下条件：

（一）具有法人资格的教育机构或教育服务性机构；

（二）有熟悉我国和相关国家自费留学政策并从事过教育服务性业务的工作人员；

（三）与国外教育机构已建立稳定的合作与交流关系；

（四）有必备的资金，能在学生经济利益受损时保障其合法权益，按协议予以赔偿。

第四条　自费出国留学中介服务属于特许服务行业。申办中介服务业务的机构应当向其所在地的省、自治区、直辖市教育主管部门提出申请，经审核同意后报教育部商公安部进行资格认定。通过资格认定的机构应当到当地工商行政管理部门办理企业登记注册手续。同时到机构所在地公安机关出入境管理部门备案。

第五条 申办中介服务业务的机构在提出申请时应当报送以下材料：

（一）申请书；

（二）法人资格证明；

（三）办公条件、办公地点、业务人员情况；

（四）与国外机构交流与合作情况；

（五）资金和固定资产有效证明；

（六）拟开展中介服务的业务范围和计划等。

第六条 中介服务的业务范围包括：相关的信息和法律咨询、代办入学申请、提供签证服务、进行出国前的培训等。

第七条 中介服务的主要对象为已完成高级中等教育或高等教育后申请自费出国留学的中国公民。在校大专以上学生自费出国留学需符合《关于自费出国留学有关问题的通知》（教留［1993］81号）的规定。

中介服务机构的业务活动应当在本地区进行，开展跨省、自治区、直辖市的业务活动需经教育部商公安部批准。

第八条 中介服务机构应当直接与国外高等院校和教育机构签订有关合作协议并报送所在地省级教育行政部门备案。

第九条 中介服务机构应当与自费出国留学人员签订出国留学中介服务协议书，明确双方的权利、义务和责任。

第十条 中介服务机构开展中介服务应当以培养人才为宗旨，遵守国家有关法律、法规，贯彻执行自费出国留学政策，收费合理。

第十一条 自费出国留学人员可持中介服务机构出具的有关证明和国外邀请函，依法向户口所在地公安机关出入境管理部门申办护照。其中具有大专以上学历人员，在申办护照时应当同时出具当地教育主管部门的有关证明材料。

第十二条 发布有关自费出国留学中介服务广告，必须经省、自治区、直辖市以上工商行政管理机关批准。对不具备上述批准文件或与批准文件不符的广告，不得设计、制作、代理和发布。对违反上述规定的，由工商行政管理部门对有关责任者依照《中华人民共和国广告法》予以处罚。

第十三条 各省、自治区、直辖市教育主管部门会同公安、工商行政管理部门对本地区的中介服务机构实施管理和监督。对从事非法经营的中介服务机构，应当责令其限期整改；对造成严重后果的，依法追究法律责任，同时报教育部商公安部批准后取消其自费出国留学中介服务资格。限期向工商行政管理部门申请办理注销登记，拒不办理的，依法吊销营业执照。

第十四条 本规定发布前已经有关部门批准（包括已在工商行政管理部门注册）可开展自费出国留学中介服务的机构应当停止相应业务，并按本规定重新办理审批手续。未经资格认定和企业注册的机构均不得以任何方式从事自费出国留学中介服务活动。对擅自开展此类业务的机构，由各地教育主管部门会同当地公安、工商行政管理部门依法查处。

第十五条 本规定由教育部、公安部和国家工商行政管理局负责解释。

第十六条 本规定自发布之日起施行。

关于调整中等职业学校布局结构的意见

（1999年9月9日　教育部印发）

为贯彻落实《中共中央国务院关于深化教育改革全面推进素质教育的决定》和第三次全国教育工作会议精神，进一步深化中等职业教育办学体制和管理体制改革，优化中等职业教育资源配置，实现中等职业教育在新的历史时期的资源重组，提高办学质量和整体效益，促进中等职业教育适应经济体制改革的需要，更好地为经济建设和社会发展服务，现就调整中等职业学校布局结构问题提出如下意见：

一、调整中等职业学校布局结构势在必行

我国目前的中等职业学校布局结构是在计划经济体制下形成的。在计划经济体制下，部门、行业和地方分别举办中等职业学校，形成了“条块分割”的中等职业学校布局结构，在当时的历史条件下，对调动各方面办学的积极性，促进中等职业教育的发展，起到了积极作用。但是，随着我国经济体制由计划经济转变为社会主义市场经济，原有的学校布局结构已经不能继续适应经济建设、经济体制改革及教育体制改革的需要，严重制约着我国中等职业教育的进一步发展，因此，调整中等职业学校布局结构势在必行：

1. 目前，中等职业教育整体规模效益不高，1998年，我国中等职业学校和成人中专约22 000所，除普通中专学校校均规模约1 200人，已基本达到原国家教委规定的中专学校设置有关标准外，其他几类学校校均规模只有500人左右，其中有些学校已经连续几年没有招生，教育资源没有得到充分利用，急需通过调整优化，增强中等职业教育的整体效益。

2. 随着社会主义市场经济的建立和完善，以及政府机构改革和职能转变，各级政府部门管理经济和企业的职能，正朝着政企分开的方向转变，政府业务主管部门对中等职业学校的直接管理也在逐步削弱，因此，对现有的中等职业学校进行布局结构调整，不仅是中等职业教育发展的需要，也是政府机构改革转变职能的需要。

3. 随着我国经济发展和科学技术的进步以及产业结构的调整，各行业对人才的需求数量和要求不断地变化，一些新兴的产业和职业岗位不断出现，许多行业、职业岗位趋向融合、复合，为适应这些变化，必须对学校和专业的布局结构进行调整。

4. 在社会主义市场经济体制下，学校的发展面临越来越激烈的竞争，通过合并、共建、联办、划转等多种形式进行布局结构调整，可以进一步优化资源的配置，扩大学校的办学规模，改善办学条件，使教学质量和办学效益都得到提高，进一步提高学校的竞争力。

高等学校本科专业设置规定（1999年颁布）

（1999年9月14日　教育部发布）

第一章　总　　则

第一条　为了促进高等教育规模、结构、质量、效益的协调发展，加强和改善对高等学校本科专业（以下简称“专业”）的宏观管理，推进高等学校依法自主办学进程，根据《中华人民共和国高等教育法》，制定本规定。

第二条　高等学校的专业设置和调整，应适应国家经济建设、科技进步和社会发展的需要，遵循教育规律，正确处理需要与可能，数量与质量，近期与长远，局部与整体，特殊与一般的关系。

第三条　高等学校的专业设置和调整，应有利于提高教育质量和办学效益，形成合理的专业结构和布局，避免不必要的重复设置。

通过现有专业扩大招生、拓宽专业服务方向或共建、合作办学等途径，能基本满足人才需求的不应再新设置专业。

第四条　高等学校的专业设置和调整，应符合教育部颁布的高等学校本科专业目录及有关要求，按规定程序办理。

第二章　设置条件

第五条　高等学校设置和调整专业必须具备下列基本要求：

（一）符合经学校主管部门（指省、自治区、直辖市教育行政部门、国务院有关部门，下同）批准的学校发展规划，有人才需求论证报告，年招生规模一般不少于60人（特殊专业如艺术类专业执行具体规定）；

（二）有专业建设规划、符合专业培养目标的教学计划和其他必需的教学文件；

（三）能配备完成该专业教学计划所必需的教师队伍及教学辅助人员，一般应有已设相关专业为依托；

（四）具备该专业必需的开办经费和教室、实验室及仪器设备、图书资料、实习场所等办学基本条件。

第六条　高等学校的专业设置实行总量控制，在学校主管部门核定的专业数内，学校年度增设专业数一般不超过3个。

第七条　高等学校原则上按其分类属性设置专业，以形成优势和特色，根据需要与可能也可适量设置学校分类属性以外的专业。

第八条　高等师范院校增设非师范专业（系指不以中等及中等以下学校教师为培养目标的专业），应依据所在地区现设专业及人才供求状况统筹考虑。

第九条　基本办学条件未达国家规定标准或本科教学工作合格评估未通过的高等学校，不得增设新专业。

第三章 设置权限

第十条 省、自治区、直辖市教育行政部门统筹协调本行政区域内高等学校的专业设置、调整工作。

国务院有关部门审核或审批所属学校专业，应征求学校所在省、自治区、直辖市教育行政部门的意见。

第十一条 高等学校依据高等学校本科专业目录，在核定的专业设置数和学科门类内自主设置、调整专业。

设置、调整核定的学科门类范围外的专业，由学校主管部门审批，报教育部备案。

第十二条 高等学校设置、调整专业目录外的专业，由学校主管部门按规定程序组织专家论证并审核，报教育部批准。

第十三条 高等学校设置、调整国家控制布点的专业，由学校主管部门审核，报教育部批准。

国家控制布点的专业由教育部确定并公布。

第十四条 高等学校专业设置数和自主审定专业的学科门类，由学校主管部门按有关规定核定，报教育部备案。

第十五条 国务院有关部门所属高等学校设置、调整专业，须考虑所在地区人才需求和现有专业设置情况，学校在向主管部门备案或申报专业时，须将备案或申报材料同时抄报学校所在省、自治区、直辖市教育行政部门。

第十六条 专科层次的高等学校不得设置本科专业。

第四章 设置程序

第十七条 专业审核每年集中进行一次。由高等学校自主审定的专业，各校应于每年 9 月 30 日前将审定结果连同专业核定数执行情况表报学校主管部门；由学校主管部门按照统一表格于 10 月 31 日前核报教育部备案。

第十八条 学校申请设置、调整由学校主管部门审批的专业，应向学校主管部门提交以下书面材料：

（一）学校发展规划；

（二）申请报告（简要说明设置或调整专业的主要理由和其他情况）；

（三）申请表（按照教育部统一制定的格式据实详细填写）；

（四）拟设专业的教学计划；

（五）其他补充说明材料。

第十九条 由学校主管部门审批的专业，学校申报时间及审批时间由学校主管部门自行确定，但学校主管部门应于每年 10 月 31 日前将审核结果按照统一表格报教育部备案。

第二十条 由教育部审批的专业，学校主管部门应于 10 月 31 日前向教育部申报，提交专门报告并附第十七条、第十八条规定的书面材料。

申报目录外专业，还须附专业论证报告、参加论证的专家名单、专业介绍、省（自治区、直辖市）或国务院有关部门专业设置评议委员会评议情况及其他说明材料。

教育部于当年 12 月 31 日前完成审批工作。

第五章　目录外专业的论证

第二十一条　目录外专业的论证由学校主管部门邀请教育、科技、人事部门及有关单位（不含申请设置该专业的学校）专家、学者组成论证小组进行。论证小组一般不少于7人。论证小组人员名单须在论证前报教育部核准。

第二十二条　对目录外专业的论证应着重论证设置该专业的必要性和可行性，主要包括：

（一）对拟设专业人才需求的分析；

（二）拟设专业与国内外相关或相近专业的比较分析；

（三）拟设专业的培养目标、业务范围（主要指知识、能力、素质结构）、主干学科（或主要学科基础）、基本课程、授予学位；

（四）拟设专业的教学计划；

（五）拟设专业的办学条件分析；

（六）其他需要说明的问题和情况。

论证后，由论证小组向学校主管部门提交论证报告和专业介绍。

第六章　设置评议机构

第二十三条　学校及其主管部门应设立相应的专业设置评议机构对拟设置或调整的专业进行评议。评议结果原则上应作为设置和调整专业的依据。

第二十四条　学校的专业设置评议机构为校学术委员会。校学术委员会根据社会人才需求、学校发展规划和专业建设等情况，对本校的专业设置和调整方案进行评议。

第二十五条　学校主管部门的专业设置评议机构为省（自治区、直辖市）或国务院有关部门专业设置评议委员会，接受学校主管部门委托，根据国家、部门和地方的人才需求、现有专业布点情况、申报专业的设置条件，对本地区（部门）所属高等学校申报设置的专业进行评议，为学校主管部门决策提供咨询意见。

第二十六条　省（自治区、直辖市）或国务院有关部门专业设置评议委员会由本地区（部门）高等学校、教育行政部门、计划部门、人事部门及其他有关单位的专家、学者组成。委员由学校主管部门聘任。

第二十七条　专业设置评议委员会对申请设置、调整的专业进行评议，可采取会议评议或通讯评议方式。

第二十八条　省（自治区、直辖市）或国务院有关部门专业设置评议委员会应根据本规定制定工作细则，其工作细则、组成人员名单及变动情况报教育部备案。

第七章　监督、检查

第二十九条　教育部对学校主管部门及其所属高等学校的专业设置实行指导、检查、监督。学校主管部门指导所属高等学校专业建设，对新增设专业进行检查、评估。

第三十条　对违反本规定擅自设置和调整专业的，或办学条件达不到专业设置标准、教学质量差、毕业生长期供过于求的，教育部或学校主管部门应责令其限期整顿、调整，情节严重的，可撤销该专业。

第三十一条　对专业设置管理混乱、教学质量低下、造成不良影响的学校或学校主管部门，教育部视具体情况予以通报批评，或同时中止其审定、审批专业的权限。

第八章　附　则

第三十二条　独立设置的成人高等学校设置、调整本科专业由学校主管部门审核，报教育部批准。

第三十三条　高等学校设置、调整专科专业由学校自主确定。学校主管部门可依据本规定的精神，制定相应的专科专业管理办法。

第三十四条　自学考试的本、专科专业的设置及调整，参照本规定执行。

第三十五条　学校主管部门可根据实际情况制定实施办法。

第三十六条　本规定自发布之日起施行，教育部1998年颁布的《普通高等学校本科专业设置规定》同时废止。

中小学教师继续教育规定

（1999年9月13日　教育部令第7号发布）

第一章　总　则

第一条　为了提高中小学教师队伍整体素质，适应基础教育改革发展和全面推进素质教育的需要，根据《中华人民共和国教育法》和《中华人民共和国教师法》，制定本规定。

第二条　本规定适用于国家和社会力量举办的中小学在职教师的继续教育工作。

第三条　中小学教师继续教育，是指对取得教师资格的中小学在职教师为提高思想政治和业务素质进行的培训。

第四条　参加继续教育是中小学教师的权利和义务。

第五条　各级人民政府教育行政部门管理中小学教师继续教育工作，应当采取措施，依法保障中小学教师继续教育工作的实施。

第六条　中小学教师继续教育应坚持因地制宜、分类指导、按需施教、学用结合的原则，采取多种形式，注重质量和实效。

第七条　中小学教师继续教育原则上每五年为一个培训周期。

第二章　内容与类别

第八条　中小学教师继续教育要以提高教师实施素质教育的能力和水平为重点。中小学教师继续教育的内容主要包括：思想政治教育和师德修养；专业知识及更新与扩展；现代教育理论与实践；教育科学研究；教育教学技能训练和现代教育技术；现代科技与人文社会科学知识等。

第九条　中小学教师继续教育分为非学历教育和学历教育。

（一）非学历教育包括：

新任教师培训：为新任教师在试用期内适应教育教学工作需要而设置的培训。培训时间应不少于120学时。

教师岗位培训：为教师适应岗位要求而

设置的培训。培训时间每五年累计不少于240学时。

骨干教师培训：对有培养前途的中青年教师按教育教学骨干的要求和对现有骨干教师按更高标准进行的培训。

（二）学历教育：对具备合格学历的教师进行的提高学历层次的培训。

第三章　组织管理

第十条　国务院教育行政部门宏观管理全国中小学教师继续教育工作；制定有关方针、政策；制定中小学教师继续教育教学基本文件，组织审定统编教材；建立中小学教师继续教育评估体系；指导各省、自治区、直辖市中小学教师继续教育工作。

第十一条　省、自治区、直辖市人民政府教育行政部门主管本地区中小学教师继续教育工作；制定本地区中小学教师继续教育配套政策和规划；全面负责本地区中小学教师继续教育的实施、检查和评估工作。

市（地、州、盟）、县（区、市、旗）人民政府教育行政部门在省级人民政府教育行政部门指导下，负责管理本地区中小学教师继续教育工作。

第十二条　各级教师进修院校和普通师范院校在主管教育行政部门领导下，具体实施中小学教师继续教育的教育教学工作。

中小学校应有计划地安排教师参加继续教育，并组织开展校内多种形式的培训。

综合性高等学校、非师范类高等学校和其他教育机构，经教育行政部门批准，可参与中小学教师继续教育工作。

经主管教育行政部门批准，社会力量可以举办中小学教师继续教育机构，但要符合国家规定的办学标准，保证中小学教师继续教育质量。

第四章　条件保障

第十三条　中小学教师继续教育经费以政府财政拨款为主，多渠道筹措，在地方教育事业费中专项列支。地方教育费附加应有一定比例用于义务教育阶段的教师培训。省、自治区、直辖市人民政府教育行政部门要制定中小学教师继续教育人均基本费用标准。

中小学教师继续教育经费由县级及以上教育行政部门统一管理，不得截留或挪用。

社会力量举办的中小学和其他教育机构教师的继续教育经费，由举办者自筹。

第十四条　地方各级人民政府教育行政部门要按照国家规定的办学标准，保证对中小学教师培训机构的投入。

第十五条　地方各级人民政府教育行政部门要加强中小学教师培训机构的教师队伍建设。

第十六条　经教育行政部门和学校批准参加继续教育的中小学教师，学习期间享受国家规定的工资福利待遇。学费、差旅费按各地有关规定支付。

第十七条　各级人民政府教育行政部门应当采取措施，大力扶持少数民族地区和边远贫困地区的中小学教师继续教育工作。

第五章　考核与奖惩

第十八条　地方各级人民政府教育行政部门要建立中小学教师继续教育考核和成绩登记制度。考核成绩作为教师职务聘任、晋级的依据之一。

第十九条　各级人民政府教育行政部门要对中小学教师继续教育工作成绩优异的单

位和个人，予以表彰和奖励。

第二十条 违反本规定，无正当理由拒不参加继续教育的中小学教师，所在学校应督促其改正，并视情节给予批评教育。

第二十一条 对中小学教师继续教育质量达不到规定要求的，教育行政主管部门应责令其限期改正。

对未按规定办理审批手续而举办中小学教师继续教育活动的，教育行政主管部门应责令其补办手续或停止其举办中小学教师继续教育活动。

第六章 附 则

第二十二条 本规定所称中小学教师，是指幼儿园，特殊教育机构，普通中小学，成人初等、中等教育机构，职业中学以及其他教育机构的教师。

第二十三条 各省、自治区、直辖市可根据本地区的实际情况，制定具体实施办法。

第二十四条 本规定自发布之日起施行。

资料汇编

共和国教育50年大事记

一九四九年

10月1日 中华人民共和国成立。毛泽东宣布接受《中国人民政治协商会议共同纲领》为本政府的施政方针。《共同纲领》规定：中华人民共和国的文化教育为新民主主义的，即民族的、科学的、大众的文化教育。人民政府的文化教育工作，应以提高人民文化水平，培养国家建设人才，肃清封建的、买办的、法西斯主义的思想，发展为人民服务的思想为主要任务。在知识分子中进行思想与政治教育，有计划、有步骤改革旧的教育制度、教育内容、教育方法。新中国教育建设起步。

11月1日 中央人民政府教育部举行成立典礼。

12月23日～31日 教育部召开第一次全国教育工作会议。会议提出教育必须为国家建设服务，学校必须向工农开门。建设新教育要以老解放区新教育经验为基础，吸收旧教育某些有用的经验，借助苏联教育建设的先进经验。教育工作的发展方针是普及与提高的正确结合。必须坚决正确地执行团结、教育、改造知识分子的政策。毛泽东等国家领导人接见了全体会议代表。这次会议对新中国教育产生了深远影响。

△本年中国人民解放军各地军管会接收新解放区的各级公立学校，组织开学复课，对学校进行整顿改造，取消国民党反动训导制度和反动课程，开设革命的政治课程和其他新课程。

一九五〇年

4月3日 北京实验工农速成中学开学。这是全国第一所工农速成中学。此后全国各地相继举办工农速成中学。

5月1日 《人民教育》杂志创刊。毛泽东为该刊题词："恢复和发展人民教育是当前重要任务之一"。

6月1日～9日 教育部召开第一次全国高等教育工作会议，讨论改造高等教育的方针和新中国高等教育的建设方向。毛泽东、周恩来等出席会议。会议提出，以理论与实际一致的方法，培养国家高级建设人才。

6月6日 毛泽东在中国共产党七届三中全会上所作《为争取国家财政经济状况的

基本好转而斗争》的讲话中指出，有步骤谨慎地进行旧有学校教育事业和旧有社会文化事业的改革工作，争取一切爱国的知识分子为人民服务。在这个问题上，拖延时间不愿意改革的思想是不对的，过于性急企图用粗暴方法进行改革的思想也是不对的。

6 月 19 日 毛泽东就健康问题写信给教育部长马叙伦，要求各校注意健康第一，学习第二。次年 1 月 15 日，再次写信给马叙伦，提议采取行政步骤，具体地解决学生健康问题。

7 月 5 日 政务院发出指示：对救济失业教师与处理学生失学问题提出政策措施。

8 月 1 日 教育部颁布新中国第一个《中学暂行教学计划（草案）》。

8 月 2 日～11 日 中国教育工会召开第一次全国代表大会，明确教育工作者是工人阶级队伍的一部分，教育工会以保护教育工作者利益，提高教育工作者阶级觉悟为主要任务。

9 月 6 日 新中国第一批留学生赴波、捷、罗、保、匈 5 国学习。11 月 30 日上述 5 国来华留学生陆续到达北京，进入清华大学学习。

9 月 20 日～29 日 教育部、全国总工会联合召开第一次全国工农教育工作会议，讨论工农教育的实施方针、领导关系等问题。毛泽东、刘少奇、朱德、邓小平出席会议。会议提出必须实现“政府领导、依靠群众组织、各方面配合”的原则，着重以工农干部和积极分子为主要教育对象，分别以文化教育、政策时事教育为主要内容。

10 月 3 日 中国人民大学举行开学典礼。这是新中国创办的第一所新型大学。

12 月 1 日 人民教育出版社正式成立。

12 月 14 日 政务院发出《关于举办工农速成中学和工农干部文化补习学校的指示》。

12 月 29 日 政务院第六十五次会议通过《关于处理接受美国津贴的文化教育救济机构及宗教团体的方针的决定》。据此，1951 年 1 月 11 日教育部发出《关于处理接受美国津贴的教会学校及其他教育机关的指示》，确定了处理接受外资津贴学校的原则、办法和接收工作中的具体政策、措施。至 1951 年末，按不同情况，对全部接收外资津贴的大中小学校，分别改为公办和中国人民自办，收回了教育主权。此前，教育部已明令接办辅仁大学。

一九五一年

3 月 19 日 教育部召开第一次全国中等教育会议，制定发展和建设中等教育的方针与措施。会议提出，要使青年一代在德育、智育、体育、美育各方面获得全面发展，成为新民主主义社会自觉的积极的成员。

5 月 20 日 《人民日报》发表毛泽东为该报写的社论：《应当重视电影〈武训传〉的讨论》。全国文教界开展批判《武训传》及“武训精神”的运动，以期达到学习掌握马克思主义观点，对知识分子进行自我教育、自我改造的目的。

8 月 27 日～9 月 11 日 教育部合并召开第一次全国初等教育会议和第一次全国师范教育会议，讨论制定发展、建设新中国初等教育和师范教育的方针、任务。会议提出，争取 10 年内基本普及小学教育，以正规师范教育与大量短期培训相结合，5 年内培养百万小学教师。

9 月 20 日～28 日 教育部召开第一次全国民族教育会议，讨论制定新中国民族教育方针。会议提出要以培养少数民族干部为主要任务；同时加强少数民族地区的小学教育和成人业余教育。

9月 北京、天津20所高等学校教师开展以改造思想、改革高等教育为目的的学习运动。9月29日，周恩来总理在京津高校教师学习报告会上作《关于知识分子改造问题》的报告。11月30日，中共中央发出《关于在学校进行思想改造和组织清理工作的指示》。

10月1日 政务院公布实施《关于改革学制的决定》。这是新中国第一个学制。它以法令形式确立和充分保障工农劳动人民和工农干部受教育的机会；明确规定了职业技术教育和业余教育在学制中的适当地位。

一九五二年

3月18日 教育部颁发《中学暂行规程（草案）》、《小学暂行规程（草案）》。

5月2日 中共中央发出《关于克服目前学校教育工作中偏向的指示》。

6月5日 教育部公布汉字常用字表，列出常用汉字1 500个字。这个常用字表成为扫除文盲工作中的脱盲标准。

6月27日 政务院发出国家工作人员实行公费医疗的指示。指示规定，从本年秋季起，全国各级学校的教职员工实行公费医疗制度。从1953年春季起，高等学校的学生也开始享受公费医疗的待遇。

7月8日 政务院发出通知，决定在全国高、中等学校学生中实行人民助学金制。此前该制度已在一些地区公立学校实行。

9月1日 中共中央发出《关于培养高等、中等学校马克思列宁主义理论教师的指示》。

9月10日 教育部发出《关于接办私立中小学的指示》，提出将全国私立中小学全部由政府接办，改为公立。此项工作于1956年全部结束。

△本年教育部以培养工业建设人才和师资为重点，进行全国高校院系调整工作，相继新设钢铁、地质、航空、矿业、水利等专门学院和专业，并把私立大学全部改为公立。1955年又调整部分高等学校院系专业设置和分布，以改变高等学校过于集中大城市和沿海地区的状况。经过两次大的调整，初步形成了新中国的高等教育基本框架格局。

一九五三年

1月13日～24日 政务院文教委员会召开大区文委主任会议，会议根据党和国家过渡时期总路线精神，提出“整顿巩固、重点发展、提高质量、稳步前进”的文教工作方针。

5月 中央政治局召开会议讨论教育工作，毛泽东主持了会议。会议作出抽调干部充实学校领导，编写教材，允许小学民办，注意青年健康，中小学毕业生参加生产劳动等决定。

6月30日 毛泽东接见青年团第二次全国代表大会主席团，提出“要使青年身体好，学习好，工作好”。

9月24日 中共中央批发教育部党组、高等教育部党组、扫盲工作委员会党组三个工作报告。提出要使全国文教工作在中央统一方针领导下，逐步纳入国家建设计划的轨道。

一九五四年

5月17日 中共中央批转政务院文教委员会党组《关于全国文化教育工作会议情况报告》。批示指出，各级党委必须加强对文化教育工作的领导，使文教事业更有效地为逐步实现国家的社会主义工业化和社会主义改造事业服务。

5月24日 中共中央转发教育部党组《关于解决高小和初中毕业生学习与从事生产劳动问题的请示报告》，为此，5月29日《人民日报》发表中央宣传部《关于高小和初中毕业生从事劳动生产的宣传提纲》。此后，许多城镇高小、初中毕业生响应党的号召上山下乡，参加农业生产劳动，形成知识分子青年上山下乡第一个高潮。

8月29日 中共中央转发北京市委《关于提高北京市中小学教育质量的决定》，在批示中提出，要加强党对教育工作的领导，改进中小学教育，提高教育质量。

9月20日 一届全国人大一次会议通过《中华人民共和国宪法》。这是新中国第一部宪法，其中规定：国家设立并且逐步扩大各种学校和其他文化教育机关，以保证公民享受教育权利；对从事科学、教育、文学、艺术和其他文化事业的公民的创造性工作，给以鼓励和帮助。

一九五五年

2月9日 《人民教育》发表署名文章：《实行全面发展教育中若干问题的商榷》，由此在教育界展开关于全面发展教育问题的大讨论。

2月10日 教育部发布《小学生守则》，5月13日又发布《中学生守则》，作为规范中小学生行为的准则。

7月9日 教育部、高等教育部发出《关于工农速成中学停止招生的通知》。

7月30日 一届全国人大二次会议通过《中华人民共和国发展国民经济的第一个五年计划》，其中提出教育事业五年建设的计划和工作重点。

11月4日 中共中央转发教育部党组《关于实用主义思想在中国教育中的影响和批判实用主义教育思想的初步计划》。由此，教育界展开批判杜威、胡适资产阶级实用主义教育思想，以此作为进一步进行教师思想改造和教育事业建设中的重要任务。

12月27日 中共中央办公厅编辑的《中国农村的社会主义高潮》出版，毛泽东在该书的序言和按语中对教育工作作了许多重要指示。

一九五六年

1月14日～20日 中共中央召开知识分子问题会议，周恩来作《关于知识分子问题的报告》，并代表中央发出向“现代科学进军”的号召。

3月29日 中共中央、国务院发布《关于扫除文盲的决定》。

6月2日 中央教育科学研究所筹备处成立，4年后正式建所。

9月15日～27日 中国共产党第八次全国代表大会召开。刘少奇、周恩来在会上作报告，指出文教事业在整个社会主义建设事业中占有重要地位。要根据“掌握重点、照顾其他”及需要与可能相结合的方针，进行全面教育规划。争取在12年内分期普及小学义务教育。

一九五七年

2月27日 毛泽东在扩大的最高国务会议上作《关于正确处理人民内部矛盾的问题》的报告，提出“我们的教育方针，应该使受教育者在德育、智育、体育几方面都得到发展，成为有社会主义觉悟的有文化的劳动者”。

3月7日 毛泽东和7省市教育厅局长

座谈中小学教育改革与发展问题。

3月12日 毛泽东在中共全国宣传工作会议上讲话，指出：没有知识分子，我们的事情就不能做好，所以我们要好好地团结他们。知识分子也是劳动者。

6月 全国开始反右派斗争。这场斗争有扩大化错误。从1957年夏至1958年春，在各级教育行政机关和各级学校中，一批干部、教师、职工和大学生被错划为右派分子。1980年中共中央为被错划为右派的同志全部平反。

11月17日 毛泽东同邓小平、彭德怀、乌兰夫、陆定一、杨尚昆、胡乔木等在莫斯科大学会见我国在莫斯科的留学生、实习生，指出“希望寄托在你们身上”。

一九五八年

4月、6月 中共中央分两段召开教育工作会议，总结建国以来的教育工作，讨论教育方针和教育改革等问题。会议确定，党的教育工作方针，是教育为无产阶级政治服务，教育与生产劳动相结合。为实现这一方针，教育工作必须由党来领导。并提出教育事业发展措施。9月19日，中共中央、国务院发布《关于教育工作的指示》。由此展开全国教育系统的“教育大革命”。

5月30日 刘少奇在中央政治局扩大会议上讲话，提出“我们国家应该有两种主要的教育制度和劳动制度，同时并行。一种是现在的全日制的学校制度，一种是半工半读的学校制度；一种是8小时的劳动制度，一种是4小时工作的劳动制度”。此前，在刘少奇直接关怀下创办的第一所半工半读学校——天津国棉一厂半工半读学校开学。全国相继办起各种类型半工半读学校。

8月13日 毛泽东视察天津大学和南开大学时说，高等学校应抓三个东西：一是党委领导，二是群众路线，三是把教育和生产劳动结合起来。9月12日，视察武汉大学时指出，对师生的半工半读教学改革应给予积极的支持与鼓励。

11月1日～12月31日 教育部和共青团中央在北京联合举办教育与生产劳动相结合展览会。

一九五九年

5月17日 中共中央为逐步提高教育质量，指定北京大学等16所学校为重点学校。此后，又分批增加若干所学校，进行重点高等院校建设。

5月24日 中共中央、国务院发出《关于试验改革学制的决定》，要求各地各部门有组织、有领导地进行学制改革试验。

11月20日～12月4日 国家科委、教育部、中国科学院联合召开高等学校科研工作（自然科学部分）会议，会议指出，高等学校是科学战线的一个方面军。开展科学研究是高等学校的重要任务之一。要把高等学校的研究力量，纳入国家科技发展规划。

一九六〇年

3月、5月 中共中央文教小组召开省、市委文教书记会议。会议提出教学改革方针、原则和文教部门大办生产企业、学术批判、学生参加生产劳动等问题的具体政策。

3月8日 北京电视大学开学。这是我国的第一所电视学校。

4月9日 陆定一在二届全国人大二次会议上作《教学必须改革》的发言，提出在中小学教学改革中应“适当缩短年限，适当提高程度，适当控制学时，适当增加劳动”。此后，全国各地开始较大规模的学制改革试验。

4月10日 二届全国人大二次会议通过《1956—1967年全国农业发展纲要》，提出要大力提倡群众办学、集体办学，在12年内基本扫除青壮年文盲。

6月1日～11日 全国教育和文化、卫生、体育、新闻方面社会主义建设先进单位和先进工作者代表大会(全国文教群英会)召开。在受表彰的单位和个人中，教育工作者占65.4%。

11月24日～12月12日 中共中央文教小组召开全国文教工作会议。会后向中共中央写了《关于1961年和今后一个时期文化教育工作安排的报告》。次年2月7日，中共中央批转了这个报告。批示指出，当前文教工作必须贯彻执行“调整、巩固、充实、提高”的方针。由此，教育系统开始进行教育事业和教育政策的调整、整顿。

一九六一年

2月 中共中央书记处讨论高等学校和中等专业学校的教材问题。决定由中宣部、教育部成立高等学校及中等专业学校理工农医各科教材工作领导小组，负责组织教材编写工作。

7月、12月 教育部两次召开全国高、中等学校调整工作会议。会议提出高、中等学校要缩短战线、压缩规模、合理布局，通过调整工作集中力量提高教学质量。并讨论调整教育事业的具体计划。

7月30日 毛泽东给江西共产主义劳动大学写信，赞成和支持该校实行半工半读和勤工俭学，希望各省也应该有这样的学校。从此，江西共产主义劳动大学成为全国探索半工半读办学道路的样板之一。

9月15日 中共中央批准试行《教育部直属高等学校暂行工作条例（草案）》。1963年3月23日，中共中央批准试行《全日制中学暂行工作条例（草案）》和《全日制小学暂行工作条例（草案）》。三个《条例》在调查研究的基础上总结了建国以来特别是1958年“教育革命”以来教育方面正反两方面的经验教训，对于使全国教育工作逐步走向正轨，稳定教学秩序，改进教学工作，提高教育质量，调动知识分子积极性，发展国家教育事业，起了积极作用。

一九六二年

3月2日 周恩来在全国科学技术工作会议（广州会议）上作《关于知识分子问题的报告》，指出对知识分子要采取团结、教育和改造的方针，要信任、要帮助，应改善关系，解决问题，对过去批评错了的要向人家道歉。陈毅也在会上讲话，给知识分子“脱帽加冕”。

4月21日～5月中旬 教育部召开全国教育会议，讨论调整教育事业和精简学校教职工问题。5月25日，中共中央批发教育部党组《关于进一步调整教育事业和精简学校教职工的报告》，指出在我国发展教育事业，必须贯彻执行国家办学和人民办学两条腿走路的方针，坚决改变国家对教育事业包得过多的办法。

12月21日 教育部发出通知，要求各地首先集中力量，在省、市、自治区范围内办好若干所全日制中学，在每一县（市）和市属区范围内办好一至几所小学，以提高教育质量。

一九六三年

3月5日 毛泽东及刘少奇、周恩来、朱德、邓小平题词号召向雷锋同志学习。由此，全国各级各类学校普遍开展了学习雷锋的活动。

5月8日 毛泽东在东北、河北的两个报告中批示：用讲校史、家史、社史、厂史的方法教育群众。此后，全国各级学校广泛开展访贫问苦，请老贫农、老工人、老红军做忆苦思甜报告，通过社会调查等办法，向学生进行阶级斗争教育。还指定一些城市中学开设了贫下中农子女班，招收少量优秀农村子女入学。

10月18日 周恩来召集教育部及有关部委、团中央、全国妇联负责人讨论中小学教育和职业教育问题。指出中小学教育和职业教育数量大，关系也很大，决不能忽视。教育部工作不能“大大、小小”，要“小大、大小”。要有一个规划，加强中小学教育，扩大职业教育。

△同日，中共中央发出《关于加强少年儿童校外教育和整顿中小学教师队伍的指示》，要求各地党政领导机关采取措施，加强对少年儿童的保护和教育；结合城乡社会主义教育运动，对中小学教师队伍有步骤地加以整顿。

一九六四年

2月13日 毛泽东在主持召开的教育工作座谈会上说：教育的方针路线是正确的，但办法不对。学制、课程、教学方法都要改。之后，教育部召开全国教育厅局长会议，传达学习毛泽东讲话和中央有关指示，检查教育工作中的缺点、错误，提出了加强学校思想政治工作，减轻学生负担，进一步贯彻“两条腿走路”的方针，逐步实行两种教育制度。

5月4日 中共中央、国务院批转教育部临时党组《关于克服中小学学生负担过重现象和提高教学质量的报告》，中央批示：解决这些问题，不但是提高教学质量所必须的，而且关系到办什么样的学校，培养什么样的人的重大问题，必须引起各级党委和政府的足够重视。

7月～8月 刘少奇在向中央各部委和北京市委干部作报告及在各地视察时，建议各省、市、自治区试办半工（农）半读学校。并至少在5年后才能初步总结经验，扩大试验，10年以后推广。

9月11日 中共中央、国务院发出通知：组织高等学校文科师生参加社会主义教育运动。1965年2月，又指示组织高等学校理、工科师生参加社会主义教育运动。此后，中央宣传部在北京大学，中共北京市委在北京市几所中学进行社会主义教育运动试点。

一九六五年

3月 教育部召开全国农村半农半读教育会议，10月召开全国城市半工半读教育会议，12月召开全国半工（农）半读高等教育会议。由此，全国再次掀起试行两种教育制度，大办半工半读学校的热潮。此前，11月17日中共中央转发江苏省委《关于发展半工（耕）半读教育制度的规划（草案）》，中央批示：半工（耕）半读学校代表了我们今后教育发展的方向。

7月3日 毛泽东写信给陆定一，指出：“学生负担过重，影响健康。”建议从学生活动总量中砍去三分之一，使学生有充分的休息时间和自由支配的时间。此信简称“七三指示”。

一九六六年

5月7日 毛泽东在给林彪的信中提出，全国各行各业都要办成亦工亦农，亦文亦武，又批判资产阶级的社会组织。学生也应该“以学为主，兼学别样”。“学制要缩短，教育要革命，资产阶级知识分子统治我们学校的现象再也不能继续下去了”。此信简称“五七指示”。在“文化大革命”中产生了严重的消极影响。

6月1日 经毛泽东批准，新华社播发北京大学聂元梓等7人攻击学校党委和北京市委的一张大字报。同日，《人民日报》发表题为《横扫一切牛鬼蛇神》的社论。从此“文化大革命”席卷全国。

8月8日 党的八届十一中全会通过《关于无产阶级文化大革命的决定》(简称十六条)。决定提出：在这场文化大革命中，必须彻底改变资产阶级知识分子统治我们学校的现象。这一提法在“文化大革命”中一直为学校进行“斗、批、改”所奉行。

8月18日 毛泽东在天安门首次接见全国各地来北京进行串联的红卫兵和学校师生。至11月26日，共8次接见红卫兵和学生教师共1 100万人。此时全国学校已完全停课，广大学校师生卷入全国大串联，从而造成了社会大动乱。

一九六七年

1月19日 中央教育部被夺权，印章被抢走，档案被劫走，办公室被占领。

3月7日 毛泽东在《天津延安中学以教学班为基础实现全校大联合和整顿巩固发展红卫兵的体会》的材料中批示：军队应对学校师生进行军训，并参与关于学校的各项工作。要说服学生实行联合。此即“三七指示”。由此，人民解放军进驻各级学校，进行军政训练。办毛泽东思想学习班，帮助建立三结合革命委员会。

10月14日 中共中央、国务院、中央军委、中央文革小组发出《大、中、小学校复课闹革命的通知》。

11月3日 《人民日报》发表同济大学、北京林学院、北京师范大学的3个教育革命的初步方案。此后，一些高等学校提出了各种各样“教育革命方案”，进行了名目繁多的“教育革命试验”，全盘否定了建国以来形成的高等学校的教学组织、规章和制度。

12月7日 中共中央、国务院、中央军委和中央文革小组印发《毛主席论教育革命》一书。

一九六八年

7月10日 周恩来在对北京市公安局军管会关于人民大学教授何思敬死亡情况报告的批示中，严厉批评那种撇开国法和专政机关，由群众组织来“私捕私讯，打人致死，专政机关置之不问”的所谓“群众专政”的做法“决非善策”。

7月21日 毛泽东在对一个调查报告的批示中指出：大学还是要办的。但学制要缩短，教育要革命。要从有实践经验的工人农民中间选拔学生，到学校学几年以后，又回到生产实践中去。简称为“七二一指示”。

7月27日 根据毛泽东的决定，工人宣传队进驻清华大学。8月25日，中共中央、国务院、中央文革小组发出《关于派工人宣传队进学校的通知》。此后，各城市大、中、小学以及上层建筑各个领域普遍派进了工人宣传队，领导学校的斗、批、改工作。

8月 遵照毛泽东的指示，各地贫下中农从本月起陆续向农村中小学派进代表或毛泽东思想宣传队，成立贫下中农管理学校委员会，对学校实行管理。

9月12日 《人民日报》发表了该报与《红旗》杂志评论员的文章：《关于知识分子

再教育问题》。

11月14日 《人民日报》发表山东省嘉祥县马集公社两个小学教师的一封信。信中建议所有农村公办小学下放到大队来办。简称为"侯王建议"。在它的影响下，许多地区的农村公办小学和教师被下放，严重地影响了农村小学教育的发展。

12月22日 《人民日报》在一篇报道中引述毛泽东的指示"知识青年到农村去，接受贫下中农的再教育，很有必要。"从此，全国各地城镇出现了知识青年上山下乡的热潮。"文化大革命"期间，全国上山下乡的知识青年有1 600多万人。

一九六九年

1月29日 中共中央、中央文革小组批转清华大学工人、解放军宣传队《关于坚决贯彻执行对知识分子"再教育"、"给出路"政策的报告》。该报告成为中共中央向全国推广的经验之一。

4月14日 中国共产党第九次全国代表大会通过的政治报告中指出：把上层建筑包括教育、文艺、新闻、卫生等各个文化领域中的革命进行到底。

10月～12月 大批高等学校和中等专业技术学校根据中共中央加强战备的"第一号令"，被从大中城市外迁或被裁并。12月26日，中共中央发出《关于高等院校下放问题的通知》，规定中央所属的高等院校全部下放地方管理。

一九七〇年

6月27日 中共中央批转《北京大学、清华大学关于招生（试点）的请示报告》。《报告》提出废除招生考试制度，实行"群众推荐，领导批准和学校复审相结合的办法"招收工农兵学员。从此高等学校开始招生复课。

7月 国务院科教组成立并开始办公。

9月 周恩来主持中央日常工作后，提出批极"左"思潮，在积极纠正经济、外交、文化宣传、干部工作以及卫生、体育等领域中"左"的错误的同时，十分重视肃清极"左"思潮在教育战线的影响。

11月6日～20日 周恩来5次同北京外国语学院、北京大学等外语院系负责人和师生座谈外语教育问题。

11月24日 毛泽东在一份报告的批示中提出：大、中、小学（高年级）可以利用寒假实行野营训练。12月10日，中共中央发出通知，大中城市学校的野营训练可以在寒假或暑假期间分期分批地进行。

一九七一年

4月15日～7月31日 国务院在北京召开全国教育工作会议。在会议通过的《全国教育工作会议纪要》中全面否定解放后17年的教育工作。提出了"两个估计"，即：教育战线是资产阶级专了无产阶级的政，是"黑线专政"；知识分子的大多数世界观基本上是资产阶级的，是资产阶级知识分子。

10月29日 联合国教育、科学及文化组织执行局通过恢复中华人民共和国合法权利的决议。1978年10月4日，经中共中央批准，中国联合国教科文组织全国委员会正式成立。

一九七二年

7月2日 周恩来在会见美籍华人学者杨振宁时，赞赏他关于加强我国基础理论研究工作和培养研究人才的看法和建议。并要求陪同会见的北京大学教授周培源要"提倡一下理论"，"把北大理科办好，把基础理论水平提高”。

10月6日　周培源在《光明日报》发表《对综合大学理科教育革命的一些看法》的文章，提出在理科教育中“对基础理论的教学、研究应予足够的重视”。此后，张春桥指使上海《文汇报》连续发表文章对周培源进行围攻，并把矛头指向周恩来。

一九七三年

7月19日　《辽宁日报》以《一份发人深省的答卷》为题，刊登在高校招生的文化考查中交了白卷的张铁生的一封信，并加了编者按语。8月10日，《人民日报》予以转载。江青、张春桥吹捧张铁生是“反潮流的英雄”。由此煽起了一股否定文化学习的歪风。

10月　清华大学工军宣传队发动“三个月运动”，批“右倾复辟回潮”，全国高校纷起仿效。

12月12日　《北京日报》以《一个小学生的来信和日记摘抄》为题，发表一个小学生在与班主任老师发生矛盾后根据家长的意思写的信，和《北京日报》按照反“师道尊严”的需要摘编的日记。12月28日，《人民日报》予以全文转载。由此，在全国各地的中小学中掀起了一股“破师道尊严”、“批判修正主义教育路线回潮”的浪潮。

一九七四年

1月18日　中共中央将江青一伙组织人编辑的《林彪与孔孟之道》材料转发全党。

1月31日　中共中央发出《关于河南省唐河县马振扶公社中学的情况简报》，要求就一个中学生因外语考试交白卷，受到老师批评后自杀身亡事件进行严肃处理。由此，许多教师遭批斗、下放、开除、判刑。影响所及，使许多学校出现了教师不敢管学生，不敢抓文化课教学，不敢进行文化考查的局面，严重地影响了学校的正常教学工作。

2月2日～8日　国务院科教组召开教育战线第二次批林批孔座谈会。以此推进正在开展的“批林批孔”运动，作为运动联系实际，在教育界揪“复辟势力的代表”。

8月4日　《人民日报》发表署名初澜的文章：《为哪条教育路线唱赞歌——评湘剧〈园丁之歌〉》事件。

9月29日　国务院科教组、财政部联合发出关于开门办学的通知。各地大中小学普遍搞“开门办学”，由此打乱了学校的教学计划，搞乱了学校的正常秩序。

12月21日～28日　国务院科教组、农业部、辽宁省委联合召开学习朝阳农学院教育革命现场会。会议提出，要使学校真正成为无产阶级专政的工具。此后，全国掀起宣传、学习“朝农经验”的浪潮，大搞“阶级斗争”。

一九七五年

5月～10月　教育部部长周荣鑫根据毛泽东、周恩来和邓小平等中央领导同志的指示精神，开始积极整顿教育工作，力争使教育战线上的混乱局面有所扭转。

9月15日　邓小平在一次谈话中说：“我们的文化教育也要整顿。”10月27日，邓小平又说：“现在相当多的学校学生不读书，这也不符合毛泽东思想。”他坚定地支持和领导了教育整顿工作。

12月2日　《红旗》杂志发表北京大学、清华大学大批判组的文章：《教育革命的方向不容篡改》。12月4日，《人民日报》和其他报刊予以转载。本文是“四人帮”搞反击右倾翻案风的“大进攻信号”。

一九七六年

2月6日 《人民日报》以《无产阶级文化大革命的继续和深入》为题，发表了关于清华大学“教育大辩论”的情况报道。在此前后，北京、上海、辽宁等地的学校相继开展“教育大辩论”，掀起了“反击右倾翻案风”的浪潮。但它遭到多数师生的抵制。

4月 北京和全国各地学校的师生参加悼念周恩来总理、反对“四人帮”的群众运动，遭到了“四人帮”的残酷镇压。

10月 “四人帮”被粉碎。各地学校师生与全国人民一起举行集会、游行，热烈庆祝粉碎“四人帮”反党集团的胜利，愤怒声讨“四人帮”的滔天罪行。

一九七七年

3月5日 教育部发出通知，要求各地教育部门和学校“把教育战线学雷锋的运动，既轰轰烈烈，又扎扎实实地开展起来，深入持久地进行下去”。

4月10日 邓小平写信给中央，提出“两个凡是”问题。5月24日，他同中央两位同志谈话时指出，“两个凡是”不符合马克思主义。

8月8日 邓小平在主持召开的科学和教育工作座谈会上否定“两个估计”。他说：教育战线十七年的工作，主导方面是红线，绝大多数知识分子是好的。他还说：我自告奋勇管科教方面的工作，中央也同意了。我们国家要赶上世界先进水平，要从科学和教育着手。

9月19日 邓小平与教育部长刘西尧谈话时指出：对1971年全教会纪要进行批判，划清是非界限。我们要准确地、完整地理解毛泽东思想体系。“两个估计”是不符合实际的，教育部要争取主动。大胆放手抓。由此教育战线以推翻“两个估计”为突破口，进行拨乱反正，平反冤假错案。

10月12日 国务院批转教育部《关于1977年高等学校招生工作的意见》。从此恢复了高等学校招生统一考试的制度。

11月3日 教育部、中国科学院联合发出《关于1977年招收研究生的通知》。“文化大革命”期间长期中断的招收培养研究生的工作从此开始恢复。

11月18日 《人民日报》发表教育部大批判组的文章:《教育战线的一场大论战》,揭批“四人帮”炮制的“两个估计”。

11月6日 中共中央批转教育部党组《关于工宣队问题的请示报告》，提出撤销工宣队。

一九七八年

△**年初** 根据邓小平指示，教育部成立巡视室，标志着我国督导制度的恢复。

3月7日 国务院批转教育部《关于高等学校恢复和提升教师职务问题的请示报告》。至1981年，高等院校中原有的教授、副教授、讲师和助教都恢复了职称。

3月18日 邓小平在全国科学大会开幕式上讲话指出，四个现代化，关键是科学技术的现代化。科学技术人才的培养，基础在教育。我们要全面地正确地执行党的教育方针，端正方向，真正搞好教育改革，使教育事业有一个大的发展和提高。

4月22日～5月16日 教育部在北京召开全国教育工作会议。22日，邓小平发表重要讲话，强调提高教育质量，提高科学文化的教学水平，更好地为社会主义建设服务；学校要大力加强革命秩序和革命纪律，促进整个社会风气的革命化；教育事业必须同国民经济发展的要求相适应，培养社会主义建设需要的合格人才；尊重教师的劳动，提高教师的质量。会后，6月至9月，各省、市、自治区先后召开教育工作会议。

7月 经国务院批准教育部重建中央教育科学研究所。

8月26日 教育部发出通知，决定从9月1日起在全国中小学执行《小学生守则》和《中学生守则》，以后又相继发布了《高等学校学生守则（试行草案）》、《中等专业学校学生守则（试行草案）》和《中等师范学校学生守则（试行草案）》，成为新时期各级各类学校学生行为准则。

8月30日 国务院批准教育部筹建中央电化教育馆和中央教育电影制片厂。

9月22日 教育部修订和重新颁发《全日制中学暂行工作条例（试行草案）》和《全日制小学暂行工作条例（试行草案）》；10月4日又修订和重新颁发《全国重点高等学校暂行工作条例（试行草案）》，从而恢复和重建了大中小学各项工作制度，使学校教育迅速摆脱"文革"造成的混乱局面，逐步走上健康发展的轨道。

9月 全国大中小学开始使用新编教材。

10月12日 教育部印发了《关于加强和发展师范教育的意见》。

12月17日 国务院下发《关于评选特级教师的暂行规定》。

一九七九年

2月2日 教育部、外交部、财政部发布《关于加强外国教材引进工作的规定和暂行办法》。本办法自1979年起试行，对快速编审出版反映国内外科学技术先进水平的社会主义新教材，提高我国高等学校的教学质量起了推动作用。

2月6日 教育部、中央广播事业局共同举办的中央广播电视大学在北京举行开学典礼。

3月19日 中共中央批转教育部党组的报告，决定撤销1971年中共中央批转的《全国教育工作会议纪要》和1974年中共中央转发的《关于河南省唐河县马振扶公社中学的情况简报》两个文件。中央批示指出，这两个文件，是在"四人帮"及其亲信一手把持下炮制出来的，是错误的。它在教育战线的危害极大，流毒很深，应当继续批判。由此而造成的冤案、错案、假案，尚未平反昭雪的，要抓紧解决。

3月23日～4月13日 教育部、中国社会科学院在北京联合召开全国教育科学规划会议。会议讨论了1978～1985年的《全国教育科学发展规划纲要（草案）》。教育部副部长张承先到会讲话，并代表教育部宣布，1958年批判心理学和1963年批判"母爱教育"是错误的，予以彻底平反。

4月12日 中国教育学会成立。

4月15日 中央教育科学研究所主办的《教育研究》杂志创刊。

4月22日～5月7日 教育部在北京召开全国中小学思想政治教育工作座谈会。

8月17日 中共中央批转中央宣传部等八单位《关于提请全党重视解决青少年违法犯罪问题的报告》，要求各级党委都要把加强对青少年的培养教育，包括解决其中极少数人的违法犯罪问题，放到重要议事日程上来。

12月6日～19日 中国教育工会在北京召开全国教育工会工作会议。方毅、邓颖超、胡耀邦等中央领导同志到会讲话。会议提出了新时期教育工会的基本方针和当前应着重做好的几项工作。

12月21日～30日 教育部在北京召开教育事业计划座谈会，讨论贯彻“调整、改革、整顿、提高”八字方针的具体措施。

一九八〇年

2月12日 五届人大常委会第十三次会议审议通过《中华人民共和国学位条例》，于1981年1月1日起施行，标志着我国学位制度正式建立。1981年5月20日，国务院批准了《中华人民共和国学位条例暂行实施办法》。国家教委据此制定了研究生培养和学位授予等一系列规章制度。此后，我国本科生和研究生的培养能力显著增强，规模不断扩大。

9月5日 国务院批转教育部《关于大力发展高等学校函授教育和夜大学的意见》。《意见》指出，发展高等教育应贯彻两条腿走路的方针，采取多种形式办学。

10月7日 国务院批转教育部、国家劳动总局《关于中等教育结构改革的报告》，把改革中等教育结构，大力发展职业技术教育作为教育改革的重要内容之一。

10月21日 中共中央、国务院批准教育部、国家民委《关于加强民族教育工作的意见》。《意见》提出大力扶持和发展民族教育的方针和具体措施。

12月3日 中共中央、国务院发出《关于普及小学教育若干问题的决定》。《决定》提出，在80年代全国应基本实现普及小学教育的历史任务，有条件的地区还可以进而普及初中教育。

一九八一年

1月13日 国务院批转教育部《关于高等教育自学考试试行办法的报告》。高等教育自学考试在北京、天津、上海、辽宁三市一省先行试点。

1月14日 国务院批转教育部等七单位《关于自费出国留学的请示》和《关于自费出国留学的暂行规定》。明确提出，自费出国留学是培养人才的一条渠道。并对自费出国留学人员的条件、审批、费用、待遇、政治思想工作和管理教育工作等作了具体规定。

3月31日 国务院批转教育部《关于抓紧解决中小学危房倒塌不断发生重大伤亡事故问题的请示报告》。批示指出：请各地根据实际情况，认真研究落实教育部建议采取的6条措施，尽早解决中小学危险房屋的维修和翻建等问题。

8月1日～11日 教育部在北京召开全国学校思想政治教育工作会议。会议强调，要以《中共中央关于建国以来党的若干历史问题的决议》为教材，加强学生的思想政治工作，全面贯彻党的教育方针，积极引导学生德、智、体全面发展，走又红又专的道路。

11月18日 教育部发出通知：凡“文化大革命”以来参加工作的青壮年职工，其语文、数学、物理、化学的实际水平不及初中毕业程度者，一般都应补课。1982年1月21日，全国职工教育管理委员会、教育部、国家劳动总局、中华全国总工会、共青团中央发出《关于切实搞好青壮年职工文化、技术补课工作的联合通知》。此后，各地及企业开展“双补”工作。

一九八二年

3月9日 国务院批转教育部、外交部、公安部《关于安排外国进修生和研究学者有关问题的指示》。

5月6日 中共中央、国务院发出了《关于加强和改革农村学校教育若干问题的通知》。

8月1日～10日 教育部、国家计委、国家经委、财政部在北京联合召开第一次全国中小学勤工俭学工作会议。万里、胡乔木会见参加会议的全体代表，并进行座谈。

8月5日 中国儿童少年活动中心在北京开幕。邓颖超代表中共中央、国务院在开幕式上讲话。

8月10日～19日 第一届全国大学生运动会在北京举行。

9月1日 党的十二大把农业、能源和交通、教育和科学作为经济发展的战略重点。从此，确立了教育在整个社会主义现代化建设中的战略地位。

9月14日 中共中央宣传部同意教育部恢复出版《教师报》，并改名《中国教育报》。

一九八三年

8月24日 中共中央、国务院发出《关于引进国外智力以利四化建设的决定》。《决定》指出，在充分利用外资和引进国外先进技术的同时，积极地有计划有步骤地引进国外人才，特别是引进现在国外的华侨华裔人才，将大大有利于我国的社会主义现代化建设。

9月9日 邓小平为景山学校题词：教育要面向现代化，面向世界，面向未来。

9月26日 全国教育科学规划领导小组成立。

一九八四年

2月 邓小平在上海视察中国福利会儿童计算机活动中心时说：计算机要从娃娃抓起。5月28日，教育部发出通知：在小学进行计算机教育试点工作。6月，教育部拨款20万元购置300台计算机及配套设备，装备30所小学作为试验点。

8月8日 教育部发出通知，在22所全国重点高等院校试办研究生院，并发出《关于在部分全国重点高等院校试办研究生院的几点意见》。

一九八五年

1月21日 六届全国人大常委会第九次会议通过《关于教师节的决定》。决定每年9月10日为教师节。

3月7日 邓小平在全国科技工作会议上发表重要讲话。指出，我们在建设有中国特色的社会主义社会时，一定要坚持发展物质文明和精神文明，坚持五讲四美三热爱，教育全国人民做到有理想、有道德、有文化、有纪律。

3月18日 教育部发出通知：建立科学技术进步奖励制度，奖励高等学校在推动科学技术进步中作出重要贡献的集体和个人。

3月28日 教育部发出关于印发长春等5市初中招生制度改革材料的通知，从此逐步推开取消初中招生入学考试，凡准予毕业的小学生就近直接升入初中学习的办法。

5月15日～19日 中共中央、国务院在北京召开改革开放以来第一次全国教育工作会议。会议的主要议题是：讨论《中共中央关于教育体制改革的决定（草案）》，并结合各地各部门实际情况，研究贯彻执行的步骤和措施。5月19日，邓小平出席闭幕式，并做了重要讲话。他强调，各级领导要像抓好经济工作那样抓好教育工作。5月27日，中央政治局讨论通过了《中共中央关于教育体制改革的决定》，并于5月29日在《人民日报》公开发表。

6月18日 六届人大常委会第十一次

会议决定设立国家教育委员会。国家教委成立后，教育部即予撤销。

7月5日 国务院批转国家科委、原教育部、中国科学院《关于试办博士后科研流动站的报告》。11月，全国博士后科研流动站管理协调委员会确定，由北京大学等73个高等院校和科研机构首批试办102个博士后科研流动站。

8月11日 国家教委、中共中央直属机关党委、国家机关党委联合举行欢送中央直属机关和国家机关培训中小学师资讲师团大会。胡耀邦在会上讲话，阐述讲师团工作的意义和当代年轻知识分子的成长道路。

一九八六年

2月25日～28日 国家教委、广播电影电视部、国务院电子振兴领导小组等9单位在京召开卫星电视教育工作会议。会议决定积极采用先进技术，开展卫星电视教育。10月1日，卫星电视教育正式开播。

4月12日 六届人大四次会议通过《中华人民共和国义务教育法》。7月1日起施行。其中规定，国家实行九年制义务教育。义务教育事业，在国务院领导下，实行地方负责，分级管理。

4月28日 国务院发布《征收教育费附加的暂行规定》，自7月1日起施行。规定教育费附加专用于改善中小学办学条件。1990年国务院对此规定进行了修改。

9月6日 国家教委发出《中小学教师考核合格证书试行办法》。

9月22日 全国中小学教材审定委员会及各学科教材审查委员会成立。

9月25日 党的十三届六中全会通过《中共中央关于社会主义精神文明建设指导方针的决议》。指出，精神文明建设包括思想道德建设和教育科学文化建设两个方面，培养“四有”新人，提高整个中华民族的思想道德素质和科学文化素质是根本任务。

12月30日 邓小平就1986年学潮约见中央负责同志并作重要讲话。指出，要理直气壮地坚持社会主义道路，坚持四项基本原则，要旗帜鲜明地反对资产阶级自由化，争取安定团结的政治局面。

一九八七年

2月27日～28日 国家教委和河北省政府联合在河北涿州市召开农村教育改革实验区工作会议，标志着我国农村教育改革实验工作启动。1988年9月30日，国务院办公厅批复国家教委《关于组织实施“燎原计划”的请示》，原则批准国家教委实施“燎原计划”的总体设想。1989年5月23日，国家教委发出在全国建立百县农村教育综合改革实验区的通知。

5月29日 中共中央发出《关于改进和加强高等学校思想政治工作的决定》，提出了在改革开放条件下改进和加强高等学校思想政治工作的指导方针与措施。

6月6日 国家教委、国家计委、财政部联合发出《高等学校培养第二学士学位生的试行办法》。本年，国家教委批准26所高校举办第二学士学位班。

6月15日 国家教委、财政部发出《关于农村基础教育管理体制改革若干问题的意见》。

6月23日 国务院批转国家教委《关于改革和发展成人教育的决定》。明确提出从根本上改变成人教育基础薄弱状况的工作指导方针与措施。强调把开展岗位培训作为成人教育的重点。这是成人教育的一次重大改革。

7月8日 国家教委发出《关于社会力

量办学的若干暂行规定》。指出社会力量办学是我国教育事业的组成部分，是国家办学的补充，应予以鼓励和支持。

7月31日　国家教委、财政部发布《普通高等学校本、专科学生实行奖学金制度的办法》和《普通高等学校本、专科学生实行贷款制度的办法》。规定在1987年入学的本科普通高等院校的新生中全面实行奖学金制度和学生贷款制度。

10月25日　党的十三大提出，必须把坚持发展教育事业放在突出的战略位置，把经济建设转到依靠科技进步和提高劳动者素质轨道上来。

11月18日～22日　国家教委在湖北沙市召开了11个中等城市办学方向研讨会，从此启动了城市教育综合改革工作。

一九八八年

2月5日　国务院颁发《扫除文盲工作条例》。

6月1日～4日　国家教委在北京召开全国中小学德育工作会议，推进了中小学德育工作的整体改革。

12月25日　中共中央发出《关于改革和加强中小学德育工作的通知》，要求中小学必须把德育工作放在首位。

一九八九年

3月23日　邓小平在会见乌干达总统约韦里·穆塞韦尼时谈话指出："我们最近10年的发展是很好的。我们最大的失误是在教育方面，思想政治工作薄弱了，教育发展不够"。

5月5日　国家教委发出《1989年普通高等学校试行招收自费生意见》。

9月29日　江泽民在庆祝建国40周年大会上发表重要讲话，指出要大力发展教育和科学，要继续贯彻"尊重知识、尊重人才"的方针，努力为知识分子创造和提供良好的工作条件和生活条件，要关心青年知识分子的成长。

10月30日　中国青少年发展基金会决定实施"希望工程——百万爱心行动"。1990年5月19日，全国第一所希望小学在安徽金寨县诞生，救助500名失学儿童重返校园。

12月11日　江泽民给北医大学生布仁巴雅尔回信。信中指出：青年中有一大批热爱共产党、热爱社会主义，决心为共产主义事业而献身的人，他们代表了当代青年的主流。

12月17日～24日　国家教委召开全国筹措教育经费、改善办学条件山东现场会。

一九九〇年

4月12日～16日　中共中央组织部、宣传部、国家教委党组联合在京召开第一次全国高等学校党的建设工作会议。江泽民接见全体代表并与部分代表进行座谈，要求对青年学生进行近代史教育、国情教育、形势教育，对青年学生要热情关怀。

5月3日　首都举行纪念"五四"报告会。江泽民作《爱国主义和我国知识分子使命》的重要讲话。阐述了新时期爱国主义的特征和知识分子在社会主义现代化建设中的使命。

8月20日　国家教委发出《关于在普通高中实行毕业会考制度的意见》。到1993年，全国各地均实行此项制度。

12月17日～21日　国家教委、国家科委联合在北京召开全国高等学校科学技术工作会议。会议提出高校科技工作是我国科技工作十分重要的组成部分，要把建设国家重点实验室、承担重大科技攻关项目与培养人才密切结合起来。

一九九一年

3月9日 江泽民致信国家教委负责人李铁映、何东昌，就对青少年儿童进行中国近代史、现代史及国情教育问题作出指示。为落实江泽民的指示，国家教委颁发了《中小学加强中国近代、现代史及国情教育的总体纲要》。

4月15日 国务院发布《禁止使用童工规定》。

4月26日 国家教委发布《教育督导暂行规定》。5月21日，国家教委又发出《普通中小学校督导评估工作指导纲要》和《实施〈普通中小学校督导评估工作指导纲要〉试点的意见》。我国普通中小学校的督导评估工作逐步走向规范化轨道。

6月6日 国家教委发出《关于大力发展乡（镇）、村农民文化技术学校的意见》。

7月29日 国家教委发出《关于实施〈现行普通高中教学计划的调整意见〉和普通高中毕业会考制度的意见》。实施“调整”和“会考”，是对普通高中课程、教材和考试制度的两项改革。

9月4日 七届全国人大常委会第二十一次会议通过《中华人民共和国未成年人保护法》。

10月17日 国务院发出《关于大力发展职业技术教育的决定》。根据90年代我国经济社会发展需要，明确了职业技术教育的发展任务。

一九九二年

1月27日 国家教委办公厅印发《关于深化城市综合改革若干问题的意见》、《全国城市教育综合改革实验工作指导纲要》。

5月20日 江泽民与首都应届高校毕业生代表座谈，指出努力为各种人才的脱颖而出和正确使用创造良好的条件，最大限度地发挥知识分子的创造才能，应当始终成为我们党和政府坚定不移的方针。

8月21日 国家教委发出《关于国家教委直属高校深化改革，扩大办学自主权的若干意见》，提出加大高校改革力度，激活办学机制。

8月23日 中共中央办公厅受邓小平委托给北京大学等高校学生回信，对学生们的良好祝愿表示谢意，殷切希望大学生担负起振兴中华的重任。邓小平视察南方谈话公开发表后，北京大学等十几所高校学生给邓小平写信，对他的讲话表示衷心拥护。

10月12日～18日 党的十四大召开，江泽民作《加快改革开放和现代化建设步伐，夺取有中国特色社会主义事业的更大胜利》的报告，提出科技进步、经济繁荣和社会发展，主要取决于劳动者的素质，培养大批人才。要把教育放在优先发展的战略地位，各级政府要增加教育投入，鼓励多渠道、多形式社会集资办学和民间办学，改变国家包办教育的做法。

一九九三年

1月7日 国务院办公厅转发国家教委《关于进一步改革和发展成人高等教育的意见》，提出了成人高等教育发展的方针及任务。

1月12日 国务院批转国家教委《关于加快改革和积极发展普通高等教育的意见》，要求高等教育必须面向经济建设主战场，改革办学体制，积极发展以高新技术产业为主的校办产业。

2月13日 中共中央、国务院印发《中国教育改革和发展纲要》。制定了我国教育90年代发展的目标、战略和指导方针。这是我国改革开放时期最有指导意义的教育改革与发展决策性文件。1994年7月3日，国务院发出《关于〈中国教育改革和发展纲要〉的实施意见》，要求各级党委和政府，各级教育行政部门和各级各类学校认真贯彻实施《纲要》。

3月1日～4日 中国全民教育国家级大会在北京和河南召开。会议通过《中国全民教育行动纲领》，提出全民教育目标及措施。

8月1日 国务院发布《关于修改〈扫除文盲工作条例〉的决定》。对扫盲的组织工作、基本扫除文盲单位的标准、巩固扫盲成果等条款作出修订。

10月31日 八届全国人大常委会第四次会议通过《中华人民共和国教师法》。自1994年1月1日起施行。

一九九四年

1月11日 全国教育系统"邓小平建设有中国特色社会主义理论研究中心"在北京成立。李岚清致信祝贺。

3月14日 国务院发布《教学成果奖励条例》。以鼓励教育工作者从事教育科学研究，提高教学水平和教育质量。

△同日，国务院办公厅转发农业部《关于实施"绿色证书工程"意见》。《意见》提出，把"绿色证书"的组织工作作为一项工程来实施，对具有初、高中文化程度的农民进行岗位培训，培养一支能够起示范带头作用的农民技术骨干队伍。

4月6日 国家教委发出通知：建立国家教育督导团，负责对国家有关教育工作的方针政策、法规的执行情况进行监督、检查；对各省市自治区政府和职能部门对中等以下教育及有关工作的管理进行督导和评估；指导地方督导工作等工作。

6月14日～17日 党中央、国务院在北京召开改革开放以来第二次全国教育工作会议。会议的主要内容是：以邓小平建设有中国特色社会主义理论和党的基本路线为指导，贯彻党的十四大和十四届三中全会精神，进一步落实教育优先发展的战略，动员全党全社会认真实施《中国教育改革和发展纲要》，为实现90年代我国教育改革和发展的任务而奋斗。江泽民和李鹏、朱镕基、李岚清等党和国家领导人出席会议并讲话。

8月23日 中共中央印发《爱国主义教育实施纲要》。指出，爱国主义教育是全民教育，重点是广大青少年。学校是对青少年进行教育的重要场所，要把爱国主义教育贯穿到幼儿园直至大学的教学、育人过程中去，特别要发挥好课堂教学主渠道的作用。

△同日，国务院发布《残疾人教育条例》。

8月31日 中共中央发出《关于进一步加强和改进学校德育工作的若干意见》，对新时期学校德育工作提出具体要求，是加强和改进学校德育工作的指南。在此前后，国家教委等单位在全国中小学开展了观看一百部爱国主义教育影片，阅读一百种爱国主义教育图书，建立一百个爱国主义教育基地和学唱一百首爱国主义歌曲等活动。

9月1日 国家教委发出《关于在九十年代基本普及九年义务教育和基本扫除青壮年文盲的实施意见》。

10月22日～24日 国务院办公厅在大连召开全国教师住房工作经验交流会。总结交流和推广各地、各部门解决教师住房问题的经验及做法，研究加快教师住房建设和改革的方针政策及目标任务，以推动全国教职工住房条件的全面改善。李岚清出席会议并讲话。

一九九五年

1月26日 国家教委发布《中外合作办学暂行规定》。指出中外合作办学是中国教育对外交流与合作的重要形式，是对中国教育事业的补充。

3月16日 国家教委办公厅印发《关于开展〈中华人民共和国教育史〉研究工作的报告》。指出，开展中华人民共和国教育史研究，是一项复杂的长期的任务，对于建设有中国特色的社会主义教育体系，促进我国教育改革与发展将具有重大意义。

3月18日 八届全国人大三次会议通过《中华人民共和国教育法》，自1995年9月1日起施行。《教育法》以宪法为依据，规定了我国教育的基本性质、地位、任务，基本法律原则和基本教育制度。

4月 国家教委设立国家教委留学基金会管理委员会。决定改革现行的国家公派留学人员的选派和管理办法，实行面向社会、公开报名、平等竞争、择优录取、公布录取结果、签约派出、违约赔偿的新选派办法。

5月26日 江泽民在全国科技大会上正式提出科教兴国发展战略。他强调，我国要实现经济体制从传统的计划经济向市场经济的转变，经济增长方式从粗放型向集约型转变，就必须重视科技和教育，认真实施科教兴国战略，使国民经济和社会发展依靠于科技进步和提高劳动者素质。

7月19日 国务院办公厅转发国家教委《关于深化高等教育体制改革的若干意见》。《意见》提出，要着重抓好高等教育管理体制的改革。其目标是，争取到2000年或稍长一点时间，基本形成举办者、管理者和办学者职责分明，以财政拨款为主多渠道经费投入，中央和省、自治区、直辖市人民政府两级管理、分工负责，以省、自治区、直辖市人民政府统筹为主，条块有机结合的体制框架。

9月14日 国家教委、财政部发出《关于进行国家"贫困地区义务教育工程"项目规划和可行性研究的通知》，启动了"国家贫困地区义务教育工程"。从1995年至2000年，中央财政拨出专款39亿元支持贫困地区义务教育的发展，加上地方各级政府的配套资金等，工程资金投入总量超过100亿元。这是建国以来中央财政教育专项资金投入规模最大的全国性教育工程。

11月 国家计委、国家教委、财政部联合发布《"211工程"总体建设规划》。标志该工程正式列入国民经济和社会发展中长期规划和第九个五年计划，并由规划设计阶段转入全面实施阶段。

12月12日 国务院发布《教师资格条例》，对教师资格分类与适用、条件、考试、认定等作出规定。

一九九六年

3月25日 第一个"全国中小学生安全教育日"。李岚清在此之前发表电视讲话，要求全社会都要关心中小学安全工作。

3月28日 江泽民与上海、西安、西南、北方4所交通大学领导座谈。指出，我们的经济工作正在实现经济体制和经济增长方式的"两个重要转变"。在这种新形势下，我们的教育工作必须进一步解决好两个重要问题，一是教育要全面适应现代化建设对各类人才培养的需要，二是要全面提高办学质量和效益。

5 月 15 日　八届全国人大常委会第十九次会议通过《中华人民共和国职业教育法》。自 1996 年 9 月 1 日起施行。

9 月 9 日～12 日　全国师范教育工作会议在北京举行。江泽民和李岚清等出席并讲话。会议提出，从现在起到下世纪初师范教育改革和发展的方针是：坚持方向，深化改革，优化结构，促进发展，提高质量，提高效益。

9 月 27 日　江泽民向部分贫困地区中小学转赠音像设备仪式在人民大会堂举行。江泽民将出访时外国朋友赠送的 20 套音像设备转赠给贫困地区的中小学校，以支持这些贫困地区的基础教育。

11 月 19 日　"中国教育科研网（CERNET）和德国学术研究网（DFN）联网开通仪式"在清华大学举行。

一九九七年

7 月 31 日　国务院发布《社会力量办学条例》，自 10 月 1 日起施行。提出国家对社会力量办学实行积极鼓励、大力支持、正确引导、加强管理的方针。

9 月 12 日　党的十五大在北京开幕。江泽民在开幕式上作题为《高举邓小平理论伟大旗帜，把建设有中国特色社会主义事业全面推向 21 世纪》的报告，指出：要切实把教育摆在优先发展的战略地位，尊师重教，加强师资队伍建设。发挥各方面的积极性，大力普及九年义务教育，扫除青壮年文盲，积极发展各种形式的职业教育和成人教育，稳步发展高等教育。优化教育结构，加快高等教育管理体制改革步伐，合理配置教育资源，提高教学质量和办学效益。

10 月 14 日　教育部在深圳召开全国高等职业教育教学改革研讨会。会议主要内容是：总结高等职业教育发展的经验，研究加快发展高等职业教育的步伐和办学特色。

10 月 16 日～18 日　全国城市教育综合改革会议在湖南省长沙市举行。国家教委党组书记、副主任陈至立在开幕式上宣读李岚清副总理致会议全体代表的信并讲话。会议总结 10 年来各地城市教育综合改革的成绩和经验，分析城市教育改革面临的机遇和挑战，明确进一步深化城市教育综合改革的思路和任务。

11 月 20 日　李岚清视察清华大学教师筒子楼改造工作，了解高校教师住房建设情况，指出尊师重教不能只在口头上讲，要为教师办实实在在的事。

一九九八年

3 月 10 日　新一届国务院机构改革方案经九届人大一次会议通过，国家教育委员会更名为教育部。

3 月 19 日　朱镕基总理宣布，中央决定成立国家科技教育领导小组，由朱镕基总理担任组长，李岚清副总理担任副组长。6 月 9 日，国家科技教育领导小组召开第一次会议。

5 月 4 日　江泽民在庆祝北京大学建校一百周年大会上发表重要讲话，强调大学是科教兴国的强大生力军，提出要建设若干所世界一流大学的历史性任务。

5 月 22 日　中央宣传部、教育部发出《关于认真学习〈邓小平教育理论学习纲要〉的通知》，要求学习邓小平教育理论，要同学习邓小平理论的科学体系结合起来，同学习贯彻十五大精神结合起来，发扬理论联系实际的学风，紧密联系建设有中国特色社会主义的实践，紧密联系我国教育事业的发展和教育改革的实践，研究教育工作面临的新情况、新问题，创造性地开展工作。

6月 根据中共中央政治局的决定，中央宣传部、教育部印发了《关于普通高等学校“两课”课程设置的规定及其实施工作的意见》。新的“两课”设置方案，突出了邓小平理论在教学内容体系中的中心地位，总结和继承了建国以来高校思想政治课教学的经验和近年来教学改革的成果，同时注意到各部分课程的衔接以及和中学思想政治教育课程的衔接，基本形成一个结构合理、功能互补，大中小学相互衔接的马克思主义理论教育和思想品德教育的课程体系。

8月29日 九届全国人大常委会第四次会议通过《中华人民共和国高等教育法》，于1999年1月1日起开始实施。该法的颁布标志着中国教育法律法规体系的基本框架已经形成。

9月15日 原浙江大学、杭州大学、浙江农业大学、浙江医科大学合并组成新浙江大学。这是目前我国规模最大、学科门类最全的大学。

一九九九年

1月13日 国务院批转教育部《面向21世纪教育振兴行动计划》。它是在贯彻落实《教育法》及《中国教育改革和发展纲要》的基础上提出的跨世纪教育改革和发展的施工蓝图，明确提出了到2000年和2010年我国教育发展的目标。

4月25日 江泽民写信给北京师范大学教授白寿彝，祝贺他主持编写的《中国通史》全部出版。江泽民在信中强调，中华民族的历史，是全民族的共同财富，全党全社会都应该重视对中国历史的学习。

6月15日～18日 中共中央、国务院在北京召开改革开放以来第三次全国教育工作会议，颁布《关于深化教育改革全面推进素质教育的决定》。会议的主题是：动员全党同志和全国人民，以提高民族素质和创新能力为重点，深化教育体制和结构改革，全面推进素质教育，振兴教育事业，实施科教兴国战略，为实现党的十五大确定的社会主义现代化建设宏伟目标而奋斗。江泽民和朱镕基、李岚清等党和国家领导人出席会议并讲话。这次全教会和《决定》赋予素质教育以时代的特征和新的内涵，并紧紧围绕全面推进素质教育，培养适应21世纪现代化建设社会主义新人提出一系列教育改革和发展的重大决策，取得了一系列突破性进展。会后教育部根据会议精神，进一步扩大了当年全国高校的招生规模。

8月12日 教育部召开教育界深入揭批“法轮功”座谈会。教育部部长陈至立在会上指出，今后要加强学校思想政治工作，为教育事业继续前进提供坚强有力的思想政治保障。

9月7日 教育部启动国家助学贷款工作，并与中国工商银行制定《国家助学贷款管理操作规程（试行）》。国家助学贷款的目的是通过银行贷款帮助高等学校中经济确实困难的学生支付在校期间的学费和日常生活费。国家助学贷款利息由国家财政予以补贴。

撰　稿　李玉非　宋荐戈　胡沫英
方晓东　毕　诚　王洪元
审　稿　阎立钦　卓晴君

注：《共和国教育50年大事记》的收辑范围主要是建国50年来（1949年10月～1999年10月）具有全国性的教育史事，包括中共中央、全国人大、国务院和教育部（高教部、国家教委）等中央部委制订、发布的教育方针、法律法规；党和国家领导人有关教育的重要讲话、指示；以及对中国教育理论与实践产生过重大历史性影响的重要会议与事件。

关于教育产业问题的讨论及其对教育体制改革的影响

一、问题的提出

1999年，引起全社会广泛关注的一个教育热点是关于“教育产业”问题的讨论。这个问题涉及到对教育的本质和功能、教育的经济属性的认识，它不仅是一个理论问题，也是关系到教育可持续健康发展的重大政策问题。

改革开放以来，关于教育的经济属性或产业属性的讨论曾有过几次。1985年颁布的《中共中央关于教育体制改革的决定》，针对过去政府包办教育和对学校统得过死的状况，提出了一些改革教育管理和办学体制重大措施，如多渠道筹措教育经费、高校招收自费生，鼓励民间办学等。当时围绕着教育是否应当商品化曾有过争论。1993年党中央和国务院发布了《中国教育改革和发展纲要》，提出要建立“与社会主义市场经济体制和政治体制、科技体制改革相适应的教育新体制”，并着手全面推进教育的管理、办学和投资体制的改革。此后，教育界着重就构建与社会主义市场经济相适应的教育体系、办学模式、运行机制和管理体制问题展开了广泛的讨论，开始涉及到教育产业、教育“产业化”和“市场化”等问题。1999年，中共中央、国务院作出了《关于深化教育改革全面推进素质教育的决定》，明确提出：“鼓励社会力量为学校提供后勤服务，发展教育产业。”

近两年来，由于中国经济增长速度减缓，内需不振，消费低迷，如何扩大内需，拉动经济增长，引起全社会的关注。另一方面，由于教育经费紧张，社会教育需求的增大与供给不足的矛盾日益突出。在这样的背景下，经济界和教育界的一些学者提出，应通过大力发展教育产业，促进经济和教育的发展。于是，教育是否是产业，教育应不应当产业化等再一次引起了争论。

二、关于教育的产业属性

中国从80年代中期起，开始在国民经济统计中把教育作为第三产业中的一个领域。1992年《中共中央、国务院关于加快发展第三产业的决定》明确提出教育事业属于第三产业，是对国民经济发展具有全局性、先导性影响的基础行业。

近年来国内关于教育产业属性的讨论，可归纳为以下三类观点：

一种观点是把“教育产业”作为与“教育事业”相对应的概念，认为营利性的教育活动才是“产业”。主张是“产业”就要按照市场经济原则进行经营，就有盈利性。认为教育的产业性主要体现在：（1）教育是生产最重要的、决定性的生产要素——有文化知识技能的人才和劳动者的行业；(2) 教育是有投入产出的增值的生产性活动，教育可以创造出比自身培养费用和养活子女费用要高得多的价值，可以给投资者带来经济回报和效益；(3) 教育是创新知识、传播知识、应用知识的第三产业，是发展前景广阔的“朝阳产业”；(4) 教育部门与受教育者之间的供求关系也是一种交换关系，政府补贴外的不足部分应由社会、家庭和个人补偿。另外一种观点反对把教育的“事业性”和“产业性”相对立，认为教育是一种既不同于行政管理部门、也不同于工商、金融、建筑、农业等产业的一种非营利性产业。第三种观点认为教育不是产业或不具有产业属性，原因是：(1) 受教育是公民的基本权利，教育是一种社会福利性事业，性质是公共产品或准公共产品，主要由政府提供，学校是非营利机构而不是从事经济活动的产业部门，教育不能作为产业而市场化；(2) 教育并非物质生产部门，教育投资不是生产性投资，教育成果具有非物质性，因此不是产业；(3) 把教育划分为第三产业只是社会统计的划分，并未涉及产业间经济联系的方式，教育与其他产业和部门的经济联系并非一定要通过市场交换；(4) 教育产业是对教育供给的商品化，是把人才和劳动力视为商品的误导。

实际上，从教育的现实存在形态来看，教育既不可能全部成为公共产品，也不可能全部成为私人产品。实际上，现实社会中存在着三类教育劳务的供给：公益性教育劳务主要由政府提供，受教育者无偿消费；非营利性的教育劳务主要由非营利性的非政府机构提供，教育服务消费者需要支付部分教育成本，但教育提供者不从中营利；营利性教育劳务的供给，教育消费者须支付全部成本，教育劳务提供者可从中营利。可以说，无论是哪种教育服务的提供都受到经济因素的制约和影响，都有供求关系存在，都需要投入巨大的人力物力，都会对经济增长产生一定的促进作用。因此，大多数人认为教育具有一定的产业属性，或者说教育是一种特殊的产业。

关于教育产业的外延或者包容的范围也存在着较大的争议。有人认为教育产业包括教育服务本身（无形产品）、为教育服务的产业（有形产品，如教育用品业）以及校办产业。另外一些人认为教育产业只是指教育服务本身，即传授知识的教学活动，为教育服务的产业和校办产业属于别的产业，不应视为教育产业。还有人主张，广义的教育产业应当包括“本体产业”（教育服务本身）和“相关产业”（教育服务过程中消耗的物品、资源及各种衍生的辅助性服务）；校办产业除为教育活动提供物品或辅助性服务的部分外，其他在性质上与教育无直接关系者，不应看作教育产业。

三、关于教育的“产业化”和“市场化”

在有关教育产业的讨论中，争论最激烈的是教育能否“产业化”和“市场化”的问题。主张“教育产业化”的主要观点是：(1) 教育产业化有利于将产业经营及市场竞争机制引入教育领域，有利于降低教育成本并提高成本补偿，提高资源利用率；(2) 目前我国居民储蓄总额不断增大，且子女教育已经成为城镇家庭储蓄的主要动机之一，因此教育消费潜力巨大，教育产业化有利于刺激教育消费，拉动经济增长；(3) 越来越多的企业期望投资教育并从中获得收益回报，教育产业化有利于吸引社会资金投入教育，扩大教育供给，满足社会需求；（4）教育市场的国际竞争日趋激烈，中国教育只有产业化，才能保住国内的教育市场不被外国人占领。

不同意教育产业化的观点主要是：(1)教育产业化就是主张教育部门与其他产业部门的经济联系应通过市场等价交换的方式实现，把教育产出商品化是对劳动力市场的误解。(2) 教育是非生产和非经济部门，属于法定的非营利公共部门，教育提供的是公共产品或准公共产品而非私人产品。教育收费是成本补偿，是受教育者预期收入的代价。而教育产业化必然要求教育活动市场化、教育机构企业化、以及经费上个人负担比例的增大，这些因素都可能会影响教育应有的公平性。(3) 教育活动与经济活动有密切联系，但毕竟是两个社会功能不同的范畴，有各自运动的规律和特点。有些教育活动事关国家社会的长远发展，具有长期性、基础性，很难立竿见影，不能完全靠市场调节。(4) 教育促进人类自身发展及创造精神文明，教育产业化可能对教育的其他功能带来不利影响。

四、关于教育消费对经济增长的拉动作用

经济学家们主张发展教育产业的主要出发点是：教育消费的市场及其收益将是巨大的，对经济增长有很大拉动作用。一些学者还对这种拉动作用进行了测算。有人得出结论说：若在三年内使我国高校的招生量从每年 200 万人增加到 400 万人，对新增学生一律实行全额自费，并把年生均学费提高到 1 万元，则可拉动近 1 000 亿的投资与最终消费，对 GNP 的贡献可达半个百分点以上。有的学者提出：我国普通中小学生约 2 亿人，如果允许 1/10 的学生缴费择校，每人每年 5 000 元，则有 1 000 亿元的潜在收益；高中生及适龄高中学生约 2 000 万人，如果 80% 的学生以教育消费形式就读，每人每年收费 2 000 元，则每年的潜在收益在 300 亿元以上；高等学校在校生和潜在学生约 500 万人，如果 80%左右的学生以缴费形式就读，每人每年增加 5 000 元的教育消费，则潜在收益每年约 250 亿元。

但是，也有一些专家学者对上述观点提出质疑。第一，对教育消费拉动经济增长的作用不宜估计过高，因为教育对其他产业的波及效果较小。根据国家统计局 1999 年修订的全国 1997 年投入产出表，教育部门的产出乘数小于 124 个行业部门的平均值；教育部门的影响力系数也小于所有部门的平均值 1，且排序靠后，说明教育对经济的拉动作用远低于各行业部门的平均水平。教育部教育发展研究中心曾对 1999 年全国普通高校的扩招对经济的拉动作用作过测算，结果是：1999 年，全国普通高校本专科扩招人数为 51. 32 万人，按全国高校平均学费和学生生活开支的平均水平计算，扩招所带来的国民经济总产出增量约为 80 亿元左右，约占当年 GDP 总值的 0. 1%。这表明，教育对拉动短期的经济增长具有一定效果，但这种效果是有限的。第二，对于居民的教育消费能力不能估计过高。目前我国城乡居民收入差距巨大，社会保障体制不健全，农村家庭消费的恩格尔系数仍然很高，这些都是制约居民教育消费扩大的因素。在社会消费总量相对恒定、一般居民消费水平偏低的情况下，教育支出的增加必然带来其他方面消费的减少。第三，即便是高等教育也难以做到完全按成本收费。在发达的资本主义国家，大学生所交学费一般也都在教育成本的 50%以下。

一些学者指出：制定教育政策时必须兼

顾教育对经济的短期的促进效果和长期的积极作用，主要出发点应当是提高国民的素质，培养更多的人才，而不单纯是用发展教育去获得更多的、眼前的、一时的经济利益。

五、正确认识教育的产业属性及发展教育产业的意义

当前，正确认识教育的产业属性，有利于发挥教育在国民经济和社会发展中的基础性、先导性的作用，使教育为促进经济增长作出更大贡献；改变把教育全部视为公益事业的观念，有利于促进各级政府和学校多渠道筹措教育经费，增大非义务教育阶段个人和社会对教育成本分担的比重，改变教育经费的紧缺状况，扩大社会的教育供给，满足社会上日益增长的教育需求；在教育某些领域引进必要的市场竞争机制，将有利于优化教育资源的配置，提高教育的质量和效益；此外，在当前中国内需不振的情况下，利用教育产业属性可能是扩大消费、拉动经济增长和缓解就业压力的一个重要因素。

承认教育具有产业属性，并不意味着否定或弱化教育具有的多功能性和公共产品属性。要认识到教育的功能不仅在于促进经济增长方面，它对社会政治、文化及道德的发展也有巨大的促进作用。此外，教育活动还有着不同于经济活动的规律性和周期性，它主要是通过促进人的发展对经济社会发展产生积极作用，而经济活动的基本动力是对利润最大化的追求，经济利益优先可能对教育发展产生消极影响。单纯强调教育的经济意义，把它与一般营利性产业相提并论，使教育完全“商业化”，有可能对教育的经济以外的社会功能带来负面影响。积极发展教育产业，并非减少政府必要的公共教育投资，也不是要减轻政府在教育宏观管理和调控方面的责任。即便是在市场经济发达的西方国家，政府也都提供大量公共教育服务，并对教育进行必要的宏观调控。

应当认识到，整个教育体系内部不同部分的产业属性在“强度”上是有区别的。从教育服务的公益性和产业性来看，一般分为三种类型，即公共教育、非营利性私立教育和营利性私立教育（培训）。三者资金来源不同，政策待遇也有所不同。在一些发达国家，公立学校主要由公共财政来支持，个人承担费用占的比重很小，而且一般都不允许公立学校从事营利性活动。对非营利性的私立学校，很多国家都在税收方面给予优惠待遇，有的国家还对私立学校或其在校学生提供财政补助。而营利性的私立教育或培训机构则不能享受对非营利性学校的待遇，基本上按营利企业对待，要照章纳税。

中国在计划经济体制下，教育事业不分阶段和类型一概被视为由政府支出的公益性福利事业，但由于经济发展水平和财政能力的制约，政府所能提供的公共教育服务非常有限，难以满足社会不断增长的教育需求。近年来，随着市场经济体制的逐步确立，政府包揽办学的状况有了很大的变化，民办学校大量出现，公办学校筹措教育经费的渠道也趋于多样化。但是，由于对教育的公益性和产业性缺乏全面的认识，有关政策界限不清晰，使得教育实践中出现了一些不应有的混乱现象。比如，民办教育虽然在数量上增长较快，但营利性机构和非营利性机构混在一起，影响了学校之间的公平竞争，出现了很多不规范的办学行为。一些民办教育机构或明或暗地把办学直接作为营利手段，内部管理混乱，缺乏有效的监督，教育质量得不到保证。有的地方政府部门对与教育产业相关的政策掌握不准，不是管束过严，就是放任自流。有些公办学校则在享有财政投入和相应政策待遇的同时从事营利性教育活动，在一些公立学校中出现了高收费、乱收费的现象，甚至使违规收费转为学校人员的“灰色收入”及“黑色收入”。今后在发展教育产业时，对这些不规范的现象应当加以克服。

撰稿　韩民

审稿　周满生

1999年硕士研究生报名/录取情况表

专业代码	专业名称	报名人数	录取人数	录取比例%
030405	中国少数民族艺术	2	0	0.00
040109	特殊教育学	16	1	6.25
030106	诉讼法学	2 383	184	7.72
030104	刑法学	2 002	164	8.19
120200	工商管理	330	28	8.48
050408	舞蹈学	22	2	9.09
020103	经济史	87	8	9.20
082504	人机与环境工程	42	4	9.52
030107	经济法学	3 388	360	10.63
120201	会计学	7 398	849	11.48
030105	民商法学	2 765	318	11.50
030101	法学理论	969	114	11.76
100218	急诊医学	75	9	12.00
020207	劳动经济学	208	26	12.50
030204	中共党史	1 068	136	12.73
050407	广播电视艺术学	76	10	13.16
120203	旅游管理	446	59	13.23
030102	法律史	352	47	13.35
020101	政治经济学	3 506	471	13.43
120202	企业管理	6 839	942	13.77
020205	产业经济学	3 215	447	13.90
030203	科学社会主义与国际共产主义运动	813	113	13.90
120301	农业经济管理	1 385	193	13.94
030109	国际法学	2 316	324	13.99
100211	妇产科学	1 826	256	14.02
020204	金融学	6 570	936	14.25
030402	马克思主义民族理论与政策	21	3	14.29
020206	国际贸易学	2 804	410	14.62

020104	西方经济学	834	122	14.63
030103	宪法学与行政法学	1 133	169	14.92
020208	统计学	556	83	14.93
050403	美术学	1 362	206	15.12
020203	财政学	1 544	234	15.16
050301	新闻学	2 211	336	15.20
020201	国民经济学	1 834	279	15.21
120401	行政管理	1 425	217	15.23
050404	设计艺术学	1 120	171	15.27
100210	外科学	6 714	1 027	15.30
082903	林产化学加工工程	26	4	15.38
082804	农业电气化与自动化	103	16	15.53
020106	人口、资源与环境经济学	90	14	15.56
040304	民族传统体育学	122	19	15.57
030304	民俗学	133	21	15.79
050106	中国现当代文学	2 568	411	16.00
050105	中国古代文学	2 461	396	16.09
050402	音乐学	902	147	16.30
050103	汉语言文字学	1 761	292	16.58
050406	电影学	240	40	16.67
100215	康复医学与理疗学	24	4	16.67
100505	中医诊断学	102	17	16.67
030207	国际关系	824	138	16.75
030205	马克思主义理论与思想政治教育	3 884	651	16.76
120404	社会保障	83	14	16.87
100201	内科学	6 686	1 132	16.93
120302	林业经济管理	118	20	16.95
020202	区域经济学	659	112	17.00
100202	儿科学	941	161	17.11
120280	工商管理硕士	29 550	5 062	17.13
030403	中国少数民族经济	278	48	17.27
100602	中西医结合临床	834	144	17.27
020209	数量经济学	685	119	17.37
100217	麻醉学	523	91	17.40
100212	眼科学	962	168	17.46
100203	老年医学	113	20	17.70
120503	档案学	83	15	18.07
040303	体育教育训练学	918	168	18.30
082104	服装	267	50	18.73
100206	皮肤病与性病学	415	78	18.80
040203	应用心理学	355	67	18.87
120204	技术经济及管理	2 281	434	19.03

060107	中国近现代史	1 539	296	19.23
100510	中医儿科学	104	20	19.23
100204	神经病学	992	193	19.46
050405	戏剧戏曲学	190	37	19.47
100101	人体解剖与组织胚胎学	393	77	19.59
081404	供热、供燃气、通风及空调工程	704	138	19.60
050201	英语语言文学	4 417	873	19.76
030401	民族学	146	29	19.86
100213	耳鼻咽喉科学	376	75	19.95
040105	学前教育学	125	25	20.00
082704	辐射防护及环境保护	5	1	20.00
050302	传播学	333	67	20.12
030180	法律硕士	3 585	722	20.14
040110	教育技术学	551	111	20.15
040302	运动人体科学	327	66	20.18
040101	教育学原理	731	149	20.38
030201	政治学理论	642	131	20.40
040102	课程与教学论	1 764	360	20.41
100207	影像医学与核医学	935	191	20.43
020102	经济思想史	131	27	20.61
120403	教育经济与管理	587	121	20.61
040180	教育硕士	174	36	20.69
110505	密码学	91	19	20.88
040107	成人教育学	19	4	21.05
100301	口腔基础医学	19	4	21.05
100501	中医基础理论	218	46	21.10
100601	中西医结合基础	224	48	21.43
050104	中国古典文献学	214	46	21.50
071003	生理学	739	159	21.52
100508	中医骨伤科学	353	76	21.53
020105	世界经济	1 517	327	21.56
040301	体育人文社会学	422	91	21.56
030108	环境与资源保护法学	88	19	21.59
100506	中医内科学	1 232	266	21.59
081301	建筑历史与理论	222	48	21.62
082802	农业水土工程	111	24	21.62
100507	中医外科学	143	31	21.68
040202	发展与教育心理学	585	127	21.71
040108	职业技术教育学	23	5	21.74
040104	比较教育学	262	57	21.76
100104	病理学与病理生理学	982	214	21.79
100214	肿瘤学	573	125	21.82

050101	文艺学	1 167	256	21.94
040103	教育史	164	36	21.95
100105	法医学	82	18	21.95
120502	情报学	326	72	22.09
100205	精神病与精神卫生学	149	33	22.15
070502	人文地理学	936	208	22.22
030206	国际政治	372	83	22.31
100512	针灸推拿学	403	90	22.33
100503	中医医史文献	67	15	22.39
081402	结构工程	3 405	766	22.50
050211	外国语言学及应用语言学	2 569	581	22.62
081203	计算机应用技术	11 232	2 550	22.70
050102	语言学及应用语言学	446	102	22.87
120405	土地资源管理	166	38	22.89
083201	食品科学	684	157	22.95
100302	口腔临床医学	1 008	232	23.02
082901	森林工程	52	12	23.08
100800	中药学	506	117	23.12
010101	马克思主义哲学	1 030	240	23.30
080203	机械设计及理论	3 643	849	23.30
082103	纺织化学与染整工程	123	29	23.58
050108	比较文学与世界文学	512	121	23.63
100208	临床检验诊断学	241	57	23.65
100502	中医临床基础	152	36	23.68
100511	中医五官科学	76	18	23.68
080201	机械制造及其自动化	3 013	720	23.90
100102	免疫学	506	121	23.91
080706	化工过程机械	531	127	23.92
040201	基础心理学	458	110	24.02
030302	人口学	129	31	24.03
082201	制浆造纸工程	236	57	24.15
081302	建筑设计及其理论	1 693	409	24.16
082203	发酵工程	314	76	24.20
082301	道路与铁道工程	574	139	24.22
081705	工业催化	132	32	24.24
080602	钢铁冶金	271	66	24.35
081403	市政工程	460	112	24.35
071004	水生生物学	135	33	24.44
082304	载运工具运用工程	305	75	24.59
082101	纺织工程	255	63	24.71
080202	机械电子工程	3 402	841	24.72
083203	农产品加工及贮藏工程	298	74	24.83

081304	建筑技术科学	153	38	24.84
030301	社会学	704	175	24.86
082202	制糖工程	20	5	25.00
082604	军事化学与烟火技术	4	1	25.00
100706	药理学	944	238	25.21
090706	园林植物与观赏园艺	198	50	25.25
081702	化学工艺	1 200	305	25.42
080204	车辆工程	1 081	275	25.44
081704	应用化学	2 168	552	25.46
081202	计算机软件与理论	4 340	1 107	25.51
082902	木材科学与技术	141	36	25.53
100509	中医妇科学	281	72	25.62
070702	海洋化学	78	20	25.64
100704	药物分析学	234	60	25.64
081102	检测技术与自动化装置	755	194	25.70
082302	交通信息工程及控制	412	106	25.73
120100	管理科学与工程	5 018	1 291	25.73
100702	药剂学	482	126	26.14
050107	中国少数民族语言文学	244	64	26.23
081101	控制理论与控制工程	5 706	1 509	26.45
080702	热能工程	1 173	311	26.51
100701	药物化学	494	131	26.52
082303	交通运输规划与管理	791	211	26.68
060106	中国古代史	786	210	26.72
060105	专门史	831	224	26.96
082801	农业机械化工程	411	111	27.01
082003	油气储运工程	185	50	27.03
081901	采矿工程	487	132	27.10
081405	防灾减灾工程及防护工程	136	37	27.21
080902	电路与系统	1 272	347	27.28
081903	安全技术及工程	269	74	27.51
040106	高等教育学	253	70	27.67
083002	环境工程	1 808	501	27.71
010107	宗教学	101	28	27.72
081601	大地测量学与测量工程	277	77	27.80
071001	植物学	1 321	368	27.86
080804	电力电子与电力传动	1 141	319	27.96
081504	水利水电工程	315	89	28.25
080801	电机与电器	395	112	28.35
070501	自然地理学	703	200	28.45
081505	港口、海岸及近海工程	144	41	28.47
100209	护理学	28	8	28.57

081406	桥梁与隧道工程	401	115	28.68
100103	病原生物学	272	78	28.68
080802	电力系统及其自动化	2 063	592	28.70
082001	油气井工程	174	50	28.74
082503	航空宇航制造工程	198	57	28.79
081503	水工结构工程	375	108	28.80
010108	科学技术哲学	869	251	28.88
082402	轮机工程	100	29	29.00
081001	通信与信息系统	5 694	1 652	29.01
030202	中外政治制度	31	9	29.03
081802	地球探测与信息技术	414	121	29.23
080402	测试计量技术及仪器	1 025	302	29.46
010106	美学	152	45	29.61
071200	科学技术史	179	53	29.61
081401	岩土工程	880	261	29.66
090707	水土保持与荒漠化防治	101	30	29.70
100402	劳动卫生与环境卫生学	266	79	29.70
070101	基础数学	1 099	327	29.75
100703	生药学	171	51	29.82
090101	作物栽培学与耕作学	431	129	29.93
081303	城市规划与设计	592	178	30.07
010102	中国哲学	342	103	30.12
100403	营养与食品卫生学	225	68	30.22
060103	历史地理学	56	17	30.36
080603	有色金属冶金	112	34	30.36
050202	俄语语言文学	311	95	30.55
120402	社会医学与卫生事业管理	241	74	30.71
071005	微生物学	893	276	30.91
080805	电工理论与新技术	207	64	30.92
010103	外国哲学	378	117	30.95
060108	世界史	745	231	31.01
081502	水力学及河流动力学	106	33	31.13
070206	声学	61	19	31.15
090802	捕捞学	16	5	31.25
081002	信号与信息处理	2 226	697	31.31
082601	武器系统与运用工程	67	21	31.34
070303	有机化学	2 057	645	31.36
081103	系统工程	727	228	31.36
060104	历史文献学	105	33	31.43
081104	模式识别与智能系统	959	302	31.49
100504	方剂学	133	42	31.58
081201	计算机系统结构	1 238	393	31.74

080104	工程力学	480	153	31.87
081803	地质工程	360	115	31.94
081701	化学工程	1 033	330	31.95
120501	图书馆学	225	72	32.00
070104	应用数学	1 592	510	32.04
071002	动物学	492	158	32.11
083100	生物医学工程	523	168	32.12
082102	纺织材料与纺织品设计	112	36	32.14
083204	水产品加工及贮藏工程	56	18	32.14
030208	外交学	31	10	32.26
090201	果树学	319	103	32.29
081501	水文学及水资源	194	63	32.47
080705	制冷及低温工程	436	142	32.57
050205	日语语言文学	340	111	32.65
070204	等离子体物理	58	19	32.76
070302	分析化学	1 442	473	32.80
083202	粮食、油脂及植物蛋白工程	91	30	32.97
010105	伦理学	260	86	33.08
070103	概率论与数理统计	492	163	33.13
100705	微生物与生化药学	238	79	33.19
010104	逻辑学	87	29	33.33
100106	放射医学	15	5	33.33
100107	航空、航天与航海医学	6	2	33.33
080502	材料学	3 300	1 107	33.55
071012	生态学	560	188	33.57
070902	地球化学	95	32	33.68
090102	作物遗传育种	489	165	33.74
090704	森林经理学	130	44	33.85
090801	水产养殖	186	63	33.87
090702	森林培育	183	62	33.88
071007	遗传学	713	242	33.94
071009	细胞生物学	495	168	33.94
082002	油气田开发工程	423	144	34.04
081703	生物化工	642	219	34.11
070105	运筹学与控制论	410	140	34.15
090502	动物营养与饲料科学	466	160	34.33
080904	电磁场与微波技术	387	133	34.37
081602	摄影测量与遥感	81	28	34.57
070402	天体测量与天体力学	26	9	34.62
081902	矿物加工工程	179	62	34.64
090403	农药学	147	51	34.69
080703	动力机械及工程	501	174	34.73

083001	环境科学	927	322	34.74
081105	导航、制导与控制	414	144	34.78
071010	生物化学与分子生物学	1 948	678	34.80
070401	天体物理	103	36	34.95
082502	航空宇航推进理论与工程	205	72	35.12
082204	皮革化学与工程	37	13	35.14
080503	材料加工工程	2 474	875	35.37
060101	史学理论及史学史	45	16	35.56
070301	无机化学	637	227	35.64
081801	矿产普查与勘探	440	157	35.68
071102	系统分析与集成	123	44	35.77
080704	流体机械及工程	131	47	35.88
100401	流行病与卫生统计学	397	145	36.52
081603	地图制图学与地理信息工程	169	62	36.69
090603	临床兽医学	122	45	36.89
070208	无线电物理	298	110	36.91
090703	森林保护学	111	41	36.94
082803	农业生物环境与能源工程	46	17	36.96
082501	飞行器设计	329	122	37.08
080901	物理电子学	708	263	37.15
070903	古生物学与地层学	59	22	37.29
070201	理论物理	614	229	37.30
082603	火炮、自动武器与弹药工程	72	27	37.50
090301	土壤学	314	118	37.58
070703	海洋生物学	109	41	37.61
070503	地图学与地理信息系统	323	122	37.77
060102	考古学及博物馆学	135	51	37.78
090202	蔬菜学	328	124	37.80
070207	光学	997	377	37.81
080803	高电压与绝缘技术	156	59	37.82
070304	物理化学	1 366	517	37.85
090602	预防兽医学	453	172	37.97
100405	卫生毒理学	79	30	37.97
090401	植物病理学	394	151	38.32
070901	矿物学、岩石学、矿床学	411	158	38.44
050208	阿拉伯语语言文学	31	12	38.71
080300	光学工程	484	188	38.84
030303	人类学	36	14	38.89
080601	冶金物理化学	54	21	38.89
080102	固体力学	496	193	38.91
082401	船舶与海洋结构物设计制造	191	75	39.27
090501	动物遗传育种与繁殖	251	99	39.44

070203	原子与分子物理	116	46	39.66
070905	第四纪地质学	113	45	39.82
100216	运动医学	30	12	40.00
080701	工程热物理	322	129	40.06
080401	精密仪器及机械	372	150	40.32
050401	艺术学	57	23	40.35
080501	材料物理与化学	503	203	40.36
090701	林木遗传育种	47	19	40.43
100404	少儿卫生与妇幼保健学	32	13	40.63
090402	农业昆虫与害虫防治	242	99	40.91
070305	高分子化学与物理	921	377	40.93
050210	亚非语言文学	61	25	40.98
090503	草业科学	97	40	41.24
071008	发育生物学	82	34	41.46
080800	电气工程	283	118	41.70
070102	计算数学	517	216	41.78
082701	核能科学与工程	142	60	42.25
070202	粒子物理与原子核物理	224	95	42.41
090601	基础兽医学	219	93	42.47
080903	微电子学与固体电子学	818	349	42.67
071006	神经生物学	82	35	42.68
090203	茶学	42	18	42.86
090705	野生动植物保护与利用	21	9	42.86
080101	一般力学与力学基础	88	38	43.18
070602	大气物理学与大气环境	81	36	44.44
071101	系统理论	27	12	44.44
050207	西班牙语语言文学	29	13	44.83
080103	流体力学	218	100	45.87
071011	生物物理学	222	102	45.95
070704	海洋地质	76	35	46.05
090302	植物营养学	162	76	46.91
070205	凝聚态物理	752	354	47.07
082602	兵器发射理论与技术	36	17	47.22
070904	构造地质学	172	82	47.67
090504	特种经济动物饲养	69	34	49.28
070701	物理海洋学	54	27	50.00
070801	固体地球物理学	133	68	51.13
070601	气象学	238	123	51.68
050203	法语语言文学	90	47	52.22
070802	空间物理学	21	11	52.38
082403	水声工程	34	18	52.94
050209	欧洲语言文学	9	5	55.56

090803	渔业资源	14	8	57.14
082703	核技术及应用	87	52	59.77
050204	德语语言文学	46	29	63.04
082702	核燃料循环与材料	19	12	63.16
030404	中国少数民族史	3	2	66.67
050206	印度语言文学	4	3	75.00

普通高等学校按地区分布名单

学校名称	主管部门	所在地	层次
	北京市　（共64所）		
北京电子科技学院	中央办公厅	北京市	本科
外交学院	外交部	北京市	本科
中央民族大学	国家民族事务委员会	北京市	本科
中国人民公安大学	公安部	北京市	本科
中国政法大学	司法部	北京市	本科
中央财经大学	财政部	北京市	本科
中国金融学院	中国人民银行	北京市	本科
对外经济贸易大学	对外经济贸易合作部	北京市	本科
中国农业大学	农业部	北京市	本科
北京林业大学	国家林业局	北京市	本科
北京电力高等专科学校	国家电力公司	北京市	专科
北方交通大学	铁道部	北京市	本科
北京舞蹈学院	文化部	北京市	本科
中国戏曲学院	文化部	北京市	本科
中央戏剧学院	文化部	北京市	本科
中央音乐学院	文化部	北京市	本科
中央美术学院	文化部	北京市	本科
中国音乐学院	文化部	北京市	本科
北京电影学院	广播电影电视总局	北京市	本科
北京广播学院	广播电影电视总局	北京市	本科
北京外国语大学	教育部	北京市	本科
国际关系学院	教育部	北京市	本科
北京语言文化大学	教育部	北京市	本科
北京科技大学	教育部	北京市	本科
清华大学	教育部	北京市	本科
北京师范大学	教育部	北京市	本科
中国人民大学	教育部	北京市	本科

北京化工大学	教育部	北京市	本科
北京大学	教育部	北京市	本科
中国协和医科大学	卫生部	北京市	本科
北京医科大学	卫生部	北京市	本科
北京体育大学	国家体育总局	北京市	本科
北京航空航天大学	国防科技工业委员会	北京市	本科
北京理工大学	国防科技工业委员会	北京市	本科
北京邮电大学	信息产业部	北京市	本科
北京信息工程学院	信息产业部	北京市	本科
北京第二外国语学院	国家旅游局	北京市	本科
北京印刷学院	新闻出版署	北京市	本科
北京工业职业技术学院	国家煤炭工业局	北京市	专科
北京针灸骨伤学院	国家中医药管理局	北京市	本科
北京中医药大学	国家中医药管理局	北京市	本科
中国新闻学院	新华通讯社	北京市	本科
北京石油化工学院	中国石油化工集团公司	北京市	本科
石油大学	中国石油天然气集团公司	北京市	本科
中国青年政治学院	中国共产主义青年团中央	北京市	本科
北京轻工职业技术学院	北京市	北京市	专科
北京体育师范学院	北京市高教局	北京市	本科
北京医学高等专科学校	市卫生局	北京市	专科
北京信息职业技术学院	北京市	北京市	专科
北京物资学院	北京市	北京市	本科
海淀走读大学	海淀区	北京市	专科
北京工业大学	高教局	北京市	本科
北京工商大学	北京市	北京市	本科
北京机械工业学院	北京市	北京市	本科
北京建筑工程学院	市建委	北京市	本科
北京服装学院	北京市	北京市	本科
北京联合大学	北京市高教局	北京市	本科
北京农学院	北京市教委	北京市	本科
首钢工学院	首钢	北京市	本科
北京青年政治学院	北京市团市委	北京市	专科
首都医科大学	市卫生局	北京市	本科
北方工业大学	北京市	北京市	本科
首都经济贸易大学	北京市高教局	北京市	本科
首都师范大学	高教局	北京市	本科

天津市　（共 21 所）

南开大学	教育部	天津市	本科
天津大学	教育部	天津市	本科
天津职业技术师范学院	劳动和社会保障部	天津市	本科
中国民用航空学院	中国民用航空总局	天津市	本科
天津音乐学院	市教委	天津市	本科

天津医科大学	市教委	天津市	本科
天津中医学院	市教委	天津市	本科
民办天狮职业技术学院	天津市	天津市	专科
天津外国语学院	市教委	天津市	本科
天津轻工业学院	市教委	天津市	本科
天津城市建设学院	天津市建委	天津市	本科
天津职业大学	市教委	天津市	专科
天津纺织工学院	市教委	天津市	本科
天津体育学院	天津市体委	天津市	本科
天津工业职业技术学院	天津市	天津市	专科
天津理工学院	市教委	天津市	本科
天津财经学院	市教委	天津市	本科
天津美术学院	市教委	天津市	本科
天津农学院	天津市农委	天津市	本科
天津师范大学	市教委	天津市	本科
天津商学院	市教委	天津市	本科

河北省　（共48所）

中国人民武装警察部队学院	公安部	廊坊市	本科
保定金融高等专科学校	中国人民银行	保定	专科
华北电力大学	国家电力公司	保定	本科
石家庄铁道学院	铁道部	石家庄市	本科
石家庄经济学院	国土资源部	石家庄市	本科
石家庄邮政高等专科学校	国家邮政局	石家庄市	专科
防灾技术高等专科学校	中国地震局	三河县	专科
华北矿业高等专科学校	国家煤炭工业局	三河县	专科
承德石油高等专科学校	中国石油天然气集团公司	承德市	专科
邢台职业技术学院	总后生产管理部	邢台市	专科
河北建筑工程学院	河北省教育委员会	张家口市	本科
河北工业职业技术学院	河北省	石家庄市	专科
河北工业大学	河北省教委	天津市	本科
河北工程技术高等专科学校	河北省教委	沧州	专科
河北大学	河北省教委	保定	本科
邯郸职业技术学院	河北省教委	邯郸	专科
燕山大学	河北省	秦皇岛市	本科
邢台师范专科学校	河北省邢台市教委	邢台市	专科
邯郸师范专科学校	河北省邯郸市教委	邯郸	专科
邯郸农业高等专科学校	河北省教委	邯郸	专科
河北建筑科技学院	河北省	邯郸	本科
唐山高等专科学校	河北省唐山市政府	唐山市	专科
邯郸医学高等专科学校	河北省教委	邯郸	专科
河北职业技术学院	河北省	廊坊市	专科
唐山师范专科学校	河北省唐山市教委	唐山市	专科
廊坊师范专科学校	河北省教委	廊坊市	专科

石家庄职业技术学院	河北省石家庄市政府	石家庄市	专科
华北煤炭医学院	河北省	唐山市	本科
华北航天工业学院	河北省教委	廊坊市	专科
河北职业技术师范学院	河北省教委	昌黎	本科
石家庄师范专科学校	河北省石家庄市教委	石家庄市	专科
河北经贸大学	河北省教委	石家庄市	本科
河北医科大学	河北省教委	石家庄市	本科
河北体育学院	河北省体委	石家庄市	本科
河北师范大学	河北省教委	石家庄市	本科
河北农业大学	河北省教委	保定	本科
河北理工学院	河北省教委	唐山市	本科
河北科技大学	河北省教委	石家庄市	本科
衡水师范专科学校	河北省衡水市教委	衡水	专科
张家口医学院	河北省教委	张家口市	本科
保定师范专科学校	河北省保定市政府	保定	专科
张家口农业高等专科学校	河北省教委	张家口市	专科
承德民族师范高等专科学校	河北省承德市人民政府	承德市	专科
张家口师范专科学校	河北省教委	张家口市	专科
沧州师范专科学校	河北省沧州市教委	沧州	专科
承德医学院	河北省教委	承德市	本科
张家口职业技术学院	河北省教委	张家口市	专科
承德民族职业技术学院	河北省承德市政府	承德市	专科

山西省 （共23所）

太原电力高等专科学校	国家电力公司	太原市	专科
山西财经大学	中华全国供销合作总社	太原市	本科
忻州师范高等专科学校	山西省教委	忻州市	专科
长治医学院	山西省教委	长治市	本科
晋东南师范专科学校	山西省教委	长治市	专科
太原大学	太原市教委	太原市	专科
大同职业技术学院	山西省教委	大同市	专科
华北工学院	山西省教委	太原市	本科
山西医科大学	山西省教委	太原市	本科
山西农业大学	山西省教委	太谷县	本科
太原理工大学	山西省教委	太原市	本科
太原师范学院	太原市教委	太原市	本科
山西财政税务专科学校	省财政厅	太原市	专科
山西大学	山西省教委	太原市	本科
山西师范大学	山西省教委	临汾市	本科
山西矿业职业技术学院	山西省	大同市	专科
大同医学专科学校	山西省教委	大同市	专科
吕梁高等专科学校	山西省教委	离石市	专科
雁北师范学院	山西省教委	大同市	本科
运城高等专科学校	山西省教委	运城市	专科

山西中医学院	省卫生厅	太原市	本科
晋中师范高等专科学校	山西省教委	榆次市	专科
太原重型机械学院	山西省教委	太原市	本科

内蒙古　（共 19 所）

呼和浩特职业技术学院	内蒙古自治区	呼和浩特市	专科
呼伦贝尔学院	内蒙古自治区	海拉尔	专科
河套大学	内蒙古自治区	临河市	专科
哲里木畜牧学院	内蒙古自治区	通辽市	本科
民办内蒙古丰州学院	内蒙古自治区	呼和浩特	专科
内蒙古师范大学	内蒙古自治区	呼和浩特	本科
集宁师范高等专科学校	内蒙古自治区教育厅	集宁市	专科
内蒙古农业大学	内蒙古自治区	呼和浩特	本科
内蒙古民族师范学院	内蒙古自治区	通辽市	本科
内蒙古蒙医学院	内蒙古自治区	通辽市	本科
内蒙古大学	内蒙古自治区	呼和浩特	本科
内蒙古医学院	内蒙古自治区	呼和浩特	本科
内蒙古财经学院	内蒙古自治区	呼和浩特	本科
包头职业技术学院	内蒙古自治区	包头市	专科
包头医学院	内蒙古自治区	包头市	本科
包头师范高等专科学校	内蒙古自治区	包头市	专科
包头钢铁学院	内蒙古自治区	包头市	本科
内蒙古工业大学	内蒙古自治区	呼和浩特	本科
赤峰民族师范高等专科学校	内蒙古自治区	赤峰市	专科

辽宁省　（共 64 所）

大连民族学院	国家民族事务委员会	大连市	本科
中国刑事警察学院	公安部	沈阳市	本科
东北财经大学	财政部	大连市	本科
大连水产学院	农业部	大连市	本科
沈阳农业大学	农业部	沈阳市	本科
沈阳电力高等专科学校	国家电力公司	沈阳市	专科
沈阳建筑工程学院	建设部	沈阳市	本科
大连铁道学院	铁道部	大连市	本科
大连海事大学	交通部	大连市	本科
大连理工大学	教育部	大连市	本科
东北大学	教育部	沈阳市	本科
中国医科大学	卫生部	沈阳市	本科
沈阳体育学院	国家体育总局	沈阳市	本科
沈阳药科大学	国家药品监督管理局	沈阳市	本科
辽阳石油化工高等专科学校	中国石油化工集团公司	辽阳市	专科
抚顺石油学院	中国石油化工集团公司	抚顺市	本科
辽宁商业高等专科学校	辽宁省教委	锦州市	专科
辽宁商务职业学院	辽宁省教委	沈阳市	专科

辽宁农业职业技术学院	辽宁省农牧厅	营口市	专科
辽宁警官高等专科学校	辽宁省公安厅	大连市	专科
辽宁交通高等专科学校	辽宁省交通厅	沈阳市	专科
辽宁工学院	辽宁省机械厅	锦州市	本科
辽宁工程技术大学	辽宁省教委	阜新市	本科
辽宁财政高等专科学校	辽宁省财政厅	丹东市	专科
辽宁大学	辽宁省教委	沈阳市	本科
锦州师范学院	辽宁省教委	锦州市	本科
沈阳大学	沈阳市教委	沈阳市	本科
抚顺职业技术学院	抚顺市教委	抚顺市	专科
阜新高等专科学校	阜新市教委	阜新市	专科
营口市高等职业专科学校	营口市教委	营口市	专科
锦州医学院	辽宁省卫生厅	锦州市	本科
民办万成经贸职业学院	辽宁省	大连市	专科
本溪市高等职业专科学校	本溪市教委	本溪市	专科
丹东师范高等专科学校	丹东市教委	丹东市	专科
鞍山钢铁学院	辽宁省教委	鞍山市	本科
鞍山师范学院	鞍山市教委	鞍山市	本科
鞍山市高等职业专科学校	鞍山市教委	鞍山市	专科
丹东纺织高等专科学校	丹东市教委	丹东市	专科
营口师范高等专科学校	营口市教委	营口市	专科
铁岭师范高等专科学校	铁岭市教委	铁岭市	专科
本溪师范高等专科学校	本溪市教委	本溪市	专科
辽宁师范大学	辽宁省教委	大连市	本科
本溪冶金高等专科学校	辽宁省教委	本溪市	专科
锦州师范高等专科学校	锦州市教委	锦州市	专科
鲁迅美术学院	辽宁省教委	沈阳市	本科
辽阳师范高等专科学校	辽阳市教委	辽阳市	专科
辽宁中医学院	辽宁省卫生厅	沈阳市	本科
辽宁外国语师范高等专科学校	辽宁省教委	辽阳市	专科
辽宁税务高等专科学校	辽宁省税务局	大连市	专科
抚顺师范高等专科学校	抚顺市教委	抚顺市	专科
盘锦职业技术学院	盘锦市教育委员会	盘锦市	专科
沈阳工业学院	辽宁省教委	沈阳市	本科
沈阳工业大学	辽宁省教委	沈阳市	本科
沈阳航空工业学院	辽宁省教委	沈阳市	本科
大连职业技术学院	大连市教委	大连市	专科
大连外国语学院	辽宁省教委	大连市	本科
大连轻工业学院	辽宁省教委	大连市	本科
沈阳音乐学院	辽宁省教委	沈阳市	本科
朝阳师范高等专科学校	朝阳市教委	朝阳市	专科
沈阳医学院	沈阳市卫生局	沈阳市	本科
沈阳师范学院	辽宁省教委	沈阳市	本科
沈阳化工学院	辽宁省教委	沈阳市	本科

大连大学	大连市政府	大连市	本科
大连医科大学	辽宁省卫生厅	大连市	本科

吉林省　（共 40 所）

长春金融高等专科学校	中国人民银行	长春市	专科
长春水利电力高等专科学校	国家电力公司	长春市	专科
东北电力学院	国家电力公司	吉林市	本科
吉林大学	教育部	长春市	本科
东北师范大学	教育部	长春市	本科
吉林工业大学	教育部	长春市	本科
白求恩医科大学	卫生部	长春市	本科
长春科技大学	国土资源部	长春市	本科
长春邮电学院	信息产业部	长春市	本科
长春税务学院	国家税务总局	长春市	本科
延边大学	省教委	延吉市	本科
长春中医学院	省卫生厅	长春市	本科
民办吉林华桥外语职业学院	吉林省教委	长春市	专科
吉林工学院	省计委	长春市	本科
吉林艺术学院	省文化厅	长春市	本科
辽源职业技术学院	吉林省	辽源市	专科
长春大学	省教委	长春市	本科
吉林农垦特产高等专科学校	省农业厅	吉林市	专科
四平师范学院	省教委	四平市	本科
吉林农业大学	省农业厅	长春市	本科
吉林商业高等专科学校	省贸易厅	长春市	专科
吉林财税高等专科学校	省财政厅	长春市	专科
吉林市联合大学	市政府	吉林市	专科
白城师范高等专科学校	省教委	白城市	专科
吉林体育学院	省体委	长春市	本科
北华大学	省教委	吉林市	本科
长春建筑高等专科学校	吉林省	长春市	专科
吉林公安高等专科学校	省公安厅	长春市	专科
吉林化工学院	吉化集团公司	吉林市	本科
吉林建筑工程学院	省建设厅	长春市	本科
长春师范学院	吉林省	长春市	本科
长春工业高等专科学校	吉林省	长春市	专科
吉林交通职业技术学院	省交通厅	吉林省	专科
吉林粮食高等专科学校	省粮食厅	长春市	专科
吉林职业师范学院	省教委	长春市	本科
长春光学精密机械学院	吉林省教委	长春市	本科
通化师范学院	省教委	通化市	本科
长春医学高等专科学校	市卫生局	长春市	专科
四平职业大学	市政府	四平市	专科
长春汽车工业高等专科学校	吉林省	长春市	专科

黑龙江 （共 39 所）

哈尔滨金融高等专科学校	中国人民银行	哈尔滨	专科
东北林业大学	国家林业局	哈尔滨	本科
哈尔滨建筑大学	建设部	哈尔滨	本科
哈尔滨工程大学	国防科技工业委员会	哈尔滨	本科
哈尔滨工业大学	国防科技工业委员会	哈尔滨	本科
哈尔滨投资高等专科学校	中国建设银行	哈尔滨	专科
大庆石油学院	中国石油天然气集团公司	安达市	本科
牡丹江大学	牡丹江市政府	牡丹江	专科
绥化师范专科学校	黑龙江省教委	绥化市	专科
鸡西大学	鸡西市政府	鸡西市	专科
齐齐哈尔大学	黑龙江省教委	齐市	本科
齐齐哈尔医学院	黑龙江省教委	齐市	本科
牡丹江医学院	黑龙江省教委	牡丹江	本科
牡丹江师范学院	黑龙江省教委	牡丹江	本科
黑龙江八一农垦大学	黑龙江省教委	密山县	本科
黑龙江中医药大学	黑龙江省教委	哈尔滨	本科
黑龙江水利专科学校	黑龙江省水利厅	哈尔滨	专科
民办黑龙江东方学院	黑龙江省教委	哈尔滨	专科
黑龙江商学院	黑龙江省教委	哈尔滨	本科
黑龙江农垦师范专科学校	黑龙江省农场总局	阿城市	专科
黑龙江矿业学院	黑龙江省教委	鸡西市	本科
黑龙江交通高等专科学校	黑龙江省交通厅	哈尔滨	专科
鸡西煤炭医学高等专科学校	黑龙江省教委	鸡西市	专科
黑龙江建筑职业技术学院	黑龙江省建委	哈尔滨	专科
佳木斯大学	黑龙江省教委	佳木斯	本科
黑龙江大学	黑龙江省教委	哈尔滨	本科
呼兰师范专科学校	黑龙江省教委	哈尔滨	专科
黑龙江财政专科学校	黑龙江省财政厅	哈尔滨	专科
哈尔滨大学	哈尔滨市政府	哈尔滨	专科
大庆高等专科学校	大庆石油管理局	大庆市	专科
伊春职业学院	黑龙江省	伊春市	专科
东北农业大学	黑龙江省农牧渔业厅	哈尔滨	本科
哈尔滨理工大学	黑龙江省教委	哈尔滨	本科
哈尔滨医科大学	黑龙江省教委	哈尔滨	本科
哈尔滨工程高等专科学校	黑龙江省教委	哈尔滨	专科
哈尔滨师范大学	黑龙江省教委	哈尔滨	本科
哈尔滨师范专科学校	哈尔滨市教委	哈尔滨	专科
哈尔滨体育学院	黑龙江省教委	哈尔滨	本科
克山师范专科学校	黑龙江省教委	克山县	专科

上海市 （共 41 所）

华东政法学院	司法部	上海市	本科

上海财经大学	财政部	上海市	本科
上海金融高等专科学校	中国人民银行	上海市	专科
上海水产大学	农业部	上海市	本科
上海电力学院	国家电力公司	上海市	本科
上海铁道大学	铁道部	上海市	本科
上海海运学院	交通部	上海市	本科
上海音乐学院	文化部	上海市	本科
上海戏剧学院	文化部	上海市	本科
上海外国语大学	教育部	上海市	本科
上海交通大学	教育部	上海市	本科
华东理工大学	教育部	上海市	本科
华东师范大学	教育部	上海市	本科
复旦大学	教育部	上海市	本科
同济大学	教育部	上海市	本科
东华大学	教育部	上海市	本科
上海医科大学	卫生部	上海市	本科
上海体育学院	国家体育总局	上海市	本科
上海海关高等专科学校	海关总署	上海市	专科
上海旅游高等专科学校	国家旅游局	上海市	专科
上海出版印刷高等专科学校	新闻出版署	上海市	专科
上海医疗器械高等专科学校	国家药品监督管理局	上海市	专科
上海对外贸易学院	上海市教委	上海市	本科
上海大学	上海市教委	上海市	本科
上海冶金高等专科学校	上海市教委	上海市	专科
上海医学高等专科学校	上海市教委	上海市	专科
上海第二医科大学	上海市教委	上海市	本科
上海轻工业高等专科学校	上海市教育委员会	上海市	专科
上海东沪职业技术学院	上海市	上海市	专科
上海商业职业技术学院	上海市	上海市	专科
上海工程技术大学	上海市经委	上海市	本科
上海公安高等专科学校	市公安局	上海市	专科
上海化工高等专科学校	化工控股（集团）公司	上海市	专科
上海理工大学	上海市	上海市	本科
上海师范大学	上海市教委	上海市	本科
上海电机技术高等专科学校	上海电气（集团）总公司	上海市	专科
民办东海职业技术学院	上海市	上海市	专科
民办杉达学院	民办	上海市	专科
民办新侨职业技术学院	上海市	上海市	专科
上海中医药大学	上海市教委	上海市	本科
立信会计高等专科学校	上海市教委	上海市	专科

江苏省　（共 72 所）

南京审计学院	审计署	南京市	本科
南京金融高等专科学校	中国人民银行	江浦县	专科

南京农业大学	农业部	南京市	本科
南京林业大学	国家林业局	南京市	本科
南京电力高等专科学校	国家电力公司	南京市	专科
河海大学	水利部	南京市	本科
苏州城市建设环境保护学院	建设部	苏州市	本科
南京建筑工程学院	建设部	南京市	本科
苏州铁道师范学院	铁道部	苏州市	本科
南京铁道医学院	铁道部	南京市	本科
南京交通高等专科学校	交通部	南京市	专科
南通医学院	交通部	南通市	本科
无锡轻工大学	教育部	无锡市	本科
南京大学	教育部	南京市	本科
东南大学	教育部	南京市	本科
南京航空航天大学	国防科技工业委员会	南京市	本科
南京理工大学	国防科技工业委员会	南京市	本科
南京邮电学院	信息产业部	南京市	本科
南京气象学院	中国气象局	南京市	本科
中国矿业大学	国家煤炭工业局	徐州市	本科
中国药科大学	国家药品监督管理局	南京市	本科
江苏石油化工学院	中国石油化工集团公司	常州市	本科
南京经济学院	江苏省	南京市	本科
南京中医药大学	省教委	南京市	本科
民办三江学院	江苏省教委	南京市	专科
淮阴师范学院	省教委	淮阴市	本科
常州技术师范学院	省教委	常州市	本科
南通纺织职业技术学院	江苏省	南通市	专科
南通工学院	省教委	南通市	本科
南通师范学院	省教委	南通市	本科
南通职业大学	市政府	南通市	专科
常州工业技术学院	市政府	常州市	专科
彭城职业大学	市政府	徐州市	专科
常熟高等专科学校	省教委	苏州市	专科
民办明达职业技术学院	江苏省教委	盐城市	专科
金陵职业大学	市政府	南京市	专科
淮海工学院	省教委	连云港市	本科
淮阴工业专科学校	江苏省	淮阴市	专科
南京工业职业技术学院	江苏省	南京市	专科
南京动力高等专科学校	江苏省	南京市	专科
南京化工大学	江苏省	南京市	本科
沙洲职业工学院	市政府	张家港	专科
江南学院	市政府	无锡市	本科
江苏财经高等专科学校	省财政厅	句容县	专科
南京医科大学	省教委	南京市	本科
江苏理工大学	江苏省	镇江市	本科

南京艺术学院	省教委	南京市	本科
南京机械高等专科学校	江苏省	南京市	专科
连云港化工高等专科学校	江苏省	连云港市	专科
南京师范大学	省教委	南京市	本科
南京师范专科学校	市政府	南京市	专科
南京市农业专科学校	市政府	南京市	专科
华东船舶工业学院	江苏省教委	镇江市	本科
南京体育学院	省体委	南京市	本科
连云港职业技术学院	江苏省政府	连云港市	专科
江苏公安专科学校	省公安厅	南京市	专科
徐州医学院	省教委	徐州市	本科
苏州工艺美术职业技术学院	江苏省	苏州市	专科
苏州医学院	江苏省教委	苏州市	本科
苏州职业大学	市政府	苏州市	专科
无锡职业技术学院	江苏省	无锡市	专科
盐城师范学院	省教委	盐城市	本科
盐城工学院	省教委	盐城市	本科
苏州大学	省教委	苏州市	本科
徐州师范大学	省教委	徐州市	本科
泰州职业技术学院	市政府	泰州市	专科
镇江市高等专科学校	镇江市政府	镇江市	专科
镇江医学院	省教委	镇江市	本科
扬州大学	省教委	扬州市	本科
镇江师范专科学校	省教委	镇江市	专科
扬州市职业大学	市政府	扬州市	专科
徐州建筑职业技术学院	江苏省	徐州市	专科

浙江省　(共 36 所)

公安海警高等专科学校	公安部	宁波市	专科
中国美术学院	文化部	杭州市	本科
浙江广播电视高等专科学校	广播电影电视总局	杭州市	专科
浙江大学	教育部	杭州市	本科
杭州电子工业学院	信息产业部	杭州市	本科
中国计量学院	国家质量技术监督局	杭州市	本科
浙江经济高等专科学校	浙江省	嘉兴市	专科
宁波大学	浙江省	宁波市	本科
浙江林学院	浙江省	临安市	本科
浙江海洋学院	浙江省	杭州市	本科
浙江交通职业技术学院	浙江省教委	杭州市	专科
浙江师范大学	浙江省	金华市	本科
浙江水利水电专科学校	浙江省	杭州市	专科
浙江万里职业技术学院	浙江省	宁波市	专科
宁波高等专科学校	宁波市	宁波市	专科
杭州师范学院	浙江省	杭州市	本科

丽水师范专科学校	浙江省	丽水市	专科
浙江中医学院	浙江省	杭州市	本科
绍兴文理学院	浙江省	绍兴市	本科
宁波职业技术学院	浙江省	宁波市	专科
浙江工程学院	浙江省	杭州市	本科
湖州师范学院	浙江省	湖州市	本科
温州大学	浙江省	温州市	专科
台州师范专科学校	浙江省	临海市	专科
民办金华职业技术学院	浙江省	金华市	专科
浙江公安高等专科学校	浙江省	杭州市	专科
浙江财经学院	浙江省	杭州市	本科
嘉兴高等专科学校	浙江省	嘉兴市	专科
温州医学院	浙江省	温州市	本科
杭州商学院	浙江省	杭州市	本科
温州师范学院	浙江省	温州市	本科
温州职业技术学院	浙江省	温州市	专科
浙江工业大学	浙江省	杭州市	本科
杭州应用工程技术学院	浙江省	杭州市	专科
杭州医学高等专科学校	浙江省	杭州市	专科
民办浙江树人学院	浙江省政协	杭州市	专科

安徽省　（共 36 所）

合肥工业大学	教育部	合肥市	本科
中国科学技术大学	中国科学院	合肥市	本科
安徽财贸学院	中华全国供销合作总社	蚌埠市	本科
民办三联职业技术学院	安徽省	合肥市	专科
宿州师范专科学校	安徽省	宿州市	专科
芜湖职业技术学院	安徽省	芜湖市	专科
皖南医学院	安徽省教委	芜湖市	本科
巢湖师范专科学校	安徽省教委	巢湖市	专科
铜陵财经专科学校	安徽省财政厅	铜陵市	专科
池州师范专科学校	安徽省教委	贵池市	专科
阜阳师范学校	安徽省教育委员会	阜阳市	本科
六安师范专科学校	安徽省教委	六安市	专科
芜湖师范专科学校	安徽省	芜湖市	专科
滁州师范专科学校	安徽省	滁州市	专科
皖西联合大学	安徽省	六安市	专科
安徽医科大学	安徽省	合肥市	本科
安徽建筑工业学院	安徽省教育委员会	合肥市	本科
安徽机电学院	安徽省教委	芜湖市	本科
安徽纺织职业技术学院	安徽省	合肥市	专科
安徽农业技术师范学院	安徽省	滁州市	本科
安徽商业高等专科学校	安徽省	马鞍山	专科
安徽师范大学	安徽省	芜湖市	本科

黄山高等专科学校	安徽省	屯溪市	专科
淮南师范专科学校	安徽省	淮南市	专科
安徽农业大学	安徽省	合肥市	本科
蚌埠高等专科学校	安徽省	蚌埠市	专科
安徽大学	安徽省	合肥市	本科
淮南联合大学	安徽省	淮南市	专科
合肥联合大学	安徽省	合肥市	专科
淮南工业学院	安徽省	淮南市	本科
淮北职业技术学院	安徽省	淮北市	专科
淮北煤炭师范学院	安徽省	淮北市	本科
华东冶金学院	安徽省	马鞍山	本科
安徽中医学院	安徽省	合肥市	本科
安庆师范学院	安徽省	安庆市	本科
蚌埠医学院	安徽省	蚌埠市	本科

福建省　（共30所）

厦门大学	教育部	厦门	本科
华侨大学	国务院侨务办公室	泉州	本科
闽西职业大学	龙岩行署	龙岩	专科
莆田高等专科学校	莆田市府	莆田	专科
泉州师范高等专科学校	省教委	泉州	专科
集美大学	福建省教委	厦门	本科
三明师范高等专科学校	省教委	三明	专科
三明职业大学	三明市府	三明	专科
民办福建华南女子职业学院	省教委	福州	专科
漳州师范学院	省教委	漳州	本科
仰恩大学	福建省	泉州	本科
龙岩师范高等专科学校	省教委	龙岩	专科
鹭江职业大学	厦门市府	厦门	专科
漳州职业大学	漳州市府	漳州	专科
南平师范高等专科学校	省教委	南平	专科
福州师范高等专科学校	省教委	福州	专科
福州大学	省教委	福州	本科
福建中医学院	福建省	福州	本科
福建中华职业大学	中华职教社，省机械厅	福州	专科
福建医科大学	省教委	福州	本科
福建师范大学	省教委	福州	本科
福建商业高等专科学校	福建省贸易厅	福州	专科
福建农业大学	省教委	福州	本科
闽江职业大学	福州市府	福州	专科
黎明职业大学	泉州市府	泉州	专科
福建林学院	省教委	南平	本科
福建建筑高等专科学校	省教委	福州	专科
宁德师范高等专科学校	省教委	宁德	专科

福建交通职业技术学院	福建省	福州市	专科
福建公安高等专科学校	省公安厅	福州市	专科

江西省　（共 34 所）

江西财经大学	财政部	南昌市	本科
南昌水利水电高等专科学校	水利部	南昌市	专科
华东交通大学	铁道部	南昌市	本科
九江财经高等专科学校	总后生产管理部	九江市	专科
江西公安专科学校	省公安厅	南昌市	专科
赣南师范学院	省教委	赣州市	本科
九江职业大学	九江市政府	九江市	专科
宜春医学专科学校	宜春地区行署	宜春市	专科
九江医学专科学校	九江市政府	九江市	专科
九江师范专科学校	九江市政府	九江市	专科
华东地质学院	江苏省教委	抚州市	本科
九江职业技术学院	江西省	九江市	专科
宜春师范专科学校	宜春地区行署	宜春市	专科
江西工业职业技术学院	江西省	南昌市	专科
景德镇高等专科学校	景德镇市政府	景德镇	专科
抚州师范专科学校	抚州地区行署	抚州市	专科
江西农业大学	省教委	南昌市	本科
江西师范大学	省教委	南昌市	本科
江西医学院	省教委	南昌市	本科
新余高等专科学校	新余市政府	新余市	专科
井冈山医学高等专科学校	吉安地区行署	吉安市	专科
吉安师范专科学校	吉安地区行署	吉安市	专科
赣南医学院	省教委	赣州市	本科
江西中医学院	省教委	南昌市	本科
景德镇陶瓷学院	江西省	景德镇	本科
上饶师范专科学校	上饶地区行署	上饶市	专科
萍乡高等专科学校	萍乡市政府	萍乡市	专科
宜春农业专科学校	宜春地区行署	宜春市	专科
南昌大学	省教委	南昌市	本科
南方冶金学院	江西省	赣州市	本科
南昌航空工业学院	江西省教委	南昌市	本科
南昌职业技术师范学院	南昌市政府	南昌市	本科
南昌高等专科学校	南昌市政府	南昌市	专科
民办蓝天职业技术学院	江西省	南昌市	专科

山东省　（共 52 所）

山东财政学院	财政部	济南市	本科
山东电力高等专科学校	国家电力公司	济南市	专科
济南交通高等专科学校	交通部	济南市	专科
青岛海洋大学	教育部	青岛市	本科

株洲工学院	中国包装总公司	株洲市	本科
长沙航空职业技术学院	总后生产管理部	长沙市	专科
郴州师范高等专科学校	湖南省教委	郴州市	专科
湖南纺织高等专科学校	湖南省纺织公司	湘潭市	专科
湖南工业职业技术学院	湖南省教委	长沙市	专科
常德师范学院	湖南省教委	常德市	本科
湖南信息职业技术学院	湖南省	长沙市	专科
湖南税务高等专科学校	湖南省税务局	长沙市	专科
湘南医学高等专科学校	湖南省教委	衡阳市	专科
湘潭大学	湖南省教委	湘潭市	本科
湘潭工学院	湖南省	湘潭市	本科
湖南师范大学	省教委	长沙市	本科
湘潭师范学院	湖南省教委	湘潭市	本科
吉首大学	湖南省教委	吉首市	本科
湖南公安高等专科学校	湖南省公安厅	长沙市	专科
湖南轻工业高等专科学校	湖南省轻工公司	长沙市	专科
湖南计算机专科学校	湖南省科委	长沙市	专科
郴州医学高等专科学校	湖南省卫生厅	郴州市	专科
湘潭机电高等专科学校	湖南省	湘潭市	专科
中南工学院	湖南省教委	衡阳市	本科
邵阳高等专科学校	湖南省邵阳市政府	邵阳市	专科
邵阳师范高等专科学校	湖南省教委	邵阳市	专科
湖南商学院	湖南省政府财贸办	长沙市	本科
湖南建材高等专科学校	湖南省建材局	衡阳市	专科
湖南农业大学	省教委	长沙市	本科
岳阳师范学院	湖南省教委	岳阳市	本科
湖南女子职业大学	湖南省妇联	长沙市	专科
武陵高等专科学校	湖南省张家界市政府	张家界市	专科
株洲师范高等专科学校	湖南省株洲市	株洲市	专科
湖南城建高等专科学校	湖南省建委	益阳市	专科
湖南财经高等专科学校	湖南省财政厅	长沙市	专科
益阳师范高等专科学校	湖南省教委	益阳市	专科
娄底师范高等专科学校	湖南省教委	娄底市	专科
湖南中医学院	省教委	长沙市	本科
长沙大学	长沙市政府	长沙市	专科
衡阳职业技术学院	湖南省	衡阳市	专科
衡阳医学院	湖南省教委	衡阳市	本科
株洲职业技术学院	湖南省冶金工业厅	株洲市	专科
零陵师范高等专科学校	湖南省教委	永州市	专科
湖南医学高等专科学校	湖南省卫生厅	长沙市	专科
衡阳师范学院	湖南省教委	衡阳市	本科
怀化师范高等专科学校	湖南省教委	怀化市	专科

广东省 （共50所）

广州金融高等专科学校	中国人民银行	广州市	专科
华南农业大学	农业部	广州市	本科
华南理工大学	教育部	广州市	本科
中山大学	教育部	广州市	本科
中山医科大学	卫生部	广州市	本科
广州民航职业技术学院	中国民用航空总局	广州市	专科
暨南大学	国务院侨务办公室	广州市	本科
广州中医药大学	国家中医药管理局	广州市	本科
深圳职业技术学院	广东深圳市政府	深圳市	专科
广东药学院	广东省	广州市	本科
广州体育学院	广东省	广州市	本科
广州师范学院	广州市政府	广州市	本科
广州航海高等专科学校	广东省	广州市	专科
民办潮汕职业技术学院	广东省	揭阳市	专科
韶关大学	广东省	韶关市	专科
广州师范专科学校	广东省	广州市	专科
广州医学院	广州市政府	广州市	本科
深圳大学	广东深圳市	深圳市	本科
私立华联学院	广东省	广州市	专科
嘉应大学	广东省高教厅	梅州市	专科
民办南华工商学院	广东省总工会	广州市	专科
星海音乐学院	广东省	广州市	本科
惠阳师范专科学校	广东省	惠州市	专科
湛江师范学院	广东省	湛江市	本科
五邑大学	广东省江门市政府	江门市	本科
湛江海洋大学	广东省	湛江市	本科
华南师范大学	广东省	广州市	本科
西江大学	广东省	肇庆市	专科
广东工业大学	广东省高教厅	广州市	本科
广东公安高等专科学校	广东省公安厅	广州市	专科
广东交通职业技术学院	广东省	广州市	专科
广东轻工职业技术学院	广东省政府	广州市	专科
广东商学院	广东省	广州市	本科
广东石油化工高等专科学校	广东省	茂名市	专科
广东水利电力职业技术学院	广东省	广州市	专科
广东外语外贸大学	广东省	广州市	本科
民办白云职业技术学院	广东省教委	广州市	专科
番禺职业技术学院	广州市	番禺市	专科
韩山师范学院	广东省	潮州市	本科
广州美术学院	广东省	广州市	本科
广州大学	广州市政府	广州市	专科
广东医学院	广东省	湛江市	本科

仲恺农业技术学院	广东省	广州市	本科
广东职业技术师范学院	广东省	广州市	本科
中山学院	广东中山市政府	中山市	专科
汕头大学	广东省高教局	汕头市	本科
佛山科学技术学院	广东省	佛山市	本科
顺德职业技术学院	广东省政府	佛山市	专科
民办培正商学院	广东省高教厅	广州市	专科
东莞理工学院	广东东莞市政府	东莞市	专科

广　西　（共 29 所）

桂林电子工业学院	信息产业部	桂林市	本科
玉林师范高等专科学校	玉林市	玉林市	专科
广西中医学院	广西区自治区教委	南宁市	本科
广西职业技术学院	区农垦局	南宁市	专科
广西商业高等专科学校	区商业厅	南宁市	专科
梧州师范高等专科学校	广西梧地行署	贺县	专科
桂林旅游高等专科学校	广西桂林市	桂林市	专科
柳州师范高等专科学校	广西柳地行署	柳州市	专科
广西财政高等专科学校	区财政厅	南宁市	专科
广西大学	广西区自治区教委	南宁市	本科
广西机电职业技术学院	广西壮族自治区	南宁市	专科
广西工学院	广西区自治区教委	柳州市	本科
柳州职业技术学院	广西柳州市	柳州市	专科
广西艺术学院	区党委宣传部	南宁市	本科
邕江大学	区民革委	南宁市	专科
广西师范大学	广西区自治区教委	桂林市	本科
右江民族师范高等专科学校	广西百地行署	百色市	专科
广西师范学院	广西区自治区教委	南宁市	本科
右江民族医学院	广西区自治区教委	百色市	本科
广西体育高等专科学校	区体委	南宁市	专科
广西医科大学	广西区自治区教委	南宁市	本科
广西民族学院	区民委	南宁市	本科
南宁职业技术学院	南宁市	南宁市	专科
钦州师范高等专科学校	钦市人民政府	钦州市	专科
河池师范高等专科学校	河地行署	宜州市	专科
桂林航天工业高等专科学校	广西区自治区教委	桂林市	专科
桂林医学院	广西区自治区教委	桂林市	本科
南宁师范高等专科学校	广西南地行署	龙州县	专科
桂林工学院	广西区自治区教委	桂林市	本科

海南省　（共 5 所）

华南热带农业大学	农业部	儋州市	本科
琼州大学	海南省	通什市	专科
海南大学	海南省	海口市	本科

海南师范学院	海南省教育厅	海口市	本科
海南医学院	海南省教育厅	海口市	本科

重庆市　（共 23 所）

西南政法大学	司法部	重庆市	本科
西南农业大学	农业部	重庆市	本科
重庆电力高等专科学校	国家电力公司	重庆市	专科
重庆建筑大学	建设部	重庆市	本科
重庆交通学院	交通部	重庆市	本科
西南师范大学	教育部	重庆市	本科
重庆大学	教育部	重庆市	本科
重庆邮电学院	信息产业部	重庆市	本科
重庆石油高等专科学校	中国石油天然气集团公司	重庆市	专科
重庆建筑高等专科学校	中国建筑工程总公司	重庆市	专科
四川畜牧兽医学院	重庆市教委	重庆市	本科
四川外语学院	重庆市教委	重庆市	本科
涪陵师范高等专科学校	重庆市教委	重庆市	专科
四川三峡学院	重庆市教委	重庆市	本科
渝州大学	重庆市教委	重庆市	本科
重庆医科大学	重庆市教委	重庆市	本科
四川美术学院	重庆市教委	重庆市	本科
重庆商学院	重庆市教委	重庆市	本科
重庆师范高等专科学校	重庆市教委	重庆市	专科
重庆工业高等专科学校	重庆市教委	重庆市	专科
重庆师范学院	重庆市教委	重庆市	本科
重庆工学院	重庆市教委	重庆市	本科
重庆电子职业技术学院	重庆市	重庆市	专科

四川省　（共 43 所）

西南民族学院	国家民族事务委员会	成都市	本科
西南财经大学	中国人民银行	成都市	本科
西南交通大学	铁道部	成都市	本科
四川大学	教育部	成都市	本科
华西医科大学	卫生部	成都市	本科
成都体育学院	国家体育总局	成都市	本科
成都理工学院	国土资源部	成都市	本科
电子科技大学	信息产业部	成都市	本科
成都气象学院	中国气象局	成都市	本科
中国民用航空飞行学院	中国民用航空总局	广汉市	本科
西南石油学院	中国石油天然气集团公司	南充市	本科
宜宾师范高等专科学校	四川省教委	宜宾市	专科
攀枝花大学	攀枝花市人民政府	攀枝花市	专科
西昌农业高等专科学校	四川省教委	西昌市	专科
西昌师范高等专科学校	四川省教委	西昌市	专科

自贡高等专科学校	自贡市人民政府	自贡市	专科
自贡师范高等专科学校	四川省	自贡市	专科
成都电子机械高等专科学校	四川省电子工业厅	成都市	专科
泸州医学院	四川省教委	泸州市	本科
成都师范高等专科学校	四川省教委	成都市	专科
成都大学	成都市人民政府	成都市	专科
成都纺织高等专科学校	四川省纺织厅	成都市	专科
川北医学院	四川省教委	南充市	本科
成都航空职业技术学院	四川省教委	成都市	专科
成都中医药大学	四川省教委	成都市	本科
内江师范高等专科学校	四川省教委	内江市	专科
四川工业学院	四川省教委	成都市	本科
绵阳经济技术高等专科学校	四川省教委	绵阳市	专科
康定民族师范高等专科学校	四川省教委	康定县	专科
四川农业大学	四川省教委	雅安市	本科
四川烹饪高等专科学校	四川省	成都市	专科
达县师范高等专科学校	四川省教委	达县市	专科
四川商业高等专科学校	四川省商业厅	成都市	专科
绵阳师范高等专科学校	四川省教委	绵阳市	专科
四川师范学院	四川省教委	南充市	本科
西南工学院	四川省	绵阳市	本科
乐山师范高等专科学校	四川省教委	乐山市	专科
凉山大学	凉山州人民政府	西昌市	专科
四川音乐学院	四川省教委	成都市	本科
民办四川天一学院	四川省教委	成都市	专科
四川轻化工学院	四川省教委	自贡市	本科
阿坝师范高等专科学校	四川省教委	汶川县	专科
四川师范大学	四川省教委	成都市	本科

贵州省 （共 20 所）

贵州师范大学	贵州省教委	贵阳市	本科
贵州大学	贵州省教委	贵阳市	本科
黔西南民族师范高等专科学校	贵州省教委	兴义市	专科
安顺师范高等专科学校	贵州省教委	安顺市	专科
黔南民族医学高等专科学校	黔南州卫生局	都匀市	专科
黔南民族师范高等专科学校	贵州省教委	都匀市	专科
遵义师范高等专科学校	贵州省教委	遵义市	专科
黔东南民族师范高等专科学校	贵州省教委	凯里市	专科
贵州民族学院	贵州省教委	贵阳市	本科
贵州工业大学	贵州省教委	贵阳市	本科
六盘水师范高等专科学校	贵州省教委	钟山区	专科
贵州财经学院	贵州省教委	贵阳市	本科
贵阳中医学院	贵州省教委	贵阳市	本科
贵阳医学院	贵州省教委	贵阳市	本科

贵阳师范高等专科学校	贵州省教委	贵阳市	专科
贵阳金筑大学	贵阳市教委	贵阳市	专科
毕节师范高等专科学校	贵州省教委	毕节市	专科
铜仁师范高等专科学校	贵州省教委	铜仁市	专科
遵义医学院	贵州省教委	遵义市	本科
贵州商业高等专科学校	贵州省商业厅	贵阳市	专科

云南省 (共 24 所)

西南林学院	国家林业局	昆明市	本科
昆明师范高等专科学校	云南省昆明市政府	昆明市	专科
保山师范高等专科学校	云南省保山行署教委	保山市	专科
思茅师范高等专科学校	云南省思茅行署教育局	思茅县	专科
昭通师范高等专科学校	云南省昭通行署教委	昭通市	专科
曲靖师范高等专科学校	云南省曲靖市教委	曲靖市	专科
玉溪师范高等专科学校	云南省玉溪行署教育局	玉溪市	专科
昆明冶金高等专科学校	云南省冶金工业总公司	昆明市	专科
昆明理工大学	云南省	昆明市	本科
昆明大学	云南省昆明市政府	昆明市	专科
文山师范高等专科学校	云南省文山州教委	文山县	专科
昆明医学院	云南省教委	昆明市	本科
云南中医学院	云南省教委	昆明市	本科
云南财贸学院	云南省经贸委	昆明市	本科
云南大学	云南省教委	昆明市	本科
云南公安高等专科学校	云南省公安厅	昆明市	专科
楚雄师范高等专科学校	云南省	楚雄市	专科
云南农业大学	云南省教委	昆明市	本科
云南师范大学	云南省教委	昆明市	本科
蒙自师范高等专科学校	云南省红河州教委	蒙自县	专科
大理医学院	云南省教委	大理市	本科
大理师范高等专科学校	云南省大理州教委	大理市	专科
云南艺术学院	云南省教委	昆明市	本科
云南民族学院	云南省民委	昆明市	本科

西　藏 (共 4 所)

西藏农牧学院	西藏自治区教委	林芝	本科
药王山藏医学院	西藏自治区教委	拉萨市	本科
西藏民族学院	西藏自治区教委	咸阳市	本科
西藏大学	西藏自治区	拉萨市	本科

陕西省 (共 43 所)

西北政法学院	司法部	西安市	本科
陕西财经学院	中国人民银行	西安市	本科
西安电力高等专科学校	国家电力公司	西安市	专科
西北建筑工程学院	建设部	西安市	本科

西安公路交通大学	交通部	西安市	本科
西北农林科技大学	教育部	杨凌	本科
西安交通大学	教育部	西安市	本科
陕西师范大学	教育部	西安市	本科
西安医科大学	卫生部	西安市	本科
西安体育学院	国家体育总局	西安市	本科
西北工业大学	国防科技工业委员会	西安市	本科
西安工程学院	国土资源部	西安市	本科
西安电子科技大学	信息产业部	西安市	本科
西安邮电学院	信息产业部	西安市	本科
西安统计学院	国家统计局	西安市	本科
西安石油学院	中国石油天然气集团公司	西安市	本科
西安科技学院	陕西省	西安市	本科
安康师范专科学校	陕西省教委	安康市	专科
西北纺织工学院	陕西省	西安市	本科
西北大学	陕西省教委	西安市	本科
西安工业学院	陕西省教委	西安市	本科
咸阳师范专科学校	陕西省教委	咸阳市	专科
西安航空技术高等专科学校	陕西省教委	西安市	专科
宝鸡文理学院	陕西省教委	宝鸡市	本科
西安音乐学院	陕西省教委	西安市	本科
汉中师范学院	陕西省教委	汉中市	本科
西安理工大学	陕西省	西安市	本科
西安联合大学	西安市教委	西安市	专科
西安美术学院	陕西省教委	西安市	本科
西安培华女子大学	西安市教委	西安市	专科
西北轻工业学院	陕西省	咸阳市	本科
陕西工业职业技术学院	陕西省政府	咸阳市	专科
西安外国语学院	陕西省教委	西安市	本科
西安建筑科技大学	陕西省	西安市	本科
杨凌职业技术学院	陕西省	杨凌	专科
延安大学	陕西省教委	延安市	本科
商洛师范专科学校	陕西省教委	商州市	专科
榆林高等专科学校	陕西省教委	榆林市	专科
陕西中医学院	陕西省教委	咸阳市	本科
陕西经贸学院	陕西省教委	西安市	本科
陕西工学院	陕西省教委	汉中市	本科
陕西医学高等专科学校	陕西省卫生厅	西安市	专科
渭南师范专科学校	陕西省教委	渭南市	专科

甘肃省　（共 18 所）

西北民族学院	国家民族事务委员会	兰州市	本科
兰州铁道学院	铁道部	兰州市	本科
兰州大学	教育部	兰州市	本科

甘肃工业大学	甘肃省	兰州市	本科
天水师范高等专科学校	甘肃省教育委员会	天水市	专科
兰州工业高等专科学校	甘肃省教育委员会	兰州市	专科
兰州商学院	甘肃省	兰州市	本科
兰州师范高等专科学校	甘肃省教育委员会	兰州市	专科
兰州石化职业技术学院	甘肃省	兰州市	专科
兰州医学院	甘肃省教育委员会	兰州市	本科
甘肃联合大学	甘肃省教育委员会	兰州市	专科
庆阳师范高等专科学校	甘肃省教育委员会	西峰市	专科
张掖师范高等专科学校	甘肃省教育委员会	张掖市	专科
西北师范大学	甘肃省教育委员会	兰州市	本科
甘肃政法学院	甘肃省司法厅	兰州市	本科
甘肃中医学院	甘肃省教育委员会	兰州市	本科
合作民族师范高等专科学校	甘肃省教育委员会	合作市	专科
甘肃农业大学	甘肃省教育委员会	兰州市	本科

青海省　(共6所)

青海医学院	青海省	西宁市	本科
青海民族师范高等专科学校	青海省	共和县	专科
青海民族学院	青海省	西宁市	本科
青海师范大学	青海省	西宁市	本科
青海师范高等专科学校	青海省	西宁市	专科
青海大学	青海省	西宁市	本科

宁　夏　(共5所)

西北第二民族学院	国家民族事务委员会	银川市	本科
宁夏大学	宁夏回族自治区教委	银川市	本科
宁夏医学院	宁夏教委	银川市	本科
宁夏农学院	宁夏回族自治区	永宁县	本科
固原师范高等专科学校	宁夏回族自治区	固原	专科

新　疆　(共17所)

石河子大学	农业部	石河子	本科
塔里木农垦大学	农业部	阿拉尔	本科
新疆石油学院	中国石油天然气集团公司	乌鲁木齐	本科
新疆大学	自治区教委	乌鲁木齐	本科
新疆工学院	自治区教委	乌鲁木齐	本科
和田师范专科学校	自治区教委	和田市	专科
新疆财经学院	自治区经委	乌鲁木齐	本科
伊犁师范学院	自治区教委	伊宁市	本科
新疆师范大学	自治区教委	乌鲁木齐	本科
乌鲁木齐职业大学	市人民政府	乌鲁木齐	专科
新疆维吾尔医学专科学校	新疆卫生厅	和田市	专科
新疆医科大学	自治区教委	乌鲁木齐	本科

新疆艺术学院	自治区教委	乌鲁木齐	本科
新疆工业高等专科学校	新疆煤炭厅	乌鲁木齐	专科
喀什师范学院	自治区教委	喀什市	本科
昌吉师范专科学校	自治区教委	昌吉市	专科
新疆农业大学	自治区教委	乌鲁木齐	本科

成人高等学校按地区分布名单

学校名称	主管部门
北京市　（共67所）	
国家检察官学院	最高人民检察院
国家法官学院	最高人民法院
中南海业余大学	中共中央办公厅
中共中央党校成人教育学院	中共中央党校
公安部管理干部学院	公安部
民政管理干部学院	民政部
中央政法管理干部学院	司法部
中央财政管理干部学院	财政部
对外经济贸易管理干部学院	对外经济贸易合作部
中央农业管理干部学院	农业部
北京农垦管理干部学院	农业部
北京林业管理干部学院	国家林业局
华北电业联合职工大学	国家电力公司
北京电力管理干部学院	国家电力公司
北京水利电力函授学院	水利部
北京铁道管理干部学院	铁道部
北京交通管理干部学院	交通部
中央文化管理干部学院	文化部
中国交响乐团社会音乐学院	文化部
中央广播电视大学	教育部
核工业管理干部学院	国防科工委
北京船舶工业管理干部学院	国防科工委
邮电部管理干部学院	信息产业部
民航管理干部学院	中国民用航空总局
中国科学院管理干部学院	中国科学院
中国科学院职工科技大学	中国科学院
北京燕山石油化工公司职工大学	中国石油化工集团公司
中国工运学院	中华全国总工会
中华女子学院	中华全国妇女联合会
北京商业管理干部学院	中华全国供销合作总社
中国记协职工新闻学院	中华全国新闻工作者协会
北京市广播电视大学	北京市
北京教育学院	北京市
北京市农业管理干部学院	北京市

北京市丰台区职工大学	北京市
北京市实验大学	北京市
北京市西城经济科技大学	北京市
北京汽车工业总公司职工大学	北京市
北京市农工商联合总公司职工大学	北京市
北京市职工体育运动技术学院	北京市
北京市经济管理干部学院	北京市
北京市财贸管理干部学院	北京市
北京市政法管理干部学院	北京市
北京市劳动管理干部学院	北京市
国家建材局管理干部学院	北京市
首都联合职工大学	北京市
北京市成人教育学院	北京市
北京市立信会计职工大学	北京市
中国纺织政治函授学院	北京市
北京市医药总公司职工大学	北京市
北京市东城区职工业余大学	北京市
北京市西城区职工大学	北京市
北京市崇文区职工大学	北京市
北京市宣武区红旗业余大学	北京市
北京市石景山区业余大学	北京市
北京市朝阳区职工大学	北京市
北京市机械工业局职工大学	北京市
北京人民警察学院	北京市
首都钢铁公司职工大学	北京市
北京市工艺美术品总公司职工大学	北京市
北京市房地产职工大学	北京市
北京市建设职工大学	北京市
北京市海淀区职工大学	北京市
北京市物资贸易职工学院	北京市
北京市职工医学院	北京市
北京市总工会职工大学	北京市
北京市化学工业局职工大学	北京市

天津市　（共 39 所）

天津物资管理干部学院	铁道部
中国旅游管理干部学院	国家旅游局
中国农业银行天津金融管理干部学院	中国农业银行
天津石油化工公司职工大学	中国石油化工集团公司
大港石油管理局职工大学	中国石油天然气集团
天津市第二轻工业局职工大学	天津市
天津市医药职工大学	天津市
天津市职工科学技术大学	天津市
天津职工工业技术学院	天津市
天津市管理干部学院	天津市
天津市广播电视大学	天津市
天津市经济管理干部学院	天津市
天津市财贸管理干部学院	天津市
天津市工会管理干部学院	天津市
天津市房地产局职工大学	天津市
天津市职工工艺美术学院	天津市
天津联合业余大学	天津市

天津市职工现代企业管理学院	天津市
天津市职工医学院	天津市
天津市机械工业管理局职工机电学院	天津市
天津市政法管理干部学院	天津市
天津市职工公用事业学院	天津市
天津市河东区职工大学	天津市
天津市红桥区职工大学	天津市
天津市河北区职工大学	天津市
天津青年职业技术职工学院	天津市
天津市南开区职工大学	天津市
天津市和平区新华职工大学	天津市
天津市建筑材料工业管理局职工大学	天津市
天津市建筑工程业余大学	天津市
天津市河西区职工大学	天津市
天津市职工经济技术大学	天津市
天津汽车工业总公司职工大学	天津市
天津市一轻局职工大学	天津市
天津市渤海化工职工学院	天津市
天津市职工化工学院	天津市
天津市冶金工业局职工大学	天津市
天津市交通局职工大学	天津市
天津市塘沽区职工大学	天津市

河北省　（共 28 所）

中央司法警官教育学院	司法部
农业部乡镇企业管理干部学院	农业部
秦皇岛环境管理干部学院	国家环境保护总局
管道局职工学院	中国石油天然气集团
华北石油职工大学	中国石油天然气集团
华北石油教育学院	中国石油天然气集团
石油物探职工大学	中国石油天然气集团
河北青年管理干部学院	河北省
河北张家口地区教育学院	河北省
河北保定地区教育学院	河北省
河北省广播电视大学	河北省
张家口市职工大学	河北省
石家庄市职工业余大学	河北省
邯郸市教育学院	河北省
化工部石家庄管理干部学院	河北省
河北地质职工大学	河北省
廊坊市教育学院	河北省
秦皇岛教育学院	河北省
河北建材职工大学	河北省
唐山市职工大学	河北省
开滦矿务局职工大学	河北省
河北省衡水地区教育学院	河北省
河北省经贸管理干部学院	河北省
保定职工大学	河北省
邯郸市职工大学	河北省
河北省职工医学院	河北省
河北政法管理干部学院	河北省
河北邯郸地区教育学院	河北省

山西省 （共 24 所）

广播电影电视管理干部学院	广播电影电视总局
临汾地区教育学院	山西省
山西煤炭管理干部学院	山西省
山西省广播电视大学	山西省
太原经济管理干部学院	山西省
山西省吕梁地区教育学院	山西省
山西经济管理干部学院	山西省
山西青年管理干部学院	山西省
山西省水利职工大学	山西省
长治市教育学院	山西省
山西职工文学院	山西省
晋城市教育学院	山西省
山西政法管理干部学院	山西省
阳泉市教育学院	山西省
太原市教育学院	山西省
山西兵器工业职工大学	山西省教委
太原化学工业公司职工大学	山西省
山西机电职工学院	山西省
太原钢铁公司职工钢铁学院	山西省
山西职工医学院	山西省
山西煤炭职工联合大学	山西省
山西省职工二轻学院	山西省
长治职工大学	山西省
山西省晋中地区职工大学	山西省

内蒙古 （共 16 所）

内蒙古水利职工大学	内蒙古自治区
包头教育学院	内蒙古自治区
内蒙古自治区广播电视大学	内蒙古自治区
赤峰教育学院	内蒙古自治区
哲里木盟教育学院	内蒙古自治区
巴彦淖尔盟教育学院	内蒙古自治区
伊克昭盟教育学院	内蒙古自治区
锡林郭勒盟教育学院	内蒙古自治区
呼和浩特教育学院	内蒙古自治区
内蒙古教育学院	内蒙古自治区
内蒙古自治区管理干部学院	内蒙古自治区
内蒙古矿业职工大学	内蒙古自治区
包头钢铁公司职工大学	内蒙古自治区
内蒙古呼和浩特管理干部学院	内蒙古自治区
呼和浩特市职工大学	内蒙古自治区
包头市职工大学	内蒙古自治区

辽宁省 （共 49 所）

辽宁省金融职工大学	中国人民银行
东北电业职工大学	国家电力公司
抚顺石油化工公司职工大学	中国石油天然气集团
锦州石油化工公司职工大学	中国石油天然气集团
空军第四职工大学	总后生产管理部

海军职工大学	总后生产管理部
辽宁职工体育运动技术学院	辽宁省
阜新煤炭职工医学专科学校	辽宁省
阜新职工大学	辽宁省
辽宁财贸职工大学	辽宁省
辽宁经济管理干部学院	辽宁省
沈阳市职工大学	辽宁省
辽宁冶金职工大学	辽宁省
辽宁广播电视大学	辽宁省
大连市教育学院	辽宁省
本溪职工大学	辽宁省
辽宁农业管理干部学院	辽宁省
辽宁工运学院	辽宁省
辽宁文化艺术职工大学	辽宁省
辽宁政法管理干部学院	辽宁省
冶金部鞍山冶金管理干部学院	辽宁省
铁岭职工大学	辽宁省
沈阳市广播电视大学	辽宁省
大连市广播电视大学	辽宁省
沈阳市联合职工大学	辽宁省
辽宁教育学院	辽宁省
辽宁卫生职工医学院	辽宁省
沈阳市二轻家具职工大学	辽宁省
朝阳职工大学	辽宁省
沈阳新光动力机械公司职工大学	辽宁省教委
新乐精密机器公司职工大学	辽宁省教委
沈阳机械工业职工大学	辽宁省
辽宁建设职工大学	辽宁省
辽宁兵器工业职工大学	辽宁省教委
辽宁省直属机关职工大学	辽宁省
大连工人大学	辽宁省
大连职工大学	辽宁省
鞍山职工大学	辽宁省
鞍钢职工医学专科学校	辽宁省
抚顺矿务局职工工学院	辽宁省
辽宁轻工职工大学	辽宁省
抚顺职工大学	辽宁省
本溪钢铁公司职工工学院	辽宁省
丹东职工大学	辽宁省
北票矿务局职工煤矿专科学校	辽宁省
锦州职工大学	辽宁省
沈阳航空职工大学	辽宁省教委
阜新矿务局职工大学	辽宁省
鞍钢职工工学院	辽宁省

吉林省　(共 29 所)

吉林电力职工大学	国家电力公司
吉林铁路运输职工大学	铁道部
中国工商银行长春金融管理干部学院	中国工商银行
中国农业银行长春管理干部学院	中国农业银行
延边职工大学	吉林省
延边黎明农民大学	吉林省

长春市广播电视大学	吉林省
长春煤炭管理干部学院	吉林省
吉林卫生管理干部学院	吉林省
吉林省经济管理干部学院	吉林省
吉林省行政管理干部学院	吉林省
白城市职工大学	吉林省
吉林省广播电视大学	吉林省
长春教育学院	吉林省
吉林省教育学院	吉林省
梨树农村成人高等专科学校	吉林省
长春市职工大学	吉林省
扶余农村成人高等专科学校	吉林省
通化钢铁公司职工大学	吉林省
吉林省油田职工大学	吉林省
通化市职工大学	吉林省
长春市成人文理学院	吉林省
吉林职工医科大学	吉林省
吉林化学工业公司职工大学	吉林省
吉林市职工大学	吉林省
长春职工医科大学	吉林省
长春市直属机关业余大学	吉林省
吉林省直属机关业余大学	吉林省
长春市建筑职工业余大学	吉林省

黑龙江　（共50所）

黑龙江省电力职工大学	国家电力公司
齐齐哈尔铁路教育学院	铁道部
齐齐哈尔铁路运输职工大学	铁道部
黑龙江省邮电职工大学	信息产业部
大庆职工大学	中国石油天然气集团
大庆石油化工总厂职工大学	中国石油天然气集团
大庆职工医学院	中国石油天然气集团
牡丹江市教育学院	黑龙江省
黑龙江省经济管理干部学院	黑龙江省
黑龙江省农垦管理干部学院	黑龙江省
伊春市职工大学	黑龙江省
哈尔滨市经济管理干部学院	黑龙江省
黑龙江省政法管理干部学院	黑龙江省
黑龙江省教育学院	黑龙江省
哈尔滨市教育学院	黑龙江省
齐齐哈尔市教育学院	黑龙江省
黑龙江省绥化地区教育学院	黑龙江省
佳木斯市教育学院	黑龙江省
五常朝鲜族教师进修学院	黑龙江省
黑龙江省广播电视大学	黑龙江省
鸡西煤炭职工医学院	黑龙江省
黑龙江省商业职工大学	黑龙江省
黑龙江省社会科学院职工大学	黑龙江省
哈尔滨市职工医学院	黑龙江省
黑龙江省职工体育运动技术学院	黑龙江省
哈尔滨市广播电视大学	黑龙江省
双鸭山矿务局职工工学院	黑龙江省

哈尔滨航空职工大学	黑龙江省教委
黑龙江省森林工业管理干部学院	黑龙江省
哈尔滨科技职工大学	黑龙江省
鹤岗矿务局职工大学	黑龙江省
哈尔滨轻型车厂职工大学	黑龙江省
黑龙江金融职工大学	黑龙江省
哈尔滨市财贸职工大学	黑龙江省
哈尔滨机电职工大学	黑龙江省
哈尔滨职工轻工学院	黑龙江省
哈尔滨市建设职工大学	黑龙江省
哈尔滨市职工大学	黑龙江省
黑龙江省科技职工大学	黑龙江省
黑龙江兵器工业职工大学	黑龙江省教委
黑龙江省直属机关职工大学	黑龙江省
哈尔滨市教师体育学院	黑龙江省
黑龙江省物资职工大学	黑龙江省
齐齐哈尔市建设职工大学	黑龙江省
齐齐哈尔市职工大学	黑龙江省
牡丹江市联合职工大学	黑龙江省
黑龙江省二轻职工大学	黑龙江省
佳木斯市联合职工大学	黑龙江省
鸡西市职工大学	黑龙江省
哈尔滨市成人教育学院	黑龙江省

上海市 （共39所）

上海电业职工大学	国家电力公司
上海海运职工大学	交通部
上海市邮电职工大学	信息产业部
高桥石油化工职工大学	中国石油化工集团公司
上海石油化工总厂职工大学	中国石油化工集团公司
上海职工体育运动技术学院	上海市
上海市仪表电子工业职工大学	上海市
上海医药职工大学	上海市
上海市广播电视大学	上海市
上海市政法管理干部学院	上海市
上海市宝山区业余大学	上海市
上海财政税务职工大学	上海市
上海海港职工大学	上海市
上海汽车拖拉机联营公司职工大学	上海市
上海职工医学院	上海市
上海工商学院	上海市
上海金融职工大学	上海市
上海市经济管理干部学院	上海市
上海市工会管理干部学院	上海市
上海青年管理干部学院	上海市
上海市普陀区业余大学	上海市
上海市第二轻工业局职工大学	上海市
上海市长宁区业余大学	上海市
梅山职工大学	上海市
上海航天职工大学	上海市教委
上海科技职工大学	上海市
上海第二工业大学	上海市

上海市黄浦区业余大学	上海市
上海市南市区业余大学	上海市
上海市虹口区业余大学	上海市
上海市徐汇区业余大学	上海市
上海市静安区业余大学	上海市
上海市闸北区业余大学	上海市
上海市杨浦区业余大学	上海市
上海机电工业职工大学	上海市
上海市建设职工大学	上海市
上海纺织工业职工大学	上海市
上海市轻工业职工大学	上海市
上海市卢湾区业余大学	上海市

江苏省　（共 41 所）

江苏电力职工大学	国家电力公司
常州水电机械制造职工大学	水利部
南京人口管理干部学院	国家计划生育委员会
南京航天管理干部学院	国防科工委
空军第一职工大学	总后生产管理部
江苏商业管理干部学院	江苏省
淮阴市机械工业职工大学	江苏省
扬州市职工大学	江苏省
江苏教育学院	江苏省
南京教育学院	江苏省
无锡教育学院	江苏省
徐州教育学院	江苏省
苏州教育学院	江苏省
扬州教育学院	江苏省
江苏省广播电视大学	江苏省
江苏省省级机关干部业余大学	江苏省
南京市广播电视大学	江苏省
南京金陵旅馆管理干部学院	江苏省
江苏经济管理干部学院	江苏省
徐州经济管理干部学院	江苏省
江苏省农垦职工大学	江苏省
连云港教育学院	江苏省
江苏冶金职工大学	江苏省
南通市工人业余大学	江苏省
江苏省青年管理干部学院	江苏省
南京电子工业职工大学	江苏省
江苏省卫生系统职工医科大学	江苏省
江苏对外贸易职工大学	江苏省
南京市机械工业职工大学	江苏省
南京市职工大学	江苏省
无锡市职工大学	江苏省
江阴市职工大学	江苏省
常州市机械冶金职工大学	江苏省
常州市电子工业职工大学	江苏省
常州市职工大学	江苏省
苏州市职工大学	江苏省
南通市职工大学	江苏省
苏州市建筑工程局职工大学	江苏省

苏州市职工业余大学	江苏省
无锡市城建职工大学	江苏省
南京联合职工大学	江苏省

浙江省 （共 24 所）

浙江省电力职工大学	国家电力公司
富春江水电职工大学	国家电力公司
浙江省邮电职工大学	信息产业部
中国工商银行杭州金融管理干部学院	中国工商银行
宁波市广播电视大学	浙江省
浙江嘉兴教育学院	浙江省
浙江省职工体育运动技术学院	浙江省
浙江经济管理职工大学	浙江省
浙江省广播电视大学	浙江省
金华教育学院	浙江省
浙江省供销合作社联合社职工学院	浙江省
杭州教育学院	浙江省
浙江教育学院	浙江省
杭州市业余科技大学	浙江省
杭州市工人业余大学	浙江省
浙江省省级机关职工业余大学	浙江省
浙江机电职工大学	浙江省
宁波市纺织局职工大学	浙江省
浙江育才职工大学	浙江省
杭州职工大学	浙江省
浙江省政法管理干部学院	浙江省
东海业余专科学校	浙江省
宁波教育学院	浙江省
温州市工人业余大学	浙江省

安徽省 （共 24 所）

安徽电力职工大学	国家电力公司
安徽省地质职工大学	国土资源部
安庆石油化工总厂职工大学	中国石油化工集团公司
芜湖教育学院	安徽省
合肥农村经济管理干部学院	安徽省
安徽宣州教育学院	安徽省
宿县地区教育学院	安徽省
安徽省直职工大学	安徽省
合肥职工科技大学	安徽省
安徽经济管理干部学院	安徽省
安徽省广播电视大学	安徽省
淮南教育学院	安徽省
阜阳教育学院	安徽省
蚌埠教育学院	安徽省
合肥教育学院	安徽省
安徽教育学院	安徽省
铜陵有色金属公司职工大学	安徽省
安徽水利职工大学	安徽省
合肥市职工大学	安徽省
蚌埠市职工大学	安徽省
马鞍山钢铁公司职工大学	安徽省

淮南市职工大学	安徽省
淮南矿务局职工大学	安徽省
安徽商业职工大学	安徽省

福建省 （共18所）

福建金融管理干部学院	中国人民银行
福州业余大学	福建省
福建职工大学	福建省
福州市工人业余大学	福建省
福建财会管理干部学院	福建省
福建省直属机关业余大学	福建省
福建政法管理干部学院	福建省
厦门教育学院	福建省
福州教育学院	福建省
南平业余大学	福建省
漳州教育学院	福建省
厦门工人业余大学	福建省
福建省广播电视大学	福建省
福建经济管理干部学院	福建省
福建教育学院	福建省
厦门市广播电视大学	福建省
福建省漳州业余大学	福建省
三明业余大学	福建省

江西省 （共20所）

江西金融职工大学	中国人民银行
南昌市业余大学	江西省
江西省广播电视大学	江西省
九江教育学院	江西省
江西经济管理干部学院	江西省
吉安教育学院	江西省
吉安地区职工大学	江西省
江西教育学院	江西省
南昌市工人业余大学	江西省
赣南教育学院	江西省
景德镇陶瓷职工大学	江西省
萍乡煤矿职工大学	江西省
南昌教育学院	江西省
江西省机械职工大学	江西省
宜春市职工业余大学	江西省
南昌钢铁厂职工大学	江西省
江西新余钢铁总厂职工大学	江西省
江西行政管理干部学院	江西省
昌河飞机制造厂职工工学院	江西省教委
南昌飞机制造公司职工工学院	江西省教委

山东省 （共40所）

山东电力职工大学	国家电力公司
青岛远洋船员学院	交通部
胜利油田职工大学	中国石油化工集团公司
胜利油田教育学院	中国石油化工集团公司

山东省广播电视大学	山东省
泰山乡镇企业职工大学	山东省
潍坊教育学院	山东省
山东省滨州教育学院	山东省
烟台教育学院	山东省
山东省聊城教育学院	山东省
泰安教育学院	山东省
山东省济宁教育学院	山东省
山东省菏泽教育学院	山东省
兖州矿区职工大学	山东省
山东财政职工大学	山东省
山东外贸职工大学	山东省
山东省职工体育运动技术学院	山东省
山东省工会管理干部学院	山东省
青岛市广播电视大学	山东省
青岛教育学院	山东省
中国重型汽车集团公司职工大学	山东省
山东省青年管理干部学院	山东省
山东兵器工业职工大学	山东省教委
济宁市职工大学	山东省
济南机械职工大学	山东省
山东冶金职工大学	山东省
山东省水利职工大学	山东省
青岛市职工大学	山东省
山东铝业公司职工大学	山东省
烟台职工大学	山东省
济南教育学院	山东省
新汶矿务局职工大学	山东省
济南市职工大学	山东省
济南市职工科技大学	山东省
潍坊市职工大学	山东省
山东省经济管理干部学院	山东省
山东省政法管理干部学院	山东省
山东省农业管理干部学院	山东省
山东省教育学院	山东省
山东省贸易职工大学	山东省

河南省　（共 40 所）

河南金融管理干部学院	中国人民银行
郑州公安管理干部学院	铁道部
河南石油职工大学	中国石油化工集团公司
濮阳教育学院	河南省
信阳教育学院	河南省
南阳教育学院	河南省
郑州教育学院	河南省
开封教育学院	河南省
洛阳教育学院	河南省
平顶山教育学院	河南省
新乡教育学院	河南省
安阳教育学院	河南省
鹤壁教育学院	河南省
河南卫生职工学院	河南省

焦作煤矿职工医学院	河南省
磨料磨具工业职工大学	河南省
驻马店教育学院	河南省
许昌教育学院	河南省
周口教育学院	河南省
河南省广播电视大学	河南省
焦作教育学院	河南省
洛阳市职工科学技术学院	河南省
商丘教育学院	河南省
郑州煤田职工地质学院	河南省
长城铝业公司职工工学院	河南省
郑州市职工业余大学	河南省
河南省建筑职工大学	河南省
河南政法管理干部学院	河南省
洛阳兵器工业职工大学	河南省教委
第一拖拉机制造厂拖拉机学院	河南省
洛阳轴承厂职工大学	河南省
洛阳有色金属职工大学	河南省
开封空分设备厂职工大学	河南省
开封市职工业余大学	河南省
平顶山煤矿职工大学	河南省
新乡市纺织职工大学	河南省
河南省安阳钢铁公司职工大学	河南省
郑州煤炭管理干部学院	河南省
河南教育学院	河南省
河南省化工职工大学	河南省

湖北省　（共 41 所）

国家科委武汉科技职工大学	科学技术部
长江葛洲坝工程局职工大学	国家电力公司
华中电业联合职工大学	国家电力公司
长江职工大学	水利部
丹江口工程管理局职工大学	水利部
长江轮船总公司职工大学	交通部
武汉交通管理干部学院	交通部
中国农业银行武汉管理干部学院	中国农业银行
荆门炼油厂职工大学	中国石油化工集团公司
江汉石油管理局职工大学	中国石油化工集团公司
武汉市职工财经学院	湖北省
咸宁教育学院	湖北省
湖北省黄石教育学院	湖北省
武汉市成人教育学院	湖北省
武汉市职工医学院	湖北省
大冶钢厂职工大学	湖北省
湖北省卫生职工医学院	湖北省
湖北函授大学	湖北省
武汉市经济管理干部学院	湖北省
武汉市职工大学	湖北省
湖北兵器工业职工大学	湖北省教委
武汉冶金管理干部学院	湖北省
湖北武汉公安管理干部学院	湖北省
鄂西土家族苗族自治州教育学院	湖北省

湖北省广播电视大学	湖北省
湖北省地质职工大学	湖北省
湖北省计划管理干部学院	湖北省
武汉市广播电视大学	湖北省
湖北省城乡建设职工大学	湖北省
湖北省纺织职工大学	湖北省
鄂城钢铁厂职工大学	湖北省
第一冶金建设公司职工大学	湖北省
湖北省直属机关业余大学	湖北省
宜昌市教育学院	湖北省
武汉冶金安全技术职工大学	湖北省
湖北省经济管理干部学院	湖北省
湖北教育学院	湖北省
武汉市教育学院	湖北省
十堰教育学院	湖北省
荆州教育学院	湖北省
武汉钢铁公司职工大学	湖北省

湖南省　（共33所）

铁道部工业职工大学	铁道部
衡阳工业职工大学	国土资源部
中国保险管理干部学院	中国再保险公司
益阳地区教师进修学院	湖南省
湖南教育学院	湖南省
长沙市教师进修学院	湖南省
湘潭市教师进修学院	湖南省
郴州地区教师进修学院	湖南省
湘西民族教师进修学院	湖南省
湖南省政法管理干部学院	湖南省
衡阳有色冶金职工大学	湖南省
湖南职工体育运动技术学院	湖南省
湖南农村金融职工大学	湖南省
湖南经济管理干部学院	湖南省
湖南纺织职工大学	湖南省
岳阳职工高等专科学校	湖南省
湖南省广播电视大学	湖南省
湖南工业科技职工大学	湖南省
湖南有色金属职工大学	湖南省
湖南兵器工业职工大学	湖南省教委
南方动力机械公司职工工学院	湖南省教委
湖南工程职工大学	湖南省
涟源钢铁总厂职工大学	湖南省
湖南机电职工大学	湖南省
湖南省工艺美术职工大学	湖南省
湖南金融管理干部学院	湖南省
湖南省轻工业厅职工大学	湖南省
湖南石化职工大学	湖南省
长沙市职工大学	湖南省
衡阳市职工大学	湖南省
湘潭市职工大学	湖南省
株洲市职工大学	湖南省
湖南工业职工大学	湖南省

广东省 （共 54 所）

广州铁路运输职工大学	铁道部
海关管理干部学院	海关总署
茂名石油工业公司职工大学	中国石油化工集团公司
广东社会科技大学	广东省
珠海教育学院	广东省
广东省政法管理干部学院	广东省
广东农工商管理干部学院	广东省
广州市乡镇企业管理干部学院	广东省
广东省经济管理干部学院	广东省
广东省广播电视大学	广东省
华南文艺成人学院	广东省
广东业余大学	广东省
广东省成人科技大学	广东省
广东省职工体育运动技术学院	广东省
湛江教育学院	广东省
广州建筑总公司职工大学	广东省
广东省佛山职工医学院	广东省
江门教育学院	广东省
广东省茂名教育学院	广东省
广东省财贸管理干部学院	广东省
广州市经济管理干部学院	广东省
广州市财贸管理干部学院	广东省
广东省农业管理干部学院	广东省
广州市广播电视大学	广东省
广东省行政管理干部学院	广东省
深圳市广播电视大学	广东省
广州市公安管理干部学院	广东省
广东青年管理干部学院	广东省
佛山煤田职工地质学院	广东省
广州教育学院	广东省
广州市联合职工大学	广东省
广州金桥管理干部学院	广东省
广东省科技管理干部学院	广东省
南方成人经贸学院	广东省
南海成人学院	广东省
广州业余大学	广东省
广州市职工大学	广东省
湛江市业余大学	广东省
广东省国防工业职工大学	广东省
汕头市业余大学	广东省
汕头市职工业余大学	广东省
嘉应教育学院	广东省
肇庆教育学院	广东省
佛山教育学院	广东省
广东省韶钢集团公司职工大学	广东省
惠州教育学院	广东省
韶关市职工大学	广东省
汕头教育学院	广东省
广东教育学院	广东省
佛山职工大学	广东省

广东成人财经学院	广东省
广州市城建职工大学	广东省
江门市职工业余大学	广东省
韶关教育学院	广东省

广　西　（共 14 所）

广西政法管理干部学院	广西壮族自治区
广西建筑职工大学	广西壮族自治区
广西直属机关业余大学	广西壮族自治区
广西壮族自治区卫生管理干部学院	广西壮族自治区
南宁地区教育学院	广西壮族自治区
桂林地区教师进修学院	广西壮族自治区
玉林教育学院	广西壮族自治区
广西壮族自治区广播电视大学	广西壮族自治区
梧州市教育学院	广西壮族自治区
桂林市教育学院	广西壮族自治区
广西教育学院	广西壮族自治区
广西壮族自治区经济管理干部学院	广西壮族自治区
桂林市职工大学	广西壮族自治区
广西公安管理干部学院	广西壮族自治区

海南省　（共 4 所）

海南省广播电视大学	海南省
海口市业余大学	海南省
海南铁矿职工大学	海南省
海南教育学院	海南省

重庆市　（共 22 所）

重庆电力职工大学	国家电力公司
渝州教育学院	重庆市
重庆青年管理干部学院	重庆市
重庆社会大学	重庆市
重庆市广播电视大学	重庆市
重庆职工会计专科学校	重庆市
重庆职工医学院	重庆市
重庆经济管理干部学院	重庆市
重庆市轻工业职工大学	重庆市
涪陵教育学院	重庆市
重庆商业职工大学	重庆市
重庆市职工大学	重庆市
重庆纺织工业局职工大学	重庆市
重庆交电分公司职工大学	重庆市
重庆化工职工大学	重庆市
重庆市机械工业管理局职工大学	重庆市
重庆城建职工学院	重庆市
重庆特殊钢厂职工大学	重庆市
重庆钢铁公司职工大学	重庆市
西南铝加工厂职工大学	重庆市
重庆兵器工业职工大学	重庆市教委
重庆教育学院	重庆市

四川省　（共 47 所）

成都电力职工大学	国家电力公司
成都水利水电职工大学	国家电力公司
中国科学院成都分院职工大学	中国科学院
中国工程物理研究院职工工学院	中国工程物理研究院
四川财贸管理干部学院	四川省
乐山教育学院	四川省
川北教育学院	四川省
攀枝花冶金职工大学	四川省
南充教育学院	四川省
德阳教育学院	四川省
达县教育学院	四川省
雅安教育学院	四川省
凉山教育学院	四川省
四川省广播电视大学	四川省
四川经济管理干部学院	四川省
四川省公安管理干部学院	四川省
四川政法管理干部学院	四川省
四川农业管理干部学院	四川省
四川省职工运动技术学院	四川省
四川省计划生育管理干部学院	四川省
四川干部函授学院	四川省
成都有色地质职工大学	四川省
成都市广播电视大学	四川省
泸州教育学院	四川省
内江教育学院	四川省
国营涪江机器厂职工大学	四川省
成都市职工大学	四川省
四川核工业职工大学	四川省教委
成都发动机公司职工大学	四川省教委
成都飞机工业公司职工工学院	四川省教委
四川科技职工大学	四川省
自贡教育学院	四川省
中国第二重型机械集团公司职工大学	四川省
成都电子职工大学	四川省
红光电子管厂职工大学	四川省
成都冶金职工大学	四川省
广元职工医学院	四川省
成都教育学院	四川省
四川教育学院	四川省
四川省东方动力职工大学	四川省
南充市职工大学	四川省
第五冶金建设公司职工大学	四川省
四川省化工职工大学	四川省
四川省机械工业职工大学	四川省
成都工业职工大学	四川省
四川省建筑职工大学	四川省
四川卫生管理干部学院	四川省

贵州省 （共 14 所）

贵州省广播电视大学	贵州省
黔东南州教育学院	贵州省
贵州公安管理干部学院	贵州省
贵阳职工大学	贵州省
贵州经济管理干部学院	贵州省
黔南州教育学院	贵州省
贵州教育学院	贵州省
贵州省电子工业职工大学	贵州省
贵州政法管理干部学院	贵州省
贵州机械工业职工大学	贵州省
贵州铝厂职工大学	贵州省
贵州航天职工大学	贵州省教委
贵州航空工业职工大学	贵州省教委
毕节教育学院	贵州省

云南省 （共 11 所）

南方电力职工大学	国家电力公司
丽江教育学院	云南省
临沧教育学院	云南省
德宏教育学院	云南省
曲靖教育学院	云南省
昆明钢铁公司职工大学	云南省
云南省文化厅职工大学	云南省
云南省地质矿产局职工大学	云南省
云南省公路局职工大学	云南省
云南兵器工业职工大学	云南省教委
云南省广播电视大学	云南省

陕西省 （共 31 所）

西北电业职工大学	国家电力公司
西安铁路运输职工大学	铁道部
西安铁路工程职工大学	铁道部
西安石油勘探仪器总厂职工大学	中国石油天然气集团公司
陕西省宝鸡教育学院	陕西省
陕西省政法管理干部学院	陕西省
陕西省经济管理干部学院	陕西省
陕西省财贸管理干部学院	陕西省
陕西教育学院	陕西省
西安教育学院	陕西省
陕西煤炭职工大学	陕西省
陕西省铜川教育学院	陕西省
陕西省渭南教育学院	陕西省
陕西省咸阳教育学院	陕西省
陕西工运学院	陕西省
西安市广播电视大学	陕西省
西安市职工大学	陕西省
陕西省广播电视大学	陕西省
西安航空职工大学	陕西省教委
宝鸡市职工大学	陕西省

陕西航天职工大学	陕西省教委
西安飞机工业公司职工工学院	陕西省教委
陕南航空职工大学	陕西省教委
陕西兵器工业职工大学	陕西省教委
陕西青年管理干部学院	陕西省
西安电力机械制造公司机电学院	陕西省
陕西省建筑工程总公司职工大学	陕西省
陕西煤矿职工医科大学	陕西省
陕西电子工业职工大学	陕西省
西安市第一轻工业局职工大学	陕西省
陕西省纺织工业公司职工大学	陕西省

甘肃省 （共 18 所）

兰州铁路工程职工大学	铁道部
甘肃工业职工大学	甘肃省
甘肃服装职工大学	甘肃省
甘肃省经济管理干部学院	甘肃省
甘肃教育学院	甘肃省
定西教育学院	甘肃省
白银有色金属公司职工大学	甘肃省
兰州航空工业职工大学	甘肃省教委
兰州教育学院	甘肃省
甘肃省广播电视大学	甘肃省
甘肃省职工财经学院	甘肃省
金川有色金属公司职工大学	甘肃省
酒泉钢铁公司职工大学	甘肃省
甘肃机械电子职工大学	甘肃省
甘肃省建筑职工工程学院	甘肃省
甘肃核工业职工大学	甘肃省教委
酒泉教育学院	甘肃省
银光化学材料厂职工大学	甘肃省教委

青海省 （共 2 所）

青海省广播电视大学	青海省
青海省联合职工大学	青海省

宁 夏 （共 5 所）

宁夏石嘴山职工大学	宁夏回族自治区
宁夏煤炭职工大学	宁夏回族自治区
宁夏回族自治区广播电视大学	宁夏回族自治区
宁夏职工科技学院	宁夏回族自治区
宁夏重工业职工大学	宁夏回族自治区

新 疆 （共 24 所）

乌鲁木齐石油化工总厂职工大学	中国石油天然气集团公司
和田地区教育学院	新疆维吾尔自治区
新疆公安司法管理干部学院	新疆维吾尔自治区
新疆教育学院	新疆维吾尔自治区
乌鲁木齐成人教育学院	新疆维吾尔自治区
喀什教育学院	新疆维吾尔自治区
新疆生产建设兵团教育学院	新疆生产建设兵团

新疆维吾尔自治区广播电视大学	新疆维吾尔自治区
新疆昌吉回族自治州教育学院	新疆维吾尔自治区
新疆职工大学	新疆维吾尔自治区
新疆石油教育学院	新疆维吾尔自治区
伊犁教育学院	新疆维吾尔自治区
新疆经济管理干部学院	新疆维吾尔自治区
新疆有色金属工业公司职工大学	新疆维吾尔自治区
新疆生产建设兵团广播电视大学	新疆生产建设兵团
新疆维吾尔自治区卫生厅职工业余医科	新疆维吾尔自治区
昌吉回族自治州职工大学	新疆维吾尔自治区
新疆轻工业厅职工大学	新疆维吾尔自治区
新疆机械电子工业厅职工大学	新疆维吾尔自治区
新疆维吾尔自治区建筑职工大学	新疆维吾尔自治区
新疆纺织工业公司职工大学	新疆维吾尔自治区
新疆维吾尔自治区钢铁公司职工大学	新疆维吾尔自治区
阿克苏教育学院	新疆生产建设兵团
新疆兵团职工大学	新疆维吾尔自治区

职业技术学院名单

共计：92 所

学校名称	主管部门	所在省市区
北京工业职业技术学院	国家煤炭工业局	北京市
北京轻工职业技术学院	北京市	北京市
北京信息职业技术学院	北京市	北京市
民办天狮职业技术学院	天津市	天津市
天津工业职业技术学院	天津市	天津市
石家庄职业技术学院	河北省石家庄市政府	河北省
邯郸职业技术学院	河北省教委	河北省
河北工业职业技术学院	河北省	河北省
河北职业技术学院	河北省	河北省
张家口职业技术学院	河北省教委	河北省
邢台职业技术学院	总后生产管理部	河北省
承德民族职业技术学院	河北省承德市政府	河北省
山西矿业职业技术学院	山西省	山西省
大同职业技术学院	山西省教委	山西省
包头职业技术学院	内蒙古自治区	内蒙古
呼和浩特职业技术学院	内蒙古自治区	内蒙古
辽宁商务职业学院	辽宁省教委	辽宁省
辽宁农业职业技术学院	辽宁省农牧厅	辽宁省
民办万成经贸职业学院	辽宁省	辽宁省
盘锦职业技术学院	盘锦市教育委员会	辽宁省
大连职业技术学院	大连市教委	辽宁省

抚顺职业技术学院	抚顺市教委	辽宁省
吉林交通职业技术学院	省交通厅	吉林省
民办吉林华侨外语职业学院	吉林省教委	吉林省
辽源职业技术学院	吉林省	吉林省
伊春职业学院	黑龙江省	黑龙江
黑龙江建筑职业技术学院	黑龙江省建委	黑龙江
上海东沪职业技术学院	上海市	上海市
民办东海职业技术学院	上海市	上海市
上海商业职业技术学院	上海市	上海市
民办新侨职业技术学院	上海市	上海市
无锡职业技术学院	江苏省	江苏省
民办明达职业技术学院	江苏省教委	江苏省
南通纺织职业技术学院	江苏省	江苏省
徐州建筑职业技术学院	江苏省	江苏省
南京工业职业技术学院	江苏省	江苏省
苏州工艺美术职业技术学院	江苏省	江苏省
泰州职业技术学院	市政府	江苏省
连云港职业技术学院	江苏省政府	江苏省
民办金华职业技术学院	浙江省	浙江省
宁波职业技术学院	浙江省	浙江省
浙江万里职业技术学院	浙江省	浙江省
浙江交通职业技术学院	浙江省教委	浙江省
温州职业技术学院	浙江省	浙江省
民办三联职业技术学院	安徽省	安徽省
淮北职业技术学院	安徽省	安徽省
安徽纺织职业技术学院	安徽省	安徽省
芜湖职业技术学院	安徽省	安徽省
福建交通职业技术学院	福建省	福建省
民办蓝天职业技术学院	江西省	江西省
江西工业职业技术学院	江西省	江西省
九江职业技术学院	江西省	江西省
日照职业技术学院	山东省	山东省
山东商业职业技术学院	山东省政府	山东省
民办青岛滨海职业学院	山东省	山东省
河南职业技术学院	河南省教委	河南省
三门峡职业技术学院	河南省	河南省
黄河水利职业技术学院	水利部	河南省
民办中原职业技术学院	河南省	河南省
郑州铁路职业技术学院	河南省	河南省
漯河职业技术学院	河南省政府	河南省
民办长江职业学院	湖北省	湖北省
荆门职业技术学院	湖北省教委	湖北省
黄冈职业技术学院	湖北省	湖北省
十堰职业技术学院	湖北省教委	湖北省

孝感职业技术学院	湖北省教委	湖北省
武汉船舶职业技术学院	湖北省教委	湖北省
武汉职业技术学院	湖北省政府	湖北省
长沙民政职业技术学院	民政部	湖南省
长沙航空职业技术学院	总后生产管理部	湖南省
衡阳职业技术学院	湖南省	湖南省
湖南工业职业技术学院	湖南省教委	湖南省
湖南信息职业技术学院	湖南省	湖南省
株洲职业技术学院	湖南省冶金工业厅	湖南省
深圳职业技术学院	广东深圳市政府	广东省
广东水利电力职业技术学院	广东省	广东省
顺德职业技术学院	广东省政府	广东省
番禺职业技术学院	广州市	广东省
民办潮汕职业技术学院	广东省	广东省
广东轻工职业技术学院	广东省政府	广东省
广州民航职业技术学院	中国民用航空总局	广东省
民办白云职业技术学院	广东省教委	广东省
广东交通职业技术学院	广东省	广东省
广西机电职业技术学院	广西壮族自治区	广　西
广西职业技术学院	区农垦局	广　西
南宁职业技术学院	南宁市	广　西
柳州职业技术学院	广西柳州市	广　西
重庆电子职业技术学院	重庆市	重庆市
成都航空职业技术学院	四川省教委	四川省
陕西工业职业技术学院	陕西省政府	陕西省
杨凌职业技术学院	陕西省	陕西省
兰州石化职业技术学院	甘肃省	甘肃省

民办高等学校名单

一、普通高校（32 所）

学校名称	主管部门名称	层次	所在省区	地址
海淀走读大学	海淀区	专科	北京市	北京市
民办天狮职业技术学院	天津市	专科	天津市	天津市
民办内蒙古丰州学院	内蒙古自治区	专科	内蒙古	呼和浩特
民办万成经贸职业学院	辽宁省	专科	辽宁省	大连市
民办吉林华侨外语职业学院	吉林省教委	专科	吉林省	长春市
民办黑龙江东方学院	黑龙江省教委	专科	黑龙江	哈尔滨
民办杉达学院	民办	专科	上海市	上海市

民办新侨职业技术学院	上海市	专科	上海市	上海市
民办东海职业技术学院	上海市	专科	上海市	上海市
民办明达职业技术学院	江苏省教委	专科	江苏省	盐城市
民办三江学院	江苏省教委	专科	江苏省	南京市
民办金华职业技术学院	浙江省	专科	浙江省	金华市
民办浙江树人学院	浙江省政协	专科	浙江省	杭州市
民办三联职业技术学院	安徽省	专科	安徽省	合肥市
民办福建华南女子职业学院	福建省教委	专科	福建省	福　州
仰恩大学	福建省	本科	福建省	泉　州
民办蓝天职业技术学院	江西省	专科	江西省	南昌市
民办青岛滨海职业学院	山东省	专科	山东省	青岛市
民办山东万杰医学高等专科学校	山东省教委	专科	山东省	淄博市
民办中原职业技术学院	河南省	专科	河南省	驻马店市
民办黄河科技学院	河南省教委	专科	河南省	郑州市
民办长江职业学院	湖北省	专科	湖北省	武汉市
湘南医学高等专科学校	湖南省教委	专科	湖南省	衡阳市
民办潮汕职业技术学院	广东省	专科	广东省	揭阳市
民办白云职业技术学院	广东省教委	专科	广东省	广州市
民办培正商学院	广东省高教厅	专科	广东省	广州市
私立华联学院	广东省	专科	广东省	广州市
民办南华工商学院	广东省总工会	专科	广东省	广州市
邕江大学	广西区民革委	专科	广　西	南宁市
民办四川天一学院	四川省教委	专科	四川省	成都市
凉山大学	凉山州人民政府	专科	四川省	西昌市
西安培华女子大学	西安市教委	专科	陕西省	西安市

二、成人高校（5所）

学校名称	主管部门	所在省市
天津联合业余大学	天津市	天津市
上海工商学院	上海市	上海市
湖北函授大学	湖北省	湖北省
广东业余大学	广东省	广东省
宁夏石嘴山职工大学	宁夏回族自治区	宁　夏

台湾教育动态

〔**鼓励大学并校**〕　1998年11月，台湾“教育部长”林清江参加大学校长会议时，针对大学合并做了政策宣示。强调政府现有的资源有限，教育部鼓励各大学进行并校计划，以利资源整合，区域大学进行合作，全面提高大学素质，各大学若提出合并案，教育部会全力协助。

研议、洽谈合并计划的学校，包括台湾大学与国立台北师范学院、东华大学与花莲师院、嘉义师范及嘉义技术学院。另外，台中师院也有意与中兴大学合并为台中大学。

〔**99所高职再试办学年学分制**〕 台湾高职教育出现重大改革，在10所高职学校试办学年学分制成功后，1999年度扩大99所学校参与试办，让学校及学生有更大的自主选修空间，最重要的效应是打破以往的留级制度，学生学习效果不错者，还可以转送到邻近的科技大学、学院等选修理工专业课程。

台湾教育部门表示，高职学年学分规划理想是配合教育改革的步调，可以适应学生的差异性，改进留级制度，更新学校体制和教育较为僵化的部分，高中职生上课不再如以往的刻板课程，也能依自己的兴趣及优缺点选修。

〔**专科生校外修习可抵毕业学分**〕 1999年2月，台湾教育部门宣布，从8月1日起，专科学校学生取得的校外学习成就，可经学校核准抵免后计为毕业学分，最高可达总毕业学分数四分之一。学校依规定办理的各项学分班，学生修习及格的专业课程在入学考试及格后，也可抵免学分，并计为毕业学分。

台湾教育部门完成“专科学校学生学籍规则”草案修订工作，自1999学年度起实施，其中变革最大、且对专科生最有利的是将学分采集范围扩大至校外，学生在校外的学习成就将能纳入学校学分计算，充分落实技职教育重视务实的教育特色。台湾教育部门指出，为建立终身学习社会，教育部门一直鼓励技专校院与企业界合作建立“伙伴”关系，未来专科生取得的校外学习成就，只要符合学校规定将可抵免、采计为毕业学分，但以不超过总毕业学分数四分之一为限。即今后专科生将可有高达四分之一的学习内容不必在校内完成，教学将更加弹性化、实用化。

除此之外，专科生入学前或在学期间从事与课程相同或相近的工作成就、教育训练及研究发展，只要符合课程需求，可申请抵免实习、实验学分，在学期间经学校核可，参与学校主办且符合课程要求的校外教育训练及研究发展，并可申请采计为专业科目学分。

〔**社区学院设置条例拟出草案**〕 1999年4月，台湾“行政院”通过《社区学院设置条例》草案，提供社区民众就近学习机会，以建立终身教育体制。社区学院分为二年制学程及短期学程，二年制学程提供相当于大学校院前二年或专科学校二年制程度之教育，二年制学程学生修满应修学分，成绩合格者，授予“副学士”学位；短期学程学生修业期满，成绩合格者，可依规定核发修业证明、学分证明或其他证明文件，并经由认证取得相当层级学历或资格。

社区学院的教学方式采取面授、函授、远距离教学等方式，于日间、夜间或假期实施，采取多元授课方式。并弹性规定社区学院上课时间，以适应民众的需要。修毕社区学院二年制学程者，可衔接转读大学三年级，其学分采认及衔接转读办法由各大学规定。

〔**中辍生可报考大学联招**〕 台湾大学联合招生委员会1999年4月9日宣布，高中休学生1999年可以报考大学，凡是二年级以上休学、辍学生，均可报考大学联考。

为了配合台湾教育部门放宽同等学力认

定标准，联招会宣布，高中肄业生也可以考大学，凡是修毕日间部二年级下学期或夜间部三年级下学期课程可以升级，后因故失学离校或休学二年以上，持有修业、转学证明或成绩单者，及修毕日间部三年级上学期课程或夜间部四年级上学期课程，因故失学离校或休学一年以上者，1999 年都可以报考大学联考。

〔**台湾教育部门公布《国教九年一贯课程纲要》草案**〕　1999 年 6 月 4 日，台湾教育部门公布《国教九年一贯课程纲要》草案。总计包括语文、健康与体育、社会、艺术与人文、数学、自然与科技，以及综合活动等 7 大领域的课程；依照台湾教育部门研订进程表，这项草案在完成公听、征询各方意见而做最后修改，将在 9 月正式颁布实施。2001 年 9 月所有国中小学全面适用。

国教九年一贯新课程与现在最大的不同是，目前，国中、国小一共分成 22 科教学，新课程则整合为 7 大领域课程。其中，“语文”领域分成本国语文、乡土语文与英语三部分；“健康与体育”领域，主要课程有生长与发育、人与食物、身体活动、安全问题、人际问题与群体健康六大部分；“社会”领域则建议采取“合科”教学，基本理念分成生存、生计、生活与生命四部分；“数学”领域，因当前社会之需注重在数据处理能力，强调理论与应用的互动等课题；“自然与科技”领域虽把自然与科技予以结合，但教材的组合方式则不做任何限定；“艺术与人文”、“综合活动”领域，前者注重在提升艺术知能、鉴赏能力、陶冶生活情趣与启发艺术潜能等；后者通过学校的辅导活动、团体活动，以及跨二个领域的教学活动等，让学生学习如何管理个人与团体生活等。

〔**资赋优异儿童可提前入学**〕　1999 年，台湾教育部门修正公布《资赋优异学生降低入学年龄缩短修业年限及升学办法》。从 8 月 1 日起，资赋优异学生将可不受各级学校最低入学年龄限制，也不再限制每次只能跳一级，即 6 岁以下的质优学童只要通过智能与社会适应行为评量鉴定，不论年纪多小都可以入学。另一项改变是，有鉴于资赋优异学生往往是专精某一领域的“偏才”，而非样样都行的“通才”，例如数理资优生在语文方面未必优秀，故在《办法》中新增资优生可以凭单科成绩优异“逐科跳级”，打破过去必须所有科目成绩优异才可跳级的限制，但学校必须针对其他未达跳级标准的科目给予补救教学，以让资优生各方面平衡发展。

〔**台湾教育部门试行减轻书包计划**〕　1999 年 7 月，新上任的台湾“教育部长”杨朝祥宣布，1999 年度将在每一县市选择 3 至 5 所小学试办减轻学童书包重量措施，并依试办结果逐步推广，预期两年内小学学童都能轻松上课，快乐学习。

杨朝祥表示，将在小学倡导生动活泼的教学，培养学生良好的生活习惯，并试行配套措施，包括教室配置收纳箱或置储物柜，改变课后作业方式，学校提供可公用的学习材料和工具，并加强与家长的沟通与配合。其中以改变课后作业方式最为重要，许多作业不必重复抄写。

1999年教育大事记

1月7日 《中国教育报》报道：1999年全国普通高等学校本专科计划招生130万人，比1998年增加22万人，增长近20%。在1999年计划招生总数中，专门安排10万人用于江苏、山东、北京等14个省市，试行按新的管理模式和运行机制举办高等职业技术教育。

△教育部发出《关于做好1999年普通高等学校毕业生就业工作的通知》。

△教育部印发《1999年全国各类成人高等学校招生规定》。

1月8日 教育部印发《关于公布第五批基本普及九年义务教育和基本扫除青壮年文盲县（市、区）名单的决定》和《关于公布第二批基本普及初等义务教育县（市）名单的决定》。

1月9日～10日 第五届国家督学会议暨全国教育督导先进集体、先进工作者表彰会在北京举行。教育部部长陈至立、副部长吕福源出席会议并讲话。国家总督学柳斌主持会议。

1月11日 教育部、国家计委印发《试行按新的管理模式和运行机制举办高等职业技术教育的实施意见》。1月20日，教育部办公厅就实施意见中有关问题发出通知。

1月11日～12日 教育部1999年年度工作会议在北京举行。教育部部长陈至立在会上作了工作报告。会议回顾了1998年的教育工作，交流了各地的情况与经验，分析研究了当前教育所面临的形势与任务，部署了教育战线1999年的重点工作。教育部副部长吕福源在会上宣布，1998年，全国又有300个县（市、区）达到基本普及九年义务教育和基本扫除青壮年文盲的要求，有65个县（市、区）通过了基本普及初等义务教育的验收。至此，全国实现“两基”的县（市、区）累计达到2 242个，人口覆盖率由去年的65%上升到73%，规划目标如期实现。1月28日，教育部印发《教育部部长陈至立在教育部1999年年度工作会议上的讲话》和《教育部1999年工作要点》。

1月12日 国务院副总理李岚清在人民大会堂为首都高校教授、干部、青年教师和出席教育部年度工作会议的代表近6 000人作形势报告，题为《面向新世纪，实施科教兴国战略，推进高等教育事业的改革和发展》。

1月13日 国务院批转教育部《面向21世纪教育振兴行动计划》。2月24日，教育部发出《关于学习、宣传和全面贯彻〈面向21世纪教育振兴行动计划〉的通知》。

△上海市高校后勤社会化改革工作会议召开，上海高校后勤服务中心、上海高校后勤发展中心和上海高校后勤人员技术培训交

流中心宣告成立。上海交通大学、同济大学、上海外国语大学、上海财经大学、上海戏剧学院、上海理工大学、上海师范大学、上海外贸学院8所院校的后勤部门，正式从学校中规范分离，以建立经济实体的形式，进行后勤社会化的改革。

1月15日 教育部在中国人民大学召开高校防火现场会，通报了近期高校几起火灾事故和一些地方存在的事故苗头。教育部副部长张保庆出席会议并讲话。

△教育部与清华大学联合研制开发的“全国高校毕业生就业信息网”正式开通运行。信息网的功能主要包括：介绍就业政策、发布最新的毕业生就业动态信息，提供毕业生资源信息、用人单位要求信息和毕业生自荐信息的检索和查询，进行就业指导等。

△教育部印发《中小学生竞赛活动管理若干规定》。

1月18日 中央社会治安综合治理委员会1999年第一次会议在北京召开。中共中央政治局委员、国务委员、中央社会治安综合治理委员会主任罗干提出，青少年犯罪仍是影响社会治安的一个突出问题。教育部副部长吕福源在会上作了题为《整治校园及周边环境，开展安全文明校园建设，维护高校政治稳定》的讲话。

△教育部印发《关于表彰全国教育系统纪检监察工作先进集体和先进个人的决定》。

1月21日 教育部党组召开司局领导干部会议，传达江泽民总书记在中纪委三次全会上的重要讲话和尉健行同志的工作报告。教育部党组书记、部长陈至立要求部机关、直属单位和教育系统结合实际，全面贯彻中纪委三次全会精神，坚定不移地推进党风廉政建设。

1月22日 教育部、财政部发出《关于二片地区“国家贫困地区义务教育工程”项目完成情况的通报》。

△教育部发出《关于批准建立国家大学生文化素质教育基地的通知》。

1月23日 普通高等学校本专科教学工作评估专家委员会在北京成立，并召开第一次工作会议。教育部副部长周远清出席会议并讲话。

1月23日～25日 中国教育报刊社宣传报道工作会议在北京举行。教育部部长陈至立出席会议并讲话。

1月25日 教育部副部长韦钰同老挝教育部副部长坎丹·占塔拉签署了《中老1999～2001年教育合作计划》。

△香港特别行政区行政长官董建华出席香港教育编筹委员会主办的“21世纪教育蓝图”工作论坛，并表示要推动香港社会进步，保持和提高香港的竞争力，首要工作就是要办好教育。

1月26日 香港特区政府公布教育署改革方案。按照改革方案，教育署今后不再充当全面监管学校的角色，而是与学校建立起伙伴关系，共同推动优质教育的发展。其主要职能是确保各项教育政策顺利推行和保证学校教育整体素质的提高。

1月27日 国务院办公厅发出《关于国务院学位委员会组成人员的通知》。

△全国高等学校教学研究中心在北京成立。教育部副部长周远清出席成立大会并为中心揭牌。

1月28日 新一届国家对外汉语教学领导小组第一次全体会议在北京举行。教育部部长、国家对外汉语教学领导小组组长陈至立主持会议并作总结发言。

△教育部办公厅印发《关于批准1998年度全国师范院校基础教育改革实验研究项目

优秀成果获奖项目的决定》。

1 月 29 日 中共教育部党组发出《关于做好 1999 年高校思想政治工作和稳定工作的通知》。

△《中国教育报》报道：1999 年全国研究生招生计划为 8. 5 万人，比 1998 年增长 21. 5%。1999 年全国报考硕士生总人数为 31.9 万人，再创历史最高纪录，比 1998 年净增 4.5 万人，增长 16.4%。

1 月 30 日～31 日 江泽民总书记在内蒙古自治区考察期间，于 1 月 30 日到包头市东河区看望了“第二届全国十杰教师”、包头市公园路小学校长梁彩霞，1 月 31 日视察了内蒙古大学。

2 月 3 日 教育部党组副书记、副部长吕福源到北京延庆县看望、慰问山区中小学教师，代表教育部向常年辛勤耕耘在基础教育第一线的老师们致以新春祝贺。

2 月 3 日～4 日 全国留学回国成果汇报会在北京举行。教育部副部长韦钰出席会议开幕式并讲话。4 日，国务院副总理李岚清会见了出席会议的代表，并在讲话中指出，出国留学政策作为我国改革开放的一个重要组成部分，一定要长期坚持不变。

2 月 4 日 国家体育总局、教育部印发《少年儿童体育学校管理办法》。

2 月 5 日 教育部部长陈至立、副部长张天保到解放军总政治部，向总政领导和广大子弟兵表示慰问，并致以节日的问候，对子弟兵在 1998 年抗洪抢险中表现出的奋勇拼搏、无私奉献精神及对灾区教育的关心支持表示崇高敬意。陈至立说，全国教育系统在智力拥军上要多作贡献，为子弟兵多做些实实在在的事情。

△教育部、国务院港澳办印发《关于开展内地与香港教育交流若干问题的意见》。

△卫生部、国家轻工局、教育部、国家工商局、国家质量技监局印发《实现消除碘缺乏病阶段目标评估方案》。

△教育部、国家语委印发《关于进一步发挥城市的中心作用，全面推进语言文字工作的意见》。

2 月 9 日 国务院总理朱镕基邀请科技、教育、文化、卫生、体育、广播影视、新闻出版等各界人士到中南海举行座谈，征求他们对即将提请九届全国人大二次会议审议的《政府工作报告》(征求意见稿）的意见和建议。

2 月 10 日 教育部发出《关于高等教育自学考试公共政治课课程设置改革及其实施工作的通知》。

2 月 11 日 教育部党组书记、部长陈至立，党组副书记、副部长吕福源，副部长周远清及部党组成员陈文博分别来到北京大学、北京师范大学、清华大学的部分著名老教授家中，向老教授们拜年。

2 月 12 日 国务院副总理李岚清到北京科技大学、北京医科大学视察高等院校筒子楼改建工作，强调决不把部委高校筒子楼和危房带入 21 世纪，并向广大教师致以新春问候。

2 月 13 日 教育部印发《关于进一步深化普通高等学校招生考试制度改革的意见》。

△教育部、国务院港澳办印发《关于加强对澳门教育交流迎接澳门回归工作的意见》。

△教育部办公厅、国家民委办公厅发出《关于在全国中小学开展民族团结教育活动的通知》。

2 月 15 日 教育部部长陈至立在《中国教育报》上发表题为《团结奋进　开拓教育改革与发展工作新局面》的新春贺辞。

2 月 22 日 中共中央政治局常委、国务院副总理李岚清视察中国科技馆，指出科技场馆要成为青少年课外科技教育的阵地。

2月24日 教育部学习宣传贯彻《面向21世纪教育振兴行动计划》座谈会在北京举行。全国人大常委会副委员长彭珮云、全国政协副主席罗豪才等出席了座谈会。教育部部长陈至立在会上讲话。

2月24日～25日 "长江学者奖励计划"专家评审委员会会议在北京举行。会议审定了第一批特聘教授人选、首届"长江学者成就奖"人选以及设置第二批特聘教授岗位的学科。

2月25日 教育部部长陈至立在北京会见来访的美国新闻署副署长威廉·贝德尔。双方就中美富布莱特项目的执行情况和有关教育交流问题交换了意见。

2月26日 教育部党组印发《教育部关于贯彻落实中纪委三次全会精神加大反腐败工作力度的意见》。

3月1日 首届全国优秀博士学位论文评选专家会在北京举行。教育部部长陈至立出席会议并讲话。

△中国教育报在头版发表教育部的文章，题目是《振兴教育事业，实施科教兴国战略》。

3月2日 《中国教育报》报道：教育部决定向全社会征集高考"综合科目"试题，征集高考语文、数学、外语等单科能力试题。此项决定旨在深化高考内容改革，加强科学性、民主性，克服考试的神秘性，引导人才全面素质的提高和创新人才的培养。

3月2日～5日 1999年度高校思想政治工作会议在北京举行，教育部部长陈至立出席会议并讲话。会议总结了1998年高校思想政治工作，交流了各地高校深入学习邓小平理论、加强思想政治工作和党建工作的经验，研究和部署了1999年高校思想政治工作。

3月3日 国家主席江泽民在北京会见应中国人民大学邀请来华访问的日本早稻田大学校长奥岛孝康一行，希望中外大学之间在高科技等领域不断开展富有成效的合作。教育部部长陈至立、中国人民大学校长李文海等参加了会见。

△教育部印发《高等教育自学考试土建类专业考试计划》。

3月3日～5日 全国教育纪检监察工作会议在北京举行。教育部部长陈至立出席会议并讲话。教育部副部长张天保在会上作了工作报告。大会宣读了教育部关于表彰全国教育系统纪检监察工作先进集体和先进个人的决定，北京理工大学纪委监察室等59个先进集体、何立德等91名先进个人受到表彰。

3月4日 国务院副总理李岚清看望出席全国政协九届二次会议的教育界委员，认真听取委员们的发言并发表讲话。

△教育部印发《高等教育自学考试机械制造及自动化专业考试计划》。

3月5日 九届全国人大二次会议在北京开幕。国务院总理朱镕基在《政府工作报告》中指出，实施科教兴国战略，是实现经济振兴和国家现代化的根本大计，也是本届政府极其重要的任务。

△国务院副总理李岚清与参加九届全国人大二次会议的江苏代表团一起审议朱镕基总理的政府工作报告。在听取代表们的意见和建议后指出，要大力推进科教兴国战略，特别是切实转变和改革科技体制，推进科技成果的产业化，全面落实党的教育方针，培养出更多的高素质创造性人才。

△国家中医药局、教育部印发《关于加强

高等中医教育临床教学工作的意见》。

3 月 8 日 教育部发出《关于成立第三届全国高等学校设置评议委员会的通知》。

3 月 9 日 1999 年全国高等教育招生计划工作会议在杭州召开。会议针对 1999 年全国普通高等教育“计划增长幅度大、改革力度大”的特点，要求各地、各部门采取切实措施，通过增加政府投入、多渠道筹集办学经费、优化教育资源配置、促进高校后勤社会化等方式，确保 1999 年招生计划的顺利完成和高等教育的质量。

3 月 11 日 教育部办公厅发出《关于在普通高等学校中开展贯彻〈学校体育工作条例〉选优评估工作的通知》。

3 月 13 日～15 日 1999 年全国普通高校招生工作会议在武汉举行。为贯彻落实高考改革方案，教育部进一步加大了高考和招生录取的改革力度，全国 12 所重点大学将与 7 个省市完全实现远程异地网上录取；2000 年除广东省以外，全国还将有山西、江苏、浙江、吉林 4 个省参加“3＋x”的高考科目改革试点。教育部副部长周远清出席会议并讲话。

3 月 13 日～28 日 经教育部批准，由中国留学服务中心主办的′99国际高等教育展先后在北京、天津、上海、广州、深圳举行，来自 16 个国家的百余所高等院校参展。

3 月 14 日 国务院副总理李岚清参加九届全国人大二次会议的甘肃代表团审议时，强调加快中西部地区发展，必须落实科教兴国战略；要全面贯彻党的教育方针，培养“德、智、体、美”等全面发展的人才。

3 月 15 日 教育部部长陈至立签署教育部令第 2 号，发布《中华人民共和国教育部“中国语言文化友谊奖”设置规定》。

3 月 16 日 国务院办公厅转发教育部等部门关于调整五个军工总公司所属学校管理体制的实施意见。

△教育部印发《关于师范院校布局结构调整的几点意见》。

3 月 18 日 教育部有关司局召开“关于减轻中小学生过重负担”座谈会，来自北京市部分中小学的校长、教师、学生家长及教育行政部门的领导出席了座谈会。

△教育部、文化部、广电总局印发《关于表彰全国中小学生影视教育工作先进集体和先进工作者的决定》。

3 月 18 日～4 月 1 日 教育部副部长周远清率中国教育代表团访问比利时。

3 月 19 日 教育部部长陈至立到北京科技大学、北京化工大学考察工作，分别听取了两校领导的汇报；参观了北京科技大学国家新金属材料重点实验室、轴类零件轧制研究与推广中心、CAD（计算机辅助设计）中心和北京化工大学仿真技术中心、国家碳纤维工程技术中心等。

△由 IBM 国际商业机器中国有限公司与国家留学基金管理委员会联合设立的“IBM 中国优秀学生奖学金”的合作协议文本交换仪式及首届奖学金颁奖仪式在北京举行。根据合作协议，IBM 公司从 1998 年开始分 5 年提供总值 450 万元人民币的资金，设立“IBM 中国优秀学生奖学金，”以奖励中国国内与 IBM 公司有合作关系的高等院校中计算机专业的优秀学生和教师，同时促进高校的信息学科建设。

△教育部办公厅印发《关于批准“世界银行贷款师范教育发展项目”改革课题优秀成果获奖项目的决定》。

3 月 22 日 教育部部长陈至立、副部长韦钰与应邀来访的以泰国大学事务部长巴蜀·猜亚讪为团长的泰国教育代表团一行举行了工作会谈。双方签订了《中华人民共和国教育部与泰王国大学事务部高等教育合作备忘录》。

3月22日～24日　国务院副总理李岚清在湖南考察。期间，李岚清考察了湖南省第一师范学校和株洲职业技术学院，同教育系统的干部、校长、教师就全面推进素质教育和大力发展高等职业技术教育举行座谈。充分肯定了湖南省近些年对实施素质教育所作的积极探索和取得的经验。

3月23日　教育部发出《关于做好1999年普通高校招生工作的通知》。

3月24日　教育部副部长韦钰与应邀来访的以挪威教育、科研与宗教事务大臣永·利勒通先生为团长的挪威代表团举行工作会议，双方各自介绍了本国教育发展情况，回顾了两国在教育交流领域的合作。同日，陈至立部长会见并宴请了代表团一行。3月26日，国务院副总理李岚清会见了代表团。

△全国高等教育自学考试答疑网络开通运行仪式在北京举行。辽宁、重庆等15个首批参加试点的省份相继联网成功，自考考生从此进入运用现代化计算机网络技术进行信息咨询和课程学习的阶段。

3月25日　教育部印发《关于启动现代远程教育第一批普通高校试点工作的几点意见》。

3月25日～28日　全国教育督导室主任会议在福建省福州市举行。会议分析了教育督导面临的新形势和新任务，提出了1999年的重点工作；围绕教育督导如何落实《面向21世纪教育振兴行动计划》，进一步加强教育督导制度建设等问题进行了讨论。

3月26日　第20届UIA国际建筑师大会国际大学生建筑设计竞赛评选结果在西安揭晓。来自全世界的建筑师和建筑教育家代表组成的评委会在56个国家和地区的446个参赛方案中评出20个中奖方案。中国6所大学的7个方案入围，并包揽前三名，清华大学荣获本次竞赛最高奖——联合国教科文组织建筑奖。

△查良镛（金庸）先生正式受聘担任浙江大学人文学院院长。

3月27日～30日　1999年全国电大教育工作会议在沈阳举行。为贯彻落实《面向21世纪教育振兴行动计划》，实施"现代远程教育工程"，广播电视大学提出五大项目，以期加快建设有中国特色的现代远程教育开放大学的进程，以鲜明的办学特色和可靠的质量保证，在构建能够体现终身教育思想的中国现代远程教育体系中发挥重要骨干作用。

3月30日　国务院办公厅转发科技部、教育部等部门关于促进科技成果转化的若干规定。

3月31日　国务院副总理李岚清在幼儿教育和青少年营养健康问题座谈会上指出，幼儿教育和青少年营养健康问题是关系到贯彻党的教育方针，培养德、智、体、美等方面全面发展的建设者和接班人的重大根本性问题，各级政府、有关部门、学校和家长都要予以高度重视，采取有力措施，共同把这项工作做好。

△教育部、中共北京市委联合举办首都大学生形势报告会，全国人大常委会法制工作委员会副主任委员乔晓阳就《中华人民共和国宪法》修改问题作了报告。

3月31日～4月17日　教育部副部长韦钰率中国教育代表团访问缅甸、越南、尼泊尔3国。

4月2日　"长江学者奖励计划"首批特聘教授受聘暨首届"长江学者成就奖"颁奖典礼在北京举行。国务院副总理李岚清出席典礼，向首批特聘教授和首届“长江学者成就奖”获奖者表示祝贺。首批特聘教授为73名，将受聘于40所高等学校。首届“长江学者成就奖”评审出上海第二医科大学陈竺教授、湖南医科大学夏家辉小组为一等奖，清华大学范守善教授为二等奖。

△教育部、国务院台办、国务院港澳办、公安部印发《关于普通高等学校招收和培养香港特别行政区、澳门地区及台湾省学生的暂行规定》。

4月5日 教育部发出《关于暂停和限制部分成人高等学校1999年招生的通知》。

4月7日 教育部发出《关于加强学校基建项目工程质量和安全管理以及开展质量和安全工作检查的通知》。

4月7日～9日 全国教育系统审计工作会议在上海举行。会议就进一步贯彻《审计法》,加强教育系统内部审计工作进行了交流和研讨。

4月8日 由中央社会治安综合治理委员会、教育部、公安部联合召开的全国学校治安综合治理工作电视电话会议在北京举行。国务委员、中央综治委主任罗干、教育部部长陈至立出席会议并讲话。公安部部长贾春旺主持会议。北京、上海、山东等地和公安部、司法部、文化部等中央有关部门负责人也先后发言，就开展学校及周边地区治安整治情况作了介绍。

△教育部部长陈至立签署教育部令第3号，发布《高等学校知识产权保护管理规定》，从发布之日起施行。

△面向21世纪的中国教育科学学术研讨会暨《教育研究》创刊20周年纪念会在北京举行。教育部副部长吕福源到会祝贺并讲话。

4月12日 科技部、国家经贸委、中编办、财政部、国家计委、劳动保障部、人事部、教育部、外经贸部、税务总局、工商局、质量技监局印发《关于国家经贸委管理的10个国家局所属科研机构管理体制改革的实施意见》。

4月15日 由教育部全国高校毕业生就业指导中心主办的“走向社会工程”启动仪式暨首场企业家报告会在清华大学举行。“走向社会工程”是针对毕业生就业指导工作所面临的新情况和新问题，面向高校毕业生推出的就业指导新形式。旨在通过用人单位参与高校毕业生就业指导工作的形式，让学生深入了解社会，了解企业在吸引人才、选用人才、培养人才方面的要求，以帮助大学生树立正确的人生观、价值观和择业观，克服心理障碍，正确面对抉择，成功走向社会。

4月18日 北京科技大学、北京邮电大学、中国农业大学分别与北京密云县工业开发区总公司签订了合作协议书，北京科技大学密云科技工业园、北京邮电大学北邮通信科技园和中国农业大学科技园宣告成立。教育部副部长周远清、北京市副市长刘海燕等出席了签字仪式。

4月19日～21日 由中国10所著名大学组成的大学校长联谊会在香港举行“大学校长论坛——全球高等教育趋势”研讨会。来自中国、英国、澳大利亚及加拿大的44位著名大学的校长，就下一世纪高等教育的发展进行了深入探讨。香港特区行政长官董建华、教育部副部长韦钰在开幕式上致辞。

4月20日 教育部副部长吕福源在北京会见应邀来访的联合国儿童基金会执行主任卡罗尔·贝拉米女士一行。

4月21日～24日 国务院副总理李岚清在吉林、辽宁考察教育、科技体制改革等工作。考察了吉林大学、东北大学、沈阳音乐学院和一些中小学的教育改革与素质教育。强调要全面推进素质教育，深入进行教育改革，培养大批适应21世纪需要的全面发展的高素质人才。

△全国民办大学校长研讨会在厦门举行。

4月22日～25日　教育部在北京召开全国基础教育工作研讨会。会议总结了近两年全面实施素质教育的工作情况；交流了各地推进基础教育改革与发展的经验；重点研究了基础教育如何进一步落实《面向21世纪教育振兴行动计划》。教育部副部长吕福源出席会议并讲话。

4月23日　教育部、中共北京市委在北京举行首都大学生形势报告会，邀请国家发展计划委员会副秘书长、新闻发言人郑新立就学习贯彻"两会"精神和《政府工作报告》，特别是当前大学生关心的中国经济改革和发展中的一些热点问题作报告。

4月23日～25日　全国学生体质健康监测网络工作研讨会在沈阳举行。为进一步完善学生体质健康调研与监测制度，掌握学生体质发展动态，教育部将建立全国学生体质健康监测网络，对学生体质状况进行经常性监测。

4月25日　教育部、团中央印发《关于表彰"全国三好学生"、"全国优秀学生干部"和"全国先进班集体"及其标兵的决定》。5月3日，教育部、共青团中央在北京联合召开全国三好学生、优秀学生干部和先进集体表彰座谈会。教育部部长陈至立、共青团中央书记处第一书记周强等出席会议并讲话。

4月26日　中国教育工会和中国中小学幼儿教师奖励基金会在北京联合召开全国普教系统老有所为先进工作者表彰会。来自全国24个省、自治区、直辖市的83位离退休教育工作者受到表彰。中国中小学幼儿教师奖励基金会理事长钱正英出席表彰会，教育部部长陈至立向表彰会发来贺信。

△北京师范大学隆重集会，庆祝著名历史学家白寿彝教授从事学术活动70周年以及由他主持编写的多卷本《中国通史》全部出版。江泽民、李鹏、李瑞环、李岚清等党和国家领导人分别致信或致电表示祝贺。

△《中国教育报》报道：1999年硕士生招生将首次在教育科研网上试行调剂录取，旨在加快硕士生招生中调剂录取工作的进度，缩短整个录取工作的时间，并为今后招生实现网络化管理奠定基础。

4月26日～28日　由联合国教科文组织召开的第二届世界职业技术教育大会在韩国汉城举行，中国政府派出以教育部副部长张天保为团长的代表团出席大会。张天保在大会上作了题为《通向发展的必经之路》的报告。会议的中心议题是，探讨21世纪职业技术教育的发展政策和策略。

4月27日　教育部在厦门大学召开"长江学者奖励计划"工作会议。来自北京大学、清华大学、复旦大学、上海交通大学等65所高校的代表探讨了第二批特聘教授招聘与推荐，第三批特聘教授岗位的申请，第二届"长江学者成就奖"候选人的推荐等问题。

△教育部印发《关于初中毕业、升学考试改革的指导意见》。

4月28日～5月11日　教育部副部长张天保率领中国教育代表团访问俄罗斯和乌克兰。

4月29日　北京大学工程研究院成立仪式在北京航空航天大学举行。全国政协副主席周铁农、科技部部长朱丽兰、教育部副部长韦钰等出席了签字、揭牌仪式。北京大学工程研究院将充分发挥北京大学文理学科和北京航空航天大学工程技术学科的优势，本着“学科综合，优势互补；平等互利，资源共享；共商共建，创办一流”的原则，为共同创建世界一流大学作贡献。

4月29日～30日 教育部部长陈至立在上海考察教育工作。先后考察了中国纺织大学、华东师范大学、上海交通大学，分别听取了三校领导的汇报；视察了中国纺织大学筒子楼改造工程、学生食堂，参观了学校艺术馆；出席了华东师范大学与上海紫江（集团）有限公司校企合作协议的签字仪式；参观了上海交通大学科技成果展和信息科学与数字技术成果展。

5月3日 五四运动80周年前夕，国务院副总理李岚清到北京大学，与2000多名师生一同欣赏了北京大学纪念五四运动80周年的音乐会。音乐会开始前，李岚清听取了北京大学领导关于学校工作的简要汇报，他希望作为五四运动策源地的北京大学要继承和发扬光荣的革命传统，大力弘扬爱国主义精神，进一步认真落实江泽民同志在庆祝北京大学百年校庆的重要讲话中提出的各项要求，培养出更多的德、智、体、美等全面发展的高素质人才，发现和创造更多的高水平科学研究和技术开发成果，为实施科教兴国战略和祖国现代化建设作出更大的贡献。

5月4日 五四运动80周年纪念大会在北京举行。党和国家领导人江泽民、李鹏、朱镕基、李瑞环、胡锦涛、李岚清出席大会。中共中央政治局常委、国家副主席胡锦涛在大会上发表重要讲话。同日，《中国教育报》发表社论，纪念五四运动80周年，题为《肩负起跨世纪的历史使命》。

△教育部现代远程教育国际合作研讨会在北京召开。教育部副部长韦钰在会上作了题为《发展现代远程教育，构建终身学习体系》的主题报告。

△中宣部、教育部、人事部、广电总局、总政治部、国家语委联合发出《关于开展第二届全国推广普通话宣传周活动的通知》。

5月5日 教育部部长陈至立在北京会见应邀来访的莫桑比克教育部长阿尔纳多·瓦伦特·尼亚沃托率领的莫桑比克教育代表团。同日，教育部副部长韦钰与尼亚沃托部长进行了工作会谈。

△中国语言文字使用情况调查指导小组举行第一次会议。6月24日，教育部办公厅印发会议纪要。

5月5日～7日 全国高专高职教育人才培养工作委员会成立大会在北京举行。会议讨论修改了《关于加强高专高职教育人才培养工作的若干意见》等文件，研究并提出了委员会的工作重点，进行了教学学术交流。教育部副部长周远清出席会议并发表讲话。

5月6日 教育部印发《关于高等学校以函授、夜大学方式举办本专科教育的意见》。

5月7日 教育部印发《关于东北大学等10所学校的管理实施意见》。

5月8日 北京、上海、成都、广州等地大学生举行游行，对以美国为首的北约悍然用导弹袭击中国驻南斯拉夫大使馆，造成馆舍严重毁坏和人员伤亡的野蛮暴行表示最强烈抗议。

5月10日～11日 国务院学位委员会第十七次会议在北京举行。国务院副总理、国务院学位委员会主任委员李岚清出席会议并讲话。教育部部长、国务院学位委员会常务副主任委员陈至立作了工作报告。会议审议通过了国务院学位委员会1999年工作要点以及进行第八次博士、硕士学位授权审核工作的意见；审议批准了公共管理硕士、农业推广硕士和兽医专业学位设置方案；对《中华人民共和国学位法》(草案)提出了进一步的修改意见。

5月10日～12日 教育部、财政部在贵州省遵义市召开“三片”地区“国家贫困地区义务教育工程”工作会议。教育部和财政部有关部门负责人在会上讲话，新疆、内蒙古、西藏、贵州等地的代表介绍了实施“工程”的经验，与会代表还参观了贵州省部分项目学校和培训基地。

5月11日 教育部发出《关于做好1999年全国研究生录取工作的通知》。

5月12日 由教育部举办的全国民办高等教育管理培训班开班。教育部副部长张保庆出席开班典礼并讲话。

△人事部、教育部、国家语委联合发出《关于开展国家公务员普通话培训的通知》。

△教育部办公厅发出《关于做好1999年内地西藏初中班毕业生升学工作的通知》。

5月14日 教育部发出《关于严格控制社会力量办学评比活动的通知》。

5月14日～16日 全国高校内部管理体制改革座谈会在上海举行。会议的主题是：贯彻党的十五大精神和《面向21世纪教育振兴行动计划》，推进新一轮以人事分配制度为重点的高校内部管理体制改革，转换机制，不断提高学校的内在活力、教育质量和办学效益。教育部副部长周远清出席会议并讲话。教育部党组成员陈文博在开幕式上作了题为《抓住机遇、迎难而上、大力推进新一轮高校内部管理体制改革》的主报告。

5月17日 教育部和中共北京市委联合举行首都大学生形势报告会，中国人权研究会常务理事、北京师范大学教授张宏毅就国际人权斗争与对话形势和中国政府对人权问题的基本态度，特别是大学生非常关心的以美国为首的北约悍然用导弹袭击中国驻南联盟大使馆、对南联盟发动军事攻击等热点问题作了报告。

△中国联合国教科文组织全国委员会第二十次会议在北京召开。教育部副部长、中国联合国教科文组织全国委员会主任韦钰在会上作了报告。

△北京大学、清华大学两校合作办学协议签字仪式在北京举行。两校将在人才培养、师资队伍建设、科学研究、精神文明建设、国际交流、公共服务体系建设、后勤社会化等方面携手共建，努力实现优势互补、资源共享，加快建设世界一流大学的步伐。教育部副部长周远清出席仪式并讲话。

5月18日 教育部副部长吕福源、韦钰在北京接见了留德汽车工业博士工程师交流合作团成员，并认真听取了该团关于回国开展考察和交流活动的汇报。

△最高浮点速度达每秒160亿次的“探索108”集群计算机系统在清华同方股份有限公司正式对外宣告产业化。该系统的及时推出，不仅对我国高性能计算机国产化进程具有重要意义，而且对保障国家安全、提高我国自主知识产权的高科技产品的国际竞争力有着深远影响。

5月19日 教育部分别发出通知，下达1999年内地高校招收内地西藏班高中毕业生招生计划、部署高校少数民族班招生来源计划和高校招收新疆少数民族学生计划。

5月20日 中国教育学会成立20周年纪念会在北京举行。教育部副部长张天保到会祝贺并讲话。

△教育部聘任首批直属高校特邀联络员。联络员将以参加领导班子民主生活会、召开各种小型座谈会等方式，到所联系的直属高校了解情况，并在调查研究的基础上向教育部党组提交咨询和建议报告。

△1999年全国计算机网上远程录取培训工作会议在天津召开。1999年教育部决定将计算机网上远程录取的试点工作扩展到天津、广西、北京、上海、重庆、辽宁、湖北、四川、云南9个省市区，涉及高等院校达195所。

△教育部发出《关于公布1999年办学条件未达到国家规定标准应减少招生的普通高等学校名单的通知》。

5月21日 教育部印发《国家留学基金管理委员会章程》。

5月21日～25日 全国普通高校毕业生就业工作协调会在深圳举行。教育部副部长周远清出席会议并在讲话中强调，各级政府和高校以及毕业生就业主管部门要提高对做好高校毕业生就业工作重要性的认识，采取措施确保1999年绝大多数高校毕业生能够平稳顺利地走上工作岗位。

5月22日 大连理工大学建校50周年庆祝大会举行，中共中央政治局常委、书记处书记尉健行向学校致信祝贺，教育部副部长张保庆出席会议。

△《中国教育报》刊登教育部《1998年全国教育事业发展统计公报》。

5月25日 教育部印发《关于实施〈中华人民共和国高等教育法〉若干问题的意见》。

△由著名美籍华人陈香梅女士捐资，中国中小学幼儿教师奖励基金会设立的“陈香梅教育基金首届优秀教师奖”颁奖仪式在北京举行。有212名来自全国各地的教师获奖。

5月27日 教育部党组邀请国务院法制办主任杨景宇，就依法行政，从严治政，建设廉洁、勤政、务实、高效的政府等问题，为教育部在京的部领导、机关司局级干部和直属单位党政主要负责同志作法制教育报告。

5月28日 教育部部长陈至立考察了中国人民大学。听取了学校领导关于学校开展“三讲”情况及学校改革发展的现状和存在问题的汇报，考察了学校筒子楼改造工程及部分教工宿舍情况，并就如何继续深入开展“三讲”活动，进一步办好人民大学发表了意见。

△教育部副部长周远清代表教育部向全国人大教科文卫委汇报高教管理体制改革情况。全国人大常委会副委员长许嘉璐、全国人大教科文卫委主任委员朱开轩等出席会议。

5月31日 国务院办公厅转发教育部等部门关于进一步做好1999年普通高等学校毕业生就业工作的意见。

△世界无烟日。卫生部、全国爱卫会在北京举行座谈会，呼吁全社会行动起来，尽快控制烟草危害，保护人民身体健康。国务院副总理、全国爱卫会主任李岚清为大会发来书面讲话，卫生部部长张文康、教育部副部长吕福源等在大会上发言。吕福源在发言中介绍了近年来教育部在控烟方面所作的工作。

6月1日 胡锦涛、李岚清等党和国家领导人到人民大会堂，参加“小伙伴手拉手，共话祖国50年”“六一”交流活动。

同日，李岚清副总理到北京朝阳区三里屯幼儿园和东城区东华门幼儿园，看望正在欢度“六一”的小朋友和教师。并邀请北京市部分幼儿园园长和幼儿教育专家就加强幼儿教育工作举行座谈，强调实施素质教育要从幼儿教育抓起，为培养高素质人才打下良好基础。

6月1日～2日 高校“三讲”教育座谈会在北京举行。中组部部务委员、中央“三讲”办综合组组长刘是龙在会上部署了中央关于开展“三讲”教育的要求，同时对高校如何开展“三讲”教育提出了指导性意见。教育部党组成员陈文博也在会上讲话。

6月3日 教育部发出《关于在各级各类学校中开展庆祝中华人民共和国成立50周年活动的通知》。

6月6日 “挑战杯”中国大中学生展望新世纪主题设计竞赛颁奖仪式在北京大学举行。

6月9日 共青团中央、教育部发出《关于做好青年志愿者扶贫接力计划支教工作的通知》。

6月10日 纪念国家杰出青年科学基金实施5周年座谈会在北京举行。国务院总理朱镕基出席座谈会并在讲话中指出，实施科教兴国、实现我国现代化的宏伟目标，迫切需要一大批高层次的科技人才。科学成就在于青年，要进一步为青年科技人才的成长和脱颖而出创造良好的条件与环境。

6月11日 “争当美丽家园小主人——全国亿万中小学生保护资源教育与实践活动”在北京正式启动。李鹏委员长为活动题词：“从小树立环境与资源意识，长大担负历史重任。”全国人大常委会副委员长许嘉璐、教育部副部长吕福源等出席了活动仪式。

6月13日 中共中央、国务院作出《关于深化教育改革全面推进素质教育的决定》。

△教育部举行新闻发布会，宣布1999年9月将以全国性学业（非学历）和水平证书考试的形式向社会推出全国公共英语等级考试体系（简称PETS），先在北京、天津、广东、辽宁、山东等地进行试点，2000年在全国推开。

6月14日 教育部部长陈至立在北京会见应邀来访的由古巴高等教育部副部长爱德华多·克鲁斯·冈萨莱斯率领的古巴高等教育代表团。同日，教育部副部长韦钰与代表团进行了工作会谈。

△团中央、教育部、卫生部、农业部联合召开电视电话会议，就深化实施中国青年志愿者扶贫接力计划进行部署。教育部党组成员陈文博出席会议并讲话。

△教育部印发《普通高等学校人文社会科学重点研究基地建设计划》。12月15日，教育部发出通知，公布普通高等学校人文社会科学重点研究基地建设计划第一批入选机构名单。

6月14日～16日 全国教育信息化工作座谈会在北京举行。教育部副部长韦钰出席会议并在会上作了题为《实施“科教兴国”战略，加快教育信息化建设》的报告。指出，在未来3年中，中央政府将集中投入相当数量的资金，并广泛吸取地方、企业、个人的资金和力量，共同完成现代远程教育的构建。此次会议旨在启动现代远程教育工程，推进素质教育。

6月15日～18日 改革开放以来中共中央、国务院召开的第三次全国教育工作会议在北京举行。会议的主题是，动员全党同志和全国人民，以提高民族素质和创新能力为重点，深化教育体制和结构改革，全面推进素质教育，振兴教育事业，实施科教兴国战略，为实现党的十五大确定的社会主义现代化宏伟目标而奋斗。

中共中央总书记、国家主席江泽民在会上发表重要讲话。国务院副总理李岚清代表党中央、国务院作了题为《深化教育改革，全面推进素质教育，实现中华民族的伟大复兴而奋斗》的报告。国务院总理朱镕基在闭幕式上作重要讲话。

会议期间，代表们认真学习了江泽民总书记在开幕式上的重要讲话，讨论了如何贯彻落实《中共中央国务院关于深化教育改革全面推进素质教育的决定》,并进行了大会经验交流。

6月16日 中宣部、教育部、团中央、全国学联召开全国电视电话会议,部署1999年暑期大中专学生志愿者文化科技卫生“三下乡”活动。

△上海浦东发展银行宣布,浦东发展银行将率先在全国范围内推出留学贷款,从7月1日起在北京、上海、南京、杭州、宁波5个城市的17个营业网点同步试点受理。这一举措标志我国商业银行个人消费贷款在教育消费领域的新突破。

6月17日 国务院办公厅转发中国人民银行、教育部、财政部《关于国家助学贷款的管理规定(试行)》。

6月18日 教育部在北京举行《千秋基业——邓小平与中国教育》电视专题片座谈会。

△教育部、财政部发出《关于进一步加强高校资助经济困难学生工作的通知》。

6月18日～19日 第八次全国高校党的建设工作会议在北京举行。国务院副总理李岚清在开幕式上讲话,强调要进一步加强高校党建工作,推动高等教育的改革发展和全面素质教育的实施。教育部党组书记、部长陈至立代表中组部、中宣部和教育部党组,在会上作了题为《按照“三讲”要求,加强高校党建工作,为高等教育事业的改革和发展提供坚强的政治保证》的报告。中宣部副部长白克明作了总结讲话。北京市委教工委、上海市教工委、清华大学、中国人民大学、山东大学在会上介绍了加强党建工作和思想政治工作的经验。

6月22日 教育部发出《关于学习贯彻全国教育工作会议精神和〈中共中央国务院关于深化教育改革全面推进素质教育的决定〉的通知》。

△首届全国优秀博士学位论文作者和指导教师座谈会在北京召开。教育部部长、国务院学位委员会常务副主任委员陈至立,国务院学位委员会副主任委员、中国科学院院长路甬祥,教育部副部长、国务院学位委员会副主任委员周远清出席座谈会。陈至立在讲话中指出,要提高研究生培养质量,促进创造性人才成长。

6月23日 教育部部长陈至立在北京会见应邀来访的由新加坡教育部长张志贤准将率领的新加坡教育代表团。双方签署了《中华人民共和国与新加坡共和国教育部教育交流与合作备忘录》。

△教育部发出《关于普通高等学校举办少数民族预科班的通知》。

6月24日 国家计委、教育部联合召开新闻发布会,宣布在年初扩大招生的基础上进一步扩大高校的招生计划,1999年普通高校招生将从1998年的108万人扩大到156万人,招生计划增长幅度达44%。

6月24日～26日 教育部部长陈至立、副部长周远清在陕西考察教育工作。期间,考察了国家杨凌农业高新技术产业示范区,西北农业大学、西北林学院、西安交通大学、西北工业大学和延安大学等高等学校和中小学,听取了陕西省委、省政府关于教育工作的情况介绍,并就陕西省的高教体制改革及杨凌科教改革的有关事宜同陕西省委、省政府交换了意见。

6月26日～29日 全国农村教育综合改革工作经验交流会在湖南省邵阳市举行。教育部副部长张天保出席会议并讲话。

6月27日 国务院办公厅转发劳动保障部、教育部、人事部等部门《关于积极推进劳动预备制度加快提高劳动者素质的意见》。

6月27日～7月1日　由联合国教科文组织和国际科学联合会共同召开的世界科学大会在匈牙利布达佩斯举行。教育部副部长韦钰出席大会，在会上作了题为《面向未来的科学教育》的专题报告。

6月28日　江泽民主席签署中华人民共和国主席令第27号，公布《中华人民共和国预防未成年人犯罪法》，自1999年11月1日起施行。8月11日，教育部办公厅发出《关于组织学习贯彻〈中华人民共和国预防未成年人犯罪法〉的通知》。

△国务院副总理李岚清在北京会见出席欧美同学会第四届理事会新当选的全体理事，并在讲话中指出，欧美同学会成立80多年来，团结和鼓励留学归国人员，为国家建设和发展作出了巨大贡献。希望欧美同学会在新一届理事会的领导下，进一步团结更多的留学人员，为实施科教兴国战略，迎接21世纪的挑战和机遇，实现第三步战略目标而努力。

△国家计委、教育部发出《关于制止向普通高校毕业生乱收费的通知》。

6月28日～30日　高校合并工作座谈会在山西省太原市举行。教育部副部长周远清出席会议并在讲话中强调，第三次全教会提出三年完成高教管理体制改革，我们必须坚定不移地高举改革旗帜，把体制改革继续推向深入。

6月29日　中国科学院宣布，从1999年起在北京大学、清华大学等20所高校设立“中国科学院奖学金”，首期奖学金从1999年起到2001年止，每年每校的设奖名额为20名。

△教育部发出《关于做好落实“收支两条线”规定工作的通知》。

6月30日　教育部、中华慈善总会发出《关于积极推动烛光工程项目实施的通知》。

6月30日～7月4日　全国第二届教育科学优秀成果评审会在北京举行。共评出一等奖27项，二等奖161项。教育部部长陈至立出席评审会，并在讲话中强调，教育科研工作要把工作重点放在全面推进素质教育的研究上，要为全面贯彻落实全教会精神作出贡献。

7月1日　教育部发布“1999年全国优秀高校自然科学学报及教育部优秀科技期刊评比”获奖期刊名单。

△教育部办公厅印发《全国学生体质健康监测网络工作方案（试行）》。

7月2日　《中国教育报》报道：中国科技大学试行的“大学生研究计划”将被纳入正常的教学过程，学校创造条件为优秀本科生提供科研机会，让学生亲身参加科技创新过程，培养学生的创新精神和自我获取知识的能力。

7月4日～13日　第二十届世界大学生运动会在西班牙帕尔玛市举行。中国选手获9枚金牌，在金牌榜上名列第五。

7月5日　教育部部长陈至立在北京会见应邀来访的肯尼亚共和国教育与人力资源开发部部长穆西约卡一行，双方签署了《中华人民共和国教育部与肯尼亚共和国教育与人力资源开发部2000～2005年教育交流与合作协议》和《中华人民共和国教育部与肯尼亚共和国教育与人力资源开发部关于开展第三期高教发展合作项目的协议》。

△教育部发出《关于学校内有关气功问题的通知》。

7月7日～17日　教育部部长陈至立率中国教育代表团访问德国和英国。

7 月 10 日 中国首届 IMBA（国际管理方向工商管理硕士的简称）在清华大学毕业，29 名毕业生获得清华大学颁发的毕业证书和学位证书以及美国麻省理工学院斯隆管理学院颁发的项目结业证书。清华大学的 IMBA 项目是清华大学经管学院于 1997 年开始与美国麻省理工斯隆管理学院的合作培养项目，旨在培养跨国经管人才。

7 月 12 日～13 日 落实全教会精神，深化高考改革座谈会在广东省珠海市举行。教育部副部长周远清出席会议并讲话。7 月 26 日，教育部办公厅印发了座谈会纪要。

7 月 13 日 全国人大内务司法委员会在北京召开学习贯彻《中华人民共和国预防未成年人犯罪法》座谈会。教育部副部长张天保在讲话中强调，各级教育部门和学校要承担起预防未成年人犯罪的重要作用。

△教育部发出《关于坚持标准，保质保量推进“两基”工作的通知》。

7 月 15 日 教育部印发《自费出国留学人员偿还的高等教育培养费管理使用办法》。

7 月 16 日～17 日 第 40 届国际中学生数学奥林匹克竞赛在罗马尼亚布加勒斯特举行。中国参赛的 6 名选手获得 4 枚金牌和 2 枚银牌，并与俄罗斯代表队并列团体总分第一。

7 月 17 日 国家基础教育实验中心和全国中小学教师继续教育东北师范大学研究中心揭牌仪式在东北师范大学举行。

7 月 17 日～22 日 第七届全国大学生田径锦标赛在长春举行。共有 29 人次在 16 个项目中打破 66 项次全国大学生田径赛记录；有 61 人次达到了运动健将标准。

7 月 19 日 国务院学位委员会、教育部发出《关于成立全国教育硕士专业学位教育指导委员会的通知》。

△教育部印发《关于贯彻落实全面推进素质教育决定进一步加快中初等学校校办产业发展的若干意见》。

7 月 21 日 教育部部长陈至立签署教育部令第 4 号，发布《中小学接受外国学生管理暂行办法》，自发布之日起施行。8 月 5 日，教育部就执行暂行办法有关问题发出通知。

7 月 22 日 教育部部长陈至立会见应邀来访的澳大利亚教育、培训与青年事务部部长戴维·肯普一行，双方续签了中澳两国“关于教育与培训的合作谅解备忘录”。

△教育部、财政部发出《关于继续执行〈普通高等学校本、专科学生实行贷款制度〉的通知》。

7 月 23 日 劳动和社会保障部、教育部、人事部、国家计委、国家经贸委和国家工商局联合召开电视电话会议，就全面推进劳动预备制度，加快提高劳动者素质，部署全面实行劳动预备制度的各项工作。教育部副部长张天保出席并讲话。

7 月 23 日～28 日 第七届全国中学生运动会在广州举行。广东、山东、辽宁、北京、江苏、湖北、河北、湖南分别获得团体总分前 8 名。

7 月 25 日～27 日 教育部与中国科学院、安徽省政府、江苏省政府、上海市政府分别在合肥、南京和上海举行了关于重点共建中国科技大学、南京大学、复旦大学和上海交通大学协议的签字仪式，促使这些学校加快改革和发展，努力成为世界知名的高水平大学。教育部部长陈至立、副部长周远清出席了三个签字仪式。

7 月 26 日 教育部发出《关于下达教育部“跨世纪优秀人才培养计划（人文社会科学）”第二批入选者名单的通知》。

7月27日　教育部发出《关于成立全国中等职业教育教学指导委员会的通知》。

7月31日～8月1日　教育部、科技部在北京联合举办大学科技园发展战略研讨会。教育部副部长韦钰、科技部副部长徐冠华在会上讲话。

8月2日～5日　全国中等职业教育教学改革工作会议在包头市举行。教育部副部长张天保出席会议并讲话。

8月4日　教育部办公厅印发《高等学校〈交响音乐赏析〉教学指导纲要（试行）》。

8月5日～7日　全国"两基"督导工作会议在山西太原举行。教育部副部长吕福源出席会议并讲话。9月24日，教育部办公厅印发了会议纪要。

8月6日　教育部、公安部、总政治部印发《空军飞行员早期培训暂行办法》。

8月9日　教育部办公厅、全国教育工会、中国中小学幼儿教师奖励基金会发出《关于1999年教师节有关庆祝活动的通知》。

8月11日　教育界批判李登辉"两国论"座谈会在北京举行。教育部副部长吕福源、张天保出席会议。

△教育部发出《关于成立教育部高等学校图书情报工作指导委员会的通知》。

8月12日　教育部在北京召开教育界深入揭批"法轮功"座谈会，教育部党组书记、部长陈至立出席座谈会并讲话。

△教育部印发《关于积极推进高中阶段教育事业发展的若干意见》。

△教育部印发《关于进一步加强中小学教育技术装备工作的意见》。

8月13日　教育部印发《关于加强中小学心理健康教育的若干意见》。

8月16日　教育部印发《关于新时期加强高等学校教师队伍建设的意见》。

8月17日　教育部印发《国家助学贷款管理操作规程（试行）》。

△中国人民银行批复同意颁布《中国工商银行国家助学贷款试行办法》。

8月18日　'99中国长春国际教育展览会在长春市开幕。来自23个国家的170多家教育机构和高等学校以及中国的107所高校参展。联合国教科文组织官员埃·约翰、教育部副部长张天保出席开幕式。

8月20日　中共中央、国务院作出《关于加强技术创新发展高科技实现产业化的决定》。

△国家主席江泽民到中国科学院大连化学物理研究所，就实施国家知识创新工程进行调研。他强调指出，在当今世界科技进步日新月异的形势下，要实现我国社会主义现代化建设跨世纪发展的战略目标，必须坚定不移地贯彻落实邓小平同志提出的"科学技术是第一生产力"的重要思想，全面实施科教兴国战略，大力推进知识创新和科技创新。

△我国第一所由7个科教单位合并组建的西北农林科技大学筹建工作正式启动。陕西省省长程安东、教育部副部长周远清等出席在陕西杨凌召开的筹建大会。

△教育部印发《关于加强教育督导与评估工作的意见》。

8月22日～9月5日　教育部副部长吕福源率中国教育代表团访问加拿大和美国。

8月23日　教育部党组发出《关于开学后在高校深入开展揭批"法轮功"斗争，进一步做好思想政治工作和稳定工作的通知》。

8月23日～26日　全国技术创新大会在北京举行。中共中央总书记、国家主席、中央军委主席江泽民在开幕式上发表重要讲话，强调全党同志和全国各族人民都要牢记，全面实施科教兴国战略，大力推动科技进步，加强科技创新，是事关祖国富强和民族振兴的大事。国务院总理朱镕基也在闭幕式上发表讲话，指出要高度重视和切实加强技术创新，把科教兴国战略落到实处。

8月24日 教育部部长陈至立、公安部部长贾春旺、国家工商行政管理局局长王众孚签署教育部、公安部、国家工商行政管理局令第5号，发布经国务院同意的《自费出国留学中介服务管理规定》，自发布之日起施行。

△教育部部长陈至立、公安部部长贾春旺、国家工商行政管理局局长王众孚签署教育部、公安部、国家工商行政管理局令第6号，发布《自费出国留学中介服务管理规定实施细则》，自发布之日起施行。

8月26日 中国银行与清华大学在北京签署为期三年的合作协议。协议规定，到2002年末，中国银行将为清华大学提供10亿元人民币的各类融资余额，清华大学将优先向中国银行推荐优秀毕业生，并为中国银行的高层次人才培训、继续教育、远程在岗培训等提供支持。这一合作关系，是在我国进行金融资本和知识资本结合的创新尝试。

8月28日 教育部部长陈至立到清华大学考察，并看望了该校1999级新生。

8月31日 教育部发出《关于做好2000年招收攻读硕士学位研究生工作的通知》。

9月1日 由国务院新闻办和联合国教科文组织共同举办的'99巴黎·中国文化周在法国巴黎开幕。其宗旨是在中华人民共和国成立50周年和新世纪即将来临之际，向国际社会集中展示中华民族五千年的文明和新中国成立50年，特别是改革开放20年来在教育、科技、文化领域所取得的辉煌成就。中共中央政治局委员、中央书记处书记、中宣部部长丁关根出席开幕式并剪彩。

9月5日 教育部印发《关于表彰第四届"中华扫盲奖"先进个人和单位的决定》。

9月6日 教育部印发《关于高等教育学历文凭考试政治理论课课程设置调整及实施工作的意见》。

9月7日 全国人大常委会《义务教育法》执法检查组第一次全体会议在北京举行。彭珮云副委员长在会上讲话，教育部副部长吕福源就《义务教育法》实施情况作了汇报。

△'99全国产学研联合洽谈会暨展示会在青岛开幕。江泽民、李鹏为"产学研联合开发工程"题词。江泽民的题词是："走产学研结合的道路 促进经济科技教育体制改革"。李鹏的题词是："产学研联合是促进经济发展的有效途径"。教育部副部长韦钰出席开幕式及签约仪式。

9月7日～8日 在教师节即将到来之际，国务院副总理李岚清分别看望了中国音乐学院教授老志诚、中央音乐学院教授喻宜萱、北京师范大学教授白寿彝、北京大学教授唐有祺、清华大学教授李恒德和北京科技大学教授柯俊，考察了高校教师住房建设和筒子楼改造工程。

9月8日 全国教育工会在北京举行庆祝教师节暨表彰先进大会，朱全俊等100名全心全意依靠教职工办学优秀党政领导干部和清华大学等100个先进单位在会上受到表彰。尉健行、彭珮云等出席会议，教育部副部长周远清、全国教育工会主席蒋文良在会上讲话。

△由中宣部宣教局、教育部基础教育司和中宣部时事报告杂志社联合主办的全国小学思想品德课和中学思想政治课优秀教师表彰会在北京举行。全国100名"两课"优秀教师获奖。中宣部副部长龚心瀚、教育部副部长吕福源出席表彰会并讲话。

△人事部、国家计委、教育部联合发出《关于下达1999～2000年从合格民办教师中转公办教师专项指标的通知》。

△教育部、文化部、国家广电总局、团中央、北京市政府联合发出《关于公布'99全国大学生艺术节组织奖及优秀节目（作品）奖评选结果的通知》。

9月9日　由文化部、教育部、中国社会科学院联合举办的纪念孔子诞辰2550年座谈会在北京举行。李岚清、李铁映、谷牧、陈至立、孙家正等出席座谈会。李铁映发表讲话。

△教育部、中华慈善总会在北京联合举办首届“烛光奖”颁奖典礼，表彰奖励了全国贫困地区860名农村优秀中小学教师。全国人大常委会副委员长许嘉璐、全国政协副主席胡启立出席了颁奖典礼。教育部副部长张保庆及中华慈善总会副会长张万欣在会上讲话。10月19日，教育部、中华慈善总会印发了首届“烛光奖”获奖教师名单。

△教育部部长陈至立在北京会见应邀来访的坦桑尼亚科技高教部部长皮尤斯·恩瓦杜率领的坦桑尼亚教育代表团。同日，教育部副部长韦钰与皮尤斯·恩瓦杜部长举行了工作会谈。

△教育部印发《关于调整中等职业学校布局结构的意见》。

9月10日　教育部、北京市政府、全国教育工会、中国中小学幼儿教师奖励（教育）基金会在北京联合举行首都教育界庆祝教师节茶话会。国务院副总理李岚清出席茶话会，代表党中央、国务院向全国广大教师和教育工作者祝贺节日。

9月11日　我国第一所由高校与科研机构合并组建的西北农林科技大学在陕西杨凌农业高新技术产业示范区正式成立。国务院副总理李岚清出席成立大会并发表讲话，指出实施西部大开发科技教育必须先行。该校由教育部、陕西省政府、农业部、水利部、国家林业局、中国科学院共建。

△教育部和陕西省政府在西安就促进西安交通大学步入世界知名高水平大学行列签署重点共建协议。教育部部长陈至立、陕西省省长程安东分别在协议书上签字。

9月13日　教育部部长陈至立签署教育部令第7号，发布《中小学教师继续教育规定》，自发布之日起施行。

9月14日　教育部部长陈至立到北京航空航天大学考察，勉励北航师生更好地为国防现代化建设服务，同时面向国民经济主战场，加速科技成果的转化。

△教育部印发《高等学校本科专业设置规定（1999年颁布）》。

9月14日～16日　全国中小学教师继续教育和校长培训工作会议在上海举行。会议就中小学教师继续教育和校长培训工作面临的形势和任务，如何启动实施“中小学教师继续教育工程”等问题进行了研讨。教育部副部长吕福源在开幕式上作主题报告。教育部部长陈至立在闭幕式上作总结报告。

9月15日　教育部印发《关于当前深化高等学校人事分配制度改革的若干意见》。

△教育部发出《关于成立教育部现代远程教育资源建设委员会和教育部现代远程教育资源建设专家组的通知》。

9月17日　兰州大学举行建校90周年庆祝活动。江泽民、李鹏、李瑞环分别为兰州大学校庆题词。江泽民的题词是：团结拼搏，求实创新，面向未来，争创一流；李鹏的题词是：加强基础，注重实践，培养适应西部经济发展的高素质人才；李瑞环的题词是：办好兰州大学，促进西部发展。

△北京化工大学密云高科技工业园开园

仪式举行。教育部副部长周远清等为工业园揭幕。

9 月 18 日 中共中央、国务院、中央军委在北京举行表彰为研制“两弹一星”作出突出贡献的科技专家大会。江泽民在讲话中指出，我们要始终瞄准国际先进水平，大力实施科教兴国战略，埋头苦干，迎头追赶，努力使我国的科技事业继续实现新的飞跃。9 月 19 日，教育部发出通知，要求深入学习江泽民同志重要讲话，大力弘扬“两弹一星”精神，加快实施科教兴国战略。

△《中国教育报》报道：华中理工大学因在计算机集成制造系统（CIMS）的研究、开发和应用推广、人才培养等方面取得的显著成绩，荣获 1999 年度美国制造工程师学会（SME）“大学领先奖”。这是自 1994 年清华大学获奖后我国高校第二次获得该奖。

9 月 22 日～24 日 由教育部主办的面向 21 世纪创新人才发展战略研讨会在北京举行。24 日，国务院副总理李岚清会见了会议代表，并在讲话中强调，培养创新人才是新世纪发展的需要，必须把培养高素质的优秀科技人才摆在重要的战略地位，教育部门、科研院所要为培养新一代创新人才作出更大的努力。教育部副部长韦钰在研讨会闭幕式上作了总结报告。

9 月 23 日 教育部党组召开扩大会议，传达中共十五届四中全会精神，教育部党组书记陈至立在讲话中强调，教育系统要以实际行动贯彻落实《中共中央关于国有企业改革和发展若干重大问题的决定》精神，为国有企业的改革发展作出应有的贡献。

△教育部印发《关于在高等学校国家重点实验室和教育部重点实验室实行访问学者制度的意见》和《高等学校国家重点实验室和教育部重点实验室访问学者专项基金管理办法》。

△教育部、卫生部、国家药监局发出《关于进一步加强学生常见病防治工作管理的通知》。

9 月 25 日～26 日 全国中等职业学校布局结构调整工作会议在山东省烟台市举行。教育部副部长张天保出席会议并讲话。

9 月 27 日～28 日 认真贯彻全教会精神，加强文化素质教育工作研讨会在武汉举行。教育部副部长周远清出席研讨会并讲话。11 月 24 日，教育部办公厅印发了研讨会纪要。

9 月 28 日 全国第二届教育科学优秀成果颁奖会在北京举行。共评出一等奖 27 项、二等奖 161 项。全国人大常委会副委员长许嘉璐出席颁奖会，教育部副部长吕福源在会上讲话。

△教育部发出《关于公布第一批教育部重点实验室名单的通知》。

9 月 30 日 教育部发出《关于规范高校毕业生招聘工作，维护教育教学秩序的通知》。

10 月 2 日 国务院副总理李岚清到清华大学考察，参观了刚落成的清华大学高等研究中心，同校内外的教授、专家、学者和有关部门的负责人进行了座谈。

10 月 2 日～12 日 教育部部长陈至立率中国教育代表团分别对日本和泰国进行访问。

10 月 5 日～6 日 “长江学者奖励计划”专家评审委员会会议在北京举行。会议审定了第二批特聘教授人选及设置第三批特聘教授岗位的学科。教育部副部长韦钰出席会议。

10 月 9 日 教育部发出《关于做好 2000～2001 学年度全国高等学校教师培训工作

有关问题的通知》。

10月10日　北京商业银行与清华大学在北京签署合作协议。北京商业银行向清华大学提供10亿元贷款额度，并向该校捐赠100万元，设立“清华大学京行奖学金”。教育部副部长周远清、北京商业银行行长阎冰竹、清华大学校长王大中等出席了签字仪式。

10月11日　教育部办公厅发出《关于做好普通高中新课程试验省份高考工作的通知》。

10月12日　重庆大学庆祝建校70周年。李鹏委员长为重庆大学题词：“努力办好重庆大学，争当科教兴国先锋”。全国政协副主席何鲁丽、钱伟长，全国人大教科文卫委主任朱开轩、教育部副部长周远清等出席庆祝大会。

△由中国青少年发展基金会和中央广播电视大学共同发起实施的“希望工程远程教育——电大园丁工程”启动仪式在北京举行。“工程”以广播电视大学远程开放教育为培训手段，以全国希望小学和贫困、边远地区小学教师为资助对象，动员和引导社会各界参与捐资助教，推动农村和边远地区远程教育事业和基础教育事业的发展。

10月13日　教育部部长陈至立在北京会见应邀来访的德国联邦教研部长埃德尔加德·布尔曼。双方就两国的教育改革及双方在高等教育和职业教育领域的合作交换了意见，表示将进一步加强两国在教育领域各层次的合作，并签署了会议纪要。

△中央广播电视大学庆祝建校20周年。教育部部长陈至立出席庆祝大会并讲话。

△共青团中央、教育部、全国少工委、中央电视台联合发出《关于表彰第六届“全国十佳少先队员”的决定》。

△教育部印发《关于积极推进农村乡镇自学考试服务体系建设的意见》。

10月14日　教育部印发《高等学校骨干教师资助计划》及其实施管理办法。

10月14日～15日　第11届国际信息学奥林匹克竞赛在土耳其安塔利亚举行。参加竞赛的4名中国中学生获得两枚金牌、两枚银牌及个人总分第一名。

10月15日　教育部部长陈至立在北京会见前来出席亚欧科技部长会议的法国教育、科研与技术部长克洛得·阿莱格尔一行，双方就促进中法教育领域交流与合作的问题交换了意见，并签署了《联合声明》。

△教育部、国家体育总局印发《关于表彰全国学校卫生工作先进单位和先进个人的决定》。

△教育部印发《关于认真贯彻第三次全国教育工作会议精神进一步加强教育审计工作的若干意见》。

△教育部办公厅发出《关于在民族贫困地区开展“中小学教师综合素质培训”工作的通知》。

△亚洲开放大学协会第13届年会在北京举行。国务院副总理李岚清为会议发来致辞。来自亚洲和世界17个国家与中国内地、台湾、香港特别行政区的200多名教育专家参加了会议。会议的主题是“面向21世纪信息和学习社会的远程开放教育系统模式”。

10月17日　南开大学庆祝建校80周年，李鹏委员长致信祝贺，吴阶平副委员长等出席庆典。教育部副部长周远清在庆祝大会上讲话。16日，国务院总理朱镕基接见南开大学党委书记洪国起、校长侯自新，对南开大学建校80周年表示祝贺。

10月17日～24日　教育部副部长韦钰率中国教育代表团访问埃及。

10月18日　第三届胡楚南优秀大学生

奖学金颁奖暨表彰大会在北京举行。全国人大副委员长许嘉璐、全国政协副主席孙孚凌等出席大会，教育部部长陈至立在会上讲话。

10 月 18 日～22 日 由中国联合国教科文组织全国委员会、联合国教科文组织和国际扫盲教育研究所联合主办的"第三次亚洲扫盲论坛"在北京举行。教育部部长陈至立在开幕式上致辞，全面总结了中国改革开放以来各级各类教育取得的主要成就和基本经验。教育部副部长吕福源在会上作了主题报告。

10 月 19 日 教育部部长陈至立在北京会见由刚果共和国中小学、高等教育和科研部部长皮埃尔·恩齐拉和技术职业教育、青年体育和公民教育部部长安德烈·奥孔比·萨利萨率领的刚果共和国教育代表团一行。同日，张保庆副部长与刚果教育代表团进行了工作会谈，双方就两国教育交流、留学生等事宜交换了意见。

10 月 19 日～21 日 全国首届"创新教育研究与实验"学术研讨暨工作会在广州举行。教育部副部长吕福源出席会议并讲话。

△21 世纪的中国高等教育研讨会在宁波举行。教育部副部长周远清出席会议并讲话。

10 月 21 日 教育部、北京市教育工委在北京外国语大学组织题为"中国核武器发展之路"的科技报告会，中国工程院院士朱建士等 4 位科研人员作报告。

△教育部与英特尔公司签订关于"英特尔公司支持中国基础教育网建设的意向备忘录"。英特尔公司以技术顾问的身份，为中国基础教育网的建设提供技术和设备支持。

10 月 22 日 国家语委公布印刷魏体字形、印刷隶体字形、汉字笔顺、汉字字序（笔画序）四项规范，规范将于 2000 年 1 月 1 日起实施。

10 月 25 日 教育部办公厅发出《关于加强对在华举办国际教育展览管理工作的通知》。

10 月 25 日～27 日 民族地区"两基"工作研讨会在湖北恩施举行。

10 月 25 日～28 日 全国学校体育卫生工作经验交流会在无锡举行。教育部副部长吕福源出席会议并讲话。12 月 30 日，教育部办公厅印发了会议纪要。

10 月 26 日 教育部部长陈至立，教育部副部长张天保、张保庆与中央党校第 33 期厅局级干部进修班的教育系统学员座谈。

△教育部发出《关于成立教育部高等学校工商管理类学科、专业教学指导委员会的通知》。

△中国科技信息研究所发布中国 1998 年科技论文统计数字信息。在此项统计中，国际论文的数据取自美国《科学引文索引》（SCI）、《工程学引》（EI）和《科学技术会议录索引》（ISTP）。国内论文数据直接取自国内主要科技期刊。在《科学引文索引》中发表论文最多的是南京大学，552 篇。《科学引文索引》收录 1998 年论文发表最多的中国学者是中国科技大学的范洪义，24 篇。在《工程索引》和《科学技术会议录索引》被收录论文最多的中国机构均为清华大学。在国内权威刊物发表论文最多的仍为清华大学，高达 2 198 篇。

10 月 26 日～11 月 17 日 联合国教科文组织第三十届大会在法国巴黎举行。教育部副部长韦钰率中国代表团出席大会，并作了大会发言。

10 月 27 日 第 15 期高校领导干部进修班和第 12 期高校中青年干部培训班开学典礼在国家高级教育行政学院举行。教育部部长陈至立就加强高校干部培训工作的重要意义、干部培训应该注重学习的主要内容以及对培训工作的要求作了讲话。

△教育部发出《关于开展义务教育经费专项检查工作的通知》。

10月28日～30日 全国普通高校招生工作总结会在天津举行。教育部副部长周远清出席会议并讲话。会议总结了1999年度全国普通高校招生和全国高考改革的成绩和经验，交流了高考科目改革和高考命题情况以及网上录取试点经验，研究了如何深入贯彻全教会精神，加大高考改革力度，推动全面素质教育。

10月28日～11月1日 第六届“挑战杯”全国大学生课外学术科技作品竞赛终审决赛在重庆举行。复旦大学以总分420分的成绩捧得挑战杯。经专家评选，17件作品获一等奖，53件作品获二等奖，172件作品获三等奖，409件作品获鼓励奖。

10月29日 教育部办公厅发出《关于高等学校进一步强化管理，坚决制止“小金库”有关意见的通知》。

11月1日 教育部副部长吕福源与参加第六次全国见义勇为先进分子表彰大会的教师代表座谈，高度评价了教师们见义勇为的英雄行为，并听取了他们对教育改革发展尤其是全面实施素质教育方面的意见和建议。

△教育部与清华大学联合研制开发的“中国研究生招生信息网”投入试运行。

11月2日 新华社报道：北方交通大学第二附属中学初二地理环保小组的同学们近日致信国家环保总局和国务院总理朱镕基，就加强全社会的环保意识、保护生存环境提出八点建议。朱镕基总理10月20日在同学们的来信上批示：“初二学生如此关心环保，情真意切，令人感动，实令我等长辈惭愧。”并请有关新闻单位予以报道，“以促进全国人民提高环保意识”。

△教育部、国家统计局发布《1998年全国教育经费执行情况统计公告》。

11月2日～4日 全国高校后勤社会化改革工作会议在上海举行。教育部部长陈至立在开幕式上作了题为《解放思想，坚定信心，开创高校后勤社会化改革的新局面》的工作报告。3日，国务院副总理李岚清在会上发表讲话，强调要大力推进高校后勤社会化改革，加快发展高等教育。国务院副秘书长徐荣凯在闭幕式上作了会议总结。

11月3日 中华职业教育社第八次全国代表会议在北京举行。教育部副部长张天保出席开幕式并讲话。

△教育部办公厅印发《关于普通高等学校函授、夜大学本专科专业设置的补充意见》。

11月3日～5日 由中国工程院、中国高等工程教育研究会主办的'99工程教育国际学术研讨会在北京举行。教育部副部长周远清在会上作了题为《为21世纪准备：中国高等教育的改革与发展》的主题报告。会议就经济全球化及科技革命对工程教育的影响，工程教育的教与学，企业——学校结合机制与产学研合作教育等议题进行了研讨。

11月7日 教育部与浙江省政府就重点共建浙江大学签署协议。教育部部长陈至立、副部长周远清，浙江省委书记张德江、省长柴松岳出席签字仪式。陈至立、张德江分别在签字仪式上讲话。

11月8日～10日 第一次全国高职高专教学工作会议在北京举行。教育部部长陈至立出席会议并讲话，强调指出要高度认识高职高专、成人教育在高等教育中的重要地位。

11月9日～12日 全国中师德育工作

经验交流会在山东淄博举行。会议总结了近年来中等师范学校开展德育工作的情况和经验，分析了中等师范学校德育工作存在的问题、面临的形势和任务，提出了进一步加强和改进中师德育工作的思路。

11 月 10 日 教育部党组印发《教育部执行党风廉政建设责任制的实施办法》。

11 月 11 日 教育部部长陈至立到北京理工大学考察。希望北京理工大学师生继续努力，发挥学校优势，办出特色，为我国高等教育事业改革和发展作出更大的贡献。

△教育部发出《关于成立第五届全国高等教育自学考试指导委员会的通知》。

11 月 12 日 中国国际教育展在北京开幕。来自中国、美国、英国等国的 130 多所高校参展。

11 月 14 日 教育部部长陈至立、国防科工委主任刘积斌、黑龙江省委书记徐有芳在北京共同签署三方重点共建哈尔滨工业大学协议。陈至立在签字仪式上讲话。根据协议，教育部、国防科工委、黑龙江省将在 1999 年～2001 年 3 年内投入 10 亿元人民币，共建哈尔滨工业大学。

11 月 16 日～18 日 第五届国际教育器材展览会暨'99秋季全国高教仪器设备展示订货会在上海举行。

11 月 17 日 中国科学院和中国科学院学部主席团在北京向社会各界宣布，55 位优秀学者新当选为中科院院士，其中 24 位出自高等院校。

11 月 18 日 国务院副总理李岚清参观“为了明天——预防青少年违法犯罪展览”，强调要加强对青少年的法制教育，促进青少年的健康成长。

△教育部副部长周远清向全国人大教科文卫委员会汇报了《社会力量办学条例》实施进展情况和民办教育发展情况。

△科技部、教育部、中国科学院、中国工程院、中国科协印发《关于科技工作者行为准则的若干意见》。

△教育部、财政部印发《关于奖励全国扫除文盲工作先进地区和单位的决定》。

11 月 19 日 庆祝宝钢教育基金设立 10 周年暨'99 宝钢教育奖颁奖大会在宝钢举行。全国 80 所高校和中科院 12 个研究所的 1 002 名优秀师生荣获 1999 年度宝钢教育奖。

△教育部发出《关于成立教育部考试中心（自考办）督考与监察小组的通知》。

11 月 20 日 清华大学和中央工艺美术学院合并暨清华大学美术学院成立仪式举行。教育部副部长周远清出席仪式。

11 月 22 日 教育部、北京市政府在人民大会堂举行“迎澳门回归”形势报告会。来自首都 40 余所高校的近万名师生听取了新华社澳门分社副社长王今翔的报告。

11 月 22 日～24 日 教育部、全国妇联联合召开的面向 21 世纪女童教育国际研讨会在桂林召开，教育部副部长韦钰出席会议并致开幕词。

11 月 23 日～25 日 全国农村学校艺术教育实验县（市）工作会议在江苏省吴江市举行。

11 月 24 日～27 日 教育部基础教育司与中国教育学会在福建省永安市联合召开农村初中教育改革研讨会。

11 月 25 日～27 日 全国研究生培养工作会在北京举行。教育部部长陈至立出席会议，并在讲话中强调要全面提高研究生的培养质量。会议就新形势下的研究生培养改革工作，建立和完善学位与研究生教育质量保证体系等问题进行了研讨。

11 月 28 日 中宣部、全国人大内务司法委、共青团中央、教育部、司法部联合发出《关于表彰“全国未成年人保护工作先进集体”和“中国保护未成年人杰出（优秀）公民”的决定》。

11 月 29 日 卫生部、公安部、教育部、广电总局联合发出《关于表彰全国预防与控制艾滋病性病先进集体和先进个人的决定》。

11 月 29 日～12 月 2 日 科技部、教育部、国家计委等 17 个部委联合发起，中国科学院主办的“数字地球”国际会议在北京举行。国务院副总理李岚清出席会议并发表讲话。

11 月 30 日 教育部发出《关于公布首批全国重点建设职教师资培训基地名单的通知》。

△中国残联、卫生部、教育部、民政部、国家计生委、广电总局、质量技监局、药品监管局、全国妇联、中国老龄协会发出《关于确定“爱耳日”的通知》。

12 月 1 日 教育部办公厅发出《关于扫盲达标地区抓紧做好扫盲后巩固提高工作的通知》。

12 月 2 日 为表彰北京大学教授侯仁之在地理研究领域的杰出贡献，美国地理学会在北京向侯仁之教授授予乔治·戴维森勋章。侯仁之成为第一个获得这一荣誉的中国人。

△教育部印发《关于加强教育法制建设的意见》。

△教育部、科技部发出《关于做好国家大学科技园建设试点工作的通知》。

12 月 2 日～4 日 全国中专招生工作总结会在安徽省马鞍山市举行。会议提出 2000 年全国中专招生工作的思路，强调要进一步解放思想，更新观念，适应职业教育改革和发展形势，继续深化招生改革。

12 月 3 日 国家主席江泽民在北京会见国际著名数学家、中国科学院外籍院士陈省身教授。教育部部长陈至立、南开大学校长侯自新等参加会见。

△教育部、国务院学位委员会发出《关于开展高等学校“两课”教师在职攻读硕士学位工作的通知》。

△中国大学生“五四奖学金”、“建昊奖学金”颁发暨表彰大会在北京举行。全国政协副主席孙孚凌出席会议并为获奖学生代表颁奖。

△中小学信息技术教育研讨会在北京举行。教育部副部长吕福源出席会议并讲话。从 2001 年开始，我国中小学将逐步全面开设信息技术必修课。

12 月 4 日～6 日 全国职教师资培训基地建设工作会议在天津举行。教育部副部长张天保出席会议并讲话，强调职教师资培训是十分紧迫的任务。

12 月 6 日 教育部 2000 年年度工作会议在北京举行。教育部部长陈至立在会上讲话，强调教育战线 2000 年的中心工作是继续认真贯彻党中央、国务院召开的全国教育工作会议精神，全面落实《中共中央国务院关于深化教育改革全面推进素质教育的决定》和《面向 21 世纪教育振兴行动计划》，扎扎实实把教育改革和发展的各项工作推向深入。2000 年 1 月 10 日，教育部印发了教育部部长陈至立的讲话和《教育部 2000 年工作要点》。

△教育部、财政部印发《关于表彰二片地区“国家贫困地区义务教育工程”先进县（市、区）和先进个人的决定》。

12 月 7 日～8 日 全国人大常委会教科文卫委和教育部在北京共同召开全国教育法

制工作会议。全国人大常委会教科文卫委主任委员朱开轩、教育部部长陈至立在开幕式上发表讲话。教育部副部长张天保在闭幕式上作了会议总结。

12月8日 全国政协教科文卫体委员会在重庆召开贫困地区义务教育研讨会，对贫困地区义务教育工作建言献策。

12月9日～11日 2000年全国高等教育招生工作会议在武汉举行。会议总结了1999年全国高等教育招生计划执行情况，部署了2000年高等教育招生计划工作，研究落实专科层次高等教育招生计划管理改革问题。教育部副部长张保庆出席会议并讲话。

12月10日 教育部和中国联合国教科文组织全委会在北京联合召开"全民教育2000年监测评估"国家评估组第三次会议。教育部有关负责人在会上宣布：90年代，中国政府基本实现了在1990年宗滴恩世界全民教育大会上的承诺。

12月10日～12日 第二次全国对外汉语教学工作会议在北京举行。国务院副总理钱其琛在开幕式上发表讲话。国家对外汉语教学领导小组组长、教育部部长陈至立在会上作了工作报告。教育部副部长、国家对外汉语教学领导小组常务副组长韦钰在闭幕式上作了总结讲话。2000年2月3日，教育部印发了会议纪要。

12月11日 教育部、民盟中央等7家单位在北京大学联合举行纪念我国著名化学家、教育家、社会活动家、爱国民主人士曾昭抡诞辰100周年大会暨《曾昭抡文集》首发式。

12月13日 教育部、文化部、广电总局、中国残联联合发出《第三届全国盲、聋、培智学校学生艺术汇演评选情况通报》。

12月14日 '99创维杯全国大学生数学建模竞赛颁奖仪式在北京举行。大连理工大学的一支参赛队获得创维杯；共有来自179所高校的301个队分获一、二等奖。全国人大副委员长丁石孙、教育部副部长周远清出席颁奖仪式并讲话。

△教育部、国家计委、财政部、建设部、人民银行、税务总局提出《关于进一步加强高等学校后勤社会化改革的意见》。国务院办公厅于2000年1月14日转发。

△教育部印发《关于表彰全国普通高等学校优秀教务处的决定》。

△教育部发出《关于加强中小学校舍危房修缮和改造的紧急通知》。

△教育部印发《2000年秋季普通中小学教学用书目录》。

12月14日～16日 全国学校语言文字工作会议在北京举行。教育部部长陈至立发表了书面讲话。教育部副部长吕福源在会上作了题为《做好学校语言文字工作为全面推进素质教育实现新世纪语言文字工作目标而奋斗》的工作报告。

12月15日 教育部印发《关于高等学校国家重点实验室和教育部重点实验室向中小学生开放的意见》。

12月16日 九届全国人大华侨委员会举行第十一次全体委员会议，听取教育部副部长张保庆关于我国派出留学和留学人员为国服务情况的报告。

△教育部副部长韦钰在香港出席联合国开发计划署召开的中国千禧年大会，并在会上作了题为《为更多的人提供终生学习的机会》的专题发言。

△澳门教育暨青年司副司长苏朝晖表示，澳门将在2000年全面普及义务教育，同时澳门学校正在加快普及普通话的进程。

12月21日 教育部在北京召开中小学开设信息技术必修课和计算机收集捐赠工作

座谈会。全国15所师范大学在会上发出捐赠电脑助学的倡议，希望全国各级各类高等院校、国家机关、企事业单位和海内外各界人士把自己单位或个人闲置的计算机及相关设备捐献给欠发达地区无力购置计算机的学校，用于中小学计算机教育。教育部副部长吕福源出席座谈会并讲话。

12月24日　全国人大常委会副委员长彭珮云在九届全国人大常委会第十三次会议上作了关于检查义务教育法实施情况的报告。指出实施义务教育法，有力地推动了义务教育的发展。我国普及义务教育的速度超过了一些发达国家，我们用13年的时间走完了一些发达国家几十年才走完的路程。同时，"普九"工作存在的问题不容忽视。

△曾宪梓教育基金会1999年度高等师范院校优秀教师奖颁奖大会在北京举行，999名优秀教师获奖。彭珮云、王兆国、陈至立、朱开轩、韦钰等领导同志出席颁奖大会。

12月26日　"华夏园丁迎2000年大联欢"活动开幕式在北京举行。来自香港、澳门和内地中小学、幼儿园的优秀教师代表300多人参加了开幕式。教育部部长陈至立、北京市市长刘淇分别致贺词和欢迎词。

12月27日　教育部在北京举行中小学信息技术课程建设座谈会，邀请信息技术教育方面的院士、教授和专家，就我国中小学信息技术课程建设和加快中小学信息技术教育发展等进行座谈。教育部副部长吕福源出席座谈会并讲话。

△中国工程院宣布1999年增选的113位院士名单，其中来自高教系统的有40人。

12月28日　全国妇联、教育部、科技部印发《关于实施"女性素质工程"的意见》。

12月29日　国务院总理、国家科技教育领导小组组长朱镕基在中南海主持召开国家科技教育领导小组第五次会议，听取科技部关于全国技术创新大会贯彻落实情况和科技体制改革有关情况的汇报、国家自然科学基金委员会关于科学基金工作的汇报。会议强调要加大国务院各部门和单位所属科研机构与学校管理体制改革力度。

12月30日　教育部党组发出《关于高等学校学习贯彻〈中共中央关于加强和改进思想政治工作的若干意见〉的通知》。

△教育部部长陈至立签署教育部令第8号，发布《中小学校长培训规定》，自发布之日起施行。